V&R

Abhandlungen
der Akademie der Wissenschaften
zu Göttingen

Philologisch-Historische Klasse
Dritte Folge, Band 253

Mitteilungen
des Septuaginta-Unternehmens (MSU)
XXV

Vandenhoeck & Ruprecht

Robert Hanhart

Text und Textgeschichte des 2. Esrabuches

Vandenhoeck & Ruprecht

Gefördert mit Mitteln des BMBF
und des Landes Niedersachsen

Vorgelegt von Herrn Lothar Perlitt
in der Sitzung vom 18. Mai 2001

Die Bibliografische Information Der Deutschen Bibliothek

Die Deutsche Bibliothek verzeichnet diese Publikation in der Deutschen
Nationalbibliografie; detaillierte bibliografische Daten sind im Internet
über <http://dnb.ddb.de>abrufbar.

ISBN 3-525-82525-0

© 2003, Vandenhoeck & Ruprecht in Göttingen.
Internet: www.vandenhoeck-ruprecht.de
Alle Rechte vorbehalten. Das Werk und seine Teile sind urheberrechtlich geschützt.
Jede Verwertung in anderen als den gesetzlich zugelassenen Fällen bedarf der vorherigen
schriftlichen Einwilligung des Verlages. Hinweis zu § 52a UrhG: Weder das Werk noch seine
Teile dürfen ohne vorherige schriftliche Einwilligung des Verlages öffentlich zugänglich
gemacht werden. Dies gilt auch bei einer entsprechenden Nutzung für
Lehr- und Unterrichtszwecke. – Printed in Germany.
Druck und Bindung: Hubert & Co., Göttingen

Gedruckt auf alterungsbeständigem Papier.

Der Universität von Bologna als Zeichen des Dankes für die Verleihung der Würde eines Doktors der Facoltà di Conservazione dei Beni Culturali.

Quaestiones se mihi offerentes et connexas operi meo nullas rejiciam, et si non solvam omnino, saltem proponam aperte.

Antonius Maria Ceriani

Vorwort

Zwischen dem Erscheinen der Edition des 2.Esrabuches im Jahre 1993 und der Veröffentlichung der Textgeschichte liegt, durch innere und äussere Umstände, zuletzt die zwei Jahre erfordernde Drucklegung, erschwert, ein Jahrzehnt. Erst gegen das Ende der Arbeit am Manuskript wurde mir durch die Freundlichkeit des Verfassers, Timothy Janz, die wertvolle Pariser Dissertation „Le deuxième livre d'Esdras: Traduction et réception", 1998, in Maschinenschrift, und erst während der Drucklegung das Werk von Zipora Talshir „I Esdras, A Text Critical Commentary", SCSt 50, 2001, zugänglich. Grossen Dank schulde ich Sarah Oltmanns für die schwierige und mehrere Korrekturgänge erfordernde Umsetzung des handgeschriebenen Manuskripts und Friedrich-Emmanuel Focken für die Mitarbeit an der Erstellung der ersten Druckvorlage.

Göttingen im Juli 2003   Robert Hanhart

Inhalt

	Literatur	3
1.	Einleitung	7
1.1.	Das Verhältnis der beiden Übersetzungen Esdr II und Esdr I zueinander	7
1.2.	Die Zeugen von Esdr II	13
1.3.	Das allgemeine Prinzip der Textherstellung	15
2.	Die Textformen der Rezensionen und der Unzialen mit abhängigen Minuskeln	16
2.1.	Die Rezensionen	16
2.1.1.	Die lukianische Rezension und das Problem ihres Verhältnisses zur hexaplarischen und zur altlateinischen Überlieferung	16
2.1.1.1.	Die lukianische Rezension	18
2.1.1.1.1.	Die Korrekturen nach der hebräischen Vorlage von 𝔐	18
2.1.1.1.1.1.	Die aus dem ursprünglichen Text von Esdr I übernommenen Korrekturen in ihrem Verhältnis zu 𝔐	32
2.1.1.1.1.2.	Die mit der lukianischen Rezension von Esdr I gemeinsamen Korrekturen nach 𝔐	57
2.1.1.1.2.	Die auf älterer Tradition der Übersetzung von 𝔐 beruhenden lukianischen Wortvarianten	61
2.1.1.1.2.1.	Die lukianische Übersetzungstradition der Transkription von Eigennamen	61
2.1.1.1.2.2.	Die lukianische Übersetzungstradition der Appellativa	73
2.1.1.1.2.2.1.	Die mit dem ursprünglichen und die mit dem lukianischen Äquivalent von Esdr I gemeinsamen lukianisch überlieferten Appellativa in Esdr II	73
2.1.1.1.2.2.2.	Die unabhängig von Esdr I überlieferten lukianischen Äquivalente	85
2.1.1.1.3.	Der Charakter der lukianisch überlieferten Dubletten	144
2.1.1.1.4.	Die von der masoretisch überlieferten Vorlage abweichenden lukianisch überlieferten Textformen	166
2.1.1.2	Die hexaplarische Rezension und ihr Verhältnis zur lukianischen	181
2.1.1.2.1.	Die mit der lukianischen Rezension gemeinsamen hexaplarischen Korrekturen nach 𝔐	184
2.1.1.2.2.	Die auf älterer Tradition der Übersetzung von 𝔐 beruhenden hexaplarisch-lukianisch überlieferten Wortvarianten	197
2.1.1.2.3.	Der Charakter der hexaplarisch-lukianisch überlieferten Dubletten	206
2.1.1.2.4.	Die unabhängig von der lukianischen Rezension überlieferten hexaplarisch bezeugten Korrekturen nach 𝔐	209

2.1.1.2.5.	Die hexaplarisch-lukianisch und die nur hexaplarisch überlieferten Lesarten, die von der masoretisch überlieferten Textform abweichen oder von ihr unabhängig sind..	215
2.1.1.3.	Das Verhältnis der altlateinischen Überlieferung zur hexaplarischen und zur lukianischen Rezension..	220
2.1.1.3.1.	Die Textform von La^{123} in ihrem Verhältnis zur hexaplarischen und lukianischen Rezension...	221
2.1.1.3.2.	Die Textform von La^{123} in ihrem Verhältnis zur übrigen erhaltenen altlateinischen Überlieferung...	256
2.1.1.3.3.	Die unabhängig von der hexaplarisch-lukianischen Rezension bezeugte altlateinische Überlieferung von Übereinstimmungen mit der masoretisch überlieferten Textform...	262
2.1.2.	Die Textformen der ausserhexaplarischen und ausserlukianischen Überlieferung..	290
2.1.2.1.	Die Rezensionen *a* und *b*...	292
2.1.2.2.	Die Unzialen und abhängigen Minuskeln..	296
3.	Die gegenseitige Zuordnung der Textformen..	309
4.	Das textgeschichtliche Ergebnis..	315
5.	Der ursprüngliche Text...	322
5.1.	Wort...	322
5.1.1.	Nomina propria..	322
5.1.2.	Appellativa..	351
5.2.	Satz und Syntax..	370
5.3.	Zusatz und Auslassung...	390

Verzeichnis der wichtigsten besprochenen Stellen   413

Literatur

Ausser den in Septuaginta, Vetus Testamentum Graecum Auctoritate Academiae Scientiarum Gottingensis editum vol VIII, 2, Esdrae liber II, 1993 und vol VIII, 1, Esdrae liber I 1974 (2. Aufl. 1991) verzeichneten Schriften wurde beigezogen:

Biel = J. Ch. Biel, Novus Thesaurus philologicus, sive Lexicon in LXX et alios Interpretes et Scriptores Apocryphos, ed. E. H. Mutzenbecher, Hagae Comitum 1779–1780

B.-L. = H. Bauer und P. Leander, Historische Grammatik der hebräischen Sprache des Alten Testamentes, Halle 1922 (Nachdruck 1962); zitiert nach Paragraph und Buchstabe

Ernout-Meillet = Dictionnaire étymologique de la langue latine, Paris 1939

Field = F. Field, Origenis Hexaplorum quae supersunt, sive Veterum Interpretum graecorum in totum Vetus Testamentum fragmenta, Oxford 1875 (Nachdruck 1964)

Frede = H. J. Frede, Kirchenschriftsteller, Verzeichnis und Sigel, 4. aktualisierte Auflage (Vetus Latina 1/1), Freiburg 1995

Ges.-K. = W. Gesenius, Hebräische Grammatik, völlig umgearbeitet von E. Kautzsch, Leipzig 1909

G. Bergsträsser, Hebräische Grammatik, mit Benutzung der von E. Kautzsch bearbeiteten 28. Auflage von W. Gesenius' Hebräischer Grammatik, 1. Teil Leipzig 1918, 2. Teil 1929 (Nachdruck 1985)

Gryson = R. Gryson, Altlateinische Handschriften, Manuscrits Vieux Latins, Répertoire descriptif. Première partie: Mss 1–275, d' après un manuscrit inachevé de Hermann Josef Frede † (Vetus Latina 1/2A), Freiburg 1999

Hanhart, FS Bogaert = R. Hanhart, Zur griechischen und altlateinischen Textgeschichte des 1. und 2. Esrabuches in ihrem Verhältnis zueinander; Lectures et relectures de la Bible, FS P.-M. Bogaert, éd. par J.-M. Auwers et A. Wénin, BEThL CXLIV, 1999, S. 145–164

–, FS Frede-Thiele = R. Hanhart, Ursprünglicher Septuagintatext und lukianische Rezension des 2. Esrabuches im Verhältnis zur Textform der Vetus Latina: Philologia Sacra, FS J. Frede und W. Thiele, VL, AGLB 24/1 u. 2 (1993) 90–115, (= Studien zur Septuaginta und zum hellenistischen Judentum, FAT 24, 1999, S.43–63 (hiernach zitiert))

Houbigant = C.-F. Houbigant, Biblia Hebraica cum notis criticis et versione latina ad notas criticas facta, Paris 1753

H.-R. = jetzt: A Concordance to the Septuagint... by E. Hatch and H. A. Redpath, Second Edition, „Introductory Essay" by R. A. Kraft and E. Tov, „Hebrew/Aramaic Index to the Septuagint" by T. Muraoka, 1998

Kennicott = B. Kennicott, Vetus Testamentum Hebraicum, cum variis lectionibus, Oxford 1776–1780

Kühner-Blass = Ausführliche Grammatik der griechischen Sprache von R. Kühner. I Elementar- und Formenlehre (1.2). 3. Auflage von F. Blaß, Hannover 1890.1892

Kühner-Gerth = Ausführliche Grammatik der griechischen Sprache, von R. Kühner. II. Satzlehre (1.2). 3. Auflage von B. Gerth, Hannover 1898.1904 (Nachdruck 1955; zitiert nach Paragraph)

Reider-Turner = J. Reider, completed and revised by N. Turner, An Index to Aquila, VT.S XII, 1966

TGI = R. Hanhart, Text und Textgeschichte des Buches Judith, MSU XIV, 1979

TGT = –, Text und Textgeschichte des Buches Tobit, MSU XVII, 1984

(Weitere Abkürzungen nach S. M. Schwertner, Internationales Abkürzungsverzeichnis für Theologie und Grenzgebiete, 2. Auflage, Berlin 1992)

A. Alt, Die Rolle Samarias bei der Entstehung des Judentums, FS O. Procksch, Leipzig 1934 (= Kleine Schriften zur Geschichte des Volkes Israel, 2. Band, München 1953, S.316–337)
J. Aly u. L Koenen, Three Rolls of the Early Septuagint: Genesis and Deuteronomy, PTA 27, 1980
D. Barthélemy, Critique textuelle de l' Ancien Testament, OBO 50/1, 1982
–, Les relations de la Complutensis avec le papyrus 967 pour Éz. 40$_{42}$ à 46$_{24}$, Studien zur Septuaginta, FS R. Hanhart, MSU XX, 1990, S.253–261
W. Bauer, Alfred Rahlfs, NGWG Jahresbericht über das Geschäftsjahr 1934/35, S.60–65 (= Alfred Rahlfs, Septuaginta-Studien I-III, 2. Auflage, 1965, S.11–16)
J. Benediktsson, Ein frühbyzantinisches Bibellexikon, CM 1, 1938, 243–280
Silvio Benetello und Chiara Faraggiana di Sarzana, ἀνατροπή: Ein medizinischer Terminus in der Septuaginta-Übersetzung (Habakuk 2,15) 3, Glotta LXXIII, 1995/96, S.68–75
J. Blau, On Polyphony in Biblical Hebrew, PIASH VI 2, 1977–1982, 1983, S.105–183
D. Böhler, Die heilige Stadt in Esdras α und Esra – Nehemia, OBO 158, 1997
P.-M. Bogaert, La Porte Orientale, place de rassemblement du peuple, et l'extension de l' œuvre du Chroniste, Transeuphratène 17, 1999, S.9–16
I. R. Busto Saiz, La traduccion de Simaco en el libro de los Salmos, Textos y Estudios „Cardenal Cisneros" de la Biblia Poliglota Matritense, Madrid 1978
A. Debrunner, Zur Übersetzungstechnik der Septuaginta, der Gebrauch des Artikels bei κύριος, FS K. Marti, BZAW 41, 1925, S.69–78
D. De Bruyne, Les anciennes traductions latines des Machabées, AMar IV, 1932
Franz Delitzsch, Fortgesetzte Studien zur Entstehungsgeschichte der complutensischen Polyglotte, Leipzig 1886
H. Dörrie, Zur Geschichte der Septuaginta im Jahrhundert Konstantins, ZNW 39, 1940, S.57–110
A. B. Drachmann, Die Überlieferung des Cyrillglossars, Kgl. Danske Videnskabernes Selskab., Hist.-filol. Meddelelser XXI 5, 1936
F. Dunand, Papyrus Grecs Bibliques (Papyrus F. Inv. 266), Volumina de la Genèse et du Deutéronome, Introduction, RAPH XXVII 1966. – Texte et Planches, Et Pap IX, 1966 (vgl. R. Hanhart, OLZ 73, 1978, Sp.39–45)
B. Fischer, Lukian-Lesarten in der Vetus Latina der Vier Königsbücher, Miscellanea Biblica et Orientalia, FS A. Miller, ed. A. Metzinger, StAns 27–28, 1951, S.169–177 (= Beiträge zur Geschichte der lateinischen Bibeltexte, AGLB 12, 1986, S.9–17)
M. Flashar, Das Ghain in der Septuaginta, ZAW 28, 1908, S.194–220.303–313
R.Hanhart, Zum Text des 2. und 3. Makkabäerbuches, MSU VII, 1961
–,Textgeschichtliche Probleme der LXX von ihrer Entstehung bis Origenes, Die Septuaginta zwischen Judentum und Christentum, ed. M. Hengel und A. M. Schwemer, WUNT 72, 1994, S.1–19 (= Studien zur Septuaginta und zum hellenistischen Judentum, FAT 24, 1999, S.43–63)
–, Ein unbekannter Text zur griechischen Esra-Überlieferung, NAWG. PH 4, 1995, S. 111–132 (= MSU XXII)
R. J. V. Hiebert, The „Syrohexaplaric" Psalter: Its Text and Textual History, Der Septuaginta-Psalter und seine Tochter-Übersetzungen, ed. A. Aejmelaeus u. U. Quast, MSU XXIV, 2000, S.123–146
T. Janz, Le deuxième livre d'Esdras: Traduction et réception, Thèse de doctorat (nouveau régime) sous la direction de Mme Monique Alexandre, Université de Paris IV, 1998 (Maschinenmanuskript)
Joachim Jeremias, Μωυσῆς, ThWNT IV, 1932, S.852–878
P. Katz (Walters), Das Problem des Urtextes der Septuaginta, ThZ 5, 1949, S.1–24
H.-J. Klauck, 4. Makkabäerbuch, JSHRZ III, 6, 1989
W. H. Kosters, Het herstel van Israël in het Perzische tijdvak, Leiden 1894
K. Latte, Hesychii Alexandrini Lexicon recensuit et emendavit, Hauniae, vol I (A-Δ) 1953, II (E-O) 1966

–, Eine vergessene Quelle des Bibeltextes, Festschrift für Professor D. Walter Bauer, anlässlich seines 75. Geburtstages überreicht, 8. August 1952 (nicht veröffentlicht)
L. Lütkemann und A. Rahlfs, Hexaplarische Randnoten zu Isaias 1-16, MSU I 1909–1915: 1915, S.231–386
Andreas Masius, Iosuae imperatoris historia, Antwerpiae 1574
G. Card. Mercati, Di alcune testimonianze antiche sulle cure bibliche di San Luciano, Bib 24, 1943, S.1–17
E. Meyer, Die Entstehung des Judentums, Halle 1896 (Nachdruck 1965)
H. J. M. Milne and T. C. Skeat, Scribes and Correctors of the Codex Sinaiticus, London 1938
T. Muraoka, A Greek-Hebrew/Aramaic Index to I Esdras, SCSt 16, 1984
B. Neuschäfer, Origenes als Philologe, SBA, 18/1 und 18/2, 1987
M. Noth, Die israelitischen Personennamen im Rahmen der gemeinsemitischen Namengebung, Stuttgart 1928 (Nachdruck 1966)
A. Rahlfs, Alter und Heimat der vaticanischen Bibelhandschrift, NGWG. PH., 1899, S.72–79
–, Studien zu den Königsbüchern, Septuaginta-Studien I, Göttingen 1904 (2. Auflage 1965)
–, Der Text des Septuaginta-Psalters, Septuaginta-Studien II, Göttingen 1907 (2.Auflage 1965)
–, Lucians Rezension der Königsbücher, Septuaginta-Studien III, Göttingen 1911, (2.Auflage 1965)
–, Studie über den griechischen Text des Buches Ruth, MSU III, 1918–1926: 1922, S.47–164
–, Das Buch Ruth griechisch, als Probe einer kritischen Handausgabe der Septuaginta, Stuttgart 1922
–, Curiosa im Codex Sinaiticus, ZAW 50, 1932, S.309–310
E. Repo, Der Begriff „Rhēma" im Biblisch-Griechischen, I „Rhēma" in der Septuaginta, AASF, Ser B 75, 2, 1951
A. Schenker, Hexaplarische Psalmenbruchstücke, OBO 8, 1975
–, La Relation d' Esdras A' au texte massorétique d'Esdras-Néhémie, Tradition of the Text, Studies offered to Dominique Barthélemy in Celebration of his 70th Birthday, OBO 109, 1991, S.218–248
E. Schürer, Geschichte des jüdischen Volkes im Zeitalter Jesu Christi, Band I, 3./4. Aufl. 1901, Band II, 4. Aufl. 1907, Band III, 4. Aufl. 1909
= The history of the Jewish people in the age of Jesus Christ, vol. I revised and edited by G. Vermes and F. Millar 1973, vol. II rev. and ed. by G. Vermes, F. Millar and M. Black 1979, vol. III.1 and 2 rev. and ed. by G. Vermes, F. Millar and M. Goodman, III.1 1986, III.2 1987, organising editor M. Black
I. L. Seeligmann, Voraussetzungen der Midraschexegese, VT. S I, 1953, S.150–181
I. Soisalon-Soininen, Der Charakter der asterisierten Zusätze in der Septuaginta, AASF, Ser. B 114, 1959
Z. Talshir, 1 Esdras, From Origin to Translation, SCSt 47, 1999
E. Tov, The Greek Minor Prophets Scroll from Naḥal Ḥever (8 Ḥev XII gr), DJD VIII, 1990
E. Ulrich, A Greek Paraphrase of Exodus on Papyrus from Qumran Cave 4, Studien zur Septuaginta, FS R. Hanhart, MSU XX, 1990, 287–298
–, Ezra and Qoheleth Manuscripts from Qumran (4QEzra, 4QQoh[A,B]), Priests, Prophets and Scribes, FS J. Blenkinsopp, JSOT.S 149, 1992, S.139–157
J. Wackernagel, Lateinisch-Griechisches, IF 31, 1912-1913, S.251–271 (= Kleine Schriften S.1228–1248)
R. Weber, Les anciennes versions latines du deuxième livre des Paralipomènes, CBLa VIII, 1915
J. W. Wevers, *Heth* in Classical Hebrew, Essays on the Ancient Semitic World, ed. J.W. Wevers and D. B. Redford, TSTS 1970, S.102–112
–, The Attitude of the Greek Translator of Deuteronomy towards his Parent Text, Beiträge zur alttestamentlichen Theologie, FS W. Zimmerli, Göttingen 1977, S.498–505
J. Ziegler, Beiträge zur koptischen Dodekapropheton-Übersetzung, Bib 25, 1944, S.105–142 (= Sylloge, MSU X, 1971, S.268–305)

–, Beiträge zur Ieremias-Septuaginta, MSU VI, 1958
–, Der Gebrauch des Artikels in der Septuaginta des Ecclesiastes, Studien zur Septuaginta, FS R. Hanhart, MSU XX, 1990, S.83–120

1. Einleitung

1.1. Die Frage nach dem ursprünglichen Text und nach der rezensionellen Textgeschichte der griechischen Übersetzung des zum Teil hebräisch, zum Teil aramäisch überlieferten Buches Esra-Nehemia (= Esdr II) muss zuerst von dem ausgehen, was 1974 in dieser Hinsicht in Edition und Abhandlung über „Text und Textgeschichte des 1. Esrabuches" (= TGE) für das eine abweichende griechische Übersetzung von Teilen des gleichen Buches darstellende apokryphe 1. Esrabuch festgestellt worden ist.

Die beiden Übersetzungen gemeinsamen Teile sind: Proklamation und Verwirklichung des Kyrosedikts Esdr II 1₁-₁₁ = Esdr I 2₁-₁₄ (hebräisch), Liste der Heimkehrer, Beginn von Opferdienst und Tempelbau und Widerstand der „Feinde Judas und Benjamins" bis zur Regierung Darius' I. Esdr II 2₁-4₅ = Esdr I 5₇-₇₀ (hebräisch), Widerstand gegen den Tempelbau unter Artaxerxes I. und Notiz über die Einstellung des Baus „bis ins zweite Jahr der Herrschaft des Darius" Esdr II 4₇-₂₄ = Esdr I 2₁₅-₂₅ (Esdr II 4₇ hebräisch, 8-24 aramäisch), Weiterführung und Vollendung des Baus unter Darius, zweite Heimkehr unter Esra und Esras Kampf gegen die Mischehen Esdr II 5₁-10₄₄ = Esdr I 6₁-9₃₆ (Esdr II 5₁-6₁₈ aramäisch, 6₁₉-7₁₁ hebräisch, 7₁₂-₂₆ aramäisch, 7₂₇-10₄₄ hebräisch), Verlesung des Gesetzes unter Esra und Nehemia Esdr II 17₇₉-18₁₃ₐ = Esdr I 6₁-9₅₅ (hebräisch). Die nur in der Übersetzung von Esdr II überlieferten Teile sind: die Notiz über die Anklageschrift unter Xerxes Esdr II 4₆ und die Nehemiaüberlieferung Esdr II 11₁-17₇₂ und 18₁₃ᵦ-23₃₁ (hebräisch). Die nur in Esdr I überlieferten Teile, die für die vorliegende Untersuchung von untergeordneter Bedeutung sind, umfassen einerseits die in der hebräischen Vorlage von Par II 35₁-36₂₁ überlieferte Geschichte Israels von der Passahfeier des Josia bis zur Deportation nach Babylon (Esdr I 1₁-₅₅), anderseits die wahrscheinlich auf keiner hebräischen bzw. aramäischen Vorlage beruhende Erzählung vom Gastmahl des Darius, Pagenstreit und zweiter Heimkehr unter Serubbabel (Esdr I 3₁-5₆).

Hinsichtlich der Esdr II und I gemeinsamen Teile hat sich durch die Untersuchung der Textüberlieferung von Esdr II das für Esdr I[1] erarbeitete Ergebnis bestätigt, dass einige Berührungen in Wortäquivalenz und Übersetzungstechnik zwischen beiden Texten eine schwache Abhängigkeit der jüngeren Übersetzung, Esdr II, von der älteren, Esdr I, zwar wahrscheinlich machen, dass aber grundsätzlich beide Übersetzungsweisen so stark voneinander unterschieden sind, dass Übereinstimmungen, die nur von einem Teil der Zeugen überliefert werden – das gilt vor allem für die lukianische Rezension in Esdr I, die (hexaplarisch-)lukianische in Esdr II –, meist einem sekundären Stadium der Textgeschichte zugerechnet werden müssen.

Von einigen weiteren zu den in TGE[2] behandelten Beispielen gehörenden Übereinstimmungen zwischen Esdr II und I gegen die Vorlage von 𝔐 bezieht sich ein Teil auf Transkrip-

---

[1]) TGE S. 1-13.
[2]) TGE S.12-18; vgl. im folgenden S.10, Anm.2.

tionen von Nomina propria[1], die hinsichtlich ihrer Ursprünglichkeit der Diskussion bedürfen und die als Argument für gegenseitige Abhängigkeit der beiden Übersetzungen aus dem Grund von untergeordneter Bedeutung sind, weil an beiden Übersetzern vorgegebenes Gesetz der Transkription nicht auszuschliessen ist[2], können syntaktische bzw. stilistische Erscheinungen wie der gemeinsame Singular ἤρξατο für החלו in Esdr II 3₈ = I 5₅₄, oder das gemeinsame Fehlen von Pronomina in Esdr II 6₁₇ (בית־אלהא דנה) τοῦ οἴκου τοῦ θεοῦ (+ τουτου L Compl (hab Pesch ט)) = I 7₇ τοῦ ἱεροῦ τοῦ κυρίου, Esdr II 7₁₄ (שבעת יעטהי) τῶν ἑπτὰ συμβούλων (+ αυτου L La¹²³ Aeth Compl) = I 8₁₁ τοῖς ἑπτὰ φίλοις συμβουλευταῖς, Esdr II 7₂₅ (1⁰ אלהך) τοῦ θεοῦ 1⁰ (+ σου L 55) = I 8₂₃ τοῦ θεοῦ 1⁰ ebensogut auf Zufall oder auf gemeinsamer von 𝔐 abweichender Grundlage beruhen, und sind gemeinsam bezeugte inhaltliche Abweichungen von 𝔐, die tiefer in den Text eingreifen, aus verschiedenen Gründen für die Annahme gegenseitiger Abhängigkeit nicht immer beweiskräftig: Das Fehlen eines Äquivalents für den Begriff פתגמא in der Formulierung von Esdr II 4₁₇ פתגמא שלח – Esdr II überträgt καὶ ἀπέστειλεν (τον λογον ον απ. L La¹²³ (sim) Compl), Esdr I (2₂₁) τότε ἀντέγραψεν – könnte zwar aus dem Grund in Esdr II als unreflektierte Übernahme aus Esdr I erklärt werden, weil Esdr II an den übrigen Stellen des Vorkommens, 5₇ 11 6₁₁, im Unterschied zu Esdr I, wo an diesen Stellen eine freie Übersetzung vorliegt, ein festes Äquivalent für פתגמא aufweist, ῥῆσιν (ρημασιν 98-243-731 Ald Sixt, ρηματα 248 Compl, το ρημα L La¹²³ (verbum)) in 5₇, ῥῆμα in 5₁₁ und 6₁₁; da sich aber an diesen Stellen keine weitere Berührung zwischen Esdr II und I erkennen lässt, bleibt auch in Esdr II 4₁₇ eine in beiden Übersetzungen unabhängig voneinander vorgenommene Einpassung in den erzählenden Kontext wahrscheinlicher. Der Name Ἀσαβιά in Esdr II 10₂₅ = I 9₂₆ Ἀσιβίας, der in beiden Übersetzungen auf חשביה an Stelle des in 𝔐 überlieferten מלכיה zurückgeht – die lukianische Korrektur in μελλιας (L La¹²³ Compl) und die Tilgung des Namens im B-Text (Bʹ Aeth) in Esdr II sind als je verschiedene Korrektur nach 𝔐 zu bestimmen –, ist aus dem Grund eher aus gemeinsamer Vorlage als aus gegenseitiger Abhängigkeit zu erklären, weil die Transkription nicht nur des Namens selbst, sondern auch der ganzen Reihe in beiden Übersetzungen völlig unterschiedlich ist. Die je verschiedenen Übersetzungen von Neh 8₁₀bβ כי־חדות יהוה, היא מעזכם, ὅτι ἐστὶν ἰσχὺς ἡμῶν in Esdr II 18₁₀, ὁ γὰρ κύριος δοξάσει ὑμᾶς in dem als ursprünglich zu bestimmenden B-Text von Esdr I 9₅₂[3], weisen zwar darin eine scheinbar von 𝔐 abweichende Gemeinsamkeit auf, dass ein Äquivalent für das Nomen חדוה nicht erkennbar ist; da aber der Ausdruck δοξάσει ὑμᾶς in Esdr I als freie Übersetzung bestimmt werden muss, die sowohl מעזכם als auch חדות voraussetzt – an Stelle von חדות vielleicht die mehrfach als Vorlage für δόξα überlieferten Begriffe הוד oder הדר? –, bleibt es unwahrscheinlich, dass der Übersetzer von Esdr II auf Grund der Vorlage von Esdr I zum völligen Verzicht auf die Übersetzung dieses Nomens veranlasst worden wäre, und ist eher n u r für Esdr II[4] eine Vorlage anzunehmen, in der der Ausdruck יהוה חדות fehlte. Es bleiben einige Gemeinsamkeiten in der Wortäquivalenz, die wenn nicht für gegenseitige Abhängigkeit so doch für eine beiden Übersetzungen gemeinsame Übersetzungstradition sprechen. Unter diesen Fällen könnte zuerst die Esdr II und I gemeinsame Fehlübersetzung des aramäischen Begriffs שׂביא שׁב: die Ältesten, πρεσβύτεροι, auf Grund der Verwechslung mit hebräischem שׁבי als αἰχμαλωσία auf Abhängigkeit des Esdr II-Übersetzers von Esdr I schliessen lassen; doch ist die Entscheidung dadurch

---

[1]) Vgl. 2.1.1.1.2.1. (S.59-70) und 5.1.1. (S.309-337).
[2]) Vgl. TGE S.14, Anm.1.
[3]) S. den Apparat u. S.194f., 200, 247.
[4]) Die Notierung „> 𝔊 𝔊a" in BHS ist missverständlich; vgl. S.200, S.208, Anm.3 und S.370 Anm.1. Zu dem gleicherweise ungesicherten Verhältnis zwischen den Parallelstellen Esdr I 2₂₄ und II 4₂₁-₂₂ vgl. S.371 Anm.1.

erschwert, dass beide Übersetzungen die Äquivalenz sowohl mit aramäischem שבי als auch mit שבי, das in der Form שביא zwar nicht biblisch-, wohl aber jüdisch-aramäisch nachgewiesen ist, kennen – in Esdr II 59 = I 610, II 67 = I 626 und II 614 = I 72 lesen beide Übersetzungen πρεσβύτεροι, in Esdr II 68 = I 627 übersetzt Esdr II mit πρεσβύτεροι, Esdr I mit αἰχμαλωσία, in Esdr II 55 = I 65 steht dem Äquivalent αἰχμαλωσία in Esdr II in Esdr I in einer Art syntaktisch verarbeiteter Dublette der Ausdruck ἔσχοσαν χάριν ἐπισκοπῆς γενομένης ἐπὶ τὴν αἰχμαλωσίαν ... οἱ πρεσβύτεροι gegenüber –, ein Befund, der, vor allem da auch die von LXX unabhängige Übersetzung der Peschitta zwischen beiden Begriffen variiert – sie übersetzt nur in 59 mit קשׁישׁא (πρεσβύτεροι), an allen anderen Stellen mit שביתא (αἰχμαλωσία)! –, eher als zum Schluss, die Dublette an der ersten Stelle in Esdr I 65 hätte das Schwanken zwischen beiden Äquivalenten in Esdr II verursacht, zu der Vermutung führt, dass schon in der frühesten Texttradition eine bewusste Harmonisierung der als שבי bezeichneten Repräsentanten der aramäischen Quelle mit den בני־הגולה des Chronisten (Esdr II 619-21 = I 710-12), den υἱοὶ τῆς αἰχμαλωσίας nach Esdr I, den υἱοὶ τῆς ἀποικεσίας nach Esdr II, einsetzte. Dem ursprünglichen Text von Esdr I und II gemeinsame Wortäquivalenz hinsichtlich eines hebräischen bzw. aramäischen Grundwortes, das schon der älteren Übersetzungstradition vorgegeben war, hier aber ausnahmslos mit anderen Äquivalenten wiedergegeben wird, so dass die unmittelbare Abhängigkeit der Esdr II-LXX von Esdr I die wahrscheinlichste Erklärung ist, liegt vor in der in beiden Büchern dort, wo es sich um den persischen Statthalter der Provinz עבר־נהרה handelt, konsequent durchgeführten Wiedergabe des Namens פחה (Esdr II 53 = I 63, II 56 = I 67, II 66 = I 626, II 613 = I 71, II 836 = I 864; so auch in den in Esdr I nicht enthaltenen Teilen von Esdr II: I 27 und 9) mit dem in LXX anderwärts nur noch in Mac II 428 überlieferten Äquivalent ἔπαρχος, dem gegenüber die s i c h e r ältere Übersetzungstradition in Reg III 1015 (= Par II 914), 21(𝔐 20)24 σατράπης, Reg IV 1824 (= Is 369) τοπάρχης, die w a h r s c h e i n l i c h ältere in Ier 28 (𝔐 51) 23 28 Ez 236-12 – überall dem mit στρατηγός wiedergegebenen Grundwort סגן beigeordnet – ἡγεμών, bzw. in Ier 2828, Ez 236 und 12 ἡγούμενος, in 23 ἡγεμών mit der nur von V Tht bezeugten, aber von J. Ziegler im Analogieverfahren als ursprünglich postulierten Variante ἡγούμενος als Äquivalent überliefern. Hinsichtlich der übrigen Fälle auf Abhängigkeit deutender gemeinsamer Wortäquivalenz ist eine wenn auch schwache Übersetzungstradition, die über Esdr II und I hinausgreift, in Esdr II 913 = I 883 κουφίζειν für חשׂך zu erkennen, wo die gleiche Äquivalenz auch in Iob 2130 vorliegt, in Esdr II 1013 = I 911 χειμερινός für גשׁם, wo das Adjektiv noch in Sach 101, das Substantiv χειμών in Iob 376 als Übersetzungswort nachgewiesen ist, in Esdr II 103 = I 890 ἐκβάλλειν für הוציא, wo sich die gleiche Äquivalenz auf die mit Esdr II eng verwandte Übersetzung von Par (II 2314 295 16) beschränkt – sowohl in Esdr II als auch in Par II 2314 korrigiert die lukianische Rezension in das seit Gen in LXX verankerte Übersetzungswort ἐξάγειν –, und in Esdr II 424 = I 225 ἀργεῖν für in dieser Form singuläres aramäisches Qal von בטל, wo die Äquivalenz zwar nur noch in dem als aramäisches Lehnwort nur hier überlieferten בטל der Esdr I und II gegenüber jüngeren Übersetzung von Eccl (123) begegnet, wo aber der Schluss auf unmittelbare Abhängigkeit von Esdr I dadurch in Frage gestellt ist, dass der Kontext beider Übersetzungen in starkem Mass divergiert und dass in den übrigen im AT überlieferten Bildungen von בטל, den Pa'el-Formen in Esdr II 421 = I 224, Esdr II 423 = I 225, Esdr II 55 = I 66, Esdr II 68 = I 628, sich gerade das wesentlich unterschiedene Übersetzungsprinzip hinsichtlich der Wortäquivalenz in Esdr II und I besonders deutlich zeigt: Esdr II wählt an allen Stellen ein dem Intensivum entsprechendes Compositum des gleichen Stammes, καταργεῖν, während Esdr I – abgesehen von 628, wo eine abweichende Vorlage vorausgesetzt werden muss – ohne Rücksicht auf die Form des aramäischen Stamms mit nur semantisch entsprechenden Bildungen von κωλύειν überträgt. Doch widerspräche diesem Befund die Möglichkeit nicht, dass hier der Ursprung der gemeinsamen Äquivalenz in der direkten Abhängigkeit der Übersetzung von בטל

in Esdr II 4₂₄ mit ἀργεῖν von Esdr I 2₂₅ zu sehen wäre. Ein analoger Fall, der noch deutlicher in diese Richtung weist, wäre die Übersetzungsweise des persischen Lehnworts אספרנא, bei dem, da es innerhalb des AT nur in den aramäischen Teilen von Esdr überliefert ist, eine vorgegebene gemeinsame Übersetzungstradition unwahrscheinlich bleibt. Hier kehrt das in Esdr I fast konsequent verwendete sinnentsprechende Äquivalent ἐπιμελῶς in Esdr II in einer Weise wieder, die für das Verhältnis beider Übersetzungen zueinander symptomatisch ist: An der ersten Stelle des Vorkommens, Esdr II 5₈ = I 6₉, begegnet in Esdr I wiederum eine Art von dublettenhafter Wiedergabe, ἐπὶ σπουδῆς als eigentliche Übersetzung und ἐπιμελείᾳ in ausweitender Paraphrase; nur hier überliefert Esdr II das Äquivalent ἐπιδέξιον (die lukianische Hs. 93 ασφαλως). An den folgenden Stellen, Esdr II 6₈ = I 6₂₈, Esdr II 6₁₂ = I 6₃₃, Esdr II 6₁₃ = I 7₂, liegt die beiden Übersetzungen gemeinsame Äquivalenz ἐπιμελῶς (Esdr I in 7₂ ἐπιμελέστερον) vor. Von der folgenden Zäsur Esdr II 7₁₇ = I 8₁₄ an, wo der Begriff infolge völlig freier Wiedergabe und wahrscheinlich abweichender aramäischer Vorlage in Esdr I fehlt, setzt in Esdr II die Wiedergabe mit einem neuen, gleicherweise sinnentsprechenden Übersetzungswort ein, ἑτοίμως, das dann in Esdr II an den beiden noch folgenden Stellen, Esdr II 7₂₁ = I 8₁₉, Esdr II 7₂₆ = I 8₂₄, gegen ἐπιμελῶς von Esdr I – nur die lukianischen Zeugen korrigieren in Esdr II 7₁₇ (L als Dublette), 26 (L La[123]), 21 (diligenter La[123] [1]) in ἐπιμελῶς – durchgehalten wird. Da sich in diesem Fall für Esdr II sowohl die Übereinstimmung mit der Übersetzung von Esdr I als auch die Freiheit ihr gegenüber aus der je verschiedenen Übersetzungsweise des Grundworts אספרנא in Esdr I erklären lässt, bleibt die Annahme, dass sowohl die Koinzidenz als auch die Divergenz auf Zufall beruhe, unwahrscheinlich und ergibt sich für die Frage nach Übersetzungscharakter und Textrekonstruktion von Esdr II die Folgerung, dass (1) eine begrenzte Abhängigkeit von Esdr I, die nicht lediglich auf gemeinsamer Übersetzungstradition, sondern auf unmittelbarer Berührung beruht, nicht ausgeschlossen werden darf, dass darum (2) bei uneinheitlicher Überlieferung in Esdr II die Übereinstimmung einer Textform mit Esdr I nicht als völlig sicheres Kriterium sekundärer Überarbeitung in Anspruch genommen werden darf und dass (3) hinsichtlich der Wahl der Übersetzungsäquivalente für Esdr II ein Prinzip der Übersetzung postuliert werden muss, das für das gleiche hebräische bzw. aramäische Grundwort die Wahl verschiedener Äquivalente zulässt, die sowohl von Übersetzungstradition – sei es Esdr I, sei es die übrige dem Übersetzer bekannte Tradition der LXX – als auch von eigener Überlegung ausgehen kann[2].

---

[1]) Dass *diligenter* in Esdr II 7₂₁ auf ἐπιμελῶς zurückgeht, beweist die gleiche Äquivalenz in Esdr II 6₁₂ ₁₃ 7₂₆ (hier mit L). In 6₈ ist der wahrscheinlich als *donec sump[tus de]tur* zu ergänzende Text (s. den Apparat) – die Lücke steht mitten in der Zeile, ohne dass eine Rasur erkennbar ist – vielleicht als Verschreibung von ursprünglichem *donetur* (c und t sind nach e in La[123] schwer zu unterscheiden) *sumptus diligenter* zu erklären: *-ur* aus falsch aufgelöster Abbreviatur von *-er* in der Vorlage des Abschreibers. Dass die altlateinischen Äquivalente auf die je verschiedenen griechischen zurückgeführt werden können, beweist das differierende Äquivalent für ἐπιδέξιον in 5₈: *idoneum*, und vor allem die entsprechende Übersetzung in 7₁₇, wo La[123] mit *ut paratum sit* ἑτοίμως des ursprünglichen Textes bewahrt, die lukianische Dublette mit επιμελως aber nicht überliefert. Zum lukianischen Problem an diesen Stellen vgl. S. 133f., zur altlateinischen Äquivalenz S.49 Anm.2, S.80 Anm.1, S.80 Anm.2, S.110 Anm.1 u. 2, S.112 Anm.1, S.114 Anm.1, S.122 Anm.3, S.127 Anm.4, S.129 Anm.2, S.187 Anm.2, S.254 Anm.4, S.264 Anm.1, S.271 Anm.3, S.275 Anm.1.

[2]) Zur weiteren Diskussion über die Frage nach der Abhängigkeit der ursprünglichen Textform von Esdr II von derjenigen von Esdr I vgl. S.56 (θεμέλιος), S.95 mit Anm.1 (παροικία), S.121 Anm.1 (φορολόγος, φορολογεῖν, φόρος), S.124f. (χωρίζειν), S.154 mit Anm.1, S.154 (δοξά-

Da hinsichtlich der ursprünglichen Textform von Esdr II das Verhältnis zu Esdr I eindeutig als eine weit grössere Übereinstimmung mit der in 𝔐 überlieferten Vorlage bestimmt werden muss – die Ausnahmen bestätigen die Regel –, musste sich auch die sekundäre rezensionelle Durchdringung beider Übersetzungsformen – wiederum mit die Regel bestätigenden Ausnahmen – in der Weise vollziehen, dass die Überarbeitung von Esdr I nach mit 𝔐 übereinstimmenden Elementen von Esdr II das rezensionelle Eindringen ursprünglicher Textformen von Esdr I in Esdr II weit überwiegt. Aber das Postulat einer ursprünglichen Übersetzungsform beider Texte und einer sekundären rezensionellen Überarbeitung, durch die, eindeutig fassbar in der lukianischen Rezension, ursprüngliche Textformen des einen Textes, zuerst nach dem Kriterium der Übereinstimmung mit der hebräischen bzw. aramäischen Vorlage, in den anderen Text eingetragen werden können, ist und bleibt die einzig vertretbare Grundlage für eine textgemässe Erfassung von Text und Textgeschichte dieses Zeugnisses; der umgekehrte Weg, nach dem die Gemeinsamkeiten in der Überlieferung beider Texte als Kriterium für die Herstellung einer – dann hinter den beiden getrennt überlieferten Übersetzungstexten stehenden – ursprünglichen Textform in Anspruch genommen würden, wäre ein Irrweg, der zur vermeintlichen Rekonstruktion eines antiken Textes führte, den es nie gab.

Dass aber diese beiden in ihrer ursprünglichen Gestalt grundsätzlich selbständigen, selbständig überlieferten und erst sekundär durch Rezensionen enger miteinander verbundenen Texte auf Grund ihres weitgehend gemeinsamen Inhaltes früh als miteinander verwandte Zeugnisse bekannt waren, deren gemeinsame Gehalte nicht lediglich einer rezensionellen Vereinheitlichung, sondern einer historischen Vergleichung bedurften, das beweist ein in einer Handschrift der pseudepigraphischen Paralipomena Jeremiae aus dem 10. Jahrhundert überlieferter Text, in welchem der Bericht über das Edikt des Kyros, den Wiederaufbau unter der Herrschaft des Darius durch Serubbabel und das Fest der Einweihung unter Artaxerxes durch Esra in der Weise überliefert ist, dass die auf die bedeutsamsten Daten verkürzte Darstellung, die im ganzen auf der ursprünglichen Textform von Esdr I beruht, an einigen Stellen durch Übernahmen aus dem Text von Esdr II vermehrt bzw. umgestaltet wird[1].

ζειν), S.272 mit Anm.2 (Esdr II 9₁₄ ἐπεστρέψαμεν = I 8₈₄ ἀνεκάμψαμεν: Umwandlung der Frageform in Bericht), S.352 Anm.1 (Esdr II 8₃₅, vgl. I 57: παροικία), S.371 Anm.1 (Esdr II 4₂₁₋₂₂ = I 2₂₄), S.403f. mit S.404, Anm.2 (διδάσκειν).

[1]) Der Text der Handschrift aus der Patriarchal-Bibliothek zu Jerusalem, Ἁγίου Τάφου 6 ist in der Edition von J. Rendel Harris, The Rest of the Words of Baruch, London 1889, im Apparat zu 8₄ der Paralipomena Jeremiae (S. 60f.) abgedruckt. Vgl. R. Hanhart, Ein unbekannter Text zur griechischen Esra-Überlieferung, NAWG.PH Jahrgang 1995, Nr 4, S. 111-132 (= MSU XXII). Der Text setzt – die Zeit seiner Entstehung ist schwer bestimmbar – lediglich die Kenntnis der beiden Esra-Zeugnisse in der überlieferten Form voraus, er weist auf keine Spuren, die hinter ihr so überliefertes Nebeneinanderbestehen zurückführen könnten, höchstens auf eine mögliche, der Zeit noch näher stehende Interpretation des geschichtlichen Hintergrundes, die auf Grund der von mir selbst vorgebrachten ihre Beweiskraft einschränkenden Bedenken von D. Böhler, der sie dankbar aufnimmt, als „unhaltbar" deklariert wird. Vom Verhältnis der griechischen Tradition der beiden Esrabücher zu ihrer hebräisch-aramäischen Vorlage: vom ursprünglichen Übersetzungstext von Esdr II zur masoretisch überlieferten Textform, von der ursprünglichen Form der griechischen Textkompilation von Esdr I zu ihrer Vorlage bzw. ihren Vorlagen

und von der lukianisch überlieferten Textform beider Bücher, führt kein Weg zur Beantwortung der umstrittenen Frage nach Priorität und Abhängigkeit hinsichtlich der vorauszusetzenden hebräisch-aramäischen überlieferungs- und textgeschichtlichen Vorgegebenheiten. Diese Frage ist darum auch nicht Gegenstand der vorliegenden Untersuchung. Die unwiderlegbare Priorität der griechischen Textform von Esdr I gegenüber derjenigen von Esdr II darf nicht als Argument für die Annahme der gleichen Priorität auch hinsichtlich der Vorlagen in Anspruch genommen werden. Der mir nach wie vor gleicherweise eindeutig erscheinende Befund, dass der Text von Esdr I die in Quellenverarbeitung begründete chronologische Problematik der Bücher Esra-Nehemia nicht nur voraussetzt, sondern sie noch kompliziert, bleibt für mich das bedeutsamste Kriterium für die Annahme der Priorität der masoretisch überlieferten Bücher Esra und Nehemia, der gegenüber mich neuerdings wieder vorgebrachte Argumente für die Annahme einer aus dem Text von Esdr I verifizierbaren Vorform bzw. eines über dieses Zwischenglied zur masoretisch überlieferten Textform führenden Wachstums nicht zu überzeugen vermögen (A. Schenker, La Relation d' Esdras A' au texte massorétique d' Esdras-Néhémia, in: Tradition of the Text, Studies offered to D. Barthélemy in: Celebration of his 70th Birthday, OBO 109, 1991, S. 218-248. D. Böhler, Die heilige Stadt in Esdras α und Esra-Nehemia, OBO 158, 1997). Die Argumentation gerät, wenn sie von der traditions- und historisch-kritischen auf die textkritische Methode übergeht, spätestens an dem Punkt auf eine schiefe Ebene, an welchem sie beginnt, von einer postulierten hebräisch- bzw. aramäisch-griechischen Äquivalenz der als Komposition nur griechisch überlieferten Schrift her text- und literargeschichtliche Schlüsse zu ziehen. Die hier gesetzte Grenze, über die, um textgeschichtlich verantwortbare Ergebnisse literarkritisch „fruchtbar zu machen", hinauszugehen, verboten ist, hat Zipora Talshir, mit der in ihren Forschungen zur griechischen Esraüberlieferung (zuletzt I Esdras, From Origin to Translation, SCSt 47, 1999) vertretenen Konzeption ich, abgesehen von einer hie und da etwas grösseren Skepsis hinsichtlich der Möglichkeit der Verifizierung nicht überlieferter hebräischer oder aramäischer Vorlagen und hinsichtlich der Erkennbarkeit hebräischer oder aramäischer Vorformen der Pagenlegende, übereinstimme, mit einer Klarheit vertreten, der gegenüber ich der von der genannten Seite her geübten Kritik widerspreche. Das 1. Esrabuch gehört zu jenen Zeugnissen des hellenistischen Judentums, die in einer Art missionarischer Initiative historische, kulturelle und philosophische Konzeptionen der antiken Umwelt als eigene Aussageform, um sich auf diese Weise dem ausserisraelitischen Bereich zu öffnen, übernehmen: Wie die Weltreichlehre im Buch Daniel, im 1. Makkabäerbuch und im Testament Naphtali, die Einordnung der griechischen Übersetzung von Israels Zeugnis in die ptolemäische Kulturpolitik im Aristeasbrief, so im 1.Esrabuch der Preis der Wahrheit als höchstes Gut des Daseins, die erst sekundär mit dem Gott Israels identifiziert wird. Form und Intention dieses Zeugnisses lassen keine Schlüsse auf Form und Art der Bearbeitung seiner Vorlagen zu. Dass nach ihm der Wiederaufbau der Stadt Jerusalem gleichzeitig mit dem Wiederaufbau des Tempels geschieht, lässt sich weder als Argument für das Postulat, der Verfasser habe die Nehemiaüberlieferung nicht gekannt, in Anspruch nehmen, noch – wofür doch einige Gründe sprechen – für das Postulat, er habe sie aus ihm bekannter Überlieferung bewusst ausgeschieden. Für ein Zeugnis mit dieser Intention und mit dieser Form ist eine Vorlage seines Inhalts von der Art, wie wir ihn aus der kanonisierten Chronik-Esra-Nehemia-Überlieferung kennen, eine Form vorgegebener Überlieferung, der gegenüber als Grundlage der Gestalt seiner eigenen Darstellung keine anderen Bedenken angemeldet werden können als solche, die überlieferungs- und formgeschichtlich von Prämissen ausgehen, die es damals nicht gab, oder solche, die aus gleicherweise abzulehnenden Gründen davon ausgehen, dass das masoretisch überlieferte Zeugnis Chronik-Esra-Nehemia in der Zeit der Entstehung des 1. Esrabuches noch nicht

1.2. Ursprünglicher Text und rezensionelle Bearbeitung der Übersetzung von Esdr II sind – trotz des von Esdr I in starkem Mass abweichenden allgemeinen Übersetzungscharakters – hinsichtlich der Verteilung der Zeugen in einer Esdr I eng verwandten Weise überliefert[1].

Wie in Esdr I sind die alten Unzialen B A und V – in Esdr II kommt S hinzu[2] – mitsamt den ihnen nahe stehenden Minuskeln und Sekundärübersetzungen – vor allem Hs. 55 und die äthiopische Übersetzung als Mitzeugen des B-Textes – die Vertreter einer alten, von rezensionellen Überarbeitungen noch relativ unberührten Textform.

Wie in Esdr I sind die Hss. 19 und 108 (= 19′) – in Esdr II kommen die 19′ gegenüber relativ selbständige Hs. 93, die an Stelle von Fehllesarten der beiden anderen Zeugen zuweilen allein die genuin lukianische Lesart vertreten kann, und die Fragmente der gotischen Übersetzung (= Got) hinzu – die Zeugen der „lukianischen Rezension" (= L), und wie in Esdr I ist die der Rezension a zugehörende Hs. 121 in starkem Mass auch lukianisch beeinflusst, so dass sie unter dem Sigel „L′ " auch den lukianischen Zeugen zugeordnet werden konnte[3].

Wie in Esdr I sind zwei Zeugengruppen überliefert, die auf Grund ihrer sekundären Elemente als – der lukianischen gegenüber weit weniger tiefgreifende – Rezensionen bezeichnet werden dürfen, deren Vertreter mit Esdr I identisch sind: die Rezension a, bezeugt von den Hss. 71-74-106-107-120-121-130-134-236-314-370-762 – ähnlich, wenn auch weniger häufig, überliefern die Hss. 71-106-107 einen verkürzten Text, der nicht als Charakteristikum der Rezension gewertet werden darf – und die Rezension b, bezeugt von den Hss 46-64-98-243-248-381-728-731.

---

existiert haben könne (vgl. S.223 Anm.7). Das beweiskräftigste Argument für die Bewahrung und Bewährung der nicht überschreitbaren Grenzen dessen, was in den historisch-kritischen und textkritischen Fragen hinsichtlich der Esraüberlieferung erreichbar ist und der Feststellung dessen, was verifizierbar, was postulierbar und was widerlegbar ist, dürfte das in der gründlichen Aufarbeitung der seither hinzugekommenen Quellen und Quellenbearbeitungen nach der letzten von Emil Schürer verfassten Darstellung dieser Überlieferung aus dem Jahre 1909, durch G. Vermes und M. Goodman 1987 erreichte Ergebnis sein, nach welchem das damals geschichtlich Wahrscheinlichste, überlieferungsgeschichtlich und textgeschichtlich (abgesehen von dem beibehaltenen Irrtum in der Datierung der beiden lateinischen Übersetzungen von Esdr I (vgl. FS Bogaert S. 150 Anm. 10)) auch heute das Wahrscheinlichste bleibt (E. Schürer, Geschichte des jüdischen Volkes im Zeitalter Jesu Christi, 3. Band, 4. Auflage, 1909, S. 444-449 = The history of the Jewish people in the age of Jesus Christ, vol. III.2, 1987, S. 708-718).

[1]) Vgl. TGE S. 18f. und die Einleitungen zur Edition von Esdr I und II.
[2]) Vgl. ed. Esdr II Einl. S. 8f.
[3]) Zu L′ vgl. ed. Esdr II Einl. S. 30f., zu Got S. 19f., zum eigentümlichen Textcharakter von Hs. 93, als Vertreter der hexaplarischen Rezension in Esther ed. Est Einl. S. 65f., als Vertreter der lukianischen Rezension im folgenden S.22 Anm.2, S.93 Anm.1, S.97 mit Anm.2, S.108 Anm.1, S.125 mit Anm.2, S.130 Anm.1, S.133, S.139, S.163, S.204, S.235 mit Anm.4, S.235f. mit S.236 Anm.2, 364 Anm.1.

Von den sowohl vom Text der Unzialen als auch von den Rezensionen zwar beeinflussten, aber nicht als genuine Zeugen einer Textform bzw. Rezension zu wertenden Handschriften, den „codices mixti", sind die auch Esdr II überliefernden mit denjenigen von Esdr I identisch: 58 und 119.

Eine bestimmte textgeschichtliche Analogie zu Esdr I liegt durch die Verifizierung des codex Vercellensis (= La^{123})[1] auch in der altlateinischen Überlieferung vor: Die Textform dieser Handschrift ist – ähnlich der jüngeren lateinischen Übersetzung von Esdr I (La^C) – der lukianischen eng verwandt, vertritt einen eigentümlichen Charakter aber darin, dass ihre Übereinstimmungen mit 𝔐 zuweilen weiter gehen, als es in der Überlieferung der griechischen lukianischen Zeugen der Fall ist. Diese Textform bedarf darum innerhalb der Darstellung der lukianischen Rezension einer besonderen Untersuchung[2].

Die eigentliche Sonderstellung der Textgeschichte von Esdr II im Verhältnis zu Esdr I besteht aber darin, dass die h e x a p l a r i s c h e Herkunft von zweien ihrer Zeugen, dem Korrektor des codex Sinaiticus (= S^c bzw. S^{mg})[3] und den syrohexaplarischen Fragmenten (= Syh)[4], eigens überliefert ist. Als zweite besondere Untersuchung ist darum der Vergleich von diesen Zeugen überlieferter Textformen mit der übrigen Texttradition erfordert[5].

Eine textgeschichtliche Einordnung auf Grund der i n d i r e k t e n Überlieferung bei Josephus und bei den griechischen und lateinischen Kirchenschriftstellern ist nur in äussert beschränktem Masse möglich, bei Josephus wegen seiner fast völligen Abhängigkeit von Esdr I[6], dergegenüber die paraphrasierende Wiedergabe von wenigen Partien aus dem Buch Nehemia, die in Esdr I nicht erhalten sind, nur schwer einen Rückschluss auf die Josephus vorliegende Textgestalt erlauben[7], bei den Kirchenschriftstellern[8] wegen ihrer äusserst spärlichen Übernahmen aus Esdr II, die auch in einigen ausführlicheren Zitaten der altlateinischen Tradition wohl einen Schluss auf das Verhältnis zur Textform

---

[1] Vgl. ed. Esdr II Einl. S. 12f.
[2] Vgl. 2.1.1.3., S.220ff. und R. Hanhart, Ursprünglicher Septuagintatext und lukianische Rezension des 2. Esrabuches im Verhältnis zur Textform der Vetus Latina, in: Philologia Sacra, J. Frede und W. Thiele zu ihrem siebzigsten Geburtstag = Vetus Latina, Aus der Geschichte der lateinischen Bibel 24/1 u. 2 (1993) 90-115 (zitiert: FS Frede-Thiele nach Paginierung in: R. Hanhart, Studien zur Septuaginta und zum hellenistischen Judentum, FAT 24 (1999) 43-63), und Ders., Zur griechischen und altlateinischen Textgeschichte des 1. und 2. Esrabuches in ihrem Verhältnis zueinander, in: Lectures et Relectures de la Bible, Festschrift P.-M. Bogaert = Bibliotheca Ephemeridum Theologicarum Lovaniensium CXLIV (1999) 145-164 (zitiert: FS Bogaert).
[3] Vgl. ed. Esdr II Einl. S. 8f.
[4] Vgl. ed. Esdr II Einl. S. 13f.
[5] Vgl. 2.1.1.2., S.181ff.
[6] Vgl. ed. Esdr I Einl. S. 23, TGE S. 18f.
[7] Vgl. ed. Esdr II Einl. S. 21f.
[8] Vgl. ed. Esdr II Einl. S. 22-24.

von La[123] und La[125], nur bedingt aber eine Folgerung für die zeitliche Ansetzung ihrer griechischen Vorlage zulassen[1].

1.3. Das wichtigste Kriterium für die Rekonstruktion des ursprünglichen Textes ist die Bestimmung der Prinzipien rezensioneller Überarbeitung, durch die der Weg zur vorrezensionellen Textform auf Grund der Ausscheidung der Rezensionselemente geöffnet wird. Als wichtigstes Rezensionsprinzip, das als das erste Kriterium der Textherstellung bestimmt werden muss, gilt auch für Esdr II die rezensionelle Rückbewegung zum masoretisch überlieferten hebräischen bzw. aramäischen Original durch die (hexaplarisch-) lukianische Rezension. Das beste äussere Kriterium für die Bestimmung solcher Rezensionselemente ist ihre Bezeugung durch die genuin (hexaplarisch-) lukianischen Zeugen. Da diese Rezension in geringerem Masse aber auch in die übrige Überlieferung eingedrungen ist – das gilt vor allem für den B-Text –, muss die Übereinstimmung mit 𝔐 in vorsichtiger Weise auch als inneres Kriterium – das heisst unabhängig von ihrer Bezeugung – für die Textrekonstruktion in Anspruch genommen werden. Doch ist in diesem Fall die Entscheidung über den ursprünglichen Text durch die Tatsache erschwert, dass der allgemeine Übersetzungscharakter schon der ursprünglichen Textform von Esdr II in einer weitgehenden Treue gegenüber der – 𝔐 nahestehenden – hebräischen bzw. aramäischen Vorlage besteht. Darum muss hier das Verhältnis zwischen äusserer und innerer Kritik in anderer Weise bestimmt werden: Als äusseres Kriterium der Bezeugung ist das Zusammengehen der beiden voneinander in starkem Masse unabhängigen Rezensionen *a* und *b* ein stärkeres Argument für Ursprünglichkeit als die Bezeugung durch den B-Text – auch dieser Befund, in dem sich die vorliegende Untersuchung am stärksten von der den B-Text bevorzugenden Textherstellung von A. Rahlfs unterscheidet, stimmt mit der Überlieferung von Esdr I überein[2] –, und als inneres Kriterium der Entscheidung nach dem ursprünglichen Übersetzungscharakter muss ein differenzierteres Gesetz der Übersetzungstechnik, mit einiger Konsequenz durchgehaltene Regeln der Morphologie, der Syntax und der Wortäquivalenz, gesucht werden.

Die Bestimmung des Textcharakters der Rezensionen, (S^c-Syh) -*L'* La Got, *a*, *b*, und der von rezensionellen Eingriffen relativ freien Zeugen, B (bzw. B' Aeth), S, A, V, 55, 58, 119, Arm, ist die Voraussetzung für die nach äusseren und nach inneren Kriterien zu treffende Entscheidung über den ursprünglichen Text in den nach Überlieferung und Bedeutung umstrittenen Fällen.

---

[1]) Vgl. 2.1.1.3.-2.1.1.3.3., S.220ff. und FS Frede Thiele, FS Bogaert.
[2]) Vgl. 2.1.2.1. (S.291-295) und 3. (S.309-314), Esdr I Einl. S. 32, TGE S. 44-54. Der gleiche textgeschichtliche Befund gilt auch für Idt (vgl. ed. Einl. S. 25, TGI S. 75-77) und Tob (vgl. ed. Einl. S. 35, TGT S.68f.).

2. Die Textformen der Rezensionen und der Unzialen mit abhängigen Minuskeln

2.1. Die Rezensionen

2.1.1. Die lukianische Rezension und das Problem ihres Verhältnisses zur hexaplarischen und zur altlateinischen Überlieferung

$(S^c\text{-Syh})\text{-}L'$ (= 19-93-108-121; L = 19-93-108; 19' = 19-108) La^{123} Got

Das schwierigste Problem der Geschichte des Esdr II-Textes besteht darin, dass für diese Übersetzung die Existenz der bedeutsamsten und für die christliche Tradition grundlegenden Rezension der dem palästinensischen Kanon angehörenden Bücher der LXX, der hexaplarischen des Origenes, durch den Kolophon des Korrektors des codex Sinaiticus[1] zwar bezeugt und in den Korrekturen dieser Handschrift und in den syrohexaplarischen Fragmenten[2] überliefert ist, dass diese Überlieferung aber sowohl ihrem Umfang als auch ihrem Charakter nach als dermassen bruchstückhaft und ungesichert erscheint – rezensionelle Korrektur eines Textes durch supralineare und marginale Noten kann ihrem Wesen nach nur eklektisch sein; das Mittelglied einer Sekundärübersetzung bringt notwendig eine Nivellierung des ursprünglichen Textcharakters mit sich –, dass die Verifizierung dieser Rezension auf Grund der Überlieferung und an Hand der in anderen Büchern nachgewiesenen Rezensionsprinzipien nur in äusserst beschränktem Masse möglich ist.

Hinsichtlich des Umfanges lässt sich die Untersuchung der hexaplarischen Überlieferung für die Tradition des S-Korrektors erst ab Esdr II 9$_{11}$ durchführen, für die syrohexaplarische Tradition nur für die Stellen Esdr II 11$_{1-4}$ ἡμέρας 12$_{1-8}$ 14$_7$(4$_1$)-9(4$_3$) 14$_{16}$(4$_{10}$)-22(4$_{16}$) 16$_{15-16}$ 18$_{1-18}$ 19$_{1-3}$[3].

Hinsichtlich des Charakters ist die Übereinstimmung mit der lukianischen Rezension so tiefgreifend, dass die Frage nach einem genuin hexaplarischen Charakter nur auf Grund einer vorgängigen Verifizierung der als vollständige Textform überlieferten lukianischen Rezensionselemente beantwortet werden kann, derer Vergleichung mit den hexaplarisch mitbezeugten erst eine Unterscheidung dessen ermöglichen kann, was an lukianischem Gut aus der hexaplarischen Rezension übernommen und was als genuin lukianisch zu

---

[1]) Vgl. ed. Esdr II Einl. S. 8f.
[2]) Vgl. ed. Esdr II Einl. S. 13f.
[3]) Vgl. ed. Esdr II Einl. S. 8 und 14.

bestimmen ist, bzw. was als beiden Rezensionen gemeinsames Rezensionsprinzip und was als Eigentümlichkeit der einen oder der anderen Rezension erklärt werden muss.

Nun ist aber für Esdr II die Verifizierung des Charakters der lukianischen Rezension als Ausgangspunkt der Frage nach den Resten genuin hexaplarischen Gutes durch ein weiteres textgeschichtliches Phänomen erschwert: durch die in einer dem frühen 11. Jh. angehörenden Handschrift tradierte altlateinische Übersetzung, der gegenüber, da ihr eindeutig lukianischer Charakter teilweise eine noch stärkere Rückbewegung zum masoretisch überlieferten Original aufweist, als es bei den griechischen lukianischen Zeugen der Fall ist, die Frage nach Zeit und Herkunft ihrer Sonderüberlieferung sich in gleicher Weise stellen muss wie gegenüber dem hexaplarisch überlieferten Gut.

Die Frage lautet grundsätzlich: Lässt sich für Text und Textgeschichte von Esdr II auf Grund der lukianischen, der hexaplarischen und der altlateinischen Überlieferung eine Periodisierung rezensioneller Korrekturen nach dem hebräischen bzw. aramäischen Original verifizieren, nach der sich eine v o r den christlichen Rezensionen liegende Tradition der rezensionellen Rückbewegung zum Original von der hexaplarischen und der lukianischen Tradition unterscheiden lässt, oder ist an Stelle einer solchen als vorlukianisch und vorhexaplarisch zu bestimmenden Tradition, die zuerst aus der der masoretisch überlieferten Vorlage am nächsten stehenden altlateinischen Tradition zu eruieren wäre und der gegenüber sich die Frage stellte, ob sie in starkem Mass mit dem ursprünglichen Übersetzungstext identisch sein könnte, eine Periodisierung rezensioneller Arbeit zu postulieren, nach der die in der altlateinischen Überlieferung erkennbare weitgehendste Übereinstimmung mit dem Original die letzte Stufe einer von der hexaplarischen und der lukianischen Tradition ausgehenden fortschreitenden Annäherung an die masoretisch überlieferte Textform des Originals darstellte?

Es ist die Frage, die sich in der Geschichte der Septuaginta-Forschung zuerst als das „vorlukianische Problem" stellte. Sie stellt sich für die Arbeit der Göttinger Septuaginta hinsichtlich der textgeschichtlich bereits aufgearbeiteten Überlieferung, da die Existenz einer eigentlichen lukianischen Rezension im Pentateuch umstritten bleibt und da der Charakter dieser Rezension in den prophetischen Büchern vor allem durch die enge Zuordnung zur hexaplarischen Rezension, nicht zu vorlukianischer Überlieferung, bestimmt ist, zum ersten Mal für Text und Textgeschichte von Esdr II in der durch die Aufarbeitung der ganzen Texttradition erforderten Schärfe. Sie kann in diesem Zeugnis aber, da von den beiden Kriterien, die als Mittel der Ausscheidung vorlukianischen Gutes gelten, die Textformen der Vetus Latina und des Josephus, die letztere fast ganz ausfällt[1], die „altlateinische" Überlieferung dem Alter ihrer Bezeugung nach aber nachlukianisch ist – hier lassen erst die übrigen historischen Bücher eine neue Textgrundlage erwarten –, nicht vom dokumentarischen Nachweis einer vorhexaplarisch christlichen bzw. einer jüdisch vor- oder ausserchristlichen Tradition rezensioneller Bearbeitung ausgehen.

---

[1]) Vgl. ed. Esdr II Einl. S. 21f.

Ein drittes Kriterium der Ausscheidung vorhexaplarischen bzw. vorlukianischen Gutes, das der gleichen Tendenz rezensioneller Rückbewegung zur hebräischen bzw. aramäischen Vorlage zuzurechnen wäre, die erst in der letzten Periode der Septuagintaforschung bekannt gewordene chronologisch als vorhexaplarisch erwiesene handschriftliche Überlieferung jüdischen oder urchristlichen Ursprungs, die bereits an die hebräische Vorlage angleichende Rezensionselemente enthält, fällt für das 2. Esrabuch aus: seine ältesten handschriftlichen Zeugen, B und S, gehören dem 4. Jh. n. Chr. und damit einer Zeit an, in welcher der Einfluss sowohl hexaplarischer als auch lukianischer Tradition nicht mehr ausgeschlossen ist.

2.1.1.1. Die lukianische Rezension

Der **allgemeine Charakter** der lukianischen Rezension von Esdr II manifestiert sich in den ihr Wesen bestimmenden Rezensionsprinzipien der Angleichung an die hebräische bzw. aramäische Vorlage, der stilistischen Textglättung und der attisierenden Tendenz, denen gegenüber abweichende Texteingriffe, wie Änderungen gegen die zu postulierende Vorlage, die nicht als stilistische Verfeinerung erklärbar sind, Einführung späthellenistischer Wortformen und Bewahrung früher Textverderbnisse von untergeordneter Bedeutung sind.

Der **besondere Charakter** dieser Rezension in Esdr II besteht in der auf den gleichen Rezensionsprinzipien beruhenden Übernahme von Traditionsgut aus Esdr I, das dort entweder der ursprünglichen Textform oder bereits lukianischer Bearbeitung von Esdr I zugehört.

Sowohl hinsichtlich des allgemeinen als auch hinsichtlich des besonderen Charakters kann sich die Darstellung im Vergleich mit der entsprechenden Erörterung für Esdr I[1] auf die Zusammenstellung charakteristischer Beispiele beschränken.

2.1.1.1.1. Die Korrekturen nach der hebräischen Vorlage von 𝔐

Von den **Korrekturen nach** 𝔐 treten am häufigsten die **Zusätze** auf: 1₁₁ ἀπὸ τῆς ἀποικίας] μετα της αναβασεως τ. απ. *L* Aeth⁻ᴮ (sim) Arm = 𝔐 (עם העלות הגולה) 4₁₄ init] pr ※ 119; pr νυν (και νυν Compl) ουν καθως αλας του ναου ηλισαμεθα *L'* Compl = 𝔐 (כען כל־קבל די־מלח היכלא מלחנא); pr *nunc ergo ppls quomodo tēpli collectus est* La¹²³ 2 4₁₇ Καί 1⁰] του λογου ον (*verbum et* La¹²³) *L* La¹²³ Compl = 𝔐 (פתגמא) 5₅ θεοῦ] + εγενοντο *L* Arm Compl = 𝔐 (הות) 15 εἰς τὸν τόπον αὐτῶν (εις τ. εαυτων τοπον B' Ra.)] και ο οικος του θεου (om του θεου La = Pesch) οικοδομηθητω εις τον εαυτου (αυτου Compl; post τοπον tr 121) τοπον (*loco suo* pro εις – fin La) *L'* La¹²³ Compl = 𝔐 (ובית אלהא יתבנא על־אתרה): cf Esdr I 6₁₈ 6₁ ὅπου ἡ γάζα κεῖται] ου αι γαζαι (γανζαι 93) εκειντο εκει *L* La¹²³ (sim) Compl = 𝔐 (די גנזיא מהחתין תמה) 12₈ fin] + επ εμε *L* La¹²³ Compl = 𝔐 (עלי) 14₆ (13₃₇) ἀνομίαν] + αυτων (∩ αυτων sq La Aeth) και

---

[1] TGE 2.1.1. (S. 20-28).
[2] Zur Asterisierung in 119 vgl. S.190 Anm.4.

η αμαρτια αυτων εκ προσωπου σου (+ *et* Aeth) μη εξαλειφθειη (-ληφθ. 19; -θιη 108; -θει 93) οτι παρωργισαν (παροργ. 93) εναντιον των οικοδομουντων και ωκοδομησαμεν (οικ. 93; *aedificaver̄* La) το τειχος (*muros ∩ muros* pro τειχος ∩ τειχος sq La) και συνηφθη (-θει 93) παν το τειχος εως του ημισους αυτου (> La = 𝔐) και εγενετο η καρδια του λαου ωστε οικοδομησαι (*ad opus* pro ωστε οικ. Aeth: cf 𝔐) *L* La[123] Aeth[-B] (sim) Arm[Oskan] (sim) Compl (ανομιαν – εξαλειφθειη hab et Lucif parc 222) = 𝔐 (13₃₇ וְהַחֲטָאתָם -38 fin) 14₂₃ (17) ἐγώ] + και οι αδελφοι μου και τα παιδαρια (*pueri mei* La[123] Aeth = 𝔐) *L* La[123] Aeth[-B] Compl = 𝔐 (וְאַחַי וּנְעָרַי) 15₁₆ καὶ πάντες οἱ συνηγμένοι] *omnes pueri mei collecti* La[123] = 𝔐 (וְכָל־נְעָרַי קְבוּצִים); pr και τα παιδαρια μου *L* Aeth[A] Got 17 οἱ Ἰουδαῖοι] + και (+ *omnes* Aeth[A]) οι αρχοντες *L* La[123] Aeth[A] (lib) Got Compl = 𝔐 (וְהַסְּגָנִים) 17₄ πλατεῖα] π. χερσι(ν) *L* Compl = 𝔐 (רְחֹבַת יָדַיִם): cf Gen 34₂₁; *late defusa* La[125] (hab *lata* La[123]) 18₁₇ μεγάλη] + σφοδρα *L'* La[123] (hab Syh) = 𝔐 (מְאֹד) 19₃ καὶ ἦσαν ἐξαγορεύοντες τῷ κυρίῳ] *per quartum diei et quartum pronuntiantes* La[123] = 𝔐 (רְבִעִית הַיּוֹם וּרְבִעִית מִתְוַדִּים); το τεταρτον της ημερας και ησαν εξαγ. τω κ. το τεταρτον της ημερας *L* Compl 5 Καδμιήλ] κεδμιηλ (κεδμιηλ 93) βονν(ε)ιας σαραβιας σαβανιας (σοβ. Compl) ωδουιας σεχενιας φεσσ(ε)ιας (pro φε(θ)θ(ε)ιας: cf 10₂₃) *L* Compl; *cedmiel boonnias et tatabain assarbeas odias sechenias phetias* La[123]: cf 𝔐 (קַדְמִיאֵל בָּנִי חֲשַׁבְנְיָה שֵׁרֵבְיָה הוֹדִיָּה שְׁבַנְיָה פְתַחְיָה) 22 αὐτοῖς 2⁰] + εις προσωπον *L*: cf 𝔐 (לְפָאָה); + *per singulas personas* La[125] (hab La[123]) 23-24 καὶ ἐκληρονόμησαν αὐτήν] του εισελθειν και κληρονομησαι (*introeuntes consequerentur* La[123]; *et ingressi possiderunt* La[125]) και εισηλθον (*introirent* La[123]) οι (> Compl) υιοι αυτων (> La[125] = 𝔐; *ipsi* pro οι υιοι αυτων La[123]) και εκληρονομησαν την γην *L* La[123 125] Compl = 𝔐 (לָבוֹא לָרֶשֶׁת וַיָּבֹאוּ הַבָּנִים וַיִּירְשׁוּ אֶת־הָאָרֶץ) 25 και 2⁰] pr και γην πιονα (*pinguem* La[123]; *plurimam* La[125]: pro πλειονα ?) *L* La[123 125] Compl = 𝔐 (וַאֲדָמָה שְׁמֵנָה) 28 ἐν οἰκτιρμοῖς σου πολλοῖς (29) καί] εν τοις οικ. σου τοις πολλοις και εν καιροις (*mia tua et multis temporibus et* La[123]; *pietatibus multis temporibus et* La[125]) *L* La[123 125] Compl: cf 𝔐 (כְּרַחֲמֶיךָ הָרַבִּים עִתִּים וּ) 29 καί 2⁰] pr αυτοι δε υπερηφανευσαντο (*spreverunt* La[125]: ex *supbi fuerunt* (sic La[123])) *L'* La[123 125] Arm (sim) Compl = 𝔐 (וְהֵמָּה הֵזִידוּ) ἡμάρτοσαν (-τον *L*)] + εν αυτοις *L* La[123] = 𝔐 (בָּם) (hab La[125])) 20₃₇(₃₈) ἡμῶν 1⁰] + και τας απαρχας (*in primitias* pro και τ. απ. La) ημων *L* La[123] Compl = 𝔐 (וּתְרוּמֹתֵינוּ).

Als besondere Arten von Zusätzen nach 𝔐 erscheinen oft die Eintragungen im ursprünglichen Text meist aus stilistischen Gründen nicht übertragener Pronomina: 6₈ τῶν Ἰουδαίων] + εκεινων *L* Compl = 𝔐 (אֵלֶּה) 17 τοῦ οἴκου τοῦ θεοῦ] + τουτου *L* Compl = 𝔐 (דְּנָה) 7₁₄ συμβούλων] + αυτου *L* La[123] Aeth Compl = 𝔐 (יַעֲטֻהִי) 25 τοῦ θεοῦ 1⁰] + σου *L* 55 = 𝔐 (אֱלָהָךְ) 9₅ τὸν θεόν] + μου *L* La[123] Compl = 𝔐 (אֱלֹהָי) 16₁₄ ὁ θεός] + μου *L* La[123 125] Compl = 𝔐 (אֱלֹהַי) 20₃₇ (38) τοῦ θεοῦ] + ημων *L* La[123] Compl = 𝔐 (אֱלֹהֵינוּ) 23₁₄ κυρίου θεοῦ] κ. (> *L* 55 La[123] = 𝔐) του (> 55) θεου μου *L'* 55 La[123] Compl = 𝔐 (אֱלֹהַי) 22 ὁ θεός] + μου *L* La[123] Compl = 𝔐 (אֱלֹהַי) 26 τῷ θεῷ] + αυτου *L* La[123] = 𝔐 (לֵאלֹהָיו) 29 ὁ θεός] + μου *L* La[123] Compl = 𝔐 (אֱלֹהַי) 10₁₄ κριταί] + αυτων *L*; *eius* La[123] = 𝔐 (שֹׁפְטֶיהָ) 12₂ καί 2⁰] συ δε *L'* Compl; *tu enim* La[123]: cf 𝔐 (וְאַתָּה) 14₈ (2) πάντες] pr αυτοι (*omnes illi* La) *L* La[123]: cf 𝔐 (כֻּלָּם) 17 (11) χειρί] + αυτου *L* = 𝔐 (יָדוֹ);

+ *eorum* Aeth   15₁₁ ἐξενέγκατε] pr υμεις L = 𝔐 (אתם)   13₁ ἡγίασαν 2⁰] + αυτον L Compl = 𝔐 (קדשׁוהו)   23₂ καταράσασθαι] + αυτον L La¹²³ = 𝔐 (לקללו); + αυτους Aeth Arm Compl = Pesch ᵃᵖ.

Seltener sind die lukianischen T i l g u n g e n nach 𝔐. Das ist darin begründet, dass der ursprüngliche Text der Übersetzung wohl mehrfach – meist auf eine von 𝔐 abweichende Vorlage zurückgehende – Textverkürzungen gegenüber 𝔐 aufweist, selten aber Erweiterungen. Diese beruhen zuweilen auf einer 𝔐 gegenüber als ursprünglich zu bestimmenden Textform, wie 8₅ Ζαθοὴς Σεχενίας] σεχενιου (*seccenniae* La; Aeth sim) 93-108 La¹²³ Aeth Compl = 𝔐 (om v 5 B′ 19 731* (non 68): homoiot), und – bei vom B-Text mitbezeugter Korrektur nach 𝔐 – 8₁₀ Βααvὶ Σελιμούθ] σαλημωθ (σαλειμουθ B Ra.) B′ L Aeth = 𝔐 (om v 9-10 La¹²³)¹, zuweilen auf Texttransformation, die entweder auf die Vorlage des Übersetzers zurückgeführt werden muss, wie wahrscheinlich die Einfügung des Namens Ἐσδρά in die Heimkehrer unter Serubbabel 17₇ om Ἐσδρά L Compl = 𝔐 (deest La¹²³), oder hinsichtlich ihrer Herkunft – ob von 𝔐 abweichende Vorlage oder Interpretation des Übersetzers – nicht mehr bestimmt werden kann, wie die Negierung der Aussage in 15₁₆ ἐν ἔργῳ τοῦ τείχους τούτων οὐκ ἐκράτησα] εν ε. του τ. τουτου κατισχυσα L Got Compl = 𝔐 (*illius* pro τούτων hab et La¹²³)² und die Einfügung der Präpositionen ἐν in 17₃ οἰκούντων ἐν Ἱερουσαλήμ] om ἐν L La¹²³ Arm = 𝔐 (ישׁבי ירושׁלם) und εἰς in 22₂₈ κυκλόθεν εἰς Ἱερουσαλήμ] om εἰς L 119 La¹²³ Aeth Arm Compl = 𝔐 (סביבות ירושׁלם).

Häufig sind dagegen wieder die lukianischen U m s t e l l u n g e n nach 𝔐, denen gegenüber die ursprüngliche Wortfolge der Übersetzung meist stilistisch motiviert ist: 1₁ ἐν τῷ πρώτῳ ἔτει] εν ετει τω πρωτω L La¹²³ Compl = 𝔐   2₂ ἀνδρῶν ἀριθμός] tr L La¹²³ Compl = 𝔐   4₃ ἡμῖν καὶ ὑμῖν] υμιν και (*sed* La: *mend* pro *et*) ημιν L 236 46 La¹²³ Cyr = 𝔐³   14₁₄ ₍₈₎ μνήσθητε / τοῦ θεοῦ ἡμῶν τοῦ μεγάλου καὶ φοβεροῦ] tr (*dnm* pro τοῦ θεοῦ

---

¹) Vgl. TGE S. 14 Anm. 1; zum Verhältnis des B-Textes zu L im folgenden S.309-311.

²) Die Negation ist vom Kontext her zu erklären: Da Nehemia im Vorangehenden und im Folgenden beteuert, im Unterschied zu seinen Vorgängern das Volk nicht bedrückt zu haben, wird das Verbum, das seine Teilnahme am Mauerbau bezeichnet, החזקתי – entsprechend הכבידו in v. 15 – im Sinn von „bedrücken" missverstanden. Diese Uminterpretation erfordert aber sowohl die Negierung der Aussage als auch die Nennung des Objekts der Bedrückung – „beim Bau der Mauer habe ich sie nicht bedrängt" –, das aus dem die Mauer determinierenden Pronomen, החומה הזאת, herausgelesen wird. Beides, Negierung und Umdeutung des Pronomens, lässt sich bei diesem Übersetzer schwerlich aus der masoretischen Vorlage erklären. Die nur halb eingerenkte Korrektur nach 𝔐 in La¹²³ – Beziehung des Pronomens auf die Mauer, aber Beibehaltung der Negation – setzt eine von 𝔐 abweichende Vorlage voraus.

³) Die lukianische Bezeugung, die für bewusste Korrektur nach 𝔐 spricht, widerrät es auch an anderen Stellen, diesen Wechsel vorschnell als Itazismus zu erklären und dementsprechend gegen die Überlieferung nach 𝔐 zu korrigieren. Der ursprüngliche Text der Parallelstelle in Esdr I (5₆₇), wo ich trotz schwacher Bezeugung, vor allem auf Grund des B-Textes (B′), der mit dem Homoioteleuton-Ausfall von καὶ ἡμῖν mit La^C für die Wortfolge ὑμῖν καὶ ἡμῖν eintritt, mit Rahlfs die masoretische Textform als ursprünglich aufgenommen habe, bleibt umstritten; vgl. ed Esdr II Einl. S. 45.

ἡμῶν La = 𝔐) L La¹²³ = 𝔐   15₁₃ ἔσται οὕτως tr L La¹²³ = 𝔐   18₅ ὅτι αὐτὸς ἦν ἐπάνω τοῦ λαοῦ] οτι αυτος (> La = 𝔐) επανω του λαου παντος ην L La¹²³: cf 𝔐   19₆ σοὶ προσκυνοῦσιν / αἱ στρατιαὶ τῶν οὐρανῶν] tr L La¹²³ Spec PsVig Var = 𝔐   27 ἀνεβόησαν πρὸς σὲ / ἐν καιρῷ θλίψεως αὐτῶν] tr (θλιψεων 19'; *praessura* pro κ. θλίψεως La) L La¹²³ Aeth (sim) = 𝔐 (hab La¹²⁵)   23₁₈ ἐπ' αὐτοὺς / ὁ θεὸς ἡμῶν] tr (om ἡμῶν 19 Aeth (vid)) L Aeth: cf 𝔐   21 ἐκτενῶ τὴν χεῖρά μου ἐν ὑμῖν] την χειρα μου (> La = 𝔐) επιβαλω εφ υμας (ημας 19') L La¹²³ = 𝔐.

Was die syntaktischen Erscheinungen anbetrifft, lassen sich die lukianischen Texteingriffe nicht mehr mit gleicher Deutlichkeit nach dem Kriterium der Angleichung an die hebräische bzw. aramäische Vorlage erklären. Das ist der Grund dafür, dass hier das zweite lukianische Rezensionsprinzip, die Angleichung übersetzungstechnisch bedingter Härten an die griechische Sprachgesetzlichkeit, in stärkerem Masse hervortreten kann. Doch darf diese lukianische Eigentümlichkeit nicht einer bewussten Tendenz der Entfernung von der hebräischen bzw. aramäischen Vorlage zugerechnet werden, sondern höchstens einer bewussten Unterscheidung dessen, was als Korrektur nach 𝔐 notwendig ist, von Erscheinungen, die in dieser Hinsicht als indifferent bestimmt werden: Das Prinzip der Angleichung an 𝔐 ist dem Prinzip der Gräzisierung übergeordnet.

Das Überwiegen der Gräzisierung gilt vor allem für das lukianische Prinzip der Artikelsetzung, wo in Esdr II – im Unterschied zur Überlieferung von Esdr I, in der das hebraisierende Prinzip der Korrektur nach 𝔐 eindeutig überwiegt[1], – fast ausschliesslich Korrekturen der Artikelsetzung nach der griechischen Sprachgesetzlichkeit, vor allem die Setzung des Artikels bei den im ursprünglichen Übersetzungstext oft entsprechend dem hebräischen status constructus artikellos formulierten Genitivverbindungen[2] überliefert sind. Da diese der lukianischen Rezension von Esdr II eigentümliche gräzisierende Artikelsetzung in Esdr I weitgehend durchgehaltenes Prinzip der ursprünglichen Übersetzung ist, lässt sich hier die lukianische Intention von Esdr II in den Fällen, wo der entsprechende Ausdruck auch in Esdr I überliefert ist, sowohl als von Esdr I unabhängiges Prinzip als auch vom Vergleich mit der Textform von Esdr I her erklären, die dann für die lukianische Rezension von Esdr II in bestimmtem Masse als Autorität zu gelten hätte: 14 ἄνδρες τοῦ τόπου αὐτοῦ (אנשי מקמו)] pr οι (om αὐτοῦ 93) L 46-64-381-728   οἶκον τοῦ θεοῦ (בית האלהים)] pr τον L: cf Esdr I 2₆   21 πόλιν αὐτοῦ (עירו)] pr την L Compl   69 θησαυρὸν τοῦ ἔργου (אוצר המלאכה)] pr τον L': cf 17₇₁   70 πόλεσιν αὐτῶν 1⁰ (עריהם)] pr ταις L 71 Compl   2⁰] pr ταις 19': cf 17₇₃ 18₁   34 ἡμέρᾳ αὐτοῦ] pr τη L Compl: cf 22₄₇   45 βουλὴν αὐτῶν (עצתם)] pr την L Compl (hab Cyr)   68 ὑπαρχόντων βασιλέως (נסכי מלכא)] των υπ. του βασ. L Compl   71₄ χειρί σου (ידך)] pr τη L   82₂ καὶ κράτος αὐτοῦ καὶ θυμὸς αὐτοῦ (ועזו ואפו)] η δε ισχυς αυτου και ο θυμος αυτου L: cf Esdr I 85₂   91₃ ἐν ποιήμασιν ἡμῶν τοῖς πονηροῖς καὶ ἐν πλημμελείᾳ ἡμῶν τῇ μεγάλῃ (במעשינו הרעים ובאשמתנו הגדלה)] εν τοις εργοις ημ. τ. π. και εν τη πλ. ημων τη μ. L: cf Esdr I 88₃

---

[1]) Vgl. TGE S. 22f.
[2]) Vgl. Bl.-Debr. 259.

10₁₁ λαῶν τῆς γῆς (עַמֵּי הָאָרֶץ)] pr των L 71 98 381: cf Esdr I 9₉   12₂₀ δοῦλοι αὐτοῦ (עֲבָדָיו)] pr οι L   13₁ θύρας αὐτῆς (דַּלְתֹתָיו)] pr τας L: cf 3 6 13 14   πύργου τῶν ἑκατόν (מִגְדַּל הַמֵּאָה)] pr του L   30 γαζοφυλακίου αὐτοῦ (נִשְׁכָּתוֹ)] pr του L 44   14₁₆ (10) ἥμισυ τῶν ἐκτετιναγμένων (חֲצִי נְעָרַי)] το ημ. των παρατεταγμενων L   ἥμισυ αὐτῶν (חֶצְיָם)] pr το L   15₁ κραυγὴ τοῦ λαοῦ (צַעֲקַת הָעָם)] pr η L 98-243-248-731 Ald Compl Sixt   γυναικῶν αὐτῶν (נְשֵׁיהֶם)] pr των L   17 τράπεζάν μου (שֻׁלְחָנִי)] pr την L' 107   16₁₉ λόγους μου (דְּבָרַי)] pr τους V L   18₁₈ βίβλῳ νόμου τοῦ θεοῦ (סֵפֶר תּוֹרַת הָאֱלֹהִים)] τω β. του ν. του θεου L   19₁₉ οἰκτιρμοῖς σου (רַחֲמֶיךָ)] pr τοις L: cf 27 28 31   20₂₈ (29) γυναῖκες αὐτῶν (נְשֵׁיהֶם)] pr αι L   υἱοὶ αὐτῶν (בְּנֵיהֶם)] pr οι 93-108 610   θυγατέρες αὐτῶν (בְּנֹתֵיהֶם)] pr αι L   21₂₅ ἀγρῷ αὐτῶν (שָׂדָם)] τοις αγροις αυτων 93-108 (deest 19)   27 ἐγκαινίοις τείχους Ἰερουσαλήμ] τοις εγκ. του τ. ιερ. L   23₅ ἀπαρχὰς τῶν ἱερέων (תְּרוּמַת הַכֹּהֲנִים)] pr τας L.

Als Gräzisierung und nicht als Angleichung an 𝔐 muss darum auch die in der lukianischen Rezension mit weitgehender Konsequenz durchgeführte Artikelsetzung bei Infinitivkonstruktionen mit ל bestimmt werden, die im ursprünglichen Übersetzungstext oft vermieden wird[1]. Das bestätigen einige nur innergriechisch syntaktisch, nicht übersetzungstechnisch erklärbare Fälle, in denen entgegen der allgemeinen Tendenz die Artikelsetzung in der lukianischen Rezension vermieden wird: In 7₁₀ ποιεῖν καὶ διδάσκειν (לַעֲשֹׂת וּלְלַמֵּד) wird του von L zwar vor ποιεῖν eingesetzt, nicht aber vor διδάσκειν, um die Zusammengehörigkeit der beiden Infinitive gegenüber der vorangehenden Formulierung ζητῆσαι τὸν νόμον zu kennzeichnen. Der gleiche Fall liegt in 20₂₉ (30) φυλάσσεσθαι καὶ ποιεῖν (לִשְׁמוֹר וְלַעֲשׂוֹת) im Verhältnis zur vorangehenden mit τοῦ πορεύεσθαι beginnenden Infinitivkonstruktion vor: L fügt den Artikel του nur vor φυλάσσεσθαι ein[2]. Eine ähnliche, die ursprüngliche Übersetzungsform verdeutlichende Gliederung wird in 9₉ von der lukianischen Rezension dadurch herbeigeführt, dass der Artikel του von L Compl nur vor δοῦναι 1° eingesetzt wird, nicht vor ἀναστῆσαι. Eine Verdeutlichung dieser Art, mit Wechsel im Ausdruck verbunden, liegt auch in 14₈ (2) ἐλθεῖν καὶ παρατάξασθαι (לָבוֹא לְהִלָּחֵם)] του ελθειν και πολεμησαι L (om καί B' S La¹²³ Aeth (vid) Sixt Ra. = 𝔐) vor; durch den Artikel wird auch erst eindeutig der vorangehende Adverbialausdruck ἐπὶ τὸ αὐτό entsprechend 𝔐 dem vorangehenden Satzteil zugeordnet. Von der hebräischen Vorlage her dürfte die lukianische Umformulierung des Ausdrucks ἐνέγκαι ἕνα ἀπὸ τῶν δέκα

---

[1]) Zur Frage der Wiedergabe von ל und אֵת mit Artikel in der hexaplarischen Rezension vgl. ed. Est Einl. S. 73.

[2]) Wenn Hs. 93 den Artikel του in 7₁₀ auch vor ζητῆσαι und in 20₂₉ (30) vor ποιεῖν setzt, dann ist hierin, da im letzteren Falle das lukianische Stilprinzip aufgehoben wäre, eher ein sekundäres Stadium der lukianischen Tradition zu sehen. Hs. 93 kann zwar zuweilen, da die engere Verwandtschaft zwischen 19 und 108 auch auf fehlerhafter Tradition beruhen kann, als einziger Zeuge der genuin lukianischen Textform auftreten; sie muss aber auch immer wieder – entsprechend ihrem Charakter als hexaplarischer Zeuge in Est (vgl. ed. Einl. S. 66) – als Vertreter einer sekundären Weiterführung bzw. Abwandlung lukianischer Rezensionsprinzipien gewertet werden; vgl. S.13 Anm.3.

καθίσαι (לשבת להעשרה מן־אחד להביא) in 21₁₁ zu erklären sein: του ενεγκειν (ενενεγκ. 19) εξ αυτων το δεκατον ωστε οικειν *L* La¹²³; aber gerade hier erscheint als Äquivalent für die Präposition ל vor dem Infinitiv nicht der Artikel, sondern die der hebräischen Aussage besser entsprechende Konjunktion ωστε. In gleicher Weise ist von hier her die lukianische Textform der gehäuften Infinitiv-Konstruktion in 23₂₇ ποιῆσαι τὴν πᾶσαν πονηρίαν ταύτην ἀσυνθετῆσαι ἐν τῷ θεῷ ἡμῶν καθίσαι γυναῖκας ἀλλοτρίας] του ποιησαι π. την κακιαν την μεγαλην ταυτην του ασυνθετησαι εν (> 19) τω θ. ημων ωστε επιστρεψαι γυν. αλλ. *L* La¹²³ zu erklären: Die Setzung des Artikels ist stilistisch gräzisierend bedingt – die Treulosigkeit (ἀσυνθετῆσαι (למעל)) erklärt, entsprechend dem hebräischen Original und der ursprünglichen Übersetzung, epexegetisch, worin das böse Werk (לעשׂת את כל־הרעה) besteht –; die konsekutive Wiedergabe des Infinitivs להשׁיב aber ist nur durch direkten Rückgang auf die hebräische Vorlage erklärbar: Die Form הִשִׁיב wird, weil in 𝔐 defektiv geschrieben, entgegen der richtigen Vokalisierung von 𝔐, nicht als Hifil von ישׁב, sondern von שׁוב abgeleitet und erfordert darum ein konsekutives Verständnis der Aussage: Das böse Werk der Mischehen wird zum Anlass des Aufrufs, die Verbindung mit den fremden Frauen aufzulösen. Die Fälle, die das lukianische Grundprinzip bezeugen, bei einfacher Infinitiv-Konstruktion mit ל den Artikel einzufügen, sind: 3₇ ἐνέγκαι] του εν. (εξεν. 248; -γκειν *L*) *L′* 71 248 58 Compl   5₁₇ οἰκοδομῆσαι] pr του 19′ 106 (deest 93)   7₁₈ ποιῆσαι] pr του *L*   28 ἀναβῆναι] pr του *L* Compl   8₃₀ ἐνέγκειν] του εν. (ενενεγκ. 19) *L* Compl   10₁₆ ἐκζητῆσαι] pr του *L*   18₁₅ ποιῆσαι] pr του *L* 370   19₂₄ ποιῆσαι] pr του *L′* 119   19₂₆ ₂₉ ἐπιστρέψαι] pr του *L*   36 φαγεῖν] pr του *L* 134*   20₃₃ (34) ἐξιλάσασθαι] του εξιλασκεσθαι *L*   23₇ ποιῆσαι] pr 19′; pr τω 93   13 μερίζειν] pr του *L*   18 βεβηλῶσαι] pr του *L*   23₂₂ ἁγιάζειν] pr του 93-108 (deest 19).

Artikelsetzungen, die der hebräischen bzw. der aramäischen Vorlage entsprechen, sind als lukianische Rezensionselemente aus dem Grund selten, weil sie schon der ursprünglichen Übersetzung eigentümlich sind; in 3₈ μηνί] pr τω *L′* 71 Compl besteht die Angleichung an 𝔐 nur in der masoretischen Vokalisierung (בַחֹדֶשׁ), in 4₁₀ ἐθνῶν] pr των *L* (אמיא)   14 βασιλέως] pr του *L′* (מלכא)   6₁₆ ἀποικεσίας] της αποικιας *L* (גלותא) mag das Fehlen in der ursprünglichen Übersetzung von der – nicht erkannten? – aramäischen Determination her erklärt werden.

Auch die lukianischen Tilgungen des Artikels sind stilistisch motiviert. Das gilt auch für die Fälle, wo die Tilgung der hebräischen Vorlage entspricht, bei einem nomen regens der Vorlage: so in 2₆₁, wo die Formulierung επ ονοματος αυτων *L* (εν ονοματι αυτων B′) für ἐπὶ τῷ ὀνόματι αὐτῶν als Übersetzung des Ausdrucks על־שׁמם sowohl aus der schon im klassischen Griechisch üblichen Stilform bei präpositionalen Wendungen erklärbar ist¹, als auch als lukianische Angleichung an die Parallelstelle 17₆₃, wo die artikellose Form ἐπ'ὀνόματι αὐτῶν nach der Überlieferung zu schliessen ursprünglich ist, die lukianische Korrektur darum nur in der Änderung des Casus besteht (επ (υπ 93) ονοματος αυτων 93-108 (deest 19)) – ein Symptom übersetzungstechnischer Freiheit auch in einer grund-

---

¹) Vgl. Bl.-Debr. 255.

sätzlich texttreuen Übersetzung –; so auch in 22₁₂, wo in der Formulierung ἀδελφοὶ αὐτοῦ οἱ ἱερεῖς καὶ οἱ ἄρχοντες τῶν πατριῶν] ησαν οι αδ. αυτου (οι αδ. αυτου post ιερεις tr La¹²³) οι ιερεις αρχοντες τ. π. L La¹²³ Aeth (sim): cf 𝔐 (היו כהנים ראשי האבות) die lukianische Angleichung an 𝔐 nur in der Tilgung des καί besteht – אחיו dürfte in der Vorlage des Übersetzers an Stelle von היו gestanden haben, der lukianische Zusatz von ησαν wäre demnach eine Form von Dublette –, während die Vermeidung des Artikels vor αρχοντες nicht als Korrektur nach 𝔐, sondern als lukianische Interpretation zu erklären ist: „Seine Brüder, die Priester, waren (zugleich) Häupter der Familien". Stilistische Motive der Harmonisierung oder Interpretation lassen sich auch in den lukianischen Tilgungen des Artikels gegen 𝔐 erkennen: Die Ausstossung des zweiten Artikels in dem Ausdruck 4₁₀ ὁ μέγας καὶ ὁ τίμιος] ο μ. και τ. (εντιμος L) L 107 248 Compl bei aramäischer Determination der Vorlage (רבא ויקירא) beruht auf dem Stilprinzip der Vermeidung der Wiederholung bei auf das gleiche Subjekt (Ἀσενναφάρ) bezogenen Adjektiven. Die artikellose Formulierung in 7₇ οἱ ᾄδοντες καὶ οἱ πυλωροὶ καὶ οἱ ναθινίμ] αδ. και π. και ναθηναιοι L ist, wie die auch lukianisch mit Artikel überlieferten Parallelstellen (2₇₀ 17₁ 7₃ 20₂₈ ₍₂₉₎ ₃₉ ₍₄₀₎ 22₄₅ ₄₇) beweisen, bei denen zahlenmässig determinierte Grössen voranstehen, darin begründet, dass die vorangehend genannten Instanzen eine unbestimmte Zahl umfassen: „von den Söhnen Israels, der Priester und der Leviten", denen nun nach lukianischer Interpretation nicht alle, sondern nur einige der Sänger, Torhüter und Tempelhörigen zugeordnet werden. In dem schon masoretisch verderbten und nur in La¹²³ und Hier ep 34 durch Tilgung des ו vor הרמחים und Verbindung der aufgezählten Waffen als Objekt mit dem Partizip מחזיקים verbesserten Vers 14₁₆ ₍₁₀₎ – *praemuniebant tenentes iacula et scuta* La¹²³; *habebant hastas et scuta* Hier ep 34,4¹ – ist die lukianische Tilgung des Artikels gegen 𝔐, τά vor τόξα (V L 71 b 55 58 Ald Compl Sixt) und οἱ vor θώρακες (V L 98-248 Compl Sixt) lediglich Angleichung an die vorangehende artikellose Aufzählung καὶ λόγχαι καὶ θυρεοί. Die lukianische Tilgung des Artikels in dem Ausdruck ὁ ἱερεὺς φωτίσων (om ὁ 93-108 b 119 Ald Compl Sixt; τοις φωτισμοις και ταις τελειωσεσιν 93-108 Compl (deest 19) für הכהן לאורים ותומים in 17₆₅ ist eher als von einer abweichenden Vorlage an dieser Stelle her als Harmonisierung mit der analogen Aussage in 2₆₃ zu erklären, wo das in 𝔐 einhellig artikellos überlieferte כהן auch in LXX mit Ausnahme von 71-130 44 ohne Artikel bezeugt ist.

Wenn nach Ausweis der dargelegten Fälle das lukianische Rezensionsprinzip bei der Artikelsetzung in überwiegendem Mass als stilistisch gräzisierend oder unabhängig von der hebräischen bzw. aramäischen Vorlage interpretierend bestimmt werden muss, dann zeigen andere syntaktische Erscheinungen an den Stellen, wo die Vorlage übersetzungs-

---

¹) Die Abhängigkeit von LXX zeigt sich in La¹²³ darin, dass die Korrektur nur halb durchgeführt und trotz des fehlenden Prädikats die folgende Aufzählung nach 𝔐 im Nominativ beibehalten wird: *et sagittae et loricae*, während Hier konsequent den Akkusativ setzt: *arcus et thoracas* (vgl. App. in ed. Esdr II).

technisch wiedergegeben werden kann, deutlich, dass das Prinzip der Angleichung an das Original gegenüber dem der syntaktischen bzw. stilistischen Freiheit überwiegt.

Das gilt für die C a s u s r e k t i o n : in 2₆₅ οὗτοι 2°] αυτοις L Compl (hab La¹²³) = 𝔐 (להם)¹, in 17₇₀ wo die Tilgung des Artikels τῷ vor Ἀθερσαθά (cum var) in L 107 46-64-381-728 Ald auf das Fehlen der Präposition ל im 𝔐-Text zurückzuführen ist, der aber התרשתא als Nominativ voraussetzt, während LXX als Genitiv zu verstehen ist, in 14₂ (13₃₄) Αὕτη ἡ δύναμις] και της δυναμεως (> 93) L Aeth⁽⁻ᴮ⁾ Compl = 𝔐 (וחיל), wo der durch den Kontext erforderte Genitiv in der ursprünglichen Übersetzung entweder auf Grund einer von 𝔐 abweichenden Vorlage – הוא für ו – oder auf Grund einer Fehlinterpretation als Nominativ verstanden ist, in 17₅ οἳ ἀνέβησαν] των αναβαντων L: cf 𝔐 (העולים), wo zwar die Übersetzung als Relativsatz in LXX in der masoretischen Vorlage begründet ist, da das vorangehende Nomen היחש wegen des Artikels das Verständnis des partizipialen Ausdrucks העולים als Apposition erfordert, wo aber die lukianische Korrektur nicht nur wegen der Ersetzung des verbum finitum durch das Partizip, sondern auch wegen der Casusrektion – unabhängig davon, ob als Vorlage התיחש an Stelle des masoretischen היחש stand² – als Angleichung an die hebräische Vorlage verstanden werden muss, in 15₃ Ἀγροὶ ἡμῶν καὶ ἀμπελῶνες ἡμῶν καὶ οἰκίαι ἡμῶν, ἡμεῖς διεγγυῶμεν] τους αγρους ημων και τους αμπελωνας ημων και τας οικιας ημων διηνεγγυησαμεν (διενεγυησαμεν 93) L La¹²³, wo in der hebräischen Vorlage die Nomina zwar nicht als Akkusative gekennzeichnet sind und ihre absolute Setzung im Nominativ in der ursprünglichen Übersetzung als Hervorhebung ihrer Bedeutung³ gleicherweise der Aussage des Originals entspricht, wo aber die lukianische Korrektur, obwohl sie auch griechisch eine stilistische Glättung darstellt, zuerst als Entscheidung von der hebräischen Vorlage her, der Abhängigkeit der Nomina von dem Verbum ערב, erklärt werden muss, in 22₄₅ τοὺς ᾄδοντας καὶ τοὺς πυλωρούς] οι πυλωροι και οι ωδοι (πυλ. et ωδοι tr La = 𝔐) L La¹²³, wo die durch den schwerfälligen Nachtrag der beiden Satzsubjekte bedingte Beziehung als Akkusativobjekte auf das Verbum ἐφύλαξαν (וישמרו) in der ursprünglichen Übersetzung eindeutig eine Fehlinterpretation ist, und in 23₃ ἐχωρίσθησαν πᾶς ἐπίμικτος] διεστειλαν (-λεν 108*) τον λαον (omnem La Aeth = 𝔐) τον αναμεμιγμενον (αναμιγ. 19) L La¹²³ Aeth⁻ᴮ Arm (sim) = 𝔐 (ויבדילו כל־ערב), wo die passive Konstruktion in LXX auf fehlende Pleneschreibung in der unvokalisierten Vorlage zurückgeführt werden mag.

---

¹) In der Parallelstelle 17₆₇ ist der Ausdruck להם in der ursprünglichen Übersetzung weggelassen und von L mit εν αυτοις nachgetragen.

²) Vgl. Rudolph S. 11 Anm. 2. Aus der substantivischen Verwendung des Infinitiv in dem Ausdruck התיחשם העלים (8₁) lässt sich hinsichtlich der lukianischen Wiedergabe η γενεαλογια των αναβαντων für οἱ ὁδηγοὶ ἀναβαίνοντες der LXX, da wegen des Pronominalsuffixes der Ausdruck העלים auch hier nur als Apposition verstanden werden kann, weder hier noch in 17₅ ein Schluss auf die hebräische Vorlage der lukianischen Rezension ziehen. Doch lässt die nicht anfechtbare appositionelle Konstruktion in 8₁ fragen, ob Rudolphs Vorschlag, in 17₅ die entsprechende Formulierung in status constructus zu ändern, berechtigt sei.

³) „Unsere Äcker, unsere Weinberge und unsere Häuser, wir mussten sie verpfänden": „nominativus absolute ponitur, ut vim integri membri absolvat" (Schleusner s v διεγγυάω).

Das Überwiegen von Korrekturen nach der hebräischen bzw. aramäischen Vorlage zeigt sich auch in der lukianischen Überlieferung des Numerus beim Nomen, nicht nur in den Fällen, wo dieser Wechsel inhaltlich bedingt ist, wie in 13₈ ἐπὶ χεῖρα αὐτῶν] εχομενα (επι χ. Compl) αυτου L La¹²³ Compl = 𝔐 (עֲל־יָדוֹ), wo das Pronomen in der ursprünglichen Übersetzung (und der bei ihr vorauszusetzenden Vorlage: עַל יָדָם) auf die vorangehend genannte Zunft der Goldschmiede (πυρωτῶν: צוֹרְפִים) bezogen ist, in der lukianischen Rezension entsprechend 𝔐 auf ihren Repräsentanten Ussiel, in 20₃₇ (38) τὸ γαζοφυλάκιον] τα γαζοφυλακια (γανζ. 108) L Compl = 𝔐 (לִשְׁכוֹת), wo der sicher sekundäre Singular (vgl. v. 38 (39)) wahrscheinlich auf fehlender Pleneschreibung in der unvokalisierten Vorlage beruht, sondern auch in den rein stilistisch begründeten Fällen, wo sich der Numeruswechsel, wie in 18₇ ἐν τῇ στάσει αὐτοῦ] εν τη στ. αυτων L Arm = 𝔐 (עַל־עָמְדָם), auf das vorangehende Collectivum ὁ λαός (הָעָם) bezieht, oder wo es sich um generellen Gebrauch des Nomens handelt: 3₅ ὁλοκαυτώσεις] την ολοκαυτωσιν L Compl = 𝔐 (עֹלָה)   7 βρώματα καὶ ποτά] βρωσιν και ποσιν 19' La¹²³ Compl (βρωμασιν και πομασιν 93) = 𝔐 (מַאֲכָל וּמִשְׁתֶּה)   8₂₆ ἐπὶ χεῖρας αὐτῶν] επι χειρα αυτων L = 𝔐 (עַל־יָדָם) 20₃₈ (39) μετὰ τοῦ Λευίτου ἐν τῇ δεκάτῃ τοῦ Λευίτου] μετα των λευιτων εν τω δεκατουν (τη δεκατη Compl) τους λευιτας (των λευιτων Compl) L La¹²³ Compl = 𝔐 (עִם־הַלְוִיִּם בַּעְשֵׂר הַלְוִיִּם)   21₂₅ ἐν ἀγρῷ αὐτῶν] εν τοις αγροις αυτων 93-108 La¹²³ (deest 19) = 𝔐 (בִּשְׂדֹתָם)   22₄₅ φυλακάς 1°] την (> Compl) φυλακην L La¹²³ Compl = 𝔐 (מִשְׁמֶרֶת)   φυλακάς 2°] την φυλακην L La¹²³ = 𝔐 (מִשְׁמֶרֶת)   ὡς ἐντολαί] κατ εντολην L La¹²³ = 𝔐 (כְּמִצְוֺת).

Ähnlich beschaffen wie bei der Casusrektion ist der Charakter der lukianischen Überlieferung bei der Syntax des Verbums: Sowohl bei inhaltlichen Texteingriffen, wie dem Wechsel der Person: 4₁₉ καὶ ἐπεσκεψάμεθα καὶ εὕρομεν] *ut quaererent in libro (libris* Aeth^B) *rerum gestarum et invenimus* Aeth; και επεσκεψαντο και ευρεθη L Compl (hab La¹²³) = 𝔐 (וַיִּבְקְרוּ וְהִשְׁכִּחוּ)   12₁₈ καὶ εἶπα] και ειπον 106* Compl; και ειπαν V 370 = 𝔐 (וָאֹמְרָה) (hab *et aio* 𝔒)); και αυτοι (*illi autem* La) ειπον μοι (> La = 𝔐) L La¹²³ ¹ 18₁₂ ἐγνώρισεν] -σαν L a⁻³⁷⁰ 55 119 Aeth^A = 𝔐 (הוֹדִיעַ) (hab *docuerat* 𝔒))², als auch bei rein formal bedingten Wechseln der Verbalform besteht die lukianische Grundtendenz in der Angleichung der Übersetzungsweise an das Original; beim Wechsel zwischen Infinitiv und verbum finitum: 26₃ τοῦ μὴ φαγεῖν] ινα μη φαγωσιν L La¹²³: cf 𝔐 (אֲשֶׁר לֹא יֹאכֵלוּ)³, zwischen Partizip und Infinitiv: 22₄₄ καὶ τοῖς συνηγμένοις] του συναγαγειν L

---

¹) Ob ειπον in 106* als attische Form der 1. Pers. sing. oder der 3. Pers. plur. zu verstehen ist, lässt sich, da in Hs. 106 weder eine attisierende noch eine an 𝔐 angleichende Tendenz feststellbar ist, nicht mehr entscheiden; sicher ist diese Form aber im Text von Compl, entsprechend ihrem zuweilen mit L gemeinsamen, zuweilen selbständigen Prinzip der Angleichung an 𝔐 als 3. Pers. plur. zu bestimmen. Die lukianischen Zusätze gegen 𝔐, αυτοι und μοι sind eher als auf eine von 𝔐 abweichende Vorlage auf das lukianische Stilprinzip der Verdeutlichung bzw. hier der Unterscheidung von der 1.Pers. sing. zurückzuführen.

²) Zur von Rezension *a* mitbezeugten lukianischen Überlieferung vgl. 3. „Die gegenseitige Zuordnung der Textformen" (3), S.311f.).

³) Die beiden Möglichkeiten der Übersetzung liegen, wie die Parallelstelle 17₆₅ zeigt, wo die Übertragung mit verbum finitum einhellig überliefert ist, innerhalb der Übersetzungsfrei-

Compl = 𝔐 (לכנוס); *ut colligerentur* La¹²³, zwischen verbum finitum und Partizip: 17₆₁ οὗτοι ἀνέβησαν] ουτοι οι αναβαντες (ανα παντες 19) *L* = 𝔐 (אלה העולים)¹   23₂₀ ἐ-ποίησαν πρᾶσιν] οι ποιουντες (*vendentes* La¹²³ = 𝔐) πασαν πρασιν (πραξιν 19′) *L* La¹²³ = 𝔐 (מכרי כל־ממכר)   19₂₉ ἃ ποιήσας αὐτὰ ἄνθρωπος ζήσεται] α ποιησει αυτα (αυτοις 93) αν. και ζ. *L* (deest La¹²³; hab La¹²⁵) = 𝔐 (אשר־יעשה אדם וחיה), auch bei Wechseln dieser Art, die mit tieferen Texteingriffen verbunden sind: mit dem Übergang von verbaler zu nominaler Formulierung: 1₁₁ τὰ πάντα ἀναβαίνοντα μετὰ Σασαβασσάρ] τα π. ταυτα (> Compl = 𝔐) ανηγαγε σαβασαρης (σασαβασαρ Compl) *L* Compl = 𝔐 (הכל העלה ששבצר); *inposuit nabasares* La¹²³   7₁₅ τῷ ἐν Ἰερουσαλὴμ κατασκηνοῦντι] ου το σκηνωμα (+ *est* La) εν ιερ. *L* La¹²³: cf 𝔐 (די בירושלם משכנה)   20₃₈ (39) ἐν τῇ δεκάτῃ τοῦ Λευίτου] εν τω δεκατουν τους λευιτας *L* La¹²³ = 𝔐 (בעשר הלוים); εν τη δ. των λευι-των Compl, verbunden mit Zusätzen nach 𝔐: 19₂₃ καὶ ἐκληρονόμησαν αὐτήν] του εισελ-θειν και κληρονομησαι *L* Compl = 𝔐 (לבוא לרשת); *introeuntes consequerentur* La¹²³; *et ingressi possiderunt* La¹²⁵, und mit von 𝔐 ausgehender völliger Umformulierung: 16₇ ἵνα καθίσῃς ἐν᾽ Ἰερουσαλὴμ εἰς βασιλέα ἐν᾽ Ἰουδά] κηρυσσειν περι σου (om π. σου Aeth⁻ᴮ) εν (> La) ιερουσαλημ λεγοντας οτι εβασιλευσας (*regnavit* pro οτι εβ. La Aeth⁻ᴮ: cf 𝔐) εν (> 93) τη (> 68 Ald) ιουδαια (*in iudea* La) *L* La¹²³ Compl = 𝔐 (לקרא עליך בירושלם לאמר מלך ביהודה).

Einen Sonderfall hinsichtlich der Frage nach dem Verhältnis der lukianischen Rezensionselemente zur masoretisch überlieferten hebräischen bzw. aramäischen Vorlage stellen die so bezeugten W o r t v a r i a n t e n dar: In dem zuerst zu erörternden strengen Sinn dieser Frage nach eigentlichen K o r r e k t u r e n nach 𝔐 kann es sich hier nur um diejenigen lukianischen Varianten handeln, denen im ausserlukianisch bezeugten ursprünglichen Übersetzungstext von Esdr II ein Äquivalent gegenübersteht, das sich, sei es auf Grund einer von 𝔐 abweichenden Vorlage, sei es auf Grund freier Übertragung, eindeutig vom entsprechenden Grundwort des 𝔐-Textes unterscheidet, während eine weitere Kategorie lukianischer Wortvarianten, die nicht als Korrektur nach der hebräischen bzw. aramäischen Vorlage, sondern als eine in Übersetzungstradition gründende von der ursprünglichen Übersetzung abweichende Wortäquivalenz bestimmt werden muss, erst im Zusammenhang der zweiten Frage, ob die lukianische Rezension über die eigentliche

---

heiten der ursprünglichen Übersetzung; die lukianische Korrektur in 2₆₃ könnte darum auch aus dem Prinzip der Harmonisierung erklärt werden.

¹) Hier ist die 𝔐 entsprechende partizipiale Formulierung in der Parallelstelle 2₅₉ einhellig überliefert. Lukianische Harmonisierung mit dieser Stelle ist aber aus dem Grund unwahrscheinlich, weil 19′ (mit 55) ἀναβάντες in das präsentische Partizip αναβαινοντες ändern. Hinsichtlich der ursprünglichen Übersetzung spricht der Befund, dass hier in 17₆₁ die von 𝔐 abweichende Form, in 2₅₉ die 𝔐 entsprechende überliefert ist, in 17₆₅ aber die im Unterschied zur Parallelstelle 2₆₃ mit 𝔐 übereinstimmende (s. S.26 Anm.3), dagegen, dass die Übersetzungsfreiheit innerhalb des ursprünglichen Textes auf je verschiedene Übersetzer zurückzuführen wäre.

Korrektur nach 𝔐 hinaus weitere Rezensionsprinzipien kennt, behandelt werden kann[1].

Lukianische Wortvarianten, die als eigentliche Korrekturen der von 𝔐 abweichenden ursprünglichen Übersetzungsform der ausserlukianischen Zeugen bestimmt werden müssen, sind:

2₂₈ τετρακόσιοι] διακοσιοι (σ' 122) B' L Aeth Compl = 𝔐[2] 12₁ ἐμοῦ] αυτου L Aeth⁻ᴮ Compl = 𝔐 (Pesch lib)   5 αὐτόν] με L La¹²³ Aeth Arm (hab Syh) = 𝔐   13₅ αὐτῶν 3⁰] του κ̄ῡ (+ αυτων La¹²³ Compl = 𝔐) L La¹²³ ᴵᴵ Compl: cf 𝔐 (אדניהם); *feminarum eorum* Aethᴬ   14₁₈ (12) αὐτοῦ ult] μου L Aethᴬ Compl = 𝔐 (hab Syh La¹²³ = Pesch)   16₁₀ αὐτοῦ 2⁰] του ναου L La¹²³ Aeth⁻ᴮ = 𝔐   17₃₄ ἄνδρες] υιοι L Armᵗᵉ Got Compl = 𝔐.

Dafür, dass in diesen Fällen der von 𝔐 abweichende ursprüngliche Übersetzungstext der ausserlukianischen Zeugen grundsätzlich nicht auf freier Übersetzung, sondern auf von 𝔐 unterschiedener Vorlage beruht, sprechen ausser dem allgemeinen texttreuen Übersetzungscharakter und den aus dem Wechsel zwischen ו und י in der Vorlage paläographisch leicht erklärbaren Wechseln der Pronomina in 12₁ und 14₁₈ (12) auch weitere Fälle paläographisch erklärbarer Diskrepanz zwischen der Textform von 𝔐 und der zu postulierenden Vorlage der Übersetzung, wie der Wechsel zwischen ו und י in 6₆ δώσετε: pro תתנו] ταυθαναιε (-αια 93; θαθαναιε Compl; *thanani* La¹²³) L La¹²³ Compl: cf 𝔐 (תתני)   13₂ ἐπὶ χεῖρας υἱῶν ... ἐπὶ χεῖρας υἱῶν: pro על־ידי בני ... על־ידי בני] εχομενα (επι χειρας Compl) αυτου (+ ωκοδομησαν Compl) ... εχομενα (επι χειρας Compl) αυτου ωκοδομησε(ν) L Compl = 𝔐 (על־ידו בנה ... על־ידו בנו)[3], der Wechsel zwischen כ und ב in 8₂₇ ἐν χρυσίῳ: pro בזהב] ως χρυσιον L Compl = 𝔐 (כזהב)[4], der Wechsel zwischen ו und ו in 13₁₅ τῇ κουρᾷ: pro לגו] εις τον κηπον L Compl = 𝔐 (לגן), die vom grammatisch regulären Ausfall des א[5] her erklärbare Variante in 12₁₃ τῶν συκῶν: pro התאנים] του δρακοντος L Compl = 𝔐 (התנין) und die vor die graphische Differenzierung der Buchstaben[6] fallende je verschiedene Entscheidung zwischen שׂ und שׁ in 12₁₃ συντρίβων: pro שבר] κατανοων L La¹²³ Compl = 𝔐 (שבר).

Weitere Fälle einer paläographisch erklärbaren Abweichung der Vorlage der Übersetzung von der masoretisch überlieferten Textform, an die sich die lukianische Rezension sekundär angleicht, sind:

---

[1]) Vgl. S.61ff.
[2]) Zur vom B-Text mitbezeugten lukianischen Überlieferung vgl. 3(1), S.309-311.
[3]) Da der Text nur in Compl ganz, in L nur halb nach 𝔐 eingerenkt ist, während in La¹²³ ein Äquivalent sowohl für die in LXX vorauszusetzende Vorlage בני als auch für die masoretische Textform בנו (בנה) fehlt – auch für υἱῶν 2⁰ liest La¹²³ *illi* –, ist eher mit einer frühen Vielgestalt der hebräischen Überlieferung zu rechnen.
[4]) Vgl. S.279 mit Anm.4.
[5]) Vgl. Ges.-K. 23f, B.-L. 25 h.
[6]) Vgl. B.-L. 8a.

4₂₀ τῆς ἑσπέρας (τοῦ ποταμοῦ)] του (της Sixt) περαν (του ποτ.) L La¹²³ (sim) Aeth⁻ᴮ (sim) Compl Sixt, wo nach Ausweis der Parallelstellen¹ die hier lukianisch überlieferte masoretische Textform עבר נהרה in der Vorlage der Übersetzung durch Metathese der Konsonanten in ערב נהרה verschrieben sein dürfte², wahrscheinlich auch 9₂ παρήχθη] συνεμιγη L Aeth⁻ᴮ Arm (cf Esdr I 8₆₇: ἐπεμίγη omnes), wo für den der Übersetzung vorliegenden hebräischen Text die gleiche Metathese von ערב in den Stamm עבר vorliegen dürfte, zu dessen Verbalformen mehrfach das Äquivalent παράγειν – so auch in Esdr II 12₇ – überliefert ist, und 8₂₉ εἰς σκηνάς] εις τα (> Compl) παστοφορια (*pasthophorium* La) L La¹²³ Compl (= Esdr I 8₅₈: τοῖς παστοφορίοις omnes), wo die abgesehen von dieser Stelle in Esdr II konsequente Äquivalenz von לשכה mit γαζοφυλάκιον³ eher für eine von 𝔐 abweichende Vorlage der Übersetzung spricht; als paläographisch ähnliche Bildungen, für die die Äquivalenz mit σκηνή in LXX vorliegt, kämen משכנות oder סכות in Frage⁴.

Der gleiche Fall lukianischer Annäherung an die von der Vorlage der Übersetzung abweichende masoretische Textform liegt dort vor, wo zwei Wortbildungen des gleichen Stammes unvokalisiert nur durch Pleneschreibung voneinander unterschieden werden können:

So bei der Nominalbildung רְחוֹב, „der Platz", „die Strasse", die in Esdr II an allen Stellen ihres Vorkommens, 10₉ 18₁ ₃ ₁₆, nach masoretischer Überlieferung meist mit mater lectionis geschrieben und auf diese Weise von der Bildung רֹחַב, „die Breite", – der Begriff begegnet in Esdr II nicht – unterschieden ist; die Unterscheidung der beiden Begriffe ist in LXX – und von ihr ausgehend auch bei Aquila⁵ – ihrer Bedeutung nach durch die entsprechenden Äquivalente, πλατεῖα für רְחוֹב, πλάτος für רֹחַב, konsequent bewahrt,

---

¹) Zur Textherstellung vgl. S.357f.
²) Zur Erklärung der Metathese aus dem Textzusammenhang vgl. S.400 Anm.1.
³) Vgl. S.54f. Die einzige weitere scheinbare Ausnahme: 20₃₉ (40) εἰς τοὺς θησαυρούς als Äquivalent des Ausdrucks אל־הלשכות beruht auf einer von 𝔐 abweichenden Vorlage, nach der der letzte Satzteil von v. 38 (39) האוצר לבית הלשכות־אל und der erste von v. 39 (40) כי אל־הלשכות in der Textform האוצרות־אל כי האלהים לבית הלשכות־אל überliefert war. Der Text ist lukianisch, 38 (39) nach Ausweis von Sᵐᵍ auch hexaplarisch nach 𝔐 korrigiert, lukianisch nach L auch hier wie an allen übrigen Stellen mit der Ersetzung des ursprünglichen Äquivalents γαζοφυλάκιον durch παστοφόριον, nur hier aber gegen La¹²³, wo die Korrektur nach 𝔐 ohne den lukianischen Wechsel des Äquivalents überliefert ist: *gazophilacia* an beiden Stellen.
⁴) סכות läge als Vorlage aus dem Grund nahe, weil der Begriff in Esdr II mit dem Äquivalent σκηνή überliefert ist, משכן in Esr-Neh aber nicht vorkommt. Der dann vorauszusetzende Ausdruck סכות könnte mit der häufigen Verwechslung von שׁ und ס erklärt werden (B.-L. 8a-f, 14d) und würde in der Übersetzung εἰς σκηνήν auch die Präposition erklären; schwer erklärbar bliebe nur die Wahl des Begriffs als Bezeichnung eines Tempelgemachs für die Weihegaben, doch gilt das auch für σκηνή.
⁵) Die Äquivalenz zwischen רחוב und πλάτος aus Field bei Reider-Turner und Ziegler in Is 59₁₄ ist zu streichen; die verderbt überlieferte Textform εν παντι (αληθεια) in Hs. 86 ist nicht nur als Unzialverschreibung in εν πλατ(ει)ι zu korrigieren, sondern auch als Haplographie von α in πλατεια. So liest auch σ'.

die einzige Ausnahme in LXX als ganzer ist Esdr II 18₁, wo der Ausdruck אֶל־הָרְחוֹב mit εἰς τὸ πλάτος übersetzt und nur lukianisch, von L La¹²³ (*platea*), in εἰς τὴν πλατειαν korrigiert ist, weshalb sich die Ausnahme kaum anders erklären lässt als durch das – auch in masoretischen Handschriften öfter begegnende – Fehlen der mater lectionis in der Vorlage der Übersetzung¹:

so in 21₁₁ ἀπέναντι] ηγουμενος 93-108 (deest 19) Aeth⁻ᴮ Compl; *principes* La¹²³, wo נֶגֶד – auch hier in masoretischen Handschriften mehrfach unmissverständlich mit mater lectionis überliefert – vom Übersetzer als נָגִיד missverstanden ist,

oder wo es um weitere lukianische Angleichungen nach der masoretischen und textgemässen Vokalisierung geht:

so in der lukianischen Dublette 4₁₅ die Ersetzung des Ausdrucks (φυγαδειαι) δούλων als Übersetzung von עבדין (אשתדור) durch (αγωνας) ποιουσιν L La¹²³, wo die Fehlübersetzung in der ursprünglichen Textform lediglich in der – durch mater lectionis nicht unterscheidbaren – Vokalisierung besteht,

so in 22₈ ἐπὶ τῶν χειρῶν] επι των εξομολογησεων 93-108 (deest 19) La¹²³ Compl, wo der Übersetzer עַל־הַיָּדוֹת liest, während die masoretische Vokalisierung עַל־הַיְדוֹת, textentsprechend und in der lukianischen Tradition anerkannt, eine Bildung von יְדה voraussetzt².

Die je verschiedene Vokalisierung, שָׁכֵן nach der Interpretation des Übersetzers, שָׁכַן mit 𝔐 nach der lukianischen Rezension, ist auch in der Überlieferung von 6₁₂ οὗ κατασκηνοῖ τὸ ὄνομα ἐκεῖ] ο κατασκηνωσας το ονομα αυτου εκει L La¹²³ (sim) die wahrscheinlichste Erklärung, obwohl die Übersetzung der verwandten Formulierung in 7₁₅ τῷ ἐν Ἰερουσαλὴμ κατασκηνοῦντι für די בירושלם משכנה, die in L La¹²³, wiederum 𝔐 entsprechend, in ου το σκηνωμα (+ *est* La) εν ιερ. korrigiert ist, vermuten lässt, dass der Übersetzer das Pi'el, מְשַׁכֵּן, intransitiv verstanden hat³. Verbunden mit lukianischem Wechsel der Äquivalente ist je verschiedene Vokalisierung auch in 22₄₂, im ursprünglichen Übersetzungstext καὶ ἠκούσθησαν οἱ ᾄδοντες gegen 𝔐 auf der Vokalisierung

---

¹) Schwierig bleibt die Erklärung: Ein im Unterschied zu 18₁₆ weder als „Platz" noch als „Strasse" zu bezeichnender freier Raum vor dem „Wassertor"? Die Wiederaufnahme des Ausdrucks in v. 3 fehlt in der Übersetzung und ist nur hexaplarisch-lukianisch, von Syh-L Aeth⁻ᴮ Compl, in der Verkürzung *in plateam* auch von La¹²³, entsprechend der Korrektur in v. 1 nachgetragen. Vgl. S.188 mit Anm.7 und S.223f.

²) Die Überlieferung in 19₂₆ ἤλλαξαν] παρεπικραναν (*inamaricaverunt* La) L La¹²³; *inritaverunt (te)* La¹²⁵ für וַיַּמְרוּ 𝔐 scheint zu zeigen, dass die lukianische Rezension den nach der Vokalisierung von 𝔐 abweichenden älteren Übersetzungstext auch nach einer in anderer Weise von 𝔐 abweichenden Vokalisierung korrigieren kann: 𝔐 geht auf מרה, LXX auf מור, L La¹²³ auf מרר zurück – am ehesten wäre in der zweiten altlateinischen Überlieferung von La¹²⁵ eine Korrektur nach 𝔐 zu vermuten (vgl. *provocaverunt ... ad iracundium* 𝔒) –; doch bleibt es unsicher, ob nach der Vokalisierung die drei Wortstämme noch eindeutig unterschieden werden konnten. Vgl. S.254 mit Anm.4 und S.261f.

³) Denkbar ist aber auch Haplographie des מ in der Vorlage oder freie Wiedergabe der nominalen Formulierung.

וַיִּשְׁמְעוּ (הַמְשֹׁרְרִים), in L Aeth⁻ᴮ (vid) οι ωδοι ηκουτησαν (pro -τισαν) mit 𝔐 auf וַיִּשְׁמִיעוּ beruhend, vorauszusetzen.

Vokalisierung nach 𝔐 als lukianisches Rezensionsprinzip gegen eine davon abweichende Vokalisierung als Vorlage der ursprünglichen Übersetzung spricht auch dort für eine rezensionelle Orientierung der lukianischen Rezension an der masoretisch überlieferten Textform, wo der lukianische Kontext weitere, als Korrektur nach 𝔐 nicht mehr erklärbare Abweichungen von der ausserlukianisch überlieferten Übersetzung aufweist: in 10₁ ὕψωσεν κλαίων] κλαυθμω (κλαθμω 108; κλαυθω 93) μεγαλω L Aeth Compl – als Dublette: *plorationū* (mend pro -ne) *magna* auch La¹²³ –, wo die lukianischen Zeugen mit 𝔐 die im AT singuläre Nominalbildung בְּכֶה¹, die übrigen aber das Partizip בֹּכֶה voraussetzen², in 10₁₆ πάντες ἐν ὀνόμασιν, ὅτι ἐπέστρεψαν] εκαθισαν (-θησ. 19) παντες οι κληθεντες εν ονομασιν L; *omnes in nominibus* (+ *eorum* Aeth.) *et sederunt* La¹²³ Aeth⁻ᴮ = 𝔐 (כֻּלָּם בְּשֵׁמוֹת וַיֵּשְׁבוּ), wo die lukianischen Zeugen mit 𝔐 וַיֵּשְׁבוּ, die übrigen וַיֵּשְׁבוּ lesen³, und wahrscheinlich auch in 16₁₇ ἀπὸ πολλῶν] πολλοι (+ ων 93) ησαν L La¹²³ Got, wo die Verbindung des Adjektivs mit ησαν dafür spricht, dass die Vorlage der lukianischen Rezen-

---

¹) Vgl. B.-L. 72q'.
²) Weitere Schlüsse auf eine von 𝔐 abweichende Vorlage lassen sich weder für die lukianische noch für die ursprüngliche Textform von LXX ziehen: Die adjektivische Wiedergabe des Inf. abs. הַרְבֵּה in der lukianischen Rezension, μεγαλω, gegenüber der verbalen im unrezensierten Text, ὕψωσεν, ist vom häufig bezeugten adverbialen Gebrauch dieser Form her und darum nicht als Abweichung von 𝔐 zu erklären. Das Äquivalent selbst, μεγαλω, ist gegenüber ὕψωσεν, das als Übersetzungswort für Formen von רבה zwar singulär ist, aber keine andere Vorlage voraussetzt, als in der Übersetzungstradition verankerte lukianische Korrektur nach 𝔐 zu bestimmen. Die von 𝔐 abweichende Wortfolge in der lukianischen Textform ist stilistisch oder durch Verwechslung der Äquivalente, für בכו העם einerseits, הרבה בכה anderseits, bedingt. Vgl. S.255.
³) Der nicht auf 𝔐 zurückgehende – in La¹²³ und Aeth⁻ᴮ darum auch nicht überlieferte – lukianische Zusatz οι κληθεντες ist Interpretament zum Ausdruck ἐν ονομασιν, das auch durch die hexaplarisch-lukianisch überlieferte Änderung der Parataxe im Satzganzen erfordert ist: Esra als Subjekt wählt sich – διεστειλεν für וַיַּבְדִּיל (לוֹ) gegen masoretisches וַיִּבָּדְלוּ = διεστάλησαν LXX – Familienhäupter aus, und alle, die mit Namen aufgerufen sind, halten Rat. Die ausserlukianisch von LXX mitbezeugte masoretische Textform setzt mit dem passiven Plural וַיִּבָּדְלוּ (καὶ διεστάλησαν) als Subjekt sowohl Esra als auch die Familienhäupter und die als כֻּלָּם בְּשֵׁמוֹת bezeichnete Instanz voraus, die dann nur die zuvor Genannten als mit Namen registrierte bezeichnen kann: „und zwar sie alle mit Namen". Der ursprüngliche Sinn des Satzes kann nur der sein, dass Esra als einziges Subjekt die Familienhäupter auswählt: וַיַּבְדִּיל לוֹ – so weit ist der hexaplarisch-lukianische Text eine richtige Korrektur des von der ursprünglichen Textform der LXX mitbezeugten masoretischen –, von denen dann gesagt wird, dass sie mit Namen registriert wurden. Die je verschiedene syntaktische Fehlkonstruktion an dieser Stelle sowohl in der hexaplarischen Tradition (Sᶜ), die hier die ausserlukianische Textform mit der Satzkonstruktion nach 𝔐 bewahrt, als auch in der hier unabhängig von 𝔐 interpretierenden lukianischen Überlieferung, schliesst trotz der so überlieferten teilweise richtigen Korrektur des masoretischen Textes eine Rekonstruktion des ursprünglichen Übersetzungstextes nach der hexaplarisch-lukianischen Textform aus.

sion mit 𝔐 das Partizip מַרְבִּים gegen die von den übrigen Zeugen vorausgesetzte Vokalisierung מְרֻבִּים war, nicht ein durch Haplographie des ם entstandenes Adjektiv רַבִּים[1]. Eine lukianische Korrektur nach masoretischer Vokalisierung gegen den ursprünglichen Übersetzungstext, die einen – nur in diesem Kontext möglichen – Eingriff in die masoretische Textform mit sich bringt, scheint jedoch in 19₅ εὐλογήσουσιν ὄνομα δόξης σου καὶ ὑψώσουσιν ἐπὶ πάσῃ εὐλογίᾳ] ευλογειτε (*benedicent* La = 𝔐) το ον. της δ. (*claritatis tuae* La = 𝔐) του υπερυψουμενου (*et exaltatum* La = 𝔐) επι (δια 19) παντας (-τος 19') εν αγαλλιασει *L* La¹²³ vorzuliegen, wo der Ausgangspunkt der tiefer in die masoretische Vorlage eingreifenden lukianischen Korrektur in der masoretischen Vokalisierung מְרוֹמָם gegen bei den übrigen Übersetzungszeugen vorauszusetzendes מְרוֹמָם zu sehen ist[2].

2.1.1.1.1.1. Die verzeichneten lukianischen Korrekturen zeigen in allen grammatischen Kategorien: Zusatz, Auslassung, Umstellung, Syntax des Nomens und des Verbums, tieferen Eingriffen in die Satzkonstruktion und Wortvarianten, dass das Hauptkriterium der Korrektur in der Angleichung an die mit der masoretischen Textform fast völlig übereinstimmende hebräische bzw. aramäische Vorlage des Originals besteht, während das zweite lukianische Rezensionsprinzip, das von der Gesetzlichkeit der griechischen Übersetzungssprache ausgeht, nur in der Syntax der Artikelsetzung eindeutig fassbar ist. Hinsichtlich dieses untergeordneten Prinzips dürfte – dafür sprechen sowohl die Artikelsetzung als auch die attisierende Tendenz[3] – die Ausrichtung auf rein formale Erscheinungen, die den Inhalt der Aussage nicht beeinflussen, mitbestimmend sein, doch lassen sich die beiden Prinzipien lukianischer Rezension nur hinsichtlich der formalen und stilistischen Texteingriffe nach dem Kriterium bestimmen, dass sie keine inhaltliche

---

[1]) Das intransitive Verständnis des Partizips, durch das die Vielheit wie im ursprünglichen Übersetzungstext auf das Subjekt der Vornehmen Judas bezogen wird, nicht auf die Zahl der von ihnen abgesandten Briefe, nötigt den lukianischen Textbearbeiter zum Einschub des Relativpronomens ων vor αι επιστολαι, der darum keine von 𝔐 abweichende hebräische Vorlage voraussetzt.

[2]) Die weiteren Sonderlesarten der lukianischen Zeugen, die hier gegen die auch von den übrigen LXX-Zeugen mitvertretene masoretische Textform stehen, sind teilweise aus der syntaktischen Schwierigkeit des so vokalisierten masoretischen Textes zu erklären, so die Auslassung der – von La beibehaltenen – Kopula vor του υπερψουμενου und die Änderung des Ausdrucks ἐπὶ πάσῃ εὐλογίᾳ (על־כל־ברכה 𝔐) in den als Vorlage על כל ברנה voraussetzenden επι παντας (bzw. δια παντος) εν αγαλλιασει – „der über allen Segen Erhabene" als Epitheton Gottes dürfte als anstössig empfunden worden sein –, teilweise aus der syntaktisch nicht eindeutig erkennbaren Zäsur zwischen Aufforderung zum Gebet: קומו ברכו, und Beginn des Gebetes selbst, der nach der im ursprünglichen Übersetzungstext mit εὐλογήσουσιν beibehaltenen masoretischen Formulierung als Anruf der Betenden im imperfectum der 3. pers. plur., וִיבָרְכוּ, überliefert ist, lukianisch (*L* Aeth) aber, einem Gebetsanfang besser entsprechend, als direkte imperative Anrede umformuliert wird: ευλογειτε. Vgl. S.105f. mit 106 Anm.3; zum Textproblem vgl. die Konjekturen Rudolphs (BHS und Kommentar).

[3]) Die Fälle lukianischer Attizismen sind in der Einleitung zur Edition unter „Grammatica" S. 32-64 zusammengestellt.

Änderung der masoretisch überlieferten Aussage bewirken dürfen, nicht hinsichtlich der Korrekturen nach 𝔐 – das beweisen vor allem die zahlreichen so motivierten Umstellungen der Wortfolge – nach dem Kriterium, dass sie sich auf inhaltliche Angleichungen, wie sie vor allem durch Zusatz, Auslassung und Wortänderung bewirkt werden, beschränken müssten.

Aber eine verhältnismässig grosse Zahl lukianisch überlieferter Textformen, die sich nicht als Angleichung an das masoretisch überlieferte Original erklären lassen und deren Erklärung aus einer von 𝔐 abweichenden Vorlage oder als in die lukianische Tradition eingedrungene sekundäre Traditionen, die nichts mehr mit dem lukianischen Rezensionsprinzip zu tun haben, sich nur in einzelnen Fällen begründen lässt, nötigt zu der Frage, ob die lukianische Rezension abgesehen von der Korrektur nach 𝔐 und der ihr untergeordneten gräzisierenden Tendenz weitere Rezensionsprinzipien kennt.

Diese Frage stellt sich zuerst gegenüber der Instanz, die schon bei der Untersuchung der lukianischen Artikelsetzung als ein denkbares Kriterium rezensioneller Bearbeitung erschien[1]: gegenüber dem ursprünglichen Text von Esdr I, der als die ältere Übersetzung den lukianischen Bearbeitern von Esdr II vorgegeben war und – sei es von diesen selbst, sei es von anderen Vertretern der Schule – selbst lukianisch überarbeitet worden ist.

Dass dieser Text als griechische Vorlage für den lukianischen Bearbeiter von Esdr II eine bestimmte Autorität besass – in der Art derjenigen Theodotions für die hexaplarische Rezension des Origenes –, erweist sich zuerst daran, dass von den relativ zahlreichen Übersetzungsformen von Esdr I, die trotz der grundsätzlich grösseren Freiheit dieser Übersetzung gegenüber der masoretisch überlieferten Vorlage dieser näher stehen als die Übersetzung von Esdr II, mehrere als lukianische Korrekturen nach 𝔐 in den Text von Esdr II eingearbeitet sind. Es handelt sich bei diesem Phänomen um den b e s o n d e - r e n , Esdr II eigentümlichen Charakter der lukianischen Rezension, der innerhalb der LXX als ganzer eindeutig nur noch als analoge Erscheinung in der lukianischen Rezension von Esdr I nachweisbar ist, in der die Übernahme mit 𝔐 übereinstimmender Übersetzungstradition aus Esdr II aus dem Grund in weit stärkerem Masse vorliegt, weil der 𝔐 näher stehende Übersetzungstext von Esdr II mehr Material für eine solche Korrektur bietet[2].

Von den Z u s ä t z e n , von denen die meisten Äquivalente betreffen, die von der hebräischen oder aramäischen Vorlage her eindeutig gefordert sind und darum einen Schluss auf direkte Übernahme aus Esdr I nicht erlauben: 7₁₀ νόμον] + του κυριου L La[123] Arm Compl: cf Esdr I 8₇ (κυρίου omnes) = 𝔐 (יהוה) 2₈ θεοῦ] $\overline{κυ}$ AV 236 381 Arm; *dei mei* La[123]; $\overline{κυ}$ του θεου μου L Compl = Esdr I 8₂₇ (om τοῦ θ. μου 71, om τοῦ B) = 𝔐 (יהוה אלהי) 7₁₁ Ἀρθασασθά (αρτα(ρ)ξερξης L La)] pr (add Compl) ο βασιλευς L La[123] Arm Compl: cf Esdr I 8₈ (παρὰ Ἀρτα(ρ)ξέρξου τοῦ βασιλέως) = 𝔐 (המלך ארתחשסתא) 7₁₂ Ἔσδρα (εσδρα 19′)] + τω ιερει L La[123] Compl = Esdr I 8₉ (omnes) = 𝔐 (כהנא) 8₂₉

---

[1]) Vgl. S.21.
[2]) Vgl. S.18.

πατριῶν] + του ισραηλ L La^{123} Arm Compl = Esdr I 8₅₈ (omnes) = $\mathfrak{M}$ (הָאָבוֹת־לְיִשְׂרָאֵל)
7₁₉ θεοῦ 1⁰] + σου 19' La^{123} = Esdr I 8₁₇ (omnes) = $\mathfrak{M}$ (אֱלֹהָךְ)   9₈ δοῦναι 2⁰] δ. (*dedisti*
Arm) ημιν L Arm = Esdr I 8₇₆ (omnes) = $\mathfrak{M}$ (לְתִתְּנוּ), lassen sich doch einige aus unmittelbarer lukianischer Übernahme aus dem ursprünglichen Text von Esdr I aus dem Grund besser erklären, weil ihnen eine nicht notwendig erforderte gemeinsame Übersetzungstechnik zu Grunde liegt, wie in 4₁₂ γνωστόν] pr και νυν (*nunc ergo* La) L La^{123} = Esdr I 2₁₇ (om La^C) = $\mathfrak{M}$ (pro כְּעֶנֶת 11)[1], oder weil der aus Esdr I übernommene lukianische Zusatz das hebräische Original nicht völlig wortgetreu wiedergibt, wie bei der partizipialen Wiedergabe des Nomens מַלְכָּא in 5₁₃ Κύρου τοῦ βασιλέως] κ. του βασιλευσαντος (βασιλεως Arm Compl = $\mathfrak{M}$) και (> Arm Compl = $\mathfrak{M}$) των βαβυλωνιων (*babel* Arm^{ap} = $\mathfrak{M}$) L Arm Compl: cf Esdr I 6₁₆ (βασιλεύοντος Κύρου χώρας Βαβυλωνίας (βαβυλωνος L 71)): cf $\mathfrak{M}$ (לְכוֹרֶשׁ מַלְכָּא דִי בָבֶל). Doch zeigt die lukianische Textform von 5₁₃ gerade hinsichtlich des nach $\mathfrak{M}$ zugefügten Begriffs των βαβυλωνιων gegenüber Esdr I eine Sonderform an einer Stelle, an der die Wiedergabe von Esdr I der masoretischen Vorlage besser entspricht. Dieser Befund, durch den die Bedeutung der ursprünglichen Textform von Esdr I als Mittelglied der lukianischen Korrektur nach $\mathfrak{M}$ in Esdr II relativiert erscheint, wird durch mehrere Fälle bestätigt, an denen ein lukianischer Zusatz nach $\mathfrak{M}$ in Esdr II, obwohl der entsprechende Textteil im ursprünglichen Text von Esdr I überliefert ist, eine von diesem abweichende Übersetzungsform aufweist:

4₁₅ εὑρήσεις] + εν ταις (τοις 19) βιβλοις (τω βιβλω Compl = $\mathfrak{M}$) των μνημοσυνων (*commentariorum* La) L La^{123} Compl: cf Esdr I 2₁₉ (εὑρήσεις ἐν τοῖς ὑπομνήμασιν (-ματισμοις B' L Sixt Ra.) τὰ γεγραμμένα) = $\mathfrak{M}$ (וְתִשְׁכַּח בִּסְפַר דָּכְרָנַיָּא)   4₁₆ οὐκ ἔστιν σοι εἰρήνη] προς ταυτα μερος εν τω περαν του ποταμου ουκ εσται (εστι 121) σοι (+ ειρηνη 121) L' (108^{txt}) La^{123} (sim) Compl = $\mathfrak{M}$ (לָקֳבֵל דְּנָה חֲלָק בַּעֲבַר נַהֲרָא לָא אִיתַי לָךְ): cf Esdr I 2₂₀ (κάθοδός σοι οὐκέτι ἔσται εἰς Κοίλην Συρίαν καὶ Φοινίκην (*cum var*))[2]

---

[1]) Hexaplarisch durch S^c mitbezeugt erscheint der Zusatz für וְעַתָּה, das hebräische Äquivalent des aramäischen Begriffs, in 9₁₀ τί] pr και νυν (*et nunc* La) S^c - L La^{123} Aeth Arm Compl = Esdr I 8₇₉; pr νυν ουν (δε 370^s) *a* 119. Da in 4₂₁ die Zeugen L La^{123} den in der ursprünglichen Übersetzung mit καὶ νῦν übertragenen Ausdruck כְּעַן, wiederum Esdr I entsprechend (2₂₄), in νυν ουν korrigieren, ist an diesem Punkt für Esdr I eine die Übersetzung von Esdr II übertreffende Unterscheidung der Wortäquivalenz anzunehmen. Die Lesarten der Rezension *a*, νυν ουν in Esdr II 9₁₀, dagegen και νυν in Esdr I 2₂₄, sind spätere Transformationen der (hexaplarisch-) lukianischen Überlieferung. Zur Äquivalenz von כְּעַן, כְּעֶנֶת,כְּעֵת und וְעַתָּה im ganzen vgl. S.43, zur unterschiedlichen Bedeutung im Kontext der LXX S.153.

[2]) Lukianische Übernahme der Gräzisierung der Provinz עֲבַר נַהֲרָא aus Esdr I widerspräche der von der Rezension grundsätzlich beibehaltenen übersetzungstechnischen Tendenz der wörtlichen Wiedergabe der Äquivalente in Esdr II. κάθοδος ist für die lukianische Korrektur aus dem Grund ausgeschlossen, weil der Begriff an Stelle des masoretischen חֲלָק auf eine Bildung des Stamms הלך zurückzuführen ist, der als Nominalform הֲלָךְ in der stereotypen Wendung מִנְדָּה־בְלוֹ וַהֲלָךְ in einer dem Begriff חֲלָק an dieser Stelle verwandten Bedeutung in 4₁₃ 20 7₂₄ überliefert ist. Dass Esdr I an diesen Stellen die Bedeutung des Begriffs richtig als „Tribut" versteht (φορολογία in 4₁₃ (= I 2₁₈), φορολογεῖν in 4₂₀ (= I 2₂₃), ἐπιβολή in 7₂₄ (= I 8₂₂; vgl. S.35 Anm.3), spricht nicht gegen das abweichende Verständnis des Begriffs in 4₁₆ (= I

69 ὃ (ἐ)ὰν αἰτήσωσιν] pr ἀπαραλλάκτως (sine intermissione et La; sine prohibitione et ante διδόμενον hab Arm) L La¹²³ Arm Compl: cf Esdr I 6₂₉ (ἀναμφισβητήτως) = 𝔐 (די־לא שלו)¹,

bei teilweise gemeinsamer Äquivalenz in anderer Weise formuliert ist: 7₂₄ τοῦτο · φόρος μὴ ἔστω σοι, οὐκ ἐξουσιάσεις καταδουλοῦσθαι αὐτούς] του (τον Compl²)) φορον (tributum La) και πραξιν (negotium La) και αποφοραν (munificentiam La) ουκ εχειν υμας (> La = 𝔐, cf Esdr I) εξουσιαν επιβαλειν επ αυτους L La¹²³ Compl: cf Esdr I 8₂₂ (τούτου (τοῦ B' V' L 119²) μηδεμία φορολογία μηδὲ ἄλλη ἐπιβολή (sic 245 La^C (onus); επιβουλη (βουλη A) rel) γίνηται (μηδεμιαν φορολογιαν (φιλολογιαν 74) μηδε αλλην επιβουλην γινεσθαι (+ αυτοις L) pro μηδεμία-γίνηται L a), καὶ ἐξουσίαν μηδένα ἔχειν (sic A V b 58 119 245 (sim); μηδενα εχειν εξουσιαν rel) ἐπιβαλεῖν (-βαλλειν V') τι (> B' L 134 =𝔐) τούτοις = 𝔐 (נדה מנדה בלו והלך לא שליט למרמא עליהם)³,

---

220), da der Kontext nur hier ein anderes Verständnis erlaubt: „Dann wird dir der Weg in diese Provinz verschlossen sein". μέρος für חֵלֶק ist als lukianisches Äquivalent an Stelle des in LXX-Tradition am besten verankerten μερίς auch in 12₂₀ nachgewiesen.

¹) Der lukianische Zusatz in Esdr II ist eigentlich eine – wahrscheinlich als solche nicht mehr erkannte – Dublette zu der im ursprünglichen Übersetzungstext missverstandenen hebräischen Vorlage, in der שאלו an Stelle des masoretischen שלו und wahrscheinlich מה־די (vgl. 9a) oder למה די vgl. 8a) an Stelle von די־לא stand.

²) του, aber mit folgendem Nominativ φορος bezeugt auch B. Da die gleiche syntaktisch unmögliche Konstruktion im Paralleltext von Esdr I 8₂₂ von B' V' L 119 bezeugt wird, ist die Erklärung durch eine zufällig an beiden Stellen auftretende Haplographie von τουτου unwahrscheinlich, muss του mit folgendem Nominativ hier wie dort eher als sekundäres Eindringen aus der syntaktisch korrekten lukianischen Textform von Esdr II mit του vor Infinitiv erklärt werden, und ist mit der übrigen Überlieferung in Esdr I entsprechend 𝔐 und mit Rahlfs (τοῦ ἱεροῦ) τούτου, in Esdr II aber gegen 𝔐 und Rahlfs τοῦτο als auf ὑμῖν ἐγνώρισται bezogenes Pronomen im Neutrum: „das wird euch bekannt gemacht", als ursprüngliche Textform aufzunehmen. Vgl. „Der ursprüngliche Text" 5.2.(5). S.379-381.

³) Die der lukianischen Korrektur in Esdr II mit der Textform von Esdr I – nach ursprünglichem und nach lukianischem Text – gemeinsame Äquivalenz besteht in der nominalen Formulierung ουκ (μηδενα Esdr I) εχειν εξουσιαν an Stelle des verbum finitum οὐκ ἐξουσιάσεις im ursprünglichen Text von Esdr II für die Nominalbildung שליט der aramäischen Vorlage und in der gemeinsamen Wiedergabe des Infinitivs למרמא mit επιβαλειν an Stelle der freien Übersetzung καταδουλοῦσθαι in der ausserlukianischen Überlieferung von Esdr II. Beide Gemeinsamkeiten lassen sich schwer ohne die Annahme direkter Abhängigkeit der lukianischen Rezension in Esdr II von Esdr I erklären, da sie von der aramäischen Vorlage her nicht zwingend erfordert sind: Die Wiedergabe des Ausdrucks לא שליט ist sowohl in der verbalen als auch in der nominalen Formulierung in bestimmtem Sinne frei, und die Äquivalenz zwischen aramäischem bzw. hebräischem רמה und dem Compositum ἐπιβάλλειν ist in LXX singulär, wenn auch von dem im AT singulären Gebrauch in der Bedeutung „eine Steuer erheben" als terminus technicus nahegelegt (vgl. Par II 36₃ ἐπέβαλεν φόρον für ויענש). Mit Esdr I gemeinsamer lukianischer Zusatz in Esdr II liegt bei dem in der ursprünglichen Übersetzung missverstandenen oder von 𝔐 abweichend vorgegebenen Satzteil מנדה בלו והלך vor, wo aber die drei termini für Abgaben, für die der Übersetzer von Esdr II, wahrscheinlich auf Grund der Vorlage לא להוא לך für בלו והלך, nur e i n e n Begriff einsetzt, φόρος μὴ ἔστω σοι, in beiden Traditionen je ver-

oder bei zwar in alter Übersetzungstradition verankerter gemeinsamer Äquivalenz in Esdr II von L an einer Stelle eingetragen ist, an welcher in Esdr II eine von 𝔐 abweichende Vorlage angenommen werden muss, wie in Esdr II 7₁₅ καὶ εἰς οἶκον κυρίου] και (> L 314 La = Pesch^A; post απεν. tr Compl) απενεγκειν εις (+ τον L Compl) οικον κ. L a 119 Compl; *perferre* La^1231: cf Esdr I 8₁₃ (καὶ ἀπενεγκεῖν (omnes)) = 𝔐 (ולהיבלה), wo in der Vorlage von Esdr II ולהיכל יהוה an Stelle von ולהיבלה gestanden haben muss², so dass für den lukianischen Zusatz, wenn er als Korrektur nach Esdr I und nicht als unmittelbare Angleichung an die masoretische Textform erklärt wird, nicht das aramäische Original, sondern der ursprüngliche Text von Esdr I unabhängig von der aramäischen Vorlage als Kriterium der Korrektur postuliert werden müsste.

Dass aber die Übereinstimmung mit der masoretischen Textform als Kriterium der Korrektur für die lukianische Rezension von Esdr II grössere Autorität besitzt als die Übereinstimmung mit der ursprünglichen Textform von Esdr I, zeigt zuletzt ein lukianischer Zusatz, in welchem eine Reihe im ursprünglichen Text fehlender Eigennamen nicht nach der ursprünglichen Textform von Esdr I nachgetragen ist, sondern nach der hier schon in Esdr I überlieferten lukianischen Transkription: Esdr II 18₇ Σαββαθαῖος] σαβαθθαιος (σαββαθαιος 93; σαβαθαιος 121; *samathai* Aeth^-B) και ωδουιας και μαασιας (om και μαασ. 121) L' La^123 (sim, cf app) Aeth^-B Compl: cf Esdr I 9₄₈ (Σαββαταῖος (cum var (-αιας multi)), Αὐταίας Μαιάννας] σαβαθαιος και ωδουια και μασσιας L (La^C lib): cf 𝔐 (שבתי הודיה מעשיה)³.

Noch deutlicher zeigt die Überordnung der masoretisch überlieferten Textform über den Text von Esdr I als Kriterium lukianischer Korrektur von Esdr II die Überlieferung an jener redaktionsgeschichtlichen Zäsur, an der innerhalb der Geschichte Nehemias im Bericht über die Verlesung des Gesetzes (Esdr II 18₁-₁₂ = I 9₃₇-₅₅) nach der masoretischen Überlieferung Esra und Nehemia als Handelnde erscheinen. Da der Übersetzer von Esdr II den Beamtentitel תרשתא, indem er den Begriff transkribiert, nach Ausweis von 2₆₃ 17₆₅ 70 wahrscheinlich als nomen proprium versteht, muss er ihn in 18₉ und 20₁₍₂₎, wo er als Amtsbezeichnung Nehemias erscheint, ausscheiden. Der Verfasser von Esdr I, der die Nehemiaüberlieferung ausklammert⁴ und diesen Bericht als Abschluss der Esra-Überlieferung zuordnet, bewahrt im Paralleltext zu Esdr II 18₉ (= I 9₄₉) im Unterschied zu Esdr II den Begriff תרשתא, auch er in Transkription, als Person, die Esra anredet: καὶ

---

schieden wiedergegeben sind, wörtlich, mit φόρος, πρᾶξις und ἀποφορά, in der lukianischen Rezension von Esdr II, freier, mit (μηδεμία) φορολογία (μηδὲ ἄλλη) ἐπιβολή (επιβουλη der meisten Zeugen ist früh eingedrungene Verschreibung), einhellig in Esdr I.

¹) Zum Verhältnis der Rezension a zu L vgl. 3.(3), S.311f.
²) In diesem Sinne handelt es sich auch hier wie in 69 (vgl. S.35 Anm.1) um eine – vom lukianischen Rezensor wahrscheinlich als solche nicht mehr erkannte – Dublette.
³) Vgl. S.224f.
⁴) Rätselhaft bleibt die einhellig überlieferte Einführung in die Personenliste der – nach Esdr I in die Zeit des Darius datierten – Heimkehr an der Parallelstelle zu Esdr II 2₆₃ (= I 5₄₀): Νεεμίας (+ ο L 121 La^{V: A^c} (*qui*)) καὶ 'Αθαρίας (αθαραστας (-ραθας 19) L; ατθαρατης 121; *atharas* (*atharsata* A^c) La^V).

εἶπεν 'Αθαράτης "Εσδρᾳ. Aber die lukianische Rezension, L La¹²³ Aeth^A Arm Compl, ergänzt in Esdr II das gegenüber 𝔐 Fehlende genau nach der masoretischen, nicht nach der Textform von Esdr I: νεεμιας ος εστιν (*ipse et* pro ος εστιν La) ο αθαραστας (αρθ. 19'; *arasthas* La; αταρσαθα Compl)¹.

Ähnlich wie bei den Zusätzen ist das Verhältnis an 𝔐 angleichender lukianischer Rezensionselemente in Esdr II zur ursprünglichen mit 𝔐 übereinstimmenden Textform von Esdr I in den übrigen grammatischen Kategorien: Umstellungen sind durch direkten Rückgang auf die Vorlage von 𝔐 gleicherweise erklärbar wie über das Mittelglied von Esdr I: 5₁₇ τοῦ βασιλέως / Κύρου] tr 19' La¹²³ Arm = Esdr I 6₂₁ (omnes) = 𝔐 (כורש המלכא) 6₅ τὰ ἀργυρᾶ καὶ τὰ χρυσᾶ] χρ. et ἀργ. tr L La¹²³ Aeth Compl = Esdr I 6₂₅ et 𝔐 (די דהבה וכספא). Das gilt bei syntaktischen Erscheinungen auch für die Casusrektion: 10₅ τοὺς ἄρχοντας, τοὺς ἱερεῖς καὶ Λευίτας καὶ πάντα 'Ισραήλ] τ. αρχ. των (+ ιουδαιων 19) ιερεων και (+ των 93) λευιτων (-τας Compl) και π. ι. L La¹²³ Arm Compl: cf Esdr I 8₉₂ (τοὺς φυλάρχους τῶν ἱερέων καὶ τῶν (> complures (hab B L) Λευιτῶν (+ καὶ L La^C Arm) παντὸς τοῦ 'Ισραήλ = 𝔐 (את־שרי הכהנים הלוים וכל־ישראל²), während bei Korrekturen im tempus und modus des Verbums nur dann ein Rückgang auf Esdr I angenommen werden kann, wenn der lukianischen Rezension von Esdr II zugleich eine Esdr I gegenüber selbständige Weise der Korrektur nach 𝔐 zugesprochen wird: 4₂₀ γίνονται] εγενοντο (*fuerunt* La) L' 236-314-762 La¹²³ Compl Sixt: cf Esdr I 2₂₃ (ἦσαν omnes) = 𝔐 (הוו) 6₅ οὗ ἐτέθη (ἐν οἴκῳ τοῦ θεοῦ)] και τεθητω (*ponantur* La) εν οικω (εις τον οικον L La¹²³) του θεου) L La¹²³ Compl: cf Esdr I 6₂₅ (ὅπως τεθῇ (ἐκεῖ) omnes): cf 𝔐 (ותחת (בבית אלהא))³. Bei lukianischen Wortvarianten, die nicht auf Übersetzungstradition beruhen, sondern als Korrektur einer von 𝔐 abweichenden Vorlage im ursprünglichen Text von Esdr II zu erklären sind, liegt in 5₁₄ τοῦ βασιλέως 2°] του (τον 93) εν βαβυλωνι L La¹²³ Compl = Esdr I 6₁₇: cf 𝔐, eine lukianische Übernahme des einhellig überlieferten Textes von Esdr I aus dem Grund nahe, weil die präpositionale Konstruktion der masore-

---

¹) Der Nachtrag zu Νεεμίας – hier auf breiterer Überlieferungsgrundlage; die ursprüngliche Auslassung gegen 𝔐 nur in B' S A 58 125 La¹²³ Aeth^B Arm – αθαρασθας (pr ο και L) auch in 20₁ (2), wo Esdr I ausfällt. Zur textgeschichtlichen Einordnung vgl. S.225.

²) Die Bewahrung des Akkusativ im letzten Glied, πάντα 'Ισραήλ, bei allen Zeugen – bei Compl auch im vorletzten, Λευίτας, – ist eher denn als halb eingerenkte Korrektur, die sowohl von Esdr I als auch von 𝔐 her erklärbar wäre, als Fehlinterpretation von der masoretischen Vorlage her zu erklären, die den Genitiv durch status constructus eindeutig nur für das zweite Glied, τῶν ἱερέων, fordert. Die daraus folgende grössere Wahrscheinlichkeit direkten Rückgangs auf 𝔐 wird auch durch das Fehlen der Kopula vor παντὸς τοῦ 'Ισραήλ im ursprünglichen Text von Esdr I gestützt, durch das die Erklärung der lukianischen Textform von Esdr II als Korrektur nach Esdr I nur von der lukianisch bereits rezensierten Textform von Esdr I her möglich wäre.

³) Die Esdr I mit 𝔐 gemeinsame Textform, die in Esdr II als lukianische Korrektur erscheint, besteht – unabhängig von der Frage nach der Bestimmung der Form ותחת (vgl. hierzu Rudolph S. 56) – in der finalen Bedeutung der Aussage gegenüber der indikativisch präteritalen des ursprünglichen Textes von Esdr II.

tischen Vorlage די בבל gegenüber eine Freiheit aufweist, die wahrscheinlich auf די בבבל in dem dem Übersetzer von Esdr I vorliegenden aramäischen Text zurückzuführen ist, während in 9₇ καὶ οἱ υἱοὶ ἡμῶν] και οι ιερεις ημων L La¹²³ Compl; pr και οι ιερεις ημων 121 Aeth⁻ᴮ: cf Esdr I 8₇₄ (καὶ σὺν τοῖς ἱερεῦσιν ἡμῶν omnes = 𝔐 (כהנינו) die zwar gegen 𝔐 stehende gemeinsame Einführung der Kopula, weil sie syntaktisch – auch in 𝔐 – erfordert ist, keinen Schluss auf direkten Rückgang der lukianischen Rezension von Esdr II auf Esdr I zulässt, die unterschiedliche Satzkonstruktion im Ganzen aber eher auf eine unmittelbare Korrektur nach 𝔐 schliessen lässt.

Aus diesem textgeschichtlichen Befund ergibt sich, dass die ursprüngliche Textform von Esdr I hinsichtlich des lukianischen Grundprinzips, der Angleichung an die mit der masoretischen Textform identische hebräische bzw. aramäische Vorlage, für den lukianischen Textbearbeiter von Esdr II eine zwar untergeordnete Bedeutung hatte, so dass sich bereits von den lukianischen Rezensionselementen in Esdr II her, die hinsichtlich ihrer Übereinstimmung mit 𝔐 der ursprünglichen Textform von Esdr I nahe stehen, die Vermutung nahe legt, dass die vorgegebene Überlieferung von Esdr I für die lukianische Rezension von Esdr II auch unabhängig von der Frage nach der Übereinstimmung mit der hebräischen bzw. aramäischen Vorlage eine bestimmte Autorität besessen haben muss.

Dieses Verhältnis von hebräischer bzw. aramäischer Vorlage als übergeordnetem, der ursprünglichen Textform von Esdr I als untergeordnetem Kriterium der lukianischen Korrekturen in Esdr II zeigt am deutlichsten die unter den Angleichungen an 𝔐¹ verzeichnete Stelle 4₁₉ (= Esdr I 2₂₂), wo die Korrektur nach 𝔐 in der Weise vorgenommen wird, dass der Satzteil der im ursprünglichen Text sowohl von Esdr II als auch von Esdr I von 𝔐 abweicht, in Esdr II durch den Wechsel von der 3. pers. plur., ובקרו, in die 1. pers. plur., καὶ ἐπεσκεψάμεθα, in Esdr I durch finale Infinitivkonstruktion, ἐπισκέψαθαι², in der lukianischen Rezension inhaltlich und formal genau der Textform von 𝔐 angeglichen wird: και επεσκεψαντο L Compl, während der Satzteil, der inhaltlich, durch den Wechsel der Person, nur in Esdr II von der masoretischen Textform abweicht, καὶ εὕρομεν für והשכחו, aus der Formulierung von Esdr I, obwohl diese formal, durch passive Konstruktion, nicht völlig mit 𝔐 übereinstimmt, übernommen wird: ευρεθη L Compl.

Von dieser Bestimmung der hebräischen bzw. aramäischen Vorlage als übergeordnetem, der ursprünglichen Textform von Esdr I als untergeordnetem Kriterium lukianischer Korrektur in Esdr II her lässt sich eine grosse Zahl aus dem ursprünglichen Text von Esdr I übernommener lukianischer Rezensionselemente in Esdr II am besten erklären, die in gleicher Weise wie das entsprechende Äquivalent der ursprünglichen Textform von Esdr II als textgemässe Übersetzung der masoretisch überlieferten Vorlage zu bestimmen

---

¹) S.26.
²) Die finale Formulierung in Esdr I dürfte – begünstigt durch das hebräische perfectum consecutivum – vom Übersetzer als wörtliche Wiedergabe des aramäischen Originals verstanden worden sein, aber die inhaltlich und formal richtige Korrektur nach 𝔐 ist der Indikativ im praeteritum: „und sie forschten nach".

sind und die darum auf eine aus Esdr I übernommene Übersetzungstradition der lukianischen Rezension von Esdr II zurückgeführt werden müssen.

Das ist nun der Punkt, an welchem sich die beiden bis jetzt in das Auge gefassten lukianischen Rezensionsprinzipien, Korrektur nach der masoretisch überlieferten hebräischen bzw. aramäischen Vorlage und Korrektur nach der ursprünglichen Textform von Esdr I, berühren: Lesarten, die nicht mehr in dem Sinn als Korrekturen nach 𝔐 bestimmt werden können, dass sie den von 𝔐 abweichenden Text der ursprünglichen Übersetzung an die masoretische Vorlage angleichen, sondern nur noch in dem Sinn, dass sie den ursprünglichen Übersetzungstext nach einer den Rezensoren in den schon übersetzten Schriften des Alten Testamentes vorliegenden Tradition der Übersetzungsäquivalente korrigieren, kennt die lukianische Rezension von Esdr II sowohl als Übernahmen aus der ursprünglichen Textform von Esdr I als auch unabhängig von dieser Tradition. Die auf vorgegebener Tradition beruhenden lukianischen Lesarten, die auf die Textform von Esdr I zurückzuführen sind, müssen aber, da sich der Ort der Herkunft hier am deutlichsten erkennen lässt, für die Untersuchung dieses Überlieferungsbereiches den Ausgangspunkt bilden. Doch muss bereits dieser Vergleich mit der Frage verbunden werden, ob sich die mit dem ursprünglichen Text von Esdr I übereinstimmende Übersetzungsäquivalenz von Esdr II über das Mittelglied von Esdr I hinaus in der übrigen Übersetzungstradition der LXX, – vor allem in ihrer frühesten Gestalt, dem Pentateuch –, wiederfinden lasse, und wie sich das so beschaffene lukianische Überlieferungsgut hinsichtlich seiner Äquivalenz mit der hebräischen bzw. aramäischen Vorlage zu jenem Mittelglied griechischer Übersetzungstradition verhalte, das chronologisch zwischen der Übersetzung der LXX und der lukianischen Rezensionstätigkeit liegt und darum als unmittelbare Grundlage dieser Rezension in Frage kommt: zu den erhaltenen Resten der jüdischen Übersetzungen des zweiten christlichen Jahrhunderts.

Das lukianische Überlieferungsgut, das in diese Kategorie einzuordnen ist, umfasst nahezu ausschliesslich jene Wortäquivalenzen, die auf eine mit dem ursprünglichen Übersetzungstext identische hebräische bzw. aramäische Vorlage zurückgeführt werden müssen; denn andere Formen der Übersetzungstechnik, wie Stilistik, Syntax und Morphologie, lassen sich als Rezensionselemente allenfalls als Übernahme aus einer anderen Übersetzungsform des einen und gleichen Originals – in unserem Fall der ursprünglichen Textform des 1. Esrabuches – erklären, nur noch in Ausnahmefällen aber aus Analogiefällen in den Übersetzungen anderer Bücher.

Zu den Rezensionselementen dieser Art, die als lukianische Übernahmen aus Esdr I zu erklären sind, gehören syntaktische Erscheinungen wie Verbalformen des Infinitivs: 5₂ οἰκοδομῆσαι] -δομειν A L 44 = Esdr I 6₂ (omnes) für למבנא   8₂₂ αἰτήσασθαι] αιτησαι L = Esdr I 8₅₁ für לשאול, des Partizips: 6₂₁ ὁ χωριζόμενος] ο χωρισθεις L: cf Esdr I 7₁₃ (οἱ χωρισθέντες omnes) für הנבדל, und des verbum finitum: 9₃ ἐκαθήμην] εκαθισα L = Esdr I 8₆₈ (ἐκάθισα] εκαθισε (εκαθησε 19) L La^C) für ואשבה, und wie die präpositionale Formulierung von Bildungen mit dem Wort כ, das im ursprünglichen Text von Esdr II als Vergleichspartikel verstanden ist: 26₉ ὡς ἡ δύναμις αὐτῶν] κατα δυναμιν αυτων *L*: cf Esdr I 5₄₃ (κατὰ τὴν αὐτῶν (εαυτων *L*) δύναμιν für כהם   7₂₅ ὡς ἡ σοφία] κατα την σοφιαν *L* La¹²³ Compl = Esdr I 8₂₃ (omnes) für כחכמה, mit Bewahrung der je verschiedenen Äquivalente: 7₁₈ ὡς ἀρεστόν] κατα το αρ. *L*; *secundum voluntatem* La¹²³: cf Esdr I 8₁₆ (κατὰ τὸ θέλημα omnes) für כרעות   10₈ ὡς ἡ βουλή] κατα την βουλην *L*: cf Esdr I 9₄ (κατὰ τὸ κρίμα omnes) für כנצע¹.

Die als W o r t ä q u i v a l e n z zu bestimmenden Rezensionselemente, bei welchen es darum geht, dass ein bestimmtes hebräisches oder aramäisches Grundwort, dem im ursprünglichen Übersetzungstext entweder ein nur diesem Buch eigentümliches oder auf Übersetzungstradition beruhendes Äquivalent zugeteilt ist, in der lukianischen Rezension durch ein synonymes Äquivalent ersetzt wird, das in einer anderen Tradition der älteren, vorgegebenen Übersetzungen der LXX verankert ist, sind im ursprünglichen Text von Esdr II entweder als reine Wortvariante oder in jener Form überliefert, die als textgeschichtliche Dublette, das heisst als die Weise rezensioneller Textbearbeitung zu bestimmen ist, nach der ein einzelnes Wort oder ein ganzer Satzteil, die auf Grund zu freier Wiedergabe dem lukianischen Übersetzungsprinzip nicht entsprechen, nicht durch das an das Original angleichende lukianische Rezensionselement e r s e t z t, sondern – oft ohne syntaktische Einpassung in das Satzganze – durch es e r w e i t e r t werden.

Bei dieser Form lukianischer Textbearbeitung, der Rezension des ursprünglichen Textes nach den Übersetzungsäquivalenzen älterer vorliegender Übersetzungen der LXX, lässt sich die Frage, ob es sich bei der lukianischen Rezension um ein konsequent durchgehal-

---

¹) Die entsprechende lukianische Formulierung für ursprüngliches ἡμέραν ἐν ἡμέρᾳ in 34 69: ημεραν καθ ημεραν *L*: cf Esdr I 5₅₀ 6₂₉ (καθ' ἡμέραν omnes) für יום ביום, ist nicht auf eine Vorlage כיום für ביום zurückzuführen, sondern beruht auf dem lukianischen Prinzip der Harmonisierung eines aus Esdr I übernommenen Äquivalents, das aber durch Beibehaltung des Doppelausdrucks, der allgemeinen Tendenz von Esdr II entsprechend, die hebräische bzw. aramäische Vorlage hebraisierend wörtlicher wiedergibt als die gräzisierende Formulierung von Esdr I. Dass es sich bei der dermassen intensiv durchgeführten lukianischen Ersetzung des ursprünglichen ὡς durch κατα um ein in älterer Übersetzungstradition gründendes Prinzip der Wortäquivalenz handeln könnte, das dann nicht lediglich als Korrektur nach der jeweiligen Übersetzungsweise von Esdr I zu erklären wäre, ist nicht nur wegen solcher Harmonisierungen, die nicht mehr auf die hebräische bzw. aramäische Vorlage zurückgeführt werden können, unwahrscheinlich, sondern vor allem aus dem Grund, dass die Unterscheidung von כ als Präposition und als Vergleichspartikel, da es um ein syntaktisches Problem geht, sich in keinem Übersetzungstext konsequent durchhalten lässt. Innerhalb der mit Esdr I gemeinsamen Textteile zeigt 34 ὡς ἡ κρίσις] κατα την κρισιν *L* La¹²³ für כמשפט gegenüber ὡς προσῆκον ἦν (> *L*) in Esdr I 5₅₀ nur, dass die lukianische Rezension die formale Harmonisierung solcher Ausdrücke auch unabhängig von Esdr I durchführen kann, während die Überlieferung von Stellen, an denen eine präpositionale Wiedergabe von כ aus inhaltlichen Gründen schwierig wäre, wie 31 181 ὡς ἀνὴρ εἷς gegenüber ὁμοθυμαδόν in Esdr I (5₄₆ 9₃₈) für כאיש אחד (vgl. S.47 und 367f.) und 42 ὅτι ὡς (καθως *L*) ὑμεῖς gegenüber Esdr I 5₆₆ ὁμοίως γὰρ ὑμῖν für כי ככם beweist, dass sowohl die ursprüngliche Übersetzung beider Bücher als auch ihre lukianische Rezension mit ihren Äquivalenten übersetzungstechnisch den Gebrauch von כ als Vergleichspartikel und als Präposition unterscheiden. Beide Möglichkeiten der Übertragung, κατά und ὡς für כ, sind auch für Aquila nachgewiesen (s. Reider-Turner sub verbis).

tenes Prinzip oder lediglich um ein eklektisches Verfahren handle, da die erhaltene Überlieferung selbst die lukianische Rezension nur noch fragmentarisch bezeugt, nur dann mit einiger Sicherheit beantworten, wenn sich die entsprechende Änderung der Äquivalenz innerhalb von Esdr II bei allen in Frage kommenden Fällen nachweisen lässt.

Unter den lukianischen Wortvarianten von Esdr II, die mit dem ursprünglichen Text von Esdr I übereinstimmen, treten nun Fälle auf, die eindeutig oder doch mit grösserer Wahrscheinlichkeit zeigen, dass das betreffende Wortgut unmittelbar und ohne dass eine weitere Übersetzungstradition beigezogen worden wäre, aus Esdr I übernommen ist.

So ist in 2₆₉ unabhängig von der Frage, ob als ursprüngliches Äquivalent für den Ausdruck כתנת כהנים die sinngemässe Übersetzung χιτῶνας τῶν ἱερέων anzunehmen sei oder die von B′ bezeugte transkribierende κοθωνοι των ιερεων[1], die lukianische Textform στολας ιερατικας, da στολή als Äquivalent für כתנת in der älteren Übersetzungstradition nicht verankert und das Adjektiv ἱερατικός in 𝔊 als Übersetzungswort nur für אפוד und erst bei Symmachos nachgewiesen ist[2], als eine ausnahmslos auf der Vorlage von Esdr I (5₄₄) beruhende lukianische Übernahme zu bestimmen und zeigt die entsprechende lukianische Korrektur der ähnlich gelagerten Überlieferung in 17₇₀ und 72 lediglich, dass nach der Intention der lukianischen Rezension die aus Esdr I übernommenen Rezensionselemente bei gleichlautender hebräischer Grundlage auch in die in Esdr I nicht enthaltenen Textteile übernommen werden können, ein Befund, der auch bei den aus Esdr I übernommenen lukianischen Rezensionselementen auf ihre Begründung in der hebräischen bzw. aramäischen Vorlage schliessen lässt.

Zum gleichen Schluss auf unmittelbare und von anderwärtiger Tradition unabhängige Übernahme lukianischen Rezensionsgutes von Esdr II aus dem ursprünglichen Text von Esdr I könnten auch die mit Esdr I übereinstimmenden lukianischen Wortvarianten von Esdr II führen, deren hebräisches bzw. aramäisches Äquivalent innerhalb des Alten Testamentes nur im Buche Esra-Nehemia überliefert ist. Eine solche Erklärung legt die in L von Esdr II konsequent durchgeführte Wiedergabe des Begriffes פרשגן mit ἀντίγραφον nahe, die in Esdr I 6₇ gegenüber dem ursprünglichen von den ausserlukianischen Zeugen überlieferten Äquivalent in der Parallelstelle von Esdr II (5₆), διασάφησις, einhellig bezeugt ist, und der Befund, dass an allen übrigen Stellen des Vorkommens von פרשגן in Esdr I eine andere Übersetzungsweise vorliegt, in I 2₁₅ (= II 4₁₁) für פרשגן אגרתא τὴν ὑπογεγραμμένην (επιγεγρ. 19 98-243-248-731 125; υποτεταγμενην 134 La (*subiectam*)) ἐπιστολήν (II 4₁₁ ἡ διαταγὴ τῆς ἐπιστολῆς] το αντιγραφον (*exemplum* La) τ. επ. L La[123]), in I 2₂₅ (= II 4₂₃) für פרשגן נשתונא τῶν ... γραφέντων (II 4₂₃ ὁ φορολόγος] το αντιγραφον του δογματος L′La[123]) und in I 8₈ (= II 7₁₁) für פרשגן הנשתון τοῦ γραφέντος (om τοῦ γρ. L) προστάγματος (om τοῦ γρ. πρ. B′) (II 7₁₁ ἡ διασάφησις τοῦ προστάγματος] το αντιγρα-

---

[1]) Vgl. „Der ursprüngliche Text" 5.1.1.(3). S.350f..

[2]) Auch hier (Iud 17₅: ἔνδυμα ἱερατικόν) ungesichert, vielleicht nur Glosse (vgl. Field zur Stelle); der Ausdruck selbst, ἱερατικὴ στολή, in LXX noch in dem allein in Esdr I überlieferten und trotz der hebraisierenden Formulierung wahrscheinlich ursprünglich griechisch geschriebenen Teil 4₅₄ und in Mac II 3₁₅. Vgl. S.111 mit Anm.3.

φον του πρ. L La¹²³ Compl), ergibt, da nur in Esdr I 67 ein nominales Äquivalent für פרשגן eindeutig feststellbar ist, die übrigen Stellen in Esdr I aber paraphrasierend wiedergegeben sind, für die Bestimmung des Charakters der lukianischen Rezension in Esdr II nur die Vermutung, dass für die aus Esdr I übernommene Wortäquivalenz der lukianischen Rezension von Esdr II für die im ursprünglichen Text von Esdr I in verschiedener Weise wiedergegebenen hebräischen bzw. aramäischen Begriffe nicht die Vielheit der Äquivalente, sondern die Wahl eines bestimmten Äquivalents bindend ist, das dann aber – und diese Tendenz entspricht der schon festgestellten Bewahrung einer aus Esdr I übernommenen Äquivalenz auch in den in Esdr I nicht überlieferten Teilen des Buches Esra-Nehemia – auch dort in den Text von Esdr II eingetragen wird, wo in der entsprechenden Stelle von Esdr I eine andere Übersetzungsweise vorliegt¹. Doch darf hier

---

¹) Dass dieses Prinzip lukianischer Korrektur der Wortäquivalenz in Esdr II nach dem ursprünglichen Text von Esdr I aber nur eklektisch – vielleicht nach nicht mehr bekannten Kriterien der Übersetzungstradition – angewandt wird, zeigt im nächsten Kontext von פרשגן der innerhalb des AT gleicherweise nur im Buch Esra-Nehemia überlieferte Begriff נשתון, der im ursprünglichen Text von Esdr II, abgesehen von 7 11, wo die Konstruktus-Verbindung פרשגן הנשתון mit ἡ διασάφησις τοῦ διατάγματος wiedergegeben und lukianisch nur hinsichtlich des Äquivalents für פרשגן, διασάφησις, in αντιγραφον korrigiert ist, personhaft, als Bezeichnung eines Amtsinhabers, φορολόγος, missverstanden ist: φορολόγος wird von der lukianischen Rezension an drei Stellen der Bedeutung des Begriffs, „Schriftstück" bzw. „Dekret", entsprechend korrigiert, aber in je verschiedener Weise und nirgends nach den zwar sinngemässen, aber ihrerseits auch je verschiedenen Parallelstellen in Esdr I: II 4 18 נשתונא די שלחתון: Ὁ φορολόγος, ὃν ἀπεστείλατε] το γραμματειον (-τιον 108; decretum La) ο απ. L La¹²³ (I 222 τὴν ἐπιστολήν, ἣν πεπόμφατε (επεμψατε V′ L)) II 4 23 פרשגן נשתונא: ὁ φορολόγος] το αντιγραφον του δογματος (edicti La) L′ La¹²³ (I 2 25 τῶν ... γραφέντων) II 5 5 אדין יתיבון נשתונא על־דנה: τότε ἀπεστάλη τῷ φορολόγῳ ὑπὲρ τούτου] διδωσι διαταγμα περι τ. L; tunc datum est edictum hoc La¹²³ (I 66 προσφωνηθῆναι] οπως αυτω προσφωνηθη L); φορολόγος wird aber an einer Stelle, wo die Nennung einer Person als Subjekt infolge der – in L offenbar beibehaltenen – falschen Erklärung des zugeordneten Nomens כְּתָב als verbum finitum, כָּתַב, notwendig erfordert ist, auch von der lukianischen Rezension aus der ursprünglichen Textform von Esdr II übernommen, so dass, da das Prinzip der rezensionellen Wiedergabe von נשתון aufrechterhalten bleibt, eine – von L vielleicht nicht mehr als solche erkannte – Dublette entsteht: II 4 7 וכתב הנשתון כתוב ארמית: ἔγραψεν ὁ φορολόγος γραφὴν Συριστί] και εγρ. ο φ. την γρ. της διαταξεως συριστι L Compl; scriptura autem decreti scripta erat syricatim La¹²³ = 𝔐 (I 2 15 τὴν ὑπογεγραμμένην (επιγ. 19 98-243-248-731 125; υποτεταγμενην 134 La (subiectam)) ἐπιστολήν). Da nun aber bei dieser Überlieferung der Parallelstellen von Esdr II und I die Bedeutung nach als Äquivalent für נשתון verwendbaren Begriffe der Übersetzung von Esdr I im Unterschied zur Äquivalenz פרשגן - ἀντίγραφον im ursprünglichen Text von Esdr II durch eine andere, weitgehend eingehaltene Äquivalenz schon in Anspruch genommen sind, ἐπιστολή (I 2 15 22) für אגרה bzw אגרת, πρόσταγμα (I 88) für חק – die übrigen Stellen scheiden als denkbare Kriterien lukianischer Korrektur wegen zu freier bzw. nicht nominaler Wiedergabe aus (I 2 25 66) –, liesse sich von hier aus der Verzicht auf lukianische Beiziehung von Esdr I erklären, als ein weiteres lukianisches Prinzip die möglichste Vermeidung des Gebrauchs des gleichen griechischen Äquivalents für verschiedene hebräische bzw. aramäische Grundwörter vermuten, und der weiteren Erklärung bedürftig wäre nur der hier vorliegende Befund, dass die lukianische Re-

die Erklärung aus von Esdr I unabhängiger Übersetzungstradition oder aus von einer jeden Tradition freier Wahl des Äquivalents aus dem Grund nicht ausgeschlossen werden, weil der Begriff ἀντίγραφον als Äquivalent für פרשׁן – wie für die analoge Bildung פתשׁגן in der Esdr II gegenüber wahrscheinlich jüngeren Übersetzung des Buches Esther – als einziger im Griechischen völlig bedeutungsgleich ist.

Auf Grund der aramäischen Äquivalenz, die eine ältere Übersetzungstradition ausschliesst, lässt sich auch der Ausdruck νῦν οὖν als Äquivalent für die Partikel כען (כעת, כענת,) in der lukianischen Tradition von Esdr II nicht nur als Zusatz[1], sondern auch als Wortvariante am besten aus direkter Übernahme aus dem ursprünglichen Text von Esdr I erklären[2]: Dass der Ausdruck selbst beiden Texten schon in ihrer ursprünglichen Textform gemeinsam ist, zeigt seine fast einhellige Bezeugung in beiden Texten als Äquivalent für כען in Esdr II 4₁₃ νῦν οὖν (> 55) = I 2₂₀ νῦν οὖν omnes; dass dieser Ausdruck aber in der lukianischen Rezension von Esdr II hinsichtlich der Äquivalenz mit כען dem ursprünglichen Text von Esdr I entsprechend eingeführt werden kann, zeigen die Stellen Esdr II 4₂₁ καὶ νῦν] νυν B'; νυν ουν L La¹²³ = I 2₂₄ νῦν οὖν] καὶ νυν εγω (> 71) a; om οὖν A und Esdr II 5₁₇ καὶ νῦν (für וכען)] νυν ουν (nunc ergo La) 19' La¹²³ = I 6₂₀ omnes.

Die wahrscheinlichste Erklärung der lukianischen Übersetzungsform nur im Buch Esra-Nehemia überlieferten Wortgutes in Esdr II aus der einhellig bezeugten Äquivalenz in Esdr I ist auch durch die Überlieferung der Transkription der Eigennamen „Ekbatana" und „Artaxerxes" gegeben, wo für אחמתא (II 6₂) die gräzisierende Form Ἐκβάτανα entsprechend der Parallelstelle I 6₂₂ gegenüber der hebraisierenden Transkription Ἀμαθά der ursprünglichen Textform von L' La¹²³ bezeugt ist und wo für ארתשׁשׁתא bzw. ארתחשׁסתא an allen Stellen gegenüber der in Esdr II ursprünglichen reinen Transkription Ἀρθασασθά entsprechend der Überlieferung von Esdr I die gräzisierende Form Ἀρταξέρξης in L bezeugt und auch in der griechischen Vorlage der altlateinischen und armenischen Übersetzung anzunehmen ist[3]. Doch ist in diesen Fällen die Erklärung der lukianischen Überlieferung von Esdr II aus unmittelbarer Übernahme aus Esdr I aus dem Grund nicht völlig gesichert, weil die gräzisierende und schon früher in der ausserbiblischen griechischen Tradition nachgewiesene Form dieser Namen[4] nach Ausweis von Tob, Idt und Mac II[5] auch anderwärts in der jüdisch-hellenistischen Tradition – sowohl in ursprünglich griechischen als auch in übersetzten Texten – bekannt ist und weil die lukianische Gräzisierung von Eigennamen ein textgeschichtliches Phänomen ist, das, wie die

---

zension für das gleiche Grundwort verschiedene griechische Äquivalente einsetzt: διάταγμα in 5₅, der Begriff, der, da er an einer Stelle durch den ursprünglichen Text von Esdr II als Äquivalent gesichert ist (7₁₁), als lukianisches Rezensionselement am nächsten läge, διάταξις in 4₇, γραμματεῖον in 4₁₈ und δόγμα in 4₂₃.

[1]) Vgl. S.34.
[2]) Vgl. S.153.
[3]) Die betreffenden Stellen s. im Apparat zu Esdr II 4₇.
[4]) Ἐκβάτανα seit Aristophanes, Ἀρταξέρξης seit Thukydides.
[5]) Die Belege s. u. H.-R. sub verbo.

innerhalb von Esdr I und II analoge Überlieferung von Eigennamen zeigt, die auch in älteren Schriften des Alten Testamentes überliefert sind, z. B. II 42 אשור: ’Ασσούρ] ασσυριων L = I 4₆₆, cf II 6₂₂ = I 7₁₅[1] und II 5₁ יהוד ’Ιουδά] τη ιουδαια L = I 6₁ (ιουδα 7₂₈), als lukianisches Rezensionsprinzip auf ursprünglicher Übersetzungstradition der älteren Bücher beruht[2].

Weitere Fälle innerhalb der Wortäquivalenz, die mit gleicher Deutlichkeit eine von älterer Tradition unabhängige lukianische Überarbeitung von Esdr II nach dem ursprünglichen Text von Esdr I aufweisen, lassen sich, so viel ich sehe, nicht finden. Wohl aber lässt sich an einigen Stellen, wo eine ältere Übersetzungstradition der gleichen Äquivalenz vorliegt, der ursprüngliche Text von Esdr I als Mittelglied der lukianischen Rezension von Esdr II wahrscheinlich machen:

In II 6₂₀ הטהרו הכהנים: ἐκαθαρίσθησαν οἱ ἱερεῖς] ηγνισαντο οι ι. L: cf I 7₁₀ ἡγνίσθησαν οἱ ἱ. (omnes) liegt trotz des je verschiedenen Genus Beeinflussung der lukianischen Textform von Esdr II durch den einhellig überlieferten Text von Esdr I aus dem Grund nahe, weil die Äquivalenz טהר - ἀγνίζειν ausser in Par II 29₁₆ ₁₈ 30₁₈ durch keine Tradition gedeckt, lukianische Abhängigkeit von diesen Stellen aber weniger wahrscheinlich ist; das in alter Tradition verankerte Äquivalent für טהר ist καθαρίζειν, der Begriff ἀγνίζειν, der sowohl „reinigen" als auch „weihen" bedeuten kann[3], steht seit Exod 19₁₀ mehrfach für das Grundwort קדש, dessen häufigstes seit Gen 2₃ bezeugtes und auch in Esdr I und II so gebrauchtes Übersetzungswort aber das ausschliesslich „heiligen" bzw. „weihen" bedeutende Verbum ἁγιάζειν ist. Da nun der Text der Parallelstelle in Esdr I 7₁₀₋₁₁ mit der Aussage über die Reinigung bzw. Weihung der Priester und Leviten, das Nicht-Gereinigt-Sein der aus der Gefangenschaft Heimgekehrten als eine wahrscheinlich der Vorlage des Übersetzers von Esdr I entstammende Ausgestaltung der Erzählung des ersten Passahs nach der Heimkehr im Sinn der Passahfeier unter Hiskia Par II 30₁₇₋₁₈ zu erklären ist[4] und von daher als Äquivalent für ἀγνίζειν nicht nur טהר, sondern auch קדש in Frage kommt, lässt sich, wenn die lukianische Äquivalenz in Esdr II als unmittelbare, nicht auf direktem Rückbezug auf die hebräische Vorlage beruhende Übernahme aus Esdr I bestimmt wird, eine über Par II hinausgehende in vorgegebener Tradition gründende Äquivalenz zwischen טהר und ἀγνίζειν nicht mit Sicherheit postulieren. Dem widerspricht auch nicht, dass an dreien der vier Stellen, an denen das Verbum טהר in Esdr II noch

---

[1]) Für direkte Übernahme aus Esdr I könnte hier sprechen, dass an der dritten Stelle des Vorkommens, die zu den in Esdr I nicht überlieferten Teilen gehört, II 19₃₂, auch die lukianische Gräzisierung nicht überliefert ist; die festgestellte Tendenz (S.41) erlaubt noch nicht den Schluss auf Konsequenz.

[2]) Innerhalb der Ordnung des alexandrinischen Kanons, die sicher für den Pentateuch, wahrscheinlich für den ganzen Komplex der historischen Bücher von Gen bis Reg IV als Kriterium des Alters der Übersetzungen gelten darf, ist der älteste Beleg für die gräzisierende Transkription von אשור mit ’Ασσύριος Gen 2₁₄ (omnes), für יהוד mit ’Ιουδαία Reg I 23₃ (ιουδα 24₂).

[3]) Vgl. Bauer sub verbo.

[4]) Zu Text und Textherstellung vgl. TGE S. 81f.

überliefert ist, 22₃₀ und 23₂₂, das ursprüngliche Äquivalent καθαρίζειν lukianisch durch ἁγνίζειν ersetzt wird, da diese Änderung auf die schon festgestellte[1] Tendenz der lukianischen Rezension zurückgeführt werden kann, aus dem Paralleltext von Esdr I übernommene Wortvarianten bei gleicher Äquivalenz auch auf andere Stellen zu übertragen. Dass aber an der vierten in Frage kommenden Stelle, 23₃₀, die lukianische Korrektur der ursprünglichen Äquivalenz טהר - καθαρίζειν in ἁγνίζειν nicht überliefert ist, ist eher denn als Inkonsequenz oder aus bruchstückhafter Überlieferung daraus zu erklären, dass nach lukianischem Rezensionsprinzip der Begriff ἁγνίζειν nur, wie es die Aussagen von 6₂₀ 22₃₀ und 23₂₂ zulassen, in der Bedeutung des Weihens bzw. Heiligens verwendet wird, nicht, wie es die Aussage von 23₃₀ durch die Verbindung mit dem adverbialen Ausdruck ἀπὸ πάσης ἀλλοτριώσεως (απο παντος αλλοτριου L La¹²³) notwendig fordert, in der Bedeutung des Reinigens[2], eine Erklärung, mit der sich ein weiteres Prinzip lukianischer Textbearbeitung anzeigen würde: die Überordnung der Übersetzung als Interpretation über die übersetzungstechnische Konsequenz.

Mit etwas geringerer Wahrscheinlichkeit auf lukianische Überarbeitung nach dem ursprünglichen Text von Esdr I ist, weil hier ältere Übersetzungstradition besser bezeugt ist, die lukianische Einführung des Verbums ἀπέχειν für Bildungen des Stammes רחק in II 6₆ הרחיקן הו: μακρὰν ὄντες] μ. απεχετε (*discedite* La) L La¹²³: cf I 6₂₆ ἀπέχεσθαι (-σθε 19) zurückzuführen – die ältere, überall einhellig bezeugte[3], eine Bildung des Stammes רחק mit einer Form des Verbums ἀπέχειν, dem adverbiales μακράν zugeordnet ist, übertragende Tradition liegt vor mit zu Grunde liegender Verbalform von רחק in Gen 44₄ Deut 12₂₁[4] Ez 11₁₅ Sir 9₁₃, mit der Adjektivbildung רחוק als Vorlage in Iud 18₉[5] Ez 22₅ Ioel 4 (LXX 3)₈ Prov 15₂₉, bei nicht erhaltenem Original in Mac I 8₄ –; doch spricht

---

[1]) S.41.
[2]) Als Beleg für diese Bedeutung, mit ἀπό verbunden, vgl. übersetzungsgriechisch Num 6₃ (ἁγνισθήσεται ἀπὸ οἴνου für יזיר ... מיין), biblisch-griechisch Barn 8₁ (ἵνα ἁγνίζωνται ἀπὸ τῶν ἁμαρτιῶν), profangriechisch mit Genitiv E. H F 1324 χέρας σὰς ἁγνίσας μιάσματος.
[3]) Gespaltene Überlieferung in dieser Wendung finde ich nur noch in Deut 1 4₂₃ (24) μακρὰν γένηται] μ. απεχη M^{mg} V d t z 407′ - ἀπέχη auch als anonyme Note –, wo aber die Vorlage ירבה lautet, und als Lesart des Florilegs des Antiochus Monachus μακραν απεχει für μ. ἀπέστη in Sir 27₂₀, wo die hebräische Vorlage nicht erhalten ist.
[4]) Die anderwärts einhellige Überlieferung der stereotypen Wendung mit dem Adverb μακράν legt es nahe, auch hier – gegen Rahlfs und Wevers – der Textform von B d 344^{mg} t μακρὰν ἀπέχῃ gegenüber μακροτερον απ. der übrigen Zeugen den Vorzug zu geben. Die komparative Form – als Adverb begegnet sie noch, hier eindeutig sekundär, für μακρόθεν der übrigen bei A in Gen 21₁₆ – mag als spätere Interpretation der vorangehenden Aussage „wenn der Herr dein Gott deine Grenzen erweitert ... " erklärt werden: „wenn die Stätte, die der Herr dein Gott erwählt hat, (von deinem Wohnort) noch weiter entfernt liegt (als jene Grenzen...)"; aber nach dem ursprünglichen Sinn ist eine Entfernung gemeint, die innerhalb dieser Grenzen liegt.
[5]) Die Wendung μακρὰν ἀπέχοντες (απεχουσιν multi) ist nur im A-Text in der in 𝔐 und im B-Text nicht überlieferten Wiederaufnahme der Aussage von v. 7 רחקים המה מצדנים bezeugt, wo aber beide Textformen einhellig mit μακράν εἰσιν übertragen; ein Schluss auf je verschiedene Übersetzungstechnik in den beiden Textformen lässt sich daraus darum nicht ziehen.

der Befund, dass der Ausdruck μακρὰν ἀπέχειν anderwärts als lukianisches Rezensionselement bei Bildungen von רחק nicht nachweisbar und auch für α′, σ′ und θ′ nicht belegt ist, auch dann, wenn die lukianische Korrektur in Esdr II 6₆ auf älterer Tradition beruht, für die lukianische Beiziehung der Parallelstelle von Esdr I als Mittelglied[1].

Für die Annahme, dass trotz vorgegebener Übersetzungstradition im ursprünglichen Text der ältesten Überlieferung, im Pentateuch, das Mittelglied der Textform von Esdr I der unmittelbare Anlass lukianischer Korrektur in Esdr II sein konnte, spricht auch die Überlieferung der Äquivalente für das Verbum עצב in der Bedeutung „Betrübtsein", das an den beiden Stellen seines Vorkommens in Esdr II im engen Kontext in 18₁₀ und 11 (אַל־תֵּעָצֵבוּ) zuerst mit μὴ διαπέσητε, dann mit μὴ καταπίπτετε übertragen[2] und an beiden Stellen entsprechend dem einhellig überlieferten Text der Parallelstelle von Esdr I 9₅₂ und 53 lukianisch in μη λυπεισθε – die Zeugen sind an beiden Stellen *L*, wahrscheinlich auch La¹²³ (*nolite contristari*), dazu in v. 10 Constit[3] – geändert wird: Lukianisch übernommene vorgegebene Übersetzungstradition der ältesten Überlieferung kann zwar auf Grund der einhellig bezeugten Äquivalenz zwischen עצב und λυπεῖν in Gen 45₅,

---

[1]) Hinsichtlich der übrigen in Esr-Neh vorkommenden Bildungen mit dem Stamm רחק, 3₁₃ 14₁₃ (LXX 19) und 22₄₃ lässt sich zwar eine lukianische Tendenz zur Einführung des Adverbs μακράν feststellen, in 3₁₃ εἰς μακραν in 93 für μακρόθεν gegen die Überlieferung in der Parallelstelle I 5₆₂, wo einhellig μακρόθεν steht, in 22₄₃ εως εις μακραν in *L* Aeth⁻ᴮ Arm für ἀπό (> *b* Ald Compl) μακρόθεν, 14₁₃ (19) μακράν zusammen mit allen Zeugen, nicht aber lukianische Verbindung mit dem Verbum ἀπέχειν. Die Inkonsequenz ist hier durch die Satzkonstruktion zu erklären – ἡ φωνή in 3₁₃ und ἡ εὐφροσύνη in 22₄₃ als Subjekt in passiver Formulierung schliessen eine solche Verbindung aus; μακράν in 14₁₉ ist als Adverb schon der finiten Verbform σκορπιζόμεθα zugeordnet – und zeigt auf diese Weise wieder eine Grenze an, an welcher rezensionelle Wortäquivalenz in *L* durch andere Prinzipien relativiert werden kann.

[2]) Der ursprüngliche Text ist instruktiv für die Technik des Übersetzers von Esdr II: Die gleiche Formulierung im allernächsten Kontext wird in der Übersetzung variiert, aber mit Composita des gleichen Grundstamms. Die Äquivalenz selbst: Bildungen mit πίπτειν als Bezeichnung der Trauer, beruht auf älterer Übersetzungstradition und, obwohl ausserbiblische Herkunft auf Grund der dort nachgewiesenen Bedeutung des seelischen Zusammenbruches (mit καταπίπτειν D Chr 18.15; mit συμπίπτειν vgl. auch Mart Pol XII 1) nicht ausgeschlossen ist, wahrscheinlich auf der übertragenen Bedeutung des Stammes נפל in Verbindung mit פנים, wie sie exemplarisch in Gen 45 וַיִּפְּלוּ פָנָיו: καὶ συνέπεσεν τῷ προσώπῳ (ἔπεσε πρόσωπον αὐτοῦ α′), vgl. v. 6, vorliegt; vgl. Reg I 17₃₂ אַל־יִפֹּל לֵב־אָדָם עָלָיו: μὴ δὴ συμπεσέτω καρδία τοῦ κυρίου μου ἐπ' αὐτόν, bei anderer Äquivalenz Reg I 1₁₈ וּפָנֶיהָ לֹא־הָיוּ־לָהּ עוֹד: καὶ τὸ πρόσωπον αὐτῆς οὐ συνέπεσεν ἔτι, bei nicht erhaltener Vorlage Mac I 6₁₀ συμπέπτωκα τῇ καρδίᾳ ἀπὸ τῆς μερίμνης. Dass hinsichtlich dieser Bedeutung die Äquivalenz zwischen dem Verbum עצב und Bildungen von πίπτειν über den ursprünglichen Text von Esdr II hinaus auf breiterer Tradition beruht, beweist in Par I 4₁₀ die für den Satzteil מֵרָעָה לְבִלְתִּי עָצְבִּי: γνῶσιν (pro מַדָּע) τοῦ μὴ ταπεινῶσαί με in 56 als Dublette, in 93 als Glosse überlieferte Übersetzung βοσκησιν (pro מֵרָעָה) μου του μη (> 56) διαπεσειν με.

[3]) Syh erweist an beiden Stellen mit der eindeutig auf den ursprünglichen LXX-Text zurückgehenden Übersetzung ולא תתנפלון dieses lukianische Rezensionsprinzip als nicht auf hexaplarischer Tradition beruhend, sondern als genuin lukianisch.

אל־תעצבו: μὴ λυπεῖσθε, postuliert werden; aber an der zweiten Stelle, die innerhalb der ursprünglichen LXX-Tradition diese Äquivalenz aufweist, Reg II 19₂ (3), sind es gerade die lukianischen Zeugen, die für ein anderes Äquivalent eintreten, נעצב: λυπεῖται] ὀδύναται 19-108-82-93-127, das als genuin lukianisch durch seine Bezeugung als Äquivalent für das gleiche Grundwort bei σ' in Gen 34₇ ויתעצבו: κατενύχθησαν] σ' ὠδυνήθησαν 108 und in Reg I 20₃₄ נעצב: ἐθραύσθη] σ' ὠδυνήθη 92 108 243 nahe gelegt ist¹.

Ein Sonderfall hinsichtlich der Frage, ob ein lukianisches Rezensionselement auf das Mittelglied des ursprünglichen Textes von Esdr I oder auf von ihm unabhängige Tradition zurückgeht, sind die in dem lukianischen Zusatz nach ℳ überlieferten Äquivalente ομοθυμαδον του επινικαν für die Vorlage לנצח כאחד in 3₉ (= I 5₅₆). Als genuin lukianisch ist ομοθυμαδον als Äquivalent für כאחד in den Dubletten der Parallelstellen 2₆₄, 17₆₆ und in 6₂₀ nachgewiesen². Für Übernahme aus Esdr I spricht in Esdr II 3₉ die einhellige Bezeugung dieses Äquivalents im Paralleltext Esdr I 5₅₆. Dagegen muss nicht sprechen, dass an den beiden anderen in Esdr I mitbezeugten Stellen, an denen in Esdr II diese lukianische Korrektur vorliegt, für den Ausdruck כאחד einhellig andere Übersetzungsäquivalente überliefert sind: in 7₁₀ (= II 6₂₀) ἅμα, in 5₄₁ (= II 2₆₄) für כל־הקהל כאחד in freier Wiedergabe innerhalb eines im ganzen gegenüber Esdr II freien Kontextes οἱ δὲ πάντες ἦσαν, und dass an Stellen, wo ὁμοθυμαδόν in Esdr I als Äquivalent für Ausdrücke mit כאחד einhellig bezeugt wird, 5₄₆ (= II 3₁), 18₁ (= II 9₃₈)³, keine dementsprechende Korrektur in Esdr II überliefert ist. Doch spricht in Esdr II 3₉, will man hier nicht die Vereinigung zweier verschiedener Traditionen postulieren, gegen die Übernahme aus Esdr I 5₅₆ das Äquivalent für die zugeordnete Infinitivkonstruktion לנצח: του επινικαν, eine anderwärts, so viel ich sehe, in der gesamten Gräzität nicht nachgewiesene Verbalbildung, die als lukianisch auch durch den Zusatz nach ℳ in Esdr II 3₈ gesichert ist, die aber im Text von Esdr I nur eine schwache Berührung mit dem aus ausserbiblischer Tradition stammenden Nomen ἐπινίκιον in der Bedeutung des „Siegespreises" im ursprünglich griechischen Text 3₅ aufweist⁴.

Vorgegebene Übersetzungstradition als lukianisches Rezensionsprinzip ist, obwohl nicht ausgeschlossen, auch dort eher unwahrscheinlich, wo das hebräische bzw. aramäische Grundwort innerhalb des Alten Testamentes selten oder nur in den späteren Schriften überliefert ist, deren chronologische Folge sowohl hinsichtlich des Originals als auch hinsichtlich seiner griechischen Übersetzung schwer bestimmbar ist. Darum bleibt auch

---

¹) α' setzt für עצב konsequent διαπονεῖν: Gen 6₆ 34₇ Reg I 20₃₄; so auch einhellig in der (voraquilanischen?) Übersetzung von Eccl (10₉). Diese Äquivalenz ist auch bei Nominalbildungen dieses Stammes ausnahmslos aquilanisch und ohne Verankerung in LXX überliefert; λυπεῖν für עצב innerhalb von α'σ'θ' noch bei θ' in Reg I 20₃₄, aber in Reg II 6₈ bei α' und θ', in Ion 4₄ bei α'σ'θ', wie im ursprünglichen LXX-Text einhellig auch in Esdr II 1 5₆ Gen 4₅ Ion 4₄ 9, für חרה.

²) Vgl. „Der ursprüngliche Text." 5.1.2.(6). S.367f.
³) Vgl. S.40 Anm.1.
⁴) Vgl. S.134 mit Anm.3.

hinsichtlich der Überlieferung der Äquivalente für Bildungen des Verbums נזק, das ausserhalb der aramäischen Partien in Esra (4₁₃ ₁₅ ₂₂) nur noch aramäisch in Dan 6₃ und als Nominalbildung hebräisch in Est 7₄ überliefert ist, obwohl das in Esdr II lukianisch überlieferte Übersetzungswort (ἐν)οχλεῖν gegenüber dem ursprünglichen Äquivalent κακοποιεῖν bzw. κακοποίησις einhellig auch im jüngeren „θ"-Text des Buches Daniel überliefert ist: Dan 6₃ (LXX 2) נזק לא־להוא: μὴ ἐνοχλῆται – der ältere o'-Text enthält den Passus nicht; Est 7₄ ist nicht verwertbar[1] –, und obwohl die Überlieferung in Esdr II selbst nicht einheitlich ist, die Erklärung der lukianischen Tradition von der Textform des 1. Esrabuches her am wahrscheinlichsten: Die als lukianische Korrektur nach Esdr I zu erklärende Überlieferung in II 4₂₂ להנזקת מלכין: εἰς κακοποίησιν βασιλεῦσιν] του οχλεισθαι βασιλεις L'; *quae molesta sit regibus* La¹²³: cf I 2₂₄ εἰς τὸ βασιλεῖς ἐνοχλῆσαι B' Sixt] επι τω βασιλει ενοχλησαι (-χλειται 340) 58'; εις το μη ενοχλεισθαι βασιλεις L; επι τω (το 74-121 248 245) βασιλεις (-λει 728) ενοχλεισθαι rel, wird hinsichtlich der lukianischen Äquivalenz in II 4₁₃ gegen die Textform von Esdr I beibehalten: מלכים תהנזק: βασιλεῖς κακοποιεῖ] βασιλευσιν οχλησουσιν L'; *ad reges adversabuntur* La¹²³: cf I 2₁₈ βασιλεῦσιν ἀντιστήσονται (αποστ. 71), während sich in II 4₁₅ מהנזקת die Äquivalenz in einhelliger Überlieferung auf Esdr II: κακοποιοῦσα, und I (2₁₉): ἐνοχλοῦσα, verteilt[2], so dass für die lukianische Rezension von Esdr II entweder Inkonsequenz oder Bruchstückhaftigkeit der Überlieferung angenommen werden muss[3].

Lukianische Tradition in Esdr II, deren Herkunft aus der ursprünglichen Textform von Esdr I aus dem Grund wahrscheinlich ist, weil die Zuordnung zum hebräischen Äquivalent in der älteren Übersetzungstradition nach Ausweis der Überlieferung zu vielgestaltig ist, als dass sich daraus mit einiger Sicherheit ein lukianisches Prinzip der Äquivalenz postulieren liesse, liegt noch in einigen Fällen vor, wo es um Variationen der Präposition in Composita unter Beibehaltung des gleichen Stammes geht:

---

[1]) Das Äquivalent für נזק im o'-Text von Est 7₄: αὐλή ist nur durch eine abweichende hebräische Vorlage erklärbar. Ob in der freien Wiedergabe des – nicht als „lukianisch" zu bestimmenden (vgl. Est, Einleitung S. 87-95) – „L"-Textes des Buches Esther τὸν κακοποιήσαντα auf נזק zurückzuführen ist oder auf צר, lässt sich nicht mehr beantworten.

[2]) Die Differenzierungen zwischen Simplex ὀχλεῖν und Compositum ἐνοχλεῖν und zwischen aktiver und passiver Formulierung dieses Verbums lassen sich textgeschichtlich nicht auswerten. Der Wechsel von der Nominalbildung κακοποίησιν in II 4₂₂ zur Verbalform von ὀχλεῖν in L' und Esdr I geht auf das richtige Verständnis des Grundworts als Infinitiv zurück und ist insofern Hebraisierung. Ob die passive Konstruktion ενοχλεισθαι an dieser Stelle in der lukianischen Textform von Esdr II und in allen Zeugen ausser dem B-Text in Esdr I auf lukianischer Bearbeitung auch des Textes von Esdr I oder auf älterer Überlieferung beruht, muss offen bleiben.

[3]) Für eine konsequentere Durchführung der lukianischen Äquivalenz in einem bestimmten Stadium der Textgeschichte könnte die altlateinische Bezeugung sprechen, da die Äquivalente von La¹²³, obwohl verschieden, so doch alle dem Sinn nach ὀχλεῖν näher stehen als κακοποιεῖν: *quae molesta sit* in II 4₂₂ – vgl. La^V in der Parallelstelle I 2₂₄: *ut ... molestia importetur* –, *inquietans* in II 4₁₅, *adversabuntur* in II 4₁₃: hier eher für ἀντιστήσονται aus I 2₁₈. Vgl. „Der ursprüngliche Text" S.371f. mit S.371 Anm.2.

Der Wechsel zwischen Simplex und einfachem Compositum in II 5₉ שְׁאֵלְנָא ἠρωτήσαμεν] επερωτησαμεν L = I 6₁₁ (ἐπηρωτήσαμεν omnes) ist, obwohl diese lukianische Überlieferung innerhalb von Esdr II nur an dieser Stelle nachgewiesen ist¹, aus dem Grund am besten als lukianische Korrektur nach Esdr I erklärbar, weil bei der häufigen Bezeugung sowohl des Simplex ἐρωτᾶν als auch des Compositum ἐπερωτᾶν als Äquivalent für שאל in der älteren Übersetzungstradition eine lukianische Einschränkung auf das Compositum als Rezensionsprinzip unwahrscheinlich wäre. Die auch lukianisch bewahrte doppelte Äquivalenz (ἐπ)ερωτᾶν - αἰτεῖν ist in der entsprechenden Doppelbedeutung des Grundwortes שאל begründet, die in Esdr II je verschiedene Interpretationen zulässt: notwendig (ἐπ)ερωτᾶν, „fragen", in 5₉ 1₁₂, einhellig αἰτεῖν, „bitten", in 8₂₂ 23₆, beide Möglichkeiten in 5₁₀ 7₂₁, und zeigt auf diese Weise für die lukianische Rezension die aus der ursprünglichen Übersetzungstradition übernommene Technik, nach der das Prinzip der Übersetzung als Interpretation das Prinzip der reinen Wortäquivalenz relativiert.

Beim Wechsel zwischen Simplex und einfachem Compositum in II 5₁₂ יהב: ἔδωκεν] παρεδωκεν L 71 = I 6₁₄ (omnes) liegt unmittelbare lukianische Übernahme aus Esdr I, abgesehen von der Aufteilung sowohl des Simplex als auch des Compositum auf viele Äquivalente in der alten Übersetzungstradition und in Esdr I und II selbst, die eine rezensionelle Einschränkung auf das Grundwort יהב unwahrscheinlich macht, auch aus dem Grund nahe, weil trotz der synonymen Verwendung des Begriffs im nächsten Kontext von v. 12 und 14 die lukianische Korrektur in das Compositum nur an der ersten Stelle überliefert ist, ein Befund, der eher als aus bruchstückhafter Überlieferung aus eklektischer Harmonisierung mit der Vorlage von Esdr I erklärt werden muss. Gegen eine Erklärung der lukianischen Korrektur von der aramäisch-hebräischen Äquivalenz her spricht auch die begriffliche Eingrenzung des Compositum παραδιδόναι: „übergeben" gegenüber dem Simplex: „Geben", die eine konsequente Übertragung des Stammes יהב mit παραδιδόναι, z. B. in II 5₁₆ יְהַב אֻשַּׁיָּא: ἔδωκεν θεμελίους] iecit (vel posuit) fundamenta Arm: cf I 6₁₉ ἐνεβάλετο (-βαλλ. B^c-122; εισεβαλλ. B*; ενεβαλε L 381) τοὺς θ. unmöglich machen würde².

---

¹) Das Äquivalent für שאל ist im folgenden Satz in Esdr II (5₁₀) einhellig das Simplex ἠρωτήσαμεν, in Esdr I (6₁₁) ᾐτοῦμεν, in II 7₂₁ einhellig αἰτήσῃ (-σει) gegenüber dem für dieses Grundwort singulären Äquivalent ἀποστείλῃ (επιστ. L Ios XI 127; vielleicht liegt שלח zu Grunde) in der Parallelstelle von Esdr I (8₁₉), in II 8₂₂ gleicherweise αἰτήσασθαι, das lukianisch nur nach der entsprechenden Stelle von Esdr I (8₅₁) in αιτησαι korrigiert wird, in den von Esdr I nicht mitüberlieferten Teilen einhellig in 1₁₂ ἠρώτησα, in 23₆ ᾐτησάμην.

²) Ob in La¹²³, wo an beiden Stellen, 5₁₂ und 14, tradidit überliefert ist, auch in v. 14 παρεδωκεν als Vorlage zu postulieren ist, muss offenbleiben – die Lesart wurde nicht wegen dieser Äquivalenz, sondern wegen des relativen Anschlusses, qui für καί, und der mit L 381 Compl übereinstimmenden Einfügung des Pronomens ea in den Apparat aufgenommen –; denn im gesamten Text von Esdr II, in welchem La¹²³ an den Stellen, wo im ursprünglichen LXX-Text ein anderes Verbum als יהב und נתן mit διδόναι übertragen wird, konsequent, entweder zusammen mit L: II 7₁₀ הֵכִין לְבָבוֹ: ἔδωκεν ἐν καρδίᾳ] ητοιμασε (-μαζε 19'; conposuit La) τὴν καρδιαν L La¹²³ Compl, 12₁₇ נִצְּתוּ בָאֵשׁ: ἐδόθησαν πυρί] πυρικαυστοι (igni exustae La) L La¹²³,

Ähnlich liegt die Übersetzungstradition beim Wechsel der Präpositionen in den Composita ἐπιστρέφειν und μεταστρέφειν als Äquivalent für das Verbum סבב in II 6₂₂ והסב לב מלך־אשור: καὶ κύριος ἐπέστρεψεν καρδίαν βασιλέως 'Ασσούρ] καὶ μετεστρεψεν την κ. β. ασσυριων L^1: cf I 7₁₅ (ὅτι μετέστρεψεν(-ψαν L; + κυριος a Aeth Arm) τὴν βουλὴν τοῦ βασιλέως (+ των 108 98-248-381) 'Ασσυρίων). Die Erklärung der mit der einhelligen Überlieferung von Esdr I übereinstimmenden lukianischen Äquivalenz μεταστρέφειν - סבב aus vorliegender Überlieferung der 𝔊 ist, obwohl sich eine ähnliche Verteilung der Äquivalente an einer Stelle nachweisen lässt, wo Symmachos für die hier lukianisch bezeugte Übersetzung mit μεταστρέφειν eintritt, Reg I 22₁₈ סב: ἐπιστρέφου] -φε 19-108-82-93-127 92 119 130 314 489; σ' μεταστράφητι 243; α' θ' κύκλωσον 108 (om α') 92 243, aus dem Grund weniger wahrscheinlich als die unmittelbare Übernahme lukianischer Tradition von Esdr II aus Esdr I, weil es bei dieser Äquivalenz um eine besondere und

---

oder als einziger Zeuge: 65 יהתיבון: δοθήτω (pro יהיבון, vel יתיהבון)] *revertantur* La¹²³, 911 צוית: ἔδωκας] *mandasti* La¹²³, nach 𝔐 korrigiert, liegen neben den beiden Stellen, an denen La¹²³ יהב mit *tradere* wiedergibt, 5₁₂ mit L und 14 als einziger Zeuge, noch weitere Fälle vor, in denen bei einhelliger griechischer Bezeugung von διδόναι als Äquivalent für נתן in La¹²³ eine Bildung von *tradere* überliefert ist: 12₁ 9 19₂₄ ₂₇ ₃₀. Da es sich hier um Aussagen handelt, für die sich die besondere Bedeutung des Compositum gut eignet, in 12₁ das Überreichen des Weines, in 9 der Briefe wie in 5₁₄ der Tempelgeräte, in 19₂₄ ₂₇ ₃₀ wie in 5₁₂ das Ausliefern des Volkes in die Hand der Feinde, ist für den altlateinischen Übersetzer, der dieses Verbum – ebenso sinngemäss – mit der gesamten griechischen Überlieferung in 7₁₉ auch für den Begriff שלם übernimmt: מאניא די־מתיהביו לך ... השלם קדם אלה: τὰ σκεύη τὰ διδόμενά σοι ... παράδος ἐνώπιον τοῦ θεοῦ (*vasa quae dantur tibi ... trade in conspectu dei* La¹²³), ein selbständiges Unterscheiden zwischen Simplex und Compositum je nach dem Aussagezusammenhang ebenso leicht anzunehmen wie seine Abhängigkeit von einer – in diesen Fällen dann nicht mehr erhaltenen – griechischen Überlieferung. Von hier aus wird die Frage beantwortet werden müssen, in welchem Mass La¹²³ nach der eigenen Übersetzungstechnik und im Verhältnis zur lukianischen Rezension das grundsätzlich eingehaltene Prinzip der Wiedergabe der gleichen Vorlage mit dem immer gleichen Äquivalent durchbrechen kann (vgl. S.10 Anm.1). Dass diese Übersetzung in dieser Hinsicht noch konsequenter verfährt als L, zeigt innerhalb der Äquivalenz נתן - διδόναι - *dare* die Übersetzung von 15₇ ואתן עליהם קהלה גדולה: καὶ ἔδωκα ἐπ' αὐτοὺς ἐκκλησίαν μεγάλην, wo L, das stilistische Prinzip über das der Wortäquivalenz stellend, συνηγαγον (-ηγον 93; *congregavimus* pro ἔδ. ἐπ' αὐτούς Aeth) für ἔδωκα einsetzt, während La¹²³ sich mit der Übertragung *et dedit super eos aecclesiam magnam* an die ausserlukianisch bezeugte ursprüngliche Textform hält. Gegenbeispiele stilistischer Freiheit in La¹²³ liegen innerhalb dieser Wortäquivalenz abgesehen von der Variierung zwischen *dare* und *tradere*, da *quod dixit* für οὗ ἔδωκεν (אשר נתן) in 7₁₁ als eine durch die Textumordnung (s. in der Einleitung der Edition S. 12 f.) bedingte innerlateinische Transformation aus ursprünglichem *quod dedit* zu erklären ist, so viel ich sehe, nicht vor.

¹) Auch hier lässt sich das Äquivalent von La¹²³, *convertit*, nicht mit Sicherheit der lukianischen Lesart zuordnen. Zwar steht in dieser Hs. für das Verbum ἐπιστρέφειν, das in Esdr II fast konsequent für Bildungen von שוב eintritt, – סבב begegnet in Esdr II nur an dieser Stelle – meist eine Bildung von *reverti*; doch tritt auch für einhellig überliefertes ἐπιστρέφειν in 11₉ (ἐὰν ἐπιστρέψητε) *si convertimini*, in 14₅ (13₃₆) (ἐπίστρεψον ὀνειδισμόν) *converte maledictum* ein.

verhältnismässig seltene Bedeutung des Verbums סבב geht: „sich umwenden" bzw. im Hiphil mit Akkusativobjekt „umwenden", der die weit überwiegende Bedeutung des „Umgebens" und „Umkreisens" gegenübersteht, die denn auch in der gesamten Überlieferung der 𝔊 – bei α' und θ', wie Reg I 22₁₈ zeigt, auch gegen den Sinn, in diesen Sonderfällen – meist mit κυκλοῦν wiedergegeben wird. Eine Erklärung der lukianischen Äquivalenz aus einer von Esdr I unabhängigen Übersetzungstradition müsste darum hier zur Annahme eines lukianischen Rezensionsprinzips führen, nach dem für das gleiche hebräische bzw. aramäische Grundwort je nach Bedeutung verschiedene Äquivalente nicht nur aus der am besten bezeugten Übersetzungstradition übernommen, sondern auch auf Grund spärlicher Überlieferung neu eingeführt werden; doch ist eine solche Verankerung lukianischer Rezension in immerhin nachgewiesener alter Tradition angesichts der wenn auch schwach überlieferten Äquivalenz zwischen סבב und μεταστρέφειν, ausser bei Symnachos noch im ursprünglichen LXX-Text von Ier 6₁₂ 2₁₄ Par II 36₄ – das häufigste Grundwort ist הפך –, vor allem im Blick auf die mehrfach nachweisbare Übereinstimmung lukianischen Wortgutes mit den erhaltenen Fragmenten des Symmachos – die einmalige Bezeugung von μεταστρέφειν für סבב in Reg I 22₁₈, sonst noch für עוה Iob 8₃ und הפך Ps 31(32)₄ Soph 3₉, dürfte auf der Bruchstückhaftigkeit seiner Überlieferung beruhen – nicht von vornherein auszuschliessen¹.

Als lukianische Übernahme aus dem ursprünglichen Text von Esdr I leicht, aus vorgegebener Übersetzungstradition nur schwer erklärbar ist innerhalb der Tradition der Composita zuletzt die lukianische Überlieferung des mit zwei Präpositionen gebildeten Compositum συνεπάγειν gegenüber dem einfachen, sowohl in der älteren Tradition als auch in Esdr II selbst häufig für die Verben אסף und קבץ eingesetzten συνάγειν in Esdr II 9₄: וְאֵלַי יֵאָסְפוּ: καὶ συνήχθησαν πρός με] καὶ επεσυνήχθησαν (επισ. 93) προς με L = I 8₆₉ (καὶ επεσυνήχθησαν (συν. 71) πρός με). Das doppelte Compositum begegnet im ursprünglichen Text von Esdr II nirgends, in Esdr I sowohl für אסף als auch für קבץ neben dem einfachen συνάγειν häufig², in der älteren Übersetzungstradition für אסף aber nur selten in Dod

---

¹) Unbestreitbar ist zwar, dass nach lukianischem Rezensionsprinzip bei gleichem Grundwort des hebräischen bzw. aramäischen Originals je nach dem Sinnzusammenhang zuweilen neue Äquivalente eingesetzt werden können – so z. B. και συνηγαγον επ αυτους εκκλησιαν an Stelle des ursprünglichen καὶ ἔδωκα ἐπ' αὐτοὺς ἐκκλ. für וָאֶתֵּן עֲלֵיהֶם קְהִלָּה in 15₇ (vgl. S.49 Anm.2) –; noch offen ist aber die Frage, ob in solchen Fällen nach lukianischem Rezensionsprinzip die Äquivalenz mit dem Grundwort überhaupt noch mitbestimmend ist – der Sonderfall der Übertragung von נתן mit συνάγειν nach einhelliger Bezeugung in Prov 10₁₀ reicht für die Annahme einer lukianisch übernommenen Tradition dieser Äquivalenz nicht aus –, ob für solche Fälle nicht das innergriechische Problem der Stilform als einziges Kriterium lukianischer Korrektur angenommen werden muss. Vgl. aber den Befund zu (συν)αθροίζειν in der folgenden Anm.

²) ἐπισυνάγειν für אסף noch I 9₅₅ ἐπισυνήχθησαν omnes) = II 18₁₃ (συνήχθησαν omnes), für קבץ I 8₈₈ (ἐπισυνήχθησαν omnes) = II 10₁ (συνήχθησαν] συνηθροισθησαν L: vgl. S.51 Anm.1), bei nicht mehr bestimmbarem Grundwort: I 5₄₉ (ἐπισυνήχθησαν omnes; vielleicht für בא statt באימה in II 3₃; vgl. Be. S. 37) und I 9₁₈ (ἐπισυναχθέντες; zum Text von v. 17-18 (= II 10₁₇-₁₈)

und Is¹. Die lukianische Übernahme aus Esdr I ist am besten von der besonderen Bedeutung des doppelten Compositum her zu erklären: Zu denen, die Esra die Verfehlung derer, die Mischehen eingingen, erzählen, kommen weitere Gottesfürchtige hinzu. Es handelt sich hier um eine durch die Vorlage von Esdr I unterstützte lukianische Wahl aus innergriechisch stilistischen Gründen².

Unsicher bleibt die Erklärung der lukianischen Überlieferung in Esdr II von Esdr I her beim Wechsel zwischen dem Compositum ἀνοικοδομεῖν und dem Simplex οἰκοδομεῖν in II 4₁₃, wo zu den lukianischen Zeugen auch der B-Text tritt: התבנא: ἀνοικοδομηθῇ] οικ. B′ L = I 2₁₈ (οἰκοδομηθῇ omnes). In beiden Texten geht das Simplex in einhelliger Bezeugung unmittelbar voraus: II 4₁₂ בנין: οἰκοδομοῦσιν = I 2₁₇. Wenn in Esdr II der gleiche Fall in gleicher Bezeugung an einer zweiten Stelle überliefert ist, wo eine Erklärung von Esdr I her ausfällt, weil hier ein freie Formulierung vorliegt: II 6₁₄ ובנו: καὶ ἀνῳκοδόμησαν] και ωκοδομησαν B′ L (ᾠκοδομοῦσαν praec omnes): cf I 7₃₋₄, während an der dritten Stelle seines Vorkommens in Esdr II – Esdr I kennt nur das Simplex– 1 2₅ καὶ ἀνοικοδομήσω αὐτήν für ואבננה einhellig bezeugt ist, dann liegt die Erklärung der lukianischen Korrektur aus rein stilistischen Gründen, der Beibehaltung des gleichen Äquivalents bei gleichem Grundwort im gleichen Satz, ebenso nahe wie die Erklärung als Angleichung an den Text von Esdr I oder als Korrektur nach der weit überwiegenden Wortäquivalenz in der älteren Tradition, die zwar auch von Aquila – nach der Überliefe-

---

vgl. TGE S. 51f.), συνάγειν für אסף I 5₄₆ (συνήχθησαν omnes) = II 3₁ (συνήχθη] -θησαν 728), I 9₃₈ (συνήχθησαν L 120 46-98 245 610 Sy Aeth Arm = 𝔐)] -θη rel Ra. = II 18₁ (συνήχθησαν) -θη L′ 762 58 La¹²³: vgl. TGE S. 116), für אסף aus אספרנא verlesen I 8₁₄ (συναχθῆναι omnes): cf II 7₁₇ (ἑτοίμως), für קבץ I 8₂₇ (συνήγαγον] -γεν 98-243-248-731 245): cf II 7₂₈ (συνῆξα] ηθροισα L: vgl. S.51 Anm.1), I 8₄₁ (συνήγαγον): cf II 8₁₅ (συνῆξα] ηθροισα L: vgl. S.51 Anm.1), I 9₃ (συναχθῆναι omnes): cf II 10₇ (συναθροισθῆναι) συναχθηναι S⁽ᶜ⁾-L: vgl. S.199f.).

¹) Mich 4₁₁ Hab 2₅ Zach 12₃ 14₂ Is 52₁₂.

²) Vgl. Reg II 23₁₁ ויאספו: καὶ συνήχθησαν] και επισυνηχθησαν 19-108. In gleicher Weise, aus innergriechischer Überlegung und ohne Rückbezug auf Übersetzungstradition, wäre z. B. in Reg II 11₂₇ ויאספה אל־ביתו: καὶ συνήγαγεν αὐτὴν εἰς τὸν οἶκον αὐτοῦ, die lukianische (19-82-93-108-127 554ᵐᵍ) Ersetzung der Verbform συνήγαγεν durch ελαβεν zu erklären, während die mehrfach überlieferte lukianische Ersetzung des Verbums συνάγειν sowohl als Äquivalent für אסף: Reg I 14₅₂ Ez 39₁₇, als auch für קבץ: Esdr II 7₂₈ 8₁₅ 10₁ (vgl. S.51 Anm.1), durch (συν)αθροίζειν eher von vorgegebener Übersetzungstradition her zu erklären ist: Die Äquivalenz dieses Verbums mit אסף begegnet nicht in LXX, wohl aber mehrfach bei dem der lukianischen Tradition nahestehenden Symmachos: ἀθροίζειν in Ps 34(35)₁₅ 46(47)₁₀ Eccl 2₂₆ Is 24₂₂, συναθροίζειν in Ps 49(50)₅, die Äquivalenz mit קבץ beim Simplex und beim Compositum sowohl seit Reg I mehrfach in LXX als auch neben anderen Äquivalenten bei σ′: ἀθροίζειν in Ps 40(41)₇ Is 34₁₅ (mit α′ θ′) 54₇ (mit α′) Ez 20₃₄ (mit θ′), συναθροίζειν in Ps 49(50)₅. Für das durch die ältere lukianische Tradition bestätigte lukianische Rezensionsprinzip von Esdr II wäre damit auch die Möglichkeit anzunehmen, das gleiche Äquivalent der Übersetzung für zwei verschiedene Grundwörter, die entweder in LXX oder in σ′ verankert sind, rezensionell einzusetzen.

rung ohne Ausnahme – übernommen ist[1], die aber als lukianische Korrektur in den übrigen Büchern des Alten Testamentes, in denen diese Rezension bis heute nachgewiesen ist, nirgends eindeutig bezeugt wird[2].

Es liegen noch einige Fälle vor, bei denen sich die Frage nach der überlieferungsgeschichtlichen Herkunft der lukianischen Wortvariante in Esdr II, ob aus der Vorlage von Esdr I oder aus der älteren Übersetzungstradition der LXX bzw. ihrer Übernahme in den jüngeren Übersetzungen des 2. Jahrhunderts, nur noch in der Weise beantworten lässt, dass die Argumente für die Herkunft aus Esdr I trotz die Entscheidung erschwerender Probleme eher beweiskräftiger erscheinen:

Esdr II 5₁₇ בית גנזיא(ב): (ἐν) τῷ οἴκῳ τῆς γάζης (= Esdr I 6₂₀ ἐν τοῖς βασιλικοῖς βι-βλιοφυλακίοις: sicut in 6₂₃ (= Esdr II 6₁: pro גנזיא די ספריא בבית, Esdr II: ἐν ταῖς (> B L) βιβλιοθήκαις, ὅπου ἡ γάζα κεῖται (ου αι γαζαι εκειντο εκει L Compl))] ἐν τοῖς γαζοφυλακίοις (in tabulario La) 19′ (deest 93) La¹²³: Da das lukianisch überlieferte Äquivalent für בית גנזיא gegenüber dem ursprünglichen syntaktisch eine Entfernung von מ bedeutet, kann es nur auf lukianisch übernommener Tradition beruhen. Der Paralleltext von Esdr I fällt an dieser Stelle aus, weil hier, sei es schon in der Vorlage, sei es interpretierend in der Übersetzung, richtig aus dem folgenden Kontext der vollständige Terminus für das im „Schatzhaus" befindliche Archiv der königlichen Dekrete eingetragen wird. Doch liegt die entsprechende Verteilung der ursprünglichen und der lukianischen Äquivalenz für den Ausdruck בית גנזי (מלכא) in 7₂₀ vor: ἀπὸ οἴκων γάζης] ἐκ γαζοφυλακιων (de thesauris

---

[1]) Eine semantische Unterscheidung zwischen Simplex „bauen" und Compositum „wieder aufbauen", die sich in den Aussagen von Esdr II durchaus durchführen liesse (5₁₁!), ist, obwohl es sich in 4₁₃ und 6₁₄ um den Wiederaufbau des Tempels, in 1₂₅ um den Wiederaufbau der Stadt handelt, nicht nur aus dem Grund ausgeschlossen, weil das Compositum dann auch in den unmittelbar vorausgehenden Aussagen von 4₁₂ und 6₁₄ zu erwarten wäre, sondern weil eine solche Unterscheidung dann im ganzen Text konsequenter durchgeführt sein müsste; die semantische Unterscheidung besteht nur zwischen dem nahezu synonymen „bauen" und „aufbauen". Auch eine rezensionelle Tradition, die die Unterscheidung des Simplex in der Bedeutung „bauen" vom Compsitum in der Bedeutung „wieder aufbauen" in den Text eintrüge, ist weder in Esdr II noch in Esdr I überliefert; in Esdr II ist ἀνοικοδομεῖν als Variante zu οἰκοδομεῖν nirgends, in Esdr I nur in 2₂₀ (= II 4₁₆) ἀνοικοδομηθῃ als stilistische Angleichung an das folgende ἀνασταθῇ in der Rezension b bezeugt. Der älteste und einzige Beleg im Pentateuch für das Compositum ἀνοικοδομεῖν, der hier auch im Sinn von „wieder aufbauen" zu verstehen ist, Deut 13₁₆₍₁₇₎: לא תבנה עוד: οὐκ ἀνοικοδομηθήσεται (οικ. 73′) ἔτι hat sich demnach auf die Überlieferung von Esdr II und I nicht ausgewirkt – in Esdr II 4₂₁ wird auch in der Verbindung mit ἔτι das Simplex bewahrt: οὐκ οἰκοδομηθήσεται ἔτι. Dagegen liesse sich in Esdr II 4₁₂₋₁₃ und in 6₁₄ die Wiederaufnahme des Simplex im Compositum im ursprünglichen Übersetzungstext als die von Adolf Wilhelm bei der Folge der Verbalbildungen φέρειν und ἀνηνέχθη in Mac II 1₂₁ – dort m. E. zu Unrecht (vgl. MSU VII (1961) 31) – postulierte Stilform der „Perfektivierung" erklären, nach der durch die Verbindung mit einer Präposition dem Begriff der Verbalhandlung der Nebensinn der Vollendung hinzugefügt wird. Die Einführung von Stilformen dieser Art wäre dann in Esdr II der lukianischen Rezension abzusprechen; vgl. aber S.179 (Esdr II 19₂₅).

[2]) Theodoret in Ier 18₉ ist für diese Annahme eine zu schwache Basis.

La) L La^{123}, wo auch der Paralleltext von Esdr I (8 18) einhellig γαζοφυλάκιον überliefert. Ausserhalb der Esraüberlieferung ist die Äquivalenz zwischen גנז und γαζοφυλάκιον dagegen nur in Est 3 9 – in beiden Texten – bezeugt, während das ursprüngliche Äquivalent in Esdr II – und von hier aus bei Aquila – לשכה ist.

Hier, bei der ursprünglichen Äquivalenz zwischen לשכה und γαζοφύλακιον, neigt die Bestimmung der Herkunft des lukianischen Äquivalents παστοφόριον für לשכה, das teilweise von den griechischen lukianischen Zeugen mitsamt La^{123} (8 29), teilweise nur von den griechischen (20 38 (39) 39 (40)), teilweise nur von lateinischen Zeugen (10 6 23 4 5 7 (נשכה) 8 9) gegen ursprüngliches γαζοφυλάκιον, σκηνή in 8 29 und θησαυρός in 20 39 (40)^{1} – hier wie im ursprünglichen Text von 38 (39) mit *gazophilacia* in La^{123} ^{2} – überliefert ist, gleicherweise eher zur Annahme der Herkunft aus dem ursprünglichen Text von Esdr I. Eine lukianisch intendierte semantische Unterscheidung des Begriffs לשכה, die hier nahe läge, da es in 8 29 und 20 38 (39)f. um Aufbewahrungsräume für Weihegaben und Abgaben geht, an den übrigen Stellen aber um Gemächer für die Priester, scheidet aus, da sich von da her wohl die altlateinische Bewahrung von γαζοφυλάκιον in 20 38 (39)f. erklären liesse,

---

^{1}) Vgl. S.29 mit Anm.3 u. 4.

^{2}) Das Schwanken zwischen *pastophorion* und *gazophylacion* bei La^{123} in Esdr II spiegelt sich in der lateinischen Überlieferung der Esdr II vorgegebenen Textform von Esdr I in der Weise wider, dass für die in Esdr I ursprüngliche, in Esdr II lukianische Textform παστοφόριον in Esdr I 8 58 (= II 8 29) und 9 1 (= II 10 6) in der älteren, dem ursprünglichen Text näher stehenden Übersetzung La^{V} das Äquivalent *pastophorion* eintritt, in der jüngeren, im eigentlichen Sinn lukianischen, La^{C}, die in Esdr II der lukianischen Rezension mitsamt La^{123} entspricht und zu der nunmehr auch in der Esdr I-Übersetzung der Text von codex La^{123} hinzukommt (vgl. FS Bogaert), aber Äquivalente, die eher Umschreibungen darstellen: in 8 58 *in locis templi domini* (+ *dei* La^{123}) *nostri* an Stelle von *in pastophorio domus dei nostri* in La^{V}, in 9 1 *in locum thesaurorum* – so La^{123} als ursprüngliche Lesart für den verstümmelten, nur als nomen proprium erklärbaren Text *in locum thesau* von La^{C}, in welchem auch, zusammen mit L, aber gegen 𝔐, die folgenden Namen 'Ιωανὰν τοῦ 'Ελιασίβου ausgelassen sind, die La^{123} in der Form *iohannin filiasibi* überliefert – an Stelle von *in pastophorium* in La^{V}: Es sind Umschreibungen, die La^{C} mitsamt La^{123} auch an Stellen überliefert, an denen La^{V} bei verschiedenen hebräischen Grundwörtern das griechische Äquivalent seiner Vorlage γαζοφυλάκιον als lateinisches Lehnwort wiedergibt: Esdr I 8 18 ἐκ τοῦ βασιλικοῦ γαζοφυλακίου: *de regali gazophylacio* La^{V}, *de thesauris regis* La^{C}La^{123} = Esdr II 7 20 מן־בית גנזי מלכא: ἀπὸ οἴκων γάζης βασιλέως] εκ των γαζοφυλακιων (*de thesauris* La) του βασιλεως L La^{123} Esdr I 8 44 ἐν τῷ τόπῳ τοῦ γαζοφυλακίου: *apud locum gazophylacii* La^{V}, *thesaurorum qui in loco erant* La^{C}La^{123} = Esdr II 8 17 בכספיא המקום 1°: ἐν ἀργυρίῳ τοῦ τόπου] εκ μασφεν L (deest La^{123}); εκ κασφιε Compl cf Esdr I 8 45 τοῖς ἐν τῷ τόπῳ γαζοφύλαξιν: *illis qui erant in gazophylacio* La^{V}, *his qui cum* (*in* La^{123}) *illo erant custodibus thesaurorum* La^{C}La^{123} = Esdr II 8 17: בכספיא המקום 2°: ἐν ἀργυρίῳ τοῦ τόπου 2°] τους εν μασφεν του τοπου L; *caphas in loco* La^{123}; *in cisa* (*seta* Aeth^{B}) *loco* Aeth; pr τους et add κασφιε Compl. Die Äquivalenz dieser Umschreibungen bei La^{C} La^{123} mit *gazophylacium* bei La^{V} in Esdr I 8 18 44 und 45 spricht dafür, dass auch in Esdr I 8 58 und 9 1 der jüngeren lateinischen Textform La^{C}La^{123} als griechische Vorlage das Äquivalent γαζοφυλάκιον vorgegeben war, nicht wie in der älteren La^{V} das in den Parallelstellen von Esdr II lukianisch überlieferte παστοφόριον.

nicht aber die von allen lukianischen Zeugen gebotene Änderung in παστοφόριον in 8₂₉. So bleibt die Übereinstimmung der lukianischen Äquivalenz παστοφόριον in Esdr II, die ausserhalb der Esraüberlieferung in LXX noch konsequent und einhellig in Par I-II, ausserdem in Is 22₁₅ Ier 42(35)₄ Ez 40₁₇ ₃₈ – neben γαζοφυλάκιον auch für α' – überliefert ist, mit der ursprünglichen Äquivalenz in Esdr I an den Stellen, die beiden Büchern gemeinsam sind: Esdr II 8₂₉ = I 8₅₈, II 10₆ = I 9₁, die überlieferungsgeschichtliche Grundlage, die hier am ehesten für die Herkunft des lukianischen Äquivalents von Esdr II aus dem ursprünglichen Text von Esdr I spricht.

Ähnlich ungesichert, aber eher zur Herkunft aus Esdr I neigend bleibt die überlieferungsgeschichtliche Erklärung bei der lukianisch überlieferten Änderung des Begriffs ἱερατεία als Äquivalent für כהנה in die Wortbildung ἱερωσύνη in Esdr II 23₂₉ (L) und 17₆₄ (93-108; deest 19)¹. Das vom Octateuch an, danach Reg I 2₃₆ Hos 3₄ Sir 45₇ in LXX meist einhellig² verankerte Äquivalent ist das auch in Esdr II ursprüngliche ἱερατεία; ἱερωσύνη gehört der späteren Überlieferung der LXX an: in den für die Bestimmung der Herkunft in Esdr II relevanten Texten – ausserdem noch in Mac I und IV mehrfach und in Sir 45₂₄ – in Esdr I 5₃₈, hier einhellig und in Par I 29₂₂ für כהן, mit entsprechender lukianischer Korrektur in ιερεα (L). Als Vorstufe lukianischer Tradition in Esdr II kommt nicht nur die ursprüngliche Textform von Esdr I, sondern auch diejenige von Par I-II in Frage³. Doch ist innerhalb dieser Tradition die ursprüngliche von Esdr I als die älteste zu bestimmen und ihre Textform als unmittelbare Grundlage der lukianischen Änderung in Esdr II aus dem Grund wahrscheinlicher, weil der Begriff hier zwar nicht als das der Aussage von Esdr II 17₆₄ entsprechende Äquivalent – dafür steht einhellig der Infinitiv ἱερατεύειν (Esdr I 5₃₉) –, wohl aber im nächsten Kontext dieser Aussage als כהן und Esdr II gegenüber freie einleitende Bezeichnung der vom Dienst am Heiligtum ausgeschlossenen Priesterschaft überliefert ist.

Gleicherweise nicht von der Parallelstelle in Esdr I her, wohl aber durch den häufigen Gebrauch in diesem Text bleibt die Erklärung aus der Abhängigkeit von der ursprünglichen Textform von Esdr I bei dem lukianisch, von L La¹²³ (vid), überlieferten Äquivalent τῶν προηγουμένων (αυτων) (*qui praesunt eis* La) für די בראשי(הם) an Stelle von ursprünglichem τῶν ἀρχόντων (αὐτῶν) in Esdr II 5₁₀ die wahrscheinlichste. Das Partizip ist in LXX als ganzer in den kanonischen Teilen nur in Deut 20₉ überliefert, hier mit gleicher Äquivalenz בראש, sonst ausserhalb der Esraüberlieferung nur noch in Mac II mehr-

---

¹) Nicht an der Parallelstelle 26₂: eher als lukianische Inkonsequenz bruchstückhafte Überlieferung. In 17₆₄ überliefert 93 den Begriff auch als Note in einer Sonderform des Ausdrucks ויגאלו מן הכהנה: ἐξώσθησαν τῆς ἱερωσύνης gegen die ursprüngliche Form ἠγχιστεύθησαν ἀπὸ τῆς ἱερατείας, die lukianische απωσθησαν εκ της ιερωσυνης; hierzu vgl. S. 137-139. Ob diese Note den jüngeren Übersetzungen zuzuordnen ist, lässt sich, da keine weiteren Belege für ἱερωσύνη und ἱερατεία in ihnen nachgewiesen sind, nicht beantworten.

²) Nur in Exod 40₁₃ (15) lesen die Zeugen 19-108, denen im Pentateuch der lukianische Charakter abgesprochen wird, und in Num 18₇ codex F ἱερωσύνη für ἱερατεία.

³) Vgl. S.109f.

fach und in Mac III 1₁₁. Die Parallelstelle von Esdr I (6₁₁) liest in einer ursprünglichen – nur von 107 im zweiten Glied getilgten – Dublette einmal ἀφηγούμενος, einmal προκαθηγουμένων, mit den Varianten καθηγουμενων 119 und προκαθημενων A, jedoch προηγούμενος mit gleicher Äquivalenz רֹאשׁ wie in Esdr II 5₁₀ in 8₂₈ (= II 8₁), für שַׂר 8₆₇ (= II 9₂) 9₁₂ (= II 10₁₄), wo überall einheillig Esdr II das Äquivalent ἄρχων bezeugt, und abweichend von 𝔐 und dementsprechend auch von Esdr II in 5₈ ₉ (= II 2₂).

Zuletzt muss bei der griechischen Überlieferung des nur im Buch Esra und nur aramäisch bezeugten Begriffs אֻשׁ in der Bedeutung „Fundament", 4₁₂ 5₁₆ 6₃, wo die Frage nach vorgegebener Tradition der Äquivalenz schon auf Grund der fehlenden Überlieferung ausgeschlossen ist, auch die Frage, ob die lukianische Überlieferung in Esdr II auf der ursprünglichen Textform von Esdr I beruht oder aus einem Analogieverfahren innerhalb der Übersetzung von Esdr II zu erklären ist, offen bleiben:

Hier steht in Esdr II der einhellig überlieferten Äquivalenz mit (τοὺς) θεμελίους in 4₁₂ und 5₁₆ das Äquivalent ἔπαρμα in 6₃ gegenüber, das L' La¹²³ (vid) Compl in τα θεμελια korrigieren, während in den Parallelstellen von Esdr I in 2₁₇ (= II 4₁₂) der Ausdruck יַחִיטוּ אֻשַׁיָּא mit ναὸν ὑποβάλλονται (υπερβαλλοντα θεμελιουσιν L 121 Sy), in 6₂₃ (= II 6₃) דְּבָחִין דִּבְחִין וְאֻשּׁוֹהִי מְסוֹבְלִין mit ἐπιθύουσιν διὰ πυρὸς ἐνδελεχοῦς – die freie Übersetzung beruht auf dem Verständnis von אֻשּׁוֹהִי als Bildung aus אֵשׁ, „Feuer(opfer)" (vgl. Dan 7₁₁), –, in 6₁₉ (= II 5₁₆) aber יְהַב אֻשַׁיָּא mit ἐνεβάλ(λ)ετο (ενεβαλε L 381) τοὺς θεμελίους wiedergegeben wird: Dass der anderwärts im AT – auch durch eine etymologisch entsprechende hebräische Form – nicht bezeugte Begriff אֻשׁ¹ in der Bedeutung „Fundament" in beiden Esratexten die gleiche Deutung mit dem gleichen Äquivalent θεμέλιος erfährt, spricht für Abhängigkeit der Äquivalenz in Esdr II von derjenigen in Esdr I²; dass diese Äquivalenz an der Stelle, an der sie in Esdr II lukianisch rezensionell hergestellt werden muss, 6₃, – das neutrum τα θεμελια ist nach Moeris die attische Form –, auch im Paralleltext von Esdr I (6₂₃) nicht vorliegt, spricht aber eher für ein lukianisches Analogieverfahren innerhalb der ursprünglichen Textform von Esdr II. Dafür spricht auch, dass die lukianische Textform über die durch die Einführung des Begriffs θεμέλιον erreichte Angleichung an die analogen Aussagen in Esdr II 4₁₂ und 5₁₆ hinaus in einer Art Dublette ein weiteres rezensionelles Glied überliefert, das nicht von Esdr I her erklärbar ist, wohl aber eine Berührung mit anderer Übersetzungstradition der LXX zeigt: das dem Begriff τα θεμελια zugeordnete Adjektiv παχεα, das in Ps 143(144)₁₄ für das Partizip מְסֻבָּלִים steht³.

---

¹) Vgl. KBL³, S. 1675 sub verbo *אֻשׁ.
²) Vgl. S.10 Anm.2.
³) Vgl. auch Eccl 12₅ παχυνθῇ für יִסְתַּבֵּל. Diese Äquivalenz lässt in Esdr II 6₃ auf eine Form lukianischer Dublettenbildung schliessen (hierzu vgl. 2.1.1.1.3. S. 144-166): In beiden Gliedern ist das Partizip מְסֻבְּלִין als passivum und die Handlung entsprechend 𝔐 als Befehl, nicht wie im ursprünglichen Übersetzungstext als schon eingetreten verstanden: τεθητω. Im ersten Glied steht für אֻשּׁוֹהִי an Stelle des ursprünglichen ἔπαρμα nach lukianischem Analogieverfahren aus den parallelen Stellen eingetragen das Äquivalent θεμελια, im zweiten Glied aber auf

Der Vergleich der lukianischen Rezensionselemente von Esdr II, die aus dem ursprünglichen Text von Esdr I übernommen sind, in ihrem Verhältnis zu der masoretisch überlieferten Textform ihrer Vorlage bestätigt die Feststellung einer der masoretischen Vorlage als Kriterium der Korrektur gegenüber untergeordneten Autorität vorgegebener kanonisierter Schrift[1] durch das Ergebnis, dass diese Rezensionselemente in ihrem Verhältnis zur ursprünglichen Übersetzungsform von Esdr II entweder als mit ihr übereinstimmend 𝔐 entsprechende oder ihr gegenüber 𝔐 besser entsprechende, nirgends aber – im Sinn jener zahlreichen freien bzw. paraphrasierenden Wiedergaben, die für Esdr I charakteristisch sind, – als 𝔐 gegenüber abweichende Textformen bestimmt werden müssen.

2.1.1.1.1.2. Von der Frage nach dem Verhältnis lukianischen Überlieferungsgutes zum ursprünglichen Text von Esdr I, die auf Grund der dargelegten Fälle gegenseitiger Berührung dahin beantwortet werden muss, dass Esdr I in seiner ursprünglichen Textform für die lukianische Rezension von Esdr II sowohl hinsichtlich formaler Erscheinungen der Übersetzungstechnik als auch hinsichtlich der Tradition der Wortäquivalenz eine bestimmte, aber nicht sehr tiefgreifende Bedeutung als Kriterium rezensioneller Bearbeitung und als Mittelglied rezensioneller Übernahme von Übersetzungstradition hatte, führt nun der Weg der Untersuchung zu der Frage, ob sich in der lukianischen Überlieferung von Esdr II Gemeinsamkeiten mit Esdr I nicht nur hinsichtlich der ursprünglichen Textform von Esdr I, sondern auch hinsichtlich seiner lukianischen Überlieferung erkennen lassen,

---

Übersetzungstradition gründend παχεα. Die syntaktische Zuordnung ergibt die dem Kontext eingepasste Aussage: „die Fundamente sollen gelegt werden als feste Fundamente", die Wiederaufnahme des Nomens im zweiten Glied ist auch textgeschichtlich notwendig, da sonst das Äquivalent für אשוהי fehlte, seine Tilgung an dieser Stelle in Compl ist darum der lukianischen Textform gegenüber sekundär; auch die freie Wiedergabe in La[123] beruht auf ihr. Dass aber die von L' La[123] in beiden Dublettengliedern überlieferte Ersetzung des Nomens ἔπαρμα durch θεμελια (fundamenta La) nicht in vorgegebener Tradition der Äquivalenz mit אשוהי begründet ist, sondern in Übernahme des aus Esdr I übernommenen Begriffs aus den Parallelstellen, an denen dieses Nomen mit anderen verba finita verbunden ist, in 4 12 mit יחיטו: ἀνύψωσαν (fodiunt La[123]), in 5 16 mit יהב ἔδωκεν (dedit La[123]), ergibt sich daraus, dass die Äquivalenz, die auf Tradition beruht, nicht die Alternative zwischen ursprünglichem ἔπαρμα und lukianischem θεμελια als Äquivalent für (והי)אש ist, sondern die Alternative zwischen ursprünglichem ἔθηκεν und lukianischem παχεα (firma La[123]) als Äquivalent für מסובלין, der, wie es die vorgegebene Äquivalenz zwischen den Nominalbildungen סבל‎, סבל und ἄρσις in Reg III 5 15 (29) 11 28 Ps 80 (81)6 wahrscheinlich macht, die Äquivalenz zwischen אשוהי und ἔπαρμα im ursprünglichen Übersetzungstext gegenübersteht. Der in LXX singuläre Begriff ist bei α' σ' θ' in Iob 20 6 für das auch graphisch שא nahestehende Nomen שיא, bei σ' mehrfach für Bildungen aus dem Stamm גאה überliefert. Er dürfte in Esdr II 6 3 als Synonym für θεμέλιος wegen der folgenden Massangaben gewählt worden sein. Der Ausdruck אשוהי מסובלין bleibt an dieser Stelle auch hinsichtlich der Frage, ob er in Analogie zu 4 12 und 5 16 zu verstehen, ob der Begriff אשוהי mit der Deutung im Paralleltext von Esdr I 6 23 „Feueropfer" bedeute oder ob Textverderbnis vorliege, umstritten (vgl. Rudolph S. 54).

[1]) Vgl. S.38.

und von hier aus zu der Frage, ob bzw. in welchem Masse sich jene Erscheinung der Wortäquivalenz, die als ein Phänomen vorgegebener Übersetzungstradition zu bestimmen ist, sich über das Mittelglied von Esdr I hinaus – sowohl hinsichtlich der mit Esdr I gemeinsamen als auch hinsichtlich der nur in Esdr II überlieferten Teile – in der übrigen älteren Übersetzungstradition der LXX wiederfinden lasse, so dass sich von hier her ein lukianisches Rezensionsprinzip der Wortäquivalenz postulieren liesse, das die Übersetzungs- und Rezensionstradition der gesamten LXX von ihrem Anfang bis zu ihrem Ende umfasst. Das der lukianischen Rezension von Esdr II mit der lukianischen von Esdr I gemeinsame Überlieferungsgut dieser Art ist für diese Untersuchung aus dem Grund der geeignete Ausgangspunkt, weil gemeinsame und identische lukianische Korrektur am ursprünglichen Text beider Übersetzungen – die Frage, ob sie primär in Esdr I, in Esdr II oder an beiden Texten in einem durchgeführt worden ist, ist in dieser Hinsicht von untergeordneter Bedeutung – in erster Linie von einer älteren, von beiden Übersetzungen unabhängigen Tradition her erklärt werden muss. Für die Untersuchung des Problems lukianischer Wortäquivalenz im Ganzen der alttestamentlichen Zeugnisse sind diese beiden Bücher aus dem Grund in besonderem Masse geeignet, weil sich in ihnen, da sie zu den spätesten Übersetzungen des alexandrinischen Kanons gehören, eine besonders grosse Fülle übernommener rezensioneller Tradition erwarten lässt.

Dass die Esdr II mit Esdr I gemeinsamen und miteinander identischen lukianischen Rezensionselemente grundsätzlich das genuin lukianische Prinzip der Korrektur nach der masoretisch überlieferten Vorlage vertreten, erweist sich an den Fällen, die, weil es im ursprünglichen Text um eindeutige Abweichungen von $\mathfrak{M}$, nicht um verschiedene Möglichkeiten der Übersetzung der gleichen Vorlage geht, keinen Aufschluss über ältere Übersetzungstradition geben können. Dieser Überlieferungszweig Esdr II und I gemeinsamer Rezensionselemente lässt sich am deutlichsten in der in Esdr II 2 und 17 und I 5$_{4-45}$ überlieferten Namenliste der Heimkehrer erkennen, derer auch durch die gotische Übersetzung als genuin lukianisch bestätigte Textform vor allem hinsichtlich der Zahlen über die Korrektur nach $\mathfrak{M}$ hinaus die in der gleichen Linie liegende Tendenz der völligen Aufhebung der in der masoretischen Tradition noch vorliegenden Diskrepanzen aufweist. Als postulierte originale Textform, nach der in den Parallelen die Abweichungen korrigiert werden, gilt grundsätzlich – auch hierin ist eine Analogie zum lukianischen Rezensionsprinzip der Korrektur nach $\mathfrak{M}$ zu sehen – der erstüberlieferte Text der Liste in Esdr II 2, an welchen die in Esdr II 17 und I 5 eingegliederten Wiederaufnahmen angeglichen werden.

Diesem Rezensionsprinzip entsprechend lassen sich an den Stellen, an denen die Liste in Esdr I im ursprünglichen Text entweder mit der Textform von Esdr II 17 übereinstimmt oder sowohl von dieser als auch von Esdr II 2 abweicht, in Esdr I und II 17 gemeinsame und identische lukianische Rezenselemente erkennen, mit denen die Übereinstimmung mit der Textform von Esdr II 2 hergestellt wird: Esdr II 17$_{15}$ ὀκτώ = $\mathfrak{M}$] δυο 19' (deest 93) Got = Esdr I 5$_{12}$ ὀκτώ] δυο 108 (deest 19): secundum Esdr II 2$_{10}$ δύο = $\mathfrak{M}$ Esdr II 17$_{17}$ τριακόσιοι = $\mathfrak{M}$] διακοσιοι L Got = Esdr I 5$_{13}$ τριακόσιοι] διακοσιοι 108 (deest 19) b: secundum Esdr II 2$_{12}$ διακόσιοι (τριακ. 44 Arm) = $\mathfrak{M}$ Esdr II 17$_{18}$ ἑπτά =

𝔐] ἑξ L Got = Esdr I 5₁₄ ἑπτά] ἑξ 108 (deest 19): secundum Esdr II 2₁₃ ἕξ (7 Aeth Arm) = 𝔐   Esdr II 17₃₈ ἐννακόσιοι = 𝔐] εξακοσιοι L Got = Esdr I 5₂₃ τριακόσιοι] εξακοσιοι 108 (deest 19): secundum Esdr II 2₃₅ ἑξακόσιοι (τριακ. 74) = 𝔐. Dieser lukianischen Tendenz entspricht das Verfahren an den Stellen, an denen in Esdr I die gesamte oder überwiegende Überlieferung mit dem ursprünglichen Text von Esdr II 2 übereinstimmt: Der Text von Esdr I wird auch lukianisch beibehalten, der Text von Esdr II 17 nach II 2 LXX und 𝔐 korrigiert: Esdr II 17₁₆ ὀκτώ = 𝔐] τρεις L Got = Esdr I 5₁₃ τρεις (VII La^C) = Esdr II 2₁₁ τρεις (omnes) = 𝔐   Esdr II 17₁₉ ἑπτά = 𝔐] ἑξ 19' (deest 93) Aeth Got = Esdr I 5₁₄ ἕξ (septem La^V) = Esdr 2₁₄ ἕξ (VII La^{123} Aeth) = 𝔐   Esdr II 17₆₂ τεσσαράκοντα = 𝔐] πεντηκοντα 93-108 (deest 19) = Esdr I 5₃₇ πεντηκοντα (omnes) = Esdr II 2₆₀ πεντήκοντα omnes = 𝔐. Dass das Kriterium der lukianischen Korrektur die masoretische Überlieferung von Esdr II 2, nicht ihre Übersetzung in LXX ist, zeigt sich an den wenigen Stellen, an denen die Zahlen in der ursprünglichen Textform von LXX nicht mit 𝔐 übereinstimmen: Esdr II 17₃₂ ἑκατόν = 𝔐] διακοσιοι L Got = Esdr II 2₂₈ τετρακόσιοι] διακοσιοι B' L Aeth Compl = 𝔐: cf Esdr I 5₂₁ app.[1]. Hier zeigt sowohl die Verteilung der Zeugen, das Eintreten des B-Textes für die lukianische Korrektur nach 𝔐 in Esdr II 2, als auch die mit der Eintragung von διακοσιοι in der lukianischen Textform (108; deest 19) in Esdr I verbundene tiefer greifende Umgestaltung des von der masoretischen Vorlage stark abweichenden ursprünglichen Textes, dass die lukianische Annäherung der Namenliste in Esdr II 17 und I 5 an ihre in Esdr II 2 überlieferte Textform auf Grund ihrer weitgehenden Transformation vor allem in Esdr I und auf Grund einer vorauszusetzenden innerlukianischen Textgeschichte an einigen Stellen an Grenzen stösst, die von einem konsequenten Rezensionsprinzip her nur noch schwer erklärbar sind. In dieser Linie lukianischer Tradition sind auch die wenigen Fälle zu sehen, an welchen der umgekehrte Weg der Korrektur eingeschlagen wird: nicht die lukianische Angleichung der Textform von Esdr II 17 und I 5 an die masoretische von Esdr II 2, sondern die der ursprünglichen Textform von Esdr II 2 (und I 5) an die masoretische von Esdr II 17: Esdr II 17₁₇ δισχίλιοι (omnes) = 𝔐 = Esdr II 2₁₂ χίλιοι = 𝔐] δισχιλιοι L; τρισχ. B Arm Ra. = Esdr I 5₁₃ τρισχίλιοι] δισχιλιοι 108 (deest 19); χιλιοι B' La^C Sy Aeth Sixt Ra.[2]. In dieser Linie sind zuletzt – ein bei der Überlieferung von Zahlen weit verbreitetes textgeschichtliches Phänomen – von der überlieferten Vorlage her kaum mehr erklärbare lukianische Rezensionselemente zu sehen, deren Herkunft, ob aus nicht mehr erhaltener Tradition oder aus innerlukianischer Transformation, sich nicht mehr verifizieren lässt. In diese Kategorie wäre die Überlieferung der Zahlen in Esdr II 17₂₆ = II 2₂₂ = I 5₁₈ einzuordnen, wo die an allen drei Stellen lukianisch überlieferte Zahl εκατον δεκα εξ, in Esdr II 17₂₆ durch L Got an Stelle von ursprünglichem πεντήκοντα ἑξ – 𝔐 vertreten mit εκατον ογδοηκοντα οκτω

---

[1]) Vgl. S.28, 309f. und S.304f. mit 305 Anm.1.
[2]) Dass die lukianisch bezeugte Textform von Esdr II 17 in II 2 und I 5 als genuin lukianische Korrektur zu bestimmen ist, gilt unabhängig von der Entscheidung über den ursprünglichen – so Rahlfs – oder sekundären Charakter der Sonderlesart des B-Textes in Esdr II 2 und I 5. vgl. TGE S. 75f.

nur Aeth und Compl –, in Esdr II 2₂₂ durch 19' (deest 93) an Stelle von sonst einhellig bezeugtem, mit 𝔐 übereinstimmendem πεντήκοντα ἕξ, in Esdr I 5₁₈ für πεντήκοντα πέντε (57 Arm^{te}), mit der schon innermasoretischen Diskrepanz zusammenhängen dürfte, nach der die vorangehend genannten „Männer (אנשי; nach Esdr II 2₂₁ בני) von Bethlehem" nur in Esdr II 2 mit einer Zahl, 123, versehen sind, die aber in II 17₂₆ in LXX nach einhelliger Überlieferung eingetragen und einhellig auch in Esdr I 5₁₇ bezeugt ist. Der lukianisch überlieferten Sonderform steht somit hier eine ursprüngliche Textform der LXX gegenüber, die in zwei Fällen, der Bezeugung von υἱοί für אנשי in Esdr II 17₂₆ entsprechend II 2₂₁ und der Eintragung der in 𝔐 Esdr II 17₂₆ nach בית־לחם fehlenden Zahl aus II 2₂₁ (𝔐 = LXX), die beiden Listen, sei es auf Grund einer von 𝔐 abweichenden Vorlage, die aber, da die Zäsur zwischen Geschlechtern (בני = υἱοί) und Ortschaften (אנשי = ἄνδρες) zugehörenden Namen nicht erkannt ist, nicht die ursprüngliche sein könnte, sei es auf Grund der schon dem Übersetzer eigentümlichen Intention der Vereinheitlichung, miteinander in Übereinstimmung zu bringen sucht. Dass an solchen Stellen auch die lukianischen Textbearbeiter eigene Wege gehen können, deren Motiv oft nicht mehr erkennbar ist, bedarf keiner weiteren Begründung. In diese Kategorie gehört zuletzt die lukianische Überlieferung der Namenfolge und Zahlbestimmung innerhalb der mit 𝔐 an beiden Stellen weitgehend übereinstimmenden, aber untereinander starke Unterschiede aufweisenden Textpartien Esdr II 17₂₁₋₂₅ = 2₁₆₋₂₀ und der entsprechenden ihrerseits eigene Wege gehenden Partie in Esdr I 5₁₅₋₁₇ₐ: Die lukianische Grundtendenz der Angleichung der Textformen von Esdr II 17 und I 5 an die ursprüngliche von Esdr II 2 ist eindeutig erkennbar: Die lukianische Namenfolge in Esdr II 17 αζηρ τω εζεκια, βασση, ιωρηε, ασσομ, γαβαων und αζηρ τω εζεκια, βασσει, ωραι, ασομ, γαβαων in Esdr I 5 entspricht der ursprünglichen und einhellig überlieferten in Esdr II 2 – die Differenzierungen in der Schreibung sind weitgehend auf innerlukianische Transformation zurückzuführen –, Tilgungen masoretisch nicht überlieferter Partien: von ἑκατόν - Ἀσέν L Got in Esdr II 17₂₄, von υἱοὶ Κιλάν - Ἀρόμ 108 (deest 19) in Esdr I 5₁₅₋₁₆, entsprechen der mit 𝔐 übereinstimmenden einhellig überlieferten Textform von Esdr II 2; aber die entsprechende Zuordnung der Zahlen hält an einer Stelle nicht mehr mit der Korrektur nach dem ursprünglichen Text von Esdr II 2 Schritt: βασση, dem im ursprünglichen Text von Esdr II 17 (Βασί) die Zahl 324 (= 𝔐), in II 2 (Βασσού) 323 (= 𝔐) – so auch Esdr I 5₁₆ (Βασσαί) –, zugewiesen wird, erhält in der lukianischen Korrektur von Esdr II 17 die Zahl 333. Innerhalb eines Textteils, der sowohl hinsichtlich der Namenfolge als auch hinsichtlich der Namenformen selbst – חריף (LXX Ἀρίφ) in Esdr II 17₂₄ steht für יורה (LXX Ἰωρά) in II 2₁₈, גבעון (LXX Γαβαών) in Esdr II 17₂₅ für גבר (LXX Γαβέρ) in II 2₂₀ – an beiden Stellen seiner Überlieferung in Esdr II sowohl im masoretischen als auch im ursprünglichen Text der LXX – hier in dem Zusatz υἱοὶ Ἀσέν in Esdr II 17₂₄ auch über die masoretische Überlieferung hinaus – stark divergiert, wird auch die durch keine weitere Tradition gestützte Zahlbestimmung der lukianischen Rezension auf verlorene aussermasoretische Tradition zurückgeführt werden müssen. Dagegen erscheint an einer Stelle, an welcher die Umstellung einer Namenfolge in Esdr II 17 gegenüber II 2 mit keiner anderen Divergenz verbunden ist als der der Zahl die lukianische Korrektur genau dem Prinzip entsprechend: Vers Esdr II 17₃₆ wird von L Got nach der in II 2₃₃₋₃₄ (𝔐 und LXX) überlieferten Folge nach v. 37 umgestellt, εἰς in v. 37 von den gleichen Zeugen entsprechend der in II 2₃₃ in 𝔐 und LXX einhellig überlieferten Zahl in πεντε geändert; es ist die Zahl, die auch im Paralleltext Esdr I 5₂₂ einhellig überliefert vorliegt, der darum vom lukianischen Zeugen, 108 (deest 19), nur der im ursprünglichen Text fehlende Name λυδδων αιδ – so die auch in Esdr II 17 und 2 vorliegende lukianisch überlieferte Unzialverschreibung, wahrscheinlich für λυδδων αδιδ – vor καὶ Ὀνοῦς (LXX in Esdr II 17 und 2 Ὀνώ, die lukianischen Zeugen an allen drei Stellen ανω) vorgeordnet werden muss.

2.1.1.1.2. Die auf älterer Tradition der Übersetzung von 𝔐 beruhenden lukianischen Wortvarianten

In welcher Weise nun lässt sich das Esdr II und Esdr I gemeinsame lukianische Rezensionsprinzip der Korrektur nach der masoretischen Textform und der über sie hinausgehenden Angleichung der Namenliste von Esdr II 17 an die in II 2 überlieferte in dem Textbereich wiedererkennen, in welchem es nicht um die Korrektur der ursprünglichen Textform der LXX nach der von ihr abweichenden masoretischen geht, sondern um die auf Übersetzungstradition zurückgehende je verschiedene Übersetzungsweise der masoretisch überlieferten Vorlage selbst?

2.1.1.1.2.1. Der Textteil der in Esdr II doppelt überlieferten Namenliste, der auch über das Verhältnis der Textform von Esdr II zu Esdr I den besten Aufschluss gibt, könnte für dieses Problem fast nur hinsichtlich der Frage nach Tradition und Technik der Transkription von Eigennamen in Betracht kommen. Aber es lassen sich hier der lukianischen Rezension eigentümliche Transkriptionsweisen fast nur bei Namensbildungen finden, die nur in Esdr II und I überliefert sind, so dass sich aus älterer Tradition vorgegebene Gesetze lukianischer Transkription nur aus in gleicher Weise transkribierten Lautverbindungen in anderen Namen postulieren liessen, ein Versuch, der vor allem aus dem Grund wenig beweiskräftig erscheint, weil die Überlieferung in diesem Bereich zu vielgestaltig – oft auch hinsichtlich der Frage nach der ursprünglichen Transkription zu ungesichert[1] – ist, als dass sich das lukianische Prinzip mit Sicherheit eruieren liesse; was in dieser Hinsicht als lukianische Tendenz trotz der hier weitgehend undurchschaubaren Überlieferung erkennbar ist, das ist eine den diskutierten Änderungen von Zahlen und Umstellungen analoge Harmonisierung der Diskrepanzen innerhalb der drei Textformen der Heimkehrerlisten in Esdr II 2, 17 und Esdr I 5, die teilweise mit einer Annäherung der Transkription an 𝔐 verbunden ist, z. B. Esdr II 2₃₀ Μαγεβίς] μαγβεις (so Compl; μαιβεις 93 ist Unzialverschreibung aus μαγβεις; μακβεις 19') = 17₃₃ Μαγεβώς] μαγβεις L = Esdr I 5₂₁ Νιφίς] μακβεις 108 (deest 19) für מַגְבִּישׁ, teilweise gräzisierende Tendenz zeigt, z.B. Esdr II 2₉ Ζακχαί] -χαιου 19-121; -χαια 93-108 Compl = 17₁₄ Ζακχού] -χαιου (ζαχ. 93)

---

[1]) Vgl. „Der ursprüngliche Text" 5.1.1. S.322-351.

L Got (sim) für יְכָי, wo aber in Esdr I 5₁₂ für den von 𝔐 abweichenden Namen Χορβέ aus Esdr II lukianisch die ursprüngliche Transkription übernommen wird: ζακχαι 108 (deest 19), teilweise auf von 𝔐 abweichender Vokalisierung beruht, z. B. Esdr II 2₄₄ Κηραός] κορες *L* Compl = 17₄₇ Κιράς] κορες *L* = Esdr I 5₂₉ Κηράς] κορες 108 (deest 19) für 𝔐 קְרוֹ(יִ)ס, zuweilen die drei Texte auch nach einer von 𝔐 abweichenden Namensform vereinheitlichen kann. So wird der in 𝔐 zwischen פְּרוּדָא in Esdr II 2₅₅ und פְּרִידָא in 17₅₇ schwankende Name lukianisch sowohl in 17₅₇ als auch an der Parallelstelle von Esdr I 5₃₃ aus der mit 𝔐 übereinstimmenden Transkription Φεριδά, bzw. Φαριδά in Esdr I, in die auf Metathese der beiden graphisch leicht verwechselbaren Konsonanten ר und ד zurückgehende und darum auf eine verderbte von 𝔐 abweichende Vorlage zurückzuführende ursprüngliche Namensform im Paralleltext von Esdr II 2₅₅ umgewandelt: φαδουρα, die hier nur von Compl (φαρουδα) und La¹²³ (*fruda*) an 𝔐 angeglichen wird¹.

Es sind aber doch einige Spuren Esdr II und I gemeinsamer lukianischer Transkription, die auf ältere Tradition der Namensformen im ursprünglichen Text der LXX beruhen und als lukianische Rezension von hier her zu erklären sind, zu erkennen: Innerhalb der doppelt überlieferten Liste der Heimkehrer wird der Name עֵילָם אַחֵר in Esdr II 17₃₄ – אַחֵר, „der andere", dient wahrscheinlich der Unterscheidung von dem v. 12 (= 27) genannten – in der lukianischen Tradition zuerst durch Einfügung von אַחֵר mit der entsprechenden Stelle in der parallelen Liste 2₃₁ ausgeglichen, um dann sowohl an diesen beiden Stellen als auch im Paralleltext von Esdr I (5₂₂) nach dem richtigen appellativen Verständnis des Wortes אַחֵר, das im ursprünglichen Übersetzungstext von Esdr II, als Teil des nomen proprium verstanden, zur Fehltranskription 'Ηλαμαάρ ('Ηλαμάρ in 2₃₁) führte, und nach der einhelligen Transkriptionsweise von עֵילָם im ursprünglichen Text der älteren Übersetzungstradition seit Gen 10₂₂ und 14₁, αιλαμ, – in Esdr I 5₂₂ für wahrscheinlich als ursprünglich zu rekonstruierende Transkription Καλαμὼ ἄλλου – mit αιλαμ ετερου wiedergegeben zu werden².

---

¹) Zu den Korrekturen von Compl nach 𝔐 vgl. Esdr II ed. S. 25f. und FS Frede-Thiele S. 45 Anm. 8, zu den *L* gegenüber selbständigen Korrekturen nach 𝔐 vgl. 2.1.1.2.4. S. 209-215.

²) Wenn innerhalb von Esdr II die Transkription 'Ηλάμ mit der entsprechenden lukianischen Korrektur αιλαμ konsequent auch in 27 = 17₁₂ 87 102 (für Qere gegen Ketib עוֹלָם) 2014 (15) überliefert ist, allein in 2242 einhellig bezeugtes, nur, wie an allen Stellen, mit itazistischem ελαμ variierendes Αἰλάμ vorliegt, dann dürfte das mit bewusster Unterscheidung des Geschlechtes, בְּנֵי (27), bzw. Familienhauptes, רָאשֵׁי הָעָם (2014 (15)), von der Person des Priesters עֵילָם zu erklären sein. Der einzige Beleg für die Transkription ηλαμ in der übrigen LXX, in den Esdr II textgeschichtlich nahe stehenden Büchern der Chronik, Par I 8₄₂ ηλαμ] αιλαμ (αηλ. AV; ελ. 127) BAV 127, erscheint auch hinsichtlich der lukianischen Rezension als Ausnahme gegenüber der Tendenz der Bewahrung der altüberlieferten Form αιλαμ – so in 1₁₇, in 2₆₃ auch als Korrektur nach 𝔐 gegen עוֹלָם voraussetzendes ωλαμ –; er bedarf aber hinsichtlich der Frage nach der ursprünglichen Textform, die Rahlfs in αιλαμ der ältesten Zeugen postuliert, noch der Untersuchung; die singuläre Transkription ηλαμ als ursprüngliche Namensform aufgenommen liesse sich in Par als Unterscheidung des Namens der Völkertafel vom Namen der israelitischen Sippe erklären.

Entsprechend ist die lukianische Tradition bei der Transkription des Namens נבו – in 17₃₃ durch אנשי als Ort, in 2₂₉ durch בני als Geschlecht definiert – überliefert: Das unterscheidende אחר in 17₃₃, das im ursprünglichen Text zur Fehlschreibung Ναβιάρ führte[1], wird, da der Name in der Liste kein zweites Mal begegnet und darum keiner Unterscheidung bedarf[2], von der lukianischen Rezension getilgt, die Transkription des Namens selbst an allen drei Stellen seines Vorkommens in Esdr II in 17₃₃ an Stelle von Ναβιάρ, in 2₂₉ für Ναβώ, in 10₄₃ für Ναβού und in den Parallelstellen von Esdr I (5₂₁ 9₃₅) als Korrektur einer von 𝔐 stark abweichenden ursprünglichen Textform, entsprechend der ursprünglichen Transkription in den älteren Teilen der LXX – sowohl, wenn es sich um den Berg (Num 33₄₇ Deut 32₄₉ 34₁) als auch, wenn es sich um den Ort in Moab handelt (Num 32₃ Is 15₂ Ier 31(𝔐 48)₁ ₂₂ Par I 5₈), – in die Form ναβαυ geändert. Wenn an einer Stelle dieser Tradition eine lukianische Transkription als Korrektur von ursprünglichem Ναβαύ überliefert ist, νεβω in Ier 31(𝔐 48)₁ (L-62 Tht.) und ₂₂ (ναιβω L⁻³⁶ ⁵¹-62), dann wird innerhalb der Geschichte lukianischer Textbearbeitung auf zwei konkurrierende Weisen der Rezension geschlossen werden müssen: Korrektur nach vorgegebener Überlieferung und Korrektur nach eigener Übersetzungstechnik[3].

Lukianische Rezension nach vorgegebener Tradition des ursprünglichen LXX-Textes, die aber in sich nicht einheitlich ist, lässt sich auch in der Transkription des Ortsnamens עי erkennen: Lukianisches της γαι für העי in der Heimkehrerliste gegenüber ursprünglichem 'Αιά in Esdr II 2₂₈, 'Αἵ oder 'Αιά – so Rahlfs – in 17₃₂[4] – im Paralleltext von

---

[1]) Zur Textrekonstruktion vgl. „Der ursprüngliche Text" 5.1.1. (IV 1) S.348f.

[2]) Nicht auszuschliessen ist eine schon in die hebräische Tradition eingedrungene Tradition, nach der das Geschlecht נבו der in der Liste verzeichneten Heimkehrer von dem durch Mischehen schuldig gewordenen Geschlecht gleichen Namens in 10₄₃ unterschieden werden sollte und die im ursprünglichen Text der LXX durch die unterschiedliche Transkription des gleichen Namens – zu weiteren Fällen, die so erklärbar sind, vgl. S. 330ff. – weitergeführt worden wäre.

[3]) Die Stelle, an der der Name נבו in der Vorlage der LXX gegen 𝔐 fehlte, Num 32₃₈, gibt, da die rezensionelle Korrektur nach 𝔐, wo es nicht um Fehlschreibung geht, zwischen ναβω und ναβαυ schwankt und O mit ναβωθ eine abweichende Vorlage voraussetzt, keinen weiteren Aufschluss.

[4]) Rahlfs' Rekonstruktion 'Αιά aus αλ(ε)ια der Zeugen B S a⁻³⁷⁰ (ελια 55; ḥadia Aeth^B) – αια liest in 17₃₂ nur die Rahlfs noch nicht bekannte Hs. 370 – stellt das Problem der Alternative, ob bei dem von der Rezension a mitbezeugten B-Text ein rezensionelles Analogieverfahren vorausgesetzt werden muss – die Transkription αια in 2₂₈, die hier auf die von 𝔐 abweichende, aber in dem im ursprünglichen Text der LXX fehlenden Vers 2 13₂b überlieferte Nebenform עיה zurückzuführen ist, wäre dann, um die beiden identischen Listen auch der Transkription nach zu vereinheitlichen, sekundär auf 17₃₂ übertragen worden – allerdings würde die – sicher auf Unzialfehler beruhende – Schreibung αλια, ohne dass auch noch Dittographie angenommen werden muss, zunächst auf die Transkription ααια führen, die auf eine artikulierte Form העיה als Vorlage schliessen liesse –, oder ob eine Vereinheitlichung der beiden Listen über die Textform von 𝔐 hinaus schon in der hebräischen Vorlage der LXX angenommen werden muss; für die Bestimmung des Charakters der lukianischen Rezension ist diese Alternative aber ohne Belang.

Esdr I (5₂₁) wieder gegenüber einer von 𝔐 stark abweichenden Textform –, γαι (γε) auch für עיה in dem in der Vorlage der LXX fehlenden hexaplarisch (nach S^{mg}) und lukianisch nachgetragenen Passus zwischen 21₃₁ und ₃₆, geht hinsichtlich der Wiedergabe von ע mit γ auf die einhellig überlieferte ältere Transkription, hinsichtlich der Definition des vorgesetzten ה als Artikel aber auf das konsequente Verfahren in Ios (7₂-12₉), auch Ier (30 (𝔐 49)₃), im Unterschied zu Gen (12₈ 13₃), auch Is (10₂₈; für die Nebenform עית), zurück, wo mit der Namensform Ἁγγαί auch der Artikel transkribiert wird[1].

Ein Sonderproblem hinsichtlich der Frage nach dem lukianischen Prinzip der Transkription stellt innerhalb der Esdras II mit I gemeinsamen Teile die in allen Büchern der LXX vorliegende Doppelüberlieferung in der Transkription des Namens משה, ursprünglich Μωυσής, rezensionell μωσης, dar. Hier entspricht die lukianisch überlieferte Namensform μωσης in Esdr II und I der in überwiegendem Masse auch in den übrigen Büchern lukianisch, oft auch hexaplarisch bezeugten Transkription. Aber das häufige Hinzutreten der alten Unzialen B, A, zuweilen S, das schon immer für die Annahme eines

---

[1]) Auch hier liegt ein Befund vor, der sich auf zwei verschiedene Weisen lukianischer Rezension zurückführen liesse: Die Namensform עיה in Par I 7₂₈, an deren Stelle ausser bei den Zeugen B 127, die korrekt γαιαν transkribieren, und der lukianischen Rezension (19 93 108) bei allen LXX-Zeugen als Vorlage עזה (= γαζης) überliefert ist, ist lukianisch mit dem Äquivalent αδια wiedergegeben, das sich nur als Unzialverschreibung von lukianisch ursprünglichem ααια für העיה oder αια für עיה erklären und darum auf den vorrezensionell nur in Esdr II nachgewiesenen Verzicht der Wiedergabe von ע mit γ auch in der lukianischen Rezension schliessen liesse; als Mittelglied wäre die Übersetzungstechnik der jüdischen Übersetzer des 2. Jh.s denkbar, für die als Transkription der singulären Nebenform עית in Is 10₂₈ an Stelle von Ἁγγαί der ursprünglichen Transkription αυαθ (οἱ λ' Chr) – wohl auf עות für עית zurückgehend – überliefert ist; vgl. auch α' Ἀζά für עזה (Γάζης LXX) in Deut 2₂₃. Für das sprachgeschichtliche Problem, ob bzw. wie weit sich die „ursemitische", im Arabischen erhalten gebliebene phonetische Unterscheidung zwischen „stimmhaftem velarem Spirans" (ġ) und „laryngalem Quetschlaut" ('), die im Hebräischen im Buchstaben ע zusammengefallen sind, in der Transkription der LXX in der Alternative zwischen γ und Verzicht auf diese Wiedergabe widerspiegele und so bei den Übersetzern die Kenntnis dieses phonetischen Unterschieds noch voraussetzte (Vgl. G. Bergsträsser, Hebräische Grammatik, mit Benutzung der von E. Kautzsch bearbeiteten 28. Auflage von Wilhelm Gesenius' hebräischer Grammatik, mit Beiträgen von M. Lidzbarski, 1918 (Nachdruck 1985), S. 34-38 (dort die ältere Literatur); M. Flashar, Das Ghain in der Septuaginta, ZAW 28 (1908) 194-220.303-313; J. W. Wevers, Heth in Classical Hebrew, in: Essays on the Ancient Semitic World, ed. J. W. Wevers and D. B. Redford, 1970, S. 101-112; J. Blau, On Polyphony in Biblical Hebrew, PIASH VI (1977-1982) 105-183), ergibt dieser Befund keine neue Erkenntnis: Der völlige Verzicht auf die Wiedergabe von ע mit γ in Esdr II – „the G translation of E/N reflects a stage of Hebrew in which ġ had shifted to ' " (J. Blau S. 141) – ist in diesem Fall bestätigt; für die lukianische Weise der Transkription ist eine Rückbewegung zu älterer Tradition sicher nicht in bezug auf die semitische Phonetik, sondern höchstens in bezug auf ein früheres Stadium dessen anzunehmen, was in älterer Transkriptionsweise des Griechischen schon verfestigt ist. Der Befund, sollte er sich im ganzen bestätigen, ist aber ein weiteres Argument für den sekundären Charakter lukianisch überlieferten Gutes.

älteren, vorlukianischen – vielleicht auch vorhexaplarischen – Rezensionsprinzips sprach, ist heute durch ein Zeugnis vermehrt, das diese Vermutung zur Gewissheit erhebt: Der ältere der beiden 1943 bekannt gewordenen 1966 vorläufig, 1980 endgültig edierten, umfangreiche Teile von Deut enthaltenden „Fouad-Papyri"[1], dessen Entstehung um 50 v. Chr. angesetzt werden muss – der jüngere, um 50 n. Chr. geschriebene enthält den Namen Moses nicht –, überliefert in allen drei Fällen seines Vorkommens, Deut 31$_{16}$ (μωσην), 22 und 24 (μωσης), die anderwärts lukianisch überlieferte Transkription.

Im Textbereich von Esdr II und I ist die Transkription μωσ- für μωυσ- an allen Stellen von der lukianischen Rezension bezeugt, von deren einzelnen Zeugen nur in Esdr II 11$_8$, wo Hs 19 mit 106-107 und La^{123} wegen Tilgung des Satzteils μνήσθητι - Μωυσῆ ausfällt, 108 mit μωυσει sich den ausserlukianischen Zeugen zuordnet, so dass für μωση als einziger Zeuge die lukianische Hs. 93 eintritt. Von den Unzialen gesellt sich innerhalb der Esdr II und I gemeinsamen Teile in einem Fall der codex A an beiden einander entsprechenden Stellen zur lukianischen Transkription hinzu: Esdr II 6$_{18}$ Μωυσῆ] -σεως 381; μωση (-σει 19) A L = Esdr I 7$_9$ Μωυσέως] μωσεως A L 236 68, in zwei Fällen nur in Esdr I der codex B: Esdr II 3$_2$ Μωυσῆ] -σεως A 381; μωση (-σει 19) L 71 = Esdr I 5$_{48}$ Μωυσέως] μωσεως B L 68 und Esdr II 18$_1$ Μωυσῆ] -σεως 381; μωση (-σει 19) L 71 = Esdr I 9$_{39}$ Μωυσῆ] -σεως 381 55 245 Ios Ra.; μωσεως B L 248, in Esdr I 7$_6$, wo der Name im Paralleltext von Esdr II (6$_{16}$) entsprechend der Vorlage von 𝔐 fehlt, die codices B A auf breiterer Überlieferungsgrundlage: (Μωυσέως] μωσεως B A L a, innerhalb der nur in Esdr II überlieferten Teile in 18$_{14}$ der codex B: Μωυσῆ] μωση (-σει 19) B (non 122) L, in der Esdr I mit Par II (35$_{12}$) gemeinsamen Stelle 1$_{10}$ nur in Esdr I der codex A: Μωυσῆ] -σεως 381; μωση (-σει 19) A L 46^s; an allen übrigen Stellen – es sind in dem nur von Esdr II überlieferten Teil 11$_7$ 19$_{14}$ 20$_{29}$ (30) 23$_1$, in dem Esdr I mit Par II gemeinsamen noch 1$_6$ = Par II 35$_6$ – treten für diese Transkription ausschliesslich die genuin lukianischen Zeugen ein.

Dieser textgeschichtliche Befund in Esdr II und I entspricht in allem dem, der sich für die lukianische Überlieferung in den Teilen des AT feststellen lässt, deren lukianische Bearbeitung in den genuin lukianischen Zeugen überliefert ist:

Innerhalb des Teils der historischen Bücher, deren lukianische Überlieferung in den Zeugen 19 93 108 – für Reg auch 82 und 127 – gesichert ist, Reg I-IV Par I-II, ist die Transkription μωσης sowohl durchgehend von allen oder doch von einzelnen dieser Zeugen – die einzige, die Regel bestätigende Ausnahme ist Par II 33$_8$, wo aber Hs. 93 nicht mehr erhalten ist –, als auch sporadisch von den Unzialen, von denen in Reg I-IV codex A der hexaplarischen Rezension zugehört: B A in Reg IV 18$_{12}$, A in Reg I 12$_{6\,8}$ III 8$_{9\,56}$ IV 14$_6$ 18$_{4\,6}$ 21$_8$, B in Par I 23$_{13}$ 26$_{24}$, S

---

[1] F. Dunand, Papyrus Grecs Bibliques (Papyrus F. Inv. 266). Volumina de la Genèse et du Deutéronome. Introduction (RAPH XXVII, 1966). Texte et Planches (Extrait des Et Pap IX, 1966). Zaki Aly, Three Rolls of the Eearly Septuagint: Genesis and Deuteronomy, with preface, introduction, and notes by L. Koenen (PTA 27, 1980); vgl. R. Hanhart in OLZ 73 (1978) 39-45, J. W. Wevers, The Attitude of the Greek Translator of Deuteronomy toward his Parent Text, in: Beiträge zur alttestamentlichen Theologie, Festschrift für Walther Zimmerli zum 70. Geburtstag, 1977, S. 498-505.

in Par I 15 15 – in Reg III 89 zusammen mit dem lukianischen Fragment Z –, zuweilen, z. B. in Reg I 1 26 II 23 auch auf breiterer Überlieferungsgrundlage bezeugt und in Reg II 23 Par I 1 5 15 durch das Zeugnis Theodorets als antiochenischer Tradition zugehörend erwiesen.

In den der Ordnung des alexandrinischen Kanons nach zusammengehörenden Büchern Est Idt und Tob, in denen sich noch Spuren von den gleichen Zeugen überlieferter lukianischer Tradition erkennen lassen – die Rezension selbst durch 19-108-319 in Idt, die dem Charakter nach nicht mit der lukianischen Rezension der übrigen Bücher übereinstimmende besondere Textform durch 19-93-108-319 in Est^1 –, ist der Name Moses nur im Buch Tobit überliefert, in dessen beiden Textformen sich die Rezension nicht nachweisen lässt, wo aber in $\mathfrak{G}^1$ die Transkription μωσ- in 108 konsequent beibehalten wird: 6 13 Μωυσῆ] μωσεως 108   7 12 Μωυσέως] μωσεως 108 126, während in $\mathfrak{G}^{II}$ bzw. $\mathfrak{G}^{III\ 2}$ diese Schreibung in der griechischen Tradition in 18 von dem hier einzigen griechischen Zeugen S (mit La^M (*mosi*) gegen *moysi* in La$^{Q\ P\ J\ W}$), in 6 13 gegen S von *d* 319 (mit La$^{G\ M^*}$), in 7 11 gegen S als einzigem griechischen Zeugen, in 1 2 und 1 3 gegen S *d* nur altlateinisch (*mosi* La$^{G\ M^*}$) überliefert ist. Das Zeugnis von 108 in $\mathfrak{G}^I$ lässt in dieser Handschrift auf Reste lukianischer Tradition auch dort schliessen, wo die Rezension als solche nicht mehr nachweisbar ist, die Überlieferung in $\mathfrak{G}^{II\ (III)}$ ist nur hinsichtlich S aus dem sporadischen Hinzutreten zu den lukianischen Zeugen in den Büchern, in denen die Rezension eindeutig nachweisbar ist, erklärbar, während für die übrige Verteilung der Zeugen die griechische Überlieferung für eine textgeschichtliche Folgerung zu schwach ist^3.

Bei den in den Handschriften, die Est Idt Tob enthalten, nach kanonischer Ordnung meist hier anschliessenden Makkabaerbüchern, unter deren zahlreichen lukianischen Zeugen in Mac I-III auch 19 93 auftreten, ergibt sich aus Mac II – Mac I und III enthalten den Namen Moses nicht – der gleiche Befund: Die Transkription μωσης erscheint an allen Stellen konsequent lukianisch bezeugt, nur von den genuin lukianischen Hss., von denen hie und da die eine oder andere abspringt, bzw. zu denen ein codex mixtus unter den Minuskeln hinzutreten kann, in 2 4 10 7 30, von der Maiuskel A begleitet – B und S enthalten Mac II nicht – in 1 29 2 8 11 76 und 3 0^4.

Einen Sonderfall innerhalb dieser Tradition, der noch der Untersuchung bedarf, stellt das auch kanongeschichtlich am Rande stehende 4. Makkabäerbuch dar: Zwar ist die Tradition von Mac II, nach der die Transkription μωσης grundsätzlich von den lukianischen Zeugen überliefert ist, auch in diesem Buch bewahrt – von den mit Mac II gemeinsamen genuin lukianischen Hss. 236-534-728 (= *L*), 62-542 (= *l*; 19 und 93 enthalten Mac IV nicht), springen nur in Mac IV 18 18 die Hss. 236-534 und 542 mit der Transkription μωυσης ab, während von den Mac IV enthaltenden Unzialen S A und V nur A an allen Stellen, 2 17 9 2 17 19 18 18, als Vorlage wahr-

---

^{1}) Vgl. Est Einl. S. 87-99.

^{2}) Vgl. Tob Einl. S. 31-36; TGT S. 21-48.

^{3}) Die schwache griechische Bezeugung ist der Grund dafür, dass auch in diesem Fall, wo auf Grund des aus anderen Büchern nachweisbaren inkonsequenten Charakters des codex S hinsichtlich dieser Transkription auf konsequente Schreibung Μωυσῆς im ursprünglichen Text dieser Textform geschlossen werden könnte, auf Textrekonstruktion verzichtet und vor allem dort, wo S der einzige griechische Zeuge ist, eine diplomatische Wiedergabe dieser Hs. gewählt werden musste (vgl. TGT S. 46-48).

^{4}) Vgl. Mac II ed. Einleitung S. 42. Schon der Befund innerhalb der eindeutig lukianisch rezensierten historischen Bücher zeigt somit unter den alten Unzialen codex A als den häufigsten Mitzeugen an, dessen Beeinflussung durch diese Rezension darum kaum mehr abgestritten werden kann (vgl. Mac II Einl. S. 23f., Mac III S. 24f., MSU VII (1961, S. 6-8)).

scheinlich konsequent die Schreibung μωσ. voraussetzt[1], S in 2 17 mit μωσ., in 92 1719 1818 mit μωυσ. und codex V, der in 92 ausfällt, in 2 17 und 1818 mit μωυσ., in 1719 mit μωσ. transkribiert –; doch ist in diesem Buch die in der älteren Übersetzungstradition der LXX als sekundär zu bestimmende und fast ausschliesslich lukianisch überlieferte Transkription darüber hinaus so weit in der Überlieferung verbreitet – μωυσ. lesen konsequent nur die Zeugen der in der Makkabäertradition als „q" bezeichneten Rezension, von den codices mixti die rezensionell nur wenig beeinflusste Hs. 55, dazu 46, 58, 340, von den Josephus-Handschriften 747, von den Menologien 577 und 690[2] –, dass sich hier die Frage stellt, ob die Schreibung μωυσης nicht als eine rezensionelle Rückbewegung zur ursprünglichen Trankription der älteren Bücher bestimmt werden muss.

Was schon die Makkabäerüberlieferung – unabhängig von der noch offenen Textrekonstruktion in Mac IV – im Verhältnis zur lukianischen Bezeugung in Reg I - Par II zeigte: dass die Transkription μωσης konsequent nur von der lukianischen Rezension, obwohl ihre Träger vom einen Textbereich zum andern in starkem Masse wechseln, überliefert ist, das wird in der Überlieferung der prophetischen Bücher, wo der Name Moses nur in Mich 6 4 Mal 4 6 (3 22), Is 6 312 und Ier 1 51 vorkommt, bestätigt: Von den zahlreichen von J. Ziegler als Hauptgruppe und Untergruppen verifizierten lukianischen Handschriften, von denen nur 93 in Is mit den Zeugen von Reg I-Par II und 62 in allen drei Büchern mit den Zeugen von Mac I-IV zusammengeht, ist die Transkription μωσ. konsequent wiederum nur von den Zeugen der lukianischen Rezension überliefert, denen sich hier an allen vier Stellen der codex B, in Is, wo er hexaplarisch ist, zusammen mit der hexaplarischen Untergruppe *oII*, in Mich 6 4 Is 6 312 und Ier 1 51 codex A, in Is 6 312 codex S zugesellt[3]. Die konsequent lukianische Tradition dieser Schreibweise zeigt sich in diesem Textbereich zuletzt in dem im ursprünglichen Text fehlenden, hexaplarisch und lukianisch nach 𝔐 nachgetragenen Textteil in Is 6 311, wo die Transkription μωσει nur lukianisch und durch codices mixti – nicht hexaplarisch – überliefert ist[4].

Hier schliesst sich auch hinsichtlich der lukianischen Bezeugung die nach alexandrinischer Ordnung des Kanons mitsamt ihren apokryphen Teilen den prophetischen Schriften zugeordnete Überlieferung des Danielbuches an, dessen ältere Übersetzung (*o'*), wo der Name Moses in 9 11 und 13 neben den beiden hexaplarischen Zeugen 88 und Syh nunmehr auch in

---

[1]) 92 Μωυσεî] γνωσει A ist als Unzialverschreibung M - ΓN zu erklären; in 1818 ist der Text so schlecht erhalten, dass die Transkription nicht mehr sicher erkennbar ist; doch ist nach dem Buchstabenabstand, da die Lesung von Grabe μωϋσης singulär wäre, mit Swete, Rahlfs und der letzten Göttinger Kollation μωσης wahrscheinlicher als μωυσης.

[2]) Zu Überlieferung und Gruppierung der Textzeugen vgl. zuletzt, aber noch vorläufig H.-J. Klauck, 4. Makkabäerbuch, ISHRZ III/6 (1989) 678-680.

[3]) Das Zeugnis der Kirchenväter, das sich wegen der Unsicherheit hinsichtlich der Zuverlässigkeit der Editionen nur unter Vorbehalt für diese Untersuchung auswerten lässt, erlaubt auf Grund der zugänglichen Überlieferung doch den Schluss, dass sowohl in der alexandrinischen als auch in der antiochenischen Tradition schon früh beide Weisen der Transkription bekannt waren, dass aber die überwiegende Bezeugung von μωσης bei den Antiochenern – einhellig bei Theodor und Theodoret im Zwölfprophetenbuch – als Argument für die lukianische bzw. protolukianische Herkunft dieser Schreibweise in Anspruch genommen werden darf.

[4]) Vgl. S.69 Anm.3. Von den in J. Zieglers Ausgabe im Apparat notierten Zeugen dieses Zusatzes lesen nach Ausweis der Göttinger Kollationen die Zeugen $L^{\setminus -93\,231}$ 613 770 μωσει.

dem vorhexaplarischen Paryrus 967 vorliegt[1], die Transkription μωση in der hexaplarischen, μωυση in der vorhexaplarischen Überlieferung bezeugt, und dessen jüngere Übersetzung („θ' "), deren lukianische Zeugen abgesehen davon, dass Hs. 62 hier der hexaplarischen Rezension zugehört, mit denen der übrigen prophetischen Bücher übereinstimmen, die Transkription μωση an diesen beiden Stellen sowohl durch die lukianischen als auch durch die hexaplarischen Zeugen – in 911 nur durch die hexaplarische Untergruppe 62-147 – und codex A, in v. 13 auch durch Theodoret (μωσεως) überliefert und in Sus 3 und 62, wo Dan o' ausfällt, die gleiche Lage der Überlieferung, wenn auch auf schwächerer Bezeugung beruhend: an beiden Stellen neben A und 62-147 nur auf der lukianischen Untergruppe *l II* – in v. 3 auch Hippolyt –, aufweist[2].

Von den libri sapientales, die hinsichtlich ihrer lukianischen und auch hexaplarischen Bearbeitung nach den Ergebnissen der veröffentlichten und der nachgelassenen Forschungen Joseph Zieglers weitgehend alle auf der gleichen handschriftlichen Überlieferung beruhen – die beiden wichtigsten Diskrepanzen bestehen darin, dass nur in Iob die Unzialen A und V den genuin lukianischen Zeugen zugerechnet werden und dass in Eccl nur eine hexaplarische, keine lukianische Rezension nachweisbar ist –, ist der Name Moses nur im apokryphen Buch Jesus Sirach überliefert und hier mit der Transkription μωσ. an allen fünf Stellen konsequent hexaplarisch und mit Ausnahme von Sir 24 23 Μωυσῆς] μωσης S O 543 La^{GA} lukianisch bezeugt, durch die ganze Hauptgruppe *L* (248-493-637) in 451 15, nur durch Hs. 248 in 46 1 und 7, während von den Unzialen B S A V codex A in 451 15 461 7, S in 24 23 451 und B in 46 1 hinzukommt.

Die Überlieferung des Psalters lässt sich hinsichtlich dieser Frage nach dem gegenwärtigen Stand der Forschung für die acht Stellen, an denen der Name Moses bezeugt ist, 76(77)21 89(90)1 98(99)6 102(103)7 104(105)26 105(106)16 23 32, nur so weit verifizieren, dass die ursprüngliche Transkription μωυσης in den von A. Rahlfs in seiner Textherstellung von 1931 postulierten drei ältesten, noch vorhexaplarischen Textformen des oberägyptischen, des unterägyptischen und des abendländischen Textes einhellig überliefert ist – die Hauptzeugen dafür sind im oberägyptischen Text die sahidische Übersetzung und Hs. 1093, im unterägyptischen die bohairische Übersetzung und die codices B und S, im abendländischen codex R in seinem griechischen (lateinisch transkribierten) und (von ihm abhängigen, aber nicht mit ihm identischen[3]) lateinischen Text und Augustin[4] –, dass in der hexaplarischen Rezension, in der

---

[1]) Septuaginta XVI/2, Susanna · Daniel · Bel et Draco, ed. J. Ziegler; editio secunda, versionis iuxta LXX interpretes textum plane novum constituit O. Munnich, versionis iuxta „Theodotionem" fragmenta adiecit D. Fraenkel, 1999.

[2]) Codex S enthält Dan nicht.

[3]) Vgl. A. Rahlfs, ed. Septuaginta Soc. Scient. Gott. X, 1931, S. 37.

[4]) Von den Unzialen B S A fällt B in Ps 105(106)32, A in 76(77)21 aus. Von den von A. Rahlfs als Zeugen dieser drei Textformen postulierten ältesten Texten, meist Papyrus- und Pergamentfragmenten, in denen die den Namen Moses enthaltenden Stellen nur sehr sporadisch erhalten sind, ist die Schreibung μωυσης konsequent überliefert, für Ps 98(99)6 im Pergamentfragment 2032 (6. Jh.), auch in Hs. 1093 (12. Jh.), für Ps 102(103)7 in dem von Rahlfs den Mischtexten zugewiesenen Pergamentfragment 2029 des 4. Jh.s. Einhellig μωυσης überliefern auch die von Rahlfs für den unterägyptischen Text in Anspruch genommenen Unzialen B und S und, soweit mir die Editionen zugänglich sind, die oberägyptisch-sahidische und die unterägyptisch-bohairische Übersetzung und der hinsichtlich seiner Stellung innerhalb der von Rahlfs postulierten Textformen noch nicht untersuchte, von R. Kasser 1967 herausgege-

der Name Moses bis jetzt nur in der lateinischen Tradition des Psalterium Gallicanum überliefert ist[1], nach Ausweis der grossen römischen Vulgata-Ausgabe[2] die Schreibung *moyses* weit überwiegt[3], dass sich aber innerhalb der den grössten Teil der griechischen Überlieferung umfassenden Tradition, die nach Rahlfs der lukianischen Rezension zugeordnet werden muss, noch keine endgültige Auskunft über die überlieferungsgeschichtliche Verteilung der beiden Schreibweisen, bzw. über ein textgeschichtliches Stadium, an welchem die Transkription μωσης einsetzt, geben lässt: A. Rahlfs berücksichtigt in seinen Editionen diese Variante nicht, Holmes-Parsons notieren sie nur zufällig, im Zusammenhang sie enthaltender grösserer, nur bei Kirchenschriftstellern überlieferter Abweichungen, Origenes in Ps 98(99)6, Athanasius in Ps 76(77)21, Theodoret und Gregor von Nyssa in Ps 89(90)1; eine vorläufige Überprüfung an dem noch nicht ausgewerteten Bestand ergibt als wichtigsten Befund, dass eine innerlukianische Zäsur hinsichtlich dieser Transkription aus dem Grund wahrscheinlich ist, weil der älteste der von Rahlfs diesem Textbereich zugewiesenen griechischen Zeugen, in dem der Name Moses erhalten ist, der dem 7. Jh. angehörende codex T, konsequent μωυσης schreibt, Theodoret in seinem Psalter-Kommentar aber an allen Stellen – nach der Edition von J. L. Schultze 1770 bei Abweichung einer Hs. nur in Ps 76(77)21 und 89(90)1 – μωσης. Was die nach A. Rahlfs lukianisch zwar beeinflussten, aber nicht genuin lukianischer Überlieferung zugewiesenen Zeugen anbetrifft[4], erweist sich wiederum codex A, der in Ps 76(77)21 nicht erhalten ist, mit der Schreibung μωση in Ps 89(90)1 und μωσην 105(106)16, μωυσης an den übrigen Stellen als Vertreter der Doppelüberlieferung.

Das Ergebnis für das ganze Alte Testament lässt sich somit nach dem gegenwärtigen Stand der Forschung – mit nur wenigen die Regel bestätigenden Ausnahmen – so bestimmen, dass die der hebräischen Namensform näher stehende Transkription μωσης, deren ältester Beleg bereits in der jüdisch-vorchristlichen LXX-Tradition vorliegt, konsequent erst in der lukianischen, sporadisch aber schon in der hexaplarischen Rezension überliefert ist, und dieser Befund muss, da eine entsprechende Verteilung der die Form μωσης überliefernden Zeugen auch im Octateuch in der Weise festzustellen ist, dass einzelnen Zeugen der hexaplarischen Rezension immer die Gruppe *n*, deren Vertreter 75 schon A. Rahlfs für die lukianische Rezension in

---

bene und ins 3./4. Jh. datierte griechische Papyrus Bodmer XXIV (= Rahlfs-Nr. 2110), in dem alle Stellen ausser Ps 105(106)32 erhalten sind.

[1]) In Hs. 1098, den von Giovanni Mercati entdeckten Bruchstücken der Hexapla aus dem 10. Jh., ist keiner der den Namen Moses enthaltenden Verse erhalten.

[2]) Biblia Sacra iuxta Latinam Vulgatam versionem ... cura et studio Monachorum Abbatiae Pontificiae Sancti Hieronymi in Urbe Ordinis Sancti Benedicti edita, vol. X, Romae 1953.

[3]) Da die Doppelüberlieferung *moyses-moses*, die sich in der lateinischen Tradition sowohl in Hss. der Vetus Latina als auch der Vulgata nachweisen lässt, nach dem gegenwärtigen Befund der Editionen eine Zeugenverteilung aufweist, nach der die Transkription *moyses* in der altlateinischen Tradition, *moses* in der der Vulgata überwiegt, dürfte die älteste altlateinische Überlieferung als Bewahrung der ursprünglichen Schreibweise der LXX, die älteste Tradition der Vulgata aber als Rückbewegung zur hebräischen Vorlage zu erklären sein. Wenn Hieronymus in seiner lateinischen Wiedergabe des hexaplarischen Psalters die Transkription *moyses* bewahrt, dann dürfte daraus zu schliessen sein, dass die hebraisierende Transkription der lukianischen Rezension, obwohl sie nach Ausweis vor allem des Papyrus Fouad (vgl. S.65 Anm.1) auf vorlukianische hebraisierende Tendenz zurückgeht, hier nicht in erster Linie vom Mittelglied der hexaplarischen Rezension her zu erklären ist.

[4]) A. Rahlfs, ed. Psalmi cum Odis 1931, Prolegomena S. 70f.

Anspruch genommen hatte[1], zugeordnet ist, als ernstzunehmendes Kriterium dafür gelten, dass in der Zeugengruppe *n* und ihr nahestehenden Zeugen mehr als nur Spuren einer lukianischen Bearbeitung auch des ältesten Teils der griechischen Übersetzung des Alten Testaments zu finden sein dürften.

Das Ergebnis für den Charakter der lukianischen Transkription von Eigennamen in Esdr II und I muss darum hinsichtlich des Namens Moses auf Grund der dargestellten Überlieferung im Alten Testament als ganzem in der Weise bestimmt werden, dass ein lukianisches Transkriptionsprinzip, das hebraisierenden Charakter trägt, nicht nur auf der Tradition der u r s p r ü n g l i c h e n Transkriptionsweise der älteren und dem lukianischen Textbearbeiter vorliegenden Übersetzungen der alttestamentlichen Bücher beruhen kann, sondern auch auf einem gleichgerichteten vorhexaplarischen und vorlukianischen Rezensionsprinzip.

Die Erklärung der Transkription μωσης als hebraisierende Korrektur der ursprünglichen auf die Etymologie von Exod 2₁₀ zurückzuführenden Namensform μωυσης[2], nicht als

---

[1]) Es ist die nach A. Rahlfs, Das Buch Ruth griechisch, Stuttgart 1922, S. 16 die Hss. 54 59 75 82 93 314 umfassende Gruppe, von welcher J. W. Wevers in seinen Ausgaben des Pentateuch durchgehend 82 der hexaplarischen Rezension, 314 der Textgruppe *b*, zu der auch die nach A. Rahlfs von Ruth 4₁₁ an zur lukianischen Rezension stossenden Hss. 19-108 gehören, 59 den codices mixti und aus der von zwei verschiedenen Händen geschriebenen Hs. 54 Exod 1₁-4₁₃ der Gruppe *c II*, den folgenden Teil bis Deut fin der Gruppe *n* zuordnet. Hs. 93 beginnt erst mit dem Buch Ruth. Als wichtigste Zeugen kommen zu dieser Gruppe seit der Göttinger Edition des Pentateuch die von Br.-M. nicht benutzten und darum auch A. Rahlfs nicht zugänglichen Hss. 458 und 767 hinzu, die sowohl durch ihre engste Verwandtschaft mit Hs. 75 als auch über diese Gemeinsamkeiten hinaus als bedeutsamste Zeugen für die Frage erscheinen, ob bzw. in welcher Weise innerhalb des Octateuch von einer lukianischen Bearbeitung oder doch von der Bewahrung von Elementen einer ursprünglich tiefer eingreifenden lukianischen Rezension gesprochen werden darf; vgl. A. Rahlfs in seiner Edition der Genesis 1926, S. 28f.

[2]) Ob die bei Philo (Vit Mos I 17) und Josephus (Ap I 286, Ant II 228) überlieferte Erklärung der Transkription μωυσης aus dem ägyptischen Wort für „Wasser", sahidisch ⲙⲟⲟⲩ, bohairisch ⲙⲱⲟⲩ (Hsch und Suidas μῶυ) aus der ursprünglichen LXX-Übersetzung von Exod 2₁₀ herausgesponnen ist oder auf der Überlegung des Übersetzers selbst beruht, muss offenbleiben – μωυ wäre eine korrekte Transkription des Ägyptischen und die von Josephus in Ant II 228 überlieferte Erklärung des zweiten Wortteils, ἐσῆς (υσης v. l.) δὲ τοὺς [ἐξ ὕδατος] σωθέντας (sc Αἰγύπτιοι καλοῦσιν), wäre, da der Konsonant x griechisch (und hebräisch) nicht wiedergegeben werden kann, als Transkription von ⲟⲩϧⲁⲓ erklärbar –; sicher ist, dass die Namensform μωυσης eine andere Begründung verlangt als die der Transkription aus der hebräischen Vorlage: Das υ, das höchstens als Wiedergabe einer Schreibung mit mater lectionis, מוֹשֶׁה, die aber in der hebräischen Tradition der Masora – im Unterschied zur syrischen der Peschitta u n d der Syrohexapla – nicht begegnet, erklärt werden könnte, ist, da eine solche Weise der Transkription in LXX selten bezeugt ist – ich notiere σωυε für שֵׁת in Gen 25₂ und Par I 1 32 (hier σωε B 127 Ra.; σουε *L*), γωυνι für גוּנִי in Gen 46₂₄ und Par I 11 34 (הַגּוּנִי 𝔐), aber in Num 26₄₈ nach Rahlfs und Wevers gegenüber γαυνι und in Par I 7 13 gegenüber γωνι sekundär, σωυνι *b* 44 für σουνι (שׁוּנִי 𝔐) in Num 26₂₄ (15), ελβωυδαδ B 129 (so Rahlfs als B-Text; ελμωυδαδ 55; ελωυδαν 120; ελθωδαδ complures) für אֶלְתּוֹלַד in Ios 15₃₀ –, von der Transkriptionstechnik der LXX her

geographisch bedingte je verschiedene Aussprache innerhalb Ägyptens entsprechend der Überlieferung Philons von Byblos über Thot bei Euseb: Τάαυτος ..., ὃν Αἰγύπτιοι μὲν ἐκάλεσαν Θωύθ, Ἀλεξανδρεῖς δὲ Θώθ (Praep Ev 1, 9, 24)¹, liegt innerhalb der Tradition

kaum, jedoch, „da der Diphthong ωυ in hellenistischer Zeit in griechischen Wörtern nicht mehr vorkommt", wohl aber „sich in ägyptischen Eigennamen, oft im Wechsel mit ω, gelegentlich mit ου und αυ" findet (Mayser I 1, S. 117; vgl. Schwyzer I S. 203), von der griechischen Tradition ägyptischer Eigennamen her leicht erklärbar.

¹) So Joachim Jeremias (Μωυσῆς ThWNT IV (1942) 853f. Anm. 1): „Die Schreibung Μωσης ... ist nicht als Angleichung von Μωυσης an die hbr. Form zu beurteilen, sondern die ausserhalb Ägyptens (Strabo) und wahrscheinlich auch in Unterägypten übliche griechische Wiedergabe des Namens מֹשֶׁה". Was die ältesten ausserbiblischen Schriftsteller, die diesen Namen bezeugen, Hekataios von Abdera, Manetho und Poseidonios von Apameia, betrifft, ist die Überlieferung ihrer Zeugnisse zu spät, als dass sich aus ihr auf die ursprüngliche Namensform schliessen liesse – für Hekataios ist bei Diodor (XL 3) nach dem Exzerpt des Photius μωσης bezeugt, während für Diodor selbst in I 94,2 die handschriftliche Überlieferung zwischen beiden Transkriptionen gespalten ist, für Manetho, der als Quelle für die im Zitat des Josephus (Ap I 250) überlieferte Identifizierung mit Osarsiph umstritten ist (vgl. F. Jacoby FGH II C, 1. Band, I Ägypten, 609 Manetho F 10, S. 96 im Apparat), μωσης, für Poseidonios nach der gleicherweise ungesicherten, auf unbekannten Zwischengliedern beruhenden und von Strabo (XVI 2, 34-45) neuformulierten Überlieferung μωσης (vgl. F. Jacoby FGH II A Universal- und Zeitgeschichte, 87 Poseidonios von Apameia F 70, S. 264f.; Kommentar S. 196-199), nach der von F. Jacoby unter dem gleichen Vorbehalt Poseidonios als verarbeitete Quelle zugeschriebenen, im Exzerpt des Photios überlieferten Bericht Diodors (XXXIV 1-5; FGH F 109, Kommentar S. 208f.) μωσης –; eine traditionsgeschichtliche Linie von der ausserjüdischen und ausserbiblischen Tradition zur biblischen lässt sich danach höchstens insofern ziehen, als bei den späten Tradenten dieser Überlieferung die Kenntnis der biblischen Doppeltradition vorausgesetzt werden muss. Zum gleichen Ergebnis führt die ausserbiblisch jüdische bzw. jüdisch-christliche Überlieferung der Pseudepigraphen, des Josephus und Philos von Alexandrien: In den Pseudepigraphen erscheint unter den bei Denis sub verbo Μωϋσῆς registrierten Stellen die Überlieferung zwischen μωυσης und μωσης g e s p a l t e n in der Apocalypsis Esdrae graeca innerhalb der gleichen, spätmittelalterlichen Zeugen, in den griechischen Fragmenten der Assumptio Mosis je nach dem Träger der Überlieferung, μωσης bei Gelasius von Cyzicus, μωυσης bei den übrigen: Clemens von Alexandria, Epiphanius, Ökumenius, und bei Eupolemos innerhalb der Überlieferung Eusebs, die e i n h e l l i g e Transkription μωυσ- nach direkter handschriftlicher Überlieferung in der Epistula Aristeae, den Paraleipomena Ieremiae, dem Testamentum Simeon, den Vitae Prophetarum, dem Martyrium Isaiae, nach indirekter Überlieferung der späten Kirchenschriftsteller Georgius Cedrenus und Syncellus in den griechischen Fragmenten des Liber Iubilaeorum und in der konsequent beibehaltenen Sonderform μωυσος bei Euseb in der Schrift περὶ Ἰουδαίων des Artapanos, die einhellige Transkription μωσης als ursprünglich gesichert durch das Metrum – aber auch dadurch bedingt – in den Sibyllinen und in der bei Euseb überlieferten Ἐξαγωγή des Dramatikers Ezechiel, in prosaischer Form im Geschichtswerk des Demetrios und im Werk Aristobuls bei Euseb, im Liber Poenitentiae Jannes et Mambre bei Philostorgius. In der Überlieferung der Werke Philos, in der die Schreibung μωυσης zwar überwiegt, μωσης in unterschiedlicher Bezeugung aber doch auch immer wieder begegnet, zeigt sich die Diskrepanz zwischen dem Überlieferten und dem Authentischen am deutlichsten darin, dass sogar an der Stelle, an der die Schreibung μωυ durch die etymologische Erklärung aus dem Ägyptischen notwendig erfordert ist (Vit Mos I 17), die korrekte

der LXX schon für das älteste Stadium aus dem Grund nahe, weil der älteste Zeuge für die Transkription μωσης, der vorchristliche Fouad-Papyrus, bereits eindeutig hebraisierende Korrekturen aufweist[1], und ist für die hexaplarische und die lukianische Rezension, wo ein anderes Rezensionsprinzip hinsichtlich der Transkriptionen nicht in Frage kommt, mit Sicherheit anzunehmen. Hinsichtlich der lukianischen Rezension in Esdr II und I bleibt von diesem Befund her nur noch die Frage offen, ob die lukianischen Rezensionselemente dieser Bücher, wenn sie nicht auf der ursprünglichen Übersetzungstradition älterer, vorgegebener Übersetzungen, vor allem des Pentateuch, beruhen, sondern auf ihrer schon durchgeführten lukianischen Bearbeitung, ausser der mit der Transkription μωσης vorliegenden vorlukianischen und vorhexaplarischen Überlieferung hebraisierender Rezension auch Übernahmen genuin lukianischer Rezensionselemente sein können, für die sich ein vorlukianisches Prinzip der Rezension nicht nachweisen lässt.

Schreibung des ägyptischen Grundworts, μων, und die dementsprechende Transkription μωυσην nur noch im Philo-Zitat des Clemens Alexandrinus (Strom I 23) erhalten ist, während die direkte Philoüberlieferung einhellig μως und μωσην bezeugt; für die Beantwortung der umstrittenen Frage nach Ursprünglichkeit oder sekundärem Charakter der hebraisierenden Überlieferung der Schriftzitate Philos ist darum die Überlieferung der beiden Formen der Transkription nicht verwertbar. Demgegenüber erscheint bei Josephus, bei dem schon an den beiden Stellen, die die ägyptische Etymologie zum Gegenstand haben, die Transkription μων, μωυσης fast einhellig korrekt überliefert ist, diese Namensform – im griechischen Original und in der lateinischen Übersetzung – dermassen gut bezeugt – μωσης dagegen nur sporadisch und meist nur in einzelnen Handschriften –, dass diese Namensform als von Josephus konsequent verwendete und wahrscheinlich aus seinen Vorlagen der griechischen Übersetzung des Alten Testamentes übernommene als gesichert gelten darf. Der Befund der ausserbiblisch jüdischen Tradition muss darum in der Hinsicht als mit der biblischen der LXX übereinstimmend erklärt werden, dass die Transkription μωσης nicht nur weit überwiegt, sondern auch in den meisten Fällen als die ursprüngliche Namensform gesichert ist, während die Ursprünglichkeit der Transkription μωσης auch in den Schriften, in denen sie einhellig überliefert ist, bei den noch der ptolemäischen Zeit zugehörenden Schriftstellern Demetrios und Aristobul, weil diese Form auch die von ihrem Tradenten Euseb entsprechend der hexaplarischen Tradition bevorzugte ist, ungesichert bleibt. Eine historische bzw. geographische Zuordnung der beiden Formen lassen auch diese Texte nicht zu. Gegen die Rückführung von μωσης auf oberägyptische, von μωσης auf unterägyptische Herkunft spricht auch innerhalb der Tradition der LXX, dass sowohl ihre sahidische als auch ihre bohairische Übersetzung μωσης überliefern. Hinsichtlich der handschriftlich ältesten Bezeugung steht μωσης in dem wahrscheinlich aus dem oberägyptischen Faijum stammenden Papyrus Fouad – „nous ne possédons sur son origine aucun renseignement précis; il semble qu' il provienne du Fayoum" (F. Dunand (vgl. S.65 Anm.1) S. 1) – μωσης in dem von E. Ulrich, A Greek Paraphrase of Exodus on Papyrus from Qumran Cave 4, MSU 20 (1990) 287-298, unter Berufung auf P. Parson in die Zeit zwischen dem 2. Jh. v. Chr. und dem 1. Jh. n. Chr. datierten Papyrus 4 Q 157 (S. 268 mit Anm.1) von Qumran gegenüber. Die Transkription μωσης als Hebraisierung, die schon in diese frühe Zeit zurückreicht, wird von der biblischen Textgeschichte her zuletzt auch durch den Befund gestützt, dass in der lateinischen Tradition in altlateinischen Zeugen die Form *moyses* überwiegt, in Zeugen der Vulgata aber *moses*.

[1]) Vgl. S.65.

Für den Sonderfall der Transkription von Eigennamen lässt sich innerhalb der Wortvarianten ein solcher Fall, so viel ich sehe, nicht erkennen. Damit wird sich diese Frage neu im Zusammenhang der Untersuchung der lukianischen Übersetzungstradition der appellativen Wortvarianten stellen[1].

2.1.1.1.2.2. Hier stellt sich aber wiederum zuerst die Frage, ob die lukianisch überlieferten appellativen Wortvarianten, die nicht als Korrekturen des von der masoretischen Textform abweichenden ursprünglichen Übersetzungstextes nach $\mathfrak{M}$[2], sondern als auf einer von dieser Übersetzung abweichenden Tradition der Übersetzungsäquivalenz beruhende Korrekturen erklärt werden müssen, Übernahmen aus dem u r s p r ü n g l i c h e n Text der älteren den Übersetzern von Esdr II und I vorliegenden Übersetzungstexte der LXX sind. Hinsichtlich der hier in Frage kommenden Fälle, in denen das lukianische Rezensionselement von Esdr II mit dem ursprünglichen Text von Esdr I übereinstimmt, sind diejenigen, bei denen sich die Frage, ob die ursprüngliche Textform von Esdr I das einzige Kriterium der lukianischen Rezension in Esdr II ist, oder ob für beide Bücher eine ältere Übersetzungstradition als Kriterium angenommen werden muss, nicht mit Sicherheit beantworten lässt, wo aber bestimmte Gründe eher für eine unmittelbare Abhängigkeit von Esdr I sprechen, im Zusammenhang der allgemeinen Frage nach der Bedeutung der Textform von Esdr I als Mittelglied der lukianischen Korrektur in Esdr II diskutiert worden[3]. Nun liegen aber auch einige Fälle vor, wo die Übereinstimmung des lukianisch überlieferten Wortäquivalents von Esdr II mit dem ursprünglichen Text von Esdr I sich aus dem Grund nicht als unmittelbare Abhängigkeit nachweisen oder doch wahrscheinlich machen lässt, weil das der lukianischen Rezension von Esdr II mit dem ursprünglichen Text von Esdr I gemeinsame Wortäquivalent im ursprünglichen Text der älteren Übersetzungstradition der LXX fest verankert und weit verbreitet ist: Unmittelbare Abhängigkeit von Esdr I ist in diesen Fällen ebensogut möglich wie Abhängigkeit von älterer Übersetzungstradition.

2.1.1.1.2.2.1. Innerhalb dieses Textbereiches könnten für die Annahme unmittelbarer Abhängigkeit von Esdr I höchstens noch die Fälle sprechen, in denen die beiden je verschiedenen Übersetzungsäquivalente ihrem hebräischen bzw. aramäischen Original gegenüber in solchem Mass als synonym erscheinen, dass ein lukianischer Wechsel des Ausdrucks von der Bedeutung der Aussage des Originals her nur schwer erklärbar wäre. Da aber von der lukianischen Rezension übernommene vorgegebene Übersetzungstraditionen angenommen werden müssen, derer Prinzip der Übersetzungsäquivalenz nicht im Ziel der möglichst nahen Synonymität zwischen Original und Übersetzung besteht, sondern in der konsequenten Bewahrung eines einmal gewählten Äquivalents, dürfen Fälle lukianischer

---

[1]) Vgl. 2.1.1.1.2.2.2.
[2]) Hierzu vgl. S.27.37.
[3]) 2.1.1.1.1.1., S.32-57.

Wortvarianten in Esdr II, die diesem Textbereich zuzuordnen sind, nur dann mit einiger Sicherheit als unmittelbare Übernahmen aus dem ursprünglichen Text von Esdr I erklärt werden, wenn ihre Überlieferung im übrigen Alten Testament zu weit gestreut und zu vielgestaltig ist, als dass sie auf ein in bestimmten Büchern konsequent durchgehaltenes Prinzip der Äquivalenz zurückgeführt werden könnten.

In diesen Bereich einzuordnen – und darum hinsichtlich der Alternative der Gründung auf älterer vorgegebener Tradition oder der unmittelbaren Abhängigkeit von Esdr I nur schwer zu bestimmen – wären in erster Linie die mit dem ursprünglichen Text von Esdr I übereinstimmenden lukianischen Äquivalente, die untergeordnete Elemente der Satzbildung, wie Partikeln und Konjunktionen, wiedergeben: Der Wechsel zwischen ὅτι und γάρ in der Wiedergabe von כי, wie er als lukianische Variante in Esdr II 8₂₂ ὅτι ἠσχύνθην] ησχ. γαρ (*enim* La[123]) entsprechend dem einhellig überlieferten Paralleltext von Esdr I 8₅₁ (ἐνετράπην γάρ) überliefert ist, erscheint in der Übersetzungstradition der LXX als ganzer dermassen verzweigt überliefert – beide Äquivalente sind auch mehrfach aquilanisch bezeugt –, dass sich für diesen Fall weder eine lukianisch festgelegte Äquivalenz wahrscheinlich machen noch die Abhängigkeit von Esdr I mit einiger Sicherheit postulieren lässt[1]. Das Gleiche gilt hinsichtlich der lukianischen Überlieferung für den in LXX sehr

---

[1]) Dass eine altüberlieferte lukianisch als Rezensionsprinzip übernommene Übersetzungsäquivalenz – als Prinzip der Angleichung an die hebräische Vorlage könnte höchstens die nur mit ὅτι durchführbare übereinstimmende Wortfolge im Satz in Anspruch genommen werden – nicht wahrscheinlich ist, zeigt zum Beispiel die griechische Überlieferung der beiden Formen des Dekalogs, in der die beiden gemeinsam überlieferten mit כי eingeleiteten Sätze, die in Exod beide Male mit γάρ (20₅ und 7), in Deut einmal mit ὅτι (5₉), einmal mit γάρ (11) wiedergegeben werden, ohne nennenswerte Varianten überliefert sind – die von B* 407 und Cyr bezeugte Ersetzung von ὅτι durch γάρ in Deut 5₉ dürfte als Angleichung an v. 11 zu erklären sein –; dass aber eine zwischen diesen beiden Äquivalenten sporadisch durchgeführte rezensionelle Korrektur nicht auszuschliessen ist, legt zum Beispiel die griechische Überlieferung von Deut 12₂₃ nahe, nach der der Ausdruck כי הדם הוא הנפש vorwiegend von den hexaplarischen Zeugen – mitsamt der Textgruppe *n*, der auch im Pentateuch eine gewisse Berührung mit lukianischer Überlieferung nicht abgesprochen werden kann –, entsprechend der Übersetzung Aquilas und Theodotions, mit ὅτι τὸ αἷμα (αὐτοῦ ψυχή) wiedergegeben ist, von den übrigen Zeugen, übereinstimmend mit Symmachos, mit τὸ γὰρ αἷμα. Da sich die Wiedergabe mit ὅτι hinsichtlich der Wortfolge als Korrektur nach 𝔐 erklären lässt, dürfte die Frage berechtigt sein, ob nicht – entgegen der Textherstellung von Rahlfs und Wevers – die Wiedergabe mit τὸ γὰρ αἷμα als ursprünglich, die Übersetzung ὅτι τὸ αἷμα aber – das Sigel o′, das von Hs 344 auch als Zeuge dieser Formulierung genannt wird, bleibt hinsichtlich seiner Bedeutung für den ursprünglichen Text ungeklärt – als auf die hexaplarische Rezension zurückgehende Korrektur in Anspruch genommen werden müsse; hinsichtlich der Überlieferung von Esdr II aber widerspräche dieser Vermutung der Befund, dass nach lukianischer Bezeugung auch über die Parallelstellen von Esdr I hinaus das rezensionelle Äquivalent γάρ für ursprüngliches οτι nachweisbar ist, in Esdr II 10₆ ὅτι ἐπένθει] ετι γαρ επ. *L*, wo Esdr I den kausalen Sinn mit partizipialer Konstruktion gewinnt: πενθῶν (9₂), und in Esdr II 16₁₈ ὅτι πολλοί] π. γαρ (*enim* La) *L* La[123] Got (vid), wo ein Paralleltext von Esdr I ausfällt. In Esdr II 18₁₂ ὅτι συνῆκαν, cf Esdr

häufig überlieferten Wechsel zwischen den Partikeln καί und δέ als Äquivalente für die Kopula ו: Lukianisch ist dieser Wechsel in beiden Richtungen überliefert, aus ursprünglichem δέ zu και nach Wortstellung und Sinn eher als Korrektur nach 𝔐, aus ursprünglichem καί zu δε eher aus stilistischen Gründen. Wenn in Esdr II lukianisch überlieferte Änderung von καί in δε überwiegt, sowohl an Stellen, an denen im Paralleltext von Esdr I καί einhellig überliefert ist: Esdr II 3$_6$ καὶ ὁ οἶκος] ο δε οικος L La^{123}: cf Esdr I 5$_{52}$ καὶ ὁ ναός omnes, Esdr II 9$_4$ καὶ ἐγώ (vel καγω) καθήμενος] εγω δε κ. L La^{123}: cf Esdr I 8$_{69}$ καὶ ἐκαθήμην omnes, als auch in den in Esdr I nicht übelieferten Partien: 12$_{16}$ καὶ οἱ φυλάσσοντες] οι δε φ. L' La^{123} 20 καὶ ὑμῖν] υμιν δε L' La^{123} Lucif   13$_6$ καὶ τὴν πύλην] την δε π. L La^{123} 19$_{35}$ καὶ οὐκ ἐπέστρεψαν] ουδε επ. L, dann lässt sich von der gleichen Variante, wenn sie, wie in Esdr II 10$_{13}$ (οὐκ εἰς ἡμέραν μίαν) καὶ οὐκ εἰς δύο] ουδε δυο L b 74 Ald Compl, dem ursprünglichen Text von Esdr I (9$_{11}$) entspricht: (οὐκ ἐστιν ἡμέρας μιᾶς) οὐδὲ δύο (+ ημερων L), nicht mehr sagen, ob sie auf Angleichung an Esdr I oder auf davon unabhängige stilistische Interpretation zurückzuführen ist[1]. Hinsichtlich der Alternative vorgegebener Übersetzungs- bzw. Rezensionstradition oder gegenseitiger Abhängigkeit zwischen der Überlieferung von Esdr I und II in noch stärkerem Masse undurchschaubar erscheint die lukianische Tradition der finalen Konjunktionen ἵνα und ὅπως, die hinsichtlich ihrer Äquivalenz mit dem Grundwort des Originals nur so weit geklärt ist, dass aquilanisch ἵνα als Äquivalent für למען, ו und ל (mit Infinitiv) nachgewiesen ist, ὅπως nur für למען[2]: Lukianische Berührung zwischen beiden Texten wäre in Esdr II 6$_{10}$ (= I 6$_{30}$) denkbar, wo als Äquivalent für aramäisches די ὅπως, das in Esdr II lukianisch (L) für ursprüngliches ἵνα steht, in Esdr I einhellig überliefert ist; doch lässt sich hier ein rezensionelles Prinzip weder hinsichtlich des aramäischen Grundworts, das eine ältere Übersetzungstradition ausschliesst, noch hinsichtlich des Verhältnisses der Überlieferung von Esdr II zu der von Esdr I feststellen: ἵνα in Esdr II, ὅπως in Esdr I als Äquivalent für די ist mehrfach in beiden Texten einhellig, ohne sekundäre textgeschichtliche Berührung, überliefert: Esdr II 4$_{15}$ ἵνα ἐπισκέψηται (-ψη 248 Aeth Arm (sim) Ios XI 24 Compl) = I 2$_{18}$ ὅπως ... ἐπισκεφθῇ omnes, Esdr II 7$_{25}$ ἵνα ὦσιν κρίνοντες (ινα (et La) κρινωσιν L La^{123})

I 9$_{55}$ (vgl. TGE S. 73f.) sind die Übersetzungsweisen in beiden Texten zu divergent, als dass die Überlieferung für diese Frage beigezogen werden könnte.

[1]) Auch die Doppelüberlieferung in dem nur (hexaplarisch-) lukianisch, von S^{mg}-93-108 728^l La^{123} Aeth^A Compl, bezeugten Textteil Esdr II 21$_{20-21}$, (21) και οι ναθιναιοι] οι δε ν. S^{mg}-728^l La^{123} (zu 728^l vgl. Esdr II Einl. S. 11), erlaubt keinen Schluss auf eine Differenzierung zwischen „hexaplarisch" und „lukianisch" innerhalb dieser Tradition. Wenn sich im Gebrauch dieser und ähnlicher Partikeln in der lukianischen Überlieferung eher eine hebraisierende Tendenz der Einführung von και als Wiedergabe von ו erkennen lässt (vgl. TGE S. 21, zu Esdr II 9$_6$ = I 8$_{72}$ S. 73), dann wäre dieser Befund am ehesten damit zu erklären, dass nach lukianischem Rezensionsprinzip eine im ganzen textgetreue Übersetzung wie Esdr II stärker zu stilistischer Verfeinerung Anlass gibt als eine freie Wiedergabe wie Esdr I, die die Notwendigkeit der Korrektur nach 𝔐 dringlicher erscheinen lässt; Befund und Folgerung entsprächen dem für die Artikelsetzung in beiden Büchern festgestellten (S.21-25).

[2]) Vgl. Reider-Turner sub verbo.

= I 8₂₃ ὅπως δικάζωσιν *omnes*; οπως als lukianisches Rezensionselement für ursprüngliches ἵνα als Äquivalent für די kann, wie in Esdr I 6₃₁ καὶ προστάξαι (sic B' Sy Sixt; και προσεταξεν rel Ra.) ἵνα] προσεταξε δε και οπως *L*, wo Esdr II (6₁₁) die Konjunktion די einhellig indikativ, nicht final versteht: ἐτέθη γνώμη ὅτι, auch dort eintreten, wo der Paralleltext keinen Anlass dazu gibt, und zuletzt zeigen zwei lukianische Änderungen von ὅπως in ινα in den von Esdr I nicht mitbezeugten Teilen von Esdr II, dass diese rezensionelle Tendenz lukianischer Zeugen eher auf stilistische Motive wie die Vermeidung der Wiederholung als auf Abhängigkeit von Esdr I oder auf die Äquivalenz mit dem hebräischen bzw. aramäischen Grundwort zurückzuführen ist: Sowohl in 16₁₂₋₁₃ als auch in 18₁₄₋₁₅ wird zweimaliges ὅπως im gleichen Satz an zweiter Stelle lukianisch durch ινα ersetzt, im ersten Fall aber für das Grundwort לְמַעַן, im zweiten für אֲשֶׁר.

Diesen hinsichtlich des Verhältnisses zu vorgegebener Tradition nur schwer bestimmbaren lukianischen Wortvarianten steht nun aber eine Kategorie dieser Rezension zugehörigen Wortgutes gegenüber, deren Bezug zu älterer Übersetzungstradition besser fassbar ist.

Rezensionselemente dieses Textbereichs, deren Übersetzungstradition über das Mittelglied des ursprünglichen Textes von Esdr I führt, sind zunächst Fälle, bei denen die Abhängigkeit von älterer Übersetzungstradition aus dem Grund nahe liegt, weil das ursprüngliche Äquivalent von Esdr II im Unterschied von Esdr I die hebräische Vorlage in sehr freier und darum nicht auf älterer Tradition beruhender Weise wiedergibt: In Esdr II 3₁₂ ὁ ὄχλος] πολλοι *L* La[123] Compl = 𝔐 (רַבִּים): cf I 5₆₁ πολλοί (omnes) τοῦ ὑψῶσαι ᾠδήν] του υψουν την (> 119 Compl) φωνην *L* 119 La[123] (sim) Compl: cf 𝔐 (לְהָרִים קוֹל): cf I 5₆₁ μεγάλη (-λης *L*: ad χαρᾶς praec trah) τῇ φωνῇ sind die vom ursprünglichen Esdr II-Text überlieferten Äquivalente ὄχλος für רַב und ᾠδή für קוֹל in LXX singulär, während die lukianischen, in freierer Formulierung auch einhellig in Esdr I überlieferten πολύς und φωνή die in allen Büchern weitaus am häufigsten bezeugten – auch die für Aquila fast einhellig überlieferten[1] – sind[2].

Hier schliesst sich eine Gruppe lukianischer mit dem ursprünglichen Text von Esdr I übereinstimmender Wortvarianten in Esdr II an, die aus dem Grund am besten als durch das Mittelglied von Esdr I mitbestimmter Rückgriff auf ältere Übersetzungstradition erklärt wird, weil sowohl die lukianische Übersetzungsäquivalenz als auch diejenige des

---

[1]) Vgl. Reider-Turner sub verbo.

[2]) Die Frage muss vorderhand offenbleiben, ob für die lukianische Rezension ein so intensiver Vergleich zwischen der ursprünglichen Gestalt der beiden Texte postuliert werden darf, dass bei einer der hebräischen Vorlage gegenüber dermassen freien Übersetzung, wie sie hier in Esdr I vorliegt, einzelne der hebräischen Vorlage näher stehende und in der Übersetzungstradition verankerte Äquivalente herausgelöst und in die abgesehen von diesen Äquivalenten dem hebräischen Original weit näher stehende Formulierung von Esdr II eingetragen werden können, oder ob der hier vorliegende Grad der Übersetzungsfreiheit in Esdr I als Argument für den Schluss in Anspruch genommen werden muss, dass hier mit von Esdr I unabhängiger lukianischer Rezension auf Grund vorgegebener Übersetzungstradition zu rechnen ist.

ursprünglichen Textes von Esdr II auf bestimmte mit ziemlicher Konsequenz durchgehaltene Übersetzungsweise einzelner Textbereiche der älteren Bücher der LXX zurückgeführt werden kann, ein Befund, der für früh verfestigte Übersetzungstradition spricht, die sowohl den späteren Übersetzern als auch den rezensierenden Bearbeitern in je verschiedener Weise als Kriterium dient:

In der Überlieferung von Esdr II 9₁₃ ἐν ποιήμασιν] εν τοις εργοις L = Esdr I 8₃₈ διὰ τὰ ἔργα omnes ist die lukianische Äquivalenz für das hebräische Grundwort מעשה, die auch an der andern Stelle seines Vorkommens in Esdr II, in dem in Esdr I nicht enthaltenen Text 16₁₄, vorliegt: ὡς τὰ ποιήματα] κατα τα εργα L, in der ältesten Übersetzungstradition seit Gen 5₂₉ besser verankert als die Äquivalenz מעשה-ποίημα der ursprünglichen Übersetzung von Esdr II, die innerhalb des Octateuch nur im B-Text von Iud 13₁₂ gegenüber ἔργα des A-Textes überliefert ist[1] und innerhalb des anschliessenden Komplexes Reg I-IV an beiden Stellen seines Vorkommens im ursprünglichen Text, Reg I 8₈ und 19₄, der Esra-Überlieferung entsprechend, lukianisch in die Äquivalenz מעשה-ἔργον korrigiert wird: Es ist die lukianische Tendenz der Übernahme älterer und besser bezeugter Übersetzungstradition, für deren Wahl ein weiteres Zwischenglied der Überlieferung für die lukianische Wortäquivalenz mitbestimmend sein dürfte: die hier der Wortwahl Aquilas gegenüber, dessen Übersetzungstechnik von der Äquivalenz עשה-ποιεῖν her für מעשה –

---

[1]) Was die noch unbeantwortete Frage der Priorität zwischen dem B- und dem A-Text in Iud vor allem hinsichtlich der Wortäquivalenzen anbetrifft, kann für diese Stelle nur vorläufig festgestellt werden, dass nach der von A. Rahlfs postulierten und seither nicht überholten Gruppierung der Zeugen und Textherstellung die für den A-Text in Anspruch genommene Äquivalenz τὰ ἔργα auch die von den hexaplarischen und den lukianischen Zeugen überlieferte ist, deren textgeschichtliche Zuordnung zum Äquivalent des B-Textes τὰ ποιήματα – ob sekundär, primär oder auf Unabhängigkeit beider Textformen voneinander beruhend – vorderhand offen bleiben muss. Das in dem nur hexaplarisch – von A 426, in der armenischen Übersetzung, die für diese synonyme Äquivalenz nicht verwendbar ist, unter Asteriskus – bezeugten Zusatz von Reg III 7₃₁ (im Apparat zu v. 17 bei Rahlfs und Br.-M.) überlieferte Äquivalent ποιημα für מעשה gibt für das hier vorliegende Problem aus dem Grund keinen Aufschluss, weil bei hexaplarischen Zusätzen in erster Linie die Wortäquivalenz Theodotions vorausgesetzt werden muss, der gegenüber die Frage noch ungeklärt ist, ob bzw. in welchem Masse sie als hexaplarisches Rezensionselement, als eigentliche Wortvariante, in die einhellig überlieferten Teile der LXX Eingang gefunden hat. Dass die hier vorliegende Äquivalenz schon bei Theodotion nicht kategorisch beibehalten worden ist, zeigt, wenn die Überlieferung zuverlässig ist, der hexaplarische Zusatz von v. 22 (bei Rahlfs im Apparat zu v. 10, bei Br.-M. zu v. 7), wo εργον als Äquivalent sowohl für מלאכת als auch – von hier übertragen? – für מעשה erscheint; doch muss in diesem Zusammenhang, in dem sowohl Überlieferung als auch richtige Textherstellung auf Grund weitgehender Umstellungen und versuchter hexaplarischer Rückbewegung zur masoretisch überlieferten Satzfolge schwer erkennbar sind, auch bei der hexaplarischen Rezension – abgesehen von 7₃₁ – die unreflektierte Übernahme der ursprünglichen und einhellig überlieferten Übersetzungstechnik vorausgesetzt werden, nach welcher die Begriffe מעשה und מלאכה synonym verstanden und darum mit dem gleichen Äquivalent ἔργον wiedergegeben sind.

einhellig bezeugtes – ποίημα fordert, im Gegensatz stehende Überlieferung, die mehrfach für Symmachos nachgewiesen ist¹.

Textgeschichtlich, hinsichtlich Äquivalenz und Tradition, ähnlich gelagert ist das Verhältnis zwischen ursprünglichem Text und lukianischer Rezension auch bei der Übertra-

---

¹) Das textgeschichtliche Zwischenglied der jüdischen Übersetzungen des 2. Jh. n. Chr., das als Quelle der christlichen Rezensionen vor allem für die Bestimmung ihres vom ursprünglichen Text der LXX abweichenden Wortgutes beigezogen werden muss – für die hexaplarische Rezension fast ausschliesslich Theodotion, für die lukianische alle drei, mit Symmachos an erster Stelle –, ist hinsichtlich seiner Bedeutung für die christliche rezensionelle Bearbeitung aus dem Grund schwer zu bestimmen, weil seine Überlieferung auf Grund der Kennzeichnung mit den leicht verwechselbaren Anfangsbuchstaben α' θ' σ' mannigfacher Verschiebung unterworfen ist, weil aus diesem Grund auch seine lexikographische Erfassung nur begrenzt erreichbar ist – sie beruht in der vorliegenden Untersuchung neben dem der Korrektur bedürftigen Aquila-Lexikon von Reider-Turner, der Sammlung von Field und den Notierungen bei H.-R. und im Apparat von Br.-M. und den Göttinger Editionen auf den Beiträgen von Lütkemann-Rahlfs, J. R. Busto Saiz (La traduccion de Simaco en el libro de los Salmos, Madrid 1978) und A. Schenker (Hexaplarische Psalmenbruchstücke 1975 und Psalmen in den Hexapla 1982) –, vor allem aber, weil dieses Wortgut in starkem Mass in der ursprünglichen Übersetzungstradition der LXX verankert ist, was einen sicheren Schluss auf Beiziehung der späteren Übersetzungen durch die christlichen Rezensionen nicht zulässt und weil auch diese Übersetzungen – mit Ausnahme von Aquila, aber, wie aus der Überlieferung zu schliessen ist, auch bei diesem nicht konsequent – nicht auf dem Prinzip beruhen, die Äquivalenz mit einem bestimmten hebräischen Grundwort konsequent zu bewahren. Die Schlüsse in diesem Textbereich müssen darum Schlüsse auf das Wahrscheinliche bleiben (vgl. S.86 Anm.3). Die hier vorgelegte Bestimmung der lukianischen Herkunft der einzelnen Wortäquivalenzen muss trotz der Verwirrung des heute überlieferten Bestandes an Wortäquivalenz von der Überlieferung, sie kann nicht von vornherein von jener „schonungslosen Kritik" ausgehen, die Lütkemann-Rahlfs am hexaplarischen Gut von codex 710 versuchen und für die gesamte Überlieferung der hexaplarischen Noten fordern (S. 9f.; vgl. z.B. S.121f., mit S.122 Anm.1). Die Kriterien der notwendigen Kritik aber werden schon bei ihrem Ausgangspunkt, der grundsätzlich konsequenten Wortäquivalenz in der Übersetzung Aquilas, um nicht der Willkür gegen die Überlieferung zu verfallen, ausgehend von der Relativierung durch zwei mit unterschiedlicher Konsequenz hergestellte Übersetzungen nach einem elastischeren Prinzip der Übersetzungstechnik bestimmt werden müssen. Für das lukianisch überlieferte Wortgut stellt sich darüber hinaus die Frage, wie weit den Urhebern dieser Rezension die jüngeren Übersetzungen noch in ihrer ursprünglichen Gestalt zugänglich waren. Die hier für Esdr II vorgelegte Bestimmung des lukianisch überlieferten Wortgutes wird ein relativ gesichertes Ergebnis weniger vom Einzelfall her als von einer aus dem Vergleich der Einzelfälle erkennbaren Tendenz der Übernahme vorgegebener Überlieferung her zeigen. Im vorliegenden Fall der Äquivalenz von ursprünglichem ποίημα und lukianischem ἔργον mit מעשה in Esdr II legt sich der Schluss auf Aquila aus dem Grund nahe, weil ποίημα als Äquivalent für מעשה bei ihm ausnahmslos überliefert ist, ἔργον aber neben מעשה auch für מלאכה und פעל, der Schluss auf Symmachos als mitbestimmendes Glied für die lukianische Wahl von ἔργον aus dem Grund, weil die Äquivalenz dieses Begriffs mit מעשה in der Symmachosüberlieferung sowohl bei Bewahrung des ihm vorgegebenen LXX-Textes als auch bei von ihm abweichender Übertragung quantitativ am besten bezeugt ist.

gung des – in Esr-Neh nur hier bezeugten – Begriffs בזה, dessen ursprüngliches Übersetzungsäquivalent in Esdr II 9₇ ἐν διαρπαγῇ lukianisch entsprechend dem einhellig überlieferten Paralleltext von Esdr I 8₇₄ εἰς ... προνομήν in εν προνομη (L^1) korrigiert wird: Beide Äquivalente sind für dieses Grundwort schon im Octateuch verankert, wenn auch hier das lukianisch übernommene (Num 31₃₂) gegenüber dem in Esdr II ursprünglichen (Num 14₃ 31 Deut 1₃₉) seltener; doch setzt sich προνομή als Äquivalent für בז, בוז in der gleicherweise als Vorlage der lukianischen Rezension von Esdr II vorauszusetzenden prophetischen Übersetzungstradition (Is, Ier, Ez) durch. Auch hier lässt sich dieses Äquivalent, wenn auch weniger deutlich, auf das für diese Rezension zu postulierende Mittelglied der jüdischen Übersetzungen des 2. Jh.s n. Chr. zurückführen: Das in Esdr II Ursprüngliche, διαρπαγή, ist für das Nomen בז – wie διαρπάζειν für das Verbum בזז – fast ausschliesslich als Übersetzungswort Aquilas nachgewiesen, lukianisches προνομή für dieses Grundwort – aquilanisch steht es mit προνομεύειν für שד, שדד – zeigt eine schwache Berührung mit Theodotion und Symmachos : Is 10₆; vgl. Ier 17₃².

Eine entsprechende Lage der der lukianischen vorgegebenen Tradition liegt bei dem in der Esraüberlieferung nur einmal bezeugten Begriff מקוה in der Bedeutung „Erwartung", „Hoffnung" vor: Die lukianische Äquivalenz ἐλπίς in Esdr II 10₂ (L La^{123} (spes) Aeth (vid)) gegenüber ursprünglichem ὑπομονή führt über das Mittelglied der Parallelstelle von Esdr I 8₈₉, wo nach dem Ergebnis der Textgeschichte³ ἐλπίς als nur lukianisch erhaltener ursprünglicher Text bestimmt werden muss, in der Weise zurück zur älteren Übersetzungstradition dieses Begriffs – der Octateuch scheidet hier als Zeuge aus –, dass sich in ihr nur ὑπομονή als ursprüngliches Äquivalent für מקוה erweist: in LXX einhellig in Ier 14₈ und 17₁₃, entsprechend Esdr II 10₂ mit lukianischem Äquivalent ἐλπίς in Par I 29₁₅ – so 93; νεανις 19' (108^{txt}, mit τοπος^{mg}) ist Unzialverschreibung mit Dittographie des vorangehenden ν: ΕΑΝ = ΕΛΠ –, während sich ἐλπίς nur in den jüngeren Übersetzungen wiederfindet: in Ier 27(𝔐 50)₇, wo in LXX mit συναγαγόντι einhellig der andere Stamm קוה vorausgesetzt ist, bei α΄θ΄ und σ΄, in 17₁₃ bei α΄ gegenüber dem Äquivalent προσδοκία bei σ΄, das dieser sowohl hier als auch in 14₈ überliefert.

Die Verankerung sowohl des ursprünglichen als auch des lukianischen Äquivalents in der vorgegebenen Übersetzungstradition des Octateuch zeigt sich zuletzt – hier mit erster

---

¹) Auch La^{123} ist mit der Übersetzung *in vastationem* eher auf das lukianische εν προνομη zurückzuführen: Die בז und διαρπαγή fremde Bedeutung ist durch die Äquivalenz mit שד auf προνομή übertragen worden.

²) In Is 10₆ ist die Einfügung von προνομεῦσαι in σ΄θ΄ nach 𝔐 (לבז) zwar vom alten LXX-Text durch προνομήν für בז her gefordert, zeigt aber doch die bewusste Bewahrung der überlieferten Äquivalenz bei den späteren Übersetzern. In dem nur hexaplarisch und lukianisch überlieferten Vers Ier 17₃ ist hinsichtlich der Bezeugung der in beiden Rezensionen überlieferten Äquivalenz εις προνομην für לבז in den späteren Übersetzungen – οἱ λ΄ für α΄σ΄θ΄ – die für σ΄ in Anspruch genommene Sonderlesart εις διαρπαγην wahrscheinlich Aquila zuzuweisen. In Ez 25₇ ist als Vorlage der LXX für בז mit Qere und hebräischen Hss. בז anzunehmen, wodurch Theodotion als Befürworter von προνομή gegen die Vorlage der LXX, διαρπαγή, eintritt.

³) TGE S. 83.

(Gen 26₅) und stärkerer Bezeugung des von der lukianischen Rezension übernommenen – in der Übersetzungsäquivalenz des Begriffes חק: mit πρόσταγμα im ursprünglichen Text von Esdr II, mit δικαίωμα in seiner mit dem einhellig überlieferten Paralleltext von Esdr I übereinstimmenden lukianischen Rezension: Esdr II 7₁₀ προστάγματα] δικαιωματα L La¹²³ Aeth (vid): cf Esdr I 8₇ τὰ δικαιώματα (των δικαιωματων L Aeth (vid)) – auch hier mit Bewahrung der lukianischen Tradition in den von Esdr I nicht mitbezeugten Teilen: Esdr II 11₇ τὰ προστάγματα] τα δικαιωματα L La¹²³   19₁₃ προστάγματα] δικαιωματα L La¹²³ ¹ –, hier aber ohne deutlich fassbare Berührung der lukianischen Äquivalenz mit dem Mittelglied der späteren jüdischen Übersetzungen: Zwar ist in dem nur hexaplarisch und lukianisch überlieferten Zusatz nach 𝔐 in Ier 39(𝔐 32)₁₁ τα δικαιωματα für חֻקִּים auch für „alle" (π') ausser α' mit τα ακριβασματα (so Ziegler nach Syh) überliefert; doch neigt Symmachos nach Ausweis mehrerer Psalterstellen stark nach der Äquivalenz des ursprünglichen Esdr II-Textes חק - πρόσταγμα, in Ps 93(𝔐 94)₂₀ zusammen mit dem ursprünglichen Psaltertext, in Ps 118 (𝔐 119)₂₃ ₅₄ ₇₁ ₁₁₈ 147₈ (𝔐 19) sogar gegen dessen ursprüngliche Äquivalenz mit δικαίωμα: Der Befund lässt auf ein Auswahlprinzip der lukianischen Wortäquivalenz in Esdr II schliessen, das stärker als durch das Mittelglied der jüdischen Übersetzungen des 2. Jh.s n. Chr. durch die ältere Übersetzungstradition des ursprünglichen LXX-Textes geprägt ist.

Ein Sonderfall, bei dem sich die Herkunft des lukianischen Rezensionselements nicht mehr bestimmen lässt, liegt in der lukianischen Ersetzung des im ursprünglichen Text von Esdr II 4₉ als Übersetzung des aramäischen Begriffes דִּינָיֵא überlieferten transkribierenden Äquivalents Διναῖοι durch das appellativum οι κριται (L) vor: Sicher ist hier nur die Rückführung auf eine Bildung des auch in älterer Übersetzungstradition öfter auf diese Weise wiedergegebenen Stammes דין (vgl. Reg I 24₁₆ Ps 67(𝔐 68)₆ Hab 1₃), unsicher aber, ob diese Tradition das Motiv der lukianischen Änderung ist oder der einhellig überlieferte Paralleltext von Esdr I (2₁₆), in dessen vereinfachender Wiedergabe der hier aufgezählten Titulaturen κριταί auf das gleiche Grundwort zurückgeführt werden muss²; für eine unmittelbare Übernahme aus Esdr I spricht höchstens, dass, wie innerhalb der Esraüberlieferung auch II 7₂₅ = I 8₂₃ zeigt, κριτής öfter als Äquivalent für den Stamm שׁפט

---

¹) La¹²³ ist hier mit *iustitiam* wie in 11₇ und 19₁₃ mit *iustificationes* für δικαίωμα in Anspruch zu nehmen und zeigt die Bewahrung dieser lukianischen Äquivalenz noch konsequenter als die griechisch überlieferte in 19₁₄ προστάγματα] *iustificationes* und in dem hexaplarisch (S^{mg}), lukianisch L und von den Zeugen a^{-107 130} 58 Compl Sixt überlieferten Zusatz nach 𝔐 in 20₂₉ (𝔐 30) προσταγματα] *iustificationes* (vgl. S.10 Anm.1).

²) Die beiden Esratexte unterscheiden sich somit in ihrer ursprünglichen Gestalt hinsichtlich der Frage, ob unter den mit דִּינָיֵא beginnenden Begriffen Namen von Völkern – so Esdr II mit der an die Transkription angefügten Endung -αῖοι – oder Amtsbezeichnungen – so Esdr I – zu verstehen seien. Die Übersetzung von Esdr II ist darum, da sie die von דִּינָיֵא unterscheidende masoretische Vokalisierung דַּיָּנַיָּא voraussetzt, der hebräischen Vorlage näher, woraus sich auch das Eintreten von La¹²³ mit *dinaei* für die ursprüngliche Textform erklärt (vgl. S.10 Anm.1).

überliefert ist[1] – so auch bei Aquila –, für die Übernahme aus älterer Übersetzungstradition aber, dass durch die vereinfachende Wiedergabe des Satzes in Esdr I das mit κριταί wiedergegebene Grundwort nicht mehr eindeutig feststellbar war, so dass eine lukianische Übernahme aus Esdr I kaum anders als auf Grund vorheriger von der Parallelstelle in Esdr I unabhängiger Verifizierung an vorgegebener aramäisch-griechischer Äquivalenz erklärbar wäre.

Sichereren Boden für die Feststellung des Charakters lukianischer Wortvarianten hinsichtlich ihres Ursprungs in älterer den Textbearbeitern vorgegebener Übersetzungstradition würden wir erst in den Fällen gewinnen, in denen appellatives Wortgut als in Esdr II mit Esdr I gemeinsames l u k i a n i s c h bezeugtes Rezensionselement überliefert ist. Dieser Bereich der Überlieferung, der hinsichtlich der Transkription der nomina propria – abgesehen vom Sonderfall des Namens מֹשֶׁה[2] – aus dem Grund kein Ergebnis brachte, weil eigenständige lukianische Transkriptionen fast nur bei Namen überliefert sind, die ausserhalb der Bücher Esra und Nehemia nicht vorkommen[3], gibt aber auf Grund der geringen Zahl der hier einzuordnenden Fälle und auf Grund der Fragen, welche die diesen Äquivalenten vorgegebene Tradition offen lässt, auch hinsichtlich der appellativa keine völlig sicheren Aufschlüsse:

Die lukianische Wiedergabe der Bezeichnung der Tempeldiener, נְתִינִים mit der gräzisierenden Transkription ναθιναιοι ist zwar mit der einzigen Ausnahme von Esdr I 8₂₂[4] an

---

[1]) In Esdr II 7₂₅ = I 8₂₃ ist die Äquivalenz hinsichtlich der beiden bedeutungsnahen Begriffe שָׁפְטִין וְדַיָּנִין gesichert, da Esdr II mit der Übersetzung γραμματεῖς καὶ κριτάς an Stelle von שָׁפְטִין voraussetzt – La[123] korrigiert allein mit *iudices et receperatores* nach 𝔐 –, κριτάς darum nur für דַּיָּנִין in Frage kommt, und Esdr I mit dem den Text von 𝔐 voraussetzenden Begriffspaar κριτάς καὶ δικαστάς die – allerdings nur in Ps 67(𝔐 68)₆ nachgewiesene – Äquivalenz Aquilas von דִּין mit δικαστής (σ' hat hier ὑπερδικῶν) bezeugt. Ein lukianisches Gesetz der Wortäquivalenz lässt sich aus diesem Befund nicht postulieren; auch in Reg I 24₁₆, wo die gleiche Zuordnung der Begriffe לָדִין וְשָׁפַט vorliegt – LXX vokalisiert gegen 𝔐 (וְשָׁפַט): εἰς κριτὴν καὶ δικαστήν –, ist hinsichtlich dieser Äquivalenz kein lukianischer Eingriff überliefert; das geschieht erst im gleichen Vers mit der in der Übersetzungstradition des Dodekapropheton, des Psalters und Hiob verankerten und der Äquivalenz des Symmachos (Exod 23₃ Ps 42(𝔐 43)₁ 118(119)₁₅₄ Is 58₄ Ier 1₁₂₀ 27(𝔐 50)₃₄) und neben δικασία Aquilas entsprechenden Wiedergabe des Nomens רִיב mit δίκη gegenüber dem neben dem häufigsten Grundwort שָׁפַט von Exod 23₃ an in den meisten Büchern für רִיב sporadisch überlieferten Äquivalent κρίσις im ursprünglichen Text: τὴν κρίσιν] τὴν δικην L (= 19-108 82 93 127) 158 554ᶜ².

[2]) Vgl. S.64-72.
[3]) Vgl. S.61-65.
[4]) Es ist der einzige aramäische Beleg für den Begriff: נְתִינַיָּא. Dass sein Äquivalent in Esdr I, ἱεροδούλοις, nur an dieser Stelle nicht lukianisch in ναθιναιοις korrigiert wird, ist aber eher als aus dieser Sonderform oder aus der Bruchstückhaftigkeit der lukianischen Überlieferung daraus zu erklären, dass der in der Parallelstelle von Esdr II (7₂₄) auch hier lukianisch aus ursprünglichem ναθινίμ in ναθιναιους korrigierte Begriff, abgesehen von Compl, wo hier eher als nicht mehr erhaltene Überlieferung Konsequenz der Herausgeber anzunehmen ist, im Kontext einer grösseren syntaktischen Textänderung erscheint (s. den Apparat), den die lukianischen Bearbeiter von Esdr I entweder als ganzen noch nicht vorfanden oder nicht aufnehmen

81

allen Stellen für ursprüngliches ναθινίμ in Esdr II, ἱερόδουλοι in Esdr I konsequent von lukianischen Zeugen mitsamt La¹²³ (*nathinaei*) überliefert, sie lässt sich aber weder hinsichtlich des ursprünglichen noch hinsichtlich des lukianischen Äquivalents auf die ältere Übersetzungstradition dieses Begriffs im Buch Numeri (3₉ 8₁₆ ₁₉ 18₆), zurückführen, da er hier einhellig nicht als Amtsbezeichnung, sondern von seiner Grundbedeutung als passives Partizip von נתן: נתונים her verstanden und mit δεδομένοι, bzw ἀποδεδομένοι (8₁₆) wiedergegeben ist¹, so dass die lukianische Äquivalenz eher als auf Tradition auf rezensionelle Tätigkeit innerhalb der Esra- und der ihr nach Bezeugung und Charakter eng verwandten Chronik-Überlieferung² zurückgeführt werden muss³.

Die in beiden Esra-Texten überlieferte lukianische Variante ἐξάγειν als Äquivalent für Hiphil von יצא: in Esdr II 10₁₉ für ursprüngliches τοῦ ἐξενέγκαι bezeugt von *L*: του

---

wollten. Ein Schluss auf die Priorität bzw. Gleichzeitigkeit in bezug auf die lukianischen Bearbeitungen der beiden Texte lässt sich aus diesem Befund höchstens insofern ziehen, dass er die Schwierigkeit aufzeigt, die der Annahme einer an 𝔐 angleichenden lukianischen Bearbeitung der dieser Vorlage viel näher stehenden Textform von Esdr II auf Grund schon vorliegender lukianischer Rezensionselemente in Esdr I entgegenstünde. Dieser Feststellung entspricht es auch, dass an einer Stelle, die in Esdr I in einer Weise frei übertragen ist, dass in der Aufzählung verschiedener Ämter des Tempeldienstes das Äquivalent für נתינים, ἱερόδουλοι, nicht erscheint, 5₄₅, die lukianische Korrektur, ναθιναιοι *L* 248 La¹²³ Compl für ναθινιμ, nur im Paralleltext von Esdr II (2₇₀) überliefert ist.

¹) Die einzige Stelle, an der der Begriff auch in der Esra-Überlieferung im Ketib in der Form נתונים überliefert ist, Esr 8₁₇, setzt auch in der Übersetzung von Esdr I (8₄₅) in der freien Wiedergabe des Ausdrucks הנתונים בכספיא המקום mit τοῖς ἐν τῷ τόπῳ γαζοφύλαξιν noch das partizipiale Verständnis von נתונים voraus, während in der Parallelstelle von Esdr II auch hier die Äquivalenz τῶν ναθινίμ mit lukianischer Korrektur in τους ναθιναιους *L* – hier aber ohne La¹²³, wo mit der Übersetzung *qui habitant* eine mit partizipialem Verständnis von נתונים zu erklärende mit Pesch (דשרין הוו) gemeinsame Interpretation vorzuliegen scheint – überliefert ist.

²) Hier erscheint bei dem einzigen Beleg des Begriffs in der Form נתינים, Par I 9₂, das auch von Theodoret bezeugte lukianische Äquivalent ναθιναιοι als Korrektur von aus der Übersetzung des Pentateuch übernommenem ursprünglichem δεδομένοι: lukianischer Ursprung oder lukianische Übertragung von Esdr II her?

³) Der Befund, dass die lukianische Form ναθιναιοι in dem nur hexaplarisch und lukianisch überlieferten Vers Esdr II 2₁₂₁ (vgl. den Apparat zu v. 22) zweimal auch vom hexaplarischen Korrektor des codex Sinaiticus bezeugt ist, bedarf noch der Klärung vom Charakter der auf diese Weise überlieferten Wortvarianten her (vgl. S.197). In Esdr II 2₄₃, wo ich mit Rahlfs die Form οἱ ναθιναῖοι gegen die hier nur von B′ Sixt bezeugte οι ναθιν(ε)ιμ in den Text aufgenommen habe, steht der möglichen Erklärung aus nur noch im B-Text, der hinsichtlich der Überlieferung von Eigennamen aber unzuverlässig bleibt (vgl. TGE S. 33f.), bewahrter ursprünglicher Tradition die Erklärung aus – in Esdr II mehrfach nachweisbarer – uneinheitlicher Transkription von Eigennamen gegenüber, die lukianisch dann entweder hebraisierend oder, wie hier, gräzisierend vereinheitlicht worden wäre. Der Befund, dass an einer Stelle, 2₁₃, an der der B-Text mitsamt S* durch homoiot. ausfällt, οἱ ναθιναῖοι einhellig überliefert ist, liesse die Annahme einheitlicher Transkription mit ναθινιμ nur noch als Konjektur zu; vgl. die Diskussion in „Der ursprüngliche Text" S.322f.

ἐξαγαγεῖν – wahrscheinlich geht auch *ut producerent* in La[123] darauf zurück –, im Paralleltext von Esdr I (9 20) von L (του ἐξαγαγεῖν) für ursprüngliches ἐκβαλεῖν, in Esdr II 10 3 für ἐκβαλεῖν: του (> Compl) εξαγαγειν L Compl, wo im Paralleltext von Esdr I (8 90) ἐκβαλεῖν (-βαλλειν V′) einhellig überliefert ist, lässt sich zwar mit dieser Äquivalenz in die alte Übersetzungstradition zurück verfolgen: So ist in Iud an zwei Stellen, 6 30 und 19 22, vom B-Text als Übersetzung des Imperativs הוֹצִיא gebotenes ἐξένεγκε im A-Text als Variante ἐξάγαγε von A M V zusammen mit den Zeugen überliefert, die vornehmlich der hexaplarischen und der lukianischen Rezension zuzuordnen sind; doch wird dieser Befund hinsichtlich der Bestimmung eines Esdr II und I vorgegebenen lukianischen Rezensionsprinzips dadurch relativiert, dass sowohl ἐκφέρειν als auch ἐξάγειν seit Gen häufig als – oft einhellig überliefertes – Äquivalent für den Stamm יצא erscheinen – so öfter auch bei Aquila – und dass in der lukianischen Rezension innerhalb des Textbereichs, in welchem sie am deutlichsten fassbar ist, Reg I-IV, einmal die Änderung in umgekehrter Richtung vorliegt: lukianisches ἐξενεγκε für ἐξάγαγε in Reg IV 10 22. Eine mögliche Erklärung ist die Annahme einer – hier über Esdr I als Kriterium führende? – lukianischen Freiheit der Wahl bei in älterer Tradition vorgegebener variierender Äquivalenz, deren Varietät in der griechisch nur durch verschiedene Äquivalente erreichbaren Bedeutungsbreite des hebräischen Grundwortes begründet ist: Für das Verstossen der fremdstämmigen Frauen in Esdr II 10 3 und 19 ist ἐξαγαγεῖν der angemessenere Begriff, für das Heraustragen der Gewänder der Baalspriester aus ihrem Tempel in Reg IV 22 der Begriff ἐκφέρειν. Diese Erklärung würde durch die lukianische Tradition gestützt, die in den innerhalb der LXX textgeschichtlich Esdr II am nächsten stehenden Chronikbüchern überliefert ist: Für Hiphil von יצא wird in Par II 23 14 ἐκβάλλειν als Bezeichnung des priesterlichen Befehls, Athalja vor die Vorhöfe hinauszuführen, lukianisch durch ἐξάγειν ersetzt, in 29 16b das gleiche ursprüngliche Äquivalent als Bezeichnung der Überführung des im Tempel gefundenen Unreinen durch ἐκφέρειν, während als Begriff für das Entfernen des Unreinen aus dem Heiligtum in 29 5 und 16a das ursprüngliche Äquivalent ἐκβάλλειν einhellig, auch lukianisch, beibehalten wird: als in LXX verankertes Äquivalent der jüngeren Übersetzungen für גרשׁ ist es lukianisch für יצא nicht als Rezension verfügbar, wohl aber als Bewahrung des Ursprünglichen dort, wo es der Aussage am besten entspricht.

Noch schwieriger gestaltet sich die Rückführung auf die ältere Übersetzungstradition bei der Äquivalenz zwischen den Verben בין und συνετίζειν, die als lukianische Ersetzung von (ὑπο)διδάσκειν in Esdr II 18 7 ὑπεδίδασκον] συνετιζοντες (pr ησαν Compl) L Aeth⁻ᴮ Compl und im Paralleltext von Esdr I 9 48 ἐδίδασκον] συνετιζοντες L 121 überliefert ist. Zwar der Befund, dass diese Stelle hinsichtlich der Bestimmung des ursprünglichen Textes umstritten ist[1], widerspricht noch nicht dem textgeschichtlichen Sachverhalt, dass hier eine eindeutige Äquivalenz mit eindeutiger lukianischer Korrektur in beiden Esra-Texten vorliegt. Aber der Tradition dieser Äquivalenz, die sich als Kriterium lukianischer

---

[1]) Vgl. S.402-404.

Korrektur nach älterem Übersetzungsprinzip in Anspruch nehmen lässt – συνετίζειν als Äquivalent für Hiphil von בין erscheint mit ziemlicher Konsequenz im Psalter, nachesranisch dann bei Daniel[1] –, steht der Befund gegenüber, dass innerhalb von Esdr II diese Äquivalenz im nächsten Kontext einhellig überliefert ist, anschliessend in v. 9 für מבינים, vorangehend für יבי׳ an Stelle des nomen proprium מי׳ן, das die lukianische Rezension als Dublette nachträgt und damit die Kenntnis der ursprünglichen von 𝔐 abweichenden Textform beweist, so dass sich die Erklärung aus einem lukianischen Analogieverfahren, das sich lediglich auf die Esraüberlieferung beschränkt, mit gleichem Recht vertreten lässt[2].

Auf indirektem Weg lässt sich die hebräisch-griechische Äquivalenz in beiden Esratexten gemeinsam überlieferten lukianischen Wortgutes in der griechischen Überlieferung des Ausdrucks ואצאה in Esdr II 8₁₇ (= I 8₄₄), der in 𝔐 als ketib וָאוֹצִאָה „ich liess ausgehen", als qere וָאֲצַוֶּה „ich befahl" überliefert ist, auf ältere Übersetzungstradition zurückführen: Sowohl das ketib voraussetzende ursprüngliche Äquivalent von Esdr II καὶ ἐξήνεγκα als auch das entsprechende von Esdr I καὶ εἶπα – ob auch es auf qere zurückzuführen ist, bleibt, da das hebräische Grundwort als ganzes mit dem Ausdruck καὶ εἶπα (αὐτοῖς) ἐλθεῖν wiedergegeben ist, unsicher – erscheint lukianisch durch das Äquivalent ersetzt, das in der älteren Übersetzungstradition von Gen an (ab 2₁₆) im Octateuch, Reg I-IV, dem Psalter und den Propheten als das weitaus häufigste Äquivalent des ursprünglichen Textes überliefert ist: καὶ ενετειλαμην. Da für diesen Begriff, dessen Äquivalenz mit צוה auch für Aquila nachgewiesen ist, weitere synonyme Ausdrücke, die in der griechischen Überlieferung als ganzer gleicherweise weit verbreitet sind, in Frage kommen – die an Zahl weit geringeren, aber danach meistbezeugten in LXX sind composita von τάσσειν –, liegt hier der Schluss auf ein lukianisches Prinzip, das sich nach vorgegebener Tradition der ursprünglichen Äquivalenz älterer Übersetzungen richtet, nahe.

Das Ergebnis hinsichtlich lukianischer Übernahme vorgegebener älterer Übersetzungstradition in den Fällen, wo das lukianische Äquivalent von Esdr II mit dem ursprünglichen in Esdr I übereinstimmt, entspricht somit dem Ergebnis, das wir hinsichtlich lukianischer Übernahmen aus dem ursprünglichen Text von Esdr I in ihrem Verhältnis zur masoretisch überlieferten Vorlage gewannen[3]: Gemeinsamkeit zwischen beiden Texten ist

---

[1] συνετίζειν lässt sich als Verbalbildung aus dem gleichen Stamm auch als Äquivalent dem Verbum συνιέναι (συνίειν) zuordnen, mit dessen Bildungen in Esdr II בין konsequent – mit Ausnahme nur der lukianischen Änderung κατανοεῖν in 8₁₅ (vgl. S. 88) – wiedergegeben wird: eine übersetzungstechnische Weise der Unterscheidung zwischen der Bedeutung „einsehen" und „einsehen lassen", „lernen" und „lehren", wie sie im Hebräischen zwischen den Stammformen Qal und Hiphil besteht, die aber, da die Formen oft identisch sind, oft nur aus dem Kontext erschlossen werden können. Da der älteste Beleg für die Verbalbildung συνετίζειν in LXX zu finden sein dürfte, liesse sie sich übersetzungstechnisch: aus den beiden Stammformen von בין, entstanden erklären.

[2] Zur lukianischen Textform als Dublette vgl. S.150, zum Text von La¹²³ S.224f., von Syh S.229.

[3] Vgl. S.57.

in dieser Hinsicht nachweisbar, aber für die Hauptfrage, um die es hier geht, die Bestimmung lukianischer Wortäquivalenz im Licht vorgegebener Übersetzungstradition der älteren Überlieferung, von untergeordneter Bedeutung. Darum wird die Frage nach dem Charakter der lukianischen Wortäquivalenz mit ihrer hebräischen bzw. aramäischen Vorlage hinsichtlich ihres Verhältnisses zur vorgegebenen älteren Übersetzungstradition in erster Linie von dem lukianischen Wortgut her beantwortet werden müssen, das unabhängig von der Äquivalenz im Paralleltext von Esdr I in den älteren Übersetzungstexten der Bücher der LXX, sei es als ursprüngliches, sei es als von lukianischen Zeugen getragenes, Äquivalent überliefert ist.

2.1.1.1.2.2.2. Dieser Textbereich ist hinsichtlich der für die Bestimmung seines Charakters in Esdr II bedeutsamen Komponenten zu vielgestaltig und hinsichtlich des bis heute erarbeiteten Stadiums der Textgeschichte zu uneinheitlich, als dass die Darstellung seiner Bedeutung für die lukianische Überlieferung in Esdr II nicht einer Beschränkung auf die für die Bestimmung des Verhältnisses zwischen lukianischer Tradition in Esdr II und Tradition der Wortäquivalenz in LXX als ganzer w e s e n t l i c h e n Befunde bedürfte.

Das Ziel ist die Feststellung lukianischer Wortäquivalenz in Esdr II, die sich aus der vorgegebenen Übersetzungs- und Rezensionstradition der LXX als allgemein geltend und darum genuin lukianisch verifizieren lässt. Die Komponenten, die für seine Erreichung berücksichtigt werden müssen, sind das ausserhalb der griechischen Esraüberlieferung bezeugte lukianische Wortgut, sein Verhältnis zur jeweiligen Wortäquivalenz des zugehörigen ursprünglichen Übersetzungstextes und zum erhaltenen Bestand der Wortäquivalenz in den Übersetzungen, die als textgeschichtliches Mittelglied zwischen dem ursprünglichen Übersetzungstext und der lukianischen Rezension stehen: den jüdischen Übersetzungen des zweiten christlichen Jahrhunderts, von denen für das lukianische Problem vor allem Aquila und Symmachos bedeutsam sind.

Die Vielgestalt der Komponenten besteht darin, dass die Einordnung einer in Esdr II von lukianischen Zeugen überlieferten Wortäquivalenz und ihre Bewertung hinsichtlich ihres lukianischen Charakters je nach dem, in welchen Büchern der LXX und in welcher Zahl das jeweilige hebräische Grundwort überliefert ist, und je nach dem, wie oft die lukianisch überlieferte Wortäquivalenz von Esdr II in den andern Büchern als ursprüngliche oder als lukianische Äquivalenz und in welcher Verteilung sie in den neuen Übersetzungen des zweiten Jahrhunderts nachgewiesen ist, für die Bestimmung des Esdr II eigentümlichen Charakters der Rezension von völlig unterschiedlicher Bedeutung hinsichtlich dessen bleiben muss, was als genuin lukianisch zu bezeichnen ist.

Die die Bestimmung des lukianischen Charakters erschwerende Uneinheitlichkeit des gegenwärtigen Stadiums der Erforschung der Textgeschichte besteht vor allem in der noch ungesicherten Bestimmung der lukianischen Zeugen bei den in den textkritischen Ausgaben überlieferungsgeschichtlich noch nicht aufgearbeiteten Büchern und doch auch in einer noch fehlenden subtileren Befragung der Bücher des Octateuch auf Elemente lukianischer bzw. antiochenischer Tradition hin.

Dennoch bleibt als Kriterium das feste Gerüst lukianischer Koordinaten, die in der textkritischen Erforschung und Edition der Bücher der Propheten, der Apokryphen und Esther, des Psalters und Hiob und in der Darbietung des umfassenden Zeugenbestandes der Bücher Regnorum und Paralipomena, denen auf Grund der Bezeugung ihrer lukianischen Überlieferung durch die mit der griechischen Esraüberlieferung gemeinsamen Zeugen besonderes Gewicht zukommt[1], gegeben sind und textkritisch nicht mehr in Frage gestellt werden dürfen[2].

In noch stärkerem Masse durch Uneinheitlichkeit erschwert und auch durch den Fortschritt textgeschichtlicher Erforschung nicht befriedigend erreichbar bleibt die richtige Bestimmung und Zuordnung der nur fragmentarisch überlieferten Übersetzungen des zweiten christlichen Jahrhunderts – das gilt in erster Linie für die hier vorzunehmende Zuordnung der Wortäquivalenz zu den Übersetzern Aquila, Symmachos, Theodotion und der Quinta, da in der Kennzeichnung ihrer Überlieferung mit den auch durch Unzialfehler leicht verwechselbaren Sigeln Σ Θ E bei grösseren Satzzusammenhängen synonyme Wortbildungen, in denen sich die Textformen von α' σ' θ' und ε' unterscheiden können, nicht immer berücksichtigt werden –; doch gilt auch hier trotz dieses Vorbehalts, dass die Überlieferung in der Hinsicht als zuverlässig bewertet werden muss, dass auch für Aquila eine Vielgestalt der Wortäquivalenz besteht, nach der das gleiche Übersetzungswort verschiedenen hebräischen Grundwörtern und verschiedene Übersetzungswörter dem gleichen hebräischen Grundwort zugeordnet werden können[3].

---

[1]) Es ist die in den Büchern Regnorum nach Rahlfs mit den Sigeln 19-108 82 127 93, nach Br.-M. mit b (=b'-b) o c_2 e_2 bezeichnete Textgruppe, die sich in Par I-II Esdr II in der Gruppierung 19-108-93 in allen vier Büchern mit starkem lukianischen Einschlag von Hs. 121 (= Br.-M. y) wiederfindet.

[2]) Auch innerhalb des Textbereichs des Octateuch und der Bücher Regnorum und Paralipomenon ist sowohl die Rekonstruktion des ursprünglichen Textes als auch die Ausgrenzung der hexaplarischen und der lukianischen Rezension dank der Vorarbeit von Alfred Rahlfs in einer Weise fortgeschritten, dass sie die richtige Zuordnung zur ursprünglichen und zur lukianischen Wortäquivalenz der Esraüberlieferung in hohem Masse ermöglicht. Auch für die libri sapientiales liegt über die von Joseph Ziegler schon veröffentlichten Bücher hinaus für Kohelet ein erster Schritt durch seine Gruppierung der Zeugen in der Abhandlung „Der Gebrauch des Artikels in der Septuaginta des Ecclesiastes" (MSU XX (1990) 83-120, hier vor allem S. 108-120) vor, so dass der noch relativ wenig aufgearbeitete Textbereich nur noch Proverbia und Canticum und die auch textgeschichtlich ganz am Rande stehenden Apokryphen der Psalmen Salomons und des 4. Makkabäerbuchs umfasst.

[3]) Vgl. S.78 Anm.1 und die dort genannte für die Nachweise aus den Übersetzungen des 2. Jh.n.Chr. beigezogene Literatur. Die Darbietung der Äquivalenz kann sich nur auf die textgeschichtlich bedeutsamen Fälle beziehen und muss sich innerhalb dieses Bestandes auf die textgeschichtlich bedeutsamen Bezüge der lukianischen Überlieferung von Esdr II: auf die lexikalische Abgrenzung gegenüber dem Paralleltext von Esdr I, auf das Verhältnis der Äquivalenz von Esdr II zu der des ursprünglichen Textes der übrigen Bücher der LXX und der

1. Das bedeutsamste qualitative Merkmal der lukianischen Rezension, das in den von ihren Zeugen überlieferten Wortäquivalenzen in Esdr II auch quantitativ am häufigsten nachweisbar ist, besteht in dem überlieferungsgeschichtlichen Fall, dass sowohl das ursprüngliche als auch das lukianische Wortäquivalent für das gleiche hebräische Grundwort in der ursprünglichen Textform der übrigen Bücher der LXX verankert sind und von hier her auch in die Übersetzung des Aquila und der auf ihm gründenden späteren Übersetzungen dieser Periode Eingang gefunden haben.

Lukianische Wortäquivalenzen dieser Art, die als ursprüngliche Textform in anderen Büchern der LXX und auch aquilanisch für das gleiche hebräische Grundwort bezeugt sind, denen in Esdr II aber auch ein ursprüngliches Äquivalent gegenübersteht, das die gleichen überlieferungsgeschichtlichen Bezüge zu anderen Büchern und zu Aquila aufweist, sind:

(1) in Fällen, wo das entsprechende Äquivalent im Paralleltext von Esdr I mit dem ursprünglichen von Esdr II übereinstimmt:

Esdr II 5₈ מצלח: εὐοδοῦται (= Esdr I 6₉ εὐοδούμενον (omnes))] κατευθύνει L^1, als L-Äquivalent bezeugt auch in Par I 22₁₁ und mit Theodoret in Par II 26₅, Esdr II 7₁₀ משפט: κρίματα (= Esdr I 8₇ (omnes))] κρίσεις L, als entsprechendes Äquivalent auch bezeugt vom O-Zeugen 376 in Exod 23₆².

Fragmente der Übersetzungen des 2. Jh.s n. Chr. und auf die Bezeugung der analogen Äquivalenz in der lukianischen Überlieferung der übrigen Bücher, beschränken, von denen der letzte Nachweis, da lexikalische Erfassung lukianischer Äquivalenz in Form von Konkordanzen noch fast völlig fehlt, im stärksten Mass eklektisch bleiben muss. Die Stellennachweise, deren Mitteilung zu grossen Raum erfordern würde, sind an Hand der in Anm.1 auf S.78 erwähnten beigezogenen Konkordanzen leicht zu finden; die der Darbietung der Äquivalente nach den genannten Kategorien beigefügten Anmerkungen beziehen sich auf Beobachtungen, die für den Charakter der lukianischen Rezension in Esdr II von Bedeutung sind.

¹) So auch Esdr II 12₂₀ εὐοδώσει] κατευθύνει L, wo mit dem Äquivalent *dirigit* – im Unterschied zu 5₈, wo das Äquivalent *proficit* in La^{123}, wie *proficiebant* für einhellig überliefertes εὐοδα ἐγίνετο in La^C Esdr I 7₃ beweist, auf dem ursprünglichen εὐοδοῦται beruht – auch La^{123} hinzukommt. In Esdr II 6₁₄ beweist die lukianische Lesart κατευθύνον (L Compl) für sonst einhellig überliefertes οἱ Λευῖται, dass die Vorlage der Rezension das Äquivalent ευοδουται überlieferte, das, da eine Unzialverschreibung E-O, Δ-Λ, O-E, T-IT eine eher noch grössere paläographische Nähe der beiden Varianten aufweist als das masoretisch überlieferte מצלחין gegenüber לויין bzw. לויא der in LXX vorauszusetzenden Vorlage, als ursprünglicher Übersetzungstext zwar nicht erwiesen ist, aber doch postuliert werden darf.

²) Dass lukianische Wortvarianten mehrfach auch bei verschiedenen Wortformen aus dem gleichen Stamm, wie ἱερωσύνη für ἱερατεία (vgl. S.55), κρίσις für κρίμα (s. oben), ὁλοκαύτωμα für ὁλοκαύτωσις (S.89), ἄρσην für ἀρσενικός (S.96), μέρος für μερίς (S.105), θυσία für θυσίασμα (S.126) überliefert sind, deren Bedeutung mit der des ursprünglichen Äquivalents völlig oder nahezu synonym ist – das Gleiche gilt für den Wechsel zwischen Simplex und Compositum oder verschiedenen Präpositionen im Compositum, wie κατοικεῖν für οἰκεῖν (S.98), παριστάναι für ἱστάναι (S.102), ἀναγγέλλειν für ἀπαγγέλλειν (S.91), die höchstens intensivierenden Charakter haben können –, legt den Schluss nahe, dass das vorherrschende Kriterium lukianischer Wortänderung in vorgegebener Tradition, nicht in semantischer Überlegung besteht;

87

(2) in Fällen, wo das Äquivalent im Paralleltext von Esdr I von der Überlieferung in Esdr II abweicht:
(a) mit dem hebräischen bzw. aramäischen Grundwort entsprechendem eigenem Äquivalent in Esdr I: Esdr II 2₇₀ וישבו: ἐκάθισαν (= Esdr I 5₄₅ κατοικίσθησαν (-κειθ. 55))] κατωκησαν (*habitaverunt* La) *L* La¹²³, vgl. das von *O*- und *L*-Zeugen gegenüber ἐκάθισεν des B-Textes mitbezeugte Äquivalent des A-Textes παρωκησεν in Iud 5₁₇¹,

Esdr II 3₁₂ בתרועה: ἐν σημασίᾳ (= Esdr I 5₆₁ διὰ (μετα V' *L a* La^V) σαλπίγγων)] ἐν αλαλαγμω *L* La¹²³ Compl, aus der lukianischer Äquivalenz im Pentateuch oft nahestehenden Textgruppe *n* in Num 10₅ auch bezeugt in Hs. 54 und als Dublette in 767,

Esdr II 7₂₅ ידע ... ידעי: εἰδόσιν ... εἰδότι (= Esdr I 8₂₃ ἐπισταμένους ... ἐπισταμένους (omnes))] γινωσκουσι ... γινωσκοντι *L*, vgl. Esdr II 20₂₈ ₍₂₉₎ יודע: εἰδώς] γινωσκων *L*, von dem der Gruppe *n* zugehörenden, von Rahlfs in Gen als lukianisch postulierten Zeugen 75 auch in Exod 1₈ bezeugt, hexaplarisch und von A mit alexandrinischen Zeugen in Is 59₈, mit hexaplarischen und lukianischen Zeugen gegenüber εἰδυῖαν des B-Textes im A-Text von Iud 21₁₁, von *L* zusammen mit dem B-Text in Reg III 24₄²,

Esdr II 8₁₅ (ו)אבינה: (καὶ) συνῆκα (= Esdr I 8₄₁ (καὶ) κατέμαθον (-θομεν 55; -μανθανον V'))] (και) κατενοησα *L*, als von Ps Hippol und Chr überliefertes Äquivalent bezeugt auch in dem hexaplarischen (asterisierten) Vers Iob 31₁b,

---

eine Anordnung lukianischen Wortgutes nach Kategorien der Wortbildung wäre darum von geringem Ertrag. Ältere Tradition der Wortbildung, auf der die lukianisch überlieferte beruht, scheint auch in Esdr II 19₁₅ bei dem lukianisch und vom B-Text überlieferten Äquivalent σιτοδοτεία (B' *L* Sixt^te) an Stelle der ursprünglichen Form σιτοδεία für רעב vorzuliegen, das nach L.-S. nur für Esdr II nachgewiesen ist (σιτοδεία seit Hdt bis Plb), das aber in Gen 42₁₉ für רעבון von dem dem 3. Jh. n. Chr. angehörenden codex 962 bezeugt wird, in v. 33 von 962 mitsamt dem hexaplarischen Zeugen 426, in Lev 26₂₆ für מטה von der Textgruppe *n*, der die Bezeugung lukianischer Überlieferung m. E. nicht abgesprochen werden darf.

¹) Die *O*- und *L*-Zeugen in den drei letzten Büchern des Octateuch sind aus der von Rahlfs für Iud im Apparat seiner Ausgabe von 1935, vol. I S. 405 verzeichneten Gruppierung, die nach einer mir von U. Quast überlassenen Aufstellung grundsätzlich auch für Ios gilt, und für Ruth aus A. Rahlfs, Das Buch Ruth griechisch, als Probe einer kritischen Handausgabe der Septuaginta, Stuttgart 1922, S. 4 (vgl. seine Studie über den griechischen Text des Buches Ruth, MSU III, Heft 2, 1922) übernommen. Vgl. S.70 Anm.1.

²) Da der B-Text auch in Reg I-IV lukianisches Gut überliefern kann – vgl. z. B. die Auslassung nach 𝔐 in Reg III 2₁₂ –, bleibt auch hier auf Grund der mehrfach analog überlieferten Wortäquivalenz nicht nur in der vorangehenden ähnlich bezeugten Doppelüberlieferung οἶδας - ἐγνως, sondern auch hier – gegen Rahlfs – οἶδεν gegenüber ἐγνω als ursprüngliches Äquivalent wahrscheinlicher. Sowohl der Wechsel der Äquivalenz von οἶδας zu ἐγνω in dem von den Rezensionen *O* u. *L* in Reg I-IV nur sporadisch beeinflussten B-Text als auch ihre Bewahrung als ἐγνως und ἐγνω in der in diesem Textbereich als hexaplarisch zu bestimmenden Textform von codex A spricht in v. 44 für die Ursprünglichkeit der Äquivalente οἶδας und οἶδεν, für den sekundären Charakter von ἐγνως und ἐγνω. Die Übereinstimmung der kontaminierenden Textherstellung in den Editionen von Br.-M. und Rahlfs ist zufällig; sie beruht im einen Fall auf dem diplomatischen Editionsprinzip, im anderen auf dem textkritischen der Bewertung des B-Textes.

Esdr II 18₁ לִפְנֵי: ἔμπροσθεν (= Esdr I 9₃₈ πρὸς ἀνατολάς (omnes)¹)] κατα προσωπον (*ad faciem* La) *L* La¹²³, als Ath- und Tht-Zitat auch bezeugt in Gen 24₇, als Cyr-Zitat in Reg I 8₂₀ und im θ'-Text von Dan 1₅ (omnes) gegenüber ἔμπροσθεν in Dan o',

Esdr II 8₃₅ עֹלוֹת: ὁλοκαυτώσεις (= Esdr I 8₆₃ θυσίας (omnes))] ολοκαυτωματα *L*, von O- und *L*-Zeugen gegenüber ὁλοκαυτώσεις des B-Textes mitbezeugt auch im A-Text von Iud 20₂₆,

Esdr II 3₁₁ הוֹדֹת: ἀνθομολογήσει (= Esdr I 5₅₈ ὁμολογοῦντες (ευλογουντες B' *L* a⁻⁷¹' Sy Sixt: cf 57)))] εξομολογεισθαι *L*, vgl. Esdr II 22₂₄ לְהַלֵּל לְהֹדֹת: εἰς ὑμνεῖν καὶ αἰνεῖν] αινειν (pr εις το Compl) και εξομολογεισθαι (*confiteri* La) *L* La¹²³ Compl, und die lukianische Dublette² Esdr II 10₁₁ תוֹדָה: αἴνεσιν (= Esdr I 9₈ ὁμολογίαν (εξομολογησιν *L*))] + και εξομολογησιν (*confessionem* La) *L* La¹²³ ³,

---

¹) Zur Äquivalenz vgl. S.223 Anm.7.

²) Lukianisch bezeugte Wortäquivalenzen in Dubletten stellen, wenn sie nicht, wie es hier bei der ursprünglichen Äquivalenz von αἴνεσις, der lukianischen von ἐξομολόγησις mit תוֹדָה der Fall ist, auf ein gemeinsames Grundwort zurückgehen, sondern als Korrektur nach 𝔐 einem von 𝔐 abweichenden ursprünglichen Äquivalent gegenüberstehen, zusammen mit als reine Korrekturen nach 𝔐 oder als reine Zusätze nach 𝔐 überlieferten lukianischen Wortäquivalenten, innerhalb der hier vorgelegten Kategorien insofern einen Sonderfall dar, als sie sich hinsichtlich der ihnen vorgegebenen Übersetzungstradition nicht einer entgegenstehenden Tradition eines ursprünglichen Äquivalents gegenüberstellen lassen; sie dürfen aber gerade aus diesem Grund als eine Form genuiner lukianischer Übersetzungsäquivalente in Anspruch genommen werden, die auf einem u n m i t t e l b a r e n Schema lukianischer Wortäquivalenz – sei es das eines vorgeschriebenen Übersetzungsvokabulars, sei es das der jüngeren Übersetzungen – beruhen könnte und sind darum, wenn es sich um in dieser Hinsicht bedeutsame, nicht um notwendige Äquivalente, wie z. B. βασιλεύς für מֶלֶךְ, handelt, jeweils am Ende der einzelnen Kategorien vermerkt (vgl. vor allem 2(5), S.99f.). Von diesen drei Formen lukianischer Wortäquivalenz sind als auch in der ursprünglichen Übersetzungstradition der LXX bestverankerte Äquivalente von hier her am besten zu erklären: (1) von den S.28-30 registrierten lukianischen Korrekturen nach 𝔐 bei abweichender Vorlage in LXX (nach der dort getroffenen Reihenfolge): 13₁₅ τον κηπον für גַן, 12₁₃ του δρακοντος für הַתַּנִּין, 4₂₀ περαν für עֵבֶר, 8₂₉ παστοφορια für לִשְׁכוֹת, 18₁ την πλατειαν für הָרְחוֹב, 21₁₁ ηγουμενον für נָגִד, 4₁₅ ποιουσιν für עֹבְדִין, (2) von den innerhalb der S.18-20 registrierten Zusätze überlieferten Wortäquivalenten: 1₁₁ της αναβασεως für הָעֲלוֹת, 14₆ (133₇) η αμαρτια (αυτων) für (ם)חַטֹּאת, εξαλειφθειν für תִּמְחֶה, παρωργισαν für הִכְעִיסוֹ, 19₂₅ πιονα für שְׁמָנָה, 20₃₇ (38) τας απαρχας (ημων) für (ינ)תְּרוּמֹת, (3) von den Äquivalenten innerhalb der Dubletten (S.148-159): 7₁₅ απενεγκειν für לְהֵיבָלָה, 8₁₈ λειτουργους für מְשָׁרְתִים, 12₁₉ (και) κατεφρονουν für (ו)יָבֹזוּ, 16₁ διακοπη für פֶּרֶץ.

³) Die richtige Zuordnung der Äquivalente αἰνεῖν bzw. αἴνεσις und ἐξομολογεῖσθαι bzw. ἐξομολόγησις ist durch ihr häufiges nebengeordnetes Vorkommen als Übersetzung der stereotypen Wendung בְּהַלֵּל וּבְהוֹדֹת erschwert – so erschiene in 22₄₆ der Reihenfolge nach ἐξομολόγησις als lukianisches Äquivalent für תְּהִלָּה, αἴνεσις für הֹדוֹת und verteilt sich die Äquivalenz für das im ursprünglichen Text mit θωδαθα transkribierte Grundwort תּוֹדֹת in 22₂₇ auf αινεσει (αγαλλιασει 19) in *L* La¹²³ und εξομολογησει als (wahrscheinlich als σ'-Note in den Text geratene, vgl. S.142f.) Dublette in S –, doch ist die durch die stärkere Bezeugung als lukianisch besser gesicherte Äquivalenz zwischen הֹדוֹת, תּוֹדֹת und ἐξομολογεῖσθαι, ἐξομολόγησις – vgl. noch die entsprechende lukianische Bezeugung in dem der Vokalisierung nach unsicheren

(b) bei freier Wiedergabe in Esdr I, die kein Äquivalent mit dem hebräischen bzw. aramäischen Grundwort erkennen lässt: Esdr II 4₁₀ יקיר: τίμιος (cf Esdr I 5₆₆)] εντιμος L, mitbezeugt vom B-Text (B′-S 55) und der lukianischen Untergruppe *l I* – nach Rahlfs und J. Ziegler ursprünglich – in Iob 28₁₀,

Esdr II 4₁₅ יומת: χρόνων (= Esdr I 2₁₉ (ἐξ αἰῶνος pro מן־יומת עלמא (omnes))] ημερων B′L La¹²³ ¹,

(3) in den von Esdr I nicht mitüberlieferten Textteilen: Esdr II 11₈ אפיץ: διασκορπιῶ] διασπερω L, mit lukianischer Bezeugung in Reg I-IV nur als ursprünglicher Text bei einhelliger Überlieferung²,

Ausdruck עַל־הַיָּדוֹת in 22₈, der vom Übersetzer auf יד zurückgeführt wird: ἐπὶ τῶν χειρῶν, lukianisch auf eine Nominalbildung von ידה: επι των εξομολογησεων (*super confessiones* La) 93-108 (deest 19) La¹²³ Compl – auch durch die Übersetzungstradition der Übersetzungen des 2. Jh.s n. Chr. gestärkt: Die Äquivalenz ἐξομολογεῖσθαι - ידה, ἐξομολόγησις - תודה ist die für Aquila einzig überlieferte, oft von Symmachos mitbezeugte, das aquilanische Grundwort für αἰνεῖν ist neben רנן auch הלל – auch hier von σ′ mitbezeugt –, während die Äquivalenz mit הודה in Is 38₁₈, die Turner an Stelle des überlieferten ἄλλος konjiziert, – trotz der für α′ in Syh bezeugten Äquivalenz zwischen תודה und αἴνεσις (תשבוחתא Syh) in Ps 50(49)₂₃ und Ier 33(40)₁₁ (das σ′-Äquivalent lautet auch hier ἐξομολογήσεως (תודיתא Syh!) – nicht beweisbar ist. Auch die Frage, wie sich die von Rahlfs (Curiosa im Codex Sinaiticus, ZNW, NF 9 (1932) 309f.) als in S eingedrungene hexaplarische Note von σ′ nachgewiesene Dublette σ′ εν εξομολογησει zur ursprünglichen Transkription ἐν θωδαθά für בתודה in 22₂₇ textgeschichtlich zur lukianisch überlieferten Lesart εν αινεσει 93-108 La¹²³ verhält, lässt sich nicht mehr beantworten. Sicher ist nur, dass sich weder für Symmachos noch für die von seiner Übersetzung beeinflusste lukianische Rezension ein starres Prinzip der Äquivalenz postulieren lässt. Eher als durch den Kontext, das vorangehende εὐφροσύνην, bedingte Transformation der Abschreiber als durch Äquivalenz bedingte innerlukianische Tradition ist αγαλλιασει für εν αινεσει in Hs. 19 zu bestimmen. Vgl. S.142f.

¹) Obwohl hier mit dem Äquivalent ημερων auch eine vereinheitlichende Tendenz innerhalb von Esdr II mit der Wiederaufnahme der gleichen Formulierung in v. 19 vorliegt, wo ἡμερῶν einhellig überliefert ist – der Paralleltext von Esdr I (2₂₂) lautet auch hier wie in v. 19 einhellig ἐξ αἰῶνος –, ist die lukianische Äquivalenz in v. 15, da sie im Kontext einer nur von der aramäischen Vorlage her erklärbaren lukianischen Dublette, αγωνας ποιουσιν für masoretisches אשתדור עבדין gegenüber φυγαδεῖαι δούλων γίνονται für von 𝔐 abweichend vokalisiertes אשתדור עבדין, vorliegt, aus Übersetzungstradition, nicht aus Harmonisierung mit dem Kontext von v. 19, in dem auch die lukianische Dublette nicht überliefert ist, zu erklären; Harmonisierung mit v. 19 wäre in B′, wo ἡμερῶν im Kontext der ursprünglichen Formulierung von v. 15 erscheint, denkbar, ist aber angesichts der nachweisbaren Überlieferung lukianischer Lesarten im B-Text nicht wahrscheinlich. Zu weiteren Problemen in 4₁₅ vgl.: Lukianische Wortäquivalenz S.131, Dublette S.147, Altlateinische Textform S.230, Textrekonstruktion S.354-357 und 393.

²) Von den beiden Äquivalenten, die beide, διασκορπίζειν seit Gen 49₇, διασπείρειν seit Gen 10₁₈, im ursprünglichen LXX-Text für פוץ, נפץ, nachgewiesen sind, ist das in Esdr II ursprüngliche, διασκορπίζειν, für α′ besser belegt, das lukianische, διασπείρειν, nur in Ier 13₂₄: διασπερῶ α′ θ′ für auch ursprüngliches διέσπειρα, wo für σ′ διασκορπιῶ überliefert ist; doch steht dem Is 33₃ διεσπάρησαν] διεσκορπισθησαν α′ θ′, διεσπάρησαν σ′ gegenüber; die doppelte Tradition liegt vor, lässt sich aber nicht auf eine Gesetzmässigkeit zurückführen.

Esdr II 12₁₆ הגדתי: ἀπήγγειλα] ανηγγειλα L, als L-Äquivalent mit A und weiteren Zeugen bezeugt auch in Reg I 3₁₅, zusammen mit O und weiteren Zeugen in Is 36₂₂, von 19' in Par II 9₂ [1],

Esdr II 13₂₁ תכלית: ἐκλείψεως] συντελειας 93-108 (deest 19)[2],

Esdr II 14₁₃ ₍₇₎ (חרבת)יהם: ῥομφαιῶν (αὐτῶν)] (των) μαχαιρων (αυτων) L, mit L und weiteren Zeugen gegenüber ῥομφαίαν des B-Textes bezeugt auch im A-Text von Iud 19₂₉ [3],

---

[1]) Die doppelte Überlieferung der in LXX synonym verwendeten Begriffe (vgl. Bauer sub verbis) ist an verschiedenen Stellen auf verschiedene Weise erklärbar: In Esdr II, wo als Äquivalent für הגיד in 2₅₉ lukianisch bezeugtem απαγγειλαι ursprüngliches ἀναγγεῖλαι der übrigen gegenübersteht – in der Wiederaufnahme der Heimkehrerliste ist in 17₆₁, wie auch in 12₁₂ und 13, einhelliges ἀπαγγέλλειν überliefert –, ist der Paralleltext von Esdr I (5₃₇), in dem von ἀπαγγεῖλαι nur 245 mit παραγγειλαι abweicht, als lukianische Vorlage denkbar, an weiteren Stellen – durch lukianische Zeugen ist ἀπαγγέλλειν auch in Reg III 12₃ Is 44₇ Ez 23₃₆ überliefert – kann die paläographische Ähnlichkeit der Unzialen N und Π in der Abschreibetradition mitbestimmend für den Wechsel sein.

[2]) Von den 5 alttestamentlichen Belegen für die Nominalbildung תכלית – ausser Neh 3₂₁ noch Iob 11₇ 26₁₀ 28₃ Ps 139(138)₂₂ – und dem Hapaxlegomenon תכלה Ps 119(118)₉₆ ist das Äquivalent ἐκλείψις nur für Esdr II 3₂₁, συντέλεια für Ps 119(118)₉₆ und Iob 26₁₀ (hexaplarisch asterisiert) nachgewiesen – Iob 11₇ liest τὰ ἔσχατα, 28₃ (asterisiert) πέρας, Ps 139(138)₂₂ τέλειον; alle Stellen ausser Esdr II in einhelliger Überlieferung –, doch ist die ursprüngliche und die lukianische Äquivalenz von Esdr II mit der Stammform durch die mehrfache Bezeugung von ἐκλείπειν und συντελεῖν für Verbalformen von כלה gesichert.

[3]) Vgl. auch Iud 1₈ im A-Text mit 4 Minuskeln, von denen 44 und 75 nach Rahlfs lukianisch sind. Die Berührung lukianisch überlieferten Wortgutes in Esdr II mit den vom B-Text, der der ursprünglichen Äquivalenz in Esdr II nahesteht, abweichenden Äquivalenten des A-Textes in Iud, zu deren Trägern auch die lukianischen Zeugen gehören, kann sich auch in Fällen singulärer Überlieferung zeigen, die gerade durch das Fehlen weiterer analoger Tradition in LXX ein zufälliges Zusammentreffen unwahrscheinlich machen, so das lukianisch, von L La¹²³ Compl. überlieferte Äquivalent φυλακή (custodia La) für das Nomen אסורי, das an Stelle von ursprünglichem δεσμά in Esdr II 7₂₆ für אסורים (אסירים ketib) in Iud 16₂₁ und 26 als von den lukianischen Zeugen mitbezeugtes Äquivalent des A-Textes gegen δεσμωτήριον des B-Textes überliefert ist. Hinsichtlich der Alternative zwischen ῥομφαία und μάχαιρα als Äquivalent für חרב, bei der sich die durch den A-Text von Iud angezeigte altüberlieferte – vorlukianische – doppelte Äquivalenz auch darin zeigt, dass sie nicht nur im ursprünglichen Text der LXX als ganzer von Gen an, sondern auch von Aquila – hier bei beiden Äquivalenten in fast einhelliger Bezeugung – überliefert ist, liegt heute ein Beleg vor, der in eine noch frühere Stufe der Textgeschichte zurückführt: die bald nach der Zeitenwende anzusetzende Zwölfprophetenrolle, R, des Naḥal Ḥever (8 Ḥev XII gr; ed. E. Tov, DJD VIII, 1990), in der auch bereits die doppelte Äquivalenz dokumentiert ist: in Mich 4₃ die – rezensionelle? – Bezeugung des von Iustin, hexaplarisch mit Origenes und lukianisch mit Theodoret und Theodor gegen ursprüngliches ῥομφαίας überlieferten Äquivalents μαχα[ιρας und μ[αχαιραν für ῥομφαίαν, dagegen die Bewahrung des in LXX ursprünglichen ρομφ[αια gegen μαχαιρα in V L' Th Tht in Nah 3₁₅ und ρ[ομφαια bei einhelliger Bezeugung in Mich 5₆ (5). An einer Stelle liegt die Äquivalenz von חרב mit μαχαιρα in R in einer von 𝔐 abweichenden Textform vor, die aber als vormasoretische Überlieferung durch den Habakuk-Midrasch von Qumran (1QpHab VI, 8) gesichert ist: Hab

Esdr II 15₁₈ העבדה: ἡ δουλεία] το εργον *L* Got (sim); *opus istius servitutis* La¹²³¹,

Esdr II 16₁₁ יברח: φεύξεται] αποδιδρασκειν (-κεις 93) *L*, mit *L* und weiteren Zeugen gegenüber ἔφυγεν des B-Textes bezeugt auch im A-Text von Iud 9₂₁ und 11₃²,

Esdr II 20₃₆ ₍₃₇₎ (נו)צאני: ποιμνίων (ἡμῶν)] (των) προβατων (ημων) *L*, nur von *L* und Theodoret bezeugt auch in Reg III 22₁₇, von 53' in Gen 3₁₄,

Esdr II 23₂₇ רעה: πονηρίαν] κακιαν *L*   11₃ רעה: πονηρία] κακοις *L* La¹²³, die substantivische Äquivalenz mit lukianischen Zeugen gegenüber πονηρία des B-Textes bezeugt auch im A-Text von Iud 9₅₆ 20₃ ₁₂ ₁₃ ₄₁, die adjektivische gleicherweise in Iud 15₃,

Esdr II 23₂₈ חתן: νυμφίος] γαμβρος *L* Compl, mit den meisten der hexaplarischen und lukianischen Zeugen auch bezeugt in Iud 15₆ und 19₅ ³,

---

11₇, während sie in LXX nur als Marginalnote in der von J. Ziegler einer lukianischen Untergruppe zugeordneten Hs. 86 und in der bohairischen Übersetzung überliefert ist: 𝔐 ירק חרמו, LXX ἀμφιβαλεῖ τὸ ἀμφίβληστρον αὐτοῦ, 1QHab ירק חרבו, 8 Ḥev XII gr 86ᵐᵍ Bo εκκενωσει (]ωσει 8 Ḥev) μαχαιραν αυτου. Die gemeinsame Bezeugung dieser von 𝔐 abweichenden Textform durch die Überlieferung von Qumran als der hebräischen Grundlage, der Zwölfprophetenrolle als Rezensionselement aus urchristlicher Zeit, der Marginaltradition einer Handschrift, die in gleicher Weise mit den Namen α' σ' und θ' gekennzeichnete hexaplarische Noten überliefert, und der bohairischen Übersetzung könnten hinsichtlich des rezensionellen Äquivalents μάχαιρα für ursprüngliches ρομφαία auch für die lukianische Überlieferung in Esdr II zum Schluss auf die Tradition vorlukianischen und vorhexaplarischen Gutes führen; doch bleibt die Beweiskraft eines solchen Schlusses hinsichtlich der LXX als ganzer durch den Befund relativiert, dass es sich um eine Äquivalenz handelt, deren beide Begriffe, ρομφαία und μάχαιρα, von der ältesten Übersetzungstradition an: seit Gen, als ursprüngliche Äquivalente für חרב überliefert sind, hinsichtlich der Zwölfprophetenrolle und Esdr II, dass die rezensionelle Ersetzung von ρομφαία durch μάχαιρα nur vereinzelt durchgeführt ist, und hinsichtlich der lukianischen Rezension von Esdr II, dass mit R gemeinsames Rezensionsgut über diesen Sonderfall hinaus dermassen schwach und textgeschichtlich begrenzt verwertbar überliefert erscheint – ich notiere nur die mit Esdr II 19₂₈ (vgl. S.160) übereinstimmende konsequente Ersetzung anderer Äquivalente für das Verbum שוב durch ἐπιστρέφειν in R Ion 3₈₋₁₀ Mich 1₇ 2₈ 5₄ (3) Sach 1₄, aber ohne Beleg für die syntaktische Alternative mit πάλιν, und die heute textgeschichtlich überbewertete Äquivalenz zwischen גם und καίγε im hexaplarisch-lukianisch überlieferten Zusatz Esdr II 15₁₄ (vgl. S.188), dagegen aber auch Unterschiede wie die Ersetzung des Äquivalents für ישב: in Esdr II 2₇₀, vgl. 2₁₂₋₄ ₆ ₂₅, κατοικεῖν in *L* La¹²³ für ursprüngliches καθίζειν gegenüber καθίζειν in R (nach überzeugender Rekonstruktion von D. Barthélemy und E. Tov) mit Justin für ursprüngliches ἀναπαύεσθαι in Mich 4₄, und die Ersetzung des Äquivalents für גיא (ני'): in Esdr II 13₁₃, vgl. 12₁₅, γαι *L* La¹²³ für ursprüngliches φάραγξ (vgl. S.118) gegenüber φάραγξ in R für ursprüngliches χάος in Mich 1₆ –, dass sich von der Zwölfprophetenrolle her der Versuch einer Ausgrenzung vorlukianischen Gutes in der lukianischen Rezension von Esdr II erübrigt.

¹) Vgl. S.253.

²) Die doppelte Äquivalenz teilt sich in Dan 10₇ nach einhelliger Überlieferung beim älteren o'-Text in ἀπέδρασαν – so auch 967 –, beim θ'-Text in ἔφυγον auf.

³) Zur Textherstellung vgl. „Der ursprüngliche Text" 5.2. (S.385f.). Das einhellig überlieferte Äquivalent γαμβρός in 16₁₈ beweist für Esdr II den synonymen Gebrauch beider Begriffe in der Bedeutung „Schwiegersohn", der auch an den genannten Stellen in den beiden Textformen

Esdr II 13₂ עַל־יַד 1⁰ et 2⁰: ἐπὶ χεῖρας] εχομενα (coniuncta La) L La¹²³: cf 4-19 21₂₄,

Esdr II 20₃₃ (34) הַתָּמִיד 2⁰: τοῦ ἐνδελεχισμοῦ] δια παντος L Arm (vid) Compl,

als lukianische Dublette: Esdr II 14₂ ₃ (13₃₄ ₃₅) שְׂרוּפוֹת (וְהֵמָּה): καυθέντας + (και το τειχος) εμπεπρησμενον 93 (bei 19′ in dem langen Zusatz v. 3 (35))¹,

als doppelte ursprüngliche und lukianische Äquivalenz innerhalb von Esdr II: 13₄ הֶחֱזִיק 1⁰ 2⁰ 3⁰: κατέσχεν] εκραταιωσεν L: cf 5-32, Esdr II 13₁₃ הֶחֱזִיק: ἐκράτησαν] ενισχυσαν (ισχ. 93) L: sic et in 16, cf 15₁₆ (κατισχυσα L Got (vid))², das Äquivalent κραταιωσαι bei ursprünglichem κατασχειν für לְחַזֵּק lukianisch auch bezeugt in Reg IV 12₁₂ (13)³.

2. Häufig und für den Charakter der lukianischen Wortäquivalenz in gleicher Weise bedeutsam sind die Fälle, wo nur das lukianisch überlieferte Äquivalent über seine Ver-

---

von Iud vorausgesetzt ist. Doch lassen sich aus den übrigen Stellen, an denen die Äquivalenz zwischen חתן und νυμφίος einhellig überliefert ist, aus dem Grund keine textgeschichtlichen Schlüsse ziehen, weil die hier für חתן vorliegende Bedeutung „Bräutigam" (Ps 19(18)₆ Ioel 2₁₆ Is 61₁₀ 62₅ Ier 7₃₄ 33(40)₁₁, die neben νυμφίος dorisch und aeolisch auch für γαμβρός bezeugt und auch in der Dichtung der hellenistischen Zeit nachgewiesen ist (Theoc. 18.49, 15.129, Arat. 248), der LXX- Sprache fremd ist; die Wahl des Äquivalents ist hier exegetisch bedingt, die Textgeschichte durch die Bedeutungsgeschichte relativiert.

¹) και το τειχος in der Dublette von 93 beruht auf der Vorlage וחמה für masoretisches והמה. Da diese Vorlage allein noch in La¹²³ überliefert ist – hier nicht als Dublette, sondern als Äquivalent für καυθέντας im ursprünglichen Text: et muri incensi –, ist anzunehmen, dass La auch εμπεπρησμενον als Vorlage von incensi voraussetzt. Wenn Hs. 93 allein in 1 13 an Stelle des ursprünglichen Äquivalents ἐνεπρήσθησαν für vorliegendes נצתו ενπεπυρισμεναι bezeugt – 19′ überliefern εμπεπρησμεναι –, dann liegt auch hier bei beiden Äquivalenten eine in Übersetzungstradition der LXX verankerte Äquivalenz vor, die aber weder für ἐμπιπράναι noch für ἐμπυρίζειν aquilanisch nachgewiesen ist – ἐμπεπυρισμένοι οἱ λ′ für κατακεκαυμένα in Is 3₁₂ setzt als Vorlage מְשֻׂרָפוֹת voraus, nicht wie Turner-Reider schreibt, יצת; das bestbezeugte α′-Wort für יצת ist ἐκκαίειν –; die innerlukianische Transformation in 93 muss andere Gründe haben (vgl. S.13 Anm.3).

²) Zur Textherstellung vgl. „Der ursprüngliche Text" 5.3. S.401f. Die doppelte Äquivalenz lässt sich, da es sich hier überall um die stereotype Verwendung des Begriffs חזק für die Beteiligung am Bau an den verschiedenen Stellen der Mauer handelt, schwer von einer doppelten Bedeutung des Verbums her erklären, was sowohl bei der Übersetzung als auch bei der lukianischen Rezension auf einen von der Intention der Übersetzung als Interpretation unabhängigen Rückbezug auf verschiedene vorgegebene Übersetzungstraditionen schliessen lässt.

³) Hier liegt lukianische Vereinheitlichung der doppelten Äquivalenz im ursprünglichen Text – einhellig überliefertes κραταιῶσαι für לְחַזְּקָה und ausserlukianisch einhellig überliefertes κατασχεῖν für לְחַזֵּק – bei kaum anders als synonym verstehbarer Bedeutung vor, eine vorgegebene Übersetzungs- und Rezensionstradition, die im ursprünglichen Text gleicherweise als Ausgangspunkt der Übersetzung von Esdr II, wie sie, da die lukianische Rezension das Äquivalent κατέχειν hier nicht kennt, als Ausgangspunkt der Rezension von Esdr II bestimmt werden kann. Vgl. die mit der einhelligen Äquivalenz in Esdr II 12₈ 13₃ ₆ und Par II 34₁₁ übereinstimmende vereinheitlichende lukianische Ersetzung von ἐσκέπασαν durch εστεγασαν (L) im Zusatz gegen 𝔐 Esdr II 13₁₄, der auf nur an diesen Stellen überliefertes und aus ihnen eingetragenes קרה in der Vorlage des Übersetzers zurückgehen muss.

ankerung in LXX hinaus bei Aquila und von ihm ausgehend in den späteren Übersetzungen des 2. Jahrhunderts nachweisbar ist, während das Äquivalent der ursprünglichen Textform, das für Aquila in der Äquivalenz mit dem für die lukianische Rezension bezeugten hebräischen bzw. aramäischen Grundwort nicht nachweisbar ist, sowohl in älterer Übersetzungstradition verankert als auch innerhalb der LXX in Esdr II singulär überliefert und hinsichtlich seiner hebräischen bzw. aramäischen Vorlage nicht mehr eindeutig bestimmbar sein kann[1]:

(1) in von Esdr I mitüberlieferten und dort auf eigene Äquivalenz oder freie Wiedergabe zurückführbaren Teilen:

Esdr II 2 63 לאורים ולתמים: τοῖς φωτίζουσιν καὶ τοῖς τελείοις (= Esdr I 5 40 τὴν δήλωσιν καὶ τὴν ἀλήθειαν (omnes))] τ. φ. και ταις τελειωσεσιν L; inluminationibus (pro τοις φωτισμοις) et consecrationibus (pro ταις τελειωσεσιν) La[123], vgl. Esdr II 17 65 לאורים ותמים: φωτίσων] τοις φωτισμοις και ταις τελειωσεσιν 93-108 (deest 19) Compl[2],

Esdr II 4 2 המעלה: τοῦ ἐνέγκαντος (=Esdr I 5 66 ὃς μετήγαγεν (omnes))] του αναγαγοντος L[3],

---

[1]) Bei dieser Kategorie muss berücksichtigt werden, dass angesichts der nur fragmentarischen Überlieferung der Übersetzungen des 2. Jh.s n. Chr. bei Verankerung auch des ursprünglichen Äquivalents in älterer Übersetzungstradition der LXX das Fehlen eines α'-Belegs auch zufällig sein kann, so dass sich bei besser erhaltener bzw. noch zu entdeckender Überlieferung an hexaplarischen Noten dieser Textbereich mit dem in der ersten Kategorie zusammengestellten identisch wäre.

[2]) Die erklärende Übersetzung der אורים und תמים ist an allen Stellen ihres Vorkommens ausser in Esdr II – in Exod 28 26 (30) Lev 8 8 Deut 33 8, für allein stehendes אורים auch in Num 27 21 Reg I 28 6 –, die von Esdr I 5 40 übernommene: δήλωσις für אורים (δῆλοι in Num Deut Reg I) und ἀλήθεια für תמים; Bildungen aus den Stämmen φωτ- und τελ(ει)- sind abgesehen von Esdr II eindeutig nur für die späteren Übersetzungen nachgewiesen: φωτισμός für α' σ' θ' (λ') in Exod, für α' θ' in Lev, für θ' in Num, für α' in Reg I, aber δήλων für σ' in Reg I, τελειότης für α' σ' θ' (λ') in Exod, für ἄλλοι in Num, für σ' in Deut, τελείωσις für α' θ' und τέλειοι sine nomine in Lev: Dem Stamm der Äquivalente nach wäre Esdr II die einzige Vorlage in der ursprünglichen LXX, der Wortbildung nach beruhte die lukianische Rezension am deutlichsten auf Aquila. Doch ist die Äquivalenz der hebräischen Wortstämme אור- und תמ(מ)- dort, wo sie nicht in der Sonderbedeutung der אורים und תֻמִּים verwendet sind, mit Bildungen aus φῶς und τέλειος sowohl in LXX als auch bei α' die bestbezeugte.

[3]) Lukianische Korrektur des Hiphil von עלה: הֶעֱלָה, in ανηγαγε (L Aeth[-B] Compl) gegenüber ursprünglichem ἀναβαίνοντα, das Partizip des Qal, הָעֹלֶה, vorausgesetzt, liegt auch in 2 11 vor – die Parallelstelle in Esdr I 2 14 liest einhellig ἀνηνέχθη –, während an den übrigen Hiphilstellen von עלה in Esdr II als Äquivalent einhellig Bildungen des Compositum ἀναφέρειν überliefert sind, das für das gleiche hebräische Grundwort neben ἀνάγειν auch mehrfach für Aquila nachgewiesen ist. Diese Doppelüberlieferung ist – das wäre von hierher sowohl als lukianisch als auch als aquilanisch zugestandenes Prinzip zu bestimmen – von der Bedeutung des Begriffs im Kontext her, als Interpretation, zu erklären: in Esdr II 3 2 6 2 038 (39) als auch in der übrigen LXX bestüberlieferte stereotype Wendung für die Darbringung von Opfergaben, in 2 2 31 für das Geleiten der Fürsten auf die Mauer, das vom Heraufführen in das Land (11 1 42) unterschieden wird. Ein analoger Fall liegt in Esdr II 22 27 (ם)להביא: τοῦ ἐνέγκαι (αὐτούς)] του

Esdr II 6₁₂ להשניה: ἀλλάξαι (= Esdr I 6₃₂ κωλῦσαι (omnes))] αλλοιωσαι L,
Esdr II 6₁₆ גלותא: ἀποικεσίας (= Esdr I 7₆ τῆς αἰχμαλωσίας (omnes))] αποικιας (pr της L) L 98-243-248-731 55 Compl[1],

---

αγαγειν (*ut perducerent* La) 93-108 (deest 19 121) La[123] vor: Die sowohl in LXX als auch in L für φέρειν und für ἄγειν zugelassene Äquivalenz mit Hiphil von בוא wird auf Grund dieser vorgegebenen Übersetzungstradition lukianisch interpretierend für die „Heraufführung" der Leviten nach Jerusalem ausgewertet. Vgl. den analogen Befund für ἐξάγειν und ἐκφέρειν als Äquivalent für Hiphil von יצא S.82f.

[1]) Da sowohl die Bildung ἀποικεσία als auch ἀποικία nach Kriterien der Textherstellung als Doppelüberlieferung sowohl in der ursprünglichen Textform der Übersetzung als auch in der lukianischen Rezension als gleichbedeutende Äquivalente für גולה vorausgesetzt werden müssen (vgl. S.352-354), kann der für Aquila vorliegende Befund, nach welchem nur ἀποικία als Äquivalent für גולה, ἀποικεσία aber überhaupt nicht bezeugt ist, für die lukianische Rezension nur als eine Tendenz neben einer zweiten postuliert werden, die als Analogieverfahren innerhalb der ursprünglichen und Esdr II eigentümlichen Äquivalenz zwischen גולה und ἀποικεσία bestimmt werden könnte. Die mit Aquila übereinstimmende lukianische Tendenz liegt auch in Esdr II 8₃₅ vor, wo von L bezeugtes της αποικιας dem für גולה singulären ursprünglichen Äquivalent τῆς παροικίας gegenübersteht, das im ursprünglichen Übersetzungstext am ehesten als Interpretation zu erklären ist, da die gleichbedeutenden Begriffe ἀποικεσία und ἀποικία für den Übersetzer aus dem Grund nicht in Frage kommen konnten, weil sie für ihn in der Bedeutung der „Verbannung" bzw. „Gefangenschaft" eine Tautologie mit dem vorgeordneten Begriff τῆς αἰχμαλωσίας bedeutet hätten; mit παροικία – dem Äquivalent für מגורה – werden die heimgekehrten Verbannten als nunmehr im Land wieder „Ansässige" bezeichnet. In der Bedeutung des abstractum der „Gefangenschaft" bzw. „Verbannung" im Unterschied zur „Gemeinschaft der Verbannten" wird auch der nur Ier und Bar bekannte Begriff ἀποικισμός, mit welchem dort die beiden Bedeutungen, ἀποικία für die Deportierten, ἀποικισμός für die Deportation – in Ier 26(46)₁₉ und 31(48)₁₁ für גולה, in 50(43)₁₁ für שבי, in Bar 2₃₀ ₃₂ ohne hebräische Vorlage –, voneinander unterschieden werden, in Ier 26(46)₁₉ von S* und dem lukianischen Zeugen 311 in αποικια korrigiert. Mit e i n e m Äquivalent, αἰχμαλωσία, das sowohl für גולה als auch für שבי steht, werden in der Übersetzung von Esdr I, die weder ἀποικία noch ἀποικεσία noch ἀποικισμός kennt, beide Bedeutungen, die Schar der Deportierten und die Deportation, umfasst. Merkwürdig und für die Frage der gegenseitigen Abhängigkeit beider Esrabücher in ihrem ursprünglichen Übersetzungstext von Bedeutung ist der Befund, dass an der einzigen Stelle, an der wie in Esdr II 8₃₅, שבי בני הגולה, die beiden Begriffe einander im status constructus zugeordnet sind, am Anfang der Heimkehrerliste in 2₁ (= 1₇₆): שבי הגולה, wo Esdr II den hier nur als die Körperschaft der Heimkehrer bestimmbaren Begriff der גולה mit dem Äquivalent τῆς ἀποικίας wiedergibt – L korrigiert in 1₇₆ in της αποικεσιας –, im Paralleltext von Esdr I (57) τῆς παροικίας als ursprüngliches Äquivalent erscheint, das nur lukianisch, von 108 (deest 19) 121 und La (*transmigrationis*), in της αποικεσιας korrigiert ist, während im Paralleltext zu Esdr II 8₃₅, in Esdr I 8₆₃, die beiden Begriffe nach einhelliger Überlieferung in das eine Äquivalent τῆς αἰχμαλωσίας zusammengefasst sind. Die Bezeichnung der גולה als παροικία im Sinn der nunmehr wieder im Land ansässigen גולה lässt sich zwar auch in der Aussage von Esdr II 2₁ = 1₇₆ aufrecht erhalten, aber, da von ihr hier zunächst gesagt ist, dass „Nebukadnezar sie nach Babylon führte", nur im übertragenen, nicht im eigentlichen Sinn wie in Esdr II 8₃₅, wo es um die heimgekehrte גולה geht, die jetzt, nach geschehener Heimkehr, Opfer darbringt. Sicher ist, dass die singuläre Äquivalenz zwischen גולה und παροικία – wenn auch an je verschiedenen Stellen in Esdr II und in Esdr I –, da eine von 𝔐 abweichende Vorlage

Esdr II 7₁₀ (לבבו) הכין: ἔδωκεν (ἐν καρδίᾳ αὐτοῦ) (= Esdr I 8₇ (lib: πολλὴν ἐπιστήμην περιεῖχεν (περ. επιστ. L)))] ητοιμασε (-μαζε 19'; *conposuit* La) (την καρδιαν) *L* La¹²³ Compl,

Esdr II 7₂₈ הגברים: τῶν ἐπηρμένων (= Esdr I 8₂₆ μεγιστάνων (vid; pr των *L* 71-134 98 55))] των δυνατων (*potentium* La: cf Ꝺ) *L* La¹²³, mit den hexaplarischen und lukianischen Zeugen – δυνατος εν ισχυι gegenüber ἐπηρμένος δυνάμει des B-Textes für גבור חיל – bezeugt auch im A-Text von Iud 11₁,

Esdr II 8₄ הזכרים: τὰ ἀρσενικά (= Esdr I 8₃₁ ἄνδρες (omnes))] αρσενες *L*,

Esdr II 8₂₀ (בשמות) נקבו: συνήχθησαν (ἐν ὀνόμασιν) (= Esdr I 8₄₈ ἐσημάνθη (-θησαν *L*; ονομασθη A) (ἡ ὀνοματογραφία (om ἡ B' 71'; εν ονοματογραφια *L*)))] ωνομασθησαν (ον. 19-93; *citati sunt* La) (ονομασιν) *L* La¹²³ Compl)¹,

Esdr II 9₁ (כ)תועבת(יהם): (ἐν) μακρύμμασιν (αὐτῶν) (= Esdr I 8₆₆ (κατὰ) τὰς ἀκαθαρσίας (αὐτῶν) (απο της ακαθαρσιας αυτων *L* La^C))] (εν) τοις βδελυγμασιν (*in abominationibus* La) (αυτων) *L* La¹²³ Aeth^-B (vid) Compl: cf 11², als lukianische Dublette: Esdr II 8₃₁ (איב ו)אורב: (ἐχθροῦ καὶ) πολεμίου (= Esdr I 8₆₀ lib (ἀπὸ παντὸς ἐχθροῦ omnes))] + ενεδρευοντος *L*; (*inimici et*) *insidiatoris* (pro ενεδρευοντος) La¹²³,

(2) in den von Esdr I nicht mitüberlieferten Teilen: Esdr II 12₂ חולה: μετριάζων] αρρωστων (*infirmus* La) *L'* La¹²³ Compl³,

Esdr II 12₉ שר: ἀρχηγούς] αρχοντα *L*, die entsprechend bezeugte Äquivalenz überliefert auch in Par I 26₂₆ (*L* Tht),

Esdr II 12₁₉ (ו)ילעגו: (καὶ) ἐξεγέλαυαν] (και) εξεμυκτηρισαν *L*: cf 14₁ (13₃₃),

Esdr II 13₃₁ הפנה: τῆς καμπῆς] της γωνιας (*anguli* La) *L* La¹²³ ⁴,

---

mit מגורה an Stelle von גולה unwahrscheinlich bleibt, ohne die Annahme gegenseitiger Abhängigkeit der ursprünglichen Textform beider Esrabücher schwer erklärbar wäre. Vgl. S.7-10 mit Anm.2 auf S.10.

¹) Das ursprüngliche Äquivalent συνήχθησαν geht wahrscheinlich auf die Vorlage נקבצו zurück.

²) Die Nominalbildung μάκρυμμα, die in LXX nur in Esdr II 9₁ und ₁₁, als Äquivalent für תועבה, nachgewiesen ist, ausserhalb der LXX nur in der (in L.-S. fehlenden) wahrscheinlich auf diese Stellen zurückgehenden Notiz des Hesych ἐν μακρύμ<μ>ασιν · ἐν ἀποστασίαις, ist, obwohl diese Äquivalenz auch bei anderen Bildungen aus dem Stamm μακρ- in LXX nicht belegt ist – am häufigsten liegen Bildungen von רחק, vgl. das genuine α'-Wort μακρυσμός für רחקים in Ps 55(56)₁, für משך in Ps 119(120)₅ zu Grunde –, nicht auf eine von M abweichende Vorlage zurückzuführen, sondern im Sinn der hesychianischen Glossierung als Interpretation des den hier den Götzendienst der fremden Völker bezeichnenden Begriffs im Sinn der Entfernung, des Abfalls, vom rechtmässigen Gottesdienst Israels zu erklären; vgl. z. B. Ps 72(73)₂₇ οἱ μακρύνοντες ἑαυτοὺς ἀπὸ σοῦ (für רחקיך) neben πάντα τὸν πορνεύοντα ἀπὸ σοῦ (für כל-זונה ממך) in der gleichen Bedeutung wie ἀποστασία für מרד (Ios 22₂₂), בליעל (Reg III 20(21)₁₃, מעל (Par II 29₁₉, cf 31₉) und משובה (Ier 21₉; nicht mit H.-R. רעה, wofür κακία steht: die Begriffe sind in LXX umgestellt (vgl. die hexaplarischen Noten)).

³) Das Wort ist in LXX Hapaxlegommenon. Zur Überlieferung in Syh vgl. ed. Esdr II Einl. S. 14, zur ausserbiblischen Überlieferung S.399 Anm.2.

14₇ (1) הפרצים: αἱ διασφαγαί] αι διακοπαι (*intercisionis* La) 93 La¹²³ (vid)¹,
14₈ (2) להלחם: παρατάξασθαι] πολεμησαι *L*², hexaplarisch und lukianisch gegenüber παρατάσσεσθαι des B-Textes bezeugt auch im A-Text von Iud 13 5₂₀ 81 9₁₇ ₃₈,
Esdr II 16₆ למרוד: ἀποστατῆσαι] αποστηναι *L*: cf 19₂₆ (ἀπέστησαν omnes),
Esdr II 19₆ צבא(ם): τὴν στάσιν (αὐτῶν)] τας δυναμεις (*virtutes* La¹²³ Spec Ps Vig) (αυτων) *L* La¹²³ Aeth (vid) Spec Ps Vig Var Compl³,
Esdr II 19₂₅ בצרות: ὑψηλάς] οχυρας (*munitas* La) *L* La¹²³ La¹²⁵ (als Dublette)⁴,
Esdr II 19₁₇ ערפ(ם): τὸν τράχηλον (αὐτῶν)] τον νωτον (αυτων) *L*,
Esdr II 19₂₉ כתף: νῶτον] ωμον *L*,
als lukianische Dublette: Esdr II 14₁ (13₃₃) ויחר לו: καὶ πονηρὸν ἦν αὐτῷ (και (> V) πον. εφανη (post αυτω tr B Sixt) αυτω B V Sixt: cf 7)] + και ελυπηθη *L*; *et contristatus est* La¹²³; die gleiche Überlieferung auch in v. 7 (1), die lukianische Äquivalenz ursprünglich und einhellig in 15₆⁵.
(3) als Zwischenglied des Übergangs von aquilanischer Herkunft zu der des Symmachos:
Esdr II 14 רכוש(ב): (ἐν) ἀποσκευῇ (= Esdr I 2₆ lib: ἐν δόσεσιν μεθ' ἵππων (omnes))] (εν) υπαρξει (*substantia* La) *L* La¹²³ Compl, die gleiche Bezeugung auch in 6 gegenüber ἵπποις (omnes) in Esdr I 2₈ (für ברכש) und in Par II 21₁₇ (כל-הרכוש: πᾶσαν τὴν ἀποσκευήν] την πασαν υπαρξιν *L*), bei ursprünglichem Äquivalent τῇ κτήσει (ἡμῶν) für רכוש(נו) und lukianischer Korrektur τη υπαρξει (sic *L*; La¹²³ *facultatibus*) in Esdr II 8₂₁ (Esdr I 8₅₀ κτήνεσιν (omnes)), aber einhellig bezeugtem ἡ ὕπαρξις in Esdr II 10₈, wo in der Parallelstelle von Esdr I (9₄) ursprüngliches τὰ κτήνη lukianisch in τα υπαρχοντα korrigiert ist (so *L*; La^V *facultates*; La^C (mitsamt La¹²³) *pecora*): Die lukianische Äquivalenz von Esdr II: ὕπαρξις für רכוש ist nur für Symmachos belegt: Gen 14₂₁ (α' hat περιουσία), dagegen die in Esdr I lukianisch überlieferte, ὑπάρχοντα, nach Pitras Ergänzungen zu

---

⁴) Das Nomen γωνία ist in Esdr II für die Äquivalenz מקצוע reserviert (13₁₉ ₂₀ ₂₄ ₂₅), die, gleicherweise wie diejenige mit פנה (Exod 27₂), schon im Pentateuch verankert ist: Exod 26₂₃ ₂₄, während das Nomen καμπή in LXX nur in Esdr II und hier nur in 13₂₄ und ₃₁, als Äquivalent für פנה, überliefert ist – die dritte Stelle mit פנה, 13₃₂, ist im ursprünglichen Übersetzungstext um den Ausdruck עלית הפנה verkürzt, hexaplarisch-lukianisch halb, mit (της) αναβασεως für עלית, und nur von La¹²³ entsprechend der lukianischen Äquivalenz für פנה, mit *superiorum anguli*, ganz nach 𝔐 ergänzt –; die von den lukianischen Zeugen 19' überlieferte, anderwärts nicht nachgewiesene Bildung σκαμνης für die Äquivalenz פנה - καμπης, die hier der entsprechenden מקצוע - γωνίας nebengeordnet erscheint, ist nicht der lukianischen Tradition zuzuweisen, sondern am ehesten aus Dittographie nach vorangehendem εως und aus Unzialverschreibung von N für Π zu erklären; vgl. ed. Esdr II Einl. S. 61.
¹) Zum Textcharakter von Hs. 93 vgl. S.13 Anm.3.
²) Die Zuordnung des Äquivalents *pugnare*, das La¹²³ sowohl hier als auch in 14₁₄ (8) bezeugt, wo die griechischen Zeugen einhellig παρατάξασθε überliefern, bleibt ungesichert.
³) Das für צבא in LXX singuläre Äquivalent στάσις ist aus einer vom Übersetzer vorausgesetzten Nominalbildung aus dem Stamm יצב zu erklären; vgl. τῆς στάσεως für מצב in Iud 9₆ (lukianisch in της ουσης korrigiert).
⁴) Die altlateinische Äquivalenz ist gesichert durch La¹⁰⁹ in Par II 8₄ und 12₄.
⁵) Vgl. S.156.

Field – zwar nur als mit dem ursprünglichen Text identisches Äquivalent, während ὕπαρξις, ὑπάρχοντα für רכוש aquilanisch anderwärts nicht nachgewiesen ist, – für Aquila: Gen 12₅.

Esdr II 7₂₆ לֶאֱסוּרִין (לְ): (εἰς) δεσμά (= Esdr I 8₂₄ ἁρπαγῇ (επαγωγη 130-370* (vid) 58; δεσμευσαι L))] (εἰς) φυλακήν (εγκλεισαι) L Compl: Die für den Stamm אסר in LXX sowohl für δεσμός, δεσμά als auch für φυλακή nachgewiesene Äquivalenz[1] erscheint bei den jüngeren Übersetzungen in der Weise wieder, dass das lukianische Äquivalent φυλακή für אסר bei Aquila nur ungesichert, als hexaplarisch überlieferter Zusatz, bei dem die aquilanische Äquivalenz vielleicht nicht berücksichtigt ist – dafür spräche die besser bezeugte Äquivalenz für die Stämme שמר und נצר – in Ier 44(37)₁₅ überliefert ist, bei Symmachos aber, der das aquilanische Prinzip der möglichst konsequenten Äquivalenz nicht kennt, neben anderen Äquivalenten auch für אסר: in Eccl 4₁₄.

(4) lukianische Übernahme in LXX und den jüngeren Übersetzungen überlieferten Wortgutes in Verbindung mit anderen Kriterien der Rezension:

Esdr II 4₆ יֹשְׁבֵי־(עַל): (ἐπὶ) οἰκοῦντας] (περι) των κατοικουντων L: cf 13₂₆ 14₁₂ (6) 17₃, gegenüber 21₁ יָשְׁבוּ(וַ): (καὶ) ἐκάθισαν omnes, לָשֶׁבֶת: καθίσαι] ὥστε οικειν L La¹²³ 2 לָשֶׁבֶת: καθίσαι] κατοικησαι (habitare La) L La¹²³, die Äquivalenz ישׁב 𝔐, LXX καθίζειν, L La¹²³ κατοικεῖν auch in v. 3 (bis) 4 25, in 21₆ οι κατοικησαντες (qui habitabant La) 93-108 (deest 19) La¹²³ für οἱ καθήμενοι, in 9₃ ἐκάθισα L (= Esdr I 8₆₈ (omnes (-σε L Laᶜ)) für ἐκαθήμην und 2₇₀ κατῳκησαν (habitaverunt La) L La¹²³ für ἐκάθισαν (= Esdr I 5₄₅ κατῳκίσθησαν (-κειθ. 55)): Die lukianische Äquivalenz von ישׁב mit κατοικεῖν wie auch die Indifferenz zwischen καθῆσθαι und καθίζειν entsprechen der Überlieferung Aquilas, der nur das Simplex οἰκεῖν für שכן reserviert. Die lukianische Entscheidung zwischen beiden Äquivalenten beruht nicht auf Inkonsequenz, sondern auf Interpretation, sicher in 9₃, wo die Aussage über Esras Erschütterung nur eine Form von καθίζειν oder καθῆσθαι (vgl. v. 4 καθήμενος (omnes)) zulässt, wahrscheinlich auch in 21₁, wo nach lukianischem Verständnis zuerst vom „Sichniederlassen" der Obersten die Rede ist (ἐκάθισαν omnes), erst danach von ihrem „Wohnen" in Jerusalem.

Esdr II 19₂₁ בְּצֵקוּ לֹא וְרַגְלֵיהֶם בָלוּ לֹא שַׂלְמֹתֵיהֶם: ἱμάτια αὐτῶν οὐκ ἐπαλαιώθησαν καὶ ὑποδήματα αὐτῶν οὐ διερράγησαν] τα ιμ. αυτων ου κατετριβη (sunt trita La¹²³ (hab sunt facta vetera La¹²⁵, inveteraverunt 𝔒)) και (> 19′) υποδ. (pr τα S 19′; ποδες B′ Aeth Sixt Ra.) α. ου διερρ. (om υποδ. α. ου διερρ. 93 La¹²³ = 𝔐) και οι ποδες αυτων ουκ ετυλωθησαν L La¹²³ ¹²⁵ = 𝔐: Unter Voraussetzung dieser Rekonstruktion des ursprünglichen Textes[2] lässt sich die lukianische Äquivalenz zwischen בלה und κατετριβη für ursprüngliches ἐπαλαιώθησαν sowohl von aquilanischer Tradition her, nach der κατατρίβειν als einziges Äquivalent für בלה überliefert ist, erklären als auch von dem lukianischen Prinzip der Angleichung an vorgegebene Formulierungen im ursprünglichen Übersetzungstext von Deut 8₄ und 29₅ (4) her; für den unmittelbaren Rückbezug auf diese Stellen

---

[1]) Vgl. S.91 Anm.3.
[2]) Vgl. „Der ursprüngliche Text" 5.1.2. S.362-364 mit S.363 Anm.1 und S.364 Anm.1.

spricht die Wahl des Äquivalents ετυλωθησαν im zweiten Glied, die im ursprünglichen Text der LXX nur in Deut 8₄ – hier sinngemäss für בצקה – überliefert ist, und die mit der ursprünglichen Äquivalenz in Deut 2₇ (vgl. auch 15₈) übereinstimmende lukianische Entscheidung für επεδεηθησαν an Stelle von ursprünglichem ὑστέρησεν für חסרו in Esdr II 19₂₁ₐ. Lukianische Übernahme auch singulärer Wortäquivalenz aus dem Vokabular der Thora ist nicht auszuschliessen in der von L bezeugten Ersetzung des Ausdrucks ἐν ξενίοις durch εν δωροις in Esdr II 1₆ für במגדנות entsprechend der in LXX nur hier – hier einhellig – bezeugten Äquivalenz in Gen 24₅₃ – an beiden Stellen als Bezeichnung des Gastgeschenks im fremden Land –, die im vorangehenden Befehl der hier berichteten Ausführung, Esdr II 1₄, lukianisch auch an Stelle des Ausdrucks μετὰ τοῦ ἑκουσίου für עם־הנדבה eingetragen wird.

Esdr II 1₄ (הו)ינשאו: λήμψονται (αὐτόν) (= Esdr I 2₆ (βοηθείτωσαν αὐτῷ (omnes))] αντιλαμβανεσθωσαν (αυτου) L (La¹²³ inc: *accipient illi*)   Esdr II 1₆ יחזקו: ἐνίσχυσαν (= Esdr I 2₈ ἐβοήθησαν (-θουν L Ios Ant XI 9))] αντελαμβανοντο L (108ᵗˣᵗ); *auxiliabuntur* La¹²³   Esdr II 10₁₅ (ם)עזר: βοηθῶν (αὐτοῖς) (= Esdr I 9₁₄ συνεβράβευσαν (omnes))] αντελαμβανοντο L Compl; *adiuvabant* La¹²³. Während die Äquivalente der ursprünglichen Textform: λαμβάνειν für נשא, ἐνισχύειν für חזק und βοηθεῖν für עזר, mit dieser Äquivalenz gut in der älteren Übersetzungstradition von LXX, α' und σ' verankert sind – am schwächsten λαμβάνειν für נשא, wo das bestbezeugte Grundwort לקח ist, נשא aber ausser in LXX doch auch mehrfach bei α' und σ' nachgewiesen ist –, erscheint das für alle drei Grundwörter lukianisch überlieferte Äquivalent ἀντιλαμβάνειν zwar nur für חזק in LXX gut bezeugt – für עזר nur in Ps 117(118)₁₃ und Par I 22₁₇ II 28₂₃, für נשא in Reg III 9₁₁ und Ez 20₅₆ –, für andere Äquivalente aber auch aquilanisch und bei σ': für תמך bei α' in Ps 16(17)₅, für α'θ' entsprechend LXX in Is 42₁, bei α'σ'θ' in Is 41₁₀, für סמך bei σ' in Ps 36(37)₁₇. Als Erklärung lässt sich auf vorgegebener Überlieferung beruhende Nivellierung synonymer Begriffe vermuten.

(5) Die gleiche Tendenz der lukianischen Äquivalenz zum im ursprünglichen Übersetzungstext der älteren Tradition verankerten, von Aquila und Symmachos oder von diesem allein weitergetragenen Wortgut kann sich auch in den nur lukianisch überlieferten Rezensionselementen zeigen, die nicht ein abweichendes ursprüngliches Äquivalent der gleichen Vorlage ersetzen:

a) Bei von 𝔐 abweichender Vorlage der LXX: Esdr II 12₁₃ κατανοων (*inspiciens* La) für שבר = 𝔐 (LXX συντρίβων für שבר¹)): Die lukianische Äquivalenz ist weder in LXX noch in den jüngeren Übersetzungen nachgewiesen, aber das Verbum κατανοεῖν sowohl in LXX als auch in α'σ'. Esdr II 9₂ συνεμιγη L Aeth⁻ᴮ Arm für התערבו (= Esdr I 8₆₇ ἐπεμίγη (omnes)) gegenüber LXX παρήχθη für עבר (?): Die lukianische Äquivalenz bezeugt LXX in Prov 11₁₅, σ' auch in Prov 14₁₀.

b) In lukianischen Zusätzen nach 𝔐: Esdr II 14₆ (13₃₈) συνηφθη L Aeth⁻ᴮ (sim) für ותקשר: Die lukianische Äquivalenz liegt in LXX nur in Reg III 16₂₀ (omnes), aber bei σ'

---

¹) Vgl. S.28.

neben anderen Äquivalenten auch für קשׁר in Iob 38:31 vor. Esdr II 19:29 υπερηφανευσαντο (*superbi fuerunt* La¹²³; *spreverunt* (mend pro *superbi(v)erunt?*) La¹²⁵) *L'* La¹²³ ¹²⁵ Compl für הוידו: Die lukianische Äquivalenz ist auch in Esdr II 19:16 und Dan θ' 5:20 einhellig bezeugt und nur für dieses Grundwort, ידה, mehrfach bei α'σ'.

3. In diese Kategorie des lukianischen Rezensionsprinzips, das grundsätzlich als Übernahme aus der ihrerseits auf der ursprünglichen Textform der LXX beruhenden Wortäquivalenz der Übersetzungen des 2. Jahrhunderts n. Chr. zu bestimmen ist, gehören auch die Fälle, in denen das lukianisch überlieferte Wortgut in der entsprechenden Äquivalenz mit dem hebräischen bzw. aramäischen Grundwort nur bei Symmachos nachgewiesen ist, während sich eine Zuordnung zu Aquila, sei es weil die Überlieferung versagt, sei es weil die aquilanische Äquivalenz ausnahmslos auf einen anderen Wortstamm der Vorlage festgelegt ist, nicht feststellen bzw. ausschliessen lässt:

Esdr II 6:12 (שׂמת (טעם: ἔθηκα (γνώμην) (= Esdr I 6:33 δεδογμάτικα (omnes))] εταξα (την γνωμην) *L*: bei α' sind für τάσσειν andere Äquivalente belegt, bei σ' שׂים für τάσσειν mehrfach: Ps 19(18):5 39(38):9 66(65):2 9 81(80):6 107(106):41,

Esdr II 7:18 ייטב: ἀγαθυνθῇ (= Esdr I 8:16 lib (βούλη omnes)] αρεση (*placuerit* La) 93 La¹²³ ¹: gegenüber der einhelligen Äquivalenz von ἀγαθύνειν mit טוב, יטב bei α' ist καὶ ἀρέσει für ותיטב bei σ' nachgewiesen in Ps 69(68):32,

Esdr II 9:12 (טובתם): ἀγαθὸν (αὐτῶν) (cf Esdr I 8:82 (lib))] συμφεροντα αυτων (*quae utilia sunt illis* La) *L* La¹²³: Bei in LXX einhellig vorgegebener Äquivalenz der lukianischen Tradition der analogen Formulierung in Deut 23:6 (7), συμφέροντα αὐτοῖς, ist das bei α' nicht nachgewiesene Äquivalent bei σ' an allen für ihn überlieferten Stellen, Reg II 17:14 Ps 118(119):71 Eccl 7:1 (6:12), Äquivalent für Bildungen von טוב.

Esdr II 12:3 אכלו: κατεβρώθησαν] ανηλωμεναι (*consumptae* La) *L* La¹²³   13 אכלו: κατεβρώθησαν] ταις ανηλωμεναις (*consumptae* La) *L* La¹²³: Bei in LXX für אכל mehrfach bezeugter Äquivalenz der lukianischen Tradition ist das bei α' nur in Gen 45:11 für ירשׁ nachgewiesene Äquivalent bei σ' am häufigsten für Bildungen vom Stamm כלה überliefert (Iob 7:6 9 Ps 30(31):11 58(59):14 70(71):13 89(90):7 9 Is 10:18 27:10 29:20 Ier 20:18 Ez 5:12 22:31), der hier, wie schon mehrfach im ursprünglichen Übersetzungstext der LXX, auf Grund der semantischen Nähe beider Begriffe mit Bildungen des Stammes אכל verwechselt worden sein dürfte; dafür spricht die in Ps 17(18):9 für σ' nachgewiesene Äquivalenz תאכל - ἀναλίσκον.

Esdr II 14:13 (7) (רמחי(הם): λόγχας (αὐτῶν)] των δορατων (αυτων) *L* Compl: gegenüber der einhelligen Äquivalenz von δόρυ mit חנית bei α' ist δόρυ für רמח bei σ' nachgewiesen in Num 25:7.

Esdr II 15:5 (אין) לאל (ידינו): (οὐκ) ἔστιν δύναμις (χειρῶν ἡμῶν)] (ουκ) ισχυει (*valet* La) (η χειρ ημων) *L* La¹²³: δύναμις ist als Äquivalent für אל in LXX nur hier überliefert, die lukianisch bezeugte Form dieser Wendung ausser der einhelligen Überlieferung von LXX

---

¹) Zur Bezeugung vgl. S.13 mit Anm.3.

in Gen 31₂₉ und Deut 28₃₂ von σ' in Mich 2₁, wo LXX als Äquivalent θεός, α' ἰσχυρός und θ' ἰσχύς bezeugt,

Esdr II 19₉ עֳנִי: τὴν ταπείνωσιν] την κακωσιν *L*; την κακιαν S^{mg}; *vexationem* La[123]: bei Verankerung beider Äquivalente für עֳנִי in LXX[1] und nur einem Beleg von κάκωσις für רַע bei α' (Eccl 4₇ ₍₃₎ α' θ') ist κάκωσις ausser für רַע für Bildungen mit עֳנִי mehrfach belegt bei σ': Ps 30(31)₈ 43(44)₂₅ 87(88)₁₀ 106(107)₄₁[2],

Esdr II 19₂₈ וַיִּרְדּוּ(ן): (καὶ) κατῆρξαν] (καὶ) επαιδευοντο (*emendabant* La[123] (hab *dominati sunt* La[125]) *L* La[123]: bei für den Stamm רדד in LXX nicht nachgewiesener Äquivalenz mit κατάρχειν — nur in Gen 1₂₆ und ₂₈ mit ἄρχειν — ist diejenige mit dem Äquivalent παιδεύειν, das grundsätzlich sowohl in LXX als auch in α' und σ' יסר als Vorlage vorbehalten bleibt, in σ' zweimal auch für רדה nachgewiesen: in Thren 1₁₃ gegen κατάγειν in LXX und Ps 109(110)₂ gegen κατακυριεύειν in LXX, Quinta und Sexta, ἐπικρατεῖν bei α', in Gen 1₂₈ auch bei θ' gegen ἄρχειν in LXX, ἐπικρατεῖν bei α' und χειροῦσθαι bei σ',

Esdr II 20₃₂ ₍₃₃₎ (לְ)עֲבֹדַת: (εἰς) δουλείαν] (εις) λατρειαν *L*: bei Verankerung beider Äquivalente für עֲבֹדָה in LXX gegenüber α'-Belegen mit Bildungen von עבד nur für δουλεία ist ein σ'-Beleg bezeugt für die Äquivalenz עֲבֹדַת - λατρεία in Is 32₁₇ (LXX κρατήσει, α' δουλεία).

Bei scheinbar uneinheitlicher σ'-Überlieferung: Esdr II 13₁₅ הַמַּעֲלוֹת: τῶν κλιμάκων] των βαθμων *L* Compl: cf 22₃₇: Bei nur in Esdr II an diesen beiden Stellen in LXX überlieferter Äquivalenz – κλίμαξ steht anderwärts in Gen 28₁₂ noch für סֻלָּם – ist das in Reg IV 20₉₋₁₁ für מַעֲלָה in B als βαθμός, bei den übrigen als ἀναβαθμός bezeugte Äquivalent im Paralleltext von Is 38₈ gegenüber ursprünglichem ἀναβαθμός von einem lukianischen Zeugen, 36, in βαθμός korrigiert, für σ' aber einmal mit ἀναβαθμός, einmal mit βαθμός überliefert; doch ist βαθμός als das genuine σ'-Äquivalent anzunehmen[3].

Bei Berührung mit der Überlieferung des Josephus: Esdr II 6₁₀ (לְ)חַיֵּי (מַלְכָּא): (εἰς) ζωὴν (τοῦ βασιλέως) (= Esdr I 6₃₀ (ὑπὲρ τοῦ βασιλέως ... περὶ τῆς αὐτῶν ζωῆς (ζ. αυτων

---

[1]) Zum hexaplarischen Äquivalent vgl. S.202.

[2]) Auch die für σ' überlieferte Note κάκωσις für עָוֹן in Ps 30(31)₁₁ dürfte, da diese Äquivalenz in LXX nirgends nachgewiesen ist, auf עֳנִי als Vorlage zurückgehen; vgl. aber die Äquivalenz von עָוֹן mit κακία in Par I 21₈ Ier 13₂₂ 16₁₈.

[3]) Die Unterscheidung der Übersetzungsäquivalente für die Nominalbildung מַעֲלוֹת in diesem sowohl in der masoretischen Überlieferung von Is 38₈ und dem Paralleltext Reg IV 20₉₋₁₁ als auch in der Übersetzung der LXX schwer verständlichen Text hat nur hinsichtlich des Wechsels zwischen ἀναβαθμός und βαθμός einerseits: aus מַעֲלָה, und ἀνάβασις anderseits: aus מַעֲלֶה, exegetische Gründe, hinsichtlich des Wechsels zwischen ἀναβαθμός und βαθμός aber traditionsgeschichtliche Gründe der Übersetzungsäquivalenz. Da ἀναβαθμός in Is 38₈ das Äquivalent des ursprünglichen LXX-Textes ist, muss das von 86 Chr überlieferte βαθμός als das ursprüngliche σ'-Äquivalent bestimmt werden, das von Eus Chr Tht überlieferte ἀναβαθμός aber als das in den ganzen Symmachos zugeschriebenen Satzzusammenhang aus der LXX-Übersetzung übernommene Synonym, dessen Sonderform des σ'-Äquivalents nicht berücksichtigt worden ist (vgl. S.86).

ενδελεχως L La^C))] (περι) της σωτηριας (pro salute La) L La^123: cf Ios Ant XI 102 (ὑπὲρ τῆς σωτηρίας τοῦ βασιλέως): Bei Fehlen der Äquivalenz חיה-σωτηρία in LXX – doch werden Bildungen des Verbums חיה in Gen 47_27 Ps 29(30)_4 Prov 15_27 4_11 mit σῴζειν wiedergegeben – ist die bei α' einhellig, auch bei σ' fast einhellig überlieferte Äquivalenz zwischen σωτηρία mit Bildungen von ישע bei σ' doch an einigen Stellen durchbrochen, in Reg II 11_7 durch die Äquivalenz mit שלום (LXX εἰρήνη, L mit θ' ὑγιείνειν), Ps 42(43)_2 mit מעוז (LXX κραταίωμα, ἄλλος· ἰσχύς) – Is 28_29 תושיה setzt bei σ' für σωτηρίαν תשועה voraus –, so auch σωτηρίαν σ' für מחיה in Gen 45_5 (LXX ζωήν, α' ζώωσιν) und wahrscheinlich σῶσον für חיי in Ps 118(119)_88 für syrohexaplarisches שובני.

Als lukianische Dublette in dem in Esdr I fehlenden Vers Esdr II 4_6 שטנה: ἐπιστολήν] + και εναντιωσιν L: als σ'-Äquivalent ist die lukianische Dublette an Stelle von ursprünglichem ἐχθρία für שטנה in Gen 26_21 überliefert, in 𝔊 sonst nur noch als anonyme Note an Stelle von ursprünglichem θυμός für קרי in Lev 26_24, während der Stamm שטן bei α' der Transkription σαταν(ας) und dem Äquivalent ἀντικείμενος, ἀντικεῖσθαι vorbehalten bleibt,

als lukianische Dublette: Esdr II 7_26 לשרשו(הן): (ἐάν τε εἰς) παιδείαν (= Esdr I 8_24 ἐάν τε καὶ τιμωρίᾳ (εαν τε ατιμια L))] (η) εκριζωσαι αυτον (η) παιδευσαι (aut in corruptionem (mend pro correptionem) aut in aeradicationem eius La) L La^123 Compl^1: als σ'-Äquivalent ist die Übersetzung καὶ ἐκριζώσει σε für ושרשך an Stelle von ursprünglichem καὶ τὸ ῥίζωμά σου in Ps 51(52)_7 überliefert, während das syrohexaplarische Äquivalent für α' an dieser Stelle, ונעקרך, da ἐκριζοῦν für α' anderwärts nur für hebräisches עקר in Gen 49_6 (zusammen mit σ') nachgewiesen ist, ungesichert bleibt; vgl. ῥιζοῦν α'σ'θ' für Hiphil von שרש in Is 27_6.

4. Bei den von Symmachos mitbezeugten lukianischen Wortvarianten stellt sich aber die Frage, ob die Äquivalenz mit einem bestimmten hebräischen Grundwort, die bei der differenzierteren Übersetzungstechnik des Symmachos eine weniger tiefgreifende Bedeutung hat als bei Aquila und Theodotion, noch ein entscheidendes Kriterium für die lukianische Wortwahl ist, ob hier nicht die von der Vorlage unabhängige Bezeugung durch Symmachos und von hier ausgehend semantische oder exegetische Gründe ein grösseres Gewicht haben könnten. Einige lukianisch überlieferte Wortvarianten in Esdr II, die in den Symmachos zugeschriebenen Fragmenten häufig bezeugt, aber anderen hebräischen Grundwörtern zugeschrieben sind als den in Esdr II vorliegenden, sprechen für diese Vermutung:

Esdr II 8_26 ואשקלה(ו): (καὶ) ἔστησα (= Esdr I 8_56 (καὶ στήσας παρέδωκα (-κεν B' L 245))] (και) παρεστησα L Ios Ant XI 136 (παρεστησεν): Das lukianische Äquivalent ist mehrfach bei σ' bezeugt für Bildungen von יצב (נצב) in Reg I 12_7 22_17 Ps 40(41)_13 44(45)_10, für צבא Num 8_24, für עמד Iud 3_19 Iob 29_8, für קום Reg I 20_25.

Esdr II 14_1 (13_33) הרבה: ἐπὶ πολύ] σφοδρα L: Das lukianisch überlieferte Äquivalent σφόδρα ist sowohl in LXX als auch in den jüngeren Übersetzungen konsequent nur für

---

[1] Vgl. S.248f.

מאד bezeugt, in dieser Form bei σ' aber noch über α' hinausgehend sehr häufig; doch ist hier lukianisches Analogieverfahren in bezug auf die einhellig überlieferte Äquivalenz מאד - σφόδρα in v. 7(1) gleicherweise denkbar.

Esdr II 17₃ ויאחז(ו): σφηνούσθησαν] ασφαλιζεσθωσαν L Compl: Das lukianische Äquivalent ist mehrfach bei σ' nachgewiesen für das hier vielleicht auf Grund der paläographischen Ähnlichkeit mit dem Stamm חזק verwechselte oder eine Bildung von ihm voraussetzende Grundwort חזק: Deut 12₂₃ Reg III 2₂ Is 54₂ 56₂ ₆.

Esdr II 18₁₃ להשכיל: ἐπιστῆσαι] του συνιεναι (*ut intellegerent* La) L La¹²³: cf Esdr I 9₅₅ (app.): Das lukianische Äquivalent ist mehrfach bei σ' bezeugt für בין: Reg I 3₈ Iob 28₂₃ 34₁₆ Ps 27(28)₅ Dan 12₁₀, während die ursprüngliche Äquivalenz mit ἐπίστασθαι – auch bei nominalen Bildungen – der α'-Tradition entspricht¹.

Esdr II 19₁ אדמה: σποδῷ] κονις L Compl: Das lukianische Äquivalent ist mehrfach bei σ' bezeugt für עפר: Iob 5₆ₐ 40₁₃ₐ Ps 21(22)₃₀ 29(30)₁₀,

Esdr II 19₃₅ השמנה: λιπαρᾷ] πιονι L, das lukianische Äquivalent für דשן als Adjektiv: Ps 91(92)₁₅ Is 30₂₃ bei α'σ'θ', als verbum: Ps 19(20)₄ (πίονα ποιήσῃ) bei σ',

Esdr II 23₁₇ ואריבה(ו): (καὶ) ἐμαχεσάμην] (και) εκριθην (*expostulavi* La) 19' (deest 93*) La¹²³ (vid) Compl: sic et L La¹²³ (*iudicium expertus sum*) in 15₇, L (La¹²³ *congressus sum*) in 23₁₁: Da sowohl die ursprüngliche Äquivalenz des Stammes ריב seit Iud 11₂₅ – in beiden Texten – mit μαχεῖν als auch die lukianische seit Gen 26₂₁ mit κρίνειν mehrfach im ursprünglichen Übersetzungstext der älteren Bücher verankert ist und da Symmachos, bei dem wie bei Aquila κρίνειν als Äquivalent für ריב nicht nachgewiesen ist, auch dort, wo er α' gegenüber selbständige Noten bietet, fast ausnahmslos die aquilanische Äquivalenz von שפט mit κρίνειν, von ריב mit δικάζειν bezeugt – doch erscheint κρίνειν als nur für σ' überlieferte Interpretation in der Deutung der Verbalform ידון als κρίνῃ gegenüber καταμείνῃ der LXX in Gen 6₃² –, bleibt hier die lukianische Herkunft der Äquivalenz zwischen älterer Übersetzungstradition der LXX, Anlehnung an häufigen Wortgebrauch bei σ' und von Tradition unabhängiger freier Wortwahl auf Grund des semantischen Unterschieds offen.

Als Dublette: In Esdr II 20₃₄ ₍₃₅₎ steht für קרבן an Stelle des ursprünglichen Äquivalents κλήρου, das als Interpretation der Übersetzung von der vorgeordneten Äquivalenz הגורלות - κλήρους her zu erklären ist, das Äquivalent δωρων in L als Dublette, in La¹²³ (*dona*) und Compl als Ersetzung. Das lukianisch überlieferte Äquivalent steht in LXX und den jüngeren Übersetzungen fast ausschliesslich nur für מנחה, geht in dieser Weise aber bei σ' weit über die Bezeugung bei α' hinaus.

---

¹) Zur Äquivalenz בין - συνιέναι vgl. auch S.83f.
²) Vgl. auch die bei Field verzeichnete σ'-Note von Prokop zu Is 25₇, nach welcher auf die auch von Euseb und Hieronymus für σ' überlieferte Übersetzung von v. 7a, καὶ καταποντιεῖ ἐν τῷ ὄρει τούτῳ πρόσωπον τοῦ ἐξουσιαστοῦ τοῦ ἐξουσιάζοντος πάντων τῶν ἐθνῶν die nur auf v. 7b והמסכה הנסוכה על-כל-הגוים beziehbare Übersetzung καὶ ἡ κρίσις ἡ κεκριμένη κατὰ πάντων τῶν ἐθνῶν folgt. Ziegler scheidet den nur von Proc überlieferten Satzteil – als unecht? – aus.

Als lukianische Wortänderung mitsamt Dublette: Esdr II 9₃ מֹשׁוֹמֵם: ἠρεμάζων (= Esdr I 8₆₈ σύννους καὶ περίλυπος (omnes))] ηρεμων και θαυμαζων *L'*; *admirans* (pro θαυμαζων) La¹²³, cf 4 מְשׁוֹמֵם: ἠρεμάζων (= Esdr I 8₆₉ περίλυπος (omnes))] θαυμαζων (*admirans* La) *L* La¹²³ ¹: ἠρεμεῖν ist gegenüber in LXX nur hier nachgewiesenem ἠρεμάζειν (bei α' in Ez 3₁₅, auch hier für שׁמם) im ursprünglichen LXX-Text nirgends, hexaplarisch-lukianisch noch in Ier 26(46)₂₆ für תשׁכן, sonst nur bei σ' für verschiedene Äquivalente, aber nicht שׁמם, nachgewiesen: für שׁכן Iob 38₁₉ 39₂₈ (27b) Ps 36(37)₂₇², für שׁקט Ps 82(83)₂, für שׁלה Ps 121(122)₆, für רגע Is 34₁₄.

Mit weiteren Möglichkeiten der Erklärung: Esdr II 7₂₆ נכסין: τοῦ βίου (= Esdr I 8₂₄ ἀργυρικῇ: pro כספין?)] υπαρχοντα (*substantiae* La) *L* La¹²³ Compl: Gegenüber der singulären Äquivalenz mit βίος im ursprünglichen Übersetzungstext ist die lukianisch überlieferte mit ὑπάρχον in Esdr II selbst einhellig bezeugt in 6₈ (= Esdr I 6₂₈ (lib)), ausserhalb der Esraüberlieferung bezogen auf die hebräische Form נכסים mit ὑπάρχον einhellig in Eccl 5₁₈ 6₂, mit χρῆμα einhellig in Ios 22₈ und Sir 5₈, mit lukianischer Korrektur von χρῆμα in ὑπάρχον in Par II 1₁₁, in ὕπαρξις³ v. 12. Die seltene Bezeugung des aramäischen bzw. hebräischen Begriffs nur an den genannten Stellen lässt von hier her keine überlieferungsgeschichtlichen Schlüsse zu. Die lukianische Wortwahl könnte sich von vorgegebener ursprünglicher Übersetzungstradition her sowohl in Esdr II als auch in Par II, wo das ursprüngliche Äquivalent χρῆμα nach Ausweis von Ios mit Sicherheit als das ältere zu bestimmen ist, nur als Ausrichtung auf jüngere Tradition, Eccl, erklären lassen. Es bleibt als zweite Möglichkeit der Erklärung das Analogieverfahren innerhalb von Esdr II von einhellig überliefertem ὑπάρχον in 6₈ her, als dritte aber der als mitbestimmend zu vermutende Befund, dass das Verbum ὑπάρχειν für verschiedene hebräische Vorlagen ein häufiges, zwar öfter als verbum finitum, nicht partizipial, und öfter in der Bedeutung „existieren" verwendetes Äquivalent bei Symmachos ist, an zwei Stellen aber doch auch in der in Esdr II vorauszusetzenden Bedeutung des „Besitzes": in Ps 108(109)₁₁ πάντα τὰ ὑπάρχοντα αὐτῷ für כל־אשׁר־לו (LXX πάντα ὅσα ὑπάρχει αὐτῷ), und in Dan 9₂₆ οὐχ ὑπάρξει αὐτῷ für die dunkle Aussage über die Beseitigung des מָשִׁיחַ, „nichts mehr wird er besitzen", für den Ausdruck אין לו, der in der gleichen Bedeutung, aber in der Form οὐκ ἔστιν αὐτῷ bei Aquila überliefert ist, in der Form κρίμα οὐκ ἔστιν ἐν αὐτῷ in der θ'-Übersetzung und bezogen auf den vorgeordneten als χρῖσμα verstandenen Begriff מָשִׁיחַ in der Form οὐκ ἔσται, „keine Salbung wird mehr sein", einhellig – nach der allein möglichen Ergänzung der fehlenden Buchstaben auch beim vorhexaplarischen Zeugen 967 – in der älteren ο'-Übersetzung.

---

¹) Vgl. S.231.
²) Vgl. den nur hexaplarisch-lukianisch überlieferten Vers Ier 26(46)₂₆, wo nach der Zeugenbestimmung Zieglers das Grundwort תשׁכן in LXX sich in die Äquivalente κατασκηνωσει für *O* Arm, ηρεμησει für *L'* Tht aufteilt und Field ηρεμησει auf σ' zurückführt: σ' als Zwischenglied zwischen *O* und *L*.
³) Hierzu vgl. S.97f.

5. In den Bereich der im ursprünglichen Text der LXX verankerten, in der Tradition von Aquila und Symmachos weitergetragenen Äquivalenz gehören einige Sonderfälle, die sich nicht eindeutig in die bisher festgestellten Kategorien einordnen lassen, ihre grundsätzliche Tendenz aber auch nicht in Frage stellen:

(1) Esdr II 6₁₂ לחבלה: ἀφανίσαι (= Esdr I 6₃₂ κακοποιῆσαι (omnes))] διαφθεῖραι L: Die ursprüngliche und die lukianische Äquivalenz ist zwar in α' und in σ' nachweisbar, aber im Unterschied zur bestbezeugten Äquivalenz, nach der das ursprüngliche ἀφανίζειν sowohl bei α' als auch bei σ' vorwiegend für Formen von שמם gesetzt wird, das lukianische διαφθείρειν mit ähnlicher Konsequenz bei beiden Zeugen für Formen von שחת, nur in zwei gesicherten Fällen: ἀφανίζειν als Äquivalent für חבל nur in Cant 2₁₅ für α': mit LXX ἀφανίζοντας für מחבלים, wo für σ' mitsamt ε' διαφθείροντας überliefert ist, und διαφθείρειν als Äquivalent von חבל in Cant 8₅ für α': διεφθάρη für חבלתך an Stelle von ὠδίνησέ σε in LXX¹.

Esdr II 12₂₀ חלק: μερίς] μέρος L: Während sich in LXX mit weitgehender Konsequenz der Begriff μερίς als Äquivalent auf Bildungen des Stammes חלק beschränkt, μέρος auf Bildungen von קצה, erscheinen in der Überlieferung Aquilas beide griechischen Begriffe in verschiedener Äquivalenz, je einmal auch für חלק, μερίς übereinstimmend mit LXX in Ier 28(51)₁₉, μέρος bei freier Übersetzung in LXX, aber mit von σ' überliefertem Äquivalent μερίς in Ps 16(17)₁₄. Symmachos ist es auch, der die Äquivalenz von μερίς mit חלק, entsprechend der bestüberlieferten Übersetzungstradition der LXX, aber entgegen der lukianischen in Esdr II², konsequenter als Aquila durchhält: ausser in Ps 16(17)₁₄ noch in Eccl 5₁₈, wo in der Aquila nahe stehenden von LXX überlieferten Textform einhellig μέρος überliefert ist³.

(2) Die lukianische Überlieferung einer doppelten Äquivalenz für den zu Grunde liegenden Stamm רום im Hiphil zeigt eindeutig, dass diese Rezension Prinzipien ihrer Textbearbeitung kennt, die über die Verwertung der auf den neuen Übersetzungen des 2. Jh.s beruhenden Traditionen hinausgehen und ihre erste Ursache in Fragen der Interpretation haben dürften:

Esdr II 9₆ להרים: τοῦ ὑψῶσαι (cf. Esdr I 8₇₁ (lib))] του επαραι L
Esdr II 8₂₅ (ה)הרימו: (ᾱ) ὕψωσεν (= Esdr I 8₅₅ (ᾱ) ... ἐδωρήσατο (omnes))] (α) αφωρισεν (abstulit La) L La¹²³ (vid) Compl:

Während die lukianische Äquivalenz zwischen הרים und ἐπαίρειν an Stelle von ursprünglichem ὑψοῦν wieder deutlich den Übergang von der aquilanischen zur Tradition

---

¹) Die Zuweisung des LXX-Äquivalents (καὶ) διαφθείρῃ zu α' in Eccl 5₅ ist nur unter Voraussetzung konsequent aquilanischer Herkunft dieser Textform haltbar – so Reider-Turner – und hier auch die von Nobilius überlieferte α'-Note (καὶ) διαλύσῃ in Frage gestellt.
²) μέρος für חלק überliefern L' Compl auch in dem von LXX frei wiedergegebenen Satzteil Esdr II 4₁₆b (= Esdr I 2₂₀b).
³) Ungesichert, von Field angezweifelt, von Ziegler nicht aufgenommen, bleibt die Zuschreibung der Äquivalenz חלק - μερίς in dem asterisiert überlieferten Satzteil Iob 17₅a nach Montfaucon.

des Symmachos zeigt – die fast ausnahmslose Zuordnung von ὑψοῦν zu Bildungen von רום, von ἐπαίρειν bzw. αἴρειν zu נשא bei α', die auch bei Symmachos weitgehend aufrecht erhalten bleibt[1], wird bei diesem doch mehrfach durch Vertauschung der Äquivalente durchbrochen, so durch die Äquivalenz zwischen נשא und ὑψοῦν in Ps 23(24)7 27(28)9 Is 404 und durch die L in Esdr II 96 entsprechende zwischen רום und ἐπαίρειν in Ps 26(27)6 74(75)5 6 82(83)3 139(140)9 Ez 1723 –, lässt sich die lukianische Äquivalenz zwischen הרים und ἀφορίζειν nur von sporadischer Verankerung in LXX, Num 1520 1824 Ez 4513 489 20, nicht von α' und σ' her begründen, wo α' nur die Äquivalente נוף und נזיר, σ' zur aquilanischen Äquivalenz mit נזיר hinzu noch οἱ ἀφωρισμένοι zu המנזרים in Am 63 kennt: Die lukianische Wahl beruht auf unmittelbar auf LXX zurückgehender Unterscheidung in der Bedeutung des Begriffs, ἀφορίζειν als terminus technicus für die Darbringung von Weihegaben[2], ἐπαίρειν an Stelle von ὑψοῦν im Kontext der Selbstanklage wahrscheinlich zur Vermeidung eines Begriffs, der als Selbsterhöhung im Angesicht Gottes missverstanden werden könnte[3].

(3) Die Rückführung auf die von Aquila und Symmachos weitergetragene Tradition wird nach der erhaltenen Überlieferung an den Stellen fraglich, an denen das ursprüngliche Übersetzungsäquivalent einhellig in dieser Tradition steht, während das lukianisch überlieferte nur noch hinsichtlich des Wortgebrauchs, nicht aber hinsichtlich seiner in LXX, α' und σ' ausschliesslich oder fast ausschliesslich bezeugten Äquivalenz überliefert ist: Esdr II 99 גדר: φραγμόν (= Esdr I 878 (στερέωμα omnes))] τεῖχος (murum La) L La[123]: Bei der von α' und σ' weitertradierten Äquivalenz zwischen שור, חומה und τεῖχος, die bei σ' auch auf von α' mit Sicherheit nur dem Äquivalent קיר zugewiesenes τοῖχος ausgedehnt wird, ist in keiner dieser Traditionen eine Berührung zwischen dem Begriff גדר und dem auch der Bedeutung nach nicht völlig synonymen, aber als Metapher für das Handeln Gottes an Israel angemesseneren τεῖχος nachweisbar: lukianische Interpretation?

---

[1]) ἐπαίρειν für נשא ist lukianisch auch in Esdr II 836 an Stelle von δοξάζειν überliefert; vgl. S.154.

[2]) Es ist die dem Verbum רום vom Begriff תרומה her gegebene Bedeutung, als dessen Äquivalent auch ἀφορισμός in Ez 488 und ἀφόρισμα als ursprüngliche, hexaplarisch obelisierte Dublette neben ἀφαίρεμα in Num 1519 überliefert ist.

[3]) Von den übrigen Stellen, an denen in Esdr II ὑψοῦν als Äquivalent für רום überliefert ist, 312 τοῦ ὑψῶσαι ᾠδήν (του υψουν την φωνην L: cf 𝔐 (קול), 99 τοῦ ὑψῶσαι αὐτοὺς τὸν οἶκον, 195 εὐλογήσουσιν ὄνομα δόξης σου καὶ ὑψώσουσιν ἐπὶ πάσῃ εὐλογίᾳ καὶ αἰνέσει (ευλογειτε το ονομα της δοξης του υπερυψουμενου επι παντας (επι (δια 19) παντος 19') εν αγαλλιασει L), birgt keine die Gefahr dieses Missverständnisses und überliefert dementsprechend auch keine den lukianischen Wechsel zu ἐπαίρειν, legt aber die lukianische Wiedergabe des Partizips im Polal מרומם in 195, mit der die im ursprünglichen Übersetzungstext auf das Gott preisende Volk bezogene Aussage über seine Erhöhung als Epitheton Gottes selbst als des „über allem Stehenden", του υπερυψουμενου, umgedeutet wird – ein Versuch der Rückbewegung zur ursprünglichen Textform bei Fehlen der in 𝔐 vorgeordneten Kopula, sei es in der L vorgegebenen Vorlage, sei es auf Grund lukianischer Interpretation –, die Vermutung nahe, dass Bildungen des Stammes ὕψος, wenn sie Höhe im geistigen Sinne bedeuten, nach lukianischem Verständnis der himmlischen Welt vorbehalten bleiben. Vgl. S.32 mit Anm.2 und S.154.

Esdr II 19₂₈ (ך)יזעקו(ן): (καὶ ...) ἀνεβόησαν (πρὸς σέ)] (καὶ) επεκαλουντο (*invocabant* La) σε *L* La¹²³: Bei in LXX-Tradition verankerter Verteilung der Äquivalenz von ἀναβοᾶν mit שוע, derjenigen von ἐπικαλεῖν mit קרא, die bei σ' hinsichtlich ἐπικαλεῖν nur in Ps 30(31)₂₃, wo LXX κράζειν, α'ἀναβοᾶν liest, zu שוע hin erweitert wird, ist auch hier bei allen drei Traditionen keine Berührung zwischen ἐπικαλεῖν und זעק nachweisbar, liegt aber auch hier eine semantische Unterscheidung zwischen den beiden griechischen Äquivalenten vor, in der die lukianische Wahl begründet sein dürfte: Demütige Anrufung Gottes im Angesicht des Abfalls an Stelle des Aufrufs an ihn[1].

(4) Spuren lukianischen Wortgebrauchs, der eine schwache Berührung zum Überlieferungsgut des Symmachos zeigt, das nur wegen der bruchstückhaften Überlieferung nicht besser fassbar sein könnte, liegen noch vor in Esdr II 13₃₁ הרכלים: οἱ ῥοποπῶλαι] των μεταβολων (*metabolorum* La) *L* La¹²³ Compl (so auch v. 32), wo der Begriff μεταβόλος in der Bedeutung „Händler" zwar nirgends als Äquivalent für רכל nachgewiesen ist – LXX kennt ihn nur in Is 23₂ ₃ für סחר; die Rückführung der anonymen Note μεταβόλος für כנען auf α' in Os 12₇ ₍₈₎ Soph 1₁₁ Zach 14₂₁ (so Ziegler nach Field) und der α'-Note für כנען bei Hieronymus in Sach 14₂₁ (*mercatores*) und Is 23₈ (*negotiatores*) auf μεταβόλος[2] ist spekulativ –, wo aber ein gesicherter Beleg für die Äquivalenz von μεταβόλος mit כנען für die Übersetzungen des 2. Jh.s n. Chr. vorliegt, dessen Rückführung auf Symmachos die bestbezeugte ist: Iob 40₃₀ ₍₂₅₎[3],

in Esdr II 12₁₇ נצתו באש: ἐδόθησαν πυρί] πυρικαυστοι (-καυτοι 108ᶜ; *igni exustae* La) *L* La¹²³, wo das lukianisch überlieferte Äquivalent für die verwandten Wendungen שְׂרֻפוֹת אֵשׁ in Is 1₇, שְׂרֵפַת אֵשׁ 64₁₁ ₍₁₀₎ und אֵשׁ מַאֲכֹלֶת שְׂרֵפָה 9₅ ₍₄₎ vorgegeben ist, Belege für das Compositum πυρίκαυστος für α' und σ' zwar nicht nachgewiesen sind, wohl aber eine nach Form und Wortgebrauch ähnliche Äquivalenz bei σ': Ps 79(80)₁₇ שְׂרֻפָה בָאֵשׁ, nach LXX ἐμπεπυρισμένη πυρί, nach σ'κατακέκαυται πυρί[4],

und in Esdr II 19₁₇ (ו)ימאנו: (καὶ) ἀνένευσαν] (καὶ) ηπειθησαν (*contumaces fuerunt* La) *L* La¹²³ (vid), wo die schwach bezeugte Äquivalenz in LXX sowohl für מאן - ἀνανεύειν (Exod 22₁₇ ₍₁₆₎) als auch für מאן - ἀπειθεῖν (Reg IV 5₁₆ Sach 7₁₁) bei den jüngeren Übersetzern zwar nicht nachgewiesen ist, wohl aber die der lukianischen Äquivalenz von Esdr II eng verwandte Wiedergabe mit negiertem πείθεσθαι bei σ' in Ps 76(77)₃ מאנה: nach LXX ἀπηνήνατο, nach α'ἀνένευσε, nach σ'οὐκ ἐπείθετο.

(5) Eine von der Tradition der vom ursprünglichen Übersetzungstext der LXX als ganzer ausgehenden, in den jüngeren Übersetzungen weiter getragenen Äquivalenz her nur noch bedingt erklärbare Tendenz der lukianischen Rezension in Esdr II liegt auch in den Fällen vor, bei denen auf Grund der seltenen oder singulären Bezeugung des hebräischen bzw. aramäischen Grundworts im AT eine Gesetzmässigkeit in der Äquivalenz der der

---

[1]) Vgl. S.236.
[2]) Vgl. Field, Anm. 7 zu Is 23₈.
[3]) Vgl. Field und Ziegler zur Stelle.
[4]) Vgl. A. Schenker (wie S.78 Anm.1), 1975, S. 89 und 258f.

lukianischen Rezension vorgegebenen Tradition nicht oder nur in geringem Mass erreichbar war; in diesen Fällen wäre eine Erklärung höchstens noch vom Grad der Bezeugung in LXX oder bei Symmachos überlieferten Wortgutes bei anderer Äquivalenz her möglich:

Esdr II 6₁₂ יִמְגַּר: καταστρέψαι (-ψει B' V Ra.) (= Esdr I 6₃₂ (ἀφανίσαι omnes))] ῥῆξαι 19'; ραξαι 93; *elidat* La[123]: Da von dem aramäisch nur hier, hebräisch nur in Ez 21₁₇ und Ps 89₄₅ überlieferten Verbum des Stammes מגר die Stelle in Ez (21₁₂ (17)), מְגוּרֵי, wo LXX mit παροικήσουσιν eine Bildung von גור voraussetzt, α' mit συγκεκλεισμένοι nach Ausweis von Ez 35₅ eine Bildung von נגד, ausfällt, könnte für die lukianische Wahl das einhellig überlieferte Äquivalent in Ps 88(89)₄₅ κατέρραξας – eine Kontamination von ῥάσσειν mit ῥηγνύναι - ῥήσσειν?[1] – mitbestimmend gewesen sein, eher aber die bei α' und häufiger noch bei σ' nachgewiesene Äquivalenz von ῥηγνύναι mit קרע und בקע (Ps 140(141)₇ σ' ῥήσσῃ).

II Esdr 4₁₃ יִשְׁתַּכְלְלוּן: καταρτισθῶσιν (= Esdr I 2₁₈ (συντελεσθῇ omnes))] ετοιμασθη L'; *restituti fuerint* La[123] 5₁₁ (ה)שַׁכְלִיל(ה): (καὶ) κατηρτίσατο (αὐτόν) (= Esdr I 6₁₃ ἐπετελέσθη (ετ. 19 314))] (καὶ) ητοιμασεν (αυτον) L (deest La[123]) 6₁₄ (וְ)שַׁכְלִלוּ: (καὶ) κατηρτίσαντο (= Esdr I 7₄ (συνετέλεσαν omnes))] (και) ητοιμασαν (*paraverunt* La) L La[123]: Mit der ursprünglichen Äquivalenz von καταρτίζεσθαι mit כלל wird innerhalb von Esdr II der aramäisch nur hier belegte Verbalstamm konsequent von Formen des gleichbedeutenden Stammes כלה unterschieden, den Esdr II mit Bildungen von τελεῖν wiedergibt, dem Äquivalent, das an den Parallelstellen von Esdr I, wie auch im übrigen AT in LXX und bei α' sowohl für כלה als auch für כלל steht. Die lukianisch eingeführte Äquivalenz mit ἑτοιμάζειν lässt sich von dieser Unterscheidung her darum textgeschichtlich nicht begründen. Auch der Bedeutungsunterschied der beiden Äquivalente führt, da es an allen Stellen um die Ausführung bzw. Vollendung eines Baus, der Mauern, geht zu keiner Erklärung. Es bleibt vom erhaltenen Bestand der Überlieferung her nur der Verweis auf die allgemeine Verbreitung des Verbums ἑτοιμάζειν in LXX, α', σ' und θ', die sich aber in allen Stufen der Überlieferung – Ausnahmen sind bei den jüngeren Übersetzungen nur Ez 21₂₀ (24) bei σ'θ' für ברא (vid); Prov 21₂ σ'θ' und Is 40₁₂ α'σ'θ' für תכן dürfte auf falscher Ableitung vom Stamm כון beruhen[2] – in stärkstem Mass auf die Äquivalenz mit כון beschränkt.

II Esdr 4₂₀ וַהֲלָךְ בְּלוֹ (מִדָּה): (φόροι) πλήρεις καὶ μέρος (= Esdr I 2₂₃ (φορολογοῦντες omnes))] (φ.) πράξεις (-ξις 108) τε και συντελεσμα (-ματα Compl; *tributa et commertia et redacta* La) L La[123] (vid) Compl: cf 13 7₂₄: πρᾶξις ist als Äquivalent für Bildungen von פעל in Ps 142(143)₅ bei α', in Ps 27(28)₄ 65(66)₅ 76(77)₁₃ bei σ' und für מעשה in Ps 89(90)₁₇ bei σ', dagegen συντέλεσμα der Wortbildung nach in 𝔊 nirgends, nur die in

---

[1]) Der Wechsel von ρηξαι in 19' zu ραξαι in 93 würde wieder der das lukianische Prinzip weiter führenden Tendenz von Hs. 93 entsprechen; vgl. S.13 Anm.3.

[2]) Ein Argument für die Richtigkeit dieser Erklärung: Die falsche Ableitung in Is 40₁₂ unterläuft auch Reider-Turner (sub verbo ἑτοιμάζειν; im hebräisch-griechischen Index schleicht sich sub verbo תכן mit ἑτοιμάζειν auch das Richtige ein).

LXX mehrfach und für verschiedene Äquivalente verankerte Bildung συντέλεια für כלה gesichert in Is 10₂₃ 28₂₂ bei σ'θ', in Dan 9₂₇ bei σ' und in Ez 23₁₂ für מכלול bei α'.

(6) Bei unsicherer Begründung in der Äquivalenz vorgegebener Tradition scheinen einige Fälle die Vermutung nahe zu legen, dass die lukianische Wahl des Äquivalents nicht zuerst nach dem Kriterium der zahlreichen Bezeugung des betreffenden Wortgutes in der vorgegebenen Tradition der LXX und der jüngeren Übersetzungen begründet ist, sondern, da die lukianisch überlieferte Äquivalenz nur hier bezeugt ist, in der ursprünglichen Übersetzungstradition der LXX-Übersetzung der sowohl im hebräischen Original als auch in der griechischen Übertragung den Büchern Esra-Nehemia eng verwandten Bücher der Chronik[1]:

Esdr II 9₈ מחיה: ζωοποίησιν (= Esdr I 8₇₆ (τροφήν omnes))] περιποίησιν (*consecutionem* La) *L* La¹²³ (vid)   9 מחיה: ζωοποίησιν (= Esdr I 8₇₇ (τροφήν (ελεον *L* La^C)))] περιποίησιν (*consecutionem* La) *L* La¹²³ (vid)[2]: Während die Äquivalenz zwischen מחיה und ζωοποίησις in LXX nur an diesen beiden Stellen nachgewiesen ist, häufiger aber und ausnahmslos diejenige zwischen Verbalformen von חיה mit ζωοποιεῖν, liegt die hier lukianisch überlieferte Äquivalenz mit περιποίησις einhellig bezeugt noch in Par II 14₁₃ (12) vor, auch hier jedoch mit älterer Tradition der verbalen Äquivalenz zwischen Formen von חיה und περιποιεῖν in LXX.

Esdr II 11₈ תמעלו: ἀσυνθετήσητε] αμαρτητε (*peccaveritis* La) *L* La¹²³ (vid): Während die ursprüngliche Äquivalenz zwischen מעל und ἀσυνθετεῖν auch in LXX von Ps 77(78)₅₇ und 118(119)₁₅₈ als ursprüngliches Äquivalent anzunehmen ist – in den jüngeren Übersetzungen steht ἀσυνθετεῖν für בגד und ἁμαρτάνειν für חטא einhellig bei α', öfter auch bei σ'–, ist die lukianisch überlieferte Äquivalenz zwischen מעל und ἁμαρτάνειν in LXX – hier einhellig – nur in Par II 12₂ nachgewiesen. Da die lukianische Äquivalenz auch in Esdr II nur an dieser Stelle überliefert ist, nicht an den übrigen, die als Grundwort

---

[1]) Da sich schon innerhalb des Textes von Esdr II neben dem grundlegenden lukianischen Rezensionsprinzip der Korrektur nach in älterer Übersetzungstradition vorgegebener Wortäquivalenz auch das untergeordnete Prinzip eines Analogieschlusses aus in diesem Text selbst überlieferter ursprünglicher Äquivalenz erkennen lässt, lassen sich, solange der Übersetzungscharakter der beiden Bücher noch nicht so weit untersucht ist, dass sich entscheiden liesse, ob Esdr II und Par I-II vom gleichen oder von verschiedenen Übersetzern stammen – die Frage stellt sich der Übersetzung gegenüber in gleicher Weise und weitgehend auf Grund der gleichen Kriterien wie gegenüber dem hebräisch-aramäischen Original –, die mit dem ursprünglichen Text von Par I-II übereinstimmenden lukianischen Wortvarianten in Esdr II sowohl aus dem lukianischen Prinzip der Korrektur nach vorgegebener Tradition als auch aus dem lukianischen Analogieverfahren erklären. Gesichert bleibt bis jetzt nur, dass das Prinzip der lukianischen Rezension in Esdr II, Par I-II und Esdr I, die in allen drei Büchern von den gleichen Zeugen überliefert wird, auch seinem Charakter nach in diesem Textbereich das gleiche bleibt.

[2]) Die mir in der lateinischen Bibeltradition, ᴅ und La, nicht bekannte Nominalbildung *consecutio* – ach dass wir eine lateinisch-griechische Konkordanz der Vetus Latina hätten! – wird hier, kaum anders denn als Äquivalent für περιποίησις in dem z. B. von Tertullian verwendeten Sinn der Erreichung eines Zieles erklärt werden können.

מעל bezeugen, 10₂ ₁₀ und 23₂₇, und die gleicherweise als Äquivalent ἀσυνθετεῖν lesen, lässt sich aus den beiden in Esdr I mitüberlieferten Stellen, wo in Esdr I 8₈₉ (= II 10₂) einhellig ἁμαρτάνειν steht, in 9₇ (=10₁₀) ἀνομεῖν, schwerlich ein Schluss auf die Herkunft der lukianischen Äquivalenz in Esdr II ziehen[1]; näher liegt der Schluss auf die Herkunft aus der ursprünglichen Textform von Par II.

Esdr II 14₁₇ (₁₁) הִשְׁלִח: τὴν βολίδα] το οπλον (*arma* La) *L* La¹²³ (vid[2]), cf 23 (17)[3]: Bei verbreiteter Überlieferung des Nomens ὅπλον in LXX, spärlicher bei α' und σ' für verschiedene hebräische Äquivalente ist die hier lukianisch bezeugte Äquivalenz mit שלח nur in LXX von Par II 23₁₀ und 32₅ – an beiden Stellen einhellig – überliefert[4].

6. Wenn sich gegenüber der in der lukianischen Überlieferung vorherrschenden Wortäquivalenz, die sich mit der in den jüngeren Übersetzungen weitergetragenen Tradition der älteren Bücher der LXX berührt, auch eine Zahl lukianischer Äquivalenzen findet, deren Wortgut sich zwar im ursprünglichen Übersetzungstext der LXX, sei es bei gleicher, sei es bei abweichender Äquivalenz gegenüber der hebräischen Vorlage, mehrfach nachweisen lässt, nicht aber oder höchstens vereinzelt und bei anderer Äquivalenz in der von Aquila ausgehenden jüngeren Übersetzungstradition, dann lässt sich dieser Befund sowohl von der bruchstückhaften Überlieferung der jüngeren Übersetzungen her erklären als auch von einem zweiten lukianischen Rezensionsprinzip her, das auf u n m i t t e l b a r e r Angleichung an ältere vorgegebene Übersetzungstradition beruht.

(1) Einige in der älteren Übersetzungstradition der LXX nachweisbare in Esdr II lukianisch überlieferte Wortäquivalenzen, deren griechisches Äquivalent in den jüngeren Über-

---

[1]) Da die altlateinische Äquivalenz von La¹²³ für das in Esdr II an allen vier Stellen des Vorkommens überlieferte ursprüngliche griechische Äquivalent ἀσυνθετεῖν, einhellig in 10₂ ₁₀ 23₂₇, mit lukianischem ἁμαρτάνειν nur in 11₈, zwischen verschiedenen Äquivalenten variiert, *peccare* in 10₂ und 11₈, *iniustitiam facere* in 10₁₀, *facinus admittere* in 23₂₇, lässt sich die altlateinisch-griechische Äquivalenz nicht mit Sicherheit verifizieren, jedoch als wahrscheinlichste Erklärung *peccare* für ἁμαρτάνειν – in 10₂ als nur in La erhaltene „lukianische" Vorlage –, *iniustitiam facere* und *facinus admittere* aber für ἀσυνθετεῖν in Anspruch nehmen; doch wäre auch dieser Befund eine zu schwache überlieferungsgeschichtliche Grundlage für die Erklärung des lukianischen Äquivalents ἁμαρτάνειν in Esdr 11₈ aus der Textform von Esdr I 8₈₉; vgl. S.10 Anm.1.

[2]) Die altlateinische Äquivalenz *arma* für ὅπλον ist gegenüber βολίς sowohl aus semantischen Gründen naheliegend als auch durch die Übersetzungstradition gestützt, da sie auch bei La¹⁰⁹ in Par II 32₅ überliefert ist (in 23₁₀ aber *gladius*), während der lateinische Psalter iuxta LXX in Ps 54(55)₂₂ für βολίδες *iacula* setzt.

[3]) Hier die gleiche Äquivalenz in dem nur lukianisch, von 93-108 Aeth (sim) als Dublette, von 19 Compl in ihrem einen, von La¹²³ in ihrem anderen Glied überlieferten Zusatz nach מ: ανηρ και οπλον αυτου εις το υδωρ 93-108 Compl für אִישׁ שְׁלָחוֹ הַמַּיִם; die Zeugen des andern Gliedes lesen שְׁלוּ: και ανδρα ον απεστελλον επι το υδωρ *L* La¹²³ (lib: *nisi forte mitteremur ad aquam*). Vgl. S.163f. und 242f.

[4]) Zum lukianischen Äquivalent γενεαλογία, γενεαλογεῖν für nur in Esdr II und Par I-II überlieferte Bildungen des Stammes יחש auf Grund von Par I 5₁ vgl. FS Frede-Thiele S. 55 mit Anm. 32.

setzungen bei anderem hebräischen Grundwort zwar überliefert ist, aber dermassen sporadisch bzw. ungesichert, dass von der Überlieferung her eine Berührung mit der lukianischen Äquivalenz in Esdr II unwahrscheinlich erscheint, weisen doch auf das Fehlen von nicht mehr erhaltenen Zwischengliedern hin, die auch hier ein anderes Bild der Überlieferung ergeben könnten:

Esdr II 7₆ מהיר: ταχύς (= Esdr I 8₃ (εὐφυής omnes))] ὀξύς L: Während ταχύς als in LXX verankertes Äquivalent für Formen von מהר – für das Verbum auch ταχύνειν – bei α', oft begleitet von σ', gut bezeugt ist, erscheint ὀξύς in den jüngeren Übersetzungen nur bei ungesicherter Äquivalenz in Ez 21₁₅ ₍₂₀₎ für α' – wahrscheinlich auch σ' für syrohexaplarisches חריפא –, für מהיר zwar auch in LXX nur an einer Stelle: Prov 22₂₉ – hier einhellig –, aber in der Esdr II 7₆ entsprechenden übertragenen Bedeutung des ἀνήρ ὀξύς ἐν τοῖς ἔργοις αὐτοῦ, dem hier Esra, der γραμματεὺς ὀξύς ἐν νόμῳ Μω(υ)σῆ gegenübersteht: lukianische Interpretation auf Grund vorgegebener Äquivalenz?

Esdr II 9₃ מעילי: ἐπαλλόμην (= Esdr I 8₆₈ (τὴν ἱερὰν ἐσθῆτα (omnes)))] τον υποδυτην (superariam La) (μου) L La¹²³ Aeth⁻ᴮ Compl; so auch in 5 (La¹²³ tunica¹): Die gegenüber dem ausserlukianisch einhellig überlieferten, von der masoretischen Vorlage מעילי her nicht erklärbaren Äquivalent ἐπαλλόμην² der Bedeutung nach חע entsprechende lukianische Äquivalenz von מעיל mit ὑποδύτης ist auch von Exod an in LXX die einzige nachgewiesene, nicht aber in den jüngeren Übersetzungen, wo das Nomen nur in Lev 8₁₃ für כתנת bei α'σ'θ' überliefert ist, während der Beleg für σ' als Äquivalent von אפוד in Reg II 6₁₄ wahrscheinlich mit Field als Verschreibung von ἐπενδύτης, dem neben ἐπένδυμα sonst einhellig überlieferten Äquivalent für dieses Grundwort, bestimmt werden muss³.

---

¹) *tunica* das auch in V verwendete Äquivalent für den in LXX mit ὑποδύτης wiedergegebenen Begriff מעיל (z. B. Exod 28₂₇ ₍₃₁₎); *superaria* (supriā) wahrscheinlich anderwärts nicht nachgewiesene (?) Nachahmung der griechischen Wortform.

²) Als finite Verbform wäre das in LXX nur an dieser Stelle überlieferte Wort, wenn der ursprüngliche Wortlaut vorliegt, kaum anders erklärbar als mit einer von der masoretisch überlieferten Textform, מעילי, abweichenden Vorlage. Der Bedeutung nach liesse es sich als sekundäre Transformation vom Kontext her leicht erklären: an Stelle eines zweiten Kleidungsstücks neben בגדי eine zweite Äusserung der Trauer, neben קרעתי את־בגדי die Verbalaussage καὶ ἐπαλλόμην, eine Bewegung der Erschütterung; Hesych: πάλλεται, πηδᾷ, σείεται καὶ τὰ ὅμοια. Verführerisch wäre es, in dieser Textform die Transformation einer nicht mehr verstandenen Nominalbildung mit der Bedeutung des „Mantels" zu vermuten, die zwar griechischen Ursprungs, aber nur noch lateinisch in der Form *palla, pallium* – so, *pallium*, an beiden Stellen in V für בגד – erhalten ist („*palla, pallium* devraient être d'origine grecque comme les vêtements qu'ils désignent; mais en grec on ne trouve rien à rapprocher, sauf φαρος ..., de **pār(u)lā?*" (A. Ernout et † A. Meillet, Dictionnaire étymologique de la langue latine, Paris 1939, sub verbo *palla*)). Singuläre Bildungen sind in Esdr II nicht ungewöhnlich, innerhalb der LXX z. B. μετριάζειν (1₂₂), innerhalb der ganzen Grazität – ausser Aquila (Ez 3,15)! – ἠρεμάζειν (9₃ ₄). Ein Analogiefall, auch was die Übernahme von „Lehnwörtern" zuerst bei Gegenständen fremder Kulturbereiche anbetrifft, wäre κάρρον in Esdr I 5₅₃ (vgl. TGE, S. 64-67).

³) Überlieferungsgeschichtlich zu vergleichen ist hier die S.41 (mit Anm.2) und S.351 behandelte Äquivalenz von כתנת כהנים in 2₆₉ mit χιτῶνας τῶν ἱερέων in der ursprünglichen,

Esdr II 10₁₃ לִפְשֹׁעַ: τοῦ ἀδικῆσαι (= Esdr I 9₁₁ (ἡμάρτομεν (omnes)))] του ασεβησαι *L*; *ut facinus admitteremus* La¹²³. Während die Äquivalenz der ursprünglichen Textform nur hier überliefert ist, ist die lukianische in LXX der prophetischen Bücher mehrfach verankert, nicht aber in den jüngeren Übersetzungen, die für die lukianische Wahl nur aus dem Grund mitbestimmend sein könnten, dass Bildungen aus der gleichen Wortform, ἀσέβεια, ἀσεβής – das Fehlen von ἀσεβεῖν dürfte in fehlender Überlieferung begründet sein –, bei α', oft mitsamt σ', häufig, wenn auch ausnahmslos auf die Äquivalenz mit רָשַׁע beschränkt, nachgewiesen sind.

Esdr II 15₁₅ שְׁקָלִים: δίδραχμα] σικλους (*siclis* La) *L* La¹²³ Got: Während sowohl die ursprüngliche Äquivalenz von שֶׁקֶל mit δίδραχμον als auch die lukianisch überlieferte mit σίκλος in LXX schon im Vokabular des Pentateuch gut verankert erscheint, bleibt der einzige überlieferte Beleg für das Nomen σίκλος in α' und σ', Reg I 13₂₀, für die Erklärung der lukianischen Äquivalenz aus dem Grund von geringer Bedeutung, weil die Wortbildung σίκλος im Kontext der dort genannten metallenen Werkzeuge, für die textgemässe Äquivalente der jüngeren Übersetzungen mehrfach überliefert sind, als Fremdkörper erscheint und darum, wenn es sich nicht um verderbte Überlieferung handelt, nur von einer zweiten, in LXX anderwärts nicht überlieferten Bedeutung her erklärt werden könnte.

(2) Die traditionsgeschichtliche Erklärung der lukianisch überlieferten Äquivalenz vom Wortgut der jüngeren Übersetzungen her bleibt auch dann zwar nicht ausgeschlossen, aber nur von fehlenden Zwischengliedern der Überlieferung her vertretbar, wenn das lukianische Übersetzungswort bei Aquila nur auf ein anderes hebräisches Äquivalent bezogen erscheint, in der Überlieferung des Symmachos aber völlig fehlt:

Esdr II 12₁₃ הַמְפֹרָצִים(־אֲשֶׁר): (ö) αὐτοὶ καθαιροῦσιν] τοις κατεσπασμενοις (*quia fuerunt deiecti* La) *L* La¹²³ (vid¹) Compl: Da die ursprüngliche Äquivalenz mit καθαιρεῖν in

στολας ιερατικας in der mit dem Paralleltext von Esdr I (5₄₄) übereinstimmenden lukianischen Textform, wo die lukianische Textänderung, da der einzige Beleg für Symmachos auf falscher Zuschreibung beruhen dürfte und die Äquivalenz in LXX anderwärts nicht verankert ist, kaum anders denn als unmittelbare Übernahme aus Esdr I erklärbar ist, so dass sich aus dem Vergleich der beiden der Sache nach eng verwandten Stellen – es geht bei beiden um die priesterliche Gewandung –, da die ursprüngliche Textform von 2₆₉ der Äquivalenz nach gleicherweise wie die lukianische von 9₃ in LXX verankert ist, hier die vorgegebene Übersetzungstradition einerseits und die ursprüngliche Textform von Esdr I anderseits für die lukianische Rezension von Esdr II als Kriterien von gleicher Autorität erweisen.

¹) Die Identität der Textform von La¹²³ mit der lukianisch überlieferten griechischen lässt sich nur syntaktisch, auf Grund des beiden gemeinsamen passiven Verständnisses der partizipialen Bildung הַמְפֹרָצִים nach der Vokalisierung von Qere פְּרוּצִים הֵם – *quia* dürfte als Wiedergabe der Konjunktion אֲשֶׁר auf eine *L* gegenüber noch engere Angleichung an 𝔐 hinweisen – als Korrektur der von Ketib her als aktives Partizip, wahrscheinlich Po'el הַמְפוֹרְצִים, verstandenen ursprünglichen Textform der LXX begründen, nicht überlieferungsgeschichtlich auf Grund der griechisch-lateinischen Wortäquivalenz, da an den beiden analogen Stellen in Esdr II, an denen καθαιρεῖν einhellig als Äquivalent von פרץ erscheint, La¹²³ in 1₁₃ *deiecti* liest – das lässt sich sowohl als nur in La¹²³ erhaltene Äquivalenz als auch als Wiedergabe von

LXX mehrfach verankert ist, die lukianische mit κατασπᾶν nur in Par II (23₁₇ 25₂₃ 26₆ 32₅), nirgends bei α', für den nur die Äquivalente גרר und הרס überliefert sind, nicht bei σ', wo κατασπᾶν überhaupt nicht nachgewiesen ist, bleibt auch hier der unmittelbare lukianische Bezug auf Par II¹ wahrscheinlicher.

Esdr II 15₈ הנמכרים: τοὺς πωλουμένους] τους πραθεντας L נמכרו(ו): (καὶ) παραδοθήσονται] (και) πραθησονται L' 119 Compl: Die gegen die ursprüngliche in LXX gut verankerte und auch von α' übernommene Äquivalenz mit πωλεῖν und die anderwärts nicht bezeugte mit παραδιδόναι in der lukianischen Überlieferung übernommene Äquivalenz zwischen מכר und πιπράσκειν, die aber im gleichen Satz bei der aktiven Form תמכרו: πωλεῖτε (omnes) nicht überliefert ist², stimmt zwar mit der in LXX seit Gen 31₁₅ mehrfach und einzig überlieferten Äquivalenz überein³, nicht aber mit α', wo das Verbum nur zusammen mit θ' für משביר in Prov 11₂₆ nachgewiesen ist: πιπράσκοντες – σ' liest hier πωλοῦντες –, nicht für σ', der es nach Ausweis der erhaltenen Überlieferung gar nicht kennt: die Überlieferung spricht eher als für verlorene Zwischenglieder für ein lukianisches Rezensionsprinzip der unmittelbaren Übernahme in der ursprünglichen LXX-Tradition vorgegebener Wortäquivalenz⁴.

Esdr II 23₂ ערב: ἐπίμικτος] αναμεμιγμενον (*commixtum* La) L La¹²³ (vid): Da sowohl das ursprüngliche als auch das lukianisch überlieferte Äquivalent für ערב in ursprünglicher LXX-Tradition verankert ist, von den jüngeren Übersetzungen das lukianische, ἀναμειγνύναι, aber nur bei α' und nur für בלל (Gen 11₇ ₉ Exod 29₂), ist auch hier eine unmittelbare Berührung der lukianischen mit ursprünglicher LXX-Tradition wahrscheinlicher, die aber, da sie als einziger Beleg im aramäischen Daniel, 2₁₄ und 4₃, bei θ', überliefert ist, in die Kategorie jener späten, vor allem in den Gemeinsamkeiten mit Par zu finden Übersetzungstradition gehören würde⁵.

καθῃρημένα erklären –, in 14₃ (13₃₅) aber *diruet*, und auch La¹⁰⁹ an den entsprechenden Stellen von Par II für κατασπᾶν verschiedene Äquivalente überliefert, von denen nur *detraxerunt* in 23₁₇ die Äquivalenz semantisch eindeutig aufzeigt; vgl. S.10 Anm.1.

¹) Vgl. S.109f.

²) Auch in 23₁₆ nicht: מכרים: πωλοῦντες (omnes).

³) Auch Reg I 23₇ πέπρακεν für נכר ist von einer Bildung mit מכר her zu erklären.

⁴) Der nach dem Ausdruck ἐν ἑκουσίῳ ἡμῶν (כדי בנו) eingefügte sowohl textgeschichtlich als auch dem Sinn nach schwer erklärbare lange Zusatz der lukianischen Zeugen (L'), an welchem doch eindeutig feststeht, dass seine teilweise wahrscheinlich sekundär veränderte Grundform eine Dublette zu dem Satzteil ἡμεῖς κεκτήμεθα – παραδοθήσονται ἡμῖν darstellt, weist neben der Wiederaufnahme des Äquivalents πραθεντας für ursprüngliches πωλουμένους für den Stamm מכר auch das Äquivalent ἀποδίδοσθαι auf, das in dieser Äquivalenz sowohl für α' (Ez 30₁₂ ✷ α' θ') als auch für σ' nachgewiesen ist: Ps 43(44)₁₃; es ist die Äquivalenz, die auch die Übersetzung von Esdr II nach einhelliger Überlieferung kennt: 20₃₁ (32) למכור: ἀποδόσθαι.

⁵) J. Ziegler hatte in seiner Edition der Dan-Septuaginta 1954 auf Grund der ihm damals zugänglichen Zeugen der älteren ο'-Übersetzung 88-Syh in Dan 2₄₁ mit 88 das mit der θ'-Übersetzung, dort einhellig, überlieferte Äquivalent ἀναμεμειγμένον aufgenommen. O. Munnich korrigiert in der Neubearbeitung des ο'-Textes (Editio secunda versionis iuxta LXX inter-

(3) Die Annahme einer der Übersetzungstechnik im Buch Daniel – o' und θ' – nahestehenden Äquivalenz von lukianisch überlieferten Wortäquivalenzen wird durch einige
weitere, im ganzen überlieferungsgeschichtlich ähnlich gelagerte Fälle bestärkt:
Esdr II 6₈ טעם: γνώμη (cf Esdr I 6₂₇ (ἐπέταξα (omnes) pro טעם שים))] δογμα (edictum La) L La¹²³ Compl, so auch 5₁₇ 19' (deest 93) La¹²³ (decretum), 6₁₁ L La¹²³ (decretum) und 4₂₁ für טעמא L' La¹²³ (edictum¹) Compl: Die nur in Esdr II – hier konsequent
durchgehaltene – und in Esdr I 6₂₁ (= II 5₁₇) 7₄ (= II 6₁₄ (γνώμη 2⁰)) überlieferte Äquivalenz von טעם mit γνώμη erscheint an den aufgeführten Stellen nach lukianischer Überlieferung mit δόγμα in die Äquivalenz geändert, die in LXX nur bei Dan θ' (3₁₀ ₁₂ ₂₉ (96) 43

---

pretes textum plane novum constituit O. Munnich, versionis iuxta „Theodotionem" fragmenta
adiecit Detlef Fraenkel, 1999) auf Grund der seither zugänglich gewordenen Textform des
einzigen nicht- bzw. vor- hexaplarischen Zeugen 967 (2.-3. Jh. n. Chr.): συνμεμιγμενω, in das
Compositum συμμεμειγμένον. Damit ist die Lesart von 88 αναμεμιγμενον als jener rezensionellen Textstufe zugehörend verifiziert, nach der Textformen des ursprünglichen θ'-Textes
vornehmlich dann, wenn sie als Korrektur der masoretisch überlieferten Vorlage verwendbar
sind, als hexaplarische Rezensionselemente in den ursprünglichen o'-Text eingearbeitet werden. Es ist innerhalb der Tradition der LXX ein Analogiefall zu den lukianischen an 𝔐 angleichenden Rezensionselementen, die aus dem ursprünglichen Text von Esdr II in Esdr I einge-
beitet werden (vgl. TGE S. 20-24), analog auch in dem Sinn, dass zu diesen Texteingriffen auch
der hexaplarischen Rezension ursprünglich fremde Wortänderungen zugehören, die kaum
anders als von vorgegebener Tradition der Äquivalenz her erklärbar sind (vgl. O. Munnich S.
49: „Origenes hat wesentlich sinnändernde Übersetzungsweisen, sofern sie nach den formalen
Kriterien mit 𝔐 in Übereinstimmung zu bringen waren, akzeptiert. Anderseits werden punktu-
elle Eingriffe seinerseits nicht auszuschliessen sein"), analog auch in dem Sinn, dass solch
rezensionelle Textänderungen auch bei vollständig erhaltener Überlieferung eher auf einem
eklektischen als auf einem konsequenten Prinzip beruhen: Im vorliegenden Fall wird innerhalb von Dan 2₄₁₋₄₃ die – innerhalb der Esra-Überlieferung Esdr I entsprechende – grössere
Varietät der Äquivalente im o'-Text für Bildungen von ערב: in v. 41 συμμεμειγμένον, 43 παρα-
μεμειγμένον für מְעָרָב, συμμιγεῖς für מִתְעָרְבִין, συγκραθῆναι für מִתְעָרַב, nur hinsichtlich συμ-
μειγνύναι und παραμειγνύναι, nicht hinsichtlich συγκραθῆναι hexaplarisch nach dem an allen
drei Parallelstellen einhellig überlieferten Äquivalent des θ'-Textes in αναμειγνύναι korrigiert,
während das Adjektiv συμμιγεῖς, das als Hapaxlegomenon innerhalb der LXX als ganzer den
Kriterien zuzuordnen ist, die entsprechend den analogen Fällen in Esdr I und II (vgl. S.7-11
und TGE S. 13-17) einen bestimmten Grad von Abhängigkeit des θ'-Textes vom o'-Text in ihrer
ursprünglichen Form beweisen, nach in beiden Dan-Übersetzungen einhelliger Überlieferung
bewahrt bleibt. Die Analogie zwischen beiden Esra- und beiden Danieltexten, die sich an dieser
Stelle sowohl hinsichtlich des Verhältnisses ihrer ursprünglichen Textform zueinander, als
auch hinsichtlich der Art ihrer rezensionellen Bearbeitung zeigt, verlangt, um auf Einzelbe-
obachtungen beruhende Spekulationen zur Herkunftsbestimmung, sei es Dan θ' oder Esdr II
von Theodotion, sei es Esdr I von Symmachos, endgültig zu widerlegen, nach einem vollständigen Äquivalenzvergleich, für den erst ein Anfang gemacht ist.

¹) decretum und edictum ist für La¹²³ als Äquivalent zu δόγμα gesichert, da für die auch
griechisch einhellig überlieferte Äquivalenz γνώμη - טעם in 4₂₁ (τῆς γνώμης - טעמא) 5₁₃ 6₁ 3 12
7₂₃ in La sentenia, in 5₅ 6₁₄ (bis) 7₁₃ consilium steht; vgl. S.10 Anm.1.

6₁₃ (14) 26 (27))) – überall einhellig – nachgewiesen ist, während sich in den jüngeren Übersetzungen nur eine schwache Spur erkennen lässt, die zur lukianischen Äquivalenz hinführen könnte: An der einzigen Stelle, an der das Nomen טעם ausserhalb von Esdr II nach der hebräischen Form in der Bedeutung „Erlass" überliefert ist, bei dem Ausdruck מטעם המלך in Ion 3₇, der in LXX verkürzt mit παρὰ τοῦ βασιλέως wiedergegeben wird, ist in Syh mit Index über מן מלכא die Symmachos-Note מן פוקדנא nachgewiesen, die Field und von ihm ausgehend Ziegler in ἀπὸ τοῦ δόγματος rückübersetzen. Doch lässt sich diese syrisch-hexaplarische Äquivalenz, da die Stellen, an denen in 𝔊 δόγμα für טעם steht, Dan θ' und in den hexaplarischen Zusätzen Est 4₈ 9₁, syrohexaplarisch nicht erhalten sind, höchstens indirekt aus diesen Stellen erschliessen und scheint ein solcher Schluss auch dadurch relativiert, dass die syrische Nominalbildung פוקדנא syrohexaplarisch als Äquivalent für andere griechische Nomina stehen kann: in Dan o' 6₁₂ₐ mit 88 für πρόσταγμα, während der vorangehende Ausdruck τοῖς ... δόγμασιν mit dem syrischen Lehnwort בדוגמטא wiedergegeben ist. Spuren der Überlieferung des Begriffs δόγμα bei den jüngeren Übersetzungen führen abgesehen von dieser ungesicherten Äquivalenz mit טעם in Ion 3₇ nur noch auf andere Grundwörter der hebräischen Vorlage von 𝔐 zurück, bei Symmachos auf den schwer erklärbaren Infinitiv שאתו: δόγματι (ἑ)αυτοῦ für LXX τὸ λῆμμα αὐτοῦ in Hab 1₇, bei Aquila auf die in דת (אֹ) aufgelöste ungedeutete Wortbildung אשדת: πῦρ δόγμα (σ' πυρινὸς νόμος) in Deut 33₂ für LXX ἄγγελοι, während die in Esdr II ursprüngliche Äquivalenz von טעם mit γνώμη an zwei Stellen auch für Aquila gesichert ist: in Reg I 25₃₃, wo nach seinem etymologischen Prinzip an Stelle der im Hebräischen vorherrschenden Bedeutung des Begriffs טעם, hier im Sinn menschlicher Klugheit, nach LXX ὁ τρόπος, die hebräisch nur in Ion 3₇, aramäisch in Esdr II und Dan aber ausschliesslich überlieferte Bedeutung eingesetzt wird: ἡ γνώμη, und in Dan o' 3₁₂, wo das in einer α'-Note der Syh an Stelle von ursprünglichem ἐντολή für טעם überlieferte syrische Äquivalent צבינא nach Ausweis fast aller syrohexaplarisch erhaltenen Stellen, Ps 82(83)₄ Prov 2₁₆ Sap 7₁₅ Sir 6₂₃, als Übersetzung von γνώμη überliefert ist. Als Ergebnis hinsichtlich der lukianischen Änderung des ursprünglichen Äquivalents von γνώμη mit טעם in δόγμα ist somit die im ursprünglichen θ'-Text von Dan bewahrte Übersetzungstradition als wahrscheinlichste Rezensionsgrundlage zu bestimmen[1].

---

[1]) Die Herkunft der lukianischen Äquivalenz von טעם mit δόγμα in Esdr II aus der ursprünglichen Danielüberlieferung, wo sie für den θ'-Text die Regel bildet, steht unter dem Vorbehalt einiger Ausnahmen, durch die das Bild der Überlieferung kompliziert wird: Unsicher bleibt, ob diese Äquivalenz vom θ'-Übersetzer aus dem älteren o'-Text übernommen ist, da das Wort δόγμα hier nur einmal und in einem von 𝔐 abweichenden Kontext in der Wendung τοῖς Μήδων καὶ Περσῶν δόγμασιν erscheint (6₁₂ₐ), die sowohl auf dem Äquivalent טעם in v. 14 als auch auf דת in v. 13, das in θ' gleicherweise mit δόγμα wiedergegeben wird, beruhen kann. Relativiert wird die sonst weitgehend konsequente Äquivalenz טעם - δόγμα auch im θ'-Text von Dan 2₁₄, wo die Wendung עטא וטעם einhellig in der Form βουλὴν καὶ γνώμη überliefert ist, so dass die Äquivalenz, nach der sich in Esdr II die lukianische Überlieferung von der ursprünglichen scheidet, schon im ursprünglichen Text der danielischen Überlieferung angelegt scheint und hier exegetisch motiviert sein dürfte, da der Begriff δόγμα dem königlichen Han-

Esdr II 10₁₄ מזמנים (לעתים): (εἰς καιροὺς) ἀπὸ συνταγῶν (= Esdr I 9₁₂ λαβόντες χρόνον omnes)] (εις καιρους) απο καιρων L La¹²³: Die Nominalbildung זְמָן, die an allen Stellen des in Esdr II dreimal bezeugten Ausdrucks durch das Verständnis des Präfixes als Präposition מִן vorausgesetzt ist – 20₃₄ (₃₅) εἰς καιροὺς ἀπὸ χρόνων (ημερων εις ημερας pro χρόνων L), 23₃₁ ἐν καιροῖς ἀπὸ χρόνων (omnes) –, ist hinsichtlich ihrer lukianischen Äquivalenz mit καιρός in 10₁₄, obwohl sie auch stilistisch erklärbar wäre, durch die Parallelstellen in Esdr II überlieferungsgeschichtlich nicht gesichert ist und wegen der erst späten Bezeugung des Begriffs im AT – Eccl, Est, Dan – nicht auf älterer Übersetzungstradition beruhen kann, doch am wahrscheinlichsten als lukianisches Prinzip der Wort-

deln vorbehalten bleibt und darum nicht auf den untertanen Daniel übertragen werden darf, während die Inkonsequenz zwischen beiden Äquivalenzen in der lukianischen Überlieferung von Esdr II, da das lukianisch an Stelle von γνώμη gesetzte Äquivalent δόγμα in 4₂₁ 5₁₇ 68 11 und das mit den übrigen Zeugen auch lukianisch bewahrte γνώμη an den übrigen Stellen der Bedeutung nach meist völlig identisch sind, eher auf der Bruchstückhaftigkeit der Überlieferung beruht. Zu der von Esdr II abweichenden Interpretation der Unterschiede in der Bedeutung des Begriffs טעם in der der o'-Übersetzung von Dan nahestehenden Übersetzung von Esdr I – für den vorliegenden Fall vgl. das mit der bevorzugten Äquivalenz von Esdr I übereinstimmende Äquivalent προστάσσειν für שׂים טעם in Dan o' 3₁₀ – ist vor allem die differenzierte Wiedergabe der schon in 𝔐 durch verschiedene Vokalisierung angedeuteten Unterordnung des von persischen Königen ausgehenden Befehls, כּוֹרֶשׁ מִטְּעַם, unter den seines göttlichen Urhebers, אֱלָהּ יִשְׂרָאֵל טַעַם, in Esdr I 7₄, διὰ προστάγματος τοῦ κυρίου θεοῦ 'Ισραὴλ καὶ μετὰ τῆς γνώμης τοῦ Κύρου, zu beachten, die im Paralleltext von Esdr II aus übersetzungstechnischen Gründen der Äquivalenz durch zweimaliges ἀπὸ γνώμης aufgehoben und auch lukianisch nicht rückgängig gemacht wird (vgl. TGE S. 88 und Zu Text und Textgeschichte des ersten Esrabuches, S. 211): Eine übersetzungstechnische Analogie zur Unterscheidung zwischen טעם als Edikt des Königs und Befehl des Untertanen mit den Äquivalenten δόγμα und γνώμη noch in der sonst Esdr II nahestehenden jüngeren Daniel-Übersetzung. Es läge somit hier eine übersetzungstechnische Analogie zwischen der älteren Esraübersetzung von Esdr I und der jüngeren Danielübersetzung von Dan θ' vor: Hier, in Dan θ' 2₁₄, die Unterscheidung des Begriffs טעם mit dem Äquivalent γνώμη als Befehl bzw. Anweisung eines Untertanen, Daniels, – auch hier ist, wie in Dan 2₄₁ ₄₃ (vgl. S.113 Anm.5) nach Ausweis des vorhexaplarischen Zeugen 967 das von 88 überlieferte Äquivalent γνώμη als hexaplarischer Eintrag aus Dan θ' gegenüber ursprünglichem γνῶσις in Dan o' zu bestimmen – von seiner Bedeutung als königliches Edikt mit dem Äquivalent δόγμα, dort, in Esdr I 7₄, die Unterscheidung des gleichen, hier schon durch die masoretische Vokalisierung unterschiedenen Begriffs טעם mit dem Äquivalent πρόσταγμα als Befehl von Israels Gott von seiner Bedeutung als Erlass der persischen Könige mit dem Äquivalent γνώμη. Es scheint sich nun aber in der Überlieferung der Übersetzung von Esdr II, in deren ursprünglicher Textform diese Unterscheidung auf Grund des Übersetzungsprinzips durch zweimaliges γνώμη aufgehoben und so auch lukianisch bewahrt wird (6₁₄), trotz dem auch durch fehlende Überlieferung bedingten regellosen Schwanken zwischen Beibehaltung von γνώμη und lukianischer Änderung in δόγμα, bei dieser Rezension an einer Stelle eine den aufgezeigten Fällen in Dan θ' und Esdr I analoge semantische Unterscheidung dieses Begriffs erhalten zu haben: in der schwer erklärbaren Übersetzung von 4₂₁ (vgl. S.370-373), wo nach lukianischer Überlieferung der durch die persischen Provinzialbeamten den Juden zu übermittelnde Befehl in der ursprünglichen Form beibehalten wird, θέτε γνώμην, als Erlass des Königs aber geändert wird: δι εμου εξετεθη το δογμα.

äquivalenz von der Übersetzungstradition her zu erklären, die für diese Äquivalenz in beiden Danieltexten überliefert ist: in ο' und θ': Dan 7₂₂ ₂₅, in ο' bei Fehlen des Ausdrucks in θ': 37 8, in θ' bei Fehlen des Ausdrucks in ο': 6₁₀ (₁₁) ₁₃ (₁₄), bei gespaltener Überlieferung: 4₃₃ (₃₆) 7₁₂ ¹.

Esdr 15₁₅ שלטו: ἐξουσιάζονται] εκυριευσαν (*dominabuntur* La) *L* La¹²³ Aeth^A Got Compl: Das lukianisch überlieferte Äquivalent κυριεύειν, das in LXX auf verschiedene Grundwörter bezogen überliefert ist, kennt die Äquivalenz mit dem Stamm שלט anderwärts nur in den beiden Danieltexten, hier aber mehrfach, und – wahrscheinlich auf Grund dieser Tradition – von den jüngeren Übersetzungen bei α' in Dan 2₃₈ und Eccl 2₁₉ 8₉. Lukianische Bestimmung von dieser vorgegebenen Tradition her ist aus dem Grund wahrscheinlich, weil die ursprüngliche Äquivalenz an dieser Stelle, שלט mit ἐξουσιάζειν, die in LXX anderwärts nur in Eccl nachgewiesen ist, bei den jüngeren Übersetzungen in α' ausschliesslich, in σ', wo das Verbum häufig bezeugt ist, fast ausschliesslich, zu Gunsten der Äquivalenz mit משל aufgehoben ist.

(4) Vorgegebene Übersetzungsäquivalenz in LXX kann als Motiv für die Wahl der lukianischen in Esdr II auch dann vermutet werden, wenn sie, obwohl selten bezeugt, doch an zentralen Stellen und auf nicht nur dem Stamm, sondern auch der Wortbildung nach identische hebräische Äquivalente bezogen überliefert ist:

Esdr II 19₁₇ סליחות (אלוה): (ὁ θεὸς) ἀφίων ἁμαρτίας] (ο θεος) ο ιλασμω αφιεις 19'; (*deus*) *obsecrationum* La¹²³; (ο θεος) ο αφεις 93: Während die Äquivalenz der Stämme, Bildungen von סלח mit ἀφιέναι – so der Terminus der Kultsprache in Lev – und mit Bildungen von ιλα(σκ)-, ἱλάσκεσθαι, ἵλεως, in LXX auch anderwärts belegt ist, ἱλάσκεσθαι auch mehrfach bei α', die Zuordnung der beiden Äquivalente in 19' demnach als Dublette zu verstehen ist², erscheint die lukianisch überlieferte Nominalbildung ἱλασμός

---

¹) 7₁₂ עד זמן ועדן: ἕως χρόνου καὶ καιροῦ ο' und θ' nach Ziegler, ἕως καιροῦ καὶ καιροῦ θ' nach Rahlfs: Im θ'-Text lesen εως χρονου και καιρου Q-230' < *O* 36-88 (lukianisch) *C'* 407 534 Bo Arab, εως καιρου 48 (lukianisch) 130 239 590 La^S Aeth Arm^p Hippol. Polychr. Lucif. Aug. ep. 198, 3, εως καιρου και καιρου rel, im ο'-Text ist die Umstellung εως καιρου και χρονου, nach der die Äquivalenz זמן - καιρός auch hier hergestellt wird, in dem Ziegler noch nicht zugänglichen Text von 967 und bei Iustin überliefert und wird von Munnich in dieser Form als ursprünglich aufgenommen. Da die Äquivalenz זמן - χρόνος in beiden Texten auch belegt ist, 2₁₆ und ₂₁, lässt sich der ursprüngliche Text von der Wortäquivalenz her nicht mit Sicherheit bestimmen. Für Zieglers Rekonstruktion in θ', die zwar auf schwächerer Überlieferung beruht, spricht die entsprechende – hier einhellig überlieferte – Äquivalenz bei umgestellter Ordnung der Begriffe, עדניא וזמניא, in der analogen Wendung 2₂₁: καιροὺς καὶ χρόνους; für Munnichs Rekonstruktion in ο' spricht die dadurch gegebene Möglichkeit, die von 88 bezeugte Textform den hexaplarischen Eintragungen aus dem θ-Text zuzuordnen; doch ist ihre Bestimmung „=ℳ" und die Nennung von Syh (עדנא לזבנא ועדנא) als Mitzeuge fraglich, da die Äquivalenz der syrischen Begriffe mit den griechischen oft variiert.

²) Das Äquivalent von La¹²³ *deus obsecrationum* ist demnach als das eine, vom ursprünglichen Text abweichende Glied der Dublette zu bestimmen, das mit 19' zusammen insofern eine Korrektur nach ℳ bedeutet, als das Partizip durch eine Nominalbildung ersetzt wird, und darüber hinausgehend insofern, als das Nomen in den Plural gesetzt wird.

als Äquivalent für סלל nur bei der Bildung סלִיחה, hier aber in einhelliger Überlieferung an den beiden anderen Stellen seiner Bezeugung im AT: Ps 129(130)4 und Dan θ' 99.

(5) Für das lukianische Rezensionsprinzip eines von den jüngeren Übersetzungen unabhängigen unmittelbaren Bezugs auf ältere ursprüngliche Übersetzungstradition der LXX, der schon in den zuletzt besprochenen vier Formen der Überlieferung als die näher liegende Alternative erschienen ist, sprechen aber vor allem einige Fälle, wo die in Esdr II überlieferte lukianische Äquivalenz in LXX gut bezeugt ist, in den jüngeren Übersetzungen aber völlig ausfällt:

Esdr II 104 חזק: κραταιοῦ (= Esdr I 891 (ἰσχὺν ποιεῖν pro חזק ועשה, L 121 La^C Sy (sim) ισχυε και ποιει))] ανδριζου L,

Esdr II 1313 הגיא: τῆς φάραγγος] τῆς (> 19') γαι (gae La) L (93^{txt}) La^{123}, so auch in der Dublette 1215 [1],

Esdr II 1315 ברכת: κολυμβήθρας] κρηνης L.

(6) Doch wird das Kriterium einer auf diese Weise begründeten lukianischen Wortwahl fraglich, wenn das lukianisch überlieferte Äquivalent, das in den jüngeren Übersetzungen nicht nachweisbar ist, auch in der Übersetzungstradition der LXX nur selten und nur auf andere hebräische Äquivalente bezogen überliefert ist:

Esdr II 94 חרד (בדברי אלהי־ישראל): ὁ διώκων λόγον θεοῦ 'Ισραήλ (= Esdr I 869 ὅσοι ποτὲ ἐπεκινοῦντο (επεκενουντο L) (ἐπὶ (> B' L Ra.) τῷ ῥήματι) κυρίου τοῦ 'Ισραήλ (cum var))] εντρομος και επιδιωκων (εν τω λογω του θεου ισραηλ) L; ο εντρομος λογον (θεου ισραηλ) Compl; *trementes verbum* (*dei israel*) La^{123}: Während sich die ursprüngliche Äquivalenz von חרד mit διώκειν wenigstens an einer Stelle mit dem ursprünglichen LXX-Text berührt: mit dem Hiphil מחריד in Is 172, erscheint in der lukianischen Dublette das Compositum ἐπιδιώκειν innerhalb der LXX mitsamt den jüngeren Übersetzungen hier als Hapaxlegomenon und ist das Adjektiv ἔντρομος nur in LXX und nur auf die Äquivalente רעש (Ps 17(18)8 76(77)19) und רעד (Dan θ' 1011) bezogen, ausserkanonisch noch in Mac I 132 und Sap 1710 nachgewiesen; die einzige Berührung in der Äquivalenz ist die Gemeinsamkeit des Stammes in der partizipialen Verbalform τρέμων (τὸν λόγον) in Is 662 und 5, die aus dem Grund einen Schluss auf lukianische Bindung an vorgegebene Tradition wahrscheinlich macht, weil an der zweiten den Stamm חרד bezeugenden Stelle in Esdr II, 103, das ursprüngliche Äquivalent φοβέρισον nach lukianischer Überlieferung των τρεμοντων – so L, La^{123} liest wie in 94 *qui tremunt* – lautet[2].

---

[1]) Vgl. S.155 und 251f.

[2]) Der Wechsel der Äquivalente ist hier von der Bedeutung her erfordert, da im ursprünglichen Übersetzungstext, φοβέρισον, der Imperativ des Hiphil, הַחֲרִידֵם, als Aufforderung an Esra vorausgesetzt ist, in der lukianischen Textform των τρεμοντων aber nach masoretischer Überlieferung das determinierte Adjektiv הַחֲרֵדִים. Lukianische Berührung mit dem Paralleltext von Esdr I ist weder hier (890), obwohl die einhellig überlieferte Textform im Unterschied zu Esdr II der masoretischen entspricht: ὅσοι πειθαρχοῦσιν (-χησουσιν B'), noch in Esdr II 94 (= I 869) festzustellen, wo Esdr I ursprünglich ἐπεκινοῦντο, nach lukianischer Überlieferung επεκενουντο liest. Es sind Begriffe, die anderswo in 𝔊 nirgends als Äquivalent für חרד überliefert sind,

(7) Offen bleiben muss eine jede Erklärung lukianischer Äquivalenz von vorgegebener Überlieferung her an den Stellen, an denen das ursprüngliche Äquivalent in LXX verankert ist, das lukianisch überlieferte aber weder in LXX noch in den jüngeren Übersetzungen oder hier doch nur so ungesichert, selten und mit abweichender Äquivalenz, dass der Verzicht auf die Bewahrung der ausserlukianisch überlieferten ursprünglichen Äquivalenz dem grundsätzlichen lukianischen Prinzip widerspricht:

Esdr II 19₃₀ (ו)תמשך: (καὶ) εἵλκυσας] (καὶ) εμακροθυμησας L Aeth (vid) Arm (vid) Compl[1]: Die LXX-Äquivalenz ist seit Deut 21₃ öfter, das lukianisch überlieferte Äquivalent in LXX nur für ארך, so auch bei α', für σ' aber nirgends nachgewiesen.

Esdr II 22₂₇: בקש: ἐζήτησαν] ητησαν 93-108 (deest 19 121): Die LXX-Äquivalenz ist seit Gen 37₁₅ fast konsequent sowohl in LXX als auch in den jüngeren Übersetzungen bezeugt, das lukianisch überlieferte Äquivalent mit gleicher Konsequenz fast nur für שאל.

Eine ähnliche Verteilung der Überlieferung liegt vor in Esdr II 9₁₃ פליטה: σωτηρίαν (= Esdr I 8₈₄ (ῥίζαν omnes))] υπολειμμα L, als Dublette *reliqiar<i>um* La¹²³, so auch in 15 für διασῳζόμενοι, wo L υπολειμμα als Dublette bezeugt, La¹²³ *reliquiarium* als Ersetzung, während das gleiche hebräische Grundwort פליטה v. 8 in LXX mit σωτηρία, v. 14 mit διασῳζόμενον, von L an beiden Stellen mit ανασῳζομενον wiedergegeben wird. ὑπόλειμμα ist im Unterschied zu σωτηρία nirgends mit dem Äquivalent פליטה in LXX verankert, nur mit שאר, so auch bei den jüngeren Übersetzungen: mit שאר α' σ' θ' in Is 15₇ ² Iob 4₂₁ und mit שריד im asterisierten Stichos Iob 20₂₁a. Die Zuordnung der Äquivalente wird hier aber durch die mehrfach überlieferte Verbindung mit Bildungen aus dem Stamm שאר, wie שארית ופליטה in v. 14, נשארנו פליטה in v. 15 erschwert, die auch die Annahme des lukianischen Analogieverfahrens zulässt; doch bleibt, da LXX und L die Äquivalenz zwischen den Stämmen פלט und -λειπ- kennen, die Erklärung als Dublette wahrscheinlicher[3].

πειθαρχεῖν in Dan o' 7₂₇ und Sir 30₃₈ (33₂₈) für שמע, ἐπικινεῖν in 𝔊 hier Hapaxlegomenon, das lukianisch überlieferte ἐπικενοῦν, da anderwärts, auch profangriechisch, nicht nachgewiesen, als Compositum von κενοῦν im Kontext unverständlich, als itazistisch geschriebenes ἐπικαινοῦν (vgl. ἐπικαινίζειν Mac I 10₄₄), „durch das Wort Gottes erneuert werden" zwar sinnvoll, aber, da nicht mit 𝔐 übereinstimmend, eher orthographisch, als Verschreibung von ἐπεκιν- in επεκεν- zu erklären. Zum ganzen vgl. S.155 und 231f.

[1]) La¹²³ setzt mit dem Äquivalent *superduxisti*, seiner Tendenz entsprechend, auch der Übersetzungstradition nach, über L hinausgehend die Nähe zu 𝔐 zu bewahren, das ursprüngliche εἵλκυσας voraus; La¹²⁵ liest *adquievisti*: aus ησυχασας für εἵλκυσας?

[2]) Die Notierung bei Reider-Turner „Is XV 7 [α'] θ' " ist doppelt falsch: Das hebräische Äquivalent ist nicht שאר sondern יתרה, und α' braucht nicht genannt und ungültig erklärt zu werden, da für ihn nicht ὑπόλειμμα, sondern περίσσευμα überliefert ist.

[3]) Vgl. α' zugeschriebenes λεῖπον für פליטה Exod 10₅, vor nachgeordnetem הנשארת (LXX ὁ καταλειφθέν, ὃ κατέλιπεν), neben ἀνασωσμός Gen 45₇, nach vorgeordnetem שארית (LXX κατάλειμμα ... κατάλειψιν). Dass L bei Bildungen mit dem Stamm λειπ- die Komposition mit der Präposition ὑπό – auch für שאר – bevorzugt, zeigen auch die Stellen 14 und 113 gegenüber ursprünglichem Compositum mit κατα (καταλειπόμενος), das als ursprüngliches Äquivalent für פלט auch in Is 37₃₁ (οἱ καταλελειμμένοι für הנשארה ... פליטה) und Par I 4₄₃ überliefert ist,

7. Es bleiben noch einige Fälle lukianischer Wortvarianten – schon im Blick auf ihre geringe Zahl im Verhältnis zu den aus vorgegebener Tradition, sei es der ursprünglichen Textform von Esdr I, der übrigen Bücher der LXX oder der jüngeren Übersetzungen des 2. Jahrhunderts n. Chr., erklärbaren sind es eher Ausnahmen, die die Regel bestätigen –, die von erhaltener Überlieferung als ihrer Vorlage her nicht mehr oder nur noch bedingt erklärt werden können und, wenn man von der nicht auszuschliessenden Möglichkeit nicht mehr erhaltener Zwischenglieder oder in die lukianischen Zeugen eingedrungener sekundärer Tradition, die nicht der Rezension zugehört, absieht, die Frage nach weiteren Kriterien lukianischer Änderung des vorliegenden ursprünglichen Wortgutes aufwerfen.

(1) In diese Kategorie gehören zuerst die lukianisch überlieferten Wortänderungen, die hinsichtlich ihrer Zuordnung zu vorgegebener Überlieferung insofern ein inkonsequentes Verfahren voraussetzen, als verschiedene Äquivalente für das gleiche hebräische Grundwort eingesetzt werden können, die aber, entsprechend der schon öfter festgestellten lukianischen Intention auch bei konsequenter Bindung an vorgegebene Tradition, von lukianischer Tendenz zur Interpretation her erklärt werden können oder müssen.

Wo solche Inkonsequenz in der Wahl des lukianischen Äquivalents in der Doppelbedeutung des hebräischen bzw. aramäischen Grundwortes begründet und die je verschiedenen dem Kontext angemessenen lukianischen Äquivalente ihrerseits in der vorgegebenen Tradition der LXX und der jüngeren Übersetzungen verankert sind, darf auch die lukianische Aufnahme verschiedener Äquivalente für das gleiche Grundwort als mit dem bisher für die lukianische Rezension in erster Linie als charakteristisch festgestellten Prinzip übereinstimmend bestimmt werden:

Das gilt für das Verhältnis der lukianischen zur ursprünglichen Überlieferung hinsichtlich der Äquivalenz zwischen dem Verbum בוא und den nahezu synonymen Übersetzungsäquivalenten ἔρχεσθαι, ἥκειν und παραγίνεσθαι, für die in LXX als ganzer die häufigsten Belege mit dieser Äquivalenz überliefert sind, ausser für παραγίνεσθαι, wo nur ein α′ Beleg in Iud 9₃₇ vorliegt, auch in den jüngeren Übersetzungen: Die weitaus häufigste Äquivalenz im ursprünglichen Text von Esdr II ist die mit Präsens- und Aoristformen von ἔρχεσθαι, mit ἥκειν liegt nur die Aussage von 12₁₀, im perfektischen Sinn, vor – „es ist da ein Mensch gekommen, der Israel Gutes tun will" –; παραγίνεσθαι fehlt in Esdr II – im Unterschied zu Esdr I bei verschiedenen Äquivalenten – völlig. Nach der lukianischen Überlieferung steht in Esdr II 10₁₄, יבא, für ἐλθέτωσαν (= Esdr I 9₁₂ παραγενηθήτωσαν (-νεσθωσαν L Ios Ant XI 150)) bei L ηκετωσαν (veniat La¹²³), in Esdr II 12₇, אבוא (עד אשר) für (ἕως) ἔλθω das Äquivalent (εως αν) παραγενωμαι L (donec perveniam La¹²³), entsprechend im Bericht von der Ankunft v. 11 ואבוא: καὶ ἦλθον, die Wiederaufnahme καὶ παρεγενόμην L (et veni La¹²³). Eher als von Esdr I her – die Parallelstelle in 10₁₄ spricht eher dagegen – sind beide Stellen als subtile lukianische Interpretation zu

---

wo L ursprüngliches τοὺς καταλειφθέντας τοὺς καταλοίπους für שארית הפליטה in το καταλειμμα το διασωθεν korrigiert. Zur hexaplarischen und zur altlateinischen Überlieferung vgl. S.188f., 218f., 221, 232, 252.

erklären, ηκετωσαν in 10₁₄ von der zeitlichen Festlegung des Befehls her: „zu bestimmten Zeiten haben sie hier zu sein", εως αν παραγενωμαι vom Zielpunkt der Ankunft Nehemias her: „solange, bis ich dort eingetroffen bin".

Das gilt auch für den lukianischen Wechsel zwischen den drei Äquivalenten ἀναγινώσκειν, καλεῖν und κηρύσσειν für das hebräische und aramäische Grundwort קרא, die in dieser Äquivalenz auch die in LXX bestverankerten und von denen ἀναγινώσκειν und καλεῖν bei α' die einzigen – oft von σ' und θ' mitbezeugten – Äquivalente sind, während κηρύσσειν, das im Vokabular von α' nicht überliefert ist, für σ' in Ps 104(103)₁ Ier 7₂ und 2₂ (hier syrohexaplarisch אכרז) für קרא, bei ungesicherter Äquivalenz in Ier 20₈ nachgewiesen ist. In der lukianischen Überlieferung von Esdr II erscheinen sie interpretierend als Korrektur, wo die Unterscheidung der Bedeutungen aus dem Kontext erfordert oder doch nahegelegt ist: ἀναγινώσκειν für καλεῖν in 4₁₈, wo ἐκλήθη für קרי im ursprünglichen Text auf dem Missverständnis des Subjekts נשתונא, „das Schreiben" als Amtsbezeichnung, ὁ φορολόγος, beruht: το γραμματειον (*decretum* La) ... ανεγνωσθη L La¹²³ ¹, κηρύσσειν für καλεῖν in 8₂₁ für Esras Aufruf zum Fasten, ואקרא שם צום, an Stelle von ursprünglichem ἐκάλεσα: (και) εκηρυξα (-ξαν 19'; *praedicavi* La) εκει νηστειαν L La¹²³, und in 16₇ für die Beschuldigung Nehemias durch seine Widersacher sich zum König ausrufen lassen zu wollen, לקרא עליך, an Stelle einer freien Wiedergabe im ursprünglichen Text κηρυσσειν περι σου L La¹²³ Aeth Compl.

Das gilt – bei schwierigerer Erklärbarkeit des exegetischen Motivs in der lukianischen Überlieferung – auch für die Entscheidung zwischen den beiden Begriffen λόγος und ῥῆμα als Äquivalent für das Grundwort דבר. Überlieferungsgeschichtlich gründet die Äquivalenz für beide Übersetzungsäquivalente in bestbezeugter Tradition der LXX; die von Aquila ausgehende Überlieferung der jüngeren Übersetzungen scheidet für die Erklärung der lukianischen Tradition in Esdr II aus dem Grund aus, weil der von ihm konsequent

---

¹) Vgl. 4₂₃, wo die Verbalform קרי im ursprünglichen Text aktiv, der φορολόγος dementsprechend als Vorleser verstanden ist: ὁ φορολόγος ... ἀνέγνω, und mit der lukianischen Korrektur des Subjekts פרשגן נשתונא das gleiche Äquivalent des Verbums nur noch passiv umformuliert werden muss: το αντιγραφον του δογματος (*exemplum edicti* La) ... ανεγνωσθη (*datum est* La) L' La¹²³. Ob das Äquivalent von La¹²³ immer mit dem lukianisch überlieferten übereinstimmt, ist nicht mit Sicherheit festzustellen, da auch die griechische lukianische Überlieferung nicht konsequent ist, sondern in 4₁₈ γραμματειον, in 4₂₃ δόγμα, in 4₇ διάταξις, in 5₅ entsprechend der einhelligen Überlieferung in 7₁₁ διάταγμα bezeugt – demgegenüber La¹²³ in 4₇ und 1₈ *decretum*, an den übrigen Stellen *edictum* (vgl. hierzu S.114f.). Wie das Missverständnis eines als φορολόγος bezeichneten Beamten in den ursprünglichen Text von Esdr II eindringen konnte – es ist nach der Äquivalenz von Iob 3₁₈ 39₇ der נוגש, nach Dan 11₂₀ der terminus für den „Steuereintreiber" Heliodor –, ist schwer verständlich, da auch Esdr I, bei freier Terminologie, die auch keine Berührungen mit den lukianischen Korrekturen in Esdr II zeigt, unter נשתון ein Schriftstück versteht und dieses Verständnis an einer Stelle auch einhellig in Esdr II bezeugt ist: 7₁₁; am ehesten ist noch ein Einfluss aus Esdr I an den Stellen zu vermuten, wo von „Steuern": מ(נ)דה, die Rede ist und Esdr II das Äquivalent φόρος, Esdr I aber in 2₂₃ (= II 4₂₀) φορολογεῖν, in 2₁₈ (= II 4₁₃), 6₂₈ (= II 6₈), 8₂₂ (= II 7₂₄) φορολογία verwendet (vgl. S.370-373 und S.10 Anm.2).

als Äquivalent für λόγος in Anspruch genommene Stamm אמר – die Wahl ist sowohl im analogen Fall der Äquivalenz des Verbums, אמר - λέγειν, als auch in der Möglichkeit analoger Bildungen der Nomina, אֵמֶר, אֹמֶר - λόγος, אמרה - λόγιον, begründet[1] – als nominale Bildung in Esdr II nicht überliefert ist. Im ursprünglichen Text ist die Unterscheidung der beiden Begriffe nach dem Bedeutungsunterschied: λόγος für Bedeutungen im Bereich des Wortes, Wort Gottes (1₁ 9₄), seines Gesetzes (18₉ 13), seiner Zeugen (11₁), Verkündung (18₁₂), Auftrag (8₁₇), Bericht (9₃ 11₄), ῥῆμα als von דבר her zu erklärender Hebraismus zur Bezeichnung einer Sache, eines Gegenstandes, einer Angelegenheit[2]: die vorangegangenen Ereignisse (7₁), die Verschuldung durch die Mischehen (10₉ 14 16), der Wiederaufbau im Auge der Widersacher (12₁₉), der Schuldenerlass (15₁₂ 13), eindeutig, eindeutig auch dort, wo die Wahl des Äquivalents λόγος die Grenze des semantischen Unterschieds zu überschreiten scheint: bei der Wendung ποιεῖν λόγον, עשׂה דבר, mit der die Ausführung einer Sache bezeichnet wird, die Bedrängnis der Brüder mit Lasten (15₉), die Entweihung des Sabbats durch Handel (23₁₇): – als Werk derer, die sich damit schuldig machen, ist es der λόγος ihres bösen Plans[3] –, und bei der stereotypen Formulierung דבר־יום ביומו, mit der das für einen jeden Tag verordnete Mass einer Sache bezeichnet wird: λόγος ἡμέρας ἐν ἡμέρᾳ: die berechnete Tagesration (3₄ 21₄₇). Diese Äquivalenz wird auch in 21₂₃, wo der entsprechende Satzteil im ursprünglichen

---

[1]) Vgl. die subtile Untersuchung bei Lütkemann-Rahlfs S. 10-15 mit der Erklärung der Ausnahmen.

[2]) „Hebraismus" im Sinn der Übertragung einer nur im hebräischen Grundwort vorliegenden zweiten Bedeutung auf das griechische Äquivalent liegt nach lexikographischem Ausweis (vgl. Bauer sub verbo ῥῆμα 2 und die nur biblischen Belege bei L.-S. I 3) nur bei ῥῆμα vor, nicht bei λόγος, wo die Bedeutung „Gegenstand, über den gesprochen wird", „Sache" seit Theognis nachgewiesen ist (Bauer sub verbo λόγος 1aε, L.-S. VIII): Tendenz zur Hebraisierung im Wortgebrauch im Gegensatz zum profangriechisch Überlieferten?

[3]) An dieser Grenze, bei der Formulierung עשׂה דבר, wird aber deutlich, dass in der Übersetzung selbst die Möglichkeit des Verständnisses für beide Bedeutungen offen steht: In 15₁₃ erscheint die Aussage ויעשׂ העם כדבר הזה übersetzt in der Form καὶ ἐποίησεν ὁ λαὸς τὸ ῥῆμα τοῦτο. Das kann nach der Esdr II eigentümlichen Übersetzungstechnik kaum anders erklärt werden, als durch eine von 𝔐 abweichende Vorlage, die הדבר an Stelle von כדבר las, was aber eine von 15₉ und 23₁₇ abweichende Interpretation der Wendung עשׂה דבר mit sich bringt. Die Erklärung ist bei der vorangehenden Formulierung יקים את־הדבר הזה zu suchen, die nach einhelliger Überlieferung in der Form στήσει τὸν λόγον τοῦτον wiedergegeben wird und hier die Bedeutung haben muss, die in 15₉ und 23₇ die Formulierung ποιεῖν λόγον hat: Hier steht dem „erfüllen des Wortes", ἱστάναι τὸν λόγον, Nehemias Befehl, die verpfändeten Güter zurückzugeben, die Realisierung in der Tat, die Sühnung dieser Schuld: ποιεῖν τὸ ῥῆμα τοῦτο, gegenüber. Die nur in La¹²³ überlieferte Korrektur nach 𝔐 durch die Einführung der Vergleichspartikel, *secundum sermonem istum*, setzt, obwohl die von La¹²³ verwendeten Äquivalente *sermo* und *verbum* sich nicht auf die Alternative λόγος und ῥῆμα aufteilen lassen – nur *ratio* steht ausnahmslos für λόγος (3₄ 21₂₃ 24 22₂₃ 47) – entsprechend der Intention der Übersetzung selbst λόγος voraus; ob die hexaplarische Korrektur in S^c, die ohne Nachtrag der Vergleichspartikel τον λογον τουτον bietet, halb eingerenkte Korrektur im Sinn von La ist, oder lediglich Wechsel der Äquivalente, lässt sich nicht mehr beantworten (vgl. S.10 Anm.1).

Übersetzungstext fehlt, lukianisch nachgetragen: λογος (*ratione* La) εκαστης ημερας (om εκ. ημ. La) εν τη ημερα αυτου 93-108 (deest 19) La[123], und von hier aus der in v. 24 folgende Ausdruck לכל־דבר לעם, der in der ursprünglichen Textform der Übersetzung εἰς πᾶν ῥῆμα τῷ λαῷ[1] lautet: „Petaḥja steht dem König zur Seite in allen Angelegenheiten, die das Volk betreffen", interpretierend umgedeutet: εις παντα λογον (*omnem rationem* La) τω λαω 93-108 (deest 19) La[123] Compl, „in allem, was der König für das Volk vorsieht". Lukianische Interpretation in analogem Sinn sind die Ersetzungen von ῥῆμα durch λόγος im Bericht über die Schuld der Mischehen 10 4-14: Die Anrede an Esra in v. 4 עליך הדבר, in der Übersetzung ἐπὶ σὲ τὸ ῥῆμα: „dir steht diese Sache zu", lautet lukianisch επι σε ο λογος: „an dir ist das Wort zu ihr", das Schuldbekenntnis der Gefallenen in 13 הרבינו לפשע בדבר הזה, in der Übersetzung ἐπληθύναμεν τοῦ ἀδικῆσαι ἐν τῷ ῥήματι τούτῳ, lukianisch επλ. του ασεβησαι εν τω λογω τουτω (*L*): „Wir haben gottlos gehandelt in Bezug auf das Wort (des Verbots der Mischehen)". In den umrahmenden Aussagen, v. 9 und 14, bleibt die ursprüngliche Bedeutung als „Fall", ῥῆμα, der Übertretung des Gesetzes auch nach lukianischer Überlieferung erhalten. In v. 12 wird die von 𝔐 abweichende ursprüngliche Textform der Übersetzung, die nur im Sinn von ῥῆμα verstehbar ist, die Anrede Israels an Esra μέγα τοῦτο τὸ ῥῆμά σου: „Gross ist diese dir anvertraute Sache" der Sühnung dieser Schuld, nach lukianischer Überlieferung mit der Dublette der 𝔐 entsprechenden Formulierung, die als Äquivalent λόγος fordert, ergänzt, nur in Compl durch sie ersetzt: κατα τους λογους σου ους εφης ουτως ποιησομεν *L* La[123] (sim). Als in Interpretation – nicht lediglich in Tradition der Äquivalenz – begründete Tendenz muss auch die lukianisch überlieferte Äquivalenz von דבר mit λόγος in dem Bericht über die Mordpläne der Widersacher Nehemias 16 4-8 verstanden werden: Die stereotype Wendung כדבר הזה wird bei ihrem ersten Vorkommen, v. 4a, wo sie, da die Mordpläne zuvor schon in einer Anrede an Nehemia ausgesprochen waren (v.2), sowohl mit ὡς (lukianisch κατα) τὸ ῥῆμα τοῦτο als auch mit ὡς ὁ λόγος οὗτος bzw. κατα τον λογον τουτον wiedergegeben werden könnte, auch nach lukianischer Überlieferung in der ursprünglichen Übersetzungsform mit ῥῆμα beibehalten – „sie schickten ... wegen dieser Sache zu mir" –, in der Wiederaufnahme dieser Wendung aber, wo unmittelbar an die jeweils vorangehende Rede der Widersacher erinnert wird, auch hier, wie die Überlieferung in v. 8, ὡς οἱ λόγοι οὗτοι (κατα τους λογους (*sermones* La) τουτους *L* La[123]) erweist, entsprechend der Intention der Übersetzung, im dazwischen liegenden, in der ursprünglichen Übersetzungsform verkürzten Text lukianisch – in v. 5 nach Ausweis von S^c auch hexaplarisch, in v. 6 der Überlieferung

---

[1]) ῥῆμα lesen nur der von Rezensionen relativ unberührte codex 119 und der hexaplarische Korrektor S^c: Bewahrung oder Rekonstruktion des Ursprünglichen nach 𝔐; die übrigen ausserlukianischen Zeugen lesen χρημα: eine paläographisch als Transformation und exegetisch als Differenzierung innerhalb des Bedeutungsumfangs von ῥῆμα leicht erklärbare sekundäre Umdeutung: „Was den Bedarf, das Eigentum des Volkes anbelangt"; Hesych verzeichnet als Synonyma zu χρῆμα: πρᾶγμα (aus Esdr II 21 24?), πλοῦτος, οὐσία, λῆμμα.

nach nur von La¹²³ – nachgetragen¹. Die einzige Ausnahme in der lukianischen Tradition, sowohl hinsichtlich der postulierten semantischen Unterscheidung zwischen λόγος und ῥῆμα als auch hinsichtlich der rezensionellen Äquivalenz, nach der sonst nur lukianische Ersetzung von ῥῆμα durch λόγος überliefert ist, besteht in der lukianisch bezeugten Übersetzungsform des Ausdrucks דבר־יהוה (לכלות) in Esdr II 1₁: (του πληρωθηναι) ρημα (κυριου) L La¹²³ (*ut impleretur verbum domini*) für ursprüngliches (τοῦ τελεσθῆναι) λόγον (κυρίου). Aber hier liegt lukianische Bindung an den in griechischer Form zweimal vorgegebenen Bericht des Kyros vor: Esdr I 2₁₂ und Par II 36₂₂ ².

Überlieferungsgeschichtlich ähnlich gelagert, aber hinsichtlich des Bedeutungsunterschieds im Kontext schwerer erklärbar ist das Verhältnis der lukianischen zur ursprünglichen Äquivalenz bei den drei Äquivalenten χωρίζειν, διαχωρίζειν und διαστέλλειν für Bildungen des Stammes בדל: Der einhelligen Überlieferung von χωρίζειν in Esdr II 6₂₁ הנבדל: ὁ χωριζόμενος (χωρισθεις L) (= Esdr I 6₁₃ οἱ χωρισθέντες (omnes)) und 19₂ (ו)יבדלו: (καὶ) ἐχωρίσθησαν, von διαστέλλειν in Esdr II 8₂₄ (ו)אבדילה: (καὶ) διέστειλα (= Esdr I 8₅₄ ἐχώρισα (omnes)), 10₈ יבדל: διασταλήσεται (I 9₄ ἀλλοτριωθήσεται (omnes)) und 10₁₆ (ו)יבדלו: (καὶ) διεστάλησαν (διεστειλεν Sᶜ-L La¹²³ Aeth = Pesch) (= I 9₁₆ καὶ ἐπελέξατο (omnes)) steht lukianische Korrektur in διαχωρίζειν in Esdr II 10₁₁ הבדלו: διαστάλητε (= Esdr I 9₉ χωρίσθητε (omnes))] διαχωρισθητε L und 20₂₈ (29) הנבדל: ὁ προσπορευόμενος] οἱ διαχωρισθεντες (*qui separati sunt* La Aeth⁽⁻ᴮ⁾) L La¹²³ Aeth⁽⁻ᴮ⁾ Compl, und Korrektur in διαστέλλειν in Esdr II 23₃ (ו)יבדילו: (καὶ) ἐχωρίσθησαν] διεστειλαν (-λεν 108*; *sperabant* La: mend pro *separabant* La) L La¹²³ Aeth⁻ᴮ Arm und – bei innerlukianischer Spaltung – in 9₁ נבדלו: ἐχωρίσθη (= I 8₆₆ ἐχώρισαν (εχωρισθη L))] εχωρισθησαν 19′ 119 Compl; διεσταλησαν 93 gegenüber. Die aus dem Kontext erkennbaren Bedeutungsunterschiede: Ausscheidung aus dem ausserisraelitischen Bereich der Völker (6₂₁ 9₁ 10₁₁ 19₂ 20₂₈ ₍₂₉₎ 23₃), bzw. aus der Gemeinde der Golah bei Ungehorsam (10₈), oder Auswahl von Gemeindegliedern zu bestimmten Aufgaben (8₂₄ 10₁₆), lassen sich weder in der ursprünglichen noch in der lukianischen Überlieferung nach den jeweils gleichen Äquivalenzen voneinander abgrenzen. Zwar scheint eine Tendenz nach der zu erwartenden semantischen Unterscheidung der Begriffe: (δια)χωρίζειν für die Ausscheidung, διαστέλλειν für die Auswahl, bei der lukianischen Rezension erkennbar zu sein – über die einhellig dieser Unterscheidung entsprechenden Stellen für χωρίζειν (6₂₁ 19₂) und für διαστέλλειν (8₂₄ 10₁₆) hinaus korrigiert sie in diesem Sinn in 10₁₁ διαστέλλειν, in 20₂₈ ₍₂₉₎ die

---

¹) Zum Verhältnis der Zeugen Sᶜ und La¹²³ zur lukianischen Überlieferung in diesem Textzusammenhang vgl. S.122 Anm.3 und S.123 Anm. 1; zum Problem in Esdr II als ganzem 2.1.1.2.1. und 2.1.1.3.3.

²) Die lukianische Intention der Bindung an vorgegebene Übersetzungstradition bei der Wahl von ῥῆμα als Äquivalent im Ausdruck דבר־יהוה erscheint von der von E. Repo, Der Begriff „Rhema" im Biblisch-Griechischen I, „Rhema" in der Septuaginta (STAT-Ser B, 75,2, 1951, S. 126f.) festgestellten Verankerung dieser Äquivalenz in der ältesten Übersetzungstradition von Gen bis Reg I her in besonderem Mass charakteristisch.

freie Wiedergabe ὁ προσπορευόμενος¹ in διαχωρίζειν; doch widerspricht dieser Tendenz die lukianische Korrektur von χωρίζειν in διαστέλλειν in 23₃, die im gleichen Sinn von Hs. 93 auch in 9₁ eingetragen ist², bei Aussagen, die die Abscheidung Israels von fremden Völkern zum Gegenstand haben; einhellig wird auch entgegen dieser Intention die Ausstossung der Fehlbaren aus der Gemeinde in 10₈ mit dem Äqivalent διαστέλλειν wiedergegeben. Da die Äquivalenz von בדל mit διαστέλλειν und διαχωρίζειν in LXX vom Pentateuch an mehrfach gegeben ist – mit χωρίζειν ausserhalb von Esdr II und I³ nur in Par I 12₈ ₍₉₎ (mit διαχωρίζειν bei A und L auf breiterer Überlieferungsgrundlage), aber bei α' in Deut 10₈ 19₂ (gegenüber ursprünglichem διαστέλλειν) –, an der zentralen Stelle Gen 1₆ mit διαχωρίζειν sowohl für LXX als auch für α' σ' θ', ist die Erklärung der lukianisch überlieferten Äquivalenz zwar von der Tradition her als dem lukianischen Prinzip entsprechend gegeben, nicht aber entsprechend dem Prinzip der Interpretation.

Überlieferungsgeschichtlich schwer erklärbar, da nicht dem in der lukianischen Rezension vorherrschenden Prinzip der Ausrichtung nach der Äquivalenz der in LXX verankerten Tradition entsprechend, wohl aber von einer lukianischen Tendenz der Interpretation im Kontext her verstehbar ist die differenzierende lukianische Wortäquivalenz mit Bildungen aus dem Stamm עמד: Dem ursprünglichen Äquivalent ἱστάναι, welches das in LXX bestverankerte und auch bei α', oft begleitet von σ' und θ', am häufigsten überlieferte ist, steht in Esdr II 2₆₈ – (ל)העמיד(ו): τοῦ στῆσαι (αὐτόν) (= Esdr I 5₄₃ ἐγεῖραι (omnes))] ἀναστῆσαι L – ἀνιστάναι, das in LXX nur selten für עמד, weit überwiegend aber – und bei α' ausnahmslos – für קום stehende Äquivalent, gegenüber, in Esdr II 16₇ – העמדת: ἔστησας] ἐξηγειρας (excitasti La) L La¹²³ – ἐξεγείρειν, ein Begriff, der in LXX als Äquivalent für verschiedene Grundwörter, am häufigsten für Bildungen von עור, nirgends aber für עמד, bei α', oft begleitet von σ' θ', ausnahmslos für עור steht⁴. Als Interpretation im

---

¹) Die singuläre Äquivalenz in LXX dürfte eher als auf einer von 𝔐 abweichenden Vorlage auf Interpretation des Übersetzers beruhen: Es geht hier nicht um die Ausgrenzung Israels aus dem ausserisraelitischen Bereich bzw. des ausserisraelitischen Bereichs aus Israel, χωρίζειν, sondern um das Sichzuwenden, προσπορεύεσθαι, von Gliedern der als עמי הארצות, nach der ursprünglichen Textform der Übersetzung als ὁ λαὸς τῆς γῆς – οι λαοι της γης (populi regionales La) der Zeugen B' L La¹²³ Compl ist in den B-Text eingedrungene lukianische Korrektur nach 𝔐 –, bezeichneten Gemeinschaft der im Land Ansässigen, zu denen auch die im Land gebliebenen Israeliten gehören (vgl. 6₂₁), zum „Gesetz Gottes", um sich mitsamt den Priestern und Dienern am Heiligtum auf das von Moses gegebene Gesetz eidlich zu verpflichten: Die Gemeinschaft, aus der sie kommen, ist nicht die Gemeinschaft, aus der sie sich aussondern.

²) Zur überlieferungsgeschichtlichen Sonderstellung von Hs. 93 vgl. S.13 Anm.3.

³) Die Verteilung der Überlieferung lässt die Herkunft der Äquivalenz בדל - χωρίζειν im ursprünglichen Text von Esdr II aus Esdr I vermuten (vgl. S.10 Anm.2), ihre lukianische Überlieferung in Esdr II aber nach dem Analogieverfahren aus dem ursprünglichen Text von Esdr II.

⁴) Zwar ist das Simplex ἐγείρειν, das in LXX öfter für קום und עור steht, in LXX einmal ausserhalb der Esraüberlieferung: Dan ο' 8₁₈ (θ' ἱστάναι omnes), auch als Äquivalent für עמד überliefert, in Esdr I, ausser in 5₄₃ (= II 2₆₈) noch in 8₇₈ (= II 9₉ (ἀναστῆναι omnes)); doch lässt sich von hier aus schwer eine überlieferungsgeschichtliche Berührung mit dem lukianisch überlieferten Compositum in Esdr II postulieren.

Sinn eines der Aussage gemässeren Begriffs aber lassen sich beide lukianisch überlieferten Äquivalente erklären: ἀνιστάναι an Stelle des „Hinsetzens" das „Aufrichten" bzw. „Wiederaufrichten" des Heiligtums und an Stelle des „Einsetzens" das „Erwecken" bzw. „Aufrufen" von Propheten, die Nehemia nach dem Schreiben seiner Widersacher zum König von Juda ausrufen sollen.

(2) Als eine andere Form von Interpretation lässt es sich erklären, dass in der lukianischen Tradition verschiedene species eines hebräischen Begriffs, wenn im Sinnzusammenhang die Spezifizierung nicht erfordert ist, mit einem das genus bezeichnenden Äquivalent zusammengefasst werden können; so steht, obwohl die differenzierenden Äquivalente der ursprünglichen Textform mit der gleichen Äquivalenz in LXX – θυσίασμα für זבח auch in α' – verankert sind, in L Esdr II 22₄₃ θυσιας für זבחים gegenüber ursprünglichem θυσιάσματα, in L La¹²³ Compl 23₉ θυσιαν (sacrificium La) für מנחה gegenüber μαναά (cum var) der übrigen.

(3) Es kann aber auch vorkommen, dass ein im gleichen Aussagezusammenhang mehrfach und synonym überliefertes hebräisches Grundwort nach lukianischer Überlieferung vom ursprünglichen Übersetzungstext abweichend mit verschiedenen Äquivalenten wiedergegeben wird, die zwar ihren Ursprung in älterer Übersetzungstradition haben und sich hinsichtlich ihrer von der ursprünglichen Übersetzung abweichenden Bedeutung als eigene Interpretation erklären lassen, deren uneinheitliche Wahl von hierher aber schwer erklärbar bleibt. Das ist der Fall bei dem Bericht über die Trauer Nehemias als Mundschenk vor Artaxerxes in Esdr II 12₁₋₂, wo die mit Bildungen aus dem Stamm רע formulierten Aussagen über die Trauer, die im ursprünglichen Übersetzungstext in v. 1b – auf Grund der schwer erklärbaren Negation, לא־הייתי רע לפני ¹ – mit abweichender Vokalisation, רַע

---

¹) Die Streichung der Negation ist, obwohl schon früh überliefert – neben der hexaplarisch-lukianischen Tradition und ihrer vorauszusetzenden vormasoretischen Vorlage nun auch in La¹²³, mit gespaltener Überlieferung in O, von der die römische Edition von 1950 die affirmative Form aufnimmt, die Stuttgarter in der vierten Auflage von 1994 mit den codices A* G K* die masoretisch überlieferte negierte –, „textkritisch unerlaubt" (Rudolph S. 106); doch weckt auch Rudolphs Verständnis als Aussage im Plusquamperfekt, die die Änderung des Adverbs לפניו in לפנים fordert – „nun hatte ich früher nie schlecht ausgesehen" – Bedenken. Eher geht es um das – der lukianischen Interpretation entsprechende – seelische „Bekümmertsein", das sich in Nehemias Gesichtsausdruck auswirkt und das nicht wider den König gerichtet ist: לא הייתי רע לפניו, von diesem aber so verstanden wird: אין זה כי־אם רע לב, woraus sich denn auch das anschliessende Erschrecken Nehemias erklärt. Diese Deutung dürfte denn auch in den Übersetzungen Aeth⁻ᴮ und Arm vorausgesetzt sein, nach denen nur in der Frage des Königs entsprechend der lukianischen Äquivalenz nach der aus Nehemias Antlitz sprechenden „Traurigkeit", nicht entsprechend der ursprünglichen Textform von LXX nach seiner „Bosheit" gefragt wird, in der Antwort des Königs aber, nach Aeth⁻ᴬ auch in der mit 𝔐 übereinstimmenden Selbstaussage Nehemias in der negierten Form - Arm setzt hier mit LXX die Änderung von רַע in רָע voraus – ein πονηρία entsprechendes Äquivalent gewählt ist, das kaum anders denn als Verdacht des Königs auf Widerstand gegen ihn erklärt werden kann. Merkwürdig ist, dass nach der hexaplarischen Tradition, nicht nur in Sᶜ durch Fehlen einer Korrektur, sondern auch in Syh auf Grund der Wortäquivalenz, nur in der mit L übereinstimmenden, in der Aufhebung

für רַע, umgedeutet: οὐκ ἦν ἕτερος ἐνώπιον αὐτοῦ [1], und in v. 2 mit Bildungen des für dieses Grundwort neben κακός in LXX und den jüngeren Übersetzungen bestbezeugten Äquivalentes πονηρός formuliert werden: (διὰ τί) τὸ πρόσωπόν σου πονηρόν für פָּנֶיךָ רָעִים und πονηρία καρδίας für רֹעַ לֵב, nach lukianischer Überlieferung aber mit den Äquivalenten σκυθρωπός und λύπη übertragen werden, die erste Aussage hexaplarisch-lukianisch als Dublette mit Ausmerzung der Negation: και ημην σκυθρωπος S^c-Syh-L^2, in La^{123} in der gleichen Form als Ersetzung: *fui tristis in conspectu eius*, nur in der textgeschichtlich schwer einzuordnenden Textform von Aeth^{-B} mit 𝔐 übereinstimmend als Ersetzung mit Negation: *non eram coram eo molestus*[3], die zweite Aussage rein lukianisch mit gleicher Äquivalenz: (ινα τι) το προσωπον σου σκυθρωπον (*tristis* La; + *et dolens* Arm) L' La^{123} Aeth Arm, die dritte lukianisch mit neuer Äquivalenz: λυπη (*tristitia* La) καρδιας[4]. Hinsichtlich der lukianischen Überlieferung lässt sich für beide Äquivalenzen wenigstens an drei Stellen eine auch dem Sinn der Aussage nach analoge Verankerung in vorgegebener ursprünglicher Übersetzungstradition feststellen: Für σκυθρωπός die Frage Josephs an die gefangenen Beamten des Pharao Gen 40$_7$: מַדּוּעַ פְּנֵיכֶם רָעִים: in LXX nach einhelliger Überlieferung τί ὅτι τὰ πρόσωπα ὑμῶν σκυθρωπά, nach α' κακά, nach σ' πονηρά, für λύπη die Trauer Jakobs um Benjamin Gen 44$_{29}$ בְּרָעָה, in LXX einhellig μετὰ λύπης, und der Kummer Jonas über Gottes barmherziges Handeln an Ninive: וַיֵּרַע אֶל־יוֹנָה רָעָה גְדוֹלָה: einhellig καὶ ἐλυπήθη Ἰωνᾶς λύπην μεγάλην (4$_1$); hinsichtlich der Frage nach lukianischer Tendenz zur Interpretation ist eine hier der ursprünglichen Aussage entsprechende, aber

---

der Negation von 𝔐 abweichenden Dublette der Selbstaussage Nehemias ein die Trauer bezeichnendes Adjektiv überliefert ist, in S^c mit L' σκυθρωπός, in Syh כמירא, in den beiden Aussagen des Königs aber nicht nur e silentio beim hexaplarischen Korrektor von S, sondern auch in Syh ein den Begriffen der ursprünglichen Textform von LXX, πονηρόν und πονηρία entsprechendes Äquivalent: ביש und ביאשותא: Bruchstückhaftigkeit der Überlieferung oder hexaplarische Vorstufe der lukianischen Rezension (vgl. 2.1.1.2.1)?

[1]) Die Äquivalenz zwischen רַע und ἕτερος ist hier, obwohl sie anderwärts in LXX nur für die stereotype Wendung אִישׁ מֵרֵעֵהוּ (Gen 31$_{49}$), אִישׁ אֶל־רֵעֵהוּ (Is 13$_8$) אִשָּׁה רְעוּתָהּ (34$_{16}$) – in dieser Form auch in LXX Is 34$_{14}$: ἕτερος πρὸς τὸν ἕτερον für einfaches רֵעֵהוּ übernommen – nachgewiesen ist, ursprünglich und darf nicht nur, weil die Schreibung εταιρος in keiner Hs. überliefert ist, nicht als Itazismus erklärt und in das für רַע in LXX bestverankerte, auch von Aquila übernommene (darum in Eccl 4$_4$ ἀνδρὸς ἀπὸ τοῦ ἑταίρου αὐτοῦ auch für die Wendung אִישׁ מֵרֵעֵהוּ!) Äquivalent ἑταῖρος geändert werden. Die nur itazistisch unterschiedene doppelte Äquivalenz für das gleiche hebräische Grundwort ist orthographischer Zufall, der aber zur Vorsicht gegenüber Konjekturalkritik auf Grund orthographischer Erscheinungen wie itazistischer Schreibweise mahnt.

[2]) Vgl. hierzu S.201.

[3]) Zur Frage nach lukianischer Herkunft oder später inneräthiopischer Korrektur nach 𝔐 in Aeth^A vgl. ed. Esdr II, Einleitung S. 14-18 und FS Frede-Thiele S. 45 und S. 51f.

[4]) Ob sich die an allen drei Stellen identische Wiedergabe in La^{123} mit dem Äquivalent *tristis, tristitia* auf einheitliche Äquivalenz der griechischen Vorlage, σκυθρωπός oder λύπη, zurückführen lässt, muss angesichts der freien Übersetzungstechnik von La^{123} bei der Wahl von Äquivalenten offenbleiben (vgl. S.10 Anm.1).

auch als Aktualisierung denkbare Deutung von Nehemias Verfassung in Gegenwart seines fremden Oberherrn als Trauer um sein Volk gegenüber dem Verständnis der Übersetzung, das, motiviert durch die anschliessende Aussage über seine Furcht kaum anders denn als Verdacht des Königs gegen Nehemia wegen böser Absicht gedeutet werden kann, nicht auszuschliessen. Hinsichtlich interpretierender Auswertung der Tradition durch die lukianische Rezension ist daran zu erinnern, dass die beiden lukianisch überlieferten, an Stelle der ursprünglichen, πονηρός und πονηρία, stehenden Äquivalente σκυθρωπός und λύπη für die Bildungen aus dem Stamm רע innerhalb ihres gemeinsamen sie von der Übersetzung mit πονηρός unterscheidenden Bedeutungsumfangs einen semantischen Unterschied aufweisen, σκυθρωπός von den beiden Bestandteilen des Compositum her die Trauer im äusseren Sinn des Finsteren, das sich im Anblick auswirkt – darum auf das Antlitz bezogen –, λύπη die Trauer als seelischer Schmerz, der als Erklärung des düsteren Antlitzes die eine Möglichkeit der Erklärung, die πονηρία, ausschliesst und nur das Leid um die Zerstörung der Stadt der Väter zulässt. Von hier her wird die ausser von *L* La[123] wiederum auch von Aeth und Arm[1] bezeugte Änderung des ursprünglichen Äquivalents γένηται πονηρόν für das verbum finitum ירע in στυγνασει in der anschliessenden Antwort Nehemias (v. 3) – das Verbum ist in der ursprünglichen Textform der LXX nur als Äquivalent für שמם bei Ezechiel als Ausdruck des Entsetzens der Völker über das Schicksal von Tyros (27₃₅ 28₁₉) und Ägypten (32₁₀) überliefert – verstehbar[2].

(4) Am dringlichsten erhebt sich die Frage, ob die von der ursprünglichen Textform abweichende lukianisch überlieferte Wortäquivalenz aus der lukianischen Tendenz zur Interpretation, sei es Entscheidung zwischen verschiedenen Möglichkeiten des Verständnisses, Verdeutlichung oder Aktualisierung, erklärt werden könne, dann, wenn das lukianische Äquivalent in den ursprünglichen Textformen der LXX als ganzer nirgends auf das gleiche hebräische bzw. aramäische Grundwort bezogen überliefert, oder sogar in LXX als ganzer anderwärts nirgends nachgewiesen ist:

Ein solcher Fall in der lukianischen Rezension bewusst gewählter, gegenüber der älteren Übersetzungstradition selbständiger Äquivalenz, die mit solcher Konsequenz durchgehalten ist, dass ihre – sei es in bruchstückhafter Überlieferung, sei es im Versehen des Rezensors begründeten – Ausnahmen lediglich die Regel bestätigen, liegt vor in der Ersetzung des ursprünglichen, in Abhängigkeit von Esdr I begründeten[3] Äquivalents ἔπαρχος für den den persischen Statthalter der Provinz עבר־נהרה bezeichnenden Terminus פחה in der lukianischen Rezension von Esdr II durch die Amtsbezeichnung

---

[1]) Vgl. S.126 Anm.1.

[2]) Zur lukianischen Traditionsbezogenheit vgl. hinsichtlich des Begriffs σκυθρωπός sein mehrfaches Vorkommen bei σ', mit LXX für קדר in Ps 37(38)₇ 41(42)₁₀, gegenüber LXX τεταραγμένοι für זעפים (so auch Dan θ' 1₁₀) in Gen 40₆, hier im Kontext von v. 7 mit ähnlicher Wiederholung wie in Esdr 2₁₋₂; zur lukianischen Freiheit der Äquivalenz vgl. die Wahl von λυπεῖσθαι für עצב in 18₁₀ und 11, hier mit analoger Überlieferung in der Parallelstelle von Esdr I, aber auch hier mit Vorstufen in Gen (45₅; vgl. S.46).

[3]) Vgl. S.9.

στρατηγός: Esdr II 5₃ 66 13 8₃₆ 127 9. Nicht Ausnahme, sondern bewusste Unterscheidung ist die schon in der Übersetzung abweichende Äquivalenz an den Stellen, an denen es sich um Inhaber eines solchen Amtes handelt, die jüdischer Herkunft sind: der in der Parallelstelle von Esdr I (6₂₆) als Serubbabel identifizierte, hier gleicherweise als ἔπαρχος (ὕπαρχος B') bezeichnete פחת יהודיא in Esdr II 6₇: οἱ ἀφηγούμενοι (ηγουμενοι L) τῶν Ἰουδαίων, Nehemia in 15₁₄a: εἰς ἄρχοντα ἐν γῇ Ἰουδά (τη ιουδαια pro γῇ Ἰ. V L 55 Got) – entsprechend die lukianischen Korrekturen der freien Wiedergabe des Ausdrucks לחם הפחה mit βίαν αὐτῶν: αρτον της ηγεμονιας (*principatus* La) μου (> La = 𝔐) L' La¹²³ Aeth (sim) Arm (sim) Got Compl in 14b, הפחות הראשנים mit τὰς βίας τὰς πρώτας: οι δε αρχοντες (*principalis* La) οι εμπροσθεν L' La¹²³ Aeth^A (Aeth^B lib) Arm Got Compl in 15a, לחם הפחה mit ἄρτους (sic B Sixt; αρτον L b Arm Got Ald Compl; αρτος rel (Aeth lib)) τῆς βίας: αρτον της ηγεμονιας (*principatus* La) μου (> La = 𝔐) L La¹²³ Got Compl in 18b ¹, und die Korrektur der Auslassung der Amtsbezeichnung Nehemias, פחה, in der hexaplarisch-lukianischen Tradition von 22₂₆: του αρχοντος (*principes* La) S^mg -L La¹²³ Aeth^-B Compl² –, zuletzt Sesbazzar, dessen in Esdr II 5₁₄ als פחה bezeichnetes Amt in der Parallelstelle von Esdr I (6₁₇), auch hier einhellig, mit dem Äquivalent ἔπαρχος wiedergegeben ist, in Esdr II aber gleicherweise einhellig auf seinen besonderen Auftrag bezogen (vgl. 1₁₁) als θησαυροφύλαξ. Als Ausnahme bleibt nur das als Interpretation nicht erklärbare Fehlen der lukianischen Korrektur des persischen ἔπαρχος Thatthenai in 5₆ entsprechend ₃ und 66 13 in στρατηγός und allenfalls der Sonderfall der einhellig überlieferten Wiedergabe des die Gerichtsbarkeit des Statthalters der Provinz bezeichnenden Ausdrucks כסא פחת עבר הנהר – es ist im ursprünglichen Sinn sicher der persische Statthalter – mit dem Äquivalent θρόνου (*sellae* La¹²³) τοῦ ἄρχοντος τοῦ πέραν τοῦ ποταμοῦ in 13₇, wo aber eine Umdeutung auf den jüdischen „Unterstatthalter" (A. Alt³) durch den Übersetzer nahe liegt.

---

¹) ἡγεμονία deutet für das lukianische Verständnis auf ein aus dem Terminus des Amtsinhabers פחה abgeleitetes Abstractum hin, das in dieser Äquivalenz nur hier bezeugt ist, aber in der Übersetzungstradition von dem in Ier 28(51)₂₃ ₂₈ und Ez 23₂₃ überlieferten Äquivalent ἡγεμών bzw. ἡγούμενος für פחה her erklärt werden kann. Die Annahme eines Abstractums aus dem Stamm פחה dürfte durch den analogen Fall des ursprünglichen Äquivalents βία in Esdr II 15₁₄ ₁₅ ₁₈ zu erklären sein: der Begriff im Sinn der gewaltsamen Einforderung verstanden.

²) Dass La¹²³ die der ursprünglichen und der lukianischen Textform von Esdr II gemeinsame Unterscheidung der beiden Bedeutungen des Terminus פחה mit seinen beiden Äquivalenten *praefectus* einerseits und *princeps, principalis, principatus* – in 13₇ *praecedentes* – andersseits mitvertritt, ist sicher, unsicher aber, ob sein Äquivalent *praefectus* auf ursprüngliches ἔπαρχος oder lukianisches στραγηγός zurückgeführt werden muss; *praefectus* ist das Äquivalent von La^C (mitsamt La¹²³) auch für das einhellig überlieferte ἔπαρχος in Esdr I – in 8₆₄ (= II 8₃₆) liest La¹²³ *praefectibus* (sic) auch für *praepositis* in La^C – gegenüber *subregulus* in La^V (vgl. S.10 Anm.1).

³) Die Rolle Samarias bei der Entstehung des Judentums, FS Otto Procksch, 1934, S. 5-28 (= Kleine Schriften II, 1953, S. 316-337, hier S.333 Anm. 2).

Als lukianische Interpretation dürfte sich diese Äquivalenz am ehesten als aktualisierende Identifizierung der persischen Statthalter mit den obersten Beamten der römischen Kolonien erklären lassen, die nach volkstümlicher Bezeichnung als στρατηγοί auf Inschriften mehrfach nachgewiesen sind. Vom alexandrinischen Kanon her ist der entsprechende Gebrauch durch die Bezeichnung der seleukidischen Statthalter als στρατηγοί im 2. Makkabäerbuch beginnend mit Apollonius (3s) vorgegeben[1].

Ein überlieferungsgeschichtliches Gegenbild zu dieser als lukianische Interpretation und Aktualisierung erklärbaren Äquivalenz der Amtsbezeichnung פחה mit den beiden Titulaturen στρατηγός und ἄρχων stellt aber die Überlieferung sowohl der ursprünglichen als auch der lukianischen Äquivalenz mit dem in Esdr II nur für die Vorsteher der jüdischen Gemeinde verwendeten Terminus סגן dar: Der lukianische Zusatz nach 𝔐 in Esdr II 9₂ στρατηγων L – gegenüber einhellig überliefertem μεγιστᾶνες im Paralleltext von Esdr I (8₆₇) – entspricht der konsequent und einhellig bezeugten Äquivalenz ausserhalb der Esraüberlieferung in LXX (Is 4125 Ier 28(51)23 28 57 Ez 236 12 23), wo der Begriff סגן nur für Beamte des babylonischen Reiches überliefert ist, und erfordert so nach lukianischer Interpretation in Esdr II die Verwendung des Begriffs sowohl für inner- als auch für ausserisraelitische Instanzen –, das eine auf Grund vorgegebener, das andere auf Grund selbständiger Äquivalenz –; diese Äquivalenz, die nach einhelliger Überlieferung auch in Esdr II 1414 (8) 175 2240 und 2311 – hier mit von B' S^txt 58 Aeth^B bezeugter Tilgung – vorliegt, wird aber, wiederum nach einhelliger Überlieferung, in 1419 (13) und 1513 – hier innerhalb eines grösseren rezensionellen Eingriffs: εκριθην μετα των εντιμων και των αρχοντων für ἐμαχεσάμην πρὸς τοὺς ἐντίμους καὶ τοὺς ἄρχοντας in L, bei dem auch die Änderung der Äquivalenz zu erwarten wäre – durchbrochen und durch das für סגן in LXX singuläre Äquivalent ἄρχων ersetzt. Da ein in Interpretation begründeter Wechsel des Ausdrucks zwischen στρατηγός in 1414 (8) und ἄρχων in 19 (13), wo es um die eine und gleiche Instanz, die im Angesicht der feindlichen Anschläge angeredeten „Vornehmen, Vorsteher und das übrige Volk", geht, ausgeschlossen ist – in 1216 lässt sich die singuläre und einhellig überlieferte Übersetzung der שמרים mit οἱ φυλάσσοντες, entsprechend der singulären Terminologie für den פחה Sesbazzar, θησαυροφύλαξ, in Esdr II 514 [2], als, sei es schon in der hebräischen Vorlage, sei es vom Übersetzer intendierte Deutung auf Mauerwächter erklären[3] –, bleibt für

---

[1]) Die lukianische Äquivalenz von פחה mit στρατηγός in Esdr II ist auch insofern ein Sonderfall, als sie ausser in der Esdr II weitgehend analogen lukianischen Überlieferung von Par I-II, in dem die rezensionelle Tendenz intensivierenden Zeugen 93 (vgl. S.13 Anm.3), in Par II 1914 στρατηγοι für ursprüngliches σατραπῶν (-παι 19'), an den übrigen Stellen des AT, die פחה überliefern, auch als lukianische Korrektur nicht nachgewiesen ist. Im Buch Ier, wo der Begriff an allen drei Stellen, 51(LXX 28)23 28 57, dem mit στρατηγός übertragenen Terminus סגן vorgeordnet ist und im ursprünglichen Text mit ἡγεμόνας (23) und ἡγουμένους (ηγεμονας A) wiedergegeben wird, erscheint er in v. 57, wo er in der ursprünglichen Textform der Übersetzung fehlt, als hexaplarischer Zusatz mit dem in Hs. Q θ', in 86 οἱ γ' zugeschriebenen Äquivalent ἡγουμένους, als lukianischer mit dem in Syh α' σ', in Q γ' zugeschriebenen ἄρχοντας; es sind die beiden Äquivalente, deren Bildungen auch Esdr II nach ursprünglicher und nach lukianischer Überlieferung für die Bezeichnung der jüdischen Inhaber dieses Amtes kennt.

[2]) Vgl. S.129.

[3]) Eine Verderbnis in der masoretisch überlieferten Textform liegt aus dem Grund nahe, weil eine doppelte Aussage über die שמרים, einerseits über sie allein als nicht über den Plan Nehemias Informierte, anderseits als zusammen mit „den Juden, den Priestern, den Vornehmen (חרים) und den übrigen mit dem Werk (des Wiederaufbaus) Befassten" nicht Eingeweihte, schwer

die lukianische Mitbezeugung der ursprünglichen Textform nur die Annahme bruchstückhafter Überlieferung oder rezensioneller Inkonsequenz offen[1].

(5) Weitere von vorgegebener Übersetzungstradition her nicht erklärbare lukianisch überlieferte Wortvarianten, für deren Erklärung als verdeutlichende oder umdeutende Interpretation im Kontext der Aussage sich Argumente finden lassen, scheinen hinsichtlich ihrer Äquivalenz oft aus dem Grund nicht im Widerspruch zur grundsätzlichen lukianischen Intention der Verwertung älterer Überlieferung zu stehen, weil das hebräische bzw. aramäische Grundwort im AT nur als Hapaxlegomenon oder nur selten überliefert ist:

Esdr II 4₁₉ אשתדור: φυγαδ(ε)ῖαι (-δ(ε)ια B' 71 64-381-728 Ra.[2]; -δες 248 Compl) (= Esdr I 2₂₃ πολέμους (omnes))] αγωνες (*contentio* La = 𝔐) *L* La¹²³; die gleiche Überlieferung als Äquivalent für ursprüngliches φυγαδ(ε)ῖαι (-δεια B A *L* Ra.) (= Esdr I 2₁₉ πολιορκίας): αγωνας (*contentiones* La) *L* La¹²³ in Esdr II 4₁₅. Der nur an diesen beiden Stellen überlieferte, nach sprachlicher Herkunft und Etymologie ungesicherte aramäische Begriff אשתדור[3], der hinsichtlich seiner ursprünglichen Äquivalenz in Esdr II aktualisierende Interpretation vermuten lässt, dürfte hinsichtlich des lukianisch überlieferten Äquivalents ἀγών, das in LXX mit hebräischer Vorlage nur in Is 7₁₃ für das Verbum לאה, ἀγῶνα παρέχειν, anderwärts nur in ursprünglich griechischen Texten überliefert ist, eher als Interpretation in dem Sinn erklärt werden, dass auf die Deutung einer ungeklärten Etymologie verzichtet wird[4].

Esdr II 4₂₂ (זהירין הוו שלו למעבד על־דנה): πεφυλαγμένοι (+ ητε B' 119 Sixt Ra.) ἄνεσιν (ποιῆσαι περὶ τούτου) (= Esdr I 2₂₄ προνοηθῆναι (-νοησαι *L*) ὅπως μηδὲν (παρὰ ταῦτα γένηται))] προσέχετε του μη παραλογον (π. περι τουτου) (*observate ne sine ratione faciatis aliquid* La) *L'* La¹²³ Compl[5]. Während lukianisch überliefertes προσέχειν als Äquivalent für זהר an einer Stelle in – zwar später – Übersetzungstradition der LXX nachgewiesen ist: Eccl 4₁₃ – doch ist gerade an dieser Stelle die in Esdr II ursprüngliche Äquivalenz mit φυλάσσειν, die in LXX noch für Ps 18(19)₁₁ ₍₁₂₎ und in Ez 33₄₋₈ (hier in v. 5 auch für σ') überliefert ist, für α' σ' θ' bezeugt[6] –, liegt weder in LXX noch in den

---

erklärbar ist; doch ist ein hebräisches Äquivalent für φυλάσσοντες, aus dem sich das masoretische סגנים als Schreibfehler erklären liesse, nicht nachweisbar. Es bleibt die Erklärung: „Die סגנים als oberste Instanz, die als erste den Anspruch auf Information hätte, wussten nichts davon; denn ihnen mitsamt den übrigen Instanzen des Volkes hatte ich nichts davon gesagt."

[1]) Die Bewahrung des ursprünglichen Äquivalents ἄρχων innerhalb eines rezensionellen Textteils in 15₁₃ – zu εκριθην für εμαχεσαμην vgl. S.103 – lässt fragen, ob bei lukianischer Übernahme grösserer Textzusammenhänge aus einer als Kriterium der Rezension dienenden Textform die Bewahrung des Ganzen der sonst bevorzugten Äquivalenz übergeordnet bleibt.

[2]) Vgl. S.90 Anm.1 und S.393.
[3]) Vgl. KBL³, V (1995) sub verbo.
[4]) Zur Frage nach Bedeutung und Ursprünglichkeit der zwischen φυγαδεία und φυγαδεῖον gespaltenen ausserlukianischen Überlieferung vgl. „Der ursprüngliche Text" 5.1.2.(2). S.393
[5]) Vgl. S.148 und S.248; zur Textrekonstruktion 5.2.(1). S.370-373.
[6]) Die Synonymität zwischen dem aramäischen bzw. hebräischen Grundwort זהר in dieser Bedeutung und den beiden griechischen Äquivalenzen φυλάσσεσθαι und προσέχειν ist aber so

jüngeren Übersetzungen ein Beleg für das Adjektiv παράλογος vor[1], auch nicht als Variante an den Stellen, an denen der aramäische bzw. hebräische Begriff (ה)שלו, wie hier, von seiner Grundbedeutung „Ruhe", „Frieden" her – εὐθηνία ist dafür das von LXX bevorzugte auch von α' übernommene Äquivalent – den negativen Aspekt der „Saumseligkeit" gegenüber einer Pflicht gewinnt: Ier 22₂₁ παράπτωσις (α' σ' εὐθηνία), Dan θ' 4₂₄ παράπτωμα, Dan θ' 6₄ (5) im hexaplarischen Zusatz: αμπλακημα (vel αμβλ.)[2]. Das ursprüngliche Äquivalent ἄνεσις ist, obwohl für שלו in LXX anderwärts nicht bezeugt, doch eindeutig von hier her zu erklären: als „Freigabe" eines nicht übertretbaren Befehls, und seine lukianische Ersetzung durch παράλογον, weil LXX den Begriff ἄνεσις in dieser Bedeutung nicht kennt, als Interpretation leicht erklärbar[3].

Esdr II 6₉ חשחן (מה): (ὅ ἄν) ὑστέρημα (cf Esdr I 6₂₈ (lib))] (ει τι (ετι pro ει τι 93) δε-ον (si quid opus fuerit La) L La¹²³   Esdr II 7₂₀ חשחות (שאר): (τὸ κατάλοιπον) χρείας (= Esdr I 8₁₇ τὰ λοιπά, ὅσα ἐὰν ὑποπίπτῃ σοι εἰς τὴν χρείαν)] παν το ανηκον (omne quod pertinet La) L La¹²³. Während die ursprüngliche Äquivalenz zwischen חשחות und χρεία

---

gross, dass die mehrfache Bezeugung dieser Äquivalenz nicht notwendig den Schluss auf gegenseitige Abhängigkeit fordert, weshalb sich aus diesem Befund auch keine überlieferungsgeschichtliche Berührung zwischen Esdr II und dem Buch Jesus Sirach, in welchem die Äquivalenz zwischen הזהר und φύλαξαι in 35(32)₂₂ (26), zwischen היה זהיר und πρόσεχε (φύλαξαι 358) σφοδρῶς in 13₁₃ überliefert ist, beweisen lässt.

[1]) Oder ist παρα λογον zu lesen? Dafür spräche das Äquivalent in La¹²³ sine ratione; vgl. die je verschiedene Akzentuierung παράλογον in L, παραλόγον in 121.

[2]) Das aramäische Grundwort ist nicht völlig sicher bestimmbar, da die masoretische Vorlage für diesen hexaplarischen Zusatz den Doppelausdruck שלו ושחיתה überliefert. Auch H.-R. lassen die Zuordnung des Äquivalents offen. Dass in dem vorgeordneten Doppelausdruck עלה ושחיתה, der hier in dieser Variation wieder aufgenommen wird, ἀμβλάκημα als α'- und θ'-Note für שחיתה bezeugt ist, wofür Dan ο' ἄγνοια, Dan θ' παράπτωμα lesen, würde eher für das Äquivalent שחיתה als für שלו sprechen; doch erscheint die Echtheit dieser Note aus dem Grund in Frage gestellt, weil als Äquivalent für שחת bei Aquila anderwärts überwiegend Bildungen aus dem Stamm διαφθειρ- überliefert sind, während die überlieferten Äquivalente für Bildungen aus שלו den Bedeutungsbereich umfassen, dem auch der in 𝔊 singuläre Begriff ἀμπλάκημα zugehören würde.

[3]) Mitbedingt dürfte diese interpretierende lukianische Äquivalenz durch die Textform der Parallelstelle von Esdr I (2₂₄) sein, wo aber die Übersetzung des Begriffs שלו mit der negierten Konjunktion ὅπως μηδέν auf der von 𝔐 abweichenden Vorlage שׁ-לא beruht, während sie in der lukianischen Textform von Esdr II durch das Verbum προσέχειν – im Unterschied zum ursprünglichen φυλάσσεσθαι – erfordert ist. Für eine freie Anlehnung der lukianischen Rezension von Esdr II an die ursprüngliche Textform von Esdr I spricht auch die Überlieferung der zweiten Bezeugung des Begriffs שלו in Esdr II (6₉), wo die von 𝔐 abweichende Übersetzung ὅ ἐὰν αἰτήσωσιν, die auf die Vorlage די-ישאלו (vgl. 7₂₁) an Stelle von masoretisch überliefertem די-לא שלו zurückgeht, mit der von L La¹²³ Arm (sim) Compl bezeugten Dublette ἀπαραλλακτως (sine intermissione La) nach 𝔐 korrigiert wird. Esdr I (6₂₉) liest einhellig ἀναμφισβητήτως: nicht dem Stamm nach – beide Bildungen sind im ursprünglichen Text der LXX Hapaxlegomena, ἀπαραλλάκτως im apokryphen, ursprünglich griechischen Teil von Est B 3 –, aber der Form und der Bedeutung nach dem lukianischen Äquivalent von Esdr II entsprechend.

sowohl der Bedeutung: „Bedarf", als auch der Überlieferung nach: durch den Paralleltext in Esdr I und durch die analoge Wiedergabe an der dritten Stelle, an der eine Bildung des aramäischen Stammes חשׁח im AT überliefert ist, Dan 3 16, eine Verankerung in der Tradition der LXX aufweist, ist das für die beiden lukianisch überlieferten Äquivalente, ἀνῆκον und δέον nicht der Fall, doch lassen sich diese auf Grund ihrer von den ursprünglichen Äquivalenten leicht differierenden Bedeutung aus der interpretierenden Intention lukianischer Wortänderung erklären: δέον an Stelle von ὑστέρημα als Bezeichnung des Bedarfs, nicht eines bestehenden Mangels, an Opfertieren, πᾶν τὸ ἀνῆκον an Stelle von τὸ κατάλοιπον χρείας nicht nur der Zuteilung dessen, was der Tempel nach der königlichen Zusage an Esra über Opfertiere und Geräte hinaus bedarf, sondern all dessen, was ihm über den Bedarf hinaus zukommt.

Hier muss auch eines der vom lukianischen Zeugen 93 als Sonderlesart überlieferten Wortäquivalente[1] eingeordnet werden, das sich von lukianischer Intention her erklären lässt: die Ersetzung des ausser an dieser Stelle in LXX nur noch in Prov 27 16 für ימן als Adjektiv überlieferten Äquivalents ἐπιδέξιον in Esdr II 5 8 durch ασφαλως als Wiedergabe des im AT nur im Buch Esra überlieferten aramäischen Adverbs אספרנא, das in Esdr I abgesehen vom hier vorliegenden Paralleltext (6 9), wo der Wortfolge nach als Äquivalent der adverbiale Ausdruck μετὰ σπουδῆς steht[2], konsequent und einhellig mit dem Adverb ἐπιμελῶς, in Esdr II in den Versen 6 8 (= I 6 28) 12 (= I 6 33) 13 (= I 7 2 [3]) mit Esdr I übereinstimmend mit ἐπιμελῶς, in 7 17 (= I 8 14)[4] 21 (= I 8 19) und 26 (= I 8 24) aber im ausserlukianischen Text mit ἑτοίμως wiedergegeben wird[5]. Von der Grundbedeutung der nahezu synonymen drei Adverbien her – ἐπιμελῶς: „sorgfältig", ἑτοίμως: „bereitwillig", ασφαλως: „genau" – lässt sich schwer eine Begründung des Wechsels im ursprünglichen Text von Esdr II und im lukianischen von codex 93 finden; erklärbar ist aber die abweichende Äquivalenz in Esdr II 5 8 (= I 6 9) sowohl in Esdr II mit dem Adverb ἐπιδέξιον: „das Werk geht gut voran", als auch in Esdr I mit μετὰ σπουδῆς: „mit Eifer", da es sich hier nicht wie an den übrigen Stellen um die sachgemässe Ausführung eines königlichen Auftrags handelt, sondern um den von den persischen Provinzialbeamten dem König berichteten Fortschritt des von ihm nicht legitimierten Wiederaufbaus. Das von codex 93 nur an

---

[1]) Vgl. S.13 Anm.3.

[2]) Hier schliesst aber in Form einer Dublette ein Zusatz an, in dem das Nomen ἐπιμελείᾳ als Adverb für ἐπιμελῶς steht, der nur von codex 381 getilgt wird und zweifellos ursprünglich ist.

[3]) Hier im Komparativ ἐπιμελέστερον.

[4]) Hier liegt in Esdr II, bedingt durch die von 𝔐 abweichende Vorlage בספרא für בכסא: ἐν βιβλίῳ, und das Verständnis der Konjunktion (דנה) (כל־קבל) als Verbalform: πᾶν προσπορευόμενον τοῦτον, in L eine an 𝔐 angleichende Dublette vor, die auch das Äquivalent επιμελως überliefert, das im Paralleltext von Esdr I fehlt (vgl. S.149). Zur Textrekonstruktion an dieser Stelle vgl. 5.2.(5). S.379-381.

[5]) Zur Folgerung des überlieferungsgeschichtlichen Sachverhalts für die Frage nach der Berührung zwischen der ursprünglichen Textform von Esdr II und derjenigen von Esdr I vgl. S.10f., zur Frage nach der lukianischen Vorlage von La[123] S.10 Anm.1; in 7 21 ist La[123] mit diligenter = επιμελως der einzige „lukianische" Zeuge.

dieser Stelle bezeugte Adverb ἀσφαλῶς kann, da es an der einzigen Stelle, an der es in LXX als Äquivalent begegnet, in Gen 34₂₅ für בטח als Bezeichnung des ungefährdeten Eindringens in die Stadt, sowohl als nur für diese Stelle gewähltes Äquivalent erklärt werden – die Juden hier handeln wie Simeon und Levi dort ohne Erlaubnis bzw. Wissen des Oberherrn – als auch als nur hier überliefertes, das aber konsequent für אספרנא gelten muss. Die Bildung erinnert durch ihre phonetische Nähe zum aramäischen Grundwort nach Konsonantenbestand und Silbenzahl an eine für Aquila nachgewiesene Übersetzungstechnik[1]; aber in den Fragmenten der jüngeren Übersetzungen ist sie nicht nachgewiesen.

Dieser Kategorie sind zuletzt die wenigen Fälle zuzuordnen, in welchen lukianisch überliefertes Wortgut erscheint, das – eher denn als Hapaxlegomenon in diesem Textbereich wegen bruchstückhafter Überlieferung – in der Tradition der LXX und der jüngeren Übersetzungen anderwärts nicht nachgewiesen ist[2].

In der Überlieferung von Esdr II 3₈ לנצח על־מלאכת: ἐπὶ τοὺς ποιοῦντας τὰ ἔργα (= Esdr I 5₅₆ ἐπὶ τῶν ἔργων (omnes))] pr του επινικαν L; pr του νικοποιειν b 119 Ald Compl; om τ. ποιοῦντας B′ La¹²³ Aeth und Esdr II 3₉ לנצח על־עשה המלאכה: ἐπὶ τοὺς ποιοῦντας τὰ ἔργα (= Esdr I 5₅₆ ἐργοδιῶκται ποιοῦντες εἰς (+ παντα L) τὰ ἔργα (instantes operi (operari La¹²³) omnes La^C (cum La¹²³)))] pr του επινικαν L Compl, weist die lukianisch überlieferte singuläre Verbalform ἐπινικᾶν für den Infinitiv von נצה ebenso deutlich auf die Symmachos-Tradition, die das Partizip מנצח in den Psalterüberschriften nach häufiger Bezeugung mit dem Adjektiv ἐπινίκιος wiedergibt, wie der von der Rezension b bezeugte Infinitiv νικοποιεῖν sich der Aquila-Tradition einordnet, die für das gleiche Äquivalent fast ausnahmslos das Adjektiv νικοποιός bezeugt[3].

---

[1]) Vgl. A. Rahlfs, Geschichte des Septuaginta-Textes in seiner Edition von 1935, S.XLIII-XLV.

[2]) „Anderwärts nicht nachgewiesen" gilt unter dem S.86 Anm.3 ausgesprochenen Vorbehalt, dass das Wortgut der Sekundärüberlieferung lexikographisch nicht vollständig erfassbar ist.

[3]) Die wenigen Stellen, an denen in den Psalterüberschriften das Äquivalent ἐπίνικος für α′ bezeugt ist (Ps 83(84)₁ 84(85)₁ 87(88)₁), nennen ausnahmslos auch σ′ und θ′ als Zeugen und sind wahrscheinlich auf den oft ungenau verwendeten Sammelbegriff zurückzuführen, der hier seinen Ursprung bei σ′ hat. Die hier rezensionell für den Infinitiv נצה eingeführten Äquivalente gehen fraglos auf das Mittelglied der entsprechenden Adjektive in den jüngeren Übersetzungen zurück und haben als den Leviten bei der Grundsteinlegung zugeteilte Aufgabe die Bedeutung des gottesdienstlichen Vortrags. Ein Bezug zur nominalen Bedeutung des Neutrums ἐπινίκιον als „Siegespreis" liegt, obwohl dieser Begriff – neben „Siegesfest" in Mac II 8₃₃ – innerhalb der LXX einmal in der Esdrasüberlieferung bezeugt ist (Esdr I 3₅ im ursprünglich griechischen Teil), nicht vor. Die verbalen Bildungen, auch die adjektivische νικοποιός, sind, so viel ich sehe, in der ausserbiblischen Tradition nicht nachgewiesen, ἐπινικᾶν auch in der patristischen Überlieferung nicht, νικοποιεῖν nur einmal in Ephrem dem Syrer zugeschriebenen Texten (3.372D nach Lampe), doch lässt sich das Adjektiv ἐπίνικος als Wortgut des Symmachos, das am stärksten von allen Übersetzungen auf profangriechischer Tradition beruht, vielleicht als Analogie zur Titulatur der Hymnen Pindars erklären, der dann aber eine zweite – entscheidende ? – Verankerung in der Tradition der LXX durch die vorgegebene Äquivalenz von נצה(ל) und (εἰς) νῖκος zur Seite stünde. Ob bzw. in welcher Weise sich das in 3₈

In der Übersetzung von Esdr II 14₂ (13₃₄) wird das Adjektiv אֲמֵלָלִים, das im ursprünglichen Übersetzungstext – wahrscheinlich wegen Unkenntnis des Begriffs – ausgelassen, bzw. durch Umdeutung in das Pronomen הָאֵלֶּה mit οὗτοι wiedergegeben wird, in der lukianischen Tradition, von L La¹²³ (abiecti) Compl, wahrscheinlich auch Aeth (amentes) mit dem anderwärts in 𝔊-Tradition nicht belegten, ausserbiblisch zuerst bei Josephus (Ant XVII 35 u. 296, XVIII 244) und patristisch seit Epiphanius, Chrysostomus und Cyrill von Alexandrien häufig überlieferten Äquivalent ουδαμινοι (von 93 in δυναμενοι verschrieben) wiedergegeben, obwohl das einhellig überlieferte für das – zwar anders vokalisierte – Adjektiv (אֲמֵלָל) an der andern Stelle seines Vorkommens im AT, Ps 6₃: ἀσθενής, und auch Äquivalente für die Verbalform des zu Grunde liegenden Stamms אמל: ἀσθενεῖν (Reg I 2₅ Thr 2₈), ἐκλείπειν (Nah 1₄), κενοῦν (Ier 14₂ 15₉), ὀλιγοῦν (Ioel 1₁₀ ₁₂ Nah 1₄ (ωλιγωρηθη II)), σμικρύνειν (Hos 4₃)¹, semantisch der Charakterisierung der Juden im Mund ihrer Widersacher durchaus entsprechen würden.

Wenige weitere in der 𝔊-Tradition nur lukianisch überlieferte Äquivalente, bei denen anderwärts bezeugte Bildungen aus dem gleichen Stamm für die Erklärung der Äquivalenz nicht oder nur vermutungsweise weiterhelfen, können aus dem Grund als der lukianischen Intention entsprechend bestimmt werden, weil auch das hebräische bzw. aramäische Äquivalent der Vorlage innerhalb der LXX nur in der Esraüberlieferung bezeugt ist:

Von hier her ist in je verschiedener Weise die Überlieferung der ursprünglichen und der lukianischen Äquivalenz bei der nur in Esdr II, hier aber dreimal überlieferten stereotypen aramäischen Wendung, mit der drei verschiedene Formen von Abgaben: Steuern, Tribute, Zölle, bezeichnet werden: מִנְדָּה־בְלוֹ וַהֲלָךְ (4₁₃ ₂₀ 7₂₄) zu erklären². Der Begriff מִנְדָּה,

---

dem lukianischen ἐπινικᾶν zugeordnete Äquivalent νικοποιός der Rezension b in die Tradition der christlichen Rezensionen einordnen lasse, lässt sich, da die Träger hexaplarischer Elemente, Syh und der Korrektor von S, hier ausfallen, nicht beantworten. Auch bleibt es unsicher, ob in der ursprünglichen Übersetzungsform ein Äquivalent für den Ausdruck לנגח ausgefallen ist, oder ob es in der freien Übersetzung ἐπὶ τοὺς ποιοῦντας τὰ ἔργα, die für die leicht differierenden Formulierungen der Vorlage, לנצח על־מלאכת in v.8, לנצח על־עשה המלאכה in v. 9, gemeinsam steht, inbegriffen ist; für diese Erklärung spräche die Bedeutung der Macht, bzw. Obermacht, die in LXX – bei verschiedenen Äquivalenten – dem Verbum נצח zugesprochen ist und die in der Parallelstelle von Esdr I (5₅₆) in dem Äquivalent ἐργοδιῶκται zum Ausdruck kommt, das noch in Par II 2₁₈ (₁₇) und I 23₄ (hier lukianisch in ἐπισπουδάζειν geändert) in gleicher Äquivalenz überliefert ist, sonst aber meist für den Bedränger נגש steht (Exod 3₈ (7) 5₆ 10 13) und in Exod 1₁₁ bei σ' die שרי מסים bezeichnet, die in LXX ἐπιστάται τῶν ἔργων heissen.

¹) σμικρυνθήσεται (μικρ. B) steht hier von O-Handschriften asterisiert neben nur von codex V bezeugtem gleicherweise asterisiertem ασθενησει und ist, obwohl das Fehlen eines Äquivalents für ואמלל in nur wenigen griechischen Zeugen, dagegen auch altlateinisch, überliefert ist, auf Grund der Asterisierung von J. Ziegler als sekundär, von Rahlfs aber – aristarchische Kennteichnung kann auch auf einem bereits sekundären Stadium der Vorlage beruhen – als ursprünglich bestimmt worden; für genuin hexaplarische Herkunft spricht die Zuweisung zu θ' in Syh.

²) Zur Etymologie vgl. KBL³, V (1995) sub verbo.

bzw. מדה, der in dieser Bedeutung nur in Esdr II überliefert ist, als Einzelbegriff noch in 6₈ und hebräisch in 15₄, ist im ursprünglichen Übersetzungstext, in diesem Sinn richtig verstanden, mit dem Äquivalent φόρος wiedergegeben und auch lukianisch an allen Stellen in dieser Weise beibehalten. Von den beiden in 4₁₃ ₂₀ und 7₂₄ zugeordneten Begriffen בלו und הלך, die vom Übersetzer missverstanden sind[1], wird בלו an allen drei Stellen lukianisch mit πρᾶξις, הלך in 4₁₃ und ₂₀ mit συντέλεσμα, in 7₂₄ mit ἀποφορά übertragen. Das Nomen πρᾶξις ist in LXX mehrfach belegt, aber nur in der allgemeinen Bedeutung „Werk", als Äquivalent für Nominalbildungen aus den Stämmen פעל und עשׂה, nur an diesen Stellen in Esdr II in seiner Sonderbedeutung als Tribut, die aber ausserbiblisch nachgewiesen ist[2], die Nomina συντέλεσμα und ἀποφορά, für die in gleicher Weise ausserbiblische Belege in dieser Bedeutung vorliegen[3], sind auch innerhalb der 𝔊 an diesen Stellen singulär[4].

(6) Lukianische Tendenz der Interpretation, die sich so eindeutig als Ziel der Textänderung erkennen lässt, dass vorgegebene Tradition der älteren Übersetzungen der LXX, auch wenn Berührungen denkbar sind, mit Sicherheit nicht mehr der Grund des lukianischen Eingriffs sein können, liegt dort vor, wo die Aussage der hebräischen Vorlage in der für den lukianischen Bearbeiter vorauszusetzenden masoretisch überlieferten Textform einen interpretierenden Eingriff in die ihm vorliegende Form der Übersetzung notwendig fordert:

In Esdr II 15₅ werden die beiden Bildungen aus dem Stamm כבשׁ, mit denen die Knechtung der von den oberen Schichten unterdrückten Kinder der verschuldeten Armen bezeichnet wird, in der Übersetzung mit gleichem – und nach Ausweis von Reg II 8₁₁ auch in älterer Tradition verankertem – Äquivalent wiedergegeben: כבשׁים mit καταδυναστεύομεν, „wir müssen unsere Söhne und Töchter dienstbar werden lassen", נכבשׁות mit καταδυναστευόμεναι, „von unseren Töchtern sind einige dienstbar gemacht." Die lukianischen Zeugen L La[123] überliefern im zweiten Fall die Textform (τινες των θυγατερων ημων) βια αφαιρουνται, die der Lateiner, der die vorangehende Formulierung καταδυναστεύομεν ... εἰς δούλους mit *subicimus ... in servos* wiedergibt, in der Form *quaedam filiarum nostrarum lui auferuntur* überliefert. Der Grund der lukianischen Änderung ist

---

[1]) Zur Erklärung als Dublette und zur Äquivalenz in 4₂₀ vgl. S.151f. mit S.152 Anm.1, zur Übersetzungstradition auch S.108f.

[2]) Platon R. 425 d: τελῶν πράξεις, Prt. 328 b πρᾶξις τοῦ μισθοῦ und als Zwangseintreibung einer Schuldsumme seit dem 3. Jh. v. Chr. häufig in Papyrusurkunden (die Belege s. in WGPU) auch in Verträgen der Judenschaft von Alexandria in der frührömischen Periode (s. CPJ II).

[3]) συντέλεσμα: P Lips. 64.39 (4. Jh. n. Chr.), ἀποφορά: Herodot II 109, (Ps-) Xenophon, Ath. I 11. Gewinn aus Sklavenarbeit: BGU 362 IX, 2 (3. Jh. n. Chr.), vgl. WGPU sub verbo.

[4]) Von den Äquivalenten der Vorlage bei πρᾶξις in allgemeiner Bedeutung, פעל und עשׂה, und der bei συντέλεσμα verwandten Nominalbildung συντέλεια, כלה (vgl. S.108f.), führt – auch bei Annahme paläographischer Transformation – kein Weg zu den hier vorliegenden Äquivalenten בלו und הלך; für ἀποφορά liegt zwar eine Analogie beim Verbum ἀποφέρειν als Äquivalent für Verbalformen von הלך vor: neben Esdr II 5₅ auch Num 16₄₆ (17₁₁) und Reg II 13₁₃, aber ohne semantische Berührung.

die scheinbare Tautologie der beiden Aussagen, die nur durch die Annahme einer zeitlichen Differenz behoben werden kann: „Wir müssen unsere Söhne und Töchter dienstbar werden lassen; einige der Töchter sind es schon". Nach der lukianisch überlieferten Textform aber wird die zweite Aussage als eine besondere Weise der zuvor generell ausgesprochenen Knechtung der Söhne und Töchter der Verarmten gedeutet, die nur einen Teil der Töchter betrifft und die – diese von Rudolph vorgeschlagene Bedeutung wird durch die so deutbare altlateinische Übersetzung bestätigt – in Vergewaltigung besteht[1]. Die Erklärung des zu Grunde liegenden hebräischen Stammes כבש in diesem Sinn wird durch die entsprechende Verwendung in Est 7:8 gestützt. Die lukianisch überlieferte Formulierung βία ἀφαιρεῖν ist in LXX singulär, aber an der gleichbedeutenden Stelle Est 7:8 ist als Äquivalent die dem Nomen βία entsprechende Verbalform. βιάζῃ im o'-Text, ἐκβιάζῃ dort als Variante von A', und einhellig im L-Text (11 (8)), bezeugt, die für den gleichen Akt der fatalen Greise gegenüber Susanna: ἐξεβιάζοντο αὐτήν, auch im o'-Text von Sus 19 überliefert ist[2].

(7) Enge Anlehnung an vorgegebene Übersetzungstradition in Fällen, an denen die hebräische Vorlage entweder auf Grund homonymer Stammformen oder mehrfacher Bedeutung der einen und gleichen Stammform nach lukianischer Intention nicht in der vereinheitlichenden Weise des ursprünglichen Übersetzungstextes wiedergegeben werden kann, sondern an verschiedenen Stellen verschiedene Äquivalente erfordert, bei deren Wahl sich in der lukianischen Rezension dann auch eine wenn auch begrenzte Freiheit gegenüber der

---

[1]) Die Lesung in La[123] ist eindeutig: *quędā filiarum n̄rarum lui auferuntur*. Da aber von der griechischen Vorlage her weder paläographisch, auf Grund einer erklärbaren Verschreibung des lukianisch überlieferten Begriffs βία, noch semantisch, auf Grund einer zweiten Bedeutung des Begriffs im Sinn einer Krankheit, ein Weg zur Erklärung des altlateinischen Äquivalents führt, wird eine innerlateinische Transformation aus ursprünglichem *vi* angenommen werden müssen, die aber in exegetischer Überlegung innerhalb der Abschreibetradition begründet wäre. Es läge dann hier innerhalb der altlateinischen Überlieferung als rezensionelle Erscheinung eine Analogie zu der exegetischen Intention vor, die Chiara Faraggiana di Sarzana und Silvio Benetello als übersetzungstechnische Erscheinung an der ursprünglichen Textform der LXX von Hab 2:15 wahrscheinlich gemacht haben (ἀνατροπή: ein medizinischer Terminus in der Septuaginta-Übersetzung (Habakuk 2,15)?, in: Glotta LXXIII, 1995/96, S. 68-75)): die Ausdeutung einer allgemeinen Aussage der hebräischen Vorlage – in beiden Fällen geht es um medizinische bzw. Leiden verursachende Begriffe – auf ein spezifisches Krankheitsphänomen.

[2]) Vgl. Rudolph S. 128. Dennoch bleibt die aus der lukianischen Textform zu erschliessende Deutung für den masoretisch überlieferten Text, der in der Übersetzung durch Wiedergabe der beiden Bildungen von כבש mit dem einen Äquivalent καταδυναστεύειν formal und inhaltlich textgemäss übertragen ist, aus dem Grund fragwürdig, weil der gleiche Begriff im einen und gleichen Satz schwerlich zwei je verschiedene Bedeutungen haben, im ersten Fall, als Aussage der Bedrängten über ihr eigenes Handeln an ihren Söhnen und Töchtern, zu dem sie gezwungen sind, aber nur die Bedeutung haben kann: „Wir müssen sie zu Sklaven erniedrigen": אנחנו כבשים, ἡμεῖς καταδυναστεύομεν. Für den Gebrauch des gleichen Begriffs in der gleichen Bedeutung der Erniedrigung zur Sklavenarbeit – hier als Äquivalent für Hiphil von עבד und verbunden mit dem Adverb βία für בפרך vgl. die Aussage über die Bedrängnis Israels in Ägypten Exod 1:13 κατεδυνάστευον οἱ Αἰγύπτιοι τοὺς υἱοὺς Ἰσραὴλ βίᾳ.

durch Tradition legitimierten Äquivalenz erkennen lässt, zeigt sich vielleicht am deutlichsten in der lukianischen Textform der drei Bildungen des Stammes גאל überliefernden Stellen, auf deren ursprüngliche Übersetzungsform Jacob Wackernagel im Blick auf das Phänomen der „Bedeutungserweiterung" den Finger gelegt hat: „Der allerstärkste Fall ist aber der von ἀγχιστεύω, eigentlich „nah verwandt sein" und als solches Wiedergabe von גאל; aus seiner ursprünglichen Bedeutung folgt für das Verbum ganz natürlich die Bedeutung „die Pflichtehe vollziehen" und für das Partizip mit αἷμα die Bedeutung „Bluträcher". Weil aber weiterhin eine Form eines homonymen גאל „für unrein erklärt werden, ausgeschlossen werden" bedeutet, scheut sich der Übersetzer von Esr 2,62 und Neh 7,64 nicht, dies mit ἀγχιστεύομαι wiederzugeben!"[1].

Wie das „Sich-Nicht-Scheuen" des Übersetzers zu verstehen sei – Zwang der vorgegebenen Äquivalenz, die ihm verbietet, nach dem Sinn zu fragen, Postulat einer dem griechischen Begriff ursprünglich nicht eigenen Bedeutung, die ihm erst durch die Übersetzung gegeben wird, oder doch der Versuch, die beiden miteinander identischen Stellen von der ursprünglichen Bedeutung des Begriffs ἀγχιστεύειν her in dem Sinn zu verstehen, dass es hier nicht um das „als unrein Ausstossen" derer geht, die ihre priesterliche Abkunft nicht nachweisen können, sondern lediglich um ihr „Auslösen" in die ausserpriesterliche Kultgemeinschaft?[2] –, dürfte, auch im Sinne Wackernagels, offen bleiben; auch die von ihm nicht beigezogene dritte Stelle des Vorkommens von גאל, im nominalen Ausdruck על גאלי הכהנה Esdr II 23 29, könnte nach der ursprünglichen Textform der Übersetzung, ἐπὶ ἀγχιστείᾳ τῆς ἱερατείας, in dem Sinn verstanden werden, dass Nehemia Gott anruft, seiner Widersacher „auf Grund jener Auslösung der Priesterschaft", durch die das reine Priestertum bewahrt wird, zu gedenken. Sicher ist aber, dass der lukianische Rezensor die Problematik der ursprünglichen Übersetzungsform sieht und sie im Sinn der ursprünglichen Bedeutung der hebräischen Vorlage löst: nach vorgegebener Übersetzungstradition durch Änderung des Ausdrucks ἐπὶ ἀγχιστείᾳ τῆς ἱερατείας in επι τους αλισγοντας την ιερωσυνην (*super eos qui commiscent sacerdotium* La) *L* La[123] Compl – die gleiche Äquivalenz liegt vor in Mal 1 7 12 und im o'- und θ'-Text von Dan 1 8 –, in vorgegebener Tradition gegenüber freier, aber sinnentsprechender Weise durch Setzung des

---

[1]) Lateinisch-Griechisches, IF 31 (1912-1913) 251-271 (= Kleine Schriften 1228-1248, hier S. 1241f.).

[2]) Die Rekonstruktion der ursprünglichen Übersetzungsform an dieser Stelle (vgl. „Der ursprüngliche Text" 5.2 (8). S.385f. mit Anm.2) führt eher zum Ergebnis, dass nach der Intention des Übersetzers der Versuch der Erklärung von גאל als Terminus der Verwandtschaft: auf Grund des darin enthaltenen Begriffs der „Auslösung", anzunehmen ist. Die Unsicherheit im Verständnis des Übersetzers zeigt sich auch bei der Wiedergabe des die Eintragung in die Geschlechterlisten bezeichnenden Ausdrucks כתבם המתיחשׂים: mit Transkription in 2 62 (ἐζήτησαν) γραφὴν αὐτῶν οἱ μεθωεσιμ, in 17 64 aber - wie auch in v. 5 – mit appellativum: γραφὴν αὐτῶν τῆς συνοδίας, lukianisch in 2 62 und 17 64 οι γενεαλογουντες, in 17 5 für התיחשׂ (LXX εἰς συνοδίας) εις γενεαλογιαν *L*, *et genealogian* La[123], *adgregacionem generis* La[125], für ספר היחשׂ (LXX βιβλίον τῆς συνοδίας) β. της γενεαλογιας (*librum genealogiae* (*genealogae* La[125]) La) *L* La[123 125 Gl: BPRV] Arm (vgl. FS Frede-Thiele S. 55 mit Anm. 32).

Äquivalents εξωσθησαν (L Compl; om La¹²³) in Esdr II 2₆₂, απωσθησαν (93-108 (deest 19 La¹²³) Compl) an Stelle von ηγχιστευθησαν in 17₆₄ ¹.

Offen muss bleiben, ob bei dem in Esdr II 13₈ und 14₂ (13₃₄) überlieferten Begriff עזב, der, wenn er an diesen Stellen ursprünglich ist, neben עזב in der Bedeutung „verlassen" einen zweiten Stamm erfordert, der ein Werk des Aufbaus, wie „pflästern" oder „herstellen" bezeichnen müsste, die lukianisch überlieferte Variante für ursprüngliches, aber dem Sinn nach nicht haltbares κατέλιπον – so auch La¹²³ mit *remiserunt*, ᴐ mit *demiserunt* – in 13₈: εθηκαν L Compl, als Argument für die Berechtigung dieser Annahme in Anspruch genommen werden darf, oder ob hier lediglich von lexikographischer Kenntnis unabhängige lukianische Uminterpretation des in der ursprünglichen Übersetzungsform unverständlichen Textes angenommen werden muss. Da die zweite Stelle, 14₂ (13₃₄) für diese Frage keinen weiteren Aufschluss gibt – die völlig freie Übersetzung, sei es in der ursprünglichen, sei es in der vom B-Text verkürzten Form², bestätigt nur die Verderbnis des Textes in der masoretisch überlieferten Gestalt, und ihre lukianische Rückbewegung zu ᴟ, die hinsichtlich des Ausdrucks היעזבו להם nur in La¹²³, *non remittunt se*, und Aeth⁻ᴮ, mit Subjektswechsel, μη καταλειψομεν εαυτους (αυτους Compl) in 93 und Compl überliefert ist³, spricht eher für Kenntnis nur der einen Stammform auch bei L –, und da auch die übrigen Stellen im AT, die für einen zweiten Stamm עזב in Betracht gezogen wurden⁴, in ihrer griechischen Tradition der LXX keinen Hinweis für eine solche Annahme enthalten, bleibt auch für Esdr II 13₈ die Erklärung als von Tradition unabhängige lukianische Interpretation das Wahrscheinlichere.

8. Die lukianisch überlieferten Wortvarianten, die sich einer Erklärung sowohl aus vorgegebener Übersetzungstradition als auch aus interpretierender Intention verschliessen, sind ihrer Zahl nach so gering und ihrem Charakter nach so unbedeutend, dass sich hinsichtlich lukianischer Wortwahl das Fragen nach einem möglichen dritten Rezensionsprinzip erübrigt.

Die glaubwürdigste Erklärung für solche Fälle liegt nicht in der Übersetzungs- oder Rezensionstradition, wohl aber in der Abschreibetradition, die bei den nur vier genuin

---

¹) Eine ältere Tradition, die der lukianischen Äquivalenz in Esdr II 17₆₄ mit απωθείν nahesteht, liegt aber vor in Ez 16₄₅ für das phonetisch und semantisch dem Begriff גאל nah verwandte Verbum געל, in welchem der Sinn des wegen Unreinheit Verabscheut- bzw. Ausgestossenseins noch deutlicher anklingt und das Rudolph (S. 20) an dieser Stelle darum als „prägnante Konstruktion" mit גאל identifiziert versteht. Von der Bedeutung des Verstossens her ist auch der Einfluss des Äquivalents im Paralleltext von Esdr I (5₃₉): εχωρισθησαν nicht ausgeschlossen, wo aber die lukianische Tradition mitsamt La (*prohibiti sunt*) εκωλυθησαν bezeugt. Die in Hs. 93 zu Esdr II 17₆₄ überlieferte Note εξωσθησαν της ιερωσύνης lässt sich wie für ιερωσύνη (vgl. S.55 Anm.1), so auch für εξωθείν, da der Begriff bei α' und σ' nur als Äquivalent für נדה und מאס überliefert ist, bei θ' noch für נדך, nicht in die Tradition der jüngeren Übersetzungen einordnen.

²) Vgl. „Der ursprüngliche Text" S.408-410.
³) Vgl. S.13 Anm.3.
⁴) Vgl. KBL sub verbo עזב II.

lukianischen Zeugen von Esdr II – vor allem zwischen 19 und 108 – so eng ist, dass die sporadische Bewahrung von Abschreibefehlern oder unbewussten Texttransformationen auch über nicht erhaltene Zwischenglieder hinweg geradezu selbstverständlich ist; hier ist eher als die Ausnahme die geringe Zahl der Ausnahme zu verwundern[1].

Ein Fall, der schon durch die Beschränkung auf die Zeugen 19 und 108 am besten auf diese Weise erklärt wird, ist in Esdr II 11₉ die Ersetzung der Äquivalenz des Stammes נדח mit διασπορά, die in der hier angerufenen Aussage von Deut 30₄, auch in Ps 146(147)₂ einhellig überliefert vorliegt, durch den in LXX nur in Prov 2₁₄ für תהפכות, „Ränke", stehenden Begriff διαστροφή, der die im Kontext von Esdr II vorauszusetzende Bedeutung der „Zerstreuung" nicht enthält.

Eine nicht auf rezensioneller Intention beruhende, von den Zeugen L La[123] weiter getragene Texttransformation von Abschreibern dürfte in Esdr II 5₂ die Ersetzung des Äquivalents ἀνέστησαν durch ανεβησαν (ascendit La) für קמו sein – Esdr I 6₂ liest einhellig στάς –: eine Verwechslung des Antritts von Serubabel und Josua zum Tempelbau entsprechend ihrem gleicherweise – hier einhellig – mit ἀνέστη formulierten Antritt zum Bau des Altars in Esdr II 3₂ (= Esdr I 5₄₇ καταστάς (κατεστη L, στας 71) mit dem Heraufkommen aus dem babylonischen Exil.

Auf bewusster Umdeutung einer in der ursprünglichen Textform der Übersetzung missverstandenen Stelle, deren Art der Korrektur aber nicht der Intention lukianischer Interpretation entspricht, beruht das lukianisch, von L La[123], überlieferte Äquivalent των παρατεταγμενων (eorum qui constituerant) an Stelle von ursprünglichem τῶν ἐκτετιναγμένων in Esdr II 14₁₆ (10), das vom Übersetzer auf den hier und in 15₁₅ falsch – wie in 15₁₃ mit gleicher und in LXX verankerter Äquivalenz richtig – verstandenen Verbalstamm נער zurückgeführt worden ist: „die Hälfte meiner Erschütterten" an Stelle der „Hälfte meiner Gefolgsleute". Die lukianisch überlieferte Änderung in των παρατεταγμενων, dem Verbum, das wie das Nomen παράταξις ein in LXX vielgebrauchter und vorwiegend auf Verbal- bzw. Nominalbildungen der Stämme לחם und ערך zurückgehen-

---

[1]) Als die Regel bestätigende Ausnahmen dieser Art mögen Fälle erscheinen, wo der gleiche zu Grunde liegende hebräische Ausdruck, der in der ursprünglichen Textform zwei je verschiedene Übersetzungsäquivalente aufweist, nach lukianischer Überlieferung nicht durch Vereinheitlichung sondern durch Vertauschung der beiden ursprünglichen Äquivalente wiedergegeben wird, wie z. B. der Ausdruck (ב)ראשונה, der in Esdr II 9₂ ursprünglich ἐν ἀρχῇ (cf Esdr I 8₆₇ ἀπὸ τῆς ἀρχῆς), lukianisch, bei L La[123], εν πρωτοις (in primis La) lautet, in Esdr II 17₅ aber ursprünglich ἐν πρώτοις (so auch La[125]: primis temporibus), lukianisch, bei L La[123], εν αρχη (ab initio La); doch lässt sich auch hier die lukianische Überlieferung als interpretierende Wahl in der Tradition vorgegebener Äquivalente erklären: in Esdr II 9₂ geht es um die „als Erste" durch Mischehen schuldig Gewordenen, in 17₅ um die „zuerst", „am Anfang" der Heimkehr aus dem Exil Zurückgekehrten. Nicht in diese Kategorie der Tradition von ausserlukianischem Überlieferungsgut in den lukianischen Zeugen einzuordnen, sondern als zuweilen konkurrierende Rezensionsprinzipien der lukianischen Textbearbeitung selbst zu erklären ist das Nebeneinander von hebraisierender und gräzisierender Tendenz bei syntaktischen und stilistischen Erscheinungen, vor allem bei der Artikelsetzung; vgl. S.21-25 und TGE S. 22f.

der Begriff für „Schlachtordnung", „Schlacht" ist, ist im hier vorliegenden Kontext kriegerischer Ereignisse leicht erklärbar, beruht aber auf dem Zwischenglied einer bereits vorlukianischen, gleicherweise durch die Unverständlichkeit der ursprünglichen Textform motivierten und von allen ausserlukianischen Zeugen ausser B' und Syh^txt überlieferten Transformation: der durch Ausmerzung einer Silbe erreichten Lesart των εκτεταγμενων (-τεταμ. 58 610)[1], und könnte als genuin lukianisch nur dann gehalten werden, wenn ein lukianischer Kontakt mit der hebräischen Vorlage gänzlich ausgeschlossen würde.

Dagegen spricht aber die Überlieferung an der zweiten Stelle, an welcher das Nomen נער vom Übersetzer fälschlich als Verbalform missverstanden ist, 15₁₅, wo der Satzteil גם נעריהם שלטו על־העם in der Übersetzung nach der ursprünglichen Textform καὶ οἱ ἐκτετιναγμένοι (εντετ. (εντιν. Ald) 98-243-248-731 Ald; εκτεταγμενοι S* V 120* (vid) 55) αὐτῶν ἐξουσιάζονται ἐπὶ τὸν λαόν lautet, in der lukianisch von L La^123 Aeth^A Got Compl, überlieferten aber και γε (nam et La) τα παιδαρια αυτων εκυριευσαν (dominabuntur La) επι τον λαον (+ et diripuerunt eos Aeth^A). Dass die genuin lukianische Textform in der Korrektur nach 𝔐, dem Äquivalent τὰ παιδάρια, zu sehen ist, ist eindeutig[2], fraglich aber, wie die in 14₁₆ (10) von 15₁₅ divergierende Überlieferung der lukianischen Zeugen zu erklären ist. Da die Zulassung zweier je verschiedener Prinzipien der Rezension in zwei dermassen analogen Fällen, wie sie hier vorliegen, für die lukianische Weise der Textbearbeitung unwahrscheinlich bleibt, ist eher damit zu rechnen, dass die lukianisch überlieferte Wortvariante παρατεταγμενων als eine von diesen Zeugen weitergetragene Transformation zu bestimmen ist, die ihrerseits auf der bereits sekundären Textfom εκτεταγμενων an Stelle von ursprünglichem ἐκτετιναγμένων beruht, während die echt lukianische Korrektur παιδαρια in 15₁₅ unter Voraussetzung der Kenntnis der hebräischen Vorlage unmittelbar auf das ursprüngliche Übersetzungsäquivalent ἐκτετιναγμένοι zurückgeht[3].

9. Der vorgelegte Versuch der Kategorisierung der lukianisch überlieferten Wortäquivalente nach den Gegebenheiten erhaltener Äquivalenz in der älteren, der lukianischen vorgegebenen Tradition der früher übersetzten Schriften der LXX und der jüngeren Übersetzungen des zweiten Jahrhunderts n. Chr. hat nicht das Ziel, die differenzierten Möglichkeiten in jedem Fall als Kriterien der lukianischen Rezension zu postulieren – gegen ein solches Postulat spricht sowohl die Vielfalt der Überlieferung, die oft verschiedene Erklärungen zulässt, als auch ihre Bruchstückhaftigkeit, die bei vollständiger Überlieferung an vielen Stellen ein einheitlicheres Bild der Textgeschichte ergäbe –; doch lässt sich auch unter diesem Vorbehalt als Ergebnis feststellen, dass die lukianisch überlieferte Wortäquivalenz auf vorgegebener Übersetzungstradition beruht, deren Ursprung in den

---

[1]) Mit „Kontraktionsschreibung" (vgl. Walters S. 133-138) hat der hier nur im Ausfall einer Silbe bestehende Unterschied zwischen beiden Lesarten nichts zu tun (vgl. MSU VII (1961) 9-11).

[2]) Zur Äquivalenz שלט - κυριεύειν vgl. S.117.

[3]) Gestützt wird diese Vermutung durch die unterschiedliche Bezeugung der Bildung τεταγ- an Stelle von τετιναγ-: in 15₁₄ nur durch S* V 120* (vid) 55, in 14₁₆ (10) durch alle ausserlukianischen Zeugen ausser B' und Syh^txt.

ursprünglichen Textformen der früher übersetzten Bücher der LXX liegt und deren zur lukianischen Rezension führende Tradition über das Zwischenglied der drei jüngeren Übersetzungen führt, von denen Symmachos die engste Berührung aufweist.

Diese Bindung an vorgegebene Tradition aber beweist, dass das lukianische Rezensionselement der Wortäquivalenz auf der gleichen Intention beruht wie die rezensionelle Angleichung an die Vorlage des grundsätzlich mit dem masoretisch überlieferten identischen hebräisch-aramäischen Originals. Offen bleibt nur, da hexaplarische Noten in Esdr II sehr selten und einige Reste schwer bestimmbarer aristarchischer Zeichen[1] für ihre Verifizierung nicht verwertbar sind, ob die lukianische Wortäquivalenz auf unmittelbarer Berührung mit dem Original, auf einer lexikographischen Tradition der Äquivalenz oder allein auf dem für Esdr II nahezu vollständig verlorenen Zwischenglied der jüngeren Übersetzungen beruht.

Von den von A. Rahlfs als aus dem Rand einer mit hexaplarischen Randnoten versehenen Vorlage in den Text des codex Sinaiticus geratene Noten erklärten Äquivalenten θ′ ϵ′ τοῦ Σιλωάμ für הַשֶּׁלַח gegenüber ursprünglichem τῶν κῳδίων (mit Unzialfehler των κωλιων auch in S^c) in 1 3 15 und σ′ ἐν ἐξομολογήσει für בתודות gegenüber der ursprünglichen Transkription ἐν θωδαθά in 2 2 27 ist zwar – wie schon Rahlfs feststellte[2] – die Äquivalenz zwischen תודה und ἐξομολόγησις durch mehrfache Belege als σ′-Lesart gesichert, doch liegt gerade an dieser Stelle die l u k i a n i s c h e Variante εν αινεσει (in laudē La; αγαλλιασει 19) L La[123] Arm vor, und ist die nach der Interpretation von Rahlfs hier für θ′ ϵ′ bezeugte Transkription Σιλωάμ beim einzigen Vorkommen des Teiches Siloah in LXX, Is 8 6, Σιλωάμ als u r s p r ü n g l i c h e Transkription überliefert, für οἱ γ′ (= α′ σ′ θ′) aber die 𝔐 entsprechende Σιλωά, die in Esdr II 1 3 15 lukianisch, von 19′ Compl, bezeugt wird[3]. Ein ähnliches Bild ergeben die mit Namen gekennzeichneten seither hinzugekommenen Noten – die anonymen: 1 2 11 ἥκω εἰς ιλημ 93 für אבוא(ו) אל־ירושלם gegenüber ursprünglichem (καὶ) ἦλθον εἰς ᾽Ιερουσαλήμ, 1 3 6 τῆς παλαιᾶς 108 für הישנה gegenüber ursprünglicher Transkription τοῦ ᾽Ιασανά als Bezeichnung des Tores[4] muten eher als Glossen, 1 7 64 ἐξώσθησαν τῆς ἱερωσύνης 93 für (ו)יגאלו מן הכהנה) gegenüber ursprünglichem (καὶ) ἠγχιστεύθησαν ἀπὸ τῆς ἱερατείας, als Verweis auf die lukianische Form der Parallelstelle 2 62 an[5] –: 1 3 1 σ′ τῶν βοσκημάτων 108 für הצאן gegenüber der ursprünglichen in LXX nur Esdr II 1 3 1 32 2 2 39 überlieferten Adjektivbildung τὴν προβατικήν als Bezeichnung des „Schaftors" ist zwar als Äquivalent von σ′ mehrfach an Stelle von ursprünglichem πρόβατον nachgewiesen – für σ′ allein in Gen 30 38 41 42 Ps 43(44) 12 Ps 48(49) 15 Ier 13 20 38(31) 42, für α′

---

[1]) Vgl. S.190 Anm.4.

[2]) ZAW 50 (1932) 309. Zum Ganzen vgl. S.89 mit Anm.3.

[3]) Dagegen dürfte die in La[123] überlieferte, auf die lukianische Textform το τειχος της κρηνης του σιλωα εις τον κηπον an Stelle der ursprünglichen τὸ τεῖχος κολυμβήθρας τῶν κῳδίων τῇ κουρᾷ zurückgehende aber auch von ihr stark divergierende Übersetzung *et muros fortes* (für *fontis* = της κρηνης 19′; der Plural ist von der Verschreibung *fortes* her zu erklären) *illorum ab* (mend pro *ad*) *hortum* (= εις τον κηπον L Compl), da der übrige Kontext mit L übereinstimmt, auch hinsichtlich des Pronomens *illorum* auf die lukianische Umdeutung des Ausdrucks τῶν κῳδίων für השלח zurückzuführen sein, dann aber eher auf die für θ′ ϵ′ bezeugte Transkription σιλωαμ: *siloam* (Ausfall des *s* ist Haplographie, *lorum* für *loam* Transformation durch Missverständnis des Abschreibers).

[4]) Zur Erklärung des Tornamens vgl. Rudolph S. 116.

[5]) Zur lukianischen Textform als ganzer vgl. S.137-139.

σ' in Gen 37₁₄ –, doch ist an der einzigen Stelle, an der in LXX βόσκημα als Äquivalent für צאן überliefert ist, Par II 7₅, die lukianische Korrektur in πρόβατον bezeugt. 13₃₁ σ' (sic 108 vid) οἱ ἔμποροι 108 119 für הרכלים gegenüber ursprünglichem ῥοποπῶλαι erscheint zwar in LXX als das häufigste ursprüngliche Äquivalent für den nur in der partizipialen Nominalform רֹכֵל und in den Nominalbildungen רְכֻלָּה und מַרְכֹּלֶת überlieferten Stamm רכל – so auch α' in Ez 27₁₆, α' σ' in Ez 27₂₄ –, während ῥοποπώλης in 𝔊 nur noch bei gleichem hebräischem Grundwort als hexaplarische, in Syh auch für α' in Anspruch genommene Dublette in Reg III 10₁₅ und in Ez 27₈ bei α' als Äquivalent für das Partizip שש (so Field) oder חבל (so Ziegler) bezeugt ist; doch ist auch hier keine Berührung der σ'-Note ἔμπορος in Esdr II 13₃₁ mit der lukianisch überlieferten Äquivalenz feststellbar, nach der an allen drei Stellen, 13₃₁ 3₂ 23₂₀, für das ursprüngliche Äquivalent ῥοποπώλης das anderwärts in LXX, Is 23₂, nur für den Stamm סחר nachgewiesene μετάβολος bezeugt wird: in Esdr II 13₃₁ 3₂ von L La¹²³ (*metabolus*) als Ersetzung, in 23₂₀ von L mit *negotians* in La¹²³ als Zusatz nach 𝔐. Der Befund, dass in den ursprünglichen Text des codex S hexaplarische Noten Eingang gefunden haben, lässt danach fragen, ob weitere Sonderlesarten in Form von Zusätzen und Dubletten in ihm zu finden sind, die, obwohl sie nicht durch die Initialen α'σ'θ'ε' gekennzeichnet sind, auf diese Überlieferung zurückgeführt werden könnten. Diese Erklärung ist in Esdr II 14₁₃ (7) bei dem nur von S überlieferten Äquivalent εὐεπίβατος zu erwägen, das in der Form οπου ευεπιβατα ην als Dublette[1] für den Ausdruck בצחחים, „an offenen Stellen" (?²), für ursprüngliches ἐν τοῖς σκεπεινοῖς überliefert ist. Das Äquivalent der S-Dublette, das in der Tradition der LXX – auch in den jüngeren Übersetzungen – anderwärts nicht nachgewiesen ist, würde sich als nur in hellenistischer Zeit – Phil Mechanicus, Strabo, Polyaen, Appian, bei dem Sophisten Lukian – bezeugte Bildung dem eigenständigen Vokabular des Symmachos gut einpassen; doch steht auch diesem Äquivalent eine lukianisch überlieferte Dublette gegenüber: εν τοις αναπεπταμενοις L, die als σ'-Lesart aus dem Grund in Frage kommt, weil das Verbum ἀναπετάννυναι, das in LXX nur einmal, in Iob 39₂₆ für פרש, vorkommt, zweimal, wenn auch mit anderer Äquivalenz, für Symmachos nachgewiesen ist: in Is 7₆ σ' ἀναπετάσωμεν für נבקיענה(ו) gegenüber ursprünglichem ἀποστρέψωμεν und Ez 13₂₀ σ' (εἰς) τὸ ἀναπετασθῆναι für (ל)פרחות gegenüber ursprünglichem (εἰς) διασκορπισμόν ³.

Sicher ist – wie bei allen Büchern der LXX – als erstes Kriterium der lukianischen Rezension das Kriterium der Korrektur nach der hebräisch-aramäischen Vorlage zu bestimmen, die grundsätzlich mit der masoretisch überlieferten übereinstimmt. Sicher ist – ein Sonderfall in der Überlieferung der LXX – als zweites Kriterium das der Korrektur nach einer älteren griechischen Übersetzung von Teilen des gleichen Buches in Esdr I anzunehmen. Sicher ist die Unterordnung des zweiten Kriteriums, der Korrektur nach Esdr I, unter das erste, der Korrektur nach 𝔐. Sicher ist der Charakter der Korrektur nach 𝔐 in der Verwendung älterer Übersetzungstradition über Esdr I hinaus aus der LXX als ganzer. Ungesichert bleibt die Bestimmung des Verhältnisses zwischen Übersetzungstradition von Esdr I und Tradition der übrigen LXX als Kriterium der lukianischen Rezension in Esdr II nur an den Stellen, an welchen sich die Tradition der Äquivalenz in Esdr I mit derjenigen der übrigen Bücher der LXX in starkem Mass überschneidet. Ungesichert bleibt auch der Grad, in welchem sich die Tradition lukianisch überlieferter Wortäquiva-

---

¹) Vgl. S.157f.
²) Zur Erklärung vgl. Rudolph S. 126.
³) Zur lukianischen Textform im ganzen vgl. S.157f.

lenz in Esdr II mit der lukianischen der übrigen Bücher der LXX deckt. Hier liess sich nur eine weitgehende Übereinstimmung mit der Tradition der beiden griechischen Textformen des Richterbuches feststellen, die auch von den genuin lukianischen Zeugen überliefert ist; doch bleibt hier die Herkunft, ob lukianisch oder nicht, ungesichert[1].

Gesichert ist bei der lukianischen Textbearbeitung zuletzt die rezensionelle Tendenz der Interpretation, die aber innerhalb der Wortäquivalenz als erstes Kriterium die vorgegebene Übersetzungstradition der früher übersetzten Bücher beibehält und erst von hier aus eine begrenzte Freiheit der Wahl in Tradition nicht verankerter Äquivalenzen offen hält.

Der lukianischen Tendenz rezensioneller Interpretation, die sich in inhaltlicher Hinsicht in der Wahl von der Aussage besser angemessenen Wortäquivalenten manifestiert, entspricht in formaler Hinsicht die Tendenz stilistischer Glättung, syntaktischer Verdeutlichung und grammatischer Korrektur durch Ersetzung der hellenistischen durch attische Formen[2].

2.1.1.1.3. Der Charakter der lukianisch überlieferten Dubletten

Als eigenständige Form lukianischer Rezension muss die Dublette bestimmt werden: die Zuordnung eines neu übertragenen Satzteils zu dem der ursprünglichen Übersetzungsform. Grundsätzlich geht es hier um die lukianisch überlieferte textgetreue Wiedergabe einer masoretisch überlieferten Aussage gegenüber ihrer von ihr abweichenden oder ihr gegenüber freien Formulierung in der ursprünglichen Übersetzungsform. In dieser Hinsicht gehört die Dublette in die Kategorie der lukianischen Korrektur nach der masoretisch überlieferten Vorlage. Sie unterscheidet sich aber von den reinen Zusätzen und Wortänderungen nach ᴍ dadurch, dass sie den entsprechenden abweichend oder frei übertragenen Satzteil der ursprünglichen Textform als Vergleichsmöglichkeit beibehält und auf diese Weise auch der rezensionellen Textform als ganzer einordnet.

Ihr U r s p r u n g   a l s   R e z e n s i o n s e l e m e n t – streng davon zu unterscheiden ist die Möglichkeit ihres übersetzungstechnischen Gebrauchs vom Übersetzer selbst[3] – dürfte bei der hexaplarischen Rezension des Origenes liegen – eine vorhexaplarische Vorstufe

---

[1]) Der einzige Weg, an diesem Punkte weiterzukommen, wäre die im Zusammenhang der hier vorliegenden Arbeit nicht durchführbare vollständige Erfassung und Vergleichung der von den heute als lukianisch bestimmten Zeugen überlieferten Wortvarianten mit ihrem masoretisch überlieferten Äquivalent. Eine – erst nach Vollendung der Göttinger Edition in Angriff zu nehmende! – Konkordanz dieser Art, die auch zwischen dem rein lukianisch und dem hexaplarisch mitüberlieferten lukianischen Gut zu unterscheiden hätte, würde sowohl der Verifizierung lukianischer Elemente in den Büchern dienen, deren lukianische Bearbeitung heute ausgeschlossen wird oder umstritten ist, als auch die Frage nach der Einheitlichkeit rezensioneller Bearbeitung von Buch zu Buch bzw. nach einer Rezensionsgeschichte, die in späten Texten wie der Esraüberlieferung ihre Vollendung fände, einer Beantwortung näher bringen.

[2]) Die lukianischen Rezensionselemente dieser Kategorie sind in der Einleitung zur Edition unter „Grammatica" zusammengestellt.

[3]) Zum Problem der Dublette als Kriterium rezensioneller Bearbeitung vgl. FS Frede-Thiele S.48-51 und S.54, und FS Bogaert S.148f., Anm.8 und S.159.

bleibt für die Tradition der LXX ungesichert – und müsste von daher auch in der lukianischen Tradition im origeneischen Sinn verstanden werden, nach dem das rezensionelle, an die hebräische Vorlage angleichende Glied durch seine Kennzeichnung mit Asteriskus hinsichtlich seiner kanonischen Bedeutung vom ursprünglichen, der Vorlage gegenüber freien Glied der Übersetzung unterschieden wird[1]; doch ist anzunehmen, dass diese Unterscheidung in der späteren Texttradition – vor allem der antiochenischen – nicht nur durch den abschreibetechnisch bedingten Verlust der aristarchischen Zeichen, sondern auch auf Grund einer neuen theologischen Konzeption, nach der dem rezensionellen Text als ganzem die eine und gleiche kanonische Bedeutung zugeschrieben wird, nivelliert bzw. aufgehoben worden ist.

Es ist diese aus der Bewahrung des ursprünglichen, der hebräischen Vorlage gegenüber freien Dublettengliedes zu schließende über die Rückbewegung zum Original hinausgehende rezensionelle Intention der lukianischen Überlieferung, die eine von den reinen Zusätzen nach 𝔐 unabhängige Zusammenstellung und Untersuchung der lukianischen Dubletten erfordert, bei der nicht die Tradition der Wortäquivalenz im rezensionellen Glied im Mittelpunkt steht – sie ist, soweit sie für das lukianische Problem von Bedeutung ist, im Zusammenhang der lukianischen Übersetzungstradition der Appellativa behandelt worden[2] –, sondern das Verhältnis des rezensionellen Gliedes zum ursprünglichen hinsichtlich der gegenseitigen syntaktischen Zuordnung, der Art und Weise der Übereinstimmung oder der Entfernung gegenüber der zu postulierenden hebräischen Vorlage und der Möglichkeit ihrer Abweichung von der masoretisch überlieferten Textform.

Das Kriterium des Vergleichs ist der Satzteil in der hebräischen bzw. aramäischen Vorlage, der in der Übersetzungsform der lukianischen Überlieferung in zwei je verschiedenen Weisen erscheint: im lukianisch überlieferten Glied dem Prinzip der Rezension entsprechend als eine als Rückbewegung zur Vorlage verstandene Neufassung der ursprünglich freien Wiedergabe, im außerlukianisch überlieferten ursprünglichen Glied als freie, als missverstandene oder als eine auf von der masoretisch überlieferten abweichenden Textform beruhende Wiedergabe des gleichen Satzteiles. Wie weit die auf diese Weise unterschiedene Doppelüberlieferung aber als Dublette im eigentlichen Sinn, nicht lediglich als Einfügung eines in der ursprünglichen Übersetzungsform fehlenden Satzgliedes, dessen Vorhandensein in dieser Form auf Grund der freien Wiedergabe vom Rezensor nicht mehr

---

[1]) In Matthaeum XV 14; Ad Africanum 8-9. Vgl. Textgeschichtliche Probleme der LXX von ihrer Entstehung bis Origenes, in: Die Septuaginta zwischen Judentum und Christentum, hg. v. M.Hengel und A.M.Schwemer, WUNT 72(1994)1-19 (= Studien zur Septuaginta und zum hellenistischen Judentum S.25-42; hier S.34-37). Zur Dublette als Kriterium der hexaplarischen Rezension vgl. S.181-183 mit 183 Anm.1.

[2]) Vgl. S.89 (Esdr II 10 11), 93 (142 3), 96 (83 1), 97 (141 7), 102 (46 7 26), 103 (20 34(35)) 104 (9 3), 126-128 (121-2), 135f. (142 (1334) 413).

erkannt ist, erklärt werden muss, lässt sich infolge des fast völligen Fehlens der aristarchischen Zeichen in der Überlieferung von Esdr II nicht mehr entscheiden[1].

Gegenüberstellung und Vergleich als rezensionelles lukianisches Prinzip ist nun aber auch durch den textgeschichtlichen Befund relativiert, dass in einem Teil der lukianischen Überlieferung – es ist in Esdr II vorwiegend, aber nicht ohne Ausnahme die von La^{123} bezeugte „altlateinische"[2] – das ursprüngliche freie Dublettenglied ausgemerzt und nur das rezensionelle textgemäße bewahrt erscheint; doch muss diese Form der lukianischen Tradition, entsprechend der sekundären Ausscheidung obelisierter Satzteile in der hexaplarischen, mit größter Wahrscheinlichkeit als späteres Stadium der Textgeschichte bestimmt werden, durch das darum die Annahme eines ursprünglichen lukianischen Rezensionsprinzips des gegenseitigen Vergleichs nicht in Frage gestellt ist[3].

1. Lukianisch überlieferte Rezensionselemente, die einem von 𝔐 abweichenden Einzelwort oder Satzteil der ursprünglichen Übersetzung zugeordnet sind, können nur dann mit einiger Sicherheit als eigentliche – als auch vom Rezensor als solche verstandene – Dublette erklärt werden, wenn das für das außerlukianisch überlieferte ursprüngliche Glied der Übersetzung vorauszusetzende hebräische bzw. aramäische Äquivalent sich leicht als Transformation des masoretisch überlieferten erklären lässt:

1.1. Völlig eindeutig als Dubletten nach der masoretisch überlieferten Textform sind darum nur die lukianisch bezeugten Satzglieder zu bestimmen, bei denen die mit dem

---

[1]) Die in Frage kommenden Stellen s.u. 2.1.1.2.1. S.190 Anm.4. Man wird hinsichtlich der theologischen Bedeutung des Problems der Doppelüberlieferung das ursprüngliche Stadium in jener von Origenes ausgesprochenen durch die aristarchische Kennzeichnung noch möglichen Unterscheidung des als kanonisierte Aussage freigegebenen – ὁ μὲν βουλόμενος προῆται αὐτά – asterisierten Teils und des durch Obelisierung als unveräußerlich gekennzeichneten – οὐ τολμήσαντες αὐτὰ πάντη περιελεῖν – sehen müssen (in Matthaeum XV 14, zu Matth 19,16-30; vgl. S.145 Anm.1) und den durch den Verlust der aristarchischen Zeichen begünstigten Weg des Verständnisses solcher Stellen in der antiochenischen Tradition in einer nivellierenden Gleichbewertung vermuten dürfen, nach der die textgetreue Übersetzung des – oft aus der hexaplarischen Rezension übernommenen – lukianischen Rezensionselements die freie Wiedergabe der ursprünglichen Textform erklärt (vgl. S.144 Anm.3, 230 Anm.3).

[2]) Vgl. S.144 Anm.3.

[3]) Das Kriterium, nach dem wir hier den Terminus der Dublette bestimmen und im folgenden die Überlieferung registrieren, fordert darum nicht die N o t w e n d i g k e i t, sondern lässt auch die M ö g l i c h k e i t der Erklärung als Dublette zu: Es geht nur um die Erklärbarkeit eines lukianisch und eines außerlukianisch überlieferten Elementes aus einer gemeinsamen hebräischen bzw. aramäischen Vorlage, die entweder beiden Strängen der Überlieferung in der gleichen Textform vorliegt – der Unterschied zwischen beiden Übersetzungsformen besteht dann zwischen sklavischer und freier Wiedergabe oder zwischen je verschiedener Äquivalenz –, oder bei beiden in einer je verschiedenen aber aus gegenseitiger Abhängigkeit erklärbaren Textform, der masoretisch überlieferten und einer ihr vorgegebenen oder aus ihr entstandenen, deren lukianisch überlieferte Übersetzungsform dann im Sinn der Frage nach den lukianischen Rezensionsprinzipien getrennt behandelt werden muss: nach dem gesicherten Prinzip der lukianischen Angleichung an 𝔐 (S.85ff.) und nach dem zur Diskussion stehenden lukianischer Korrektur nach einer von 𝔐 abweichenden Vorlage.

masoretischen Text übereinstimmenden lukianischen Äquivalente – entsprechend den reinen Wortkorrekturen nach 𝔐¹ – bei mit dem ursprünglichen Äquivalent übereinstimmendem Konsonantenbestand des masoretisch überlieferten Grundwortes lediglich auf Grund der mit 𝔐 übereinstimmenden Vokalisierung das ursprüngliche Äquivalent ersetzen müssen.

Esdr II 4₁₅ ומדנן ואשתדור עבדין בגוה מן־יומת עלמא: καὶ χώρας, καὶ φυγαδείαι (-δεια BAL (108^{txt}) Arm (vid)) δούλων γίνονται (> B'L 108^{txt}) ἐν μέσῳ αὐτῆς ἀπὸ χρόνων αἰῶνος (cf Esdr I 2₁₉ (lib))] post χώρας add L et pro καί 1⁰ – αἰῶνος hab La¹²³ καὶ μαχας και αγωνας ποιουσιν εν αυτη εξ ημερων αιωνος (et bella et contentiones faciunt in ea · a diebus saeculi La)²: Der von L als Zusatz, von La¹²³ als Ersetzung dieses Satzteils überlieferte Text erweist sich dadurch als Dublette, dass entsprechend der masoretischen Vokalisierung der Begriff עָבְדִין an Stelle des Nomens δούλων mit dem verbum finitum ποιουσιν (faciunt), der Begriff מִדְּנָן aber entgegen seiner Bedeutung in 𝔐 – wie in Prov 15₁₈ 26₂₀ μάχη als Äquivalent für מָדוֹן³ – als Nominalbildung vom Stamm דִּין abgeleitet wird. Die syndetische Zuordnung der beiden Dublettenglieder in L würde als lukianische Interpretation eine Mehrung der den Juden zur Last gelegten Verbrechen bedeuten: Zu Abfall und Übeltaten an Königen und Nachbarländern und Aufnahme von flüchtigen Aufrührern kämen noch innere Kämpfe und Streitigkeiten hinzu.

Esdr II 13₁₉ (המקצע) עלת הַנֶּשֶׁק: (ἀναβάσεως) τῆς συναπτούσης (τῆς γωνίας)] (αναβασεως) των οπλων της συναπτουσης (εις την γωνιαν) L Compl; (ascensum) almorum (mend pro armorum) (ad angelum) La¹²³: In LXX ist die Vokalisierung als Partizip הַנֹּשֵׁק vorausgesetzt. Die Äquivalenz zwischen נשק und συνάπτειν, ist zwar anderwärts in LXX nicht nachgewiesen – zu vergleichen ist ἀνήφθη für נשקה in Ps 77(78)₂₁ –, aber durch Aquila bestätigt: Ez 3₁₃ und durch die Bedeutung des Verbums im Kontext gegeben, das lukianische Äquivalent ὅπλον nach der masoretischen Vokalisierung נֶשֶׁק durch Reg IV 10₂ Ez 32₉ ₁₀ in LXX, Iob 39₂₂₍₂₁₎ in α' θ' gesichert und, obwohl die Bedeutung der masoretischen Textform als ganzer umstritten ist⁴, als Korrektur nach 𝔐 zu bestimmen.

1.2. Aber die paläographische Nähe des dem lukianischen Dublettenglied zu Grunde liegenden masoretisch überlieferten Grundwortes zu dem entsprechenden, das für die ursprüngliche von 𝔐 abweichende Übersetzungsform vorausgesetzt werden muss, macht die gleiche Erklärung als lukianische Dublette auch in weiteren so überlieferten Zusätzen

---

¹) Vgl. S.29-31.
²) Vgl. S.90 Anm.1, S.230 und S.393.
³) So auch – dem lukianischen Charakter der Wortäquivalenz entsprechend (vgl. S.97ff.) – mehrfach bei Symmachos (nach Field, der als Quelle an allen Stellen Nobilius nennt: für מָדוֹן: Ps 79 (80) 7 σ' (LXX ἀντιλογία), Prov 16₂₈ σ', ἄλλος · ἀντιδικία (LXX κακά), 22₁₀ 29₂₂ σ' θ' (LXX νεῖκος), für מְדָנִים: Prov 10₁₂ σ'θ' (LXX νεῖκος), für מִדְיָנַי Prov 19₁₃ σ', α' ἀντιδικία (LXX ἀπὸ μισθώματος: pro מִדְּנָי: cf Ez 16₃₃).
⁴) Vgl. Rudolph S. 118.

nach 𝔐 teils notwendig, teils wahrscheinlich, die einem von 𝔐 abweichenden Satzteil der ursprünglichen Übersetzungsform zugeordnet sind:

Esdr II 5₁₄ לְהֵיכְלָא דִי בָבֶל: εἰς (+ τον *L b* Ald Sixt) ναὸν τοῦ βασιλέως (cf Esdr I 6₁₇ ἐν τῷ (ἑ)αυτοῦ ναῷ)] + τον εν βαβυλωνι *L* Compl; *in templum quod est in babylone* La[123] מִן־הֵיכְלָא דִי בָבֶל: ἀπὸ (ἐκ *L*; + του *L* 120*b*⁻⁹⁸ ²⁴³ ²⁴⁸ Sixt) ναοῦ τοῦ βασιλέως (cf Esdr I ἐκ (απο Compl) τοῦ ναοῦ τοῦ ἐν Βαβυλῶνι)] εκ του ναου του εν βαβυλωνι *L* La[123] Compl: Für בָבֶל stand in der Vorlage von LXX מַלְכָּא; der von *L* einmal als Dublette, einmal als Ersetzung korrigierte Text wird in La[123] an beiden Stellen zur Ersetzung.

Esdr II 6₉ דִי־לָא שָׁלוּ: ὃ ἐὰν αἰτήσωσιν] pr απαραλλακτως (*sine intermissione et* La) *L* La[123] Arm (sim) Compl[1]: Die ursprüngliche Übersetzungsform ist auf das verbum finitum שָׁאֲלוּ für das Nomen שָׁלוּ und wahrscheinlich auf das in der Relativpartikel ὅ mitenthaltene Objekt לה an Stelle der Negation לָא zurückzuführen. Die syntaktische Einordnung des 𝔐 entsprechenden Dublettengliedes, das auch die Negation enthält, in *L* durch das Präfix α-, in La[123] durch die Präposition *sine*, in die Aussage ist sowohl asyndetisch in *L* als auch syndetisch mit Kopula *et* in La[123] vom vorangehenden und vom folgenden Kontext her eindeutig gegeben: „Aller Bedarf…soll ihnen gewährt werden Tag für Tag ohne Unterbruch (und) alles, was sie erbitten".

Esdr II 7₁₅ וּלְהֵיבָלָה: καὶ εἰς οἶκον κυρίου] pr και (> *L* 314 = Pesch^A; post απεν. tr Compl) απενεγκειν *L a* 119 Compl; *perferre* La[123] (= Esdr I 8₁₃ καὶ ἀπενεγκεῖν (omnes))[2]: Für וּלְהֵיבָלָה stand in der Vorlage von LXX וּלְהֵיכַל יה. Das Äquivalent οἶκος für הֵיכַל wechselt gegenüber ναός in Esdr II auch an anderen Stellen: in 5₁₄ zur Unterscheidung des Gotteshauses in Jerusalem, als οἶκος sowohl für בֵּית als auch für – nur lukianisch mit ναός wiedergegebenes – הֵיכְלָא, vom Tempel in Babylon als einhellig überliefertes ναός, in 6₅ nach einhelliger Überlieferung für das jerusalemische Heiligtum zuerst, entsprechend dem vorangehenden Äquivalent οἶκος für בֵּית, gleicherweise auch für הֵיכְלָא 1⁰, danach aber für הֵיכְלָא 2⁰ ναός, und in 16₁₁ für den Tempel, הַהֵיכָל, in Jerusalem wieder das Äquivalent οἶκος, das nur lukianisch in ναός korrigiert wird[3].

Die von 𝔐 abweichende Vorlage der LXX, nach der an die Stelle der Infinitivkonstruktion לְהֵיבָלָה, mit der die im folgenden genannten Gelder als Objekte der Beförderung nach Judäa bestimmt werden, der adverbiale Ausdruck לְהֵיכַל יה tritt, steht in innerem Zusammenhang mit einer zweiten Abweichung von 𝔐, dem Ausdruck (תִּקְנֵא) בְּסִפְרָא an Stelle von בְּכַסְפָּא in v.17, der in LXX mit der Verbalaussage ἔνταξον ἐν βιβλίῳ übertragen wird. Auf diese Aussage als dem einzigen verbum finitum im Hauptsatz der ganzen mit v.15 beginnenden Satzfolge muss sich nach LXX und ihrer hebräischen Vorlage an Stelle des Befehls, die Gelder nach Judäa zu bringen, die Aufzählung der einzelnen Gaben und ihrer Spender beziehen: „Schreibe sie in dieses Buch zum Zweck des

---

[1]) Vgl. S.131f. und 248.

[2]) La[123] überliefert wieder an Stelle der Dublette die Ersetzung; im Apparat ist nachzutragen: „om καὶ εἰς οἶκον κυρίου La[123]".

[3]) Die Äquivalente der Sekundärübersetzungen können für diesen Wechsel nur mit Vorbehalt in Anspruch genommen werden.

Kaufs von Opfertieren für den Tempel." Der adverbiale Ausdruck εἰς οἶκον κυρίου am Anfang des ganzen Satzzusammenhangs steht gleichsam als Überschrift, die sich auf alle der im folgenden genannten Formen der für Judäa gestifteten Gelder bezieht. Die lukianische Dublette, nach der diese adverbiale Bestimmung dem Befehl der Überbringung nach Judäa zugeordnet wird, bringt nur eine stilistische Verdeutlichung, keine inhaltliche Umdeutung mit sich. Sie ist auch verbunden mit der Korrektur der finiten Verbalaussage in v.17:

Esdr II 7.17 דנה בכספא אסטרנא תקנא (דנה): (τοῦτον ἑτοίμως ἔνταξον) ἐν βιβλίῳ τούτῳ (cf. Esdr I 8.14 συναχθῆναι τό τε (καὶ τὸ γε pro τό τε L) χρυσίον καὶ τὸ ἀργύριον)] (ετοιμως τουτον ενταξον) εν τω βιβλιω τουτω προς ταυτα επιμελως αγορασον εκ του αργυριου τουτου L; *ut paratum sit praecipe* La[123]: Dem Ausdruck ἐν βιβλίῳ τούτῳ in LXX, der בספרא דנה an Stelle von בכספא דנה voraussetzt, wird nur von L als Dublette das 𝔐 entsprechende Äquivalent εκ του αργυριου τουτου gegenübergestellt, während er in La[123] weder durch Einführung des 𝔐 entsprechenden Dublettengliedes noch durch Ersetzung, sondern – das spricht für Unkenntnis oder Ablehnung der Erklärung als Dublette in dieser Überlieferungsstufe – lediglich durch Tilgung nach 𝔐 korrigiert wird. Auch das vorgeordnete lukianische Dublettenglied, das bei identischer aramäischer Vorlage: אסטרנא תקנא, der ursprünglichen Übersetzung ἑτοίμως ἔνταξον in der Form επιμελως αγορασον gegenübergestellt wird, ist der altlateinischen Übersetzung von La[123] unbekannt, die mit dem Ausdruck *ut paratum sit · praecipe* auf die ursprüngliche Wiedergabe in LXX: ἑτοίμως ἔνταξον, zurückgeht[1]. Auch hier ist wie in der Dublette am Beginn des ganzen Satzzusammenhangs, v.15, die lukianische Zuordnung der beiden Dublettenglieder als stilistische Verdeutlichung zu bestimmen: „Alles, was eingeht, schreibe bereitwillig in dieses Buch; dazu" – die Wendung כל־קבל דנה dient in freier Wiedergabe: προς ταυτα, der syntaktischen Zuordnung der beiden Dublettenglieder – „kaufe sorgsam aus diesen Geldern Stiere, Widder, Lämmer und die zugehörigen Speisopfer"[2].

Esdr II 8.17 מְשָׁרְתִים: ᾄδοντας] pr λειτουργους και L Compl ; *mini\<stros\>* La[123] (cf Esdr I 8.45 τοὺς ἱερατεύσοντας (-σαντας B' (B*) A 120 119 245; -τευοντας L 71'-74-370*58)): Für מְשָׁרְתִים stand in der Vorlage von LXX מְשֹׁרְרִים[3].

Esdr II 12.12 (לַעֲשׂוֹת) לִירוּשָׁלָ͏ם: (τοῦ ποιῆσαι) μετὰ τοῦ ᾽Ισραήλ] (του ποιησαι) την (τη 93) ιλημ και μετα τον (του 93) ιηλ L; (του ποιησαι) μετα της ιερουσαλημ Compl; *qd facerē in hierl̄m* La[123]: Schon hebräisch vorgegebene Tradition beider „nomina sacra", die von 𝔐 abweichende als Vorlage der LXX, ist wahrscheinlich. Die lukianische Einpassung in den Kontext nach 93: „was mir Gott ins Herz gegeben hatte, für Jerusalem (τη ιλημ) mit Israel (μετα του ιηλ) zu tun", dürfte – την in 19' könnte nur Akkusativ der Beziehung

---

[1]) Vgl. S.133f. mit Anm.4. Graphisch ist die Transformation von כספא in ספרא als Verschreibung von dem vorangehenden אספרנא her leicht zu erklären.
[2]) Zu v.17 vgl. auch „Der ursprüngliche Text" 5.2.(5).S.380.
[3]) Vgl. S.198, zum Text als ganzem „Der ursprüngliche Text" 5.2.(4), S.377f.

sein, μετα mit Akkusativ ist sinnlos – das lukianisch Ursprüngliche sein, das auch in der freien Wiedergabe des rezensionellen Dublettengliedes in La[123] vorauszusetzen ist.

Esdr II 12,19 ויבזו עלינו: καὶ ἦλθον ἐφ' ἡμᾶς] pr και κατεφρονουν ημων L; και κατεφρονουν ημων (et contemnebant nos La) La[123] Aeth[-B] Compl: Die Vorlage von LXX lautete wahrscheinlich ויבאו an Stelle von ויבזו.

Esdr II 12,20 נקום: καθαροί] + αναστησομεθα (-σωμεθα et pr και Compl) L' Compl; exsurgamus (surgemus Lucif) La[123] Aeth[-B] Lucif parc 222: Die Textform von LXX beruht auf der neben ר mit ד meistbezeugten paläographischen Verwechslung von ו mit י[1]: נקיים für נקום.

Esdr II 13,19 מגדל: πύργου] pr εξ εναντιας L; εξ εναντιας (contra La) La[123] Compl : Die LXX vorliegende Textform מגדל ist als sekundäre Lesart von dem mehrfachen Vorkommen des Begriffs im Verzeichnis der am Mauerbau Beteiligten her zu erklären.

Esdr II 13,26 (שער) נגד (עד): (ἕως) κήπου (πύλης)] (εως) απεναντι κηπου (+ της (> Compl) πυλης) L Compl; (usque) adversum (portae) La[123]Aeth[-B]: Die Transformation der Präposition נגד in das Nomen גן in der Vorlage von LXX ist auch in 13,16 – hier ohne Dublettenüberlieferung, aber von La[123] (in adversum) und Aeth[A] nach 𝔐 korrigiert – überliefert[2].

Esdr II 18,7 ימין: ἦσαν συνετίζοντες] pr και ιαμειν L Aeth[-B] Compl; iamin La[123]: Die Vorlage des ursprünglichen Übersetzungstextes beruht auf einer von dem folgenden מבינים her zu erklärenden Textverderbnis[3].

Esdr II 22,12 (כהנים) היו: ἀδελφοὶ αὐτοῦ (οἱ ἱερεῖς)] ησαν (post αυτου tr Aeth Arm) οι αδελφοι αυτου (et fratrum eius Aeth) (οι ιερεις) L Aeth[-B] Arm; fuerunt (sacerdotes) fratres eius La[123]; ησαν (οι ιερεις) Compl: Die lukianische Doppelüberlieferung ησαν und οι αδελφοι αυτου ist – obwohl in anderer Wortfolge auch in La[123] überliefert und nur in Compl nach 𝔐 korrigiert – eher als Dublette, deren LXX vorliegendes Glied אחיו an Stelle von masoretisch überliefertem היו lautete, zu erklären, als von einer in L und La[123] vorauszusetzenden Vorlage in der Form היו אחיו her. Dagegen spricht die Umstellung in der lateinischen Tradition, die der Wortfolge nach als Korrektur nach 𝔐 erklärbar ist, während die Bewahrung des von 𝔐 abweichenden Gliedes an anderer Stelle auf Unkenntnis der masoretischen Textform als ganzer beruhen dürfte.

Esdr II 22,44 לכנוס בהם לשדי הערים: καὶ τοῖς συνηγμένοις ἐν αὐτοῖς ἄρχουσιν τῶν πόλεων] του συναγαγειν εν αυτοις απο των αγρων και (> Compl = 𝔐) των πολεων τοις αρχουσιν των πολεων L Compl; ut colligerentur in ipsis · principibus civitatum La[123]: LXX lag לשרי an Stelle von masoretischem לשדי vor. Die lukianische Dublette für diesen Ausdruck: απο των αγρων, stellt, sei es auf Grund einer von 𝔐 abweichenden Textform: משדי für לשדי, sei als Interpretament, eine wahrscheinlich dem ursprünglichen Sinn entsprechende Aussage dar: nicht „je nach" dem Ackerland der einzelnen Städte, das

---

[1]) Vgl. S.28.
[2]) Ähnliche Verwechslung von נֶגֶד mit נֶגֶד in 21,11, vgl. S.30, von גן mit גנ in 13,15 S.28.
[3]) Vgl. S.83f., 224f., 229, 402-404.

hieße: nach der jeweiligen Größe des ihnen zugehörenden Ackerlandes, sondern lediglich „aus" ihrem Ackerland wurden die Anteile für die Priester gesammelt[1]. Aber diese Bedeutung wird in der lukianischen Überlieferung durch die Kopula zwischen των αγρων und των πολεων verdeckt, die nur in Compl mit 𝔐 übereinstimmend fehlt, und die Zuordnung zum ursprünglichen Dublettenglied τοῖς ἄρχουσιν τῶν πόλεων könnte, wenn sie nicht als Ersetzung des in LXX ursprünglichen durch das 𝔐 entsprechende Glied verstanden wird, nur als über- oder als nebengeordneter Begriff zu den anschließend genannten Priestern und Leviten erklärt werden, denen die aus den Feldern gewonnenen Anteile zugedacht sind. La[123] kennt nur mit L die vorgeordnete syntaktische Korrektur του συναγαγειν für לכנוס, nicht die lukianische Dublette.

2. Den Hauptbestand der eigentlichen lukianisch überlieferten Dubletten bilden aber die Fälle, bei denen ein einzelnes Wort oder ein Satzteil bei mit der masoretisch überlieferten identischer hebräischer oder aramäischer Vorlage in von der ursprünglichen abweichender Weise übertragen ist. Dieser Kategorie sind auch die Fälle zuzuordnen, bei denen auf Grund eines schwierigen bzw. ungesicherten Verständnisses der Vorlage sowohl im ursprünglichen als auch im lukianisch überlieferten Glied der genaue Wortlaut der für die jeweilige Übersetzung vorauszusetzenden Vorlage nicht mehr mit Sicherheit eruierbar ist. Die in dieser Kategorie eingeordneten Dubletten werden sich nicht immer eindeutig von denjenigen abgrenzen lassen, bei denen die lukianisch überlieferte Form eine Korrektur der ursprünglichen, die auf einer von 𝔐 abweichenden Vorlage beruht, nach der masoretisch überlieferten darstellt. Aber sie müssen aus dem Grund als eine eigenständige Kategorie von Dubletten bestimmt werden, weil wir bei ihnen eine andere Form der hebräischen bzw. aramäischen Vorlage voraussetzen oder doch vermuten, nach welcher im lukianischen Dublettenglied das ursprüngliche korrigiert wird: nicht die masoretisch überlieferte, der gegenüber die dem ursprünglichen Glied zu Grunde liegende sich als von 𝔐 abweichende Textform nachweisen lässt, sondern eine dem Übersetzer der LXX und dem lukianischen Rezensor gemeinsame hebräische bzw. aramäische Textform, die, sei es in ihrer masoretisch überlieferten, sei es in einer von ihr an bestimmten Stellen abweichenden Gestalt, auf Grund eines je verschiedenen Verständnisses vom Übersetzer und vom Rezensor je verschieden wiedergegeben wird. Auch diese Kategorie von lukianisch überlieferter Dublette muss nach der Tendenz dieser Rezension, auch dann, wenn nach heutigem Befund der Exegese die ursprüngliche Übersetzung der LXX der Aussage des Originals entspricht, als Korrektur nach der hebräischen bzw. aramäischen Vorlage bestimmt werden.

Esdr II 4₁₃ מנדה־בלו והלך לא ינתנון : φόροι οὐκ ἔσονταί σοι οὐδὲ δώσουσιν (= Esdr I 2₁₈ φορολογίαν οὐ μὴ ὑπομείνωσιν δοῦναι (omnes))] φορων πραξιν και συντελεσμα ου δωσουσι σοι και (om ου δ. σοι και 19) ουκ εσονται σοι (om σοι 1⁰ – 2⁰ Compl = 𝔐) L' (108^{txt}); *tributa et commertia et redacta non dabunt* La[123]   Esdr II 7₂₄ לא בלו והלך מנדה שׁלִיט: φόρος μὴ ἔστω σοι, οὐκ ἐξουσιάσεις] του (τον Compl) φορον (*tributum* La) και

---

[1]) Vgl. Rudolph S.200.

πραξιν (*negotium* La) και αποφοραν (*munificentiam* La) ουκ εχειν υμας (> La = 𝔐) ἐξουσίαν *L* La[123] Compl (= Esdr I 8₂₂ μηδεμία φορολογία μηδὲ ἄλλη ἐπιβολὴ (sic 245; *onus* La[C]; *indictio* La[V]; βουλη A; επιβουλη rel) γίνηται (μηδεμιαν φορολογιαν (φιλολογιαν 74) μηδε αλλην επιβουλην γινεσθαι αυτοις (> *a*) *L a*)): Das ursprünglich und lukianisch je verschieden übersetzte Dublettenglied beruht auf dem masoretisch überlieferten Ausdruck מנדה־בלו והלך, der lukianisch textgemäß, ursprünglich in LXX aber, sei es schon in der aramäischen Vorlage, sei es auf Grund von Interpretation des nicht mehr verstandenen Textes durch den Übersetzer selbst, in einer Form wiedergegeben ist, die לא להוה לך gelautet haben dürfte. Die entsprechende, nur hinsichtlich der Äquivalenz von αποφοραν mit הלך gegenüber συντελεσμα in 4₁₃ variierende lukianische Wiedergabe des Ausdrucks in 7₂₄, bei welcher aus syntaktischen Gründen das ursprüngliche Dublettenglied, μὴ ἔστω σοι, nicht beibehalten ist, bestätigt die Erklärung in 4₁₃ als Dublette, die nur von Compl und La[123] zugunsten des lukianischen Gliedes aufgehoben ist. Gegen die Erklärung als Dublette in Esdr II 4₁₃ darf auch das Verhältnis der lukianischen zur ursprünglichen Textform bei der Übersetzung der dritten Stelle, an der diese Wendung überliefert ist, 4₂₀, nicht in Anspruch genommen werden: Dass dieser Satzteil, der lukianisch in der gleichen Form wiedergegeben ist: φοροι πραξις τε και συντελεσμα (-ματα Compl; *et tributa et commertia et redacta* La) *L* La[123] Compl), im ursprünglichen Text in anderer Weise übertragen wird als an den beiden anderen Stellen: φόροι πλήρεις καὶ μέρος, zeigt nur die Unsicherheit im Verständnis dieser Stelle, sei es schon beim Tradenten der aramäischen Vorlage, sei es beim Übersetzer, denen an dieser Stelle der Ausweg mit der Formulierung לא להוה לך: οὐκ ἔσονταί (ἔσται) σοι, aus syntaktischen Gründen verschlossen und eine Lösung mit nominalen Äquivalenten, wie den überlieferten, πλήρεις καὶ μέρος, unumgänglich war. Dem lukianischen Korrektor blieb hier nur die Möglichkeit der Ersetzung, nicht der Dublette offen[1].

Esdr II 5₁₇ (רעות (מלכא על־דנה ישלח: γνοὺς (ὁ βασιλεὺς περὶ τούτου πεμψάτω) (= Esdr I 6₂₀ (lib))] γνους (ο βασ. π. τουτου) το θελημα αυτου αποστειλατω 19′ (deest 93); *sit voluntas regis ut de illo rescribat* La[123] : Dass sowohl das lukianisch und von La[123] überlieferte Nomen το θελημα (*voluntas*) als auch das ursprünglich überlieferte Partizip γνοὺς

---

[1]) Die Äquivalenz der ursprünglichen Textform in 4₂₀, (φόροι) πλήρεις καὶ μέρος, müsste nach der bestbezeugten Übersetzungstradition die aramäische Vorlage מלאה וחלק (מדה) erfordern. Eine Umformulierung der stereotypen Wendung an dieser Stelle ist aus dem Grund erklärlich, weil es hier im Unterschied zu 4₁₃ und 7₂₄ nicht um die dem persischen Oberherrn geschuldete, sondern um die den israelitischen Königen zur Last gelegte Steuererhebung geht. Eine textgeschichtliche Transformation der Stämme חלק und הלך ist auch in Esdr II 4₁₆ erkennbar, wo der durch den Wiederaufbau Jerusalems von den persischen Provinzialbeamten in Frage gestellte persische Herrschaftsanspruch, der nach masoretischer Überlieferung als חלק bezeichnet ist, in der Übersetzung das nur von שלום her erklärbare Äquivalent εἰρήνη aufweist und lukianisch von *L'* Compl (in 1₂₁ als Dublette) nach 𝔐 in μερος korrigiert wird, in der Parallelstelle Esdr I 2₂₀ aber mit dem eine Nominalbildung von הלך voraussetzenden Äquivalent κάθοδος (εξοδος B′ 745[mg] (εξω); οδος Ios Ant XI 25) wiedergegeben ist. Zur lukianischen Äquivalenz in 4₁₃ 20 7₂₄ s.S.135f.

auf den masoretisch in der Form רעות überlieferten Begriff zurückgeht, und somit eine Dublette vorliegt, die nur von La¹²³ zugunsten des lukianisch überlieferten 𝔐 näher stehenden Gliedes aufgehoben wird, ist eindeutig – θέλημα steht als Äquivalent für das gleiche Grundwort auch an der anderen Stelle seines Vorkommens einhellig im Paralleltext zu Esdr II 7₁₈ in Esdr I (8₁₆), wo Esdr II ἀρεστόν überliefert –; offen bleibt nur die Frage, ob das ursprüngliche Äquivalent γνούς als singuläre interpretierende Wiedergabe des masoretisch überlieferten רעות zu erklären oder auf eine Bildung des Stammes ידע – im Sinn des mit γνωστὸν ἔστω wiedergegebenen Ausdrucks ידיע להוא in Esdr II 4₁₂ ₁₃ 5₈ – zurückzuführen ist.

Esdr II 6₂₀ כאחד כלם: ὡς (sic Compl; εως codd) εἰς πάντες] ομοθυμαδον παντες ως εις L; *unanimiter omnes* La¹²³¹: Das lukianisch als Dublette, altlateinisch in analoger Wortbildung als Ersetzung überlieferte Dublettenglied ομοθυμαδον (*unanimiter*) erscheint dem ursprünglichen ὡς εἰς als Äquivalent für das Adverb כאחד gegenüber als gräzisierende Aufhebung eines Hebraismus, in seiner lukianischen Zuordnung als die Ausdruckskraft verstärkendes Hendiadyoin.

Esdr II 7₁₂ גמיר וכענת : τετέλεσται λόγος καὶ ἡ ἀπόκρισις (= Esdr I 8₉ (lib))] τετελειωμενω τετελεσται ο λογος και η αποκρισις και νυν L; *consummatum est et nunc* La¹²³: Das mit den Bildungen כען (Esdr II 4₁₃ ₁₄ ₂₁ 5₁₇ ₆₆) und כעת (4₁₇) identische temporale Adverb כענת, das als Element des Briefstils den Übergang zum eigentlichen Anliegen des Briefes kennzeichnet, ist im ursprünglichen Übersetzungstext an den Stellen, an denen es in der Form כען am Anfang des Satzes steht, – mit Ausnahme nur von 4₁₄, wo es ausgelassen und lukianisch mit dem Äquivalent νυν ουν und von La¹²³ (*nunc ergo*) nachgetragen ist – überall richtig verstanden und differiert von der lukianischen Überlieferung nur hinsichtlich der Äquivalenz zwischen νῦν οὖν (so alle in 4₁₃) und (καὶ) νῦν mit nur lukianisch und altlateinisch nachgetragenem οὖν ²; es ist aber an den Stellen, an denen es am Ende des Satzes steht, in der Form כענת in 4₁₀ und ₁₁ ausgelassen – auch hier trägt in 4₁₁ L mit La¹²³ καὶ νυν (*nunc ergo*), in 4₁₀ nur La¹²³ *et nunc* nach – und sowohl in der gleichen Form in 7₁₂ als auch in der Variante כעת in 4₁₇ missverstanden. Dass der Ausdruck λόγος καὶ ἡ ἀπόκρισις in 7₁₂ vom Verständnis des Begriffs כענת als Nominalbildung aus dem Stamm ענה: „antworten", die lukianische Textform demnach als Dublette, die altlateinische als Ersetzung des von 𝔐 abweichenden ursprünglichen durch das ihm entsprechende lukianische Glied zu erklären ist, ist sicher, dass auch 4₁₇ einer ähnlichen Erklärung bedarf, wahrscheinlich³.

---

¹) Zur Textherstellung vgl. „Der ursprüngliche Text" 5.1.2, S.367f. zur textgeschichtlichen Einordnung S.241.

²) Hierzu vgl. S.34 mit Anm.1.

³) Das Äquivalent φάσις für כעת in 4₁₇ entspräche λόγος καὶ ἡ ἀπόκρισις für כענת in 7₁₂. λόγος als erklärendes Interpretament ohne Anhalt an der aramäischen Vorlage – die „Antwort" ist, da von keiner vorangehenden Eingabe Esras berichtet wird, das „Wort" des Perserkönigs an ihn als „Antwort" auf sein Kommen – entspricht dem Begriff φάσις als Deutung des in gleicher Weise vom Stamm ענה hergeleiteten Grundwortes כעת: Es ist der königliche Bescheid als

Esdr II 8₃₆ (את־העם ואת־בית־האלהים) וְנִשְּׂאוּ) : καὶ ἐδόξασαν (τὸν λαὸν καὶ τὸν οἶκον τοῦ θεοῦ) (= Esdr I 8 ₆₄ καὶ ἐδόξασαν τὸ ἔθνος καὶ τὸ ἱερὸν τοῦ κυρίου (θεου b))] και επηραν (τον λαον) και εδοξασαν (τον οικον του θεου) *L*; *et produxerunt populum et domum dei* La¹²³ : Dass die lukianisch überlieferte Eintragung des verbum finitum επηραν zu dem ursprünglichen Äquivalent ἐδόξασαν für (ו)נשׂא) als Dublette – nicht als von der hebräischen Vorlage unabhängige Texterweiterung – zu erklären ist, erweist sich dadurch als wahrscheinlich, dass ἐπαίρειν das in LXX bestverankerte – auch für α' mit fast völliger Konsequenz bezeugte – Äquivalent für נשׂא ist, während δοξάζειν mit gleicherweise von α' übernommener Verankerung in LXX für כבד steht¹. Dass die beiden Dublettenglieder hier nicht einander unmittelbar zugeordnet erscheinen, sondern ἐπαίρειν dem Objekt λαός, δοξάζειν dem Objekt οἶκος τοῦ θεοῦ zugeordnet ist, weist auf eine Möglichkeit lukianischer Verwertung von Dubletten als Interpretation hin und bestätigt auf diese Weise die hinsichtlich der Aussage von Esdr II 9₆ ² geäußerte Vermutung, dass nach lukianischem Verständnis ἐπαίρειν die Erhöhung des Menschen bezeichnet, δοξάζειν aber Gott und seinem heiligen Bereich vorbehalten bleibt. Auf επηραν – eher als auf eine sekundäre Transformation επηγαγον ³ – in der griechischen Vorlage und damit auf die Bewahrung des lukianischen Dublettengliedes dürfte auch das Äquivalent *produxerunt* in La¹²³ zurückgehen: eine interpretierende Anpassung an die beiden Akkusativobjekte⁴.

Antwort auf die Eingabe der persischen Provinzialbeamten – φάσις ist als Äquivalent in LXX anderwärts nirgends und ohne hebräische Vorlage nur in Sus 55 nachgewiesen (Mac IV 15₂₅ ist Verschreibung für φύσις), profangriechisch aber seit Platon in diesem Sinn als Bestätigung (hier des dem König gegenüber geäußerten Urteils über die Juden) belegt – und stellt darum eine stilistische Analogie zum Übersetzungstext von 7₁₂ dar, die als übersetzungstechnisches Prinzip für Ursprünglichkeit spricht, während die von Rahlfs aufgenommene Textform φησιν: „er tut kund" – *L* und La¹²³ ersetzen hier mit και νυν (*nunc ergo*) ohne die ältere Überlieferung als Dublette zu bewahren – eher als rezensioneller Eingriff der *a*-Zeugen auf Grund der ungewohnten Nebenordnung der Begriffe εἰρήνη als Grußformel und φάσις als Anzeige des folgenden Briefinhalts: „Friede und Zuspruch", zu werten ist.

¹) Da die Äquivalenz zwischen נשׂא und δοξάζειν in LXX nur noch an einer Stelle nachgewiesen ist, in dem Sonderfall des vierten עבד־יהוה-Liedes, Is 52₁₃, wo die drei Aussagen über den Knecht, ירום ונשׂא וגבה, im ursprünglichen Übersetzungstext auf zwei Glieder beschränkt sind: ὑψωθήσεται καὶ δοξασθήσεται, so dass das Äquivalent δοξάζειν als Zusammenfassung des zweiten und dritten Gliedes zu verstehen ist – das beweist sowohl die bestüberlieferte Äquivalenz zwischen רום und ὑψοῦν (vgl. S.106) als auch die hexaplarisch und lukianisch übernommene Einfügung von μετεωρισθήσεται als drittes Glied für גבה durch α' σ' θ', die auch im vorangehenden zweiten, נשׂא, δοξασθήσεται durch ἐπαρθήσεται ersetzen –, erscheint es berechtigt, die Äquivalenz von δοξάζειν mit נשׂא in Esdr II auf den Paralleltext von Esdr I (8₆₄) zurückzuführen, wo δόξασον (εδοξαν 55) einhellig überliefert ist (vgl. S.10 Anm.2).

²) S.106 mit Anm.3.

³) Vgl. S.231.

⁴) ϑ liest נשׂא und ἐπαίρειν genau entsprechend *elevaverunt*; auf Volk und Tempel bezogen bleibt es für das zweite Objekt doppelsinnig: Preisung oder Aufrichtung? *Produxerunt* behebt die Unsicherheit ausgleichend für beide Objekte im Sinn von „voranbringen; fördern".

Esdr II 9₄ (בדברי) חרד : ὁ διώκων (λόγον) (= Esdr I 8₆₉ ὅσοι ποτὲ ἐπκεκινοῦντο (-κεν. L)(τῷ ῥήματι)] εντρομος και επιδιωκων (εν τω λογω) L; ο εντρομος (λογον) Compl; *trementes (verbum)* La¹²³ : Da die der Tradition nach nur unsicher auf vorgegebene Äquvalenz zurückführbare Form sowohl des ursprünglichen als auch des lukianischen Äquivalents[1] der Bedeutung nach nur hinsichtlich des lukianisch überlieferten, εντρομος, eindeutig der hebräischen Vorlage, חרד, entspricht – das ursprüngliche, διώκων, weist schon hinsichtlich der Berührung mit vorgegebener Äquivalenz in Is 17₂ den Bedeutungsunterschied auf, da dort das hebräische Äquivalent im Hiphil, מחריד, transitiven Sinn hat, „schrecken", hier aber das Adjektiv חָרֵד intransitiven, „erschrocken sein" –, muss das lukianisch als Dublette, von La¹²³ als Ersetzung des ursprünglichen überlieferte Glied εντρομος als Korrektur nach 𝔐 bestimmt und die lukianische Bewahrung des ursprünglichen Gliedes in parataktischer Zuordnung, εντρομος και επιδιωκων in dem Sinn erklärt werden, dass die „Furcht" vor dem Wort Gottes mit dem „es verfolgen", „ihm nachfolgen" verbunden sein muss.

Esdr II 12₁₅ ואשוב ואבוא בשער הגיא ואשוב : καὶ ἤμην ἐν πύλῃ τῆς φάραγγος καὶ ἐπέστρεψα] και ημην εν τη (> 121) π. τ. φαραγγος και ανεστρεψα και διηλθον δια της πυλης γαι L'; *et reversus sum per portam convalles gae* La¹²³² : Trotz einiger Abweichungen von der masoretisch überlieferten Vorlage in L' und in La¹²³ – L' überliefert die in der masoretischen Vorlage zweimal ausgesprochene Aussage über die Rückkehr Nehemias, ואשוב, zuerst nach der Besichtigung der Mauer, dann nach dem Gang durch das „Taltor", שער הגיא, nur an der Nahtstelle zwischen beiden Dublettengliedern, nicht am Ende des lukianischen Gliedes; auch La¹²³ bezeugt sie nur an dieser Stelle, bezieht sie aber durch die Auslassung der anschließenden Verbalaussage ואבוא, die im ursprünglichen Übersetzungstext, der an dieser Stelle ואשוב auslässt, mit ἤμην wiedergegeben und von L' nach 𝔐 in διηλθον korrigiert wird, auf den Gang durch das Taltor – ist mit Sicherheit die lukianische Textform als Dublette, die altlateinische als Bewahrung nur des lukianischen Gliedes zu bestimmen. Da die Aussage von v.15 auch über diesen Satzteil hinaus lukianisch an die masoretisch überlieferte Vorlage angeglichen ist[3] und da in 13₁₃ das ursprüngliche Äquivalent für שער הגיא lukianisch nicht in der Form der Dublette, sondern der Ersetzung von φαραγγος durch γαι überliefert ist[4], darf trotz der syntaktischen Einpassung in den Kontext auch nach lukianischer Sicht nicht auf die Annahme zweier verschiedener Tore geschlossen werden. Wohl aber ist die Vermutung berechtigt, dass diese Einpassung innerhalb der lukianischen Tradition ein sekundäres Stadium darstellt, dem ein primäres: hexaplarisches, voranging, nach welchem das zweite Dublettenglied durch Asterisierung als Ersetzung des ersten nach 𝔐 gekennzeichnet war.

---

[1]) Vgl. S.118 mit Anm.2.
[2]) Vgl. S.118 und 251.
[3]) בנחל] ἐν τῷ τείχει χειμάρρου] δια του χειμαρρου (*per turrem* La: mend pro *torrentem*: cf 𝔒) L La¹²³ Aeth⁻ᴮ, ואהי שבר : (καὶ) ἤμην συντρίβων] κατενοουν L; ημην κατανοων (*fui inspiciens* La) La¹²³ Compl; vgl. S.28.
[4]) Vgl. S.118.

Esdr II 13₁₁ מואב פחת : Φααθμωάβ] φααθ ηγουμενου (-νος 93) μωαβ L; *principes moab* La¹²³ 20₁₄(₁₅): Φααθμωάβ] φααθ ηγουμενου μωαβ L; *qui praesunt moab* L: cf 2₆ 8₄ 10₃₀ 17₁₁ Esdr I 5₁₁ 8₃₁: Die lukianisch in Esdr II konsequent, in Esdr I nur in 5₁₁ als Dublette, von La¹²³ nur in 13₁₁ und 20₁₄ – auch in Esdr I 8₃₁ von La^V: *ductoris moab* – als Ersetzung überlieferte Deutung des nomen proprium פחת in das appellativum muss als Dublette, da sie im Genitiv zwischen die beiden Glieder des nomen proprium eingefügt ist, im lukianischen Sinn nicht als asterisierte Glosse, sondern als Umdeutung erklärt werden, nach der an die Stelle der diesen Namen tragenden Person „der Statthalter Moabs" tritt¹.

14₁(13₃₃) ויחר לו : καὶ πονηρὸν ἦν αὐτῷ (και (> V) πον. εφανη (post αυτω tr B Sixt) αυτω BV19' Sixt)] + και ελυπηθη L; *et contristatus est* La¹²³, 7(₁) ויחר להם: καὶ πονηρὸν αὐτοῖς ἐφάνη] + και ελυπηθησαν L; *et contristati sunt* La¹²³: Da die lukianische Äquivalenz zwischen λυπεῖσθαι und חרה an der dritten Stelle ihrer Bezeugung in Esdr II, 15₆², im ursprünglichen Übersetzungstext einhellig bezeugt vorliegt, darf ihre konsequente lukianische Einführung an den beiden anderen Stellen nicht als Zusatz, sondern als Dublette, nach lukianischer Intention als bewusste Zuordnung beider ihrer Bedeutung nach unterschiedenen Äquivalente, πονηρὸν εἶναι und λυπεῖσθαι³ im Kontext des Berichtes vom Unmut der Bedränger Israels über den Wiederaufbau der Stadt gewertet werden⁴: Wut und Trauer.

---

¹) Vgl. S.233; zur historischen Erklärung des Namens vgl. Rudolph S.8.
²) Vgl. S.97.
³) Es ist nicht ersichtlich, warum H.-R. bei der stereotypen Wendung חרה לו für das griechische Äquivalent πονηρὸν φαίνεσθαι (bzw. εἶναι) αὐτῷ nur die syntaktische Äquivalenz hinsichtlich der inpersonellen Form (sub verbo φαίνειν), nicht auch die semantische hinsichtlich der Bedeutung sub verbo πονηρός postulieren, die doch der Grundbedeutung des Stammes חרה näher steht, als der Begriff λυπεῖσθαι, der zwar mit Gen 4₅ – wie περίλυπος in v.6 – von Anfang an fest mit diesem Grundwort verbunden ist. Die Äquivalenz zwischen πονηρὸν εἶναι αὐτῷ mit רע לו in Reg I 18₈ II 11₂₇ Par I 21₇ spricht nicht dagegen und erfordert keine von 𝔐 abweichende Vorlage וירע לו in Esdr II.
⁴) Die lukianische Konsequenz der Bewahrung der Dublettenform hier steht der Inkonsequenz hinsichtlich der Überlieferung der Äquivalenz zwischen גי und Transkription als Dublette zu ursprünglichem φάραγξ in Esdr II 12₁₅, als Ersetzung in 13₁₃ gegenüber. Als Kriterium der Unterscheidung zwischen rein textgeschichtlich begründeter – ursprünglich durch Asterisierung gekennzeichneter – Dublettenform und exegetisch motivierter darf die Alternative zwischen konsequenter Bewahrung beider Glieder und Wechsel zwischen Bewahrung und Ersetzung des einen Gliedes durch das andere aber nicht gewertet werden. Die lukianisch überlieferte Dublettenform der Äquivalente ηρεμων και θαυμαζων für משומם in 9₃ im Verhältnis zur Ersetzung mit θαυμαζων in v.4 zum Beispiel ist eher stilistisch, als pars pro toto in der Wiederholung, zu erklären. Die doppelte Äquivalenz schon im ursprünglichen Übersetzungstext von Esdr II für die Wendung חרה לו zwischen πονηρὸν εἶναι (bzw. φαίνεσθαι) in 14₁ (13₃₃) und 7(₁) und λυπεῖσθαι in 15₆ ist bereits hier in exegetischer Übersetzungstechnik begründet – „Unmut", πονηρόν, der Widersacher Israels, „Trauer", λυπεῖσθαι, Esras im Angesicht der Schuld Israels –, und wäre in der lukianischen Textform als Dublette verstanden, die das Ursprüngliche ersetzt, eine Nivellierung der ursprünglichen Intention, die bei dieser Rezension nicht zu

Esdr II 14₁₁₍₅₎ צָרֵינוּ : οἱ θλίβοντες ἡμᾶς] οι εκθλιβοντες (θλ. 19) ημας και οι επιβουλοι (επαυλοι 19′) ημων *L*; *insidiatores nostri* La¹²³: Die von ursprünglicher Tradition der Äquivalenz mit dem Nomen צר in LXX nicht gedeckte Dublette επιβουλοι¹ präzisiert in ihrer lukianischen Zuordnung zum ursprünglichen Äquivalent οἱ θλίβοντες dem Kontext der Aussage gemäß die „Feinde" als „Nachsteller". In gleicher Weise muss im gleichen Satz der der Verbalaussage καὶ φονεύσωμεν αὐτούς für הרגנום von den Zeugen *L* Aeth^A(vid) vorgeordnete, von La¹²³ mit dem Äquivalent *et turbabimus eos* an seine Stelle gesetzte² Ausdruck και καταρ(ρ)αξωμεν αυτους, obwohl er als Äquivalent für הרג in LXX nirgends nachgewiesen ist, nicht als freie stilistische Ausschmückung, sondern auf vorgegebener Überlieferung gründende Dublette bestimmt werden.

Esdr II 14₁₃₍₇₎ וָאַעֲמִיד מִתַּחְתִּיּוֹת לַמָּקוֹם מֵאַחֲרֵי לַחוֹמָה בַּצְּחִיחִים: καὶ ἔστησα (-σαν S *L* 381 119 610 : cf Pesch) εἰς τὰ κατώτατα τοῦ τόπου κατόπισθεν τοῦ τείχους ἐν τοῖς σκεπεινοῖς (σκοτινοις V)] + και εστησαν υποκατωθεν του τοπου εξοπισθεν του τειχους εν τοις αναπεπταμενοις *L*; και εστησαν εις τα κατωτ. του τοπου κατοπ. του τειχους εν τοις διακοσιοις εικοσι σκεπινοις οπου ευεπιβατα ην S*; *et steti sub inferioribus locis qui ē post murum · in occultis* La¹²³: Das Äquivalent, um das es innerhalb des den ganzen Satz wiederholenden lukianischen Dublettengliedes zuerst geht, ist der Gegenbegriff zu dem die Stellung des Volkes „an den tiefer liegenden Orten hinter der Mauer" bezeichnenden, hinsichtlich seiner Bedeutung umstrittenen adverbialen Ausdruck בַּצְּחִיחִים, der im ursprünglichen Übersetzungstext ἐν τοῖς σκεπεινοῖς: „in gedeckten Stellungen", lukianisch aber in entgegengesetztem Sinn εν τοις αναπεπταμενοις: „in offenen Stellungen", lautet. Diese Bedeutung des passiven Partizips – am nächsten dürfte ihr die Äquivalenz des Symmachos für den Infinitiv לִפְרֹחוֹת: εἰς τὸ ἀναπετασθῆναι an der schwierigen Stelle Ez 13₂₀ kommen, die kaum anders denn als „Öffnung" bzw. „Freilassung" für die gebundenen Seelen verstanden werden kann – wird auch durch den als erklärende Dublette – oder erklärenden Zusatz? – für den Ausdruck ἐν τοῖς σκεπεινοῖς überlieferten Begriff im ursprünglichen Text von codex S: (οπου) ευεπιβατα (ην), „wo sie (sc. die σκεπεινά: die gedeckten Stellungen) wegsam waren", gestützt³. Dass *L* als Dublette im Unterschied zu

---

erwarten ist. Auch das origeneische ὁ μὲν βουλόμενος προῆται αὐτά (in Matth. XV 14; vgl. S.145) dürfte als Aufforderung zu exegetischer Unterscheidung verstanden werden.

¹) Vgl. S.241f.
²) Vgl. S.242.
³) Zur Äquivalenz und zur Frage der möglichen textgeschichtlichen Einordnung der lukianisch und der von S überlieferten Dublette zum ursprünglichen Äquivalent σκεπεινός – einerseits hexaplarisch, andererseits lukianisch? (doch spricht gegen die hexaplarische Herkunft der von S überlieferten ihre Tilgung durch S^c) – vgl. S.142f.; die von A.Rahlfs (ZAW 50(1932) 309 (vgl. S.89 Anm.3)) aus Dittographie der beiden ersten Buchstaben vor σκεπεινοῖς in S* überlieferte Zahl διακοσιοις εικοσι lässt sich kaum den Postulaten frühchristlicher Rezensionen einordnen, dürfte aber doch nicht lediglich als Schreibfehler, sondern als Interpretament der griechischen Texttradition zu erklären sein, das in einer schon im masoretisch überlieferten Text vorliegenden und in der ursprünglichen Übersetzung beibehaltenen syntaktischen Schwierigkeit begründet ist: der Form der beiden verba finita, hebräisch im Hiphil:

S nicht nur diesen Adverbialausdruck, sondern – mit geringen Abweichungen, die aber die gleiche, masoretisch überlieferte Vorlage voraussetzen – den ganzen Satz nach der ursprünglichen Übersetzungsform wiederholt, spricht eher dafür, dass diese Rezension das lukianische Glied nicht im asterisierenden Sinn als Ersetzung des ursprünglichen, sondern als Zuordnung zu ihm versteht. Diese Erklärung wäre aber, um nicht zwei einander widersprechende Aussagen annehmen zu müssen, nur in der Weise möglich, dass die beiden Äquivalente für die Präposition (מאחרי ל(חומה): κατόπισθεν (τοῦ τείχους) im ursprünglichen, ἐξόπισθεν im lukianischen Glied – die Äquivalenz ist für beide Begriffe in LXX verankert –, in je verschiedener Bedeutung verstanden sind: Die eine Schar wird an den tiefer liegenden Orten u n t e r h a l b der Mauer, κατόπισθεν, die andere h i n t e r ihr, ἐξόπισθεν, aufgestellt. Nur an diesem Punkt würde die Übersetzungsform von La[123], die sich mit dem Ausdruck *in occultis* als Bewahrer des Ursprünglichen erweist, mit *post murum* eher der lukianischen Äquivalenz entsprechen.

Esdr II 15₁₆ וכל־נערי קבוצים : καὶ πάντες οἱ συνηγμένοι] pr και τα παιδαρια μου *L* Aeth^A (deest Aeth^B) Got; *omnes pueri collecti* La[123]. Hier müsste unter Voraussetzung der masoretischen Textform als Vorlage ein tieferer lukianischer Eingriff, die Einführung von zwei Instanzen der Helfer Nehemias, seiner Diener und „aller Versammelten", angenommen werden[1].

Esdr II 16₁ ולא־נותר בה פרץ : καὶ οὐ κατελείφθη ἐν αὐτοῖς πνοή] pr και ουχ υπελειφθη εν αυτω διακοπη (pr διακοπη και ante πνοη 19; + *et consternati sunt* Aeth^AB) *L* Aeth^-B; και ου κατελειφθη εν αυτω διακοπη (*intercessio* La) La[123] Compl: Nach der ursprünglichen Textform der LXX erscheint die Aussage – das beweist das pluralische

---

ואעמיד, griechisch entsprechend in transitiver Bedeutung: καὶ ἔστησα, die, wenn man nicht die zweite Setzung als bloße Wiederaufnahme der ersten verstehen will, so dass das Objekt der zweiten Aussage: את־העם, bzw. τὸν λαόν, auch für die erste gilt, ein die Personen der Aufstellung betreffendes Nomen als Akkusativobjekt auch in der ersten forderte, das als Angabe einer Zahl der so abgeordneten Glieder des Volkes sinnvoll wäre, auf Grund der Vorlage der Präposition ἐν zugeordnet aber nicht im Akkusativ gesetzt werden konnte. Die syntaktische Schwierigkeit ist in der griechischen Tradition auch anderwärts gesehen und in der ersten Aussage von *L* S 381 119 610 durch Änderung in den Plural εστησαν behoben worden, der auch als intransitive Form erklärbar ist. Kein für die ursprüngliche Übersetzungsform begehbarer Weg wäre aber die Erklärung der sigmatischen Aoristform in der singularen ersten Person ἔστησα als mit dem Wurzelaorist ἔστη identisch; die von Thack. 239 behauptete „confusion" beruht in Esdr II 184 auf einer fehlerhaften Sonderlesart von S* an erster Stelle für ἔστη, an zweiter Stelle für ἔστησαν der übrigen („ἔστησεν B A" ist falsch, „ἔστη...ἔστησαν" nicht „Lucian", sondern ursprüngliche LXX). Eine für die sekundäre Texttradition nicht auszuschließende von der beiden Aoristen gemeinsamen Form ἔστησαν her leicht zu erklärende Vermischung der Formen nicht nur in morphologischer, sondern auch in semantischer Hinsicht lässt sich für den ursprünglichen Text in keinem Buch der LXX nachweisen. Ob *steti* in Esdr 14₁₃(₇) für ἔστησα 1⁰ – so auch *stetit* in 184 für ἔστησαν; die Notierung „= 𝔐" bezieht sich nur auf den Singular – auf solcher Vermischung oder auf vorliegendem ἔστην beruht, lässt sich nicht mehr beantworten.

[1]) Vgl. S.235.

Pronominalsuffix im adverbialen Ausdruck ἐν αὐτοῖς an Stelle von בה, der auf Umdeutung, sei es in der Vorlage, sei es durch den Übersetzer, beruht – eindeutig auf die Widersacher, nicht auf die Mauer bezogen: In ihnen bleibt kein „Atem", das bedeutet: keine Ruhe im Angesicht des Wiederaufbaus – der Begriff פרץ scheint übertragen als „Einhalten" im Sinn des Aufatmens verstanden zu sein, die singuläre Äquivalenz darum nicht von abweichender Vorlage her erklärt werden zu müssen[1] –; die mit 𝔐 übereinstimmende Textform des lukianischen Dublettengliedes, das von La[123] und Compl an Stelle des ursprünglichen überliefert ist und das mit διακοπή das in LXX einhellig überlieferte, auch von α' übernommene Äquivalent für פרץ bewahrt, erscheint, der ursprünglichen Übersetzungsform vorgeordnet, als sinnvolle Verdeutlichung der Aussage: Das atemlose Erschrecken der Feinde ist zuerst in der lückenlosen Wiederherstellung der Mauer begründet[2].

Esdr II 19₁₀ ומפתים (אתת) : (σημεῖα) ἐν Αἰγύπτῳ (σημ.) και τερατα εν αιγυπττω B Aeth⁻ᴮ Compl Sixt; (σημ.) εν αιγυπτω και τερατα L; (signa) et portenta La[123]: Die Vorlage von LXX lautete במצרים an Stelle von ומפתים. Die je verschiedene Zuordnung der nach 𝔐 korrigierenden Dublette, im B-Text vor[3], in L nach dem ursprünglichen Dublettenglied, lässt eine je verschiedene Erklärung zu: im B-Text eine textgeschichtliche der größeren Nähe zur hebräischen Vorlage auf Grund der Bewahrung des altüberlieferten Doppelausdrucks (Deut 29₂₍₁₎₋₃₍₂₎), in der lukianischen Form eine exegetische der Umdeutung, da durch die Nachordnung die Zeichen als „in Ägypten", die Wunder als „am Pharao und seinen Knechten" geschehen bezeichnet werden: textgeschichtliche Nähe zu 𝔐 hexaplarischer, von 𝔐 sich entfernende Deutung lukianischer Herkunft?

Esdr II 19₂₁ רגליהם לא בצקו : ὑποδήματα αὐτῶν οὐ διερράγησαν] + και οι ποδες αυτων ουκ ετυλωθησαν (intumuerunt La) 19′ La[125]; οι ποδες αυτων ουκ ετυλωθησαν 93 La[123]; ποδες αυτων ου διερραγησαν B′ Aeth Sixt Ra.[4]: Die vom hexaplarisch-lukianischen Rezensionsprinzip her notwendig gegebene syndetische Nebenordnung der beiden Dublettenglieder als Parallelismus membrorum weist der Formulierung nach auch das genuin

---

[1]) Der in der äthiopischen Übersetzung nach einhelliger Überlieferung hier angeschlossene Zusatz *et consternati sunt*, dem nur Aeth^A das mit 𝔐 übereinstimmende lukianische Glied voranstellt, unterstreicht als Interpretament dieses Verständnis als Umdeutung auf die Widersacher – auch das armenische Äquivalent *fortitudo* ist als dementsprechende Deutung von πνοή zu erklären –, dagegen kann die Textform von Hs. 19, nach der das mit 𝔐 übereinstimmende Äquivalent διακοπή vor πνοή wiederholt und durch diese Zuordnung als Aussage sowohl über die Widersacher als auch über die Mauer verstanden scheint, nur als sekundäre innerlukianische Transformation, die die Äquivalenz beider Begriffe mit dem Grundwort פרץ verdeutlichen soll, bestimmt werden.

[2]) Vgl. S.235.

[3]) Zum Problem B-Text und lukianische Rezension vgl. „Die gegenseitige Zuordnung der Textformen" 3.(1). S.309-311.

[4]) Zur Rekonstruktion der ursprünglichen Textform vgl. S.362f., zur textgeschichtlichen Bestimmung der Wortäquivalenz S.98f., zur Einordnung der altlateinischen Tradition S.235f.

lukianische Element der Berufung auf vorgegebenes Zeugnis in der Form der LXX auf: Deut 84 29₅₍₄₎¹.

Esdr II 19₂₈ וישובו ויזעקוך : καὶ πάλιν ἀνεβόησαν πρὸς σέ] *et revertebantur et invocabant te* La¹²³ (hab *et iterum clamaverunt* La¹²⁵); και επεστρεφον και επεκαλουντο σε παλιν L ²: Die lukianische Zuordnung der ursprünglichen adverbialen Wiedergabe zur formal 𝔐 entsprechenden als verbum finitum der Dublette muss nach lukianischer Intention – nicht nach der ursprünglichen dieser Äquivalenz, die als Hebraismus gleichbedeutend mit der adverbialen im Sinn von πάλιν ist – als Interpretation bedeuten: „Sie kehrten wieder um".

Esdr II 20₃₁₍₃₂₎ מֹשָׁא כָל־יָד : ἀπαίτησιν πάσης χειρός] pr χρεος και L; *debitum et omnis manus* La¹²³; *repetitionem omnis rei* La^{Gl:BPRV}3: Das lukianische Äquivalent der Dublette, χρέος für מָשָׁא, das auch für *debitum* in La¹²³ vorauszusetzen ist, während *repetitio* in La^{Gl:BPRV} für das ursprüngliche ἀπαίτησις steht, ist, da es als Äquivalent für die auf den gleichen Stamm zurückgehende im AT singuläre Bildung מַשֶּׁה an der hier erinnerten Stelle des Gesetzes über das Erlassjahr, Deut 15₂, vorgegeben ist, nach lukianischer Intention als Äquivalent formal als vorgegebene Äquivalenz Angleichung an 𝔐, inhaltlich Berufung auf vorgegebene Tradition und in der Zuordnung als Dublette zum ursprünglichen Äquivalent ἀπαίτησις, das für מַשָּׁא noch innerhalb von Esdr II, 15₇ und 10, den einzigen weiteren Stellen des Vorkommens dieser Nominalbildung im AT, steht und damit für Esdr II als ursprünglich gesichert ist⁴, lukianische Interpretation: „Wir wollen ihnen alle Schuld und alle Schuldforderung erlassen."

Esdr II 20₃₄₍₃₅₎ על־קרבן העצים הכהנים הלוים והעם : περὶ κλήρου ξυλοφορίας, οἱ ἱερεῖς καὶ οἱ Λευῖται καὶ ὁ λαός] pr περι των δωρων και των ιερεων και των λευιτων και του λαου 93-108; pr περι των ιερεων και των λευιτων και των δωρων 19; *propter dona eorum qui ligna portabant et sacerdotum et levitum et pplo* La¹²³5. Das nur von La¹²³ in einer der ursprünglichen nahestehenden Form erhaltene rezensionelle Dublettenglied kann nicht in inhaltlicher, aber in formaler Hinsicht als Angleichung an die masoretisch überlieferte Textform bestimmt werden. Die Reihe הכהנים הלוים והעם, die nur als appositionelle

---

¹) Vgl. S.178-181.
²) Vgl. S.107 und 236.
³) Vgl. S.237.
⁴) Gesichert ist die Äquivalenz auch durch die Verbalform ἀπαιτεῖν für נשא in LXX Esdr II 15₇ und über Esdr II hinaus in Is 3₁₂, wo der Übersetzer gegen die masoretische Vokalisierung נָשִׁים richtig נֹשִׁים liest, in α' an dieser Stelle und in σ' Is 24₂ für ursprüngliches ὀφείλειν. Dagegen ist in Esdr II 15₁₀ für das Partizip נֹשִׁים als ursprüngliches Äquivalent ἐθήκαμεν, lukianisch in 93 εδωκαμεν, in La¹²³ *deponemus*, wahrscheinlich in beiden Äquivalenten auf das Verbum שׂים zurückzuführen und als Interpretation zu erklären: Nehemia und die Seinen haben den Verarmten zwar auch Geld geliehen, aber bis jetzt keine Rückforderung gestellt. Dieser Deutung entspricht auch ein dublettenähnlicher lukianischer Zusatz am Schluss des Verses: και δωσομεν (-ωμεν 19-93) υπερ αυτων αργυριον αποθεσθαι αφ υμων (ημων 93) το βαρος τουτο: Sie erkären sich bereit, auch den Verleihern, die Rückforderungen stellen, Gelder zu geben, um diese Last von ihnen zu nehmen.
⁵) Zur textgeschichtlichen Einordnung der Äquivalenzen vgl. S.103.

Bestimmung des im verbum finitum הפלנו (ἐβάλομεν) vorausgesetzten Subjekts verstehbar ist und so vom Übersetzer auch richtig verstanden wird, ist auf Grund ihrer syntaktisch ungewohnten Einordnung im Satzganzen[1] rezensionell in einen unverständlichen dem Ausdruck על־קרבן העצים zugeordneten status absolutus umgedeutet worden. Sinnvoll wird die Umsetzung in den Genitiv nur durch das altlateinisch überlieferte personelle Verständnis des Äquivalents zu העצים: *eorum qui ligna portabant* für ξυλοφορίας. Die lukianische Überlieferung wäre dann als eine syntaktisch noch nicht eingepasste Vorstufe zu bestimmen. Der textgeschichtliche Sachverhalt bedarf auch hinsichtlich der lukianischen Überlieferung der Klärung von der altlateinisch überlieferten Textform her[2].

Esdr II 23₆ ולקץ ימים נשאלתי מן־המלך: καὶ μετὰ τὸ τέλος τῶν ἡμερῶν (+ ὧν L) ἠτησάμην παρὰ τοῦ βασιλέως] pr εις τον καιρον των ημερων ων ητησαμην παρα του βασιλεως L; *in templo* (sic) *dierum quos petierat* (sic) *a rege* La[123]: Die lukianische Umformulierung des Satzteiles besteht bei beiden Dublettengliedern in der von der hebräischen Vorlage her nicht geforderten Änderung des verbalen Hauptsatzes durch Einschub des Relativpronomens ων in einen Relativsatz und in dem nur lukianisch bezeugten Glied, das auch der entstellt überlieferten Textform von La[123] zu Grunde liegt – *in templo* ist Transformation aus *in tempus* oder *in tempore* und lässt sowohl auf die Präposition εἰς als auch auf καιρός, nicht τέλος als Vorlage schließen[3] –, in der 𝔐 besser entsprechenden Äquivalenz von εἰς an Stelle von μετά für ל und in der selteneren aber mit Gen 6₁₃ im Pentateuch verankerten von καιρός für קץ[4]. Da die Wiederholung des ganzen Satzteils von diesen Änderungen her nicht erfordert wäre, muss die Einführung der Dublette von der Umdeutung in einen Relativsatz her erklärt werden, der dem Rezensor deshalb notwendig schien, weil das absolut gesetzte Verbum נשאלתי auch mit dem Äquivalent ἠτησάμην einer Näherbestimmung dessen erforderte, was Nehemia vom König erbat: Es ist das im folgenden Satz ausgesprochene Kommen nach Jerusalem, im lukianischen Sinn: „in dem Zeitpunkt – εις τον καιρον των ημερων –, den ich vom König erbeten hatte

---

[1] „das Plus von 𝔐 „die Priester, die Leviten und das Volk" verrät sich durch seine Stellung als Glosse" (Rudolph S.180).

[2] S.243.

[3] Der Übergang in die dritte Person, *petierat*, in La[123] – auch *venit* für vorangehendes ἦλθον – ist, da am Satzanfang richtig *non fui* für οὐκ ἤμην und anschließend (v.7) *veni* für ἦλθον steht, lediglich ein Fehler des Abschreibers.

[4] Zum Pentateuch als Vokabular der Äquivalenz vgl. S.98f. Es ist die Übertragung des grundsätzlich – auch bei α' – für עת stehenden Äquivalentes καιρός auf קץ – in Gen 6₁₃ lesen α' τέλος, σ' πέρας, beides in LXX gut verankert –, in Aussagen, in denen die Zeit eines Menschen (Par II 21₁₉), eines Volkes (Thren 4₁₉(18) Ier 27(50)₂₆), der Schöpfung (Gen 6₁₃ Dan ο' 9₂₆, vgl. 8₁₇) in der Weise als das letzte Stadium des Daseins dargestellt wird, dass das Ende – קץ : τέλος – noch als Geschehen innerhalb eines Zeitraumes – καιρός – erscheint; bezogen auf das Leben Nehemias: der erbetene Zeitpunkt seiner Rückkehr aus Babel zu seinem Volk, mit der die letzte Periode, das Scheitern an seinem Werk (23₂₃-₃₁), einsetzt. Die Übertragung des Äquivalents καιρός von עת auf קץ ist an einigen der betreffenden Stellen (Par II 21₁₉ Ier 27 (50)₂₆ Dan 8₁₇) durch eine beide Begriffe koordinierende Zeitbestimmung begünstigt.

und nach dem Ende der Zeit – μετὰ τὸ τέλος τῶν ἡμερῶν –, die ich (zum Aufenthalt bei ihm) erbeten hatte, kam ich nach Jerusalem".

Esdr II 23,19 (שערי) צללו : κατέστησαν (πύλαι)] pr ησυχασα *L*; *quieverunt* (*portae*) La¹²³: Die Überlieferung stellt hier insofern einen Sonderfall dar, als auf Grund der Unbrauchbarkeit vorgegebener Bedeutungen des Verbums צלל sowohl nach der hebräischen Vorlage als auch nach den griechischen Äquivalenten in LXX und in den jüngeren Übersetzungen sowohl das ursprüngliche Äquivalent καθιστάναι als auch das lukianische ἡσυχάζειν, das in La¹²³ an die Stelle des ursprünglichen tritt, in der griechischen Überlieferung der LXX an keiner Stelle eindeutig in älterer Übersetzungstradition nachweisbar sind[1]; es scheint sowohl bei der Übersetzung als auch bei der Rezension um einen Versuch zu gehen, von bekannten Bedeutungen dieses Wortstamms her semantische Annäherungen zu finden, die dem hier vorliegenden Kontext entsprechen könnten: κατέστησαν: „als die Tore eingerichtet waren", ησυχασαν methaphorisch: „als das Leben an den Toren zur Ruhe gekommen war". Von hier her dürfte dann auch die lukianisch überlieferte Än-

---

[1]) Für den Verbalstamm in der Bedeutung, wie sie in Exod 15,10 צללו gefordert ist: „sie versanken" – sie könnte sich allenfalls im Sinn des „sich niederlegens" mit ησυχασαν berühren –, ist als Äquivalent einhellig ἔδυσαν überliefert, für die wie in Esdr II 23,19 für die Bedeutung „Schatten geben" noch in Anspruch genommene Form מֵצֵל in Ez 31,3 steht als hexaplarisch-lukianisches Äquivalent und bei θ' – der schwer deutbare Ausdruck וחרש מצל fehlt im ursprünglichen Übersetzungstext – (και πυκνος) εν (> *L'* Tht) τη σκεπη (σ' και ευσκιος ην), was auf die Präposition מן verbunden mit dem Nomen צל zurückzuführen ist, das auch in v.12 17 und öfter in LXX mit diesem Äquivalent wiedergegeben wird; auch ein verbum dieses Stammes, σκέπειν oder σκεπάζειν, ergäbe als Aussage über die Tore im Kontext von Esdr II 23,19 keinen Sinn. Denkbar wäre das in Dan o' 4,9(12) für die aramäische Form des Verbums, תמלל, überlieferte Äquivalent ἐσκίαζον, das aber weder für LXX noch für *L* in Esdr II als vorgegebene Äquivalenz in Anspruch genommen werden kann. Auch für die dritte Bedeutung der Stammform צלל, „gellen", die in Reg I 3,11 IV 21,12 Ier 19,3 mit dem Subjekt אזני, in Hab 3,16 mit שפתי verbunden ist, und die außer in Hab, wo mit dem Äquivalent προσευχῆς für צלו eine Nominalbildung von aramäischem צלא vorausgesetzt ist, mit dem Äquivalent ἠχεῖν wiedergegeben wird, scheidet für den Kontext von Esdr II eine jede mögliche semantische Berührung aus. Merkwürdig ist aber, dass in Hab 3,16 die achmimische Übersetzung, die öfter als Sonderlesart einen mit 𝔐 übereinstimmenden Text überliefert, für den Ausdruck לקול צללו שפתי (LXX ἀπο φωνῆς προσευχῆς χειλέων μου) die Übersetzung *labia mea conticuerunt a voce tua* bietet (vgl. J. Ziegler, Beiträge zur koptischen Dodekapropheton-Übersetzung, Bib 25, 1944, S.107-131 (= MSU X, 1971, S. 268-305)). ⲕⲁ ⲣⲱⲟⲩ ist das koptische Äquivalent für ἡσυχάζειν in Luc 14,4, für ἡσυχίαν ἄγειν in Prov 11,12: inbezug auf Hab 3,16 eine Fehlübersetzung, da hier nur die an den übrigen Stellen konsequent mit ἠχεῖν übertragene Bedeutung „gellen" in Frage kommen dürfte. Aber ist das Zusammentreffen mit ἡσυχάζειν in Esdr II 23,19 Zufall, oder dürfte eine innergriechische textgeschichtliche Erklärung gewagt werden: ησυχασαν in der Vorlage von Ach entstanden aus fälschlich als irreguläre „Kontraktionsschreibung" verstandenem ursprünglichem ἤχησαν? Dass aber der Begriff ἡσυχάζειν als Äquivalent für צלל in breiterer Überlieferung eingedrungen ist, beweist seine Bezeugung in anderer Formulierung als in La¹²³ auch in 𝔙: *et factum est quomodo quieverunt portae hierusalem* La¹²³; *factum est itaque* (varia lectio *autem*) *cum quievissent portae hierusalem* 𝔙; vgl. S.238.

derung aus der dritten Person plur. in die erste sing. ἡσυχασα zu erklären sein: Da die beiden Dublettenglieder asyndetisch nebeneinander gestellt sind – das dürfte in der ursprünglichen Form der dritten Person plur. die hexaplarische Vorlage der lukianischen Rezension gewesen sein – bedurften sie innerhalb der lukianischen Tradition einer syntaktischen Einordnung in das Satzganze: „Während der Zeit, in der ich selbst der Ruhe pflegte, waren die Tore eingesetzt worden".

2.1. Bei der Dublettenüberlieferung lässt sich in dieser Kategorie auch wieder die besondere Form lukianischer Tradition feststellen, die vom codex 93 als einzigem Zeugen überliefert wird[1]:

Esdr II 17₃ ועד הם עמדים : καὶ ἔτι αὐτῶν γρηγορούντων (εγρηγ. B′ 19′)] και ετι αυτων εγρηγορωτων και εστωτων 93: Das ursprüngliche Äquivalent γρηγορεῖν für עמד ist[2], obwohl die Äquivalenz in LXX singulär ist, nicht auf eine von 𝔐 abweichende Vorlage, sondern auf Interpretation vom nominalen Bezugswort her zurückzuführen, für das im Kontext nur die in v.₁ als οἱ πυλωροὶ καὶ οἱ ᾄδοντες καὶ οἱ Λευῖται bezeichnete Instanz in Frage kommt, die von Nehemia als Bewacher der Tore abgeordnet wird: „Solange sie „noch" „wachen", das bedeutet „Wache stehen",– masoretisches עֵד wird von allen Zeugen der LXX als richtige Korrektur עַד gelesen –, „sollen die Tore, die erst mit der Sonnenhitze geöffnet werden, wieder geschlossen werden"; die in 93 überlieferte Dublette και εστωτων kann darum nur als Eintragung des in LXX – auch bei α′ – bestbezeugten Äquivalents, das in diesem Kontext mit dem ursprünglichen gleichbedeutend ist, erklärt werden.

3. Eine Sonderform lukianischer Dublettenüberlieferung besteht darin, dass ein Zusatz eines im ursprünglichen Übersetzungstext fehlenden masoretisch überlieferten Satzteils nur von lukianischen Zeugen in zwei je verschiedenen Übersetzungsformen überliefert ist:

Esdr II 14₂₃₍₁₇₎ (אין־אנחנו פשטים בגדינו) איש שלחו המים] (οὐκ ἦν ἐξ ἡμῶν ἐκδιδυσκόμενος ἀνήρ (> L 236) τὰ ἱμάτια (ἑ)αυτοῦ) και ανδρα ον απεστελλον επι το υδωρ, ανηρ και οπλον αυτου εις το υδωρ 93-108; (ουκ ην – αυτου) και ανδρα ον απεστελλον επι το υδωρ 19; (ουκ ην – εαυτου) ανηρ και οπλον αυτου εις το υδωρ Compl; (*non expoliabamur vestimenta nostra*) *nisi forte mitteremur ad aquam* La[1233]: Wie in dem hexaplarisch mitbezeugten Fall 14₈₍₂₎[4] geht es hier um einen lukianisch in zwei Übersetzungsformen überlieferten Zusatz nach 𝔐, der dem ursprünglichen LXX-Text gegenüber sekundär ist. Der sekundäre Charakter, der hier schon dadurch erwiesen ist, dass dieser Satzteil weder in der von 93-108 bezeugten gegenseitigen Zuordnung der beiden Dublettenglieder, noch in ihrer Anfügung an den vorangehenden ursprünglichen Übersetzungstext, in der einen

---

[1]) Vgl. S.13 Anm.3.

[2]) Zu Wortbildung und Formen vgl. ed. Esdr II Einl. S.59. LXX kennt das Wort nach der Bildung γρηγορεῖν anderwärts nur für שקד; vgl. das Adjektiv ἐγρήγορος für עִיר (aram.) in Dan θ′ 4₁₀ A′ (hier auch α′σ′, bzw. οἱ λ′), in Thr 4₁₄ für עוְרִים.

[3]) Vgl. S.110; zur altlateinischen Textform S.242f., vgl. S.270 mit Anm.3, zur Textform von Aeth⁻ᴮ S.242 Anm.4.

[4]) Vgl. S.204f. und 240.

Form durch 19 und La¹²³, in der anderen durch Compl, syntaktisch mit dem Kontext verbunden ist, erfordert, da bei dieser textgeschichtlichen Vorlage hexaplarisch nur ein asterisierter Zusatz, keine Dublettenüberlieferung zu erwarten wäre, die Annahme der Entstehung einer nachhexaplarischen zwei rezensionelle Glieder überliefernden Dublettenform, die als ganze als lukianisch zu bestimmen, hinsichtlich der einzelnen Glieder in ein aus der Hexapla übernommenes und ein genuin lukianisches aufzuteilen wäre. Hinsichtlich der Zuordnung zu beiden Rezensionen – das hexaplarische Kriterium fällt hier, da Syh den Text nicht enthält und S^c keinen Zusatz überliefert, aus – spricht die Art der Überlieferung dafür, das lukianisch sowohl als Dublette, in 93-108, als auch als reiner Zusatz, in 19, umformuliert auch in La¹²³, überlieferte Glied, και ανδρα ον απεστελλον εις (επι 19) το υδωρ (*nisi forte mitteremur ad aquam* La), als das genuin lukianische Glied zu bestimmen, das als reiner Zusatz nur in Compl überlieferte, der masoretischen Vokalisierung entsprechende, ανηρ και οπλον αυτου εις το υδωρ, als das hexaplarische. Welches der beiden Dublettenglieder der noch unvokalisierten masoretisch überlieferten Textform, die als die ursprüngliche zu bestimmen wäre, näher steht, lässt sich angesichts der nur vermutungsweise erreichbaren Erklärung dieser Stelle schwer beantworten – der dafür entscheidende Begriff שלחו lässt sowohl mit הוא eine nominale als auch eine verbale Vokalisierung zu –; doch bleibt vom Kontext her die auch durch die Vokalisierung bestätigte Wiederaufnahme des in v.17(11) genannten, von LXX mit τὴν βολίδα, von L mit το οπλον, von La¹²³ mit *arma* wiedergegebenen Nomens הַשֶּׁלַח wahrscheinlicher¹, und damit wäre auch das textgeschichtlich eher zu Erwartende bestätigt: die ursprüngliche Bedeutung hexaplarisch, die sekundäre Deutung lukianisch, ihre Umdeutung altlateinisch.

3.1. Sonderformen lukianischer Dublettenüberlieferung sind außerdem (1) Fälle die n u r hinsichtlich ihrer lukianischen Äquivalenz, nicht hinsichtlich ihrer syntaktischen Einordnung in den Kontext von Bedeutung sind und darum n u r im Kapitel über die

---

¹) Die in der Übersetzungstradition der LXX Par II 23₁₀ 32₅ – hier einhellig – verankerte Äquivalenz des Nomens שֶׁלַח mit ὅπλον, die in Esdr II 14₁₇(11) von *L* gegen ursprüngliches βολίς – eine in LXX singuläre Äquivalenz; Ioel 2₈ hat βέλος; die übrigen Stellen ergeben nichts – bezeugt ist (vgl. S.110), wird in dem hier erhaltenen syrohexaplarischen Text mit dem Äquivalent שדירתא wiedergegeben, das, da im gleichen Vers für οπλον das Äquivalent זינא steht, eher auf das ursprüngliche βολίς als auf das lukianische ὅπλον zurückgeführt werden muss; aber ein Schluss auf die syrohexaplarische Textform des in Syh nicht erhaltenen Verses 14₂₃(17), durch die sich die Zuordnung der beiden Dublettenglieder entscheiden ließe, lässt sich daraus nicht ziehen. Auch die von J.Gwynn (ed. S.74f.) aus dem syrohexaplarischen Äquivalent בזינא מזיניןהון für den Ausdruck ἐν ἀρτῆρσιν ἐν ὅπλοις als Übersetzung des masoretischen בסבל עמשים in 14₁₇(11) auf Grund der Identität des Stammes von Nomen und zugeordnetem Partizip erschlossene Vermutung einer aus dem lukianischen Äquivalent für das ursprüngliche ἐν ὅπλοις, dem Adjektiv ἐνοπλοι (*L b* 119 Ald Compl), gebildeten an Stelle von ἐν τοῖς ἀρτῆρσιν ἐν ὅπλοις stehenden hexaplarischen Dublette: εν οπλοις ενοπλοι, erscheint mir angesichts der weder dem hexaplarischen Rezensionsprinzip gegenüber der masoretisch überlieferten Vorlage entsprechenden, noch die überlieferte lukianische Textform erklärenden Form der Konjektur rein spekulativ.

lukianischen Wortvarianten behandelt werden[1], (2) solche, deren Bestimmung als Dublette durch die Vielgestalt der Überlieferung erschwert ist und darum im Zusammenhang der Frage nach dem ursprünglichen Übersetzungstext zur Sprache kommen müssen[2], (3) die wenigen Fälle, bei denen das lukianische Dublettenglied von der masoretisch überlieferten Textform, die in der ursprünglichen Übersetzung bewahrt bleibt, abweicht und die darum der Diskussion innerhalb dieses besonderen Bereichs lukianischer Überlieferung als ganzer bedürfen[3].

Ein – soviel ich sehe einziger – Fall liegt aber noch vor, an welchem das lukianische Dublettenglied nach seiner Vokalisierung von der masoretisch überlieferten und in der ursprünglichen Übersetzung textgetreu wiedergegeben Textform zwar abweicht, hier aber als lukianische Korrektur nach einer hebräischen Vorlage bezeichnet werden darf, die hinsichtlich ihrer Vokalisierung als die der masoretischen gegenüber ursprüngliche bezeichnet werden muss:

Esdr II 23₁₅ צִיד בְּיוֹם מִכְרָם : ἐν ἡμέρᾳ πράσεως αὐτῶν] + οτε (οτι b) επωλουν επισιτισμον L' b Ald Compl Sixt^{ap}; *in die cum venderent copias* La[123]: Der von allen lukianischen Zeugen mitsamt der Rezension b[4] als Dublette, von La[123] als Ersetzung überlieferte Satzteil weist zwei Elemente auf, die als Korrektur nach 𝔐 zu bestimmen sind: den Zusatz des Akkusativobjekts επισιτισμον – es ist das der hebräischen Vorlage entsprechende, sowohl in LXX als auch bei α' und σ' einhellig überlieferte Äquivalent für die Nomina צִיד und צֵדָה – und die Umformulierung des in der Übersetzung nominal verstandenen Genitivattributs zur Zeitbestimmung בְּיוֹם : מִכְרָם, in die in 𝔐 vorausgesetzte Infinitivkonstruktion, die in der Rezension als verbum finitum wiedergegeben wird. Die Form des Infinitivs lässt sowohl die reguläre Vokalisierung מָכְרָם als auch die von 𝔐 überlieferte irreguläre מִכְרָם zu, die Nominalbildung nur מִכְרָם[5]. Die lukianische Zuordnung der

---

[1]) S.145 Anm.2.
[2]) Vgl. S.362-364 mit S.364 Anm.1 (192₁), 393 (415), 395-397 (10₁₂), 402-404 (187), 408-410 (142-3(1334-35)).
[3]) 2.1.1.1.4: S.172f. (1518 und 1515), 173 (98-9), 173f. mit S.174 Anm.2 (128), 174f. (1320), 176 (218).
[4]) Vgl. S.312.
[5]) Die Unterscheidung zwischen Nominalbildung und Infinitiv nach der je verschiedenen Vokalisierung scheint aus dem Grund in der Zeit von der Übersetzung bis zur lukianischen Rezension vorausgesetzt werden zu müssen, weil sonst die Nominalbildung, durch die die Tilgung des Akkusativobjektes צִיד, sei es durch den Übersetzer, sei es durch einen Tradenten seiner hebräischen Vorlage, notwendig wurde, im ursprünglichen Übersetzungstext schwer erklärbar wäre. Die Annahme einer unregelmäßigen Vokalisierung der Infinitivform, מִכְרָם, wie sie masoretisch vorausgesetzt werden muss – so auch mit Akkusativobjekt in Am 2₆, dagegen מָכְרָה in Exod 21₈ (vgl. B.-L. § 48 b") – wäre damit für die Zeit der Übersetzung und frühen Rezension der LXX ausgeschlossen. Die Annahme eines Vokalisierungssystems schon in dieser Zeit bei Fällen, wo Pleneschreibung ausfällt, ist durch die Unterscheidung von Infinitiv und Nomen nach je verschiedener Vokalisierung nicht erfordert.

beiden Dublettenglieder erscheint der masoretischen Textform gegenüber als formal differenzierte, inhaltlich identische Aussage.

2.1.1.1.4. Die von der masoretisch überlieferten Vorlage abweichenden lukianisch überlieferten Textformen

Alle bisher vorgelegten Kategorien lukianisch überlieferter Rezension erweisen als die einzige sicher und eindeutig erkennbare Intention die Korrektur nach der hebräischen bzw. aramäischen Vorlage in ihrer masoretisch überlieferten Textform. Dieser Intention bleibt auch die Übernahme von Übersetzungsformen aus Esdr I, ihr das Rezensionselement der Dublette – denn im Mittelpunkt steht auch hier die Zuordnung des der Vorlage besser entsprechenden lukianischen Dublettengliedes zum bewahrten ursprünglichen –, ihr auch der Wandel in der Wortäquivalenz – denn Wortänderung auf Grund vorgegebener Tradition ist im lukianischen Sinne Korrektur nach ות – untergeordnet.

Im Licht dieses Ergebnisses erst bedarf die Frage der Untersuchung, inwieweit lukianisch überlieferte Textformen, die sich dieser rezensionellen Intention nicht einordnen lassen, als genuin lukianische Rezensionselemente bestimmt werden und ob in ihnen weitere Kriterien lukianischer Rezension erkannt werden können.

Als zwar nicht von der hebraisierenden Intention her erklärbare lukianisch überlieferte Erscheinungen müssen stilistisch bedingte Textänderungen erklärt werden, die auch dort, wo sie mit einem hebraisierenden Prinzip im Widerspruch zu stehen scheinen, lediglich beweisen, dass der lukianische Textbearbeiter in bestimmten Fällen das Prinzip nicht kennt und darum unabhängig vom hebraisierenden nach dem stilistischen Prinzip der Textglättung, Textverdeutlichung und Attisierung verfahren darf. Dass es dieses lukianische Prinzip – auch es als der Intention der Korrektur nach ות untergeordnetes – gibt, hat die Untersuchung dieser Phänomene im Zusammenhang der Frage nach den als Angleichung an die hebräische Vorlage erklärbaren, vor allem bei der lukianischen Tradition der Artikelsetzung, ergeben[1]. Dass es zuerst dieses syntaktische Phänomen der Übersetzungstechnik ist, dessen Fälle am häufigsten in Esdr II als lukianische Rezensionselemente aus der stilistisch griechischer Sprachgesetzlichkeit näher stehenden ursprünglichen Übersetzungsform von Esdr I übernommen werden können, bestätigt das festgestellte Verhältnis der Unterordnung der Textform von Esdr I als Kriterium lukianischer Rezension in Esdr II unter das Kriterium der Korrektur nach der hebräischen bzw. aramäischen Vorlage: Dort wo, wie bei der Artikelsetzung, das hebraisierende Prinzip durch das auch anerkannte hellenisierende relativiert ist, ist die Textform von Esdr I als Kriterium der Korrektur anerkannt[2].

---

[1]) Vgl. S.21-25, zum lukianischen Attizismus S.32 mit Anm.3.

[2]) Vgl. 2.1.1.1.1.1., S.32-57. Das gilt auch für lukianische Übernahmen aus Esdr I in Fällen, wo das übernommene Äquivalent von Esdr I dem ursprünglichen von Esdr II gegenüber zwar geringe formale Abweichungen von der Textform der hebräischen bzw. aramäischen Vorlage aufweist, im griechischen Sprachgebrauch aber stilistisch vorgeprägt ist – so bei Casus und Präpositionen in Zeitbestimmungen: Esdr II 63 חדה בשנת: ἐν ἔτει πρώτῳ] ετους πρωτου L

Von den noch verbleibenden Fällen nur lukianisch überlieferter Sonderlesarten, die weder von der nach dem Kriterium der masoretischen Vorlage hebraisierenden, noch von der nach griechischer Sprachgesetzlichkeit hellenisierenden Intention her erklärbar sind, wird ein großer Teil – vor allem dann wenn es sich um Lesarten handelt, die sich einer Erklärung von der hebräischen bzw. aramäischen Vorlage her, sei es Übereinstimmung, sei es Abweichung, verschließen – von der kontinuierlichen Abschreibetradition her erklärt werden müssen, der eine jede Handschrift, die nicht das Original darstellt, unterworfen ist, und die sich bei den lukianischen Zeugen schon darin zeigt, dass zwei von ihnen, 19 und 108, engste und kaum von verlorenen Zwischengliedern getrennte Verwandtschaft aufweisen, während die beiden andern nicht nur von einem Rezensionsprinzip her nicht erklärbare Sonderlesarten überliefern, sondern auch eindeutig als solche bestimmbare Rezensionselemente bezeugen, 93 in selbständiger Weiterführung des lukianischen Prinzips[1], 121 in der mitbezeugten Tradition der Rezension a [2].

Aber dem Hauptbestand der lukianisch überlieferten Textformen, die sich dem außerlukianisch überlieferten Übersetzungstext der LXX gegenüber als Rückbewegung zur masoretisch überlieferten hebräischen bzw. aramäischen Vorlage bestimmen lassen, und der diesem Bestand untergeordneten Gruppe von Lesarten, die von der lukianischen Intention der stilistischen Glättung, der hellenisierenden Angleichung an den griechischen Sprachgebrauch und der Attisierung her erklärbar sind, steht eine – wenn auch geringe – Zahl auf diese Weise überlieferter Textformen gegenüber, die kaum anders erklärt werden können als von einer von der masoretisch überlieferten abweichenden Vorlage her.

An diesem Punkt stellt sich das für die Textrekonstruktion von Esdr II entscheidende Problem: Es ist zuerst die textgeschichtliche Erscheinung lukianisch überlieferter Textformen, die sich nur von einer von der masoretischen abweichenden Vorlage her erklären lassen, durch die sich die Frage erhebt, ob lukianisch bezeugtes Überlieferungsgut konsequent rezensioneller Natur sein müsse, ob die lukianischen Zeugen nicht auch Träger der ursprünglichen Übersetzungsform sein können. Es ist diese Erscheinung, die dazu zwingt, die gleiche Frage auch gegenüber den lukianisch überlieferten Textformen zu stellen, die sich als sekundäre Angleichung an die hebräische bzw. aramäische Vorlage erklären lassen: Ist diese Erklärung die einzig mögliche? Darf sie, wenn sie sich an einigen Fällen als notwendig erweisen lässt, auf alle Fälle übertragen werden? Gibt es überlieferungsge-

---

(*anno primo* La[123]) = Esdr I 6 23 (omnes), Esdr II 10 13 לְיוֹם אֶחָד : εἰς ἡμέραν μίαν] ἡμέρας μιας (*unius diei* La[123]) L La[123] = Esdr I 9 11 (μιας ημ. 71-107), Esdr II 6 9 בְּיוֹם יוֹם: ἡμέραν ἐν ἡμέρᾳ (ημ. (-ρων 119) εξ ημερας 46-64-381-728 119 Ald; *diurnum cotidianum* La[123])] ημ. καθ᾽ ημεραν L: cf Esdr I 6 29 (καθ᾽ ἡμέραν (omnes)) –, oder wo sich hebräisch-griechische Äquivalenz nicht mehr differenzieren lässt, wie bei Tempusformen in Infinitiv und Partizip: Esdr II 5 2 לְמִבְנֵא: οἰκοδομῆσαι] οικοδομειν A L 44 = Esdr I 6 2 (omnes), Esdr II 6 21 הַנִּבְדָּל : ὁ χωριζόμενος] ο χωρισθεις L (*qui recesserant* La[123] Aeth Arm (sim)): cf Esdr I 7 13 οἱ χωρισθέντες (omnes).

[1]) Vgl. S.13 Anm.3.
[2]) Vgl. S.13, 223 und 311.

schichtliche Kriterien, nach denen sich innerhalb des lukianisch überlieferten mit 𝔐 übereinstimmenden Bestandes ursprünglich von rezensionell unterscheiden lässt?

Die Frage nach der Möglichkeit nur lukianisch überlieferter ursprünglicher Übersetzungsform stellt sich den beiden unterschiedenen Textformen, lukianisch überlieferte Abweichung von 𝔐 und lukianisch überlieferte Übereinstimmung mit 𝔐, in je verschiedener Weise: Nur lukianisch überlieferte Übereinstimmung mit 𝔐 als postulierter ursprünglicher Übersetzungstext legt die Annahme eines frühen, vorlukianischen Rezensionsprinzips der Abweichung von 𝔐, nur lukianisch überlieferte Abweichung von 𝔐 als ursprünglicher Übersetzungstext die Annahme eines frühen Rezensionsprinzips der Angleichung an 𝔐 nahe; das eine, frühe kontinuierliche Rezension nach der mit 𝔐 übereinstimmenden Textform der hebräisch-aramäischen Vorlage, ist heute bis in die jüdisch-vorchristliche Zeit zurück erwiesen, das andere, frühe rezensionelle Entfernung der ursprünglich übereinstimmenden Übersetzungsform von der hebräisch-aramäischen Vorlage, lässt sich aus der uns erhaltenen Überlieferung nicht nachweisen.

Daraus folgt: Lukianisch überlieferte Übereinstimmung mit der masoretisch überlieferten Textform ist als Rezensionselement leichter erklärbar als lukianisch überlieferte Abweichung von ihr.

Aber die Untersuchung der mit 𝔐 übereinstimmenden Textformen, die nur lukianisch überliefert sind, hat nicht nur auf Grund dieser Übereinstimmung, die als rezensionelle Intention bis in die früheste Textüberlieferung nachgewiesen ist, den Schluss nahegelegt, dass es sich hier um Rezensionselemente handeln muss, sie hat diesen Schluss bei einem großen Teil dieser Fälle – vor allem bei den Wortäquivalenzen – auch dadurch als notwendig erwiesen, dass sich diese Textformen nicht von der Übersetzungstechnik des Übersetzers her erklären lassen, wohl aber weithin von Rezensionstechnik und Wortgebrauch der älteren Tradition her, die auch in anderen Schriften der LXX als Vorlage der lukianischen Rezension nachgewiesen ist: der hexaplarischen Rezension des Origenes und ihrer Träger, der Übersetzer des 2. Jahrhunderts n.Chr., Aquila, Symmachos und Theodotion.

Die Frage nach lukianisch überlieferter ursprünglicher Übersetzungstradition, die der masoretisch überlieferten Textform näher steht als die von den außerlukianischen Zeugen der LXX überlieferte, wird sich darum nur den Fällen gegenüber stellen lassen, die von vorhexaplarischer Überlieferung mitbezeugt sind. Für Esdr II kommen als Zeugen dieser Art, da LXX-Zeugen weder jüdisch noch christlich-vorhexaplarisch überliefert sind, nur die Textüberlieferung des Josephus und der Vetus Latina in Frage.

Die Frage nach lukianisch überlieferter ursprünglicher Übersetzungstradition, die sich den außerlukianisch überlieferten Textformen gegenüber stärker von der masoretischen hebräischen bzw. aramäischen entfernt, wird sich, da sich solche Abweichungen stilistischer Art, wie der Einschub des Subjekts von Pronomina im Genitiv oder von adverbialen Partikeln leichter vom lukianischen Prinzip der Textverdeutlichung bzw. -glättung her erklären lassen, mit einiger Sicherheit nur den Fällen gegenüber stellen, bei denen sich die für die lukianische Textform vorauszusetzende hebräische bzw. aramäische Vorlage leicht als paläographische Transformation von der masoretischen her erklären lässt, oder den Fällen gegenüber, bei denen diese Vorlage in vormasoretischen Überlieferungen alttestamentlicher Texte, seien es die hebräischen der Funde von Qumran, seien es die griechischen in den Werken des Josephus, seien es die lateinischen in der Übersetzung der Vetus Latina, nachgewiesen ist.

Aber für die Textgeschichte von Esdr II erscheint innerhalb dieses Bereiches der Überlieferung, dem gegenüber sich die Frage möglicher Ursprünglichkeit lukianisch überlieferter Textformen stellt, die Beweiskraft der vorhexaplarischen Zeugen, deren Übereinstimmung mit der lukianischen Textform als Kriterium für die Bestimmung als ursprünglicher Übersetzungstext in Frage kommt, vormasoretisch hebräische, bei Josephus überlieferte griechische und altlateinische Überlieferung, aus verschiedenen Gründen in starkem Maß relativiert: die hebräische aus Qumran, weil die wenigen gefundenen Textfragmente keine Berührung mit außermasoretischer Überlieferung zeigen, die griechische des Josephus, weil gegenüber der seinem Bericht zu Grunde liegenden Textform von Esdr I die Überlieferung von Esdr II nur am äußersten Rand zur Sprache kommt, die lateinische der beiden Texte der Vetus Latina, weil das hier nachgewiesene Eindringen genuin lukianischer Rezensionselemente die Abgrenzung gegenüber vorlukianischem Gut erschwert:

Die Buchstabenreste aus Esdr 4$_{2-6, 9-11}$, 5$_{17-65}$ enthaltenden Fragmente aus Höhle 4[1] weichen nach der Lesung von E. Ulrich abgesehen von zwei orthographischen Korrekturen, נהרא für נהרה in 4$_{10}$ und מדינתא für מדינתה in 6$_2$, nur an zwei Stellen vom masoretisch überlieferten Text ab: in der singularen Form ובקר an Stelle des Plural ובקרו in 𝔐 6$_1$ und im Plural והיבלו an Stelle des Singular והיבל in 𝔐 6$_5$[2]. Während die Pluralform in 6$_5$ anderwärts nirgends nachgewiesen ist – Esdr II ἐκόμισεν (*abstulit* La^{123}), I (6$_{25}$) ἀπήνεγκεν –, stimmt die singulare Form von Q^4 ובקר in 6$_1$ mit dem ursprünglichen Übersetzungstext von Esdr II, dem Äquivalent ἐπεσκέψατο, überein, das nur von La^{123} (*quaesierunt*) und in freierer Wiedergabe von Aeth^3 nach 𝔐 in den Plural korrigiert wird. Für die Frage nach lukianisch überlieferter vormasoretischer Tradition, die sich als ursprüngliche Textform der LXX erweisen könnte, ergibt dieser textgeschichtliche Befund nichts; er bestätigt lediglich die grundsätzliche Übereinstimmung der masoretisch überlieferten Textform des Buches Esra – auch hinsichtlich des Wechsels vom Hebräischen zum Ara-

---

[1]) E. Ulrich, Ezra and Qohelet Manuscripts from Qumran (4QEzra, 4QQ OH^{A,B}), in: Priests, Prophets and Scribes, FS Joseph Blenkinsopp, JSOT.S 149 (1992) 139-157.

[2]) Nach der Sammlung von B. Kennicott, tomus II, Oxford 1780, ist die masoretische Form beider Stellen einhellig überliefert. Nach den von E. Ulrich beigegebenen Photographien ist die Lesung in 6$_1$ sicher, scheint mir aber in 6$_3$ zweifelhaft.

[3]) Vgl. den Apparat (*ut aperirent libros*). Freie Wiedergabe, aber wie Q^4 und LXX im Singular, überliefert auch Pesch: וקרא בכתבא, ein Hinweis darauf, dass die nur einen Buchstaben betreffende und auch inhaltlich leicht erklärbare Variante, nicht zum Schluss auf textgeschichtliche Abhängigkeit nötigt; der Paralleltext von Esdr I (6$_{22}$), ἐπισκέψασθαι, bleibt der Vorlage gegenüber neutral.

mäischen – mit der schon im 1. Jh.v.Chr. überlieferten mit der einzigen Ausnahme zweier Varianten, deren eine zwar als von 𝔐 abweichende Vorlage der LXX erklärbar ist und deren andere eindeutig sekundärer Natur und auch singulär überliefert ist, die aber beide für das Postulat der Ursprünglichkeit mit vorhexaplarischer Überlieferung übereinstimmender lukianisch bezeugter Textformen nicht in Anspruch genommen werden können.

Die Gründe, die gegen die These sprechen, dass lukianisch überlieferte Textformen, die mit der Überlieferung des Josephus übereinstimmen, kategorisch als ursprünglicher Übersetzungstext der LXX in Anspruch genommen werden müssen, sind für das Buch Esther durch die Untersuchung der beiden griechischen Übersetzungstexte[1], für das 1. Esrabuch hinsichtlich in den Antiquitates des Josephus überlieferter Textformen, die den lukianisch bezeugten an die masoretisch überlieferte Textform angleichenden näherstehen, in der Textgeschichte zu Esdr I dargelegt worden[2].

Die gleichen Gründe gelten auch für die Berührungen der Überlieferung von Esdr II mit dem kleinen Textbereich innerhalb der Antiquitates, der sich nicht mit dem beiden Esrabüchern gemeinsamen Teil deckt, und für die mit der lukianischen Äquivalenz von Esdr II übereinstimmenden Äquivalente bei Josephus, die zuweilen auch in den Esdr II und I gemeinsamen Textteilen begegnen können:

Die im nur von Esdr II überlieferten Textbereich 12₂ für die lukianisch – in v.1 auch hexaplarisch – zusammen mit Josephus überlieferte Textform σκυθρωπός (κατεσκυθρωπακώς Ios) an Stelle von ursprünglichem πονηρός für רע gemachte Feststellung, dass sich, da es sich um von Josephus auch anderwärts verwendetes Wortgut handelt, Abhängigkeit von lukianisch überlieferter Tradition nicht nachweisen lässt[3], gilt innerhalb der beiden Büchern gemeinsamen Teile auch für das von L La¹²³ und Ios XI 102 überlieferte Äquivalent σωτηρία (*salus* La) gegenüber ursprünglichem ζωή – so einhellig auch Esdr I in der Parallelstelle (6₃₀) – für חיי in 6₁₀[4], und für παριστάνειν L Ios XI 136 gegenüber ursprünglichem ἱστάνειν, wo Esdr I (8₅₆) einhellig στήσας παρέδωκα (-κεν B' L 245)

---

[1]) Esther, ed. 1966, S.36-38; vgl. 87-95.
[2]) Vgl. Esdr I ed. S.23, TGE S.18f. und passim.
[3]) Esdr II Einleitung, S.21f. Einfluss von lukianischer Überlieferung in Esdr II her ist schon aus dem Grund unwahrscheinlich, weil das hier in Ios verwendete Verbum κατασκυθρωπάζειν in LXX nirgends, bei Josephus hier singulär überliefert ist, während das hier bei Übernahme aus dem L-Text zu erwartende Adjektiv σκυθρωπός Josephus bekannt und von ihm mehrfach gebraucht ist. Das Gleiche gilt für die doppelte Äquivalenz, die Josephus in Ant XI 165 für das Grundwort בית קברות in Esdr II 12₃ an Stelle von LXX οἶκος μνημείων, L Syh (vid) οικος των ταφων überliefert: τάφοι καὶ μνήματα; er verwendet beide Begriffe mehrfach, in Ant VIII 240 auch die Doppelung τῆς ἐν πατρῴοις μνήμασιν ταφῆς.
[4]) Die Äquivalenz zwischen σωτηρία und חיי ist in LXX anderwärts nirgends belegt, hinsichtlich der Stammformen nur zwischen εἶναι σωτηρία und dem Verbum היה in Est 4₁₁ und zwischen σῴζειν und dem Verbum היה in Gen 47₂₅ Ps 29(30)₄ Prov 15₂₇ Ez 33₁₂, bei Symmachos noch Ps 118 (119)₈₈, bei ihm auch, was für genuin lukianische – nicht „vorlukianische" – Herkunft auch in Esdr II 6₁₀ spricht, zwischen σωτηρία und dem Nomen מחיה, für das LXX in Esdr II 9₈.₉ ζωοποίησις, L περιποίησις liest: in Gen 45₅.

liest, für שקל in 826. Es sind Übereinstimmungen, die nicht die Beweiskraft eines Schlusses auf textgeschichtliche Abhängigkeit, geschweige denn eines Argumentes für Ursprünglichkeit im Übersetzungstext von Esdr II haben.

Auch der Grund, der in erster Linie zur Vorsicht gegenüber dem Versuch mahnt, lukianisch überlieferte Textformen, die mit altlateinischer Überlieferung übereinstimmen, ungeprüft für den ursprünglichen Übersetzungstext in Anspruch zu nehmen: der für beide Esrabücher unwiderlegliche Nachweis des Eindringens genuin lukianischen Rezensionsgutes in die altlateinische Tradition, ist nach den wichtigsten Argumenten schon vorgebracht[1]. Hier bedarf nur noch die Frage nach dem Verhältnis genuin lukianischer Lesarten, die altlateinisch mitüberliefert sind, zu dem Teil so überlieferter Textformen genauerer Befragung, der als „vorlukianisch" und damit als m ö g l i c h e r w e i s e ursprünglich in Frage kommt. Es ist das Problem des Verhältnisses der beiden erhaltenen altlateinischen Zeugen zueinander, das im Blick auf den Bereich der Überlieferung, der als hexaplarisch verifiziert ist und auf den Bereich der altlateinischen Tradition, die unabhängig von lukianischer Bezeugung gegen LXX mit der masoretisch überlieferten Textform übereinstimmt oder in anderer Weise von der lukianisch überlieferten Textform abweicht, die Frage nach der Möglichkeit der Überlieferung vorhexaplarischen und vorlukianischen altlateinischen Gutes aufwirft[2].

Innerhalb der griechischen Tradition von Esdr II stellt sich die Frage nach lukianisch bewahrten vorlukianischen bzw. protolukianischen Textformen, die auch auf die Möglichkeit der Bewahrung ursprünglicher Übersetzungsform von Esdr II hin befragt werden müssen, darum nur gegenüber den lukianisch überlieferten Textformen, bei denen sich eine vom masoretisch überlieferten Text abweichende Vorlage nachweisen bzw. wahrscheinlich machen lässt. Denn hier bleibt gegenüber dem weit überwiegenden Teil lukianischer Rezensionselemente, die als Angleichung an die masoretische Vorlage erklärt werden müssen, die Frage offen, ob lukianische Rezension überhaupt nach hebräischen bzw. aramäischen Textformen geschehen sein kann, die nicht mit 𝔐 übereinstimmen, ob nicht lukianisch bezeugte Abweichung von 𝔐 bei v e r i f i z i e r b a r e r unterschiedener Vorlage als Kriterium für die Feststellung vorlukianischer Tradition in Anspruch genommen werden m u s s , so dass nur das Verhältnis lukianisch mitüberlieferten vorlukianischen Gutes zum ursprünglichen Übersetzungstext offen bliebe.

Am wenigsten sicher lässt sich die Frage, ob vorlukianisch oder genuin lukianisch, in den Fällen beantworten, wo die Abweichung der lukianisch überlieferten Textform von 𝔐 lediglich in einer anderen Vokalisierung besteht; denn hier muss auch die Frage offen bleiben, in welchem Stadium der Tradition überhaupt Vokalisierung – vor allem dann, wenn ihre Kennzeichnung durch mater lectionis ausfällt – angenommen werden darf, so dass von der masoretischen abweichende und dem Sinn der Aussage widersprechende Vokalisierung in lukianischer Tradition nur aus dem Grund genuin lukianischer Intention

---

[1]) FS Frede-Thiele, FS Bogaert.
[2]) Vgl. 2.1.1.3.-2.1.1.3.3.

zu widersprechen scheint, weil die lukianisch überlieferten Textformen, die entgegen der im ursprünglichen Übersetzungstext vorauszusetzenden die masoretisch überlieferte Vokalisierung herstellen, der Zahl und der Bedeutung nach überwiegen[1]:

Esdr II 15₁₈ לחם ועמ־זה להרבה בכל־יין: ἐν πᾶσιν οἶνος τῷ πλήθει · καὶ σὺν τούτοις ἄρτους (sic B; αρτον b; αρτος SAV *a* 58 119)] οινον (pr *dedi* Got) παντι τω πληθει (+ *et* Got) παντι τω λαω προς τουτοις (τοις 108*) αρτον (pr *omnem* Got) *L* Got; *universae multitudini et populo dabatur similiter et panis sic* La[123] [2]. Sowohl *L* Got als auch La[123] setzen als Dublette zu dem masoretisch vokalisierten Ausdruck עמ־זה: σὺν τούτοις (προς τουτοις *L* Got; *similiter* La[123]) die Vokalisierung עַם זֶה voraus: (παντι) τω λαω *L* Got; (*et*) *populo* La[123]. Als Dublette scheint der umvokalisierte Zusatz ein Interpretament des mit τῷ πλήθει übersetzten Ausdrucks להברה zu sein: nicht „Wein in Fülle", sondern „Wein für die Menge": „Für das ganze Volk".

Esdr II 15₁₅ הכבידו על־העם: ἐβάρυναν ἐπ' αὐτούς] εβαρυναν κλοιον (*furcas* La; > Got Compl) επι τον λαον *L'* La[123] Got Compl: Nach der Vokalisierung teilen sich die Zeugen in die von allen bewahrte Äquivalenz mit der masoretisch überlieferten Präposition על und das nur lukianisch – von *L'* La[123], nicht von Got Compl – als Zusatz überlieferte Nomen על, das Joch, nach der masoretischen Textform des ganzen Satzteils in die 𝔐 gegenüber freie Wiedergabe der außerlukianischen ursprünglichen Tradition ἐπ' αὐτούς, die wahrscheinlich עליהם an Stelle von על־העם als Vorlage voraussetzt, und die von *L'* La[123] Got Compl überlieferte Angleichung an 𝔐 επι τον λαον. Die der lukianischen Textform zu Grunde liegende hebräische Vorlage beruht auf Dittographie, bzw. die masoretisch überlieferte der übrigen Zeugen auf Haplographie, das lukianische Äquivalent für על, κλοιός, ist das seit Deut 28₄₈ in LXX bestverankerte, sowohl für den Übersetzer als auch für den Rezensor zu erwartende. Die Überlieferung spricht für lukianische Herkunft der von 𝔐 abweichenden Vorlage. Aber die unterschiedlichen Textformen der Vorlage selbst – Ditto- oder Haplographie – dürften einem Stadium noch nicht völlig verfestigter masoretischer Tradition angehören, das auch in der Zeit der lukianischen Textbearbeitung nicht ausgeschlossen werden kann[3]. Als „Dublette" darf die lukianisch überlieferte Textform höchstens bei erweiterter Definition des Begriffs als Sonderform bezeichnet werden, da es sich hier nicht um das je verschiedene Verständnis eines Satzteils bzw. die je ver-

---

[1]) Vgl. S.29-32.

[2]) Vgl. S.250.

[3]) Der absolute Gebrauch von כבד im Hiphil ist hier zwar singulär, aber nicht irregulär, das lukianische Akkusativobjekt על von der Vorlage her darum nicht erfordert. Die lukianisch überlieferte Textform als ursprünglich zu postulieren, ist schon aus dem Grund nicht vertretbar, weil der Ausdruck im Kontext einer größeren lukianischen Angleichung an 𝔐 steht (vgl. S.128f. mit S.129 Anm.1), und aus dem Grund weniger wahrscheinlich, weil bei der gleichen Formulierung in der hinsichtlich der Wortäquivalenz Esdr II eng verwandten Chronik für על das – hier einhellig überlieferte – Äquivalent (ἐβάρυνεν) τὸν ζυγόν steht (Par II 10₁₀ ₁₄); dagegen stimmt die lukianische Wortwahl in Esdr II, εβαρυναν κλοιον, – auch hier nach einheliger Überlieferung – mit der Parallelstelle zu Par II 10₁₀ ₁₄ in Reg III (12₁₀ ₁₄) überein und ist darum auch als lukianische Bezugnahme auf diese Stelle erklärbar.

schiedene Übersetzungstradition eines Wortes handelt, sondern um eine in der Alternative Dittographie oder Haplographie in der Vorlage begründete Textrekonstruktion.

Beweiskräftiger für die Annahme von der masoretischen Textform abweichender lukianischer Tradition, die auf vormasoretische und dementsprechend auch vorlukianische Herkunft zurückgeführt werden könnte, sind die Fälle, bei denen sich die für die lukianisch überlieferte Textform vorauszusetzende hebräische bzw. aramäische Vorlage als paläographische Transformation des masoretisch überlieferten Textes erklären lässt:

Esdr II 9₈ ₉ בעבדתנו כי־עבדים אנחנו ובעבדתנו : ἐν τῇ δουλείᾳ ἡμῶν. ὅτι δοῦλοί ἐσμεν, καὶ ἐν τῇ δουλείᾳ ἡμῶν] ἐν τη παραβασει (*in transgressione* La) ημων εν η (*quia in ipso* La) παρεβημεν (παραβαινομεν (*transgredimur* La) 93 La) ημεις (pro ἐν τῇ δουλείᾳ ἡμῶν 2⁰ hab *transgressione nostra* La[123], in *L* hic deest, sed hab εν τη δουλεια ημων post ὁ θεὸς ἡμῶν sq) *L* La[123]: *L* weist wiederum die Form einer Dublette, aber mit Einordnung des ursprünglichen, mit 𝔐 übereinstimmenden Gliedes in anderem Kontext, La[123] die konsequente Bewahrung des nur lukianisch bezeugten Gliedes auf, das aber hier, auf Grund der häufigsten paläographischen Verwechslung von ד und ר, von der masoretisch überlieferten und ursprünglichen Textform abweicht. Textgeschichtlich lässt sich die lukianisch überlieferte Textform aus der – lukianischen oder vorlukianischen? – Kenntnis beider hebräischen Vorlagen in der masoretischen und in der von ihr nur hinsichtlich der Transformation von ד in ר unterschiedenen Gestalt erklären, die dann zur lukianischen Interpretation durch Trennung der beiden Glieder und Eingliederung des einen in einen neuen Aussagezusammenhang führte. Die Aussage des von 𝔐 abweichenden Gliedes über die Übertretung des Gesetzes – in LXX ist die Äquivalenz in gleicher Bedeutung schon im Pentateuch (Num 14₄₁ 22₁₈ 24₁₃) vorgegeben – ist als Übernahme entsprechender Aussagen aus dem engeren Kontext: Esdr II 9₁₀ ₁₃, zu erklären[1].

Esdr II 12₈ שמר הפרדס אשר למלך : φύλακα τοῦ παραδείσου, ὅς ἐστιν τῷ βασιλεῖ] φ. των ημιονων του βασιλεως και του π. ος ε. τω βασιλει 121; τον φυλασσοντα τας ημιονους του βασιλεως και τον παραδεισον ος ε. τω βασιλει S^c1 (restituit S^c2) -*L* (hab Syh); *qui custodit lucos regis* La[123]: Die graphische Erklärung der lukianisch überlieferten von 𝔐 abweichenden Dublette ist eindeutig: Sie beruht auf einer Vorlage, in der durch Buchstabenverwechslung von ס und Schluss-ם פרד(י)ם an Stelle von פרדס stand[2]. Schwierig ist aber ihre textgeschichtliche Einordnung: Ihr Fehlen sowohl in der altlateinischen Tra-

---

[1]) Doch ist die Äquivalenz an diesen Stellen im Hebräischen und Griechischen anders, in Esdr II 9₁₀ (מצותיך) עזבנו : ἐγκαταλίπομεν (ἐντολάς σου), in v.14 (מצותיך) להפר : διασκεδάσαι (ἐντολάς σου). Möglich ist bei der lukianischen Wortwahl in Esdr II die Abhängigkeit von Esdr I, wo an beiden Parallelstellen (8₇₉ und 84) einhellig das Äquivalent παραβαίνειν überliefert ist; sicher aber die Herkunft aus Esdr I in der Paraphrase des Josephus in Ant XI 140 (παραβεβήκασιν τὴν πολιτείαν), die darum nicht als Argument für vorlukianische Herkunft der lukianischen Äquivalenz in Esdr II in Anspruch genommen werden darf.

[2]) Das Wort, auch hier mit dem Lehnwort als Äquivalent, in LXX noch Eccl 2₅ und Cant 4₁₃, das Lehnwort aus dem Altpersischen zuerst bei Xenophon, immer als Bezeichnung von Gärten oder Jagdgebieten persischer Könige oder Potentaten (An. 7.2.7, Cyr. 1.3.14, H.G. 4.1.15).

dition – La¹²³ scheint mit dem Relativsatz *qui custodit* nur das mit 𝔐 übereinstimmende partizipiale Äquivalent τον φυλασσοντα an Stelle von ursprünglichem φύλακα mit *L'* gemeinsam zu haben¹ – als auch in der syrohexaplarischen – Syh stimmt mit der Wiedergabe נטורא דפרדיסא הו דאיתוהי למלכא hinsichtlich der nominalen Bildung נטורא besser mit dem Äquivalent der LXX φυλακα überein als Pesch, die mit 𝔐 und *L' partizipial* übersetzt, נטר, – lässt auch ihre Stellung innerhalb der lukianischen Tradition unsicher erscheinen: Eher als „vormasoretische" dürfte es Doppelüberlieferung innerhalb der masoretischen Textform in der Zeit der lukianischen Textbearbeitung sein².

Esdr II 12₁₆ לחרים : τοῖς ἐντίμοις] τοις λευιταις *L*; *levitis honoratis* La¹²³ : Eine durch vorangehendes לכהנים bedingte vormasoretische Texttransformation von לחרים in ללוים dürfte hier – eine die Regel bestätigende Ausnahme – der lukianischen Rezension als einzige Textform vorgelegen haben, in der altlateinischen Tradition aber unabhängig davon in beiden Textformen und darum mit beiden Äquivalenten bewahrt worden sein³.

Esdr II 13₁ ועד־מגדל המאה : καὶ ἕως πύργου τῶν ἑκατόν] και εως του πυργου του κυριου *L*: Die graphische Ähnlichkeit zwischen der masoretischen Textform, מאה, und einer als Vorlage des lukianisch überlieferten Äquivalents denkbaren: מריא, verlangt, trotz der dann notwendigen Annahme aramäischer Zwischenglieder innerhalb des hebräischen Textbereichs, die Erklärung von dieser Vorlage her nicht auszuschließen; auch die entgegenstehende Überlieferung an der zweiten Stelle, wo „das Tor der Hundert" genannt wird, 22₃₉, – hier ist der Text in B' S* A Aeth^B Arm Sixt verkürzt⁴, LXX weist die hebraisierende Transkription μεά, *L* αμμηα, S⁽ᶜ⁾ μηα auf –, lässt sich angesichts der weitgehend fehlenden Harmonisierung paralleler Stellen sowohl im ursprünglichen Übersetzungstext als auch in seiner zu postulierenden hebräischen bzw. aramäischen Vorlage nicht als Gegenargument vorbringen. Aber auch bei dieser Erklärung der Wortänderung – vom Kontext her dürfte sie durch die Aussage, dass die hier genannten Tore „geheiligt" werden, קדשוהו, verursacht sein – erlaubt die Bezeugung durch die drei lukianischen Zeugen keinen Schluss auf die textgeschichtliche Herkunft.

Esdr II 13₂₀ אחריו החרה : καὶ (> B' S Sixt Ra.) μετ' αὐτόν] pr (et om καί 19') οπισω εις το ορος αυτου *L*; οπισω εις το ορος αυτου (*retro ad montem eius* La) La¹²³ Compl; *a parte eius et a parte eius* Aeth^A: Der nur als Hiphil von חרה erklärbaren Wortform החרה⁵, die meist auf Grund der ursprünglichen Textform der LXX und einiger masoreti-

---

¹) So auch in 13₂₉; in dem nur hexaplarisch-lukianisch überlieferten Text 22₂₅ mit *L* (φυλασσοντες) *custodientes* gegen Sᶜ φυλακες.

²) Was die lukianische Intention der Zuordnung der Dubletten anbelangt, ist ein Zusammenhang mit Xenophons Schilderung dieser Gebiete als Aufenthalt von Tieren nicht ausgeschlossen. Zur Stellung innerhalb der hexaplarisch-lukianischen Dublettenüberlieferung vgl. S.207 und 215ff.

³) Vgl. S.253ff.

⁴) Auf Grund dieser Bezeugung von Rahlfs als sekundärer Zusatz bestimmt; vgl. „Der ursprüngliche Text" 5.3.

⁵) Die einzig mögliche, aber nach Form und Inhalt gequälte Erklärung wäre die für des Verbums חרה nur im Tiphel bezeugte Bedeutung „wetteifern" (Ier 22₁₅).

scher Zeugen¹ als Dittographie des vorangehenden אחריו erklärt und ausgeschieden wird, liegt nach Ausweis der lukianischen Überlieferung nach L als vorgeordneter Zusatz, nach La¹²³ und Compl als Ersetzung des für אחריו gesetzten Äquivalents μετ' αὐτόν, bereits eine vormasoretische Überlieferung in der Form ההרה, „zu seinem Berge hin", zu Grunde². Auch diese für die lukianische Rezension zu postulierende hebräische Vorlage ist, da sie gegenüber der masoretischen nur auf der neben ד und ר, ו und י häufigsten Buchstabenverwechslung von ה und ח beruht, aus einer protomasoretisch noch nicht verfestigten Textform der masoretischen erklärbar, die darum nicht als vom Prinzip der Angleichung an „𝔐" abweichende lukianische Intention erklärt werden darf; es geht letztlich auch hier um lukianische Korrektur der ursprünglichen Übersetzungsform der LXX nach „𝔐" in einem Frühstadium.

Esdr II 13₂₂ אנשי הככר : ἄνδρες Ἀχχεχάρ (cum var)] οι ανδρες του πρωτοτοκου L (deest La¹²³): Mit der hier gesicherten Äquivalenz der lukianischen Überlieferung – durch graphische Verwechslung von כ mit ב lautet ihre Vorlage הבכו(ר) – ist eine von der masoretischen Textform abweichende und ihr gegenüber sekundäre Vorlage, die von den lukianischen Zeugen weitergetragen wird, unwiderleglich nachgewiesen; offen muss aber auch hier die Frage bleiben, ob diese Tradition in die Überlieferungsgeschichte der lukianischen Rezension, sei es ihrer Vorstufen, sei es ihres letzten Stadiums, eingeordnet werden muss, oder ob sie als Sonderfall der Abschreibetradition, die dann aber auf der Beiziehung von der ursprünglichen abweichender hebräischer Traditionen bzw. ihrer Übersetzungen beruhen müsste, bestimmt werden muss. E i n e Erklärung bleibt ausgeschlossen: Zufall kann eine solche Äquivalenz, bei der auf Grund geringster paläographischer Transformation die Vorlage für ein Äquivalent entsteht, das als freie Wiedergabe vom Kontext her unerklärlich bliebe, unmöglich sein³.

---

¹) Nach Kennicott 47, 80, 147, 180.
²) So auch, wahrscheinlich von der Tradition der LXX her, 𝔙: „post eum in monte(m)". Übereinstimmend mit 𝔐 zwei finite Verbalformen setzt Pesch voraus: מן בתרה אחד ועשן: post eum perrexit (vel suscepit?) et reparavit (עשן ist das konsequent für masoretisches החזיק in diesem Textzusammenhang verwendete Äquivalent). Von reiner Dittographie scheint Aeth^A auszugehen: 'emḥabehu wa'emḥabehu. Ob sich die beiden äthiopischen Äquivalente 'emḥabehu – so Aeth^B ohne Wiederholung hier – und 'emdeḥrehu auf die beiden in LXX überlieferten μετ' αὐτόν und ὀπίσω αὐτοῦ aufteilen lassen, bleibt, da die äthiopische nicht überall mit der griechischen Bezeugung übereinstimmt, unsicher: In 13₁₆, wo LXX ὀπίσω αὐτοῦ, L μετ αυτον liest, hat Aeth 'emdeḥrehu, so auch in 17, in 18 hat Aeth das gleiche Äquivalent bei einhellig bezeugtem μετ' αὐτόν in LXX, aber in 21 22 23 24 bei einhellig bezeugtem μετ' αὐτόν in LXX 'emḥabehu. Auffällig ist, dass die lukianische Rezension, die μετ' αὐτόν entweder konsequent mit den übrigen Zeugen mitüberliefert oder dann gegen ὀπίσω korrigiert, nur in v.20 in dem Zusatz absolutes οπισω als Dublette zu ursprünglichem μετ' αὐτόν setzt: Hier ist nur räumliches Adverb: „dahinter", zum Berge hin, nicht zeitliches „nach ihm", dem zuvor genannten Mauerbau, möglich: lukianische Interpretation.
³) Die einzige Alternative, die für die Bedeutung des Begriffes ככר offensteht, ist das Verständnis als appellativum – so in Esdr II 22₂₈ τῆς περιχώρου (omnes) – oder als nomen propri-

Esdr 18₇ ובניו : καὶ Βαναίας] pr και οι (> 19) υιοι αυτου L'; *et filii eius* La¹²³ = Pesch : Vormasoretische Doppelüberlieferung ist bei dieser Umdeutung des nomen proprium in das appellativum aus graphischen Gründen der Abschreibetradition – in 18₇ בניו als Dittographie des folgenden ו, in 10₃₀ als Metathese der graphisch oft schwer unterscheidbaren Buchstaben ו und י – die wahrscheinlichste Erklärung, die lukianische „Dublette" demnach auf – auch durch Pesch bestätigte – noch nicht völlige Verfestigung der masoretischen Textform zurückzuführen¹.

Esdr II 21₈ אחריו : ὀπίσω αὐτοῦ] + οι αδελφοι αυτου 93-108 (deest 19); *fratres eorum* La¹²³². Die Vorlage der Dublette: אחיו, ist der masoretischen gegenüber als die ursprüngliche Textform anzunehmen, die aber in der Tradition der LXX auch als von 𝔐 abweichendes lukianisches Dublettenglied als sekundär bestimmt werden muss. Die lukianische Zuordnung zum ursprünglichen Dublettenglied ist, da der im Kontext sinnlose Ausdruck ὀπίσω αὐτοῦ keine syntaktische Einpassung erlaubt, rein mechanisch.

Lukianischer Tradition vorgegebene oder in die Textgeschichte ihrer Zeugen eingedrungene Rezensionselemente, die auf einer von der masoretisch überlieferten Textform abweichenden Vorlage beruhen, müssen auch bei der Transkription von Eigennamen dann angenommen werden, wenn ihre von der masoretischen abweichende Namensform graphisch nicht von griechischer, sondern nur von hebräischer Ähnlichkeit der Buchstaben her erklärt werden kann:

Esdr II 8₁₄ זבוד : Ζαβούδ] ζακχουρ (ζαχουρ 19) L Aeth^A (sim) Compl (deest Β′ V La¹²³ Aeth^B) (= Esdr I 8₄₀ ὁ τοῦ 'Ισταλκούρου] και ζακχουρ L): Hier liegt aber, da die außerlukianische Bezeugung dem Ketib entspricht, die lukianische dem Qere, eine innermasoretische Doppelüberlieferung vor, die sich hinsichtlich dieser beiden Namen auch darin zeigt, dass an der zweiten Stelle, an der der Name זבוד im AT noch überliefert ist, Reg III 4₅, der häufige Name זכור (in Esdr II noch 13₂ 20₁₃ 22₃₅ 23₁₃) – graphisch geht es wiederum um die Vertauschung von ד und ר, ב und כ – auch in wenige masoretische Handschriften eingedrungen ist. Die Verbreitung der hier lukianisch überlieferten Namensform zeigt sich auch darin, dass sie von Pesch und 𝔒 mitbezeugt ist und in der Parallelstelle von Edsr I nicht nur lukianisch – mitsamt La^V – mit der lukianischen Form identisch erscheint, sondern auch der Sonderform der außerlukianischen Zeugen, ιστα(λ)κουρος, zu Grunde liegt³.

Esdr II 8₁₈ ושרביה : καὶ ἀρχὴν ἤλθοσαν (sic Β′ V; -θον rel.)] εν αρχη σαρουια L; και σαρουια Compl; *et sardi* La¹²³; *et serecia* Aeth^-B (= Esdr I 8₄₆ 'Ασεβηβίαν] -βημιαν 71-762

---

um für eine Landschaft, mit ähnlicher Transkription wie in 13₂₂, aber ohne Miteinbeziehung des Artikels – so in Esdr II nur S – z.B. Reg II 18₂₃. Zur Bedeutung vgl. Rudolph S.120.

¹) Zu Syh vgl. S.219f., zu La¹²³ S.239 und 255 (20₁₃(₁₄)).

²) Vgl. S.244.

³) Die durch homoiot erklärbare Textverkürzung in Β′ V Aeth^B, würde, wenn sie mit Rahlfs als älteste Textform bestimmt wird, zur Annahme eines vorlukianischen Stadiums der Textgeschichte nötigen, das als Vorlage lukianischer Textbearbeitung diente. Vgl. „Der ursprüngliche Text" 5.3, S.390ff.

52; ασερηβιαν 119; εσερεβιαν 121; *aserewan* Arm; ασεβ(ε)ιαν 370^c 248 Aeth; *sebebian* La^V; *sebebiam* La^C; (ל)שבבי Sy^L; (ל)שבכיא Sy^{-L}; εν αρχη σαρουια *L*) : Die ursprüngliche Textform der LXX geht auf Transformation und Umdeutung des nomen proprium שרביה in eine Nominalbildung des Stammes שר^1 und verbum finitum באו zurück; das lukianische Rezensionselement ist als eine Form von Dublette zu erklären, nach der der adverbiale Akkusativ ἀρχήν durch Präposition stilistisch eingepasst dem wiederhergestellten nomen proprium zugeordnet wird, das aber von dem in 𝔐 überlieferten abweicht: Nach der bestüberlieferten Transkription wäre es צרויה; doch zeigt die lukianisch überlieferte Form für שרי in Esdr II 10₄₀: σαρουα – so auch *L* im Paralleltext Esdr I 9₃₄ –, dass die Vorlage von *L* der masoretisch überlieferten auch näher stehen konnte^2.

Esdr II 8₃₃ נועדיה : Νωαδιά] ιωαδια (ιωαδδεια 19′) *L* (= Esdr I 8₆₂ Μωέθ] ιωαδεια (ιωδ. 19) *L* ^{3}: Die lukianisch überlieferte Namensform, die sich nur mit dem Anfangsbuchstaben, I gegenüber N, vom ursprünglichen, mit 𝔐 übereinstimmenden unterscheidet, ist sowohl von der hebräischen Vorlage als auch von der griechischen Transkription, als Unzialfehler, her erklärbar. Auf alte Tradition auch der lukianischen Form lässt die Überlieferung von Pesch mit יודעיא schließen, wo aber die Ähnlichkeit beider Anfangsbuchstaben noch größer ist. Da beide Namensformen innerhalb des AT singulär sind^4, lässt sich kein Aufschluss durch parallele Überlieferung finden. Nicht auszuschließen ist, dass die einzige Vergleichsmöglichkeit, der Name der falschen Prophetin נועדיה in 16₁₄, da er in LXX maskulin verstanden ist, die Ursache der Namensänderung in 8₃₃ war: die Gefahr der Identifizierung des Leviten mit dem Feind Nehemias: lukianische Interpretation. Für Herkunft der Form ιωαδια aus lukianisch bezeugter hebräischer Tradition spricht die erschließbare onomatologisch korrekte Bildung aus dem Stamm עד^5.

Es bleiben die wenigen Fälle lukianisch überlieferter Textformen, deren Abweichen von der masoretisch überlieferten Vorlage auch durch graphisch erklärbare Transformation

---

^{1}) Die Äquivalenz ist in LXX wegen eines fehlenden abstractum zwar nicht nachgewiesen, wohl aber die Äquivalenz beider Stämme bei anderen Bildungen, so in Esdr II 5₂ (= Esdr I 6₂) mit dem aramäischen Verbum, שריו : ἤρξαντο, in LXX bestverankert und auch aquilanisch שר mit ἄρχων; vgl. auch ἀρχὴ αὐτοῦ für ישרהו in dem nur hexaplarisch überlieferten Vers Iob 37₃.

^{2}) Im Apparat zu Esdr II 10₄₀ ist zu σαρουα der Zeuge: *L*, ausgefallen. Die masoretisch überlieferte Namensform שרביה fehlt somit in der Überlieferung der LXX von Esdr II 8₁₈ völlig, auch in La^{123}, deren Transkription *sardi* am ehesten auf die von Pesch überlieferte Form שריא – *d* auf Grund von Unzialfehler Α-Δ – zurückgeführt werden dürfte. Σαραιά liest LXX für שרביה mitsamt La^{123} (*saraeam*) auch in v.24, wo nur *L* Arm nach 𝔐 in σαραβιαν korrigiert, während an den übrigen Stellen der Bezeugung dieses Namens (18₇ 19₄ 5 20₁₂(₁₃) 22₈ 24) ganz oder fast einhellig die korrekte Transkription σαραβια (in 19₅ im nur lukianisch überlieferten Zusatz) steht.

^{3}) Die übrigen Varianten sind innergriechisch und für das Problem belanglos, auch La^{123} *noadrea* ist lediglich Verschreibung der ursprünglichen mit 𝔐 übereinstimmenden Transkription.

^{4}) Vgl. noch νωαδια für נעריה in Par I 3₂₂ mit lukianischer Korrektur nach 𝔐.

^{5}) Vgl. M.Noth, Die israelitischen Personennamen. S.184f.

nicht erklärt werden kann, so dass hinsichtlich der Herkunft nur noch die Alternative einer von 𝔐 wesenhaft unterschiedenen Vorlage, oder aber einer 𝔐 gegenüber völlig freien Übersetzung offenbleibt, hinsichtlich der Einordnung in die lukianische Tradition aber nur die Alternative eines weiteren Rezensionsprinzips, das als Kriterium höher stünde als das Prinzip der Übereinstimmung mit 𝔐, oder einer nur in den lukianischen Zeugen überlieferten Tradition, die nicht der lukianischen Rezension zugehört.

Ein solcher Fall liegt bei dem in Esdr II 22₂₈ für הַמְשֹׁרְרִים an Stelle des in Esdr II konsequent verwandten Partizips ᾄδων lukianisch bezeugten Äquivalent λευι vor, das der hier fassbaren lukianischen Intention auch aus dem Grund widerspricht, weil ein meist lukianisch, in 10₂₄ auch von S$^{c\ 1}$ bezeugtes Äquivalent für diesen Begriff überliefert ist: ᾠδός. Vom Kontext her ist die Lesart als Analogie an die vorangehende Aussage über die Herbeiführung der Leviten in v.27 erklärbar, als genuin lukianisch aber kaum zu bestimmen. Für die eher der – sei es hebräischen, sei es griechischen – Abschreibetradition zuzuweisende Erklärung aus dem Kontext spricht die – hier auch als Dublette in La[123]: *levitis honoratis*; in 22₂₈ liest La[123] mit 𝔐 und LXX *fili cantorum* – lukianisch überlieferte Textänderung τοις λευιταις L an Stelle von ursprünglichem ἐντίμοις für לחרם in 12₁₆ unmittelbar nach τοῖς ἱερεῦσιν[2].

Eine ähnliche Interpretation vom Kontext her könnte bei den öfter bezeugten Änderungen der Epitheta für den Namen von Israels Gott bzw. des jerusalemischen Tempels vorliegen, wie sie lukianisch bezeugt in Esdr II 6₁₄ ₁₅ überliefert sind:

6₁₄ אֱלָהּ יִשְׂרָאֵל : θεοῦ ’Ισραήλ] του θεου του ουρανου L La[123]; pr *domini* Aeth^B Arm : cf 𝔓^{ap} (= Esdr I 7₄ (τοῦ) κυρίου (> Arm^{1500}; + του L) θεοῦ ’Ισραήλ) 15 בֵּיתָה דְנָה: τὸν οἶκον τοῦτον] τ. οικον του θεου L; *domum* La[123] (= Esdr I 7₅ ὁ οἶκος ὁ ἅγιος] ο οικος B′ L 71′-74-120-134-370 46 Aeth; *aedificatio templi domini* La^C (*dī* La[123]); *domus nostra* La$^{V:A*Ωc}$).

Die Überlieferung als ganze zeigt die meist vorliegende Vielgestalt bei diesem Phänomen, die lukianisch überlieferte Textform von Esdr II eine interpretierende Intention: Der Befehl von Israels Gott, dem hier der Befehl des persischen Königs zugeordnet ist, ist der Befehl Gottes, den auch der persische König als seinen Gott anerkennt: der „Gott des Himmels" 12; das Haus, dessen Wiederaufbau dem König durch diesen Gott befohlen wird, ist „das Haus des Gottes". Als lukianisches Element der Interpretation ist ein solcher Texteingriff denkbar; wie weit er als lukianisches Rezensionselement dann denkbar ist, wenn er von der Aussage des hebräischen bzw. aramäischen Originals, die im ursprünglichen Übersetzungstext bewahrt ist, abweicht, muss offen bleiben.

Es lässt sich aber ein lukianisches Rezensionsprinzip, das von dem vorherrschenden der Bewahrung der masoretisch überlieferten Vorlage abweicht und das dem hier vorliegenden nahesteht, eindeutig nachweisen: Es ist das Prinzip der interpretierenden Eintra-

---

[1]) Vgl. S.198f.
[2]) Vgl. S.174 und 253.

gung von Begriffen oder Aussagen, die an anderen Stellen des Alten Testamentes überliefert und in dieser Weise kanonisch verfestigt sind:

Esdr II 18₁₅ עלי תמרים : φύλλα φοινίκων] + και αγνου L: Es ist unter den für die Zweige des Laubhüttenfestes im Heiligkeitsgesetz, Lev 23₄₀, aufgezählten Bäumen das Äquivalent für die ערבי־נחל, die „Bachweiden", die dort in einer zweifachen Wiedergabe in dem Ausdruck ἰτέας καὶ ἄγνου κλάδους ἐκ χειμάρρου übertragen, hexaplarisch aber in Syh durch Obelisierung von καὶ ἄγνου κλάδους auf das eine Äquivalent ἰτέας zurückgeführt werden. Es ist lukianische Berufung auf die sowohl hebräisch als auch griechisch vorgegebene ursprüngliche Formulierung der Festordnung, die in der Wiederaufnahme von Esdr II sowohl im Original als auch in der Übersetzung weitgehend frei wiedergegeben ist[1].

Esdr II 19₈ והגרגשי : καὶ Γεργασαίων] + και ευαιων L' 55 = Pesch 𝔐[ap]: cf Exod 3₈ 17[2]: Es ist die lukianische Berufung auf den locus classicus der Landverheissung an Mose, im Unterschied zum Nachtrag von καὶ Γεργεσαίων in LXX von Exod 3₈ 17 (vgl. Gen 15₂₁ Deut 7₁) nicht aus vorgegebener Tradition, sondern aus rezensioneller Intention zu erklären.

Esdr II 19₂₅ ברות חצובים : λάκκους λελατομημένους] + ους ουκ εξελατομησαν L: Es ist im Rückblick auf die Vergangenheit im Bußgebet des Volkes die lukianische Berufung auf Jahwes Warnung vor dem Abfall in der Thora: der Hinweis auf die Gnade der Landgabe, in der ursprünglichen Form der vorgegebenen Übersetzung der LXX: Deut 6₁₁ [3].

Esdr II 23₁ לא־יבוא עמני ומאבי בקהל האלהים : μὴ εἰσέλθωσιν Ἀμμανῖται καὶ Μωαβῖται ἐν ἐκκλησίᾳ θεοῦ] ουκ εισελευσεται αμμανιτης και μωαβιτης εις εκκλησιαν κυριου L; *non introivit* (pro *–ibit*) *amanites et moabites in ecclesiam dei* La[123]: Obwohl es hier nur um den formalen Wechsel vom ursprünglichen Plural zum lukianisch überlieferten mit 𝔐 übereinstimmenden Singular, um den stilistischen Wechsel vom Konjunktiv zum Futurum und um den gräzisierenden Wechsel von der Präposition ἐν zu εἰς geht, legt doch die lukianisch überlieferte Ersetzung des Gottesnamens θεοῦ gegen 𝔐 – aber mit Pesch – in Esdr II, aber mit 𝔐 und LXX in Deut 23₂₍₄₎ durch κυριου den Schluss nahe,

---

[1]) Die Äquivalenz ist für beide Begriffe gesichert: Für LXX mit ἄγνος noch durch Iob 40₂₂₍₁₇₎, mit ἰτέα durch Ps 136 (137)₂ und Is 44₄, für α' durch Lev 23₄₀ Is 15₇ und Iob 40₂₂₍₁₇₎, für σ' durch Lev 23₄₀ und Is 44₄, für θ' durch Lev 23₄₀. Zu beachten ist, dass L in Esdr II das obelisierte und damit hexaplarisch als von 𝔐 abweichender Teil der LXX erklärte Äquivalent überliefert, nicht das damit hexaplarisch aufgenommene, ἰτέα, das für die drei jüngeren Übersetzungen auch positiv bezeugt ist.

[2]) Die Stellung innerhalb der Völkernamen ist verschieden: Hs. 55 ordnet και ευαιων mit Pesch nach Φερεζαίων ein, das entspricht 𝔐 LXX in Exod 3₈ und 𝔐 in Exod 3₁₇, 𝔐[ap] (2 Mss und 4 der älteren Editionen) nach Χετταίων, das entspricht LXX in Exod 3₁₇; καὶ Γεργεσαίων, das in Exod 3₈ und 17 in 𝔐 fehlt, steht an beiden Stellen in LXX bei Syh unter Obelus; die Reihenfolge im Text von La[123], in dem der Zusatz και ευαιων fehlt, ist in Esdr II 9₈ singulär, in Exod nicht bezeugt.

[3]) L in Esdr II bestätigt für Exod – gegen B* mit vielen – die Ursprünglichkeit der Zuordnung des Simplex λατομεῖν zum Compositum ἐκλατομεῖν (vgl. S.53 Anm.1).

dass die Erinnerung an das deuteronomische Gesetz lukianisch enger mit seiner ursprünglichen Formulierung harmonisiert werden soll; dafür spricht auch, dass das im Vordersatz genannte „Buch Mose" von *L* gegen 𝔐 und LXX als das „Buch des Gesetzes Mose" präzisiert wird.

Alle vier Stellen lukianischer Berufung auf die vorgegebene Tradition der Thora sind in der altlateinischen Überlieferung von La^{123} – in 19$_{25}$ auch von La^{125} – nicht mitbezeugt; auch in 23$_1$ geht La^{123} nur so weit mit *L* zusammen als es um Angleichung an 𝔐 geht, nicht bei der Änderung des Gottesnamens nach Deut 23$_{3(4)}$. Die an dieser Stelle erkennbare Unterschiedenheit der altlateinischen Tradition in der von La^{123} überlieferten Form von der griechisch durch *L* bezeugten, mit der sie, wie die Untersuchung der so bezeugten Textformen eindeutig ergeben hat, in stärkstem Maß übereinstimmt, weckt die Frage, ob trotz dieser Übereinstimmung auch in Rezensionselementen, die mit Sicherheit als genuin lukianisch, das heißt: der Textrezension der antiochenischen Exegeten zugehörend, zu bestimmen sind, sich in der altlateinischen Tradition vorlukianisches Überlieferungsgut erhalten haben könnte, das, wenn es nicht die ursprüngliche Textform der LXX repräsentiert, so doch innerhalb der Tradition ihrer altlateinischen Übersetzung Anspruch auf Ursprünglichkeit erheben könnte und darum auch hinsichtlich der griechischen Überlieferung einer besonderen textgeschichtlichen Überprüfung bedarf. Diese Frage kann nur durch den Vergleich der erarbeiteten Form der lukianischen Rezension mit der ihr nahestehenden Tradition, die in die vorlukianische Zeit zurückreicht oder zurückreichen kann, einer Beantwortung näher gebracht werden: der griechischen und syrischen Tradition, die durch ihre Zeugen, den Korrektor des codex Sinaiticus und die syrohexaplarischen Fragmente, als vorlukianisch-hexaplarisch ausgewiesen ist, und der altlateinischen Tradition, die auf Grund der Doppelüberlieferung in den beiden altlateinischen Texten La^{125} und La^{123} in ihrem Verhältnis zu Wortgebrauch und Wortäquivalenz einerseits im Text der Vulgata, andererseits in der vorhieronymianischen Zitatüberlieferung die Möglichkeit bietet, in den vorlukianischen Textbereich vorzudringen[1].

Es liegt aber auch innerhalb der lukianisch überlieferten Eintragungen aus dem Pentateuch ein Fall vor, in dem – textgeschichtlich der Überlieferung des von der masoretischen Vorlage abweichenden Dublettengliedes τας ημιονους του βασιλεως in 12$_8$ entsprechend[2] – zur lukianischen Bezeugung auch die des Korrektors von S hinzutritt: Esdr II 11$_{19}$ בקצי השמים : ἀπ' (επ 93 106; εως Aeth Compl) ἄκρου τοῦ οὐρανοῦ] + εως ακρου του οὐνου S^c – *L* : cf Deut 30$_4$ LXX; + *usque ad extremum eius* Or^{La} Gen hom 9, 3. Hinsichtlich der Berufung auf vorgegebenes Zeugnis läge hier der Beweis dafür vor, dass sie auf dem Mittelglied der bereits vorliegenden griechischen Übersetzung beruht – in Deut 30$_4$ 𝔐 steht die mit Esdr II 11$_9$ identische eingliedrige Formulierung בקצי השמים –, hinsichtlich der textgeschichtlichen Einordnung bleibt aber auch hier, bei „hexaplarischer" Bezeugung nur durch S^c – Syh ist nicht erhalten – und trotz des Zitats in der lateinischen

---

[1]) Vgl. 2.1.1., 2.1.1.2. und 2.1.1.3.
[2]) Vgl. S.173f.

Überlieferung des Origenes – schon die freie pronominale Wiedergabe widerspricht dem strengen Zitatcharakter[1] – die auch in S^c weitergetragene lukianische Herkunft wahrscheinlicher[2].

2.1.1.2. Die hexaplarische Rezension und ihr Verhältnis zur lukianischen

Die hexaplarische Rezension, die in Esdr II fragmentarisch, aber in dieser Form ausdrücklich als solche bezeichnet überliefert ist, bleibt, da sie innerhalb der christlichen Rezensionen sowohl als die älteste als auch als die einzige erscheint, deren Kriterien der Rezension und deren Weise der rezensionellen Bearbeitung der ihr vorliegenden Textform der LXX dokumentarisch bezeugt sind, die für die Textgeschichte und Textherstellung der LXX wichtigste Überlieferung. Das zentrale Kriterium, dem alle Weisen der Textarbeit des Origenes und seiner Schule unterworfen sind – sei es die Herstellung der Hexapla und Tetrapla, sei es die selbständige Tradition und Bearbeitung der „hexaplarischen Kolumne" – ist das Instrument einer mit der masoretisch überlieferten in stärkstem Masse übereinstimmenden Vorlage, nach deren Vorbild durch das Mittel der jüdischen Übersetzungen des zweiten christlichen Jahrhunderts die vorgegebene, in sich vielgestaltige Textform der LXX bearbeitet wird. Dieses Kriterium bleibt die Grundlage für die Bestimmung dessen, was innerhalb der als hexaplarisch verifizierten Zeugen als genuin hexaplarisch aufzunehmen ist. Aber dieses Kriterium, das sich, auf Grund des Ausgangspunktes der Textarbeit des Origenes in der Herstellung der Hexapla, zuerst auf die durch die aristarchischen Zeichen gekennzeichneten Zusätze und Auslassungen der hebräischen Vorlage gegenüber der LXX bezieht, muss – das haben neuere Funde und Forschungen immer deutlicher gezeigt – auch als Kriterium für weitere Formen rezensioneller Texteingriffe in Anspruch genommen werden.

Das gilt vor allem für eine letztlich in der abweichenden Wortäquivalenz der jüngeren Übersetzungen begründete und darum nach der Konzeption des Origenes auch bei synonymen Begriffen als „Angleichung an das hebräische Original" verstandene Ausweitung rezensioneller Arbeit auf Änderungen des Wortlautes und des Ausdrucks[3].

---

[1]) Zum Problem der Verwendbarkeit biblischer Zitate im Schrifttum des Origenes für die hexaplarische Rezension vgl. vor allem A. Rahlfs, Studien zu den Königsbüchern, Septuaginta-Studien, 1.Heft, 1904 (Nachdruck 1965) S.47-54; zur lateinischen Origenes-Überlieferung 53f.

[2]) Vgl. 2.1.1.2.5.; dort auch die Diskussion der wegen Gegenzeugnis oder Ausfall von Syh hinsichtlich ihrer textgeschichtlichen Einordnung zweifelhaften, hinsichtlich ihres Charakters weder als Dubletten noch als Eintrag aus vorgegebenen analogen Aussagen erklärbaren und darum sowohl als hexaplarische als auch als lukianische Rezensionselemente schwer bestimmbaren von L und S^c überlieferten Zusätze in 12₅ und 6 (S.216f.).

[3]) Bernhard Neuschäfer hat in seinem bahnbrechenden Buch „Origenes als Philologe", 1987, auf Grund der Quellenbelege von Origenes bis Hieronymus Charakter und Intention der hexaplarischen Arbeit des Origenes hinsichtlich des Verhältnisses zwischen den beiden Kriterien der Textrekonstruktion: der hebräisch überlieferten Vorlage als Kriterium der Harmonisierung quantitativer Unterschiede und der λοιπαὶ ἐκδόσεις der späteren jüdischen Übersetzer als

Das gilt auch für eine Differenzierung dessen, was als asterisierter Zusatz und als obelisierte Auslassung im Blick auf den Kontext, in dem diese Rezensionselemente stehen, zu bestimmen ist: Es geht um die verschiedenen Formen der D u b l e t t e, deren hexaplarischer Ursprung sich daraus ergibt, dass ein asterisierter Zusatz öfter nicht auf einen in der vorgegebenen Form der LXX gegenüber der hebräischen Vorlage f e h l e n d e n Satzteil zurückgeht, sondern auf eine von dieser abweichende bzw. ihr gegenüber ungenaue Übersetzung, die dann, wenn sie als solche erkannt ist, obelisiert werden kann, unerkannt

---

Kriterium der Heilung in den verschiedenen ἀντίγραφα der LXX überlieferter qualitativer διαφωνίαι, untersucht. Es ist an seinen subtilen Untersuchungen für die Überlieferung von Esdr II, bei der der Charakter der hexaplarischen Rezension auf Grund ihrer fragmentarischen Bezeugung nur von der vollständig bezeugten lukianischen Rezension her, nach dem Kriterium gemeinsam oder unterschiedlich bezeugter Textformen, annähernd bestimmt werden kann, von besonderer Bedeutung, dass der Verfasser neben dem bekannten Kriterium der Korrektur nach dem hebräischen Text dem Kriterium der Korrektur nach den λοιπαὶ ἐκδόσεις, das sich in erster Linie nicht auf Zusatz und Auslassung, sondern auf Wortäquivalenz bezieht, nach der Intention des Origenes die mindestens gleich große Autorität zumisst. Zu fragen wäre m.E. aber, ob diese beiden Kriterien auf eine je verschiedene oder sogar gegensätzliche Intention zurückgeführt werden dürfen, ob nicht an Stelle des Postulats der „Berücksichtigung des hebräischen Textes als κριτήριον textkritischer Entscheidungen neben den λοιπαὶ ἐκδόσεις" (S. 94) auch die Berücksichtigung der λοιπαὶ ἐκδόσεις als Kriterium der Korrektur nach dem hebräischen Text – nicht nur hinsichtlich Textverkürzung und Texterweiterung, sondern auch hinsichtlich der Wortäquivalenz, nach der das von den ἐκδόσεις besser bezeugte Äquivalent als das auch der hebräischen Vorlage näher stehende zu bestimmen wäre – postuliert werden dürfte und müsste? Diese Bestimmung und Zuordnung der beiden Kriterien entspräche auch der Grundintention der Textarbeit des Origenes als ganzer, die – so, wie ich ihn verstehe, auch im Sinne Neuschäfers – nicht durch andere Aspekte relativiert werden darf: der Rekonstruktion des ursprünglichen Septuagintatextes als Heilige Schrift der christlichen Kirche und der Darstellung des hebräisch überlieferten Textes in griechischer Gestalt als Gegenstand der Auseinandersetzung mit dem zeitgenössischen Judentum. Das Kriterium der λοιπαὶ ἐκδόσεις als Bestimmung der richtigen Wortäquivalenz könnte dann auch als das verbindende Glied bestimmt werden, das beide auf diese Weise dargestellten Textformen, die innerkirchlich und die apologetisch bestimmte, miteinander verbindet. Dass aber hinsichtlich dieser je verschiedenen Bestimmung nach der Intention des Origenes selbst eine Relativierung im Sinn einer Überbewertung der Rekonstruktion der hebräischen Textform gegenüber der des altüberlieferten LXX-Textes angenommen werden müsste, scheint mir angesichts des beschwörenden Einsatzes für seine Bewahrung im kirchlichen Gebrauch im Brief an Africanus trotz der merkwürdigen Aussage über die obelisierten Stellen, οὐ τολμήσαντες αὐτὰ πάντη περιελεῖν, in Matth. Comm. 15, 14 ausgeschlossen, zu erwägen darum die Frage, ob in dieser Formulierung das verbum finitum: „wir haben nicht gewagt (sie völlig auszumerzen)", nicht als Aussage über etwas Gewolltes, aber aus Furcht Unterlassenes zu verstehen wäre, sondern im Sinn der Verhütung der Schuld dessen, der „es wagt", die „Kanonsformel" zu missachten, das bedeutet: im Sinn des bei Josephus bezeugten Wortgebrauchs: οὔτε προσθεῖναί τις οὐδὲν οὔτε ἀφελεῖν αὐτῶν οὔτε μεταθεῖναι τετόλμηκεν (c. Ap. I 42; vgl. Neuschäfer S. 133-135, mit Anm.219), als etwas durch das Wort der Heiligen Schrift selbst Verbotenes. Das Adverbium πάντη hätte dann nicht einschränkenden, sondern kategorischen Sinn: „in keiner Weise haben wir uns, in dem wir es wagten, die obelisierten Stellen auszumerzen, schuldig gemacht".

aber ohne Kennzeichnung im Text belassen und erst sekundär durch Vergleich mit dem hebräischen Original verifizierbar ist[1].

Dass die beiden Zeugen S[c] und Syh hexaplarischer Herkunft sind, ist für den im 7.Jh. anzusetzenden Korrektor des codex Sinaiticus durch den Kolophon am Ende des Buches bewiesen, nach welchem diese Korrekturen nach einer von Pamphilus und Antoninus hergestellten, verglichenen und revidierten Abschrift der Hexapla des Origenes in S eingetragen sind[2], für die syrischen Exerpte aus der ins 8. bis 9. Jh. datierten Catene London Brit. Mus., Add MS 12.168 aus dem Grund nahe gelegt, weil die in dieser Handschrift zitierten Bibeltexte, die für Esdras lediglich als דשבעין משלמנותא : „aus der Übertragung der Septuaginta" bezeichnet werden[3], nach Ausweis einer Note am Ende der Exzerpte aus dem Buch Daniel (fol 161 b) aus der Übersetzung des Paul von Tella stammen[4]. Doch bedarf die Untersuchung des auf diese Weise dokumentierten hexaplarischen Cha-

---

[1]) Vgl. S.144f. und 2.1.1.2.3 (S.206-208). Die hexaplarisch bezeugte asterisierte Zusätze im Kontext einer bewahrten freien oder abweichenden Wiedergabe des gleichen Satzteils überliefernden Stellen – J.Ziegler hat sie für die eigentümliche Dublettenüberlieferung der Ier - LXX hinsichtlich der Überlieferung mit obelisiertem ursprünglichen Dublettenglied in der Einleitung zur Edition (1957) S.79, hinsichtlich nicht obelisierter Stellen in den Beiträgen zur Jeremias-Septuaginta (MSU VI, 1958) S.105 zusammengetragen und I.Soisalon-Soininen in den Untersuchungen zum Charakter der asterisierten Zusätze in der Septuaginta (in AASF, Ser.B 114,1959) S.35f.) dieser Kategorie zugehörende Stellen aus weiteren Büchern der LXX hinzugefügt – unterliegen in besonderem Maße der Frage, ob die Obelisierung bzw. Nicht-Obelisierung auf ein hexaplarisches Prinzip oder lediglich auf den fragmentarischen Charakter der Überlieferung zurückgeführt werden muss; doch legt die Art der Überlieferung, nach der bei obelisierten Stellen der Dublettencharakter, d.h. die Zugehörigkeit der auf das gleiche Grundwort bezogenen beiden Äquivalente, eindeutig verifizierbar ist, den Schluss auf eine rezensionell begründete Unterscheidung zwischen Obelisierung und Nicht-Obelisierung nahe.

[2]) Der Text im Apparat der Edition, Subscriptio, S.249; zur Interpretation vgl. Einleitung S.8f. und die Bemerkungen zum ähnlich lautenden Kolophon des Buches Esther, Est. ed. Einleitung S.60-64.

[3]) Subscriptio zu 19₃ vgl. den Apparat und S.226f.

[4]) Vgl. Ch.C.Torrey, Ezra Studies, Chicago 1910 (Nachdruck 1970), S.96, Anm.37. Die Notiz zu Daniel bezieht sich nicht nur auf dieses Buch, sondern auf die כתבא קדישׁא als Ganzes, mit denen wahrscheinlich die in der Catene überlieferten Exzerpte gemeint sind. Die Behauptung von Gwynn, dass diese mit Ausnahme von Par, Esdr und Dan aus der Peschitta stammen (Introduction S. XVI, XIX, XX), bedarf der Überprüfung. Für das Exzerpt Hos 12 3۱ 4 (fol. 139 verso a b) stimmt es nicht: In 12 ist hier zusammen mit der Mailänder Syrohexapla das Äquivalent זניותא gegen מזניא in Pesch für πορνεία (זנונים 𝔐), in 3۱ נוכריא gegen אחרנא Pesch für ἀλλοτρίους (אחרים 𝔐), אפיתא gegen דבקשא Pesch für πέμματα (אשישי 𝔐), in 4 ראשנא gegen שליטא Pesch für ἄρχοντος (שׂר 𝔐), ולא כוהנא ולא גלינא gegen בסמא וסאם אפודא לבש ודלא Pesch für οὐδὲ ἱερατείας οὐδὲ δήλων (ואין אפוד ותרפים 𝔐) und in 3۱ als Dublette das mit der Vokalisierung von LXX, רֵעַ, übereinstimmende Äquivalent בישׁתא (πονηρά) an Stelle von masoretischem רֵעַ in der Form דמחבא בישׁתא für ἀγαπῶσαν πονηρά (אהבת רע 𝔐) überliefert, das auch von Pesch, aber in der Form דרחמא בישׁתא und in umgekehrter Reihenfolge, auf das Äquivalent גירתא für masoretisches רֵעַ folgend, bezeugt wird: Trotz geringer Differenzen gegenüber der Mailänder Syrohexapla eindeutig syrohexaplarischer Text!

rakters dieser beiden Zeugen auf Grund der weitgehenden Übereinstimmung ihrer Textformen mit lukianischen Rezensionselementen zuerst der durchgehenden Vergleichung mit dieser Tradition.

Die weitgehende Abhängigkeit der lukianischen Rezension von der hexaplarischen, die Joseph Ziegler vor allem in den Prophetenbüchern nachgewiesen hat, bedarf für die Überlieferung von Esdr II aus dem Grund einer besonderen Untersuchung, weil hier die besondere Form der hexaplarischen Bezeugung, die notwendigerweise eklektische und auch graphisch bedingte Eintragung in eine von Haus aus nichthexaplarische Textform beim Korrektor des codex Sinaiticus und die durch den syrischen Sprachcharakter bedingte Reduzierung hexaplarischer Rezensionselemente in der Übersetzung des Paul von Tella, die, wie Alfred Rahlfs an der nicht hexaplarischen, aber der lukianischen nahestehenden syrischen Textform des Psalters nachgewiesen hat[1], kein völlig sicheres Kriterium für hexaplarische Herkunft ist, schon der Qualität nach eine Relativierung und Nivellierung der Kriterien genauer Unterscheidung beider Rezensionen mit sich bringt, die durch die Quantität, die fragmentarische Überlieferung beider hexaplarischen Zeugen, noch verstärkt wird.

Der Vergleich der Textformen wird darum innerhalb des hexaplarisch mitbezeugten Textbereichs, der mit dem erhaltenen Teil des codex S, Esdr II 9₉ κύριος, beginnt und mit dem Ende des Buches endet, zuerst dort der erschöpfenden Verifizierung dessen bedürfen, was an Rezensionselementen lukianisch mitsamt S^c und Syh, was hier nur entweder von S^c oder von Syh mitbezeugt und was von lukianischen Zeugen allein überliefert ist, wo die syrohexaplarischen Fragmente erhalten sind: Esdr II 11₁₋₄ ἡμέρας, 12₁₋₈, 14₇ (4₁)-₉ (4₃), 14₁₆ (4₁₀)-₂₂ (4₁₆) 16₁₅₋₁₆ und 18₁-19₃.

2.1.1.2.1. Die mit der lukianischen Rezension gemeinsamen hexaplarischen Korrekturen nach der hebräischen Vorlage von 𝔐

1. Die Nähe der hexaplarisch mitbezeugten lukianischen Korrekturen nach 𝔐 zu den nur lukianisch überlieferten zeigt sich zuerst darin, dass auch bei dieser Bezeugung die Z u s ä t z e am häufigsten überliefert sind[2]:

(1) Der hexaplarische Zeuge ist S^c: 9₁₀ τί] pr καὶ νῦν S^c-L La^{123} Aeth Arm Compl = 𝔐 (ועתה) et Esdr I 8₇₉   11₁₁ μὴ δή] + κε S^c-L a 119 La^{123} Aeth Compl Sixt Ra. = 𝔐 (אדני)[3] 12₁₃ καί 2°] pr νυκτος S^{c1} (restituit S^{c2}) -L Aeth^{-B} Compl = 𝔐 (לילה)[4] 14₁₂(₆)

---

[1]) ed. Psalmi cum Odis (1931), §6.1, S.52; §7.6, S.66f.. Der Text des Septuaginta-Psalters, Septuaginta-Studien, 2.Heft, 1907 (Nachdruck 1965), § 6.7, S.35; §25, S.122-124; §26.3.4, S.126-128.

[2]) Die entsprechende nur lukianisch bezeugte Überlieferung vgl. 2.1.1.1.1. S.18-20.

[3]) Zu den von *a* und *b* mitbezeugten Rezensionselementen vgl. „Die gegenseitige Zuordnung der Textformen" 3.(3). S.311f.

[4]) Das Fehlen des Äquivalentes für לילה in LXX beruht auf dem Missverständnis der Wortfolge הגיא לילה als e i n nomen proprium: τοῦ γωληλά, so auch in La^{123}: *goela*, wo der Verzicht auf den Zusatz in diesem Verständnis von 𝔐 begründet ist; der hexaplarisch-lukianische Zusatz demnach eine nicht mehr als solche erkannte Dublette.

τόπων] + οτι (ων 93; *ex quibus* La) επεστρεψατε *L* La¹²³ Compl; + επιστρεψετε S^c: cf 𝔐 (אשר־תשובו)¹ 15₁₄ τῷ 'Αρθασασθά] αρταξερξου του βασιλεως (*artaxersae regis* La) *L* La¹²³ Arm Got; + τω βασιλει S^c Compl = 𝔐 (המלך לארתחשסתא)² 16₅ τὸν (> Compl) παῖδα αὐτοῦ (vel εαυτ.)] pr κατα τον λογον τουτον τον (το S^c: cf 𝔐) πεμπτον (-ποντα 19) S^c-*L* Compl = 𝔐 (כדבר הזה פעם חמישית); pr *secundum verbum istum septimo* La¹²³; pr κατα τον λογον τουτον 121; pr τον (> 98-248 44) πεμπτον (*quinta vice* et post με hab

---

¹) Die nach der masoretisch überlieferten Textform schwer verständliche Aussage erscheint in der ursprünglichen Übersetzungsform der LXX in einer Weise vereinfacht, die eine von 𝔐 abweichende Vorlage wahrscheinlich macht; doch ist der an Stelle der Wendung עשר פעמים stehende Ausdruck ἀναβαίνουσιν auch als freie Formulierung auf Grund der unverstandenen Vorlage erklärbar. Die unterschiedliche Wiedergabe des in LXX fehlenden Satzteiles אשר תשובו עלינו, mit οτι επεστρεψατε in *L* La¹²³, aber mit ἐπιστρέψετε in S^c – das gemeinsame Äquivalent ἐπιστρέφειν ist das in LXX bestverankerte, auch von α' übernommene für שוב –, ist nicht auf fehlerhafte Überlieferung, sondern auf je verschiedene Interpretation durch die beiden Rezensionen zurückzuführen, lukianisch textnäher auf Grund der Wiedergabe der Konjunktion אשר, aber textfern auf Grund der Tempusänderung in den Aorist – wahrscheinlich als Mitteilung der den Feinden benachbarten Juden an die zuvor in die Gegend der Feinde vorgedrungenen Brüder: „Sie kommen aus ihren Stätten herauf, weil ihr von dort zurückgekehrt seid" –, hexaplarisch übersetzungstechnisch freier auf Grund des Verzichts auf ein Äquivalent für אשר, aber auf diese Weise textentsprechend auf Grund des Verständnisses der Konjunktion als keiner Übersetzung bedürftiges „אשר recitativum" und des Futurums als Imperativ: als Aufruf an die Brüder „Kehret (zum Kampf wider die Feinde) zurück". Die lukianische Deutung, die auch von der masoretischen Textform her ausgeschlossen ist, fällt für die Interpretation aus dem Grund aus, weil im Kontext nirgends von einem vorangehenden Ausfall der Juden gegen die Feinde die Rede ist; dagegen dürfte die hexaplarische Deutung als der älteste Zeuge für die bei unveränderter masoretischer Textform allein mögliche Interpretation in Anspruch genommen werden: das verbum finitum תשובו als durch אשר-recitativum gekennzeichnete Aufforderung an die mit dem Mauerbau beschäftigten Brüder in Jerusalem: „Kehret zu uns an die vom Feind bedrängten Gebiete außerhalb der Stadt zurück, um uns zu helfen". Offen bleibt nur die Erklärung des von LXX einhellig durch die Verbalaussage ἀναβαίνουσιν ersetzten Ausdrucks עשר פעמים, der aber einem verbum finitum zugeordnet – יעלו עלו, könnte nach לנו leicht ausgefallen sein – zwar einen besseren Sinn ergäbe – „sie sagten uns wohl zehnmal: „sie gehen aus allen Orten gegen uns vor; kehrt zu uns zurück!"" –, aber auch absolut stehend erklärbar wäre: „sie riefen uns wohl zehnmal aus ihren Stellungen zu: „kehrt zu uns zurück". Warum – im Blick auf ein zu erschließendes Zögern der Aufgeforderten – „eine solche Meldung in Wirklichkeit nur als einmalige, nicht als täglich wiederholte sinnvoll wäre" (so Rudolph S.124), vermag ich nicht zu sehen. Die auf Houbigant zurückgehende Konjektur חשבו für תשובו, die Rudolph noch mit כל־המזמות für מכל־המקמות ergänzt – „sie hinterbrachten uns wohl zehnmal all die schlimmen Absichten, die jene hegten" – hat im Unterschied zu der vielleicht direkt auf den Exegeten Origenes zurückgehenden Übersetzung als Interpretation in der alten Übersetzungstradition trotz verschiedener von 𝔐 abweichender Interpretationsversuche nicht den geringsten Anhalt.

²) Vgl. S.214f. mit S.215 Anm.1.

Aeth⁻ᴮ) b 44 Aeth Ald; + το πεμπτον a^{-370} ¹   6 ἠκούσθη] + και γησαμ (γοσεμ Sᶜ = 𝔙) ειπε(ν) Sᶜ-L b 119 Ald Compl = 𝔐 (וגשמו אמר)   10 ὅτι ἔρχονται νυκτὸς φονεῦσαί σε (*quia veniunt interficere nocte* La¹²³)] οτι ερχ. φονευσαι (-σε 93) σε (> 19-93) νυκτος (post ερχονται sq tr Compl) ερχονται αποκτειναι (φονευσαι Sᶜ Compl: cf 𝔐) σε Sᶜ-L Compl = 𝔐 (כי באים להרגך ולילה באים להרגך)²   11 ζήσεται] + ουκ εισελευσομαι Sᶜ-L La¹²³ ¹²⁵ Aeth⁻ᴮ Compl = 𝔐 (לא אבוא)   17₇ init] pr οι ελθοντες (*qui venerunt* La) Sᵐᵍ-L La¹²³ Aeth (sim) Arm Compl = 𝔐 (הבאים), cf 22 Esdr I 5₈ ³   19₈ τῷ σπέρματι αὐτοῦ] pr δουναι (+ αυτην L Compl) Sᶜ-L La¹²³ = 𝔐 (לתת)⁴   20₂₉₍₃₀₎ κρίματα (*iudicia* La; pr τα S L a) αὐτοῦ] + και τα (> Sᵐᵍ 58) προσταγματα (*iustificationes* La) αυτου Sᵐᵍ-L $a^{-107\ 130}$ 58 La¹²³ Compl Sixt = 𝔐 (וחקיו)   35(36) καρποῦ παντὸς ξύλου] pr παντος Sᵐᵍ-L = 𝔐 (כל־פרי כל־עץ); καρποῦ et παντός tr La¹²³ (*omnis fructus ligni*) = 𝔐ᴹˢˢ ⁵ Pesch   21₁₉ αὐτῶν] + οι φυλασσοντες εν ταις πυλαις (πολεσιν 728ˡ) Sᵐᵍ-L (deest 19) 728ᴵ La¹²³ Aeth⁻ᴮ Compl = 𝔐 (השמרים בשערים)   22₂₆ Νεεμία (-μιου (νεαιμ. 108) L 381; *neemmiae* La¹²³)] + του αρχοντος (*principes* La¹²³) Sᵐᵍ-L La¹²³ Aeth ⁻ᴮ Compl = 𝔐 (הפחה)   31 τῆς κοπρίας] pr της πυλης S⁽ᵐᵍ⁾ᶜ-L La¹²³ Aeth⁽⁻ᴮ⁾ Compl = 𝔐 (לשער)   44 μερίδας] + του νομου Sᵐᵍ-L La¹²³ sim (*et particulas sacerdotium secundum legem levitum pro* μερίδας – Λευίταις) = 𝔐 (מנאות התורה))   23₁₄ fin] + και (> La) εν ταις φυλακαις αυτου Sᶜ-L' Aeth⁻ᴮ Compl = 𝔐 (ובמשמריו)   24 'Ιουδαϊστί] + αλλα κατα γλωσσαν λαου και λαου Sᵐᵍ-L' La¹²³ sim (*et secundum lingua in populis* : cf Pesch) Aeth⁻ᴮ Compl = 𝔐 (וכלשון עם ועם)⁶   25 ὑμῶν ult] υμων (> 93) και (> 19) εαυτοις (*vobis* La; + ημιν 93) Sᵐᵍ-L La¹²³ Compl = 𝔐 (לבניכם ולכם))   27 πονηρίαν (κακιαν L; *maliciam* La¹²³)] + την μεγαλην Sᶜ-L La¹²³ Arm = 𝔐 (הגדולה).

---

¹) Auch hier scheint, wie in 14₁₂ (S.185 Anm.1), die hexaplarische Form mit dem Ausdruck το πεμπτον: „das fünfte Mal", 𝔐 näher zu stehen als die lukianische, die mit dem masculinum τον πεμπτον die Botschaft, τον λογον, als die zum fünften Mal ergangene bezeichnet. Als Rezensionselement nach 𝔐 ist der Ausdruck in anderer Form auch in *a* und *b* überliefert (vgl. S.311f.). Die ursprüngliche Textform bewahrt hier nur der durch B' S* AV 370 58 119 Arm repräsentierte B-Text.

²) Sᶜ ist wie L als Zusatz nach 𝔐, nicht mit Br.-M. als Ersetzung zu verstehen. Das hexaplarische Äquivalent φονεύειν ist Angleichung an die – in LXX auch anderwärts verankerte – ursprüngliche Äquivalenz mit הרג im Kontext von Esdr II, das lukianische ἀποκτείνειν stimmt mit der aquilanisch bezeugten, meist von Symmachos begleiteten und oft von diesem selbständig bezeugten Äquivalenz überein.

³) Die von La¹²³ bezeugte Formulierung im Relativsatz lässt sich nicht auf אשר באו in der Parallelstelle 2₂ zurückführen, wo in LXX einhellig οἱ ἦλθον überliefert ist; denn La¹²³ gibt auch die partizipiale Formulierung העלים in 2₁ und 17₆, die in LXX einhellig partizipial übertragen ist, ἀναβάντες oder -βαίνοντες, im Relativsatz wieder: *qui ascenderunt*.

⁴) Der nur lukianisch überlieferte Zusatz des Pronomens αυτην entspricht lukianischer Tendenz zur Textverdeutlichung; Sᶜ bleibt auch hier bei reiner Wiedergabe von 𝔐.

⁵) Die von La¹²³ bezeugte Textform, die כל nur vor פרי setzt, wird nach Kennicott von 10 masoretischen Hss. überliefert.

⁶) Hier ist La¹²³ auf keine innermasoretische Diskrepanz zurückzuführen.

Eine Sonderform von hexaplarisch-lukianisch überliefertem Zusatz liegt in 22₄₃ μεγάλως] ευφροσυνη μεγαλη (ευφροσυνην μεγαλην 19; *iucunditate magna* La) *L* La¹²³ Arm Compl = 𝔐 (שמחה גדולה); pr ευφροσυνη S^mg, vor: Die lukianisch formal genau 𝔐 entsprechend mit Nomen und Adjektiv, hexaplarisch lediglich durch Zusatz von ευφροσυνη zum Adverb μεγάλως durchgeführte Korrektur nach der masoretisch überlieferten Vorlage ist auch in der hexaplarischen Form, da beim Korrektor von S auch aus paläographischen Gründen Zusätze gegenüber Wortänderungen überwiegen, eher als eine Vorstufe zur lukianischen Textform als identisch mit ihr zu erklären.

Dazu kommen als hexaplarisch-lukianisch bezeugte Zusätze nach 𝔐 die zahlreichen Ergänzungen der Namenlisten innerhalb der von Syh nicht erfassten Kapitel 21 und 22, deren nicht einhellig überlieferte Textteile konsequent vom B-Text ausgelassen und von den hexaplarisch-lukianischen Zeugen nachgetragen, aber bei unterschiedlicher Beteiligung der übrigen Zeugen, überliefert sind, deren konsequente Mitbezeugung durch S^c aber als das wichtigste Argument für das frühe, vorhexaplarische und hinsichtlich der Übersetzung wahrscheinlich ursprüngliche Stadium der gegenüber 𝔐 verkürzten Textform in Anspruch genommen werden darf¹.

Zusätze von Pronomina:

9₁₄ τοῖς λαοῖς τῶν γαιῶν] *a populis exsecrationum istarum* La¹²³ = 𝔐 (בעמי התעבות האלה); +τουτων S^c1 (restituit S^c2) - *L'* Compl² 12₈ ὡς χεὶρ θεοῦ] + μου S^c1

---

¹) Es sind die so bezeugten Textteile in 21₁₂₋₁₃ 15 16-18 20 21 23 24 25 26 27-30 31-35 22₂ 3-7 9 28 29 41 42. Für die genaue Abgrenzung, Zeugenverteilung und Differenzierung innerhalb der einzelnen Textstücke vgl. den Apparat, zur textgeschichtlichen Einordnung vgl. „Der ursprüngliche Text" 5.3. (S.405f.). Die die Regel bestätigende Ausnahme des sekundären Charakters der nur vom B-Text überlieferten verkürzten Textform in 21₁₂₋₁₄ gegenüber der auch von S^c mitbezeugten als ursprünglich postulierten mit 𝔐 übereinstimmenden Erweiterung lässt sich textgeschichtlich sowohl aus dem Befund erklären, dass auch hexaplarisch überlieferte Zusätze die ursprüngliche Übersetzungstradition bewahren können, als auch aus der Möglichkeit, dass in der dem 7.Jh. zuzuweisenden hexaplarischen Textform, die dem Korrektor des codex S vorlag, Ursprüngliches und ursprünglich Hexaplarisches nicht mehr überall einwandfrei getrennt war.

²) Ob das ursprüngliche Äquivalent τοῖς λαοῖς τῶν γαιῶν auf eine von 𝔐 abweichende Vorlage, בעמי הארצות, zurückgeht oder als freie Wiedergabe in Analogie an den dort wörtlich mit ἀπὸ λαῶν τῶν γαιῶν ἐν μακρύμμασιν αὐτῶν übersetzten Ausdruck מעמי הארצות כתעבתיהם in 9₁ zu erklären ist, muss, da der Übersetzer dieser stereotypen Wendung gegenüber frei verfährt und die mit v.1 gleichlautende Form in v.11 mit λαῶν τῶν ἐθνῶν ἐν μακρύμμασιν αὐτῶν wiedergibt – in 9₂ und 33 bleibt die Äquivalenz wörtlich: λαῶν τῶν γαιῶν –, offen bleiben; sicher ist das Äquivalent von La¹²³ mit *exsecrationum* im Unterschied zu S^c-*L'* nicht nur hinsichtlich des Pronomens, sondern auch des Bezugsnomens Korrektur nach 𝔐. Ob aber das altlateinische Äquivalent *exsecratio* für das ursprüngliche μάκρυμμα oder für das lukianische βδέλυγμα steht – hierzu vgl. S.96 mit Anm.2 –, lässt sich, da La¹²³ an den Stellen, an denen diese lukianische Korrektur vorliegt, in 9₁₁ *exsecratio*, in 1 aber *abominatio* überliefert, nach Regeln der Äquivalenz nicht beantworten. Vgl. S.10 Anm.1.

(restituit ᶜ²), sed hab Syh et La¹²³; κατα την χειρα του θ̄ῡ μου L = 𝔐 (כְּיַד־אֱלֹהַי)¹   22₂₆ init] pr ουτοι (*hi erant* Arm) Sᶜ-*L* La¹²³ ² Aeth⁻ᴮ Arm Compl = 𝔐 (אֵלֶּה).

Relativpronomen: 17₇₂₍₇₁₎ ἔδωκαν (εδωσαν Sᶜ; δεδωκαν *L*)] pr α Sᶜ-*L* = 𝔐 (אֲשֶׁר נָתְנוּ)³.

Zusatz von καί und καίγε:

10₉ ἐκάθισεν] pr και Sᶜ-*L* 44 La¹²³ Arm = 𝔐 (וַיֵּשְׁבוּ) et Esdr I 9₆ (om Laᶜ, sed hab La¹²³)   15₁₄ init] pr και γε Sᶜ¹ (restituit Sᶜ²) -*L* Compl = 𝔐 (גַּם); pr *et* Aeth⁻ᴮ Arm Got⁴.

(2) Der hexaplarische Zeuge des Zusatzes ist Syh⁵:

11₂ περὶ τῶν σωθέντων] περι των ιουδαιων των διασωθεντων (*de iudaeorum salutē* La) Syh-*L'* La¹²³ Aeth⁻ᴮ Compl = 𝔐 (עַל־הַיְּהוּדִים הַפְּלֵיטָה)⁶   18₃ ἀπό] pr απεναντι της πλατειας της εμπροσθεν της πυλης των υδατων Syh -*L* Aeth⁻ᴮ Compl = 𝔐 (לִפְנֵי רְחוֹב אֲשֶׁר לִפְנֵי שַׁעַר־הַמַּיִם), cf Esdr I 9₄₁ (ἐν τῷ πρὸ τοῦ ἱεροῦ πυλῶνος εὐρυχώρῳ (εν τω ευρυχωρω του πρωτου (πρότου 108) ιερου πυλωνος *L*)); pr *in plateā* La¹²³ ⁷   18₄ ξυλίνου] + o

---

¹) Der hexaplarisch durch Sᶜ überlieferten Textform, die gegenüber der ursprünglichen nur den Zusatz des Pronomens μου zu θεοῦ nach 𝔐 überliefert, steht darüber hinaus eine stilistische Änderung des Kontextes, κατα την χειρα του θεου μου (> La) την αγαθην επ εμε, in *L* La¹²³ gegenüber, in der als Korrektur nach 𝔐 der Zusatz des adverbialen Ausdrucks επ εμε hinzutritt. Die stilistische Änderung dürfte, da sie 𝔐 gegenüber neutral erscheint, genuin lukianischer Herkunft sein; das Fehlen der Zusätze in der hexaplarischen Tradition sowohl in Sᶜ als auch in Syh – in La¹²³ *dī* wird die Schreibung als nomen sacrum mitspielen – beruht eher auf bruchstückhafter Überlieferung; vgl. S.222.

²) Nach der Interpunktion bezieht La¹²³ das Pronomen auf die vorangehend genannten Türhüter: *ianitores isti · In diebus...*; aber die Intention der Übersetzung erfordert auch in La das Verständnis des Pronomens als Subjekt des folgenden Satzes.

³) Hs. La¹²³ fällt aus, da sie nur den abweichenden Paralleltext in 2 68-70 überliefert. Vgl. Esdr II ed., Einleitung S.12.

⁴) Die Setzung der Kopula in den Sekundärübersetzungen darf für die hexaplarisch-lukianische Korrektur nach 𝔐 in Anspruch genommen werden. La¹²³ fällt hier wegen, wie in 22₂₆ (vgl. oben Anm.2), eher in Abschreibetradition begründeter Zuordnung zur vorangehenden Aussage: *et fecit populus secundum sermonem istum a die illo*, aus. Die in Esdr II lukianisch mehrfach bezeugte Äquivalenz גַּם(וְ) - καίγε (vgl. FS Frede-Thiele S.55, Anm.32) erweist sich mit dieser Stelle als hexaplarisch verankert.

⁵) Der von Syh mitbezeugte Zusatz für חֶדְוָה in 18₁₀, der von *L* mit εὐφροσύνη, von *b* 119 mit χαρά wiedergegeben ist, wird bei der Untersuchung der Tradition der Wortäquivalenz S.200 behandelt.

⁶) Syh beruht mit der Wiedergabe im Relativsatz, הנון דשתוובו · הנון דאשתבקו, auf der auch lukianisch überlieferten Textform. Zur ursprünglichen und lukianischen Wortäquivalenz mit dem Nomen פְּלֵיטָה in 9₈ ₁₃ ₁₄ ₁₅ vgl. S.119 mit Anm.3, zur altlateinischen Textform S.221. Zu 11₃ s.S.189 und „Der ursprüngliche Text" S.392f. mit 393 Anm.1.

⁷) Die Verkürzung des Zusatzes in La¹²³ ist wahrscheinlich von v.1 her, als verkürzte Wiederaufnahme des gleichlautenden Satzteiles in der vorgegebenen Tradition, zu erklären; die einzige Übereinstimmung mit der sonst völlig freien Wiedergabe der Parallelstelle von Esdr I, *in plateā* gegenüber ἐν...εὐρυχώρῳ, – in v.1 liest La¹²³ auch bei dem Äquivalent für לִפְנֵי mit *ad faciem* übereinstimmend mit *L* κατα προσωπον gegen ἔμπροσθεν in LXX –, beruht eher auf Zufall; vgl. S.223f. Zu beachten ist aber, dass *L* in v.3 nicht das in v.1 lukianisch überlieferte

εποιησεν *(fecerant* Syh Aeth = 𝔐 (hab Pesch 𝔙)) εις το δημηγορησαι εν τω λαω *(ad pplum* pro εις – fin La; om εν τω λαω Aeth Compl = 𝔐) Syh-L La[123] Aeth[-B] Compl = 𝔐 (אשר עשׂו לדבר), cf Esdr I 9₄₂ ((τοῦ ξυλίνου βήματος) τοῦ κατασκευασθέντος)[1].

Da Einfluss der christlichen Rezensionen bereits in der ältestüberlieferten Tradition von Esdr II, dem oft von S, A und V begleiteten B-Text, nicht ausgeschlossen werden kann, die Art der Textverkürzung gegenüber 𝔐 aber der der Übersetzung als ganzer eigentümlichen entspricht, ist auch der von B′ S V Syh-L La[123] Aeth Compl Sixt bezeugte Zusatz οι καταλειφθεντες *(qui remanserunt* Aeth; אילין דאשתבקו Syh; *et relicti sunt* La) zu οἱ καταλειπόμενοι (-λιπ. 74-106-107 (non 44)-120-134-370 243* 55); υπολελειμμενοι L Compl) für die Wendung הנשארים אשר נשארו in 1₁₃ eher denn als ursprünglich – so Rahlfs – als hexaplarisch-lukianisch in die Textgeschichte einzuordnen[2].

Äquivalent κατα προσωπον bezeugt, sondern das ursprüngliche ἔμπροσθεν; die doppelte Äquivalenz dürfte auch in der syrohexaplarischen Übersetzung vorliegen, die in v.1 קדם, in v.3 לוקבל liest; doch ist eine sichere Zuordnung der syrohexaplarischen Äquivalente zu der griechischen nicht möglich, da Syh auch in v.2, wo für לפני in LXX ἐνώπιον, in L ἐναντίον steht, das Äquivalent קדם überliefert. Auch bei dem Äquivalent für den Begriff רחוב, wo Syh in v.1 פתיא, in v.3 שׁוקא פתיא setzt, bleibt die Aufteilung auf πλατεία in v.3 und ursprüngliches πλάτος gegenüber lukianischem πλατεία in v.1 (vgl. hierzu S.31f.) ungesichert, da in Syh der gleiche Begriff bei einhellig überliefertem Äquivalent πλατείας in v.16 auch mit dem Lehnwort פלטותא wiedergegeben werden, streng eingehaltene Äquivalenz in Syh demnach nicht angenommen werden kann. Die lukianische Änderung von ὕδατος in den Plural υδατων in 18₁(3) (so auch 13₂₆ 22₃₇) lässt sich in Syh nicht verifizieren, da syrisch מיא wie hebräisch מים Pl. tantum ist.

[1]) Das Äquivalent für לדבר : εις το δημηγορησαι εν τω λαω, setzt die Vokalisierung als Infinitiv voraus und ist als interpretierende Wiedergabe zwar textgemäß – vgl. die Worterklärung Hesychs: δημηγορῆσαι · ἐν δήμῳ λαλῆσαι. δημηγορῶν · εἰς τὸν δῆμον λέγων, die auf das Cyrillglossar zurückgeht –, ist aber in LXX als Äquivalent nur für den etymologisch ungeklärten Ausdruck אלקום in Prov 30₃₁ (LXX 24₆₆) überliefert: מלך אלקום עמו: βασιλεὺς δημηγορῶν ἐν ἔθνει. Als hexaplarische Textform lässt sich der sowohl lukianisch als auch von Syh (הי דעבדו הוו למתרגמו לעמא) bezeugte adverbiale Zusatz εν τω λαω, der eher als lukianisches Interpretament anmutet, schwer erklären. Zur weiteren textgeschichtlichen Einordnung vgl. die Ausführung über die altlateinische Textform S.240f.

[2]) Zur Frage nach der ursprünglichen Textform bei der hier vorliegenden überlieferungsgeschichtlichen Teilung in B-Text mit (hexaplarisch-)lukianischer Rezension einerseits, den Rezensionen a und b gemeinsamer Textform anderseits vgl. „Die gegenseitige Zuordnung der Textformen" 3(1). S.309f. und „Der ursprüngliche Text" 5.3. S.392. Dass die lukianische Rezension in der der ursprünglichen Übersetzung angehörenden und einhellig mit einem Äquivalent bezeugten Wiedergabe des Partizips הנשארים das in Esdr II für שׁאר konsequent bezeugte ursprüngliche Äquivalent οἱ καταλειπόμενοι hier, wie auch an weiteren Stellen, durch das Compositum mit der Präposition υπο ersetzt (14 9₈, vgl. υπολειμμα in 9₁₄ und 15 für שׁארית), während sie in dem Zusatz zusammen mit B′ S V καταλειφθεντες beibehält – Syh fällt bei dieser Unterscheidung aus –, lässt sich, da lukianische Inkonsequenz in beiden Fällen angenommen werden muss und auch durch oft einhellig bewahrtes Compositum mit κατα sowohl im hebräischen (20₂₈(29) 2 11) als auch im aramäischen Teil (4₉ ₁₀ ₁₇ 6₁₆ 7₁₈) bestätigt ist, in 1 13 nicht als Kriterium der Textherstellung in Anspruch nehmen. Der Wechsel zwischen beiden Präpositionen bei diesem Compositum lässt sich textgeschichtlich schwer einordnen, da er nicht nur

(3) Beide hexaplarischen Zeugen, S^c und Syh, überliefern den Zusatz nach 𝔐:
12₈ πύλας] + της βαρεως του οικου S^c-L Compl = 𝔐 (הבירה אשר־לבית); + דבית
מעמרא דביתא Syh¹ 14₇ (41) 'Αμμανῖται] + και οι (om και οι 44) αζωτιοι (זוטיא Syh;
azoni La¹²³) S^c-L *a* La¹²³ Aeth^{-B} (sim) Compl = 𝔐 (ואשדודים)².

2. In gleicher Weise wie die Zusätze sind auch die hexaplarisch mitüberlieferten A u s ‑
l a s s u n g e n nach 𝔐 übereinstimmend mit den lukianisch bezeugten³ der Zahl nach viel
geringer. Aber hier erweist sich die hexaplarische Überlieferung auch hinsichtlich des
quantitaiven Verhältnisses zur lukianischen als weit geringer als wie es bei den Zusätzen
der Fall ist. Dieser Befund kann damit erklärt werden, dass durch den Ausfall der in der
Esdr II-Überlieferung fast völlig fehlenden aristarchischen Zeichen⁴ im Unterschied zu

---

in LXX, sondern auch bei α' als Äquivalent für שאר verbreitet ist. In 2₁₂₀ lesen S^{mg}-L, in 1₇₇₁ L
für κατάλοιπος das simplex λοιπός, in 9₁₅ S^c 119 610 (sim) ενκατελιφθημεν, L κατελειφθημεν
υπολειμμα für κατελείφθημεν als Äquivalent für נשארנו bei folgendem פליטה = διασῳζόμενος
(vgl. S.119).
¹) Dass der syrohexaplarisch überlieferte Zusatz – wörtlich übersetzt: „*portas domūs domi‑
cilii domus*" – in verderbter Form den in LXX fehlenden Textteil wiedergibt, ist sicher, unsi‑
cher die Rekonstruktion. Wahrscheinlich ist die Erklärung durch die Verschreibung von ביתא
aus ursprünglichem בירתא, dem Äquivalent, das in Syh in 1₁₁ für lukianisch überliefertes τῃ
βαρει an Stelle der ursprünglichen Transkription ἀβιρά, wie in Pesch für masoretisches הבירה
überliefert ist. Pesch hilft auch in 12₈ auf Grund der Textform ביתא ודביתא (תִּרְ֫עֵי): *portas
domus et palatii* zur richtigen Korrektur von דביתא in דבירתא: „die Tore des Wohnhauses der
Tempelburg", die aber in Syh ein anderes Verständnis als in Pesch, wo es um die Tore des
Tempels und der Burg geht, und auch als in 𝔐 und L voraussetzt, wo nur die Tore der Burg
gemeint sind: Syh deutet den mit ביתא bezeichneten Tempel durch die Näherbestimmung mit
מעמרא in ein Wohnhaus innerhalb der Burg um, für dessen Tore das Holz beschafft werden
muss: Syh scheint der Wortfolge nach Pesch, dem Sinn nach, da es nur um Tore innerhalb der
Burg geht, 𝔐 und L näher zu stehen. Aus der seltenen Übereinstimmung von La¹²³ mit LXX
gegen die hexaplarisch und lukianisch bestätigte masoretische Textform, lässt sich, da es um
graphisch erklärbare Textverkürzung geht, kein textgeschichtlicher Schluss ziehen.
²) Die in LXX verwendete seit Herodot (II 157) bezeugte Namensform für Asdod, Ἄζωτος,
bleibt hexaplarisch-lukianisch bewahrt; *azoni* in La¹²³ ist, wie 23₂₃ ₂₄ beweist, graphisch
bedingte Verschreibung (*n = ti*) für *azotii* (so auch 𝔓), זוטיא in Syh graphisch oder phonetisch
bedingte für die im Unterschied zu Pesch (אשדודיא) syrohexaplarisch verwandte und ander‑
wärts (z.B. in Sach 9₆ באזוטוס für באשדוד 𝔐) nachgewiesene Transkription אזוטיא. Vgl. S.213f.
und 223; zur Zuordnung der Zeugen 3(3). S.311.
³) Vgl. S.20.
⁴) Es handelt sich ausnahmslos um Fälle, bei denen die Echtheit, d.h. hexaplarische Her‑
kunft, fraglich bleibt: In 17₇₂ steht am Anfang des von BA 71-106-107 – durch Homoiotele‑
uton? – ausgelassenen Satzteils init – διακοσίας bei S^c und den nicht genuin (hexaplarisch)-
lukianischen Handschriften 64-243 ein Asteriskus, und in Kap.22 wird der ganze Textteil 1₄
Ἰωναθάν – (21) fin, der in B' S^{txt} A Arm (in Aeth^B ab τῷ Σεχενιά) fehlt, von S^{mg} asterisiert. Ur‑
sprüngliche Textverkürzung wird an diesen Stellen auch von Rahlfs nicht angenommen; eher
handelt es sich um eine sekundäre Verwendung der aristarchischen Zeichen als Kennzeichnung
der in Abschreibetradition begründeten Textlücke. Ob der Asteriskus im codex mixtus 119 am
Anfang von 4₁₄, der wahrscheinlich den hier folgenden, aber nur von L' Compl überlieferten

nicht asterisierten Zusätzen nicht obelisierte Auslassungen nicht mehr als Rezensionselement erkennbar sind:

17₇₂₍₇₁₎ διακοσίας] > S^c-L Aeth^{-B} Arm Compl = 𝔐 [1]   19₃₈ (10₁) πάντες ἄρχοντες ἡμῶν] om πάντες B' S^c-L La^{123} Aeth Compl Sixt = 𝔐 (שׂרינו).

Trotz der Mitbezeugung auch durch den B-Text, die auch für Rahlfs kein Argument für die Ursprünglichkeit von πάντες in 19₃₈ ist, liegen außer den textgeschichtlichen auch Gründe der inneren Kritik vor, das Fehlen der Kopula, 18₉ καί 5⁰ in B' Syh-L 64-381 La^{123} Arm Compl und 22₃₇ καί 1⁰ in B' S*$^{et\ c2}$ (restituit S^{c1}) -L Aeth^{-B} Compl als hexaplarisch-lukianische Korrektur nach 𝔐 zu erklären[2].

In der von Rahlfs bei rein hexaplarisch-lukianischer Bezeugung, durch S^c-L 236 La^{123}, als Herstellung des ursprünglichen Textes erklärten mit 𝔐 übereinstimmenden Auslassung eines Gliedes innerhalb der hohenpriesterlichen Genealogie, καὶ Ἰωά, stützen sich für die Annahme ihrer sekundären Natur gegenseitig das äußere Kriterium der Textgeschichte und das innere der historischen Interpretation[3].

Zusatz kennzeichnet, auf in 119 selbst nicht mehr erhaltene hexaplarische Überlieferung zurückgeht, muss offen bleiben. Während der von S^c überlieferte Einschub nach 𝔐 in 22₁₄₋₂₁, der neben B' A Arm auch in S* fehlt, in dem Sinn als „hexaplarisch" bestimmt werden könnte, dass die hexaplarische Textform hier mit dem ursprünglichen Übersetzungstext übereinstimmt – die in diesem Textteil lukianisch überlieferten Eigennamen geben hierzu in ihrem Verhältnis zur hebräischen Vorlage wenig Aufschluss; nur von S^{mg} bezeugtes ἐν καιροῖς an Stelle von κερος der meisten für das als appellativum missverstandene nomen proprium למועדיה in v.17 wäre dann nur hexaplarisch bewahrter ursprünglicher Übersetzungstext –, kann der auch in S* überlieferte Textteil in 17₇₂, der nur in B A 71-106-107 fehlt, weil sich in ihm zwei von S^c und L bezeugte Korrekturen nach 𝔐 befinden, die Einführung des Relativpronomens α vor ἔδωκαν, die Tilgung von διακοσίας, dazu der Einschub eines in L, δραχμας, und S^c, ἐν νομίσμασιν, je verschiedenen Wortäquivalents für דרכמונים (vgl. S.205 und 295), nur als eine auch der hexaplarischen Rezension schon vorliegende, die ursprüngliche, Übersetzungsform bestimmt werden, deren Kennzeichnung mit Asteriskus darum auf eine sekundäre Verwendung der aristarchischen Zeichen zurückgeführt werden muss.

[1]) Trotz der weiteren Divergenzen in der Zahl der vom Volk gestifteten Silberminen als ganzer – L bezeugt τρισχιλιας, S* χιλιαδας an Stelle der 𝔐 entsprechenden Zahl δισχιλίας der übrigen; wieder andere Zahlen überliefert die Parallelstelle 269 – ist die Tilgung von διακοσίας als Korrektur nach 𝔐 zu bestimmen.

[2]) Vgl. „Der ursprüngliche Text" 5.3(5), S.402-404. Der Weg der Korrekturen in S 22₃₇ καί 1⁰ om S* et S^{c2} – so die letzte Lesung von D.Fraenkel und U.Quast (vgl. Esdr II ed., Einleitung S.8); Br.-M. lesen ἀνέβησαν S$^?$ B b h* (vid) e₂] pr και rel – ist insofern ein Sonderfall, dass schon der ursprüngliche Text von S die mit 𝔐 übereinstimmende sekundäre Textform überliefert, die, nachdem sie von einem ersten Korrektor nach LXX korrigiert worden ist, vom hexaplarischen Korrektor wiederhergestellt werden muss. Eine Rückbewegung zum ursprünglichen Text von S durch einen auf den hexaplarischen nachfolgenden Korrektor (gewöhnlich S^{c2}) fällt aus dem Grund hier aus, weil die ursprüngliche Textform mit der hexaplarischen Korrektur identisch ist.

[3]) Vgl. „Der ursprüngliche Text" 5.3 (9(2)), S.411f.

3. Lukianisch bezeugte U m s t e l l u n g e n nach 𝔐¹ sind hexaplarisch – das mag teilweise an der Schwierigkeit ihrer Kennzeichnung durch Korrekturzeichen und ihrer syntaktischen Wiedergabe im Syrischen begründet sein – nicht mitüberliefert.

4. Hinsichtlich der A r t i k e l s e t z u n g ² in hexaplarischer Mitbezeugung lässt sich – darin dürfte ein Unterschied zwischen dem hexaplarischen und dem lukianischen Rezensionsprinzip erkennbar sein – mit Sicherheit nur das Prinzip der Korrektur nach 𝔐, nicht das syntaktische der Angleichung an den griechischen Sprachcharakter erkennen: 22₂₆ ἐν ἔθνεσιν πολλοῖς] ἐν (+ τοῖς L) ἔθνεσιν τοῖς (*illis* La) πολλοῖς S^c-L La¹²³ = 𝔐 (בגוים הרבים)³. Bei weiteren s y n t a k t i s c h e n Erscheinungen zeigt sich hinsichtlich der C a s u s r e k t i o n⁴ in hexaplarischer Überlieferung bei S^c darin eine Inkonsequenz, dass innerhalb jener hexaplarisch-lukianischen, meist Namenslisten überliefernden Zusätze in Kap.21-22⁵ das mit υἱός bezeichnete Sohnesverhältnis, das im ursprünglichen Übersetzungstext im Nominativ konstruiert wird, lukianisch sprachlich, aber auch 𝔐 gegenüber korrekter in den Genitiv umformuliert wird, in S^c aber zwar meist in der ursprünglichen Form belassen wird⁶, jedoch in der Geschlechterfolge 21₂₂ zusammen mit L in die Genitivkonstruktion übergeht: οζι (αζα S^{mg}; οζα 728¹) υιος (υιου S^c) βον(ν)ει υιου... S^c-L (deest 19) 728¹ La¹²³ Compl⁷.

5. Hinsichtlich des W e c h s e l s z w i s c h e n S i n g u l a r u n d P l u r a l b e i N o m e n u n d V e r b u m⁸ ist die Rückführung auf hexaplarisch-lukianische Tradition textgeschichtlich und inhaltlich nicht völlig gesichert: In 17₆₃ steht dem rein hexaplarisch-lukianisch bezeugten Wechsel beim Nomen: γυναῖκας] -κα S^c (vid)-L (deest 19) Aeth Arm Compl = 𝔐, der syntaktisch damit zusammenhängende von L mitsamt dem B-Text überlieferte Wechsel in den Verbalformen, vorangehend ἔλαβον] -βεν B′ L (deest 19) Aeth Arm Compl = 𝔐 (hab Pesch^W (נסבו)) und nachfolgend ἐκλήθησαν] -θη B′ S A L (deest 19) 370 119 Aeth Arm Compl = 𝔐, und der rein lukianisch bezeugte Wechsel der den ganzen Nebensatz einleitenden Konjunktion ὅτι vor ἔλαβον in ος (L (deest 19) Compl) als Äquivalent für אשר gegenüber. Die auf diese Weise zum Teil hexaplarisch-lukianisch, zum Teil lukianisch mitsamt dem B-Text, zum Teil rein lukianisch bezeugte Textform entspricht in allem der masoretischen Vorlage – auch bei dem lukianisch über-

---

¹) Vgl. S.20.
²) Die lukianische Überlieferung s. S.20-25.
³) Aus dem Fehlen des in 𝔐 nur durch Vokalisierung gekennzeichneten, aber syntaktisch notwendigen Artikels bei ἔθνεσιν in S^c und La¹²³ lässt sich kein Schluss ziehen.
⁴) Die lukianische Überlieferung s. S.25.
⁵) Vgl. S.187 mit Anm.1.
⁶) Vgl. z.B. bei der Geschlechterfolge im ursprünglichen Text 22₃₅, im hexaplarisch-lukianischen Zusatz 21₁₅; zu La¹²³ vgl.S.270 Anm.6.
⁷) Dass der hexaplarische Korrektor S^c – auf Grund der ihm vorliegenden schon durch mehrere Zwischenglieder hindurchgegangenen hexaplarischen Tradition? – bei dieser Erscheinung unsicher ist, zeigt die sinnlose Änderung schon des ersten υιος, das zu dem im Nominativ stehenden ersten Namen der Geschlechterfolge gehört, in den Genitiv.
⁸) Die lukianische Überlieferung s. S.26.

lieferten ὅς für ὅτι; denn es liegt ein Relativ-, nicht ein Begründungssatz vor – und stimmt als solche mit dem dort abgesehen von *postquam* oder *sicut* an Stelle von ὅς (für ὡς?) und *uxores* an Stelle von γυναῖκα in Arm einhellig überlieferten Paralleltext von 2 61 überein: Das Priestergeschlecht des Barsillai, der sich aus den Töchtern des Gileaditers Barsillai eine Frau genommen hatte und nach dessen Namen genannt worden war.

Die Abweichung in 17 63 sowohl von 𝔐 als auch von LXX in 2 61 in bestbezeugter Überlieferung ist schwer anders erklärbar als von einer schon in der hebräischen Vorlage von der masoretischen abweichenden Textform her. Rahlfs, der auf Grund seiner textgeschichtlichen Kriterien die vom B-Text mitbezeugten Lesarten als ursprünglich, die hexaplarisch-lukianisch und die lukianisch bezeugte aber als sekundär bestimmt, gewinnt auf diese Weise die widersinnige Aussage, dass ein Priester Barsillai sich mehrere Töchter eines Gileaditers Barsillai zu Frauen genommen hätte. Nur bei der Bestimmung auch der vom B-Text mitbezeugten lukianisch überlieferten Lesarten als sekundäre Korrekturen nach 𝔐 lässt sich eine zwar von 𝔐 abweichende ursprüngliche Textform erreichen, die trotz dieser Abweichung eine sinnvolle Aussage ergibt: Von den Söhnen aller hier genannten Priestergeschlechter, die ihre Herkunft aus Israel nicht nachweisen konnten, hatten einige sich Töchter eines Gileaditers mit Namen Barsillai zu Frauen genommen – das kausale ὅτι dürfte diese Tat als Grund des Zweifels an ihrer israelitischen Herkunft bezeichnen (v. 64) – und waren darum mit seinem Namen genannt worden.

Offen muss hier aber die Frage bleiben, ob die Beschränkung der durch S^c bezeugten hexaplarischen Herkunft auf die eine Korrektur nach 𝔐, γυναῖκα, auf Bruchstückhaftigkeit der Überlieferung oder auf einer hexaplarischen Vorstufe beruht, die erst lukianisch konsequent weitergeführt wurde[1].

Zwei hexaplarisch-lukianisch überlieferte Wechsel zwischen Singular und Plural der dritten Person in Verbalformen sind hinsichtlich ihrer textgeschichtlichen Bestimmung umstritten auf Grund der vom B-Text überlieferten Textform, für deren Ursprünglichkeit sich Rahlfs entscheidet:

17 70(69) ἔδωκαν 2°] -κεν S^{mg}-*L* Aeth^A Arm = 𝔐 (נתן); > B' S^{txt} *a*$^{-370}$ 248 Compl Sixt Ra. Der von codex A begleitet von der Rezension *b* bezeugte Plural ἐδωκαν geht auf ein Missverständnis bzw. eine Änderung der masoretisch überlieferten Textform zurück, nach der auf Grund der Vorlage למלאכת התרשתא (oder למלאכה לתרשתא) נתנו nicht der Tirschata als der Spender der danach genannten Gelder erscheint, sondern die zuvor genannten Familienhäupter sie ihm übergeben, so dass das verbum finitum נתנו lediglich eine Wiederholung seiner ersten Nennung unmittelbar nach dem Subjekt „die Familienhäupter" ist. Eine stilistisch dermaßen schwierige Formulierung ist als Rezensionselement der Übersetzungstradition schwer, als sklavische Wiedergabe durch den Übersetzer

---

[1]) Als wahrscheinlich nehmen eine Korrektur von S^c in γυναικα erst in der letzten Kollation U.Quast und D.Fraenkel an; die früheren Kollatoren, Swete, Tischendorf, auch Eberhard Nestle in der 7.Ausgabe Tischendorfs (Tomus II, Leipzig 1887, Supplementum S.72) verzeichnen an dieser Stelle nichts.

selbst aber leicht erklärbar. Das Fehlen des verbum finitum an der zweiten Stelle entspricht der Tendenz der vereinfachenden Textverkürzung im B-Text[1], die von Rahlfs vertretene Bestimmung dieses Fehlens als ursprünglicher Text würde die Annahme einer sekundären vorhexaplarischen Textform fordern, die erst hexaplarisch-lukianisch nach 𝔐 korrigiert wäre. Bei der unabhängig von dieser Alternative sicheren Bestimmung der singulären Form εδωκεν als hexaplarisch-lukianische Korrektur nach 𝔐 zeigt sich auch hier eine Inkonsequenz in der hexaplarischen Überlieferung, die erst lukianisch behoben ist und deren Bewahrung in S^c entweder als eklektisches Verfahren des Korrektors oder aber als hexaplarische Vorstufe erklärt werden muss: Die rezensionelle Umänderung des Dativobjekts τῷ ᾿Αθερσαθά (αθαρασθας L) in das nach 𝔐 erforderte Subjekt durch Tilgung des Artikels ist nur lukianisch, von L 107 46-64-381-728 Arm (sim) Ald, bezeugt.

18₉ ὡς ἤκουσεν] ως ηκουσαν B′ S^c-93 Aeth Arm Sixt Ra.: cf 𝔐 (כ(שמעם))[2]. Die hexaplarisch, lukianisch nur von 93[3], bezeugte Umsetzung des verbum finitum in den Plural ist durch das in 𝔐 dem Infinitiv angeschlossene Pluralsuffix bedingt, das zwar in 𝔐 durch seine Beziehung auf den pluralisch formulierten Vordersatz כי בוכים כל־העם als collectivum vorbereitet ist, nicht aber in LXX, in der dieser Satzteil einhellig in singulärer Formulierung überliefert ist: ὅτι ἔκλαιεν πᾶς ὁ λαός. In stilistischer Hinsicht kann die hexaplarisch-lukianische Äquivalenz mit der Verbalform כשמעם im Kontext des ganzen Satzes darum kaum anders denn als Korrektur nach 𝔐 erklärt werden[4].

6. Hexaplarisch-lukianische W o r t v a r i a n t e n nach 𝔐, die im ursprünglichen Übersetzungstext der LXX eine von der masoretisch überlieferten Textform abweichende Vorlage voraussetzen, sind, wie es auch bei den rein lukianisch bezeugten Fällen dieser Art festzustellen war[5], aus dem Grund eher selten, weil die LXX von Esdr II eine im ganzen getreue Übersetzung einer mit der masoretischen weitgehend übereinstimmenden Textform darstellt. Eine wichtige Ausnahme gegenüber dieser Regel liegt z.B. in 20₃₈(₃₉) vor: εἰς οἶκον τοῦ θεοῦ] εις (+ τον L) οικον του θησαυρου (*thesaurorum* La^{123}) S^{mg}- L Compl = 𝔐 (לבית האוצר).

Dass der mehrfach überlieferte Wechsel zwischen dem Personalpronomen in der ersten und der zweiten Person des Plural, ἡμεῖς und ὑμεῖς, der zwar innergriechisch durch Itazismus erklärbar ist, während eine paläographische Erklärung in der hebräischen Vorlage ausgeschlossen bleibt, hinsichtlich des mit 𝔐 übereinstimmenden Äquivalents textgeschichtlich als hexaplarisch-lukianisch zu bestimmen ist, zeigt die Zeugenverteilung eindeutig: 10₁₁ (κυρίῳ (> B′ S* V; pr τω A) τῷ (> A 106 46-243-731 44 Ald Sixt) θεῷ τῶν πατέρων) ἡμῶν] υμων V S^c-93 La^{123} Ra. = 𝔐 (כם(אבתי)אלהי ליהוה)), cf Esdr I 9₈

---

[1]) Vgl. „Der ursprüngliche Text" 5.3, S.390ff.
[2]) Vgl. S.309.
[3]) Vgl. S.13 Anm.3.
[4]) Codex La^{123}, in dem der vorangehende Satzteil ῾Ημέρα – ἔκλαιεν fehlt, liest *populus universus cum audiret*. In der Parallelstelle von Esdr I 9₅₀ steht 𝔐 formal näher stehend, aber ohne Pronominalsuffix der Infinitiv: ἐν τῷ ἀκοῦσαι (ακουοντες 58).
[5]) Vgl. S 27f.

(ἡμῶν omnes)   18₁₀ (τῷ κυρίῳ ἡμῶν..., ὅτι ἐστὶν ἰσχὺς) ἡμῶν] υμων A S^c-108 370 58 Ra. (sed hab Syh חילא דילן...למריא דילן) = 𝔐 (מעז)כם היא יהוה כי־חדות...לאדנינו)); (*domino deo nostro...et ne decidatis de fortitudine*) u̅r̅a̅m̅ (mend pro *vestra*) La¹²³; cf Esdr I 9₅₂ (τῷ κυρίῳ..., ὁ γὰρ κύριος δοξάσει ὑμας)¹.

19₅ (εὐλογεῖτε τὸν (ante θεόν tr B' S L Sixt) κύριον θεὸν) ἡμῶν] υμων S^c-93-108 La¹²³ Ra. = 𝔐 (אלהי)כם ברכו את־יהוה))   14₂₂(₁₆) ὑμῖν] ημιν (ημην V) V Syh-19' 71-106-107-120-121-762 46-381 119 Compl = 𝔐 (לנו); hab *vobis* La¹²³ et ˅ᵗᵉ).

Ob dieser Wechsel aber textkritisch in der Weise interpretiert werden muss, dass die von 𝔐 abweichende ausserhexaplarisch-lukianische Textform die ursprüngliche der LXX darstelle, oder mit Rahlfs in der Weise, dass in der mit 𝔐 übereinstimmenden hexaplarisch-lukianisch überlieferten Textform die Bewahrung des Ursprünglichen auch in LXX zu sehen sei, bedarf der Befragung mit Argumenten der inneren Kritik².

Mit Sicherheit als hexaplarisch-lukianische Korrektur nach 𝔐 ist zuletzt – unabhängig von der Frage, ob die von Rahlfs aufgenommene gegenüber 𝔐 verkürzte Textform des B-Textes oder eine 𝔐 nahestehende der übrigen Zeugen als ursprünglich zu bestimmen sei – die von S^c-*L* 98-243-248-731 La¹²³ Arm Ald Compl als Ersetzung, von La¹²⁵ als Dublette³ bezeugte Wortvariante (τις οιος) εγω ((*quis est qualis*) *ego* La¹²³; (*quis est sicut ego*) *vir* La¹²⁵) = 𝔐 (מי כמוני) an Stelle von τίς οἶος ἀνήρ der übrigen Zeugen in 16₁₁ zu bestimmen⁴.

7. Unsicher nicht nur hinsichtlich der Frage, ob die hexaplarisch-lukianischen Zeugen die ursprüngliche Textform allein bewahren oder sie nach der masoretisch überlieferten Vorlage wiederherstellen, sondern auch hinsichtlich der Frage, wie sich die von den übrigen Zeugen überlieferten Textformen zur vorhexaplarischen hebräischen und griechischen Tradition verhalten, ob hebräische oder innergriechische Texttransformation schon in diesem frühen Stadium angenommen werden muss, bleibt die textgeschichtliche Bestimmung der hexaplarisch-lukianisch bezeugten T r a n s k r i p t i o n   v o n   n o m i n a   p r o p r i a ; darum muss auch die genuin hexaplarische bzw. lukianische Herkunft der in den Zeugen dieser Rezensionen tradierten Namensformen ungesichert bleiben⁵. Für solche Herkunft sprechen mehrere Fälle, die in der hexaplarisch-lukianisch überlieferten Transkription im Unterschied zur Überlieferung der übrigen Zeugen, die eine entweder durch Transformation, freie Wiedergabe oder von 𝔐 abweichende Vorlage erklärbare Form

---

¹) Zum Verhältnis der Textform von Esdr I zu derjenigen von Esdr II vgl. S.7f., zur Textform von La¹²³ FS Frede-Thiele S.53. Dort muss es in Anm.28 statt „ημων" heißen: υμων.

²) Hierzu vgl. „Der ursprüngliche Text" 5.1.2 (7)., S.368-370; dort auch der analoge Fall 23₁₈, wo das Zusammengehen von S^c in dem exegetisch gleicherweise zu erklärenden Wechsel von πατέρες ἡμῶν in πατερες υμων mit BA 58 La¹²³ hexaplarische Vorstufen bereits in den ältesten Unzialen wahrscheinlich macht.

³) Vgl. 408 Anm.1.

⁴) Zur Textrekonstruktion im Kontext des ganzen Satzes vgl. „Der ursprüngliche Text" 5.3. (8) S.407f., zur textgeschichtlichen Einordnung der Vetus Latina FS Bogaert S.163.

⁵) Zum lukianischen Problem der Transkription von nomina propria vgl. 2.1.1.1.2.1., S.61-73, zum Problem der ursprünglichen Transkription in Esdr II 5.1.1.

bezeugen, mit der masoretisch überlieferten Namensform übereinstimmen oder ihr doch nahestehen und die von Rahlfs meist – nicht konsequent – als hexaplarisch-lukianische Bewahrung des Ursprünglichen aufgenommen worden sind: 22₈ 'Ιωδᾶε] ιουδα (*jehuda* Aeth; -δας 93-108 (deest 19) La¹²³) B S^c-*L* La¹²³ Aeth Arm Ra. = 𝔐 (יְהוּדָה)¹; υιου δα 55 19 'Ιαρ(ε)ίμ] ιωαρειμ 19; ιωαριμ 120: cf 𝔇^{ap}; ιαριβ 52 610; *iareb* La¹²³; *joreb* Aeth^(-B); ιωιαρ(ε)ιβ (ιωαρ. 106-107-370* Sixt) S^(mg) -93-108 *a* Compl Sixt Ra. = 𝔐 (יָרִיב): cf 6 23 'Ελισοῦε] ελεισ. B (122^c) S*; *'elusa'e* Aeth; ελιασουβ (ελεισα. S) S^c-*L* Compl: cf 𝔐; *eliasib* Arm = 𝔐 (אֶלְיָשִׁיב); *elaseb* La¹²³; ελισουβ Ra.² 36 'Οζιήλ] οζειηλ B S* A Aeth (sim); οζρειηλ S^c; εζριηλ (*esre|ele* La) *L* La¹²³ Arm Compl: cf 𝔐 (עֲזַרְאֵל) 42 'Οζίας] οζια *b*⁻³⁸¹ 119 Ald; οζι (οζει *L*) S^(mg)-*L* Compl Ra. = 𝔐 (עֻזִּי) 'Ιωαννά (cum var)] ιωανναν 74; ιωναν 19 Aeth^(-B); ιωαναν S^(mg)-93-108 La¹²³ Compl Ra.; = 𝔐 (יְהוֹחָנָן)³.

Das für die hexaplarisch-lukianische Tradition der Transkription der nomina propria damit vorliegende Ergebnis, dass die in den so bezeugten Namensformen mehrfach erkennbaren Übereinstimmungen mit der masoretisch überlieferten Vorlage auch in diesem

---

¹) Die Diskrepanz zwischen hexaplarischer und lukianischer Tradition innerhalb der gemeinsamen Korrektur eines in der Vorlage der LXX von 𝔐 abweichenden Namens (יודע ?; vgl. 22₁₀ ₁₁) läge hier in der nur lukianisch intendierten Gräzisierung, die aber nach der Überlieferung bei יהודה auch im ursprünglichen Text nicht konsequent vermieden wird; vgl. 14₁₀ (4) 219 22₃₄ 36 und zur Erklärung „Der ursprüngliche Text" 5.1.1. (I), S.325-329, zu 22₈ S.329, zum Problem lukianischer Gräzisierung S.333-335.

²) Zur Frage der Ursprünglichkeit im Kontext der Überlieferung der Namen אלישוב und אלישיב vgl. „Der ursprüngliche Text" 5.1.1. (III 2), S.342-344 mit S.344 Anm.1.

³) Das Verständnis der hexaplarisch-lukianisch überlieferten Namensform mit Rahlfs als Bewahrung des Ursprünglichen wäre paläographisch mit Verlust des *v*-Strichs erklärbar und entspräche auch besser der übrigen Überlieferung der Transkription von יוחנ(ה)ן; hierzu vgl. „Der ursprüngliche Text" 5.1.1. (III 3), S.344f. (die Stellen sind im Apparat zu 8₁₂ verzeichnet). Aber חנה an Stelle von חנן als zweites Glied des Compositum ist onomatologisch auch im Hebräischen vertretbar – M. Noth, Die israelitischen Personennamen, S.187, Anm.4, bestimmt auch „das ā in חנה wenigstens primär nicht für Femininzeichen" – und scheint, obwohl es in LXX in der Form -αυα bei diesem Namen sehr selten und ausser in Esdr II 22₄₂ nur schwach bezeugt ist – ιωαννα nur Esdr II 8₁₂ in 74 (Nominativ), ιωανα Par I 12₁₂(₁₃) in 71 (Nominativ) und Par II 28₁₂ in 158, ιωανου B 127 (Genitiv) –, doch als Vorform der später durchgedrungenen, in LXX bereits in Esdr I (in den Parallelstellen zu II 8₁₂: I 8₃₈ und II 10₂₈: I 9₂₉, nicht II 10₆: I 9₁ (ιω(α)ναν, ιωνα B' Aeth, ιωαννου Ios; *L* an allen drei Stellen hebraisierend ιω(α)ναν)), Mac I und II bezeugten völligen Gräzisierung in ιωαν(ν)ης auf ernst zu nehmender textgeschichtlicher Basis zu beruhen. Hierfür ist als Zwischenglied neben ιωανου B 127 in Par II 28₁₂ die Überlieferung in Par I 6₁₀ (5₃₆) zu beachten, die den übrigen Stellen gegenüber eine Sonderstellung einnimmt: ιωανας B' AV 108 64-381-728 60 119 127 527 (so Rahlfs), ιωανναν 56 Syh (יוחנן) = 𝔐 Pesch), ιωανας rel, zu beachten auch, dass B' die hier nur als Zwischenglied von ιωανα(ν) zu ιωαννης zu erklärende Gräzisierung im Nominativ auch im vorangehenden Vers 9 (5₃₅) bewahrt, wo der Name im Genitiv steht und die übrigen Zeugen ιω(α)ναν lesen. Die in der Überlieferung der Transkription dieses Namens öfter begegnende Form ιωνα ist, da auch die Wiedergabe der Silben -יוֹחָ zwischen ωα und der Kontraktion ω schwankt, sowohl von יוֹחָ(ה) als auch von innerhebräischer Transformation in die Namensform יונה her erklärbar und darum für die Annahme einer Form חנ(ה)' von geringer Beweiskraft.

Textbereich grundsätzlich aus dem beiden Rezensionen gemeinsamen teilweise auf Abhängigkeit, teilweise auf selbständiger Textbearbeitung beruhenden Prinzip der Korrektur nach der masoretisch überlieferten Vorlage, nicht aus nur hexaplarisch-lukianisch überliefertem Textcharakter der Bewahrung der ursprünglichem Übersetzungsform der LXX zu erklären sind, lässt sich für die bei der Behandlung der lukianischen Gräzisierung der ursprünglichen Transkription ναθινίμ in ναθιναιοι noch offengelassene Frage, ob die Mitbezeugung der gräzisierten Form τοις ναθιναιοις in dem hexaplarisch-lukianischen Zusatz 2 1₂₁ durch den Korrekor von S auf hexaplarischen Ursprung der Gräzisierung zurückzuführen sei[1], nur in der Weise auswerten, dass, da Gräzisierungen in dieser Tradition anderwärts nicht nachzuweisen sind, eher die beiden anderen Möglichkeiten der Erklärung noch offenstehen: das Eindringen genuin lukianischen Gutes in die beiden hexaplarischen Zeugen oder die unveränderte Bewahrung einer Form, die schon dem ursprünglichen Übersetzungstext angehört. Die zweite Möglichkeit liegt hier aus dem Grund nahe, weil an der einen der beiden, Stellen 2 4₃ und 2 1₃, an denen nach Ausweis der Überlieferung die gräzisierte Form als die ursprüngliche aufgenommen werden darf, in 2 1₃ [2], der von B′ S^{txt} Aeth^B ausgelassene Name vom Marginalschreiber des codex S zusammen mit allen übrigen Zeugen mit οἱ ναθιναῖοι wiedergegeben wird[3], während an keiner der übrigen in S erhaltenen Stellen die lukianische Gräzisierung durch S^c überliefert ist.

2.1.1.2.2. Die auf älterer Tradition der Übersetzung von 𝔐 beruhenden hexaplarisch-lukianisch überlieferten Wortvarianten

Textgeschichtlich bedeutsam für die Bestimmung der von der lukianischen übernommenen genuin hexaplarischen Überlieferung ist das auf diese Weise bezeugte W o r t g u t, dessen Äquivalenz mit der masoretisch überlieferten Textform in älterer Tradition der früher übersetzten Bücher der LXX und der jüngeren Übersetzungen des zweiten Jahrhunderts n.Chr. vorgegeben ist; denn hier bestünde, wenn sich das so bezeugte Wortgut hinsichtlich der vorgegebenen Überlieferung von dem rein lukianisch überlieferten Wortgut unterscheidet, die bei den andern übersetzungstechnischen Kategorien nicht gegebene Möglichkeit, nach dem Kriterium der Herkunft genuin hexaplarische und genuin lukianische Rezensionselemente voneinander zu unterscheiden. Doch erscheint die rein lukianisch bezeugte Wortäquivalenz hinsichtlich ihrer Berührung mit älterer Übersetzungstradition dermaßen vielgestaltig[4], dass ein Sonderstatus hexaplarisch mitbezeugter Äquivalente nur schwer verifizierbar sein dürfte. So lassen sich denn auch unter den von LXX abweichenden den hexaplarischen und lukianischen Zeugen gemeinsamen Wortäqui-

---

[1]) Vgl S.82 mit Anm.3.
[2]) Vgl. „Der ursprüngliche Text" 5.1.1. (I), S.322-324.
[3]) Dagegen in 20₂₈(₂₉) in der Korrektur der Sonderlesart von S* ναθεινι durch S^c mit ναθεινιμ; die Überlieferung beider Formen in S^c erscheint somit als Argument für die Ursprünglichkeit beider Formen schon im ursprünglichen Text.
[4]) Das rein lukianisch bezeugte Wortgut, das dieses Vergleichs bedarf, s. 2.1.1.1.2.2.2., S.85-144.

valenten keine Fälle finden, in denen sich das hexaplarisch vorherrschende Prinzip der Wortäquivalenz, die Abhängigkeit vom Traditionsgut des Theodotion, dem die lukianische Verankerung in Symmachos gegenübersteht[1], erkennen ließe, sondern nur Beispiele der mehrfach auch rein lukianisch bezeugten Fälle, die dem ursprünglichen Äquivalent gegenüber eine bessere Verankerung in der älteren Übersetzungstradition sowohl in LXX als auch in den jüngeren Übersetzungen aufweisen[2]:

Das gilt für die hexaplarisch und lukianisch gemeinsam überlieferte Änderung des in LXX nur hier überlieferten Compositum διοικοδομήσομεν in das Simplex οικοδομησομεν (V S^c-L' 71-106-107-314 58) in 12$_{17}$, das sowohl in LXX als auch in den jüngeren Übersetzungen als weit überwiegendes Äquivalent für בנה nachgewiesen ist[3].

Das gilt auch für die so bezeugte Ersetzung des zwar seit Gen 23$_6$ in LXX mehrfach bezeugten, in α' σ' θ' aber nicht nachgewiesenen Äquivalents μνημεῖον für קבר, קבורה durch τάφος in 12$_3$ und 5 μνημείων] ταφων (קבר(א)) Syh) Syh-L' La^{123} [4], das als das in LXX bestverankerte, in α' als einziges bezeugte und auch von σ' und θ' übernommene Äquivalent überliefert ist.

Aber bei den übrigen hexaplarisch von S^c mitbezeugten lukianisch überlieferten Wortäquivalenten, die auf älterer Übersetzungstradition des masoretisch überlieferten Grundwortes beruhen, erscheint ihre Zuordnung zu dieser Tradition, sowohl was das Verhältnis zu dem jeweils ursprünglichen Äquivalent in Esdr II als auch was die Konsequenz der hexaplarischen Überlieferung einerseits, der lukianischen andererseits betrifft, differenzierter und dementsprechend schwieriger durchschaubar:

Bei der hexaplarisch durch S^c in 10$_{24}$ und dem Zusatz nach 𝔐 in 21$_{23}$ mitbezeugten Ersetzung des ursprünglichen partizipialen Äquivalents ᾄδων durch das nominale ᾠδός für

---

[1]) 2.1.1.1.2.2.2. (3) S.100-102, (4) S.102-104.
[2]) 2.1.1.1.2.2.2. (1) S.87-93, (2) S.93-100.
[3]) In dem gleicherweise in LXX nur an dieser Stelle überlieferten Compositum ἐξῳκοδόμησεν in 13$_{15}$ ist die Änderung in das Simplex ῳκοδομησεν nur von L 52 bezeugt. Ein Schluss auf je verschiedene Begründung der Äquivalenz bei beiden Rezensionen lässt sich daraus nicht ziehen, da sowohl inkonsequentes Verfahren als auch Bruchstückhaftigkeit der Überlieferung oder ein Prinzip des hexaplarischen Korrektors von S denkbar ist, nach welchem einmalige Korrektur auch für alle Analogiefälle gelten soll (vgl. S.199 Anm.1, S.204).
[4]) Lukianisch bezeugt liegt die gleiche Änderung der Äquivalenz auch in Is 22$_{16}$: μνημεῖον 2^0] ταφον L^{-763} -90-233-456 403' 449' vor, wo das Fehlen der lukianischen Ersetzung bei μνημεῖον 1^0 aus dem stilistischen Prinzip lukianischer Variation erklärbar ist. Das syrohexaplarische Äquivalent קבר und das altlateinische von La^{123} in Esdr II 12: *sepulturae* in v.3, *sepulchrorum* in v.5, ist als Wiedergabe des lukianischen τάφος, nicht des ursprünglichen μνημεῖον nicht völlig gesichert, aber wahrscheinlich und für die altlateinische Überlieferung durch Gen 23$_6$ gestützt, wo die von B.Fischer als der „europäische Text" (E) bestimmte altlateinische Textform mit LXX für μνημείοις *monumentis* liest, 𝔐 aber für קבר(נו) *sepulchris*. Ob die von Josephus Ant XI 165 überlieferte „Dublette" τάφοι καὶ μνήματα auf Kenntnis der doppelten Äquivalenz in der Tradition der LXX zurückgeführt werden kann, muss offen bleiben, da beide Begriffe dem mehrfach bezeugten Vokabular seiner Werke angehören. Zur altlateinischen Äquivalenz in 13$_{16}$ vgl. S.271 mit Anm.3.

die מְשֹׁרְרִים, die lukianisch fast konsequent an allen Stellen bezeugt wird[1], ist als nominales Äquivalent in der ursprünglichen Tradition der Esdr II gegenüber älteren Übersetzungen der LXX nur in Reg III 10₁₂ τοῖς ᾠδοῖς für לַשָּׁרִים und in Reg IV 11₁₄ οἱ ᾠδοί für הַשָּׁרִים – an beiden Stellen einhellig – überliefert, in Par II noch in 9₁₁ τοῖς ᾠδοῖς (τῆς ᾠδῆς 60) für לַשָּׁרִים und 23₁₃ ᾠδοί für הַשִּׁיר mit lukianischer Korrektur nach 𝔐 als Dublette τῆς ᾠδῆς, während das partizipiale Äquivalent ᾄδων der in Esdr II konsequenten ursprünglichen Tradition das übersetzungstechnisch Aquila – so ᾄδοντες für שָׁרִים an Stelle von εὐφραινομένων in LXX, αἰνέσουσιν σ' in Ps 86(87)₇ – und damit auch der hexaplarischen Rezension näher stehende wäre; nach lukianischer Intention ließe sich die nominale Form als bewusste Unterscheidung des nur in den Büchern Chronik und Esra-Nehemia überlieferten terminus technicus des Tempelsängers מְשֹׁרֵר vom Partizip des Verbums שִׁיר erklären: ein der vom Verbum שִׁיר her vorgegebenen Äquivalenz mit ᾄδειν näher stehendes Zwischenglied zwischen der partizipialen Wiedergabe und dem an den übrigen Stellen in Par überlieferten Terminus ψαλτῳδός und dem in Esdr I bezeugten ἱεροψάλτης [2].

Nur schwer lässt sich gegenüber der hexaplarisch-lukianischen Regel der Äquivalenz die Ersetzung des ursprünglichen Äquivalentes συναθροισθῆναι für לְהִקָּבֵץ durch συνηχθῆναι bei S^c-L in 10₇ textgeschichtlich einordnen. Zwar lassen sich in LXX als ganzer seltene Analogiefälle mit ähnlicher Bezeugung nachweisen, in Gen 49₂ hexaplarisch mitsamt B συνάχθητε für ἀθροίσθητε, in Reg I 7₇ lukianisch συνήχθησαν für συνηθροίσθησαν, aber die der Zahl nach weit überwiegende Tendenz, die auch für Aquila, dem öfter σ' und θ' folgen, hinsichtlich (συν)ἀθροίζειν die einzig sichere, für συνάγειν die am besten be-

---

[1]) Vgl. S.178. Eine Ausnahme bildet 26₅, wo der in LXX mit ᾄδοντες καὶ ᾄδουσαι wiedergegebene Ausdruck מְשֹׁרְרִים וּמְשֹׁרְרוֹת lukianisch beibehalten, hier aber – nicht in der Parallelstelle 17₆₇ – hinsichtlich des Femininums von B' durch ᾠδαι ersetzt wird, eine Bildung, die als weiblicher Personalbegriff anderwärts nicht nachgewiesen ist. La^{123} setzt an dieser Stelle für beide Begriffe das „geschlechtsneutrale" cantantes, an allen anderen Stellen außer 22₄₇ (can|torum) – in 17₁, wo La^{123} (wie auch in 24₁ 7₂₄ 17₄₄ 7₃) ausfällt, tritt auch La^{125} für cantatores ein – den nominalen Personbegriff cantator, der eher für die Äquivalenz mit ᾠδός als mit ᾄδων spricht; sollte in 22₄₇ nicht eine durch Zeilenwechsel bedingte Verschreibung von cantatorum, sondern falsche Ableitung von ᾠδή statt ᾠδός vorliegen, wäre diese Äquivalenz bewiesen. Die in den lukianischen Zeugen überlieferte fast völlige Konsequenz bei diesem in Esdr II sehr häufig belegten Begriff (die Stellen s. im Apparat zu 24₁) könnte im Blick auf oft nur eklektisch bezeugte Varianten bei bestimmten Äquivalenten für eine innerlukianische Verfestigung sprechen, dass es sich bei der Korrektur von S^c um die erste Stelle des von S erhalten gebliebenen Teils handelt, dafür, dass nach dem System des Korrektors die einmalige Korrektur für alle analogen Fälle gelten soll (vgl. S.198 Anm.2); ein Indiz dafür, dass dem hexaplarischen Korrektor bereits die unvollständige Form von S vorlag (vgl. Esdr II Einl. S.8f.)?

[2]) Zum analogen Fall ναθινίμ in Esdr II LXX, ναθιναῖοι in L, ἱερόδουλοι in Esdr I vgl. S.81f. u. 322-324.

zeugte ist, weist auf die Äquivalenz zwischen (συν)αθροίζειν und קבץ [1], zwischen συνάγειν und אסף [2] und wird in dieser Weise auch von L in Esdr II 7₂₈ und 8₁₅: ηθροισα für συνῆξα, 17₅: συνηθροισα für συνῆξα, und 10₁: συνηθροισθησαν für συνήχθησαν verifiziert. Eine Erklärung des umgekehrten Falles in 10₇, die aber der Bestätigung durch analoge Fälle bedürfte, böte der Paralleltext von Esdr I 9₃, in welchem einhellig συναχθῆναι überliefert ist: Könnte schon in der hexaplarischen Rezension die Wortäquivalenz von Esdr I für die Bearbeitung von Esdr II mitbestimmend gewesen sein?[3].

In noch stärkerem Mass versagt ein textgeschichtlicher Analogieschluss bei dem hexaplarisch-lukianisch nachgetragenen im ursprünglichen Übersetzungstext fehlenden Äquivalent für den Begriff (יהוה) חדות in 18₁₀: η (> 93) ευφροσυνη (η χαρα b 119 Ald Compl; *iucunditas* La) (κυριου (*dei* La)) Syh-*L b* 119 La¹²³ Ald Compl[4]: In Esdr II ist die Äquivalenz mit εὐφροσύνη im aramäischen Teil durch 6₁₆ gesichert, aber in anderen Büchern der LXX nur indirekt mit den entsprechenden Verbalformen und hinsichtlich der hebräischen Form חדה auf Grund von Fehllesung oder von 𝔐 abweichender Vorlage: in Ps 85(86)₁₁ εὐφρανθήτω für das Pi'el von חדי, in Ier 38(31)₁₃ χαρήσονται für das Adverb יחדו[5], und in den jüngeren Übersetzungen ohne erhaltene Äquivalenz bei Aquila und den von ihm abhängigen Nachfolgern[6], bei denen sich die beiden griechischen Begriffe auf verschiedene hebräische Äquivalente verteilen, εὐφροσύνη am häufigsten auf שמחה, χαρά stärker zu Bildungen von שיש, ששון hinneigend. Hinsichtlich Syh, wie auch La¹²³, wird die zu erwartende Äquivalenz mit dem lukianisch überlieferten Begriff εὐφροσύνη durch den Befund unterstützt, dass sowohl das syrische Äquivalent חדותא als auch das lateinische *iucunditas* auch in v.₁₂ und ₁₇ für dort einhellig überliefertes εὐφροσύνη steht[7].

---

[1]) So konsequent in den zahlreichen Stellen Reg I-IV mit der einzigen Ausnahme in III 18₁₉, wo Hs. 243 συναγαγε für συνάθροισον liest.

[2]) So seit Gen 6₂₁ über die ganze LXX verteilt, hier aber seit Gen 41₃₅ bei nächst häufigster Äquivalenz mit קבץ.

[3]) Zum lukianischen Verhältnis in Esdr II zur ursprünglichen Äquivalenz in Esdr I vgl. 2.1.1.1.2.2.1., S.73-85.

[4]) Zum hexaplarisch-lukianischen Wechsel von ἡμῶν zu υμων nach 𝔐 in dem Ausdruck als ganzem vgl. S.194f. und 368, zum Vergleich mit der Parallelstelle in Esdr I (9₅₂) S.8, zur altlateinischen Textform S.247 und FS Frede-Thiele S.53.

[5]) An der dritten Stelle, an der im AT die Nominalbildung חדוה überliefert ist, Par I 16₂₇, geht das ursprüngliche Äquivalent καύχημα auf תפארת in der Parallelstelle von Ps 96(95)₆ zurück – das Äquivalent an dieser Stelle zwar μεγαλοπρέπεια, καύχημα und καύχησις anderwärts aber häufig, die Rückführung auf חדוה bei H.-R. darum eine Scheinäquivalenz –, das lukianische Äquivalent εξομολογησις auf eine Bildung aus dem Stamm ידי, wahrscheinlich תודה.

[6]) Eine Spur liegt für σ' in Ps 20(21)₇ vor, wo für die Verbalform תְּחַדֵּהוּ, die in LXX mit εὐφρανεῖς αὐτόν wiedergegeben wird, das in 𝔊 nur hier nachgewiesene Äquivalent χαροποιήσεις αὐτόν überliefert ist.

[7]) Die in FS Frede-Thiele S.53 vorsichtig geäusserte Vermutung, die beiden rezensionellen Äquivalente, εὐφροσύνη in *L*, χαρά in *b*, könnten die in der hexaplarischen und in der lukianischen Rezension je verschiedene Äquivalenz wiedergeben, erscheint von diesem Befund her

Innerhalb des durch Wortänderung und Dublette nach lukianischer Überlieferung tiefgehend umgeänderten und umgedeuteten Berichts über die Begegnung Nehemias mit dem König Artaxerxes in Susa 12₁₋₃ ¹, lässt sich das hexaplarisch mitbezeugte Rezensionselement, die die masoretische Vorlage durch Tilgung der Negation verändernde Dublette και ημην σκυθρωπος S^c-Syh-L' in v.1, hinsichtlich der Tradition der Wortäquivalenz, σκυθρωπός für רע, nach lukianischer Intention allenfalls als auf älterem Zeugnis beruhende Umdeutung erklären, nach hexaplarischer aber, da die Berührung der Äquivalenz mit älterer Tradition auf einer einzigen Stelle, Gen 40₇, beruht, höchstens als Übernahme aus der die Dublette – ursprünglich in der 𝔐 entsprechenden Form der Negation? – als einzige Übersetzung enthaltenden Vorlage, in der als erstes Theodotion zu vermuten wäre. Daraus wäre als erster Schluss zu vermuten, dass in der hexaplarischen Rezension Wortäquivalenz, soweit sie nicht durch das dieser Rezension eigentümliche Prinzip der Korrektur einer in LXX von 𝔐 abweichenden Vorlage beruht, sondern auf älterer verfestigter Tradition der Äquivalenzen, auf einem Rezensionsprinzip beruhen müsste, das vom überlieferten Prinzip der Wortäquivalenz her, sei es des ursprünglichen der LXX, sei es des lukianischen, sei es eines den jüngeren Übersetzern eigentümlichen, nur schwer erklärbar ist. Zu dieser Vermutung tragen, da eine Begründung in der älteren Tradition der Wortäquivalenz entweder in keiner Weise oder nur in vereinzelten Fällen möglich ist, die weiteren hexaplarisch-lukianisch überlieferten Wortäquivalente bei:

In der von S^c-L' La¹²³ überlieferten Dublette κατεπαυσας το σκηπτρον (σκηπτον 12₁; *scriptum* La: mend pro *sceptrum*) für חשכת למטה in 9₁₃ ², die an Stelle der ursprünglichen Übersetzung ἐκούφισας steht, ist zwar die Äquivalenz mit dem Ausdruck לְמַטָּה auf Grund der von 𝔐 abweichenden Vokalisierung הַמַּטֶּה(ל): σκῆπτρον, in LXX Reg I 14₂₇ ³ 43 Hab 3₉ vorgegeben – anders in den jüngeren Übersetzungen, in denen bei allen dreien σκῆπτρον wie in LXX fast ausschließlich nur für שבט steht –, nicht aber καταπαύειν für das Grundwort חשך, bei dem für das hier ursprüngliche κουφίζειν ein analoger Fall in Iob 21₃₀ vorliegt⁴, für das hexaplarisch-lukianisch überlieferte καταπαύειν als Erklärung aber nur die Fehllesung השבת für חשכת bliebe⁵.

---

eher in Frage gestellt – auch das seltene Hinzutreten hexaplarischer Zeugen zu den von b mitbezeugten lukianischen Rezensionelementen (vgl. „Die gegenseitige Zuordnung der Textformen" 3(3). S.312) spricht eher gegen eine solche Erklärung –; doch bedürfte die Beantwortung dieser Frage einer tiefer greifenden Untersuchung des Systems der Wortäquivalenz in Syh, für die in Esdr II die Belege fehlen.

¹) Vgl. S.126-128.
²) Vgl. S.206 und 249f.
³) Hier mit den Äquivalenten von σ': ῥάβδου und α': βακτηρίαν ῥάβδου; beide Begriffe auch in LXX für verschiedene Äquivalente, auch für מטה, verankert.
⁴) κουφίζεται für יחשׁך innerhalb eines asterisierten Zusatzes, mit den Äquivalenten von α': ὑπεξαιρεθήσεται und σ' συντηρεῖται (-ρηθήσεται), doch läge die Berührung der Tradition hier eher zwischen Iob und Esdr I (8₈₃), von der her sie zur Parallelstelle von Esdr II weiterführte (vgl. S.9).
⁵) Vgl. z.B. Esdr II 14₁₁(₅) καταπαύσωμεν für ה(ו)שבתנו.

201

In ähnlicher Weise entzieht sich der Erklärung von hexaplarischer lukianisch bewahrter Tradition her die interpretierende Wiedergabe des Ausdrucks לדבר in dem hexaplarisch-lukianisch nachgetragenen Zusatz nach 𝔐 18₄ mit dem Äquivalent εις το δημηγορησαι εν τω λαω, für das in erhaltener Tradition der LXX nur der auf anderer hebräischer Vorlage beruhende Ausdruck δημηγορῶν ἐν ἔθνει in Prov 24₆₆ (30₃₁ 𝔐) bezeugt ist[1].

Ein in textgeschichtlicher Hinsicht analoger Fall liegt vor in der dem Wortstamm nach dem Korrektor von S mit L gemeinsamen, nur der Wortbildung nach, την κακιαν in S^{mg}, την κακωσιν in L, unterschiedenen Ersetzung des Äquivalents ταπείνωσις für das Nomen עני in 19₉, die zwar hinsichtlich der lukianischen Rezension auf Grund der mehrfach bezeugten Äquivalenz von עני mit κάκωσις bei Symmachos[2] eine textgeschichtliche Erklärung findet, nicht aber hinsichtlich der hexaplarischen Rezension, da die Nominalbildung κακία wohl einmal in LXX für eine Verbalform von ענה nachgewiesen ist: in Exod 22₂₃₍₂₂₎ ἐὰν δὲ κακίᾳ κακώσητε für אם־ענה תענה [3], nirgends aber für einen der jüngeren Übersetzer[4], während das ursprüngliche Äquivalent in Esdr II 19₉ ταπείνωσις zwar nicht bei Aquila und den von ihm abhängigen Übersetzungen für Bildungen von ענה steht – hier überwiegt weit die Äquivalenz mit dem Stamm שפל –, wohl aber seit Gen 16₁₁ mehrfach in LXX, und darum auch hexaplarisch eher zu erwarten wäre als das von S^{mg} überlieferte Äquivalent κακία.

Hinsichtlich der Tradition anders gelagert, aber dem für die hexaplarisch-lukianische Äquivalenz zu Erwartenden gleicherweise fernstehend ist innerhalb der die starken Textverkürzungen bei den Geschlechterlisten von Kap. 21-22 nach 𝔐 auffüllenden rein hexaplarisch-lukianisch oder in breiterer Überlieferung bezeugten Zusätze[5] in 21₂₀ die Äquivalenz für die in Esdr II nur hier überlieferte Nominalbildung נחלה – das Verbum נחל fällt ganz aus – κληρονομια in 93-108 (deest 19) Compl, κληρουχια in S^{mg}, κληροδοσια in dem der gleichen Tradition zugehörenden Text von 728^I – bei den Mitzeugen La^{123} (hereditate) und Aeth^{-B} bleibt die Zuordnung offen – : Während κληρονομία, κληρονομεῖν in LXX-Äquivalenz am besten verankert neben ירש auch als das häufigste Äquivalent für נחל in den jüngeren Übersetzungen erscheint, κληροδοσία in LXX nur selten, aber bei verifizierbarer Äquivalenz nur für נחלה (Ps 77(78)₅₅ Eccl 7₁₂₍₁₁₎ (κληρονομιας B)) – so mit ande-

---

[1]) Zur Erklärung vgl. die Behandlung des Zusatzes als ganzen S.189 Anm.1 und S.240.
[2]) Hierzu vgl. S.101.
[3]) Die Wahl des Wortstammes in der Nominalbildung ist hier übersetzungstechnisch gefordert durch die Wiedergabe der figura etymologica, deren griechische Form durch die in LXX verankerte Etymologie der Verbalform durch das Verbum κακοῦν vorgegeben ist.
[4]) In diesem Textbereich sind von Aquila ausgehend – bei ihm konsequent – Wortbildungen aus dem Stamm κακ- vorwiegend dem Stamm רע vorbehalten, doch zeigt sich auch bei α' die Berührung dieses Äquivalents mit dem Stamm ענה in der Wahl des Compositums κακουχεῖν als Äquivalent für das Verbum ענה, das mit gleicher Äquivalenz in LXX nur in Reg III 2₂₆ – hier einhellig – und 11₃₉ – hier in einem asterisierten hexaplarisch-lukianischen Zusatz nach 𝔐 – überliefert ist, wie auch in der Wahl des in LXX nicht nachgewiesenen Nomens κακουχία ausschließlich für Nominalbildungen aus dem Stamm ענה.
[5]) Vgl. S.187 mit Anm.1.

ren Belegen auch bei α'–, ist das von S^mg bezeugte Äquivalent κληρουχία in LXX nirgends, wohl aber in der von der lukianischen Rezension am stärksten beigezogenen Übersetzung des Symmachos nachgewiesen: in Ps 27(28)9 46(47)5 73(74)2 77(78)62, wo LXX überall κληρονομία, 55 wo sie κληροδοσία liest, wie auch in Ps 81(82)8 κληρουχεῖν für das Verbum נחל gegenüber κατακληρονομεῖν in LXX[1].

Zu einem ähnlichen Ergebnis führen weitere hexaplarisch-lukianisch überlieferte Äquivalente, die sich im Verhältnis zur ursprünglichen Textform und hinsichtlich ihrer Überlieferung in den beiden Rezensionen nur nach der Wortbildung, nicht nach dem Wortstamm unterscheiden:

Der in verschiedenen Bildungen überlieferte Stamm אשם als Bezeichnung der Schuld wird in Esdr II bei guter Verankerung in früher übersetzten Büchern der LXX in der femininen Nominalform אשמה mit der femininen Bildung des Äquivalents πλημμέλεια wiedergegeben, in 96 7 13 15 einhellig, in 1010 mit lukianischer Korrektur von ἐπὶ πλημμέλειαν in επι το πλημμέλημα L. Aber in 1019, wo die Bildung אָשָׁמִים als Bezeichnung eines dargebrachten Schuldopfers einhellig mit der gleichen femininen Form wiedergegeben ist – πλημμελείας (κριόν): „einen Bock für die Schuld" –, erscheint als Äquivalent für den nachfolgenden Ausdruck על־אשמתם in LXX περὶ πλημμελήσεως αυτῶν, in S^(c) περι πλημμελήματος αυτων, in L 236 381 125-610 περι (+ της L) πλημμελ(ε)ιας αυτων. Der Befund lässt sich in LXX allenfalls als Differenzierung der beiden verschiedenen hebräischen Wortformen erklären, in L als interpretierende Identifizierung; eine textgeschichtliche Erklärung der Wortwahl in S^c ist weder von Esdr II noch von LXX als ganzer noch von den jüngeren Übersetzungen her möglich. Da aber der ganze Satzteil von τοῦ ἐξενέγκαι bis zum Ende des Verses durch Homoioteleuton im ursprünglichen Text von S ausgefallen ist[2], muss die durch den hexaplarischen Korrektor nachgetragene Ergänzung nach 𝔐, obwohl es hier nicht um einen Asterisierung erfordernden hexaplarischen, sondern um einen Zusatz geht, der durch die Fehlerhaftigkeit der hexaplarisch korrigierten Handschrift bedingt ist, auf die dem Korrektor vorliegende Esraüberlieferung zurückgeführt werden, die eher als in von S unabhängiger LXX-Tradition in der Übersetzung des Theodotion zu suchen wäre, und in diesem Textbereich zeigt schon die erhaltene Überlieferung Aquilas, nach dessen Übersetzungstechnik am ehesten die konsequente Zuordnung der femininen Nominalbildung πλημμέλεια bzw. -λησις und der neutralen πλημμέλημα zu den entsprechenden hebräischen Bildungen אשמה und אשם zu erwarten wäre, dass die Äquivalenz zwar konsequent hinsichtlich der beiden Wortstämme אשם und πλημμελ-, nicht aber hinsichtlich ihrer Wortbildungen eingehalten ist[3].

---

[1]) κληρουχία σ' auch in Ps 51 für הנחילות gegenüber τῆς κληρονομούσης in LXX.
[2]) Im Apparat muss es statt αὐτῶν 1° ∩ 2° S* heissen: αὐτῶν 1° ∩ 3° S*.
[3]) Spuren einer konsequenten Unterscheidung nach dem Genus bei α' scheinen zwar die Stellen Gen 2610: πλημμέλημα für אשם in α'σ' gegenüber ἄγνοια in LXX, Lev 43: πλημμέλησις für אשמה in α' gegenüber ἁμαρτάνειν in LXX, vgl. Am 814 πλημμέλεια für אשמת gegenüber ἱλασμός in LXX (sine nomine, von Ziegler mit < α' σ' > ergänzt) zu zeigen; dagegen aber Gen

Auch hinsichtlich der sowohl im ursprünglichen Text der Übersetzung als auch in der lukianischen Rezension uneinheitlichen Überlieferung der beiden Begriffe ἀποικία und ἀποικεσία als Äquivalent für hebräisches גולה bzw. aramäisches גלותא[1] lässt sich zu der einzigen hexaplarisch mitbezeugten Stelle: 10₆ τῆς ἀποικίας] της αποικεσιας A S^{c1} (restituit S^{c2}) -93, nur feststellen, dass auch hier der Befund, dass es sich um die erste Stelle dieser Äquivalenz innerhalb des in S erhaltenen Teils handelt, die in den nachfolgenden Versen 7 und 8 in 93 die gleiche Korrektur aufweist, für eine Korrekturweise in S^c spricht, nach der die erste Notierung auch für die folgenden analogen Fälle gilt[2], und dass, was die innerhalb der lukianischen Rezension eine Sonderstelle einnehmende Handschrift 93[3] und auch was die Textform von A anbelangt, nach Ausweis vor allem der Esther-Überlieferung ein starker Einfluss hexaplarischen Gutes besteht[4], dass aber innerhalb der Überlieferung der jüngeren Übersetzungen kein Beleg für die Nominalbildung ἀποικεσία erhalten ist.

Zuletzt lässt sich auch ein nicht nur nach der Wortbildung, sondern auch nach dem Wortstamm in der hexaplarischen und in der lukianischen Rezension je verschiedenes Wortäquivalent, wie es in der Form einer doppelten Dublette in dem Zusatz nach 𝔐 14₈₍₂₎ überliefert ist, nicht in den beide Rezensionen voneinander unterscheidenden Charakter der Übernahme vorgegebener Wortäquivalenz einordnen: Ἰερουσαλήμ] + καὶ (του 19) ποιησαι αυτην αφανη και ποιησαι μοι πλανησιν L; + και ποιησαι αυτην αφανη (ולמעבדה לא מתחזיניתא Syh) Syh *a* Sixt; + και ποιησαι αυτην πλανησιν Compl = 𝔐 (ולעשׂות לו תועה). Die Textform von La[123]: *et fecerunt mihi Trorē*, ist als sekundäre Transformation zu bestimmen — *Trorē* ist Verschreibung von *errorem* –, deren korrekte Vorlage wörtliche Übersetzung der nur von Compl als einziges Dublettenglied überlieferten Textform war[5]. Das in diesem Glied überlieferte Äquivalent für תועה aber: πλάνησις, erweist sich an einigen Stellen als in älterer Tradition vorgegeben: Is 30₂₈[6] 32₆ – auch Aquila kennt die Äquivalenz der Stammform, zwar nicht in der Nominalbildung, wo nach der Überlieferung πλάνησις und πλάνη nur für Formen von הלל stehen, wohl aber für das Verbum תעה als πλανᾶν – und läge darum dem hexaplarischen Rezensionsprinzip näher als das von Syh zusammen mit der Rezension *a* und von L als zweitem Dublettenglied überlieferte αφανη. Doch lassen traditionsgeschichtlich Übersetzungsäquivalenzen mit

---

4₂₂₁: ἐν πλημμελείᾳ für אָשָׁם in α' gegenüber ἐν ἁμαρτίᾳ in LXX und Prov 14₉ πλημμέλεια für אשׁם in α'σ'θ' gegenüber καθαρισμός in LXX.

[1]) Vgl. 2.1.1.1.2.2.2. „Die unabhängig von Esdr I überlieferten lukianischen Äquivalente", S.95 mit Anm.1 und 5. „Der ursprüngliche Text", 5.1.2. „Appellativa" S.351-354.

[2]) Vgl. S.198 Anm.3.

[3]) Vgl. S.13 Anm.3.

[4]) Vgl. Esther, ed. (²1983), S.60-81.

[5]) Zur Frage, ob Compl als alleiniger Zeuge einer mit 𝔐 übereinstimmenden Textform auf verlorener Überlieferung oder auf Konjektur der Herausgeber beruht, vgl. FS Frede-Thiele S.45, Anm.8.

[6]) Das Partizip מַתְעֶה in LXX nominal formuliert: ἐπὶ πλανήσει, von α' und θ' nach 𝔐 korrigiert: πλανῶντα.

bedeutungsverwandten Begriffen sowohl in LXX als auch in den jüngeren Übersetzungen[1] eine hexaplarische Zuordnung dieses Dublettengliedes nicht von vornherein als unwahrscheinlich erscheinen und liegt textgeschichtlich ein analoger Fall eines hexaplarisch-lukianisch von *a* mitbezeugten Zusatzes vor: 14₇ 'Αμμανῖται] + καὶ οἱ αζωτιοι (זוטיא Syh; *azoni* La: *mend pro azoti*[2]) S^c-Syh *L a* La^123 Aeth^-B (sim) Compl = 𝔐 [3], an dessen hexaplarischer Herkunft nicht gezweifelt werden kann. Durch die – hier auch von Rahlfs befürwortete – Annahme einer von *L* bezeugten Dublettenüberlieferung in 14₈₍₂₎, deren b e i d e Glieder als sekundär zu bestimmen sind, wäre für die lukianische Dublettenüberlieferung bewiesen, dass sie gegenüber der hexaplarischen Rezension auf einer textgeschichtlichen Zwischenstufe beruhen kann. Als lukianische Zuordnung der beiden Glieder zueinander wäre sie als Interpretation vermittels zweier Übersetzungsformen zu bestimmen: „(Sie haben sich alle versammelt, um wider Jerusalem zu kämpfen), es zu vernichten und mich in die Irre zu führen"[4].

Auch bei der nach hexaplarischer und nach lukianischer Überlieferung je verschiedenen Äquivalenz mit dem griechischen Lehnwort דרכמו(נ)ים, bei der, da der Begriff nur in Esdr II überliefert ist, ältere Tradition der Äquivalenz ausfällt, läge die aus der ursprünglichen und einhellig überlieferten Wiedergabe in 2₆₉ mit der griechischen Form δραχμή übernommene lukianische Eintragung in 1₇₇₀₋₇₂ (69-71 𝔐)[5] sowohl wegen der gleichen Etymologie als auch wegen der Verankerung mit anderen Äquivalenten in LXX – für בקע in Gen 24₂₂ und Exod 39₂ (38₂₆), für שקל in Ios 7₂₁ B* (?)[6], in der Form δίδραχμον für

---

[1]) LXX: Iob 24₂₀, in 𝔐 gegenüber freier Formulierung, ἀφανὴς ἐγένετο vielleicht für לֹא־יִזָּכֵר; Sir 20₃₀ 41₁₄, beide Stellen identisch, in 41₁₄ mit erhaltener hebräischer Vorlage: אוצר מוסתר für θησαυρὸς ἀφανής; Mac II 3₃₄ ἀφανεῖς ἐγένοντο. σ': Iob 23₈ ἀφανής ἐστιν für איננו, LXX οὐκέτι εἰμί, α' οὐχ ὑπάρχων; 24₄ ἀφανεῖς ἐποίησαν für חבאו, in LXX asterisiert: ἐκρύβησαν; Ps 82(83)₅ ἀφανεῖς ποιήσωμεν für ונכחידם, LXX καὶ ἐξολεθρεύσωμεν αὐτούς.

[2]) Vgl. S.190 Anm.2.

[3]) Vgl. S.213 u. 223.

[4]) Mit lukianisch, auch von La^123 (*mihi*) überliefertem μοι ist paläographisch leicht erklärbares לי als Vorlage und ursprüngliche Textform gegenüber sekundärem לו in 𝔐, das auf das femininum ירושלם bezogen nicht haltbar und in לה geändert graphisch schwerer erklärbar ist, bestärkt: lukianische Bewahrung oder lukianische Rekonstruktion der ursprünglichen hebräischen Textform?

[5]) Zur Überlieferung in v.72 (71 𝔐) vgl. S.190 Anm.4 und S.295. δραχμή (δραγμός) lukianisch auch für אדרכנים in Par I 29₇ und mit von Rahlfs aufgenommener Sonderlesart χαμαν(ε)ιμ(-νιν V) (χιλιοι (-λια V55)) in B' V Aeth, δραχμας (χιλιας (μυριας 19)) in *L* La^123, δραχμων ειν χειλεοι in A, δραχμῶν (δραγμ.) (χιλίων) bei den übrigen in Esdr II 8₂₇, mit vorangehender, aus dem Wortteil -דרכ- zu erklärender, von La^123 Compl getilgter „Dublette" εἰς τὴν ὁδόν.

[6]) Die Lesung ist unsicher – Swete notiert „ιδ sup ras B' (δραχμων B*^vid)", davon ausgehend auch Br.-M. nur im oberen Apparat, Eb.Nestle im Supplementum zur Editio septima von Tischendorf, 1887, tom.II „vid. δραχμα". Da im gleichen Vers שקל einhellig mit δίδραχμα wiedergegeben ist, liegt in B eher ein Schreibfehler vor. Wichtig für die Verankerung des Lehnwortes in LXX ist nur die fast konsequent, zuweilen mit Varaiante δραχμή überlieferte Äquivalenz zwischen שקל und δίδραχμον seit Gen 23₁₅.

dieses Äquivalent häufig – auch für die hexaplarische Rezension näher als die in 17₇₂ (71 𝔐) von S^c eingetragene Äquivalenz mit dem Begriff νόμισμα, der mit gleichem Grundwort in v.71 (70 𝔐) von 121 *b* 119 Ald Compl Sixt eingetragen wird, anderwärts in LXX aber nur in Mac I 15₆ und in σ' Num 3₄₇ für שֶׁקֶל (3⁰) und Iob 42₁₁ für קְשִׂיטָה überliefert ist[1].

2.1.1.2.3. Der Charakter der hexaplarisch-lukianisch überlieferten Dubletten

Die von der hexaplarischen und der lukianischen Rezension gemeinsam überlieferten **Dubletten** müssen, sicher was die hexaplarische Überlieferung anbelangt, da sie durch die vorauszusetzende, aber in Esdr II fast ganz verlorene Asterisierung[2] als Alternative zu einem der masoretisch überlieferten Vorlage gegenüber freien oder von ihr abweichenden Textteil der LXX gekennzeichnet sind, im Unterschied zur lukianischen Rezension, in der eine exegetisch motivierte Intention der gegenseitigen Zuordnung der beiden Dublettenglieder nicht auszuschliessen ist[3], als eine Weise der Zuordnung zu dem entsprechenden ursprünglichen Glied bestimmt werden, welche dessen Ersetzung bzw. Verwerfung höchstens als eine Art von Gegenüberstellung voraussetzt, die eine theologische Anerkennung beider Glieder, nicht aber ihre Integrierung in das Satzganze der Übersetzung bezweckt[4]. Sie sind darum als Textformen der **hexaplarischen** Überlieferung in die Kategorie der Korrekturen nach der masoretisch überlieferten Vorlage einzuordnen. Die Frage, ob ihre geringe Zahl im Verhältnis zu den rein lukianisch bezeugten Fällen als hexaplarische Vorform oder als Verlust der vollständigen Überlieferung zu erklären ist, muss offen bleiben.

Esdr II 9₁₃ כִּי אַתָּה אֱלֹהֵינוּ חָשַׂכְתָּ לְמַטָּה מֵעֲוֺנֵנוּ : ὅτι οὐκ ἔστιν ὡς ὁ θεὸς ἡμῶν, ὅτι ἐ-κούφισας ἡμῶν τὰς ἀνομίας (cf Esdr I 8₈₃ σὺ γὰρ (οτι συ *L* 121) ἐκούφισας τὰς ἁμαρτίας ἡμῶν)] pr οτι συ ο θ̅ς̅ ημων κατεπαυσας το σκηπτρον (σκηπτον 121; *scriptum* La^123 : *mend pro sceptrum*) ημων (> La = 𝔐) δια τας (+ α τας 121) αμαρτιας ημων (*peccatum nostrum* La = 𝔐; + και *L'* La^123) S^c1 (restituit S^c2) -*L'* La^123; συ pro οὐκ – ὅτι 2⁰ Aeth^-B Compl = 𝔐; συ pro ὁ θεὸς ἡμῶν S^c1 (restituit S^c2) -*L'*; ἡμῶν / τὰς ἀνομίας tr *L* La^123 = 𝔐, cf Esdr I 5. Die Koordination der beiden Dublettenglieder mit και in *L'* La^123 entspräche der lukianischen Intention syntaktischer und inhaltlicher Zuordnung der beiden Aussagen; die in gleicher Weise erklärbare Ersetzung des Nomens ὁ θεὸς ἡμῶν durch das Pronomen der zweiten Person σύ, das auch von S^c1 – dem hexaplarischen Korrektor, dessen Korrekturen von S^c2 grundsätzlich nicht nach 𝔐, sondern nach dem ursprünglichen Text von S um-korrigiert werden – mitbezeugt wird, liesse sich zwar nicht dem Wechsel der Nomina

---

[1]) Vgl. S.295.
[2]) Hierzu vgl. S.190f. mit Anm.4.
[3]) Zur lukianischen Doppelüberlieferung s.S.144-166.
[4]) Zu diesem Verhältnis zwischen hexaplarischem und lukianischem Verständnis der Dublette vgl. S.146 Anm.1.
[5]) Vgl. S.201 und 249f.

nach, wohl aber dem Wechsel von der Aussage in dritter Person zur Anrede in zweiter Person nach als hexaplarische Korrektur nach 𝔐 erklären¹.

Esdr II 12₁ ולא הייתי רע לפניו: καὶ οὐκ ἦν ἕτερος ἐνώπιον αὐτοῦ] + καὶ ημην σκυθρωπος S^c-Syh-L'; *fui tristis in conspectu eius* La¹²³; *non eram coram eo molestus* Aeth⁻ᴮ = 𝔐 ². Dass die aus dem Kontext – dem scheinbaren Widerspruch zur Aussage von v.2-3 erschlossene Aufhebung der masoretisch überlieferten Negation nicht nur lukianisch, sondern auch hexaplarisch – von beiden Zeugen! – überliefert ist, müsste, will man nicht mit lukianischem Einfluss in der S^c mitsamt Syh überlieferten hexaplarischen Tradition rechnen, für eine frühe, spätestens vorhexaplarische Tradition sprechen, die entweder auch vormasoretisch wäre oder der Schwierigkeit der masoretisch überlieferten Textform in anderer Weise begegnete als es im ursprünglichen Übersetzungstext der LXX durch Unvokalisierung von רַע in רֵעַ und Änderung der ersten in die dritte Person der Fall ist. Dafür spräche auch die Überlieferung der Vulgata, deren der hexaplarisch-lukianischen Textform entsprechende Wiedergabe, *et eram quasi languidus*, nur von drei Zeugen, A* N K*, nach 𝔐 negiert wird, und die Textform von La¹²³, in der nur ihrer Tendenz entsprechend das von 𝔐 abweichende Dublettenglied der LXX ausgemerzt, nicht aber das lukianisch überlieferte über die griechischen L-Zeugen hinaus an 𝔐 angeglichen wird³, während die einzige Bezeugung der masoretisch überlieferten Textform durch die hebraisierende Handschrift Aethᴬ den Verdacht später Überarbeitung der äthiopischen Tradition nach 𝔐 bestärkt⁴.

Esdr II 22₃₆ בכלי־שיר: τοῦ (> B S^txt A Ra.) αἰνεῖν ἐν ᾠδαῖς] του αινειν (*laudaverunt* Aeth) εν σκευεσι(ν) και ωδαις (ωδης pro και ωδαις Aeth Compl = 𝔐) L Aeth⁻ᴮ Compl = 𝔐; εν σκευεσιν ωδης (*in vasib. cantici* La) S^c La¹²³ = 𝔐; *laudaverunt in canticis* (+ *et psalmis* Arm) Aethᴮ Arm. Es handelt sich hier insofern um einen Sonderfall hexaplarisch-lukianischer „Dublette", als der als das ursprüngliche Dublettenglied zu bestimmende Satzteil (τοῦ) αἰνεῖν sowohl seiner Äquivalenz mit der hebräischen Vorlage als auch seiner syntaktischen Einordnung in die griechische Satzkonstruktion nach schwer als freie Wiedergabe des Ausdrucks בכלי erklärbar ist⁵, so dass er – das würde seine Tilgung nicht

---

¹) Zur Äquivalenz vgl. S.201, zum Vergleich mit Esdr I S.9
²) Zur lukianischen Äquivalenz im ganzen Aussagezusammenhang von v.1-3 und zu seiner Interpretation vgl. S.126-128, zur hexaplarischen Wortäquivalenz in v.1 S.201.
³) Vgl. S.126 Anm.1. Die Annahme einer vorhexaplarischen von 𝔐 abweichenden Grundlage schon für die hexaplarische Rezension würde auch die Übereinstimmung beider textgeschichtlich voneinander unabhängigen hexaplarischen Zeugen in einer der masoretischen gegenüber selbständigen Textform erklären, bei der auf Grund solcher Bezeugung die für S^c erwogene Möglichkeit sekundärer lukianischer Beeinflussung der hexaplarischen Korrekturen und eklektische Korrekturweise der einmaligen, aber für alle analogen Fälle geltenden Nennung einer Korrektur an erster Stelle ausgeschlossen werden müsste.
⁴) Vgl. S.127 Anm.3.
⁵) Von hier her ist auch die Umsetzung des Infinitivs in verbum finitum *laudaverunt* bei Aeth und Arm zu erklären. Dennoch bleibt die Rückführung auf die Vorlage בכלי die glaubhafteste Lösung; eine Erklärung aus innergriechischer Transformation vom vorausgehenden

nur in La¹²³ sondern auch beim hexaplarischen Korrektor erklären, der ihn sonst nach seinem Prinzip der Asterisierung hätte stehen lassen müssen – von Textbearbeitern nicht als Äquivalent, sondern als freier Zusatz gegen 𝔐 verstanden und darum getilgt werden konnte.

In anderer Weise und hinsichtlich ihrer h e x a p l a r i s c h -lukianischen Herkunft als zweifelhaft dürfte in Esdr II 1 28, da im Unterschied zur Dublettenüberlieferung in v.1 von den beiden hier erhaltenen hexaplarischen Zeugen der syrohexaplarische nur das mit 𝔐 übereinstimmende ursprüngliche Glied der Übersetzung überliefert und nur der Korrektor von S mit L zusammen das sekundäre Dublettenglied, und da dieses Glied – ein Sonderfall in der Dublettenüberlieferung – nicht wie in v.1 eine, wenn auch unvollständige, Rückbewegung von dem die masoretisch überlieferte Textform missverstehenden ursprünglichen Glied zu 𝔐 darstellt, sondern eine Textform überliefert, die als Vorlage פרד(י)ם an Stelle von masoretischen פרדס voraussetzt, die Dublette τον φυλασσοντα τας ημιονους του βασιλεως an Stelle von ursprünglichem φύλακα τοῦ παραδείσου textgeschichtlich zu bestimmen sein: Sie muss innerhalb der Ausnahmen lukianisch überlieferter Abweichungen von 𝔐 als Sonderfall eingeordnet werden, der auf seltene sekundäre und nachhexaplarische Überlieferung schliessen lässt, die in die Korrektur von S Eingang gefunden hat¹. Als andere Art einer Sonderform von Dublettenüberlieferung, deren hexaplarische Herkunft gleicherweise in Frage steht, muss die Überlieferung der beiden Dublettenglieder και ποιησαι αυτην αφανη und ποιησαι μοι πληνησιν in 1 48(2) bestimmt werden, die für den in dem von Alfred Rahlfs rekonstruierten und in die Göttinger Edition übernommenen ursprünglichen Übersetzungstext fehlenden Satzteil ולעשׂות לו תועה stehen und die nur lukianisch in gegenseitiger Zuordnung beider Glieder, hexaplarisch aber, von Syh mitsamt L a, nur mit dem der Äquivalenz nach von keiner Tradition der LXX gestützten Glied και ποιησαι αυτην αφανη überliefert sind². Eine nicht auszuschliessende Erklärung der in Esdr II singulären Verteilung der Überlieferung läge darin, die 𝔐 gegenüber verkürzte Textform, obwohl sie von der Rezension b mitsamt dem von den Unzialen S A V begleiteten B-Text bezeugt ist, als frühe aber sekundäre, durch Homoioteleuton και ∩ και entstandene Textverkürzung der ursprünglichen mit 𝔐 übereinstimmenden Textform der LXX zu bestimmen, das von Syh-L a Sixt überlieferte Glied aber als ursprünglichen Bestandteil der Übersetzung. Von der Äquivalenz zwischen תועה und αφανη her läge bei der auch anderwärts festgestellten eigenwilligen Wortwahl in Esdr II und bei der im AT nur noch in Is 3 26 nachgewiesenen Überlieferung des Begriffs תועה dieser Lösung nichts im Wege³.

---

nomen proprium αυαυι her nötigte zu seiner Tilgung auch im ursprünglichen Übersetzungstext. Vgl. S.237.

¹) Vgl. S.174.

²) Zur Äquivalenz vgl. S.204f.

³) Dagegen sprechen bei der ähnlich gelagerten Überlieferung des Zusatzes nach 𝔐 (חדות יהוה(י) היא) in 1 810: η ευφροσυνη (χαρα b 119 Ald Compl) κυριου (dei La) αυτη (> 46-64-381-728 La) in Syh -L b 119 La123 Ald Compl vor εστιν ισχυς ημων (מעזכם), der in B′ S A 370 58 fehlt, in a⁻³⁷⁰ nur durch das Interpretament κυριος ersetzt ist, drei Argumente für die Ursprünglichkeit der vom B-Text mitsamt S A überlieferten, auch als Vorlage der Rezension a vorauszusetzenden Textverkürzung in LXX: (1) Sie lässt sich nicht durch Homoioteleuton als sekundär erweisen. (2) Die gemeinsame und mit gleicher Wortäquivalenz bezeugte Überlieferung in Syh und L (hierzu vgl. S.200) würde nicht wie in 148(2) dazu nötigen, ein Zwischenglied in der Überlieferung zwischen der hexaplarischen und der lukianischen Rezension postulieren zu müssen. (3) Die Textverkürzung fände eine Erklärung im Phänomen der Übersetzung als Inter-

2.1.1.2.4. Die unabhängig von der lukianischen Rezension überlieferten hexaplarisch bezeugten Korrekturen nach 𝔐.

Das beweiskräftigste Kriterium für die Unterscheidung zwischen dem Charakter der hexaplarischen und dem der lukianischen Rezension hinsichtlich des beiden gemeinsamen Rezensionsprinzips der Korrektur nach der masoretisch überlieferten Vorlage wären nur von den hexaplarischen Zeugen überlieferte Textformen, die entgegen der von den übrigen – auch den lukianischen – Zeugen gebotenen, von der masoretischen Vorlage abweichenden, als ursprünglich zu bestimmenden Textform eindeutig den Charakter der Korrektur nach 𝔐 tragen; denn von dieser Überlieferung her liesse sich zuerst der Antwort auf die Frage näher kommen, aus welchem Grunde und in welcher Weise sich das Verhältnis der beiden Rezensionen zueinander in den verschiedenen Büchern der LXX als dermassen unterschiedlich darbieten kann.

Aber auch hier bleibt der Ertrag, der aus der in Esdr II erhaltenen genuin hexaplarischen Überlieferung erschlossen werden kann, gering. Das ist beim syrohexaplarischen Zeugen aus dem auch dem Korrektor von S gegenüber noch viel geringeren Textbereich zu erklären, bei S^c aber aus dem Befund, dass eine nach 𝔐 korrigierende Rezension als Korrektur an einer Textform, die nicht die ursprüngliche der LXX, sondern die Sonderform einer einzelnen Handschrift ist, auch mit 𝔐 und LXX übereinstimmende Korrekturen erfordert, die trotz solcher Übereinstimmung nicht als genuin hexaplarisch zu bestimmen sind[1]: Sie sind „hexaplarisch" nur in dem Sinn, dass sie innerhalb der Textform einer Einzelhandschrift mit all ihren sekundären Lesarten und Sonderlesarten den mit der masoretisch überlieferten Vorlage übereinstimmenden ursprünglichen Übersetzungstext wiederherstellen, der als solcher naturgemäss auch hexaplarisch ist.

Solche Fälle sind im codex Sinaiticus mehrfach überliefert; sie sind, da in ihnen lediglich der ohnehin als solcher gesicherte ursprüngliche Text von einem späten Korrektor bestätigt wird, textgeschichtlich von geringem, höchstens als Sonderlesarten für den Textcharakter von S von einigem Belang[2].

---

pretation, nach der – entsprechend der freien Wiedergabe im Paralleltext von Esdr I 9 52 ὁ γὰρ κύριος (sic B′ L 71 La Sy Aeth Sixt; + ο θεος 106 381 245; pr θεος rel) δοξάσει ὑμᾶς – nicht die Freude an Gott, sondern Gott selbst als die Stärke Israels erscheint (vgl. S.8 und S.370 Anm.1).

[1]) Vgl. S.183f.

[2]) Vgl. S.297f. Die jeweilige Korrektur nach LXX wird von Rahlfs in der Handausgabe darum auch meist ignoriert: „codicis S primam manum non soleo „S*" dicere, sed „S" tantum" (Vorbemerkung im Apparat zu Esdr II). Eine Unterscheidung solcher Sonderlesarten nach solchen, die von einem Korrektor nach LXX korrigiert sind, und nach unkorrigiert gebliebenen, lässt aus dem Grund keine sicheren textgeschichtlichen Schlüsse zu, weil sie eher eklektisch als textgeschichtlich bzw. textkritisch begründet sein dürfte. Hier stellt sich auch am dringlichsten das trotz intensiver Untersuchungen noch ungelöste und weitgehend auch unlösbare Problem der Verifizierung und paläographischen Differenzierung der verschiedenen an

Am häufigsten sind es in dieser Weise korrigierte Textverkürzungen von S, wie z.B.: 9₁₁ om αὐτῶν 2⁰ S* 10₁ om ἀπὸ Ἰσραήλ S* 19 αὐτῶν 1⁰ ∩ 3⁰¹ S*11₈ om λέγων S* 12₃ om ἠρημώθη S* 14₂₃₍₁₇₎ om ἐξ ἡμῶν S* 19₁₀ αὐτοῦ 1⁰ ∩ 2⁰ S* 11₈ om λέγων S* 12₃ om ἠρημώθη S* 14₂₃₍₁₇₎ om ἐξ ἡμῶν S* 19₁₀ αὐτοῦ 1⁰ ∩ 2⁰ S^txt 25 καί 3⁰ ∩ 4⁰ S^txt 23₂₆ om οὕτως S*, selten dagegen Zusätze, meist Wiederholungen aus dem Kontext: 19₆ τὰς θαλάσσας] pr την γην και S* : ex praec 12 πυρός] + ωδηγησας S* : cf praec. Wortäquivalente: 12₃ μου 2⁰] σου S* 17₁₀ ἑξακόσιοι] επτακοσιοι S* 18₃ διαφωτίσαι] φωτισαι S* 14 ᾧ] ως S* 19₇ ἐκ τῆς χώρας] εν τη χωρα S*, syntaktische Erscheinungen: 9₁₁ δούλων] δουλου S* 14₃ αὐτοῦ] αυτοι S* 15₁₂ σὺ λέγεις] οι λεγοντες S*; σοι λεγεις S^c 16₅ ἀπέστειλεν] -στιλαν S* = Pesch^A 22₄₅ ἐφύλαξαν] -ξεν S*.

Aber solchen Korrekturen von Sonderlesarten in S gegenüber, die als Rekonstruktion des einhellig überlieferten Übersetzungstextes für die Verifizierung genuin hexaplarischer Textform nicht verwendbar sind, erweisen sich auch von S^c und Syh allein bezeugte Lesarten, die auf Grund ihrer Identität oder Verwandtschaft mit der masoretisch überlieferten Vorlage als auch der lukianischen Rezension gegenüber selbständige hexaplarische Korrekturen in Frage kommen könnten, auf Grund ihrer geringen Zahl und ihres wenig beweiskräftigen Charakters als ebensowenig ertragreich wie die besprochenen in beiden Rezensionen nach Wortbildung oder Stamm je verschiedenen Wortäquivalenzen².

Diese Fälle, bezeugt von S^c mitsamt La¹²³: 14₂₃₍₁₇₎ ὀπίσω (κατοπισθε(ν) L) μου] pr οι S^c La¹²³ Aeth^(-B) = 𝔐 (אשר אחרי) 19₃₁ ἰσχυρὸς εἶ] om εἶ B' S* (corr S^c vid)³; εἶ post οἰκτίρμων tr S^c La¹²³: cf 𝔐 (אתה רחום...אל) 22₃₁ καὶ ἔστησαν] καί ∩ (32) καί 1⁰ B' S^txt A Aeth^B4; και εστησα S^(mg) La¹²³ Aeth^(-B) Grabe Ra. (hab Pesch) = 𝔐 (ואעמידה) 43 αἱ

S tätigen Korrektoren (vgl. vor allem H.J.M.Milne and T.C.Skeat, Scribes and Correctors of the Codex Sinaiticus, 1938).

¹) Im Apparat der Edition muss „2⁰" in „3⁰" korrigiert werden.
²) Vgl. S.203.
³) Die hier auch von Rahlfs als sekundär eingestufte von B S* bezeugte Tilgung des verbum finitum εἶ kann, da syntaktisch unentbehrlich, kaum anders denn als halb eingerenkte Korrektur nach 𝔐 erklärt werden, die – nicht sicher erkennbare – Eintragung an dieser Stelle in S^c, könnte dann nur von einem andern als dem hexaplarischen Korrektor stammen, der nicht nach der mit 𝔐 übereinstimmenden hexaplarischen, sondern nach der ursprünglichen Textform der LXX korrigierte.
⁴) Die auch von Rahlfs als frühe Transformation bestimmte von B' S^txt A Aeth^B bezeugte Textverkürzung, die durch Homoioteleuton oder wegen der 𝔐 gegenüber freien und schwer verständlichen Textform des von den übrigen LXX-Zeugen überlieferten Satzteils als sekundär zu erklären ist – gerade die Abweichung von 𝔐, die vom Kontext her erklärbare Setzung der dritten Person plur. ἔστησαν gegenüber der ersten sing. in 𝔐 und der die masoretische Vorlage frei wiedergebende Ausdruck δύο περὶ αἰνέσεως μεγάλους – „(sie setzten) für den Lobgesang zwei angesehene Männer ein" (?) –, spricht für die Ursprünglichkeit –, stellt innerhalb der oft ursprünglichen gleichbezeugten Verkürzungen in diesem Textbereich (vgl. S.187 Anm.3) einen Sonderfall dar.

γυναῖκες αὐτῶν] om αὐτῶν S^c La^{123} (hab 𝔒) = 𝔐 (הנשים)^1, innerhalb der hexaplarisch-lukianischen Zusätze nach 𝔐 ^{2}: 21$_{25}$ εν ταις θυγατρασιν αυτης S^c-L (deest 19 121) La^{123} Aeth$^{(-B)}$ Compl] εν τ. κωμαις α. (εν τ. αυλαις α. Compl; *et in villas eius* La; *wajaḥaṣurja* Aeth$^{(-B)}$) S^c La^{123} Aeth$^{(-B)}$ = 𝔐 (וחצריה)^3 30 και εν ζανω (ζανωε S$^{(c)}$) S^c-L (deest 19 121) La^{123} Aeth^{-B} Compl] om και εν S$^{(c)}$ La^{123} = 𝔐; om εν Aeth$^{(-B)}$ 22$_9$ οι αδελφοι αυτων (*eius* La) ανεκρουοντο S$^{c\ et\ mg}$-L (deest 19 121) La^{123} Aeth^{-B} Compl] om ανεκρουοντο S$^{(mg)}$ La^{123} Compl (Aeth$^{(-B)}$ lib) = 𝔐^4 29 και εν βαιθγαλγαλ (cum var) S^{mg}-L (deest 121) La^{123} Aeth^{-B} Compl] om εν 93; εκ (*de* La) pro εν S$^{(mg)}$ La^{123} Aeth$^{(-B)}$ = 𝔐 (מבית הגלגל), bezeugt von Syh: 18$_{12}$ και απηλθεν] *et abierunt* Syh (ואזלו) Aeth = 𝔐 (וילכו) 16 και εξηλθεν] *et*

---

^{1}) Nur La^{123} bezeugt durch Tilgung auch des folgenden αὐτῶν nach καὶ τὰ τέκνα die konsequente Angleichung an 𝔐; Tilgungszeichen in S^c sind nicht zu erkennen (vgl. S.198 Anm.2).

^{2}) Vgl. S.187 Anm.1.

^{3}) Die Äquivalente in S^c, La^{123}, Aeth$^{(-B)}$ und Compl, die gegen *L* mit חצריה in 𝔐 übereinstimmen, erweisen sich innerhalb der Äquivalenz der ursprünglichen Textform von Esdr II bei S^c mit κώμη und bei Compl mit αὐλή als Fremdkörper, da der Übersetzer konsequent die Bedeutung des „Hofes eines Gebäudes" mit dem Äquivalent αὐλή in 13$_{25}$ 18$_{16}$ und 23$_7$ von der Bedeutung „Gehöft" bzw. „Siedlung", wie sie in 21$_{25}$ 30 22$_{28}$ 29 vorliegt, mit dem Äquivalent ἔπαυλις, das darum auch in dem lukianisch-hexaplarischen Zusatz von 21$_{25}$ zu erwarten wäre, unterscheidet; dagegen dürfte La^{123} mit *villa* auf ἔπαυλις zurückgehen, da in diesem Text wie in LXX von Esdr II die Bedeutung „Hof" mit *atrium* von „Gehöft" mit *villa* unterschieden wird. Von vorgegebener Übersetzungstradition her liesse sich αὐλή in Compl als Übernahme des in LXX bestverankerten auch von den jüngeren Übersetzungen seit Aquila übernommenen Äquivalents erklären, während κώμη in S^c für חצר nur von sporadischer Tradition in Ios und Par I gestützt ist. Sonderformen der Äquivalenz mit der masoretisch überlieferten Vorlage auch in der Überlieferung, der keine ursprüngliche oder lukianische Übersetzungstradition gegenübersteht – θυγατρασιν in *L* dürfte innergriechische Transformation aus dem Kontext sein –, lassen sich weder für S^c (vgl. 2.1.1.2.2., S.184-197) noch für Aeth (vgl. Esdr II ed. Einl. S.16, FS Frede-Thiele S.45, Anm.8, S.51f. Anm.22), noch für Compl (vgl. ib. S.45 Anm.8) hinsichtlich der Frage nach Herkunft und zeitlicher Ansetzung auswerten.

^{4}) Es handelt sich innerhalb des hexaplarisch-lukianisch überlieferten Zusatzes nach 𝔐 um eine Dublette der Wiedergabe des Ausdrucks וענו : nach Ketib וענוּ, nach Qere וענִי, der in der masoretischen Vorlage nach beiden Formen als nomen proprium zu verstehen ist und so auch in dem einen Dublettenglied wiedergegeben wird, nach S^c und *L* Compl και αναι (so Compl; ιαναι S^c *L* ist Dittographie) für Qere, nach Aeth$^{(-B)}$ *unu* für Ketib, in dem andern Dublettenglied aber als verbum finitum ανεκρουοντο, wie 3$_{11}$, wo ursprünglichem ἀπεκρίθησαν lukianisches ανεκρουσαντο gegenübersteht, für עָנוּ: in *L* als zweites, nach οι αδελφοι umgestelltes Dublettenglied, in La^{123} als einziges Glied am ursprünglichen Ort mit dem Äquivalent *resistebant*, einem umschreibenden Begriff für das vieldeutige Wort, das ursprünglich „schlagen" bedeutet, in LXX aber nur für verschiedene Äquivalente, חצצ in Iud 5$_{11}$ (B), כרר in Reg I 6$_{14}$ 16, נבא in Par I 25$_3$, חזה 5, (בה) שלו (?) in Ez 23$_{42}$, im Zusammenhang von Instrumenten begleiteter Begeisterung überliefert ist. S^c und La^{123} gemeinsam ist demnach nur die Ausscheidung von einem der beiden Glieder, aber in S^c des von 𝔐 abweichenden, in La^{123} des mit 𝔐 übereinstimmenden und mit einem der ursprünglichen Aussage völlig widersprechenden Sinn: *et resistebant fratres eius contra eos*; textgemäss wäre *respondebant* im Sinn des Respondierens.

exierunt Syh (ונפקו) Aeth = 𝔐 (ויצאו)[1], bezeugen wohl dem hexaplarischen Prinzip entsprechende Korrekturen nach der masoretisch überlieferten Vorlage nach allen Kategorien der Textform, Zusatz, Auslassung, Umstellung, Syntax und Wortäquivalenz, sie weisen aber kein Kriterium auf, nach dem sie sich als in sich zusammenhängende Überarbeitung nach diesem Prinzip und als Zeugen einer Textform erweisen liessen, die der lukianischen Überlieferung gegenüber eine Vorstufe darstellte.

Nur in verstreuten Spuren lässt sich zuletzt ein selbständiges hexaplarisches Prinzip der Korrektur nach 𝔐 bei der Transkription von nomina propria erkennen, da von den beiden hexaplarischen Zeugen auch der Korrektor von S gleicherweise wie alle lukianischen und ausserlukianischen Zeugen dem textgeschichtlichen Gesetz früher Verschreibung und Verwilderung unterworfen ist, das eine Einordnung in die Koordinaten der ursprünglichen und der rezensionellen Transkription teilweise erschwert, teilweise unmöglich macht, die syrohexaplarische Übersetzung aber dort, wo sie gegenüber der überlieferten griechischen Transkription der masoretischen Namensform näher steht, oft auf die Überlieferung der Peschitta zurückgeführt werden und darum als Zeuge hexaplarischer Korrektur ausgeschieden werden muss[2].

Hinsichtlich der Korrekturen in S^c geht es auch hier vornehmlich um Angleichung von Sonderlesarten bzw. Verschreibungen der Transkription im ursprünglichen Text von S an die anderwärts einhellig – auch hexaplarisch-lukianisch überlieferte – Namensform[3]; es sind Korrekturen, die, weil das hexaplarische Prinzip in der Rückbewegung der von 𝔐 abweichenden u r s p r ü n g l i c h e n , – nicht einer sekundären – Textform an die hebräische Vorlage besteht, nicht als genuin hexaplarische Korrektur, nur als hexaplarische Mitbezeugung der ursprünglichen Übersetzungsform zu bestimmen sind, z.B.: $20_{22(23)}$: Φαλτιά (-τεια S^c) = 𝔐 (פלטיה)] φαλδεια S* 21_{22} Μιχά (μειχα B S^c-93[4])) = 𝔐 (מיכא)] αμειχα S* 22_2 'Αμαριά (-ρεια S^c) = 𝔐 (אמריה)] αρεια S*   13 'Αμαριά (-ρεια B) = 𝔐 (אמריה)] αραμια S*.

Doch lässt sich an einigen Stellen auch eine S^c eigentümliche Weise der Transkription erkennen, die sich der ursprünglichen gegenüber als genauere Wiedergabe der vorliegenden hebräischen Namensform erweist und darum als genuin hexaplarische Korrektur bestimmt werden muss:

---

[1]) Es handelt sich in beiden Fällen um pluralische Formulierung beim nomen collectivum (כל־)העם) als Subjekt.

[2]) Zur lukianischen Tradition vgl. 2.1.1.1.2.1., S.61-73, zur hexaplarisch-lukianischen Tradition 2.1.1.2.1.(7), S.195f., zur ursprünglichen Transkription 5.1.1., S.322-351.

[3]) Vgl. S.209f.

[4]) Spuren einer Unterscheidung zwischen Pleneschreibung und Beschränkung auf Vokalzeichen bzw. Offenlassen der Vokalisierung im unvokalisierten Text durch Wiedergabe entweder mit ει oder mit ι in der ursprünglichen Transkription von LXX lassen sich zwar an einigen Stellen vermuten, erscheinen aber angesichts der früh eingedrungenen itazistischen Schreibweise – in LXX vor allem der Wechsel von ι zu ει in B – zu ungesichert, als dass sich ihre Einführung in die Textrekonstruktion empfehlen würde. Zum Problem vgl. MSU VII (1961) 12-15.

Das gilt für die Wiedergabe der masoretischen Gemination mit doppeltem Konsonanten: in 13₂ ζαχχουρ und 20₁₂₍₁₃₎ ζαχχωρ S^c für זַכּוּר gegenüber ursprünglichem Ζακχούρ (Ζακχώρ), in 21₁₇ σαμμουε S^mg für שַׁמּוּעַ gegenüber ursprünglichem Σαμουί, innerhalb des hexaplarisch-lukianischen Zusatzes in 21₃₄ ναβαλλατ S^(mg) für נְבַלָּט gegenüber ναβαλατ in L (deest 19 121) Compl, für vokalische Wiedergabe des ע am Wortende mit pataḥ furtivum: im Zusatz des gleichen Textbereichs 21₃₀ ζανωε S^(c) für זָנֹחַ gegenüber ζανω (*zano* La) in L (deest 19 121) La¹²³ Compl¹, und für Vokalisierungen, die der masoretischen näher stehen als die ursprüngliche und auch die lukianisch überlieferte: innerhalb der Zusätze in 22₂₅ οβδιας (*obdias* La S^(mg)) La¹²³ für עֹבַדְיָה gegenüber αβδ(ε)ιας in L Compl 36 μααι S^(mg) für מָעַי gegenüber Μααία (cum var)².

Was die syrohexaplarisch überlieferten Namensformen anbelangt, lässt sich wohl in einigen Fällen eine von Masora und Peschitta unabhängige Weise der Transkription feststellen, die nur von griechischer Sekundärüberlieferung der LXX her erklärbar ist – so in dem von S^c-Syh-*L a* La¹²³ Aeth^-B (sim) Compl überlieferten Zusatz nach 𝔐 και οι αζωτιοι in 14₇ (4₁) die Transkription זוטיא gegenüber הָאַשְׁדּוֹדִים in 𝔐, אשדודיא in Pesch und in der kaum anders als von früher innergriechischer Transformation her erklärbaren, gegenüber lukianisch bezeugtem Καλλίτας für קליטא in 𝔐, קליטיא in Pesch sekundären Form καμπτας und καμπας der ausserlukianischen Tradition in 18₇, die syrohexaplarisch mit קמפטס transkribiert ist –, und an einigen Stellen eine von 𝔐 und Pesch abweichende, aber als Vorlage der LXX vorauszusetzende Namensform – so שמעיא an Stelle von שמע 𝔐, שמוע Pesch übereinstimmend mit LXX Σαμαίας in 18₄, בניא an Stelle von בני

---

¹) Diese Transkriptionsweise ist zwar bereits für die ursprüngliche Übersetzungsform von Esdr II anzunehmen, sie dürfte aber, obwohl ihre sekundäre Ausmerzung vor allem am Wortende, da sie griechischer Phonetik fernsteht, paläographisch leicht erklärbar wäre, nur eklektisch verwendet worden sein und darf darum nicht gegen die bessere Überlieferung rekonstruiert werden. So ist auch die von S^(mg) bezeugte 𝔐 am besten entsprechende Transkription ελιωηναι für אֶלְיוֹעֵינַי in 22₄₁, obwohl die Wiedergabe der Silben -וֹעֵ- auch von der Rezension *b* überliefert ist, gegen Rahlfs eher als hexaplarisches Rezensionselement zu bestimmen. Dass im ursprünglichen Übersetzungstext inkonsequente Weise der Transkription angenommen werden muss, zeigt besonders deutlich die Überlieferung der griechischen Wiedergabe des Namens יוֹדָע in 13₆ 22₁₀ ₁₁ ₂₂ ₂₈; s. den Apparat, zur Begründung auch „Der ursprüngliche Text" 5.1.1. (I 4), S.328f.

²) Vgl. den Apparat; auch die übrigen Transkriptionsformen sind auf μααια als Vorlage zurückzuführen, die als freie Wiedergabe gegen 𝔐 auch gegen die – von Rahlfs angenommene – Ursprünglichkeit der von B' S^txt Aeth^B Arm überlieferten Textverkürzung spricht. Weitere Sonderlesarten von S^c in der Vokalisierung sind eher denn als zufällig als halb eingerenkte Angleichungen an 𝔐 oder als Wiedergabe von 𝔐 abweichender Vokalisierung vielleicht hexaplarischer Herkunft zu bestimmen, z.B. 11₁ χεσελευ (*cheseleu* La) S^mg La¹²³ für כְּסָלוֹ gegenüber wie in Sach 7₁ ursprünglichem Χασελεύ (Rahlfs liest mit A χασελου), 21₂₈ im hexaplarisch-lukianischen Zusatz σικελεγ S^(c) für צִקְלַג gegenüber σεκελαγ in L (deest 19; *secela*| La¹²³).

𝔐, בנוהי Pesch übereinstimmend mit LXX Βαναία(ς) in 18₇ [1] –; es lassen sich aber, so viel ich sehe, keine syrohexaplarischen Namensformen nachweisen, die, wenn sie abweichend von LXX mit 𝔐 übereinstimmen, auf Grund einer eigentümlichen Transkriptionsweise als auf griechischer Vorlage beruhend verifizieren liessen, weshalb in solchen Fällen ausserhexaplarische unmittelbare Abhängigkeit von 𝔐 bzw. Pesch nicht ausgeschlossen werden kann. Das gilt vor allem für Namen, deren von 𝔐 und Pesch abweichende griechische Transkription in LXX als ganzer bezeugt und auch in Rezensionen nicht an 𝔐 angeglichen überliefert ist, wie Ναυή für נון in 18₁₇ [2].

Was hinsichtlich der Wiedergabe von nomina propria die syrohexaplarische Übersetzung ihrem Charakter nach von der der Peschitta unterscheidet, das ist der weitgehende Verzicht auf ihre aktualisierende Umsetzung in ein Analogon der syrischen Welt – darum bewahrt sie als Äquivalent für den Monatsnamen כסלו in 11₁ im Unterschied zu Pesch, die hier, wie auch an der anderen Stelle des Vorkommens im AT, Sach 7₁, die syrische Entsprechung כנון setzt, die Transkription, אכסלו, der hier כנון als Marginalnote beigegeben ist –[3]; was Syh aber von der Übersetzung der LXX, sowohl der ursprünglichen

---

[1]) Frühe, vorhexaplarische Divergenz in der Tradition zeigt sich hier aber darin, dass nicht die in 𝔐, sondern die in Pesch überlieferte Form בנוהי lukianisch in die LXX-Überlieferung eingetragen wird, in *L'*: και οι (> 19) υιοι αυτου, als Dublette, in La[123]: *et filii eius*, als Ersetzung, lukianisch (*L*) in der Form der Dublette auch an der Parallelstelle von Esdr I (9₄₈) mit Korrektur der dort von 𝔐 abweichenden Namensform – wahrscheinlich aus αννιουθ in B auf Grund von Unzialverschreibung zu korrigierendes 'Αννιοῦς – nach LXX in Esdr II: βαναιας (*L* Sy).

[2]) Für Abhängigkeit von der Tradition der Peschitta in Syh sprechen auch beiden Texten gemeinsame Namensformen, die sowohl von LXX als auch von 𝔐 abweichen: 18₄ Ματταθίας = 𝔐 (מתתיה)] מתתיא Syh = Pesch, während die Übereinstimmung von Syh mit Pesch und LXX gegen 𝔐 in der syrohexaplarischen Bezeugung sowohl auf Abhängigkeit von Pesch als auch auf Bewahrung der ursprünglichen Textform von LXX zurückgeführt werden kann: 18₄ 'Ανανίας = Syh (חנניא) et Pesch (חנניא) Pesch^W, עניא Pesch^A)] עניה 𝔐 7 'Ανανί = Syh et Pesch (חנני)] αναν (αυναν 121) *L'* = 𝔐 (חנן). Doch bleibt bei Varianten von Namensformen dieser Art, wie auch die Überlieferung im Paralleltext von Esdr I zeigt, wo Ματταθίας und 'Ανανίας in 9₄₃ mit der ursprünglichen Transkription in Esdr II 18₄ übereinstimmen, in 9₄₈ aber eher mit 'Ανανίας an Stelle von 'Ανανί im Paralleltext von Esdr II 18₇ die von keinem der Zeugen überlieferte Form חנניה (so Sy: חנניא) vorausgesetzt ist, Übereinstimmung und Divergenz kein sicheres Kriterium für die Annahme von Abhängigkeit. Für eine vom Mittelglied der LXX unabhängige textgeschichtliche Berührung zwischen Syh und Pesch spricht aber auch die beiden Texten gemeinsame von 𝔐 abweichende Schreibweise in der Tradition von Eigennamen, nicht nur hinsichtlich der im Syrischen konsequenten Wiedergabe des Vokals am Wortende nicht mit ה, sondern mit א, sondern auch im Wortkörper als ganzem, z.B. אורשלם gegenüber ירושלם in 𝔐, אישראיל gegenüber ישראל in 𝔐 und מושה mit mater lectionis; hierzu vgl. S.64-72.

[3]) In Sach 7₁ überliefert zwar auch Syh den entsprechenden syrischen Monatsnamen כנון, was die Vermutung nahe legt, dass die Marginalnote in Esdr II 11₁ eher denn als Glosse oder als blosser Hinweis auf das Äquivalent von Pesch als innerhalb der syrohexaplarischen Gesetze der Äquivalenz zugelassene Alternative zu verstehen ist.

Textform als auch der in dieser Hinsicht weiter gehenden lukianischen Rezension, unterscheidet, das ist der Verzicht auf transkribierende Wiedergabe von gräzisierten Formen: Sie bewahrt in Esdr II 12₁ die 𝔐 entsprechende, auch von LXX bezeugte Transkription des persischen Königsnamens in der Form ארתחששתא gegenüber der lukianisch überlieferten Gräzisierung αρταξερξου – dass diese auch vom Korrektor S^{c1} geboten, von einem späteren aber wieder in die ursprüngliche Transkription αρσαρσαθα umgesetzt wird, bestätigt die Vermutung genuin lukianischer Überlieferung in den Korrekturen zu S¹, wie die mit Syh in Esdr II übereinstimmende Form der Transkription denn auch in der nur schwach lukianisch beeinflussten syrischen Übersetzung von Esdr I (z.B. 2₁₆ = II 4₉; in 8₁ (= II 7₁) auch von Sy^{12168}) überliefert wird, wo der griechische Text einhellig 'Αρταξέρξης bezeugt.

Als Ergebnis der Untersuchung der unabhängig von den lukianischen überlieferten hexaplarischen Textformen muss sowohl hinsichtlich der vom Korrektor des codex Sinaiticus als auch der syrohexaplarisch bezeugten Rezensionselemente festgestellt werden, dass sich in dieser Überlieferung Spuren einer genuin hexaplarischen Bearbeitung erkennen lassen, aus denen vorsichtig auf eine ursprünglich deutlicher fassbare Gestalt dieser Textform geschlossen werden darf, so dass auch hinsichtlich der syrohexaplarischen Überlieferung die von A.Rahlfs für den Psalter postulierte rein lukianische Herkunft bei der Esraüberlieferung unwahrscheinlich bleibt².

2.1.1.2.5. Die hexaplarisch-lukianisch und die nur hexaplarisch überlieferten Lesarten, die von der masoretisch überlieferten Textform abweichen oder von ihr unabhängig sind.

Es ist der Vergleich der rein hexaplarisch, vom Korrektor des codex Sinaiticus und vom syrohexaplarischen Übersetzer gemeinsam oder von jedem allein, überlieferten Textformen, die von der masoretisch überlieferten Vorlage abweichen oder von ihr unabhängig sind, mit den hexaplarisch und lukianisch gemeinsam überlieferten Textformen dieser Art, durch welchen, da für die hexaplarische Rezension nur die Korrektur nach der hebräischen Vorlage als Rezensionsprinzip mit Sicherheit überliefert ist, zuerst und am beweiskräftigsten das Problem gelöst werden könnte, das durch die hexaplarisch-lukianische Doppelüberlieferung gestellt ist: Unterscheiden sich die rein hexaplarisch überlieferten Lesarten, die sich nicht als Korrektur nach 𝔐 erklären lassen, nach Zahl und Charakter von den mit lukianischen Zeugen gemeinsamen Rezensionselementen dieser Art? Nimmt in dieser Hinsicht der Korrektor von S gegenüber Syh eine besondere Stellung ein, so

---

¹) Paläographisch ist eine Unterscheidung zwischen hexaplarischen und lukianischen Korrekturen nach dem Urteil von U.Quast in S kaum möglich. Für hexaplarische Bewahrung der ursprünglichen Transkription gegenüber der lukianischen Gräzisierung spricht in dem hexaplarisch-lukianischen Zusatz nach 𝔐 המלך in 15₁₄ (vgl. S.185) die je verschiedene Art der Korrektur: τῷ 'Αρτασασθά] + τω βασιλει S^c Compl; αρταξερξου του βασιλεως (*artaxersae regis* La) *L* La^{123} Arm Got.

²) Zur heute differenzierteren textgeschichtlichen Bestimmung der Syrohexapla des Psalters s. zuletzt R.J.V.Hiebert, The „Syrohexaplaric" Psalter: Its Text and Textual History, in: Der Septuaginta-Psalter und seine Tochterübersetzungen, MSU XXIV (2000) 123-146.

dass sich von hier her die Vermutung lukianischer Beeinflussung von S^c bestätigen und ihr gegenüber die syrohexaplarische Überlieferung als die allein genuin hexaplarische verifizieren liesse?

Drei Feststellungen könnten für diese Vermutung sprechen:

1. Es liegen – so viel ich sehe – keine von der masoretisch überlieferten Vorlage abweichende lukianisch bezeugte Textformen vor, die von den beiden hexaplarischen Zeugen S^c und Syh gemeinsam mitbezeugt wären. Der Befund spricht gegen die Annahme hexaplarischer Herkunft von dieser Kategorie lukianisch bezeugter Lesarten.

2. Von den das genuin lukianische Rezensionsprinzip der Eintragung von Elementen aus analogen Aussagen vorgegebener Überlieferung der LXX vertretenden Fällen[1] ist der Text der einzigen von S^c mitbezeugten Stelle, der Eintrag der Wendung εως ακρου του ουρανου aus Deut 30₄ LXX in Esdr II 11₉ [2], in Syh nicht erhalten, im Text der einzigen in Syh erhaltenen Stelle aber der Zusatz des Ausdrucks και αγνου nach φύλλα φοινίκων aus Lev 23₄₀ in Esdr II 18₁₅ [3] weder von Syh noch von S^c mitbezeugt. Der Befund spricht höchstens für vereinzeltes Eindringen genuin lukianischen Gutes in die dem Korrektor von S vorgegebene hexaplarische Überlieferung.

3. Der gleiche Befund ergibt sich bei den lukianisch bezeugten von der in masoretischer Vorlage und ihr entsprechender Übersetzung in LXX abweichenden Lesarten, die mit einiger Sicherheit auf eine von ℳ abweichende Vorlage zurückgeführt werden müssen[4]: Ihre „hexaplarische" Bezeugung besteht auch dort, wo der syrohexaplarische Text erhalten ist, allein in der Überlieferung von S^c:

Syrohexaplarisches Zeugnis für die mit ℳ übereinstimmend ursprüngliche Übersetzungsform gegenüber lukianisch zusammen mit S^c bezeugter Abweichung liegt hier ausser dem schon lukianischer Tradition zugewiesenen von ℳ abweichenden Dublettenglied τας ημιονους του βασιλεως in 12₈ [5] vor in zwei auch hinsichtlich ihrer hebräischen Vorlage schwer bestimmbaren Zusätzen:

12₅ אִם־עַל־הַמֶּלֶךְ טוֹב : εἰ ἐπὶ τὸν βασιλέα ἀγαθόν] ει (> S* V L 55 122 La¹²³ Arm: post ει) επισταμαι τον βασιλεα αγαθον και ει αγαθον επι τον βασιλεα S^{c1} (restituit S^{c2}) -L (hab Syh: אן על מלכא טבא). Der Erklärung bedarf der so bezeugte Einschub des verbum finitum επισταμαι. Da die ihm in ℳ entsprechende Konsonantenfolge, lässt man mit den hier in Frage kommenden Zeugen S* und L die Konjunktion εἰ weg, אֹמַל formal zwar als Imperfekt der ersten Person sing. erklärbar wäre, aber auch mit paläographischer Ähnlichkeit nicht auf einen mit dem Äquivalent ἐπίσταμαι übertragbaren Wortstamm zurückgeführt werden kann, bleibt nur die innergriechische Erklärung aus der syntaktisch ein verbum finitum erfordernden durch Homoioteleuton bedingten Auslassung der Konjunktion εἰ, die schon nach Ausweis der erhaltenen Zeugen über S und L

---

[1]) Vgl. S.178-181.
[2]) Vgl. S.180f.
[3]) Vgl. S.179.
[4]) Vgl. S.166-177.
[5]) Vgl. S.173f.

hinaus in breitere Überlieferung eingedrungen war. Das aber ist ein Stadium der Überlieferung, das als Vorstufe der lukianischen, nicht der hexaplarischen Rezension wahrscheinlich ist.

6 השגל יושבת אצלו : ἡ παλλακὴ ἡ καθημένη ἐχόμενα αὐτοῦ] + ινα τι καθησαι παρ εμοι S^{c1} (restituit S^{c2}) -L' (hab Syh). Als lukianisches Interpretament ist der Zusatz, da die Frage des königlichen Paares „Warum sitzest du neben mir?" eher widersinnig anmutet, kaum erklärbar, wahrscheinlicher ist eine vorlukianische, lukianisch bewahrte Tradition, nach der – vielleicht wegen Unkenntnis des im AT seltenen Begriffs שגל und darin begründeter Lesung von אצלו als אצלי – die Aussage über die Gegenwart der Königin in diese Frage umgedeutet wurde. Auch unter Voraussetzung einer von 𝔐 abweichenden Vorlage bleibt vorlukianische, aber nachhexaplarische Herkunft wahrscheinlicher.

Nach den gleichen Kriterien muss die hexaplarische Herkunft von 𝔐 abweichender gegen LXX lukianisch mitsamt S^c bezeugter Textformen in den Fällen bezweifelt werden, wo die syrohexaplarische Überlieferung ausfällt:

Es sind syntaktische Änderungen, wie der Wechsel vom Singular zum Plural in 9₁₃ אחרי־כל הבא : μετὰ πᾶν τὸ ἐρχόμενον] μετα παντα τα ελθοντα (εισελ. S^{c1}-19) S^{c1} (restituit S^{c2}) -L La^{123} Aeth Arm: cf 𝔙 et Esdr I 8₈₃, Tempuswechsel beim Verbum in 12₁₂ אין: οὐκ ἔστιν] ουκ ην (fuit La) S^{c1} (restituit S^{c2}) -L La^{123}, Dativ statt präpositionaler Konstruktion beim Verbum in 9₁₄ הלוא תאנף־בנו : μὴ παροξυνθῇς ἐν ἡμῖν] και ου παροξυνθης (και ουκ ωργισθης L; et non indignaveris La) ημιν S^{c1} (restituit S^{c2}) -L La^{123}: cf Esdr I 8₈₅, Auslassung in 13₂₁ מפתח בית אלישיב: ἀπὸ θύρας Βηθελισουβ (βηθαιλεισου S; οικου ελιασουβ (eliasib La) L La^{123} Compl)] om θύρας S^c-L, Zusätze in 10₂₃ חלוים: τῶν Λευιτῶν] pr των υιων S^{c1} (restituit S^{c2}) -L Arm = 𝔙 et Esdr I 9₂₃ L und in 12₁₂ בהמה...כי אם : κτῆνος...εἰ μή] κτηνος...αλλο ει μη S^{c1} (restituit S^{c2}) -L, Wortvarianten als nomen proprium in 10₆ יהוחנן: Ἰωανάν] ιωναν S^{c1}-L 236 98 (non 379) -731 44'-610 55 Ald, als appellativum in 10₁₆ העשירי : τοῦ δεκάτου] του δωδεκατου S^{c1} (restituit S^{c2}) -L: cf Esdr I 9₁₆ L 119.

Die an allen Stellen, 10₂ ₁₀ ₁₄ ₁₇ ₁₈, von den lukianischen Zeugen mitsamt S^c überlieferte Ersetzung des Verbums καθίζεσθαι als Äquivalent für das Hiphil von ישב durch λαμβάνειν, eine Äquivalenz, die anderwärts in LXX nirgends nachgewiesen ist, kann nur innergriechisch, vom Gebrauch des Begriffs λαμβάνειν als Bezeichnung der Verheiratung her, erklärt werden und dürfte, da diese Formulierung in dem den Mischehen von Esdr II 10 zu Grunde liegenden Gesetz von Deut 7₃ als Äquivalent für לקח überliefert ist: בתו לא־תקח לבנך : τὴν θυγατέρα αὐτοῦ οὐ λήμψῃ τῷ υἱῷ σου, der Kategorie der rezensionellen Berufung auf vorgegebenes Zeugnis zugerechnet werden[1], die auch hier auf lukianische, nicht auf hexaplarische Intention zurückzuführen ist.

Es liegt innerhalb der lukianisch mitsamt S^c überlieferten syrohexaplarisch nicht erhaltenen Textformen, die von der masoretisch überlieferten abweichen, ein Fall vor, in welchem der hexaplarisch-lukianisch überlieferte Text in der Form eines Zusatzes und damit

---

[1]) Vgl. S.178-181.

dem ursprünglichen Übersetzungstext gegenüber sekundär, die auch 𝔐 gegenüber ursprüngliche Form der Aussage bezeugt: 23₁₃ ואוצרה על־אוצרות שלמיה: ἐπὶ χεῖρα Σελεμιά (-μιου L' 381 119 125)] pr και ενετειλαμην (+ dare Arm) S^c-L Arm Compl. Der verkürzende ursprüngliche Übersetzungstext ist eher als aus von 𝔐 abweichender Vorlage als aus dem Kontext gewonnene freie Wiedergabe der unverstandenen im AT singulären Verbalform ואוצרה zu erklären, die aber nicht als unregelmässiges denominatives Hiphil von אוצר zu bestimmen ist[1] – auch eine aus der masoretisch mehrfach überlieferten Schreibung ואצרה vom Stamm נצר ableitbare Bedeutung ergäbe keinen befriedigenden Sinn –, sondern als wegen des vorangehenden und folgenden אוצרות verschriebenes, in der hexaplarischen Vorlage aber noch erhaltenes וָאֲצַוֶּה [2]: „Und ich bestimmte zur Aufsicht über die Vorratskammern den Priester Schelemja". Dieser ursprüngliche Sinn der Aussage wird auch durch 𝔙, et constutuimus, und Pesch, ואשלטת, bestätigt, wodurch die Annahme einer vormasoretischen ursprünglichen Textform als Vorlage der hexaplarischen Rezension bestärkt wird.

Abgesehen von diesem Sonderfall eines lukianisch mitsamt S^c bei Ausfall von Syh bezeugten Rezensionselementes, das als sowohl 𝔐 als auch LXX gegenüber ursprüngliche Textform innerhalb der Textgeschichte der LXX als hexaplarisch zu bestimmen ist, ist als Ergebnis des Vergleichs vom Korrektor des codex S und syrohexaplarisch mitbezeugter lukianisch überlieferter Lesarten, die von 𝔐 abweichen, festzustellen, dass sich, was S^c betrifft – unter dem Vorbehalt heute nicht mehr unterscheidbarer verschiedener Korrektorenhände – die Vermutung des Hinzutretens einer lukianischen Seitenlinie bestärkt, dass sich aber, was Syh betrifft – unter dem Vorbehalt einer für die Beweisführung zu schmalen Textbasis –, eine reine Bewahrung genuin hexaplarischen Gutes zu zeigen scheint.

Dagegen führt der Vergleich des lukianisch mitbezeugten hexaplarisch von S^c und Syh überlieferten von 𝔐 und LXX abweichenden Sondergutes mit den Textformen, die von S^c oder Syh als Sonderlesart überliefert sind, nicht zu dem erhofften Ergebnis einer deutlicheren Erfassung hexaplarischer Überlieferung. Die Fälle, die hier eingeordnet werden können, sind zu selten und zu wenig beweiskräftig für das dem hexaplarischen Rezensionsprinzip allein entsprechende Postulat einer von der masoretischen abweichenden hebräischen Textform, die – wahrscheinlich über das Mittelglied des Theodotion –, entweder auch in ihrer hebräischen Vorlage ursprünglich oder als solche sekundär, der hexaplarischen Bearbeitung als Kriterium der Rezension des ursprünglichen Übersetzungstextes vorgelegen hätte:

Was den Korrektor von S anbelangt, handelt es sich um inhaltliche oder formale Zusätze, die sich von der masoretischen Textform her nicht erklären lassen, bzw. ihr widersprechen: die Negierung der Anrede an Gott: κατελείφθημεν (ενκ. (vel εγκ.) S^c 119 610)

---

[1]) Vgl. Ges.-K §53g und n, B.-L. 49v.
[2]) Vgl. die gleiche Formulierung mit gleicher Äquivalenz in 17₂. Die Äquivalenz ist die für die hexaplarische Rezension zu erwartende in LXX verankerte, die von den drei jüngeren Übersetzungen übernommen ist.

διασῳζόμενοι (*reliquiarium* La¹²³; pr υπολειμμα και *L*)] pr ουκ S^c für נשארנו פליטה in 9₁₅, wo das durch die Negation erreichte Verständnis „wir sind nicht zurückgelassen – bzw. verlassen – worden", den von 𝔐 gebotenen ursprünglichen Sinn ins Gegenteil verkehrt, die Ersetzung des Ausdrucks ᾔνεσαν τὸν κύριον durch ην. τον λογον κυριου für (ו)יהללו את־יהוה durch S^c in 15₁₃, die sowohl als Wiederaufnahme aus dem vorangehenden Kontext, ὃς οὐ στήσει τὸν λόγον τοῦτον, als auch hinsichtlich der Wahl des Äquivalents, nach der S^c im Folgenden auch ursprüngliches τὸ ῥῆμα τοῦτο durch τον λογον τουτον ersetzt, nicht hexaplarischer Äquivalenz – in ihr wäre eher von Aquila her ῥῆμα zu erwarten –, sondern lukianischer Intention entspräche¹, die in S^c überlieferte Einführung der Relativpartikel ὅν, bezogen auf vorangehendes νόμον in 19₁₄, durch die entgegen dem ursprünglichen Sinn und ohne Anhalt an der masoretischen Vorlage das Gesetz, תורה, als Weisung an Moses von den vorangehend genannten Geboten, τὸ σάββατον, ἐντολαί und προστάγματα, שבת, מצוות, חקים, abgegrenzt wird. Von ähnlicher Natur sind auch einige Auslassungen: die Tilgung des Adverbs νῦν für עתה bei S^c in 16₆ und die eher stilistisch als durch Dativpartikel ל an Stelle der masoretisch überlieferten Präpositionen ב bedingte Konstruktion der Formulierung θύρας οὐκ ἐπέστησα (-σαν (*posuerunt* La) 120 La¹²³) ἐν (επι S*) ταῖς πύλαις für דלתות לא־העמדתי בשערים in 16₁ durch Tilgung der Präposition ἐν bei S^c 58 La¹²³ im Dativ.

Was die syrohexaplarische Übersetzung anbelangt, handelt es sich auch bei dieser Übersetzungsform um eher übersetzungstechnisch bedingte Freiheiten gegenüber der in der ursprünglichen Textform der LXX vorauszusetzenden Vorlage, wie den Zusatz כל חד nach dem Ausdruck ἐν μιᾷ χειρί (+ αυτου *L*; + *eorum* Aeth) in 14₇₍₁₁₎ für באחת ידו, um Sonderformen beim Gottesnamen: 18₉ ליהוה אלהיכם: τῷ κυρίῳ θεῷ ἡμῶν] τω κυριω 58 44 = Esdr I 9₅₀; *domino deo* Aeth; *domino nostro* (למריא דילן) Syh, wo das 𝔐 entsprechende Pronomen der zweiten Person plur. nur in Pesch – auch in 𝔙 nicht – bewahrt ist: קדם מריא אלהכון, und im schwer verifizierbaren Bereich der Eigennamen, um eigentümliche Transkriptionen wie 18₄ חשבדנה: Ἀσαβδαμά] -δανα S^(mg) Ra. = 𝔐; αβαανας (αβλανας 93) *L*; חשבדיא Syh, wo sowohl Pesch mit חשביא als auch die verwilderte Überlieferung in der Parallelstelle von Esdr I (9₄₄) auf schon vorhexaplarische Transformationen weist, während die nur von S^c bezeugte 𝔐 entsprechende Transkription innerhalb des als ganzen vom hexaplarischen Korrektor nachgetragenen von B′ S^txt Aeth^B ausgelassenen Textteils καί 11⁰ ∩ 13⁰ gegen Rahlfs eher als die genuine hexaplarische Korrektur zu bestimmen ist, 18₇ עקוב: Ἀκ(κ)ούβ] עקוץ Syh – Pesch liest עקוף –, wo innerhalb des im B-Text fehlenden und von Rahlfs als sekundär ausgeschiedenen Textteils² die 𝔐 entsprechende, nur zwischen ακ(κ)ουβ und ακαυ variierende Transkription, die auch im Paralleltext von Esdr I (9₄₈) gräzisiert als Ἰάκουβος bewahrt ist, als ursprünglich aufgenommen werden darf, zuletzt im gleichen Vers nach dem Namen בני, der in Syh mit בניא gegen die von Pesch mit בנוהי, in LXX von La¹²³ (*filii eius*) und von *L* (pr και

---

¹) Vgl. S.121-124.
²) Vgl. Der ursprüngliche Text 5.3., S.402-404.

οἱ (> 19) υἱοι αυτου) als Dublette überlieferte Lesart als nomen proprium und in der Transkription Βαναίας in LXX als ursprünglich erwiesen ist[1], um den nur syrohexaplarisch überlieferten Zusatz דרחבנא והנון, der textgeschichtlich am ehesten als eine sekundäre Wucherung, sei es in der vorgegebenen griechischen, sei es in der syrohexaplarischen Abschreibetradition, gewertet werden muss.

Eine textgeschichtlich nicht mehr fassbare alte Tradition, deren Bezeugung den Schluss auf Abhängigkeit nicht erlaubt, liegt zuletzt in der Ergänzung vor, mit der im Bericht von der **A u s f ü h r u n g** des Befehls, am Tag der Verlesung des Gesetzes Gaben zu verteilen, 18₁₂ לשלח מנות...וילכו כל־העם : καὶ ἀπῆλθεν (*abierunt* Syh Aeth = 𝔐 Pesch) πᾶς ὁ λαός...ἀποστέλλειν μερίδας, aus dem Bericht von der **E r t e i l u n g** des Befehls, v.10, das Dativobjekt der zu Beschenkenden, לאין נכון לו : τοῖς μὴ ἔχουσιν, eingetragen wird: In Esdr II ist diese Ergänzung nur in Syh : דלא אית הוא להון, überliefert, im Paralleltext von Esdr I (9₅₄) einhellig von allen Zeugen und in der gleichen Form wie bei der Erteilung des Befehls in Esdr II 18₁₀ = I 9₅₁ : τοῖς μὴ ἔχουσιν, in der Überlieferung der Peschitta, aber nur in Pesch^W, nicht in Pesch^A: מאכלתא ולמשדרו] + Pesch^W2 לאילין דלית להון.

2.1.1.3. Das Verhältnis der altlateinischen Überlieferung zur hexaplarischen und zur lukianischen Rezension

Die altlateinische Überlieferung ist – abgesehen von den syrohexaplarischen Fragmenten – die einzige der Sekundärübersetzungen von Esdr II, die eine selbständige Textform von solcher Ausprägung darstellt, dass sie einer besonderen Untersuchung ihres Charakters und der Einordnung in die Koordinaten der postulierten ursprünglichen Textform der LXX und ihrer Rezensionen bedarf.

Vorarbeiten haben zum Ergebnis geführt, dass sich innerhalb der altlateinischen Tradition von Esdr II das Verhältnis des vollständig erhaltenen Zeugen La^{123} zu den Fragmenten des älteren La^{125} [3] – entsprechend dem Verhältnis von La^V zu La^C in Esdr I [4] – als das einer Spätform hexaplarisch-lukianischer Korrektur nach der masoretisch überlieferten Textform gegenüber einem früheren Stadium der Textgeschichte erweist, in dem Rezensionselemente dieser Art nur in beschränktem Masse überliefert sind[5].

Die hier vorgelegte Untersuchung der hexaplarischen und der lukianischen Rezension erwies an Hand der für die einzelnen Rezensionselemente aufgeführten Zeugen bereits den Text von La^{123} als fast konsequenten, zuweilen den Rezensionscharakter gegenüber den griechischen Zeugen noch verdeutlichenden Vertreter des hexaplarisch-lukianischen Rezensionsprinzips der Korrektur nach 𝔐.

---

[1]) Vgl. S.176,239,255f.
[2]) Die Kollationen der Leidener Peschitta sind mir für Esdr II noch nicht zugänglich.
[3]) S.14 Anm.1.
[4]) S. Esdr I ed. (²1991) 15-17, TGE S.45f. und FS Bogaert (s. 14 Anm.2).
[5]) FS Frede-Thiele.

Das Ergebnis der Vorarbeiten, das auf Grund einer Auswahl der beweiskräftigsten Stellen gewonnen wurde, bedarf hier sowohl der weiteren Beweisführung durch Beiziehung eines umfangreicheren in diesen Textbereich gehörenden Überlieferungsgutes als auch des genaueren Vergleichs der lateinischen mit der jeweils entsprechenden griechischen Form der Rezensionselemente; das bedeutet: die Anordnung der rezensionellen Textformen nach den Kategorien der für d i e   a l t l a t e i n i s c h e   Ü b e r l i e f e r u n g, sei es von ihr allein, sei es geminsam mit griechischer Bezeugung, charakteristischen Form der Rezension[1].

2.1.1.3.1. Die Textform von La[123] in ihrem Verhältnis zur hexaplarischen und lukianischen Rezension

1. Die altlateinisch mitbezeugten lukianisch bzw. hexaplarisch-lukianisch überlieferten Zusätze nach 𝔐 in den syrohexaplarisch erhaltenen Textteilen[2]:

11₂ περὶ τῶν σωθέντων] περι των ιουδαιων των διασωθεντων (*de iudaeorum salutē* La) Syh-*L'* La[123] Aeth⁻ᴮ Compl = 𝔐 (על־היהודים הפליטה). La[123] überträgt den Textteil ἠρώτησα – κατελείφθησαν mit „*interrogavi eos de iudaeorum salutē · eorum qui remanserunt*. Eher als Transformation einer mit der hexaplarisch-lukianischen Textform übereinstimmenden passiven Partizipialform (*salvatorum*) liegt hier eine mit 𝔐 genauer übereinstimmende Übersetzung vor: *eorum qui* als Äquivalent für אשר, *salute* für הפליטה[3].

11₃ οἱ καταλειπόμενοι] οι κατ. (υπολελειμ(μ)ενοι *L* Compl οι καταλειφθεντες (*qui remanserant et relicti sunt* La; הנון דשרכו אילין דאשתבקו Syh) B′ S V Syh - *L* La[123] Aeth Compl Sixt = 𝔐 (הנשארים אשר־נשארו). Die Wahl von je zwei verschiedenen Äquivalenten für das eine Grundwort שאר in La[123] und Syh, dem im B-Text das eine: καταλείπειν, gegenübersteht, spricht beim altlateinischen und beim hexaplarischen Zeu-

---

[1]) Da die altlateinische Bezeugung schon bei der Behandlung der lukianischen und der hexaplarischen Textformen registriert ist, wird in der hier vorgelegten für die altlateinische Überlieferung charakteristischen Anordnung in den altlateinisch und lukianisch bzw. hexaplarisch gemeinsam bezeugten Fällen nach der Registratur von Lemma und Varianten auf die betreffende Stelle in den Kapiteln über die lukianische oder hexaplarische Rezension verwiesen und hier lediglich, wo es notwendig erscheint, hinzugefügt, was der altlateinischen Form der Notierung eigentümlich ist. Eine vollständige Registratur des altlateinisch mitbezeugten lukianischen oder hexaplarisch-lukianischen Überlieferungsgutes dort, wo keine altlateinische Sonderform des so bezeugten Rezensionselementes vorliegt, dürfte sich, da die Belege aus den in der Charakteristik der beiden Rezensionen vorgelegten Zusammenstellungen ersichtlich sind, erübrigen; die Ausweitung gegenüber den in FS Frede-Thiele aufgeführten Einzelbeispielen beschränkt sich darum für diese Kategorie der Bezeugung bei dem häufigsten lukianisch zusammen mit La bezeugten Rezensionselement, den Zusätzen nach 𝔐, nach dem dort gewählten Ausgangspunkt auf die in der syrohexaplarischen Übersetzung erhaltenen Textteile.

[2]) Vgl. FS Frede-Thiele S.52.

[3]) Vgl. S.188f. mit Anm.6.

gen eher für Bewahrung der lukianischen Tradition mit dem Wechsel zwischen καταλείπειν und ὑπολείπειν [1].

12₂ καί 2°] συ δε L' Compl; *tu enim* La¹²³ : cf 𝔐 (וְאַתָּה)² . Sicher ist der lukianischen und der altlateinischen Tradition die Einfügung des Pronomens nach 𝔐 gemeinsam; ob *enim* in La¹²³ auf eine von L' abweichende griechische Vorlage zurückzuführen ist, lässt sich nicht mehr entscheiden, da La¹²³ bei der Übersetzung von Partikeln relativ frei vorzugehen scheint³.

12₈ ὡς χεὶρ θεοῦ ἡ ἀγαθή] κατα την χειρα του θ̄ῡ μου την αγαθην επ εμε L = 𝔐; *scdm manū dī bonā sup me* La¹²³; + επ εμε Compl θεοῦ] + μου S^{c1} (restituit S^{c2}) = 𝔐 [4]. Die Übersetzung von La¹²³ setzt mit der präpositionalen Formulierung *secundum manum* die griechische Textform von L auch dort voraus, wo es nicht um Angleichung an die hebräische Vorlage, sondern lediglich um übersetzungstechnische Möglichkeiten geht; es ist die lukianische Kategorie der „stilistischen Verbesserungen"⁵, die in der griechischen Tradition schon ihrem Charakter nach das signum sekundärer Überarbeitung trägt. Die hexaplarische Textform, nach der die Korrektur nach 𝔐, die Einfügung des Pronomens μου nach θεοῦ, nur beim hexaplarischen Korrektor des codex Sinaiticus, der Zusatz von ἐπ' ἐμέ am Schluss weder bei S^c noch bei Syh, eher auf bruchstückhafte Überlieferung als auf eine Vorstufe der lukianischen Rezension zurückzuführen ist, bleibt auch hinsichtlich der Bewahrung des stärker hebraisierenden ursprünglichen LXX-Textes ὡς χείρ an Stelle des lukianischen und altlateinischen κατα χειρα nicht mehr bestimmbar; in S^c ist sie mechanisch bedingt: der Korrektor beschränkt sich hauptsächlich auf Zusätze, in Syh übersetzungstechnisch: die syrische Wiedergabe entspricht notwendig der hebräischen Konstruktion: אִי דְּאִי. Auch die Beschränkung auf den Zusatz επ εμε in der comlutensischen Polyglotte ist, obwohl D.Barthélemy in ihr die Kenntnis verloren gegangener griechischer Überlieferung wahrscheinlich gemacht hat⁶, an dieser Stelle, da die Verwendung der lukianischen Hs. 108 in Esdr II nachgewiesen ist⁷, eher auf ein eklektisches Verfahren der

---

¹) Zur Textrekonstruktion vgl. S.392f. mit S.393 Anm.1.

²) Vgl. S.19.

³) Z.B. liest La¹²³ oft *autem*, wo die griechische Überlieferung einhellig καί bezeugt, was schwerlich darauf zurückgeführt werden darf, dass in einer nicht erhaltenen Vorlage von La¹²³ δέ an Stelle von καί stand; vgl. auch die verschiedenen Äquivalente bei La¹²³ für καί γε als Wiedergabe von גַּם(י), FS Frede-Thiele S.55, Anm.32.

⁴) Vgl. S.18 und 187f. mit 188 Anm.1.

⁵) B.Fischer, Lukian-Lesarten in der Vetus Latina der Vier Königsbücher, Miscellanea Biblica et Orientalia (FS A.Miller), hg. Von A.Metzinger, StAns 27-28, 1951, 169-177 (Nachdruck in: B.Fischer, Beiträge zur Geschichte der lateinischen Bibeltexte, AGLB 12, 1986, 9-17; hier S.15).

⁶) D.Barthélemy, Les relations de la Complutensis avec le papyrus 967 pour Éz 40, 42 à 46, 24, in : Studien zur Septuaginta (FS R.Hanhart), hg. v. D.Fraenkel, U.Quast, J.W.Wevers, MSU XX, 1990 (= AAWG.PH 3.Folge, 190) 253-261.

⁷) Franz Delitzsch, Fortgesetzte Studien zur Entstehungsgeschichte der complutensischen Polyglotte, Universitätsprogramm Leipzig 1886.

Textkonstruktion nach 𝔐 durch die Herausgeber als auf verlorene Tradition zurückzuführen.

14₇ (Neh 4,1) Ἀμμανῖται] + και οι αζωτιοι (זוטיא Syh; *azoni* La¹²³) S^c-Syh-*L a* La¹²³ Aeth⁻ᴮ (sim) Compl = 𝔐 ¹. Die Rezension, bzw. Textgruppe *a* stimmt nach Bezeugung und Charakter – auch hinsichtlich der stark lukianischen Beeinflussung von Hs. 121 ² – mit Rezension *a* in Esdr I überein und erscheint wie dort zuweilen als Mitzeuge der lukianischen Rezension³. Die Transkription in La¹²³ ist innerlateinische Verschreibung für *azotii* (= 𝔒); so richtig 23₂₃ ₂₄. Somit setzt La¹²³ die ganze hexaplarisch-lukianische Überlieferung voraus, auch hinsichtlich der gräzisierten Namensform, die abgesehen vom Buch Josua⁴ in die gesamte LXX-Tradition eingedrungen ist.

14₈ (Neh 4,2) πάντες] pr αυτοι *L; omnes illi* La¹²³ : cf 𝔐 (כלם)⁵. Die *L* und La¹²³ gemeinsame Wiedergabe des hebräischen Pronominalsuffixes mit dem Pronomen – Syh ist als Zeuge nicht verwertbar, da er für absolut stehendes πάντες keine andere Übersetzungsmöglichkeit hat als das 𝔐 entsprechende כלהון – erscheint wiederum in La¹²³ durch die Wortfolge der hebräischen Vorlage stärker angenähert als in *L*.

18₃ ἀπό] pr απεναντι της πλατειας της εμποσθεν της πυλης των υδατων Syh-*L* Aeth⁻ᴮ Compl = 𝔐; pr *in plateā* La¹²³⁶. Ob die Verkürzung des hexaplarisch-lukianischen Zusatzes, der den hebräischen Text von 𝔐 wörtlich wiedergibt, in La¹²³ auf die griechische bzw. deren hebräische Vorlage oder auf altlateinische Tradition zurückzuführen ist, lässt sich nicht entscheiden – Ausfall durch Homoioteleuton ist in allen drei Sprachen kaum denkbar –; auch eine gewisse Nähe zur Übersetzung dieses Satzteiles in Esdr I (9₄₁) – ἐν (= *in*) an Stelle von απεναντι, Fehlen der Bezeichnung der Tors als „Wassertor" – berechtigt hier nicht zur Annahme eines Einflusses der Esdr I-Tradition in La¹²³⁷. Textgeschicht-

---

¹) Vgl. S.190 mit Anm.2 und S.213.
²) Vgl. S.13.
³) Vgl. S.311 und zu Esdr I TGE S.44f.
⁴) Vgl. Ios 15₄₆ nach der Textrekonstruktion von Rahlfs: B-Text Ἀσηδώθ, A-Text Ἀσδώδ (so W; A ασδωμ) mit den hexaplarischen Noten o' αζωτου 85 344; θ' אזוטוס Syh.
⁵) Vgl. S.19.
⁶) Vgl. S.29f. und 188 mit Anm.7.
⁷) Übereinstimmungen sekundärer Textformen von Esdr II mit dem ursprünglichen Text von Esdr I sind ausser den lukianischen Übernahmen, die grundsätzlich als Korrektur nach 𝔐 zu werten sind, so viel ich sehe, nicht anzunehmen. Von 𝔐 abweichende Textformen lassen sich aber auch innerhalb der Überlieferung von Esdr I ohne Willkür nur dann sicher auf eine von 𝔐 abweichende Vorlage zurückführen, wenn sich diese durch paläographische Nähe zur masoretisch überlieferten Textform begründen lässt. Im vorliegenden Fall von Esdr II 18₃ = I 9₄₁ ist eine solche Begründung von keiner in Esdr II überlieferten Textform her möglich. Die Möglichkeit freier Umdeutung des im hebräischen Original Vorgegebenen durch den Übersetzer selbst, deren Annahme ich bei den im Kanon der Masora überlieferten Büchern skeptisch gegenüberstehe, halte ich bei dem Sonderfall eines aus Übersetzungstext und ursprünglich griechischer Formulierung zusammengesetzten Zeugnisses, dessen nicht masoretisch überlieferte Partien eindeutig legendäre Züge tragen, wie Esdr I, nicht für ausgeschlossen – der Übersetzer ist zugleich Schriftsteller –, lasse hinsichtlich einer Erklärung wie der mir einleuchten-

lich von Bedeutung bleibt auch hier die La¹²³ mit der hexaplarisch-lukianischen Tradition gemeinsame Rückbewegung zur hebräischen Vorlage bei Textverkürzungen der ursprünglichen LXX.

18₇ Σαραβιά] σαραβιας (*sarubja* Aeth) και ιαμειν *L* Aeth⁻ᴮ Compl; *samibusiam in* La¹²³: cf 𝔐 ¹. Innerhalb der in La¹²³ oft – wohl meist innerlateinisch – verschriebenen und falsch abgegrenzten Eigennamen ist die hier in Frage kommende Transkription Teil einer grösseren Sonderlesart, in der La¹²³ allein den Text von 𝔐 – abgesehen von den sekundären Verschreibungen – wörtlich wiedergibt: *samibusiam inacubita bathǫ* setzt eine 𝔐 entsprechende, nicht erhaltene griechische Textform voraus, die ungefähr lauten müsste: σαραβιας ιαμιν ακουβ σαββαθαι. Aber innerhalb dieser nur von La¹²³ überlieferten Angleichung an 𝔐 ist der Zusatz και ιαμειν, bzw. *iamin* – auch das Fehlen von και entspricht 𝔐 – ein nur lukianisch – in *L* als Dublette – überliefertes Element, das dem ursprünglichen Text der LXX abzusprechen ist. Hier liegt einer der wenigen Fälle vor, wo der grundsätzlich 𝔐 gegenüber freiere Übersetzungstext von Esdr I hinsichtlich der aus La¹²³ eruierbaren Folge der vier Namen – aber mit wieder anderen Transformationen in der Transkription sowohl in LXX als auch in Laⱽ und Laᶜ – im Unterschied zur ganzen Esdr II-Überlieferung mit 𝔐 übereinstimmt, Esdr I 9₄₈, ein Befund, aus dem sich, ohne dass direkte Berührung von La¹²³, sei es mit der griechischen, sei es mit der lateinischen Über-

---

den von Wilhelm Rudolph, dass „die Verwandlung des Stadttors in ein Tempeltor" in Esdr I „den Zweck hat, den Schauplatz der Versammlung von Neh 81-12 dem der Versammlung von Esr 10 anzugleichen", die Frage, ob diese Verwandlung auf griechische oder auf hebräische Überlieferung zurückgehe, offen und spreche mit ihm dem Ausdruck πρὸς ἀνατολάς, da wir ihn trotz der singulären Äquivalenz auf לִפְנֵי zurückführen, „keine textkritische Bedeutung" zu (Rudolph S.144). Der diesen Prämissen gegenüber von D.Böhler (Die Heilige Stadt in Esdras α und Esra-Nehemia, OBO 158, 1997, S.98 Anm.53) vorgebrachte Vorwurf des Widerspruchs „gegen alles, was wir vom Verfasser wissen", beruht auf der Erarbeitung nicht eines Ergebnisses, sondern einer petitio principii, die den Vorwurf erst möglich macht. Worin die ausser und neben – „nicht nur, sondern" – dem Vorwurf des Widerspruchs gegen „alles, was wir wissen", noch vorgeworfene „völlige Willkür" besteht, bleibt das Geheimnis des Verfassers. Beruhigend gegenüber solcher Unfehlbarkeit wirkt die Vorsicht von P.-M.Bogaert (La Porte Orientale, place de rassemblement du peuple, et l'extension de l'oeuvre du Chroniste, Transeuphratène 17, 1999, S.9-16), der bei seinem Ergebnis der Authentizität eines der ältesten Tradition von Esdr I zuzuweisenden „Platzes des Osttors des Tempels" – „il faut... donner l'avantage à la dénomination de „place de la Porte Orientale du temple" que, dans les deux cas (9₃₇₋₃₈ und 5₄₅₋₄₆), il propose comme lieu de rassemblement" (S.16) – auf die Rekonstruktion einer hebräischen oder aramäischen Vorlage des Übersetzers von Esdr I verzichtet.

¹) Vgl. „Der ursprüngliche Text" S.402-404 mit 403 Anm.2. Was den lukianisch und von La¹²³ überlieferten Zusatz des Namens ιαμ(ε)ιν im Verhältnis zu dem von La¹²³ Aeth⁻ᴮ Compl ausgelassenen Satzteil ἦσαν συνετίζοντες betrifft, handelt es sich um die Kategorie der lukianisch als Dublette überlieferten Rezensionselemente, die altlateinisch als Ersetzung des von 𝔐 abweichenden ursprünglichen Dublettengliedes durch das 𝔐 entsprechende bezeugt sind (vgl. S.230); da in diesem Vers aber weitere von *L* und La¹²³ als reiner Zusatz bezeugte Namen überliefert sind, wird die Behandlung als ganze unter die Zusätze eingeordnet.

lieferung von Esdr I angenommen werden dürfte[1], doch die Sonderstellung von La[123] als Übersetzung von Esdr II leichter erklären lässt. Dieser textgeschichtliche Befund wiederholt sich im gleichen Vers bei dem lukianisch und – verderbt, aber wiederum mit der 𝔐 entsprechenden Auslassung der Kopula – in La[123] überlieferten Zusatz von zwei Namen nach Σαββαθαῖος: και ωδουιας και μαασιας L Aeth⁻ᴮ Compl, *duas maas* La[123][2]; die Namen sind am besten 𝔐 (הודיה מעשיה) entsprechend in L überliefert, Esdr I (9₄₈) bezeugt sie – abgesehen von der Textform La^V, die mit der Auslassung beider Namen gegen 𝔐 mit LXX zusammengeht –, aber in einer so stark abweichenden Form[3], dass eine Berührung zwischen La[123] und Esdr I ausgeschlossen ist.

18₉ Νεεμίας] + ος εστιν αθαρασθας (sic 93; αρθαρασθας 19'; *asthersetha* Aeth; *athersastha* Arm; αταρσαθα Compl) L Aeth⁻ᴮ Arm Compl = 𝔐; + *ipse et arasthas* La[123]. Die Namensform von La[123] beruht wahrscheinlich auf Silbenausfall durch Homoioteleuton: *atharasthas* stimmt mit der von 93 überlieferten ursprünglichen Transkription in L überein. Das Fehlen der inhaltlich bedeutsamen Korrektur nach 𝔐 in beiden hexaplarischen Zeugen, S^c und Syh, dürfte trotz ihres begrenzten Zeugenwertes kaum auf Zufall beruhen. Daraus würde der Schluss folgen, dass es sich um einen Zusatz handelte, der in der Origenes als Kriterium der Korrektur vorliegenden griechischen Textform noch nicht überliefert war[4]. Der ursprüngliche Text der LXX wäre identisch mit seiner das hebräische Original repräsentierenden Vorlage, und der mit 𝔐 übereinstimmende Zusatz von L und La[123] fiele in eine für die altlateinische Tradition schon relativ späte Zeit.

18₁₀ ἐστίν 2° B' S A 370 58] pr η (> 93) ευφροσυνη κυριου αυτη Syh-L = 𝔐; pr η χαρα κυριου αυτη (> 46-64-381-728) b 119 Ald Compl; pr *iucunditas dī* La[123]; + κυριος a⁻³⁷⁰ Sixt. Dass La[123] mit *iucunditas* und Syh mit חדותא das lukianisch bezeugte Äquivalent ευφροσυνη voraussetzen, nicht χαρα der Rezension b, ist abgesehen von der textgeschicht-

---

[1]) Vgl. S.36. Gerade der in Esdr II von L und La[123] nach 𝔐 nachgetragene Name ιαμ(ε)ιν begegnet in Esdr I (9₄₈) in einer Form, die kaum als innergriechische Transformation von ursprünglichem ιαμ(ε)ιν erklärt werden kann und darum auf eine von der L-La[123]-Überlieferung in Esdr II verschiedene Tradition zurückgehen muss: Ἰάδινος, *ladimus* La^C (aber *iadimus* im Esdr I-Text von La[123]), *jad(d)imus* auch La^V; nur die lukianische Rezension von Esdr I korrigiert, sekundär nach L von Esdr II, mitsamt dem von 𝔐 abweichenden Zusatz des ursprünglichen LXX-Textes: ιαμην ησαν συνετιζοντες (vgl. 2.1.1.1.1.2, S.57-61).

[2]) Die Endung o des vorangehenden Namens *batheo* ist als erste Silbe des folgenden zu erklären: *oduas*, die erste Silbe des gleicherweise verschriebenen anschliessenden Namens *aselitas* (für קלישא) als Endsilbe des vorangehenden: *maasa*.

[3]) Die ursprüngliche Transkription lautet Αὐταίας, Μαιάννας; L liest ähnlich wie der L-Zusatz in Esdr II και ωδουια και μασσιας, La^C (mitsamt dem Esdr I-Text von La[123]) *aud(a)eas et afangeus*.

[4]) Die Tatsache, dass das 1.Esrabuch, das zwar in seiner erhaltenen griechischen Gestalt älter ist als die griechische Übersetzung von Esdr II, das aber, obwohl es Nehemia nicht kennt, grundsätzlich die Komposition des kanonischen Esra-Nehemia-Buches voraussetzt (vgl. TGE S.12), an dieser Stelle Ἀτθαράτης als Subjekt nennt, das Esra anredet (9₄₉), spricht nicht gegen eine solche Spätansetzung; sie spricht höchstens für eine vormasoretische Doppelüberlieferung in der hebräischen Tradition. Vgl. S.36.

lichen Zugehörigkeit der beiden Zeugen zu *L* dadurch wahrscheinlich, dass La[123] und Syh die gleichen Übersetzungsäquivalente auch in v.12 und 17 überliefern, wo εὐφροσύνη einhellig bezeugt ist. χαρα muss, da *b* oft als Mitzeuge der lukianischen Rezension erscheint, als Sonderlesart von *b* innerhalb der gemeinsamen Korrektur nach 𝔐 bewertet werden[1]. Die Sonderlesart von La[123] *dei* an Stelle von mit 𝔐 übereinstimmenden κυριου mag durch die Schreibung als Nomen sacrum mitbedingt sein. In der Parallelstelle von Esdras I (9 52) überwiegt der Bezeugung nach zwar κυριος θεος über κυριος; doch lesen La^V und La^C (mitsamt dem Esdr I-Text von La[123]) *dominus* und weicht die Übersetzung als ganze von Esdr II völlig ab.

18 17 μεγάλη] + σφοδρα (*nimis* La[123]) *L'* La[123] Arm Compl (hab Syh) = 𝔐 [2]. Fehlen des Zusatzes in Syh (und S^c) ist eher auf das eklektische Verfahren der beiden einzigen hexaplarischen Zeugen bei kleineren Auslassungen gegenüber 𝔐 im ursprünglichen Text von LXX zurückzuführen.

19 3 καὶ ἦσαν ἐξαγορεύοντες τῷ κυρίῳ καὶ προσκυνοῦντες τῷ κυρίῳ θεῷ αὐτῶν] το τεταρτον της ημερας και ησαν εξ. τω κ. το τεταρτον της ημερας και προσκ. (+ τω Compl) κυριω τω (> Compl) θεω αυτων *L* Compl: cf 𝔐; *p quart diei et quartū pronuntiantes et adorantes d̄n̄ō d̄ō eorum* La[123] = 𝔐; om τῷ κυρίῳ 1° 58 = 𝔐[3]. Es ist der letzte Satz des syrohexaplarischen Exzerpts, der dort auch – zusammen mit B S und weiteren Zeugen – gegen 𝔐 um κυρίου und um κυρίῳ 2° verkürzt ist, und der vielleicht als Schlusssatz bewusst auf die einzige Aussage über den Lobpreis Gottes, ohne die Zeitangaben der hebräischen Vorlage, konzentriert wird[4]. In *L* und in La[123] erscheint der Sinn der hebräischen Aussage gleicherweise richtig korrigiert, doch wird die 𝔐 entsprechende Wortfolge, die Nebenordnung der beiden Zeitangaben, „einen Viertelstag lang", nur in der Übersetzung von La[123] beibehalten, die auch darin der hebräischen Vorlage näher steht als *L*, dass sie ἡμέρας (*diei*) beim zweiten Mal nicht wiederholt und dass sie, zusammen mit Hs. 58, das erste τῷ κυρίῳ tilgt. Die lukianische Form der Rezension nach 𝔐 setzt eindeutig die ursprüngliche Textform der LXX voraus, und das, was in ihr von der hebräischen Vorlage abweicht, sowohl die Einordnung der Zeitangaben jeweils an das Ende der durch sie begrenzten Tätigkeit als auch die Beibehaltung des ersten τῷ κυρίῳ, wären wiederum B.Fischers Kategorie der „stilistischen Verbesserungen"[5] zuzuordnen. Die Textform von

---

[1]) Zur Äquivalenz innerhalb der LXX-Überlieferung als ganzer vgl. S.200, zur altlateinischen Textform von v.10 als ganzem FS Frede-Thiele S.53, zur Zuordnung der Zeugen 3.(3), S.311f.

[2]) Vgl. S.19.

[3]) Vgl. S.19.

[4]) Obwohl der anschliessende Kolophon, der den Text als Auszug aus dem Esrabuch „nach der Übersetzung der Siebzig", איך משלמנותא דשבעין, bezeichnet, durch die Note am Ende der Exzerpte aus dem Buch Daniel dahin präzisiert wird, dass die Übersetzung, aus der diese Exzerpte stammen, diejenige des Paul von Tella sei (vgl. S.183 mit Anm.4), scheint die Formulierung doch darauf hinzuweisen, dass für den Tradenten der Text der LXX als solcher, nicht seine Rezension im Mittelpunkt steht.

[5]) Vgl. S.222 mit Anm.3.

La¹²³ liesse sich zwar sowohl als eine zweite Stufe der Angleichung an 𝔐 auf dem Hintergrund einer der lukianischen Textform nahestehenden griechischen Vorlage erklären, als auch als Übersetzung einer nicht mehr erhaltenen griechischen Vorlage, die der Textform von 𝔐 bereits näher stand als die lukianische Rezension. Da aber eine weitere Angleichung der lukianischen Textform an derjenige von 𝔐 kaum anders denkbar wäre als durch direkten Rückgang auf eine 𝔐 entsprechende h e b r ä i s c h e Vorlage, ist eher anzunehmen, dass der altlateinische Übersetzer eine griechische Textform kannte, die 𝔐 n o c h näher stand als die lukianische Rezension[1]: die Hexapla?

2. Die altlateinisch mitbezeugten lukianisch bzw. hexaplarisch-lukianisch überlieferten Dubletten, bei denen altlateinisch nur das rezensionelle 𝔐 näher stehende Dublettenglied bezeugt, das ursprüngliche aber ausgeschieden ist[2]:

2.1. Innerhalb der syrohexaplarisch miterhaltenen Textteile sind es drei Fälle:

(1) 12₁ οὐκ ἦν ἕτερος ἐνώπιον αὐτοῦ] + καὶ ἤμην σκυθρωπός S^c-Syh-L'; *fui tristis in conspectu eius* La¹²³; *non eram coram eo molestus* Aeth^-B = 𝔐 (לֹא־הָיִיתִי רַע לְפָנָיו)[3]: Auch wenn das hexaplarisch – von beiden Zeugen – und lukianisch überlieferte, auch von La¹²³ in dieser Form bezeugte sekundäre Dublettenglied hinsichtlich des Fehlens der masoretisch überlieferten Negation auf eine vorhexaplarische – vielleicht auch hinsichtlich der hebräischen Tradition ursprüngliche – Textform zurückgeführt wird[4], bleibt doch die nur noch lukianisch mit La¹²³ bezeugte Äquivalenz hinsichtlich der im Kontext von v. 1-3 überlieferten Bildungen aus dem Stamm רַע – σκυθρωπόν L' = *tristis* La¹²³ gegenüber ursprünglichem πονηρόν für רָעִים und λύπη L' = *tristitia* La¹²³ gegenüber ursprünglichem πονηρία für רֹעַ in v.2, στυγνάσει L = *contristetur* La¹²³ gegenüber ursprünglichem γένηται πονηρόν für יֵרַע in v.3 – ein starkes Indiz für lukianische, nicht vorlukianische Tradition, die hier in La¹²³ bewahrt wird. Doch darf auf Grund der von beiden Zeugen bestätigten hexaplarischen Überlieferung die Herkunft der Dublette selbst – vielleicht in einer

---

[1]) Zur Frage, ob in der auf griechischer Vorlage beruhenden Textform von La¹²³ auch Rezensionselemente Eingang gefunden haben könnten, die direkt auf hebräische Tradition zurückgehen, vgl. FS Frede-Thiele S.51f. Anm.22. Sicher ist, dass dieser Text sowohl der hebräischen Tradition der Masora als auch der auf ihr beruhenden lateinischen der Vulgata gegenüber ein Stadium der g r i e c h i s c h e n Textgeschichte der LXX darstellt – auch die in La¹²³ überlieferten als nomina propria missverstandenen Transkriptionen aus dem Hebräischen gehen nicht auf 𝔙 zurück –; darum bleibt die Bezeichnung dieser Textform, obwohl die Wortäquivalenzen oft eine grössere Nähe zur 𝔙-Überlieferung zeigen (vgl. FS Frede-Thiele S.57-61), auch wenn sie sowohl in ihrer lateinischen Gestalt als auch in der griechischen ihrer Vorlage in beiden Zweigen der Textgeschichte einer späten Periode zugewiesen werden müssen, als „altlateinisch" bestehen.

[2]) Vgl. FS Frede-Thiele S.52f.

[3]) Vgl. S.126-128, 201, 207, FS Frede-Thiele, S.53 und D.Barthélemy, Critique textuelle de l'Ancien Testament I, OBO 50/1 (1982) 548f.

[4]) Vgl. FS Frede-Thiele S.53, Anm.27.

nicht mehr erhaltenen Vorform – aus der vorlukianischen Überlieferung der Hexapla nicht in Frage gestellt werden[1].

(2) 14₇ (Neh 4₁) καὶ πονηρὸν αὐτοῖς ἐφάνη] + και ελυπηθησαν L; *et contristati sunt* La[1232]: Die lukianisch als Dublette, altlateinisch an Stelle der Textform der LXX überlieferte Übersetzung des hebräischen Ausdrucks ויחר להם darf zwar nicht dem Sinn nach als Ersetzung einer von 𝔐 abweichenden oder 𝔐 ferner stehenden Wiedergabe bezeichnet werden, wohl aber der Überlieferung nach: Es ist eine im Unterschied zu der ursprünglichen Übersetzungsform πονηρὸν αὐτοῖς ἐφάνη, die hinsichtlich der Äquivalenz חרה - πονηρόν Esdr II eigentümlich ist, in alter LXX-Tradition verankerte Übersetzungsweise, so in Gen 4₅ Ion 4₄ ₉, die auch Esdr II: 15₆, kennt, die nach Ausweis von Reg II 6₈ auch den jüngeren Übersetzungen bekannt ist[3] und die in Esdr II lukianisch konsequent, auch in 14₁ (13₃₃)[4], als Dublette, altlateinisch als Ersetzung des ursprünglichen Dublettengliedes überliefert ist[5]. Wenn Syh hier den LXX-Text bewahrt (ודביׁשא אתחזית להון) und

---

[1]) Trotz des Vorbehalts einer für die hexaplarischen Zusätze bzw. Dubletten, da sie vornehmlich auf der in dieser Hinsicht gleicherweise freien Übersetzung des Theodotion beruhen, nicht postulierbaren strengen Wortäquivalenz, erscheint die im Kontext von Esdr 1₂ ₁₋₃ altlateinisch konsequent mitgetragene lukianische Textform hinsichtlich des Wechsels der Äquivalente zu stark der genuin lukianischen Rezensionsweise verpflichtet, als dass in dieser Form ursprünglich hexaplarische Herkunft wahrscheinlich wäre: Das Gewicht liegt hier nicht auf der hexaplarischen mit der lukianischen Rezension gemeinsamen Tendenz der Korrektur nach 𝔐, sondern auf der der lukianischen Rezension eigentümlichen Tendenz der Interpretation, innerhalb derer auch eine lukianische Besonderheit wie der „Einfluss von Parallelstellen" (B.Fischer (wie S.222 Anm.5) S.15) bzw. „Berufung auf vorgegebene Tradition" (vgl. S.178-181) vorkommen kann, wenn mit dem Äquivalent σκυθρωπός für רע in Gen 40₇ auf das Vokabular des Pentateuch zurückgegriffen wird, bei dem für Aquila κακός, für Symmachos das in Esdr II ursprüngliche Äquivalent πονηρός – Theodotion ist nicht erhalten – überliefert ist (vgl. S.126-128).

[2]) Vgl. S.97, 156.

[3]) ἠθύμησεν] οἱ λοιποί · ἐλυπήθη; σ' ὀργίλον τῷ; vgl. auch Ion 4₄ κελύπησαι] οἱ λοιποί · ἐλυπήθης.

[4]) Dass La[123] hier καὶ ὠργίσθη für das folgende ויכעס auslässt, dürfte auf Homoioteleuton-Ausfall zurückzuführen sein: *contristatus est* <*et iratus est*>?

[5]) Dass die Änderung der Äquivalenz in der Form der Dublette in der lukianischen Tradition von Esdr II von der g r i e c h i s c h e n Vorlage πονηρὸν εἶναι ausgeht, nicht von ihrer hebräischen (לו) חרה, beweist die Überlieferung in 23₈, wo die gleiche rezensionelle Zeugenverteilung, καὶ ἐλυπήθη L Aeth (sim) als Dublette, *contristatus sum* La[123] als Ersetzung für ursprüngliches καὶ πονηρόν μοι ἐφάνη auf hebräisches וירע לי zurückgeht. Dass λυπεῖσθαι als Äquivalent schon im ursprünglichen Übersetzungstext der LXX für beide hebräischen Ausdrücke stehen kann, zeigt neben Gen 4₅ Ion 4₄ ₉ für חרה Deut 15₁₀ Prov 25₂₀ Ion 4₁ für רעה, Iona somit im Kontext der gleichen Perikope und in einer Formulierung, in der beide Ausdrücke im Parallelismus membrorum einander zugeordnet sind und darum für ויחר לו eine weitere Variation erfordern: καὶ συνεχύθη. Die altlateinische Äquivalenz von La[123] in Esdr II, Bildungen aus dem gleichen Stamm: *tristis, tristitia, (con)tristari*, muss sowohl für חרה als auch für רעה (vgl. S.227) an allen Stellen als lateinische Form des jeweils lukianischen Äquivalents bestimmt werden.

auch in S^c keine Korrektur vorliegt, dann dürfte das hier nicht auf den eklektischen Charakter der hexaplarischen Überlieferung zurückzuführen sein, sondern darauf, dass rezensionelle Eingriffe, die nicht in inhaltlicher, sondern in traditionsgeschichtlicher Hinsicht der Wortäquivalenz „Angleichungen an 𝔐" sind, nicht oder in anderer Weise bzw. in geringerem Mass der Intention der hexaplarischen, wohl aber der der lukianischen Rezension entsprechen: La^123 steht in der von der hexaplarischen abweichenden lukianischen Tradition der Korrektur nach 𝔐 ¹.

(3) 18₇ ἦσαν συνετίζοντες] pr και ιαμειν L Aeth^-B Compl; *iamin* La^123 = 𝔐: Die innerhalb des lukianisch und altlateinisch mit Zusätzen und Korrekturen von nomina propria nach 𝔐 überarbeiteten Verses² lukianisch als Dublette, nur altlateinisch von La^123 als Ersetzung überlieferte Korrektur des in der Vorlage von LXX vorauszusetzenden verbum finitum יבינו: ἦσαν συνετίζοντες, in den masoretisch überlieferten Eigennamen ימין, stellt unter den drei Dubletten, die innerhalb eines syrohexaplarisch erhaltenen Kontextes stehen, insofern einen Sonderfall dar, dass bei einer eindeutig von 𝔐 abweichenden Textform die lukianische und altlateinische Korrektur nicht von Syh begleitet wird. Da auch S^c über diese textgeschichtliche Lücke keinen Aufschluss gibt, Syh aber darüber hinaus an dieser Stelle weitere Abweichungen sowohl von der masoretischen Textform als auch von der der LXX aufweist³, wird hier eher als auf hexaplarische Herkunft einer von 𝔐 abweichenden Tradition auf von ihr sich entfernende Zwischenglieder als Vorläufer des

---

¹) Korrektur nach 𝔐 im Sinn der Umänderung ursprünglicher Wortäquivalenz nach der in älteren Übersetzungen der LXX vorgegebenen Tradition, ein Rezensionselement, das für die **hexaplarische** Rezension über das in asterisierten vornehmlich aus Theodotion stammenden Zusätzen übernommene Gut hinaus – und hier liegt das rezensionelle Interesse zuerst in der Eintragung des nach 𝔐 Fehlenden, nicht in der Weise seiner Übersetzung – mit Sicherheit nur als Ersetzung von Äquivalenten, die im ursprünglichen Übersetzungstext als Fehlübersetzungen verstanden sind, angenommen werden darf, ist für die **lukianische** Rezension das neben der die hexaplarische Tradition übernehmenden und weiterführenden Korrektur nach 𝔐 bedeutsamste Rezensionselement, das als Übernahme älterer Übersetzungstradition im hexaplarischen Sinn als „Korrektur nach 𝔐" bestimmt werden kann, das aber als dadurch erreichte Zuordnung analoger Aussagen durch die Herstellung identischer Äquivalenz: als „Berufung auf vorgegebenes Zeugnis" genuin lukianisches Eigentum bleibt.

²) Vgl. S.224f.

³) Vgl. S.219 und S.402-404 mit S.403 Anm.2. Trotz der unsicheren Erklärung des syrischen Äquivalents für das nur von L und La^123 in das masoretisch überlieferte nomen proprium ימין korrigierte Verbum συνετίζειν der LXX, ist die Äquivalenz als solche schon auf Grund der mit LXX, ἦσαν συνετίζοντες, übereinstimmenden partizipialen Konstruktion in Syh: איתיהון הוו דמעירין, gesichert. Gwynn liest falsch דמעירין und postuliert daraus eine griechische Vorlage οἱ ἐγείροντες; Syh liest ܕܚܕܒܝܢ mit der Marginalnote ܕܡܣܟܠܝܢ (richtig Torrey): Da diese Form keinen Sinn ergibt (*consueti*?), bleibt, obwohl Syh συνιέναι und συνετίζειν an allen erhaltenen Stellen mit Bildungen aus dem Stamm שכל wiedergibt – in v.9 die gleiche Formulierung οἱ συνετίζοντες mit הנון דמשכלין – die Annahme der Verschreibung aus einer Partizipialbildung von ידע am ehesten aus Pael: מידעין, die wahrscheinlichste Erklärung.

syrohexaplarischen Fragmentes, auf Bewahrung genuin hexaplarischen Gutes aber in der lukianisch-altlateinischen Überlieferung geschlossen werden dürfen.

2.2. Die Überlieferung dieser Art, nach der das nur lukianisch als D u b l e t t e überlieferte Element, das 𝔐 näher steht, von La^{123} a n S t e l l e der von 𝔐 stärker abweichenden Übersetzungsform der ursprünglichen LXX bezeugt wird, ist es nun auch, die über die syrohexaplarisch mitbezeugten Teile von Esdr II hinaus als die häufigste Form der Dublettenüberlieferung erscheint, ein Befund, durch den die Textform von La^{123} als Zeuge eines Sekundärstadiums innerhalb der LXX-Tradition bestätigt wird. Die mit einiger Sicherheit so zu erklärenden Fälle sind:

4₁₅ καὶ χώρας, καὶ φυγαδεῖαι (-δεια B A L (108^{txt}) Arm (vid)) δούλων γίνονται (> B' L (108^{txt})) ἐν μέσῳ αὐτῆς ἀπὸ χρόνων αἰῶνος] *et bella et contiones faciunt in ea · a diebus saeculi* La^{123}; post χώρας add και μαχας και αγωνας ποιουσιν εν αυτη εξ ημερων αιωνος L. Die altlateinische Textform muss sowohl hinsichtlich der Form als auch der Äquivalenz als mit der lukianisch überlieferten identisch und als ihre wörtliche Übersetzung bestimmt werden. Hinsichtlich der Bestimmung der Herkunft lässt sich, da beide hexaplarischen Zeugen ausfallen, nur ein die Äquivalenz betreffendes Argument vorbringen, das gegen die Annahme hexaplarischer Herkunft spricht: die sowohl der Bedeutung in der hebräischen Vorlage widersprechende als auch hinsichtlich der Rückführung auf vorgegebene Äquivalenz nur schwach belegte und nur hypothetisch – von Prov 15₁₈ und 26₂₀ her – postulierbare Herleitung des Äquivalents μάχαι (*bella*) an Stelle von masoretischem מִדְיָן aus einer Nominalbildung des Stammes דִין¹.

7₁₂ λόγος καὶ ἡ ἀπόκρισις] *et nunc* La^{123} = 𝔐 (וּכְעֶנֶת); + και νυν L ². Der wie כעת (4₁₇) in der ursprünglichen Übersetzung nicht verstandene Ausdruck כְּעֶנֶת wird hier, wo er in LXX auf eine Bildung von ענה („Antwort") zurückgeführt wird, in La^{123} als Ersetzung der falschen Übersetzung, in L als Dublette überliefert, während er an den übrigen Stellen, wo LXX ihn auslässt, in 4₁₀ von La^{123} allein (*et nunc*), in 4₁₁ und ₁₇ von L (και νυν) und La^{123} (*nunc ergo*) nachgetragen wird. Die inhaltliche Diskrepanz zwischen beiden Gliedern ist hier so gross, dass es sich fragt, ob es sich um eine Dublette im eigentlichen Sinne handelt, oder ob die Tilgung von λόγος καὶ ἡ ἀπόκρισις in La^{123} nicht eine von dem Zusatz *et nunc* unabhängige Korrektur nach 𝔐 darstellt³.

---

¹) Vgl. 90 Anm.1 und S.147.

²) Vgl. S.33f. mit S.34 Anm.1, S.153.

³) Es geht hier aber lediglich um eine – für das Verständnis sowohl der lukianischen als auch der altlateinischen Textform nach der Intention ihrer Urheber und Tradenten wichtige – Differenzierung i n n e r h a l b dessen, was t e x t g e s c h i c h t l i c h eindeutig als D u - b l e t t e definiert werden muss: Das Kriterium ist ein in der ursprünglichen Übersetzung und im Rezensionselement je verschieden verstandener Begriff der hebräischen Vorlage – hier (כ)עֶנֶת ursprünglich falsch als ἀπόκρισις, rezensionell richtig als Adverb νῦν –; offen bleibt lediglich die Frage, wie weit das nur auf Grund der Kenntnis der hebräischen Vorlage mögliche Verständnis als Dublette bei den Tradenten der Textform, die schon bei ihrer Entstehung auf dem Mittelglied einer griechischen bzw. lateinischen Vorlage beruht, noch vorhanden war (vgl. S.144f.).

8 17 ᾄδοντας] minis(tros) La¹²³ = 𝔐 (מְשָׁרְתִים); pr λειτουργους και L Compl¹. Der Ausfall des letzten Wortteils in La, vor domui, ist nicht Abbreviatur, sondern Schreibfehler; die Ergänzung ist eindeutig und auch durch das gleiche Äquivalent in 𝔒 gesichert.

8 31 πολεμίου] insidiatoris La¹²³ = 𝔐 (אוֹרֵב); + ενεδρευοντος L ². Das Äquivalent πολεμίου für אורב im ursprünglichen Text der LXX kann zwar, obwohl in dieser Äquivalenz singulär, da es ἐχθροῦ für איב zugeordnet ist, nicht auf eine Verschreibung von אורב in איב in der Vorlage zurückgehen, hat aber den Charakter freier Übersetzung, der entsprechend vorgegebener Übersetzungstradition von La¹²³ durch Ersetzung, von L durch Dublette nach 𝔐 korrigiert wird.

8 36 ἐδόξασαν τὸν λαὸν καὶ τὸν οἶκον τοῦ θεοῦ] produxerunt pplm et domū dī La¹²³; επηραν τ. λ. και εδοξασαν τ. οικον του θεου L ³. Auch hier ist die Äquivalenz ἐδόξασαν - נשׂא(ו) in der ursprünglichen LXX freie Interpretation des Begriffs נשׂא in der seltenen Bedeutung von „unterstützen", während επηραν in LXX-Tradition verankerte Korrektur nach der Grundbedeutung ist. produxerunt in La¹²³ dürfte, da es dem lukianisch als Dublette eingeführten Begriff nicht völlig entspricht, eher als auf eine andere griechische Vorlage – hier käme das zuweilen für נשׂא begegnende Äquivalent επηγαγον ⁴ in Frage – von vorliegendem επηραν her als bessere Einpassung in den Kontext zu erklären sein.

9 3 ἠρεμάζων] admirans La¹²³; ηρεμων και θαυμαζων L' ⁵. Die in der ganzen Gräzität nur in Esdr II 9 3 4 und bei Aquila in Ez 3 15 – an allen drei Stellen für שׁמם – nachgewiesene Wortbildung ἠρεμάζειν, die ihrer Bedeutung nach aber dem hebräischen Grundwort im Sinn von „still sein" entspricht, wird von L in die profangriechisch seit Platon geläufige, in 𝔊 aber nur für Symmachos – und nirgends für שׁמם – bezeugte Bildung ἠρεμεῖν korrigiert und mit dem für שׁמם mehrfach bezeugten Begriff θαυμάζειν als Dublette verbunden; es geht wiederum um interpretierende, auf Übersetzungstradition gründende Angleichung an 𝔐 ⁶, die dadurch noch bestätigt wird, dass die reine Ersetzung durch θαυμαζων, die hier von La¹²³ bezeugt wird, in 9 4 von La¹²³ und L gemeinsam überliefert ist.

9 4 πᾶς ὁ διώκων λόγον] omnes trementes verbum La¹²³ ; πας εντρομος και επιδιωκων εν τω λογω L ⁷. Dass auch (επι)διωκων auf das hebräische חרד zurückgeht, die lukianische Lesart somit als Dublette zu bestimmen ist, beweist die gleiche Äquivalenz in Is 17 2. Nicht mehr eindeutig bestimmbar bleibt die genaue griechische Vorlage von La¹²³. Die von L und 𝔐 abweichende pluralische Formulierung dürfte Übersetzungsfreiheit sein; die Partizipialform trementes an Stelle des Adjektivs εντρομος in L ist, wie 10 3, wo S^{cl}-L Compl (τρεμοντων) und La¹²³ (eorum qui tremunt) partizipiales Verständnis von החרדים

---

[1]) Vgl. S.149.
[2]) Vgl. S.96.
[3]) Vgl. S.154.
[4]) Die Äquivalenz in Exod 28 39(43) Lev 22 16 Deut 28 49; zur exegetischen Begründung vgl. S.154.
[5]) Vgl. S.104.
[6]) Lev 26 32; vgl. Dan o' 4 16, θ' 8 27.
[7]) Vgl. 11 8, 15 5.

voraussetzen, nahe legt, wahrscheinlich auf τρεμων – das Verbum ist im Unterschied zu εντρομος auch anderwärts als Äquivalent von חרד nachgewiesen[1] – zurückzuführen.

9.15 διασῳζόμενοι] *reliquiarium* La[123] = 𝔐 (פליטה); pr υπολειμμα και L [2]. Die Angleichung an 𝔐 besteht in der Nominalbildung an Stelle des Partizips, während die Verteilung der Dublette auf die beiden Bedeutungen „Gerettetwerden" und „Übrigbleiben" auf die im Stamm פלט enthaltene Doppelbedeutung zurückgeht und darum auch in der Übersetzungstradition verankert ist. Dafür, dass der Zusatz υπολειμμα και in L nicht als Dublette zu διασῳζόμενοι, sondern als Angleichung an den Doppelausdruck ἐγκατάλειμμα καὶ διασῳζόμενον für שארית ופליטה in v.14 zu erklären sei, spräche zwar, dass L auch hier υπολειμμα an Stelle von ἐγκατάλειμμα überliefert; dagegen spricht aber, dass L in v.19 ursprüngliches σωτηρίαν für פליטה in υπολειμμα korrigiert. Sicher ist, dass die altlateinische Übersetzung, die σωτηρίαν (פליטה) in v.13 mit *reliquiar<i>um salutis* (!), ἐγκατάλειμμα καὶ διασῳζόμενον (שארית ופליטה) in v.14 mit *reliquiarium et evadens* und διασῳζόμενοι (פליטה) in v.15 mit *reliquiarium* wiedergibt, hier in starkem Mass von einer lukianischen Tradition abhängig ist, die eindeutig Rezensionscharakter trägt.

10.11 αἴνεσιν] *confessionem* La[123]; + και εξομολογησιν L [3]. Auch hier lässt sich die Doppelüberlieferung in L an Stelle des einen Grundworts תודה sowohl als Dublette im Sinn einer Angleichung an 𝔐 nach je verschiedener Übersetzungstradition als auch als Eintragung der mehrfach überlieferten und mit diesen beiden Begriffen übersetzten Verbindung der Stämme ידה und הלל erklären. Bedeutsam ist aber die Ersetzung von αἴνεσιν durch den nur lukianisch als Zusatz überlieferten Begriff εξομολογησιν in La[123]: Es ist die Äquivalenz, die der Bedeutung des Stammes ידה besser entspricht, die darum auch in LXX die weit überwiegende, bei Aquila in gesicherten Fällen die ausschliessliche ist[4] und die darum der hexaplarisch-lukianischen Tendenz der Angleichung an 𝔐 entspricht. Wenn sich nun diese Art der Rückbewegung zur hebräischen Vorlage in La der Tendenz nach der lukianischen Rezension entsprechend, aber nicht völlig identisch mit ihr auch an den Stellen fortsetzt, an denen es nicht wie in 10.11 um die Möglichkeit einer Dublette, sondern um die reine Äquivalenz geht – in 22.46 wird die Reihenfolge (תהלה והדות) gegen L (εξομολογησις και αινεσις) entsprechend 𝔐 korrigiert: *laudem et confessionem*; in 22.27 wird die lukianische Korrektur für das in der ursprünglichen LXX nicht verstandene und darum transkribierte בתודות (εν αινεσει) beibehalten: *in laudē* –, dann

---

[1]) Is 66 2 5; vgl. S.118.
[2]) Zur unentwirrbaren Zuordnung von Bildungen aus σῴζειν oder λείπειν zu den Stämmen פלט oder שאר in der ursprünglichen und in der rezensionellen Überlieferung betr. lukianischer und hexaplarischer Äquivalenz s.S.119 mit Anm.3 und S.189 mit Anm.2, betr. altlateinischer Überlieferung noch S.221f. und 252, betr. Rekonstruktion des ursprünglichen Textes S.392f.
[3]) Vgl. S.89 mit Anm.3, S.142.
[4]) Als eindeutige Ausnahme ist in LXX nur Par II 5 13 בהלל - ἐξομολογεῖσθε zu nennen, wo aber Angleichung an den zitierten Psalm 136 (LXX 135)1: הודו, vorliegt, während die Äquivalenz ידה – αἰνεῖν, αἴνεσις mehrfach begegnet.

ergibt sich auch für die altlateinische Überlieferung mit Wahrscheinlichkeit als griechische Vorlage ein Sekundärstadium[1].

12₁₂ μετὰ τοῦ Ἰσραήλ] *in hierlm* La[123] = 𝔐 (לירושלם); μετα της ιερουσαλημ Compl; την (τη 93) ιλημ και μετα τον (του 93) ιηλ *L* [2]. La[123] setzt wahrscheinlich die Form des rezensionellen Dublettengliedes von 93: *in* als Wiedergabe des Dativ, voraus[3].

12₁₉ καὶ ἦλθον ἐφ' ἡμᾶς] και κατεφρονουν ημων (*et contemnebant nos* La) La[123] Aeth[-B] Compl = 𝔐 (ויבזו); pr και κατεφρονουν ημων *L* [4]. Die Übersetzung der LXX geht auf ויבאו zurück; La ist mit *L* identisch.

12₂₀ καθαροί] *exsurgamus* (*surgemus* Lucif) La[123] Aeth[-B] Lucif parc 222 = 𝔐 (נקום); + αναστησομεθα (-σωμεθα et pr και Compl) *L'* Compl[5]. LXX setzt, obwohl die Äquivalenz selten belegt ist[6] die Lesung נק(י)ם voraus. Die altlateinische Äquivalenz, *L'* und Lucifer, lässt keine innerlateinische Einordnung in die Textgeschichte zu[7].

13₁₁ Φααθμωάβ] *principes moab* La[123] ; φααθ ηγουμενου (-νος 93) μωαβ[8]. Gegenüber der Doppelüberlieferung von פחת als transkribierter Eigenname und als übersetztes appellativum, die in *L* an allen Stellen als Dublette vorliegt, ist die Überlieferung in La[123] geteilt: in das ursprüngliche Dublettenglied der Transkription in 8₄ (*fadem moab*) und 10₃₀ (*phaat moab*) und in das rezensionelle appellativum, wörtlich *L* entsprechend in 13₁₁, frei in 20₁₄(₁₅): *qui praesunt moab*, und in 2₆ für υἱοὶ Φααθμωάβ: *et hii generis moab*[9]. Die unterschiedliche Übersetzung in der altlateinischen Tradition gegenüber der einhelligen

---

[1]) Ähnlich ist das Verhältnis der lukianischen Rezension zur altlateinischen Übersetzung in der ersten Bibel von Alcalà (nach dem Verzeichnis von B.Fischer (vgl. jetzt R.Gryson, Altlateinische Handschriften (Manuscrits vieux latins, répertoire descriptif, première partie Mss 1-275, d'après un manuscrit inachevé de Hermann Josef Frede †, VL 1/2A (1999) 170-173)) La[109]; ed. R.Weber, Les anciennes versions latines du deuxième livre des Paralipomènes, CBL 8, 1945) gelagert : In Par II 20₂₂ wird der Ausdruck der LXX τῆς αἰνέσεως αὐτοῦ τῆς ἐξομολογήσεως für ברנה ותהלה nur in La[109] nicht in *L* nach 𝔐 korrigiert *in exultatione et laude*, in gleicher Weise auch der Doppelausdruck ἐξομολογουμένων καὶ αἰνούντων für einfaches מהללים in 23₁₂: *laudantium*, während in 5₁₃ nicht nur das griechisch einhellig überlieferte ἐξομολοεῖσθε (-σθαι) für בהלל, sondern auch die über *L* hinaus in weiteren Zeugen nach 𝔐 korrigierte Reihenfolge ἐξομολογεῖσθαι καὶ αἰνεῖν für להלל ולהדות in αινειν και εξομολογεισθαι altlateinisch beibehalten wird: *ad confitendum et laudandum*; nur lukianisch bezeugte Korrektur der Reihenfolge nach 𝔐 liegt auch in Par I 23₃₀ vor, wo keine altlateinische Übersetzung überliefert ist.

[2]) Vgl. S.149f.
[3]) Vgl. die 𝔐 gegenüber freie Verwendung der Präposition *in* bei La[123] in 18₃, S.223f.
[4]) Vgl. S.150.
[5]) Vgl. S.150.
[6]) Gen 44₁₀, Iob 47, Dan o' θ' 79 (נקא).
[7]) Vgl. hierzu FS Frede-Thiele S.58f.
[8]) Vgl. S.156.
[9]) Eher als Fehlschreibung des Demonstrativpronomens *hi* dürfte das Wort auf – als nomen proprium missverstandene? – Transkription von υιοι zurückgehen, wie sie in 20₁₃(₁₄) *uioi bannina fili beniamin* als Dublette zu υἱοὶ Βανουναί (βενιαμ(ε)ιν B' S Aeth[B] (sim); *et lebenu* Aeth[-B]) in La[123] vorliegt; vgl. FS Frede-Thiele S.51f. Anm.22.

sowohl in LXX als Transkription als auch in *L* als Dublette spricht für einen „codex mixtus" als griechische Textvorlage von La¹²³ ¹.

13 19 πύργου] εξ εναντιας (*contra* La) La¹²³ Compl = 𝔐 (מנגד); pr εξ εναντιας *L* ². LXX setzt מגדל an Stelle von מנגד voraus.

τῆς συναπτούσης] *almorum* La¹²³; pr των οπλων *L* ³. *almorum* ist Verschreibung für *armorum* = οπλων als Übersetzung des masoretischen הנשק.

13 20 καὶ μετ' αὐτόν] οπισω εις το ορος αυτου (*retro ad montem eius* La) La¹²³ Compl: cf 𝔐 (אחריו ההרה); pr οπισω εις το ορος αυτου (om καί 19′) *L*; om καί B′ S Sixt Ra.⁴. Die Angleichung an 𝔐 in La¹²³ an Stelle der Dublette in *L* besteht in der Wiedergabe des im ursprünglichen Text der LXX, wie auch schon in einigen masoretischen Hss., ausgelassenen Ausdrucks ההרה, der wahrscheinlich als eine vormasoretisch in die hebräische Überlieferung eingedrungene Dittographie von vorausgehendem אחריו zu erklären ist und wegen seiner Unverständlichkeit in ההרה umgedeutet wurde. Ob diese – auch in 𝔒 (*ad montem*) überlieferte! – Umdeutung genuin lukianischer Herkunft ist, lässt sich hier mit Sicherheit ebenso wenig beantworten, wie bei der Ersetzung von μετ' αὐτόν durch οπισω (= *retro* La¹²³), da beide Äquivalente im Kontext von Esdr II 13 schon in der ursprünglichen LXX überliefert sind⁵. Doch liegt es nahe, hier die – dann von La¹²³ übernommene – lukianische Tendenz zur Vereinheitlichung anzunehmen⁶.

13 26 ἕως κήπου πύλης] *usq; adversū portae* La¹²³ Aeth⁻ᴮ = 𝔐 (עד נגד שער); εως απεναντι κηπου της (> Compl) πυλης (φυλης 93) *L* Compl⁷. LXX liest גן an Stelle von נגד; die gleiche Korrektur n u r von La¹²³ (und Aethᴬ) bezeugt in 13 16!

---

¹) Innerlateinische Doppelüberlieferung nicht in der Form von Dubletten, sondern der Transkription φααθ und der Übersetzung ἡγούμενος an je verschiedenen Stellen liegt auch in der lateinischen Tradition von Esdr I an zwei der in diesem Text enthaltenen Parallelstellen Esdr I 5 11 = II 26 und Esdr I 8 31 = II 84, vor – in Esdr I 9 31 = II 10 30 bietet Esdr I völlig abweichende Namensformen, die lukianisch nach Esdr II, φα<α>θμωαβ nach der ursprünglichen reinen Transkription, korrigiert sind, während die beiden lateinischen Übertragungen die ursprüngliche Textform voraussetzen –: in Esdr I 5 11, wo die ursprüngliche reine Transkription, die lukianisch in der Dublettenform von Esdr II korrigiert wird, lateinisch in einhelliger Überlieferung bei nur in der Schreibweise variierender Wiedergabe beibehalten wird, und demgegenüber in 8 31, wo bei fehlender lukianischer Korrektur der Bewahrung der ursprünglichen reinen Transkription in Laᶜ (mitsamt La¹²³) in Laⱽ die sekundäre appellative Form *ex filiis ductoris moab* gegenübersteht. Dagegen überliefert 𝔒 in Esdr II an allen Stellen einhellig die reine Transkription als nomen proprium; dass aber auch das appellative Verständnis vom hebräisch-vormasoretischen Zweig der Tradition ausgehen kann, beweist die Peschitta: שולטן (שליט 2014, רבא 1311) מואב.

²) Vgl. S.150.
³) Vgl. S.147.
⁴) Vgl. S.174f.
⁵) Vgl. v.16-17 mit 18-24.
⁶) Zur textgeschichtlichen Einordnung der Äquivalente in 𝔒 Pesch und Aeth und zur Erklärung der lukianischen Textform als Interpretation vgl. auch S.175 Anm.2.
⁷) Vgl. S.150 und 28-32.

15₁₆ καὶ πάντες οἱ συνηγμένοι] oms pueri mei collecti La¹²³ = 𝔐 (קבוצים וכל־נערי)¹; pr και τα παιδαρια μου L Aeth^A (deest Aeth^B) Got². Da es sich in L nicht um eine Dublette im eigentlichen Sinn handelt – der in LXX fehlende Begriff נערי wird lediglich als zweite Instanz mit και angeschlossen –, lässt sich nicht mehr entscheiden, ob L auf eine von 𝔐 abweichende hebräische Vorlage zurückgeht; hier wäre die altlateinisch überlieferte Textform auch das hexaplarisch eher zu Erwartende.

16₁ καὶ οὐ κατελείφθη ἐν αὐτοῖς πνοή] και ου κατ. εν αυτω διακοπη (et ñ remansit in illo inTcessio La) La¹²³ Compl = 𝔐 (ולא־נותר בה פרץ); pr και ουχ υπελειφθη εν αυτω διακοπη (pr διακοπη και ante πνοη 19)³. Das altlateinisch mit dem lukianischen identische Dublettenglied dürfte das aus der Hexapla übernommene sein.

17₃ ἔτι αὐτῶν γρηγορούντων] adhuc eis stantibus La¹²³ = 𝔐 (עד הם עמדים); ετι αυτων εγρηγορωτων και εστωτων 93⁴. Dass die Dublette nur in 93 überliefert ist, spricht eher für eine späte Tradition der Korrektur nach 𝔐⁵, dafür auch, dass in der lateinischen Überlieferung der ältere, von lukianisch überlieferten Textformen, die 𝔐 näher stehen als die von den übrigen Zeugen überlieferte Übersetzungsform der LXX, noch weniger berührte altlateinische Text, La¹²⁵, auch hier die ursprüngliche Textform der LXX bezeugt: ipsis etiam nunc vi<gi>lantibus ⁶.

19₁₀ ἐν Αἰγύπτῳ] et portenta La¹²³ = 𝔐 (ומפתים); pr και τερατα B Compl Sixt ; + και τερατα L Aeth^-B7. LXX setzt במצרים an Stelle von ומפתים voraus. Die Eingliederung der Dublette an je verschiedener Stelle im B-Text und in L spricht für Schwankungen innerhalb der hexaplarisch (?)-lukianischen Tradition; das Äquivalent selbst, τερατα, das auch in La vorausgesetzt ist, ist das nach vorgegebener Tradition, LXX und α', für מפתים allein mögliche.

19₂₁ ὑποδήματα αὐτῶν οὐ διερράγησαν] ποδες αυτων ου δ. B' Aeth Sixt Ra.; οι ποδες αυτων ουκ ετυλωθησαν (pedes eorum ñ intumueī La) 93 La¹²³ = 𝔐 (רגליהם לא בצקו); +

---

¹) Das Fehlen der Wiedergabe von καί ist wahrscheinlich aus Verschreibung des vorangehenden Wortes zu erklären: possidebam et an Stelle von possideat?
²) Vgl. S.158.
³) Vgl. S.158f.
⁴) Vgl. S.163.
⁵) Vgl. S.13 Anm.3.
⁶) Die Nähe der Textform von La¹²³ nach Äquivalenz und Sprachgebrauch zu 𝔙, die innerlateinisch hinsichtlich La¹²³ für ein späteres Stadium der Textgeschichte spricht, (vgl. FS Frede-Thiele und für Esdr I hinsichtlich des Verhältnisses zwischen der Textform von La_V zur jüngeren, auch in La¹²³ überlieferten FS Bogaert), lässt sich hier weder übersetzungstechnisch – La¹²³ steht zusammen mit 93 in der partizipialen Formulierung 𝔐 näher als 𝔙, die in temporalem Nebensatz, cumque adhuc adsisterent, formuliert –, noch nach der Äquivalenz begründen – stare und adsistere sind die einzig möglichen Äquivalente –; doch ist eine Berührung zwischen 𝔙 und LXX gegen 𝔐 in der auch lukianisch und von beiden altlateinischen Textformen beibehaltenen richtigen Vokalisierung als Adverb עֹד gegenüber der präpositionalen, עַד, in 𝔐 erkennbar.
⁷) Vgl. S.159.

καὶ οἱ πόδες αυτων ουκ ετυλωθησαν 19' La¹²⁵¹. Trotz der lukianisch durch Hs. 93 mitbezeugten altlateinisch in La¹²³ überlieferten Ersetzung des von 𝔐 abweichenden Textteils durch die Übersetzung nach 𝔐 muss ihre Einfügung als Dublette in 19' und La¹²⁵ als die genuin lukianische Textform bestimmt werden². Die Korrektur nach 𝔐 beruht wahrscheinlich – denn τυλοῦσθαι ist in LXX, wie zwar auch בצק in 𝔐 nur an diesen beiden Stellen bezeugt – nach dem lukianischen Prinzip der Beiziehung anderer Stellen auf Deut 8₄, und diese Textform liegt auch der Vetus Latina zu Grunde. Schwierig ist es aber, die älteren Textformen zu bestimmen: Der B-Text (B' Aeth) verbindet das mit 𝔐 übereinstimmende Subjekt πόδες mit dem Prädikat der ursprünglichen LXX διερράγησαν, und diese Textform dürfte auch die Vorlage der Vulgata sein: *pedes eorum non sunt adtriti* ³. Da nun aber Subjekt und Prädikat nur schwer in Übereinstimmung zu bringen sind⁴, liegt es näher, schon im B-Text und von ihm her in 𝔙 eine Kontamination beider Elemente der Dublette anzunehmen, ein Befund, der die – auch von 𝔙 unabhängige – Nähe der altlateinischen Tradition zur hexaplarisch-lukianischen noch verdeutlicht.

19₂₈ καὶ πάλιν ἀνεβόησαν πρὸς σέ] *et revertebant̄ et invocabant te* La¹²³ : cf 𝔐 (וישובו ויזעקוך); καὶ επεστρεφον και επεκαλουντο σε παλιν *L* ⁵. Die Korrektur nach je verschiedener Übersetzungstradition – die adverbiale Wiedergabe mit πάλιν ist in LXX als ganzer weit seltener als die grammatisch wörtliche mit verbum finitum ἐπιστρέφειν und in Esdr II singulär – entspricht wiederum dem lukianischen Prinzip der Vereinheitlichung auch dort, wo beide Übersetzungsweisen dem Sinn nach der hebräischen Vorlage entsprechen. Dagegen liess sich auch von Übersetzungstradition her der lukianische, von La¹²³ mitgetragene Wechsel des Äquivalents, ἐπικαλεῖσθαι für זעק, nicht erklären und nur auf das genuin lukianische Rezensionsprinzip der Interpretation zurückführen⁶. Die Bewahrung der ursprünglichen Textform der LXX in La¹²⁵, *iterum clamaverunt*, spricht für eine der griechischen Überlieferung entsprechende textgeschichtliche Einordnung der altlateinischen Tradition.

---

¹) Vgl. S.98f., 159f., 362.

²) Das Zusammentreffen der Zeugen La¹²⁵ mit 19' in der Bewahrung beider Dublettenglieder und der Zeugen La¹²³ mit 93 nur des sekundären der Korrektur nach 𝔐 erscheint als Argument für die textgeschichtliche Einordnung sowohl der Textform von 93 gegenüber den übrigen lukianischen Zeugen (vgl. S.13 Anm.3) als auch der Textform von La¹²³ gegenüber La¹²⁵ (vgl. FS Frede-Thiele) als späteres Stadium der Rezension: Hexaplarisch asterisierter Zusatz der Dublette zum ursprünglichen von 𝔐 abweichenden Glied ist die Vorstufe der Ersetzung des einen durch das andere (vgl. S.146).

³) Oder steht *adtriti* für κατετρίβη, vgl. Deut 29₅₍₄₎, wo *sunt adtrita* aber nicht für κατετρίβη (𝔐 בלתה), sondern für ἐπαλαιώθη (𝔐 בלו) der LXX steht? Die Übereinstimmung mit 𝔙 dürfte A.Rahlfs dazu geführt haben, den B-Text als ursprüngliche LXX zu postulieren.

⁴) Vgl. S.362f.

⁵) Vgl. S.160 und FS Frede-Thiele S.55.

⁶) Vgl. S.107.

20₃₁₍₃₂₎ ἀπαίτησιν πάσης χειρός] *repitionem omnis rei* La^{Gl: BPRV}; *debitū. & oīs manus* La¹²³; pr χρεος και *L* ¹. Die textgeschichtlich verwertbare Äquivalenz der altlateinischen Überlieferung ist *debitum* in La¹²³, das mit in *L* als Dublette überliefertem χρεος, und *repititionem* in der Glossenüberlieferung, das mit ἀπαίτησιν der übrigen LXX-Zeugen übereinstimmt². Da beide Begriffe in LXX als Äquivalent für Bildungen des Stammes נשא gesichert sind, ἀπαίτησις für מַשָּׁא an den beiden andern Stellen seines Vorkommens im AT, Esdr II 15₇, wo La¹²³ mit *repetens* und ₁₀, wo La¹²³ mit *opus* (*istud*) *debiti* überträgt und *L* in einer dublettenhaften Texterweiterung noch το βαρος (τουτο) überliefert³, χρεος für das im AT singuläre מַשֵּׁה in Deut 15₂, der Stelle des hier erinnerten Gesetzes über das Erlassjahr, ist die von *L* als Dublette, von La¹²³ als Ersetzung überlieferte Textform als in vorgegebener Übersetzungstradition gegründete Angleichung an 𝔐 zu bestimmen, während die Äquivalenz der Glossen auch innerlateinisch als ältere auf der ursprünglichen Übersetzung der LXX beruhende Textform zu erklären ist.

22₃₆ τοῦ αἰνεῖν ἐν ᾠδαῖς] εν σκευεσιν ωδης S^c La¹²³ = 𝔐 (בכלי-שיר); του αινειν (*laudaverunt* Aeth) εν σκευεσιν και ωδαις (ωδης pro και ωδαις Aeth Compl) *L* Aeth⁻ᴮ

---

¹) Vgl. S.160 und FS Frede-Thiele S.56f.
²) *rei* für χειρός (*manus* La¹²³) in den Glossen ist Interpretation, die sowohl aus griechischer Vorlage als auch innerlateinisch erklärbar ist und von erhaltener Tradition her nicht lokalisiert werden kann; auch 𝔙 übersetzt (*exactionem universae*) *manus*. Die Kopula *et* in La¹²³ ist eher als Fehlschreibung aus der Abbreviatur zu erklären als dass sie als Argument für das Vorhandensein einer vorliegenden Dublette dienen dürfte, deren zweites Glied in La¹²³ nur halb ausgemerzt worden wäre.
³) Vgl. S.160 Anm.4. Die Zuordnung der verschiedenen Äquivalente in La¹²³ erlaubt wohl die Bestimmung der Äquivalenz zwischen *debitum* und χρεος in 20₃₁₍₃₂₎ und zwischen *repetens* und ἀπαίτησις in 15₇ (vgl. die Glossenüberlieferung in 20₃₁₍₃₂₎), lässt aber angesichts der in La¹²³ mehrfach festgestellten Variation der Äquivalente für das gleiche Bezugswort keinen sicheren Schluss auf das vorliegende griechische Äquivalent für den Ausdruck *opus debiti* in 15₁₀ zu. Eher als identisch mit *debitum* in 20₃₁₍₃₂₎ und damit als Äquivalent zu hier auch lukianisch nicht bezeugtem χρεος dürfte der Doppelausdruck „Obliegenheiten der Schuld" als freie Wiedergabe von ἀπαίτησις zu bestimmen sein. Eher als von hebräischer Vorlage unabhängiger interpretierender Zusatz denn als 𝔐 gegenüber freie Dublette muss der altlateinisch nicht überlieferte lukianische Zusatz in 15₁₀ δωσομεν (-σωμεν 19-93) υπερ αυτων αργυριον αποθεσθαι αφ υμων (ημων 93) το βαρος τουτο bestimmt werden, von dem her auch das altlateinische *opus* (es wäre denn Verschreibung von *onus*) *debiti* nicht erklärbar wäre. Eine Berührung mit der Übersetzungstradition der LXX liegt nicht vor, da βάρος nur als Äquivalent für den Stamm כבד nachgewiesen ist; denkbar – und als lukianisches Rezensionselement nicht fernliegend – wäre nur eine lukianisch weitergetragene von 𝔐 abweichende hebräische Vorform, in der an Stelle von מַשָּׁא die auf den Stamm נשא zurückgehende Nominalbildung מַשָּׂא stand, für die βάρος als einziges Äquivalent bei Symmachos nachgewiesen ist: Num 11₁₁ Deut 1₁₂ Reg II 15₃₃ Iob 31₂₃. Für die textgeschichtliche Bestimmung der altlateinischen Überlieferung innerhalb der LXX geht es hier in jedem Fall um die Kategorie der altlateinisch nicht mitbezeugten lukianischen Rezensionselemente, die von der masoretisch überlieferten Textform abweichen.

Compl¹. Die Textform der LXX dürfte freie Übersetzung sein. Die Zeugenverteilung spricht dafür, dass die von S^c und La¹²³ überlieferte Korrektur nach 𝔐 hexaplarischer, die Dublette lukianischer Herkunft ist².

23₁₅ ἐν ἡμέρᾳ πράσεως αὐτῶν] *in die cum venderent copias* La¹²³: cf 𝔐 (ביום מִכְרָם צֵיד); + οτε (οτι *b* Ald Compl Sixt^{ap}) επωλουν επισιτισμον *L' b* Ald Compl Sixt^{ap3}. Die von La¹²³ als Ersetzung, von *L'* und weiteren Zeugen als Dublette überlieferte Textform ist Korrektur nach 𝔐; die gemeinsame Form der Korrektur – Wiedergabe der Infinitivkonstruktion als temporaler Nebensatz mit verbum finitum – erweist die altlateinische Textform als identisch mit dem lukianischen Dublettenglied⁴.

23₁₉ κατέστησαν] *quieverunt* La¹²³; pr ησυχασα *L* ⁵. Die *L*-Lesart ist sekundäre Umdeutung von ursprünglichem ησυχασαν. Beide Lesarten sind – als Äquivalent für Bildungen von צלל in der griechischen LXX-Tradition anderwärts nicht nachgewiesen – Interpretationsversuche des hinsichtlich seiner Bedeutung hier umstrittenen Begriffs. Das altlateinisch als Ersetzung, lukianisch als Dublette überlieferte Äquivalent ησυχασαν ist wahrscheinlich von der hier am ehesten anzunehmenden Bedeutung „Schatten werfen" her zu erklären und in diesem Sinn eine Annäherung an 𝔐. Dass es auch von 𝔙 übernommen wird, spricht für hexaplarische Tradition, vielleicht der jüngeren Übersetzer.

Es handelt sich in allen diesen Fällen hinsichtlich der altlateinischen und der lukianischen Tradition insofern um eine Rückbewegung zur hebräischen Vorlage, als die Intention des Übersetzers bzw. Textbearbeiters darin besteht, die hebräische Vorlage im Gegenüber zur vorgegebenen älteren Textform der LXX richtig zu verstehen, sei es dass – das ist der häufigste Fall – die korrigierende Wiedergabe auf Übersetzungstradition (14₇ 7₁₂ 8₃₁ 3₆ 9₃ 4 15 10₁₁ 13₁₁ 20 16₁ (?) 19₂₈ 20₃₁(₃₂) 23₁₉) bzw. abweichender Interpretation (17₃ 22₃₆) des masoretisch überlieferten Textes beruht, sei es dass die masoretische Vorlage hinsichtlich ihrer Vokalisierung verschiedene Erklärungen erlaubt (12₁ 23₁₅), sei es dass

---

¹) Vgl. S.207f.

²) Das Zusammengehen des altlateinischen Zeugen mit dem hexaplarischen in der Auslassung des ursprünglichen „Dublettengliedes" τοῦ αἰνεῖν lässt sich auch ohne die Hypothese in S^c eingegangener lukianischer und nachlukianischer Tradition bei beiden Zeugen auf je verschiedene Weise erklären: hexaplarisch nach S^c ursprünglich, da τοῦ αἰνεῖν nicht als freie Übersetzung von בכלי verstanden war, nachlukianisch nach La¹²³ sekundär als Tilgung des so verstandenen dem altlateinischen Zeugen in der lukianischen Textform vorliegenden ursprünglichen Dublettengliedes.

³) Vgl. S.165f.

⁴) Als eine Kontamination des ursprünglichen Dublettengliedes mit dem nach 𝔐 korrigierenden lukianisch und in La¹²³ überlieferten, aber verbunden mit einer die masoretisch überlieferte umdeutenden Aussage erscheint die Textform von 𝔙: *contestatus sum ut in die qua vendere liceret venderent*. Mit LXX gegen 𝔐 fehlt das Akkusativobjekt, mit 𝔐 *L* La¹²³ ist die Infinitivkonstruktion vorausgesetzt, mit *L* La¹²³ ist sie mit verbum finitum wiedergegeben, in eigener Interpretation geht es nicht um Anklage am nicht erlaubten Verkaufstag, sondern um Beschwörung, nur an erlaubtem Tage zu verkaufen. Die Umdeutung ist in der Vieldeutigkeit des Begriffs ואעיד, LXX ἐπεμαρτυράμην, La¹²³ *testificatus sum*, begründet.

⁵) Vgl. S.162f.

die hebräische Vorlage des ursprünglichen LXX-Textes von 𝔐 abweicht (12₁₉ 13₁₉ ₂₆ 15₁₆ (?) 19₂₁).

Was die altlateinische Überlieferung in diesem Textbereich der Dublette anbelangt, lässt sich das Verhältnis zum Charakter der lukianischen Rezension hinsichtlich der Frage nach der Art und Weise der Einordnung in den Kontext aus dem Grund nicht bestimmen, weil es hier bei der lukianischen Tradition um die syntaktische und inhaltliche gegenseitige Zuordnung der beiden Dublettenglieder, des ursprünglichen und des nach 𝔐 korrigierenden geht, bei der altlateinischen Tradition aber nur um die vom ausgeschiedenen ursprünglichen Glied her notwendig gegebene Einordnung des sekundären Gliedes in den Kontext; doch muss der Befund, dass sich hinsichtlich der festgestellten verschiedenen Arten der rezensionellen Dublette in ihrem Verhältnis zur masoretisch überlieferten Vorlage in der altlateinischen Tradition kein Unterschied gegenüber der lukianischen feststellen lässt, als ein Indiz dafür in Anspruch genommen werden, dass sich innerhalb der altlateinischen Tradition auch abgesehen von der Bewahrung nur des einen, des rezensionellen, Dublettengliedes, dessen rezensioneller Ursprung doch in der hexaplarischen asterisierten Zuordnung zum ursprünglichen Glied besteht, weitere Rezensionsprinzipien angesammelt haben dürften, die der hexaplarischen Rezension, deren einzig gesichertes Prinzip die Korrektur nach 𝔐 ist, fremd sind, die aber als lukianische Intention der Textbearbeitung mehrfach nachgewiesen sind.

3. Diesem Hauptbestand steht eine Dublettenüberlieferung gegenüber, in der das von La¹²³ an Stelle der bestbezeugten Übersetzungsform, von L als Dublette zu ihr überlieferte Element hinsichtlich seines Verhältnisses zur masoretisch überlieferten Vorlage schwieriger zu bestimmen ist.

3.1. Im Bereich der syrohexaplarisch mitbezeugten Teile liegen drei Fälle vor:
18₇ καὶ Βαναίας] *et filii eius* La¹²³ = Pesch (ובנוהי); pr και οι (> 19) υιοι αυτου L' ¹. Die appellative Übersetzung des Eigennamens, die בניי (Dittographie) an Stelle des masoretischen בני voraussetzt, ist dem 𝔐- und LXX-Text gegenüber, den auch Syh beibehält (בניא), sicher sekundär. Dass sie aber auf alter Tradition beruht, beweist sowohl ihre Bezeugung durch Pesch als auch der Befund, dass sich die gleiche Zeugenverteilung auch in 10₃₀ Βανουί (בני 𝔐)] *filii eius* La¹²³ = Pesch; pr οι (> 19) υιοι αυτου L findet²: Syh

---

¹) Vgl. S.176, 219f.; zu 20₁₃₍₁₄₎ S.255f.
²) Die lukianische Dublette ist auch an beiden Parallelstellen in Esdr I überliefert, obwohl dort die Namensformen von den masoretisch überlieferten weit entfernt und nur in der altlateinischen und lukianischen Tradition ihnen wieder angeglichen sind: Esdr I 9₄₈ (= II 18₇) 'Ανν(ι)οῦς] βαναιας L Sy; *banaeus* La^V; *bannus* La^C (mit La¹²³), Esdr I 9₃₁ (= II 10₃₀) Βαλνοῦος] βανουι L; בענא Sy; *bannus* La^C (mit La¹²³). Die altlateinische Überlieferung ist somit sowohl in Esdr II als auch in Esdr I, aber auf je verschiedene Weise der lukianischen verwandt: in Esdr II in der Ersetzung des ursprünglichen nomen proprium durch das appellative sekundäre von 𝔐 abweichende Dublettenglied *filii eius*, in Esdr I in der Bewahrung des ursprünglichen nomen proprium, aber in der sekundären Angleichung an die masoretisch überlieferte Form. Da diese aber an beiden Stellen, und sowohl in der Textform von La^V als auch in der vom

zeugt mit dem Textteil auch hier für das Ursprüngliche, auch hexaplarisch Bewahrte, La[123] für eine spätere Textstufe[1].

14₈ (Neh 4₂) fin] + και ποιησαι αυτην πλανησιν Compl = 𝔐 (ולעשות לו תועה); + *et fecēr mihi Trorē* (mend pro *errorem*) La[123]; + και ποιησαι αυτην αφανη (ולמעבדה לא מתחזיניתא Syh) Syh *a* Sixt; + και (του 19) ποιησαι αυτην αφανη και ποιησαι μοι πλανησιν *L* [2]. Es geht nach der Überlieferung zu schliessen um eine lukianisch überlieferte Dublette, deren beide Übersetzungsformen der ursprünglichen LXX gegenüber sekundär sind. Die Zeugenverteilung legt den Schluss nahe, dass das altlateinisch mitbezeugte Element mit dem Äquivalent πλανησιν (= *errorem*) für תועה lukianischer, das von Syh und der Rezension bzw. Textgruppe *a* überlieferte mit dem Äquivalent αφανη (Syh לא מתחזיניתא) hexaplarischer Herkunft sei. Das altlateinisch als Ersetzung, lukianisch als die andere Dublette überlieferte Glied aber weicht trotz der 𝔐 näher stehenden Übersetzungstradition an einer Stelle von der masoretisch überlieferten Textform ab: Es setzt mit μοι לי an Stelle von לו voraus, während αυτην des anderen Glieds trotz des für Jerusalem singulären masculinums auf das masoretische לו zurückgeführt werden muss. לי dürfte im hebräischen Original ursprünglich sein. Seine altlateinische und lukianische Bestätigung müsste darum, wenn es sich nicht in beiden Gliedern um einen Zusatz zur ursprünglichen Textform der LXX handelte, als Argument für Ursprünglichkeit auch in LXX ernst genommen werden.

18₄ ἐπὶ βήματος ξυλίνου] *sup̄ turrē ligneam quā fecerat ad pp̄lm* La[123]; + ο εποιησεν (*fecerant* Aeth = 𝔐 (hab Pesch ס)) εις το δημηγορησαι Aeth⁻ᴮ Compl; + ο εποιησεν (*fecerant* Syh) εις το δημηγορησαι εν τω λαω Syh-*L* [3]. Ob es sich auch hier ursprünglich um eine Dublette handelt, nach welcher der im ursprünglichen Text der LXX fehlende Satzteil אשר עשו לדבר einmal mit ο εποιησεν (-σαν) εν τω λαω übersetzt war, einmal mit ο εποιησεν (-σαν) εις το δημηγορησαι, lässt sich nicht mehr mit Sicherheit beantworten, da sich δημηγορεῖν als Übersetzungswort in LXX nur noch in Prov 24₆₆ (30₃₁), wo die hebräische Vorlage gleicherweise ungeklärt ist, nachweisen lässt. Dafür, dass der ganze Ausdruck δημηγορησαι εν τω λαω ursprünglich לדבר wiedergeben sollte, spricht, dass er nicht nur lukianisch, sondern auch hexaplarisch überliefert ist (למתרגמו לעמא Syh). Dass aber in einem bestimmten Stadium der Texttradition die Ausdrücke εις το δημηγορησαι und εν τω λαω als zwei Elemente einer Dublette verstanden waren, beweist ihre Aufteilung einerseits in La[123], andererseits in den – textgeschichtlich zwar schwer einzuordnenden[4] – Zeugen Aeth⁻ᴮ und Compl. Hinsichtlich der Frage nach der Priorität wäre aber εις το δημηγορησαι, vor allem, wenn die Vokalisierung לְדַבֵּר vorausgesetzt

---

Esdr I-Text von La[123] mitgetragenen Textform von La^C, von der lukianischen Form der Angleichung an 𝔐 abweicht, ist in Esdr I die altlateinische Herkunft von der lukianischen Dublettenüberlieferung an dieser Stelle nicht gesichert.

[1]) Vgl. S.228f. (Esdr II 147(1)).
[2]) Vgl. S.204f. und 208.
[3]) Vgl. S.188f. und 202.
[4]) Vgl. Esdr II ed., Einleitung S.14-18 und 25f., FS Frede-Thiele S.45, Anm.8.

wird, als die textnahere und darum ältere Übersetzungsform zu bewerten als der altlateinisch bezeugte Ausdruck εν τω λαω (bzw. εις τον λαον ?), der selbständig überliefert nur mit einer von 𝔐 abweichenden Vorlage erklärbar wäre. Der Befund spricht für ein relativ spätes Stadium der aus La[123] eruierbaren Textgeschichte.

3.2. Innerhalb der syrohexaplarisch nicht mitbezeugten Teile sind hier einzuordnen:

6₂₀ ὡς (sic Compl; εως codd) εἰς πάντες] *unanimiter omnes* La[123]; ομοθυμαδον παντες ως εις *L* [1]. Die altlateinisch als Ersetzung, lukianisch als Dublette überlieferte Übersetzungsform ist inhaltlich synonym, formal aber der hebräischen Vorlage, כאחד, ferner stehend als die Übersetzung der ursprünglichen LXX. Die altlateinisch-lukianische Bezeugung des Äquivalents in Esdr II ist konsequent: In 2₆₄ steht *unianimiter* La[123] neben ομοθυμαδον ωσει (verschrieben aus ως εις) *L*; in 3₉, wo der Ausdruck in LXX fehlt, ergänzen La[123] und *L* Compl gemeinsam ομοθυμαδον (*unanimiter*)[2]. Diese Äquivalenz zu כאחד ist in LXX nur lukianisch bezeugt, auch für Aquila, Symmachos und Theodotion nicht nachgewiesen; das hebräische Grundwort ist יחד, יחד(י). Eine der altlateinisch-lukianischen Tradition verwandte Ausnahme bildet aber die Übersetzung des כאחד nahe stehenden Ausdrucks כאיש אחד in Esdr I 5₄₆ (= II 3₁) und 9₃₈ (= II 18₁), der in Esdr II nach einhelliger Überlieferung mit ὡς ἀνήρ εἷς (*quasi homo* (*vir* 18₁) *unus* La[123]) wiedergegeben wird, mit ὁμοθυμαδον[3]: später Einfluss einer Übersetzungsweise, deren Spuren nur in Esdr I erhalten sind? Sicher ist, dass das altlateinisch überall mitgetragene Äquivalent ὁμοθυμαδόν an Stelle des hebraisierenden ὡς εἰς dem gräzisierenden Aspekt der lukianischen Rezension entspricht.

14₁₁ (Neh 4₅) οἱ θλίβοντες ἡμᾶς] *insidiatores nostri* La[123]; οι εκθλιβοντες (θλ. 19) ημας και οι επιβουλοι (επαυλοι 19′ [4])) ημων *L* [5]. Dass *insidiatores* in La[123] auf das lukianisch als Dublette überlieferte οι επιβουλοι zurückgeht, ist, obwohl der Begriff in 8₃₁ auch als Äquivalent für ἐνεδρεύων überliefert ist, nicht zu bestreiten[6]. Gegenüber θλίβοντες der ursprünglichen LXX erscheint επιβουλοι eher als Abweichung vom zu Grunde liegenden hebräischen Begriff צרינו, der in LXX, auch in Esdr II[7], mehrfach als Äquivalent zu

---

[1]) Vgl. S.153 und S.367f.
[2]) Auch an der 2₆₄ entsprechenden und ähnlich transformiert überlieferten Stelle 17₆₆, wo La[123] ausfällt, überliefert *L* die Dublette ομοθυμαδον ως εις (ωσει pro ως εις 93).
[3]) La^C hat (mitsamt La[123] Esdr I) *uno animo*, La^V in 5₄₆ *unanimes*, in 9₃₈ *simul*: für αμα oder ομου ? (so lesen in der Esdr II 6₂₀ entsprechenden Stelle I 7₁₁ für das hier einhellig überlieferte ἅμα sowohl La^V als auch La^C (mitsamt La[123] Esdr I)). Die LXX in Esdr II für כאחד eigentümliche hebraisierende Übersetzung ὡς εἰς ist in Is 65₂₅, wo LXX mit ἅμα überträgt, in gleicher Äquivalenz, wie nach seiner Übersetzungstechnik zu erwarten, für Aquila bezeugt.
[4]) Innergriechische Verschreibung: Der in LXX nicht nachgewiesene Begriff ἔπαυλοι wäre als „unsere Bewohner" im Kontext der Aussage widersinnig.
[5]) Vgl. S.157.
[6]) Vgl. z.B. die altlateinische Äquivalenz von *insidiator* zu ἐπίβουλος in den Hss. La^LXVP zu Mac II 3₃₈, von *insidiantes* zu ἐνεδρεύειν in La^V zu Mac I 5₄, D.de Bruyne, Les anciennes traductions latines des Machabées, AMar IV, 1932.
[7]) 4₁ 19₂₇.

Formen von θλίβειν überliefert ist. Doch beweist der hexaplarische Zusatz vor ἐχθρός (𝔐 אוֹיֵב) : επιβουλος και O-S^c = 𝔐 (וְצָר) in Est 7₆, dass auch diese Äquivalenz auf Tradition beruht. Für die Herstellung des ursprünglichen LXX-Textes beweist dieser überlieferungsgeschichtliche Sachverhalt, dass altlateinisch-lukianisch überlieferte Textformen auch dann sekundär sein können, wenn sie von der hebräischen Vorlage stärker abweichen als die von L als Dublette und von allen übrigen LXX-Zeugen gebotene ursprüngliche Übersetzungsform.

καὶ φονεύσωμεν αὐτοὺς καὶ καταπαύσωμεν τὸ ἔργον] *et turbabimus eos* La¹²³; pr και καταραξωμεν (καταρραξ. 93) αυτους L Aeth^A (vid)¹. Der lukianisch überlieferte Zusatz muss als Dublette zu καὶ φονεύσωμεν αὐτούς bestimmt werden. Aus ihm erklärt sich die Textform von La¹²³: *turbabimus* steht für καταραξωμεν, während das Fehlen des Ausdrucks καὶ καταπαύσωμεν τὸ ἔργον auf Homoioteleuton-Ausfall entweder in der griechischen (και ∩ και) oder in der lateinischen Tradition (*et* ∩ *et*) zurückgeht. καταράσσειν, das somit auch als Vorlage altlateinischer Tradition vorausgesetzt werden muss, ist in LXX als Äquivalent für הרג singulär und sicher sekundär².

14₂₃ (Neh 4₁₇) fin] + ανηρ και οπλον αυτου εις το υδωρ Compl = 𝔐 (אִישׁ שִׁלְחוֹ הַמָּיִם); + και ανδρα ον απεστελλον επι το υδωρ 19: cf 𝔐; + *nisi forte mitteremur ad aquam* La¹²³; + και ανδρα ον απεστελλον επι το υδωρ ανηρ και οπλον αυτου εις το υδωρ 93-108; + *et quando ivimus ad domum aquae, amicti ivimus armis nostris* Aeth^-B: cf 𝔐³. Das nach Charakter und Bezeugung bei ihrer begründbaren Zuordnung der beiden sekundären Dublettenglieder zu den beiden christlichen Rezensionen eher als das genuin lukianische zu bestimmende Glied, das von 93-108 als erstes Dublettenglied, in 19 und La¹²³ als einziger Zusatz überliefert ist, nimmt altlateinisch der lukianischen gegenüber eine besondere Form an, die sich noch weiter von der masoretischen Vorlage entfernt und darum auch dem lukianischen gegenüber ein späteres Stadium der Textgeschichte aufzuweisen scheint: *nisi forte mitteremur ad aquam* gegenüber και ανδρα ον απεστελλον επι το υδωρ: Sowohl die lukianische Form als Relativsatz lässt sich bei elliptischem Verständnis des Ausdrucks אִישׁ שִׁלְחוֹ auf die masoretische Vorlage zurückführen als auch das verbum finitum als dritte Person im Plural, nicht aber die altlateinisch überlieferte Konjunktion *nisi forte* und die passive Verbalform im Plural der ersten Person⁴. Ein weiteres Argument für die

---

¹) Vgl. S.157.
²) Ob das lateinische Äquivalent von La¹²³ *turbare* auf eine Form von ταράσσειν bzw. falsche Ableitung von diesem Stamm zurückzuführen ist – καταταράσσειν ist in LXX nicht und nach L.-S. nur in den Glossaria Latina, nach Lampe im Testamentum Salomonis (7.Jh.n.Chr.) nachgewiesen; vgl. aber die auch von einer lukianischen Untergruppe mitbezeugte Variante ταρασσοντες für καταρασσοντες in Sap 17₄ –, lässt sich, da sich beide Begriffe semantisch zu nahe stehen, nicht beantworten.
³) Vgl. S.163f.
⁴) Dass die in der masoretischen Textform nur vermutungsweise deutbare Aussage – vgl. Rudolph S.126, D.Barthélemy (wie S.227 Anm.3) S.556f. – auch in der vom ursprünglichen Übersetzungstext unabhängigen rezensionellen Tradition, sei es schon in der hebräischen Vorlage, sei es durch die interpretierende Tendenz des Textbearbeiters, Texttransformationen

Annahme eines späten Stadiums der altlateinischen Textform nicht nur in der griechischen, sondern auch in der lateinischen Textgeschichte ist der Befund, dass sich die Übersetzung der Vulgata von der Umgestaltung der lukianischen Textform in La^{123} her erklären lässt: *unusquisque tantum nudabatur ad baptismum*. Diese Aussage ist dem Sinn nach identisch mit dem, was die altlateinische Übersetzung sagt: „Wir legten unsere Kleider nicht ab; ein jeder entblösste sich nur" – „*tantum*" nimmt „*nisi fortasse*" auf – „zur Waschung" bzw. „wenn wir ans Wasser gesandt wurden".

20₃₄ (Neh 10₃₅) περὶ κλήρου ξυλοφορίας, οἱ ἱερεῖς καὶ οἱ Λευῖται καὶ ὁ λαός] *propter dona eorum qui ligna portabant et sacerdotū et levitū et p͞plō* La^{123}; pr περι των δωρων και των ιερεων και των λευιτων και του λαου 93-108; pr περι των ιερεων και των λευιτων και των δωρων 19[1]. Der in 93-108 und in 19 je verschieden überlieferte lukianische Zusatz ist wahrscheinlich, da ein Äquivalent für העצים fehlt, eine in beiden Formen schon abgewandelte Dublette zum ursprünglichen LXX-Text, die in einer als ursprünglich in Frage kommenden Gestalt nur von La^{123} überliefert ist. Gemeinsam ist der altlateinischen und der lukianischen Textform die Korrektur des Nomens κλήρου nach קרבן) in των δωρων und die Änderung der Nominative οἱ ἱερεῖς καὶ οἱ Λευῖται καὶ ὁ λαός in den Genitiv[2]. Durch diesen Eingriff in die Syntax, durch welchen Priester, Leviten und Volk als Darbringer der Gaben bestimmt werden, weicht aber die Aussage von der in LXX korrekt wiedergegebenen der hebräischen Vorlage ab, nach der diese drei Instanzen nur als nachgeholtes Subjekt des am Anfang des Satzes in erster Person plural berichteten Loswerfens verstehbar sind. Denn das Verständnis als status absolutus des constructus קרבן ist wegen des unmittelbar folgenden Begriffs העצים ausgeschlossen, der darum auch in beiden griechisch überlieferten Formen des lukianischen Dublettenglieds getilgt wird[3].

---

hervorrufen musste, beweist die freie Textform von Aeth^{-B}, die wie La^{123} vom vorangehenden Kontext her die erste Person plur. einführt, die aber als ganze auf die von 93 und 108 bezeugte Überlieferung b e i d e r Dublettenglieder zurückzugehen scheint – *ivimus* (*naḥaw‘r*) entspricht als Verbalform aus απεστελλον hervorgegangenem *mitteremur, amicti armis nostris* setzt mit n‘wäja als Äquivalent das Nomen, שלח: οπλον, voraus – und sich damit als Träger einer nur umformulierten lukianischen Textform erweist, die sich nicht mit unmittelbarer Herkunft aus der hebräischen Vorlage erklären lässt. Die hier vorliegende lukianisch bezeugte Dublettenüberlieferung beweist in ihrer ursprünglich griechisch bezeugten Form, nach der sie weder syntaktisch noch inhaltlich in den Kontext eingepasst ist – als die Regel bestätigende Ausnahme (vgl. die Belege in 2.1.1.1.3)! –, nur, dass auch bei dieser Rezension, wie bei der hexaplarischen und weitgehend von ihr abhängig, das übergeordnete Kriterium die Bewahrung im ursprünglichen Text der LXX verlorenen Gutes der masoretisch überlieferten Textform, nur das untergeordnete seine Einpassung in den Kontext ist; sie berechtigt nicht zu dem generalisierenden Urteil von T.Janz: „Peut-on vraiment croire que Lucien, ce *vir disertissimus* dont parle Jérôme (de viris ill.77) a écrit ceci?".

[1]) Vgl. S.103 und 160f.
[2]) Der Dativ des letzten Glieds in La^{123}, *populo* ist wahrscheinlich Verschreibung; oder ist *populorum* zu lesen (vgl. 𝔙 *inter...populos*)?
[3]) Die korrekte Korrektur nach קרבן erscheint nur in der Complutensis, die – wahrscheinlich durch eklektischen Gebrauch der Hs. 108 (vgl. S.222 mit Anm.6) – κλήρου in δωρων ändert, die

An diesem Punkt entscheidet sich aber die richtige textgeschichtliche Einordnung. Sie entscheidet sich zuerst an der Frage: Ist die lukianisch überlieferte dublettenhafte Textform, die wir auf Grund ihrer syntaktisch nicht eingepassten Stellung der altlateinischen gegenüber als Vorform vermutet haben[1], dennoch auf lukianische Herkunft zurückzuführen, auf lediglich lukianisch bezeugtes vorlukianisches Rezensionsgut oder auf nachlukianische Textverderbnis der nur altlateinisch überlieferten ursprünglich lukianischen Form?

Die Frage muss offen bleiben, da einerseits die syntaktische Einpassung lukianisch überlieferter Dublettenglieder in den Kontext auch in anderen Fällen unvollständig bleibt[2], anderseits aber die altlateinische Form der Dublette durch eine leichte Korrektur sich auch in der griechischen Form in der gleichen Weise in die Aussage einordnen liesse und so eine dem lukianischen Charakter besser entsprechende Textform darstellte: durch die Ersetzung des Äquivalents ξυλοφορίας durch die personale Nominalbildung ξυλοφόρων, die auch als Vorlage des altlateinischen Relativsatzes zu bestimmen wäre und die als lukianische Analogiebildung an die gleiche Äquivalenz in 23₃₁ erklärt werden könnte[3]. Sicher ist, dass die griechisch überlieferte lukianische Textform als Dublette teilweise auf sekundärer Texttransformation beruht, die altlateinisch überlieferte aber den lukianischen Rezensionsprinzipien entspricht.

21₈ ὀπίσω αὐτοῦ = 𝔐 (אחריו)] frs eorum La¹²³; + οι αδελφοι αυτου 93-108 (deest 19): pro אחיו [4]. Dass die in LXX vorausgesetzte masoretisch überlieferte Vorlage, גבי ואחריו סלי, auf einer Verschreibung beruht, die, entsprechend 21₁₄ in den Ausdruck ואחיו גבורי חיל korrigiert werden muss, ist – sicher hinsichtlich der Präposition, wahrscheinlich hinsichtlich der Eigennamen – textkritisch nicht anzufechten[5]. Damit wäre das von La¹²³ überlieferte lukianische Dublettenglied grundsätzlich der Kategorie lukianischer Lesarten zuzuordnen, die „rückübersetzt die Schäden von 𝔐 überzeugend heilen", weil sie, „allein von den späteren Abänderungen von 𝔐 unbeeinflusst", „den einzig alten LXX-Text" bieten (P.Katz[6])). Angesichts der nunmehr eindeutigen Grundtendenz der in La¹²³ überlie-

---

Nominative aber stehen lässt. Dem Sinn nach 𝔐 entsprechend und darum hier von der altlateinischen und der lukianischen Tradition unabhängig, aber stilistisch auch die masoretische Vorlage verbessernd überträgt 𝒱: *sortes ergo misimus super oblationem lignorum inter sacerdotes et levitas et populos.*

[1]) S.160f.

[2]) Vgl. z.B. 14₂₃₍₁₇₎ S.242f., 163f.

[3]) Dass an dieser Stelle L τῶν ξυλοφόρων in das als Äquivalent für העצים zu erwartende των ξυλων korrigiert – sowohl ξυλοφόρος als auch ξυλοφορία sind in LXX Hapaxlegomena –, spricht nicht gegen diese Erklärung, da die lukianische Rezension neben dem Prinzip der Äquivalenz auch das des Analogieverfahrens kennt. La¹²³ setzt hier wie in 20₃₄₍₃₅₎ und in gleicher, hier leicht verschriebener Form das ursprüngliche Äquivalent ξυλοφόρος voraus: (*dona*) *qui ligna* (*lignarum* cod (mit falscher Abbreviatur)) *portāt*.

[4]) Vgl. S.176.

[5]) Vgl. Rudolph S.183.

[6]) P. Katz, Das Problem des Urtextes der Septuaginta, ThZ 5 (1949) 1-24, hier S.13; vgl. FS Frede-Thiele S.43-51.

ferten altlateinischen Textform, nach der mit den lukianischen Zeugen gemeinsam überlieferte Lesarten, seien sie wie in L als Dubletten, seien sie wie in La^{123} an Stelle der von den übrigen LXX-Zeugen gebotenen Übersetzungsform, seien sie als Zusätze überliefert, fast ausnahmslos Angleichungen an die mit der masoretischen übereinstimmende Vorlage und darum hinsichtlich des LXX-Textes als sekundär zu bestimmen sind, wird gegenüber dem von P.Katz kategorisch angeforderten Prinzip der Textherstellung vorsichtig gefragt werden müssen: Ist, wenn das rezensionelle Grundprinzip, Korrektur nach der hebräischen Vorlage, verifiziert ist, nicht geradezu zu erwarten, dass diese Vorlage, die als Kriterium der Rezension dient, an der einen oder anderen Stelle von der masoretischen Textgestalt, sei diese nun ursprünglich oder sekundär, abweicht? Spricht dafür nicht auch der in 14$_8$ (Neh 4$_2$) festgestellte Befund, dass eine solche, wahrscheinlich 𝔐 gegenüber primäre, Abweichung in einem von La^{123} und L gemeinsam überlieferten Zusatz stehen kann, der als ganzer, zusammen mit der mit 𝔐 übereinstimmenden Form der Dublette, nicht dem ursprünglichen Text der LXX angehört?[1] Spricht hier, in 21$_8$, gegen eine unbesehene Identifikation von lukianisch und altlateinisch überlieferter „die Schäden von 𝔐 heilender" Textform mit dem ursprünglichen LXX-Text nicht auch, dass diese Heilung nur teilweise durchgeführt ist, dass in La^{123}, im Unterschied zu L, an Stelle des richtigen אחיו, wie in v.14, wo – hier übereinstimmend mit dem ursprünglichen LXX-Text! – die gleiche Korrektur vorgenommen werden müsste, La^{123} nach 𝔐 (אחיהם) in *fratres eorum* korrigiert, und dass – die wahrscheinliche Verschreibung der Eigennamen גבי סלי aus ursprünglichem in v.14 erhaltenem גבורי חיל (LXX einhellig δυνατοὶ παρατάξεως, La^{123} *potentes fortitudinē*) vorausgesetzt – die postulierte ursprüngliche Textform der LXX sowohl lukianisch als auch altlateinisch nur halb eingerenkt wäre?[2].

---

[1]) Vgl. S.240.

[2]) Es lässt sich gegen diese Fragen einwenden, dass nach dem heute noch erhaltenen bruchstückhaften Stand der Überlieferung ein textgeschichtlicher Befund – hier die Bezeugung einer der masoretischen gegenüber ursprünglichen Textform durch den lukianischen und den altlateinischen Zeugen –, wenn er an einer Stelle nachgewiesen ist, nicht den Schluss auf sein Vorhandensein an analogen Stellen erlaubt – das Problem wäre dann nur ein solches der Textrekonstruktion für den Herausgeber, der, setzt er übersetzungstechnische Konsequenz des Übersetzers voraus, entweder den überlieferten Text mehrfach gegen die Überlieferung rekonstruieren, oder aber mit der Überlieferung sich auf eine eklektische Textherstellung beschränken muss –; ich stelle diesen Fragen gegenüber darum die Grundfrage: Darf die masoretische Textform in der Zeit der Entstehung dieser Übersetzungen und Rezensionen, Septuaginta, Vetus Latina, hexaplarische und lukianische Rezension, bereits als in solchem Masse verfestigt postuliert werden, dass eine von 𝔐 abweichende als ursprünglich nachgewiesene Textform, die bei diesen Zeugen überliefert ist, nur als Bewahrung einer der masoretischen gegenüber älteren Überlieferung, nicht als Korrektur nach einer solchen erklärt werden kann? Wie lässt sich unter Voraussetzung einer solchen Erklärung die Bezeugung der masoretisch überlieferten fehlerhaften Textform durch alle ausserlukianischen und auseraltlateinischen Zeugen der LXX erklären? Als sekundäre Korrektur nach der masoretisch überlieferten „protomasoretischen" Textform? Wann hätte diese – auch im palästinensischen oder alexandrinischen Judentum – solche kanonische Autorität besessen, dass auch fehlerhafte Textformen rezensionell

Auch diese hinsichtlich ihres Verhältnisses zur hebräischen Vorlage schwerer bestimmbaren lukianisch und altlateinisch bezeugten Dublettenelemente ändern somit kaum etwas am Ergebnis des Hauptbestandes: Ihre gegenüber der Textform der übrigen LXX-Zeugen zunächst zu vermutende Entfernung von der hebräischen Vorlage beruht auch hier auf Übersetzungstradition (6_{20} 14_{11}), auf Interpretation (18_7 14_{23} 20_{34}) oder auf einer von 𝔐 abweichenden Vorlage (21_8 14_8). Das von La^{123} in einem Glied mitbezeugte Vorkommen von Dubletten, deren beide Glieder nach der Bezeugung zu schliessen nicht der ursprünglichen LXX angehören ($14_{8(2)}$ 23 (17)), lässt hinsichtlich der LXX-Überlieferung auf ein relativ spätes Stadium der Textgeschichte, wahrscheinlich eine hexaplarische und eine von ihr unabhängige lukianische Tradition, mit der die altlateinische zusammengeht, schliessen. Als Sonderfall bleibt der Zusatz in 18_4, wo in La^{123} ein Sekundärstadium gegenüber der hexaplarisch-lukianischen Textform nicht ausgeschlossen werden kann[1].

4. Dieser Tradition von Dubletten, von denen in La^{123} nur das eine (hexaplarisch)-lukianisch bezeugte Glied mitbezeugt ist, das – mit wenigen Ausnahmen, die die Regel bestätigen – der hebräischen Vorlage näher steht als das von den übrigen LXX-Zeugen überlieferte Glied, steht nun aber eine Dublettenüberlieferung gegenüber, deren b e i d e Glieder von La^{123}, sei es als dem einzigen Zeugen, sei es zusammen mit der lukianischen Rezension bezeugt werden, und die auf diese Weise beweist, dass die Textform der Hs. La^{123} ein Stadium der altlateinischen Texttradition darstellt, das nicht als solches, sondern

---

aus ihr übernommen worden wären? Als eine im Sinn der seligen Targumhypothese postulierte besondere Übersetzungsform der ganzen LXX neben vielen anderen, von denen diejenige, welche die von ihren Fehlern befreite masoretische Textform am getreusten wiedergibt, als Grundlage der Korrektur aufgenommen und nur noch in den lukianisch und altlateinisch überlieferten Rezensionselementen erhalten geblichen wäre? Wenn das der Fall ist – die erhalten gebliebene Überlieferung gibt darauf keine Antwort –, dann bliebe auch so und auch dann, wenn diese postulierte Übersetzungsform der LXX gegenüber die ältere wäre, der einzig mögliche und sinnvolle Weg der Rekonstruktion einer ursprünglichen Übersetzungsform die Befreiung der LXX von diesen – möglicherweise älteren – Rezensionselementen. Die dritte Möglichkeit, die Annahme einer kontinuierlichen rezensionellen Überarbeitung einer älteren der masoretisch überlieferten Textform näher stehenden Übersetzungsform nach der der LXX in der christlichen Tradition – sie bleibt mir auch für die altlateinische Überlieferung schwer beweisbar (vgl. FS Bogaert, vor allem S.160-164 mit Anm.29) –, dürfte heute durch die bekannt gewordenen griechischen Übersetzungstexte jüdischer Herkunft widerlegt sein, durch die auf Grund der in ihnen enthaltenen als Rezensionselemente erwiesenen Übereinstimmungen mit der masoretisch überlieferten Textform auch die Ursprünglichkeit der von 𝔐 abweichenden Textform der übrigen LXX-Zeugen erwiesen ist.

[1]) Dass hier in La^{123} neben der teilweisen Übereinstimmung mit der hexaplarisch-lukianischen Textform auch rezensionelle Sondertradition vorliegt, ist auch durch die Wiedergabe des Ausdrucks ἐπὶ βήματος mit *super turrem* nahelegt, die auf die griechische Vorlage επι πυργου, das in LXX allgemein, abgesehen von der Sonderbedeutung in 18_4 auch in Esdr II, überlieferte Äquivalent zu מגדל, schliessen lässt.

nur hinsichtlich in ihm enthaltener Elemente auf eine ursprüngliche Übersetzungsform der Vetus Latina hin befragt werden kann[1].

4.1. Von den eindeutig in diese Kategorie gehörenden Fällen begegnet nur einer innerhalb der syrohexaplarisch mitbezeugten Teile:

18₁₀ μὴ διαπέσητε, ὅτι ἐστὶν ἰσχὺς ἡμῶν] μη δ. οτι η χαρα κυριου αυτη (> 46-64-381-728) εστιν (+ η 46) ισχυς ημων Syh (vid) b 119 Ald Compl: cf 𝔐; μη λυπεισθε (λυπησθε 19*-93) οτι η (> 93) ευφροσυνη κυριου εστιν η ισχυς υμων (ημων 19-93) L = 𝔐; *nolite contristari quia iucunditas dī ē et ne decidatis de fortitudine uram* (sic) La[123₂]. Sowohl die Sonderform einer Dublette, in der nur ein Begriff, χαρα oder ευφροσυνη, als alternatives Äquivalent für das zu Grunde liegende חדוה als in beiden Fällen sekundäres Dublettenglied dem sonst dem ursprünglichen Übersetzungstext angehörenden Satzteil ὅτι ἐστὶν ἰσχὺς ἡμῶν eingegliedert ist – λυπεισθε für ursprüngliches διαπέσητε ist lediglich lukianischer und altlateinischer Wechsel der Äquivalenz, textgeschichtlich nur darum bedeutsam, weil sich das syrohexaplarische als mit dem ursprünglichen Äquivalent identisch nachweisen lässt[3] –, als auch die für die Unterscheidung zwischen hexaplarischer und lukianischer Rezension nicht verwendbare Verteilung der Äquivalenz als ganzer[4], in der die altlateinische Textform mit dem Verständnis des Ausdrucks מָעֻזְּכֶם als präpositionale Formulierung מְעֻזְכֶם noch eine Sonderstellung einnimmt, lässt für den erhaltenen Stand der Überlieferung nur noch ein nachlukianisches Stadium der Texttransformation vermuten, in der das altlateinische die letzte, ihrerseits aber wahrscheinlich auf verlorener griechischer Überlieferung beruhende Stufe einnimmt.

---

[1]) Das gilt sicher hinsichtlich der textgeschichtlichen Einordnung der altlateinischen Textform in die Tradition der LXX; denn Dublettenüberlieferung im ursprünglichen Übersetzungstext der LXX gibt es höchstens in schon auf die hebräische Vorlage zurückgehenden Sonderfällen verderbt überlieferter Stellen, zu denen die altlateinische Überlieferung beider Dublettenglieder nicht gehört. Die Frage, ob die Sekundärübersetzung der Vetus Latina auch in ihrer ursprünglichen Textform zweigliedrige Dubletten überliefert, das bedeutet als ihre griechische Vorlage ein sekundäres Stadium der Textgeschichte der LXX voraussetzen kann (vgl. FS Frede-Thiele S.48f. und FS Bogaert S.148f. mit Anm.8), ist für das vorliegende Problem der Einordnung der altlateinischen Überlieferung in die Textgeschichte der LXX nur insofern von Bedeutung, als ihre Bejahung als Kriterium eines sekundären Stadiums innerhalb der Koordinaten dieser Einordnung postuliert werden könnte.

[2]) Vgl. S.200 und FS Frede-Thiele S.53.

[3]) διαπίπτειν (Syh תתנפלון) ist als Äquivalent in LXX singulär, λυπεῖν mit Gen 45₅ Reg II 19₂(₃) in LXX verankert.

[4]) Ob Syh mit חדוה χαρα oder ευφροσυνη voraussetzt, lässt sich, obwohl das Wort in v.12 und 17 für ευφροσυνη steht (vgl. S.200), nicht sicher beantworten, da χαρα in Esdr II nicht überliefert, ein Übersetzungsprinzip darum nicht verifizierbar ist. Das gilt zwar, obwohl *iucunditas* in Esdr II abgesehen von 3₁₂ *(gaudium)* hier überall für ευφροσυνη steht, auch für die Äquivalenz *iucunditas* - ευφροσυνη in La[123], wo aber die Übereinstimmung mit L auch durch die Übereinstimmung der Äquivalenz *nolite contristari* mit μη λυπεισθε gestützt ist.

4.2. Innerhalb der syrohexaplarisch nicht mitbezeugten Teile von Esdr II geht es zuerst um eine Doublettenüberlieferung, die La^{123} gemeinsam mit der lukianischen Rezension bezeugt.

Es sind zunächst zwei Fälle, in denen sich die beiden Dublettenglieder inhaltlich oder formal so stark voneinander unterscheiden, dass es offen bleiben muss, ob der Textbearbeiter das von ihm eingefügte Textelement als Dublette zu einem Ausdruck des ihm vorliegenden älteren LXX-Textes verstand, oder nur als Zusatz nach der hebräischen Vorlage. In beiden Fällen ist hinsichtlich der Frage nach der ursprünglichen Textform der LXX sein sekundärer Charakter eindeutig, während in einer griechischen Vorlage der altlateinischen Übersetzung ein rezensioneller Zusatz, der nicht als Dublette verstanden ist, nicht ausgeschlossen werden kann:

6₉ ὃ ἐὰν αἰτήσωσιν] pr απαραλλακτως (sine intmissione et La) L La^{123} Arm (sim) Compl^{1}. Die ursprüngliche Übersetzung der LXX setzt als aramäische Vorlage די־שאלו an Stelle von די־לא שלו voraus. Der Zusatz απαραλλακτως, der auch La^{123} zu Grunde liegt, ist, obwohl als Äquivalent anderwärts in LXX nicht nachgewiesen^{2}, ein textentsprechendes Äquivalent für den masoretischen Text, das der Wiedergabe des entsprechenden Ausdrucks in Esdr I (6₂₉) nahesteht: ἀναμφισβητήτως ^{3}. Dass La^{123} hinsichtlich des Begriffs שלו lukianischer Tradition verpflichtet ist, zeigt das Zusammengehen beider Zeugen in einer Textänderung auch an der andern Stelle, an der שלו in Esdr II überliefert ist: παρα λογον (sine ratione La) L' La^{123} Compl für ἄνεσιν (4₂₂)^{4}.

7₂₆ ἐάν τε εἰς παιδείαν] aut in corruptionē aut in aeradicationē eius La^{123} ; η (pr εαν τε Compl ; > 93) εκριζωσαι αυτον (> 19) η παιδευσαι L Compl^{5}. Die nominale Formulierung der beiden Begriffe in La^{123} ist, da sie mit der aramäischen Vorlage überein-

---

^{1}) Vgl. S.132f. und 148.
^{2}) In ähnlichem Zusammenhang, aber nicht in Übersetzungsgriechisch noch Est B3.
^{3}) Auch hier setzt La^{C} (mitsamt La^{123} Esdr I) die – hier einhellig überlieferte – griechische Vorlage voraus: sine dubio, während La^{V} mit der Übersetzung sine ulla dilatione vielleicht auf den Begriff zurückgeht, mit welchem שלו an der andern Stelle seines Vorkommens in Esdr II, 4₂₂, übersetzt wird: ἄνεσις.
^{4}) Die je verschiedene Äquivalenz im ursprünglichen Übersetzungstext der LXX an den beiden Stellen des Vorkommens von שלו in Esdr II dürfte daher zu erklären sein, dass dem Übersetzer keine Tradition der Äquivalenz vorlag. Was die altlateinische Äquivalenz zur griechischen der LXX und der lukianischen Rezension anbelangt, ist nur die Übereinstimmung von La^{123} mit L in Esdr II 6₉ (απαραλλακτως: sine intermissione), in Esdr II 4₂₂ (παρα λογον: sine ratione), und in den Parallelstellen von Esdr I in 6₂₉ (= II 6₉) von La^{C} (mit La^{123} Esdr I) mit einhellig überlieferter LXX (ἀναμφισβητήτως: sine dubio) gesichert, während die Äquivalenz von La^{V} in Esdr I 6₂₉ (vgl. oben Anm.3) offen bleiben muss. Die Äquivalente ne quid ultra haec in La^{V} und ne quid aliter in La^{C} (mit La^{123} Esdr I) Esdr I 2₂₄ (= II 4₂₂) haben nichts mit lukianischem παρα λογον in Esdr II 4₂₂ und απαραλλακτως in 6₉ zu tun; sie sind, wie der einhellig überlieferte Text der LXX, ὅπως μηδὲν παρὰ ταῦτα γένηται, beweist, da sonst ein Äquivalent für diesen Ausdruck fehlte, auf על־דנה zurückzuführen, während das Nomen שלו als negierte Konjunktion ש־לא verstanden ist (vgl. 132 Anm.3 und S.148).
^{5}) Vgl. S.102 und 145 mit Anm.2.

stimmt, nicht als Übersetzung der verbalen Formulierung in *L* zu erklären, sondern auf eine 𝔐 und dem ursprünglichen Text der LXX näher stehende griechische Vorlage zurückzuführen, in der zu ursprünglichem εἰς παιδείαν – *corruptionem* ist Verschreibung für *correptionem*[1] – wahrscheinlich η εις εκριζωσιν αυτου[2] hinzugefügt war. Die Äquivalenz von παιδεία mit einer Bildung von שרש ist in LXX anderwärts nicht nachgewiesen, aber hier auf Grund der Wortfolge gesichert und von der Grundbedeutung „Wurzel schlagen, wachsen" her erklärbar. Der je verschieden formulierte altlateinische und lukianische Zusatz deutet den Begriff aber – entsprechend der hebräischen Vorlage – im entgegengesetzten Sinn der Entwurzelung: Vernichtung oder Verbannung[3]. Die 𝔐 näher stehende nominale Formulierung in La¹²³ lässt auf eine Vorstufe der lukianischen schliessen.

Zwei von der (hexaplarisch)-lukianischen und der altlateinischen Tradition von Hs. La¹²³ gemeinsam überlieferte Textelemente sind eindeutig Dubletten mit je verschiedenem Verständnis der einen und gleichen hebräischen Textgrundlage und damit Zeugen für eine sekundäre Stufe auch innerhalb der altlateinischen Texttradition:

9₁₃ ὅτι οὐκ ἔστιν ὡς ὁ θεὸς ἡμῶν, ὅτι ἐκούφισας ἡμῶν τὰς ἀνομίας] οτι συ ο θεος ημων εκουφισας ημων τας ανομιας Aeth⁻ᴮ (sim) Compl = 𝔐 (כי אתה אלהינו חשכת למטה מעוננו); οτι συ ο θ̅ς̅ ημων κατεπαυσας το σκηπτρον (σκηπτον 121) ημων δια τας αμαρτιας ημων και (> S⁽ᶜ⁾) ουκ εστιν ως συ (sic S^c1; restituit ο θεος ημων S^c2) οτι εκουφισας τας ανομιας ημων (ημων τ. ανομιας S⁽ᶜ⁾) S^c-*L'*; *quia tu d̅s̅ n̅r̅ cessare fecisti scriptū propter peccatū n̅r̅m et non est sic̅ d̅s̅ n̅r̅ quia revelasti delicta n̅r̅a* La¹²³⁴. Die Textform von La¹²³ stimmt abgesehen von zwei Verschreibungen – *scriptum* steht für *sceptrum* und *revelasti* für *relevasti*[5] – und mit Ausnahme von zwei stärkeren Angleichungen an 𝔐 – im ersten Duplettenglied wird das Pronomen ημων weggelassen und steht an Stelle des Plurals der Singular *peccatum nostrum* – genau mit der hexaplarisch (?)⁶- lukianisch überlieferten Dublette überein. Während die erste der mit ὅτι eingeleiteten Aussagen des ursprünglichen LXX-Textes nur auf einer von 𝔐 abweichenden Vorlage beruhen kann, כי אין

---

[1]) Als Äquivalent für παιδεία z.B. in Mac II 6₁₂ La^LXV.

[2]) ἐκρίζωσις ist bis jetzt weder in LXX noch in der älteren ausserbiblischen Gräzität, wohl aber in der frühen kirchlichen Literatur nachgewiesen, zuerst bei Origenes: hom 1.9 in Ier; ein Argument für hexaplarische Herkunft der nur altlateinisch überlieferten Form? 𝔙 interpretiert „Entwurzelung" als „Verbannung": *exilium*.

[3]) So auch in der Parallelstelle Esdr I 8₂₄: τιμωρίᾳ (*cruciatu* La^V; *tormentis* La^C (mitsamt La¹²³ Esdr I); ατιμια *L*!); ἐκριζοῦν (B-Text) und τιμωρεῖν begegnen als die beiden Äquivalente für שרש in den beiden Übersetzungen an der wahrscheinlich verderbten Stelle Iud 5₁₄.

[4]) Vgl. S.201 und 206.

[5]) *relevare* ist das mehrfach bezeugte Äquivalent für κουφίζειν in LXX, sowohl in 𝔙 als auch in Vetus Latina (Reg I 6₅ Reg III 12₁₀). Die Metathese *revelare* begegnet oft als Variante, so auch an der Parallelstelle von Esdr I 8₈₃ in La^C (auch hier mit La¹²³ Esdr I). Wichtiger als die gemeinsam bezeugte Metathese ist die gemeinsam bezeugte Äquivalenz.

[6]) Zu den nicht für hexaplarische Herkunft der von S^c mitbezeugten lukianischen Dublette sprechenden Argumenten vgl. hinsichtlich der Wortäquivalenz S.201, hinsichtlich der syntaktischen Einordnung S.206.

כאלהינו¹, handelt es sich bei den in der altlateinischen und der „hexaplarisch"-lukianischen Tradition dieser Aussage vorangestellten und angefügten Textteilen um zwei Dublettenglieder, die die masoretische Vorlage כי אתה אלהינו חשכת למטה מעוננו wiedergeben², das eine mit der Textform der LXX übereinstimmend – κουφίζειν ist als Äquivalent für חשׂך auch asterisiert in Iob 21₃₀ nachgewiesen³; der Ausdruck למטה bedurfte richtig adverbial verstanden („nach unten") keiner Übersetzung –, das andere auf Grund der Vokalisierung לְמַטֵּה umdeutend: „du hast unserem Szepter (d.h. unserer Königsherrschaft) ein Ende gesetzt um unserer Sünden willen". Die Herkunft dieser nur altlateinisch-„hexaplarisch"-lukianisch überlieferten Textform lässt sich auf Grund der Wortäquivalenz nicht aufhellen⁴, doch ist ihr sekundärer Charakter, vor allem weil sie, trotz der unrichtigen Interpretation, durch die Wiedergabe von למטה 𝔐 formal näher steht als dem anderen Dublettenglied, wahrscheinlich.

15₁₈ ἐν πᾶσιν οἶνος τῷ πλήθει · καὶ σὺν τούτοις] οινον (pr *dedi* Got) παντι τω πληθει (+ *et* Got) παντι τω λαω και προς τουτοις L Got; *uniuersae multitudini et poplo dabatur similiter* La¹²³⁵: Die altlateinisch und lukianisch überlieferte Dublette (και παντι) τω λαω beruht auf einer von 𝔐 abweichenden Vokalisierung des Ausdrucks וְעַם־זֶה: עַם, dessen richtige Übersetzung in LXX von L leicht abgewandelt erscheint, και προς τουτοις, während die griechische Vorlage von La¹²³ (*similiter*) sowohl die lukianische als auch die Textform der LXX sein kann. Aus der Textform der hebräischen Vorlage, בכל־יין להרבה ועם־זה, folgt, dass in die griechisch- und gotisch-lukianische und in die altlateinische Dublettenüberlieferung, um sie syntaktisch dem Satz einzupassen, sekundäre Elemente eingedrungen sind, in L und Got die Umstellung von כל (παντι) vor τω πληθει, in L die Tilgung von και, in La¹²³ die Tilgung des Äquivalents für οἶνος – vielleicht auch innerlateinische Verschreibung⁶ –, und in La¹²³ zusammen mit Got der Einschub eines *verbum finitum* (*dabatur, dedi*): da ohne jeden Anhalt in 𝔐 das deutlichste Zeichen einer Spätform.

4.3. Zuletzt begegnet über die in den syrohexaplarisch mitbezeugten Teilen überlieferte Stelle 18₁₀⁷ hinaus eine Dublettenüberlieferung, deren beide Glieder von La¹²³ allein bezeugt sind, während in L entweder die Textform der LXX oder die eine jeweils der von den übrigen LXX-Zeugen gebotenen gegenüberstehende Übersetzungsform überliefert ist. Es ist der überlieferungsgeschichtliche Befund, der hinsichtlich der Textform von La¹²³

---

¹) Eine Transformation von אתה in אין כ ist paläographisch leicht erklärbar.

²) Als sekundäre Elemente, die auf eine syntaktische Harmonisierung der Dublettenglieder zurückzuführen sein dürften, sind die Ersetzung des Ausdrucks ως ο θεος ημων durch ως συ (motiviert durch אתה in 𝔐?), den der zweite Korrektor von S wieder nach LXX korrigiert, und die parataktische Verbindung der beiden Dublettenglieder mit και (das in Sᶜ nicht überliefert ist) zu erklären.

³) Zur Äquivalenz und zum Verhältnis zum Paralleltext von Esdr I s. S.201 Anm.4.

⁴) Die Belege s.S.201.

⁵) Vgl. S.172.

⁶) Vor *uniu(ersae)* ist Ausfall von *uinū* nahezu Haplographie.

⁷) Vgl. S.247.

ein nachhexaplarisches Stadium der Textgeschichte in der altlateinischen Tradition am stärksten nahelegt:

Von geringer Beweiskraft sind zwei Fälle, wo in La[123] ein Begriff sowohl als nomen proprium transkribiert als auch als appellativum übersetzt erscheint; denn hier bleibt es offen, ob es sich um eigentliche Dubletten, oder um Glossenüberlieferung handelt, die textgeschichtlich schwer einzuordnen ist. Immerhin zeigen beide Fälle Berührung mit älterer Tradition:

1₈ Γαρβαρηνοῦ] γασβαρηνου 55 Aeth^-A (sim) Sixt Grabe Ra.; τασβαρηνου B; γαμβραιου 19'; γανζαβραιου 93; γαζβαρεου Compl; *custodis thesauri* Arm; *gasbarael custodis uerarii* La[123]¹. Das hier von Arm selbständig und von La[123] neben der Transkription bezeugte appellative Verständnis von הגזבר entspricht der Parallelstelle in Esdr I (2₁₀): τῷ...γαζοφύλακι, wo es einhellig überliefert ist. Für Herkunft aus griechischer Vorlage in La[123], nicht aus der lateinischen von Esdr I spricht, dass die Übersetzungsäquivalente verschieden sind: *qui erat super thesauros* La^V La^C (mit La[123] Esdr I); *preposito thesaurorum* An gen^L.

12₁₅ ἤμην ἐν πύλῃ τῆς φάραγγος καὶ ἐπέστρεψα] *reversus sum p̄ portā convalles gae* La[123]; + και διηλθον δια της πυλης γαι L' ². Als Grundlage der altlateinisch-lukianischen Überlieferung ist zwar noch die bestbezeugte Kategorie von Dublettenüberlieferung wiederzuerkennen, nach der La[123] das lukianisch neben der Textform der LXX überlieferte Dublettenglied bezeugt, das der masoretisch überlieferten Vorlage, ואשוב ואבוא בשער הגיא ואשוב, näher steht als die ältere Übersetzung der LXX³ – sowohl in La[123] als auch L' erscheint aus diesem Grund das verbum finitum ἤμην durch das dem Doppelausdruck ואשוב ואבוא näher stehende Äquivalent ersetzt –; aber abgesehen von dieser Übereinstimmung entfernen sich La[123] und L' von der masoretischen Vorlage durch das Fehlen der Wiederholung des Ausdrucks ואשוב am Schluss, fehlt in La[123], wie in der ursprünglichen Textform der LXX, das Äquivalent für ואבוא, und bezeugt La[123] allein die Doppelüberlieferung des Verständnisses von הגיא als appellativum bei den ausserlukianischen Zeugen der LXX (τῆς φάραγγος) und als transkribiertes nomen proprium im lukianischen Dublettenglied (γαι) als eine Art von „Sonderdublette" oder Glosse in der Form, dass der transkribierte Name durch das appellativum erklärt wird: *convalles gae*: „das Tal Gai"⁴.

---

¹) Zur Textherstellung der Transkription vgl. „Der ursprüngliche Text" 5.1.1., S.340. In La[123] ist *gasbarael* am besten als innerlateinische Verschreibung von *i* in *l* zu erklären: *gasbaraei* käme der in Hs. 93 bewahrten lukianischen Transkription nahe; *uerarii* ist Verschreibung von *aerarii*, so auch in 5₁₄ und 6₁.

²) Vgl. S.118 und 155.

³) Vgl. S.227-239.

⁴) Wie weit durch die syntaktische Zuordnung innerhalb der l u k i a n i s c h e n Überlieferung, die die Asterisierung nicht mehr kennt, die ursprüngliche, hexaplarische Bedeutung der Dublette: je verschiedene Übersetzungsform der einen und gleichen Aussage, sich dadurch als beibehalten erweisen lässt, dass L nicht nur, wie hier, die φάραγξ und γαι unterscheidende Dublette, sondern auch die Ersetzung des Ausdrucks πυλη φαραγγος durch πυλη (της) γαι bezeugt (13₁₃; vgl. S.155), ob nicht trotzdem nach lukianischer Intention die Überlieferung in

Es ist eine Form der Überlieferung, deren sekundärer Charakter auch der lukianischen gegenüber nahe liegt: altlateinische Glossentradition?[1].

Fünf weitere Fälle zeigen den Dublettencharakter der von La[123] als einzigem Zeugen überlieferten altlateinischen Tradition noch deutlicher:

In zwei Fällen sind die beiden Bedeutungen eines Begriffs, die in LXX und in der lukianischen Rezension mit je verschiedenen, in älterer Übersetzungstradition verankerten Äquivalenten wiedergegeben sind, in La[123] durch die Zuordnung beider Begriffe in einer Genitivkonstruktion überliefert:

9 13 σωτηρίαν] υπολειμμα L; *reliquiar̄ salutis* La[123 2]. Die altlateinische Textform muss als Kombination des lukianischen und des LXX-Äquivalents für פליטה der Vorlage erklärt werden, nicht von dem Doppelausdruck שארית ופליטה in v. 14 her, da La[123] dort für die Übersetzung der LXX, ἐγκατάλειμμα (υπολειμμα L) καὶ διασῳζόμενον (ανασωζομενον L), eine andere, nicht mehr eindeutig auf ihre griechische Vorlage hin verifizierbare Übersetzungsform überliefert: *reliquiarium et evadens*. Auf die zweifache Äquivalenz mit פליטה und damit auf eine Dublette in L geht demnach auch die Überlieferung in v. 15 zurück: διασῳζόμενοι] *reliquiarium* La[123]; pr υπολειμμα και L. Das in v. 13 altlateinisch, in v. 15 lukianisch als Dublette neben dem von den übrigen LXX-Zeugen überlieferten Übersetzungswort σωτηρία bzw. διασῳζόμενοι bezeugte Äquivalent υπολειμμα aber ist das der Tradition nach dem hebräischen Grundwort פליטה ferner stehende, das auf sekundäre Überarbeitung zurückzuführen ist[3].

---

der Form der Dublette als zwei einander ergänzende Aussagen verstanden werden kann: „ich war beim Taltor angelangt, kehrte um und durchschritt das Tor Gai", wird offen bleiben müssen; sicher ist dass sich an diesem Punkt hexaplarische und lukianische Weise der rezensionellen Bewahrung von Überlieferung zu unterscheiden beginnt.

[1]) Die Verteilung auf die Transkription (την πυλην) γαι (*gae* La) in L La[123], auf das appellative Verständnis (την πύλην) τῆς φάραγγος bei den übrigen Zeugen ist in 13 13 überliefert. In 12 13 ist הגיא לילה in LXX als ein nomen proprium missverstanden und transkribiert, γωηλά, was auch in L und La[123] (*goela*) nicht korrigiert wird (nur Arm bezeugt *vallis*, Compl γαι), obwohl S[c1] (restituit S[c2]) -L Aeth[-B] mit Compl – auch dies als eine Art von Dublette –, nicht La[123], νυκτος ergänzen. In Par II 26 9 fügt nur L zur appellativen Übersetzung der LXX, τῆς φάραγγος, die auch von La[109] (*convallis*) bezeugt wird, die Transkription von הגיא (hier αγγαι) hinzu, aber wiederum wie in Esdr II 12 15 in Form einer Dublette, durch die an die Stelle der ursprünglichen Übersetzungsform ἐπὶ τὴν πύλην τῆς φάραγγος καὶ ἐπὶ τῶν γωνιῶν (על־שער הגיא ועל־המקצוע) der Ausdruck επι την πυλην αγγαι και επι των γωνιων της φαραγγος tritt. Dass die unmittelbare Zuordnung der Transkription γαι zum appellativum φάραγξ nur altlateinisch überliefert ist, bestärkt die Vermutung der Beeinflussung altlateinischer Textformen durch die Glossentradition.

[2]) Vgl. S.119, 189, 221, 232.

[3]) Dass sowohl die Dublettenüberlieferung als auch die Ersetzung bei den Äquivalenten aus Bildungen von σῴζειν und λείπειν für die Stämme פלט und שאר einerseits rein lukianisch, andererseits rein altlateinisch überliefert sein können: die Dublette rein altlateinisch, die Ersetzung lukianisch in 9 13, die Dublette rein lukianisch, die Ersetzung altlateinisch in 9 15 (vgl. S.232), ist auch dann ein Indiz einer beiden Textformen gemeinsamen späten Überlieferungsstufe, wenn diese Rezensionselemente nicht als Dubletten, sondern als Analogie an

15₁₈ βαρεῖα ἡ δουλεία] ἐβαρύνθη τὸ ἔργον L Got (sim); *grave ē opus istius servitutis* La¹²³. Die beiden in La¹²³ als Dubletten einander zugeordneten Äquivalente für הָעֲבֹדָה sind in alter LXX-Übersetzungstradition gut verankert. Das Äquivalent δουλεία, das auch für Aquila das für עבד allein bezeugte ist¹, ist dadurch als das in Esdr II ursprüngliche erwiesen, dass es hier für dieses Grundwort konsequent verwendet wird: 8₂₀ 13₅ 20₃₂₍₃₃₎² 37₍₃₈₎. Das je verschiedene Verständnis der Wortform כָּבְדָה, als verbum finitum in *L*, als Adjektiv in LXX, auf das auch der Nominalsatz *grave est* in La¹²³ zurückzugehen scheint, ist, da sie die gleiche masoretische Vokalisierung voraussetzt, nicht als Angleichung an die masoretische Textform durch *L* zu bestimmen, wohl aber als ihre richtige – von La¹²³ nicht berücksichtigte – Interpretation.

Die altlateinisch überlieferte syntaktische Einordnung der Dublette in das Satzganze erscheint in diesen beiden Fällen nicht als ursprünglich durch Asterisierung gekennzeichnete Alternative, sondern als Interpretament, *opus istius servitutis* in 15₁₈: das dem Volk aufgetragene Werk als Knechtschaft, *reliquiarium salutis* in 9₁₃ in Vorwegnahme der Aussage von v.15: die Israel von Gott zuteil gewordene Rettung als Rettung eines Restes.

In zwei Fällen geht die nur in La¹²³ mit beiden Gliedern bezeugte Dublettenüberlieferung auf eine je verschiedene hebräische Vorlage im LXX-Text, in der lukianischen Rezension und in der altlateinischen Tradition zurück:

12₁₆ τοῖς ἐντίμοις] τοῖς λευίταις *L*; *levitis honoratis* La¹²³³. Eine frühe Umformulierung von masoretisch überliefertem לַחֹרִים in לַלְוִיִּם ist nach vorangehendem לַכֹּהֲנִים, sei es als absichtliche Konjektur, sei es als unbewusste Transformation, leicht erklärbar. Erst La¹²³ beweist, dass die von 𝔐 abweichende Textform, die *L* überliefert, in einem Stadium der griechischen Textgeschichte als Dublette überliefert war: eine dem lukianischen Rezensionsprinzip entsprechende Tradition, die in der griechisch erhaltenen verloren gegangen ist? Dass La¹²³ an diesem Punkt griechische Sondertradition bewahrt, die in die gleiche Richtung weist, zeigt sich auch in seiner Überlieferung der Äquivalente zum Grundwort חֹר. Die der Übersetzung von Esdr II eigentümliche Äquivalenz mit ἔντιμος wird an einer einzigen Stelle nach einhelliger Überlieferung durch das Äquivalent ersetzt, das, mit einer einzigen Ausnahme in den übrigen Büchern der LXX, auch für die drei

---

Stellen, die nach hebräischer Vorlage ursprünglich beide Begriffe einander zugeordnet überliefern, zu erklären wären. Die Untersuchung von verschiedenen Aspekten her (S.252 Anm.2), nach vorgegebener Wortäquivalenz, nach hexaplarischer und nach altlateinischer Tradition im Verhältnis zur lukianischen und nach je verschiedener Wortbildung, hat in dieser Hinsicht zu keinem sicheren Ergebnis geführt. Die Freiheit der Wahl der lukianischen Äquivalente, durch die vorgegebene Tradition der Äquivalenz durch andere Regeln der Rezension relativiert sein dürfte, zeigt z.B. die der lukianischen Äquivalenz in 9₁₃ entgegenstehende in Par I 4₄₃ אֶת־שְׁאֵרִית הַפְּלֵטָה: τοὺς καταλειφθέντας τοὺς καταλοίπους] τὸ κατάλειμμα τὸ διασωθέν *L*.

¹) Vgl. S.92.
²) λατρείαν *L*; vgl. S.101.
³) Vgl. S.174.

jüngeren Übersetzungen und die hexaplarische Rezension überliefert ist[1]: ἐλεύθερος (*liber* La[123]) in Esdr II 23₁₇, und darum auch besser der lukianischen Wortäquivalenz entspräche. La[123] setzt mit der aus folgendem βιβλίον zu erklärenden Verschreibung *librum* das Äquivalent *liberos* (= ελευθρους) für ἐντίμους, für das die ältere altlateinische Textform La[125] mit *honorosos* eintritt[2], auch in 17₅ voraus.

19₁₇ Αἰγύπτῳ] + *et in provocationem suam* La[123] = 𝔐 (במרים). Da die Aussage als bewusste Anspielung an Num 14₄, נשובה מצרימה, zu verstehen ist, muss die von 𝔐 abweichende Vorlage der LXX במצרים sowohl für die hebräische Tradition – auch wenige masoretische Hss. zeugen dafür[3] – als auch für die griechische als die ursprüngliche gewertet werden. La[123] ist mit der Dublette der einzige Zeuge für die Existenz der bestbezeugten masoretischen Textform auch in der Textgeschichte der LXX[4].

Im letzten der hier einzuordnenden Fälle muss das eine Glied der nur in La[123] überlieferten beiden Dublettenglieder jenem vor allem der lukianischen Rezension eigentümlichen Charakter der Korrektur zugeordnet werden, nach welchem die Intention, die Text-

---

[1]) Die Ausnahme: in Is 34₁₂ ἄρχοντες, mit ἐλεύθεροι für α' σ' θ'. Die ursprüngliche und einhellige Äquivalenz mit ἐλεύθερος: in Reg III 20(21)₈ und ₁₁ (deest B) Eccl 10₁₇ Sir 10₂₅, hexaplarisch-lukianisch im asterisierten Zusatz in Ier 46(39)₆ (mit Bezeugung auch für θ', εὐγενεῖς α') und in gleicher Weise (mit Bezeugung auch für θ') 34(27)₁₇(₂₀).

[2]) Vgl. FS Frede-Thiele S.62f. und FS Bogaert.

[3]) Nach Kennicott die codices 259, 590, 207*, 476* 535 (forte), davon cod590 = Wien, Hofbibliothek 4 nach seinem Urteil (Dissertatio generalis §49, S.21) „manuscriptus praestantissimus" aus dem Anfang des 9.Jh.s.

[4]) Das dem Ausdruck *in provocationem* zu Grunde liegende griechische Äquivalent lässt sich nicht mit Sicherheit verifizieren. Textgeschichtlich am nächsten läge die Bildung, die in LXX als häufigstes und auch von den jüngeren Übersetzungen übernommenes Äquivalent für Bildungen aus dem Stamm מרה erscheint: für das Verbum παραπικραίνειν, für das Nomen παραπικρασμός (so α' für מרי in Reg I 15₂₃, σ' für מר in 7₁₁; die Bildung des Adjektivs aus dem Stamm מרר mit nur einem ר dürfte in der Tradition der LXX die Vermischung der Äquivalenzen für die Stämme מרה (מרי) und מרר (מר) verursacht haben, vgl. S.30 Anm.2 und S.261f. Dafür spricht die lukianische Äquivalenz an der einzigen Stelle, an der der Stamm מרה in Esdr II noch überliefert ist: 19₂₆, im verbum finitum וימרו, das LXX fälschlich vom Stamm מור ableitet: (καὶ) ἤλλαξαν παρεπικραναν L. Dass La[123] an dieser Stelle mit *inamaricaverunt* die Identität mit dem lukianischen Äquivalent eindeutig macht, ist angesichts der in La[123] mehrfach festgestellten Freiheit in der Wahl der Äquivalente kein Argument gegen die gleiche lukianisch-altlateinische Äquivalenz auch in v.17, ein Argument dafür aber ist das Äquivalent, das die mehrfach von dem über die lukianische Rezension in die Textgeschichte der LXX eingegangenen Wortgebrauch der jüngeren Übersetzungen zehrende Übersetzung der Vulgata in v.26 für den Ausdruck בך ... וימרו überliefert: *provocaverunt autem te ad iracundiam*. Bedeutungsgeschichtlich wird für das Äquivalent *provocare* wie für das synonyme *inritare*, das La[125] an dieser Stelle überliefert, letztlich zwar die Herkunft von jenen Äquivalenten der LXX postuliert werden müssen, die semantisch dem mit מרר noch unvermischten Stamm מרה entsprechen – die nächste Berührung dürfte bei ἐρίζειν (Reg I 12₁₄ 15), ἐρεθίζειν (Deut 14₃), παροξύνειν (Num 20₂₄) zu finden sein, ferner liegt das meist überlieferte Äquivalent ἀπειθεῖν –, doch verbietet es der textgeschichtliche Befund, die semantische Unterscheidung bis auf die Übersetzungen und Rezensionen zurückzuführen (vgl. S.10 Anm.1).

form der hebräischen Vorlage korrekt wiederzugeben, verbunden ist mit der genuin lukianischen Tendenz stilistischer Glättung:

10₁ ἔκλαυσεν ὁ λαὸς καὶ ὕψωσεν κλαίων] κλαυθμω μεγαλω εκλαυσεν ο λαος *L* Aeth Compl; *plorationū magna ppīs ploravit et elat' ē flens ante dn̄m* La¹²³₁. Die altlateinische Textform der beiden Dublettenglieder beruht dort, wo sie von der der LXX und der der lukianischen Rezension abweicht, teilweise auf Verschreibung – *plorationū* ist in *ploratione* zu korrigieren –, teilweise auf wahrscheinlich innerlateinischer stilistischer Verdeutlichung – die übersetzungstechnisch bedingte Schwerverständlichkeit der LXX-Übersetzung des Ausdrucks הרבה בכה: ὕψωσεν κλαίων wird mit der Formulierung *elatus est flens ante dominum* interpretiert –; als griechische Vorlage von La¹²³ ist darum die Nebenordnung der lukianischen Übersetzungsform und der der LXX als Dubletten anzunehmen. Die lukianische Textform steht aber sowohl hinsichtlich der Wortfolge als auch hinsichtlich der Formulierung in der figura etymologica κλαυθμω μεγαλω εκλαυσεν der hebräischen Vorlage von 𝔐 ferner als die von den übrigen Zeugen überlieferte Form der LXX – als Korrektur nach 𝔐 kann nur die Ersetzung des Äquivalents für הרבה: ὕψωσεν, durch μεγαλω bestimmt werden –; Die Kombination beider Textformen durch La ist darum ein Indiz für die Übernahme genuin lukianischen – späten – Gutes in die altlateinische Tradition².

Die gesamte Dublettenüberlieferung, in welcher beide Glieder in der Hs. La¹²³, sei es in ihr allein, sei es zusammen mit der lukianischen Rezension, überliefert sind, zeigt bei aller Differenzierung eines deutlich: In der Textform von La¹²³ sind Traditionselemente vereinigt, die auf eine griechische Vorlage schliessen lassen, welche einem Stadium der Textgeschichte der LXX angehört, das nicht mehr als die Grundlage der ursprünglichen altlateinischen Übersetzung bestimmt werden kann. Diese Überlieferung zeigt aber auch das andere deutlich: Es geht in dieser altlateinischen Textform um Elemente, nach deren Alter bzw. Ursprünglichkeit sowohl hinsichtlich des LXX- als auch hinsichtlich des altlateinischen Textes in jedem Einzelfall gefragt werden muss. Wir bestimmen diese Textform vorsichtig als ein Stadium der lukianischen Rezension, deren sowohl vorlukianische als auch genuin lukianische Elemente einerseits in starkem Masse mit denjenigen der griechischen lukianischen Zeugen übereinstimmen, anderseits aber oft in der Richtung

---

¹) Vgl. S.31f. mit Anm.2.

²) Ähnlich wie die Form des altlateinisch-lukianischen Dublettengliedes, aber unter Beibehaltung der Wortfolge übersetzt 𝔙: *flevit populus multo fletu*. Wenn die stereotype Wendung auch in der Parallelstelle von Esdr I 8₈₈, aber in einer leicht abweichenden Satzkonstruktion erscheint: κλαυθμὸς γὰρ ἦν μέγας ἐν τῷ πλήθει – auch die beiden lateinischen Übersetzungen stimmen mit dieser griechisch einhellig überlieferten Textform überein: *fletus enim erat magnus in ipsa multitudine* La^V; *fletus enim magnus erat in multitudine* (-nē La¹²³) La^C (mit La¹²³ Esdr I) –, dann ist direkte Abhängigkeit der lukianischen Rezension von der ursprünglichen Textform von Esdr I, da sie an einigen Stellen eindeutig nachweisbar ist (2.1.1.1.1.1., S.32-57), auch hier nicht ausgeschlossen.

255

einer Rückbewegung zur masoretisch überlieferten Textform über das griechisch erhaltene Stadium hinausgehen.

Hinsichtlich des aus dieser altlateinischen Textform erkennbaren Stadiums der g r i e ch i s c h e n Textgeschichte von Esdr II ist ein Sonderfall von Dublettenüberlieferung aufschlussreich: 20₁₃₍₁₄₎ υἱοὶ Βανουαί] υιοι βενιαμιν B' S Aeth^B (sim); *uioi bannina fili beniamin* La^{123}₁. Aus der Übernahme des ältestbezeugten B-S-Textes der LXX, dessen Lesart als Ersetzung eines unbekannten Namens durch einen bekannten als sekundäre Transformation bestimmt werden muss, als Dublette in die altlateinische Tradition folgt, dass die La^{123} vorgegebene griechische Dublettentradition sich nicht auf die Alternative ursprüngliche LXX und Korrektur nach 𝔐 aufteilen lässt, sondern auch hinsichtlich des der alten LXX-Tradition zuzuordnenden Gliedes bereits auf einer Sekundärstufe beruhen kann. Aus dieser Übernahme, der sich einige analoge Fälle zuordnen lassen², folgt aber auch, dass das von der hebräischen Vorlage des 𝔐-Textes abweichende Element, da es vom B-Text überliefert ist, auf einer f r ü h e n Sekundärstufe der griechischen Tradition beruhen muss³.

2.1.1.3.2. Die Textform von La^{123} in ihrem Verhältnis zur übrigen erhaltenen altlateinischen Überlieferung

Die Einordnung der dargestellten altlateinischen Textform, die in La^{123} überliefert ist, in die griechische Tradition der LXX bedarf noch des Vergleichs mit den übrigen erhaltenen Resten altlateinischer Überlieferung, deren wichtigstes Zeugnis in dem Esdr II 16₁₁ *qualis ego* (= οἷος ἐγώ) – 17₆ fin und 19₁₈ *magnas* (= μεγάλους) – 30 *obaudierunt* (= ἐνωτίσαντο) enthaltenden um etwa drei Jahrhunderte älteren Text des codex La^{125} besteht⁴.

---

¹) Vgl. S.176, 219f., 239.

²) Als altlateinisch überlieferte Textformen dieser Art, bei denen in ihren Dublettengliedern als griechische Vorlage sekundäre Textformen vorausgesetzt werden müssen, seien sie in der griechischen Überlieferung verloren gegangen, seien sie erhalten geblieben, wie hier βενιαμιν im B-Text, ist als nur altlateinisch erhaltenes Zwischenglied zu nennen: in 18₁₀ (vgl. S.247) der Ausdruck *de fortitudine*, der auf einer griechischen Textform beruhen muss, in welcher das Präfix מ als Präposition מן verstanden ist: ἐξ ισχυος? Als altlateinisch mitgetragene Textformen dieser Art, die, obwohl von 𝔐 abweichend und sekundär, schon im B-Text überliefert werden, sind zu nennen: 16₁₄ הנביאים ליתר: τοῖς καταλοίποις τῶν προφητῶν (τοις λοιποις προφηταις L)] τοις (> B') κ. των ιερεων (*ceterorum sacerdotum* La) B' S V La^{125} Aeth^B; *ceteris sacerdotibus* La^{123}.

³) Ob La^{123} in dem die in LXX ursprüngliche Namensform βανουναί voraussetzenden Dublettenglied, das schon in der Transkription des Eigennamens *bannina* der LXX gegenüber durch ' an Stelle von ו voraussetzendes *i* eine grössere Annäherung an 𝔐 aufweist, dadurch dass das appellativum υἱοί nicht übersetzt, sondern transkribiert wird, *uioi*, (vgl. FS Frede-Thiele S.51f. Anm.22) auf die Vokalisierung als Eigenname in 𝔐, בְנִי, hinweisen will, lässt sich ohne Nachweis analoger Fälle nicht beantworten.

⁴) Die in FS Frede-Thiele II.2. (S.56f.) besprochenen wenigen altlateinischen Glossen sind für diese Einordnung nur insofern von Bedeutung als sie die in den beiden altlateinischen codices bezeugte Existenz in je verschiedener Weise und Quantität mit lukianisch überliefer-

Wir haben seinen Charakter als eine in geringerem Masse als La^{123} der lukianischen Rezension verwandte Textform bestimmt, in der aber alle ihre charakteristischen Rezensionselemente, die Rückbewegung zur masoretisch überlieferten Textform in der Form selbständig bezeugter oder (hexaplarisch)-lukianisch mitbezeugter Zusätze bzw. Dubletten, auch stilistische Verfeinerungen, überliefert sind¹. Das Ergebnis bedarf hier der Bestätigung sowohl durch weitere Belege beiden altlateinischen Textformen gemeinsamer lukianischer Rezensionselemente als auch durch die Belegstellen, nach denen sich die Textform von La^{125} im Verhältnis zu La^{123} der ursprünglichen Übersetzungsform der LXX näher stehend erweist.

1. Als Ausgangspunkt der Bestimmung der in La^{125} überlieferten Textform als mit La^{123} und den lukianischen Zeugen zusammengehender Träger lukianischer bzw. hexaplarisch-lukianischer Rezensionselemente waren festgestellt²: das von La^{125} zusammen mit 19' als Dublette, von La^{123} mit 93 als Ersetzung mit 𝔐 übereinstimmende Dublettenglied οι ποδες αυτων ουκ ετυλωθησαν in 19₂₁ ³, der von La^{125} allein als Dublette, von L La^{123} Compl als Ersetzung überlieferte nach 𝔐 korrigierte Ausdruck (πολεις) οχυρας ((civitates) munitas La) = 𝔐 ערים בצרות für ursprüngliches ὑψηλάς, dem sich der von L La^{123} Compl und La^{125} gemeinsam überlieferte Zusatz nach 𝔐 (ואדמה שמנה) και γην πιονα (et terram pinguem (plurimam La^{125}) anschliesst, in 19₂₅ ⁴), der von S^c-L La^{123} Aeth^{-B} Compl mitbezeugte Zusatz nach 𝔐 (לא אבוא) ουκ εισελευσομαι (non introibo La^{123} ^{125}) in 16₁₁ ⁵ und 1₄ der von L La^{123} Compl mitbezeugte Zusatz des Pronomens ὁ θεός] + μου (deus meus La), die beiden Rezensionselemente, in denen beide lateinischen Zeugen die lukianische Textform mitbezeugen, aber im einen Fall nur La^{123} konsequent: in 17₅ die Ersetzung des Äquivalents συνοδία (adgregatio La^{125}) durch γενεαλογία (genealogia La^{125} ^{123}) für יחש ⁶, im andern Fall nur La^{123} über L und La^{125} hinaus an 𝔐 angleichend: in 17₃ die Wiedergabe des verbal verstandenen Grundwortes חם in La^{125} L Aeth^B (sim) Arm Got mit ανατειλη (La oriatur), nur in La^{123} mit caleat (nominal mit der Vokalisierung von 𝔐 nur Aeth^{-B}: ardor)⁷, und die La^{125} und La^{123} mit L Got Compl gemeinsame Äquivalenz

---

ten Korrekturen nach 𝔐 durchsetzter Übersetzungen des ursprünglichen Übersetzungstextes der LXX bestätigen.

¹) FS Frede-Thiele; das analoge Verhältnis von La^V zu La^C (mitsamt dem mit dieser Textform identischen in La^{123} erhaltenen Text von Esdr I) in FS Bogaert.
²) FS Frede-Thiele S.54-56, FS Bogaert S.158-160.
³) Vgl. S.235f.
⁴) Vgl. S.19; plurimam ist als Äquivalent von aus πιονα verschriebenem πλειονα zu erklären; vgl. 18₁₀.
⁵) Vgl. S.186.
⁶) Vgl. S.110 Anm.4 und FS Frede-Thiele S.55 Anm.32.
⁷) Das ursprüngliche Äquivalent ἅμα dürfte als phonetische Angleichung an חם erklärt werden, das lukianische von La^{125} mitbezeugte ανατειλη ist mit dieser Äquivalenz in LXX singulär, das in La^{123} überlieferte caleat kann nach Ausweis der Äquivalenz mit חמם nur auf simplex oder compositum des Verbums θερμαίνειν zurückgehen; die analoge Formulierung in

von τα συμφεροντα αυτω (*quae utilia erant ei* (*illi erant* La^{123}) La) gegenüber ursprünglichem τοὺς λόγους αὐτοῦ für טובתי in 16₁₉ [1].

Es kommen zu dieser Kategorie hinzu: die auf *L* zurückgehenden in La^{125} und La^{123} je verschieden wiedergegebenen Zusätze nach 𝔐 in 19₂₃₋₂₄ לבוא לרשת ויבאו הבנים ויירשו את־הארץ: καὶ ἐκληρονόμησαν αὐτήν] του εισελθειν και κληρονομησαι και εισηλθον οι (> Compl) υιοι αυτων και εκληρονομησαν την γην *L* Compl = 𝔐; *et ingressi possiderunt et introierunt filii et possiderunt terram* La^{125}; *introeuntes c̄sequerentur et introirent ipsi et hereditati acceper̃ tr̃am* La^{123} [2] und in 28-29 וכרחמיך רבות עתים: ἐν οἰκτιρμοῖς σου πολλοῖς. (29) καί] εν τοις οικ. σου τοις πολλοις και εν καιρος *L* Compl; *pietatibus multis temporibus et* La^{125}; *m̄ia tua et multis temporibus et* La^{123} [3], 29 והמה הזידו: καί] pr αυτοι δε υπερηφανευσαντο *L'* Arm (sim) Compl ; pr *ipsi autem spreverunt* (mend pro *superbi fuerunt* vel *superbierunt*?) La^{125}; *ipsi autem supbi fuer̃* La^{123} [4], der mit *L* gemeinsame Zusatz εις προσωπον (*per singulas personas* La^{125}) als Äquivalent für den in LXX ausgelassenen ungedeuteten Ausdruck לפאה in 19₂₂ nach αὐτοῖς 2°, der in La^{123} aus dem Grund fehlen dürfte, weil er als Äquivalent von der masoretischen Vorlage her nicht erklärbar ist – am ehesten auf Grund der Konjektur לפנים –[5], und die sowohl LXX als auch *L* gegenüber freie Wiedergabe des Ausdrucks רחבת ידים (העיר) in 17₄ mit dem Äquivalent (*civitas*) *late defusa* gegenüber einfachem (ἡ πόλις) πλατεῖα in LXX (= (*civi-*

Reg I 11₉ בחם השמש lautet nach einhelliger Bezeugung διαθερμα(ι)νοντος του ηλιου. Vgl. S.265.

[1]) Vgl. S.100.
[2]) Vgl. S.19. La^{125} steht mit dem Fehlen des Possessivpronomens nach *filii* 𝔐 am nächsten. Die Abweichung der Verbalformen von 𝔐 und LXX in beiden altlateinischen Übersetzungen sind eher als innerlateinische Transformationen zu erklären, *possiderunt* für κληρονομησαι in La^{125} vom gleichlautenden folgenden Äquivalent für εκληρονομησαν her, *introirent* für εισηλθον in La^{123} von vorangehendem *consequerentur* als Äquivalent für κληρονομησαι her; die ungewohnte Äquivalenz selbst erfordert von folgendem *hereditati acceperunt* her ausgefallenes oder elliptisch zu ergänzendes Akkusativobjekt *heredidatem*; vgl. *pro ea quae hereditatem consequitur* als Äquivalent zu ὑπὲρ τῆς κληρονομούσης für אל־הנחילות in Psalmi iuxta LXX zu Ps 51.
[3]) Vgl. S.19. Die Abweichung der lukianisch überlieferten Textform von 𝔐, die Beziehung des Adjektivs רבות auf כרחמיך statt auf עתים und die Umstellung des adverbialen Ausdrucks עתים an den Anfang des folgenden Satzes, scheint in beiden altlateinischen Übersetzungen, die gegen 𝔐 und LXX das Pronomen σου zu οἰκτιρμοῖς weglassen, im übrigen der masoretisch überlieferten Textform angenähert worden zu sein, in La^{125}, bezieht man *multis* auf *temporibus*, nicht auf *pietatibus*, vollständig, in La^{123} durch Setzung der Kopula *et* sowohl vor als auch nach *multis temporibus* durch Kontamination beider Textformen.
[4]) Vgl. S.19.
[5]) Auch die Äquivalente der auf die masoretische Tradition zurückgehenden Übersetzungen vermitteln keine Erklärung – die wahrscheinlichste bleibt „Randgebiete" (Rudolph S.160) –; Pesch: לחון לריש אנש: „(du gabst ihnen die Reiche der Völker und verteiltest sie) ihnen nach den einzelnen Häuptern"(?), ist Konjektur aus dem Kontext, 𝔙: *sortes*, aus dem Verbum, ותחלקם: *partitus es*, erschlossenes Nomen.

tas) *lata* La^{123}) und sklavischer aber sinnwidriger Äquivalenz in *L*: (η πολις) πλατεια χερσιν ^{1}.

2. Zu den als Belege für das Zusammengehen der Textform von La^{125} mit der ursprünglichen Übersetzungsform der LXX gegenüber der von La^{123} mitbezeugten lukianischen Textform der Korrektur nach 𝔐 als Ausgangspunkt gewählten Stellen^2, der Umstellung in 19₂₇ ἀνεβόησαν πρὸς σέ / ἐν καιρῷ θλίψεως αὐτῶν (*clamaverunt ad te tempore afflicionis suae* La^{125})] tr (*in pressura sua exclamaverunt ad te* La^{123}) *L* La^{123} Aeth (sim) = 𝔐 (בעת צרתם יצעקו אליך), dem Wechsel der Äquivalenz in 28 πάλιν ἀνεβόησαν πρὸς σέ (*iterum clamaverunt* La^{125})] επεστρεφον και επεκαλουντο σε παλιν (*revertebantur et invocabant te* La^{123}) *L* La^{123} = 𝔐 (וישובו ויזעקון)^3, und dem Zusatz in 29 ἡμάρτοσαν (-τον S* 248 Compl); *peccaverunt* La^{125}] ημαρτον εν αυτοις *L*; *deliquerunt in illis* La^{123} = 𝔐 (חטאו־בם)^4, kommen weitere Belege hinzu, bei denen sich die Übereinstimmung von La^{125} mit LXX, von La^{123} mit *L* an einigen Stellen auch dort zeigen kann, wo LXX mit 𝔐 übereinstimmt, *L* aber eine von 𝔐 abweichende Vorlage voraussetzt:

16₁₂ ὅτι ἡ προφητεία λόγος κατ᾽ ἐμοῦ] *quia profetiae huius sermo non erat adversus me* La^{125}; οτι η προφητις ελαησε προς με *L*; *quia quasi propheta locutus ē ad me* La^{123}. Trotz ihrer Sonderlesarten, die auf griechischer oder auf lateinischer Transformation beruhen können – der Negation in La^{125}, der maskulinen Bildung an Stelle des lukianischen προφητις und des Einschubs der Vergleichspartikel *quasi* in La^{123} ^{5} –, lassen sich die altlateinischen Zeugen eindeutig auf ihre griechische Grundform zurückführen: La^{125} auf die Textform der LXX, die die Vokalisierung דָּבָר an Stelle der masoretischen דְּבַר voraussetzt, La^{123} auf die Textform von *L*, die נביאה an Stelle von נבואה liest.

---

^{1}) Trotz der Freiheit der Wiedergabe bleibt die Wiederherstellung des Doppelausdrucks nach 𝔐 gegen LXX in La^{125} wahrscheinlich; vgl. 𝔙 *lata nimis*, Pesch hat einfaches פתיא.

^{2}) FS Frede-Thiele S.55, FS Bogaert S.158.

^{3}) Vgl. S.236.

^{4}) Vgl. S.19.

^{5}) Auf dieser Interpretation beruht auch 𝔙: *sed quasi vaticinans locutus esset*. Da das durch das Adverb *quasi* eingeführte irreale Verständnis keinen Anhalt an der masoretischen Formulierung hat, ist innerlateinische Abhängigkeit die beste Erklärung, die Textform von La^{123} dann eher die Vorform, die in 𝔙 durch den Wechsel vom Indikativ zum Konjunktiv und vom Äquivalent *propheta* zu *vaticinans* – *vaticinari* erscheint in 𝔙 ausser in Ez als Terminus für die falsche Prophetie, so auch Par II 18₉ gegen *prophetare* in La^{109} – umformuliert wurde. Die bei den lukianischen Zeugen als hebräische Form נביאה gegen נבואה in 𝔐 vorausgesetzte Vorlage wird im Blick auf die in v.14 neben den gleichen Namen der Widersacher wie hier genannte נועדיה הנביאה eher als auf sekundäre Identifizierung (so Rudolph S.136) auf älteste Überlieferung zurückgeführt werden müssen – auch die Nennung des Namens erst in der Wiederaufnahme spricht nicht dagegen – und wäre darum nicht in LXX, die den 𝔐-Text voraussetzt, wohl aber gegenüber der masoretisch überlieferten als die älteste Textform zu bestimmen.

16₁₄ οἳ ἦσαν φοβερίζοντές με (*qui terrebant me* La¹²⁵)] οι ενουθετουν με (*q̄ me corripiebant* La) *L* La¹²³ Got¹. Obwohl die Äquivalenz in LXX anderwärts nicht nachweisbar ist, ist die von *L* Got und La¹²³ überlieferte Lesart kaum anders erklärbar als von einer Partizipialbildung des Stamms ירה an Stelle des masoretischen ירא her.

17₃ ἔτι αὐτῶν γρηγορούντων (*ipsis etiam nunc vi<gi>lantibus* La¹²⁵)] ετι αυτων εγρηγορωτων και εστωτων 93; *adhuc eis stantibus* La¹²³ ².

19₂₅ ἐν ἀγαθωσύνῃ σου τῇ μεγάλῃ (*ex tua bonitate illa magna* La¹²⁵)] τοις αγαθοις σου τοις μεγαλοις (*in bonis tuis illis magnis* La) *L* La¹²³. Die Textform von *L* La¹²³ ist in dem Sinn Korrektur nach 𝔐, dass die Übersetzungsweise der vorangehenden Äquivalenz כל־טוב = πάντων ἀγαθῶν angeglichen wird.

19₂₈ κατῆρξαν ἐν αὐτοῖς (*dominati sunt eorum* La¹²⁵)] επαιδευοντο εν αυτοις *L*; *em̄dabant eos* La¹²³. Das von *L* La¹²³ an Stelle von masoretischem וירדו vorausgesetzte hebräische Grundwort lässt sich nicht völlig sicher verifizieren. Da aber die Äquivalenz ירה - παιδεύειν durch Prov 5₁₃ gesichert ist, ist es wahrscheinlich, dass sowohl hier als auch in Reg II 22₄₈ (παιδεύων für מורד) als Vorlage eine Form des Stammes ירה (ויורו, מורה) zu Grunde liegt³.

3. Als Ergebnis lässt sich für den Charakter der von den beiden altlateinischen Texten mitbezeugten lukianischen Korrekturen festhalten, dass innerhalb des von La¹²⁵ mitbezeugten Textteils einer Zahl nur von La¹²³ mitgetragener lukianischer Rezensionselemente ungefähr die gleiche Zahl solcher Textformen gegenübersteht, die von beiden altlateinischen Texten mitbezeugt werden, dass sich aber auch innerhalb dieser Gruppe Elemente erkennen lassen, die dafür sprechen, dass die der ursprünglichen Textform der LXX näherstehende Übersetzung von La¹²⁵ als die ältere, teilweise die Vorstufe von La¹²³ bildende Textform zu bestimmen ist: (1) darin dass La¹²⁵ innerhalb der mit La¹²³ gemeinsamen Korrekturen nach 𝔐 in 19₂₁ und ₂₅ die Dublette mit beiden Gliedern an Stelle der Ersetzung des ursprünglichen Gliedes durch das lukianische der Korrektur nach 𝔐 in La¹²³ bezeugt, (2) darin dass La¹²⁵ in 17₅ eine lukianische Wortäquivalenz, die in La¹²³ mit *L* konsequent eingeführt ist, nur eklektisch überliefert, und (3) darin, dass die beiden die Regel bestätigenden Ausnahmen, bei denen La¹²⁵ einer lukianischen Korrektur näher zu stehen scheint als La¹²³, auch Ausnahmen in weiterem Sinn: Sonderfälle, sind: in 17₄

---

¹) Die Äquivalenz zwischen νουθετεῖν und *corripere* ist gesichert, z.B. durch ϑ in Reg I 3₁₃ (𝔐 כהה).

²) Vgl. S.235 mit Anm.6.

³) In Reg II 22₄₈ überliefert die lukianische Rezension die nur als Angleichung an 𝔐 (מורד) oder an Q (מרדד) erklärbare, aber anderwärts als Äquivalent für diese Stämme nicht nachgewiesene Bildung εταπεινωσε – vgl. aber *humiliatus sum* für ארד in Ps 54(55)₃ iuxta Hebr –; dementsprechend ist die seltene Äquivalenz von παιδεύειν mit dem Stamm ירה in Esdr II 19₂₈, die in LXX nicht nachgewiesene von νουθετεῖν in 16₁₄ (vgl. oben) als lukianische Korrektur nach einer von 𝔐 abweichenden Vorlage, wenn auch nicht zu beweisen, so doch nicht anzufechten; als Erklärung kommt sowohl die Möglichkeit fehlender Zwischenglieder der Überlieferung als auch die freier lukianischer Wortwahl bei Kenntnis sowohl von LXX als auch von 𝔐 abweichender hebräischer Tradition in Frage.

(*late difusa*) als freie Wiedergabe auch gegenüber *L* und in 19₂₂ (*per singulas personas*) als eine von 𝔐 her nur als Konjektur erklärbare Äquivalenz¹.

Bei dem Sonderfall einer in Verwechslung oder in verschiedener Vokalisierung begründeten differierenden Äquivalenz mit den Stammformen מרה, מור und מרר, in 19₂₆ für וַיַּמְרוּ: in LXX ἤλλαξαν = מור, *L* La¹²³ παρεπικραναν (*inamaricaverunt*) = מרר ², ist die Rückführung des Äquivalents *inritaverunt* in La¹²⁵ auf die aus מרה gebildete masoretisch überlieferte Form dadurch gesichert, dass die gleiche Äquivalenz in der lateinischen Tradition nur für Verbalformen aus מרה überliefert ist: in Ez 20₈ und 13 bei 𝔒 für וַיַּמְרוּ, im Psalter 5₁₁ für מָרוּ: *inritaverunt* bei La^G und Ps iuxta LXX (*provocaverunt* = מרה bei Ps iuxta Hebr, *inamaricaverunt* La^R, *exacerbaverunt* Ps Rom = מרר), 105 (106)₇ für וַיַּמְרוּ(ּ): *inritaverunt* bei La^G, Ps Rom und iuxta LXX ((*ad iracundiam*) *provocaverunt* Ps iuxta Hebr = מרה, *amaricaverunt* La^R = מרר)³. Die Untersuchung der Verteilung der lateinischen Äquivalenz von La¹²⁵ im Verhältnis zu La¹²³ ⁴ führt zum Ergebnis, dass La¹²⁵ bei auch innerlateinischer Vermischung der Stämme מרה und מרר ⁵ – nicht von מור ⁶ –, die bis in die vorhexaplarische altlateinische Tradition zurückgeht, mit einer 𝔐 entspre-

---

¹) Vgl. S.258.
²) Vgl. S.30, Anm.2, S.254 mit Anm.4, und S.263.
³) Ps iuxta LXX = Psalterium Gallicanum, Ps iuxta Hebr = die Übersetzung des Hieronymus aus dem Hebräischen, beide Texte nach Biblia Sacra iuxta Vulgatam Versionem, recensuit Robertus Weber, präparavit Roger Gryson, ⁴1994; Ps Rom = Psalterium Romanum, nach Le Psautier Romain et les autres Psaultiers latins, édition critique par Dom R.Weber, CB La X, 1953; La^R = Verona, Bibl. Capit, I, 6./7. Jh. (nach Weber α), La^G = Paris Bibl. nat., Lat. 11947, 6.Jh. (nach Weber γ): die beiden von Rahlfs in ed. Ps. 1931 für den altlateinischen Text verwendeten Hss. (ihre Lesarten sind, wenn sie im Apparat von R.Weber nicht genannt sind, für den Text von Ps Rom e silentio erschlossen).
⁴) Die Rückführung auf die richtige Stammform מרה mit La¹²⁵ in Esdr II 19₁₇: in Ps 5₁₁ La^G Ps iuxta LXX und iuxta Hebr, in Ps 105(106)₇ mit La^G Ps Rom Ps iuxta LXX iuxta Hebr, in Ez 20₈ und 13 mit 𝔒, Gemeinsamkeit der Äquivalenz, *inritare*, mit La¹²⁵: in Ps 5₁₁ La^G Ps iuxta LXX, in Ps 105(106)₇ mit La^G Ps Rom Ps iuxta LXX, Ez 20₈ 13 mit 𝔒, gegenüber Rückführung auf die falsche Stammform מרר mit La¹²³: in Ps 5₁₁ mit La^R Ps Rom, in Ps 105(106)₇ mit La^R, Gemeinsamkeit der Äquivalenz, *(in)amaricare*, mit La¹²³: in Ps 5₁₁ und 105(106)₇ mit La^R.
⁵) Die lateinische Überlieferung der Äquivalente in Ps 106(107)₁₁, wo im Parallelismus membrorum dem Stamm מרה in der Form הִמְרוּ (LXX παρεπικραναν) im ersten Glied נָאֲצוּ (LXX παρώξυναν) im zweiten gegenübersteht, scheint zu zeigen, dass die beiden Stämme מרה und מרר ausser in Ps iuxta Hebr, wo für מרה auch hier *provocaverunt*, für נאץ *blasphemaverunt* steht, in der älteren lateinischen Tradition auch semantisch nicht unterschieden werden: Da *inritare* in La^G Ps Rom und iuxta LXX als Äquivalent für נאץ in Anspruch genommen ist, wird *exacerbare* für מרה mit LXX beibehalten, während La^R sogar die beiden sonst für mit מרה identifiziertes מרר gewählten Äquivalente auf die beiden Verbformen des Parallelismus verteilt: *inamaricaverunt* für הִמְרוּ, *exacervaverunt* (= *exacerb.*) für נאצו.
⁶) Die Kontamination begegnet ausser Esdr II 19₂₆ zuweilen bei Aquila, so in Ez 20₈ für וַיַּמְרוּ: ἤλλαξαν, gegenüber LXX ἀπέστησαν, σ' ἠπείθησαν, und bei der auf מרה zurückgehenden Nominalbildung מְרִי in Ez 26 (cf 12₂ 17₁₂ 24₃) für מרי בית: LXX οἶκος παραπικραίνων, wo für α' ἀλλάσσων, für σ' etymologisch richtig προσεριστής überliefert ist.

261

chenden altlateinisch belegten Wortäquivalenz, die von Hieronymus übernommen wird (𝔙 in Ez), La[123] gegenüber eigenständig Elemente der Angleichung an 𝔐 bewahren kann. Im Blick auf das nur von La[123] als Dublette für die dem gleichen Stamm מרה zugehörende Nominalbildung מרים an Stelle von Αἴγυπτος (מצרים) der übrigen LXX-Zeugen überlieferte Äquivalent *provocatio* in 19₁₇ [1] wäre auch hier das Verhältnis der Äquivalenz zwischen beiden altlateinischen Texten so zu bestimmen, dass, obwohl auch 𝔙 beide Bildungen aus beiden Wortstämmen als Äquivalent für den Stamm מרה kennt, La[125] mit *inritare* enger in der älteren Tradition der Vetus Latina steht, La[123] mit *provocare* (*provocatio*) aber näher beim Vokabular der Vulgata, so an der einzigen Stelle, die innerhalb von Esdr II für die Äquivalenz mit מרה noch in Frage kommt, 19₂₆, wo die Wiedergabe in 𝔙 mit dem Ausdruck *provocaverunt autem te ad iracundiam* gegen die gesamte ältere lateinische Überlieferung in allem mit der Äquivalenz von Ps iuxta Hebr, der Übersetzung des Hieronymus aus dem Hebräischen, übereinstimmt.

2.1.1.3.3. Die unabhängig von der hexaplarisch-lukianischen Rezension bezeugte altlateinische Überlieferung von Übereinstimmungen mit der masoretisch überlieferten Textform

Von besonderer Bedeutung sowohl für die Einordnung der altlateinischen Übersetzung in die Textgeschichte der LXX als auch für die innerlateinische Bestimmung von ursprünglicher und rezensioneller Textform sind die in den beiden altlateinischen Texten von Esdr II überlieferten Elemente, die über die hexaplarisch-lukianische Rezension hinaus bei von 𝔐 abweichender Überlieferung der übrigen Zeugen als einzige mit der masoretisch überlieferten Textform übereinstimmen.

1. Auch die Untersuchung dieses Textbereichs muss, damit zuerst das innerlateinische Verhältnis zwischen altlateinisch mitüberlieferter LXX, mitüberlieferter lukianischer Korrektur nach 𝔐 und nur altlateinisch bezeugter Korrektur nach 𝔐 feststeht, von dem in La[125] erhaltenen Textteil ausgehen:

Es liegt an nur altlateinisch überlieferter von La[125] und La[123] gemeinsam bezeugter Korrektur ein Fall vor, bei dem sich gegenseitige Abhängigkeit nicht erweisen lässt: 16₁₁ וּמִי: ἤ τίς] *et quis* La[123] [125], und ein Fall, bei dem die Äquivalenz bei beiden Texten so verschieden ist, dass auf voneinander unabhängige altlateinische Tradition geschlossen werden muss: 16₁₃ הוּא שָׂכוּר לְמַעַן] *quia venalis erat* La[125]; q͞m *conductus ē* La[123], und wo auch keine Übereinstimmung mit 𝔙 besteht: *acceperat* (-*rant* 7 codd) *enim pretium*, wo aber die grössere Nähe von La[123] zu L aus dem Grund wahrscheinlicher ist, weil das vorangehende verbum finitum, mit dem v.12 endet, שְׂכָרוֹ: ἐμισθώσαντο (εμισθωσατο (-σαντο 93) αυτον L Compl), in La[123] mit *conduxer eū*, also mit dem gleichen Äquivalent wiedergegeben wird wie das folgende stammgleiche שָׂכוּר, während La[125] zwischen *mercide conduxerunt* in v.12 und *venalis* in v.13 schwankt. Nur von La[123] mitgetragene lukianische Korrektur nach 𝔐 (mit 𝔙: *conduxissent* (-*et* W*; pr *mercede* E^c Ω^c) *eum*) mit der

---

[1]) Vgl. S.254.

masoretischen Vokalisierung ist auch die Setzung des Pronomens, während der Plural des Verbums in LXX mit 93 und La[123 125] (und 𝔙) auf die Vokalisierung שָׁכְרוּ zurückgeht[1].

Auch die nur von La[125] bezeugten Lesarten, die sich als Korrekturen nach 𝔐 erklären lassen, beschränkten sich auf wenige Fälle, die nicht zu einem sicheren Schluss auf eine den übrigen Zeugen der LXX gegenüber, zu denen sich hier auch die lukianischen und La[123] gesellen, selbständige Rückbewegung zur masoretisch überlieferten Vorlage ausreichen: Es ist die innerhalb des mit L Compl und La[123] gemeinsam bezeugten Zusatzes in 19$_{24}$ [2] in La[125] überlieferte Auslassung des Pronomens in dem Ausdruck οι υιοι αυτων für הבנים, der in La[123], da er im vorgeordneten Satz (v.23) schon genannt war, in stilistischer Vereinfachung als Pronomen *ipsi* erscheint, es ist das auch in der Cyprian-Überlieferung neben *corpus* bezeugte Äquivalent *dorsum* an Stelle des von den übrigen einhellig überlieferten σῶμα in 19$_{26}$ für גו [3], das aber für das daraus zu erschliessende νῶτον bzw. νῶτος in LXX nur schwach belegt ist, und das Äquivalent *inritaverunt te* gegenüber ἤλλαξαν in LXX, παρεπικραναν (*inamaricaverunt* La) in L La[123] für יְמִרוּ(וַ) in 19$_{26}$, wo der Begriff *inritare* zwar im Unterschied zu LXX, die מור und L La[123], die מרר voraussetzen, als Wiedergabe eines griechischen Äquivalents für den hier vorliegenden Stamm מרה eintritt[4], wo aber die Verwechslung der drei Stämme, die teilweise nur durch die Vokalisierung unterschieden werden können, in LXX mehrfach festzustellen ist, so dass der Schluss auf eine als solche erkannte Korrektur nach 𝔐 in La[125] nicht völlig gesichert ist,

---

[1]) Die Bestimmung des Verhältnisses von altlateinisch überlieferter Wortäquivalenz und Übersetzungstechnik zur entsprechenden Überlieferung der Vulgata ist für die hier vorliegende Frage, in welcher Weise sich die aus der altlateinischen Überlieferung zu erschliessenden Textformen ihrer griechischen Vorlage in die Textgeschichte der LXX einordnen lassen, da zwischen Vetus Latina und Vulgata die Zäsur des unmittelbaren Rückgriffs auf die hebräische Vorlage in ihrer masoretisch überlieferten Form liegt, höchstens insofern von Bedeutung, als sich aus der Textform der Vulgata das in dieser Übersetzung beigezogene Mittelglied der jüngeren griechischen Übersetzungen des zweiten Jahrhunderts n.Chr. in seiner griechischen Gestalt erschliessen liesse (vgl. FS Frede-Thiele S.43f. mit Anm.1). Für Esdr II ist aber, da hier abgesehen von den für diese Frage nicht verwertbaren von A.Rahlfs als Noten des Symmachos nachgewiesenen Stellen in S und wenigen weiteren Noten (vgl. S.142f.) keine Überlieferung dieser Übersetzungen erhalten ist, nur der hypothetische Analogieschluss aus der Überlieferung anderer Bücher der LXX möglich. Auch aus der Feststellung der Wortäquivalenz zwischen Vulgata und Vetus Latina, die hier nicht vollständig durchgeführt werden kann (vgl. als Beispiel FS Frede-Thiele S.58 mit Anm.41), ergibt sich nur, wie auch die lateinische Überlieferung von 16$_{12\ 13}$ bestätigt, eine grössere Nähe der Textform von L La[123] zu 𝔙, aus der sich vorsichtig auf eine ältere – vorlukianische? – von La[125] schliessen lässt, deren griechische Vorlage dann auch dementsprechend früh anzusetzen wäre.

[2]) Vgl. S.257f. mit S.258 Anm.2.
[3]) Vgl. FS Frede-Thiele S.57f., FS Bogaert S.153f.
[4]) Vgl. S.30 Anm.2 und 261f.

immerhin aber der Befund, dass in dieser altlateinischen Textform griechisches Gut überliefert sein kann, das anderwärts nicht mehr erhalten ist[1].

Demgegenüber sind aber im gleichen Textbereich mehrere Fälle überliefert, in denen die Textform von La^{125} mit der von 𝔐 abweichenden ursprünglichen Übersetzungsform der LXX übereinstimmt oder doch auf sie zurückgeführt werden kann, die Textform von La^{123} aber als einziger Zeuge eine Form jener an 𝔐 angleichenden Rezensionselemente überliefert, die den Charakter der hexaplarisch-lukianischen Rezension bestimmen und auf eine diese Rezension intensivierende Intention schliessen lassen, die entweder auf in der griechischen Überlieferung verlorenes Gut oder aber auf eine innerlateinische Bewegung zurückzuführen ist, die das gleiche Rezensionsprinzip vertritt:

16$_{16}$ נעשתה המלאכה הזאת: ἐγενήθη τελειωθῆναι τὸ ἔργον τοῦτο (*factum est ut opus hoc consummaretur* La^{125})] *factum est hoc opus* La^{123} [2]. Da die Äquivalenz zwischen dem Stamm עשה und τελειοῦν in LXX nirgends nachgewiesen ist, wohl aber an einigen Stellen die Äquivalenz zwischen עשה niphal und γίνεσθαι – in Esdr II noch in 15$_{18}$ ἦν γινόμενον für נעשה und ἐγίνοντο μοι für נעשו־לי –, ist der Ausdruck ἐγενήθη τελειωθῆναι nicht als eine Art „ursprünglicher Dublette" zu bestimmen, sondern als interpretierendes Äquivalent für die einfache Verbalaussage נעשתה – das Werk kommt „von unserem Gott" und ist darum ein Werk, das „für die Vollendung" bestimmt ist –; das altlateinische Äquivalent *factum est* bezieht sich darum auch in La^{123} als Korrektur nach 𝔐 allein auf ἐγενήθη [3].

16$_{19}$ אגרות: καὶ ἐπιστολάς (*et aepistolas* La^{125})] om καί La^{123}. Die Mitbezeugung des in 𝔐 offenbar ziemlich einhellig bezeugten durch Haplographie von ו erklärbaren Fehlens der Kopula – auch Kennicott notiert keine Ausnahmen – in La^{123} deutet aus dem Grund auf eine intensive Tendenz der Korrektur nach der masoretisch überlieferten Textform auch in formalen Kleinigkeiten hin, weil die Kopula an dieser Stelle unbedingt erfordert ist und darum in allen frühen Übersetzungen ausser La^{123}, nicht nur in La^{125} Aeth und Arm, sondern auch in Pesch und 𝔙 einhellig überliefert wird. Die gleiche Tendenz einer in La^{125} nicht nachweisbaren und an Konsequenz auch über L hinausgehenden Angleichung an 𝔐 lässt sich in La^{123} auch an den verschiedenen Äquivalenten feststellen, mit denen der in LXX meist mit καί (in La^{125} mit *et*) wiedergegebene Ausdruck ג(ו)ם rezensionell auf die

---

[1]) Das La^{125} vorliegende griechische Grundwort kann nicht mit Sicherheit verifiziert werden. Von den מרה voraussetzenden Äquivalenten in LXX kommen ἀφιστάνειν und das seit Deut bestbezeugte ἀπειθεῖν wegen des Bedeutungsunterschieds nicht in Frage; am besten entspräche der Bedeutung das für מרה nur in Deut 21$_{20}$ bezeugte ἐρεθίζειν oder das in LXX zwar nicht nachgewiesene προσερίζειν, das aber für α' konsequent – und mehrfach für σ' mitbezeugt – als Äquivalent für מרה überliefert ist.

[2]) Vgl. FS Bogaert S.159.

[3]) Als Äquivalent für „עָשָׂה ni." dürfte darum in H.-R. diese Stelle korrekt nicht sowohl unter γίγνεσθαι als auch unter τελειοῦν verzeichnet sein, sondern nur unter dem ganzen Ausdruck. Die Wendung נעשה מלאכה als ganze wird auch Iud 16$_{11}$ mit dem Äquivalent γίνεσθαι ἔργον wiedergegeben, nur mit dem Unterschied zwischen attischem ἐγένετο im B-Text und hellenistischem ἐγενήθη im A-Text.

Vorlage καιγε zurückgeführt wird; innerhalb der in La^{125} erhaltenen Teile: 16₁₇ גם: καί (*et* La^{125})] *nam et* La^{123} [1].

17₃ עד־חם השמש: ἕως ἅμα τῷ ἡλίῳ] ἕως (+ αν 93) ανατειλη ο ηλιος (*usque sol oriatur* La^{125}) *L* La^{125} Aeth^B Arm Got; *donecque caleat sol* La^{123}; *usque ad ardorem solis* Aeth^{-B}: cf 𝔙 [2]. Da die von La^{123} allein bezeugte Angleichung an 𝔐 nur in der semantischen Äquivalenz zu einem Begriff besteht, der innerhalb eines mit *L* und La^{125} gemeinsam überlieferten auf einer von 𝔐 abweichenden Vokalisierung beruhenden Rezensionselements steht, *caleat* gegenüber ανατειλη (*oriatur* La^{125}) in *L* La^{125} [3], liegt der Schluss auf eine, sei es griechische, sei es erst innerlateinische, zweite Überarbeitung der griechisch überlieferten lukianischen Rezension nach der masoretisch überlieferten Vorlage nahe.

17₅ אלהי: ὁ θεός] *ds ms* La^{123} (hab Pesch^A 𝔙). Die grössere Konsequenz gegenüber La^{125} in der rezensionellen Eintragung der Pronomina beim Gottesnamen nach 𝔐 in La^{123} – hier auch gegen die uneinheitliche Überlieferung in der direkt von der hebräischen Vorlage ausgehenden Tradition – zeigen der analoge Fall in 16₁₄ [4], die mit *L* gemeinsame Konsequenz ausserhalb des in La^{125} erhaltenen Textes die Stellen 9₅ 20₃₇₍₃₈₎ 23₁₄ 22 26 29 [5], und auch innerhalb dieses Textteils die Sonderlesarten *di tui* (אלהך 𝔐) für τοῦ θεοῦ in 7₂₆, *ds ms* (אלהי 𝔐) für κύριε (pr *deus meus et* Arm; > B' 93 Aeth) in 9₆, *dei mei* (אלהי) für τοῦ θεοῦ in 12₁₈.

19₁₉ את־העמוד...לא־סר: τὸν στῦλον...οὐκ ἐξέκλινας] *columna* (sic)... *non deversisti* La^{125}; *columna...non discessit* La^{123}: cf 𝔐. Der Wechsel von der dritten Person sing. (לא־סר) in die zweite in LXX ist durch die Akkusativpartikel את vor עמוד in 𝔐 bedingt. Die nur in La^{123} konsequent durchgeführte Korrektur nach 𝔐 scheint zwar auch in La^{125} durch den gemeinsam mit La^{123} bezeugten Nominativ *columna* – so auch beim folgenden τὸν στῦλον – eingeleitet zu sein; doch darf dieser Befund kaum als Argument für eine sekundäre Rückbewegung der Textform von La^{125} zur LXX in Anspruch genommen werden; eher dürfte die Abbreviatur bei Abschreibern, die nicht mehr auf die Syntax achteten zu dieser Textverderbnis geführt haben[6].

19₂₇ יושיעום: ἔσωσας αὐτούς (*fecisti eos salvos* La^{125})] *salvaver̄ eos* La^{123}. Die je verschiedene Formulierung der beiden altlateinischen Textformen lässt es unwahrscheinlich erscheinen, dass die eine aus der andern entstanden ist. La^{123} stimmt wörtlich mit 𝔙 überein.

---

[1]) Vgl. FS Frede-Thiele S.55 Anm.32.

[2]) Vgl. S.257 mit Anm.7.

[3]) Von den Sekundärübersetzungen der LXX gehört das Äquivalent von Got eindeutig zu ἀνατέλλειν, wahrscheinlich auch Arm und Aeth (mit zwei Synonyma) mit Begriffen, die *oriri* oder *illucescere* bedeuten können.

[4]) Vgl. FS Bogaert S.158.

[5]) Vgl. S.19f.; mit einziger Ausnahme von 7₂₅.

[6]) Vgl. FS Bogaert S.159.

19₂₈ בְּיָד: εἰς χεῖρας (in manus La¹²⁵; εν χερσιν L)] in manū La¹²³ ¹.

Als Ergebnis gegenüber der ersten auf ausgewählten Beispielen beruhenden Untersuchung des Verhältnisses der altlateinischen Überlieferung zur ursprünglichen und zur (hexaplarisch)-lukianischen Textform von Esdr II² ist nunmehr festzustellen, dass sich der Charakter der Textform von La¹²⁵ als Bewahrer der ursprünglichen Übersetzungsform der LXX von der Textform von La¹²³ als Träger der lukianischen Rezensionselemente der Korrektur nach 𝔐 in solchem Masse unterscheidet, dass sich von hier aus die Frage, in welcher Weise die Einordnung der beiden Texte in die innerlateinische Tradition die Textgeschichte der LXX widerspiegle und Schlüsse auf die Unterscheidung zwischen ursprünglich und rezensionell ermöglichen könne, neu stellt³.

2. Die Beantwortung dieser Frage bedarf aber zuletzt noch einer Untersuchung der Sonderlesarten von La¹²³ in dem Textbereich, der in La¹²⁵ nicht erhalten ist und darum von der Überlieferung her keinen direkten Schluss auf das Verhältnis der beiden altlateinischen Textformen zueinander mehr erlaubt – ein indirekter Schluss auf der Textform von La¹²³ eigentümliches Rezensionsgut dürfte nur vorsichtig von den Elementen her gezogen werden, die als für La¹²³ gegenüber La¹²⁵ charakteristisch festgestellt worden sind: die grössere Nähe zu Übersetzungstechnik und Äquivalenz der Vulgata und die grössere Nähe zur lukianischen Weise der syntaktischen Eingliederung mit 𝔐 übereinstimmender Rezensionselemente in den Kontext –; die Untersuchung muss sich aber, da es in der Textform von La¹²³ um eine Sekundärübersetzung geht, die sowohl durch Missverständnisse und freie Übersetzung schwieriger Stellen als auch durch fehlerhafte Abschreibetradition beeinträchtigst ist, auf die Fälle konzentrieren, die das einzig sichere Kriterium des Rezensionsprinzips aufweisen: die Korrektur nach der masoretisch überlieferten Textform ihrer griechischen Vorlage⁴.

Die Verankerung der mit 𝔐 übereinstimmenden Sonderlesarten in der gleichen Rezensionstradition wie die lukianische⁵ zeigt sich darin, dass ihre Textformen die gleichen

---

¹) Vgl. 512 בְּיָד: εἰς χεῖρας] in manu La¹²³ (Abbreviatur ū ist nicht erkennbar) und 169 ἐκραταίωσα τὰς χεῖράς μου] confortata est manus mea La¹²³, wo gegen die Vokalisierung von 𝔐 (יָדַי) יָד als Subjekt aus der Verbalform חִזַּק erschlossen ist.

²) Vgl. 256 Anm.4.

³) Das in FS Frede-Thiele S.54f. zunächst angenommene Gleichgewicht von La¹²⁵ zusammen mit La¹²³ bezeugter lukianischer Korrekturen nach 𝔐 und von La¹²⁵ gegen die von La¹²³ mitbezeugte lukianische Überlieferung bewahrter ursprünglicher Textformen der LXX neigt sich angesichts der erweiterten Beiziehung der Belege – in gleiche Richtung wies auch schon der Vergleich mit den beiden Textformen La^V und La^C (mit La¹²³ Esdr I) von Esdr I in FS Bogaert – nach der Seite stärkerer Bewahrung ursprünglichen Überlieferungsgutes der LXX in La¹²⁵.

⁴) Ungesichert bleibt darum vor allem die textgeschichtliche Bestimmung in La¹²³ überlieferter Sonderlesarten, die von der in LXX textgemäss wiedergegebenen Textform von 𝔐 abweichen. Auf eine von 𝔐 abweichende Vorlage dürfen sie höchstens dann zurückgeführt werden, wenn sich diese als paläographische Transformation von 𝔐 her erklären lässt.

⁵) Vgl. 2.1.1.1.1. – 2.1.1.1.1.2., S.18-57.

grammatischen Kategorien umfassen und darin, dass sie zuweilen innerhalb von auch lukianisch mitbezeugten Rezensionselementen überliefert sind.

In La[123] als Sonderlesart überlieferte Z u s ä t z e nach 𝔐 [1]:

3₃ τὸ πρωί] pr *holocausta* La[123] (hab 𝔙) = 𝔐 (עלות לבקר)   4₂₃ Τότε] + *ex quo* La[123] (hab 𝔙 (*itaque*)) = 𝔐 (אדין מן־די); *et cum advenisset* Aeth = Pesch   8₁₉ καί 2°] + *cum eo* La[123] = 𝔐 (ואתו)   16₆ fin] + *secundum sermones istos* La[123] = 𝔐 (כדברים האלה)[2]   22₃₆ Γελωλιά, Μααιά (γελωλαι μαια (μαλια 93; μααι S[(mg)] = 𝔐) S[(mg)]-L Compl; deest in B' S[txt] A Aeth[B] Arm)] *et melelaj et galelaj et ma'aj* Aeth[(-B)]; *mel luge lemmea* La[123]: cf 𝔐 (מללי גללי מעי)[3].

Zusätze von Pronomina nach 𝔐:

5₁₂ τὸν οἶκον τοῦτον κατέλυσεν] *domum istam solvit illam* La[123] = 𝔐 (ביתה דנה סתרה)   6₃ ὕψος] *altitudo eius* La[123] = 𝔐 (רומה)   7₂₆ τοῦ θεοῦ] *dei tui* La[123] = 𝔐 (אלהך) et Esdr I 8₂₄   12₁₈ τοῦ θεοῦ] *dei mei* La[123] [4]   9₁₁ εἰσπορεύεσθε] *vos introistis* La[123] = 𝔐 (אתם באים)   10₁₄ κριταί] + αυτων L (= Pesch); *iudices eius* La[123] = 𝔐 (שפטיה)[5].

Zusätze von καί nach 𝔐:

---

[1]) Als Sonderlesart von La[123] werden auch die von Aeth[-B] und Compl mitbezeugten Fälle eingeordnet, da hier die Herkunft, ob alte Tradition der LXX oder neuzeitliche Korrektur unmittelbar nach 𝔐, ungesichert ist (vgl. Esdr II, ed. Einleitung S.14-18 und S.25f. und FS Frede-Thiele S.45 Anm.8), und die von den übrigen Sekundärübersetzungen, Aeth[AB] (bzw. Aeth[-A]) Arm, da sie als rezensionell relativ wenig beeinflusste Texte zeigen, dass bei Sekundärübersetzungen auch stilistische Motive mitspielen können, deren Übereinstimmung mit 𝔐 auf Zufall beruht.

[2]) Die Auslassung des Ausdrucks in LXX hängt zwar mit dem Äquivalent für den folgenden Satzanfang von v.7, וגם־נביאיא: καὶ πρὸς τούτοις προφήτας, zusammen, doch dürfte sie auf einer von 𝔐 abweichenden Vorlage beruhen, in der דברים fehlte – auch 𝔙 zieht den Ausdruck, aber in der von 𝔐 überlieferten Form, zum folgenden Vers: *propter quam causam* –; Äquivalenz und Zäsur der masoretischen Textform bewahrt nur La[123] mit *nam et* für וגם (vgl. FS Frede-Thiele S.55 Anm.32).

[3]) Innerhalb der vom B-Text sekundär verkürzten Namenreihe (vgl. „Der ursprüngliche Text 5.3.") lässt sich aus der stark verschriebenen und die einzelnen Namen falsch abgrenzenden Transkription von La[123], da die Buchstabenfolge *mel lu* weder in der ursprünglichen Transkription der LXX, noch in der rezensionellen der hexaplarisch-lukianischen Rezension einen Anhalt hat, wohl aber im masoretisch überlieferten Text, der im ursprünglichen Text der LXX fehlende Name מְלַלי, der in der LXX-Tradition nur noch von Aeth[A] bezeugt ist: *melelaj*, rekonstruieren; Pesch liest מלל, 𝔙 transkribiert *malalaj*.

[4]) Vgl. S.265.

[5]) Das Pronomen bezieht sich auf den vorangehenden Ausdruck πόλεως καὶ πόλεως, den La[123], wahrscheinlich wegen Ausfalls durch Homoioteleuton, mit einfachem *civitatis* wiedergibt; der Singular in La[123] ist darum von 𝔐 her, der Plural in L eher stilistisch zu erklären.

20₉₍₁₀₎ Ἰησοῦς] pr et La¹²³ Aeth^B = 𝔐^{-15Mss} Pesch^A (hab Pesch^W Ѷ)¹   22₁₉ init] pr et La¹²³ Aeth^{-B} = 𝔐 (hab Pesch Ѷ)   46 Ἀσάφ] pr et La¹²³ Compl (και) = 𝔐 (hab Pesch (הוא))².

Auslassungen nach 𝔐³:

5₁₇ ὅπως γνῷς ὅτι] οπως γνως ει 19'; si La¹²³ = 𝔐 (הן איתי ד׳)   6₂₁ τὸ πάσχα] > La¹²³ = 𝔐 et Esdr I 7₁₃   8₂₇ εἰς τὴν ὁδόν] > La¹²³ ⁴   9₉ κύριος ὁ θεὸς ἡμῶν] om κύριος La¹²³ = 𝔐 (אלהינו)   10₁₁ τὸ ἀρεστὸν ἐνώπιον αὐτοῦ] voluntatem eius La¹²³ = 𝔐 (רצונו), cf Esdr 9₉ (τὸ θέλημα αὐτοῦ)   18₉ καὶ εἶπαν (-πον L b^{-64 728} Compl; -πεν Ald)] > La¹²³ Aeth^B = 𝔐, cf Esdr I 9₄₉ ₅₀ ⁵   13 πρὸς πάντας τοὺς λόγους] om πάντας La¹²³ (sermones) = 𝔐 (אל־דברי) ⁶).

---

¹) Auf Grund der Überlieferung, die schon masoretisch geteilt ist – nach Kennicott fehlt ו in 15 Handschriften; auch Pesch ist zwischen W und A geteilt, Ѷ liest nach der Römer Ausgabe von 1950 einhellig ohne et –, lässt sich, da die Setzung des ו eindeutig eine Fehllesung ist, nur ihre Bewahrung in La¹²³ als Korrektur nach 𝔐 bestimmen; das Fehlen in L kann sowohl stilistische Korrektur sein als auch auf masoretischer Überlieferung beruhen, die auch LXX zu Grunde liegen kann.

²) Auch hier ist ו masoretisch überlieferte Fehllesung, La¹²³ und Compl Korrektur nach 𝔐.

³) Zur Auslassung von πόλει durch La¹²³ in 6₂ s. „Der ursprüngliche Text" 5.3. S.394f.

⁴) Es handelt sich insofern um eine nur in La¹²³ überlieferte Auslassung nach 𝔐, als nur in diesem Text der in der übrigen Überlieferung aus dem die Münze bezeichnenden Ausdruck לאדרכנים: „im Wert von Darciken", fälschlich erschlossene Begriff דרך rezensionell getilgt wird, so dass nur das textgemässe Äquivalent δραχμων 46 (non 52)-64-728); δραχμας (et dragmas La) L La¹²³) stehen bleibt. Die Textrekonstruktion erfordert dann aber, will man nicht mit Rahlfs nach B' V Aeth die Kontamination von appellativum und Transkription εις την οδον χαμαν(ε)ιμ aufnehmen, die Annahme einer entweder in der Vorlage von LXX stehenden oder vom Übersetzer konjizierten Dublette der Buchstabenfolge דרך. Für die Entscheidung von Rahlfs könnte sprechen, dass auch der vorangehende Begriff כפר׳, wie in 1₁₀, nicht verstanden und darum einhellig transkribiert ist, dagegen aber, dass die verwandte Bildung דרכמונים in 26₉ ausser in B und 55, die nach der Parallelstelle Esdr I 5₄₄ μνας (μναι 55) setzen, δραχμή als Äquivalent aufweist – an den übrigen Stellen, 17₇₀(69)-72(71), bleibt der Begriff unübersetzt und ist nur, wie אדרכנים an der andern Stelle seines Vorkommens, Par I 29₇, hier aber als Äquivalent, zusammen mit dem zugeordneten Begriff זהב mit dem wohl als Münze verstandenen Äquivalent χρυσοῦς wiedergegeben –, so dass die im Kontext unverständliche Transkription des B-Textes in Esdr II 8₂₇ – die Parallelstelle in Esdr I 8₅₆ lässt diesen Satzteil aus – eher als sekundäre Rückbewegung zum Konsonantenbestand der masoretisch überlieferten Vorlage zu erklären ist, während die von den übrigen Zeugen überlieferte Form der Übersetzung auch inhaltlich textgemäss erscheint: Es geht um die „für den Weg": εἰς τὴν ὁδόν, bestimmten, mit den in 19-10 mit den ψυκτῆρες zusammen genannten Gegenstände, „im Wert von tausend Drachmen": δραχμῶν χιλίων.

⁵) La¹²³ weist in diesem Vers weitere Textverkürzungen auf, die aber nicht rezensionell, sondern mechanisch, als Abschreibefehler, zu erklären sind: die Auslassung von καὶ γραμματεύς als homoioteleuton, des Satzteils ἡμέρα — ἔκλαιεν als Überspringen von παντὶ τῷ λαῷ auf πᾶς ὁ λαός; daraus entsteht die syntaktisch sinnlose Wortfolge qui edocebant pplm universo pplo. Ppls universus cum audiret..., die, was die Tilgung von καὶ εἶπαν nach 𝔐 anbetrifft,

Einen Sonderfall von Auslassung nach 𝔐 stellt die Textform von La¹²³ in der Vermischung der Aussagen von v.14₃ (13₃₅) und 2 (13₃₄) dar¹: Nur in ihr wird in v.3 (13₃₅) der von LXX aus v.2 in anderer Übersetzungsform wiederaufgenommene Satzteil היזבחו היכלו ביום: Μὴ θυσιάσουσιν ἢ φάγονται ἐπὶ τοῦ τόπου αὐτῶν, der masoretischen Vorlage entsprechend ausgelassen, ohne dass aber an Stelle davon die nach 𝔐 hierher gehörende Aussage גם אשר־הם בונים nachgetragen wird – das geschieht als Ersetzung nur in Aeth⁻ᴮ (sim) und Compl: και γε αυτοι οικοδομουσιν, und als Zusatz in L –, wogegen aber La¹²³ in v.2 – im Unterschied zu Compl, die auch hier nach 𝔐 korrigiert – sowohl den zu v.3 gehörenden Satzteil גם אשר־הם בונים als auch den zu v.2 gehörenden היזבחו היכלו ביום in der Übersetzungsform der LXX beibehält, den letzteren aber mit 93 Aeth⁻ᴮ Compl nach 𝔐 vermehrt um den voranstehenden Ausdruck היעזבו להם: *non remittunt* (= 𝔐; καταλειψομεν 93 Compl) *se aut sacrificabunt* (-bant*) *aut poterunt*, und mit einer von 𝔐 und LXX abweichenden Einordnung in das Satzganze².

Auslassungen von Pronomina nach 𝔐:

9₁₁ ἔδωκας ἡμῖν] *mandasti* La¹²³ = 𝔐 (צוית); om ἡμῖν Aeth Arm (hab Pesch) = Esdr I 8₇₉ 16₉ ἀπὸ τοῦ ἔργου τούτου] *ab opere* La¹²³ = 𝔐 (מן־המלאכה)   22₄₃ αἱ γυναῖκες αὐτῶν καὶ τὰ τέκνα αὐτῶν] om αὐτῶν 1⁰ Sᶜ La¹²³ (hab 𝔒) = 𝔐 (הנשים); om αὐτῶν 2⁰ La¹²³ = 𝔐 (והילדים)³, innerhalb hexaplarisch-lukianischer bzw. lukianischer Rezensionselemente: 7₂₄ ουκ εχειν υμας εξουσιαν L Compl] *non habere potestatem* La¹²³: cf 𝔐 (לא שליט)   9₁₃ το σκηπτρον (σκηπτον 121) ημων Sᶜ¹ (restituit Sᶜ²) -L] *sceptrum* (*scriptū* cod) La¹²³: cf 𝔐 (למטה)⁴.

Auslassungen von καί nach 𝔐:

4₂₃ καὶ ἐπορεύθησαν] *abierunt* La¹²³ (hab 𝔒) = 𝔐 (אזלו)⁵ 13₈ καί 1⁰] > La¹²³ (hab 𝔐ᵃᵖ⁶ 𝔒 Peschᴬ) = 𝔐ᵗᵉ 11 καί 1⁰] > La¹²³ (hab Pesch) 25 καί 2⁰] > La¹²³ (hab 𝔐ᵃᵖ⁷) = 𝔐ᵗᵉ

---

wenn die Notierung von Pereira richtig ist, auch von Aethᴮ bezeugt wird: *populo universo populo*: Gerade die fehlende syntaktische Einpassung spricht für Korrektur nach 𝔐.

⁶) Nach Kennicott lesen für אל 9 Mss. את, 1 Ms. את־כל.

¹) Vgl. „Der ursprüngliche Text" 5.3. (8(2)), S.408-410.

²) Die hier anschliessende nur in La¹²³ überlieferte Kontamination mit dem aus v.3 LXX übernommenen Ausdruck ἢ φάγονται ἐπὶ τοῦ τόπου: *et manducare in loco*, der wahrscheinlich auf eine hebräische Vorlage היאכלו במקום an Stelle von masoretischem היכלו ביום zurückgeht, zeigt, dass auch diese Textform in hebräischer, griechischer oder lateinischer Tradition Texttransformationen voraussetzen kann, die von der masoretischen Überlieferung her nicht mehr erklärbar sind. Zu vergleichen ist die Umdeutung des schon in LXX die masoretische Aussage וחיל שמרון umdeutenden Ausdrucks αὕτη ἡ δύναμις Σομορων in *haec gens est virtus sodomorum*; vgl. die in der der ganzen alten Übersetzungs- und Rezensionstradition unbekannten Bezeugung eines Stammes עזב in der Bedeutung „pflästern" (s. S.408 Anm.3) begründete freie Interpretation des Ausdrucks היעזבו להם in 𝔒: *num dimittunt eos gentes*.

³) *mulieres et iuvenes* La¹²³; vgl. S.211 Anm.1: La¹²³ als Sᶜ gegenüber konsequenterer Träger hexaplarischer Tradition?

⁴) Vgl. S.206.

⁵) Die Auslassung ist dadurch bedingt, dass La¹²³ auch als einziger Zeuge durch Einschub der Konjunktion *ex quo* am Satzanfang nach 𝔐 den temporalen Nebensatz wiederherstellt,

14₂₀₍₁₄₎ καί] > La¹²³ (hab Pesch) = 𝔐   23₍₁₇₎ καί 3°] > La¹²³ Aeth⁻ᴮ = 𝔐¹   18₄ καὶ Μεσουλάμ] om καί La¹²³ = 𝔐ᵗᵉ (hab 𝔐ᵃᵖ ² Pesch 𝔒) 21₄ καὶ ἀπὸ υἱῶν Φάρες] om καί La¹²³ Aeth = 𝔐³.

Schwerer ist die Frage, wie weit in La¹²³ überlieferte Übereinstimmungen mit 𝔐 auf Korrektur nach dieser Vorlage beruhen, wie weit sie durch die Gesetzlichkeit der Übersetzungssprache bedingt sind, bei s y n t a k t i s c h e n bzw. s t i l i s t i s c h e n Erscheinungen wie Umstellung, Casus und Numerus beim Nomen, Numerus bzw. Person, Tempus, Modus und Genus beim Verbum, zu beantworten; doch bleibt es angesichts der Anzahl solcher Fälle wahrscheinlicher, dass auch bei diesen Kategorien die rezensionelle Tendenz der Korrektur nach 𝔐 überwiegt.

Unsicher bleiben U m s t e l l u n g e n wie *delicta nostra* für עוננו gegenüber ἡμῶν τὰς ἀνομίας LXX in 9₁₃ und S e t z u n g d e s D a t i v für ל bei präpositionaler Formulierung in LXX wie *domui dei nostri* für לבית אלהינו gegenüber εἰς οἶκον θεοῦ ἡμῶν LXX in 8₁₇, *sellae* für לכסא gegenüber ἕως θρόνου in 13₇ ⁴, sicherer als Korrektur nach 𝔐

---

während 𝔒 mit *itaque* die parataktische Nebenordnung zweier Hauptsätze nach LXX und darum mit *et abierunt* auch die verbindende Partikel bewahrt (vgl. S.267). Anderseits ist die Verbindung beider Sätze mit הידין in Pesch dadurch bedingt, dass durch Einschub eines verbum finitum am Satzanfang: כד אתא הידין, *tunc cum venisset*, der temporale Nebensatz verdoppelt wird, so dass der Beginn des Hauptsatzes wieder die Kennzeichnung durch הידין erfordert.

⁶) 21 Mss. nach Kennicott.

⁷) 4 Mss. nach Kennicott.

¹) Der Einschub des καί in LXX ist darin begründet, dass der Ausdruck אין אנחנו nicht als zusammenfassende Wiederaufnahme der Negation אין und des Subjekts אני ואחי ונערי ואנשי המשמר, sondern als zweiter Hauptsatz mit neuem Subjekt verstanden ist, darum auch die Tilgung der ersten Negation אין, die nur von La¹²³ und Aeth⁻ᴮ wieder eingetragen ist, und der Einschub des auch in La¹²³ und L beibehaltenen verbum finitum ἤμην (*fui* La) im ersten Satzteil, das aber keinen befriedigenden Sinn ergibt: „Ich war – sc „an diesem Ort" (?) –, und die Wachmänner hinter mir" (?). Für dieses Verständnis könnte sprechen, dass LXX auch die Relativpartikel אשר vor אחרי unübersetzt lässt, die Sᶜ La¹²³ Aeth⁻ᴮ nachtragen, Sᶜ Aeth⁻ᴮ mit οἵ, La¹²³ unverständlich, da ein Beziehungswort fehlt, mit *quae*. Die Textform dieses Verses als ganzen in La¹²³ zeigt besonders deutlich die Diskrepanz zwischen aus L und O übernommener Korrektur nach 𝔐 und ihr widersprechender bzw. halb eingerenkter syntaktischer Ordnung. Zum von LXX ausgelassenen letzten Satzteil vgl. S.163f. und 242f.

²) Nach Kennicott 5 Mss.

³) Mit der Tilgung des καί werden die vorangehenden Namen 𝔐 entsprechend als von Perez abstammend bestimmt, während durch καί im ursprünglichen Text der LXX Perez zusammen mit dem in v.6 folgenden durch καί verbundenen Namen Μαασιά als Väter der folgenden Ahnenreihe, durch Tilgung dieses καί in L (deest 19) 107-121-130-236-314 248 Compl zusammen mit Pesch und 𝔒 Perez allein als Haupt der dann mit Maaseja beginnenden Reihe definiert wird: La¹²³ tritt als einziger Zeuge der gesamten alten Übersetzungstradition für die masoretisch überlieferte ursprüngliche Textform ein.

⁴) Dass aber La¹²³ die Casusrektion als Rezensionsprinzip kennt, zeigt der Befund, dass diese Textform jene nicht vom Text, aber vom Sinn her als Korrektur nach 𝔐 zu bestimmende Änderung des Nominativ υἱός in den Genitiv υιου (*filii*) in den Namenlisten in konsequenterer Weise bezeugt als es bei L der Fall ist; so z.B. in 21₄; vgl. S.192.

beim Nomen der Wechsel des Numerus ¹: 62₂ ἐν ἔργοις] *in opere* La¹²³ = 𝔐 (במלאכת) 𝒱 (*in opere*) (hab Esdr I 71₅ ἐπὶ τὰ ἔργα (auch La^VC, mitsamt La¹²³ Esdr I)), 71₀ προστάγματα (δικαιωματα *L* Aeth (vid)) καὶ κρίματα (κριμα B; κρισεις *L*)] *iustitiam et iudicium* La¹²³ = 𝔐 (חק ומשפט) 𝒱 (*praeceptum et iudicium*) (Esdr I 8₇ τὰ δικαιώματα καὶ τὰ κρίματα (*iustitiae* (*-as* La¹²³ Esdr I) *et iudicia* La^C)] *iustitiam et iudicium* La^V), 91₁ ἐν ἀκαθαρσίαις αὐτῶν] *inmunditia sua* La¹²³ = 𝔐 (בטמאתם), 131₆ ἕως κήπου (κηπων *L*) τάφου] *us* (pro *usque* ²) *in adversum monumentorum* La¹²³ Aeth^A (sim) = 𝔐 (עד-נגד קברי) 𝒱^te (*usque contra sepulchra* ³), 19₈ Χαναναίων – Γεργεσαίων] *chananaei et pherezaei et ieb;ei et cethei et amorraei et gergessaei* La¹²³ ⁴ 193₈ (Neh 101) ἐν πᾶσιν τούτοις] *in omni isto* La¹²³ = 𝔐 (בכל-זאת) 223₁ περὶ αἰνέσεως] *de laudibus* (*caudibus* cod) La¹²³: cf 𝔐 (תודת) 𝒱 (*choros laudantium*), innerhalb lukianischer Rezensionselemente: 13₈ παρ' αὐτῶν (ἐπὶ χεῖρα αὐτῶν Compl)] εχομενα αυτων *L*; *coniuncta illi* La¹²³ = 𝔐 (על-ידו), cf 𝒱 (*iuxta eum*), beim Verbum alle Änderungen der oft mit Personwechsel verbundenen genera verbi nach 𝔐, Numerus: 6₁ καὶ ἐπεσκέψατο] *et quesierunt* La¹²³ = 𝔐 (ובקרו) 101₄ ἐλθέτωσαν (ηκετωσαν *L*)] *veniat* La¹²³ = 𝔐 (יבא) (hab Pesch 𝒱 et Esdr I 91₂ (παραγενηθήτωσαν (-γενεσθωσαν *L* Ios))) 131₃ ἐκράτησαν] *restituit* La¹²³ Arm (*possidebat*) = 𝔐 (והחזיק), Genus: 83₃ ἐστήσαμεν (*appendi* Aeth^B)] *expensum est* La¹²³ = 𝔐 (נשקל) (hab Pesch)⁵, cf Esdr I 861 σταθέν 231₄ ἐξαλειφθήτω ἔλεός μου] *deleas misericordiam meam* La¹²³ = 𝔐 (תמח חסדי) 𝒱 (*deleas miserationes meas*) 1₉ καὶ ἔκκλεισαν τὰς πύλας] *et concluse sunt valvae* La¹²³ = 𝔐 (וַיִּסְגְרוּ הדלתות) (hab 𝒱 (*et cluserunt ianuas*))⁶, Tempus, Modus⁷: 9₅ καὶ κλίνω...καὶ ἐκπετάζω] και κλινων... και

---

¹) Zum Numeruswechsel in den Singular beim Nomen χείρ nach 𝔐 bei La¹²³ im Verhältnis zu La¹²⁵ in 192₈, bei La¹²³ als Sonderlesart in 51₂ und 16₉ vgl. S.266 mit Anm.1.

²) *usque* wird in La¹²³ gewöhnlich mit *usq* (ohne Abbreviaturzeichen) abgekürzt.

³) *sepulc(h)rum* lesen in 𝒱 9 Mss und die meisten der früheren Editionen. Die Korrektur des ganzen Ausdrucks, der bei den übrigen Zeugen der LXX גני *L*) נן עד קברי als hebräische Vorlage voraussetzt, lässt nach der Form der nicht mehr erhaltenen, auch von *L* unabhängigen griechischen Vorlage von La¹²³ als ganzer fragen. Von der griechisch-altlateinischen Äquivalenz her, nach der in 12₃ und ₅ das lukianische Äquivalent für קבר: τάφος, als Vorlage für das von La¹²³ überlieferte *sepulchrum* (*sepultura* 3) an Stelle des ursprünglichen μνημεῖον in Anspruch genommen werden darf – dafür spricht sowohl der etymologische Befund als auch die Äquivalenz in 𝒱 (vgl. S.198, mit Anm.4) –, wäre darum hier als Vorlage von La¹²³ eher (εως εναντιον (vgl. 146 (1337) *L* La¹²³)) των μνημειων als των ταφων zu erwarten: eine von der hexaplarisch-lukianischen unabhängige, nur altlateinisch erhaltene Tradition der Korrektur nach 𝔐, die sich hinsichtlich der Äquivalenz auch bei synonymen Begriffen an die ursprüngliche der LXX (12₃ ₅) hält? Ein anderes hebräisches Grundwort für μνημεῖον als קבר, קבורה gibt es in LXX nicht (vgl. S.10 Anm.1).

⁴) Auch 𝒱 überliefert die Völkernamen nach 𝔐 im Singular, aber im Unterschied zu La¹²³ auch in der Reihenfolge von 𝔐.

⁵) Die 1.Person plur. in LXX und Pesch beruht auf der Vokalisierung נִשְׁקֹל(וּ).

⁶) Auch hier beruht die Lesart von LXX und 𝒱 nur von 𝔐 abweichender Vokalisierung: וַיִּסְגְרוּ.

⁷) Zum Wechsel in 421 vgl. S.274.

εκπεταζον 55; και κλινω...και εξεπετασα (διεπ. 71) *L* 71; και εκλινα...και επετασα 125; *et conplicui me...et extendi* La¹²³ = 𝔐 (וָאֶפְרְשָׂה...וָאֶכְרָעָה) 𝒪 (*et curvavi...et expandi*)¹ 14 ὅτι ἐπεστρέψαμεν] *ut non revertamur* La¹²³: cf 𝔐 (הֲנָשׁוּב) 𝒪 (*ut non converteremur*) (hab Pesch)² 15₁₀ ἐγκατελ(ε)ίπομεν] εγκαταλιπομεν Ald; *remittamus* La¹²³ = 𝔐 (נַעֲזֹב), cf 𝒪 (*repetamus* (*reputamus* 2 Mss; *reputemus* 2 Mss; *reputavimus* 3 Mss)³, verbum finitum und Infinitiv: 20₃₀(₃₁) τοῦ μὴ δοῦναι] *quia non dabimus* La¹²³ (Aeth et Arm sim): cf 𝔐 (אֲשֶׁר לֹא־נִתַּן) 23₁₉ ὥστε μὴ ἀνοιγῆναι αὐτάς] *ne aperirent eas* La¹²³ = 𝔐 (אֲשֶׁר לֹא יִפָּתֵחוּ) ὥστε μὴ αἴρειν βαστάγματα] *ne introferretur latura* La¹²³: cf 𝔐 (לֹא־יָבוֹא מַשָּׂא), cf 𝒪 (*ut nullus inferret onus*)⁴.

---

¹) Der auch von der hebräischen Vorlage her, den auf das perfectum קָמְתִּי folgenden beiden imperfecta consecutiva, schwer erklärbare Wechsel von praeteritum in praesens in LXX – vielleicht ist er durch das Missverständnis des vorangehenden nominalen Ausdrucks וּמֵעֲלִי: καὶ ἐπαλλόμην (vgl. S.111 Anm.2), motiviert, bei dem die vorgeordnete Partikel nicht mit וּ sondern mit וְ vokalisiert ist –, musste, ohne dass darum auf Korrektur nach 𝔐 oder auf gegenseitige Abhängigkeit geschlossen werden dürfte, zur Umwandlung in präteritale Verbformen Anlass geben – so bei den von rezensionellen Tendenzen dieser Art kaum berührten Zeugen 71 und 125 und der freien armenischen Übersetzung, die den Satzteil ἐπαλλόμην καὶ κλίνω in die Aussage *humilians me inclinatus sum* umformuliert; auch die partizipiale Umänderung in Hs.55 bedarf keiner Erklärung von der Parallelstelle in Esdr I 8₇₀ her –; dennoch ist im Blick auf die vielen textgeschichtlich analogen Fälle dieses Verhältnisses zwischen *L* und La¹²³, bei denen nur die Erklärung der Korrektur nach 𝔐 in Frage kommt, auch hier die Textform von *L* als halbeingerenkte, die Textform von La¹²³ als vollständige Angleichung an den masoretisch überlieferten Text zu bestimmen.

²) Angleichung an 𝔐 ist in La¹²³ und 𝒪 die Umdeutung des von LXX und Pesch bezeugten der Frageform הֲנָשׁוּב und folgendem הֲלוֹא תֶאֱנַף widersprechenden Verständnisses der Aussage als Bericht eines eingetretenen erneuten Abfalls – „denn wir fielen wieder ab"; so auch Esdr I (8₈₄): vgl. S.10 Anm.2. – in eine dem Inhalt, nicht der Form nach der masoretisch überlieferten Aussage entsprechende finale Formulierung eines zu verhütenden kommenden Abfalls: „damit wir nicht wieder abfielen". Die Ersetzung des Fragesatzes durch einen negierten finalen Nebensatz dürfte eher als in einer von 𝔐 abweichenden Vorlage stilistisch, in der Schwierigkeit begründet sein, die in 𝔐 so verstandene Frage als furchtsame Frage vor der Gefahr des eigenen erneuten Abfalls kenntlich zu machen. Die Übereinstimmung von La¹²³ und 𝒪 in dieser formalen Abweichung von 𝔐 lässt auf engere Verwandtschaft der beiden Textformen schliessen.

³) Die Umsetzung einer präsentischen oder futurischen Aussage in eine Form der Vergangenheit im ursprünglichen Übersetzungstext (zur Erklärung vgl. „Der ursprüngliche Text" 5.2.(7), S.382-385) entspricht völlig der in 9₁₄ festgestellten Übersetzungstechnik (vgl. oben Anm.2) und erlaubt darum den Analogieschluss auf die Ursprünglichkeit der ausser La¹²³ einhellig überlieferten Vergangenheitsform – εγκαταλιπομεν in Ald ist eher als Druckfehler oder als Verlust des Augments zu erklären; die Änderung des Tempus zeigt sich in umgekehrter Richtung auch in 3 Hss. von 𝒪 – gegen Rahlfs auch in 15₁₀.

⁴) Das La¹²³ mit 𝒪 gemeinsame Äquivalent *in(tro)ferre* für יָבוֹא, obwohl in verschiedenem Genus, ist, da keine enge semantische Übereinstimmung mit Qal בּוֹא, nur im Hiphil: εἰσφέρειν besteht, ein weiteres Indiz für die engere Berührung der Textform von La¹²³ mit dem Vokabular der Äquivalenz in 𝒪. Die Änderung der finalen Infinitivkonstruktion τοῦ μὴ δοῦναι und der konsekutiven ὥστε μὴ αἴρειν in finite Verbalsätze ist zwar durch das lateinische Sprachgesetz nahezu erfordert und darum nicht mit Sicherheit aus rezensioneller Intention der Korrektur

Bei den übrigen grammatischen Kategorien, bei denen sich in der Textform von La[123] als Sonderlesart Berührungen mit der masoretisch überlieferten Vorlage, seien es Übereinstimmungen mit ihr, seien es Annäherungen an sie, erkennen lassen: bei von LXX mitsamt L abweichenden dem Grundwort von 𝔐 semantisch näher stehenden Wortäquivalenzen, bei tieferen syntaktischen Eingriffen in die Satzkonstruktion und Texttransformationen, innerhalb derer sich nur einzelne Elemente nachweisen lassen, die von 𝔐 her erklärbar sind, ist die Frage, ob zufällige Übereinstimmung oder rezensionelle Intention vorliegt, oft nicht mehr zu beantworten; doch ist die Zusammenstellung der wichtigsten dieser Fälle für die Charakterisierung dieser Textform, deren einziges gesichertes Wesensmerkmal in der Bewahrung hexaplarisch-lukianischer Rezensionselemente der Korrektur nach 𝔐 und in der Tradition von Textelementen gleicher Art besteht, die in ihrer griechischen Vorlage nicht mehr erhalten sind, und für den Versuch ihrer Einordnung in die Textgeschichte der LXX als ganzer unumgänglich.

Auch in diesem Textbereich sind die Fälle am sichersten als Rezensionselemente nach 𝔐 zu bestimmen, bei denen sich der abweichende ursprüngliche Übersetzungstext, der von den übrigen LXX-Zeugen überliefert wird, paläographisch aus der Transformation der masoretisch überlieferten Textform erklären lässt. Doch ist auch bei gleicher hebräischer Grundlage in der masoretisch überlieferten Textform für die Erklärung einer altlateinischen Formulierung in La[123], die der masoretischen Textform näher steht als die der übrigen LXX-Zeugen, da eine durch Sprachgesetze bedingte enge Berührung zwischen der masoretischen Formulierung und der auf der freieren Übersetzungsform der LXX beruhenden altlateinischen Übersetzung unwahrscheinlich und nur in seltenen Fällen begründbar ist, die Annahme einer nicht mehr erhaltenen, der LXX gegenüber getreueren griechischen Übersetzung der masoretisch überlieferten Textform als Vorlage von La[123] fast immer die bessere Lösung des textgeschichtlichen Problems. Das gilt z.B. in 22₂₇ für die syntaktischen Umformulierungen des adverbialen Ausdrucks ובתודות ובשיר מצלתים נבלים וכנרות, in LXX in der Form ἐν θωδαθὰ καὶ ἐν ᾠδαῖς κυμβαλίζοντες καὶ ψαλτήρια καὶ κινύραι, in L in der Form και εν αινεσει (αγαλλιασει pro εν αινεσει 19) και εν ωδαις και (+ εν 93) κυμβαλοις και ψαλτηριοις και κινυραις, in La[123] in der Form *et in laudē et in canticis cymbalorum nablorum et cyrinis*: LXX liest für das Nomen מצלתים eine Partizipialform des Verbums צלל – מְצַלְלִים oder מַצְלִילִים?–, L korrigiert nach 𝔐 in das in LXX einhellig – auch in 3₁₀ – überlieferte Äquivalent κυμβαλοις und setzt die in LXX dem Partizip κυμβαλίζοντες im gleichen Casus zugeordneten Nomina ψαλτήρια καὶ κινύραι syntaktisch passender, aber nicht 𝔐 entsprechend in adverbiale Ausdrücke um: (εν) κυμβαλοις και ψαλτηριοις και κινυραις; nur La[123] setzt sowohl syntaktisch als auch sinngemäss mit 𝔐 übereinstimmend die beiden erstgenannten Musikinstrumente in den von

---

nach 𝔐 zu erklären, aus diesem Grund aber auch nicht mit Sicherheit aus dem Bestand der Rezensionselemente auszuscheiden, da die altlateinische Übersetzungstechnik von La[123] zugunsten der Treue gegenüber der Sprache der Vorlage auch gegen die eigene Sprachgesetzlichkeit verstossen kann.

canticis abhängigen Genitiv *cymbalorum* und *nablorum* [1]. Die Frage aber, ob die Diskrepanz zwischen der der masoretisch überlieferten näher stehenden Textform von La[123] und der 𝔐 gegenüber freieren der von den übrigen Zeugen überlieferten ursprünglichen Übersetzungsform der LXX in einer von 𝔐 abweichenden hebräischen Vorlage des LXX-Übersetzers begründet ist oder in freier Wiedergabe der masoretisch überlieferten Textform, ist für die Bestimmung des Charakters der Textform von La[123], da dieser in beiden Fällen gleicherweise als rezensionelle Angleichung an den Text von 𝔐 erklärt werden muss, ohne Bedeutung. Und da der Text von La[123] auf Grund der nicht verstandenen oder als nomina propria missverstandenen Transkriptionen griechischer appellativa als Übersetzung aus dem Griechischen erwiesen ist[2], für die Annahme eines direkten Rückgangs auf eine hebräische Vorlage als Kriterium der Korrektur aber weder Beweise noch Indizien zu finden sind, ist auch in beiden Fällen gleicherweise mit einer nicht mehr erhaltenen griechischen Vorlage als Kriterium der Korrektur zu rechnen.

Mit 𝔐 übereinstimmende Vokalisierung als Vorlage in La[123], von 𝔐 abweichende in LXX:

4₂₁ לֹא תִתְבְּנֵא עַד־מִנִּי טַעְמָא יִתְּשָׂם: οὐκ οἰκοδομηθήσεται ἔτι, ὅπως - ἀπὸ τῆς γνώμης] ου μη οικοδομηθη ετι δι εμου εξετεθη το δογμα L'; *non aedificetur donec a me edictum proponatur* La[123]: LXX mitsamt L liest an Stelle von עַד das Adverb עַד, nur La[123] übereinstimmend mit 𝔐 עַד als temporale Konjunktion, „bis dass", durch die auch der damit eingeleitete Nebensatz, der als ganzer aus der stark abweichenden Textform der übrigen Zeugen von La[123] mit *L'* gemeinsam zu 𝔐 zurückbewegt wird, nur in La[123] in die richtige Zeitform – durch *donec* geforderter Konjunktiv an Stelle des Hauptsatzes im Aorist in *L* – und damit völlig in die masoretisch vorgegebene Textform zurückversetzt wird[3].

Verbunden mit dem Wechsel von ו zu י: 10₁₅ עָמְדוּ: μετ' ἐμοῦ] *constituerunt* La[123]: LXX liest als Vorlage עִמָּדִי.

Bei ungesicherter Vokalisierung und Textgrundlage: 9₁₁ אֶרֶץ נִדָּה הִיא בְּנִדַּת עַמֵּי הָאֲרָצוֹת: γῆ μετακινουμένη ἐστὶν ἐν μετακινήσει λαῶν τῶν ἐθνῶν (γαιων (γεων 19') *L* Compl; *terrae* Aeth Arm)] *terra ista est inmunditia populorum incolarum* La[123]. Die Rückbewegung zu 𝔐 in La[123] besteht in der semantischen Umdeutung des Begriffs μετακίνησις zu *immunditia*, die auch von Aeth und Arm bezeugt und in der noch bekannten

---

[1]) Hinsichtlich der syntaktischen Konstruktion stimmt La[123] im Unterschied zu 𝔙, deren Übersetzung der lukianischen Textform entspricht, mit 𝔐 überein. Auch hinsichtlich der Wortäquivalenz scheint La[123] auf einer von LXX und *L* abweichenden Vorlage zu beruhen, da für נבלים das im Griechischen und im Lateinischen aus Transkription entstandene Lehnwort *nablorum* steht, das griechisch als Äquivalent in LXX von Par I und II erscheint, auch hier, in Par II 9₁₁ 20₂₈ 19₂₅, in La[109] mit dem Äquivalent *nabla*, während 𝔙 in Esdr II das von LXX mitsamt *L* bezeugte ψαλτήριον als Lehnwort *psalterium* beibehält, das mit dieser Äquivalenz im LXX-Psalter und lateinisch sowohl dem Gallicanum, dem Romanum als auch 𝔙 – mit Ausnahme nur von Ps 70(71)₂₂ כְּלִי נֵבֶל: Ps. Gallicanum *in vasis psalmi*, Ps Romanum *in vasis psalmorum*, 𝔙 *in vasis psalterii*, wo LXX ἐν σκεύει ψαλμοῦ liest – überliefert ist.

[2]) Vgl. FS Frede-Thiele S.51f. Anm.22.

[3]) Zur Textrekonstruktion von 4₂₁₋₂₂ vgl. „Der ursprüngliche Text" 5.2.(1), S.370-372.

richtigen Etymologie eines im AT nur als Nomen in der Bildung נִדָּה bekannten Stammes נדד (?) in der Bedeutung „verunreinigen" begründet ist, während das Äquivalent der LXX, μετακίνησις, von den Stämmen נדד, נוד oder נדה in der Grundbedeutung „entfernen" abgeleitet ist. Ob für das Äquivalent der LXX ursprünglich eine andere Vokalisierung vorlag, muss offen bleiben. Die Textverkürzung in La[123] dürfte auf einer Form von homoiarcton beruhen: *terra <immundata> ista est immunditia* (?)[1].

Mit 𝔐 übereinstimmende Vorlage in La[123] bei paläographisch erklärbarer Abweichung als Vorlage von LXX:

15₅ כרמינו לאחרים: ἀμπελῶνες ἡμῶν τοῖς ἐντίμοις] *vineae nostrae alienae* La[123]. Die Beziehung des Adjektivs auf das Nomen *vineae* an Stelle des durch ל gekennzeichneten Dativs, der *alienis* fordert, ist eher als aus von 𝔐 abweichender hebräischer Vorlage aus lateinischer Abschreibtradition des hier ohne Abbreviatur geschriebenen Wortes her zu erklären: falsch aufgelöstes *aliēn* für *alienis*. לחרים als Vorlage von LXX ist durch die Äquivalenz in v.7 gesichert[2].

---

[1]) Welches griechische Äquivalent an Stelle von μετακίνησις dem Begriff *immunditia* in La[123] als Äquivalent zu Grunde lag, lässt sich nicht mehr verifizieren. An der Parallelstelle von Esdr I 8₈₀ steht einhellig μεμολυμμένη μολυσμῷ (*coinquinata* (*polluta* La[V]) *coinquinationibus* La[V] La[C] (mit La[123] Esdr I). Aber daraus lässt sich keine Abhängigkeit der Textform La[123] von Esdr I erschliessen, da die Aussage von Esdr II 9₁₁ (= I 8₈₀) auf alttestamentlicher Tradition des Pentateuch beruht, die Erinnerung an die Unreinheit der Völker auf Lev 18₂₄₋₂₅, die Bedeutung des Begriffs נִדָּה auf Lev 15₁₉. Hier steht als Äquivalent der mit *immunditia* nicht übereinstimmende Begriff ἄφεδρος und als Dublette aus der von Wevers als n bezeichneten, nach meinem Urteil lukianische Tradition erhaltenden Handschriftengruppe in codex 54 das in LXX für נִדָּה in Esdr II 9₁₁ singuläre Äquivalent μετακίνησις, das in Lev 15₁₉ auch als anonyme Note überliefert ist; so auch μετακίνημα in anonymer Note (LXX und σ' κίνησις) für מנוד und μετακινεῖν in σ' und θ' Is 16₂ (cod 710; LXX ἀνίπτασθαι) für נדד. Die Vermischung der beiden ursprünglich auf zwei verschiedene Stämme zurückgehenden Bedeutungen dürfte auf die Vorstellung des „Entfernens" bzw. „Absonderns" als Unreinheit zu erklären sein; vgl. die in LXX singuläre Äquivalenz von μετακίνησις mit חטאת neben ῥαντισμός mit נִדָּה im hexaplarischen Zusatz nach 𝔐 Sach 13₁ (deren Bezeugung auch für α' schon Montfaucon als unecht erklärt hat). Ein analoger Fall ist die im gleichen Vers Esdr II 9₁₁ überlieferte lukianische Änderung der innerhalb der LXX an dieser Stelle und in v.1 singulären Äquivalenz des Begriffs תועבה mit μάκρυμμα in das auch von α' – und von hier aus von σ' und θ' – übernommene Äquivalent βδέλυγμα (vgl. S.96 mit Anm.2): Das Äquivalent von La[123], das auf eine andere Vorlage als auf die lukianische zurückzuführen kein Grund vorliegt, lautet in v.11 *exsecratio*, in v.1 *abominatio* – 𝔙 liest an beiden Stellen *abominatio*, an den Parallelstellen von Esdr I, 8₆₆ und 80, lesen La[V] und La[C] (mit La[123] Esdr I) für einhellig überliefertes ἀκαθαρσία das auch etymologisch entsprechende *immunditia* –; das Beispiel bestätigt den Befund, dass in der Textform von La[123] bei synonymen Begriffen, wenn ihre griechische Vorlage nicht erhalten ist, das jeweils griechische Äquivalent nicht erschlossen werden kann; vgl. S.10 Anm.1 und zu 9₁₄ S.277 mit Anm.3.

[2]) Die LXX vorliegende Textform לחרים ist trotz der einhelligen Überlieferung der masoretisch überlieferten Textform in der Tradition von Pesch und 𝔙 (*vineas alii possident*) vom Kontext her als ursprünglich nicht auszuschliessen.

20₂₉₍₃₀₎ אדיריהם: καὶ (> B' S 71 (|)) κατηράσαντο αὐτούς] pr *magni eorum* Aeth⁻ᴮ; *fortis eorum* La¹²³: Die Vorlage von LXX, אֲרִירֵיהֶם oder ארורים, ist durch die syntaktisch schwierige Erklärung des Nomens אדיריהם als Apposition zu אחיהם und den folgenden Kontext, באים באלה bedingt und führt zu dem in diesem Zusammenhang ausgeschlossenen Verständnis einer Verfluchung der Brüder an Stelle ihrer eidlichen Verpflichtung. Das Äquivalent von La¹²³, *fortis* (= *fortes*) entspricht dem an der andern Stelle des Vorkommens von אדיר in Esdr II, 13₅, an der LXX in ἀδωρηέμ transkribiert, dem dort auch lukianisch überlieferten, ἰσχυροι: *fortiores* La¹²³ ᴵᴵ ¹.

Bei den weiteren Lesarten von La¹²³, die von LXX abweichen und zugleich ein grössere Nähe zur masoretisch überlieferten Textform zeigen, als es beim Äquivalent der LXX der Fall ist, lässt sich oft nicht mehr mit Sicherheit erkennen, ob in der Vorlage der LXX eine von 𝔐 abweichende Textform vorausgesetzt werden muss oder ob es sich um freie Wiedergabe handelt. Doch muss auch in diesen Fällen für die Textform von La¹²³, da ihre mit 𝔐 besser als mit LXX übereinstimmende Äquivalenz, auch dort, wo ihr die masoretische Vorlage mit LXX gemeinsam ist, da ihre grössere Nähe zu 𝔐 auf andere Weise nicht erklärbar wäre, eine von der ursprünglichen Textform der LXX unabhängige Rückbewegung zur masoretisch überlieferten Vorlage postuliert werden. Und nur darauf kommt es für die Bestimmung von Charakter und textgeschichtlicher Bedeutung der Textform von La¹²³ an.

Fälle solcher grösserer semantischer bzw. etymologischer Nähe des Äquivalents von La¹²³ zu 𝔐 gegenüber LXX sind:

6₂ *sic* La¹²³ gegenüber τοῦτο LXX für כן: aus οὕτως?, 16₇ *in unum* La¹²³ gegenüber ἐπὶ τὸ αὐτό LXX für יחדו (𝒱 *pariter*) 18₄ *super turrem* La¹²³ gegenüber ἐπὶ βήματος LXX (so auch die Parallelstelle Esdr I 9₄₂, an der Laⱽ und Laꟲ (mit La¹²³ Esdr I) *super tribunal* lesen) für על־מגדל (𝒱 *super gradum*), wo die Äquivalenz von מגדל mit βῆμα in LXX singulär, πύργος als Vorlage von La¹²³ darum gefordert ist², und der Sonderfall 20₃₃₍₃₄₎ *ad panes propositionis* La¹²³ (so auch 𝒱) gegenüber εἰς (+ τους L 107) ἄρτους τοῦ προσώπου LXX für לחם המערכת, wo das Äquivalent von LXX zwar auf dem analogen Begriff לחם הפנים beruht. Da aber die Äquivalenz in LXX sich auch an anderer Stelle überschneiden kann – in Exod 39₁₈₍₃₆₎ wird לחם הפנים mit τοὺς ἄρτους τοὺς προκειμένους (τῆς προθέσεως in AFM und vielen, auch hexaplarischen Minuskeln), in Par II 4₁₉ einhellig, auch in La¹⁰⁹ und 𝒱 (*panes propositionis*), mit ἄρτοι προθέσεως wiedergegeben –, bleibt es offen, ob die Vorlage der LXX von der masoretischen abweicht, sicher aber, dass die Vorlage von La¹²³ nur das Äquivalent für מערכת: πρόθεσις, sein konnte.

---

¹) In der von La¹²³ überlieferten Kontamination von Textteilen aus 13₄₋₅ (s. den Apparat in v.4), die zeigt, dass dieser Textform ursprüngliche und lukianische Überlieferung gleicher Partien auch dort zu Grunde liegen kann, wo es nicht um die Textform der Dublette geht, erscheint in der nichtlukianischen Wiedergabe von v.5 (La¹²³ ¹) die Transkription ἀδωρηέμ in *adoremus* transformiert.

²) Zur Frage der Abhängigkeit zwischen Esdr II und I an dieser Stelle vgl. TGE S.17.

Die Fälle, bei denen das von La¹²³ überlieferte Äquivalent, obwohl sich seine griechische Vorlage, vor allem dann, wenn für das hebräische bzw. aramäische Grundwort in LXX verschiedene Äquivalente nachgewiesen sind, infolge der festgestellten Freiheit der Wahl von Synonyma bei gleicher griechischer Vorlage nicht mit Sicherheit verifizieren lässt, sich gegenüber dem Äquivalent der LXX hinsichtlich seiner Übereinstimmung mit 𝔐 so stark unterscheidet, dass für das Äquivalent der LXX eine von 𝔐 abweichende Vorlage in Frage kommt, lassen sich im Blick auf die – grundsätzlich zwar textgetreue – Übersetzungstechnik des Übersetzers von Esdr II nur noch schwer nach der Alternative freie Wiedergabe oder von 𝔐 abweichende Vorlage einteilen.

Von 𝔐 abweichende Vorlage in LXX gegenüber La¹²³ ist nur dann mit einiger Sicherheit anzunehmen, wenn es sich um ihrer Bedeutung nach völlig unterschiedliche Begriffe handelt, wie 2₂₃ υἱοί] *viri* La¹²³ Aeth^A = 𝔐 (אנשי)¹   5₄ τὴν πόλιν ταύτην] *istud aedificium* La¹²³ = 𝔐 (דנה בנינא)²   9₁₄ τοῖς λαοῖς τῶν γαιῶν] om τῶν γαιῶν B′ S* ᵉᵗ ᶜ²; + τουτων S^c1 (restituit S^c2)-L′ Compl; *a populis exsecrationum istarum* La¹²³ Arm (sim) = 𝔐 (בעמי התעבות האלה) 𝔙 (*cum populis abominationum istarum*)³   4₉ σύνδουλοι ἡμῶν] *servi eorum* La¹²³ = 𝔐 (כנותהון)⁴   8₁₇ πρὸς τοὺς ἀδελφοὺς αὐτῶν] *an* (mend pro *ad*) *fratres eius* La¹²³ = 𝔐 (אחיו)⁵   20₁₀₍₁₁₎ οἱ ἀδελφοὶ αὐτοῦ] *fratres eorum* La¹²³ = 𝔐 (אחיהם)⁶.

---

¹) Die Äquivalente בני und אנשי, υἱοί und ἄνδρες variieren auch an andern Stellen der Liste – in 2₂₃ liest nach Kennicott 1 Ms בני –; auch in der Parallelstelle 17₂₇, wo La¹²³ und Aeth^B ausfallen, steht nur in Aeth^A für υἱοί nach 𝔐 *viri*.

²) Das Äquivalent der LXX, πόλις, dürfte am ehesten im Nomen קריתא zu sehen sein, das eher aus der aramäischen Vorlage des Übersetzers als durch diesen selbst aus dem vorangehenden Bericht 4₁₂₋₂₁ in 5₄ eingedrungen ist. Textgeschichtliche Berührung zwischen πόλις in Esdr II 5₄ und der Variante πολιν der Rezension *a* in Esdr I 6₄ an Stelle von στέγην für אשרנא (= Esdr II 5₃ χορηγίαν) ist schwerlich anzunehmen.

³) Das Äquivalent der LXX geht – auch hier, weil solche Harmonisierung der Übersetzungstechnik von Esdr II nicht entspricht, auf Grund der von 𝔐 abweichenden hebräischen Vorlage – auf den unmittelbar davor in v.11 stehenden Ausdruck עמי הארצות zurück. Hier liegt im Paralleltext von Esdr I zu II 9₁₄ eine Form von Kontamination beider Ausdrücke vor: 8₈₄ (εἰς τὸ ἐπιμιγῆναι) τῇ ἀκαθαρσίᾳ τῶν ἐθνῶν (*alienigenarum* La^C (cum La¹²³ Esdr I); *alienigenarum gentium* La^V) τῆς γῆς (+ ταυτης *L* 121 La^V C (cum La¹²³ Esdr I). Zu v.9₁₁ und 1 vgl. S.275 mit Anm.1. Auch hier erlauben weder die griechischen noch die lateinischen Äquivalente für תעבה in 9₁₄ einen Schluss auf eine textgeschichtliche Berührung zwischen La¹²³ in Esdr II und Esdr I.

⁴) Im Paralleltext von Esdr I 2₁₆ ist der Wechsel in die erste Person plur. in Arm überliefert. In der aramäischen Vorlage von LXX Esdr II ist er dadurch motiviert, dass das Adverb כנמא in v.8 als Hinweis auf den Briefanfang schon mit v.9 verstanden werden kann.

⁵) Zur Rekonstruktion der sowohl in 𝔐 als auch in LXX verderbten Textform s. „Der ursprüngliche Text" 5.2.(4) S.377f. Die sinnlose Formulierung in La¹²³ *et eddo et an fratres eius* zeigt, dass spätestens der Abschreiber den Text nicht mehr verstand, der wahrscheinlich ursprünglich *ad eddo et ad fratres eius* lautete und damit – zusammen mit *L* – bestätigt, dass in 𝔐 vor אחיו durch Haplographie י ausgefallen und die dadurch bedingte singularische Vokalisierung ursprünglich pluralisch, וְאֶחָיו, war. Der nur in La¹²³ nach 𝔐 wiederhergestellte Singular

Einen Sonderfall, der zeigt, dass innerhalb vormasoretisch noch offener Tradition der hebräischen Vorlage in der lukianischen Rezension und in der Textform von La[123] in je verschiedener Weise rezensiert bzw. harmonisiert werden kann, stellt die Überlieferung der Zahl der Bewohner von Bethel und Ai in 2₂₈ (= 17₃₂) dar: In der ersten Liste, 2₂₈, wird die Zahl der LXX τετρακόσιοι εἴκοσι τρεῖς in B' L Aeth Compl nach 𝔐 in διακοσιοι εικ. τρεις korrigiert, in der Textform La[123], in der nur eine Liste im Text von Kap.2 erhalten ist, nach der in der zweiten Liste, 17₃₂, sowohl in 𝔐 als auch in LXX überlieferten Grösse ἑκατὸν εἴκοσι τρεῖς (CXXIII La[123]) bezeugt. Auch an dieser Stelle korrigiert aber die lukianische Rezension, L Got, wie in 2₂₈ ἑκατόν in διακοσιοι[1].

Auf eine von 𝔐 abweichende Vorlage der LXX, die von La[123] als einzigem Zeugen nach der masoretisch überlieferten Textform korrigiert ist, sind auch die meisten der mit Präpositionen formulierten adverbialen Ausdrücke zurückzuführen:

7₆ ὅτι χεὶρ κυρίου] *secundum manum domini* La[123] = 𝔐 (כיד־יהוה)[2]   9 ὅτι χεὶρ θεοῦ αὐτοῦ ἦν ἀγαθή] *secundum manum dei sui bonam* La[123]   15₁₃ καὶ ἐποίησεν ὁ λαὸς τὸ

---

des Pronomens, *eius*, ist in LXX bzw. ihrer hebräischen Vorlage aus dem Grund in den Plural geändert, weil das allein mögliche Bezugswort, אדו, an dieser Stelle ausfiel, die Nennung dieser Person mit ihrer Amtsbezeichnung, ἄρχων, aber im vorangehenden Kontext zu weit abliegt, als dass seine pronominale Wiederaufnahme noch verständlich gewesen wäre. Darum mussten die „Brüder Iddos" auf die Brüder der von Esra abgesandten Männer umgedeutet werden. Mit dem rezensionellen Nachtrag des Namens nach 𝔐 geht La[123] mit *L* zusammen; die Änderung des Pronomens in den Singular nur in La[123] ist demnach wieder als konsequente Weiterführung der griechisch überlieferten lukianischen Rezension zu bestimmen. Der Ausfall des Satzteils ἐπί — ἔθηκα in La[123] (*more eorum* ist (meine) Fehllesung von *in ore eorum*) ist innerlateinischer Homoioteleuton-Ausfall (wahrscheinlich *mandavi* ∩ *statui*) und darum für die altlateinische Textform ohne Bedeutung.

⁶) Die Änderung des pluralischen Pronomens in den Singular in LXX bzw. ihrer hebräischen Vorlage (so auch 1 Ms in 𝔙), durch die die folgenden Namen als Brüder des einzigen, Kadmiel, nicht aller davor genannten levitischen Geschlechter bestimmt werden, ist daraus zu erklären, dass Kadmiel, der als einziger nicht auf seine Vorfahren zurückgeführt wird (vgl. „Der ursprüngliche Text" 5.3. (9.1.), S.410f.), asyndetisch den vorangehenden Geschlechterfolgen angereiht wird, so dass nach dem Verständnis der LXX eine entsprechende genealogische Näherbestimmung für ihn erschlossen wird, die in der Nennung seiner Brüder besteht.

¹) So auch 1 Ms. in 𝔙 und *L* in dem einzigen an dieser Stelle erhaltenen lukianischen Zeugen, 108, an der Parallelstelle von Esdr I 5₂₁ an Stelle der wahrscheinlich aus einer Vermischung der beiden Namen entstandenen Textform Βαιτολιῶν (cum var; *betenobes* La[V]; *beitalin* La[C]; *betalin* La[123] Esdr I) πεντήκοντα δύο (om πεντ. 55; *LV* La[V]; *CCXXVII* La[C]; *DCCXXVII* La[123] Esdr I (*D* eras vid)).

²) LXX setzt יכ an Stelle von כ voraus (Dittographie); von daher ist auch die syntaktische Auflösung des Akkusativobjekts כל בקשתו in die adverbiale Formulierung ἐν πᾶσιν, οἷς ἐζήτει αὐτός erfordert, die La[123] wieder an 𝔐 angleicht: *omnem dignationem suam*. 𝔙 formuliert in gleicher Weise, aber mit textgemässerem Äquivalent *petitionem*; doch wird in der freien Wiedergabe der Parallelstelle von Esdr I der entsprechende Ausdruck 8₄ ἐπὶ πάντα τὰ ἀξιώματα αὐτοῦ in La[V] mit dem Äquivalent *in omni dignitate et desiderio* wiedergegeben, in La[C] (mit La[123] Esdr I) mit *super omnes honores suos*.

ῥῆμα τοῦτο] *et fecit populus secundum sermonem istum* La^{123} = 𝔐 (ויעש העם כדבר הזה)   16₇ ἀπαγγελήσονται τῷ βασιλεῖ οἱ λόγοι οὗτοι] *audiet rex secundum verba ista* La^{123}: cf 𝔐 (ישמע למלך כדברים האלה)¹   19₈ διέθου πρὸς αὐτὸν διαθήκην] *disposuisti cum eo testamentum* La^{123}: cf 𝔐 (כרות עמו הברית)²   13 ἐλάλησας πρὸς αὐτούς] *locutus es cum eis* La^{123} = 𝔐 (דבר עמהם)   21₃₀ ἐν Βηρσάβεε] *a uersabee* La^{123} (מבאר־שבע)³   23₂₅ ἐν αὐτοῖς] *ex eis* La^{123} = 𝔐 (מהם)   23₃₀ ὡς (εἰς 58) τὸ ἔργον αὐτοῦ] *in opere suo* La^{123} = 𝔐 (במלאכתו)⁴   22₃₉ ἀπὸ πύργου τοῦ Μεά] *ad turrem ees* La^{123}: cf 𝔐 (מגדל המאה)⁵   15₁₉ τῷ (pr ἐν V) λαῷ τούτῳ] *super populum istud* La^{123} = 𝔐^{te} (על־העם הזה)⁶.

---

¹) In 15₁₃ und 16₇ ist als Vorlage der LXX die Setzung des Artikels an Stelle der Präposition wahrscheinlich; doch ist auch vereinfachende Übertragung – auch 𝔒 übersetzt 16₇ frei mit *auditurus est rex verba haec* – nicht ausgeschlossen.

²) In 𝔐 kann die stereotype Wendung כרת ברית sowohl mit der Präposition עם –so z.B. Gen 26₂₈, übersetzt mit μετὰ σοῦ – als auch mit ל verbunden werden – so z.B. 9₆ 7 11 übersetzt mit Dativ, 15 16 mit πρός und Akkusativ. Wenn sich auch die Äquivalenz in LXX unabhängig von der Vorlage überkreuzen kann, bleibt für LXX in Esdr II 19₈ להם als Vorlage wahrscheinlicher; auch Pesch liest לה, 𝔒 mit 𝔐 und La^{123}, aber mit anderem Äquivalent, *percussisti cum eo foedus*.

³) Die präpositionale Formulierung in LXX mit ἐν ist dadurch bedingt, dass in ihrer Vorlage das zweite Glied des adverbialen Ausdrucks עד־גיא־הנם fehlt, wodurch das mit dem in LXX, auch α'σ'θ', bestverankerten Äquivalent παρεμβάλλειν für חנה in der Bedeutung „lagern", hier „siedeln" wiedergegebene verbum finitum die ursprüngliche adverbiale Bestimmung „siedeln von...bis" verliert; notwendig musste darum auch in der hebräischen Vorlage der LXX die Präposition ב an Stelle von מן stehen. Aber die syntaktische Schwierigkeit, das Verbum חנה bzw. παρεμβάλλειν in dieser Bedeutung mit einer „von weg" bedeutenden Präposition zu verbinden, zeigt sich sogar dort, wo der adverbiale Doppelausdruck überliefert ist: ב an Stelle von מן lesen nach Kennicott 3 𝔐-Hss., „*mansuerunt in Bersabee usque ad vallem Ennom*" liest 𝔒, da *manere*: „bleiben" noch weniger als die Äquivalente חנה und παρεμβάλλειν mit einer „von einem Ort zum andern" bedeutenden adverbialen Näherbestimmung verbunden werden kann. Die Textform von La^{123}: *inmiserunt a uersabee usque anom*, ist mit der nur von ihr bezeugten Änderung der Präposition ἐν nach 𝔐 in *a* (= ἀπό) und dem auch hexaplarisch-lukianisch mitbezeugten Zusatz als das Prinzip dieser Rezension weiterführende bzw. sie konsequenter als die griechische Überlieferung bewahrende Traditionsform zu bestimmen; *inmittere* ist als Äquivalent für παρεμβάλλειν dadurch erwiesen, dass es die in diesem Kontext sinnlose transitive Bedeutung des Verbums beibehält.

⁴) Es ist die hebräisch und auch syrisch durch Buchstabenähnlichkeit leicht entstehende Verwechslung von ב und כ (vgl. lukianisch bezeugt in 8₂₇ ἐν χρυσίῳ: ως χρυσιον *L* für כזהב, S.28, wo nach Kennicott 5 Hss. בזהב lesen und auch *auro* La^{123} als Vorlage eher auf LXX zurückgeht).

⁵) In La^{123} liegt Abschreibefehler für *ad turrem mea* vor; die Haplographie von *m* beruht auf Ausfall der Abbreviatur *turrē*. Die Übereinstimmung mit 𝔐 besteht darin, dass La^{123} den ohne Präposition stehenden Ausdruck מגדל המאה textgemäss im gleichen Sinn versteht, wie die beiden ersten vorausstehenden syndetisch, in 𝔐 mit ועל, in LXX καὶ ἐπί, einander zugeordneten Ausdrücke, während der erste der beiden folgenden ohne Präposition stehenden Ausdrücke מגדל, die elliptisch die gleiche Präposition voraussetzen, dem Sinn nach sowohl in LXX korrekt mit Dativ καὶ πύργῳ wiedergegeben wird, als auch in La^{123} mit *ad turrem*. Die Diskrepanz

Es liegen mehrere Fälle vor, bei denen zwar im ursprünglichen Äquivalent der LXX die textgeschichtliche Erklärung, ob von der hebräisch überlieferten Vorlage oder von einer ihr abweichenden Textform her, offen bleiben muss, wo aber in La^{123} die am Äquivalent erkennbare grössere Nähe zu 𝔐 eindeutig zeigt, dass La^{123} unabhängig von LXX auf die Textform von 𝔐 zurückgehen muss:

17 ἔλαβεν] *abstulit* La^{123} : cf 𝔐 (הוציא) 𝔙 (*tulerat* vel *tulit*)^1 58 λίθοις ἐκλεκτοῖς] *lapide electa* La$^{Gl: BPRV}$; *lapide rutundo* La^{123} = 𝔐 (אבן גלל)   64 δόμοι λίθινοι κραταιοί (δομους λιθινους κραταιους *L*)] *aedificatio lapidum rotundorum* La^{123}: cf 𝔐 (נדבכין די־אבן גלל)^2 65 ἀπὸ (εκ *L*; + του *L b* 119 Ald Compl Sixt) οἴκου] *de templo* La^{123} = 𝔐 (מן־היכלא)^3 96 Κύριε (> B' 93 Aeth)] *deus meus* La^{123} = 𝔐 (אלהי); pr *deus meus*

---

zwischen Abweichung von 𝔐 in LXX, Übereinstimmung in La^{123} setzt erst mit dem zweiten ohne Präposition stehenden מגדל ein, wo LXX ממגדל voraussetzt, während La^{123} mit *ad turrem* die Vorlage von 𝔐 formal frei, aber inhaltlich korrekt wiedergibt. 𝔙 entspricht mit *super* und elliptisch formuliertem *turrem* auch formal genau 𝔐, Pesch setzt vor das erste מגדל die Präposition מן, vor das zweite עדמא.

^{6}) Die Vorlage von LXX, לעם הזה, lesen nach Kennicott die Hss. 253, 260 und 198^{mg}.

^{1}) In LXX ist mit λαμβάνειν das Hervorholen der Tempelgeräte aus Jerusalem durch Nebukadnezar, das in 𝔐 durch zweimaliges הוציא im Vordersatz ihrem Hervorholen aus dem Tempel zu Babylon durch Kyros zugeordnet war, dem anschliessenden Handeln Nebukadnezars: dem Übergeben an den Tempel zu Babylon, ויתנם: καὶ ἔδωκεν αὐτά, zugeordnet. Eine abweichende hebräische Vorlage lässt sich daraus nicht zwingend erschliessen – die Begründung des Vorschlags von Rudolph in BH^3, הביא an Stelle von הוציא zu lesen, mit LXX: λαμβάνειν, der Parallelstelle in Esdr I 29: μετάγειν, und 𝔙: *ferre*, ist, da Hiphil von בוא als Äquivalent für λαμβάνειν höchstens als Ausnahme (Ps 77(78)71), für μετάγειν nirgends überliefert ist und da *tulerat* neben vorangehendem *protulit* das zweimalige הוציא als identische Handlung: Hervorholen gegenüber dem Übergeben: *posuerat*, wiedergeben soll, irreführend.

^{2}) Sicher ist hier nur die vom Stamm גלל abgeleitete Äquivalenz an beiden Stellen, 58 und 64, in der Textform La^{123}, der aber auch in der altlateinischen Tradition, bei den Glossen La$^{Gl:}$ ^{BPRV}, in 58 die Kenntnis des Äquivalents der LXX, ἐκλεκτός, gegenübersteht (vgl. FS Frede-Thiele S.56f.). Unerklärbar von der masoretischen Vorlage גלל oder einer ihr graphisch nahe stehenden Wortbildung her bleiben alle übrigen Äquivalente der alten Übersetzungstradition: Die je verschiedene Äquivalenz in LXX, ἐκλεκτός in 58, κραταιός in 64, spricht eher als für eine von 𝔐 abweichende Vorlage für aus dem Kontext erschlossene Bedeutung des unbekannten Begriffs. Die Äquivalenz im Paralleltext von Esdr I 68 und 24, ξυστός (ξεστός *L* Ios): *politus* in La^{VC} (mit La^{123} Esdr I) könnte von der Bedeutung der als rund oder als Quader bearbeiteten Steine abgeleitet sein, ist in LXX aber nur als Äquivalent für גזית überliefert (Par I 222 Am 511, vgl. Sir 2217). 𝔙 mit dem entgegengesetzten Äquivalent *inpolitus* an beiden Stellen dürfte von Exod 2025, לא...גזית: (λίθους) οὐκ...τμητούς: *non...de sectis lapidibus* her zu erklären sein. Als griechisches Äquivalent, das La^{123} vorlag, käme von der erhaltenen Tradition her nur στρόγγυλος in Frage, für das als hebräisches Äquivalent עגול (Reg III 723 (LXX 10) 31 (LXX im asterisierten Zusatz) 35 (LXX 21) Par II 42), in 𝔙 und in VL (La^{109} in Par II 42) *rotundus* steht.

^{3}) Die zwischen בית und היכל wechselnde Bezeichnung der gleichen Stätte in diesem Vers konnte in der Übersetzung unabhängig von der Vorlage zu einer anderen Anordnung oder zur Ausgleichung führen – Pesch vereinfacht den Satzteil ἅ — Ἰερουσαλήμ 1° durch Auslassung der adverbialen Bestimmung „aus dem Tempel": מלכא נבוכדנצר אנון דאפק, Esdr I lässt im

Arm (hab κύριε (*domine* La^VC (cum La^123 Esdr I)) Esdr I 8₇₁)   14₁₄₍₈₎ τοῦ θεοῦ ἡμῶν] *dominum* La^123 = 𝔐 (אֶת־אֲדֹנָי)¹)   9₁₀ ₁₁ ἐντολάς σου, ἃς ἔδωκας] *mandata tua quae mandasti* La^123 = 𝔐 (מִצְוֹתֶיךָ אֲשֶׁר צִוִּיתָ)²   14₈₍₂₎ καὶ συνήχθησαν] *et coniuncxerunt se* La^123: cf 𝔐 (וַיִּקָּשְׁרוּ)³   14₁₀₍₄₎ τῶν ἐχθρῶν] *baiulantium* La^123 Aeth (vid): cf 𝔐 (הַסַּבָּל)⁴   23₁₅ καί 3⁰] *sed et* La^123: cf 𝔐 (וְאַף)⁵.

Paralleltext 6₂₅ den letzten adverbialen Ausdruck בְּבֵית אֱלָהָא aus: ὅπως τεθῇ ἐκεῖ, und setzt an den andern drei Stellen vereinheitlichend οἶκος, so auch mit *domus* die ältere altlateinische Übersetzung La^V, während die jüngere La^C (mitsamt La^123 Esdr I) gleicherweise vereinheitlicht, aber mit *templum*, dem Äquivalent, das an allen vier Stellen in Esdr II auch 𝔙 überliefert –; doch zeigt der Befund, dass in der ganzen alten Übersetzungstradition nur La^123 in der Zahl der vier Ausdrücke und in der Abfolge der beiden Äquivalente mit 𝔐 übereinstimmt, dass hier nicht textgeschichtlicher Zufall, sondern bewusste Korrektur nach 𝔐 vorliegt.

¹) 8 Mss. bei Kennicott lesen יְהוָה.

²) Die Wahl des in Esdr II singulären Äquivalents διδόναι für צוה ist durch den (im Unterschied zu 19₁₄) nicht bildlich aufgefassten adverbialen Ausdruck בְּיַד עֲבָדֶיךָ: ἐν χειρὶ δούλων σου, motiviert, darum auch, ohne dass daraus Abhängigkeit notwendig zu erschliessen ist (vgl. S.7-10), im Paralleltext von Esdr I 8₇₉. Da das reale Verständnis der abstrakten Bedeutung von בְּיַד eher von der griechischen Übersetzungssprache her zu erklären ist als vom hebräischen Sprachgebrauch, ist für La^123 auch keine von 𝔐 abweichende hebräische Vorlage anzunehmen, wohl aber das verlorene Zwischenglied eines die Bedeutung von צוה genauer wiedergebenden griechischen Äquivalents, für das nach Ausweis aller צוה überliefernden Stellen in Esdr II nur ἐντέλλεσθαι in Frage kommt – so auch lukianisch in der aus Ketib וָאוֹצִאָה und Qere וָאֲצַוֶּה] kontaminierten Form וָאוֹצִאָה in 8₁₇, wo LXX ἐξήνεγκα, L La^123 Compl mit Qere das Äquivalent ἐνετειλάμην lesen, das von La^123 hier und in 9₁₁ 1 1₇ 15₁₄ 18₁₄ 19₁₄ mit *mandare*, in 4₃ 17₁₂ 18₁ mit *praecipere* wiedergegeben wird.

³) Das Äquivalent von La^123 *se coniungere* entspricht der Bedeutung des zu Grunde liegenden, קשׁר, im Sinn einer Verschwörung durch den Aspekt eines Sich-Miteinander-Verbindens mehr als das ursprüngliche Äquivalent der LXX, συνάγεσθαι, das denn auch in der LXX als ganzer nur an dieser Stelle für קשׁר steht, in Esdr II noch für verschiedene Äquivalente, am häufigsten, wie in allen Büchern der LXX für קבץ. Als *se coniungere* und קשׁר der Bedeutung nach näher stehendes griechisches Äquivalent, das in LXX mit dieser Äquivalenz überliefert ist, kommt zuerst das Verbum συνάπτειν in Frage, da es an der zweiten Stelle des Vorkommens von קשׁר in Esdr II, 13₃₈, nach LXX 14₆, in dem nur lukianisch überlieferten Textteil, in dem aber die קשׁר enthaltende Stelle in La^123 durch Homoioteleuton ausgefallen ist, im Niphal, zwar in der besonderen Bedeutung des Zusammenfügens der Mauer, überliefert ist: καὶ συνήφθη πᾶν τὸ τεῖχος ἕως τῆς ἡμίσους αυτου, dazu noch in Reg III 16₂₀ auch hier in einem nur hexaplarisch-lukianisch überlieferten Textteil, hier aber in der Bedeutung der Verschwörung, קָשְׁרוּ אֲשֶׁר קָשַׁר: τὰς συνάψεις αὐτοῦ, ἃς συνῆψεν, altlateinisch in La^115 *commissiones eius quas commisit*, in 𝔙 (*reliqua...*) *insidiarum eius*. Für diese Äquivalenz, συνάπτειν als Vorlage von La^123 in Esdr II, spricht auch die gleiche Äquivalenz bei 𝔙 in 14₆ (13₃₈): *aedificavimus murum et coniunximus totum*, während sie in 14₈₍₂₎ – vielleicht über das Mittelglied des Symmachos, bei dem die Bedeutung im Kontext der Einhaltung der Wortäquivalenz oft übergeordnet ist (vgl. S.110-113) – mit *congregati sunt* das ursprüngliche Äquivalent συνάγεσθαι zu bewahren scheint. Nach Bedeutung und mehrfach überlieferter Äquivalenz mit קשׁר kommt auch das von Aquila übernommene Verbum συνδεῖσθαι in Frage.

Die von der ursprünglichen Textform der LXX unabhängige, von nicht mehr erhaltenen griechischen Zwischengliedern her zu erklärende grössere Nähe der Wortäquivalenz von La[123] zur masoretisch überlieferten Textform zeigt sich auch in Fällen, die tiefere, teilweise von L mitgetragene Eingriffe in die Satzkonstruktion aufweisen, oder bei denen die Sicherheit der Zuordnung auf Grund der La[123] eigentümlichen Freiheit in der Wahl verschiedener Äquivalente für das gleiche hebräische bzw. aramäische Grundwort relativiert wird:

15₁₁ ἐξενέγκατε ἑαυτοῖς] *quod vos feneratis eos* La[123] = $\mathfrak{M}$ (אֲשֶׁר אַתֶּם נֹשִׁים בָּהֶם); pr υμεις L = $\mathfrak{M}$; εξηνεγκατε εαυτοις S 93 55 119; εξεν. αυτοις 19′-121 106 46-64-381-728 Arm Compl¹   16₁₀ ἐν μέσῳ αὐτοῦ] *in medio templi* La[123] = $\mathfrak{M}$ (אֶל־תּוֹךְ הַהֵיכָל)²   23₂₀

---

⁴) Das Äquivalent der LXX, ἐχθρός, liesse sich nur auf durch graphische Ähnlichkeit nicht erklärbare von $\mathfrak{M}$ abweichende Äquivalente zurückführen, könnte aber von der Bedeutung her von der „Fronarbeit Ägyptens": סִבְלוֹת מִצְרַיִם, die in LXX mit καταδυναστεία τῶν Αἰγυπτίων wiedergegeben wird, als Berufung auf vorgegebenes Zeugnis erklärt werden: die schwindende Kraft der am Bau der Mauer arbeitenden Lastträger umgedeutet auf die schwindende Macht der über Iuda liegenden Last seiner Unterdrücker. Der Spruch muss, damit er nicht sinnlos erscheint – „un pur non-sense dans le contexte" (T.Janz) – als antithetischer Parallelismus membrorum in dem Sinn verstanden werden, dass aus dem vorangehenden Kontext e silentio erschlossen werden muss, dass der Ansturm der Feinde (v.8(2)) zurückgeschlagen war: „Die Macht des Feindes ist zwar aufgerieben, aber des Schuttes ist zuviel, als dass wir noch die Kraft hätten, die Mauer aufzubauen". Diese Erklärung – auch ohne die Annahme einer Reminiszenz an die Drangsal in Ägypten ist keine andere Deutung möglich – würde es auch verständlich machen, dass der Begriff סַבָּל hier nicht mit dem in den Esdr II nach Übersetzungstechnik und Wortäquivalenz so nahe stehenden Büchern der Chronik (Par II 22(1) 18(17) 34₁₃) überlieferten Äquivalent νωτοφόρος, das vielleicht auch die Vorlage für *baiulans* in La[123] war, wiedergegeben wird; von der lateinischen Überlieferung der Äquivalente her lässt sich, da das Verbum *baiulare* nur in $\mathfrak{V}$ des NT und nur für βαστάζειν überliefert ist, das einzige Vorkommen des Stammes in $\mathfrak{V}$ des AT, das Nomen *baiulus* in Reg II 18₂₂, nicht auf סבל zurückgeht und $\mathfrak{V}$ in Esdr II 14₁₀(4) mit *portans*, an den Stellen von Par II variierend mit *portare opera umeris* (ähnlich La¹⁰⁹ mit *dorso opera portare*) überträgt, die Äquivalenz in La[123] nicht verifizieren.

⁵) Die in den Äquivalenten für גַם(וֹ) festgestellte den griechischen lukianischen Zeugen gegenüber intensivere Angleichung von satzverbindenden Partikeln an $\mathfrak{M}$ in La[123] (FS Frede-Thiele S.55 Anm.32) beweist auch hier bei gleicher mit $\mathfrak{M}$ übereinstimmender Vorlage in LXX und La[123] eine von LXX unabhängige textgeschichtliche Berührung zwischen La[123] und $\mathfrak{M}$.

¹) Zur Textkonstruktion im Ganzen von Kap.5 vgl. „Der ursprüngliche Text" 5.2.(7) S.382-385 mit S.384 Anm.1. Nur der Text von La[123] stimmt nach Syntax, als Relativsatz, und nach Wortäquivalenz mit $\mathfrak{M}$ überein: „(erlasst ihnen...), was ihr gegen Zinsen an sie ausgeliehen habt". Als griechisches Äquivalent für *fenerare* ist nach Ausweis der Äquivalenz in v.7 ἀπαιτεῖν anzunehmen, als hebräisches Grundwort für ἐκφέρειν eher als freie Übersetzung des masoretischen נשא, wie eine Form von שׂום für τιθέναι in v.10, so hier, entsprechend der in Ez 17₂₃ nachgewiesenen Äquivalenz, נשׂא an Stelle von נשא.

²) Die nur in La[123] überlieferte Korrektur nach $\mathfrak{M}$ steht im Kontext von zwei weiteren sekundären Angleichungen der eher auf übersetzungstechnisch bedingter Vereinfachung als auf von $\mathfrak{M}$ abweichender Vorlage beruhenden ursprünglichen Textform der LXX an $\mathfrak{M}$: der von La[123] zusammen mit L Aeth⁻ᴮ bezeugten Änderung des zweiten Pronomens αὐτοῦ in του ναου (*templi*)

ἐποίησαν πρᾶσιν] vendentes omnem emptionem La¹²³ = 𝔐 (מכרי כל־ממכר); οι ποιουντες πασαν πρασιν (πραξιν 19′) 𝔐¹.

Die verschiedenen Möglichkeiten der über die von den griechischen lukianischen Zeugen überlieferten Rezensionselemente hinausgehenden Angleichungen an 𝔐 in der Textform von La¹²³ spiegeln sich auch – oft nur in Spuren – in der Äquivalenz der sowohl in der griechischen Übersetzungssprache als auch in den Sekundärübersetzungssprachen in besonderem Mass sekundärer Transformation unterworfenen Transkriptionen der nomina propria wider.

Nur in La¹²³ überlieferte Übereinstimmung mit 𝔐 gegenüber Transkriptionen in LXX, die entweder auf von 𝔐 abweichende Namensform oder auf nicht mehr verifizierbare innergriechische Transformation zurückzuführen sind: 21₁₄ Ζεχριηλ] ζοχριηλ (ζωχ. 381) A b⁻²⁴⁸ 119; σοκριηλ Ald; βαδιηλ B′ Sixt Ra.; βαζιηλ S^txt; bazjal (baz' al Aeth^B) Aeth; zabdiel La¹²³ = 𝔐 (זבדיאל). Weiterführung innerhalb schon lukianisch überlieferter Angleichung an 𝔐: In dem in der ursprünglichen Form der Transkription des Ausdrucks „das Haus des Eljasib des Hohenpriesters", בית אלישיב, in 13₂₀₋₂₁, wo בית als Bestandteil des Nomens missverstanden ist: Βηθελισουβ, und der Name selbst zwischen den Formen ελισουβ, so der B′-Text mit verschiedenen Begleitern in v.20, zusammen mit der Rezension b in v.21, und ελιασουβ, so die übrigen ausserlukianischen Zeugen, schwankt, wird innerhalb der lukianischen Korrektur nach 𝔐, οικου ελιασουβ, L Compl, nur in La¹²³ der Name korrekt nach der in 𝔐 überlieferten Form transkribiert: domus eliasib². In der Korrektur des auf von 𝔐 abweichender Vorlage beruhenden Namens Βενιαμίν in LXX 22₄₁, nach 𝔐 in meniamin durch La¹²³, minjamin durch Aeth^(-B) und μιαμ(ε)ιν durch L Compl geht die altlateinische Transkription zwar auf die an dieser Stelle überlieferte Form des Namens, מנימין, zurück, beruht die lukianisch überlieferte Transkription aber nicht auf

---

und der Ergänzung der Wiederaufnahme des Ausdrucks באים להרנך am Schluss des Verses, die nur von S^c-L Compl bezeugt ist, aber in La¹²³ durch homoioteleuton, interficere 1⁰ ∩ 2⁰, ausgefallen sein kann. introibo für εἰσῆλθον (באה) kann nur innerlateinische Verschreibung von introivi sein, arguebatur für συνέχομενος (עצור); secreto 𝔙) am ehesten Transformation aus vom Äquivalent der LXX her erklärbarem angebatur.

¹) Mit L gemeinsam ist der Textform von La¹²³ der Wechsel vom verbum finitum zum Partizip, La¹²³ eigentümlich die Annäherung der Bedeutung beider Begriffe an das masoretisch überlieferte Äquivalent. In übersetzungstechnischer Freiheit, nicht in von 𝔐 abweichender Vorlage ist die Differenzierung der beiden stammgleichen hebräischen Begriffe in vendere und emptio begründet: die Verkäufer und die zum Verkauf bzw. Kauf angebotenen Gegenstände (𝔙 vendentes venalia). Mit L gemeinsam ist auch der Zusatz οι μεταβολοι (negotiantes) für הרכלים, L eigentümlich aber das Interpretament gegen 𝔐 και εκωλυθησαν.

²) Auch in 22₂₃ und 23₂₈, wo nur Arm korrekt nach 𝔐 transkribiert: eliasib, dürfte La¹²³ an der ersten Stelle mit elaseb innerhalb der hexaplarisch-lukianischen Korrektur auf ελιασουβ für ursprünglichen Ἐλισουε (vgl. S.343) und an der zweiten Stelle mit elisib auf ursprüngliches ελιασιβ zurückzuführen sein. Zur Überlieferung und Transkription dieses Namens im ganzen vgl. „Der ursprüngliche Text" 5.1.1. (III 2) S.342-344, zu Esdr I auch TGE S.57.

Fehlschreibung, sondern auf der auch in 𝔐 überlieferten Schreibweise des gleichen Namens, מנימין in 22₁₇ ₄₁ Par II 31₁₅, מימין in 10₂₅ 20₈ 22₅ Par I 24₉ [1].

Bei den in der Transkription von La¹²³ der masoretisch überlieferten Form näher stehenden Namensformen, die aber auch in der ursprünglichen, 𝔐 ferner stehenden Transkription auf die masoretisch überlieferte Form zurückzuführen sind, handelt es sich fast ausschliesslich um 𝔐 besser angeglichene Vokale, die aber öfter nur in Spuren, nicht in vollständiger Angleichung festgestellt werden können: 2₃₂ 13₁₁ 'Ηράμ] arim La¹²³ = 𝔐 (חָרֶם)[2] 10₂₆ 'Αβδιά] -ιας 93-121 248 125 Compl; αβαιας 19'; abdi La¹²³ = 𝔐 (עֶבְדִּי)[3] 20₂₁₍₂₂₎ Μεσωζεβήλ] μασση (μασσει 93; βασση 19) ζαβιηλ L; mebezelel Aeth^B; mesezebel Aeth^-B; mesezabeel La¹²³: cf 𝔐 (מְשֵׁיזַבְאֵל) 21₁₉ Τελαμ(ε)ίν] telmin Aeth^-B; tel|on La¹²³: cf 𝔐 (טַלְמוֹן)[4]. Genauere Angleichung an 𝔐 innerhalb (hexaplarisch)-lukianischer Zusätze: 8₁₇ πρός] + αδδα(ε)ι L Compl; + edu Aeth^-B; et (mend pro ad?) eddo La¹²³: cf 𝔐 (אַדּוֹ) 21₁₃ 'Εσδριήλ (cum var)] + υιου αζαχιου (αζακχιου 93; ζακχιου 108; σακχιου Compl; αχιου 119; aḥazi Aeth^(-B)); fili azi La¹²³: cf 𝔐 (בֶּן־אָחֹזִי)[5].

Mehrfach begegnen nur in La¹²³ überlieferte vokalische Wiedergaben von Gutturalen, die auch in ursprünglichen Transkriptionen der LXX vorkommen können und, da die dadurch entstehenden Vokalverbindungen griechischer Wortbildung fremd sind, leicht in der Abschreibetradition verloren gehen konnten: 2₃ foreos 20₁₄₍₁₅₎ phoreos 8₃ forees 10₂₅ foro|os 13₂₅ diforoos (sic) cum L φορεως: cf 𝔐 (פַּרְעֹשׁ) 13₁₃ zanoe (LXX Zανώ): cf 𝔐 (זָנֹחַ) 20₂₁₍₂₂₎ mesezabeel: cf 𝔐 (מְשֵׁיזַבְאֵל).

Die Untersuchung der Textform von La¹²³ zeigt als Erstes eindeutig: Diese Textform ist Zeuge eines Stadiums der Textgeschichte der LXX, in dem die von den griechischen Zeugen überlieferte Form der lukianischen Korrektur nach dem masoretisch überlieferten Text in der Tradition der altlateinischen Textgeschichte weitergetragen wird. Die Untersuchung zeigt als Zweites eindeutig, dass die rezensionelle Tendenz der Korrektur nach 𝔐 in dieser Textform auf der Grundlage des griechisch überlieferten Stadiums der lukianischen Rezension und im gleichen Sinn intensiviert und weitergeführt worden ist. Die Untersuchung zeigt als Drittes die Wahrscheinlichkeit, dass auch diese die griechisch überlieferte Form der Rezension weiterführenden Rezensionselemente auf einer nicht mehr erhaltenen griechischen Grundlage beruhen. Das beweiskräftigste Argument für diese

---

[1]) Die gleiche Überlieferung liegt auch 22₁₇ vor, wo βενιαμίν in LXX an Stelle von מנימין in 𝔐 lukianisch mit μιαμ(ε)ιν wiedergegeben wird, von Aeth^(-B) mit minjamin, während in La¹²³ die Namen an dieser Stelle dermassen verderbt überliefert sind, dass sich auch die ursprüngliche Transkription nicht mehr verifizieren lässt (s. im Apparat zu 22₁₇₋₁₈).

[2]) Ähnlich in 2₃₉ 'Ηρέμ, wo arim La¹²³ für חָרֶם mit Compl χαριμ und L ιαρ(ε)ιμ: post ι, zusammengeht.

[3]) Da LXX עֲבָדְיָה in 89 mit 'Αβαδιά transkribiert (die Identifizierung erst sekundär αβδια in 74 731 Ald, αβδιου in 93-108), ist in 10₃₆ freie Transkription und ihre auf L zurückzuführende Gräzisierung αβδιας wahrscheinlicher als eine von 𝔐 abweichende Form als Vorlage.

[4]) Der Ausfall von m ist mit falscher Trennung im Zeilenumbruch zu erklären; die Vorlage von La¹²³ lautete τελμων, so ausser L (σελμων) einhellig in 242 (La¹²³ tel|mon).

[5]) 𝒱 liest aazi, azi in 6 Hss.

Annahme besteht darin, dass sich bei einigen dieser nur altlateinisch in La[123] überlieferten Rezensionselemente das griechische Äquivalent mit ziemlicher Sicherheit verifizieren lässt.

Von hier aus stellt sich aber die Frage, ob sich in diesem altlateinischen Text auch vom ursprünglichen Übersetzungstext der LXX abweichende mit 𝔐 übereinstimmende Textformen nachweisen lassen, die in der griechischen Überlieferung lukianisch bzw. hexaplarisch-lukianisch nicht mitüberliefert sind, die aber auch dem hexaplarisch-lukianischen Rezensionscharakter nicht entsprechen, sei es, dass sie eigene Weisen der Korrektur nach 𝔐 kennen, sei es dass sie in anderer Form hexaplarisch-lukianischen Rezensionselementen gegenüberstehen.

Aber ein solches der Textform von La[123] eigentümliches Rezensionsprinzip lässt sich, so viel ich sehe, nicht finden. Wenn man es in den in La[123] sporadisch beggnenden – zuweilen mit Aeth gemeinsamen – Transkriptionen hebräischer Begriffe vermuten möchte, die bei den übrigen Zeugen der LXX als appellativa verstanden und übersetzt sind, dann spricht schon die geringe Zahl – ausser den schon besprochenen Fällen[1] seien noch 8_{18} ἐφ' ἡμᾶς] ellonaai La[123]: cf 𝔐 (עלינו) und 13_8 Ἀραχίου πυρωτῶν] arei|sorem nachgetragen, wo sich durch Zeilenumbruch verstümmelt eine Transkription von צורפים (oder שׂורפים?) zu verbergen scheint –, aber auch der Charakter des Texteingriffs gegen ein besonderes Rezensionsprinzip, allenfalls für späte Spuren einer Tradition, die zur zweiten Spalte der Hexapla zurückführen könnte.

In gleicher Weise, nicht als der Textform von La[123] eigentümliches Rezensionsprinzip der Korrektur nach 𝔐, höchstens als Ausnahme, die die Regel bestätigt, sind Sonderlesarten von La[123] zu beurteilen, deren Charakter als Übereinstimmung mit 𝔐 nicht lediglich als Weiterführung einer solchen Korrektur innerhalb eines mit den (hexaplarisch-)lukianischen Zeugen gemeinsamen an 𝔐 angleichenden Rezensionselements besteht, sondern in einer einem solchen (hexaplarisch-)lukianischen Element gegenüberstehenden, in anderer Weise an 𝔐 angleichenden Textform.

So steht in $19_{36\ 37}$ dem von L a 119 Compl Sixt überlieferten, in LXX wahrscheinlich durch homoioteleuton in der hebräischen Vorlage (פריה ∩ תבואתה) ausgefallenen in lukianischer Form erhaltenen Text[2]: και τα αγαθα αυτης (+και L Compl: cf 𝔙) ιδου εσμεν δουλοι αυτης (37) και οι καρποι αυτης (+οι L Compl) πολλοι, in der Textform von La[123], in der dieser Zusatz nicht mitüberliefert ist, in dem anschliessenden Satzteil מרבה למלכים, der in LXX infolge des vorangehenden Ausfalls lediglich mit dem Dativ τοῖς βασιλεῦσιν (L ergänzt stilistisch verbessernd εγινοντο) wiedergegeben ist, als Äquivalent der 𝔐 genau entsprechende Ausdruck *regibus abundant* gegenüber: Es ist eine von der lukianischen völlig unterschiedene Form der Korrektur nach 𝔐, durch die Deutung des Ausdrucks מרבה als Verbalform 𝔐 näher stehend als die lukianische Äquivalenz mit dem Adjektiv πολλοί, auch syntaktisch besser der masoretischen Formulierung entsprechend: *fructus*

---

[1]) FS Frede-Thiele S.51f., Anm.22.
[2]) Zur Bezeugung vgl. S.311f.

eius regibus abundant, aber im Vergleich mit dem lukianischen Rezensionselement als ganzem, auf Grund der Bewahrung der grossen Textverkürzung der LXX gegenüber 𝔐, eher als eine Vorform denn als eine Weiterführung zu bestimmen.

So liegt in 9₈ mit der Textform von La¹²³ für den Textteil init – σωτηρίαν: *et nunc quanti facti sumus pene nihil relictum est. et nunc moderatus est nobis ut aliquid servatum esset a domino deo nostro in salutem* eine in ihrem Verhältnis zur masoretisch überlieferten hebräischen, zur ursprünglichen griechischen der LXX und zur rezensionellen der lukianischen Rezension eigenständige Textform vor, die wohl teilweise als eine nur altlateinisch erhaltene Weiterführung der lukianischen Tendenz der Angleichung an 𝔐 erklärt werden kann, nur schwer aber in allen Teilen, deren Abweichung von LXX von der masoretisch überlieferten Vorlage her erklärt werden muss. Von den innerhalb dieses Textteils La¹²³ mit L gemeinsamen Rezensionselementen lässt sich mit Sicherheit nur der Zusatz des in LXX fehlenden Äquivalents für den adverbialen Ausdruck כמעט־רגע: ὡς βραχυ L Compl, *pene nihil* nachweisen. Als lukianischem Rezensionsprinzip entsprechend könnte auch die nur in La¹²³ überlieferte teilweise syntaktische Umformulierung, die Umwandlung des aktiven Subjekts κύριος ὁ θεός in das passive *a domino deo* bestimmt werden. Von (hexaplarisch)-lukianischer Grundlage her könnte zuletzt die hier nur von La¹²³ bezeugte Überlieferung einer Dublette sprechen: Der dem zweiten *et nunc* vorgeordnete Vordersatz ist schon durch den gleichen adverbialen Satzanfang, *et nunc* für καὶ νῦν (ועתה), als dublettenhafter Versuch einer anderen Formulierung des zweiten Satzteils bestimmt. Aber die Art und Weise dieses Versuchs widerspricht dem, was wir als (hexaplarisch)-lukianische Dublette kennen. Das nur von La¹²³ überlieferte Dublettenglied kann nur bedeuten: „Jetzt aber nach der Anzahl, in die wir gebracht worden sind (*quanti facti sumus*), ist nahezu nichts (*pene nihil*) übrig geblieben". Dem schliesst sich das zweite Dublettenglied an, das abgesehen von der 𝔐 entsprechenden passiven Umformulierung *a domino deo nostro* der ursprünglichen Übersetzungsform der LXX und abgesehen vom Fehlen des nur von L Aeth⁻ᴮ (sim) Compl mit ὡς βραχυ nachgetragenen Äquivalents für das Adverb כמעט־רגע auch der masoretischen Aussage entspricht: „und nun hat er uns (in der Weise) ein Mass gesetzt (*moderatus est* für ἐπιεικεύσατο), dass etwas bewahrt bliebe (*ut aliquid servatum esset* τοῦ καταλιπεῖν oder mit L υπολιπειν) von dem Herrn unserem Gott (mit 𝔐 מאת יהוה אלהינו gegen LXX (mit L) κύριος ὁ θεὸς ἡμῶν) zur Errettung" (*in salutem* (mit LXX εἰς σωτηρίαν gegen L ανασωζομενον). Die Zuordnung der beiden Dublettenglieder in La¹²³ könnte zwar im Sinn lukianischer Interpretation als zweimaliges Handeln Gottes an Israel erklärt werden: „wir waren nahezu vernichtet, aber der Vernichtung hat er eine Grenze gesetzt", lukianischer Intention widerspricht aber, dass das der Textform der LXX gegenüberstehende, nur altlateinisch erhaltene Dublettenglied infolge des falschen, negativen Verständnisses von כמעט־רגע: *pene nihil*, inhaltlich und formal sowohl von LXX als auch von 𝔐 abweicht. Textgeschichtlich ist eher eine späte, sei es griechische, sei es innerlateinische, midraschartige Ausgestaltung als die Bewahrung versprengter früher Fragmente der LXX-Tradition anzunehmen, die auf Grund ihrer Fehldeutung schon vorhexaplarisch ausgeschieden worden wären. Ausnahmen dieser Art können für die Annahme weiterer Rezensionsprinzipien neben dem einzigen eindeutig feststellbaren, der über die erhaltene griechische Überlieferung hinausgehenden Angleichung an die masoretisch überlieferte Vorlage, seien es andere Prinzipien als die i n d i e s e m S i n n „hebraisierenden", seien es andere Kriterien der Korrektur als die masoretisch überlieferte Textform, in dem als griechische Vorlage von La^{123} vorauszusetzenden Text nicht in Anspruch genommen werden. Auch das für die lukianische Rezension festgestellte, der masoretischen Textform zwar untergeordnete Kriterium des Paralleltextes von Esdr I ^{1} ist – auch in seinen beiden lateinischen Übersetzungstexten La^V und La^C, dessen getreuer Mitzeuge der Esdr I-Text von La^{123} ist – abgesehen von mit L gemeinsam überliefertem Rezensionsgut für die in La^{123} überlieferte Textform kein selbständiges Kriterium der Rezension. Das gilt auch für engere Berührungen wie in Esdr II 10₉, wo das ursprüngliche Äquivalent für die partizipiale Pluralform מַרְעִידִים, das in LXX auf Grund durch fehlende Pleneschreibung bedingter Umvokalisierung, מַרְעָדָם, als adverbialer Ausdruck, ἀπὸ τοῦ θορύβου αὐτῶν wiedergegeben wird, lukianisch im gleichen Sinn, aber mit anderer Wortäquivalenz: ἐν τρομω, von hier aus in La^{123} umformuliert erscheint: unter Verwendung des gleichen Wortstammes, aber partizipial mit *trementes* sowohl 𝔐 als auch dem Paralleltext von Esdr I 9₆ τρέμοντες (*trementes* La^V La^C (cum La^{123} Esdr I; so auch 𝔒 in Esdr II)) genau entsprechend^2. Die Textform von La^{123} kann durch innerlukianischen Fortschritt der Angleichung an 𝔐 erklärt werden, wie wir ihn auch zwischen den Zeugen 19' und 93 kennen. Die Übereinstimmung zwischen Esdr I und La^{123} ist, da sie von hier aus als Angleichung an 𝔐 kein anderes Äquivalent zulässt, auch ohne textgeschichtliche Berührung erklärbar.

Nicht ein Rezensionsprinzip, wohl aber Spuren einer textgeschichtlichen Grundlage, die sich ähnlich wie die in den griechischen lukianischen Zeugen und die in La^{123} überlieferten Textformen der Aussagen von 14₂₋₃ von der masoretisch überlieferten Textform her nicht erklären lässt^3, müssen in der auch L gegenüber eigentümlichen Überlieferung von La^{123} in 13₄ υἱοῦ 2⁰ — 5 fin vermutet werden. Die beiden Verse lauten nach La^{123}: (4) *et c̄ iuncta illis restituit marimoth · filius uriae ·* (5) *et c̄iuncta illis restituēr ꝗdethoim et adoremus · et induxēr ceruicē illorum in seruitutem ·* (4) *baritae fili mesezaber ·* (5) *et iuncta illi · et restituēr heconihil et fortiores ex is n̄ adtulēr collatā ad uirtutem d̄ni sui.* Trotz Textverderbnis und Verschreibungen^4 lässt sich eindeutig aus der ursprünglichen

---

^{1}) Vgl. S.32-57.

^{2}) Die lukianische Änderung in der Äquivalenz der Nomina lässt sich als Angleichung an 𝔐 insofern bestimmen, als τρόμος dem Stamm רעד semantisch mit der Bedeutung „Zittern" näher steht als der Begriff θόρυβος, der denn auch abgesehen von dieser Stelle nirgends als Äquivalent für Bildungen aus רעד erscheint, während das beim Nomen τρόμος von Exod 15₁₅ an öfter der Fall ist, beim Verbum τρέμειν in Ps 103(104)₃₂, ποιῶν αὐτὴν τρέμειν für ותרעד und bei gleicher Bildung von Grundwort und Äquivalent wie in Esdr 10₉ bei Daniel (vgl. S.114-117): Dan o' 10₁₁ ἔστην τρέμων (θ' ἀνέστην ἔντρομος) für עמדתי מרעיד.

^{3}) Vgl. S.269 und „Der ursprüngliche Text" 5.3. (8.2.) S.408-410.

^{4}) *adoremus* für die in LXX als Eigenname (?) verstandene Transkription des Nomens mit Pronominalsuffix אדיריהם scheint eine „Latinisierung" zu sein, die auf Geistesabwesenheit

und der lukianischen Überlieferung der LXX der Text rekonstruieren, der der Textform von La¹²³ zu Grunde gelegen haben muss: Auf den Textteil v.4 init – Οὐρία folgte v.5 init – δουλείαν in der ursprünglichen Übersetzungsform der LXX; hier schloss sich an Stelle des an δουλείαν anschliessenden, v.5 beschliessenden Pronomens αὐτῶν aus v.4 der Textteil Βαραχίου υἱοῦ Μασεζεβήλ an, dem der ganze Vers 5 in der lukianisch überlieferten mit 𝔐 übereinstimmenden Textform folgt. Der Text als ganzer könnte demnach jener selteneren Dublettenüberlieferung zugeordnet werden, in welcher nur La¹²³ beide Dublettenglieder bezeugt, während die griechischen lukianischen Zeugen das ursprüngliche von 𝔐 abweichende Glied durch das nach 𝔐 rezensierte ersetzen[1]. Aber die Art und Weise, nach der die beiden Dublettenglieder in La¹²³ einander zugeordnet werden, ist eine auch der Überlieferung von 14₂₋₃ gegenüber dermassen eigentümliche, dass es schwer fällt, sie als sekundäre Transformation einer ursprünglichen Dublettenüberlieferung in ihrer einfachen Form der in ihrem ersten Stadium durch die aristarchischen Zeichen gekennzeichneten Zuordnung eines nach 𝔐 korrigierten Textteils zum altüberlieferten von 𝔐 abweichenden zu erklären. Es geht hier auch nicht lediglich um die lukianische Tendenz, die beiden Glieder syntaktisch in der Weise zu verbinden, dass ein sinnvoller Satzzusammenhang erreicht wird. Hier wird die Aussage von v.4 völlig aufgelöst und nur in Teilen in die in ursprünglicher und in lukianischer Form vollständig bewahrte Aussage von v.5 integriert: Die Bezeichnung des Uria, des Vaters Meremoths – dieser Name wird mit *L* gegen LXX, nach der ב als Präposition מן missverstanden ist, korrigiert – als Sohn des Hakkoz fällt aus. „Berechja der Sohn des Mesesabeel", der nach 𝔐 und LXX als Vater des nach v.4 am anschliessenden Mauerteil arbeitenden Mesullam genannt war, wird, verschrieben in *baritae fili mesezaber*, in der ersten, mit LXX übereinstimmenden Fassung von v.5 an Stelle der Präposition αὐτῶν, die in LXX an Stelle des status absolutus אדניהם steht, als der Urheber der Knechtschaft bezeichnet, der sich nach 𝔐 und LXX die zuvor genannten Judäer nicht unterwerfen wollten, nach La¹²³ im ersten, sonst mit LXX übereinstimmenden Dublettenglied zu unterwerfen bereit waren – an Stelle der Negation steht *et* –; hier schliesst sich als negierte Aussage Vers 5 als ganzer, abgesehen von der Verschreibung des Äquivalents für οἱ Θεκωίμ in *qdethoim*, für τράχηλον αὐτῶν an Stelle von *colla eorum* in *collatā*, für εἰς δουλείαν (εν τη δουλεια *L*) an Stelle von *ad servitutem* in *ad virtutem* und abgesehen von der Verbindung der beiden Verbalaussagen *iuncta illi* für ἐχόμενα und *restituerunt* für ἐκράταιωσαν mit 𝔐 und *L* übereinstimmend, in der lukianischen Fassung des Dublettengliedes an. Alle übrigen Teile der Aussage von v.4 sind ausgeschieden. Aber die Textverkürzung lässt sich, da der aus ihm übernommene Teil auch syntaktisch in v.5 integriert ist, nicht durch homoioteleuton-Ausfall auf Grund der stereotyp sich wiederholenden Wendung ἐπὶ χεῖρα αὐτῶν κατέσχεν (εχομενα αυτων εκραταιωσεν

---

des Abschreibers schliessen lässt; c̄ vor *iuncta* kann nur Abbreviatur für *coniuncta*, nicht für *cum iuncta* sein (falsche Worttrennung ist in La¹²³ häufig; beim zweiten Vorkommen steht c̄ am Zeilenende); trotz des Interpunktionszeichens kann der Ausdruck *barita fili mesezaber* nur Genitivattribut zu *in servitutem* sein (auch die Interpunktion ist in dieser Hs. oft willkürlich).

[1]) Vgl. S.246-256.

L) erklären. Zweifelhaft bleibt auch, ob die je verschiedene Transkription von οἱ Θεκωίμ in den beiden Dublettengliedern auf sekundäre Verschreibung oder auf primäre Unterscheidung zweier Instanzen zurückgeht, in der dann der Wechsel zwischen positiver und negativer Aussage begründet wäre; für diese Erklärung spricht eher das je verschiedene Verständnis des Begriffs אדניהם, als nomen proprium in LXX, als appellativum mit 𝔐 in *L*. Die Textform von La[123] wäre dann auch hier auf den Versuch der Interpretation einer verderbt überlieferten Vorlage zurückzuführen, bei der, weil sie v.5 als Dublette bewahrt, nur feststeht, dass sie nicht auf hebräische Tradition zurückgehen kann, aber offen bleibt, ob die Verderbnis der Tradition der griechischen Übersetzung oder der lateinischen Sekundärübersetzung zuzuschreiben ist.

In ein Stadium der Textgeschichte, das hinter dem zurückliegt, was durch die griechisch überlieferte Textform der (hexaplarisch)-lukianischen Rezension erkennbar wird, ein Stadium, bei dem noch zwei Übersetzungstexte, die der masoretisch überlieferten Vorlage gegenüber freiere, die in der ausserlukianischen Überlieferung erhalten ist, und eine diese Vorlage texttreuer wiedergebende, die bei der hexaplarisch-lukianischen Rezension zuerst in der Übersetzung Theodotions zu sehen wäre, noch unverbunden nebeneinander gestanden und der rezensionellen Verbindung erst offen gestanden hätten, führen auch solche Sonderformen der in La[123] überlieferten Textform nicht zurück.

Die detaillierte Untersuchung der in La[123] überlieferten Textform bestätigt somit das aus einzelnen Beispielen gewonnene Ergebnis[1], dass diese Textform in der Gestalt ihrer griechischen von innerlateinischen Transformationen noch unberührten Vorlage in der griechisch überlieferten Textform der lukianischen Rezension nicht ihre sich zur ursprünglichen Textform der LXX wieder zurückbewegende Fortsetzung, sondern ihre der Rückbewegung zur masoretisch überlieferten Textform noch ferner stehende Grundlage hat.

Diese Unterscheidung ergibt als Zweites, dass das Stadium einer in der altlateinischen Tradition erhaltenen Textform, die v o r der griechisch überlieferten (hexaplarisch)-lukianischen läge und somit vorhexaplarisches und vorlukianisches Gut überliefern könnte, das in seinen mit 𝔐 übereinstimmenden Textformen nicht als rezensionell, sondern als ursprünglich zu bestimmen wäre, höchstens in der Textform des älteren altlateinischen Zeugen La[125] vermutet werden kann, dessen Mitbezeugung lukianisch überlieferter Rezensionselemente in geringerem Mass festgestellt werden kann, als es zunächst auf Grund einzelner Beispiele vermutet war. Aber für eine gesicherte textgeschichtliche Einordnung der Textform von La[125] bleibt der erhaltene Textbestand zu schmal.

Für die griechische Tradition lassen sich aus der altlateinischen demnach vorsichtig zwei Überlieferungsstufen erschliessen, die zwar zu der durch die Zeugen S[c] und Syh als hexaplarisch und durch *L* als lukianisch gesicherten in einem Verhältnis der Abhängigkeit stehen: die zu postulierenden griechischen Vorlagen von La[125] und La[123], die aber hinsichtlich der Art und Weise dieses Verhältnisses auf Grund der beigezogenen Kriterien nur

---

[1]) Vgl. FS Frede-Thiele und FS Bogaert.

hypothetisch bei La^{125} als Vorstufe, bei La^{123} als Weiterführung der letztlich in der hexaplarischen gründenden lukianischen Rezension bestimmt werden können.

Der Grad der so bestimmten Abhängigkeit – in welchem Mass gehen altlateinisch mitüberlieferte lukianische Übereinstimmungen mit 𝔐 letztlich auf die hexaplarische Rezension zurück? In welchem Mass sind von L nicht mitbezeugte altlateinische Übereinstimmungen mit 𝔐 in La^{123} dennoch als genuin lukianisches Gut zu bestimmen? – muss infolge der Bruchstückhaftigkeit der Überlieferung offen bleiben.

Was aber die altlateinische trotz ihres fragmentarischen Charakters für die textgeschichtliche Bestimmung der griechischen Überlieferung von Esdr II eindeutig ergibt, das ist der Befund, dass innerhalb des Bereiches, der durch die hexaplarische und die auf ihr gründende lukianische Rezension umgrenzt ist, mit zwei Textformen, den griechischen Vorlagen der codices 125 und 123, gerechnet werden muss, die das lukianische Rezensionsgut in anderer Weise überliefern als die griechischen Zeugen dieser Rezension. Unabhängig von der nur hypothetisch bestimmbaren Einordnung dieser beiden lateinischen Textformen in die Koordinaten der griechischen Tradition muss darum auf eine frühe Gestalt der g r i e c h i s c h e n Tradition geschlossen werden, die differenzierter war, als die erhaltenen griechischen Zeugen es vermitteln können. Aber unabhängig davon, ob die vorgeschlagene Bestimmung der Textform von La^{125} als „vorlukianisch", derer von La^{123} als „nachlukianisch" richtig ist – die Unbekannte bleibt bis heute das völlige Fehlen der dokumentarisch erwiesenen v o r h e x a p l a r i s c h e n Tradition rezensioneller Angleichungen an die masoretisch überlieferte Textform, die für andere Bücher der LXX in grösserer und geringerer Zahl bekannt geworden sind –, bleiben doch für die griechische Textform und Textgeschichte von Esdr II die Koordinaten der hexaplarischen und der lukianischen Rezension als voneinander abhängige spätere Textstufen einer ursprünglichen Übersetzungsform bestehen.

Die in zwei Textformen fassbare altlateinische Überlieferung ist als Zeuge der griechischen – eine innerl a t e i n i s c h e rezensionelle Weiterführung der ihrer Übersetzung zu Grunde liegenden griechischen Textform, sei es Rückbewegung zur ursprünglichen Textform der LXX, sei es Intensivierung des hexaplarisch-lukianischen Prinzips der Angleichung an 𝔐, bleibt unbeweisbar und unwahrscheinlich – in gleicher Weise wie die griechische Überlieferung ein Exponent der Tradition, die zuerst auf ihre Einordnung in die griechisch vorgegebenen und gesicherten vier Koordinaten des ursprünglichen Übersetzungstextes der LXX, einer vorhexaplarischen, einer hexaplarischen und einer lukianischen Rezension hin befragt werden muss. Sie stellt keine diesen Koordinaten gegenüber selbständige Tradition der Textgeschichte der LXX dar.

2.1.2. Die Textformen der ausserhexaplarischen und ausserlukianischen Überlieferung

Das Ziel der Darstellung von Text und Textgeschichte des 2.Esrabuches besteht in der Verifizierung der Kriterien, nach denen sich ursprüngliche Textform und rezensionelle Überarbeitung voneinander abgrenzen lassen. Das wichtigste Kriterium ist das Rezensionsprinzip der Korrektur nach einer griechischen Textform, die grundsätzlich mit der masoretisch überlieferten hebräischen bzw. aramäischen übereinstimmt. Die Träger dieser Rezension sind die nur teilweise und nur im späten Stadium des auch von lukianischer Tradition beeinflussten Korrektors des codex Sinaiticus und der syrohexaplarischen Übersetzung überlieferte hexaplarische Rezension, die von dieser Rezension ausgehende, sie weiterführende und interpretierende lukianische oder antiochenische Rezension und die im Codex 22 des Archivio Capitolare von Vercelli erhaltene altlateinische Übersetzung La[123], die als sicheres Merkmal ihrer Textform die Mitbezeugung des lukianischen Rezensionsgutes und die Weiterführung des lukianischen Prinzips der Angleichung an 𝔐 aufweist, während sich eine von dieser Tradition unabhängige Tendenz der Rückbewegung zur masoretisch überlieferten Textform in dieser Textstufe der Vetus Latina nicht erkennen und nur durch den Textvergleich aus der nur fragmentarisch erhaltenen älteren altlateinischen Textform des Codex 722 der Stiftsbibliothek von St. Gallen La[125] als wahrscheinlich erschließen lässt.

Innerhalb des Versuchs der Scheidung von ursprünglicher Textform und sekundärem Überlieferungsgut der Rezension bestand das übergeordnete Ziel in der Rekonstruktion des ursprünglichen von Rezensionselementen befreiten Übersetzungstextes. Der Versuch, dieses Ziel zu erreichen erforderte zuerst und vor allem die genaue Erfassung und Ausgrenzung der in diesen drei Textformen, der hexaplarischen, der lukianischen und der der altlateinischen Übersetzung zu Grunde liegenden, erhaltenen Rezensionselemente. Das musste auch durch die Verifizierung der in diesen Textformen bezeugten eigenen Äquivalenten im Licht der in den übrigen Büchern der LXX überlieferten Äquivalenz geschehen.

Der Versuch der Erreichung dieses Ziels bedarf aber keiner in der gleichen Weise durchgeführten Untersuchung des Überlieferungsgutes mehr, das in den übrigen Zeugen des 2.Esrabuches vorliegt: der Rezensionselemente der beiden Rezensionen *a* und *b*, der Sonderlesarten der Einzelzeugen, vor allem der Unzialen B S A und V und weiterer Zeugenzuordnungen, von denen als die textgeschichtlich bedeutsamste die als „B-Text" bezeichnete Gruppierung, zu bestimmen ist, in der sich zum codex Vaticanus zuerst die Minuskel 55 und die äthiopische Übersetzung, dazu in unterschiedlicher Verteilung die übrigen Unzialen, die codices mixti der Minuskeln und die armenische Übersetzung gesellt; denn die von diesen Zeugen als Sonderlesarten überlieferten Textelemente sind für die Frage nach der Herstellung der ursprünglichen Textform abgesehen von wenigen Ausnahmen, die die Regel bestätigen, von untergeordneter Bedeutung und im Unterschied zur hexaplarischen und zur lukianischen Rezension auch in textgeschichtlicher Hinsicht, als Exponenten einer Periode der Kirchengeschichte und ihrer exegetischen Strömungen, nicht verwertbar.

Diese Rezensionen und Zeugengruppierungen stimmen ihrem Textcharakter nach auch weitgehend mit dem der übrigen Bücher überein, deren Überlieferung im ganzen auf den gleichen Zeugen und auf der gleichen Zeugenverteilung beruht, von den in masoretischer Überlieferung bezeugten mit Esdr I und Est, von den nicht oder nur fragmentarisch vom hebräischen oder aramäischen Urtext mitbezeugten mit Idt und Tob, von den ursprünglich griechisch verfassten hinsichtlich der Rezension *a*, der nach Bezeugung und Charakter die dort mit *q* bezeichnete Rezension nahesteht, auch mit Mac I-III, und haben sich auch dort als Rezensionen bzw. Träger sekundärer Textelemente erwiesen, die nach Form und Inhalt keine tieferen Eingriffe in die ursprüngliche Textgestalt überliefern.

2.1.2.1. Die Rezensionen *a* und *b*

Rezensionselemente dieser Art in R e z e n s i o n *a* , deren Zeugen, abgesehen von dem Sonderfall der von diesen Büchern nur Esdr I und II enthaltenden und neben *a* auch die lukianische Rezension überliefernden Handschrift 121, mit den diese Rezension in Est Idt und Tob überliefernden Zeugen übereinstimmen, sind[1]:

W o r t v a r i a n t e : 4₁₇ φάσιν] φησιν *a* Compl Sixt²   8₂₀ διακόσιοι εἴκοσι = 𝔐] διακοσιοι δεκα (διακοσιοι ι' 120; σι' 71-130-134-236-314-370-762) *a*⁻¹⁰⁷ ¹²¹   19₅ δόξης σου = 𝔐] δ. αυτου *a*⁻¹⁰⁷ 119 Aeth = Pesch   22₃₉ ἐν πύλῃ = 𝔐 (בשער)] εν τη π. 93; εως της (> 71-130-236-314-762 44') πυλης *a*; επι πυλης (πυλην 248 Compl) *b* 119 Ald Compl; *super portam* La¹²³, Z u s a t z : 7₂₄ οὐκ ἐξουσιάσεις = 𝔐] ουκ εξουσιαζετε γαρ *a*   11₅ φυλάσσων = 𝔐] pr o *L*; pr και (και ο 121-134) *a* 119 Aethᴮ, A u s l a s s u n g : 5₁ ὁ προφήτης = 𝔐] > *a*⁻¹²¹ Aeth Arm: cf 𝔒ᵃᵖ et Esdr I 6₁   6₂ ἐν 'Αμαθὰ πόλει: cf 𝔐] > *a*¹²¹ ³   7₁₃ πορευθῆναι 2°: cf 𝔐 (לך)] πορευεσθω *L* = 𝔐; πορευθητω Compl; *erant* La¹²³: pro *ea(n)t*; > *a* Arm, A r t i k e l s e t z u n g , gräzisierend: 17₄₅ υἱοὶ Σελλούμ] pr οι 74-121-130-134-236-314-762 58   21₂₂ οἴκου τοῦ θεοῦ] pr του 121-130-314-762 728¹   22₂₂ πατριῶν] pr των A

---

¹) Die Differenzen in der Bezeugung innerhalb dieser Bücher bestehen für die Rezension *a* abgesehen von 121 in Esdr I und II nicht darin, dass Zeugen des übrigen Bestandes in den andern Büchern einen abweichenden Textcharakter aufwiesen, sondern nur darin, dass einzelne Zeugen die andern Bücher nicht enthalten: 134 nicht Est Idt Tob, 120 nicht Idt Tob, oder dass neue Zeugen hinzutreten, die Esdr I-II nicht enthalten, so 76 für Est Idt Tob, 402 542 für Tob. Auch die verschiedenen Notierungsweisen, 121 nur in Esdr II, nicht in Esdr I nicht nur in *a*, sondern auch unter dem Zeichen *L'* in die lukianische Rezension eingeschlossen, 71-106-107 unter 71' in Esdr I Est Idt, 106-107 unter 106' in Est Idt, 74-76 unter 74' in Est Idt Tob zusammengefasst, bedeuten nur quantitativ engere Zusammengehörigkeit nicht qualitativ eigenständigen Rezensionscharakter, die Zusammengehörigkeit der Zeugen 71-106-107 vor allem Textverkürzungen, die nicht als Textformen der Rezension *a*, sondern als Erscheinungen der Abschreibetradition zu bestimmen sind. Ausnahmen sind nur die Zeugen 542 in Est, wo dieser den codices mixti zuzuordnen ist, und 106-107 in Tob, wo sie eine eigenständige Textform darstellen (vgl. TGT).

²) Von der aramäischen Vorlage her, שלם וכעת, an die *L*, ειρηνην υμιν και νυν, und La¹²³ noch näher angleichen: *pax · nunc ergo*, lässt sich weder die Textform von *a* ειρηνην και φησιν: „Friede, und er (sc. Der König) spricht", noch die Textform der übrigen Zeugen ειρηνην και φασιν: „Friede (Gruss) und Ankündigung", anders denn als freie Wiedergabe eines Briefanfangs erklären. Die Zuordnung der beiden nomina als Anrede ist aber als „lectio difficilior", da φάσις in LXX nur noch Sus θ'55 nachgewiesen ist – φασιν Sᶜ in Mac IV 15₂₅ ist Textfehler für φύσιν – und zugleich als syntaktisch korrektere Formulierung – gegen Rahlfs – als ursprünglich, die Verbindung der Anrede mit verbum finitum als rezensionelle Änderung nach bekanntem Sprachgebrauch zu bestimmen. Vgl. S.153 Anm.3.

³) Zur Textrekonstruktion vgl. „Der ursprüngliche Text" 5.3.(2) S.394f.

a (762 absc) 731 119 Ald Sixt[1]), Verbalform: 7₂₄ ἐξουσιάσεις = 𝔐] εξουσιαζετε a 19₅ εὐλογήσουσιν... ὑψήσουσιν: cf 𝔐] ευλογησωμεν...υψωσωμεν a^{-107} 119, Satz: 10₁₉ πλημμελείας: cf 𝔐] προσηνεγκαν a 119 Aeth Arm = Pesch 𝔙 (sim), Grammatica: 2₅₉ ἠδυνάσθησαν] εδυνηθησαν a, sic et A a^{-370} in 1761 [2].

Charakteristische Rezensionselemente der Rezension b, in der auch hier die Zeugen 98-243-248-731 eine grössere Zahl rezensioneller Eingriffe aufweisen als die übrigen, sind:

Wortvariante: 5₁ τοὺς Ἰουδαίους = 𝔐] τ. υιους b Ald 10₁₀ ιηλ = 𝔐] ιλημ (pr εν 381) b Ald 14₁₂₍₆₎ τῶν τόπων = 𝔐] τ. εθνων b 119 Ald; τ. εχθρων 58 17₂₃ ἀληθής = 𝔐 (אמת)] αγαθος 370 b Ald 19₁₁ εἰς βυθόν = 𝔐 (במצולה)] εις βοθυνον b Ald Compl, in präpositionalen Ausdrücken: 6₉ ἡμέραν ἐν ἡμέρᾳ (ביום)] ημεραν (-ρων 119) εξ ημερας 46-64-381-728 Ald; ημεραν καθ ημεραν L: cf Esdr I 6₂₉ (καθ᾽ ἡμέραν omnes) 16 22 ἐν εὐφροσύνῃ (בחדוה 16, בשמחה 22)] μετ ευφροσυνης b Ald Compl, Zusatz: 9₁₅ ἰδοὺ ἡμεῖς = 𝔐] > B′ S* V Aeth (vid); + παντες b (non 379) Ald Compl 16₁₆ (ἐπέπεσεν) φόβος σφόδρα] timor nimius La¹²³; timor magnus La¹²⁵; om σφοδρα 71-107; φοβος μεγας σφοδρα S 370 b Ald Compl; om φοβος 122ᵗˣᵗ = 𝔐 (מאד), Auslassung: 10₁₅ περὶ τούτου = 𝔐] > b Ald Compl   15₅ ἰδού = 𝔐] > 71 b 119 Compl   15 φόβου = 𝔐] > 46-64-381-728   16₈ σου = 𝔐] > 71-370 b Ald Compl   19₁₈ μόσχον = 𝔐] > 98-243-248-731[3], Artikelsetzung: 1₅ (τὸν οἶκον κυρίου) τὸν ἐν Ἰερουσαλήμ = 𝔐 (אשר בירושלם)] om τόν b Ald, gräzisierend: 8₃₅ υἱοὶ τῆς παροικίας] pr οι b (379ᶜ) 58 Ald 17₂ ἀδελφῷ μου] pr τω 71-370 b 125 Ald Compl, Syntax: Verbalform: 6₈ τοῦ οἰκοδομῆσαι = 𝔐 (למבנא)] του οικοδομηθηναι b Ald Compl Sixt[4], Casus: 13₁₃ χιλίους πήχεις] χιλιοι π. S* b (sic 379, 98 absc) Ald Compl   15₈ τοὺς πωλουμένους: cf 𝔐] τοις

---

[1]) Der gleiche Ausdruck, ראשי אבות, ist in v.23 mit Artikel האבות überliefert. 10 Hss. lesen nach Kennicott auch in v.22 die Determination. LXX gibt die Doppelüberlieferung der meisten 𝔐-Zeugen wieder, a vereinheitlicht hellenisierend.

[2]) Die der Rezension a eigentümliche Form bezieht sich nur auf die Augmentierung ε gegenüber lukianisch überliefertem η (so in 1761 auch 370) innerhalb der beiden Rezensionen gemeinsamen attischen Bildung -δυνηθ- gegenüber hellenistischem -δυνασθ-; a tritt für εδυνηθην mit den meisten Zeugen gegenüber ursprünglichem ἠδυνάσθην und von b mit weiteren Zeugen überliefertem ηδυνηθην auch in Tob 1₁₅ ein, wo eine lukianische Rezension nicht nachweisbar ist. In der Parallelstelle zu Esdr II 2₅₉: I 5₃₇, liest L ηδυνηθησαν für das Imperfekt ἠδύναντο aller übrigen Zeugen. Vgl. Esdr II ed. Einleitung S.60 und Tob ed. Einleitung S.46 und 49.

[3]) Die Tilgung von μόσχον in dem Äquivalent μόσχον χωνευτόν für עגל מסכה beruht auf älterer Tradition; sie liegt auch vor im ursprünglichen LXX-Text von Deut 9₁₆ (so Rahlfs und Wevers), wo die Korrektur nach 𝔐 von den hexaplarischen Zeugen, allen Maiuskeln ausser B und vielen Minuskeln überliefert ist, im ursprünglichen Text von 𝔐 und einhellig in LXX in v.12, wo die zweigliedrige Form nur in zwei Hss. von 𝔐 und im samaritanischen Pentateuch nachgewiesen ist, während in Exod 32₈ der masoretisch überlieferte Ausdruck עגל מסכה in LXX mit μόσχον wiedergegeben und hexaplarisch durch χωνευτόν ergänzt wird (χωνευματα für μόσχον lesen Clem R und Ach).

[4]) Vgl. La¹²³ = 𝔙: *ut aedificetur domus*.

(sic et S* 106-107 (non 44); τους Ald) πωλουμενοις 64-381-728 Ald   19₁₉ φωτίζειν αὐτοῖς] φ. αυτους 121 b^{-98} Ald Compl.

Aus den die beiden Rezensionen *a* und *b* charakterisierenden Beispielen rezensioneller Eingriffe in den ursprünglichen Text lässt sich nur schwer ein bestimmtes Rezensionsprinzip erschliessen. Das ist zuerst darin begründet, dass sich bei den von ihnen ohne Begleitung anderer Zeugengruppen überlieferten Rezensionselementen keine Fälle erkennen lassen, die mit Sicherheit als Beweis des wichtigsten Kriteriums rezensioneller Bearbeitung, der Angleichung an die masoretisch überlieferte Vorlage, dienen könnten. Doch finden sich für das zweite, in der lukianischen Rezension als der Korrektur nach 𝔐 untergeordnetes Kriterium bestimmte Rezensionsprinzip, der Korrektur nach der Textform von Esdr I, in Rezension *b* wenige Spuren, die sich nur schwer, wie z.B. die gräzisierende Artikelsetzung, für die es über die genannten Beispiele hinaus auch mit Esdr I übereinstimmende Stellen gibt: Esdr II 3₁₁ οἴκου κυρίου] pr του *b* 58 Ald Compl Sixt: cf Esdr I 5₅₈ τοῦ οἴκου τοῦ κυρίου omnes, Esdr II 7₇ ἀπὸ υἱῶν 'Ισραήλ] απο των υιων ι. *b* 125 Ald Compl Sixt: cf Esdr I 8₅ ἐκ τῶν υἱῶν ι. omnes, als voneinander unabhängiges Rezensionsprinzip erklären lassen: In Esdr II 10₆ ἐπορεύθη 2⁰ (𝔐 וילך(ו)] ηυλισθη *b* Ald Compl = Esdr I 9₂ αὐλισθείς (omnes) ist die von *b* mit Esdr I gemeinsame Äquivalenz in der Tradition der LXX singulär – die Analogie in transitiver Form mit Hiphil אוליכם - αὐλίζων in Ier 38 (𝔐 31)₉ geht weder auf Berührung mit Esdr I noch auf Tradition zurück –, die Annahme eines direkten Rückgangs der Rezension *b* auf die ursprüngliche Textform von Esdr I, die auf der Vorlage וילן an Stelle von masoretischem וילך beruhen dürfte, darum die wahrscheinlichste Erklärung¹. In Esdr II 10₂₄ τῶν πυλωρῶν (𝔐 שערים)] των θυρωρων *b* Ald Compl = Esdr I 9₂₅ beruht die der Rezension *b* mit Esdr I gemeinsame Äquivalenz, die anderwärts in gleicher Weise nur noch in Esdr II 17₁, wo Esdr I ausfällt, von 119 bezeugt wird, auf einer Übersetzungstradition, die sich ausschliesslich nur in Esdr I, hier aber konsequent, und an der einzigen Stelle, an der der Begriff שׁוֹעֵר ausserhalb von Esdr I-II und Par I-II in 𝔐 als Vorlage der LXX überliefert ist, Reg IV 7₁₁ ², nachweisen lässt, während die umgekehrte rezensionelle Änderung der Äquivalenz aus θυρωρός in πυλωρός durch lukianische Zeugen in Esdr I mehrfach überliefert ist: Esdr I 5₂₈ (= II 2₄₂) durch 108, 5₄₅ (= II 2₇₀) durch *L*, 7₉ (im Zusatz gegen 𝔐 zu 6₁₈) durch *L*-121, durch *L a* 119 auch in 1₁₅ (= Par II 35₁₅): Die Äquivalenz der Rezension *b* in Esdr II lässt sich bei

---

¹) Für eine vormasoretische Tradition in dieser Form spricht das Äquivalent וישב in Pesch, für die textgeschichtlich so erklärbare Ursprünglichkeit von וילן auch die Erklärbarkeit der masoretischen Textform als Verschreibung aus vorangehendem וילך; so Rudolph, der das Äquivalent von *b* aber als Lesart von „𝔊ᴸ": lukianisch, bezeichnet. Das stimmt zwar mit der Edition des lukianischen Textes von P.A. de Lagarde 1883 überein, die in BH³ noch unter dem Sigel 𝔊ᴸ von der als 𝔊ᴸᵘᶜ gekennzeichneten lukianischen Rezension unterschieden war, in BH⁴, die nur noch „𝔊ᴸ" kennt nicht mehr, widerspricht aber der Bezeugung, da die lukianischen Zeugen den ganzen Ausdruck ἐπορεύθη ἐκεῖ auslassen.

²) In Reg IV 7₁₀ II 18₂₆ setzt LXX nach einhelliger Überlieferung שַׁעַר voraus: πύλη.

dieser Verteilung der Überlieferung kaum anders denn als direkten Rückgang auf die ursprüngliche Textform von Esdr I erklären.

Dafür, dass die Rezension *b* als einziger noch erhaltener Zeuge Mitträger von Rezensionselementen sein könnte, die auf älterer Übersetzungstradition beruhen, könnte zuletzt die von den Zeugen 121 *b* 119 Ald Compl Sixt überlieferte Textform χρυσου (-σιου 121) νομισματος (νομισμα̃ 98; -τα 379 248; -μα Compl) an Stelle von χρυσίου in LXX für זהב דרכמונים in 17₇₁ (𝔐 70) sprechen, wo der in LXX gegenüber 𝔐 fehlende Begriff דרכמונים, der neben אדרכנים in 82₇ Par I 29₇ im AT nur in Esdr II (26₉ 176₉ (LXX 70) 70 (LXX 71) überliefert ist, lukianisch aus der Äquivalenz von 26₉ und 83₆ und auf Grund in LXX verankerter Tradition mit anderem Äquivalent, in Gen 24₂₂ und Exod 39₂ (38₂₆) mit בקע, nachgetragen wird: δραχμας (δραγμας 19) *L* Aeth⁻¹³ ¹, während das von *b* bezeugte Äquivalent, νόμισμα, in LXX mit in 𝔐 überliefertem Bezugswort nur noch in Esdr II 83₆ bezeugt ist, hier aber in der allgemeinen Bedeutung „Verordnung" und als Äquivalent für דת ². Es scheint darum in Rezension *b* eine nicht auf erhaltener LXX-Tradition beruhende, der lukianischen Rezension gegenüber selbständige Äquivalenz vorzuliegen. Dass es sich hier aber um ein nur in *b* erhaltenes Rezensionselement handeln könnte, das ursprünglich auf breiterer Überlieferungsgrundlage beruhte, erscheint aus dem Grund wahrscheinlich, dass im folgenden Vers 72 (𝔐 71) die gleiche Korrektur nach 𝔐 mit dem Eintrag des in LXX fehlenden Äquivalents für דרכמונים: δραχμας in *L* Compl, εν νομισμασιν aber nur in Sᶜ innerhalb des Textteils init – διακοσίας überliefert ist, der in BA 71-106-107 ausgelassen und vom Korrektor des codex Sinaiticus mit Asteriskus gekennzeichnet ist³. Die Überlieferung spräche dann für eine von der lukianischen unterschiedene hexaplarische Äquivalenz – Theodotion? –, für die aber kein weiterer Beleg erhalten ist⁴.

---

¹) Aeth^B geht mit LXX; in Aeth^A steht der nachgetragene Begriff wie in *L* als Lehnwort und ist darum Mitzeuge von *L*, nicht von *b*. Das Äquivalent δραχμή für אדרכנים fehlt auch in Par I 29₇; an seiner Stelle steht hier in LXX, obwohl der Begriff in 𝔐 hier nicht mit זהב verbunden ist, das Äquivalent χρυσοῦς, das darum von *L* durch δραχμους (sic 19'; δραχμας 93) nicht ergänzt, sondern ersetzt wird.

²) In der besonderen Bedeutung als Münze ist der Begriff in LXX noch in Mac I 15₆ bezeugt, bei σ' als das Gewicht גרה in Num 34₇ (LXX ὀβολός) und als das als Geld dienende Gewicht קשיטה in Iob 42₁₁ (LXX ἀμνάς); ἐν νομίμοις für בדת noch Dan θ' 65(6) (εν νομοις A mit abhängigen Minuskeln) und νομιμα 248 Compl für νόμον bei fehlender hebräischer Vorlage in Sir 19₂₄ (νομισμα Compl bei Schleusner stimmt nicht).

³) Vgl. S.190 mit Anm.4.

⁴) Vgl.205 mit Anm.4. Für die Rückführung des Äquivalentes νόμισμα auf die hexaplarisch-theodotionische Tradition, gegen die zwar die schwache Bezeugung des Begriffs in der älteren Tradition und die bessere, auch durch die Etymologie als Lehnwort gegebene des lukianischen Äquivalents δραχμή spricht, könnte sprechen, dass in Ios 7₂₁ für δίδραχμα als LXX-Äquivalent zu שקל neben dem mehrfach bei α' und σ' für dieses Grundwort bezeugten Äquivalent στατήρ – für בקע α' δίδραχμον Exod 39₂ (38₂₆) – als anonyme Note in Hs.58 νόμισμα überliefert ist: Von den „Dreien" bliebe nur Theodotion als Urheber.

2.1.2.2. Die Unzialen und abhängigen Minuskeln

Sekundäre Textformen aller grammatischen Kategorien, wie sie bei gleicher Zeugenverteilung, in Esdr II nur um das Zeugnis des codex Sinaiticus vermehrt, für die Textgeschichte von Esdras I ausführlicher zusammengestellt sind[1], charakterisieren auch die Texte, die, obwohl von den Rezensionen O, L, a und b nicht unberührt, doch nicht ihren genuinen Zeugen zugerechnet werden können: die Unzialen B S A und V mit ihren Sonderlesarten und mit ihren von abhängigen Minuskeln begleiteten Textelementen, den „codices mixti" mit ihrer selbständigen Überlieferung und der äthiopischen und der armenischen Übersetzung. Als Exponenten der der Untersuchung zu Grunde liegenden Frage nach den richtigen Kriterien der Textrekonstruktion sind diese Zeugen nur insofern von Bedeutung als durch ihre Lesarten die Alternative zwischen ursprünglicher Textform und Rezension durch Übergangsformen relativiert wird. Für die Beantwortung dieser Frage ist aber keine vollständige Erfassung ihres Überlieferungsgutes erforderlich.

Von den Sonderlesarten der Unzialen ist unter Berücksichtigung des Verlustes von etwa einem Drittel des ganzen Textumfangs in S und V [2] die Anzahl in B A und V ungefähr die gleiche, während sie in S nahezu doppelt so gross ist.

Charakteristische Sonderlesarten[3] des codex Vaticanus sind: 1$7_{45}$ υἱοὶ 'Ατήρ] + υιου ατηρ B   3$_{10}$ ἐν κυμβάλοις] > B^{txt} (non 122)   2$_{67}$ ἑξακισχίλιοι ἑπτακόσιοι εἴκοσι] om ἑξακισχίλιοι B* (non 122))   5$_{17}$ ἐτέθη (𝔐 ש״ם)) εγενετο B   1$_{66}$ γίνη] εση B   6$_6$ πέραν τοῦ ποταμοῦ 2^0] om τοῦ B   10$_{12}$ πᾶσα ἡ ἐκκλησία] om ἡ B [4]   12$_{20}$ εὐοδώσει ἡμῖν] ευοδ. ημας B[5].

Als Spuren von Sonderlesarten in B, die sich von den beiden Kriterien der Korrektur nach 𝔐 und nach Esdr I her erklären lassen, sind nur zu nennen: 12$_7$ δότω μοι / ἐπιστο-

---

[1]) Vgl. TGE 2.2. S.32-38.

[2]) Vgl. Esdr II ed., Einleitung S.8f.

[3]) Die charakterisierende Auswahl ist hier und im folgenden nach der für die hexaplarischen und lukianischen Rezensionselemente in ausführlicher Registrierung getroffenen Anordnung der grammatischen Kategorien dargeboten: Zusatz, Auslassung, Umstellung, Wortvariante, Syntax (Artikelsetzung), Grammatica.

[4]) Hinsichtlich der Artikelsetzung wird auch in Esdr II die von J.Ziegler festgestellte Tendenz des Vaticanus bestätigt, sich grundsätzlich, wenn auch nicht ohne Ausnahme, dem sekundären Eindringen des Artikels zu versperren, so dass fast nur die Auslassungen als sekundär zu bestimmen sind. Vgl. TGE S.100 mit Anm.4.

[5]) Die auch ausserbiblisch belegte Casusrektion beim Verbum εὐοδοῦν sowohl mit Dativ als auch mit Akkusativ beruht auf einer je verschiedenen Bedeutung, mit Akkusativ „jemanden einen Weg führen" (z.B. Gen 24$_{27}$), mit Dativ „jemandem auf dem Weg beistehen". Die analoge, hier einhellig überlieferte Aussage in 11$_{11}$ als göttliche Führung und Begleitung des Menschen erfordert an beiden Stellen die gleiche Konstruktion mit Dativ.

λάς] tr B = 𝔐 (אגרות יתנו־לי) 2$_{58}$ ἐνενήκοντα] o' B = Esdr I 5$_{35}$ (ἑβδομήκοντα)[1]   3$_8$ τὰ ἔργα ἐν οἴκῳ κυρίου] om ἐν οἴκῳ B: cf Esdr I 5$_{56}$ (ἐπὶ τῶν ἔργων τοῦ κυρίου)[2].

Charakteristische Sonderlesarten des codex Sinaiticus von der Art, wie sie schon im Zusammenhang der Darstellung der hexaplarischen Rezension als Beispiele vom Korrektor S^c durchgeführter Korrekturen nach dem mit 𝔐 übereinstimmenden ursprünglichen LXX-Text zusammengestellt wurden, und die auf Grund dieser Übereinstimmung als sekundäre Sonderlesarten von S nicht auf die alte LXX-Tradition zurückgeführt werden können, die hexaplarisch nach 𝔐 korrigiert worden ist[3], sind: 9$_{10}$ ἐγκατελίπομεν] + ημις S   14$_{20\,(14)}$ περὶ ημων] pr το εργον S* (add Ald): cf 21   19$_5$ οἱ Λευῖται] pr οι υιοι S*   20$_{38(39)}$ τὴν δεκάτην] + της γης χανααν S*   9$_9$ ἡμῖν] > S*   11 αὐτῶν 2^0] > S*   13$_1$ αὐτήν] > S   19$_7$ αὐτῷ] > S*   3$_8$ (20$_1$) ἡμεῖς] > S^{txt} 10$_8$ τῶν ἀρχόντων] > S*   11$_5$ ὁ θεὸς τοῦ οὐρανοῦ] om τοῦ οὐρανοῦ S* = Pesch^W 10$_5$ τοὺς ἄρχοντας] και τ. αρχ. et post Λευίτας tr S   19$_6$ αὐτὸς κύριος tr S   20 συνετίσαι αὐτούς tr (αυτους bis scr*) S   21$_8$ ἐννακόσιοι] πεντακοσιοι S^{txt} 13$_4$ χεῖρας] θυρας S*: cf 3   14$_{17(11)}$ αἴροντες] διαιροντες S   22$_{28}$ συνήχθησαν] ηχθησαν S* (corr pr m)   9$_{15}$ ἡ ἡμέρα] om η S*   17$_{63}$ Βερζελλαί 2^0] pr του S   23$_{25}$ κατηρασάμην] (εκατ. S* 106* (corr pr m); εκαταρ. B') αὐτούς] εκατ. αυτοις S*.

Abgesehen von dem Sonderfall der bei der Frage nach der der lukianischen Wortäquivalenz vorgegebenen Tradition in älteren Übersetzungstexten der LXX und im Zwischenglied der jüngeren Übersetzungen des 2.Jahrhunderts besprochenen, von A.Rahlfs als aus Randglossen in den codex Sinaiticus eingedrungene hexaplarische Noten erklärten Lesarten 13$_{15}$ τῶν κῳδίων] των θε| του σιλωαμ S* (των κωλιων S^c): cf 𝔐 (השלח) und 22$_{27}$ ἐν θωδαθά] εν θωλαθας (pro εν θωδαθα σ') εν εξομολογησει S: cf 𝔐 (בתודות) – zur gleichen

---

[1]) Im Paralleltext 17$_{60}$ ist ἐνενήκοντα mit Ausnahme von ν' in 125 einhellig überliefert. Obwohl in B noch weitere Änderungen von Zahlen überliefert sind, ist hier die Übereinstimmung mit Esdr I schwerlich zufällig; Überschneidungen mit der Überlieferung von Esdr I zeigt auch die Variante *LXX* in La^{123}, die zugleich mit zwei Hss. von 𝔙 und mit La^V im Paralleltext von Esdr I übereinstimmt, während an dieser Stelle La^c (mitsamt La^{123} Esdr I) mit den lukianischen Zeugen 108 und 121 ἑβδομήκοντα nach 𝔐 LXX (und Ios XI 70) in ενενηκοντα korrigiert. Dagegen dürfte die Übereinstimmung der Wortvariante εγενετο für ἐτέθη in Esdr II 5$_{17}$ mit γενομένην im Paralleltext von Esdr I 6$_{21}$ eher zufällig sein.

[2]) Bei der Wiederholung des Ausdrucks על־מלאכת בית־יהוה in ähnlicher Form in v.9, המלאכה בבית האלהים wird auch in der Parallelstelle von Esdr I 5$_{56}$ das Äquivalent für בבית: ἐν τῷ οἴκῳ, einhellig bewahrt. Dass die mit B in Esdr II gemeinsame Auslassung an der ersten Stelle in Esdr I auf breiterer alter Überlieferungsgrundlage beruht, zeigt sich auch darin, dass sie in Esdr II auch in 𝔙 einhellig überliefert ist: *opus domini*. Zu beachten ist, dass die Auslassung von ἐν οἴκῳ in B als Sonderlesart verbunden ist mit einer Angleichung an 𝔐 im B-Text, B' zusammen mit La^{123} neben einer anderen Form der Angleichung in *L*: der Tilgung des aus v.9, עשה, übernommenen Ausdrucks τοὺς ποιοῦντας, dem *L* das Äquivalent für den hier stehenden Ausdruck לנצח: του επινικαν, b 119 Ald Compl του νικοπειν als Dublette voranstellen (vgl. S.47).

[3]) Vgl. S.209f.

Tradition gehört vielleicht 14₁₃₍₇₎ σκεπεινοῖς] pr διακοσιοις εικοσι ¹ et add οπου ευεπιβατα ην S*: cf 𝔐 (בצחחיים) –² lassen sich in den Sonderlesarten von S keine mit Sicherheit so zu erklärenden Kriterien einer rezensionellen Bearbeitung nach vorgegebener Tradition erkennen. Übereinstimmungen mit Textformen von Esdr I liegen keine vor. Übereinstimmungen mit 𝔐 wie 10₁₆ καὶ ἄνδρες] om καί S* (hab 𝒱 et viri) 17₆₂ τεσσαράκοντα] pr και S berechtigen nicht zum Schluss auf Abhängigkeit. Korrektur nach Kriterien vorgegebener Überlieferung kann am ehesten bei den öfter vorkommenden Änderungen von Zahlen angenommen werden, da in 17₁₀ επτακοσιοι S^txt für ἑξακόσιοι LXX = 𝔐 mit LXX und 𝔐 in der Parallelstelle 2₅ und in 17₃₄ δισχιλιοι S für χίλιοι LXX = 𝔐 mit dem B-Text (B' Aeth) gegen ursprüngliches mit 𝔐 übereinstimmendes χίλιοι der übrigen in der Parallelstelle 2₃₁ zusammengeht, und die Abweichung von LXX = 𝔐 οκτακοσιοι S^txt für διακόσιοι in 17₁₂ mit dem ursprünglichen Text von 𝒱.

Charakteristische Sonderlesarten des codex Alexandrinus sind: 9₃ fin] + ουτως δει και νυν A   9₁₁ αὐτῶν 1°] > A   19₃₅ αὐτῶν 2°] > A   6₉ ἔλαιον] > A   19₂₉ ἐν αὐτοῖς] > A   21₉ υἱός 2°] > A ³   3₁₃ τῆς φωνῆς] της ευφροσυνης A: ex praec   14₁₅₍₉₎ ἤκουσαν] εγνωσαν A: cf sq (ἐγνώσθη)   16₆ διὰ τοῦτο] δια τι A   10₁₁ κυρίῳ τῷ θεῷ τῶν πατέρων ἡμῶν] τω κυριω θεω των π. ημ. A; κυριω θεω των π. ημ. 106 46-243-731 44 Ald Sixt; om κυρίῳ B' S* V: cf 14   12₉ ἀρχηγοὺς δυνάμεως] α. της δ. A   3₁₃ ὁ λαός 2°] om ὁ A   19₃₅ ἐν τῇ γῇ τῇ πλατείᾳ] om τῇ 2° A Ald   23₁₁ ἐπὶ τῇ στάσει αὐτῶν] om τῇ A (non in 19₃)   13 εἰς Ἰερουσαλὴμ τὴν ἐν τῇ Ἰουδαίᾳ] εις ιερ. η εν τη ι. A; εις ιερ. τη εν τη ι. L 46-381   14₅ (13₃₆) δὸς αὐτοὺς εἰς μυκτηρισμόν] δος αυτοις εις μ. A 93* (vid)   15₅ καταδυναστεύομεν τοὺς υἱούς] κ. τοις υιοις A.

Das Kriterium der Korrektur nach älterer vorgegebener Überlieferung oder nach einem Gesetz der Übersetzungstechnik lässt sich trotz vereinzelter Übereinstimmungen, wie die Änderung der Zahl πεντήκοντα in 17₁₀ gegen 𝔐, aber entsprechend LXX und 𝔐 in der Parallelstelle 2₅ in εβδομηκοντα, auch in A als Sonderlesart nicht sicher nachweisen. Auch die Übereinstimmung der Artikelsetzung bei der von einem Nomen oder Pronomen im status absolutus gefolgten Gottesbezeichnung κύριος θεός in 10₁₁ τω κυριω θεω mit der Parallelstelle in Esdr I 9₈ lässt sich angesichts der Vielgestalt in der Überlieferung dieser stereotypen Form[4] für die Annahme der Korrektur nach Esdr I oder eines rezensionellen Übersetzungsprinzips in A nicht in Anspruch nehmen.

---

[1]) Auch der als Auflösung der Dittographie σκ vor σκεπεινοις in Zahlwörter zu erklärende Zusatz διακοσιοις εικοσι, der nicht auf vorgegebener Überlieferung der jüngeren Übersetzungen beruhen kann (vgl. S.157 Anm.3), ist von der Eintragung einer ursprünglich selbständig stehenden Randglosse her leichter erklärbar als aus einer Transformation innerhalb des LXX-Textes.

[2]) 2.1.1.1.2.2.2. S.141-143; vgl. S.157f. mit Anm.3.

[3]) Die grosse Auslassung in 20₃₇₍₃₈₎ γαζοφυλάκιον - ἡμῶν 2°] γαμων A lässt sich am besten mechanisch, als Überspringen einer Zeile, γα|ζοφυλακιον οικου του θεου και δεκατας γης η|μων, in der Vorlage durch den Schreiber von A, erklären.

[4]) Die von A.Debrunner „für wörtlich übertragende Übersetzer" als „in verschiedener Strenge geltende Regel" nachgewiesene Übersetzungstechnik, dass „die Artikellosigkeit der hebräi-

Charakteristische Sonderlesarten des codex Venetus sind: 15 15 οἴνῳ] + ελαιας αυτων και οικιας αυτων V: cf 11   6 7 τῶν 'Ιουδαίων 1⁰] > V   9 4 λόγον] > V   6 3 ἔθηκεν 1⁰ (𝔐 שׁם)] εξεθετο L; εδωκεν V   7 12 βασιλεὺς βασιλέων] β. περσων V   8 31 πολεμίου] pr του V   16 16 φόβος] pr o V   9 8 ἐν τῇ δουλείᾳ ἡμῶν] om τῇ V   16 14 τῷ προφήτῃ] om τῷ V   9 7 βασιλέων] -λεως V   13 17 περιχώρου] -χωρων V   14 19(13) σκορπιζόμεθα] εσκορπισμεθα V   10 2 υἱός] υιω V.

Als rezensionelle Bewahrung vorgegebener Tradition als Sonderlesart in V dürfte die Übereinstimmung einer Namensform mit der in Esdr I überlieferten, obwohl die Überlieferung der nomina propria für die Bestimmung von Abhängigkeit am wenigsten geeignet ist, bestimmt werden: Esdr II 8 8 Σαβδίας = 𝔐 (זבדיה)] ζαραιας V = Esdr I 8 34. Die Sonderlesart von V geht nicht auf innergriechische Verschreibung zurück, sie beruht auf einer von 𝔐 abweichenden paläographisch als Transformation leicht erklärbaren Vorlage, an Stelle des masoretisch überlieferten זבדיה der Name זרחיה, der auch an den übrigen Stellen seines Vorkommens, Esdr II 7 4 (= I 8 2) Par I 5 32 (66) 6 36(51) ¹ mit Σαραία(ς) transkribiert wird.

Unsicher bleibt es, ob seltene und undeutliche Annäherungen an die Textform von 𝔐 als rezensionelle Sonderlesart zu erklären sind: Bei der Namensform ιεζηλ V in 8 5 für יחזיאל gegenüber 'Αζιήλ in LXX, wo gleicherweise die Übereinstimmung mit der Parallelstelle von Esdr I 8 35: 'Ιεζήλου, vorliegt, tritt als weiterer Zeuge wahrscheinlich auch La¹²³ hinzu, da die dort bezeugte Transkription *ezael* am Anfang einer Zeile und mit *fili* endender vorangehender als Haplographie für *iezael* auf den masoretischen Namensanfang mit י zurückzuführen sein dürfte. Ob mit der Sonderlesart von V in 16 18 εν ορκοις gegenüber ἔνορκοι in LXX für den Ausdruck בעלי שבועה – auch hier liegt mit *et in foedere* eine der Lesart von V nahe stehende Äquivalenz in La¹²³ vor – das Nomen שבועה anvisiert werden soll, lässt sich, da analoge Fälle fehlen, nicht mehr beantworten².

---

schen Gottesnamen nachgeahmt, aber die unübersetzbaren Dativ- und Akkusativpräpositionen des Hebräischen durch den griechischen Artikel ersetzt" wird, „bei d i e s e n Übersetzern also τῷ κυρίῳ, τὸν κύριον nicht gutes Griechisch, sondern doppelter Hebraismus" ist (Zur Übersetzungstechnik der Septuaginta, der Gebrauch des Artikels bei κύριος, in Vom Alten Testament, FS Karl Marti, BZAW 41 (1925) 69-78; hier S.77), würde demnach in 10 11 für A als Sonderlesart gelten; sie ist aber auch im ursprünglichen Übersetzungstext mehrfach festzustellen, z.B., abgesehen von 1 19 einhellig, in 4 3, wo im Parallelext von Esdr I 5 67 bei verschiedenen Lesarten artikelloses κύριος als ursprünglich gesichert ist. Eher noch als Rückgang auf Esdr I wäre darum auch hier in A, wie es bei seinen Wortvarianten öfter vorkommt, Beeinflussung durch den Kontext anzunehmen, die eher der Abschreibetradition zuzuweisen wäre.

¹) Zu Esdr II 8 4 (= I 8 31) vgl. „Der ursprüngliche Text" 5.1.1. S.339.
²) Das Adjektiv ἔνορκος ist in LXX singulär, das Adverb ἐνόρκως mit Variante ἐν ὅρκῳ 46* bezeugt in Tob 8 20 𝔊¹ (in den hebräischen und aramäischen Tobittexten von Qumran Höhle 4 nicht erhalten), das Adjektiv ἐνόρκιος in Num 5 21, auch hier für das Nomen: δῴη κύριός σε...ἐνόρκιον für יתן יהוה אותך לשבעה, mit der Variante ενορκω in der Textgruppe *f*⁻¹²⁹: für ἐν ὅρκῳ?, vgl. das vorangehende ἐν ἀρᾷ für לאלה und ἐν τοῖς ὅρκοις τῆς ἀρᾶς für בשבעת האלה.

In anderer Weise als die Sonderlesarten der ältesten Zeugen, bei denen zwar vereinzelt das Fehlen von Mitzeugen auf bruchstückhafter Überlieferung beruhen kann und eine breitere Überlieferungsgrundlage darum nicht auszuschliessen ist, die aber grundsätzlich als Sonderlesarten des einzelnen Zeugen, die keinen rezensionellen Charakter haben und weitgehend der Abschreibetradition zuzuweisen sind, müssen die Textformen beurteilt werden, die von mehreren dieser Zeugen und von ihnen abhängigen Minuskeln gemeinsam überliefert werden und die darum, wenn es sich nicht um Abschriften, wie 122 gegenüber B, handelt, auf Grund ihrer Bezeugung eine T r a d i t i o n ihrer Verbreitung voraussetzen. Das gilt hinsichtlich des codex Vaticanus schon für sein engstes Zusammengehen innerhalb der griechischen Überlieferung mit der dem 10. Jahrhundert angehörenden Handschrift 55, in noch stärkerem Masse aber, da hier auch die Grenze der Sprache und damit die Grenze zu den frühen Nationalkirchen überschritten ist, für die enge Verwandtschaft zwischen B und der äthiopischen Übersetzung.

Die auf diese Weise bezeugten Textformen, die sich nicht wie die hexaplarische und die lukianische Rezension, auch nicht wie die nach Zahl und Art des Texteingriffs weniger tiefgreifenden Rezensionen *a* und *b* nach bestimmten Kriterien der Rezension charakterisieren lassen, sind aber als in dieser Bezeugung s e l b s t ä n d i g überlieferte Textformen für die Entscheidung zwischen ursprünglicher und sekundärer Überlieferung dann von Bedeutung, wenn die Verteilung der ihnen gegenüberstehenden Rezensionen auf Grund ihrer gegenseitigen Zuordnung und des Charakters ihrer Lesarten kein sicheres Kriterium der Entscheidung über die Ursprünglichkeit bietet.

Diese Zeugengruppen, die mehrfach gegenseitige Berührungen aufweisen und die wir nach der Folge des Alters der sie repräsentierenden Unzialen als B-Text, S-Text, A-Text und V-Text bezeichnen, kommen darum hinsichtlich ihrer textgeschichtlich bedeutsamen Textformen in der Behandlung der Frage nach der Rekonstruktion des ursprünglichen Textes zur Sprache[1], wo sich auch je nach der zu treffenden Entscheidung ihr Charakter als Träger der ursprünglichen Textform und als Tradent sekundärer Textelemente herauslesen lässt. Sie bedürfen hier darum nur der Zusammenstellung einiger Beispiele, bei denen auf Grund der als ursprünglich gesicherten gegenüberstehenden Textform auch der sekundäre Charakter der von Unzialen mit abhängigen Minuskeln überlieferten gesichert ist.

Als Textformen dieser Art sind öfter Textverkürzungen zu bestimmen, deren sekundärer Charakter als Homoioteleutonausfall erwiesen oder aus Gründen der inneren Kritik wahrscheinlich ist, deren Bezeugung durch B begleitende weitere Unzialen eine innere Zusammengehörigkeit, die als Ganzes als „B - T e x t" zu bestimmen ist, erschliessen lässt und die im Blick auf die Hauptfrage der Textrekonstruktion[2] das Postulat so bezeugter Textverkürzung als Kriterium des Ursprünglichen relativieren: 10₇ ἐν Ἰερουσαλήμ 1⁰ ∩

---

[1]) Im Zusammenhang der Untersuchung der wichtigsten textkritisch umstrittenen Stellen in Kapitel 5, im Zusammenhang der Ausgrenzung der Rezensionselemente und übrigen sekundären Textformen mehrfach schon in Kapitel 1-3.

[2]) „Der ursprüngliche Text" 5.3.

2⁰ B S* A V 107 119 Aeth Arm: cf 𝔙ᵃᵖ   23₂₅ καὶ 4⁰ ∩ 5⁰ B' S A 58 La¹²³ Aeth Arm 22₃₇ κατά – (39) Εἰσιανά] εφραιμ B Sᵗˣᵗ A Aethᴮ Sixt. Innerhalb der so bezeichneten Textverkürzungen treten zwei besondere Fälle auf, die kaum anders als von einer bestimmten Tendenz her erklärbar sind. Es ist (1) die häufige und fast immer gegen 𝔐 stehende[1] Tilgung des Gottesnamens κύριος, die meist von verschiedenen Mitzeugen begleitet[2] und in verschiedenen Zusammenhängen überliefert ist[3]: in 1₁₁ von B' 58 als Genitiv zu λόγος, in 7₆ von B, 1₂ von B' Aethᴮ, 9₅ B' V 125 Aeth, 8 B' Aeth Sixt (V inc), 10₁₁ B' S* V, 19₇ B' La¹²³ Aeth neben anderen Gottesbezeichnungen, in 1₅ von B' Aethᴮ 7 B', 7₂₇ B' V 19' 236 Aeth, 20₃₅₍₃₆₎ B' S* (?[4]) als Genitiv zu οἶκος als Bezeichnung des Gotteshauses, in 9₆ von B' 93 Aeth als Anrede κύριε [5], in 3₅ von B' Aethᴮ, 8₃₅ B' 93, 18₁ B' S*[6], 20₂₉₍₃₀₎ B' S* Aethᴮ [7] in anderen Aussagezusammenhängen: eine Nachwirkung der durch die griechische Form des Tetragramms gekennzeichneten Vermeidung des heiligen Namens in der christlichen Tradition? Es ist (2) die Ausmerzung all der Stellen, in denen der Begriff סגן als Bezeichnung von Vorstehern der jüdischen Gemeinde nicht mit dem

---

[1]) Zu der vom B-Text mitbezeugten lukianischen Tilgung nach 𝔐 in 6₂₂ vgl. S.310.

[2]) Wenn hier zuweilen auch nicht zum B-Text gehörende Zeugen wie lukianische oder La¹²³ hinzutreten, dann ist, da Auslassungen die häufigste, oft auch in Abschreibetradition begründete Erscheinung der Textüberlieferung sind, weder auf Abhängigkeit vom B-Text noch auf eine gleichgerichtete Tendenz zu schliessen, wie sie beim B-Text auf Grund der Häufigkeit solcher Fälle offensichtlich ist.

[3]) Die Stellen sind im Apparat zu 1₁ vollständig verzeichnet, zusammen mit dem Gegenbeispiel 23₁₄, wo B zwar gegen den masoretisch überlieferten Ausdruck בבית אלהי mit LXX die Wiedergabe ἐν οἴκῳ κυρίου (τοῦ) θεοῦ bewahrt, wo aber die lukianische Korrektur nach 𝔐 εν (τω) οικω (του) θεου μου auch vom Zeugen 55 begleitet wird, der damit zeigt, dass er Textformen des „B-Textes" auch unabhängig von B überliefern kann.

[4]) Zur Lesung von S s. Esdr II ed. Einleitung S.39.

[5]) Hier steht, wie einhellig auch im Paralleltext von Esdr I 8₇₁, die Anrede κύριε für אלהי, die nur von La¹²³ in *deus meus* (pr *deus meus et* Arm) geändert wird.

[6]) Auch hier kann Aethᴮ als Interpretament zum B-Text gerechnet werden, da die äthiopische Variante (Aethᴬ geht mit LXX: *dominus*) *mose* die durch die Tilgung von κύριος hervorgerufene Frage, ob das Subjekt des Relativsatzes ὃν ἐνετείλατο, in dem zuvor genannten Namen (τὸ βιβλίον νόμου) Μωυσῆ oder e silentio im κύριος zu suchen sei, im ersteren Sinn beantwortet wird: eine inneräthiopische Frage der Übersetzungstechnik, die nicht zum Schluss auf eine verlorene griechische Vorlage berechtigt.

[7]) Die von Rahlfs als ursprünglich aufgenommene Vorlage des B-Textes kann nur κυρίου ἡμῶν gelautet haben, da nur durch das Fehlen eines weiteren Gottesnamens, der hexaplarisch-lukianisch als Korrektur nach dem masoretisch überlieferten Doppelnamen יהוה אדנינו mit dem Äquivalent θεου nachgetragen wird, auf Grund der tendenzbedingten Tilgung von κυρίου die sinnlose – trotzdem von Br.-M. bewahrte – Nebenordnung der Ausdrücke τας εντολας ημων και κριματα αυτου entsteht. Als vorhexaplarische und vor dem B-Text stehende Textformen stehen sich somit κυριου ημων und absolutes κυριου gegenüber, dem schon aus dem Grund der Vorzug zu geben ist, weil es von *a* und *b* bezeugt, κυριου ημων aber nur durch Konjektur herstellbar ist.

Äquivalent ἄρχων, sondern mit στρατηγός wiedergegeben wird[1]: 12₁₆ om καὶ τοῖς στρατηγοῖς B'La¹²³ Aeth^B 14₁₄₍₈₎ om καὶ πρὸς τοὺς στρατηγούς B' S* V 23₁₁ om τοῖς στρατηγοῖς B'S^txt A 58 Aeth^B 22₃₉ om καί ult – (42) Ἐζούρ B' S^txt A Aeth^B Arm Sixt. Obwohl alle diese Stellen mit einer einzigen Ausnahme auch mechanisch als Homoioteleuton-Ausfall erklärbar wären, zeigt doch die konsequente Konzentration dieser Ausscheidungen auf den Begriff στρατηγός als Äquivalent für סגן, bei der auch in der nicht mechanisch erklärbaren Ausnahme, der Tilgung von τοῖς στρατηγοῖς in 23₁₁, ähnlich wie in 20₂₉₍₃₀₎ durch die Tilgung von κυρίου [2], mit dem Fehlen eines Dativobjekts zum verbum finitum ἐμαχεσάμην eine stilistische Unebenheit in Kauf genommen wird, dass es sich hier nicht um zufällige Übereinstimmungen innerhalb der Textverkürzungen des B-Textes handeln kann, und lässt der Befund, dass eine dieser Tilgungen der Amtsbezeichnung, in 22₄₀, im Ganzen der umfangreichen Auslassung zwischen v.39 καί ult bis 42 Ἐζούρ steht, doch fragen, ob die Textverkürzungen des B-Textes ein vorhexaplarisches Stadium der griechischen Überlieferung von Esdr II widerspiegeln könnten, bei dem einzelne Textteile der nach der heute vorliegenden Überlieferung greifbaren vorhexaplarischen und in diesem Sinne „ursprünglichen" Textform noch nach dem Kriterium konsequent durchgehaltener Äquivalenzen unverbunden nebeneinander standen, oder ob hier lediglich die späte und singuläre Tendenz des B-Textes, eine bestimmte Äquivalenz zu vermeiden, vorliegt. Eine Erklärung, die für diese Tendenz spräche, besteht darin, die Vermeidung des Begriffs στρατηγός als Amtsbezeichnung jüdischer Gemeindevorsteher als Abgrenzung gegenüber dem Sprachgebrauch des 1. Esrabuches zu bestimmen, in welchem diese Titulatur, an allen Stellen den σατράπαι zugeordnet, persischen Beamten vorbehalten bleibt: 3₂ 1₄ 4₄₇.

Auch über diese beiden Sonderfälle von Textverkürzungen hinaus überwiegen im B-Text an Sekundärlesarten gegenüber seltenen Fällen anderer grammatischer Kategorien, wie Zusatz: 11₃ ἐν τῇ χώρᾳ] + εν (+ τη S) πολει B' S V[3], Wortvariante: 17₇₁ ἔδωκαν (נתן

---

[1]) Vgl. S.128-131.
[2]) Vgl. S.301 Anm.6.
[3]) Es dürfte sich um eine früh in den Text eingedrungene Glosse handeln, da der Begriff χώρᾳ als Äquivalent für מדינה hier wie in Esdr II 2₁ und 17₆ (= I 57), 5₈ (= I 68) den „Gau Juda" bezeichnet, der durch den Glossator darum mit seinem Mittelpunkt, „der Stadt" Jerusalem, erklärt wird, weil Nehemia in v.2 ausdrücklich nach dem Zustand Jerusalems gefragt hatte. Den Zusatz εν (τη) πολει als Dublette zum Ausdruck ἐν τῇ χώρᾳ zu erklären, ist aus dem Grund unwahrscheinlich, weil der Begriff מדינה, obwohl er auch im AT an einigen Stellen „die Stadt" bedeuten kann und dementsprechend in LXX mit πόλις übertragen wird – so in Esdr II 6₂ in der umdeutenden Übertragung der „Provinz Medien", מדי מדינתה, auf Ekbatana, „die Stadt der Meder", τῆς Μήδων πόλεως, im ursprünglichen, ausserlukianischen Text der LXX (vgl. S.394f.) –, nirgends für die Stadt Jerusalem steht, seine Übertragung mit πόλις in dieser Bedeutung darum ausserhalb der LXX-Tradition stünde. Bei den weiteren Fällen der Äquivalenz zwischen מדינה und πόλις lässt sich nicht mehr entscheiden, ob sie auf dem Verständnis von מדינה als „Stadt" beruhen, oder von πόλις als „Gebiet": Es sind die nach der Aussage der persischen Provinzialbeamten durch die Judäer bedrohten πόλεις in Esdr I 2₁₉ – der Paralleltext von

𝔐)] εθηκαν B'; εθηκα S*, Casuswechsel: 13₁ ἕως πύργου] εως πυργους B' S* V, weit neben den textkritisch oft umstrittenen grossen die eindeutig sekundären kleineren Auslassungen: 1₁₁ μετὰ Σασαβασσάρ] > B' Aeth^B   3₁₃ τοῦ λαοῦ] > B'; *eorum* Aeth   4₁₂ τὴν πόλιν] > B' (hab πολιν B^mg) Aeth^B: homoiot   5₁₂ τοῦ Χαλδαίου] > B' V Aeth   7₆ αὐτὸς Ἔσδρας] > B'; *et is* Aeth (sed hab *ezra* pro αὐτός 2⁰ Aeth^A)   18₆ Ἔσδρας] > B' S^txt 107 Aeth^B   9₁₄ τῶν γαιῶν] > B' S* ^et c2 Aeth   20₃₈₍₃₉₎ ὁ ἱερεὺς υἱὸς Ἀαρών] ο ιερευς α. B S^txt Aeth^B; οι ιερεις α. 55   23₂₈ τοῦ Οὐρανίτου] > B' S* A Aeth^B Arm.

Schwierig bleibt die textgeschichtliche Bestimmung der vom B-Text überlieferten Artikelsetzung. Ihrem Charakter nach geht es vornehmlich um das Fehlen des Artikels beim status constructus und ähnlichen Formulierungen und damit um eine als Hebraisierung bzw. als Angleichung an 𝔐 zu erklärende Erscheinung. Offen ist aber die Frage, ob diese Textformen als Bewahrung des Ursprünglichen oder als rezensionelle Tendenz des B-Textes zu bestimmen sind. Von der dem ursprünglichen Text der Übersetzung als ganzem zu Grunde liegenden Übersetzungstechnik her lässt sich die Frage aus dem Grund nicht beantworten, weil sich beim Übersetzer – bzw. den Übersetzern – ein konsequentes Verfahren in dieser Hinsicht nur durch willkürliche Textrekonstruktion gegen die Verteilung der Zeugen, oft auch gegen das einhellige Zeugnis der Überlieferung postulieren lässt. Es ist zwar richtig, dass sich bei einer syntaktischen Erscheinung dieser Art, ohne dass ein eigentliches Rezensionsprinzip vorausgesetzt werden müsste, in der Abschreibetradition das nach griechischem Sprachgesetz Geforderte gegen das von der hebräischen bzw. aramäischen Syntax her übersetzungstechnisch Bedingte durchzusetzen vermag – das dürfte neben der Bevorzugung des codex Vaticanus und der ihm nahestehenden Zeugen für Alfred Rahlfs der Hauptgrund für die Aufnahme der hebraisierenden Artikelsetzung des B-Textes gewesen sein –; es ist aber nicht richtig, dass das weitgehend gültige Gesetz, dass sich der B-Text dem Eindringen des Artikels versperrt so dass er, wenn er ihn hat, ursprünglich ist[1], auch dann gelten müsste, wenn er ihn nicht hat, so dass, wenn er ihn nicht hat, sein Fehlen ursprünglich sein müsste.

Dieser Folgerung steht eine im B-Text von Esdr II und in anderen Büchern erkennbare sporadische Bezeugung hebraisierender bzw. an 𝔐 angleichender Textformen entgegen, sei es, dass sie von ihm mit der lukianischen Rezension gemeinsam, sei es, dass sie von ihm selbständig überliefert sind. Wir haben für die lukianische Rezension von Esdr II – im Gegensatz zu Esdr I – hinsichtlich der Artikelsetzung die gräzisierende Tendenz als

---

Esdr II 4₁₅ liest χώρας –, die durch Antiochos Epiphanes von Verwüstung bedrohte πόλις nach dem o'-Text von Dan 11₂₄: ἐρημώσει (aus einer Bildung von שׁמם für במשמני) πόλιν – der θ'-Text liest mit 𝔐 ἐν πίοσι χώραις ἥξει; die Äquivalenz ist von Schleusner (sub verbo πόλις), noch nicht von Biel erkannt, von H.-R ignoriert –, die „Landvögte": (ἄρχοντες) τῶν πόλεων in Reg III 20₁₄ nach A Syh, ä. τῶν χωρῶν bei den übrigen, ä. τῆς πόλεως bei Symmachos nach cod 243, bei σ' auch für die מדינה Babel in Dan 3₁₂ nach Syh (מדינתא) und die מדינה Elam 8₂ nach Hieronymus (*civitas*), wo der o'- und der θ'-Text einhellig χώρα überliefern.

[1]) Zu Sonderlesarten von B vgl. S.296 mit Anm.3, zu B *L* S.310f.

überwiegend festgestellt[1]; wir stellen dieser Tendenz, um die für den ursprünglichen Übersetzungstext am ehesten anzunehmende Verteilung beider bei ihm notwendig vorauszusetzenden Möglichkeiten zu gewinnen, für den B-Text die hebraisierende Tendenz als sekundäre Textform gegenüber und begründen diese Entscheidung textgeschichtlich, da die lukianisch bezeugte gräzisierende Form ihrerseits auf rezensioneller Intention beruht, mit dem Zusammengehen der Rezensionen *a* und *b* [2]:

2₁ οἱ υἱοὶ τῆς χώρας] om οἱ B′ 93 120-130-134-314: cf 17₆ om οἱ B′ S 19 370 98 44-610 Sixt Ra.   17₆ τῆς αἰχμαλωσίας τῆς ἀποικίας] om τῆς 1⁰ B′ Sixt Ra.[3]   3₁₃ τὴν φωνὴν (+ της L 68 119 125 Ald) σημασίας] om τήν B′ Sixt Ra.   7₁₇ τοῦ θυσιαστηρίου τοῦ (> V 71-106 107 98) οἴκου τοῦ θεοῦ] om τοῦ 1⁰ B A V 58 Ra.   20₃₆ τὰ πρωτότοκα τῶν βοῶν ἡμῶν καὶ ποιμνίων (των προβατων L)] om τῶν B′ 58 Ra.   7₁₃ πᾶς ὁ ἑκουσιαζόμενος] om ὁ B′ = 𝔐 (כל־מתנדב)   12₁ ὁ οἶνος] om ὁ B S* ᵉᵗ ᶜ ² = 𝔐.

Ausser der hebraisierenden Artikelsetzung überliefert der B-Text einige Textformen die eher als sekundäre Angleichung an die masoretisch überlieferte Textform denn als Bewahrung der ursprünglichen Übersetzungsweise erklärt werden müssen:

In 23₂₄ erscheint die von B′ S Sixt überlieferte Formulierung οι υιοι αυτων ημισυ λαλουντες Αζωτιστι als Übersetzung der Aussage בניהם חצי מדבר אשדודית gegenüber der von den übrigen Zeugen gebotenen οἱ υἱοὶ αὐτῶν ἥμισυ λαλοῦσιν (ελαλουν L La[123]) Ἀζωτιστί, da die partizipiale Wiedergabe des Partizips מדבר, der einhellig mit verbum finitum verbundenen Wiedergabe der folgenden Aussage ואינם מכירים לדבר יהודית: καὶ οὐκ εἰσὶν (ησαν L) ἐπιγινώσκοντες λαλεῖν Ἰουδιστί, vorgeordnet, eine dem Übersetzer schwer zuzumutende syntaktische Schwerfälligkeit mit sich bringt, eher durch den Zwang einer formal identischen Wiedergabe des Äquivalents bedingt, die der syntaktischen Überlegung des Übersetzers entgegensteht.

Schwache Spuren sekundärer Berührung mit Textformen, die sowohl in 𝔐 als auch im ursprünglichen Text von Esdr I überliefert sind, lassen sich wie in Sonderlesarten von B⁴, so auch im B-Text vermuten: Esdr II 17₂₀ τέσσαρες] πεντε B′ S Aeth Compl Sixt Ra. = 𝔐: τέσσαρες entspricht zugleich der dort – abgesehen von La[123]:VI, – einhellig überlieferten mit 𝔐 übereinstimmenden Zahl im Paralleltext von 2₁₅ und der Parallelstelle in Esdr I 5₁₄. Esdr II 24₁ εἴκοσι = 𝔐] τεσσαρακοντα (τεσσερ. B*; μ′ 122) B′ Aeth^B = 17₄₄ 𝔐 LXX et Esdr I 5₂₇ : Wenn hier in der Parallelstelle von Esdr I der B-Text, B′ Aeth, zu-

---

[1]) Vgl. S.21-25.

[2]) Die in den folgenden Nachweisen zuweilen mit dem B-Text zusammengehenden einzelnen Zeugen aus *a* und *b* – vier *a*-Zeugen in 2₁, nur Hs.98 aus *b* – ändern nichts daran, dass die entgegenstehende Lesart, das Fehlen des Artikels, als die *a* und *b* gemeinsame zu bestimmen ist.

[3]) Für sekundären Charakter der vom B-Text überlieferten hebraisierenden Textform in 17₆ spricht auch, dass im Paralleltext von 2₁ τῆς vor ἀποικίας einhellig überliefert ist. Durch nichts zu erklärende Inkonsequenz ist es, wenn Rahlfs bei nahezu identischer Zeugengruppierung das Fehlen des Artikels bei υἱοί beim B-Text in 2₁ als sekundär in den Apparat versetzt, in 17₆ als ursprünglich aufnimmt.

[4]) Vgl. S.297 mit Anm.1.

sammen mit 108, da 19 ausfällt, dem einzigen lukianischen Zeugen in diesem Textteil, zusammen mit La (La^V und La^C mitsamt La^{123} Esdr I) und Iosephus (XI 70) εικοσι überliefert, dann ist diese Lesart eher als dem ursprünglichen Text jenen vorlukianischen Übereinstimmungen mit 𝔐 zuzuordnen, die in der g r i e c h i s c h e n Tradition der LXX als Rezensionselemente bestimmt werden müssen[1]: Die rezensierende Tendenz des B-Textes in Esdr I besteht somit in mit *L* gemeinsamer Korrektur nach 𝔐 in der Gestalt der Heimkehrerliste von Esdr II 2, dem Esdr I und II gemeinsamen Ort im Kontext: Esdr I 5$_{27}$ = II 2$_{41}$; sie besteht in Esdr II einerseits in Harmonisierung innerhalb der beiden Listen gegen 𝔐: Esdr II 2$_{41}$ = 17$_{44}$, anderseits in Korrektur nach 𝔐 auf Kosten der Harmonisierung in LXX: Esdr II 17$_{20}$ gegen 2$_{15}$. Eine dritte Weise der Korrektur nach diesen ihm vorgegebenen Textformen scheint im B-Text von Esdr II 2$_{12}$ vorzuliegen: χίλιοι = 𝔐] τρισχιλιοι B Arm gegen 𝔐 und den Paralleltext 17$_{17}$ (δισχιλιοι omnes), aber mit der Parallelstelle von Esdr I 5$_{13}$[2].

Von diesem Ergebnis her bestehen gute Gründe gegen die Annahme, dass der B-Text als ganzer, auch in seinen selbständig überlieferten Textformen das textgeschichtliche Stadium repräsentiere, an welchem eine sekundäre Berührung zwischen der ursprünglichen Textform von Esdr I und derjenigen von Esdr II, wie sie der lukianischen Rezension eigentümlich ist, noch nicht eingetreten war, so dass die Bezeugung von Übereinstimmungen zwischen beiden Esrabüchern durch den B-Text als Kriterium für die Annahme in Anspruch genommen werden dürfte, dass es sich in diesen Fällen um jene seltenen Übereinstimmungen handeln m ü s s e , die eine ursprüngliche Abhängigkeit der Übersetzung des zweiten Esrabuches vom ersten beweisen[3]. Sekundäre Beeinflussung des B-Textes durch den ursprünglichen Text von Esdr I ist darum auch anzunehmen in der von B' V Aeth^{-B} überlieferten Namensform ωσαιαν (ωσαια V) in Esdr II 8$_{19}$, die an der Parallelstelle von Esdr I 8$_{47}$ abgesehen von der Sonderform *aman* in La^C (mitsamt La^{123} Esdr I), von עאטן in Sy und von auf ωσαιαν zurückgehenden Verschreibungen einhellig, aber bei Ausfall des ganzen Textteils in B' Aeth überliefert ist und die eine andere hebräische Vorlage als die in Esdr II masoretisch überlieferte voraussetzt: הוֹשַׁעְיָה an Stelle von יְשַׁעְיָה, sekundäre Übernahme aus Esdr I auch in der von B' A 58 Aeth überlieferten sowohl mit 𝔐 als auch mit der Parallelstelle von Esdr I 2$_{25}$ übereinstimmenden Tilgung

---

[1]) Das Zusammengehen des B-Textes mit der lukianischen Rezension in Korrekturen dieser Art beweist die von B' Aeth Compl mitbezeugte Änderung von τετρακόσιοι in διακοσιοι nach 𝔐 in 2$_{28}$, die auch Rahlfs nicht als ursprünglich aufnimmt und damit lukianisches Rezensionsgut bei dieser Zeugengruppierung zugesteht (vgl. S.28 und 58f.) – ob La^{123} mit dem Zahlzeichen *C* als Korrektur nach dem Paralleltext von 17$_{32}$ zu bestimmen ist, muss, da Zeilenumbruch vorliegt, offenbleiben –; der Paralleltext von Esdr I ist an dieser Stelle (5$_{21}$) völlig frei und nur lukianisch nach 𝔐 und LXX, mit διακοσιοι übereinstimmend mit 𝔐, *L* und B-Text in Esdr II, umgestaltet. Zur rein lukianisch bezeugten Überlieferung der Zahlen in den beiden Namenlisten von Esdr II 2 und 17 und ihrem Verhältnis zu Esdr I s. S.58-61, zur entsprechenden Überlieferung in Esdr I und ihrer Textrekonstruktion TGE S.75f.

[2]) Zur Textrekonstruktion vom Gegenbild in Esdr I 5$_{13}$ her vgl. TGE S.76.

[3]) Vgl. S.7-10, S.10 Anm.2 und TGE S.12-18.

der im ursprünglichen Übersetzungstext von Esdr II 4 23 – wahrscheinlich schon in der aramäischen Vorlage – aus v.17 eingetragenen und hier als Eigenname, Βααλτάμ, transkribierten Amtsbezeichnung בעל־טעם.

Die Sekundärlesarten des S - T e x t e s, zu dessen Begleitern öfter der B am nächsten stehende Zeuge 55 gehört, sind gleicherweise wie die Sonderlesarten durch einen Korrektor, dessen Identität mit dem hexaplarischen nicht überall geklärt werden kann[1], nach der ursprünglichen bzw. bestbezeugten Textform der LXX korrigiert worden. Sie weisen in unterschiedlicher Zahl alle grammatischen Kategorien von Texteingriffen auf: 115] Μὴ δή (אנא ℳ)] > S* Arm   10 τῇ μεγάλῃ] > S* Aeth   2323 Μωαβίτιδας] > S* 55: cf $\mathfrak{V}^{ap}$ 2212 οἱ ἱερεῖς et οἱ ἄρχοντες tr S* Arm   118 ἀσυνθετήσητε] αθετησητε S* 58   1513 ἐξετίναξα (-τειν. S^c-19-93 314 58* 68* Ald)] εξετεινα S* 55   1928 ἀνεβόησαν] εβοησαν S 55[2]. Hinsichtlich der Artikelsetzung kennt der S-Text sowohl die hebraisierende Tilgung beim Nomen mit Pronominalsuffix: 119 ἡ διασπορὰ ὑμῶν] om ἡ S* 55   1924 τὰς χεῖρας αὐτῶν] om τάς S* 55*, als auch die hebraisierend erklärbare: 1919 φωτίζειν] pr του S 55: cf ℳ (להאיר) und die gräzisierende Setzung: 109 πάντες ἄνδρες 'Ιουδά] π. οι ανδρες ι. S 107   138 υἱὸς τοῦ 'Ρωκείμ (ιωακειμ B' S Aeth)] pr ο S 55   1421(15) ποιοῦντες] pr οι S 55 κρατοῦντες] pr οι S[3].

Wenige Berührungen des S-Textes mit der masoretisch überlieferten Vorlage, beweisen, da sie stilistischer Natur sind, keine gegenseitige Abhängigkeit, sind aber doch, da an einigen Stellen La^{123} hinzutritt, nicht auszuschliessen: 1213 πυρί] pr εν S A = ℳ (באש) vgl. 1818 τῇ ἡμέρᾳ] pr εν S* La^{123} (= ℳ (ביום)   1237 κατέναντι] pr και S* La^{123} = ℳ vgl. 182 ἕως] pr και S A 370 Syh = ℳ   184 ἔστησαν] -σεν S* La^{123} (stetit) = ℳ (ו)עמד))[4].

Eine jener Lesarten des codex Sinaiticus, bei denen sich auf Grund der Feststellungen von Alfred Rahlfs die Frage stellt, ob in seinen ursprünglichen Text als Randlesarten in seiner Vorlage überlieferte hexaplarische Noten eingegliedert sein könnten[5], wird von S

---

[1]) Vgl. S.297f.

[2]) Alle Wortvarianten des S-Textes stehen zur ursprünglichen Form in graphischer Nähe. Ihren sekundären Charakter als Transformation zeigt besonders deutlich die von S* V bezeugte Variante εποιησαν in 113, die nur graphisch, als Zeuge für die ursprüngliche Aoristform aus - οσαν gegenüber ειπον (-παν 71) und ειπεν der übrigen, zusammen mit B' S^c für die ursprüngliche Textform εἴποσαν mit in Anspruch genommen werden darf.

[3]) Artikelloses φυη in S zusammen mit verschriebenem φυγη in 55 in 147(1) wird von Rahlfs auf Grund der Übereinstimmung mit ℳ (ארוכה) aufgenommen. Vorangehendes ἀνέβη lässt auch die Erklärung durch Haplographie zu. Exegetisch lassen sich beide Formen begründen; d a s Wachsen der Mauer hatten die Widersacher schon zuvor zu Gesicht bekommen, jetzt sehen sie, dass es fortschreitet. Im Blick auf die Unsicherheit der Artikelsetzung im S-Text ist es sicherer, auf die bessere Bezeugung zu bauen.

[4]) Hier liest auch Esdr I an der Parallelstelle 943 den Plural, B' 108 Aeth$^{-(E)FM}$ korrigieren nach ℳ in εστησεν. Zur mit ℳ übereinstimmenden von S* V La^{123} Aeth Got bezeugten Namensform ιωαναν gegenüber 'Ιωαθάν in 1618 vgl. „Der ursprüngliche Text" 5.1.(III 3), S.344f.

[5]) Vgl. S.142f.

gemeinsam mit V überliefert, und würde, wenn sie auf diese Weise erklärt werden muss, beweisen, dass auch diese in den übrigen Fällen nur als Sonderlesart von S überlieferte Erscheinung auf breiterer Überlieferungsgrundlage beruht, als deren Träger der S-Text als ganzer zu gelten hätte. Es handelt sich um den innerhalb des für אל־החרים ואל־הסגנים stehenden Satzteils πρὸς τοὺς ἐντίμους καὶ πρὸς τοὺς ἄρχοντας in 14₁₉₍₁₃₎ vor ἄρχοντας eingefügten Zusatz ἐνδόξους, der von den Zeugen S* V Syh überliefert ist und bei dem, wie bei dem Zusatz der Sonderlesart von S zu σκεπεινοῖς in 14₁₃₍₇₎: οπου ευεπιβατα ην S*¹ durch die sekundäre Tilgung, wenn in ihrem Urheber der hexaplarische Korrektor zu sehen ist, hexaplarische Herkunft auszuschliessen wäre, der hier aber anders als in 14₁₃, wo Syh nicht erhalten ist, durch das entsprechende Äquivalent משבחא in Syh beweisen würde, dass zwischen dem hexaplarischen Zeugnis des Korrektors von S und dem syrohexaplarischen eine Diskrepanz besteht. Von der erhaltenen Überlieferung der Äquivalenz in LXX und den jüngeren Übersetzungen her lässt sich die dadurch aufgeworfene Frage nicht mir Sicherheit beantworten, da der Begriff ἔνδοξος, der wohl als Bezeichnung der Amtsinhaber סגן oder חר angemessen wäre – vgl. z.B. die Äquivalenz mit שׁר in Par II 36₁₄ –, zwar für viele Grundwörter als Äquivalent dient, am häufigsten, und so auch von Aquila übernommen, für Bildungen von כבד, nach der erhaltenen Überlieferung aber nirgends für סגן oder חר. Von einer von 𝔐 abweichenden Vorlage her, wäre zwar eine Texttransformation von חר in הדר und die fehlerhafte Zuordnung zu סגן leicht erklärbar – diese Äquivalenz ist in Is 5₁₄ für LXX, in Is 63₁ für θ´, in Lev 23₄₀ für ἄλλος nachgewiesen (für σ´ nur Bildungen von כבד und גאה)² –, doch könnte sie, obwohl sie im griechischen Äquivalent von Is 5₁₄ personell verstanden ist: οἱ ἔνδοξοι, an dieser Stelle, da הדר nicht סגן zugeordnet werden kann, nur abstrahiert vom hebräischen Kontext entstanden sein. Die Entscheidung zwischen Dublette und in den Text geratener Glosse muss darum offen bleiben.

Von den wenigen Sekundärlesarten, die dem A-Text zugeordnet werden können, sind die meisten entweder in der Tradition des B-Textes stehend von Hs.55 oder selbständig von 58 begleitet; 4₆ Ἀσ(σ)ουήρου (ασσουρου 58)] + περσων A 58 Arm: cf 5   24 τὸ ἔργον οἴκου τοῦ θεοῦ] om οἴκου A 55 58: cf 6₇ (om οἴκου A 44) 17 (om τοῦ οἴκου A 107¹-610¹ 46) 16 (om τοῦ οἴκου a⁻¹²¹)   57 ἐν αὐτῷ] εν αυτη A 119 Compl ³   13₂₁ ἐκλείψεως (εκλιψησεως 55; συντελειας 93-108 Compl: cf 𝔐 (תכלית))] εκθλιψεως A 120 58   7₂₃ προσέχετε] -χε A 55.

---

¹) Vgl. S.157f.

²) Graphisch noch näher als zu הדר läge eine Texttransformation von חר zu dem Nomen הוד, bei dem Ier 22₁₈ in Syh für Aquila das gleiche Äquivalent überliefert ist wie in Syh zu Esdr II 14₁₉₍₁₃₎ für ἔνδοξος: משבחא (für die rätselhafte Symmachosnote חבישא bleibt von allen Erklärungsversuchen die Annahme einer Metathese aus שביחא der wahrscheinlichste).

³) Der A-Text ist grammatisch richtige Anpassung an das feminine Bezugswort ῥῆσις, das L umgekehrt durch Änderung in das Neutrum ῥῆμα dem adverbialen Ausdruck anpasst. In der ursprünglichen Textform der übrigen Zeugen ist αὐτό als substantiviertes Pronomen aufgefasst: „darin".

Die Übereinstimmung einer Wortvariante mit dem Paralleltext von Esdr I: Esdr II 9₁₂ κληροδοτήσητε] κληρονομησητε (-ται V) A V: cf Esdr I 8₈₂ (κατακληρονομήσητε (omnes)) lässt schon wegen des Wechsels zwischen simplex und compositum, aber auch wegen der in beiden Formen häufigen Bezeugung der Wortbildung (κατα)κληρονομεῖν als Äquivalent für den Stamm יָרַשׁ, der seltenen von κληροδοτεῖν – sie ist in LXX nur noch in Ps 77(78)₅₅ für Hiphil von נפל und in Sir 17₁₁ nachgewiesen – keinen Schluss auf textgeschichtliche Abhängigkeit zu.

Auch die wenigen Sekundärlesarten des V-Textes, die von keinen weiteren Unzialen begleitet sind, weisen sich öfter durch die Mitbezeugung von Hs.55 als in der Tradition des B-Textes stehend aus, lassen sich aber nirgends auf Kriterien der Korrektur nach vorgegebener Tradition zurückführen: 8₁₆ συνιέντας (συνιοντας B'; συνετους L)] pr ανδρας V 7₂₈: cf praec Μεσουλάμ (cum var)] + αρχοντας L La¹²³ Compl = 𝔐; + ανδρας B' V Aeth^B; + *homines principes* Aeth^A   7₂₆ ὃς ἂν μὴ ᾖ ποιῶν] ος εαν (sic et 58; > 71) μη ποιει (ποιη 108) L 71 La¹²³ (*fecerit*); om ᾖ V 55 58   8₃₁ θεοῦ ἡμῶν] κ̄ῡ 71; pr κ̄ῡ 119 Arm: cf Esdr I 8₆₀; om ἡμῶν V 107 = Pesch   15₁₃ ἐκ κόπου ((מיגיע(ו) 𝔐)] εκ των κοπων L: cf 𝔙; εκ του τοπου (*e locis* Arm) V 58 Arm; *de cubile* La¹²³   6₉ τὸ ῥῆμα] τα ρηματα V 55   11₉ ἐὰν ᾖ] εαν ην V 55   17₃ στῆσον] στησω S^c; *constitui* La¹²⁵: cf 𝔙 (*posui* (hab *constitue* La¹²³)); στητωσαν L Arm; στησονται V 71-120 58¹. Die V mit La¹²³ gemeinsame Variante των ελθοντων (*qui venerunt* La) für τῶν θελόντων (החפצים 𝔐) in 11₁₁ beweist, da sie gegen die hebräische Vorlage von 𝔐 steht und graphisch nur als Konsonantenmetathese der griechischen Wortform erklärbar ist, eine über V hinausgehende Verbreitung, die auch La¹²³ als Vorlage diente.

---

¹) Das hebräische Grundwort ist nach der Vokalisierung, in 𝔐 הַעֲמֵיד, sowohl als Imperativ als auch als infinitivus absolutus verstehbar, so dass die verschiedenen Verbalformen von der masoretischen Vorlage her erklärt werden können.

3. Die gegenseitige Zuordnung der Textformen

Die textgeschichtliche Bestimmung der gegenseitigen Zuordnung der einzelnen Rezensionen und Textgruppen zueinander muss im Blick auf das Ziel der Untersuchung, die Rekonstruktion der ursprünglichen Textform der LXX-Übersetzung von Esdr II, von der Frage ausgehen, ob bzw. in welcher Weise das Hinzutreten der ausserlukianisch bezeugten Textformen zu (hexaplarisch-) lukianisch überlieferten als Kriterium für die Entscheidung darüber in Anspruch genommen werden darf, welche der sich in dieser Weise gegenüberstehenden Textformen als ursprünglich, welche als sekundär bzw. rezensionell bestimmt werden muss.

Nun hat die Textrekonstruktion und textgeschichtliche Untersuchung der Bücher der LXX, die grundsätzlich die gleiche Zeugenverteilung, wie sie in Esdr II vorliegt, aufweisen: Esdr I, Est, Idt, Tob: im weiteren Sinn auch Mac I-III, ergeben, dass das Zusammengehen der Rezensionen *a* und *b* ein beweiskräftigeres Kriterium für die Bewahrung der ursprünglichen Textform darstellt als die von anderen Zeugengruppen unberührte oder mit lukianischen Zeugen zusammengehende Überlieferung des B-Textes, bei dem, da er von lukianischem Überlieferungsgut n i c h t unberührt ist, auch dort, wo er selbständig gegen die übrige Überlieferung mit 𝔐 übereinstimmende Lesarten bezeugt, das rezensionelle Prinzip der Angleichung an die masoretisch überlieferte Textform nicht auszuschliessen ist.

Dieses Ergebnis wird auch durch die Überlieferung des 2.Esrabuches auf Grund des einzigen sicheren Kriteriums der Textrekonstruktion, der Übereinstimmung eines Teiles seiner Zeugen mit der masoretisch überlieferten Textform als Rezensionsprinzip gegenüber einer freien Wiedergabe der gleichen hebräischen bzw. aramäischen Vorlage bei den übrigen Zeugen als Prinzip der ursprünglichen Übersetzung, bestätigt.

1. Der B-Text mitsamt dem ihm nahestehenden Text der übrigen Unzialen und sie begleitenden codices mixti, die von sekundären bzw. rezensionellen Elementen am wenigsten berührte Zeugengruppe, kennt das Rezensionsprinzip der Korrektur nach 𝔐 nicht nur bei selbständiger Überlieferung[1], sondern auch als Mitzeuge der (hexaplarisch-) lukianischen Rezension:

1 १३ Οἱ καταλειπόμενοι (υπολελειμμενοι *L* Compl)] + οι καταλειφθεντες (*qui remanserunt* Aeth; *qui* (*et* La) *relicti sunt* La Syh) B′ S V Syh - *L* La^{123} Aeth Compl Sixt = 𝔐 [2] 18 ९ ἤκουσεν] -σαν B′S^c-93 Aeth Arm Sixt: cf 𝔐 [3] 19 २९ τοῖς κρίμασιν] pr εν B′ S *L* 58 La$^{123\ 125}$ Aeth Arm Compl = 𝔐; + σου B′ S A *L* 58 119 La$^{123\ 125}$ Aeth Arm Compl Sixt =

---

[1] S. 2.1.2.2.
[2] Vgl. S.189.
[3] Vgl. S.194.

𝔐 1₁₁ τετρακόσια] pr και B L = 𝔐 20₂₉₍₃₀₎ φυλάσσεσθαι] pr και (+ του L) B' S* L La¹²³ = 𝔐 (hab ᴅ) 10₃₃ καί] > B L = 𝔐 6₂₂ κύριος 1⁰] > B' 107 (non 125) Aeth κύριος 2⁰] > B' L 71 La¹²³ Aeth Compl Sixt = 𝔐 17₆₂ υἱοὶ Βουά] > B' 93-108 (deest 19) Aeth Compl Sixt = 𝔐¹ 19₃₃ εἶ] > B' S* 19' La¹²³ Aeth Sixt = 𝔐 38 (20₁) πάν- τες] > B' Sᶜ-L La¹²³ Aeth Compl Sixt = 𝔐 23₁₉ ἐν Ἰερουσαλήμ] om ἐν B' L La¹²³ Aeth (vid) Arm = 𝔐 68 γνώμη (δογμα (*edictum* La) L La¹²³ Compl) ἐτέθη] tr B' L La¹²³ Compl = 𝔐 13 ἐποίησαν (-σατε 55) ἐπιμελῶς] tr B' L La¹²³ Compl = 𝔐 16₂ μοι (*mecum* La; > 55 119) ποιῆσαι] tr B S L La¹²³ Sixt = 𝔐 10₂₄ Τελμήν] τελλημ (τελημ B' Aethᴮ; τελαημ 93) B' S A V L Aethᴮ = 𝔐 17₄₉ Σαδήλ] γαδηλ B' S L Aeth Arm Compl Sixt: cf 𝔐 (גדל) et 2₄₇ 21₉ ἀπὸ τῆς πόλεως] επι τ. π. B' S 93-108 (deest 19) La¹²³ Aeth⁻ᴮ Compl = 𝔐 (על־העיר) 23₁₈ ὁ θεὸς ἡμῶν] ο θ. υμων B A Sᶜ 58 La¹²³ Arm Compl Sixt = 𝔐 (hab ᴅᵗᵉ)² 22₈ τετρακόσιοι] διακοσιοι (σ' 122) B' L Aeth Compl = 𝔐 ³ 32 οἱ ἀδελφοὶ αὐτῶν] οι αδ. αυτου B' L 46-728 La¹²³ Aeth Arm Compl Sixt = 𝔐: cf Esdr I 5₄₇ 20₂₈₍₂₉₎ ἀπὸ τοῦ λαοῦ τῆς γῆς] απο των (> B' Sixt) λαων τ. γ. B' L Compl Sixt: cf 𝔐 (מעמי הארצות); *a populis regionalibus* La¹²³ 37₍₃₈₎ δεκάτας] δεκατην (pr την L) B' Sᶜ-L Sixt = 𝔐 17₆₃ ἔλαβον] -βεν B' 93-108 (deest 19) Aeth Arm Compl = 𝔐 (sed hab Peschᵂ (נסבו)) ἐκλήθησαν] εκληθη B' S A 93-108 (deest 19) 370 119 Aeth Arm Compl = 𝔐: cf 2₆₁ ⁴.

Die in Esdr II weitgehend gräzisierende Tendenz der lukianischen Rezension bei der Artikelsetzung⁵, der die Tendenz der Bewahrung des Artikels im B-Text an den Stellen, wo er ursprünglich ist⁶, gegenübersteht, erschwert die Entscheidung zwischen ursprünglich und sekundär an den Stellen, wo die gräzisierende Artikelsetzung vom B-Text und von der lukianischen Rezension gemeinsam bezeugt wird. Da aber die Spuren lukianischer Überlieferung, die im B-Text zu erkennen sind, Berührungen mit dieser Tradition als ganzer, nicht nur mit ihrem sie bestimmenden Prinzip der Korrektur nach 𝔐 aufzuweisen scheinen, wird auch so bezeugte gräzisierende Artikelsetzung jenen Ausnahmen zugerechnet werden müssen, in denen das dem B-Text eigentümliche Prinzip, sich dem Eindringen des Artikels zu versperren, so dass dieser, wenn der B-Text ihn bezeugt, ursprünglich ist, durchbrochen wird⁷. Nicht von einem Stilprinzip her, nach dem bei Wiederholung des gleichen Ausdrucks im gleichen Satz bei der Übersetzung eines status constructus der gräzisierende Artikel nur beim ersten Mal gesetzt würde, sondern von der

---

¹) Der in LXX singuläre Name Βουά, der auch in Esdr I 5₃₇ fehlt, wird an der Parallelstelle 2₆₀ lukianisch auf breiterer Überlieferungsgrundlage, auch von La¹²³, aber an Stelle von B von A getilgt (vgl. S.312), ein Indiz dafür, dass verschiedene Zeugen, die zu L hinzutreten, keine textgeschichtlichen Stufen innerhalb der Tradition lukianischer Korrektur nach 𝔐 darstellen müssen.

²) Vgl. „Der ursprüngliche Text" 5.2.1 (7). S.368-370.

³) Vgl. S.28, 58f. und 305 mit Anm.1.

⁴) Zur im B-Text und in L je verschiedenen Dublettenüberlieferung in 19₁₀ vgl. S.159.

⁵) Vgl. S.22-25.

⁶) Vgl. S.303 und 296 mit Anm.4.

⁷) Das Gegenbild von der Überlieferung in Esdr I s. in TGE S.100f., vgl. 21f.

Überlieferung her, auf Grund im B-Text tradierter lukianischer Elemente, muss darum die ursprüngliche Textform des Ausdrucks Κύρου βασιλέως Περσῶν in 1₁ bestimmt werden: Die Setzung des Artikels του vor βασιλέως ist sowohl an erster Stelle mit der Bezeugung B A L 58 Sixt als auch an zweiter, nur lukianisch von L 58 bezeugter sekundär.

2. Die gleiche Zeugengruppe, am häufigsten angeführt von codex Alexandrinus, kann auch als Mitzeuge der Rezensionen *a* und *b* erscheinen:

Mit *a*: 4₆ Ἀρτασασθά 2°] > B' *a*⁻¹²¹ ²³⁶ ³¹⁴ ⁷⁶²   17₇₀ ἔδωκαν 2°] > B' Sᵗˣᵗ *a*⁻³⁷⁰ 248 Compl Sixt   5₃ τοιάδε (ταδε *L*)] τοια B' A *a*⁻⁷¹ ⁷⁴ ¹⁰⁶ ¹⁰⁷   2₆₉ χρυσίου (+ καθαρου 55)] χρυσιον (+ καθαρον B Sixt) B A *a*⁻⁷¹ ¹²¹ ²³⁶ (non 125) 58 Sixt   17₃ ἔτι αὐτῶν] οτι αυτων 58 119; οτι αυτων ετι S* A *a*⁻⁷¹; ετι αυτων ετι Sᶜ 46-64-381-728   17₇₁ μνᾶς] pr (add 107 58; μυριαδας pro μνας 44: cf praec) μυριας (+ και 71-106) A *a* 58   19₂₅ ἐτρύφησαν] ενετρυφησαν A *a* 58 119: cf Is 55₂ Sir 14₄   23₂₅ ὥρκισα] ενωρκισα (-κησα 121) A *a* 58 119   9₆ ὑπέρ (+ της *L*) κεφαλῆς] υπερ τας τριχας της κ. V 121-130-236-314-762 119¹.

Mit *b*: 2₃₉] > B' 98-243-248-731: cf 17₄₂ (om 19)   4₆ ἔγραψαν] εγραψεν B' A 134 98-243-248-731 58 119 La¹²³ Aethᴮ Ald Compl = Peschᴬ   17₃₀ εἰς (τρεις *L* 370 Got: cf 2₂₆); μια Sᶜ¹ (vid): cf 37)] > S* (restituit Sᶜ²) 46-64-381-728 Ald Sixt   23₂ ἐν ἄρτῳ (αρτοις *b* La¹²³ Ald: cf Deut 23₄₍₅₎) καὶ ἐν ὕδατι] om ἐν 2° S* (resituit Sᶜ²) 106-107 *b* 58 La¹²³ Ald Compl Sixt = 𝔐   10₈ ὡς ἡ βουλή (κατα την βουλην *L*)] ως (ος S*) αν η (= ἡ̣; > S*) β. S* A V *b*⁻⁷³¹ (και η β. 731)   4₅ Περσῶν 2°] > A *b* 58 Ald   22₂₄ ὑμνεῖν et αἰνεῖν tr A *b* 119 Arm Ald   13₁₀ κατέναντι οἰκίας] κ. οικια A *b* Ald   12₆ ἠγαθύνθη] ηγαθυνθην V *b*⁻²⁴³ ²⁴⁸ 58 125 Aethᴬ Ald.

3. Die beiden Rezensionen *a* und *b* können, jede für sich, fast nie gemeinsam², als Begleiter (hexaplarisch)-lukianischer Rezensionselemente auftreten, meist bei Korrekturen nach der masoretischen Vorlage die Rezension *a*: 1₁₁ μὴ δή] +κ̅ε̅ Sᶜ-*L a* 119 La¹²³ Aeth Compl Sixt = 𝔐 (אדני)   14₇ (41) Ἀμμανῖται] + και οι (om και οι 44) αζωτιοι (וטיא Syh; *azoni* La¹²³) Sᶜ-*L a* La¹²³ Aeth⁻ᴮ (sim) Compl = 𝔐 (והאשדודים)   19₃₇ τοῖς βασιλεῦσιν] pr (36) και τα αγαθα αυτης (αυτοις 93*; + και *L* Compl: cf 𝔙) ιδου εσμεν δουλοι επ (επι της γης 107: cf praec; > 93) αυτης (37) και (+ τα αγαθα αυτης και 106: cf praec) οι καρποι αυτης (+ οι *L* Compl) πολλοι (+ εγενοντο *L*) *L a* 119 Compl Sixt = 𝔐 ³   20₂₉₍₃₀₎ fin] + και τα (> Sᵐᵍ 58) προσταγματα (*iustificationes* La) αυτου Sᵐᵍ-*L a*⁻¹⁰⁷ ¹³⁰ 58 La¹²³ Compl Sixt = 𝔐 (וחקיו)   22₁₉ Ἰαρ(ε)ίμ] ιωαρειμ 19; ιωαριμ 120: cf 𝔙ᵃᵖ; ιαριβ 52 610: cf 8₁₆ Par I 9₁₀; *iareb* La¹²³; *joreb* Aeth⁽⁻ᴮ⁾; ιωαρ(ε)ιβ (ιωαρ. 106-107-370* Sixt) Sᵐᵍ-93-108 *a*⁻¹²⁰ (deest 121) Compl = 𝔐, bei in *L* zwischen 19' und 93 gespaltener Überlieferung   14₃ (13₃₅) εἶπαν (sic B' A 64-728 58; ειπον rel: cf praef p 56)] ειπεν S 93*a* 119 Arm Orᴸᵃ in Cant 238 Compl Sixt (hab Lucif parc 222 (vid)) = 𝔐   18₁₂ ἐγνώρισεν] -σαν *L a*⁻³⁷⁰ 55 119 Aethᴬ = 𝔐 (הודיע) (hab *docuerat* 𝔙)), bei in *L* und *a* je verschiedener

---

¹) Der gleiche Zusatz ist auch lukianisch, von *L* 381 Laᶜ (mitsamt La¹²³ Esdr I) an der Parallelstelle von Esdr I 8₂₇ überliefert, wahrscheinlich an beiden Stellen als Übernahme aus 9₃ = Esdr I 8₆₈.

²) Zu Ausnahmen vgl. S.312-314.

³) Vgl. S.285.

Weise der Korrektur nach 𝔐 16₄ τοῦτο] + τεσσαρσι(ν) καθοδοις (*per quater* La) *L* La¹²³ Aeth⁻ᴮ Compl; +τεταρτον καθοδους (-δας 125) a^{-370} = 𝔐 (אַרְבַּע פְּעָמִים); + *saepe* Arm¹, sowohl bei (hexaplarisch)-lukianischen Korrekturen nach 𝔐 als auch bei anderen rezensionellen Erscheinungen die Rezension *b*: 23₁₅ ἐν ἡμέρᾳ πράσεως αὐτῶν] + οτε (οτι *b* Ald Compl Sixtᵃᵖ) επωλουν επισιτισμον *L' b* Ald Compl Sixtᵃᵖ; *in die cum venderent copias* La¹²³: cf 𝔐 (בְּיוֹם מִכְרָם צֵיִד)² 22₄₂ ἠκούσθησαν οἱ ᾄδοντες (οι ωδοι ηκουτησαν *L* Aeth⁻ᴮ (vid))] + και ιεζριας (ιεσρ. 98-243-248-731 Compl; ισρ. 19; ισζρ. 108; *jezerah* Aeth; *eedrias* La) Sᶜ-*L b* La¹²³ Aeth⁻ᴮ Ald Compl = 𝔐 (וְיִזְרַחְיָה) 26₀ υἱοὶ Βουά] > A *L b* 58 119 La¹²³ Aethᴬ Arm Ald Compl = 𝔐 et Esdr I 5₃₇ ³ 13₂₅ Εὐζεί (*ezee* La¹²³; ευει B' S; *jahewa* Aethᴬ (Aethᴮ sim)] ουζαι (ουαζαι 93) *L b* 119 Arm Ald Compl = 𝔐 (אוּזָי) 9₁₁ εἰσπορεύεσθε] +εκει *L b*⁻⁹⁸ Ald Compl: contra 𝔐 26₂ ἐζήτησαν] pr ων *L b* Ald Compl 5₅ ὑπέρ] περι *L b* 10₁₃ οὐκ εἰς ἡμέραν μίαν καὶ οὐκ εἰς δύο] ουκ εις ημ. μιαν (ουχ ημερας μιας *L* La¹²³; om μίαν 107 (non 44)) ουδε (ουτε 44; η 125) δυο *L b* 44' La¹²³ Ald Compl: cf Esdr I 9₁₁ 12₁₁ τί] οτι 19' *b* Ald Compl 3₈ εἰς οἶκον τοῦ θεοῦ εἰς Ἰερουσαλήμ] εις (+ τον *L* 44 Compl) οικον του θεου (k͞u του (> 46-64-381-728) θεου pro του θεου *b* Arm Ald Compl: cf 𝔒ᵃᵖ Pesch (*domini*); om τοῦ 71 125) τον εν ιερ. *L b* 4₄ ἐνεπόδιζον αὐτούς] ενεπ. (εμποδιζων 58) αυτοις A 19' *b* (243ᶜ) 55 58 119 125 Ald Compl (hab Cyr in XII Proph 234c) 4₁₅ ἠρημώθη] ηρημωται *L b* Ald Compl⁴.

4. Sehr selten und nur als Ausnahme, die die Regel bestätigt, dass diese beiden Rezensionen abgesehen vom zufälligen Zusammentreffen einzelner Zeugen hinsichtlich ihrer Rezensionselemente unabhängig voneinander tradiert worden sind, ist ein Zusammengehen in sekundären Textformen der beiden Rezensionen *a* und *b* überliefert:

Bei nomina propria fordert ein *a* und *b* gemeinsames Gesetz der Transkription wie die auf der hier auch masoretisch überlieferten Vokalisierung יְרֵחוֹ beruhende, von $a^{-106\,107}$ $b^{-248\,381}$ Ald bezeugte Schreibung ιερεχω in 2₃₄, die ausser in B 46-248 Laⱽᶜ (sim) ιεριχου, 108 (deest 19) ιεριχω in der gräzisierten Genitivform Ἰερέχου (-χω 119') auch im Paralleltext von Esdr I 5₂₂ überliefert ist⁵, nicht notwendig den Schluss auf gegenseitige Abhängigkeit, und ist auch eine der masoretischen Vorlage gegenüber freie Transkription wie λυδδων (λυδων 44) λοδ (λωδ 74) αδιδ (αδδι 236; om λοδ αδιδ 44') A *a* Arm (sim); λυδδων (λυδων 46 119) λοδ (λωδ 381) αδι (αδη 381) *b* 119 Ald an Stelle von ursprünglichem Λόδ, Ἀδίδ für לֹד חָדִיד in 2₃₃ nur insofern eine Ausnahme, als hier hinsichtlich des *a* und *b* gemeinsamen Teils λυδδων ein lukianisches Äquivalent von beiden Rezensionen, von denen jede für sich mehrfach lukianischen Einfluss kennt, übereinstimmend bezeugt wird.

---

¹) Zur zweigliedrigen Dublette mit αφανη und πλανησιν in *L*, 14₈₍₂₎, deren eines Glied mit αφανη von Syh und *a* mitüberliefert ist, vgl. S.204f. und 208.

²) Vgl. S.165f.

³) Vgl. S.310 Anm.1.

⁴) Zu 18₁₀ vgl. S.200 mit Anm.7, S.208 Anm.3 und S.247.

⁵) An der Parallelstelle von Esdr II 17₃₆ setzen alle LXX-Zeugen mit der Transkription Ἰεριχώ (-ρειχ. B* (non 122) S A; -ρηχ. 93; ερηχ. 58 Arm: post ι) gegen 𝔐 die Vokalisierung יְרֵחוֹ voraus.

Die gleiche Erklärung gilt auch für den hexaplarisch-lukianischen Zusatz nach 𝔐 κατα τον λογον τουτον τον (το S^c: cf 𝔐) πεμπτον (πεμποντα 19) S^c-L Compl in 16₅ vor τὸν παῖδα αὐτοῦ, von welchem beide Rezensionen den Ausdruck το(ν) πεμπτον, aber in verschiedener Form und an verschiedener Stelle übernehmen: b mit L in der Form τον (> 98-248 44) πεμπτον und mit 𝔐 S^c-L v o r , a^{-370} mit S^c in der 𝔐 näher stehenden Form το πεμπτον, aber gegen 𝔐 n a c h dem Satzteil τὸν παῖδα αὐτοῦ [1], und wo beide Rezensionen, a$^{-314\,370\,44'}$ b Ald mit A, das Reflexivpronomen εαυτου überliefern[2]. In 37 ποτά] ποματα (πωμ. 728 Ald) 121-236-314-762 b 58 Ald; ποσιν 19' Compl[3]: cf Esdr I 5₅₃ (ποτά] ποματα a) für משתה ist das Zusammengehen der Rezensionen a und b in der von älterer Tradition her nicht bestimmbaren Äquivalenz mit dem Begriff משתה [4] als Kriterium der Ursprünglichkeit nicht nur aus dem Grund relativiert, weil ein Teil der im Unterschied zu b textgeschichtlich nicht in Untergruppen teilbaren Rezension a in der Bezeugung von ποτά mit dem hier als ursprünglich zu bestimmenden B-Text zusammengeht, sondern auch aus dem Grund, weil die textgeschichtliche Überschneidung beider Äquivalente graphisch, als Silbenausfall, bedingt sein kann und darum auch einen Schluss aus dem Paralleltext von Esdr I verbietet.

5. Die Zuordnung der Textgruppen ergibt, dass sich in der Textgeschichte von Esdr II sowohl vom Alter der Zeugen als auch von ihrem Textcharakter her keine Überlieferung feststellen lässt, die von der Einwirkung der christlichen Rezensionen unberührt wäre. Dieser Sachverhalt trifft trotz der fragmentarischen Erhaltung dieses Textbereichs schon für das früheste erreichbare Stadium der Textgeschichte, die Berührung des B-Textes mit der hexaplarischen Rezension, zu und erweist sich damit als Bestätigung von Joseph Zieglers Textbestimmung im Buch Jesaia, in Spuren auch im Buch Ezechiel und im Sonderfall des Buches Hiob, in welchem die von den genuin hexaplarischen Zeugen Syh und La asterisierten Textteile schon in der ältesten Überlieferung, zu der auch B gehört,

---

[1]) Vgl. S.185. La^{123} geht abgesehen von der Abweichung *septimo* (trotz *per quater* in v.4) mit L zusammen, Aeth^A mit dem Ausdruck *quinta vice*, der aber nach πρός με eingefügt ist, mit b. Die gleiche Differenz in der Wiedergabe des Zusatzes nach 𝔐 liegt auch zwischen L und a in der Aussage von v.4 vor, auf die sich v.5 bezieht: ארבע פעמים; vgl. S.312.

[2]) Sekundäre Einführung des Reflexivpronomens, eine besondere Eigentümlichkeit von A, ist als Stilprinzip, das nicht auf gegenseitige Abhängigkeit schliessen lässt, auch beiden Rezensionen für sich bekannt; vgl. „Der ursprüngliche Text" S.373 Anm.4, S.385 Anm.1 und für Esdr I TGE S.124-126.

[3]) Als Singular – so auch La^{123} (*potum*) – ist dieses Äquivalent lukianische Korrektur nach 𝔐, die Kontamination πομασιν – Dativ plur. ist syntaktisch ausgeschlossen – ein Indiz für rein graphische Vermischung der Wortformen.

[4]) ποτόν als Äquivalent für משקה Lev 11₃₄, für מים Iob 15₁₆, πόμα für משתה Dan θ' 1₁₆ (in 1₀ θ' ο' πόσις) und für שקוי Ps 101(102)₁₀, anderwärts nur in ursprünglich griechischen Texten (ποτόν Mac IV 3₁₄ 1₅, πόμα Mac III 5₂ 4₅ IV 3₁₆).

bezeugt werden[1]. Hier liegt ein Schleier über der Überlieferung, besonders dicht auf Grund dessen, was erhalten geblieben ist, über der griechischen Textgeschichte der Esrabücher. Es sind die Fragen, die nach der Forderung von Antonio Maria Ceriani, obwohl sie bis heute nicht beantwortet werden können, doch der offenen Darlegung bedürfen: „Si non solvam omnino, saltem proponam aperte."

---

[1]) Der Sonderfall, der gegenüber der übrigen hexaplarischen Überlieferung besondere – noch unbeantwortete – Fragen aufwirft, ist darum in den Editionen von Rahlfs und Ziegler zu Recht nur durch die überlieferten aristarchischen Zeichen, nicht durch andere Schrifttypen oder Verweisung in den hexaplarischen Apparat gekennzeichnet worden.

4. Das textgeschichtliche Ergebnis

Als textgeschichtliches Ergebnis steht somit fest, dass auch in dem Sonderfall einer Überlieferung, nach der die entscheidende Zäsur der Textgeschichte, die hexaplarische Rezension nach der masoretisch überlieferten Vorlage, nur in fragmentarischer Gestalt erhalten geblieben ist und nach der die altlateinische Tradition vollständig nur in einer Form lukianischer und nachlukianischer – nicht vorlukianischer – Rezension bzw. Textform überliefert ist, die für alle dem hebräisch-aramäisch palästinensischen angehörenden Schriften des alexandrinischen Kanons geltende textgeschichtliche Grundlage vorausgesetzt werden muss, nach der die Koordinaten der origeneisch-palästinensischen und der lukianisch-antiochenischen feststehen und darum das einzige sichere Kriterium für die Rekonstruktion der ursprünglichen Übersetzungsform bilden.

Was darüber hinaus an Mischtexten und Textgruppen – auch solchen, die, wie in der Esraüberlieferung die Gruppen *a* und *b*, als eine Form von Rezension bestimmt werden können – überliefert ist, kann und darf abgesehen von den wenigen Fragmenten, die auf Grund ihres Alters als Träger vorhexaplarischer Korrektur nach der hebräischen bzw. aramäischen Vorlage ausgewiesen sind und von denen sich Rezensionselemente auch noch in nachhexaplarischen Texten erhalten haben können, hinsichtlich seines Textcharakters nur darauf hin befragt werden, ob es als Mitzeuge des einhellig überlieferten ursprünglichen Übersetzungstextes oder als Mitträger der hexaplarischen oder der lukianischen Rezension zu bestimmen sei.

Das bedeutet: Solche Textformen und Rezensionen, wie wir sie bis heute kennen, dürfen, weil das textgeschichtliche Kriterium der durch Zitate von Kirchenvätern bestätigten alexandrinischen Herkunft bis heute fehlt, nicht für die noch nicht verifizierte Rezension des Hesych in Anspruch genommen[1], sie können auch weder zeitlich, als vorbyzantinisch oder byzantinisch, noch geographisch, als Textform einer bestimmten Kirchenprovinz, festgelegt werden.

Was aus diesen Textformen allein verifizierbar ist, das ist ihre Bedeutung als Mitzeugen und Träger jener Rezensionselemente, die nach gesicherten Kriterien charakteristisch für die beiden allein bekannten Rezensionen, die origeneische und die lukianische, sind. Wenn sich nun aber die Handschriftengruppen, die solche Rezensionselemente enthalten, auch als Mitträger eines Teils der schon durch die genuinen hexaplarischen bzw. lukianischen Zeugen überlieferten Rezensionselemente ausweisen, dann werden auch ihre selb-

---

[1] Zur Ablehnung spekulativer Thesen dieser Art bezüglich der mit den in Esdr II nach Bezeugung und Charakter übereinstimmenden Rezensionen *a* und *b* im Buch Iudith vgl. TGI S.21f. Anm.2., zur Möglichkeit unausgeschöpfter Quellen für die hesychianische Rezension „Der ursprüngliche Text" S.399 Anm.1.

ständig bezeugten Textelemente von dieser Art mit gutem Grund als **ursprünglich** den beiden Rezensionen zugehörend bestimmt werden müssen. Ein textgeschichtliches Wachstum rezensionellen Gutes wird sich dann allenfalls, wie es innerhalb des textgeschichtlich eng zusammengehörenden Überlieferungsbereichs hexaplarisch in Est, lukianisch in Esdr II bei codex 93 der Fall ist, innerhalb der rezensionellen „Schule" selbst, schwerlich aber in späten Ablegern der Textgeschichte – und sei es der „byzantinische Text" – postulieren lassen[1].

Überlieferung unabhängig von den genuinen Zeugen der Rezension bezeugten (hexaplarisch)-lukianischen Rezensionsgutes, dessen Zugehörigkeit zu diesen Rezensionen durch Rezensionselemente nahegelegt ist, die mit hexaplarischen und lukianischen Zeugen gemeinsam überliefert sind, lässt sich in einigen Fällen beim B-Text vermuten[2], während die Rezensionen *a* und *b* sich wohl als Mitträger genuin hexaplarisch-lukianisch bezeugter

---

[1]) Es spricht für die textgeschichtliche Konzeption von J.W.Wevers, dass er die von der seinen hier abweichende Position als Möglichkeit anerkennt, sie sogar in der Form des „Zwiegesprächs" in seine eigene Produktion aufnimmt (Wevers-Fraenkel MSU XXVI). Von dem von mir bearbeiteten Textbereich her vermöchte ich die als der hexaplarischen und der lukianischen gegenüber weniger tiefgreifende Rezensionen definierten Textgruppen *a* und *b* gleicherweise nicht als „byzantinische Rezensionen" zu erklären, wie ich ihre Identifizierung mit den drei von Hieronymus bezeugten christlichen Rezensionen abweise und sehe im Begriff eines „byzantinischen Textes" nichts anderes als den weit überwiegenden Teil der LXX-Überlieferung, der der byzantinischen Zeit angehört und aus dem die Textformen der christlichen Rezensionen nach den Kriterien ihres rezensionellen Charakters, soweit er uns heute bekannt ist, einerseits aus genuinen Zeugen der Rezension, – die ausnahmslos auch der byzantinischen Zeit angehören –, anderseits aus Trägern einzelner ihrer Elemente verifiziert werden müssen. Eine späte von der hexaplarischen und der lukianischen unabhängige rezensionelle Tätigkeit nach dem gleichen Prinzip der Korrektur ist mindestens bei den Zeugen auszuschliessen, die neben den selbständig bezeugten Korrekturen dieser Art auch als Mitträger von Rezensionselementen erscheinen, die von den genuinen Zeugen der betreffenden Rezension überliefert sind. Ausnahmen, wie die textgeschichtlich ungesicherten Übereinstimmungen mit 𝔐 in späten Handschriften der äthiopischen Übersetzung (vgl. Esdr II ed., Einleitung S.14-18) und die über die handschriftliche Bezeugung hinausgehenden Angleichungen an 𝔐 in der complutensischen Edition (vgl. ib. S.25f), bestätigen die Regel.

[2]) Vgl. S.304f. gegenüber S.309f., zum B-Text als Mitzeuge auch lukianischer Tradition die textgeschichtlichen Ergebnisse Joseph Zieglers, bei den von ihm bearbeiteten Büchern z.B. Dodecapropheton, Einleitung S.31f. und 125. Aus Zeit der Entstehung und vermutlicher Herkunft des B-Textes lässt sich nicht notwendig auf vorlukianische, notwendig aber dann auf das **älteste** Stadium lukianischer Überlieferung schliessen, wenn vorlukianische Herkunft ausfällt. „Continet autem Vaticanus codex, longe ille quidem vetustissimus, editionem simplicem τῶν ἑβδομήκοντα δύο, neque suppletam aliena interpretatione: sed, nisi fallor, a Luciano martyre emendandi studio nonnihil contaminatam, hoc est eam, quam κοινήν *vocare* solebant" (Andreas Masius, Iosuae imperatoris historia, Antverpiae MDLXXIIII, annotationes p.125). Der auf das Zugeständnis der Kontamination mit lukianischer Überlieferung bezogene Vorbehalt „neque suppletam aliena interpretatione" ist heute durch den Nachweis hexaplarischer Überlieferung in B relativiert.

Rezensionselemente, mit zureichenden Gründen aber höchstens in Ausnahmefällen als selbständige Träger solcher Überlieferung bestimmen lassen[1].

Ein textgeschichtliches Wachstum innerhalb von Entstehung und Geschichte der Rezension – hier der lukianischen – selbst darf für Esdr II abgesehen von der Textform von codex 93 in ihrem Verhältnis zu 19' in der für die altlateinische Übersetzung von La[123] vorauszusetzenden Textform ihrer griechischen Vorlage angenommen werden, als ihre rezensionelle Intention die Intensivierung der Korrektur nach $\mathfrak{M}$ und die Rückführung der ursprünglich lukianischen Dublettenüberlieferung auf das jeweils $\mathfrak{M}$ näher stehende Glied[2].

Sowohl die sporadische Mitbezeugung hexaplarischen bzw. lukianischen Gutes durch diesen Rezensionen von Haus aus nicht zugehörende Zeugen oder Textgruppen, wie es in Esdr II beim B-Text und bei den Rezensionen *a* und *b* der Fall ist, als auch die Bezeugung einer hexaplarischen bzw. lukianischen Textform in aussergriechischer Überlieferung, wie es in Esdr II lukianisch bei La[123] der Fall ist, erscheint uns als Beweis dafür, dass auch in den diese Rezensionen genuin repräsentierenden Zeugen oder Zeugengruppen, die wir darum mit den Namen *O* oder *L* bezeichnen, nicht die Repräsentanten der Urform dieser Rezensionen gesehen werden dürfen.

Daraus folgt aber, dass die mit den Namen der Rezension bezeichneten Zeugen nicht als Kriterium der Zugehörigkeit oder Nichtzugehörigkeit anders bezeugter Rezensionselemente zu der von ihnen repräsentierten Rezension in Anspruch genommen werden dürfen, sondern nur als Kriterium des Rezensions c h a r a k t e r s , das aber auch dann als beweiskräftig gelten darf, wenn dieser in Rezensionselementen nachgewiesen werden kann, die nicht von den genuin den Rezensionen zugehörenden Zeugen überliefert sind.

Das bedeutet aber, dass die Frage nach der Zugehörigkeit zu den beiden bekannten Rezensionen auch dann gestellt werden muss, wenn für sie charakteristische Rezensionselemente in Büchern überliefert sind, in denen eine als genuin hexaplarisch oder lukianisch zu bezeichnende Textgruppe nicht nachweisbar ist.

Als Ergebnis der Textgeschichte des 2. Esrabuches, die als eine der spätesten textgeschichtlichen Formen der LXX-Tradition eine herausragende Bedeutung für die Textgeschichten der übrigen Bücher gewinnt, ist darum festzustellen, dass bei auch nur fragmentarischer Überlieferung der beiden bis heute allein mit Sicherheit verifizierten christlichen Rezensionen, der palästinisch-origeneischen und der antiochenisch-lukianischen, der Weg von der textgeschichtlichen Darstellung zur Rekonstruktion der von rezensionellen Elementen befreiten ursprünglichen Textform nicht über eine zusammenhanglose Differenzierung einzelner Textgruppen und Sonderlesarten führen darf, sondern von einer an eine jede solcher Sonderformen zuerst zu stellenden Frage, ob ihre Überlieferung dem Rezensionscharakter der beiden bekannten und in ihrer Existenz nicht in Frage zu stellenden christli-

---

[1]) Vgl. S.293-295 gegenüber S.311-313.
[2]) Vgl. 2.1.1.3.1.

chen Rezensionen entsprechen könnte, ausgehen muss und erst von hier aus zu Differenzierungen weiterführen darf.

Die schon von Alfred Rahlfs geforderte notwendige Korrektur von „Lagardes Ideal eines Aufbaues nach den berühmten Rezensionen des Origenes, Lukian und Hesych" in der Richtung eines „elastischeren, der lebendigen Wirklichkeit in höherem Masse entsprechenden Verfahrens" (Walter Bauer)[1] wäre – im Sinne aller an der Edition der Göttinger LXX Beteiligten – falsch verstanden, wollte man in ihr die Preisgabe der aller textgeschichtlichen Differenzierung vorausgehenden, die Vielheit im Innersten zusammenhaltenden Grundfrage nach ihrer Beziehung zu dem für die christlichen Rezensionen gesicherten Rezensionscharakter sehen.

Die Sicherheit des Rezensionscharakters ist aber als Kriterium, das zuerst an die Überlieferung aller Bücher der LXX angelegt werden muss, nicht nur für die origeneische, sondern nach den von Ceriani, Field und Lagarde herausgestellten Kriterien auch für die lukianische Rezension gegeben[2] – die Bestreitung ihrer Existenz in der noch erhaltenen Überlieferung durch Heinrich Dörrie auf Grund von Postulaten, die an durch diese Kriterien gesicherter Bezeugung vorbei auf spekulativer Interpretation der testimonia über Lukian den Märtyrer beruhen, ist von Giovanni Mercati in die notwendigen Schranken verwiesen worden[3] –; es ist nicht die Sicherheit, es ist der Charakter selbst, der weiterer Befragung danach bedarf, was als genuin lukianisch dieser Rezension zugehörend bestimmt werden darf. Vom Ergebnis her, das die Überlieferung von Esdr II für diese Frage ergeben hat, wird der Weg zuerst zur Erforschung dessen führen müssen, was auf Grund der fragmentarischen Überlieferung der hexaplarischen Rezension im Dunkeln bleiben musste: das textgeschichtliche Verhältnis der beiden Rezensionen zueinander.

Für die Verifizierung dieses Verhältnisses ist aber aus der zurückliegenden Forschung bereits eine feste Grundlage gegeben, durch welche die Möglichkeit einer eindeutigen Unterscheidung dessen, was innerhalb des beiden Rezensionen gemeinsamen Prinzips der Angleichung an die masoretisch überlieferte Vorlage genuin hexaplarisch, was genuin lukianisch ist, relativiert erscheint. Es ist der Befund, dass hexaplarisches Rezensionsgut, das diesen Charakter trägt, mehrfach von der lukianischen Rezension übernommen worden ist. Joseph Ziegler hat diese unmittelbare Abhängigkeit in den Prophetenbüchern als häufig, im Buch Hiob als selten auftretenden Fall verifiziert[4]. Für die als genuin lukianisch bestimmte Handschriftengruppe der historischen Bücher, bei denen die Textrekon-

---

[1]) A.Rahlfs, Genesis, ed.1926 S.3; vgl. W.Bauer, Alfred Rahlfs, NGWG Jahresbericht über das Geschäftsjahr 1934/35, S.60-65 (= Alfred Rahlfs, Septuaginta-Studien I-III, 2.Auflage, 1965, S.11-16; hier S.15).

[2]) Vgl. A.Rahlfs, Lucians Rezension der Königsbücher, Septuaginta-Studien III, 1911, S.80, Anm.1 (2. Aufl. 1965, S.440f.).

[3]) H.Dörrie, Zur Geschichte der Septuaginta im Jahrhundert Konstantins, ZNW 39, 1940, S.57-110. G.Card.Mercati, Di alcune testimonianze antiche sulle cure bibliche di San Luciano, Bib 24, 1943, S.1-17.

[4]) Vgl. Iob ed., 1982, Einleitung S.120f.

struktion nach dem Göttinger Prinzip erst für Esdr II vorliegt, bedarf dieses Verhältnis noch der Aufhellung von den Büchern her, für die eine entsprechende hexaplarische Handschriftengruppe vollständig überliefert ist.

Der textgeschichtlich nachgewiesene Sachverhalt einer u r s p r ü n g l i c h e n inneren Zuordnung der lukianischen Rezension zur hexaplarischen aber wirft Licht auf das Bild, das sich aus der ältesten Überlieferung diesen Rezensionen zugehörender Textformen ergibt: Wenn es richtig ist, dass Elemente beider Rezensionen bereits im codex Vaticanus überliefert sind, dessen Entstehung Alfred Rahlfs auf Grund der Übereinstimmung mit dem Kanonsverzeichnis im 39. Festbrief des Athanasius „so genau, wie nur wünschenswert" in die Zeit nach dem Jahre 367, aber noch „in das letzte Drittel des 4., höchstens noch den Anfang des 5.Jahrhunderts" datierte[1], dann müsste sich schon früh, mit und unmittelbar nach der Entstehung der lukianischen Rezension, eine Weise des gegenseitigen Charakters zwischen den beiden Rezensionen ergeben, die von Anfang an nicht nur auf keiner theologischen Konfrontation beruhte, sondern auch verschiedenen Möglichkeiten der gegenseitig zugestandenen Zuordnung der rezensionellen Textformen offenstand.

Die Offenheit zu verschiedenen Berührungen zwischen hexaplarischen und lukianischen Rezensionselementen, die schon von der Überlieferung her – auch in Esdr II bei den beiden hexaplarischen Zeugen S^c und Syh – nahegelegt ist[2], muss aber von dem Zentrum einer zuerst der hexaplarischen zugeordneten ursprünglichen lukianischen Textform, die in den heute verifizierten genuin lukianischen Zeugen erhalten ist, ausgehen. Für ihre textgeschichtlichen Differenzierungen, für die der Text des codex Vaticanus am Ende des 4.Jh.s ein Beispiel ist, steht schon der Anfang dieses Jahrhunderts offen. Die Intention der Textbearbeitung ist bei beiden Rezensionen die gleiche. Die Differenzierung zwischen der auf der hexaplarischen Rezension beruhenden alexandrinischen Theologie und der auf der lukianischen beruhenden antiochenischen geht von der einen und gleichen Grundlage einer durch den Vergleich mit dem Original gereinigten ursprünglichen Textform aus – dass diese Intention in den testimonia sowohl Origenes als auch Lukian zugeschrieben wird, ist nicht in einer Verwechslung beider Gestalten begründet –; von dieser gemeinsamen Intention her bleibt auch die Annahme einer jeden Möglichkeit rezensioneller Textbearbeitung, deren Ziel in anderer Richtung, sei es innerchristliche Konfrontation zwischen beiden Theologien, sei es Apologetik gegen heidnische Einflüsse, läge, ausgeschlossen.

---

[1]) A.Rahlfs, Alter und Heimat der vaticanischen Bibelhandschrift, NGWG.PH, 1899, S.72-79; hier S.77. Die in dieser Schrift aus dem Jahr 1899 vertretene Rückführung des Textes von B auf den „offiziellen ägyptischen Text, die Rezension Hesychs" (S.78f.), musste als Ergebnis seiner folgenden textgeschichtlichen Arbeiten von Rahlfs selbst aufgegeben werden (vgl. S.318 Anm.1).

[2]) Ein weiteres Indiz solcher Berührung sind die lukianischen Marginalnoten in der syrohexaplarischen Überlieferung; vgl. J.Ziegler Dodecapropheton ed.1943, Einleitung S.80, Ezechiel ed. 1952, S.47 und die von A.M.Ceriani entdeckte, F.Field mitgeteilte, durch die Überlieferung bestätigte Notiz im codex London, Brit.Mus. Add. 17 148 fol 51r, dass die Wiedergabe des Gottesnamens יהוה אדני in Ez mit αδωναι κυριος auf Lukian zurückgehe (s. Field, Prolegomena p.LVIII).

Argumente, mit denen hier mit dem Postulat verlorener Überlieferung gegen die Echtheit der bezeugten argumentiert wird, beruhen auf deren Fehlinterpretation[1].

Die Annahme einer frühen Offenheit der gegenseitigen Zuordnung hexaplarischer und lukianischer Rezensionselemente spricht nicht gegen die in nächster zeitlicher Nähe anzusetzende Entstehung der beiden Rezensionen in ihrer genuinen von einander unterschiedenen Gestalt, die uns für Origenes durch das zum grössten Teil verlorene Werk der Hexapla bezeugt und für Lukian durch die als genuin lukianisch verifizierten Zeugen überliefert ist; sie spricht aber in textgeschichtlicher Hinsicht für die Zugehörigkeit auch anderwärts bezeugter Rezensionselemente von gleichem Charakter zum ursprünglichen Bestand dieser Rezensionen, in theologischer Hinsicht dafür, dass die Intention der Textbearbeitung für die alexandrinische und für die antiochenische Exegese die gleiche war.

Die Erklärung der bezeugten Überlieferung aber als eine früh einsetzende Freiheit hinsichtlich der gegenseitigen Zuordnung von rezensionellen Textformen aus beiden Rezensionen, wie sie in der hier vorgelegten Untersuchung zur Textgeschichte der LXX vorgeschlagen wird, unterscheidet sich von früher vorherrschenden vertretbaren Konzeptionen nur in einer Weise, die sich diesen nicht entgegenstellt, sondern die dort gewonnenen Erkenntnisse an einem noch unentschieden gelassenen Punkt der textgeschichtlichen Einordnung zu erschliessen versucht.

Im Licht des in dieser Weise feststehenden Prinzips der Verifizierung der Textgeschichte, nach welchem die Frage nach der Zugehörigkeit der divergierenden Textformen zu den bis heute verifizierten beiden christlichen Rezensionen den Ausgangspunkt für die Rekonstruktion der ursprünglichen Textform bildet, muss aber als textgeschichtliches Ergebnis der Esraüberlieferung neben dem Versuch, aus den auf diese Weise nicht bestimmbaren sekundären Rezensionselementen die dritte der von Hieronymus bezeugten christlichen Rezensionen zu eruieren, und neben dem Postulat einer von der hexaplarischen und der lukianischen Rezension unabhängigen Rezensionstätigkeit nach den gleichen Kriterien, ein dritter Weg textgeschichtlicher Bestimmung abgelehnt werden: Es ist das in der Esraüberlieferung von der Existenz zweier Übersetzungen, des ersten und des zweiten Esrabuches, ausgehende Postulat, innerhalb der im alexandrinischen Kanon enthaltenen Schriften unabhängig von den hexaplarisch und lukianisch überlieferten Zusätzen die Bewahrung der von Origenes verwerteten jüdischen Übersetzungen des 2. Jahrhunderts n.Chr. als ganze wieder finden zu können.

Die Nähe im alexandrinischen Kanon überlieferter Übersetzungstexte zur Übersetzungsweise von Aquila, wie es bei Kohelet, zu Theodotion, wie es beim „θ'-Text" von Daniel der Fall ist, ist heute auch dokumentarisch erklärt durch die Existenz von rezensionellen Vorstufen, die zu diesen Übersetzungen führen. Die Bezeugung der christlichen

---

[1]) Zu einer Spekulation dieser Art s. das Verdikt G.Mercatis (Anm.3 auf S.318; hier S.15): „...l'assurda insinuazione che malvagissimi gentili per istravolgerne il senso vi avevano interpolato molto di spurio, quasi che avessero potuto corrompere i codici in mano delle chiese e dei cristiani o fattovi penetrare con largo successo un'edizione corrotta da loro."

Rezensionen in Übersetzungstexten von Büchern der LXX, wie sie in Esdr I für die lukianische, in Esdr II für die hexaplarische und die lukianische Rezension nachgewiesen ist, ist der Beweis dafür, dass der auf diese Weise rezensierte Text nicht identisch sein kann mit den Übersetzungen, die den christlichen Rezensionen als Kriterium der Rezension dienen. Die Überlieferung zweier Übersetzungstexte im Kanon der LXX, deren Abhängigkeit voneinander, wie es bei den beiden Esrabüchern der Fall ist, durch Fälle gemeinsamer Übersetzungsform und Übersetzungstechnik nachgewiesen ist, kann und darf nur auf den ursprünglichen oder sekundären Charakter dieser Gemeinsamkeiten und von hier her auf die Priorität innerhalb der vorrezensionellen Periode der Textgeschichte, nicht auf die Möglichkeit der Bewahrung späterer Übersetzungen hin befragt werden[1]. Innerhalb der Grenzen dieser Zeit ist es nicht die Rezensions-, sondern die Übersetzungstradition, deren Gemeinsamkeiten von Buch zu Buch den noch weithin verborgenen Weg zur Erkenntnis der ältesten Überlieferung eröffnen.

Von hier her – nur von hier her – lassen sich die richtigen Kriterien für die Bestimmung der ursprünglichen Textform finden.

---

[1]) Das gleiche, nur auf das Fehlen hexaplarischer Überlieferung für diese Übersetzer gegründete Kriterium, nach dem H.H.Howorth die Übersetzung von Esdr II zuerst Theodotion, zuletzt Symmachos zuschreiben zu können meinte (die zahlreichen Aufsätze zu diesem Thema s. bei E.Schürer, Geschichte des jüdischen Volkes, Band III der 4.Auflage (1909) S.446, Band III 2 der englischen Bearbeitung (1987) S.716), würde durch A.Rahlfs' Nachweis von Symmachos-Noten im codex Sinaiticus, wenn es solcher Begründung überhaupt bedürfte, heute auch diese Zuweisung widerlegen.

5. Der ursprüngliche Text

5.1. Wort

5.1.1. Nomina propria

Die Frage nach dem ursprünglichen Text in Fällen gespaltener Überlieferung, die für die verschiedenen Textformen die richtige Abwägung des Zeugenwertes erfordern, und in Fällen zerstörter Überlieferung, die sich nur noch durch paläographisch begründbare Konjekturen heilen lassen, lässt sich am schwersten in der Überlieferung der Transkription von Eigennamen bzw. nicht übersetzten, sondern transkribierten appellativa beantworten, weil sich in diesem Bereich der Überlieferung, abgesehen vom hebraisierenden Prinzip der hexaplarisch-lukianischen Rezension keine eindeutigen Kriterien erkennen lassen, nach denen sich das ursprüngliche Transkriptionsprinzip von sekundärer Texttransformation unterscheiden liesse: Ein Prinzip der Transkription, sei es hinsichtlich der Äquivalenz zwischen hebräischen bzw. aramäischen und griechischen Konsonanten und Vokalen, sei es hinsichtlich der die Deklination ermöglichenden gräzisierenden Anfügung von Suffixen, sei es hinsichtlich einer durch je verschiedene Transkription erreichbaren Unterscheidung verschiedener Personen gleichen Namens, lässt sich als Kriterium für die Bestimmung der ursprünglichen Textform wohl an einigen Stellen erkennen oder doch vermuten, es liesse sich aber als konsequent durchgehaltene Intention des Übersetzers nur unter Preisgabe des Kriteriums der Bezeugung und des Zeugenwertes postulieren. Erschwerend kommt für das Übersetzungsproblem der Transkription hinzu, dass sich auch hinsichtlich der eindeutig feststellbaren hebraisierenden Tendenz der hexaplarischen und lukianischen Rezension und der mit ihr zuweilen konkurrierenden lukianischen Gräzisierung die differenzierteren Gesetze ihrer Durchführung nur schwer erkennen lassen[1]. Für die Textherstellung bei gespaltener Überlieferung von Eigennamen gilt darum in besonderem Maße der Vorbehalt, dass es nur um Abwägung des Wahrscheinlicheren vom weniger Wahrscheinlichen gehen kann.

I

Bei der Transkription der Amtsbezeichnung נתינים, bei der die konsequent durchgeführte Gräzisierung ναθιναιοι als lukianisches Rezensionselement gegenüber der ausserlukianisch meist einhellig bezeugten reinen Transkription ναθινιμ[2] gesichert ist, bleibt dennoch die Frage offen, ob auf Grund der beiden Ausnahmen, Esdr II 2₄₃, wo ναθιν(ε)ιμ

---

[1]) Vgl. S.61-73 und zum Problem der Transkription als ganzem TGE S. 55.
[2]) Vgl. S.81f.

gegenüber ναθιναιοι der übrigen Zeugen nur von B′ Sixt bezeugt ist, und 21₃, wo bei Ausfall der Zeugen B′ S^txt Aeth^B ναθιναιοι einhellig überliefert ist, mit Rahlfs doppelte Transkription im ursprünglichen Text oder konsequente Bewahrung des Ursprünglichen nur im B-Text anzunehmen ist.

Das mehrfache Vorkommen je verschiedener Transkription des gleichen Namens, auch innerhalb der beiden identischen Heimkehrerlisten von Kapitel 2 und 17 – in der Parallelstelle 17₄₆ ist die gräzisierte Form auf die lukianischen Zeugen beschränkt –, lässt auch hier die Annahme doppelter Transkription im ursprünglichen Text zu. Die Ursprünglichkeit der gräzisierten Form an den beiden Stellen 2₄₃ und 21₃ könnte damit begründet werden, dass der Begriff hier und dort an exponierter Stelle steht, in 2₄₃ an erster Stelle überhaupt und im Kontext der die Amtsinhaber aufzählenden Listen der Heimkehrer, in 21₃ in der Überschrift des Verzeichnisses der Familienhäupter von Juda und Jerusalem: Hier wird durch das gräzisierende Suffix -αιοι, das für die Gräzisierung von Eigennamen nicht in Frage kommt, auch für die übrigen Stellen, an denen die reine Transkription ναθινιμ verwendet wird, gesagt, dass es sich um ein den Priestern und den Leviten gleichgeordnetes Amt handelt, dessen gottesdienstliche Bedeutung sich durch ein griechisches Äquivalent nicht wiedergeben lässt. Die im B-Text überlieferte Angleichung an die übrigen Stellen ist textgeschichtlich so naheliegend, dass sie keiner Erklärung bedarf, fügt sich aber gut in den allgemeinen Befund der Unberechenbarkeit des B-Textes gegenüber Eigennamen ein, der auch in der Überlieferung dieses Begriffs an einer zweiten Stelle eigene Wege geht: in 2₅₈ ναθινίμ] ναθεινιν (-θιν. Ra.); ναθανιν 243-731 Ald, wo, wie in 13₅ Θεκωίμ] θεκωειν (-ωιν Ra.; οσκωειν 122) B′ Aeth^B Ra.   27 Θεκωίμ] θεκωειν (-ωιν Ra.) B′ S Aeth^B Ra., die Bezeugung durch den auch hinsichtlich des Wechsels zwischen μ und ν unberechenbaren B-Text – an einer Stelle zusammen mit S – eine zu schwache Textgrundlage ist, als dass daraus – mit Rahlfs – auf ein aramäisches oder aramaisierendes Zwischenglied als Vorlage des ursprünglichen Übersetzungstextes geschlossen werden dürfte¹.

---

¹) Gegen eine Unterscheidung zwischen hebräischem und aramäischem Suffix im ursprünglichen Übersetzungstext spricht, dass an der einzigen aramäischen Stelle (7₂₄), wo zwar die determinierte Form נתיניא vorliegt, die Endung -ιν nicht überliefert ist. Gegen die Annahme als ursprünglich zu bestimmender Reste aramaisierender Transkription im B-Text spricht der mehrfach nachweisbare sekundäre Wechsel von μ zu ν in diesen Zeugen, z. B. Esdr II 2₁₃ 'Αδωνικάμ = 𝔐] -καν B′ 381 Aeth^B, wo in 17₁₈ die Endung -ν nicht überliefert ist, in der Parallelstelle von Esdr I (5₁₄) nur in Ald und Sixt, Esdr II 2₅₀ Μοουνιμ = 𝔐 (מעונים Qere, מעינים Ketib)] μανωεμειν B; μανωμιν 55; manamin (men. Aeth^B) Aeth, wo abweichende Transkription und Varianten in 17₅₂ und Esdr I 5₃₁ für diese Frage nicht verwertbar sind, Esdr II 2₅₀ – auch hier ohne weiteren Aufschluss aus den Parallelstellen 17₅₂ und I 5₃₁ – Νεφουσίμ = 𝔐 (נפוסים Qere, ונפיסים Ketib)] ναφ(ε)ισων B′ Aeth, wo angesichts des analogen Konsonantenwechsels im B-Text der vorangehenden Fälle der Grund der Aufnahme in den ursprünglichen Text durch Rahlfs nicht ersichtlich ist; die als Pluralsuffix zu verstehende Endung in Pesch, נפוסין, ist kein Argument für diese Textentscheidung, da Pesch bei stärkerer, durch griechische Überliefe-

Von dieser Textentscheidung her wird das lukianische Rezensionsprinzip konsequenter Einführung der Bildung ναθιναιοι, in Esdr II für die reine Transkription ναθινιμ, in Esdr I für das appellativum ἱερόδουλοι, textgeschichtlich als Entscheidung für das schon im ursprünglichen Übersetzungstext von Esdr II vorliegende Äquivalent der gräzisierten Transkription erklärt werden dürfen, exegetisch, hinsichtlich der Ersetzung des Begriffs ἱερόδουλοι durch dieses Äquivalent, vielleicht als bewusste Ausscheidung einer nur für heidnische Kulte überlieferten Amtsbezeichnung aus der biblischen Tradition. Beide Intentionen der lukianischen Textbearbeitung wären damit im u r s p r ü n g l i c h e n Text von Esdr II angelegt: die textgeschichtliche durch die Anerkennung einer Namensform, für die nicht ältere Tradition, wohl aber die Übersetzung von Esdr II selbst als Autorität und Kriterium der Rezension gilt[1], die exegetische durch die Entscheidung für eine Übersetzungsäquivalenz, vermittels derer die Gefahr einer in der älteren Tradition von Esdr I gegebenen Hellenisierung des Judentums gebannt wird[2].

---

rung nicht gedeckter Abweichung in der Transkription auch den vorangehenden Namen מעונים mit dieser Endung versieht: מתנין.

[1]) Die S.82 Anm.2 gestellte Frage im Blick auf Par I 9₂ wäre von hier her im zweiten Sinn zu beantworten: lukianische Übertragung von Esdr II her. Zur Frage nach der hexaplarischen Überlieferung in S^c vgl. S.197.

[2]) Eine den lukianischen Rezensoren mit dem Übersetzer von Esdr II gemeinsame Intention, die beim Übersetzer angesichts der nur schwer fassbaren Berührung mit Esdr I (vgl. S. 7-10) eher unabhängig davon aus dem in seiner Übersetzungstechnik sich widerspiegelnden Geist der möglichsten Treue gegenüber dem Original, beim lukianischen Rezensor aber als mit Hilfe der Übersetzung von Esdr II intendierte bewusste Abgrenzung gegenüber der in Esdr I erkannten Gefahr der Hellenisierung zu erklären wäre, ist auf Grund des vorliegenden eindeutigen wortgeschichtlichen Sachverhalts, gerade wenn man die von James Barr am deutlichsten gesehene und am schärfsten definierte Gefahr geistes- oder religionsgeschichtlicher Interpretation des Gebrauchs oder Nichtgebrauchs durch ausserbiblische Tradition vorgeprägter Begriffe in der biblischen Sprache ernst nimmt, nicht von vornherein auszuschliessen: Innerhalb der LXX ist Esdr I das einzige Zeugnis, das den Begriff ἱερόδουλος bezeugt, konsequent für lukianisch in ναθιναιοι korrigiertes נתינים und einmal (13 = Par II 3 53) für (המבינים Qere) המבונים לכל־ישראל: ἱεροδούλοις τοῦ Ἰσραήλ, ohne griechisch überlieferte lukianische Korrektur, wo aber der lateinische lukianische Zeuge La^C (mitsamt La^{123} Esdr I) den Ausdruck tilgt – der Paralleltext von Par II überliefert einhellig τοῖς δυνατοῖς ἐν παντὶ Ἰσραήλ –; innerhalb der jüdisch-griechischen Überlieferung ist der Begriff in der gleichen Bedeutung als Übernahme aus Esdr I bei Josephus bezeugt (Ant XI 128 und 134; vgl. 70 δοῦλοι ἱεροί). Die griechische Überlieferung der Pseudepigraphen kennt ihn nach Ausweis der Konkordanz von Denis nicht, Philo nach dem index verborum der Edition Cohn-Wendlands von I. Leisegang (V 352, 24; nicht 14) nur an einer Stelle: Praem Poen 74, im negativen Sinn, als Bezeichnung von Gliedern der Rotte Korah. In der neutestamentlichen, ur- und frühchristlichen Literatur begegnet er nicht. Ein lexikographischer Sachverhalt von solcher Eindeutigkeit bei einem für ausserbiblische Kulte der hellenistischen und vorhellenistischen Zeit dermassen vorgeprägten bzw. vorbelasteten Begriff lässt mindestens die Vermutung zu, dass bei einer Übersetzung, die innerhalb der historischen Zeugnisse des alexandrinischen Kanons am stärksten zu einer – vielleicht „missionierenden" – Wahl von Übersetzungsäquivalenten aus der religiösen kulturellen und politischen Umwelt des Hellenismus neigt, sowohl in ihrer jüdischen als auch in

In ähnlicher Weise, als bewusste und exegetisch erklärbare Unterscheidung zwischen hebraisierender und gräzisierender Transkription im ursprünglichen Übersetzungstext, die erst rezensionell teilweise vereinheitlicht wird, muss die Überlieferung der griechischen Namensform für die Landbezeichnung und das nomen proprium יהודה textgeschichtlich bestimmt werden:

In gleicher Weise erscheint die gräzisierte Namensform Ἰουδαία[1] nur an zwei und beide Male an exponierten Stellen: beim ersten Vorkommen zwei Mal im Anfang des Buches im Edikt des Kyros in der stereotypen Wendung ἐν (bzw. εἰς) Ἰερουσαλὴμ τῇ (bzw. τὴν) ἐν τῇ Ἰουδαίᾳ (1₂ ₃), beim zweiten Vorkommen in gleicher Zuordnung am Beginn der zweiten Periode, die mit dem Auftreten Esras einsetzt (7₁₄). In gleicher Weise, aber mit geringerer Konsequenz trägt die lukianische Rezension diese Form auch in weitere Stellen, an denen der ursprüngliche Text die reine Transkription Ἰουδά überliefert, ein: in gleicher Zuordnung wie 7₁₄ in 5₁: (ἐν) Ἰουδὰ (καὶ Ἰερουσαλήμ)] τη ιουδαια (*iudaea* La) L

---

ihrer christlichen Tradition eine rezensionelle Gegenbewegung eintreten konnte, die bestrebt war, die in dieser Hinsicht gefährdeten Übersetzungsäquivalente auszumerzen. Dass es sich nur um eine vorsichtig vorgehende Bewegung handeln könnte, zeigt aber der Befund, dass innerhalb des hellenistischen Judentums gleicherweise wie ἱερόδουλος singuläre Begriffe des 1. Esrabuches, deren ausserbiblisch kultische Vorprägung weniger tiefgreifend ist, wie die Amtsbezeichnung ἱεροψάλτης für die Sänger, משררים, die im jüdisch-hellenistischen Schrifttum gleicherweise wie ἱερόδουλος nur bei Josephus als Übernahme aus Esdr I nachgewiesen ist (Ant XI 128.134, XII 142), aber auch in ausserjüdischen zeitgenössischen Kultdokumenten, wie dem wahrscheinlich von Ptolemaios VI. Philometor ausgehenden Erlass, einem bewährten Feldherrn, Δωρίων, ὁ συγγενὴς καὶ στρατηγός, neben anderen Ehrungen auch die kultische des Gedächtnisses durch die Priester zuteil werden zu lassen, ἐπιτάξαι τοῖς ἱερεῦσι καὶ ἱεροψάλταις ἐπὶ τῶν ὕμνων μεμνῆσθαι αὐτοῦ (OGI 737.16), oder wie die inner- und ausserjüdisch anderwärts nirgends nachgewiesene Bezeichnung der den πρεσβύτεροι τῶν Ἰουδαίων zugeordneten ἱεροστάται (Esdr I 7₂), keine lukianische Ersetzung durch in der Übersetzungstradition der LXX vorgeprägte Äquivalente für das Personal des jerusalemischen Tempeldienstes erfahren haben.

[1]) Da der Begriff, als substantiviertes Adjektiv, seit dem 4./3. Jh. v. Chr., bei Klearch (Ios Ap I 179), in profangriechischer Überlieferung, der die alttestamentlich-griechische nicht bekannt ist, nachgewiesen ist (vgl. Nicolaus Damascenus FGH II A Nr 90 F 96 (= Ios Ant XIV 9), Diodorus Siculus XL 3.2, Strabo XVI 2.34, Memnon FGH III B Nr 434 F 1: 18,5 und 9 (= Phot Bibl 224)), dürfte er in LXX aus dieser Tradition übernommen sein, vornehmlich als Bezeichnung der unter persischer Oberhoheit stehenden Provinz, aber doch auch schon für das vom Stamm Juda bewohnte Land – an bezeichnender Stelle in Reg II 24, wo nach einhelliger Überlieferung „die Männer von Juda", die David zum König „über das Haus Juda", ἐπὶ τὸν οἶκον Ἰουδά, salben, ἄνδρες τῆς Ἰουδαίας heissen –, und von hier aus, vor allem in den prophetischen Schriften, als Bezeichnung von Land und Bewohner des Königtums Juda, der aber das Königtum selbst, in der Genitivverbindung mit βασιλεύς, sowohl in den geschichtlichen als auch in den prophetischen Büchern, die ungräzisierte Form Ἰουδά gegenübersteht; vgl. die einhellig überlieferte Übersetzung des Ausdrucks מלכי יהודה וכל־יהודה mit βασιλεῖς Ἰουδά καὶ πᾶσα Ἰουδαία in Ier 17₂₀: In der übersetzungstechnischen Unterscheidung der Form spiegelt sich exegetisch die Unterscheidung des selbständigen Königtums von der untertanen Glaubensgemeinschaft wider.

La¹²³¹, ohne zugeordnete Begriffe in 12₅: εἰς 'Ιουδά] εις την ιουδαιαν (*in iudaeam* La) 93 La¹²³; εις τον ιουδαν 19′   7 ἐπὶ 'Ιουδά B′ V 130-236-314-762 119] εις την ιουδαιαν (*in iudeam* La) *L* La¹²³; επι ιουδαν rel Ra.   15₁₄ ἐν γῇ 'Ιουδά] εν τη ιουδαια V *L* 55 Got 16₇ ἐν 'Ιουδά] εν (> 93) τη (> 68 Ald) ιουδαια (*in iudea* La) *L* 68 La¹²³ Ald Compl; επι ιουδα B V 46 Aeth^B (vid) Arm (vid) Sixt   und 18 ἐν 'Ιουδά] εν τη ιουδαια *L* La¹²³ Got (*a iuda* La¹²⁵); der Zusatz der im ursprünglichen Übersetzungstext fehlenden Verse 21₂₀₋₂₁ erweist in v. 20 (ταις πολεσιν) της ιουδαιας (*iuda* La) S^mg-93-108 728^I La¹²³ Aeth^-B Compl diese Form auch als hexaplarisch².

Die gegenüber der Korrektur der lukianischen Namensform νατιναιοι geringere Konsequenz ist in einer rezensionellen Komplizierung begründet, die sich in der Überlieferung von 12₅ zeigt, wo die lukianische Handschrift 93 mit La¹²³ die reine Transkription des ursprünglichen Textes in der Form εις την ιουδαιαν gräzisiert, der zweite Zeuge, 19′, aber in der Form εις τον ιουδαν. Die gräzisierende Korrektur der reinen Transkription ιουδα lässt sich aber an einer zweiten Stelle nachweisen, an welcher die lukianische Bezeugung einhellig ist: 4₁ (οἱ θλίβοντες) 'Ιουδὰ (καὶ Βενιαμίν)] ιουδαν *L′* 248 119 Cyr in XII Proph 234 b Compl. Obwohl sich die lukianische Bezeugung dieser Korrektur auf diese beiden Stellen beschränkt – die Gräzisierung im Akkusativ, ιουδαν, ist darüber hinaus in 2₁ von 71 248 Compl, 4₆ von 248 Compl und 17₆ von 370 248-379 Compl, der Nominativ, ιουδας, in 23₁₂ von B 248 Compl bezeugt –, muss sie auf eine lukianische Intention zurückgeführt werden, die sich aus den überlieferten Belegstellen ergibt: Die lukianische Gräzisierung ιουδαια tritt nur dort – dort aber mit ziemlicher Konsequenz ein – wo es sich, wie an den im ursprünglichen Text einhellig mit dieser Namensform überlieferten Stellen, um die nachexilische Provinz Judäa handelt, die lukianische Gräzisierung mit dem an die reine Transkription angefügten Casussuffix aber dort, wo es sich um den Stamm bzw. im übertragenen Sinn um die Bewohnerschaft der Provinz handelt, oder doch, wie bei der innerlukianisch gespaltenen Überlieferung in 12₅, um sie handeln kann: Die Bitte Nehemias an den persischen Oberherrn kann sowohl die Sendung „in die Pro-

---

¹) Die auch in der lateinischen Überlieferung vorliegende Unterscheidung der Namensformen, *iudaea* und *iuda*, darf, obwohl ihre Rückführung auf die griechische Vorlage dadurch relativiert ist, dass diese Doppelüberlieferung mehrfach auch in 𝔒 vorliegt, weshalb eine innerlateinische Erklärung nicht ausgeschlossen bleibt, doch in der altlateinischen Überlieferung von Esdr II auf Grund ihrer subtilen Übersetzungstechnik mit ziemlicher Sicherheit für die jeweilige griechische Vorlage in Anspruch genommen werden.

²) Als h e x a p l a r i s c h - lukianischer Herkunft nach der Verifizierung der Zeugen von Rahlfs erweist sich diese Form auch in Reg IV 14₁₁ (ἐν Βαιθσάμυς τῇ) τοῦ 'Ιουδά] της ιουδαιας *O L*, wo die einhellige Überlieferung des vorangehenden Ausdrucks βασιλεὺς 'Ιουδά für die Beibehaltung der Unterscheidung von Königreich und Land (vgl. S.325 Anm.1) auch in diesen Rezensionen spricht, woraus sich dann auch sowohl die hexaplarisch-lukianisch überlieferte Form προς εζεκιαν βασιλεα ιουδα gegenüber εζεκια βασιλει της ιουδαιας der übrigen Zeugen in dem nur von B Aeth nicht überlieferten asterisierten Zusatz nach 𝔐 in Reg IV 19₁₀ als auch die Lesart τη ιουδαια des in diesem Textbereich hexaplarischen Zeugen A gegenüber ἐν γῇ 'Ιουδά der übrigen in Reg IV 25₂₂ erklärt.

vinz Judäa, nach der Stadt der Gräber seiner Väter", als auch die Sendung „zu den Judäern" nach dieser Stadt bedeuten¹.

Diesen beiden die Provinz Juda bzw. ihre Bevölkerung bezeichnenden Namensformen, die nach Ausweis der dargelegten Bezeugung schon dem ursprünglichen Übersetzungstext zuzuweisen sind, der gräzisierten Bezeichnung der Provinz, Ἰουδαία, und der ungräzisierten Bezeichnung der Bevölkerung, Ἰουδά, gesellt sich eine dritte Form der Wiedergabe des hebräischen nomen proprium יהודה zu: seine Bezeugung als Personenname, sei es der Stammvater, seien es Zeitgenossen dieses Namens, dessen Transkription dort, wo sich das Casussuffix bestimmen lässt², zur Unterscheidung von der Bezeichnung der Bevölkerung stets suffigiert erscheint: 10₂₃ Ἰούδας] ιοδομ B' V Ra.; ιεδομ S; iaḥadem Aeth^B 14₁₀ Ἰούδας] viri iudae Arm   21₉ Ἰούδας] -δα S 108 98-243-248-731 55 Arm Ald Compl Sixt   22₃₆ Ἰούδας] -δα Sixt. Von diesen drei übersetzungstechnisch bedingten

---

¹) Es wäre damit in 12₅ eine innerlukianische Doppeltradition anzunehmen, die auf je verschiedener Interpretation beruhte. Dass dieser Befund nur an einer einzigen Stelle nachweisbar ist, ist kein Beweis gegen die Richtigkeit dieser Erklärung. Rezensionsprinzipien – nicht nur lukianische – lassen sich, weil sowohl die Intensität ihrer Durchführung durch die Rezensoren als auch die Vollständigkeit ihrer Überlieferung offenbleiben muss, vom Mass ihrer handschriftlichen Bezeugung her weder beweisen noch in Frage stellen. Aber eine andere Erklärung des textgeschichtlichen Sachverhalts in Esdr II vermag ich sowohl für die an den genannten exponierten Stellen eingesetzte Form Ἰουδαία im ursprünglichen Text als auch für die Verteilung der beiden gräzisierten Formen in der lukianischen Rezension nicht zu finden. Auch ein rein textgeschichtlicher Einfluss der Überlieferung von Esdr I, wo im ursprünglichen Text, abgesehen von dem Sonderfall der Stammbezeichnung in Verbindung mit φυλή in 27 55 63 95 und in der Bezeichnung „des Buches der Könige von Israel und Juda" in 13₁ ausnahmslos die Form Ἰουδαία verwendet wird, in der sekundären Tradition ιουδα nur in seltensten und schwach bezeugten Fällen, dürfte für den ursprünglichen Text von Esdr II nur als unmittelbare Quelle für die gezielte Aufnahme der hellenistischen Form Ἰουδαία angenommen werden, für seine lukianische Rezension nur als Ausgangspunkt der je verschiedenen Zuordnung der beiden gräzisierten Formen, nicht aber als Ursprung der je verschiedenen Zuordnung der Namensformen, die nur als Interpretation erklärbar ist. Wenn in dem analogen Fall der Doppelüberlieferung der Wiedergabe von ירושלם in LXX, der reinen Transkription Ἰερουσαλήμ und der erst in die Überlieferung der apokryphen Schriften eingedrungenen Gräzisierung Ἰεροσόλυμα, wo sich eine exegetische Unterscheidung der beiden Formen nach je verschiedener Bedeutung nur schwer begründen liesse, ein Eindringen der gräzisierten Form in Par II und Esdr II nirgends, auch dort, wo sie in den Parallelstellen von Esdr I von einem Teil der Überlieferung bezeugt ist, nicht (Esdr I 14₇ = Par II 36₁₄, Esdr I 2₁₄ = II 1₁₁; Esdr I 8₅ = II 7₇, Esdr I 8₆ = II 7₉), nachweisbar ist, dann dürfte dieser Befund als Argument sowohl für das sekundäre Eindringen der gräzisierten Form schon in Esdr I (vgl. TGE, S. 8f.) als auch für die exegetische Erklärung der Doppelüberlieferung in Esdr II und die rein textgeschichtliche im Buch Tobit (vgl. TGT, S. 75f.) in Anspruch genommen werden.

²) Nicht entscheiden, ob deklinierte Form oder reine Transkription vorliegt, lässt sich beim Genitiv (15 8 44 10₉ 1₁₂ 14₁₆ 16₁₇ 2₁₃ 36 22₃₁ ₃₂) und Dativ (9₉ 10₇ 12₇ 15₁₄ 16₇ 18 22₄₄ 23₁₅; vgl. Thack 116.1), darum auch nicht, ob in dem Ausdruck υἱός (υἱοί) Ἰουδά der Stamm oder der Stammvater gemeint ist (3₉ 2₁₄ ₂₅ 23₁₆ ₁₇).

Unterscheidungen[1] muss die Entscheidung hinsichtlich der uneinheitlich überlieferten Stellen, deren Textherstellung umstritten ist, ausgehen:

1. Der B-Text mit V, Zeugen der Rezension *a* und 119 bewahrt die ursprüngliche unsuffigierte Transkription 'Ιουδά in 12₇, wo unter dem Begriff sowohl die Provinz – so die lukianische Rezension mit La^{123} (ιουδαιαν) – als auch ihre Bewohnerschaft verstanden werden kann, während die übersetzungstechnisch dem personellen nomen proprium eigentümliche suffigierte Form der übrigen Zeugen ιουδαν, die Rahlfs aufnimmt, der mehrfach, wenn auch anderwärts schwächer, bezeugten sekundären Gräzisierung der die Bewohnerschaft bezeichnenden Weise der Transkription zuzuweisen ist.

2. Entsprechend der hinsichtlich der Doppelüberlieferung νατιναῖοι und νατινίμ im ursprünglichen Text festgestellten Tendenz des B-Textes[2] muss auch hier die von diesen Zeugen gebotene Überlieferung, nach der beim ersten Vorkommen des Begriffs (1₂) die von den übrigen Zeugen überlieferte Übersetzung ἐν τῇ 'Ιουδαίᾳ von B' in der Form εν ιουδα wiedergegeben wird, als sekundäre Nivellierung der ursprünglichen Intention des Übersetzers erklärt werden.

3. Die Suffigierung des Eigennamens יהודה in 10₂₃ 'Ιούδας ist, da sie der Übersetzungsweise von Esdr II entspricht, ein Argument für die Ursprünglichkeit, der gegenüber die vom B-S-Text bezeugte Namensform ιοδομ B' V Ra., ιεδομ S; *iaḥadem* Aeth^B, da sie sich auch auf keine alttestamentlich überlieferte hebräische Namensform zurückführen lässt, – gegen Rahlfs – der bei dieser Textgruppe in besonderem Mass nachweisbaren sekundären Transformation von Eigennamen zugewiesen werden muss.

4. Die gleiche Übersetzungsweise, Suffigierung des Eigennamens, spricht gegen die von Rahlfs befürwortete Ursprünglichkeit des B-Textes in 22₈ 'Ιωδᾶε] ιουδα (*jehuda* Aeth) B S^c Arm Ra. = 𝔐; ιουδας 93-108 (deest 19) La^{123} [3]. In der Vorlage des Übersetzers ist

---

[1]) Ausnahmen, die die Regel bestätigen, sind die reine Transkription 'Ιουδά für das nomen proprium in 22₃₄, wo je verschiedene Möglichkeiten der Erklärung die richtige Textrekonstruktion erschweren – Missverständnis als Bezeichnung des Stammes neben dem folgenden Βενιαμίν beim Übersetzer selbst oder in der Abschreibetradition, lukianische Korrektur des ursprünglich oder sekundär missverstandenen Originals (*L* 248 La^{123} Compl) oder bewusste Unterscheidung von der Person gleichen Namens in v. 36? –, und die suffigierte Form des Stammes Iuda in 14₁₀, καὶ εἶπεν 'Ιούδας, wo der ganze Stamm von den Übersetzern, weil er als redende Instanz eingeführt wird, entweder als einzelne Person missverstanden ist – Arm überträgt darum interpretierend „*dixerunt viri iudae*" – oder, was wahrscheinlicher ist, personifizierend gedeutet werden soll; Personifikation, die aber durch vorgeordnetes πᾶς als sekundär erwiesen ist, dürfte auch der Grund der Suffigierung in 23₁₂ durch den B-Text, πας ιουδας B 248 Compl sein. Eine sekundäre Vermischung der Form des Personennamens mit der des Landnamens, wie sie in Mac I vorliegt und wie sie A. Rahlfs zu auch von W. Kappler übernommenen Texteingriffen gegen die Überlieferung nötigte (vgl. die Registrierung von Rahlfs in der Handausgabe zum Apparat von Mac I 3₂₅ und W. Kappler in Mac I, ed. (^{1}1936, ^{3}1990), Einleitung S. 40f.), ist für Esdr II demnach nicht anzunehmen.

[2]) S.322-324.

[3]) Auch die Lesart von Hs. 55 υιου δαμαχανια für 'Ιωδᾶε, Ματθανιά ist als sekundäre Transformation auf den B-Text als Vorlage zurückzuführen.

יוִידָע (vgl. v. 10 11) oder יְדָעִיה (vgl. 17 39) vorauszusetzen – rezensionelle Eintragung dieses Namens ist unwahrscheinlich –; der B-Text steht hier in der hexaplarisch-lukianischen Tradition der Rückbewegung zur masoretisch überlieferten Vorlage.

Die in den vorangehenden Fällen festgestellte Eigentümlichkeit des B-Textes, paläographisch bedingte Transformationen, gegenseitige Angleichungen und auch hexaplarisch-lukianische Tendenzen der Korrektur von Eigennamen zu tradieren, muss auch als negatives Kriterium für die Textherstellung des Namens 'Ἰησοῦς gelten, dem als positives die fast konsequente gräzisierende Suffigierung und die eklektische Differenzierung der Transkription zur Unterscheidung verschiedener Personen des gleichen Namens gegenübersteht:

Die Differenzierung der Transkription erscheint gegenüber der konsequenten Gräzisierung nur als die die Regel bestätigende Ausnahme, und diese lässt sich erklären: Der konsequenten Unterscheidung bei allen Trägern dieses Namens zwischen dem Nominativ 'Ἰησοῦς und dem Genitiv 'Ἰησοῦ steht die Ausnahme der ungräzisierten Transkription 'Ἰησού in 2 28 und 24 – an beiden Stellen mit lukianischer Korrektur in ιησους (ihs La[123]) – gegenüber. Das kann kaum anders erklärt werden, als dass einerseits die Identität des in v. 8 genannten Leviten dieses Namens mit dem in v. 24 genannten hervorgehoben, anderseits aber seine Verwechslung mit dem in gräzisierender Transkription schon festgelegten, im nächsten Kontext wieder aufgenommenen Namen des Hohenpriesters (v. 1 7 10 26 [1]) ausgeschlossen werden soll.

Was dieser übersetzungstechnisch und exegetisch als ursprüngliches Übersetzungsprinzip erklärbaren Unterscheidung der Transkription an Sondertradition des B-Textes gegenübersteht; 2 40 'Ἰησοῦ] ιησουε B' 36 'Ἰησοῦ] ιησοι B' Sixt 2 27 'Ἰησοῦ] ιησοι B-55^c Sixt, bedarf, abgesehen von der Unzuverlässigkeit dieser Zeugengruppe in der Überlieferung von nomina propria, schon auf Grund der singulären Bedeutung und des Fehlens einer jeden exegetischen Begründung einer anderen Erklärung, ιησοι in 2 36 und 2 27 als durch vorangehenden Dativ bedingte irrtümliche Einführung jener Dativform, die vom B-Text, oft in Begleitung weiterer Unzialen, vor allem A, und immer mit richtiger Bestimmung des Casus, in den Büchern Deut und Ios überliefert ist[2], ιησουε in 2 40 – nicht in der Parallelstelle 1 43 – als sekundär hebraisierende Wiedergabe des pataḥ furtivum, die aber bei den Namen יְהוֹשֻׁעַ, יֵשׁוּעַ fast ganz vermieden ist und die darum auch in 2 6 'Ἰησοῦ L' 74-236 46-64-728 55 58 Arm (vid); τυ 381] ιησουε (-ουσε 134) rel, wo in den

---

[1]) Vgl. 2 2 (= 17 7) 3 2 8 9 4 3 5 2 10 18. Die Notwendigkeit der Unterscheidung erscheint am deutlichsten in der Zäsur zwischen den Versen 2 28 und 10, wo sich das Missverständnis der Identifizierung ohne Umstellung in der Art der von Rudolph (S. 190, 7b) vorgeschlagenen übersetzungstechnisch nur mit je verschiedener Transkription – vgl. die falsche Identifizierung mit ιησους in v. 8 durch die Zeugen 93-108 248-381 La[123] Compl, mit ιησου in v. 10 durch 46 – beheben lässt.

[2]) Vgl. Thack. 116 (4). Die Ausnahmen in B: Ios 10 17 τῷ 'Ἰησοῦ] τω ιησοι A 17 14 τῷ 'Ἰησοῦ] τω ιησοι A v (mg). Wevers postuliert, gestützt auf den ältesten Zeugen, 963 (2. Jh.), auch in Deut den Dativ ιησου als ursprünglich (3 21 28 31 23).

Parallelstellen 17,11 und Esdr I 5,11 'Ιησοῦ einhellig überliefert ist, – gegen Rahlfs – als in breitere Überlieferung eingedrungene Lesart des B-Textes und darum als sekundär gewertet werden muss¹.

Das für den Namen des Hohenpriesters 'Ιησοῦς gewonnene Ergebnis erlaubt einen Analogieschluss auf die ursprüngliche Transkription des Namens עֶזְרָא. „Esra der Schreiber", γραμματεύς, das Haupt der zweiten Heimkehr, ist immer mit gräzisierter Form seines Namens genannt: Ἔσδρας, auch in Kap. 22,26 und 36, wo er vom Haupt einer Priesterfamilie gleichen Namens unterschieden werden muss: 1 13 33 ². In v. 26 ist die relativ schwache Bezeugung der gräzisierten Form Ἔσδρας 71-74 98-243-248-731 55 Compl Sixt, auch B εσρας, gegenüber εσδρα und εζρα leicht erklärbar: In L und den meisten übrigen Zeugen von a und b beruht die Endung -α auf der syntaktisch der Vorlage von 𝔐 entsprechenden Änderung des ganzen Satzteils in den Genitiv und muss bei den noch verbleibenden Zeugen S A 106-107-120-121-130-134-370 119 entweder als halb eingerenkte lukianische Korrektur oder als mechanische Angleichung an das vorangehende Νεεμία erklärt werden. Zur Unterscheidung von diesem Träger des Namens erscheint aber der Name des Priestergeschlechts ungräzisiert: als Nominativ 'Εσδρά in v. 1 (εσδρας 248 Compl; εζρας 381; εζδρας 108; εσζρας 93); er muss darum im Dativ v. 13 'Εσδρά akzentuiert werden (εσδρας 44) und erfordert im Nominativ von v. 33 – gegen Rahlfs – mit den Zeugen S 98-243-731 52 55 119 Ald (εζρα A 46 (non 52)-64-728) die ungräzisierte Transkription 'Εσδρά, der gegenüber die Suffigierung -ας der übrigen Zeugen entweder auf die hier wie in v. 1 vorliegende lukianische Nivellierung oder auf Angleichung an das vorangehende 'Αζαρίας zurückzuführen ist.

Dem übersetzungstechnischen Prinzip der Unterscheidung von Personen gleichen Namens durch je verschiedene Transkription – teilweise im Gegensatz zur Überlieferung des B-Textes – ordnet sich auch die Wiedergabe des Namens יִרְמְיָה – so geschrieben an allen Stellen in Esdr II – ein: in mit Casussuffix gräzisierter Form erscheint er, als Übernahme der älteren Übersetzungstradition, nur als Name des Propheten – und hier nach einhelliger

---

¹) Die Ausnahme Par I 7,27 bei gespaltener Überlieferung bedarf noch der textgeschichtlichen Klärung. Das Ergebnis aus Esdr II bestätigt die Richtigkeit der Textherstellung in der Parallelstelle von Esdr II 2,40 (= 17,43) in Esdr I: 5,26 'Ιησοῦ V' (Vᶜ) 108 La^V (iesu) Ald] ιησουεις B' (sed om καί sq) Arm (iesu unus); ιεσσουε (ιεσουε 46) b; ιησουε rel, für die auch Rahlfs trotz der noch stärkeren Bezeugung der Transkription ιησουε eintritt. Die Lesart des B-Textes setzt zwar nicht mit H.-R. nach Swete die Transkription ιησουεις voraus – εις beruht auf einer sekundären Harmonisierung mit der Parallelstelle Esdr II 17,43 und gibt לְקַדְמִיאֵל an Stelle von וְקַדְמִיאֵל in 2,40 wieder; vgl. den Zusatz εἰς τοὺς υἱοὺς 'Ανασίβ in Esdr I 5,24 –; doch liesse sich ιησουε εις als Vorlage mit der Annahme von Haplographie oder Itazismus leicht erklären. Im Griechischen ungebräuchliche Vokalverbindungen wie ουε sind zwar zur genauen Wiedergabe hebräischer Phonetik auch in Esdr II nicht ausgeschlossen – vgl. z. B. 7,5 'Αβισουε für אֲבִישׁוּעַ (gegen Par I 6,5; vgl. App.) –; sie sind aber bei häufigen und über die Tradition der LXX hinaus bekannten Namen wie 'Ιησοῦς eher denn als ursprüngliche Transkription – Μωυσῆς ist ein Sonderfall – als sekundäre Hebraisierung zu erklären.

²) Zur Identifizierung vgl. Rudolph S. 196, 33a.

Überlieferung: 11 'Ιερεμίου. An den übrigen Stellen, 20₂ (3) 22 ₁ ₁₂ ₃₄, bietet dort, wo es sich eindeutig um die gleiche Person handelt, bei der Bezeichnung des unter Serubbabel und Josua heimgekehrten Priestergeschlechts in 22₁ und ₁₂, die beste Überlieferung – in ₁₂ aber gegen den B-Text – die identifizierende, ungräzisierte Transkription: v. ₁ im Nominativ 'Ιερμιά (-μεια B^c S)] -μειας 381; ιερεμια 55 125 Ald Sixt; ιερεμιας 93 248 44 Compl; ιηρεμιας 108; *ieremiel* La¹²³, v. ₁₂ im Dativ 'Ιερμιά (-μεια 19-93 381^c)] ιερεμια (-μεια S; *ieremiae* La¹²³) B' S 74-762 98-248 La¹²³ Ald Compl Sixt; ερμια 106-107-236 119: post iota subscriptum. Ob es sich bei den beiden verbleibenden Personen dieses Namens, dem Mitunterzeichner der Urkunde zur Verpflichtung auf das Gesetz 20₂ (3) und dem Teilnehmer am Festzug für die Einweihung der Stadtmauer 22₃₄, um die gleiche Person handelt, lässt sich aus dem Kontext nicht mit solcher Sicherheit erschliessen, dass die Identität mit Rahlfs durch Konjektur in 22₃₄ und mit ausdrücklichem Verweis auf 20₂ (3) auch für den Übersetzer postuliert werden dürfte; die bestüberlieferte Transkription spricht eher für die Annahme von zwei zeitgenössischen Trägern dieses Namens, die allerdings, da auch in 20₂ (3) die Suffigierung -ας relativ gut bezeugt ist, nicht völlig gesichert bleibt: 20₂ (3) 'Ιερμιά] -ας 71-107-121 248-381 58 Ald Compl; ιερμια B A Ra.; ιερμ(ε)ιας L; *ieremias* La¹²³ 22₃₄ 'Ιερεμίας] -ια B' S Sixt; ιερμ(ε)ιας L; ιερμια coni Ra.

Dass aber eine übersetzungstechnische Unterscheidung verschiedener Personen durch je verschiedene Transkription des gleichen Namens, wie sie durch die Untersuchung der vorangehenden Beispiele wahrscheinlich erscheint, nicht als konsequent durchgeführtes Prinzip der Übersetzung von Esdr II postuliert werden kann, es würde denn willkürlich gegen einhellige Überlieferung konjiziert oder gegen festgestellte Rezensionsprinzipien rekonstruiert, zeigt die Überlieferung der Transkription des Namens טוביה bei seinen beiden hier genannten Trägern, dem Heimkehrer unter Serubbabel und Iosua (2₆₀ = 17₆₂) und dem Widersacher Nehemias (12₁₀ ₁₉ 14₃ (13₃₅) 7 (1) 16₁ ₁₂ ₁₄ ₁₇ ₁₉ 23₄ ₈), wo eine Unterscheidung, da der Heimkehrer nur im Genitiv bezeugt ist, die Endung -ια darum sowohl reine Transkription als auch Gräzisierung mit dorischem Genitiv sein könnte, nur durch die Endung -ιου hier, durch reine Transkription beim andern Träger des Namens durchführbar wäre. Diese Möglichkeit scheidet aber sowohl aus dem Grund aus, weil im einen Fall die Transkription τωβιου gegen τωβια der übrigen Zeugen als lukianisches Rezensionselement überliefert ist (93-108 381 in 17₆₂), was in der Parallelstelle 2₆₀ mit Rahlfs die Aufnahme der nur vom B-Text bezeugten Form τωβια (B' 44; τουβια 55) gegen τωβιου (τουβ. 19') der übrigen fordert, als auch und vor allem aus dem Grund, weil im andern Fall die Überlieferung dermassen uneinheitlich erscheint, dass eine andere Erklärung unumgänglich ist: Gräzisiert ist der Name hier als Nominativ Τωβίας einhellig überliefert in 14₃ (13₃₅) und 16₁₉, mit der nur von B' bezeugten ungräzisierten Variante τωβια in 16₁₂, einhellig auch im Akkusativ als Τωβίαν in 16₁₇, während die einhellig überlieferte Form τωβια im Dativ in 16₁ ₁₄ 234 ¹ ₇ beide Möglichkeiten offen lässt. Doch steht dieser eindeutigen Bezeugung die gespaltene Überlieferung des Nominativ in 12₁₀ ₁₉ und 14₇ (₁) in der Weise gegenüber, dass die gräzisierte Form τωβιας ihrer Bezeugung nach nur als das der lukianischen Rezension allgemein entsprechende Rezensionselement der Gräzisierung bestimmt werden kann. Es bleiben zur Erklärung nur die drei Möglichkeiten der lukianischen Bezeugung des Ursprünglichen, sei es seine Bewahrung, sei es seine Wiederherstellung, einer Fehlinterpretation des Übersetzers, nach der mit verschiedenen Trägern des Namens gerechnet wird, die Nehemia feindlich gesinnt sind, oder einer dem Übersetzer schon vorliegenden Tradition, die auf einer noch uneinheitlichen Übersetzungstechnik beruht. Der ersten Möglichkeit steht einerseits die Feststellung entgegen, dass die lukianische Gräzisierung von Eigennamen nicht in einer Personen gleichen Namens unterscheidenden, sondern in einer generalisierenden Tendenz besteht, die hier dann zufällig den gegenteiligen Befund ergäbe, anderseits und vor allem die Feststellung, dass die Gräzisierung des Namens, τωβιας, in 12₁₀ und ₁₉ mit einer weiteren, hier ausschliesslich von lukianischen Zeugen gebotenen Gräzisierung, ο αμμονιτης für ὁ Ἀμμωνί, verbunden ist, die fraglos auf den gleichen Texteingriff zurückgeht². Die zweite Möglichkeit scheidet aus dem Grund aus, weil eine Unterscheidung von verschiedenen Widersachern gleichen Namens allenfalls zwischen dem „Verwandten" des Priesters Eliasib in 23₄ und dem Gefolgsmann des Sanballat denkbar wäre, nicht aber innerhalb der Nennung des immer in der Gefolgschaft Sanballats genannten oder als „ammonitischer Knecht" identifizierten im Widerstand gegen den Wiederaufbau auftretenden Trägers dieses Namens. Es bleibt – mit Rahlfs – als noch glaubhafteste Lösung die Annahme einer Inkonsequenz in der Transkription von Eigennamen, die wahrscheinlich auf dem Übersetzer schon vorliegenden Vorstufen der griechischen Tradition beruht³ und die sich auch in weiteren Fällen – am deutlichsten bei den über die schon in der masoretischen Textform vorliegenden Diskrepanzen noch hinausgehenden Unterschieden der Transkription in der doppelt über-

---

¹) So nach der lukianischen, 𝔐 entsprechenden Interpretation εγγιων (εγγιωνων L) τω τωβια (19′-121 b Ald Compl); ohne Artikel wäre auch dorischer Genitiv, der durch 16₁₇ gesichert ist, möglich; auch so bleibt die Frage, ob Gräzisierung oder nicht, offen.

²) Die gleiche Gräzisierung rein lukianisch bezeugt im grösseren Zusammenhang der Umsetzung eines Satzteils in den Genitiv auch in 9₁. Die gleiche Diskrepanz wie bei der Gräzisierung des Namens τωβια(ς) liegt auch bei diesem gentilicium vor: 14₃ (13₃₅) Ἀμμανίτης omnes, wahrscheinlich bedingt durch den folgenden Plural (14₇ (₁); vgl. 23₁ ₂₃), der Gräzisierung notwendig fordert.

³) Zum gleichen Ergebnis kommt Thackeray; vgl. seine Resignation in § 11₅. Die richtige Akzentuierung der Genitive auf -α ermangelt dort eines jeden Kriteriums, wo die von ihm nicht in Betracht gezogene Möglichkeit der Unterscheidung von Personen gleichen Namens entfällt. Die Entscheidung zwischen gräzisierendem Τωβία und hebraisierendem Τωβιά beim Genitiv bzw. Dativ in 26₀ (= 17₆₂) 234 ₈ (vgl. S.332 Anm.1) muss darum auch hinsichtlich der Textrekonstruktion offen bleiben. Rahlfs hat sich des Problems durch Nichtakzentuierung enthoben.

lieferten Liste der ersten Heimkehrerschar in Kap 2 und 17 – auf andere Weise nicht erklären lässt[1].

II

Das Gesetz einer konsequent durchgehaltenen Weise der Transkription von Eigennamen, das das beste Kriterium für die Rekonstruktion des ursprünglichen Textes wäre, lässt sich für die Übersetzung von Esdr II – wie in allen Büchern der LXX – weder hinsichtlich der gräzisierenden Suffigierung noch hinsichtlich der Wiedergabe von Vokalen, weitgehend auch von Konsonanten erkennen.

Das gilt hinsichtlich der Gräzisierung für die Alternative zwischen dem attischen und dem „dorischen" Genitivsuffix[2] der auf -α, bzw. -ια endenden maskulinen Namen. Zwar überwiegt im Genitiv dieser Namen die Endung auf -α, bei der sich die Frage, ob gräzisierende Suffigierung oder hebraisierende Transkription vorliegt, nur beantworten lässt, wenn der gleiche Name auch in den Casus überliefert ist, bei denen sich Gräzisierung und Hebraisierung unterscheiden lassen, Nominativ auf -ας und Akkusativ auf -αν[3], während die Genitivendung auf -(ι)ου häufig nur als attisierendes Element der lukianischen Rezension und der Hs. 381 und damit als Kriterium einer sekundären Textstufe erscheint[4]; doch liegt auch bei dieser Überlieferung, wie einhellig oder überwiegend bezeugte attische Genitive, z. B. 7₁ Σαραίου (σαρουιας 58), Ἀζαρίου (ζαρ(ε)ιου B'; ζαραιου 74) 61₄ 21₅ Ζαχαρίου 13₄ Βαραχίου, zeigen, nicht die Konsequenz der Überlieferung vor, die zur Annahme eines eindeutigen Kriteriums der Textherstellung berechtigte.

---

[1]) Vgl. S.61ff.
[2]) Zur Terminologie vgl. Schwyzer I S. 561.
[3]) So lässt sich z. B. der Name des Heimkehrers unter Serubbabel und Josua in der Liste 1 7₇ Νεεμία, wo er im Genitiv steht (νεεμιου L 381), von seiner Nennung im Nominativ in der Parallelstelle 2₂, Νεεμίας (-ιος B), her als gräzisierende Wiedergabe bestimmen, und von daher eine Identifizierung der verschiedenen Träger des Namens, des Heimkehrers der ersten Generation (2₂ = 17₇), des Statthalters (11₁ 18₁₉ 22₂₆ (νεεμιου 47 steht im lukianischen Zusatz nach 𝔐)) und des Mitarbeiters am Mauerbau 13₁₆, der schon durch die Nennung seines Vaters vom Statthalter unterschieden wird, ausschliessen.
[4]) Ausser dem Anm.3 genannten Beispiel z. B. 16₁₀ Δαλαιά] δαλ(λ)αιου L 381   1 7₆₂ δαλαιου L (deest 19) gegenüber Δαλαιά (δαλαι 58; δαλατα 74; δαχαια (-χεα B) B' Aeth; λαχεα 122; alsiae La¹²³) in der Parallelstelle 2₆₀: cf Esdr I 5₃₇ (Δαλάν] δαλαιου L; dalaru (-ri c) La^V)   74 Ζαραιά] ζαραιου L 122 Compl = Esdr I 8₂   8₃ Σαχανιά] σεχενιου L = Esdr I 8₂₉   13₂₉ Σεχενιά] σεχενιου L   21₄ Σαφατιά] -τιου L (deest 19) 381 gegenüber σαφατιου nur in 381 in 1 7₉ (= 2₄: -τιου 236 381ᶜ), als Sonderlesart von 381 z. B. auch 2₅₇ 8₈. Die Beispiele zeigen bei diesem Suffix die gräzisierende Tendenz der lukianischen Rezension auch unabhängig von dem von Haus aus gräzisierenden Mittelglied von Esdr I (II 2₆₀ (17₆₂) = I 5₃₇; vgl. S.43), demgegenüber die auch, vor allem in Esdr I, feststellbare hebraisierende Tendenz dieser Rezension (vgl. S.61f. und TGE S. 21, 58f.) in den Hintergrund tritt. Als negatives Kriterium der Textherstellung bleibt der lukianisch bezeugte attische Genitiv in Esdr II gesichert, woraus sich auch die auf S.331-333 diskutierte Namensform τωβιου in 2₆₀, wo sie ausser dem B-Text in die gesamte Überlieferung eingedrungen ist, leicht erklärt.

Die Schwierigkeit, die durch das Fehlen eines solchen Kriteriums für die Textherstellung entsteht, zeigt das Beispiel der Transkription des in Esdr II häufig bezeugten Namens שְׁמַעְיָה, deren lukianisch in starkem Mass gräzisierend überlieferte Form mit Suffix (8₁₃ 10₂₁ 13₂₉ 20₈ (9) 21₁₅ ₃₅ ₃₆) zwar den Schluss auf konsequent durchgehaltene hebraisierende Transkription im ursprünglichen Text nahe legt – so Rahlfs –, die aber mit dieser Lösung an zwei Stellen zu einer der Überlieferung widerstrebenden Textrekonstruktion zwingt: in 10₃₁, wo der Nominativ σαμαια gegen σαμαιας der übrigen nur von B' bezeugt ist, und in 22₃₄, wo Rahlfs die nicht suffigierte Form im Nominativ σαμαια aus dem nur von B' S Aeth (sim) überlieferten σαραια gegen die gesamte Überlieferung, die lukianisch (L) mitsamt La¹²³ Arm Compl Sixt in σαμαιας und σαλμαιας der übrigen gespalten ist, konjizieren muss. Dieser etwas gewaltsamen Lösung dürfte die Vermutung vorzuziehen sein, dass in der Übersetzung selbst durch die Unterscheidung von hebraisierender und gräzisierender Transkription eine Unterscheidung der verschiedenen Träger des gleichen Namens intendiert sein könnte, in 22₃₄ wegen seiner Wiederkehr im nächsten Kontext – der Genitiv σαμαια in v. 35 lässt unakzentuiert keine Unterscheidung zu –, in 10₃₁ um eine Identifizierung des in Schuld gefallenen Israeliten mit dem in 8₁₃ genannten Heimkehrer unter Esra zu vermeiden, ein übersetzungstechnisches Mittel der Interpretation, mit dem sich auch die je verschiedene Transkription des Namens אֱלִיפֶלֶט: Ἐλιφάλαθ in 8₁₃, Ἐλιφάλετ in 10₃₃ erklären liesse.

Das Fehlen eindeutiger Kriterien der Transkription gilt hinsichtlich der Vokalisierung auch für die Fälle, deren Lesung trotz des für die Übersetzung der LXX vorauszusetzenden Fehlens von Vokalzeichen, an deren Stelle höchstens eine מ gegenüber konsequenterer Setzung der matres lectionis treten könnte, gesichert ist, wie z. B. für die Vokalisierung von בֵּית, bei welcher der weit überwiegenden Transkription βηθ doch zwei ihrer Bezeugung nach nicht anfechtbare Fälle mit βαιθ, bzw. βεθ gegenüberstehen: 2₂₁ = 17₂₆ Βαιθλέεμ, 2₂₈ Βαιθήλ, wo in der Parallelstelle 17₃₂ die Lesung des B-Textes (B' S*) βηθηλ – gegen Rahlfs – als sekundäre Angleichung an die häufiger bezeugte Transkription erklärt werden muss, die in 2₂₁ = 17₂₆ βηθλεεμ auch als lukianisches Rezensionselement nachweisbar ist¹. Die Transkription Βαιθήλ wird am besten mit dem übersetzungstechnischen Prinzip der Angleichung an die in der älteren Tradition verfestigte Weise der Transkription erklärt, das aber bei βαιθ- (bzw. βηθ-)λεεμ nach dem gegenwärtigen Stand der Edition der LXX als ganzer noch in Frage gestellt ist².

---

¹) Doch stehen diesem Prinzip der Angleichung an das vorwiegend Überlieferte bei diesem Grundwort in der lukianischen Rezension auch andere Möglichkeiten der Äquivalenz gegenüber: die Einführung der in Esdr II selteneren Transkription βεθ gegen ursprüngliches βηθ in 13₁₆ Βηθσούρ] βεθσουρ (βαιθ σουρ 93) L, wo Angleichung an die Tradition von Ios 15₅₈ vorliegen kann, und die Umdeutung in das appellative Verständnis: 13₃₁ Βηθανναθινί(μ] οικου των ναθιναιων L La¹²³ Compl.

²) Wevers dürfte gegen Rahlfs mit der Entscheidung für βηθλεεμ in Gen 48₇, wo nur B Bo^L βεθ., das Rahlfs in βαιθ. ändert, lesen und – mit Rahlfs – in Gen 35₁₉, wo B ausfällt im Recht sein, obwohl hier der älteste Zeuge, 961, βαιθηλεεμ liest (βαιθηλ 53' 346* (c pr m) -392); doch

Schwer lässt sich auch eine konsequent durchgehaltene Regel der Transkription in den Fällen, wo, wie bei שמעיה, שמעי zwei Vokale durch nicht transkribierbare Gutturale getrennt werden, schon aus dem Grund postulieren, weil ihre Überlieferung nichts mehr darüber auszusagen vermag, ob die diese Verbindungen wiedergebenden griechischen Laute als zwei selbständige Vokale, αϊ bzw. εϊ, oder als Diphthonge zu verstehen sind:

Bei dem in Esdr II mehrfach bezeugten Namen שְׁמַעְיָה, dessen Überlieferung auch in dieser Hinsicht Fragen aufwirft, erschiene, was diese Lautverbindung anbelangt, die am häufigsten und meist am besten bezeugte Transkription σαμαια – vielleicht als σαμαϊα zu lesen – als die der Vorlage am besten entsprechende und am ehesten für Ursprünglichkeit sprechende Wiedergabe. Sie liegt – bei textgeschichtlich bedeutsamer Doppelüberlieferung nur hinsichtlich der schon diskutierten lukianisch ziemlich konsequent durchgeführten Gräzisierung mit dem Suffix -ας – nahezu einhellig überliefert in 8₁₃ 10₂₁ 20₈ ₍₉₎ 22₃₄ ₃₅ ₃₆ vor. Vereinzelt bezeugte Transkription mit -ειας: 10₃₁ σαμειας 19′ (σαμαιιας 93); σεμειας 44; σεμεα S 21₁₅ σεμειας (-μεειας 108) L (deest 19) 13₂₉ σεμεια S, liegt in der Linie lukianischer Tradition und ist am besten als sekundäre Nivellierung mit dem Namen שְׁמַעִי zu erklären, der auch in dem einzigen Sonderfall, 16₁₀, wo die als Äquivalent für שְׁמַעְיָה überlieferte Namensform σεμε(ε)ι, die nur lukianisch (L) nach 𝔐 in σαμαιου korrigiert wird, als von der masoretischen abweichende Vorlage – eine Tradition palästinensischer Herkunft, nach der der Feind Nehemias den gleichen Namen tragen muss, wie der Feind Davids (2 Sam 16₅₋₁₂)? – fraglos den Namen שְׁמַעִי voraussetzt.

Diese Verteilung der Überlieferung im ganzen erfordert auch in 8₁₆, wo die Transkription σαμαια nur von B′ V überliefert, aber auch in La¹²³ (samaean) als Vorlage vorauszusetzen ist, – mit Rahlfs – die Aufnahme des B-Textes und die Erklärung der übrigen Überlieferung, einerseits in L (σεμεεια 108; σεμεειδ 19′) als itazistisch und durch Unzialfehler verschriebenes lukianisches σεμεια, anderseits in den übrigen Zeugen (σεμαια) als Kontamination dieser beiden Überlieferungen. Der Zeugenwert des B-Textes in diesem Falle liesse auch die Vermutung zu, dass in 22₁₈ und ₄₂, wo er ausfällt (14 Ἰωναθάν – (21) fin] > B′ S^txt A (∥); jonathan Aeth^B 39 καί ult – (42) Ἐζούρ] > B′ S^txt A Aeth^B Arm Sixt: homoiot), die nicht erhaltene Tradition seiner Textform ursprüngliches σαμαια überliefert hätte.

Das Fehlen eindeutiger Kriterien der Transkription gilt in bestimmtem Sinn auch hinsichtlich der Äquivalenz zwischen hebräischen und griechischen K o n s o n a n t e n für die Alternative zwischen σ und ζ als Äquivalent von hebräischem ז, wo Rahlfs die Wie-

---

bedarf die Überlieferung noch der Untersuchung in den übrigen Büchern (vgl. die Notiz von Rahlfs im Apparat zu Gen 48₇ in seiner Edition von 1926). Gleicherweise bedarf die Alternative zwischen βεθ- und βαιθ-, das Rahlfs in Gen 48₇ gegen die Lesung von B an dieser Stelle, aber mit der häufigeren Schreibweise von B im ganzen, konjiziert, noch der Untersuchung, da hier eher als reiner Itazismus einer der Fälle vorliegt, der für die Wiedergabe der hebräischen Schreibweisen der Vokale, auch der Pleneschreibung – βεθσουρ L⁻⁹³ in Esdr II 13₁₆ (vgl. S.334 Anm.1) dürfte dann lukianische Wiederherstellung des status constructus sein –, durch die Unterscheidung von αι und ε, ει und ι spricht (vgl. MSU VII (1961) 12-15).

dergabe mit ζ als die „jüngere Transkription" verifiziert hat[1], ein Befund, der in dem eindeutig späten Übersetzungstext von Esdr II in der Weise bestätigt erscheint, dass die einzige sichere Ausnahme von der Regel nicht nur diese bestätigt, sondern auch innerhalb der diese Konsonanten betreffenden Weise der Transkription ein Sonderfall bleibt: Es ist die mit σ und angeschlossenem „euphonischem δ"[2] wiedergegebene Transkription des Namens עזרא, die in dieser Form, Ἔσδρας, mit nur geringen Variationen in der Bezeugung von den meisten und rezensionell wenig beeinflussten Zeugen, daneben mit εσρας von B, εζρας von Zeugen von *b*, meist begleitet von den dieser Rezension nahestehenden Unzialen A und V, und εζδρας von L, überliefert wird; La[123] tritt mit konsequent bezeugtem *hesdras* für die bestüberlieferte Transkription ein. Es ist die Verteilung der Zeugen, die, abgesehen davon, dass hier auch B für die auf Grund der Bezeugung als ursprünglich zu bestimmende Transkription Ἔσδρας eintritt, auch in Esdr I, 8₁₉ (= II 7₂₁), überliefert ist[3].

Vor allem der Befund, dass in Esdr II einhellige Wiedergabe von ז mit ζ in stärkstem Masse überwiegt, einhellige Wiedergabe mit σ aber nirgends überliefert ist, legt den Schluss nahe, dass die Äquivalenz ז - ζ wenn nicht als Kriterium, so doch als bedeutsames Argument für die Ursprünglichkeit in Anspruch genommen werden darf:

Nicht als Kriterium, aber als Mittel der besten Erklärung dient dieser Befund darum für die gespalten überlieferte Transkription des Namens עזגד: 2₁₂ 'Αζγάδ *a*[-74] (610[c pr m])]

---

[1]) Genesis, ed. 1926, S. 36; vgl. Walters S. 299, Anm. 15 (Zeile 5 v. u. lies ז für τ). „Jüngere Transkription" hinsichtlich der Äquivalenz ז - ζ bedeutet auch im Sinne von Rahlfs nicht, dass die als „älter" postulierte ז - σ konsequent eingehaltene Regel der Übersetzer, die jüngere aber rein rezensioneller Herkunft sei, so dass in Büchern, in denen die Transkription ז - ζ die Regel, ז - σ die Ausnahme darstellt, die nur noch sporadisch in einzelnen Zeugen überliefert ist, die „ältere Transkription" auch gegen die Überlieferung hergestellt werden dürfte. Sobald aber beide Transkriptionsweisen innerhalb der Ü b e r s e t z u n g s tradition angenommen werden, kann die ältere ebenso einem Rezensionsprinzip unterworfen sein wie die jüngere. Hinsichtlich der älteren Übersetzungsbücher bedarf das überlieferungsgeschichtliche Verhältnis beider Äquivalenzen zueinander einer neuen Überprüfung – Wevers entscheidet sich auch in Gen gegen Rahlfs wieder für die Ursprünglichkeit der Transkription ז - ζ! –; für Esdr II bleibt unter Anerkennung der Feststellung von Rahlfs die Bestimmung der vorwiegend vom B-Text mit lukianischen Zeugen überlieferten Äquivalenz ז - σ als „antikisierende" Rezension die wahrscheinlichste Lösung; vgl. die Doppelüberlieferung in B bei dem Namen אחז in Reg IV und Par und Rahlfs' Entscheidung für αχαζ (Par II 27₉ im Apparat seiner Ausgabe).

[2]) Vgl. Thack 72₇.

[3]) Die Gemeinsamkeit der beiden Texte in diesem Sonderfall dürfte dann auf jene zwar seltene Abhängigkeit der Übersetzung von Esdr II von der ursprünglichen Textform von Esdr I (vgl. S.7-10) nicht nur hinsichtlich der Wortäquivalenz, sondern auch hinsichtlich der Regeln der Transkription zurückzuführen sein, was hinsichtlich des Namens, der beiden Büchern die Titulatur verleiht, in besonderem Masse naheliegt. Das Eintreten auch des B-Textes für die Form Ἔσδρας in Esdr I und in inscriptio und subscriptio beider Texte ist darum ein Indiz für die Bewahrung des Ursprünglichen auch in diesen Zeugen, nicht ein Argument für die Behauptung Thackerays, dass „the subscriptions to 1 and 2 Esdras ... are therefore later than the books themselves" (72₉, Anm. 2).

αζγεαδ 44; αζιγαδ Compl; ασγαδ B' 93 74 610* (corr pr m) Sixt Ra.; ασιαδ 19'; αβγαδ (-δα 381; αβδαγ 248) A b Ald; αβγα 119; αβδα 58; aba La¹²³   17₁₇ 'Αζγάδ 93-108] ασγαδ (ασγασδ 122) B' 19 Compl Sixt Ra.; ασταδ S; αγεταδ A a⁻⁷¹ ¹²⁰ 119; αγεαδ 120; αδετ 71; αγεταγ 58; γεταδ b Ald   8₁₂ 'Αζγάδ] ασγαδ V 74 b Ald Compl Sixt Ra.; αεγαδ 108; εγαδ 19; ασταδ B' Aeth (asted Aethᴬ)   20₁₅ ₍₁₆₎ 'Αζγάδ] αγζαδ 119; ασγαδ B' 93 106-107 Sixt Ra.; ασταδ S; ασγαγ (ασγαι 46) b Ald Compl. Hinsichtlich der Frage nach dem ursprünglichen Text geht es nur um die Alternative ζ oder σ als Transkription von ץ; die übrigen Varianten lassen sich als – meist durch Unzialfehler bedingte – sekundäre Transformationen erklären¹. Der B-Text, in 17₁₇ und 20₁₅ gefolgt von codex S, der in 2₁₂ und 8₁₂, in 8₁₂ von codex V, der an den übrigen Stellen ausfällt, in 8₁₂ von der Rezension b, an allen vier Stellen von lukianischen Zeugen, tritt für σ, die übrige Überlieferung – mit wenigen Ausnahmen noch tiefer eingreifender Transkription² – für ζ als Äquivalent von ץ ein. Die konsequente Entscheidung für σ, für die Rahlfs eintritt, beruht auf seiner Bewertung von B als ältestem Zeugen. Die richtige Textherstellung entscheidet sich an der Beantwortung der Frage, ob diese Zeugengruppe eher als Bewahrer des Ursprünglichen oder als Vertreter rezensioneller Rückbewegung zum älteren Transkriptionssystem bestimmt werden muss.

Für die Annahme rezensioneller Rückbewegung zu einem früheren Stadium der Transkription spricht aber abgesehen vom Fehlen eines einzigen Falles einhellig überlieferter Äquivalenz zwischen ץ und σ die Mitbezeugung der Form des B-Textes durch die auch unabhängig vom B-Text in diese Richtung tendierende Rezension b³ und durch – wenn auch nur vereinzelte – Vertreter der lukianischen Rezension, bei deren Doppelüberlieferung das Zusammengehen eines Teils mit dem B-Text einer rezensionellen Tendenz im hier vorliegenden Sinn verdächtiger ist als die Zugehörigkeit des anderen Teils zu den übrigen Zeugen⁴.

---

¹) Durch Unzialfehler Γ - T bedingt ist die Form ασταδ bei S in 17₁₇ und 20₁₅ ₍₁₆₎, bei B' Aeth in 8₁₂, mitbedingt die weitergehende Transformation αγεταδ bei A a (71 120 sim) 119, γεταδ bei b Ald in 17₁₇, durch Unzialfehler Γ - I ασιαδ bei 19' in 2₁₂, Σ - E αεγαδ bei 108 in 8₁₂.

²) Paläographisch kaum mehr erklärbar bleibt αβγαδ A b (248 381 sim) Ald in 2₁₂.

³) Vgl. z. B. 21₁₅ εσρι 248-731 Ald für ursprüngliches 'Εζρί, 20₁₄ ₍₁₅₎ σαθθουια 98-243-248-731 Compl für ursprüngliches Ζαθθουιά und die Mitbezeugung des nur hexaplarisch-lukianisch überlieferten Zusatzes in 2242 (Anm.4).

⁴) Bewahrung des Ursprünglichen durch nur zwei L-Zeugen in 17₁₇ ist bei der weitgestreuten Transformation an dieser Stelle nichts Unwahrscheinliches. Die lukianische Bezeugung an der Parallelstelle 2₁₂ beweist, dass auch innerhalb der lukianischen Zeugen das eine nur Bewahrung, das andere nur Rezension sein kann. Die Doppelüberlieferung in den nur hexaplarisch-lukianisch bezeugten Zusätzen nach ℳ in 22₂₉ ασμωθ (asmota La) 19' La¹²³; αζμωθ (αζαμ. 93) Sᵐᵍ für עזמות und 42 ιεζριας Sᶜ 93 46-64-381-728 Ald; ιεσριας 98-243-248-731 Compl; ιοριας 19; ισζριας 108 für יזרחיה würde eher für Bewahrung des Ursprünglichen in der hexaplarisch-lukianischen, für Korrektur nach der älteren Transkriptionsweise in der genuin lukianischen Tradition sprechen (vgl. S.326 mit Anm.2 und S.82. mit Anm.3). Eine von hier her leicht erklärbare innerlukianische Ambivalenz legt sich durch die von Hs. 108 bezeugte

Diese rezensionelle Tendenz wird dann aber, auch wenn der B-Text allein als Zeuge für die Äquivalenz ז - σ eintritt, in weiteren Fällen vermutet werden müssen, an denen sich Rahlfs meist für die so bezeugte Ursprünglichkeit entscheidet: in 2 4 9 'Αζά] ουσα B' Ra für עזא, wo auch die abweichende Vokalisierung für Korrektur nach 𝔐 spricht und wo in der Parallelstelle 17 51 die Transkription mit ζ ('Οζ(ε)ί] αζα L) einhellig überliefert ist, und in 7 3 'Εζριά] εσρ(ε)ια B 120 Sixt Ra; εσδρια 55; εσραια 248-731; αζαριου (αζωρ. 108) L La¹²³ Aeth Compl für עזריה, wo der Name – mit einziger Ausnahme von Compl in 18 7: ασαριας – an allen übrigen Stellen seines Vorkommens (13 23 24 17 7 18 7 20 2 (3) 22 33) einhellig mit ζ transkribiert wird¹. In zwei Fällen, bei denen die vom B-Text überlieferte Namensform trotz tiefer greifender, aber graphisch erklärbarer Transformation mit Sicherheit auf die Äquivalenz ז - σ zurückgeführt werden kann, verzichtet denn auch Rahlfs auf die Rekonstruktion nach dieser Überlieferung: in 9 1 Φερεζί] φερεσθει B'; φερεσι 44, für פרזי, wo der Einschub von θ zwischen σ und ε als dittographisch bedingter Unzialfehler erklärt werden muss, und in 13 25 Εὐζαί] ευει B' S; ουζαι (ουαζαι 93) L b 119 Arm Ald Compl für אזי², wo im B-Text Unzialverschreibung mit von 𝔐 abweichender Vokalisierung vorliegt. Als tiefer greifende Transformation des B-Textes, die abgesehen von der Äquivalenz ז - σ einer Erklärung, sei's von der hebräischen Vorlage, sei's von der griechischen Transkription her, widerstrebt, muss darum auch die von Rahlfs aufgenommene Namensform σεδεμ B' S V Aeth für זבד gegenüber Ζαβάδ der übrigen in 10 43 erklärt werden.

Schwerer fällt die Entscheidung zwischen σ und ζ als Äquivalent für ז in zwei Sonderfällen:

1. In der genealogischen Liste der Vorfahren Esras folgt nach der Fassung des Esrabuches nach dem achten Glied עזריה, dessen Transkription im ursprünglichen Text von Esdr II als 'Εζριά, im B-Text als εσρ(ε)ια zu bestimmen ist (7 3)³, in v. 4 als elftes Glied עזי, wo dem Äquivalent σαουια des B-Textes (B' V Aeth (σαουι 55; σουει V)) οζιου (ausser εζυια Ald mit Varianten nur in der Endung -ιου) der übrigen Zeugen gegenübersteht. Diesen Namensformen entsprechen im Paralleltext von Esdr I (8 2) die Transkriptionen 'Εζίου (אוזי Sy; azaei Laᵛ) mit der rezensionellen Korrektur nach 𝔐 εζαριον (αζ. 74-236; azariae (acariae La¹²³ Esdr I) a Laᶜ und Σαουιά (σασουια 98; σαμουια 236*; σατια 610 (deest La)). Da das Fehlen der Zwischenglieder im B-Text – er überliefert an Stelle

---

Form ισζριας nahe – eine „Dublette" innerhalb der Konsonantenäquivalenz? –, die sich von 18 1 bis 22 3 (die Stellen sind im App. zu 18 1 verzeichnet) auch in der Transkription des Namens עזרא in Hs. 93 in der Form εσζρα wiederfindet.

¹) Dass die Vokalisierung nur an dieser Stelle εζρια lautet, an allen andern αζαρια(ς) dürfte bewusste Unterscheidung vom vorangehend genannten Träger des gleichen Namens (v. 1 'Αζαρίου) sein; vgl. die entsprechende Änderung der Namensformen in Paralleltext von Esdr I: 8 2 'Εζρίου, 1 'Εζερίου mit den im App. verzeichneten sekundären Angleichungen an 𝔐.

²) Entsprechend der Erklärung von εζρια (s. Anm.1) wird die lukianisch nach 𝔐 korrigierte abweichende Vokalisierung am besten als Unterscheidung von der Transkription des Namens עזי erklärt.

³) Vgl. oben.

der ganzen Reihe zusammen mit dem lukianischen Zeugen 108, der aber τοῦ 'Εζίου auslässt, die Namensform οζ(ε)ιου (B' Sixt) – als durch homoioteleuton veranlasste Textverkürzung zu bestimmen ist[1], muss auch in der Tradition des B-Textes, die diesem mechanisch bedingten Ausfall voranging, die Form σαουια als Äquivalent für עזי vorausgesetzt werden, die dann – gegen Rahlfs – in Esdr I, wo Transkription und Äquivalenz der Konsonanten noch weniger strengen Regeln unterworfen sind[2], als ursprünglich aufgenommen werden muss, während sie – gegen Rahlfs – in Esdr II als sekundäre Übernahme aus Esdr I zu bestimmen ist[3].

2. Der dargelegten Tendenz der Überlieferung, nach der in der Transkription der Eigennamen die Äquivalenz ז - σ, die auf Grund ihrer Bezeugung von Rahlfs als die ältere postuliert wird, vor allem im B-Text überliefert ist, widerspricht die Überlieferung der Transkription des Namens זרחיה in 8₄, wo der B-Text mit der lukianischen Rezension, B' A V L 58 Aeth mit ζαραια (-ρεα 55; -ρεια B), die übrigen aber mit σαραια transkribieren. Wenn Rahlfs auch hier dem B-Text folgt, wo das postulierte höhere Alter der Äquivalenz dem Alter der sie überliefernden Zeugen entgegensteht, dann kann das kaum anders als auf die Weise erklärt werden, dass er schon in den ältesten Zeugen, die er auf Grund ihres Alters grundsätzlich als die Träger des ursprünglichen Textes in Anspruch nimmt, die Anerkennung beider Äquivalenzen voraussetzt, das Prinzip darum letztlich vom Alter der Bezeugung abhängig macht. Da aber die Transkription von ז mit σ in Esdr II nur an dieser Stelle auf dermassen breiter Überlieferungsgrundlage steht – am schwersten wiegt hier das Zusammengehen der Rezensionen a und b –, und da der Name זרחיה an der andern Stelle seines Vorkommens, 7₄, einhellig mit ζ transkribiert überliefert ist – einhellig auch an beiden Stellen im Paralleltext von Esdr I (8₃₁ und ₂) –, liegt der Schluss näher, dass die Transkription σαραια hier auf einer von 𝔐 abweichenden Vorlage beruht: dem Namen שריה, der an allen Stellen seines Vorkommens in Esdr II, 20₁ 21₁₁ 22₁ ₁₂, einhellig mit σαραια transkribiert wird und der auch an einer zweiten Stelle auf eine von 𝔐 abweichende Vorlage zurückgeht: in 8₂₄ an Stelle von masoretischem שרביה, das lukianisch, von L Arm, in σαραβιαν korrigiert wird[4]. ζαραια in 8₄ wird darum als von der lukianischen Rezension mitgetragene in breite Überlieferung eingedrungene Korrektur nach 𝔐 erklärt werden müssen.

---

[1]) Vgl. TGE S. 91.

[2]) Als Annäherung an die hebräische Vorlage עזי wäre eine durch Haplographie verursachte Transformation von ursprünglichem του ουσαουια denkbar.

[3]) Der Textbefund von Esdr II bestätigt somit die Richtigkeit der Entscheidung in Esdr I. Dagegen, dass die vom B-Text überlieferte verkürzte Reihe in Esdr I mit Rahlfs als ursprünglicher Text zu bestimmen wäre, spricht auch, dass die von allen übrigen Zeugen überlieferten Zwischenglieder, die Rahlfs als sekundär aus Esdr II in Esdr I eingetragen postulieren muss, nicht in der gleichen Weise der Transkription wie in Esdr II überliefert sind.

[4]) Vgl. 22₃₄ σαραια in B' S für שמעיה gegen Σαμαίας in L La[123] und σαλμαιας – wohl dittographischer Unzialfehler Λ - Μ – der übrigen (S.334).

Mehr noch als bei feststellbaren Regeln der Äquivalenz zwischen hebräischen und griechischen Konsonanten wird die Erklärung mit einer von 𝔐 abweichenden Vorlage bei nomina propria bzw. bei vom Übersetzer so verstandenen appellativa dort gefordert sein, wo sich die besser bezeugte Transkription durch innergriechische Verschreibung nicht mehr oder nur noch gezwungen erklären lässt, wie bei der Wiedergabe des Hapaxlegomenon הגזבר in 1₈, wo dem auch hier lukianisch mit ζ: γανζαβραιου 93 (γαζβαρεου Compl; γαμβραιου 19′), vom B-Text mit σ transkribierten ז: γασβαρηνου B′ Sixt (B mit Unzialfehler T für Γ) – so Rahlfs mit Grabe – Γαρβαρηνοῦ der übrigen gegenübersteht. Innergriechische paläographisch erklärbare Verschreibung ist unwahrscheinlich, innerhebräische Verwechslung von ז mit ר möglich; die appellative Bedeutung, die Esdr I (2₂₀) kennt: γαζοφύλαξ, wäre bei vorliegendem גזבר auch bei Esdr II zu erwarten – vgl. 7₂₁ ₂₀ ₆₁ 5₁₇! –; die Gräzisierung mit dem Suffix -ηνος lässt eine Herkunftsbezeichnung vermuten.

Noch schwieriger als bei der Alternative zwischen den Konsonanten σ und ζ als Äquivalent für hebräisches ז macht das Fehlen eindeutiger Kriterien der Transkription die Entscheidung über die ursprüngliche Namensform bei der griechischen Wiedergabe des hebräischen Gutturals ח, der in der überlieferten Tradition der LXX am Wortanfang und im Wortinnern, auch zwischen Vokalen sowohl mit χ als auch ohne Äquivalent eines Konsonanten wiedergegeben werden kann, was nur am Wortanfang die Erklärung durch Aspiration ermöglicht.

In Esdr II überwiegt im ganzen der Verzicht auf ein Äquivalent für diesen Konsonanten zugunsten der Regel, dass χ grundsätzlich für כ, κ für ק steht – als Beispiel sei die überall einhellig überlieferte Transkription Ἡράμ bzw. Ἡρέμ für den Namen חרם genannt, der in der Parallelstelle zu 2₃₉ (Ἡρέμ = 17₄₂ Ἡράμ) in Esdr I (5₂₅) mit Χαρμή und auch in Par I 24₈ einhellig mit χ (χαρημ und χαρηβ) wiedergegeben wird, und für das Wortinnere die Transkription Φασούρ in 2₃₈ 10₂₂ 20₃, Φασεούρ in 17₄₁ 21₁₂, die auch im Paralleltext von Esdr I (5₂₅ = II 2₃₈ (17₄₁)) einhellig ohne χ geboten wird: Φασσούρου (cum var), während die ältere Transkription in Ier (20₁ ₃) gleicherweise einhellig Πασχώρ lautet –; doch stehen diesem überwiegenden Befund auch Fälle gegenüber, die nach Ausweis der Überlieferung die Annahme der Wiedergabe von ח mit χ als zugelassenes Prinzip der Transkription auch im ursprünglichen Text von Esdr II notwendig machen: So steht nach einhelliger Transkription des „Hethiters", החתי, in 9₁, der Form ὁ Ἐθθί, – Esdr I (8₆₆) liest Χετταίων –, in 19₈ einhelliges Χετταίων gegenüber und erscheint die Transkription des Namens אחיטוב in 7₁: Ἀχιτώβ in Übereinstimmung mit der Parallelstelle von Esdr I (8₂), gegenüber der Namensform Ἀϊτώβ in 21₁₁, die nur lukianisch an 7₁ angeglichen wird. In beiden Fällen steht der älter überlieferten Transkription – für Χετταῖοι Gen bis Par II, für Ἀχιτώβ Reg I-II Par I – die bevorzugte Übersetzungsweise von Esdr II gegenüber; doch spricht die Verteilung der Zeugen dagegen, dass es sich hier lediglich um sekundäres Eindringen der älteren Übersetzungstradition in die Überlieferung von Esdr II handeln könnte.

Dieser überlieferungsgeschichtliche Befund lässt für die ursprüngliche Transkriptionsweise des Namens חלקיה (חלקי in 22₁₅) nur zwei Möglichkeiten zu: entweder die von

Rahlfs gewählte der konsequent bewahrten Transkription Ἑλκιά, die sich aber für 7₁ und 18₄ nur auf den auf codex B und 55 beschränkten B-Text stützen kann¹, oder die der Anerkennung beider Weisen der Wiedergabe, bei der sich die Aufnahme der altüberlieferten Form Χελκία(ς)² als Kennzeichnung zweier herausragender Gestalten erklären liesse: des Ahnen Esras (7₁), dessen Name auch in der Parallelstelle von Esdr I (8₁) einhellig in der Form Χελκίου überliefert ist, und des Gefährten Esras, der zu den Erwählten gehört, die ihm bei der Lesung des Gesetzes zur Seite stehen (18₄)³. Aber der Befund einer einheitlichen und konsequent bewahrten Tradition der griechischen Form dieses Namens, die den Übersetzern von Esdr II vorgegeben und fraglos bekannt war, lässt die von Rahlfs getroffene Lösung als wahrscheinlicher erscheinen, dass die Esdr II eigentümliche Transkription ελκια als die konsequent verwendete zu bestimmen ist, die an zwei Stellen nur im B-Text erhalten blieb, während die Bezeugung der altüberlieferten Form χελκια als über das Mittelglied von Esdr I führendes sekundäres Eindringen erklärt werden muss⁴. Für diese Entscheidung spricht auch die Überlieferung dieses Namens in 21₁₁, wo die bestüberlieferte Form ελχια beiden Transkriptionsweisen widerspricht und auch von einer von der masoretischen abweichenden Vorlage her schwer erklärbar bleibt, so dass auch hier die lukianische Form χελκιου als Korrektur nach 𝔐 in der altüberlieferten Form, der B-Text Ἑλκιά aber – hier B′ mit S – als Bewahrung des Ursprünglichen zu bestimmen wäre.

III

Noch feststellbare Gesetzmässigkeiten hinsichtlich verschiedener Möglichkeiten der Transkription eines Namens reichen in einigen Fällen für die Bestimmung der ursprünglichen Namensform nicht mehr aus und bedürfen dazu noch weiterer Argumente und Gegenargumente.

1. Keine Gesetzmässigkeit der bisher festgestellten Art lässt sich aus der Vielfalt der überlieferten Formen in der Transkription des in Esdr II häufig bezeugten Namens מְשֻׁלָּם erkennen, bei dem sich, da es sich ausschliesslich um Personen der Zeit Esras und Nehe-

---

¹) Eine Tendenz der Ausmerzung von χ als Äquivalent für ח im B-Text, die auch Rahlfs – trotz αιτουβ in 21₁₁ – nicht mehr als ursprünglich in Anspruch nehmen kann, scheint sich in 23₄ Ἰεριχώ] ιερ(ε)ια B′ Aeth^B anzuzeigen.

²) Spuren der Transkription ελκια finden sich bei diesem im AT sehr häufigen Namen ausserhalb von Esdr II erst in lukianischen Zeugen von Par I: 6₁₃ (5₃₉) ελκιαν 93 121 122 68 Ald 911 ελκιου 19′ (σεδεκια 93: post σ, Δ pro Λ), ein Befund, der der lukianischen Tendenz in Esdr II, wo χελκ- in 21₁₁ 22₁₅ ₂₁ – zusammen mit S^mg, also auch hexaplarisch, in 22₇ als Zusatz nach 𝔐 – überliefert ist, widerspricht: Eintragung aus Esdr II, die höchstens einem späten Stadium lukianischer Tradition zuzuweisen wäre?

³) Hier steht im Paralleltext von Esdr I (9₄₃) der Name Ἐζεκίας, der aber von L in χελκιας korrigiert wird.

⁴) Dieses Eindringen müsste aber, da sich die Überlieferung dieser Namensformen auf lukianisch bezeugte (attische) Gräzisierung χελκιας und reine Transkription χελκια der übrigen Zeugen aufteilt, als vorlukianisch bestimmt werden.

mias handelt – in 22₁₃ kurz davor –, abgesehen von 13₃₀ und 16₁₈, wo die Identität durch die Nennung des Vaters gesichert ist, und 20₇ ₂₀ 21₇ ₁₁ 22₁₃, wo die Nennung von Stellung, Stamm oder Vatername Aufschluss über die Nichtidentität geben, aus dem Kontext nicht erschliessen lässt, ob es sich um die gleiche oder eine je verschiedene Person handelt. Diese Frage lässt sich aber, da an den drei Stellen, an denen eine Unterscheidung der Personen zuerst gefordert wäre, bei dem mit Esra zurückgekehrten Gemeindevorsteher (8₁₆), bei dem gegen die Auflösung der Mischehen auftretenden (10₁₅) und dem von dieser Massnahme betroffenen Glied der Gemeinde (10₂₉), die Verteilung der Transkriptionsweisen auf Zeugen grundsätzlich die gleiche bleibt, auch durch die Annahme je verschiedener Transkription im ursprünglichen Übersetzungstext nicht beantworten. Von diesem Befund her wäre, obwohl sich diese Tendenz als konsequent durchgehaltenes Prinzip in Esdr II nicht postulieren lässt, die Vermutung einheitlicher Transkription an allen Stellen die wahrscheinlichste Lösung.

Die beiden Transkriptionen, die als ursprüngliche in Frage kommen, sind die der masoretischen Vokalisierung und Konsonantenverdoppelung näherstehende μεσολλαμ – bzw. μοσολλαμ, wo aber sekundäre Unzialverschreibung Ε – Ο oder Vokalassimilation an das folgende ο wahrscheinlich ist – und μεσουλαμ. μεσολλαμ (μοσ.) ist die bestüberlieferte Form in 8₁₆ 10₁₅ ₂₉ 13₄ 18₄ 22₁₆ ₃₃, μεσουλαμ aber, mit grundsätzlich lukianisch – in 13₆ nur von 119 – bezeugtem μεσολλαμ (bzw. μοσ.) in 13₆ ₃₀ 16₁₈ 20₇ ₂₀ 21₇ ₁₁ 22₁₃. Das beweiskräftigste Kriterium der Textherstellung ist das Überwiegen der Bezeugung der Transkription μεσουλαμ, der die lukianisch bezeugte 𝔐 näherstehende Form μεσολλαμ gegenübersteht[1]. Daraus folgt der Schluss auf das Eindringen der lukianischen Form in eine breitere Überlieferungsgrundlage, in der die ursprüngliche Form in 10₁₅ und 22₃₃ korrekt, in 8₁₆ mit haplographischer Unzialverschreibung μεσου[λ]αμ (Β': Λ – Α; *suam* Aeth), in 10₂₉ mit Metathese μελουσαμ ((-σαν 122) B' S V Aeth^B (sim)) bewahrt worden ist, in 13₄ 18₄ 22₁₆ aber, da hier der B-Text ausfällt, gegen die Überlieferung konjiziert werden darf[2].

2. Noch stärker kompliziert wird die Feststellung von Gesetzmässigkeiten bei dem gleicherweise häufigen und verschiedene Personen bezeichnenden Namen אֱלְיָשִׁיב dadurch, dass der Wechsel in der Wiedergabe des Wortteils -שִׁיב zwischen -σιβ und -σουβ schon in der hebräischen Vorlage der Übersetzung die Annahme einer Differenzierung innerhalb der Träger dieses Namens notwendig macht, die von den Übersetzern übernommen werden musste und darum für ihre eigene Intention nichts mehr ergibt, während der Wechsel in der Transkription des Wortteils אֱלִי- zwischen ελι- und ελια- gegenüber der masoretisch einhellig überlieferten Form und Vokalisierung אֱלְיָשִׁיב nur noch dann auf die hebräische Vorlage zurückgeführt werden könnte, wenn bei den Übersetzern der

---

[1]) Die Form wird immerhin durch die dem B-Text nahestehende, die Auslassung gegen 𝔐 aber nicht mittragende äthiopische Hs. A in 22₁₆ bestätigt, in 13₄ und 18₄ in leicht abgewandelter Form überliefert.

[2]) Für die hexaplarisch-lukianische Herkunft spricht die im Zusatz nach 𝔐 in 22₂₅ überlieferte Form μοσολλαμ (μοσολαμ Compl, *mosallam* La) S^{mg}-L La^{123} Compl.

LXX bzw. ihren Rezensoren die Kenntnis eines Vokalisierungssystems vorausgesetzt werden dürfte, das über die Pleneschreibung hinausgeht.

Das wichtigste textgeschichtliche Kriterium für die Bestimmung der ursprünglichen Namensform ist der Befund, dass die Transkription ελιασουβ sich dermassen stark auf lukianische Bezeugung beschränkt, dass sie, obwohl es sich hier um die von 𝔐 sich am meisten entfernende Namensform handelt, grundsätzlich als lukianisches Rezensionselement bestimmt werden muss.

Das wichtigste inhaltliche Kriterium ist die Bestimmung der ursprünglichen Transkription des Namens an den Stellen, wo der Hohepriester dieser Zeit entweder, wie in 13₁ und 23₂₈, durch die Nennung seiner Titulatur eindeutig genannt ist oder, wie in 22₁₀ 22 23, durch die Einordnung in die Genealogie bzw. die Bestimmung als Repräsentanten der Zeit, der weitere Glieder der Gemeinde zugehören, als Träger dieses Amtes definiert ist, oder doch, wie in 10₆, als Inhaber eines Gemaches im Bereich des Tempels als solcher in Frage kommt.

In diesem Textbereich erweist sich wiederum der B-Text dadurch als treuester Bewahrer der ursprünglichen Tradition, dass er hinsichtlich der beiden durch die Nennung des Hohepriestertitels eindeutig gesicherten Stellen, deren eine, 23₂₈, durch die Zeugenverteilung: hexaplarisch-lukianisches ελιασουβ (S^c-L Compl) gegenüber Ἐλισούβ der übrigen, die ursprüngliche Form mit Sicherheit bestimmt, als einziger die Identität mit der anderen Stelle, 13₁, an der die lukianische Form in die gesamte übrige Überlieferung eingedrungen ist, bewahrt[1]. Die gleiche Zeugenverteilung wie in 23₂₈ erlaubt für 10₆, wo die Beziehung auf den Hohepriester dieses Namens umstritten bleibt[2], beim Übersetzer den Schluss auf die Entscheidung für diese Interpretation.

Dagegen bleibt an den durch die Genealogie und die Bedeutung als Repräsentant der Zeit ursprünglich eindeutig auf den Hohepriester zu deutenden Stellen 22₁₀ 22 23 ohne gewaltsamen Eingriff in den überlieferten Text das zu erwartende richtige Verständnis in der Übersetzung ausgeschlossen. Das dürfte aber an allen drei Stellen durch die Diskrepanz zu 13₁ und 23₂₈ zu erklären sein, die schon in der von 𝔐 abweichenden Vorlage gegeben war – in 22₁₀ und 22 steht Ἐλιασίβ nur lukianisch bezeugtem ελιασουβ gegenüber, in 23 Ἐλισοῦε hexaplarisch-lukianischem ελιασουβ, dessen eher willkürliche Ände-

---

[1]) Mit leichter Umordnung der Zeugen – mit Hinzutreten von b-Zeugen zum B-Text bei βηθελισουβ 1° in 13₂₁ –, aber grundsätzlich mit gleicher Verteilung und darum die gleiche Textentscheidung fordernd, ist in den folgenden Versen, 13₂₀-₂₁ dieser Name im Ausdruck „die Tür des Hauses Eljaschibs des Hohenpriesters", פתח בית אלישיב הכהן הגדול, transkribiert, wo die nur lukianisch in οικου korrigierte Transkription des appellativum בית beim Übersetzer auf die Erklärung als Örtlichkeit schliessen lässt, die den Namen des amtierenden Hohenpriesters trägt.

[2]) Zur Diskussion des Problems s. Rudolph S. 67-69. Ein mit der Aufsicht über die Räumlichkeiten im Tempel beauftragter Priester mit Namen אלישיב in 23₄, der aber schon in 𝔐 durch die Titulatur כהן vom Hohenpriester gleichen Namens unterschieden wird, erscheint denn auch in LXX in anderer Weise transkribiert: Ἐλιασίβ, lukianisch ελιασουβ.

rung in ελισουβ bei Rahlfs[1] im Blick auf v.10 und 22 das Missverständnis in der Übersetzung auch nicht zu beheben vermöchte –, und erlaubt darum wohl einen Schluss auf die Grenze, die der Interpretation des Übersetzers durch die Beschaffenheit seiner Vorlage gesetzt ist, nicht aber einen Schluss auf die Art und Weise, wie er seine fehlerhafte Vorlage versteht. Ἐλισοῦε ist korrekte Transkription von אלישוע, in dieser Weise an den beiden andern Stellen der Überlieferung dieses Namens in Reg II 5₁₅ von den codices mixti 55 56 245 707 gegenüber gräzisiertem ελισους der meisten, in Par I 14₅ gegen die von Rahlfs in ελισαε konjizierte Verschreibung des B-Textes εκταε (B S 127) von den meisten und besten bezeugt, und muss auch hier auf diesen Namen in der hebräischen Vorlage zurückgeführt werden. Dass die Aussagen von 22₁₀₋₁₁, 22 und 23 in der Übersetzung nicht mehr als die hohepriesterliche Genealogie und ihre chronologische Verwendung für die Periodisierung der Zeit verstanden sind, ist daraus zu erklären, dass sie schon in der masoretisch überlieferten Vorlage nicht eindeutig in dieser Bedeutung erkennbar sind, in v. 23 dadurch, dass der Begriff בן den Enkel bezeichnet, in 11 und 22 dadurch, dass das zweite Glied nach אלישיב zwischen יונתן (11) und יוחנן (22) differiert. Innerhalb der griechischen Überlieferung dieser Stellen bedürfte die Identifizierung mit dem Hohenpriester אלישיב abgesehen von der auch hier vorliegenden innermasoretischen Diskrepanz noch eines weiteren – von Rahlfs auch vollzogenen – Texteingriffs, welcher der einhelligen vorrezensionellen Überlieferung widerspricht: der nur hexaplarisch-lukianisch und von La[123] bezeugten Tilgung des in 𝔐 nicht überlieferten weiteren Gliedes innerhalb der hohenpriesterlichen Genealogie καὶ Ἰωά in v. 22 [2].

3. Die Bewahrung einer schon in der masoretischen Textform vorliegenden auf Textverderbnis zurückzuführenden Diskrepanz zwischen nomina propria auch in der Übertragung der LXX: יונתן = Ἰωναθάν in 22₁₁ gegenüber יוחנן = Ἰωανάν in v. 22, nötigt zum Schluss, dass die Treue gegenüber der den Übersetzern vorliegenden Namensform – vor allem, wenn eine innergriechische paläographische Erklärung ausscheidet –, auch dann als verlässliches Kriterium der Textherstellung gelten muss, wenn die griechische Transkription von der masoretischen Tradition abweicht. Einschränkend gilt dieser Feststellung gegenüber nur, dass von der masoretischen Vorlage abweichende Namensformen in LXX, die eine gewisse Ähnlichkeit mit der masoretisch überlieferten aufweisen, wenn sie nur in einem Teil der Überlieferung – und sei es der B-Text – nachweisbar sind, auf sekundärer Vertauschung von Namen beruhen können. Nach dieser Regel muss die in 𝔐 und LXX vorliegende Vertauschung der Namen Jonathan und Jochanan in 22₁₁ und 22 als Doppelüberlieferung der LXX in 22₃₅ und 16₁₈ erklärt werden: in 22₃₅ eher – so auch Rahlfs – als sekundäres Eindringen von ιωαναν in den B-Text (B' S* Aeth; *jonan(aj)* Arm), in

---

[1]) Paläographische Erklärung durch Schreibfehler – da ελιουε von den Unzialen mitüberliefert ist, käme nur Unzialverschreibung, die zwischen B und E schwer möglich ist, in Frage – liegt ebenso fern wie die Annahme sekundären Eindringens eines in Esdr II anderwärts nicht und auch in LXX selten überlieferten Namens an Stelle eines gerade in Esdr II häufig bezeugten.

[2]) Vgl. S.411.

16₁₈ aber, wo die mit 𝔐 übereinstimmende Form, ιωναν B' L La¹²⁵ Compl Sixt, ιωαναν (*ioannan* La) S* V La¹²³ von genuin lukianischen und weiteren Zeugen getragen ist, die die Tendenz der Angleichung an 𝔐 kennen, als rezensionelle Korrektur der Transkription der ursprünglich von 𝔐 abweichenden Namensform.

4. Das Kriterium einer von der masoretischen abweichenden hebräischen Vorlage bei nomina propria, deren griechische Transkription auf eine nachgewiesene hebräische Namensform zurückgeführt werden kann, bietet sich, da die mit 𝔐 übereinstimmende Transkription von Zeugen überliefert wird, deren rezensionelle Tendenz der Angleichung an 𝔐 gesichert ist, auch bei der griechischen Überlieferung des hebräisch in 𝔐 in der Doppelform חננאל und חנמאל überlieferten Namens als die beweiskräftigste Erklärung an: Der B-Text und die lukianischen Zeugen setzen mit nur geringen Variierungen in der Vokalisierung, die an beiden Stellen des Vorkommens, 13₁ und 22₃₉, bei B mit Begleitern auf die Transkription αναναηλ, bei L auf ανενεηλ zurückzuführen sind – La¹²³ überliefert in 13₁ *ananael*, in 22₃₉ *anaeneel* –, die masoretisch hier und an den beiden andern Stellen, die den Turm in Jerusalem nennen, Ier 31₃₈ und Sach 14₁₀, überlieferte Form חננאל voraus, die übrigen Zeugen die wahrscheinlich auf Dissimilierung des gleichen Namens[1] beruhende, masoretisch nur in Jer 32₇₋₉ ₁₂ als Name von Jeremias Vetter überlieferte Form חנמאל. Wenn J. Ziegler in Ier 38(𝔐 31)₃₈) und Sach (14₁₀) an den Stellen, die den Turm, מגדל חננאל, bezeichnen, auf Grund einer hier der Überlieferung von Esdr II entsprechenden Bezeugung, nach der das masoretisch überlieferte חננאל gegenüber חנמאל nur schwach hexaplarisch und lukianisch, das heisst in der Tradition der Korrektur nach 𝔐, als Äquivalent vorausgesetzt ist, die Form αναναηλ in den Text aufnimmt – Rahlfs entscheidet sich auf Grund des B-Textes in Esdr II, aber auch in Sach 14₁₀ („unus cod."), in diesem Sinn, dann aber inkonsequent nicht in Ier 38(𝔐 31)₃₈ für diese Form –, dann ist das als seine Interpretation der Erklärung des Hieronymus zu Sach 14₁₀ zu verstehen: a turre Ananeel, non ut Graeci et Latini male legunt Anamael. Aber diese Erklärung kann sich nicht auf eine fehlerhafte Überlieferung i n n e r h a l b der LXX beziehen, sondern nur auf eine im Licht der hebraica veritas seiner mit der masoretischen übereinstimmenden hebräischen Vorlage in seinen Augen fehlerhafte Überlieferung d e r LXX als ganzer[2] und ist darum nicht ein Indiz für den sekundären Charakter dieser Textform, sondern für die ursprüngliche Lesart der LXX, bei deren Textherstellung, weil sie ein Übersetzungstext ist, es nicht um die Korrektur der in ihrer Vorlage überlieferten Fehler gehen kann, sondern nur um die Rekonstruktion ihrer Wiedergabe der – mit noch so vielen Fehlern behafteten – Vorlage[3].

---

[1]) M. Noth, Die israelitischen Personennamen, stellt S.187, Anm.2 „progressive Dissimilation des מ" und „das akkadische *anīmu* = Zuwendung, Erbarmen" zur Wahl.

[2]) mitsamt der Vetus Latina, von der ausser dieser Notiz des Hieronymus an dieser Stelle nach Ausweis der von Ziegler dargebotenen Überlieferung nichts erhalten ist.

[3]) Wenn an den Stellen, an denen der Name masoretisch in der Form חנמאל überliefert ist, Ier 32(LXX 39)₇₋₉ ₁₂, nur die lukianischen Zeugen ανενεηλ gegen 'Αναμεηλ der übrigen lesen –,

5. Nach ähnlichen Prämissen, aber bei einer Überlieferung, der gegenüber sich Argumente und Gegenargumente für die richtige Textherstellung ungefähr die Waage halten, muss die Entscheidung bei der Überlieferung der Transkription des Namens אמריה in der Genealogie Esras (7₃) fallen. Nach dem Kriterium der Zeugenverteilung wäre – mit Rahlfs – die weit überwiegend bezeugte durch eine von 𝔐 abweichende Vorlage שמריה erklärbare Form σαμαρ(ε)ια (-ριου 381), der nur schwach lukianisch bezeugtes αμαριου (19′ Aeth Compl¹) gegenübersteht, als ursprünglich aufzunehmen. Als Gegenargument, das für die lukianische Bewahrung bzw. Wiederherstellung der ursprünglichen mit 𝔐 übereinstimmenden Transkription spricht, die nur hinsichtlich der gräzisierenden Suffigierung als rezensionell-lukianisch attisierend zu bestimmen wäre, muss auf die analoge Doppelüberlieferung und Zeugenverteilung in 21₄ hingewiesen werden, die zwar nach vorangehendem υιος ihre Erklärung durch Dittographie findet und darum auch von Rahlfs auf ursprüngliches mit 𝔐 übereinstimmendes 'Αμαριά zurückgeführt wird, die aber auch so die Ursache sekundärer Verwechslung beider Namen an anderen Stellen sein kann². Auch berechtigt der traditionsgeschichtliche Sachverhalt einer vorgegebenen bis auf Aaron zurückgehenden priesterlichen Genealogie in Par I 6₃-15 (= 𝔐 5₂9-41), von der die in Esdr II 7₁-5 überlieferte nur hinsichtlich der Ausblendung einiger Generationen und der Hinführung zu Esra gegenüber dem Abschluss mit der Deportation in Par I abweicht, zur Frage, ob nicht eine dermassen in der Tradition verankerte und verfestigte genealogische Namenfolge sich zuerst in der Übersetzung einer Namenveränderung versperren müsste³.

6. Uneinheitliche Überlieferung des gleichen und aus dem Kontext eindeutig als die gleiche Person bezeichnend erschliessbaren Namens muss in der Übersetzungsvorlage des masoretisch überall – hebräisch in 1₈ und 11, aramäisch in 5₁4 und 16 – nach Konsonantenbestand und Vokalisierung einheitlich überlieferten Namens des „Fürsten Judas" ששבצר vorausgesetzt werden. Die in der Überlieferung divergierenden Elemente bestehen

---

dann ist das – so sehen es auch Rahlfs und Ziegler – als rezensionelle Harmonisierung zu verstehen, die nicht auf einer von 𝔐 abweichenden Vorlage beruht.

¹) 'amarja der 𝔐 näher stehenden und vielleicht teilweise unmittelbar auf hebräische Tradition zurückgehenden äthiopischen Hs. A (vgl. Esdr II, Einl. S. 14-18) lässt sich wie *samarja* der LXX näher stehenden und den älteren äthiopischen Text vertretenden Hs. B für die Frage der griechischen Suffigierung nicht verwerten und erfordert darum trotz der Identität beider Formen für die postulierte ursprüngliche griechische Transkription die Konjektur.

²) Dass s e k u n d ä r e Transformationen, die letztlich paläographisch – hier durch Unzialverschreibung – bedingt sind, in breitere Überlieferung – hier in die Tradition der Sekundärübersetzungen – eindringen können, zeigt die Überlieferung des Namens in der Parallelstelle von Esdr I 8₂, wo der Unzialfehler des B-Textes Θ - Ε, der die Form αμαρθιου (so 55; B dittographisch αμαρθειου) bewirkt, in der äthiopischen, der armenischen und der eigenständigen syrischen Überlieferung der ältesten syrischen Hs. 12168 (vgl. Esdr I Einl. S. 18) wiederkehrt.

³) Die Verkürzung der Genealogie in Esdr II – wie auch in I (8₁-2) – ist in der Wiederholung einer identischen Namensfolge (Par I 6₇-8 (= 𝔐 5₃3-34) und 6₁1-12 (= 𝔐 5₃7-38)) begründet, an der die Transkription αμαρια(ν), αμαρια(ς) nur hinsichtlich der gräzisierenden Suffigierung variiert.

bei den Anfangssilben in der Transkription σασα- gegenüber σαβα und bei den Endsilben in der Konsonantenverdoppelung -βασσαρ gegenüber -βασαρ; gräzisierende Suffigierung ist fast einhellig im Dativ 5₁₄ Σαναβασσαρω bezeugt, anderwärts im Dativ 1₈ in gleicher Form nur von A: σασαβασσαρω (σαβεσσαρω Theophil ad Aut), in 1. Deklination: σαβασαρη von L, so auch 5₁₄: σασαβαρη 93; σασασαρη 19'; *sasabasare* La¹²³, und im Genitiv 1₁₁ σασαβαρης (sic) L; *nabasares* La¹²³, und im Nominativ 5₁₆: σασαβαρης 108 (σαβασαρης 19; *asabasares* La¹²³; deest 93), wo die 2. Deklination: σαναβασσαρος von 121 248 bezeugt ist. Die angesichts dieser Vielfalt kühne Harmonisierung von Rahlfs, der an allen Stellen die ungräzisierte Form σασαβασαρ, 1₈ mit 71 b (σαβασαρ 381) Compl Sixt, 1₁ mit 46-98-248 Compl Sixt, in 5₁₄ und 1₆ nur mit Compl aufnimmt, beruht vor allem auf den in dieser Weise korrigierten Verschreibungen des B-Textes, der in 1₁₁ ausfällt: 8 σαβανασαρ B' 5₁₄ βαγασαρ B' 1₆ σαρβαγαρ B; βαγασαρ 55.

Hinsichtlich der Suffigierung wird, da der in diesem Mass verderbte B-Text ein zu schwacher Garant für die konsequent bewahrte ungräzisierte Transkription ist, in der Übersetzung die Verwendung beider Möglichkeiten, ohne dass dadurch eine Unterscheidung den gleichen Namen tragender Personen intendiert wäre und – wie in 5₁₄ im Vergleich mit 1₈ zeigt – ohne dass ein grammatischer Grund, wie die Bestimmung des ohne Suffigierung nicht bestimmbaren Casus, vorläge, zugestanden werden müssen. Hinsichtlich der Konsonantenverdoppelung – in allen Büchern der LXX ein kaum lösbares Problem der Textherstellung[1] – bleibt nach der Überlieferung an dieser Stelle, da die Zeugenverteilung nicht gegen ursprünglich einheitliche Überlieferung spricht und da die Verdoppelung konsequent von A und gut bezeugt von den beiden Rezensionen *a* und *b* vertreten ist, die einfache Schreibung aber abgesehen von dem im ganzen deformierten B-Text konsequent lukianisch und darüber hinaus in 1₁₁ nur noch von drei *b*-Zeugen, die Entscheidung für ursprünglich einheitliche Transkription -βασσαρ die wahrscheinlichste Lösung. Hinsichtlich der zwischen den Transkriptionen σασα- und σανα gespaltenen Überlieferung, die sich zwischen dem hebräischen und dem aramäischen Textkomplex aufteilt, wäre die einheitliche Bezeugung in Esdr II nur unbefriedigend damit zu begründen, dass die fast einhellig überlieferte Transkription σανα in 5₁₄ und 1₆ sekundär aus dem Text von Esdr I, der an allen Stellen (2₁₁ = Esdr II 1₈, 2₁₄ = II 1₁₁, 6₁₇ = II 5₁₄, 6₁₉ = II 5₁₆) die Transkription Σαναβάσσαρος als ursprüngliche Form bezeugt, in dermassen breite Überlieferung von Esdr II eingedrungen wäre. Wahrscheinlicher bleibt die Erklärung, dass hier in der ursprünglichen griechischen Tradition sowohl von Esdr I als auch von Esdr II eine, da rezensionelle Elemente dieser Art in LXX unwahrscheinlich sind, auf die von der masoretischen abweichende hebräische bzw. aramäische Überlieferung zurückzuführende Transkription einer Namensform vorliegt, die ägyptisch-aramäisch nachgewiesen und onomatologisch gesichert ist: שנאאבא[ר] = *Sin-ab-uṣur*[2].

---

[1]) Zu Esdr I vgl. TGE S. 57f., zu Tob TGT S. 74.
[2]) Vgl. KBL sub verbo. Für die am stärksten von Eduard Meyer vertretene These der Identifizierung des in Par I 3₁₈ im Stammbaum der Davididen genannten Sohnes von Jojachin שנאצר

IV

Zuletzt geht es um Fälle, wo für die Annäherung an die ursprüngliche Textform über feststellbare, aber nicht konsequent eingehaltene Gesetzmässigkeiten hinaus weitere Komponenten der Texttradition berücksichtigt werden müssen, die nicht nur das Problem der Transkription betreffen, sondern tiefer in das Satzgefüge eingreifen.

1. Die schon in 𝔐 vorliegende Diskrepanz innerhalb der beiden identischen Heimkehrerlisten בני נבו in 2₂₉ gegenüber אנשי נבו אחר in 17₃₃ wirkt sich in der Weise auf die Tradition ihrer Wiedergabe in LXX aus, dass in einer ersten, im B-Text noch erkennbaren Stufe das nur in 17₃₃ überlieferte appellative Epitheton אחר: „ein anderer נבו", als Teil des nomen proprium verstanden und dementsprechend transkribiert wird: ναβιααρ B; αβιαρ 55, in einer zweiten, in je verschiedener Weise von S A und den Rezensionen a und b vertretenen Stufe, um diese Transkription der ursprünglichen Namensform נבו wieder anzugleichen, das beschliessende ρ als Zahlzeichen von dem Namen getrennt wird, als Zahl gekennzeichnet ναβια ρνβ´ (ρβν´ 98) für ναβιαρ πεντηκοντα δυο in $a^{-74\ 106\ 370}$ 46-98-381 58, ausgeschrieben ναβια εκατον (+ και 74 = 𝔐) πεντηκοντα δυο in S A 74-106-370 64-243-728-731 – spätere Verschreibungen sind ναaβια 370, αναβια 98-243-248-731 für ναβια –, in dritter Stufe dann lukianisch an 𝔐 angeglichen und mit der Parallelstelle 2₂₉ harmonisiert wird: ναβαυ (-βαβ 108) πεντηκοντα δυο L Got. Ob die nur in Compl überlieferte Angleichung an 𝔐, die auf die Harmonisierung mit 2₂₉ verzichtet: ναβαβ ετερου π. δυο, auf verlorener Überlieferung oder auf Rezension der Herausgeber beruht – da die analoge Überlieferung in v. 34 עילם אחר: ursprüngliches Ἡλαμαάρ lukianisch korrigiert in αιλαμ ετερου (L Got Compl), vorliegt, wo aber die Parallelstelle in 2₃₁ masoretisch in gleicher Form überliefert ist und dementsprechend lukianisch (L Compl) in gleicher Weise korrigiert wird, liesse sich vermuten, dass die Korrektur in 17₃₄ = 2₃₁ der lukianischen Rezension mit der hexaplarischen gemeinsames Gut ist, die Harmonisierung von 17₃₃ mit 2₂₉ aber allein der lukianischen, die nur in Compl überlieferte Angleichung an 𝔐 der hexaplarischen Rezension zuzuweisen wäre –, lässt sich, solange keine hexaplarische Überlieferung gefunden wird – Syh fällt aus, eine Korrektur in S liegt nicht vor –, nicht

---

mit ששבצר (Die Entstehung des Judentums, 1896 (Nachdruck 1965), S. 76f.; vgl. auch W. H. Kosters, Het herstel van Israël in het Perzische tijdvak, 1894, S. 34: „Dat dezelfde schrijver elders (1 Kron III: 18) eenen Sjenassar in Zerubbabels geslachtslijst vermeldt, hangt waarschijnlijk ook samen met het streven Sjesbassar (Σαναβάσσαρος) tot een Israëliet te maken") könnte in der griechischen Esra-Überlieferung – in Par I liegen auch nach den letzten Kollationen der Göttinger Septuaginta gegenüber der ursprünglichen Transkription σανεσαρ mit daraus ableitbaren Transformationen keine Einflüsse aus den Transkriptionen von Esdr I und II σαναβασ- bzw. σασαβασ- vor – höchstens die von dem codex mixtus 119 in Esdr II 5₁₄ überlieferte Namensform σαννασσαρω in Frage kommen, wo aber im Blick auf das auch von 119 bezeugte σαναβασσαρ in v. 16 eher mechanischer, durch homoiot α ∩ α bedingter, Ausfall der Silbe βα vorliegt. Damit führt von der Überlieferung her für die Identifizierung Sesbazzars mit Senazar ebensowenig ein Weg wie für seine Identifizierung mit Serubbabel (vgl. Ein unbekannter Text zur griechischen Esra-Überlieferung (wie S.11 Anm.1) S. 121 mit Anm. 14).

beantworten. Da ρ als Transkription des ר in אחר erwiesen ist und damit auch der sekundäre Charakter des daraus erschlossenen in die breite Überlieferung von S A *a b* und von hier aus auch in die Editionen Ald und Sixt eingedrungenen Zahlworts εκατον, bleibt für die Bestimmung der ursprünglichen Textform nur die Entscheidung zwischen ναβιαρ und ναβιααρ offen. Da sich diese Entscheidung, wie der analoge Fall der Transkription von עילם אחר beweist, die in 17₃₄ fast einhellig in der Form ηλαμααρ, in 23₁ aber in der Form ηλαμαρ überliefert ist, nur gegen die gesamte Überlieferung von einer konsequent eingehaltenen Regel der Transkription her fällen liesse, wird sie von der Überlieferung her – als Konjektur, da ναβιαρ gegenüber nur von codex B und seiner Abschrift 122 bezeugtem ναβιααρ in der übrigen Überlieferung nur in der Umdeutung ναβια ρ' bzw. ναβια εκατον geboten wird – eher gegen Rahlfs für ursprüngliches ναβιαρ fallen, ναβιαᾱρ in B am ehesten als hebraisierende Eintragung im Anschluss an ηλαμααρ des folgenden Verses erklärt werden müssen[1].

2. Eine in mancher Hinsicht ähnliche Überlieferung, deren bedeutsamste Gemeinsamkeit in der Deutung eines appellativum als nomen proprium besteht, liegt 4₉ in der Wiedergabe des Ausdrucks עלמיא (Qere דהיא) דהוא vor, der unter den Verfassern der Eingabe an Artaxerxes die zuvor genannten „Leute von Susa" hinsichtlich ihrer Volkszugehörigkeit: „das heisst Elamiter", charakterisiert:

Die Hauptmasse der Zeugen mit der textgeschichtlich zuverlässigen Zuordnung von A *a* und *b* setzt als Vorlage das Fehlen von עלמיא voraus, versteht den Pronominalausdruck דהוא als Völkernamen und transkribiert ihn – bei nur wenigen sekundären Variationen – in der Form δαυαιοι. Die lukianischen Zeugen fügen von dieser Grundlage ausgehend – δαυλιοι L beruht auf Unzialfehler Α - Λ, *danaei* La[123] auf Minuskelfehler u - n, Compl bewahrt die ursprüngliche Transkription – ελαμιται (so Compl; 93 αιλ., von 19' in και λ. verschrieben) ein; der B-Text (B' Aeth (sim)) bezeugt die Übersetzung, die den Sinn der masoretischen Vorlage richtig wiedergibt: οι εισιν ηλαμαιοι (ηλαμοι 55). Dass diese – von Rahlfs aufgenommene – textentsprechende Formulierung sekundär in das Missverständnis eines nomen proprium umgedeutet worden wäre, ist unwahrscheinlich, der umgekehrte textgeschichtliche Weg wahrscheinlich[2]. Die sekundäre Rückbewegung

---

[1]) Dass auch in der Tradition des B-Textes ρ bald als Zahlzeichen für εκατον verstanden sein musste – darauf scheinen auch die beiden hinsichtlich ihres Alters nicht bestimmbaren Linien über der Schlußsilbe ᾱρ hinzuweisen –, beweist die dieser Textform eng verwandte äthiopische Übersetzung, in der an Stelle von ρ die Zahl 100 mit dem in dieser Sprache verwendeten Zahlzeichen *j* steht.

[2]) Die drei Rahlfs als Stütze seiner Textrekonstruktion an dieser Stelle dienenden Fälle in Par I 4₃₅ 9₈ 11₃₄, die noch einer weiteren Untersuchung bedürfen, sind insofern anders gelagert, als es sich dort in 4₃₅ und 9₈ um den umgekehrten Fall der Umdeutung eines in 𝔐 als nomen proprium überlieferten Begriffes in ein appellativum durch einen Teil der LXX-Zeugen handelt, so dass für die griechische Überlieferung der Transkription des nomen proprium – ιηου (cum var) für יהוא 𝔐 gegenüber αυτος und ουτος für הוא in 4₃₅, ηλα (ηλαυ L) für אֵלֶה 𝔐 gegenüber ουτοι ηλα für אֵלֶה (Dublette oder von 𝔐 abweichende Vorlage וְאֵלֶּה אֵלֶּה?) in 9₈ – die rezensionelle Angleichung an 𝔐 die naheliegendste Erklärung ist, und als in 11₃₄ der B-

zur masoretisch überlieferten Vorlage scheint, da auch das Äquivalent für עלמיא in beiden Traditionen verschieden gebildet ist, im B-Text unabhängig von der lukianischen Tradition eingetreten zu sein.

3. Hinsichtlich der Alternative Transkription als nomen proprium oder Übersetzung als appellativum kann die Überlieferung in LXX zuweilen dermassen divergieren, dass die übersetzungstechnische Möglichkeit der Zulassung beider Prinzipien beim gleichen Wort in der ursprünglichen Übersetzung selbst nicht ausgeschlossen werden kann[1]. Diese Frage stellt sich in Esdr II sogar für die nach Form und Inhalt miteinander identischen Textteile von Kap. 2 und 17, deren die masoretische Vorlage noch weiter führende Divergenz in der Übersetzung schon bei der Behandlung der lukianischen Harmonisierungen festgestellt worden ist[2].

Es geht um die Überlieferung der Äquivalente für die nominale Pluralform כתנ(ו)ת in 2₆₉ und im Paralleltext 17₆₉₋₇₁ (LXX 70-72), wo der Begriff im status constructus כתנ(ו)ת כהנים in 2₆₉ als freiwillige Gabe für den Tempel den Begriffen „Drachmen in Gold und Silber", זהב דרכמנים...וכסף, in 17₆₉ (70) den Begriffen „Drachmen in Gold und Sprengschalen", דרכמנים... מזרקות, und in 17₇₁ (72) den Begriffen „Drachmen in Gold und Minen in Silber", זהב דרכמנים...וכסף מנים, paratakisch zugeordnet ist. Die Äquivalente lauten ausserhalb der lukianischen Überlieferung, die an allen drei Stellen vereinheitlichend nach Esdr I in στολας ιερατικας korrigiert[3], in 17₇₀ und 72 μεχωνωθ in B' S^txt Aeth^B und χοθωνωθ – mit nur itazistischen Varianten ο - ω und Metathese von θ 1⁰ und ν in 248 und 370 – bei den übrigen, in 2₆₉ aber κοθωνοι in B' Sixt, denen sich mit auf κωδωνες zurückgehender Transformation, „Schellen", Aeth^B zugesellt, gegenüber dem appellativum χιτῶνας der übrigen Zeugen[4].

Der Textrekonstruktion stellt sich die Alternative: B e w a h r u n g des Ursprünglichen in der T r a n s k r i p t i o n aller Zeugen ausser L in der Form χοθωνωθ der meisten

---

Text, den Rahlfs auch hier als ursprünglich postuliert, im Unterschied zu Esdr II 49 für die als nomen proprium verstandene Transkription eines in 𝔐 als appellativum überlieferten Begriffs eintritt, was zu einer noch tiefer greifenden Abweichung von der masoretischen Vorlage zwingt: βενναιας (βενεαε S) οσομ B S 127 für בני השם 𝔐 gegenüber υιοις (υιοι A V 55 158) ασαμ (cum var (ασομ L)).

[1]) Die oft vertretene Inanspruchnahme solcher Doppelübersetzung im gleichen Buch, wie z. B. die hebraisierend transkribierte Form der Stadt Tyrus Σόρ neben der gräzisierten Τύρος in Ez, als Kriterium für das Postulat zweier verschiedener Übersetzer bedürfte, bevor sie unbesehen zur Grundlage von Textgeschichte und Textrekonstruktion gemacht wird, dringend der neuen Überprüfung nach Kriterien, in denen auch das Gegenargument berücksichtigt und ernst genommen wird, nach dem innerhalb solcher auf Grund von Doppelübersetzung ausgegrenzter Textteile auch nach den übersetzungstechnischen Prinzipien gefragt wird, die dem betreffenden Buch als ganzem eigentümlich sind.

[2]) Vgl. S.58-60.

[3]) Vgl. S.41.

[4]) Die in 17₆₉₋₇₂ von der masoretischen teilweise abweichende Formulierung in LXX ist für die vorliegende textgeschichtliche Frage ohne Belang.

in 17₇₀ und ₇₂, die auch den Sonderformen des B-Textes zu Grunde läge, dem in 2₆₉ als sekundäres Element die ihm öfter eigentümliche Änderung von χ als Äquivalent für כ in κ und das gräzisierende Suffix -οι gegenüber dem hebraisierenden -ωθ in 17₇₀ und 72 zugewiesen werden könnte[1], oder Transkription und Übersetzung des gleichen Begriffs als ursprüngliches Prinzip der Übersetzungstechnik.

χιτών ist das wegen der phonetischen Nähe zu כתנת gewählte – darum auch von Aquila übernommene – in der alten Übersetzungstradition von Gen bis Reg II fest verankerte Äquivalent, dessen Herkunft nicht zu kennen dem Übersetzer – oder den Übersetzern – von Esdr II schwer zuzumuten ist. Die phonetische Nähe zwischen Grund- und Übersetzungswort würde die transkribierende neben der appellativ deutenden Übersetzungsweise als zugelassenes Prinzip leichter erklären. Die syntaktische Zuordnung zu Gaben anderer Art, Münzen und Schalen, die richtig übersetzt sind, und von denen die Münzen, als Lehnwörter wiedergegeben, δραχμάς und μνᾶς, eine Kombination von Transkription und Übersetzung darstellen, würde die reine Transkription auch von כתנת, sowohl als ursprüngliches als auch als rezensionelles Motiv leichter erklären. Die Glaubwürdigkeit des B-Textes, die Rahlfs für 2₆₉ in Anspruch nimmt, ist abgesehen von der von 17₇₀ und ₇₂ abweichenden Art der Transkription in 2₆₉ auch dadurch in Frage gestellt, dass er in 17₇₀ und ₇₂ mit der Sonderlesart μεχωνωθ eine weitere, eindeutig von der älteren Esdr II-Tradition sich entfernende Texttransformation aufweist: die Umdeutung auf die in Reg III 7₁₄ ₍₂₇₎₋₂₉ ₍₄₃₎ IV 16₁₇ 25₁₃ ₁₆ und Par II 4₁₄ auf diese Weise transkribierten מכנות, die „Kesselwagen" des Tempels.

Die beide Möglichkeiten, transkribierende und appellative Wiedergabe des einen und gleichen Begriffs im gleichen Kontext, voraussetzende Textrekonstruktion bleibt die wahrscheinlichste Annäherung, wenn nicht an die ursprüngliche Textform, so doch an die älteste erreichbare Tradition[2].

5.1.2. Appellativa

Die Frage, von der bei uneinheitlicher Überlieferung der Übersetzungsäquivalente die Bestimmung der ursprünglichen Textform ausgehen muss, ist die Frage, ob sich bei verschiedenen Äquivalenten, die sich von ihrer Bezeugung an einer Stelle her nicht als ursprünglich und rezensionell unterscheiden lassen, durch ihren Vergleich mit anderen Stellen, die die gleiche oder eine ähnliche Äquivalenz aufweisen, eine Entscheidung treffen lässt und ob, wenn von der Überlieferung her mehr als ein griechisches Äquivalent für ein hebräisches bzw. aramäisches Grundwort angenommen werden muss, die richtige Textherstellung von der unterschiedlichen Bedeutung der Äquivalente her erreicht werden

---

[1]) Vgl. z. B. 1 10 χεφουρή] κεφφουρης B'; κεφουρης Sixt; κεπφουραι L La¹²³ und die vom B-Text und lukianisch überlieferte Transkription von כפירה in 2₂₅ und 17₂₉ im Verhältnis zu der in Esdr II grundsätzlich festgehaltenen Regel der Transkription von כ mit χ, ק mit κ und des Verzichts auf konsonantische Wiedergabe von ה (vgl. S.340f.). Grabe konjiziert auch in 2₆₉ χοθωνωθ.

[2]) An weiteren Erwägungen zur Transkription von Eigennamen vgl. S.406f. mit Anm.3 und S.407 Anm.1.

kann, die im zu übertragenden Grundwort enthalten ist und deren inhaltliche Differenzierung nur vom jeweiligen Kontext her bestimmt werden kann.

1. Dieses textgeschichtliche Problem liegt vor in der Überlieferung der beiden Äquivalente ἀποικία und ἀποικεσία für das Grundwort גולה, bzw. aramäisch גלותא. Die Stelle, die von der Überlieferung her für die Textherstellung Fragen aufwirft, ist 94, wo B' L 248-381 Compl Sixt αποικιας überliefern, die übrigen Zeugen αποικεσιας. Lukianische Tendenz, die hier vom B-Text mitgetragen wäre, scheidet als eindeutiges Kriterium aus, da der Überlieferung in 616 und 19, wo L und b-Zeugen gleicherweise für αποικιας eintreten[1], die entgegengesetzte Tendenz in 106 7 8 16 – in 6 7 8 lukianisch nur von 93, aber in 6 zusammen mit dem hexaplarischen Korrektor von S und mit A, in 16 von L mit 119 – gegenübersteht. Eine bedeutungsmässige Unterscheidung der beiden Wortbildungen, nach der die beiden Bedeutungen des Begriffs גולה, die Gemeinschaft der Exilierten, die jetzt heimgekehrt sind, als ἀποικία, die Deportation nach Babylon als ἀποικεσία, voneinander

---

[1]) Vgl. auch 835, wo die in LXX ausserhalb der Esraüberlieferung singuläre Äquivalenz zwischen גולה und παροικία lukianisch nach 𝔐 korrigiert wird: οἱ ἐλθόντες ἀπὸ τῆς αἰχμαλωσίας υἱοὶ τῆς παροικίας] οι ε. απο τ. αιχμ. τ. αποικιας (*a transmigratione captivitatis* La) *L* La¹²³: cf 𝔐 (הבאים מהשבי בני הגולה). Für die Erklärung der auch in Esdr II singulären Äquivalenz ist ein analoger Fall in Esdr I aufschlussreich: Hier wird in 57, der Parallelstelle zu Esdr II 21 (= 176), der Ausdruck הגולה משבי העלים, der in Esdr II textentsprechend und einhellig in der Form οἱ ἀναβαίνοντες (-βαντες *L*) ἀπὸ τῆς αἰχμαλωσίας τῆς ἀποικίας überliefert ist, abweichend mit dem Ausdruck οἱ ἀναβάντες (-βαινοντες 74) ἐκ τῆς αἰχμαλωσίας τῆς παροικίας (τ. αποικεσιας *transmigrationis* La) 108 121 La) wiedergegeben. Die beiden Stellen gemeinsame Zuordnung des Begriffs גולה zum Ausdruck מ(ה)שׁבי legt es nahe, hier die Erklärung der singulären Äquivalenz zwischen גולה und παροικία zu suchen: παροικία ist der in LXX und auch für Aquila so bezeugte Ausdruck für die Fremdlingschaft des גר: מגר, und kann darum an diesen beiden Stellen nur als Interpretation des vorgeordneten Begriffs αἰχμαλωσία – entsprechend der Bedeutung, die der Begriff παροικία in Sir Prol 34 Mac III 719 als Bezeichnung der ägyptischen Diaspora, in Sap 1910 Act 1317 als Bezeichnung der vorstaatlichen Fremdlingschaft in Ägypten hat – die heimgekehrte Golah in der Daseinsform ihrer Gefangenschaft in Babylon bedeuten (vgl. S.95, Anm.1). Da aber eine solche Umdeutung eines an allen andern Stellen richtig verstandenen Begriffs nicht der Intention der Übersetzung von Esdr II entspricht, muss dieser singuläre Befund in Esdr II 835 entweder aus einer von 𝔐 abweichenden Vorlage מגר an Stelle von גולה oder aus jener nur selten feststellbaren von der masoretisch überlieferten Vorlage unabhängigen Gemeinsamkeit zwischen beiden griechischen Esratexten erklärt werden (vgl. S.7-10), die aber hier, da sie sich nicht auf eine Parallelstelle in der hebräischen Vorlage bezieht, auf eine tiefer greifende Verarbeitung von Überlieferungsgut des 1. Esrabuches in Esdr II zurückgeführt werden müsste. In der freieren Übersetzungsweise von Esdr I lässt sich diese Umdeutung von dem Befund her leichter erklären, dass hier an die Stelle der Äquivalente für die גולה, ἀποικία und ἀποικεσία – in diesem Text ist nur αποικεσια als lukianisches Rezensionselement bezeugt (57) –, das in Esdr II ausnahmslos dem Begriff שׁבי vorbehaltene Äquivalent αἰχμαλωσία eintritt – auch in Esdr II 55 geht es auf als שְׁבִי missverstandenes שֶׁבִי zurück –, das aus der Übersetzungstradition der prophetischen Schriften übernommen ist und dort schon durch seine Äquivalenz mit der גולה vor allem bei Ezechiel – z. B. 11 ἐν μέσῳ τῆς αἰχμαλωσίας – neben seiner ursprünglichen Bedeutung der „Gefangenschaft" die der gefangenen Körperschaft, der „Verbannten", gewonnen hat.

unterschieden wären, scheidet aus dem Grund aus, weil an den Stellen, an denen die Bedeutung vom Kontext her gesichert ist, die Überlieferung, die hinsichtlich ihrer Ursprünglichkeit nicht in Frage gestellt werden darf, das Verständnis beider Wortbildungen in synonymer Bedeutung fordert: Die hier einhellig überlieferte Bildung ἀποικία im Ausdruck οἱ ἀναβαίνοντες ἀπὸ τῆς αἰχμαλωσίας τῆς ἀποικίας in 2₁ – in 17₆ mit lukianischer Korrektur in αποικεσιας – muss eher die Bedeutung der Deportation: „die aus der Gefangenschaft der Deportation heraufgezogen waren"[1], die nur schwach hexaplarisch-lukianisch in αποικεσιας geänderte gleiche Bildung im Ausdruck ἐπὶ τῇ ἀσυνθεσίᾳ τῆς ἀποικίας in 10₆ kann nur die Bedeutung der „Gemeinschaft der heimgekehrten Golah" haben: „(er trauerte) ob der Schuld der Golah". Da auch der Ausdruck בני הגולה, der beide Bedeutungen zulässt: „die Söhne der Verbannung" oder „die Söhne der Schar der Verbannten", nach gesicherter Überlieferung mit beiden Äquivalenten wiedergegeben werden kann: als υἱοὶ τῆς ἀποικίας in 4₁ 10₇ ₁₆ (vgl. auch ₈), als υἱοὶ τῆς ἀποικεσίας in 6₁₆ ₁₉ (vgl. auch

---

[1]) Es ist zwar richtig, dass in dem hier anschliessenden Relativsatz אשר הגלה נבוכדנצר als Bezugswort des Relativpronomens zuerst der nächstliegende Begriff הגולה in der Bedeutung der „Gemeinschaft der Verbannten" in Frage käme. Aber der Hauptsatz, von dem dieser Relativsatz abhängig ist: „das sind die Söhne der Provinz (Juda)", ואלה בני המדינה, „die aus der Gefangenschaft der גולה heraufgezogenen", העלים משבי הגולה, liesse dieses Verständnis nur unter der gezwungenen Voraussetzung zu, dass die im Subjekt des Hauptsatzes genannten „Söhne der Provinz", die heraufgezogen waren, nicht als mit der Golah identisch, sondern nur als der heimgekehrte Teil aus ihr verstanden wären. Dass die Bedeutung des Ausdrucks שבי הגולה als „die Gefangenschaft der Verbannung", in d i e der König sie nach Babel geführt hatte, in der Übersetzung der LXX an die Stelle der Bedeutung als „die Schar der Verbannten", d i e er dorthin geführt hatte, tritt, scheint auch der freiere Relativanschluss mit Genitiv ἧς an Stelle des Akkusativs ἥν anzuzeigen. Dass in der Esraüberlieferung eine begriffliche Unterscheidung zwischen der Golah in der Bedeutung der Gesamtheit der Exilierten in Babylon und der Golah des aus ihr heimgekehrten Teils, der in 2₁ 17₆ als בני המדינה bezeichnet wäre, angenommen werden müsste, ist trotz der Berichte über die zeitliche Folge verschiedener Heimkehrerscharen aus dem Grund unwahrscheinlich, weil der Begriff im ganzen übrigen Text dort, wo er die Deportierten, nicht die Deportation bedeutet, zum Inbegriff der Gemeinschaft des nachexilischen Israel geworden ist, das mit seinem Glauben und mit seiner Schuld – 9₄ 10₆! – als H e i m g e k e h r t e das neue Israel der jerusalemischen Kultgemeinde repräsentiert. Dass der Begriff aber auch in dieser Überlieferung – nicht nur, wie in den Aufstellungen von KBL postuliert wird, in der prophetischen und in Par I 5₂₂ – neben der Bedeutung der heimgekehrten Verbannten auch die abstrakte der Verbannung haben muss, erscheint nicht nur durch 2₁ 17₆ nahegelegt, sondern durch 6₂₁ erwiesen: Es sind nicht die aus der – noch bestehenden – Schar der in Babylon V e r b a n n t e n , sondern die aus der V e r b a n n u n g Heimgekehrten, die mit den Gesetzestreuen im Land das Passah feiern. Wenn die Übersetzung des Ausdrucks השבים מהגולה hier in LXX einhellig mit der Bildung ἀποικεσία überliefert ist: οἱ ἀπὸ ἀποικεσίας im ursprünglichen Text, 𝔐 genauer entsprechend: οι ελθοντες απο της αποικεσιας in der lukianischen Rezension (L La¹²³ Compl), darf aber auch aus diesem Befund nicht geschlossen werden, dass sich die beiden griechischen Äquivalente auf die beiden Bedeutungen aufteilen lassen, ἀποικία auf die Verbannten, ἀποικεσία auf die Verbannung, da der Begriff, der beide Bedeutungen zulässt, בני הגולה, die Repräsentanten der Deportierten oder der Deportation, in LXX mit beiden Äquivalenten wiedergegeben werden kann.

21), ist für die Textrekonstruktion von 9₄ auch ein Analogieschluss auf die Überlieferung des gleichen Ausdrucks ἐπὶ τῇ ἀσυνθεσίᾳ τῆς ἀποικίας in 10₆ nicht beweiskräftig und darum nur die Entscheidung von der Überlieferung her zulässig, nach der sich die Bezeugung von τῆς αποικιας – gegen Rahlfs, für den auch hier der B-Text unabhängig von der Tradition dieser Äquivalenz als ganzer den Ausschlag gibt, – am besten als vom B-Text mitgetragenes lukianisches Rezensionselement erklärt.

Von der Überlieferung her muss die Entscheidung auch bei dem nach Bezeugung und Bedeutung analogen Fall der Äquivalenz zwischen dem Nomen בית und den beiden in der Übersetzung überlieferten Bildungen οἶκος und οἰκία fallen: Die beiden sowohl dem Begriff des Originals als auch dem der beiden Äquivalente der Übersetzung eigentümlichen Bedeutungen: das Haus im räumlichen und das Haus im seine Bewohner, die Familie, umfassenden Sinn, lassen sich nach Ausweis des Verzeichnisses der am Mauerbau Beteiligten in Kap. 13, wo der Begriff im räumlichen Sinn als Bezeichnung der Baustelle nach einhelliger Überlieferung in v. 23 οἶκος, in v. 10 οἰκία lautet, nicht auf die beiden Äquivalente der Übersetzung übertragen – Konsequenz ist nur für die Bezeichnung des Tempels als οἶκος τοῦ θεοῦ festzustellen –; darum ist die der Bezeugung von της αποικιας in 9₄ gleichgelagerte Überlieferung von οικων in 14₁₄ ₍₈₎: οἰκιῶν] οικων (οικον 93 55; οικου 108) Bʹ A L 46-64-381-728 58 Ald Sixt gleicherweise – gegen Rahlfs – als vom B-Text mitgetragenes lukianisches Rezensionselement zu bestimmen. Lukianische Tendenz beweist hier die Überlieferung in 6₁₁ τῆς οἰκίας] του οικου L^1, wo die lukianische Überlieferung, eher als auf konsequenter Einhaltung der hebräisch (bzw. aramäisch) - griechischen Äquivalenz – auch Aquila lässt nach der Überlieferung für בית beide griechischen Bildungen zu –, auf dem Prinzip der Angleichung an das gleiche Wort im gleichen Satz beruhen dürfte.

2. In anderer Weise stellt sich das gleiche Problem bei der Überlieferung der beiden Äquivalente φυγαδεία, „Flucht" „Verbannung", und φυγαδεῖον, „Ort der Zuflucht", „Asyl", als Wiedergabe des aramäischen Begriffs אשתדור in 4₁₅ und ₁₉, der den Israel zur Last gelegten Geist des Aufruhrs gegen den politischen Oberherrn bezeichnet. Die aramäisch-griechische Äquivalenz ist nach Ausweis von Abd ₁₄, wo φεύγων, und Ios 10₂₈ ₃₀ ₃₃, wo διαπεφευγώς als Übersetzungswort für den „Entronnenen", שָׂרִיד, überliefert ist, auf durch Metathese gewonnene Erklärung des Begriffs aus diesem Stamm zurückzuführen. Die Bedeutung im Kontext von Esdr II ist mitbedingt durch das Missverständnis des Partizips עָבְדִין in v. 15, „Aufruhr stiften sie an", als nominales Genitivattribut: φυγαδεῖαι (bzw. -δεῖα) δούλων γίνονται ἐν μέσῳ αὐτῆς: Im einen Fall: „die Stadt ist gefährlich, weil

---

[1]) Die im ursprünglichen Text vorliegende Setzung beider Bildungen in der gleichen Aussage liesse sich hier, da die in LXX von der aramäischen Vorlage abweichende Interpretation des zweiten Satzteils als Drohung, „das Haus" des Fehlbaren dem königlichen Besitz einzuverleiben (vgl. TGE S. 15, Anm. 2), die Bedeutung des Hauses im Sinn des Gebäudes mitsamt seiner Bewohnerschaft zulässt, als Unterscheidung beider Bedeutungen durch beide Wortbildungen erklären.

sie „Knechten" – flüchtigen Untertanen? – Zufluchtsstätten[1] gewährt", im andern Fall: „sie ist gefährlich, weil in ihr Fluchtbewegungen – im Sinn von Aufruhr – der Untertanen auftreten". Hinsichtlich der Überlieferung treten in v. 15 der B-Text mit A und L (108^{txt}) Arm (vid) für die Form φυγαδεια ein, die übrigen Zeugen für φυγαδ(ε)ιαι, in v. 19 für φυγαδ(ε)ια nur der B-Text (B') mit den Zeugen 71 64-381-728, während L mit La hier das textgemässere Äquivalent αγωνες (*contentio* La^{123}) überliefert, das in v. 15 in der den Satzteil καὶ χώρας - αἰῶνος (= ומדין - עלמא) wiedergebenden, in L als Dublette, in La^{123} als Ersetzung überlieferten, 𝔐 besser entsprechenden Übersetzung και μαχας και αγωνας ποιουσιν εν αυτη εξ ημερων αιωνος wiederkehrt[2]. Daraus ergibt sich zwar der textgeschichtliche Schluss, dass das in v. 15 vom B-Text mit L gemeinsam überlieferte Äquivalent

---

[1] Es wäre der jüdisch-hellenistische – nach Ausweis von L.-S. nur in LXX überlieferte – Begriff für das Asyl, מקלט, der neben dem terminus technicus für diese Stätte: φυγαδευτήριον – auch er nur in LXX bezeugt und von ihr her nur in christlicher Tradition überliefert – an einer Stelle als Äquivalent für מקלט bezeugt ist: Num 35 15 (14), wo seine Bezeugung im Kontext mehrfacher Äquivalenz mit φυγαδευτήριον, will man sie nicht mit früh in breite Überlieferung eingedrungenem Silbenausfall erklären, nur die Bedeutung der Erklärung des terminus technicus haben kann: „Ein Ort der Zuflucht, φυγαδεῖον, soll sein: Den Söhnen Israels, dem Proselyten und dem Beisassen, der bei euch wohnt, sollen diese Städte als Freistadt, εἰς φυγαδευτήριον, dienen". Die Interpunktion von Rahlfs und Wevers, nach der an Stelle des Kolons nach ἔσται Komma nach Israel gesetzt wird, liesse nur die formal und inhaltlich gezwungene Übersetzung zu: „Ein Ort der Zuflucht, φυγαδεῖον," – bei Rahlfs noch φυγάδιον – „soll den Söhnen Israels, und den Proselyten, und Paröken sollen diese Städte als Freistätte, εἰς φυγαδευτήριον, bestimmt sein."

[2]) Die lukianische Angleichung an 𝔐 besteht ausser der Ersetzung von φυγαδ(ε)ια(ι) durch αγωνας als Äquivalent für אשתדור – der in LXX als Äquivalent anderwärts nur in Is 7 13 für den Infinitiv הלאות: ἀγῶνα παρέχειν überlieferte Begriff zeigt in der Verbalbildung des gleichen Stamms im θ'-Text von Dan 6 14 (𝔐 15) eine Äquivalenz, die auch in den beiden aramäischen Vorlagen auf eine etymologische Identifizierung und daraus folgende Übersetzungstradition schliessen lässt: ἣν ἀγωνιζόμενος als Äquivalent für הוא משתדר – in der Korrektur ποιουσιν für δούλων, nach der überwiegenden Übersetzungstradition auch in der Ersetzung von χρόνων durch ημερων für יומת, während die Änderung des Begriffs χώρας in μαχας auf lukianischer Angleichung an ein nach der Vokalisation von 𝔐 abweichendes Verständnis des Begriffs מְדָין, „die Provinzen", zurückgeführt werden muss; es ist der aus dem hebräisch und aramäisch nachgewiesenen Stamm דין gebildete Nominalbegriff, der im Alten Testament hebräisch in den Formen מָדוֹן, מִדְיָן, auch als der von der Pluralbildung in Esdr 4 15 מדנן geforderte Aramaismus im Singular מְדָן überliefert und als Grundwort für das Äquivalent μάχη in Prov 15 18 26 20, für μάχιμος in Prov 21 9 19 gesichert ist, und das als Plural מְדָנִין an Stelle des masoretisch vokalisierten מְדָנִין – die defektive Schreibung von מדינה in 𝔐 ist singulär – auch als ursprünglichen Text in Esdr II 4 15 zu fordern auch aus dem Grunde naheliegt, weil auch in der formal variierten Wiederaufnahme dieser Aussage in v. 19 als die Objekte der Israel vorgeworfenen Bedrängnis nur die Könige, nicht die Provinzen genannt werden, wohl aber als die Weise der Bedrängnis nicht nur die gleicherweise wie in v. 15 als אשתדר bezeichnete Bereitschaft zum Widerstand, sondern auch die Rebellion, die hier als מרד determiniert wird und sowohl der Bedeutung als auch der Stellung im Satz nach genau dem als מְדָנִין vokalisierten Begriff in v. 15 entspräche. Zum Ganzen vgl. S.90 Anm.1, S.131 und S.147.

φυγαδ(ε)ια nicht lukianisches Rezensionselement sein kann, sondern von beiden Zeugen getragenes vorlukianisches Überlieferungsgut sein muss; doch gibt dieser Befund keine Antwort auf die Frage, ob die so überlieferte Bildung φυγαδ(ε)ια oder die von den beiden grundsätzlich voneinander unabhängigen Rezensionen *a* und *b* überlieferte φυγαδ(ε)ιαι als ursprünglich zu bestimmen sei[1]. Die Entscheidung muss darum hier nicht von der Überlieferung, sondern von der Beantwortung der Frage her fallen, welche der beiden in diesen Begriffen enthaltenen Bedeutungen im Kontext der Aussage als ganzer die wahrscheinlichere sei. Als Grund der Verdächtigung der jerusalemischen Kultgemeinde vor dem politischen Oberherrn sind zwar beide Bedeutungen denkbar, φυγαδεία in dem Sinn, dass die Stadt aus dem Grund gefährlich erscheint, weil sie flüchtigen Untertanen des Reiches Asyl gewährt – eine Aktualisierung von Ereignissen in Israels hellenistischer Zeit? –, φυγαδεῖαι, weil sich in ihr Fluchtbewegungen im Sinn von Aufruhr ereignen[2]. Aber im

---

[1]) Zwar wäre, wenn mit Rahlfs in v. 15 das vom B-Text mit *L* überlieferte Fehlen des verbum finitum γίνονται der ursprünglichen Textform zugewiesen wird, sowohl in v. 15 als auch in v. 19 φιγαδ(ε)ια als Singular der Bildung φυγαδεία erklärbar – so Lagarde in seiner Rekonstruktion der lukianischen Rezension, der auf diese Weise richtig in v. 15 sowohl die rein lukianisch überlieferte Dublette, die 𝔐 entsprechend αγωνας ποιουσιν für φυγαδ(ε)ια(ι) δουλων bietet, als auch die ursprüngliche Textform des Satzteils mit von B A L Arm (vid) bezeugtem φυγαδ(ε)ια mit 𝔐 entsprechender singularischer Akzentuierung φυγαδεία δούλων als lukianisches Rezensionselement postuliert und dementsprechend in v. 19 als lukianische Textform ἀγῶνες γίνονται nach *L* – La[123] setzt mit *contentio* wie in v. 15 das gleiche Äquivalent voraus, gleicht aber mit singularischer Formulierung (*fit* für γίνονται) noch enger an 𝔐 an – rekonstruiert. Aber dieses singularische Verständnis der Bildung φυγαδ(ε)ια liesse sich für den ursprünglichen Text nur dadurch aufrecht erhalten, dass auch das gleicherweise vom B-Text mit *L* bezeugte Fehlen des verbum finitum γίνονται als ursprünglich postuliert würde, und dieser von Rahlfs hinsichtlich des Fehlens befürworteten Lösung – nach seiner Akzentuierung φυγάδια hält er trotzdem den Plural bei – widerspricht sowohl die Bezeugung und der ihr gemässe hebraisierende Charakter – die Tilgung entspricht 𝔐, da עבדין als Nomen, δουλων, missverstanden ist – als auch die stilistische Härte in v. 19, wo dann der Singular φυγαδεία dem Plural ἀποστάσεις zugeordnet erschiene: Auch das Fehlen des verbum finitum in v. 15 ist – auch damit ist Lagarde im Recht – lukianisches Rezensionselement (vgl. S.131, 147 und 230).

[2]) φυγαδεῖον: Es wäre an Fälle wie den in Mac II 4 30-38 berichteten zu denken, wo die Flucht des Hohenpriesters Onias in das hier mit dem profangriechischen terminus technicus ἀσυλία bezeichnete Asyl zu Daphne bei Antochia die Institution der Asylstätte insofern als eine der in Esdr II 4 15 und 19 vorauszusetzenden Gefährdung der Reichshoheit darstellt, als es, obwohl durch das Reichsrecht selbst legitimierte Institution, auch dem politischen Widersacher – die Flucht des Onias vor dem von ihm des Rechtsbruchs angeklagten Rivalen Menelaos ist ja noch durch die Anerkennung des danach geächteten Reichsverwesers Andronikos als legitime Instanz der seleukidischen Oberherrschaft motiviert – Zuflucht vor der Reichsgewalt gewährt. φυγαδεία: Der Begriff ist in verschiedenen Bedeutungen des Widerstandes: als Recht des freiwilligen Exils für zum Tod Verurteilte in der römischen Republik bei Polybios VI 14.7, als Vertreibung anderen Formen des Unrechts und der Gewalt, Wesensbestimmungen des Ares, zugeordnet mehrfach bei Vettius Valens überliefert: βίας πολέμου ... ἀφαιρέσεις ὑπαρχόντων, ἐκπτώσεις, φυγαδείας, γονέων ἀπαλλοτριώσεις (p. 2, 31f.), μοιχείας, φυγαδείας, αἰχμαλωσίας (p. 390, 26), ἐνάντια, φυγαδεία, βιαιοθανασία (p 89, 23; Anthologiae ed. D. Pingree, 1986).

Kontext der Aussage sowohl von v. 15 als auch von v. 19 erscheint es stilistisch textgemässer und auch der aramäischen Vorlage inhaltlich besser entsprechend, dass als Form des Widerstandes, die den ἀποστάσεις, der Abtrünnigkeit, zugeordnet mit dem verbum finitum γίνονται definiert wird: „sie ereignen sich" (19), Fluchtbewegungen bezeichnet werden, nicht Zufluchtstätten, die dem Widerstand dienen[1].

Von der Bedeutung, nicht von der Überlieferung her muss auch die Entscheidung über die Ursprünglichkeit bei der Überlieferung der beiden adverbialen Bildungen πέραν und πέρα in ihrer präpositionalen Verwendung fallen; sie sind nicht gleichbedeutend: πέραν bedeutet „jenseits von", πέρα „über hinaus". Nach dieser Unterscheidung dürfte in Esdr II an allen Stellen nur πέραν stehen; denn der Begriff kommt hier nur als Bezeichnung der Provinz עבר־נהרה: πέραν τοῦ ποταμοῦ – in Esdr I Συρία καὶ Φοινίκη – vor[2]. In der Übertragung der LXX kann dieser Ausdruck sowohl adverbial den geographischen Bereich „jenseits des Flusses" bezeichnen – so meistens – als auch durch Setzung des Artikels oder der Präposition ἐν substantiviert die Provinz: in 5₆ 6₆ 7₂₁ ₂₅ 13₇. Nur in diesen Fällen ist die Überlieferung an drei Stellen zwischen πέραν und πέρα gespalten: In 6₆, (Ἀφαρσαχαῖοι) οἱ ἐν τῷ πέραν τοῦ ποταμοῦ für די בעבר נהרה, bietet B als Sonderlesart – 55 tilgt nur den Artikel τῷ, 71-106-107 den Artikel οἱ – ἐν πέρα ποταμου; Rahlfs übernimmt aus B nur πέρα. Für die gleiche aramäische Vorlage überliefern in 7₂₁ (ταῖς γάζαις) ταῖς ἐν τῷ πέραν τοῦ ποταμοῦ die Zeugen B′ A b⁻²⁴⁸ Ald Sixt πέρα für τῷ πέραν – so Rahlfs –, und tilgen 58 119 ἐν τῷ, V 248 Compl τῷ, 71 τοῦ; in 7₂₅ (τῷ λαῷ) τῷ ἐν πέραν τοῦ ποταμοῦ sind es nur die von Rahlfs bevorzugten Zeugen B′ A V 379 119 Sixt, die πέρα lesen, während 58 τῷ, L ἐν tilgen und 107 46-64-381-728 entsprechend v. 21 vor πέραν den Artikel setzen. Die Überlieferung lässt nur die Annahme eines bestimmten Grades syntaktischer Freiheit in der Übersetzungstechnik zu; aber die Doppelüberlieferung in der Äquivalenz für עבר, die Rahlfs als ursprünglich postuliert, lässt sich nur durch Überbewertung des B-Textes halten. Dass die Äquivalenz mit πέρα auf die Setzung der Präposition ב vor עבר zurückzuführen sei, durch die der von Haus aus adverbiale Ausdruck substantiviert wird, ist durch die Überlieferung in 5₆ widerlegt, wo in der Wiedergabe der gleichen aramäischen Vorlage πέραν einhellig bezeugt ist; dass Substantivierung durch Setzung des Artikels πέρα an Stelle von πέραν fordere, ist dadurch in Frage gestellt, dass in dem nur im B-Text fehlenden Vers 13₇ die determinierte Wiedergabe der hebräi-

---

[1]) Die gleiche Bedeutung von Fluchtbewegung im Sinn des Aufruhrs – hier des israelitischen Königs gegen Gott – beweist die Zuordnung von φυγαδεία zum Begriff ἀδικία (für מעל(ו)) als Äquivalent für מברח(ו) in dem nach Zieglers Konjektur auf Theodotion zurückgehenden, hinsichtlich des Begriffs selbst syrohexaplarisch für Symmachos bezeugten (ערוקיא) hexaplarisch-lukianischen Zusatz von Ez 17₂₀ ₂₁ (ab והביאותיהו bis 21 כל־מברחו). Für die Form φυγαδεῖαι in Esdr II 4₁₅ ₁₉ entscheidet sich auch P. Katz (Walters) S. 43, aber mit dem abzulehnenden Verdikt gegen die Textherstellung von Rahlfs: „the variant φυγαδεῖα, neutr. plur., ... does not make sense here."

[2]) Vgl. L. S. sub verbo und Schwyzer II S. 541f. An „Vermischungen" nennt Schwyzer nur Beispiele für πέραν im Sinn von πέρα: „darüber hinaus", nicht für den umgekehrten Fall, der hier, wenn πέρα als Text aufrecht erhalten wird, allein in Frage käme.

schen Formulierung עבר הנהר gleicherweise mit einhellig bezeugtem πέραν überliefert ist: (τοῦ ἄρχοντος) τοῦ (> 125-610) πέραν τοῦ (> 71) ποταμοῦ¹. Innerhalb der variierenden Formulierungen muss darum der Terminus πέραν τοῦ ποταμοῦ als gleichbleibend für den ursprünglichen Text festgehalten werden. Das Zeugnis des B-Textes ist hier ein zu schwaches Kriterium, um für einen geprägten Begriff wie den einer persischen Provinz zwei verschiedene Übersetzungsäquivalente zu postulieren, von denen der eine in der hier geforderten Bedeutung (der Provinz) „jenseits" (des Flusses) anderwärts nicht nachgewiesen ist.

3. Weder von der Überlieferung, noch von der Bedeutung her lässt sich die Frage beantworten, ob an den beiden Stellen, an welchen der pluralische Akkusativ προφύλακας überliefert ist, 14₉ (3) und 173ba, das masculinum προφύλαξ oder das femininum προφυλακή gelesen werden muss. Die Überlieferung fällt als Kriterium aus, weil es hier lediglich um eine Frage der Akzentuierung geht, deren in den LXX-Handschriften überliefertes spätes Stadium für diese Frage ohne Beweiskraft ist, die Frage nach der Bedeutung aus dem Grund, weil der Begriff φυλακή gleicherweise wie φύλαξ personhaft als „Wachmannschaft" verstanden werden kann, weshalb auch die Äquivalenz mit der hebräischen Vorlage – משמרות in 173ba, משמר in 14₉ (3) wie auch an den übrigen Stellen des Vorkommens in Esdr II, 14₂₂ (16) 23 (17) 173bβ, wo die Bildung προφυλακή durch das Casussuffix gesichert ist –, für diese Entscheidung nicht weiterhilft². Es bleibt nur ein stilistisches Argument der Übersetzungstechnik, das für die Annahme beider Äquivalente im ursprünglichen Text spricht: in 173 führt die Unterscheidung der einzelnen Glieder der Wachmannschaft, der προφύλακες, die aus „Bewohnern Jerusalems" ausgewählt werden, von der Körperschaft selbst, in der sie – ἀνὴρ ἐν τῇ προφυλακῇ αὐτοῦ – „ein jeder vor seinem Hause" Wache halten, zu einem besseren Verständnis als die Identifizierung der beiden Begriffe, nach der die Einberufung der einzelnen Körperschaften: στῆσον προφυλακάς, „aus Bewohnern von Jerusalem", dann hinsichtlich ihrer Aufgabe appositionell

---

¹) Anzunehmen ist zwar, dass die Substantivierung des Adverbs πέραν durch die Präposition ἐν, die Dativ fordert, und seine Determinierung mit dem Artikel des Neutrums die Ausstossung des – als Akkusativ-Suffix verstandenen – Schluss-ν bewirkte – ein ähnlicher Befund liegt in P Leid$^{WVII.25}$ διαπεράσεις τὸ πέρα und P Oxy I 117⁹ als Assimilation an ἄντα: τοῦ ἄντα ... καὶ τοῦ πέρα vor (beide Papyri 2./3. Jh. n. Chr.) –; aber diese morphologische Wandlung ist als Erscheinung der Abschreibetradition leicht erklärbar, als Intention des Übersetzers schwer. Mitspielen dürfte bei dieser Vermischung der beiden Formen der seit dem 2. Jh. n. Chr. – und auch in codex B! – nachweisbare tachygraphische Usus des ν-Strichs an Stelle des Schluss-Ny. Eine von Walters (S. 70f.), der die Uneinheitlichkeit der Überlieferung in Esdr II ignoriert, postulierte adjektivische oder von nur bei Aischylos nachgewiesenem Nomen ἡ πέρα her substantivische Bildung lässt sich auch von den Formulierungen mit dem Adverb ἀντιπέρα (-ας, -αν) bei Polybius und Xenophon her nicht begründen; auch durch Artikel oder Präposition substantiviert bleibt die Bildung in Esdr II und in LXX als ganzer Adverb.

²) Beide Möglichkeiten der Akzentuierung stehen auch in der Aussage von Mac I 12₂₇ offen, der einzigen weiteren Stelle in LXX, an der die Bildung προφύλαξ – für φύλαξ steht als häufigstes Äquivalent das Partizip שֹׁמֵר – in Frage kommt.

erklärt wäre, als Dienstleitung eines jeden kraft seiner Zugehörigkeit zu der Körperschaft: ἐν προφυλακῇ αὐτοῦ, „ein jeder vor seinem Hause". Weil es aber an beiden hier in Frage stehenden Stellen um die in gleicher Weise formulierte Einberufung geht: στῆσον (bzw. ἐστήσαμεν) προφυλακας, muss auch in 14₉ (3) – mit der traditionellen Akzentuierung seit Ald Compl und Sixt bis Rahlfs – als Übersetzungsäquivalent die Bildung προφύλαξ festgehalten werden[1].

In ähnlicher Weise versagt bei der Entscheidung zwischen den Wortformen ελαιας des B-Textes – B′ S*; so Rahlfs – und ελαιωνας der Übrigen in 15₁₁ die Überlieferung als eindeutiges Kriterium, da sowohl die Bildung ἐλαιών, „die Ölbaumpflanzung", als auch ἐλαία, „der Ölbaum" oder „die Olive", in Esdr II als Äquivalent für זית nachgewiesen ist: ἐλαιῶνας in einhelliger Überlieferung in 19₂₅, ἐλαίας als Genitivattribut zu φύλλα in 18₁₅, wo auch lukianisch bezeugtes ελαιων nur gen. Plur. von ἐλαία sein kann. Die Entscheidung für ἐλαιῶνας gegen den B-Text und Rahlfs muss durch den Analogieschluss im Vergleich mit 19₂₅ fallen, wo die gleiche Zuordnung zu dem der Bildung ἐλαιών entsprechenden, die Gesamtheit der Pflanzung bezeichnenden Begriff ἀμπελῶνας vorliegt.

---

[1]) Dennoch bedürfen auch von der Überlieferung her beide Möglichkeiten der Erwägung, da hinsichtlich der hebräischen Vorlage sowohl für מֹשְׁמָר als auch für מִשְׁמֶרֶת das abstractum προφυλακή das angemessenere Äquivalent wäre als der personale Begriff προφύλαξ, der am ehesten, entsprechend שֹׁמֵר für φύλαξ (vgl. S.358 Anm.2), für die von 𝔐 abweichende Akzentuierung als Partizip Piel מְשַׁמֵּר – vgl. Ion 2₉ mit Äquivalent φυλασσόμενοι – in Frage käme, und da hinsichtlich der Textgeschichte die Doppelüberlieferung in Esdr II an wichtiger Stelle: im hexaplarischen, lukianischen und altlateinischen Zeugnis, greifbar ist: Die hexaplarische Rezension setzt nach der in Syh erhaltenen Stelle 14₉ (3) mit dem Äquivalent מִשְׁמָרֹת die Akzentuierung προφυλακή voraus, die auch altlateinisch, in 14₉ (3) mit *custodiam* La¹²³ und in 17₃ mit *custodias* La¹²³, *vigilias* La¹²⁵ vorliegt, während die lukianische Rezension mit interpretierender Unterscheidung an Stelle des Ausdrucks στῆσον προφυλακας die Formulierung στητωσαν προφυλακες (+ *portarum* Arm) setzt, so L Arm – φροφυλακαις in 93 kann nur Itazismus sein, weil das bei dat. plur. fem. dann zu erschliessende Subjekt αἱ θύραι sinnlos wäre –, bei dem Ausdruck ἐν προφυλακῇ aber mit der Variante εν τη φυλακη mit allen Zeugen entsprechend 𝔐 das abstractum voraussetzt. Die gleiche Unterscheidung trifft an beiden Stellen auch die Vulgata: *posui custodes ... per vices suas* in 17₃, *posuimus custodes* in 14₉ (3), während die Peschitta in 14₉ (3) mit dem Äquivalent נטורא – gegen Syh – der Bedeutung nach προφύλαξ, in 17₃ aber mit den Äquivalenten במטרתה und במטרתה beide Ausdrücke nivellierend, damit aber auch der masoretisch überlieferten Vorlage näherstehend dem Begriff προφυλακή entspricht. Diese Verteilung der Überlieferung an der für die Textgeschichte der LXX entscheidenden Zäsur berechtigt zu der Vermutung, dass die nur durch die Akzentuierung feststellbare Doppelüberlieferung der beiden Äquivalente προφυλακή und προφύλαξ spätestens mit dem Einsetzen der hexaplarischen Rezension als Problem gesehen war, dass die der hebräischen Vorlage משמר und משמרת entsprechende Vereinheitlichung im Begriff προφυλακή, deren Spuren in Syh erkennbar sind und die von beiden Zeugen der altlateinischen Überlieferung La¹²³ und La¹²⁵ konsequent vertreten wird, als hexaplarische Angleichung an 𝔐 zu bestimmen ist, dergegenüber die lukianische Rezension in ihrer interpretierenden Wiedergabe von Vers 17₃ die formal zwar abweichende, inhaltlich aber textentsprechende Unterscheidung der beiden Äquivalente in der ursprünglichen Textform der LXX bewahrt.

4. Einer tiefer gehenden Abwägung sowohl des überlieferungsgeschichtlichen Kriteriums der Bezeugung über die griechische Esraüberlieferung hinaus als auch des exegetischen Kriteriums der Wortbedeutung im Ganzen der LXX bedarf die Frage nach der Bestimmung der ursprünglichen Textform in der Doppelüberlieferung des personalen Ausdrucks σωτήρ und des abstractum σωτηρία als Äquivalent für das Grundwort מושיעים in der Bedeutung des „Retters" der Richterzeit in 19₂₇: σωτῆρας B $a^{-121\ 762}$ La¹²³ Compl Sixt] *salvatorem* Resp Rom 7481 = Pesch^W; σωτηριας S A 108 121-762 55 119 122; σωτηριαν 19-93 *b* 58 La¹²⁵ Aeth Ald.

Analogiefälle innerhalb von Esdr II, von denen her argumentiert werden könnte, liegen nicht vor – hier lässt sich nur über die auch aquilanisch fast ausnahmslos bezeugte Äquivalenz mit Bildungen aus dem Stamm ישע hinaus: neben מושיע auch für das Verbum in 19₂₇: σῴζειν, die anderwärts in LXX seltene Äquivalenz mit פליטה: σωτηρίαν 9₈ 13, τῶν σωθέντων 1 12, und mit עזר: σῶσαι 8₂₂, feststellen –; σωτήρ steht in der ganzen LXX nur für Bildungen aus ישע. Was den Terminus anbelangt, um den es hier geht, den menschlichen „Retter" der Richterzeit, auf dessen Tradition in Iud 3₉ und 15 eine direkte Berufung nicht nur im hebräischen Original, sondern auch in der griechischen Übersetzung von Esdr II 19₂₇ anzunehmen ist, lässt sich auch die gleiche Doppelüberlieferung, aber mit weit schwächerer Bezeugung bei dem abstractum σωτηρία erkennen: in Iud 3₉ steht σρια in den Zeugen 19-108, σριαν 55 56 Aeth (vid), in v. 15 σριαν 56 Aeth (vid) sonst einhellig bezeugtem σωτῆρα gegenüber¹. Dagegen erscheint an den beiden weiteren Stellen im Alten Testament, an denen der Begriff מושיע in dieser vorgeprägten Form als von Jahwe gesandter irdischer Retter überliefert ist, eine abweichende, nur als Interpretation erklärbare Äquivalenz: in Reg IV 13₅, wo von einem nicht mit Namen genannten Retter berichtet wird, der Israel aus der Gewalt der Syrer rettete, das abstractum σωτηρίαν, das nur in 119 245 Arm Syh – nach Ausweis von Syh auch in α' ε' und θ' – nach 𝔐 in σωτῆρα korrigiert wird, in Is 19₂₀, wo der den bedrängten Ägyptern verheissene „richtend rettende" מושיע – κρίνων σώσει αὐτούς für ורב והציל – in eindeutiger Abgrenzung gegen ein messianisches Verständnis, als ἄνθρωπος, ὃς σώσει αὐτούς interpretiert und nach Ausweis der Überlieferung – Euseb und Chrysostomos: οἱ λ', Q Syh: α' σ' θ' – erst von den jüdischen Übersetzern des 2. Jh.s n. Chr. wieder auf die hebräische Vorlage zurückgeführt wird: σωτῆρα².

---

¹) Von der nomen-sacrum-Schreibung her lässt sich diese Doppelüberlieferung kaum erklären, da hier das beide Wortbildungen unterscheidende ι konsequent bewahrt wird; dagegen dürfte das Eindringen von σωτηρ in die Bildung στήριγμα als Äquivalent für יתד im B-Text zu 9₈, obwohl der codex Vaticanus dieses nomen sacrum nicht kennt (vgl. Esdr II Einl. S. 60f.), als falsche Auflösung von στηρι auf die ältere Tradition dieser Schreibung zurückzuführen sein, die Ludwig Traube bereits in der Vorlage des codex Alexandrinus nachgewiesen hat.

²) Die Intention der christlichen Tradenten zeigt sich sowohl in ihrer eigenen Tradition der hexaplarisch-lukianischen Korrekturen nach 𝔐 als auch in ihrer Tradition der Quellen, auf denen sie beruhen, der jüdischen Übersetzungen des 2. Jh.s n. Chr., wenn an dieser Stelle das für α'σ'θ'– nach Eus. dem. auch für το εβρ'– nachgewiesene Rezensionselement σωτῆρα in Q

Dieser Befund lässt, sowohl was die Änderung des mit der hebräischen Vorlage übereinstimmenden Äquivalents σωτήρ in den Ausdruck ἄνθρωπος, ὃς σώσει, als auch was eine Änderung in das abstractum σωτηρία betrifft, auf eine bewusste Vermeidung des Begriffs σωτήρ als Bezeichnung eines menschlichen Helfers, auf seine konsequente Einschränkung auf den göttlichen Hoheitstitel schliessen. Diese Intention lässt sich aber sowohl im jüdisch-hellenistischen Bereich der Übersetzer als Unterscheidung des göttlichen מושיע Jahwe vom menschlichen Retter und damit als Frage nach dem ursprünglichen Text als auch im christlichen Bereich als Gott und Christus vorbehaltenes Epitheton und damit innerhalb der Tradition der LXX als Problem der christlichen Rezension erklären.

Für das Vorhandensein dieser Intention schon im ursprünglichen Text der LXX und damit als Theologumenon des hellenistischen Judentums spricht in positiver Hinsicht sowohl die häufig im Psalter und auch bei den Propheten (Is 17₁₀ 62₁₁ Mich 7₇) begegnende Umformulierung des göttlichen Hoheitstitels (ך)אלהי ישע in den Ausdruck ὁ θεὸς ὁ σωτήρ (σου) als auch die einhellige Überlieferung des Äquivalents σωτήρ an Stellen, wo מושיע als Epitheton Jahwes erscheint, z. B. in Reg I 10₁₉ Is 45₂₁ [1], in negativer Hinsicht die Vermeidung dieses Äquivalents an einer Stelle, wo die Beziehung auf den göttlichen oder auf menschliche Helfer offen bleibt und darum in der Übersetzung der Interpretation bedarf: bei der stereotypen Wendung אין מושיע in der Gerichtsandrohung, wo als Äquivalent in Deut konsequent und einhellig das Partizip βοηθῶν erscheint (28₃₉ ₃₁; vgl. 22₂₇), in Is 43₁₁ Hos 13₄ und Ps 17(18)₄₂, innerhalb des Psalters einhellig das Partizip σώζων, an dessen Stelle im Kontext der Wiederaufnahme in Reg II 22₄₂ als ursprüngliches Äquivalent βοηθός überliefert ist, das lukianisch nach der Parallelstelle im Psalter in σώζων korrigiert wird[2]; hier ordnet sich auch die Überlieferung von Is 47₁₅ ein, wo der dem Abgefallenen versagte Helfer, אין מושיעך, einhellig in abstrakter Form übertragen wird: (σοὶ δὲ οὐκ ἔσται) σωτηρία, während die 𝔐 entsprechende personhafte Wiedergabe nach dem Zeugnis Eusebs und Theodorets erst in den späteren Übersetzungen, σωτήρ bei α' und θ', σώζων bei σ', eintritt[3].

---

und Syh mit der interpretatio christiana versehen wird ὅπερ ἑρμηνεύεται ᾽Ιησοῦς: lediglich onomatologische oder christologische Erklärung von Is 19₂₀?

[1]) Feststellungen dieser Art lassen sich nicht durch Gegenbeispiele widerlegen: Beweiskräftig ist die Intention, nicht die Konsequenz. Ausnahmen, die es natürlich gibt, lassen sich meist erklären, so in Is 63₈ ₉, wo der מושיע Jahwe nach einhelliger Bezeugung mit σωτηρία übertragen wird, durch die vom Übersetzer intendierte Korrespondenz zwischen σωτηρία - מושיע und θλῖψις - צרה.

[2]) Nicht zufällig dürfte die Wahl des mit σωτήρ gemeinsamen Stammes an diesen Stellen sein, an denen der fehlende Helfer unmittelbar dem allein Helfenden, Jahwe, zugeordnet wird, in Is 43₁₁ Hos 13₄ durch den Ausschliesslichkeitsanspruch, in Ps 17(18)₄₂ durch Israels Schrei nach dem allein Rettenden κύριος, der sich ihm als Retter versagt.

[3]) Der überlieferungsgeschichtliche Befund ist der gleiche wie in Is 19₂₀ (vgl. S.360 Anm.2). Das abstractum σωτηρία erklärt sich wie in Is 63₈ ₉ (vgl. oben Anm.1) aus der Korrespondenz mit der vorgeordneten Aussage οὗτοι ἔσονταί σοι βοήθεια, mit der in freier, aber

Der scheinbare Widerspruch in der Überlieferung, der die Rekonstruktion des ursprünglichen Textes bei der gespaltenen Bezeugung in Esdr II 19₂₇ erschwert, wird nun aber am besten mit der Annahme erklärt, dass die schon in der vorchristlich jüdischen Übersetzungstradition erkennbare Tendenz der Vermeidung des Begriffs σωτήρ als Bezeichnung irdischer Helfer in christlicher Rezensionstätigkeit auch an den Stellen weitergeführt wird, die in der ursprünglichen Übersetzung dieser Intention noch nicht unterliegen. Dass die „rettenden Richter" in der alten Erwählungstradition noch unreflektiert mit dem Begriff σωτήρ übersetzt werden können, wird am besten damit erklärt, dass sie als von Jahwe gesandte mit Namen genannte genügend als irdische Werkzeuge dessen, der allein der σωτήρ ist, charakterisiert sind. Dass ihnen aber in der christlichen Tradition auch in dieser Bedeutung der Titel des σωτήρ verwehrt wird, beweist das lukianische Zeugnis in Iud 3₉[1]. Von hier her erklärt sich die Überlieferung – mit Rahlfs – in der Weise, dass die Äquivalente σωτηριας und σωτηριαν der in der Linie der lukianischen Rezension liegenden in breitere Überlieferung eingedrungenen christlichen Intention der Einschränkung des Begriffs σωτήρ auf das göttliche Epitheton entsprechen, dass aber das mit 𝔐 übereinstimmende Äquivalent σωτήρ, das vom B-Text, der Rezension *a* und La[123] getragen wird, nicht als sekundäre Angleichung an 𝔐 zu bestimmen ist – das dürfte für La[123] der Fall sein, nicht aber für den B-Text in seiner Zuordnung zu *a* –, sondern als die vom Übersetzer bewusst intendierte Berufung auf das ihm in dieser Form der Übersetzung vorgegebene Zeugnis von Iud 3₉ und 15.

Weiterer Kriterien für die Bestimmung der ursprünglichen Wortäquivalenz bedarf auch die Überlieferung der Übersetzung von Zeugnissen, deren hebräische Vorlage in der Komposition aus älterer Tradition wörtlich übernommener Aussagen besteht. Die innerhalb des Überlieferungen der Erwählungstradition in musivischem Stil übernehmenden und neu komponierenden Bussgebetes von Kap.19 überlieferten Aussagen, um die es geht, lauten in v. 21 in der Form eines Parallelismus membrorum: שלמתיהם לא בלו ורגליהם לא בצקו. Sie sind aus den Mahnreden Mose in Deut 8 und 29 übernommen und lauten dort in leicht abgewandelter Form in 8₄ₐ: שמלתך לא בלתה מעליך · ורגלך לא בצקה, in 29₄ᵦ לא־בלו שלמתיכם מעליכם · ונעלך לא־בלתה מעל רגלך. Die nur vom B-Text und der lukianischen Rezension nicht mitgetragene Form der Übertragung in Esdr II: ἱμάτια αὐτῶν οὐκ ἐπαλαιώθησαν, καὶ ὑποδήματα αὐτῶν οὐ διερράγησαν, stimmt hinsichtlich des zweiten Gliedes – das erste ist dem Inhalt nach in Original und Übersetzung an allen Stellen identisch – im Unterschied zur masoretischen Vorlage, die mit Deut 8 zusammengeht, mit Deut 29 überein. Es wird von daher, da eine selbständige Übernahme

---

zeugnisgemässer Übersetzung die Götzen als „Hilfe" des abgefallenen Volkes der wahren Hilfe, der σωτηρία, gegenübergestellt werden. Die Diskrepanz in der Wortwahl der Übersetzer des 2. Jh.s n. Chr. erweist α' und θ' mit σωτήρ als dem vorgegebenen Vokabular, σ' mit σῴζων als übersetzungstechnisch der ursprünglichen Is-Übersetzung verpflichtet (vgl. S.361 Anm.2).

[1]) Der umgekehrte textgeschichtliche Befund in Reg II 22₃ bestätigt diese Vermutung: Die Gottesepitheta מנוסי משעי, ursprünglich mit καταφυγή μου σωτηρίας μου übertragen, werden lukianisch nach 𝔐 in καταφυγή μου σῆρ μου korrigiert.

anderer Elemente aus vorgegebener Tradition durch den Übersetzer selbst auszuschliessen ist, als Vorlage der Übersetzung eine von der masoretisch überlieferten abweichende vormasoretische Textform angenommen werden müssen, aus der zu schliessen ist, dass alttestamentliche Zeugnisse, die aus der Komposition vorgegebener Überlieferungselemente entstanden sind, hinsichtlich ihrer Zuordnung vormasoretisch noch nicht verfestigt waren.

Die Übertragung des Parallelismus membrorum als ganzen von Deut 8₄ auf 29₅ (4) in der der LXX von Esdr II vorgegebenen hebräischen Tradition der vormasoretischen Zeit spiegelt sich in der griechischen Übersetzung, für die als Vorlage die ursprüngliche Textform der LXX von Deut vorauszusetzen ist, in der Weise wider, dass hinsichtlich der zwischen Deut 8 und 29 variierenden Wortäquivalenz auch im ersten Glied die Textform von Deut 29 übernommen wird: Für das das Alt- bzw. Verbrauchtwerden der Kleidungsstücke, τὰ ἱμάτια (שלמה) bezeichnende Verbum בלה steht mit Deut 29 παλαιοῦσθαι, nicht mit Deut 8 das Äquivalent κατατρίβεσθαι, das in Deut 29 für das gleiche hebräische Grundwort, aber für die Aussage über das Verbrauchtwerden der Schuhe, τὰ ὑποδήματα (נעל) überliefert ist. Hier, mit dem eigenen und in dieser Äquivalenz singulären Äquivalent διερράγησαν in Esdr II, geht die durch die mit der Vorlage der LXX von Deut übereinstimmende Wortwahl dokumentierte Berufung auf vorgegebenes Zeugnis in die der Esraübersetzung eigentümliche Diktion über[1].

Es ist nicht nur die so zu bestimmende Vorgeschichte der hebräischen und der griechischen Überlieferung, es ist auch das Kriterium der Übersetzung als Interpretation, das dagegen spricht, dass die vom B-Text überlieferte Form des zweiten Gliedes im Parallelismus membrorum, ποδες αυτων ου διερραγησαν, so B′ Aeth Sixt, – mit Rahlfs – als die ursprüngliche zu bestimmen wäre. διαρρήγνυσθαι ist eine sinnvolle Aussage über die Schuhe – „ich laufe auf zerissenen Sohlen" (Gottfried Benn) –, nicht über die Füsse, die in der deuteronomischen Aussage „nicht anschwellen": לא בצקה, οὐκ ἐτυλώθησαν (8₄); das g a n z e Glied des Parallelismus von Deut 8₄αβ ist in der hebräischen Vorlage von Esdr II übernommen und hier übersetzt; die Form des B-Textes ist eine Kontamination

---

[1]) Die Verwendung des gleichen Verbums בלה für die Aussage über die Subjekte שלמה und נעל in Deut 29₅ (4) ist der Ursprung der Doppelüberlieferung in der Äquivalenz der LXX mit den beide Bedeutungen des Grundworts erfassenden Begriffen παλαιοῦν und κατατρίβειν, von denen der eine, κατατρίβειν, in die Konkordanz Aquilas übernommen (vgl. Reider-Turner sub verbo) und, wie die Korrektur in Esdr II 19₂₁ zeigt, in der lukianischen Rezension an Stelle von παλαιοῦν gefordert wird, der andere, παλαιοῦν, im ursprünglichen Übersetzungstext der LXX von Oct über Ps, Is bis Dan die weiteste Verbreitung gefunden hat. Hier, in dem der Bedeutung nach umstrittenen verbum finitum יבלא Dan 7₂₅, teilen sich der o′-Text mit κατατρίψει und der θ′-Text mit παλαιώσει in beide Äquivalente; auch καὶ παλαιωθήσονται ἐν αὐτῇ in o′ 11₃₃ – 9₆₇ ist hier nicht erhalten – geht auf ובלו בה für masoretisches ובלהבה: ἐν φλογί θ′, zurück. διαρρήγνυμι in Esdr II 19₂₁, das für בלתה in Deut 19₅ (4) an die Stelle von κατετρίβη tritt, lässt sich von überlieferter Äquivalenz her nicht erklären, weder mit בלה noch mit im B-Text vorauszusetzendem בצק, wohl aber vom in LXX häufigen Gebrauch für das Zerreissen der Gewänder (קרע).

der beiden Glieder, eine halb eingerenkte Korrektur nach 𝔐, die denn auch mit der Ersetzung von διερράγησαν durch ετυλωθησαν in L La¹²³ vollständig vorliegt¹.

5. Die Problematik der Kriterien für die Bestimmung des ursprünglichen Textes zeigt die Überlieferung der griechischen Äquivalente für das Pronomen אנחנו in 14₂₁ ₍₁₅₎: der masoretischen Vorlage entsprechendes ημεις in B′ S L La¹²³ Aeth (deest Aeth^B) Compl Sixt^te – so Rahlfs –, als Interpretament aus dem Kontext: Analogie an den folgenden mit ἥμισυ αὐτῶν übertragenen Ausdruck, zu erklärendes ημισυ (+ αυτων 121-236-314 Syh Sixt^ap) in den übrigen Zeugen, zu denen auch der syrohexaplarische gehört².

Das äussere Kriterium der Überlieferung spräche für von der lukianischen Rezension mitsamt dem B-Text getragene rezensionelle Angleichung an 𝔐; doch wird die Beweiskraft dieses Arguments durch die graphische Ähnlichkeit der beiden Äquivalente relativiert, die meist als Kriterium für die textgeschichtliche Erklärung gelten darf, dass das mit 𝔐 übereinstimmende Äquivalent der hebraisierenden Rezension das Ursprüngliche bewahrt bzw. wiederherstellt, während der von 𝔐 abweichende Text als innergriechische sekundäre Transformation bestimmt werden muss.

Den beiden sich widersprechenden äusseren Kriterien der Überlieferung – durch hebraisierende Rezension bezeugte mit 𝔐 übereinstimmende Textform und graphisch aus dieser Textform erklärbare Überlieferung der übrigen Zeugen – steht hier aber das innere Kriterium der richtigen Interpretation gegenüber, die sowohl hinsichtlich der hebräischen Vorlage als auch hinsichtlich der griechischen Übersetzung Fragen aufwirft. Die Aussage von 14₂₁ ₍₁₅₎ ist eine Wiederaufnahme der Aussage von 14₁₆ ₍₁₀₎, die den Bericht über die Aufteilung des Volkes in die Hälfte der zum Mauerbau und in die Hälfte der zur Abwehr des Feindes mit Waffen Abgeordneten zum Gegenstand hat. In der Wiederaufnahme von v. 21 (15) erwartet man den Hinweis auf diese Aufteilung in zwei Hälften, die in v. 16 ₍₁₀₎ hebräisch als נערי חצי und וחצים, griechisch als ἥμισυ ἐκτετιναγμένων³ und καὶ ἥμισυ

---

¹) In 93 La¹²³ als Ersetzung, in 19′ La¹²⁵ als Dublette: hexaplarischer Ursprung als Dublette, lukianische Weiterführung als Ersetzung (vgl. S.13 Anm.3)? Sekundäre Vertauschungen der beiden je verschiedenen zweiten Glieder des Parallelismus membrorum in Deut 8₄ und in 29₅ (4) überliefert der B-Text – hier als Sonderlesart von B – auch in Deut 8₄, wo er mit der dreigliedrigen Formulierung τα ιματια σου ουκ επαλαιωθη απο σου, τα υποδηματα σου ου κατετριβη απο σου, οι ποδες σου ουκ ετυλωθησαν an Stelle des ursprünglichen 𝔐 entsprechenden Parallelismus τὰ ἱμάτιά σου οὐ κατετρίβη ἀπὸ σοῦ, οἱ πόδες σου οὐκ ἐτυλώθησαν an die Stelle des beiden Stellen in Deut gemeinsamen ersten Gliedes das Doppelglied von 29₅ (4) in der dort überlieferten ursprünglichen Form der Übersetzung einsetzt; ein weiterer Beweis für sekundäre Tradition der Textvermischung im B-Text von Deut 8₄, 29₅ (4) und auch Esdr II 19₂₁. Vgl. S.159f.

²) Wie weit die Bezeugung der von 𝔐 abweichenden Textform in Syh unter Voraussetzung ihres sekundären Charakters für das Postulat vorhexaplarischer in der hexaplarischen Rezension trotz Abweichung von 𝔐 bewahrter Textformen in Anspruch genommen werden darf, wie weit sie auf bis zum syrohexaplarischen Stadium eingedrungener sekundärer Tradition beruht, bedarf noch der Untersuchung.

³) Es ist die Übersetzung des Nomens נערי, in dieser ursprünglichen Äquivalenz hier nur vom B-Text und Syh^txt bezeugt – das lukianische Äquivalent παρατεταγμενων, „die Krieger"

αὐτῶν formuliert ist. Aber an Stelle der ersten Nennung des Begriffs steht in der Wiederaufnahme von v. 21 (15) nur das Pronomen אנחנו, ein stilistischer Befund, der sowohl an der masoretisch überlieferten Textform Zweifel zu hegen erlaubt – so W. Rudolph, der den Satzteil וחצים מחזיקים ברמחים als „versprengte Randglosse zu v. 10" erklärt –, als auch eine der masoretischen gegenüber verbesserte hebräische Vorlage der Übersetzung oder eine durch v. 16 (10) motivierte Korrektur des Übersetzers selbst als möglich erscheinen lässt. Was mich – mit Rahlfs – zu der Entscheidung bewegt, die mit 𝔐 übereinstimmende von der lukianischen Rezension mit dem B-Text überlieferte Textform als die ursprüngliche zu bestimmen, ist, abgesehen von dem bedeutsamsten textgeschichtlichen Argument der paläographisch leichten Erklärbarkeit der von 𝔐 abweichenden Textform der übrigen, das exegetische Argument der stilistisch schweren Erklärbarkeit der 𝔐 gegenüber freien Übersetzung: Absolutes ημισυ an erster, mit Genitivattribut, ημισυ αυτων, an zweiter Stelle ist syntaktisch schwer haltbar und wäre auch von einer hebräischen Vorlage her schwer erklärbar, leicht aber von der so gut wie möglich beibehaltenen graphischen Buchstabenfolge der zu dieser Transformation führenden Vorlage ημεις her; die von den Zeugen 121-236-314 Syh überlieferte textgeschichtliche Weiterführung ημισυ αυτων auch an erster Stelle zeigt diese Schwierigkeit auf. Diese Erklärung bleibt es auch, die dem textgeschichtlichen und übersetzungstechnischen Charakter der Übersetzung von Esdr II als ganzer am besten gerecht wird[1].

(vgl. v. 14 (8)), und das der übrigen Zeugen εκτεταμένων, „die Ausgebreiteten" im Sinn der zum Bau „Ausgesandten" (?), sind Konjekturen, die der Kontext dem Sinn nach fordert –; das im Kontext unverständliche ursprüngliche Äquivalent – wie können die zum Mauerbau und Schutz vor dem Feind Abgeordneten als „Abgeschüttelte" נערים, bezeichnet werden? – ist aber durch die einhellig überlieferte Äquivalenz in 15 15, wo sie, wie hier etymologisch falsch auf das Nomen נער, „Knabe, Gefolgsmann", und in v. 13, wo sie richtig und textgemäss auf das Verbum נער, „abschütteln", zurückgeführt wird, gesichert, ein Beweis dafür, dass der B-Text auch dann, wenn er als einziger mit 𝔐 übereinstimmt, nicht Korrekturen nach 𝔐, sondern den ursprünglichen Text überliefern kann. Zum Problem der Äquivalenz mit dem Nomen נער in Esdr II vgl. unter „Zusätze und Auslassungen" zu 14 22 (16) S.404f.

[1]) Hinsichtlich der inneren Kritik der Frage nach der Haltbarkeit der masoretisch überlieferten Textform von 14 21 (15) ergibt die Überlieferung der LXX für die Konjektur W. Rudolphs, die Ausscheidung des Satzteils וחצים מחזיקים ברמחים als versprengte Glosse zu v. 16 (10), nichts – kein LXX-Zeuge lässt καί 2⁰ - λόγχας aus –; sie könnte höchstens auf Grund der als sekundär bestimmten Textform, die ημισυ für ἡμεῖς setzt, für die These einer wörtlichen Form der Wiederaufnahme von v. 16 (10) in Anspruch genommen werden. Aber der masoretisch überlieferte Text bedarf hier keines kritischen Eingriffs: Wenn als Subjekt des Vordersatzes „wir", das bedeutet die ganze am Wiederaufbau beteiligte Gemeinde, genannt werden, dann ist das kein Widerspruch zu v. 16 (10); denn „alle" sind „am Werk", das sowohl den Mauerbau als auch den Schutz vor dem Feind umfasst. Auch die Gegenüberstellung der ersten Person: „wir", zur dritten: „die Hälfte von ihnen", ist syntaktisch nicht anfechtbar; mit diesem Übergang erst wird diese Aussage eindeutig als Wiederaufnahme von v. 16 (10) bestimmt. Dass die in diesem Vers genannte zweite Hälfte חצים, die die Waffen trägt, auch zu den „am Werk", במלאכה: τὸ ἔργον, Beteiligten gehört, beweisen die Aussagen von v. 11-12, nach denen auch sie am Mauerbau mitwirken; die zweite Hälfte in v. 16 (10) ist gegenüber der ersten, gleicherweise wie in v. 21

Ein analoger Fall, der von diesem Ergebnis her der Klärung bedarf, ist die zwischen den Äquivalenten ἥμισυς und μέσος, μέσου für das aus dem gleichen Stamm gebildete Nomen מחצית in dem Ausdruck מחצית היום aufgeteilte Überlieferung in 18₃: ημισους (-σου S^{txt*}) της ημερας B^{txt} S^{txt} Syh (vid)[1] La^{123} Sixt; μεσουσης (μεσου A; μεσης 236) της (> 125) ημερας B^{mg} S^{mg} rel. Textgeschichtlich gemeinsam mit der zwischen ημεις und ημισυ geteilten Überlieferung in 14₂₁ (15) ist das Kriterium der graphischen Ähnlichkeit, das für sekundäre innergriechische Transformation der mit 𝔐 übereinstimmenden ursprünglichen Textform spricht, überlieferungsgeschichtlich das Kriterium des B-Textes als nachgewiesener – hier wie in 14₁₆ (10) ἐκτετιναγμένων[2] allein stehender, in 14₂₁ (15) ἡμεῖς von L La^{123} begleiteter – Träger solcher ursprünglicher Textformen. Das übersetzungstechnische Kriterium fällt aus, hinsichtlich der LXX als ganzer, da die Nomina חצי und חצות, wo es semantisch möglich ist, öfter mit Bildungen von μεσ- übertragen werden können, so nach einhelliger Überlieferung μεσοῦν in Exod 12₂₉ für בחצי הלילה, μέσον in Exod 11₄ für כחצת הלילה und in Ios 10₁₃ für בחצי השמים, hinsichtlich der Übersetzung von Esdr II aus dem Grund, weil für חצי zwar überall das Äquivalent ἥμισυ gesetzt wird, es aber auch abgesehen von 18₃ überall um Fälle geht, an denen semantisch nur ἥμισυ in Frage kommt: die „Hälfte des Bezirks" in 13₉₋₁₈, die Hälfte von Gemeinschaften in 14₁₆ (10) 21 (15) 22₃₂ ₃₈ ₄₀ 23₂₄. Dieser Befund fordert auch die gleiche Textentscheidung wie die für 14₂₁ (15) getroffene: Die vom B-Text überlieferte mit 𝔐 übereinstimmende Textform ἡμίσους ist die ursprüngliche[3].

---

(15) gegenüber der Gesamtheit „wir", nicht exklusiv, sondern inklusiv bestimmt und hier als solche, חצים, erinnernd wiederaufgenommen.

[1]) Das semantisch מחצית zuzuordnende syrohexaplarische Äquivalent (פלג(ה)ד) bedürfte, um es als sicheren Zeugen für ημισους in Anspruch zu nehmen, der Prüfung anhand einer – leider nicht existierenden – die griechischen Äquivalente der LXX und die hebräischen von 𝔐 bietenden syrohexaplarischen Konkordanz. Im Textbereich von Esdr II gibt die erhaltene Überlieferung keinen eindeutigen Aufschluss. פלגא kann auch Äquivalent für μέσον sein, wie auch das Verbum פלג sowohl dividere als auch in medio esse bedeuten kann, z. B. in Pesch des NT Joh 7₁₄ כד דין פלגו יומתא דעדעדא für ἤδη δὲ ἑορτῆς μεσούσης. In Esdr II wird es von Syh in den für ἥμισυ erhaltenen Teilen, wie an diesen Stellen auch für Pesch, in 14₁₆ (10) und 21 (25) bezeugt. Die einzige Stelle in Esdr II, die über das syrische Äquivalent für μέσον Auskunft geben könnte: 14₁₁ (5) εἰς μέσον αὐτῶν für אל־תוכם, ist in Syh nicht erhalten und wird in Pesch mit עליהון frei übertragen. Aber die wahrscheinlichere syrohexaplarische Äquivalenz mit ἥμισυ in 18₃ entspräche auch dem Rezensionsprinzip und liesse sich wiederum als hexaplarisches Charakteristikum erklären, das lukianisch – aus stilistischen Gründen? – nicht beibehalten wird.

[2]) Vgl. S.364 Anm.3.

[3]) Offen bleiben muss der textgeschichtliche Zusammenhang mit der Parallelstelle von Esdr I (9₄₁): Sicher ist auch hier der B-Text mit L Träger des Ursprünglichen; der Ausdruck ἕως μεσημβρινοῦ passt in den Sprachgebrauch dieses Buches und lässt sich, da der Begriff, wie μεσημβρία, nirgends als Äquivalent für die Vorlage חצי oder מחצית (mit היום) überliefert ist – das in LXX verankerte, auch von Aquila übernommene Grundwort ist צהר, צהרים –, nicht als an 𝔐 angleichendes Rezensionselement erklären. Eine Berührung mit dem Paralleltext von Esdr II scheidet für ἕως μεσημβρινοῦ ganz aus, ist aber auch für die von den übrigen Zeugen gebotene

6. Das Problem der Wortäquivalenz verbindet sich mit syntaktischen Fragen der Übersetzungstechnik bei der Wiedergabe des adverbialen Ausdrucks כאחד in den Parallelstellen 2₆₄ 17₆₆ und in 6₂₀. Hinsichtlich der Wortäquivalenz zeigt die Überlieferung ein unterschiedliches Bild: Sogar in den beiden Parallelstellen stehen den Varianten ωσει B'; ομοθυμαδον ωσει L; *unianimiter* (= ομοθυμαδον) La¹²³; ομου 44 Arm; ομου ωσει rel in 2₆₄ die nur teilweise entsprechenden ωσει B' S Sixt; ομοθυμαδον ως εις (ομ. ωσει 93) L Aeth (sim); ως Compl; εις rel in 17₆₆ gegenüber, während die Überlieferung in 6₂₀ mit der Wiedergabe des Ausdrucks כאחד כלם durch 𝔐 entsprechendes ως εις παντες nur in Compl, ομοθυμαδον παντες ως εις L, *unianimiter omnes* La¹²³, εως ενος παντες 98 und εως εις παντες der übrigen mit dem bestbezeugten Äquivalent εως an Stelle von ως von der hebräischen Vorlage her nur noch schwer erklärbare Wege geht.

Als sekundär gesichert ist das lukianische Äquivalent ομοθυμαδον, lukianisch als Dublette, altlateinisch von La¹²³ als Ersetzung überliefert, das auch durch den gleichbezeugten Zusatz nach 𝔐 in 3₉ als genuin lukianisch bestätigt wird¹. Von den noch verbleibenden Äquivalenten stehen sich ομου, nur in 2₆₄, dem an allen drei Stellen je verschieden überlieferten, aber auf die gleiche Grundform zurückgehenden Ausdruck ωσει in 2₆₄, ως εις, ωσει, ως, εις in 17₆₆ und ως εις, εως ενος, εως εις in 6₂₀ gegenüber. Rahlfs hat erkannt, dass es sich in diesen Wortformen um das teilweise innergriechisch transformierte ursprüngliche Äquivalent für den Ausdruck כאחד handelt, die übersetzungstechnisch genau der hebräischen Vorlage entsprechende adverbiale Formulierung ὡς εἰς, die als Hebraismus nicht nur, wie lukianisch durch ομοθυμαδον, durch andere Äquivalente ersetzt, sondern auch durch syntaktische Einpassung in den Kontext unabhängig von der hebräischen Vorlage umformuliert wurde, in 2₆₄ 17₆₆ in die Vergleichspartikel ωσει, in 17₆₆ – wahrscheinlich durch Umdeutung der lukianischen Dublette – in die Präposition εἰς. ομου in 2₆₄ ist dann von ωσει her erklärbar als späterer Einschub eines neuen Äquivalents für כאחד ², während in der Parallelstelle 17₆₆ die nur noch von B S 93, in Resten noch von 19', bewahrte für die Textform εἰς erforderte nominative Suffigierung der folgenden Zahlenreihe gegenüber dem die Präposition εἰς voraussetzenden Akkusativ der übrigen für

---

Lesart, da hier an Stelle von μεσουσης einhellig μεσου (μεσης 121-236 64-98-248-381) ημερας steht, unwahrscheinlich; am ehesten liegt sekundäre Angleichung an den in LXX als ganzer verbreiteten Sprachgebrauch vor. Eine textgeschichtliche Analogie, die noch der Erklärung bedarf, liegt in Iud 16₃ vor, wo zweimaliges חצי הלילה in der von B allein überlieferten Textform im ersten Fall mit μεσονύκτιον, im zweiten mit ἥμισυ τῆς νυκτός wiedergegeben wird, in der von A mit den übrigen Zeugen überlieferten, die grundsätzlich O und L nähersteht, in beiden Fällen mit μεσονύκτιον.

¹) Vgl. S.47.
²) Es ist das in LXX als Äquivalent nur innerhalb des hexaplarischen Zusatzes Iob 34₂₈₋₃₃ v. 29 für יחד nachgewiesene Übersetzungswort, mit welchem Aquila durch die Zuordnung zu יחדיו und ἅμα zu יחד mit der Endung die Identität der Buchstaben, im ganzen der Buchstabenzahl erreichte (vgl. Lütkemann-Rahlfs S. 240, Anm. 2; Rahlfs, Septuaginta, ed. 1935, S. IX f.); ein Argument, es in Esdr II 2₆₄ der hexaplarischen Rezension zuzuweisen.

eine früh eingedrungene Umdeutung spricht, die keine Überprüfung an der hebräischen Vorlage mehr erfuhr.

Textkritisch umstritten bleibt somit nur noch das ausserlukianisch einhellig überlieferte Äquivalent εως εις (ενος 98) in 6₂₀, das als einzige nicht den festgestellten Rezensionselementen zugehörende Textform zuerst Anspruch auf Ursprünglichkeit hat. Von der masoretischen Vorlage כאחד her ist es kaum erklärbar, wohl aber von der vorgeprägten Wendung עד אחד her, die aber, da sie nur in negierter Aussage die Bedeutung „auch nicht einer" haben kann (z. B. Iud 4₁₆ Reg II 17₂₂), weder in den Kontext einer von 𝔐 abweichenden Vorlage noch in den der überlieferten Übersetzung passen würde. In grammatischer Hinsicht kommt hinzu, dass hier vorauszusetzendes undekliniertes εἰς im Genitiv[1] – in Analogie zu καθ' εἰς – anderwärts nicht nachgewiesen ist; in Reg II 17₂₂ und in beiden Textformen von Iud 4₁₆ ist der Ausdruck einhellig mit ἕως ἑνός wiedergegeben. Es bleibt als wahrscheinlichste Erklärung – gegen Rahlfs, der die überlieferte Textform festhält, – die Annahme einer früh in die gesamte ausserlukianische griechische Tradition eingedrungenen Kontamination beider vorgeprägter Formulierungen ὡς εἰς und ἕως ἑνός, die nur noch in Compl – sei es auf Grund verlorener Tradition, sei es durch Konjektur der Herausgeber[2] – in die ursprüngliche Textform korrigiert erscheint.

7. Die Möglichkeit einer der masoretisch überlieferten gegenüber eigenständigen vielleicht primären, vielleicht sekundären Textform, deren Ursprung sich sowohl in der hebräischen Tradition der Vorlage als auch in der griechischen der Übersetzung suchen liesse, bedarf hinsichtlich der Frage nach der richtigen Textherstellung in einem letzten Fall der Wortäquivalenz zuerst der Aufhellung vom orthographischen Problem des Vokalwechsels her: Es geht um die Doppelüberlieferung der Pronomina ἡμεῖς und ὑμεῖς.

Rahlfs ordnet diese Fälle fast konsequent jener Kategorie innergriechischer Texttransformation zu, die, wie die Äquivalente ημεις und ημισυ für אנחנו in 14₂₁ (15)[3], auf Grund der paläographischen Ähnlichkeit die Entscheidung für das mit 𝔐 übereinstimmende Äquivalent, auch wenn es von hebraisierenden Rezensionen überliefert ist, als die ursprüngliche Textform rechtfertigen, und nimmt darum die hexaplarisch-lukianisch bezeugten Gottesbezeichnungen (κυρίῳ τῷ θεῷ τῶν πατέρων) υμων V S^c-93 La[123] in 10₁₁, (ἰσχὺς) υμων A S^c-108 370 58 La[123] (sim) in 18₁₀, (τὸν κύριον θεὸν) υμων S^c-93-108 La[123] in 19₅ und die Bezeichnung der Väter (οἱ πατέρες) υμων B A S^c 58 La[123] Arm Compl Sixt in

---

[1]) Vgl. Bl.-Debr. § 305.2 mit Anm. 5. Auch der präpositionale Gebrauch von ἕως über die Verbindung mit Genitiv und dem seltenen Akkusativ hinaus mit Adverben wie z. B. ἕως ἄρτι, ἕως ὧδε hilft nicht zur Erklärung einer anschliessenden Konstruktion im Nominativ. Auch die textkritisch noch ungeklärte ausserlukianische Überlieferung in Par I 5₁₀ καὶ ἔπεσον ἐν χερσὶν αὐτῶν κατοικοῦντες ἐν σκηναῖς ἕως πάντες κατ' ἀνατολὰς Γαλααδ, die nur als sklavische Übersetzung einer verderbten von 𝔐 abweichenden hebräischen Vorlage erklärt werden kann, liefert kein hinreichendes Argument für die Annahme einer Wendung wie ἕως εἰς.

[2]) Zu diesem Problem vgl. FS Frede-Thiele S. 45, Anm. 8.

[3]) Vgl. S.364-366.

23₁₈ gegen von 𝔐 abweichendes ημων der übrigen Zeugen als ursprüngliche Textform auf.

Aber die orthographische Erklärung mit itazistisch bedingtem Lautwechsel υ - η erweckt aus dem Grund Bedenken, weil dieser Wechsel in älterer biblischer und ausserbiblischer Überlieferung so schwach bezeugt ist, dass er in dieser Zeit noch „im Verdacht steht, Verschreibung ohne lautgeschichtlichen Wert zu sein" und gerade im Sonderfall der Verwechslungen von ἡμεῖς und ὑμεῖς einen Schluss auf lautlichen Zusammenfall beider Formen nicht erlaubt[1]. Von hier her führt schwer ein Weg zur Überlieferung von Esdr II, in der sowohl die Verteilung der Zeugen als auch die Bedeutung der beiden Textformen im Kontext auf bewusste und an allen vier Stellen aufeinander abgestimmte Interpretation schliessen lässt: Der masoretisch überlieferten Textform, nach der die Israel anredenden Instanzen, Esra in 10₁₁, Esra, Nehemia und die Leviten in 18₁₀, Nehemia in 23₁₈, die Leviten in 19₅, im Zusammenhang der Anklage und der Tröstung angesichts von Israels Schuld, Gott als „euern Gott", den Gott der Schuldigen, die schuldig gewordenen Väter als „eure Väter" bezeichnen, steht die von den übrigen bezeugte Textform gegenüber, nach der die Anklagenden und Tröstenden sich selbst den Schuldigen zuzählen, den richtenden Gott als ihrer aller Gott, die schuldig gewordenen Väter als ihrer aller Väter anreden[2].

Da diese Textform, die den Wechsel der Pronomina voraussetzt, aber auch in der hebräischen Vorlage durch paläographische Verschreibung nicht erklärbar ist – die Pronominalsuffixe כם- und נו- zeigen ein völlig verschiedenes Schriftbild –, anderseits eine solche inhaltliche Umdeutung der Vorlage auch dem Übersetzungsprinzip von Esdr II nicht entspricht, wird die von der masoretischen abweichende Textform, die der ursprüngliche Übersetzungstext bezeugt, eher auf die hebräische Texttradition zurückgeführt werden müssen, in der sich über die Priorität zwischen den beiden Textformen nicht mehr entscheiden lässt. Dass mit einer solchen von der masoretischen unabhängigen innerhebräischen Tradition gerechnet werden muss, beweist die Textform der Vulgata, nach der – mit nur schwach bezeugter Korrektur nach 𝔐 – mit LXX in 18₁₀ *fortitudo nostra*, in 23₁₈ *patres nostri* gelesen wird; es ist auch durch die Parallelstelle von 10₁₁ in Esdr I (9₈)

---

[1]) So H. Schmoll in der Neubearbeitung (I 1 (1970) 53f.) die Erklärung Maysers (I (1906) 85f.) bestätigend. Den textgeschichtlichen Befund in Esdr II s. u. „Grammatica" der Edition S. 44f. „Itazistische Herkunft" gilt nur für das späte Stadium der Überlieferung, dem das frühere der „Verschreibung" vorangeht.

[2]) Die Intention der masoretisch überlieferten Textform wird deutlich in der Anrede Esras, Nehemias und der Leviten an das Volk in 18₁₀, wo der Tag der Verlesung des Gesetzes als der „u n s e r e m Herrn" – לאדנינו – heilige Tag bezeichnet wird, – so nach einhelliger Überlieferung auch in LXX –; die Israel durch „die Freude an ihm", חדות יהוה, zugesagte Stärke" aber als „e u r e Stärke": מעזכם. Wenn im ursprünglichen Text der Übersetzung auf Grund einer Vorlage, die חדות auslässt, nicht die Freude an Jahwe, sondern Jahwe selbst als „unsere Stärke", ἰσχὺς ἡμῶν bezeichnet wird, dann wird auch hier die unterschiedliche Intention der Textform der LXX in besonderer Weise deutlich: Das, womit die Trauer des schuldig gewordenen Volkes getröstet werden soll, die Stärke Jahwes, gilt nicht nur denen, die schwach geworden sind, sondern allen.

nahegelegt, in der die einhellige Überlieferung des Pronomens der ersten Person (τῷ κυρίῳ θεῷ τῶν πατέρων) ἡμῶν gleicherweise für eine von der masoretischen abweichende hebräische Vorlage spricht[1].

Der gleiche textgeschichtliche und exegetische Befund liegt zuletzt in der Überlieferung von Nehemias Befehl an das Volk, den Tag der Arbeit, die Nacht der Wache zu widmen, in 14₂₂ (16) vor: Er lautet in 𝔐 und der hexaplarisch-lukianischen Tradition (V Syh-19′ 71-106-107-120-121-762 46-381 119 Compl): „die Nacht sei uns" – לָנוּ: ημιν –, in der ausserhexaplarisch-lukianischen Tradition der LXX: „die Nacht sei euch – ὑμῖν – zur Wache bestimmt" – auch hier sind in der Vulgata beide Textformen, die der LXX aber nur in einem Codex und den alten Editionen überliefert –; es ist auch hier eine Frage der Interpretation, nach LXX: „ihr sollt in der Nacht Wache halten", nach 𝔐: „haltet in der Nacht die Wache für uns." Auch die hebräische Formulierung liesse das Adverb לָכֶם an Stelle von לָנוּ in diesem Sinne zu; sie kann darum nicht als Argument für innergriechische – itazistische – Entstehung des Pronominalwechsels in Anspruch genommen werden[2].

5.2. Satz und Syntax

Der Frage der Wortäquivalenz sind zuerst einige Stellen zuzuordnen, an denen die Entscheidung über die ursprüngliche Textform dadurch erschwert ist, dass die verschiedenen Formen der Überlieferung über die Wortäquivalenz hinaus tiefer in die Struktur des Satzes eingreifen, so dass das Verhältnis zwischen Original und Übersetzung auch von der syntaktischen Komponente her der Untersuchung bedarf.

1. Ungewohnte Satzkonstruktion und seltener Wortgebrauch im Original sind die Ursache einer verzweigten Überlieferung in der Übersetzungstradition, bei der sich als primär und als sekundär zu bestimmende Übereinstimmung mit der masoretisch überlieferten Vorlage nur noch schwer auseinanderhalten lassen, in dem aramäisch formulierten Befehl des Artaxerxes an die Provinzialbeamten, den Wiederaufbau der Stadt Jerusalem zu verhindern, Esdr II 4₂₁₋₂₂:

---

[1]) Dass diese Übereinstimmung eher auf eine Esdr II und I gemeinsame Vorlage zurückzuführen ist als auf die unmittelbare Abhängigkeit von Esdr I (vgl. S.7), lässt sich auch von den beiden Textformen der anderen in Esdr I (9₅₂) mitüberlieferten Stelle, Esdr II 18₁₀, her stützen, wo die freie Wiedergabe in Esdr I, ὁ γὰρ κύριος δοξάσει ὑμᾶς, zwar das mit Esdr II gemeinsame Fehlen von חדות vermuten lässt, in der Art der Übersetzung aber sich in nichts mit der in Esdr II überlieferten berührt. Zu 18₁₀ vgl. auch S.200, 247, 208 Anm.3.

[2]) Warum Rahlfs nur an dieser Stelle bei gleichgelagerter Überlieferung die mit 𝔐 übereinstimmende Textform nicht aufnimmt, ist darum nicht ersichtlich. Zum textgeschichtlichen, hexaplarisch-lukianischen, Problem der hier behandelten Pronominalwechsel vgl. 2.1.1.2.1 S.194.

Der Ursprung der Verwirrung in der Übersetzung liegt im Missverständnis des hier als temporale Konjunktion, „bis dass", gebrauchten Begriffs עַד als Adverb עֹד, das zu der vorangehenden Aussage gezogen wird, „und jene Stadt soll nicht wieder aufgebaut werden", so dass die Verbindung mit dem folgenden Satz, „bis dass von mir Befehl gegeben werde", zerstört wird: Der temporale Nebensatz wird, sei es, weil das verbum finitum יתשׂם in der Vorlage fehlte, sei es aus durch die Fehlinterpretation von עַד bedingtem übersetzungstechnischem Grund, zum Anfang eines mit der Konjunktion ὅπως eingeleiteten Finalsatzes, dessen Bedeutung im Kontext der Aussage von v. 22 von der aramäischen Vorlage her nur noch schwer aufgehellt werden kann[1].

Von den dieser bestbezeugten Textform gegenüber selbständigen Elementen der Überlieferung lässt sich als sekundäre Rückbewegung zur masoretisch überlieferten aramäischen Vorlage zuerst die – weitgehend auch altlateinisch mitbezeugte – lukianische Textform ausgrenzen, nach der die verlorene syntaktische Zuordnung der Aussage von v. 21 zu der von v. 22 – zwar unter Beibehaltung des aus der Konjunktion עַד fälschlich herausgelesenen Adverbs עֹד: ἔτι, – 𝔐 entsprechend wiederhergestellt wird: δι εμου εξετεθη το δογμα, und auch die Verbindung mit dem unmittelbar folgenden Kontext durch den Imperativ και προσεχετε gegenüber dem partizipialen Anschluss πεφυλαγμενοι der übrigen verdeutlicht wird[2].

Zu diesen beiden Textformen tritt eine dritte, nur vom B-Text gebotene hinzu, deren Bestimmung hinsichtlich der Rekonstruktion des ursprünglichen Textes noch offen bleiben muss: In B′ ist die Konjunktion ὅπως in v. 21 nicht überliefert und erscheint die hinsichtlich ihrer Einordnung in das Satzganze ungesicherte partizipiale Form πεφυλαγμένοι durch den Zusatz des verbum finitum ἦτε als Befehl bestimmt. Beide Elemente sind im Verhältnis zur masoretischen Vorlage als Übereinstimmungen zu bestimmen, das Fehlen der Konjunktion ὅπως als richtige Bestimmung der Äquivalenz zwischen עַד־מִנִּי und ἔτι απο, der gegenüber eine Vorlage für οπως fehlt, der Zusatz von ητε als überset-

---

[1]) Mitbedingt ist die Fehlkonstruktion gegenüber 𝔐 in den ausserlukianischen Zeugen auch dadurch, dass מִנִּי nicht als suffigierte Präposition verstanden ist, sondern als Nebenform von מִן. Zu beachten ist, dass auch in der freien Wiedergabe dieser Sätze im Paralleltext von Esdr I (24) ein Äquivalent für den temporalen Nebensatz עַד־מְנִי טַעְמָא יִתְּשָׂם fehlt – eine der Vorlage beider Übersetzungstexte gemeinsame frühe Ausmerzung des scheinbaren Widerspruchs zwischen der zeitlichen Begrenzung des Befehls, den Wiederaufbau zu verhindern, bis dass ein neuer königlicher Befehl ergeht, und der Ankündigung, dass die Stadt nicht wieder aufgebaut werden dürfe, oder Einfluss der Textform von Esdr I auf die Übersetzung von Esdr II (vgl. S.7-10)? –, und dass auch hier ein mit ὅπως eingeleiteter Finalsatz vorliegt, hier aber dem Sinn nach der masoretisch überlieferten Vorlage entsprechend nicht mit der Konjunktion עַד in v. 21 beginnend, sondern mit der Infinitivkonstruktion שְׁלוּ לְמֶעְבַּד in v. 22: ὅπως μηδὲν παρὰ ταῦτα γένηται. Zum Verhältnis der lukianischen Textform von Esdr II 4 12-22 zur ursprünglichen von Esdr I 224 vgl. S.47f. mit S.48 Anm.3.

[2]) Die Besonderheit der mit der lukianischen weitgehend gemeinsamen Textform von La[123] besteht in der noch engeren Angleichung an die masoretisch überlieferte aramäische Vorlage; vgl. S.274.

zungstechnisch genaue Wiedergabe des Ausdrucks הוו זהירין. Offen bleibt die Frage, ob es sich um die im B-Text öfter nachweisbare von der lukianischen Rezension unabhängige rezensionelle Rückbewegung zur masoretischen Vorlage handle – die restlose Unabhängigkeit von L ist hier evident – oder um die gleicherweise im B-Text nachweisbaren Spuren der Bewahrung von durch die übrige Überlieferung verschütteter ursprünglicher Übereinstimmung mit dem aramäischen Original.

Das Fehlen der Konjunktion ὅπως würde eine der Übersetzungstechnik von Esdr II schwer zuzumutende syntaktische Schwierigkeit mit sich bringen, die in der Zäsur zwischen dem Adverb ἔτι und dem Ausdruck ἀπὸ τῆς γνώμης bestünde: eine asyndetische Nebenordnung von zwei Hauptsätzen, bei der es offen bliebe, ob der zweite Satz mit dem adverbialen Ausdruck ἀπὸ τῆς γνώμης beginnt – „auf Grund der (zuvor aufgetragenen) Massnahme seid wachsam" – oder erst mit dem Befehl πεφυλαγμένοι ἦτε, so dass der Ausdruck ἀπὸ τῆς γνώμης den Abschluss des ersten Satzes bildete: „jene Stadt soll nicht wieder aufgebaut werden, entsprechend dem (zuvor erteilten) Befehl." Diese Schwierigkeit dürfte der Grund sein, warum Rahlfs – textkritisch kühn – von den beiden der Überlieferung nach als B-Text und dem Charakter nach als Übereinstimmung mit 𝔐 gleichgelagerten Textelementen das eine, das Fehlen von ὅπως, verwirft, das andere, den Zusatz von ἦτε, aufnimmt.

Aber auch diese Lösung bringt Schwierigkeiten mit sich: Der mit ὅπως eingeleitete Finalsatz – „damit ihr nach ausgeführtem Vorsatz (?), ἀπὸ τῆς γνώμης, euch hütet, πεφυλαγμένοι ἦτε, hierin eine Nachlässigkeit zu begehen", ἄνεσιν ποιῆσαι περὶ τούτου[1], hätte keinen sinnvollen Bezug zu beiden vorgeordneten Vordersätzen, nicht zu der Ankündigung des Königs, dass die Stadt nicht wieder aufgebaut werden dürfe, vollends nicht zu seinem Befehl an die Provinzialbeamten – γνώμην θέτε –, die Juden am Wiederaufbau zu hindern; sinnvoll wäre der königliche Befehl, in dieser Massnahme keine Nachlässigkeit zu begehen, im Kontext der zugeordneten Aussagen nur als neueinsetzender Befehl des Königs ohne finale Zuordnung mit ὅπως, als Finalsatz aber nur, wenn ihm die königliche Aussage „ich befehle euch" vorgeordnet wäre.

Es bleibt sowohl von der Überlieferung – dem rezensioneller Korrektur nach 𝔐 in B-Text und L gegenüberstehenden übereinstimmendem Zeugnis von a und b – als auch von der Bedeutung – der sinnvollen Zuordnung der einzelnen Aussagen – her als glaubwürdigste Lösung die Annahme einer übersetzungstechnisch – durch Missverständnis oder zerstörte Überlieferung des Nebensatzes עד־מני טעמא יתשׂם – bedingten Übersetzung in der Form eines Anakoluths:

---

[1]) Ob der etymologisch ungesicherte Begriff שׁלו, der das vom König verbotene Handeln bezeichnet, mit der ursprünglichen Äquivalenz als ἄνεσις: „Nachlässigkeit", gedeutet wird, oder mit der lukianischen als παράλογον: „Irrtum" (*sine ratione* La[123]) – eine weitere Äquivalenz liegt für diese beiden Begriffe in LXX nicht vor; die analoge aramäische Formulierung des königlichen Befehls in Dan 3 29 (LXX 96), wo ο' mit βλασφημεῖν, θ' mit βλασφημία überträgt, lässt es schwer fallen, hier nicht die gleiche Etymologie vorauszusetzen (vgl. aber KBL V (Aramäisches Lexikon 1995), sub verbo שׁלוּ et שָׁלָה) –, ist für diese Frage ohne Belang.

Der mit der Konjunktion ὅπως eingeleitete Finalsatz lautet: ὅπως ... μή ποτε πληθυνθῇ ἀφανισμὸς εἰς κακοποίησιν βασιλεῦσιν, „damit niemals Zerstörung zum Unheil der Könige Ereignis werde", und bezieht sich als solcher sinnvoll auf die beiden Vordersätze, den Befehl des Königs, den Wiederaufbau zu verhindern, und seine Ankündigung, dass diese Massnahme für immer gelte. In diesen Finalsatz ist als Parenthese – nicht als syntaktisch korrekter genitivus absolutus, πεφυλαγμενων, sondern, weil das Subjekt im einleitenden Befehl θέτε γνώμην direkt angesprochen war, im Nominativ – der partizipiale Satzteil ἀπὸ τῆς γνώμης πεφυλαγμένοι ἄνεσιν ποιῆσαι περὶ τούτου eingebaut: „(Jene Stadt darf nicht wieder aufgebaut werden, d a m i t) – da ihr auf Grund eures Auftrags euch davor hüten müsst, in dieser Sache eine Nachlässigkeit zu begehen – (n i e m a l s e i n e Z e r s t ö - r u n g z u m S c h a d e n d e r K ö n i g e e i n t r e t e) "[1].
Die Abweichung von der masoretisch überlieferten Aussage setzt sich im folgenden Vers, 23, in der Weise fort, dass infolge der Fehldeutung des Ausdrucks נשתונא (פרשגן) als φορολόγος[2] und auf Grund der von 𝔐 abweichenden Vorlage כנותה an Stelle von כנותהון – die Kopula και wird von *L'* Aeth Compl Sixt, das Pronomen im Plural αυτων von *B'L*, εαυτων von Compl nach 𝔐 eingesetzt, der Text nach dieser Form und Bezeugung von Rahlfs als ursprünglich aufgenommen – gegen 𝔐 eine Instanz eingeführt wird, die den Brief des Königs den Provinzialbeamten, die als seine „Mitknechte", σύνδουλοι ἑαυτοῦ, bezeichnet werden, vorliest. Dass die bei dieser Rekonstruktion als Zeugen der ursprünglichen Textform zusammenstehenden Rezensionen *a* und *b* eine syntaktische Eigentümlichkeit aufweisen, die in Esdr II höchstens als Ausnahme erscheint, das Reflexivpronomen in Abhängigkeit von einem Nomen in prädikativer Stellung[3], ist kein Argument gegen die Annahme von Ursprünglichkeit, auch kein Grund, die reflexive Form, da sie an anderen Stellen bei Bezeugung durch diese beiden Textgruppen als sekundär bestimmt werden muss, auch hier nur mit den Zeugen 121 119 Sixt durch αὐτοῦ zu ersetzen: Hier lässt sich die syntaktische Ausnahme durch die Ausnahme der Aussageform erklären: Bei Setzung des Personalpronomens αὐτοῦ bliebe die Frage offen, ob mit der Instanz, auf die es sich bezieht, der φορολόγος oder der König gemeint ist[4].

---

[1]) Eine Bestätigung dieser Textrekonstruktion und ihrer Erklärung finde ich seither in der für die „Bible d' Alexandrie" vorgesehenen Dissertation von T. Janz, Le deuxième livre d' Esdras, traduction et réception, die mir seit April 1998 durch die Freundlichkeit des Verfassers im Manuskript zugänglich ist, die der Erklärung entsprechende Übersetzung S. 171, wichtige Erläuterungen S. 255.
[2]) Vgl. S.121f. Anm.1.
[3]) Vgl. S.313 mit Anm.2, S.385 Anm.1.
[4]) Einen der u r s p r ü n g l i c h e n Textform der Übersetzung eigentümlichen sensibeln Gebrauch des reflexiven Pronomens, der durch das gemeinsame Zeugnis von *a* und *b* bestätigt ist, scheint die Überlieferung des Ausdrucks εἰς τὸν τόπον αὐτῶν gegenüber εις τον εαυτων τοπον *B'* – so Rahlfs – in 5₁₅ zu zeigen: Die für das reflexive Pronomen zu erwartende attributive Stellung ist als aus der lukianischen Textform εις τον εαυτου (αυτου Compl, post τοπον tr 121) τοπον (*loco suo* pro εις – fin La[123]) übernommen zu erklären, die aber hier im Kontext des grösseren Zusatzes nach 𝔐 (vgl. S.19) auf das unmittelbar voranstehende Subjekt, (και) ο οικος

2. In ähnlicher Weise von der aramäischen Vorlage abweichende Satzkonstruktion und ähnliche Übereinstimmung mit ihr in je verschiedener Weise im B-Text und in der lukianischen Rezension liegt vor in der dreigliedrigen Aussage, mit der die Provinzialbeamten in der vorangehenden Eingabe an den König von der Tätigkeit der heimgekehrten Juden in Jerusalem berichten: 4,12 „Sie bauen die aufrührerische Stadt wieder auf, vollenden die Mauern und erhöhen¹ die Fundamente."

Aber hier wird von den beiden Abweichungen gegenüber der masoretischen Vorlage, der Umwandlung der ersten Aussage in einen Relativsatz: „(sie kamen nach Jerusalem, die aufrührerische Stadt), die sie wiederaufbauen": ἥν οἰκοδομοῦσιν², und der Umwandlung der zweiten Aussage in das passivum: „und ihre Mauern werden wieder hergestellt": κατηρτισμένα εἰσίν, die erste Aussage durch Ausmerzung des Relativpronomens ἥν sowohl im B-Text (B′) als auch lukianisch (L La¹²³) mit 𝔐 übereinstimmend überliefert, die zweite Aussage durch aktive Konstruktion nur im B-Text (B′) zusammen mit A 71 $b^{-46\ 248\ 381}$ 119 und La¹²³: κατηρτισμενοι εισιν (> La), während L, gegen die masoretische Formulierung und Interpunktion, aber die Intention der Aussage im Kontext verdeutlichend, durch Vorordnung der Partikel καί und Zusatz des Pronomens αὐτήν: και οικοδομουσιν αυτην, den Bericht vom Bau der Stadt von ihrer Charakterisierung als aufrührerisch, die als Apposition der vorangehenden Nennung Jerusalems zugeordnet wird, trennt und unabhängig von 𝔐 attisierend das plurale Neutrum κατηρτισμένα im Singular konjugiert.

Aber für die Ursprünglichkeit der von der Annäherung an die masoretische Vorlage des B-Textes und weiterer Zeugen, für die sich Rahlfs erklärt, und von der syntaktischen Glättung der lukianischen Rezension befreiten Textform sprechen gewichtige textgeschichtliche und übersetzungstechnische Gründe: Es ist textgeschichtlich wiederum das Zusammengehen der Hauptzeugen von *a* und *b*, das hinsichtlich der von 𝔐 abweichenden Passivkonstruktion κατηρτισμένα auch durch die lukianische Bezeugung – das bedeutet:

του θεου (οικοδομηθητω) bezogen der Regel des Gebrauchs entspricht, während durch die auf von 𝔐 abweichende Vorlage zurückzuführende verkürzte ursprüngliche Textform sowohl das weite Abstehen des Bezugswortes: πάντα τὰ σκεύη (vgl. Bl.-Debr. 283,3: „Je mehr zwischen Subjekt und Pronomen tritt, desto seltener wird das Reflexivum gesetzt"), als auch seine Satzstellung als Akkusativobjekt (vgl. Kühner-Gerth 455,1b, Schwyzer II S. 198) – es wäre, so viel ich sehe, der einzige so konstruierte Fall in Esdr II; in 14,13 (7), ἔστησα τὸν λαὸν κατὰ δήμους μετὰ ῥομφαιῶν (των μαχαιρων L) αὐτῶν, λόγχας (και των δορατων L Compl) αὐτῶν καὶ τόξα (των τοξων L Compl) αὐτῶν, erweist schon die beibehaltene prädikative Stellung, vor allem aber die schwache und durch Eindringen von reflexiva gekennzeichnete Überlieferung: εαυτων für αὐτῶν 1⁰ A V 58 119, für 2⁰ 58, für 3⁰ A*?, den sekundären Charakter – dem vorherrschenden Gesetz des Gebrauchs von reflexiven Pronomina widerspräche. Es sind die Kriterien, die auch für die Entscheidung in 16 (αὐτῶν] εαυτων A *a* 58) gelten (vgl. auch 14,3).

¹) So nach dem für die etymologisch ungesicherte Bildung יְשַׁכְלִלוּן (vgl. BKL V 1995 sub verbo חוט) – ausser in La¹²³: *fodiunt* – in LXX einhellig überlieferten Äquivalent: ἀνύψωσαν, das semantisch keinen Aufschluss gibt: „ubi libere verterunt" (Schleusner sub verbo). Zum Problem der Bedeutung und der Satzkonstruktion vgl. vor allem Rudolph S. 38.

²) Hierzu vgl. S.391.

durch eine vorlukianische Grundlage – unterstützt wird, und dem sich hinsichtlich der von 𝔐 abweichenden relativen Satzkonstruktion ἣν οἰκοδομοῦσιν als weiterer Zeuge, der eine von der masoretischen abweichende Tradition schon in der aramäischen Vorlage wahrscheinlich macht, die lateinische Textform der Vulgata zugesellt; *civitatem ..., quam aedificant*. Es ist in übersetzungstechnischer Hinsicht die überlegte Wahl der tempora in den Verbalaussagen, die die passive Formulierung der Aussage über die Vollendung der Mauern fordert: Die Handlung der Urheber des Wiederaufbaus, der Juden, steht im praesens: Sie sind in die aufrührerische Stadt gekommen, die sie jetzt wiederaufbauen, ἣν οἰκοδομοῦσιν. Ihr Werk der Vollendung der Mauern steht – nach präsentischem Gebrauch der Form – im perfectum: Die Mauern sind im Zustand des Vollendetwerdens, κατηρτισμένα εἰσίν –, nicht ihre Erbauer im Zustand ihres Vollendens[1]. Ihr Werk der Erhöhung der Fundamente steht – nach dem „den Anfangs und Endpunkt als Ganzes"[2] bezeichnenden Gebrauch der Form – im Aorist: sie haben „ihre", der Stadt, Fundamente schon „erhöht", τοὺς θεμελίους αὐτῆς ἀνύψωσαν[3].

3. Die gegenseitige Zuordnung der einzelnen Satzglieder bedarf auch bei dem Ausdruck בית האלהים אשר בירושלם, aramäisch בית אלהא די בירושלם einer Untersuchung von Übersetzungstechnik und Überlieferung der LXX-Zeugen her. Die Beziehung des Begriffs „Haus Gottes" auf Jerusalem: „das Haus Gottes, das in Jerusalem ist", nicht auf Gott: „das Haus des Gottes, der in Jerusalem wohnt", die in der hebräischen und aramäischen Vorlage, obwohl die Relativpartikeln אשר und די beide Möglichkeiten offen lassen, anzunehmen ist, erscheint in der Übersetzung in den meisten Fällen durch den Casusbezug (τὸν) οἶκον (κυρίου) τὸν (ἐν Ἰερουσαλήμ) gesichert – so bei, abgesehen von 1₅ om τόν 2⁰ b Ald und 7₁₆ του pro τὸν 2⁰ L 44 55, nur schwach bezeugten und überall sekundären Varianten in 2₆₈ 5₂ 1₇ 6₁₂ 2₇ –, und muss darum auch in der Genitivkonstruktion 6₃ περὶ οἴκου τοῦ θεοῦ τοῦ ἐν Ἰερουσαλήμ und 7₁₇ τοῦ οἴκου τοῦ θεοῦ ὑμῶν τοῦ ἐν Ἰερουσαλήμ so verstanden werden.

Aber an drei Stellen fordert die uneinheitliche Überlieferung die Frage nach dem ursprünglichen Text: In 1₄ lesen in dem Ausdruck εἰς οἶκον του θεου του εν Ιερουσαλημ nur die Zeugen A a⁻⁷¹ ¹³⁴ La¹²³ Sixt auf οικον bezogenes τον für του 2⁰, in 4₂₄ το εργον οικου του θεου το εν ιερουσαλημ nur der B-Text (B′) mit L 71-130 610 (La¹²³ inc[4]) του für το

---

[1]) In diesem Fall wäre wie bei οἰκοδομοῦσιν das praesens zu erwarten: καταρτίζουσιν oder καταρτίζονται (transitiver Gebrauch der medialen Form ist in Esdr II durch 5₃ 9 11 6₁₄ gesichert); der im Perfekt formulierten noch ausstehenden Vollendung der Mauern entspricht die konditional in die Zukunft gesetzte verwirklichte von vollendetem Bau von Stadt und Mauer im gleichgeordneten Konjunktiv des Aorist beider Verben in v. 13 und 16.

[2]) Bl.-Debr. § 332.1.

[3]) Die Fundamente werden, die aramäische Vorlage interpretierend, als die Fundamente der Stadt: τοὺς θεμελίους αὐτῆς, erklärt, in der Parallelstelle zu Esdr I (2₁₇) als die Fundamente des Tempels: ναὸν ὑποβάλλονται; darum auch keine zeitliche Zuordnung zum Beginn des Mauerbaus im Plusquamperfekt.

[4]) La¹²³ liest *opus tēpli đi quod ē in hierlem*. Obwohl der Ausdruck *quod est* sowohl auf *templum* als auch auf *opus* beziehbar ist, ist der Bezug auf *templum* – als richtige Interpretation

2^0, und in 5₁₆ setzt in dem Ausdruck θεμελιους του οικου του θεου εν (εις B′) ιερουσαλημ eine ähnliche Zeugengruppe, B′ V 19′ 134 98 La¹²³ Aeth Compl¹, den hier sowohl auf οικου als auch auf θεου beziehbaren Artikel του vor εν (bzw. εις) ιερουσαλημ.

Vom Zeugencharakter her lassen sich die beiden vornehmlich vom B-Text und lukianisch bezeugten Textformen sowohl als Bewahrung der ursprünglichen mit 𝔐 übereinstimmenden Äquivalenz als auch als rezensioneller Eingriff, in 5₁₆ als Korrektur nach 𝔐, in 4₂₄ als Interpretation nach 𝔐 im Sinn der Übersetzung der übrigen Stellen, erklären. Dass aber eine vom Übersetzer selbst intendierte Differenzierung in der Bedeutung dieses Ausdrucks nicht ausgeschlossen werden kann, legt die nur von der Rezension *a*, A und der hebraisierenden Übersetzung von La¹²³ in der traditionellen Weise überlieferte Textform von 1₄ nahe, die auch Rahlfs hier auf Grund der Bezeugung als sekundär einstuft. Lassen sich die drei textgeschichtlichen Ausnahmen 1₄ 4₂₄ 5₁₆ aus ihrem Kontext als Interpretamente erklären, die eher in der Intention der Übersetzung zu suchen wären als in der rezensionellen Absicht der in Esdr II überlieferten Rezensionen, in denen sich Rezensionselemente dieser Art schwer finden lassen?

Ein solches Interpretament lässt sich in 1₄ darin erkennen, dass es in den beiden einander zugeordneten Aussagen von v. 4 und 5 um zwei verschiedene Instanzen geht, die mit dem Heiligtum in Jerusalem zu tun haben, in v. 4 um die nichtisraelitischen „Leute des Ortes", die die „noch übrig gebliebenen" Juden mit Gaben für den Tempel in Jerusalem unterstützen sollen – für sie steht im Mittelpunkt, dass es in dem, was ihnen befohlen ist, um den fremden Gott geht, der ihnen gegenüber darum auch nicht יהוה: κυριος, sondern האלהים: ὁ θεός heisst und der im fremden Land der jüdischen Auswanderer wohnt: ὁ θεὸς ὁ ἐν Ἰερουσαλήμ –, in v. 5 aber um die jüdischen Heimkehrer der Golah, deren „Geist" dieser „Gott aufgeweckt hat, aufzubrechen", um ihm, ihrem Gott Jahwe, „das Haus zu bauen", das am Ziel ihrer Heimkehr, Jerusalem, stehen muss: ὁ οἶκος κυρίου ὁ ἐν Ἰερουσαλήμ.

Diese Erklärung als Interpretation durch die Übersetzung der LXX wird bestätigt durch den analogen – auch textgeschichtlich aber nicht anfechtbaren – Fall des königlichen Schreibens an Esra (Esdr II 7₁₁₋₂₆), in dem hinsichtlich der Spendung von Geldern für Jerusalem die je verschiedene Bestimmung des Tempels, bei den persischen Spendern als Haus des Gottes, der in Jerusalem wohnt (v. 15), bei den dem Volk Israel Angehörenden (v. 16) als Haus Gottes, das in Jerusalem ist, im ersten Fall schon durch die aramäische Vorlage eindeutig entschieden ist: לאלה ישראל די בירושלם שכנה · τῷ θεῷ τοῦ Ἰσραὴλ τῷ ἐν Ἰρουσαλημ κατασκηνοῦντι (τω θ. του ι. ου το σκηνωμα (+ *est* La) εν ιερ. *L* La¹²³), im zweiten Fall in der Übertragung der stereotypen Formulierung der Vorlage, לבית אלהים די בירושלם, in LXX in gleicher Weise wie in 1₅ interpretierend entschieden: εἰς οἶκον

---

des im B-Text und *L* sowohl auf οἴκου als auch auf θεοῦ beziehbaren Artikels του – wahrscheinlicher.

¹) Der Text von La¹²³: *dedit fundamta domui qui est in hierlm* muss mit Homoiot.- Ausfall von *domini* (d̄n̄ī) oder *dei* (d̄ī) nach *domui* erklärt werden und ist somit Mitzeuge für του vor εν ιερουσαλημ.

θεοῦ τὸν ἐν Ἰερουσαλήμ und nur lukianisch – aber nicht in La[123]! – entgegen dem auch für die aramäische Vorlage vorauszusetzenden Sinn, aber in Analogie an die Aussage von v. 15 umgedeutet wird: εις τον οικον του θεου του εν ιερουσαλημ L (dagegen La[123]: *in domum dei quae est in hierlm*).

Ein entsprechendes Interpretament lässt sich auch aus den eigenständigen Übersetzungen der Verse 4₂₄ und 5₁₆ in ihrer vom B-Text und der lukianischen Rezension unabhängigen Überlieferung herauslesen: Es geht in 4₂₄ um „das Werk am Haus Gottes, das in Jerusalem geschieht", τὸ ἔργον οἴκου τοῦ θεοῦ τὸ ἐν Ἰερουσαλήμ, – der Ton liegt auf dem geschehenden Werk –, das nun bis ins zweite Jahr der Herrschaft des Darius ruhen muss, und es geht in 5₁₆ um die Grundsteinlegung am Haus Gottes, die durch Sesbazzar in Jerusalem vollbracht wird, ἔδωκεν θεμελίους τοῦ οἴκου τοῦ θεοῦ ἐν Ἰερουσαλήμ, nachdem er mit dem Auftrag, die Geräte „im Haus, das in Jerusalem ist, ἐν τῷ οἴκῳ τῷ ἐν Ἰερουσαλήμ, niederzulegen" (15), dort angekommen ist; an beiden Stellen steht nicht „das Haus, das in Jerusalem ist", sondern, das Werk, das dort an ihm geschieht, Grundsteinlegung und Bau, im Mittelpunkt.

4. Der schon in 𝔐 verderbt überlieferte und nur durch Konjekturen verstehbar zu machende Text 8₁₅₋₂₀, der die Beschaffung der in Esras Heimkehrerschar fehlenden Leviten durch eine Gesandtschaft an Vorsteher und Leute von Kasifja zum Gegenstand hat und der in der masoretisch überlieferten Vorlage noch so weit in Ordnung ist, dass in ihm die verschiedenen Gruppen der Heimkehrer, „Laien" (22) Priester (36), Leviten (40) und „Tempelsklaven" (נתינים (43)), auseinandergehalten sind – die von Esra Gesandten bitten die Leute von Kasifja, ihnen „Diener für das Haus unseres Gottes": משרתים לבית אלהינו, das sind in erster Linie die Esras Gemeinde mangelnden Leviten, zu beschaffen, und dieser Bitte wird entsprochen durch die Sendung von 38 Leviten (18-19) und von 220 Tempelsklaven (20) –, ist in der Übersetzung der LXX durch Missverständnisse – an Stelle der Ortsbezeichnung במקום בכספיא ist durch Erklärung aus dem Stamm כסף in einem adverbialen Ausdruck von „Geldern des Ortes": ἐν ἀργυρίῳ τοῦ τόπου, die Rede[1] –, und durch eine 𝔐 gegenüber noch stärker zerstörte Vorlage – an die Stelle der die Leviten bezeichnenden משרתים tritt die untergeordnete Gruppe der משררים: ᾄδοντες (17), für den einen abgeordneten Leviten und seine Söhne bezeichnenden Ausdruck שרביה ובניו (18b) setzt die die Satzkonstruktion sprengende Wiedergabe ἀρχὴν ἤλθοσαν οἱ υἱοὶ αὐτοῦ eine

---

[1]) Was die Einordnung des Ausdrucks in die Satzkonstruktion betrifft, wird er an der ersten Stelle, in v. 17a, den Vorsteher der Ortschaft, dessen Name אדו in der ursprünglichen Übersetzung ausgefallen und nur lukianisch nachgetragen ist (αδδαει), als Bevollmächtigten, הראש, über die Gelder: ἄρχων ἐν ἀργυρίῳ τοῦ τόπου, an der zweiten Stelle, in v. 17b, den Zweck ihrer Verwendung, die Beschaffung der Sänger, bezeichnen. Die gleiche Rückführung auf den Stamm כסף, aber in einer Formulierung und Äquivalenz, die gegenseitige Abhängigkeit der beiden Esrabücher an dieser Stelle eher unwahrscheinlich macht, liegt im Paralleltext von Esdr I (8₄₄₋₄₅) vor: אדו: Ἀδδαῖος, wird als ὁ ἡγούμενος ὁ ἐν τῷ τόπῳ τοῦ γαζοφυλακίου bezeichnet, die Instanzen, die die Tempeldiener, ἱερατεύσοντας, beschaffen sollen, sind Ἀδδαῖος, seine Brüder und die Verwalter der Schatzkammer: οἱ ἐν τῷ τόπῳ γαζοφύλακες.

Vorlage voraus, die ungefähr בראש באו בניו lauten müsste[1], – eine dermassen verwilderte Textform entstanden, dass sie sich ohne willkürliche und durch keine Überlieferung gedeckte Texteingriffe nicht mehr verstehen lässt[2].

Im Kontext dieser Fehldeutungen der LXX stellt sich die Frage nach ihrer ursprünglichen Textform nur hinsichtlich des Verständnisses des schon in der masoretisch überlieferten Vorlage von v. 17 schwer einzuordnenden Begriffs הנתונים – nach Qere הנתינים –, der im hebräischen Kontext sinnvoll nur mit Ketib als passivem Partizip erklärt werden kann: „Iddo und seine Brüder – וְאֶחָיו (nach Esdr I 8,45 und ϑ) für אָחִיו in 𝔐 –, die in Kasifja stationiert waren." LXX liest nach Qere ναθινιμ, mit nur innergriechischen Varianten: nach der überwiegenden Überlieferung im Genitiv: τῶν ν. – τω ν. in B 106 46 58 610 Aeth⁻ᴮ (vid) ist durch Haplographie zu erklären –, nur in 130-314 ohne Artikel und nur lukianisch in der gräzisierten Form des Akkusativ: τους ναθιναιους L[3]; daraus rekonstruiert Rahlfs τοὺς ναθινιμ. Das ursprüngliche Ketib setzt nur La¹²³ voraus: *qui habitant*[4].

Der im Qere überlieferte Begriff נתינים ist in diesem Satz ein kaum erklärbarer Fremdkörper. In der hebräischen Vorlage, der die lukianische Konstruktion im Akkusativ entspricht, müsste er bedeuten, dass die „Brüder" in Kasifja, die von den Leuten Esras um Tempeldiener gebeten werden – L korrigiert auch ᾄδοντας nach 𝔐 in λειτουργους –, gesamthaft נתינים, die niedrigste Klasse der Tempelordnung, gewesen wären und als solche die Vollmacht hatten, Leviten abzuordnen. Demgegenüber liesse sich aus der in LXX bestüberlieferten Einordnung des Begriffs im Genitiv eine der Realität wenigstens besser entsprechende Erklärung herauslesen. Der Genitiv τῶν ναθινιμ bezieht sich vorwegnehmend auf die von Esra erbetenen Tempeldiener, die nach LXX die Sänger, ᾄδοντες, sind: Diener mit dieser Aufgabe werden von den Brüdern aus der Zahl der נתינים erbeten; in der richtigen, nur aus übersetzungstechnischem Grund, der Einhaltung der in der Vorlage überlieferten Wortfolge, syntaktisch ungewohnten Satzkonstruktion: τοῦ ἐνέγκαι ἡμῖν ᾄδοντας τῶν ναθινίμ εἰς οἶκον θεοῦ ἡμῶν[5].

---

[1]) Aus שרביה durch Metathese von שר und Umdeutung in ראש? Die Rückführung des adverbialen Ausdrucks ἀρχήν auf die Silbe שׁר durch Janz (S. 266) ist aus dem Grund nicht ganz sicher, weil das Nomen שׂר in LXX wohl oft mit ἄρχων wiedergegeben, nirgends aber der Stamm שרר, שר mit dem Nomen ἀρχή in Verbindung gebracht wird; vgl. S.176f..

[2]) Vgl. den einleuchtenden Lösungsversuch von Rudolph (S. 74-77).

[3]) Vgl. S.322-324.

[4]) Eher auf freier Wiedergabe von נְתוּנִים als auf abweichender Vorlage יֹשְׁבִים beruhend. ϑ liest mit Qere *nathinneos*; Ketib dürfte mit La¹²³ die Übersetzung von Esdr I (8,45) lesen, da sie mit dem Verzicht auf ein Äquivalent in dem Ausdruck τοῖς ἐν τῷ τόπῳ γαζοφύλαξιν das Wohnen bzw. Stationiertsein an diesem Ort miteinbegreift. Zur Textform von La¹²³ vgl. auch S.277 mit Anm.5.

[5]) Nach dieser Interpretation wäre das Komma nach ναθινίμ zu streichen. Als andere mögliche syntaktische Erklärung des Genitivs im Sinn der in der Edition vorgeschlagenen Interpunktion kommt die von Janz befürwortete in Betracht (S. 167 mit Erklärung S. 244f.), nach der diejenigen, die נתינים sind, von den Leuten Esras gebeten werden, aus ihrer Gemeinschaft Sänger abzuordnen: „Je mis dans leur bouche des paroles à dire à ceux des *nathinim* qui étai-

5. Von einigen Verschreibungen in der Vorlage des Übersetzers her müssen auch die Schwierigkeiten in der Übertragung des masoretisch korrekt überlieferten aramäischen Textes von Arthasasthas Brief an Esra, 7₁₁₋₂₆, erklärt werden:

Die Abweichungen von 𝔐, die zur Uminterpretation der LXX führen, sind (1) die Verschreibung des Ausdrucks להיבלה in להיכלא am Anfang von v. 15¹, durch welche die v. 14 zugeordnete finale Infinitivkonstruktion – „da du gesandt bist, in Juda und in Jerusalem nach dem Gesetz deines Gottes nachzuforschen, und um das Gold und Silber hinzubringen" – als neu einsetzender Hauptsatz und als Aussage über die „in das Haus des Herrn", εἰς οἶκον κυρίου, zu bringenden Gelder den nachfolgenden Aussagen zugeordnet werden muss, (2) das Missverständnis der kausalen Konjunktion כל־קבל דנה, „aus diesem Grund" am Anfang von v. 17 als im Akkusativ stehende Partizipialform, πᾶν προσπορευόμενον τοῦτον, die entweder auf frei übertragenes Verbum קבל im nachbiblischen Gebrauch als „besuchen" oder auf von 𝔐 abweichende Vorlage קרב zurückzuführen ist², und (3) die dem masoretischen Text gegenüber sekundäre Überlieferung des in v. 17 folgenden Ausdrucks בכספא in der Form בספרא, die an Stelle der zugeordneten Verbalform תקנא, „kaufe", eine Bildung des Stammes תקן mit sich führte: ἔνταξον ἐν βιβλίῳ τούτῳ³.

Nach ursprünglicher Textform und Bedeutung umstritten ist auf Grund dieser Transformation der masoretischen Überlieferung die imperative Aussage πᾶν προσπορευόμενον τοῦτον ἑτοίμως ἔνταξον ἐν βιβλίῳ τούτῳ.

Die ursprüngliche Textform steht nur hinsichtlich der von den Unzialen – B A V und den zugehörigen Minuskeln 55 und 58 – gebotenen Bildung παν gegenüber παντα in Frage, was exegetisch nur insofern von Bedeutung ist, als πάντα ein maskulines Verständnis des Ausdrucks notwendig fordert, während die Bildung πᾶν neben der traditio-

---

ent leurs frères pour que, à l' aide de l' argent du lieu, ils nous amènent des chantres pour la maison de notre Dieu". Durch die Umdeutung der Ortsbezeichnung בכספא המקום in den Ausdruck ἐν ἀργυρίῳ τοῦ τόπου ist in LXX unter dem Begriff τόπος wahrscheinlich kein bestimmter Ort mehr zu verstehen, sondern die wiedergewonnene Stätte der Heimkehrer mit ihren hier gebliebenen Bewohnern als ganze. Innerhalb dieser Gemeinde erginge dann die Bitte Esras über den ἄρχων ἐν ἀργυρίῳ nach der einen Interpretation an die נתינים, um Sänger zu beschaffen, nach der anderen – historisch wahrscheinlicheren – an die „Brüder", um sie aus den נתינים auszuwählen; doch muss auch ungesichert bleiben, wie weit die Kenntnis der Machtbefugnisse innerhalb der Ämter des Tempeldienstes, die auch nach Qere nicht mehr bekannt zu sein scheint, beim Übersetzer noch vorausgesetzt werden darf.

¹) Vgl. S.148f.
²) Der Ausdruck כל־קבל די (דנה), bzw. לקבל די, ist mit Ausnahme von 6₁₃, wo das Äquivalent πρὸς ὅ wohl aus dem Kontext erschlossen ist, wahrscheinlich aus Unkenntnis, an allen Stellen unübersetzt geblieben und erst lukianisch in 7₁₄, auch 6₁₃ für πρὸς ὅ, mit καθοτι, in 4₁₄ mit καθως, in 4₁₆ und 7₁₅ mit προς ταυτα nachgetragen.
³) Die Äquivalenz תקן - ἐντάσσειν ist zwar anderwärts in LXX nicht nachgewiesen, aber sinngemäss; vgl. die Äquivalenz der Nominalbildungen מתכנת Exod 5₈, תכן 18 mit σύνταξις. Diese Herkunft bleibt wahrscheinlicher als die Erklärung von der hebräisch bezeugten allgemeinen Bedeutung „schaffen" beim Stamm קנא.

nellen Form als neutrum auch als maskuliner Akkusativ in LXX so häufig und gut bezeugt ist, dass ihrer Aufnahme in den Text nichts im Wege steht[1].

Aber das zunächst gebotene neutrale Verständnis – die vom König, seinen Räten, vom Volk und den Priestern gespendeten Gelder, ἀργύριον καὶ χρυσίον (v. 15-16), sollen als „alles, was eingegangen ist", πᾶν προσπορευόμενον[2], „in das Buch eingetragen", registriert, werden – wird durch die Verbindung dieses Ausdrucks mit dem demonstrativen Pronomen τοῦτον erschwert, dessen neutrale Bedeutung der Septuagintasprache fremd und auch anderwärts nur in nichtliterarischen Texten überliefert ist[3]. Personell als masculinum verstanden, wofür die Verwendung dieses Ausdrucks in 20₂₈ (29) spräche – auch hier eine freie Wiedergabe als Äquivalent für כל־הנבדל: πᾶς ὁ προσπορευόμενος, „ein jeder, der aus dem „Volk des Landes" zur Kultgemeinde gekommen war" – bliebe der Begriff als Akkusativobjekt auf den Befehl ἔνταξον ἐν βιβλίῳ τούτῳ bezogen innerhalb des Satzganzen ein Fremdkörper, da dann die folgende mit μόσχους beginnende Reihe der Opferbelange des Bezugs auf ein verbum finitum entbehrte[4].

Ein Verständnis des überlieferten Textes ohne sonst notwendigen textkritischen Eingriff in die Überlieferung – der naheliegendste stammt von Grabe, der τοῦτον in τοῦτο ändert – lässt sich nur dann gewinnen, wenn im vorangehenden Satzteil ein maskulines Nomen vorkommt, auf den sich der Ausdruck πᾶν προσπορευόμενον τοῦτον beziehen lässt. Dieser dürfte aber in dem Begriff zu finden sein, der als Äquivalent zu dem substantivierten Infinitiv התנדבות in v. 16 auch seiner Bildung nach hier seinen Ursprung hat: ἑκουσιασμός, und der als Bezeichnung der gestifteten Gelder sinngemäss für die Einkünfte steht, die anschliessend in die einzelnen Opferbelange umgesetzt werden: „Was du als Spende der Könige und Räte ... mitsamt der freiwilligen Spende – μετὰ ἑκουσιασμοῦ – des Volkes und der Priester findest ..., all das, was als diese Spende eingegangen ist, sollst du in dieses Buch eintragen (als Spende für) Stiere, Widder und Lämmer und die dazugehörigen Speiseopfer und Trankopfer und sollst sie darbringen auf dem Altar eures Gotteshauses in Jerusalem."

Diese Erklärung wird gestützt durch eine analoge Satzkonstruktion der Übersetzung, durch die in der folgenden Anweisung an die Schatzmeister der Provinz, den Juden Steuerfreiheit zu gewähren (v. 24), das in der masoretischen Vorlage auf das Haus Gottes bezogene Demonstrativpronomen, דנה (בית אלהא), absolut als Neutrum interpretiert und als Subjekt auf das vorangehende verbum finitum bezogen wird – der von Rahlfs übernommenen konjekturalen Korrektur nach 𝔐: τουτου, bei Swete und Br.-M., nach welcher der hier syntaktisch ausgeschlossene Artikel του in B als Haplographie erklärt wird, bedarf es darum nicht[5] –: „Euch ist bekannt gemacht – ὑμῖν ἐγνώρισται –, ..., den Dienern

---

[1]) Vgl. die Zusammenstellung bei Thack § 124; zur Erklärung Mayser I 1, S. 217f.
[2]) Der Begriff in dieser Bedeutung z. B. in SIG 344.112.
[3]) Vgl. Mayser I 2, S. 67.
[4]) Zu diesem Zusammenhang vgl. auch S.148f.
[5]) Eher ist ein – sekundärer – Zusammenhang mit L anzunehmen, wo der Artikel του durch die von 𝔐 her nicht geforderte Umformulierung in eine Infinitivkonstruktion, die im übrigen

des Gotteshauses – λειτουργοῖς οἴκου θεοῦ –, dieses – τοῦτο –: „Steuer darf gegen dich nicht erhoben werden" – φόρος μὴ ἔστω σοι."

6. Als Interpretation des Übersetzers, die auf den von der masoretischen Textform abweichenden Plural יבאו für יבא zurückgeführt werden muss, ist die Wiedergabe der Aufforderung zur Rechtsvollstreckung gegenüber den durch Mischehen schuldig gewordenen Gliedern der Gemeinde in 10₁₄ zu erklären: Nach dem Sinn der hebräischen Vorlage werden die Vorsteher aufgefordert, als Vertreter für die ganze Gemeinde einzustehen – יעמדו־נא שרינו לכל־הקהל –, und zu ihnen sollen die schuldig Gewordenen aus allen Städten mitsamt den Ältesten und Richtern ihrer Stadt zu festgelegten Zeiten kommen, um den Zorn Gottes von der Gemeinde abzuwenden. Nach der Interpretation der Übersetzung in ihrer bestüberlieferten Textform bezieht sich die Aufforderung an die Vorsteher sowohl auf den Einsatz für die Gemeinde als auch auf das Vertreten der schuldig gewordenen Glieder – στήτωσαν δὴ οἱ ἄρχοντες ἡμῶν τῇ πάσῃ ἐκκλησίᾳ καὶ πᾶσιν τοῖς ἐν πόλεσιν ἡμῶν, ὃς ἐκάθισεν γυναῖκας ἀλλοτρίας –, während die anschliessende Aufforderung zum Kommen der Ältesten und Richter der einzelnen Städte, dadurch dass der Jussiv יבא im Plural auf beide zuvor genannten Instanzen, die Vorsteher und die Schuldigen bezogen wird: „Sie sollen kommen und mit ihnen die Ältesten und Richter" – ἐλθέτωσαν εἰς

---

aber eine Rückbewegung zu 𝔐 darstellt, gegeben ist; hier verzichtet denn auch Grabe auf eine Konjektur. Merkwürdig ist, dass auch in der Parallelstelle von Esdr I (8₂₂) eine analoge Überlieferung vorliegt: die gleiche lukianische Umformulierung des Konjunktivs μηδὲ ... γίνηται in Infinitiv – aber unter Bewahrung des Vokabulars von Esdr I: μηδεμιαν φορολογιαν μηδε αλλην επιβουλην γινεσθαι (+ αυτοις L) L a, die gleiche syntaktisch unhaltbare Änderung des hier 𝔐 entsprechend auf τοῦ ἱεροῦ bezogenen Demonstrativpronomens τούτου in den Artikel του im B-Text (B' V' 119), der auch wegen dieser Parallelüberlieferung in beiden Esratexten eher auf textgeschichtliche Berührung mit L – eine halb eingerenkte Transformation, die L gegenüber sowohl primär als auch sekundär sein kann – als auf den zweimaligen mechanischen Fehler einer Haplographie in zwei nur inhaltlich übereinstimmenden Paralleltexten zurückgeführt werden muss. Die infinitive Formulierung in L, die wegen der indikativen Aussage לא שליט in der Vorlage eher eine Entfernung von 𝔐 darstellt, erweist sich in Esdr I dadurch als sekundär, dass die finite Formulierung durch die vorangehende einhellig überlieferte Konjunktion ὅπως gefordert ist; auch La^V und La^C (mitsamt La^123) formulieren im konjunktiven mit ut eingeleiteten finiten Verbalsatz. Von hier aus lässt sich die lukianische Rezension in beiden Esratexten als sekundäre Überarbeitung nachweisen, in Esdr I auf Grund dieser syntaktischen Kontamination von Infinitiv und verbum finitum fordernder Konjunktion, im Paralleltext von Esdr II in 7₂₄ auf Grund der mit der lukianischen in Esdr I 8₂₂ identischen Formulierung, in Esdr II 7₁₅ und 17 auf Grund des dublettenhaften Charakters, nach welchem in v. 15 mit dem Esdr I 8₁₃ entsprechenden Ausdruck απενεγκειν vor εις οἶκον κυρίου sowohl mit 𝔐 להיבלה als auch mit der Vorlage von LXX להיכלא, in v.17 mit dem an den Ausdruck ἐν βιβλίῳ τούτῳ anschliessenden Satzteil προς ταυτα επιμελως αγορασον εκ του αργυριου τουτου sowohl mit 𝔐 תקנא בכספא דנה als auch mit der Vorlage von LXX דנה בספרא תקנת vorausgesetzt, dazu mit προς ταυτα das richtige Verständnis des Ausdrucks כל־קבל דנה (vgl. S.379 Anm.2) und mit επιμελως das lukianische Äquivalent des in LXX mit ἑτοίμως wiedergegebenen Adverbums אספרנא als Dublette hinzugefügt ist (vgl. S.35 Anm.2).

καιροὺς ἀπὸ συνταγῶν¹ καὶ μετ' αὐτῶν πρεσβύτεροι πόλεως καὶ πόλεως καὶ κριταί – an sie als an eine dritte selbständige Instanz, nicht an sie als Begleiter der in ihrer Stadt schuldig Gewordenen ergeht. Der Unterschied gegenüber der masoretisch überlieferten Aussage der Vorlage besteht darin, dass auch die Vorsteher, die den קָהָל vertreten, verantwortlich für die Schuldigen eintreten müssen, denen als zweite richterliche Instanz die Ältesten und Richter ihrer Städte gegenüberstehen².

Die von Rahlfs als ursprünglich befürwortete hexaplarisch-lukianische Überlieferung, nach welcher die im Dativ dem קָהָל, τῇ πάσῃ ἐκκλησίᾳ, zugeordnete Instanz der Schuldigen, καὶ πᾶσιν τοῖς ἐν πόλεσιν ἡμῶν (ὃς ἐκάθισεν γυναῖκας ἀλλοτρίας), als Subjekt neben οἱ ἄρχοντες ἡμῶν im Nominativ erscheint, και παντες οι εν ταις πολεσιν ημων (οι λαβοντες γυναικας αλλοτριας) S^c-L, – Rahlfs zerreisst die so überlieferte Textform und nimmt nur den ersten Teil και - ημων als ursprünglich auf –, ist als sekundäre Rückbewegung zur masoretischen Vorlage zu bestimmen³.

7. Übersetzung als Interpretation, deren Verhältnis zur masoretisch überlieferten Textform nicht mehr an allen Stellen verifizierbar ist, liegt in der Wiedergabe der 15 1-13 dargestellten, auch in der hebräischen Vorlage teilweise verderbt überlieferten Rechtsverhält-

---

¹) Die Vokalisierung der Vorlage weicht von der masoretischen ab; das partizipiale Präfix ist als assimilierte Präposition מִן verstanden: מִזְמָנִים: „zu bestimmten Zeiten auf Grund von Vereinbarung"; vgl. 2034 (35) 2331 ἀπὸ χρόνων.

²) Eine Aktualisierung der Gemeindeordnung in hellenistischer Zeit: die gesetzgebende Gewalt der ἄρχοντες hier als Bewacher des offenbarten Gesetzes, die richtende Gewalt der κριταί und die gesetzausführende der dem Wohnsitz der Beschuldigten, πόλεως καὶ πόλεως, zugehörenden πρεσβύτεροι?

³) Der auch von Rahlfs als rezensionell bestimmte Satzteil οι λαβοντες γυναικας αλλοτριας entspricht sowohl hinsichtlich der syntaktischen Einpassung in den Kontext durch Änderung in den Plural als auch hinsichtlich der Wortäquivalenz durch Änderung des mit 𝔐: הֹשִׁיב, übereinstimmenden ursprünglichen Äquivalents ὃς ἐκάθισεν in den Ausdruck οι λαβοντες, der in Esdr II nach in LXX verankerter Tradition für das Grundwort נשׂא steht (9 2 12 10 44 23 25), als Prinzip der Vereinheitlichung synonymer Aussagen und der stilistischen Glättung eher der lukianischen als der hexaplarischen Tendenz, doch ist die Ersetzung von καθίζειν durch λαμβάνειν für הוֹשִׁיב zusammen mit L bei S^c auch in 10 2 10 und 18 (hier im Nachtrag eines ursprünglich fehlenden Satzteils) überliefert, nicht in 17, wo L allein steht, nicht in 23 23, wo auch L ursprüngliches οἳ ἐκάθισαν bewahrt, und nicht in 27, wo L zusammen mit La¹²³ (ut convertamus) für καθίσαι das die Vokalisierung לְהָשִׁיב voraussetzende Äquivalent ὥστε ἐπιστρέψαι setzt. Die grössere Nähe zu einer hebräischen Vorlage zeigt auch hier die altlateinische Übersetzung von La¹²³ darin, dass sie λαμβάνειν nirgends voraussetzt, aber das auf die masoretische Vokalisierung nach einer Form von ישׁב zurückgehende Äquivalent mit consedimus (cum mulieribus alienis) in 10 2 bewahrt und das Hiphil von שׁוב voraussetzende Äquivalent, das in 23 27 auch lukianisch überliefert ist, mit Formen von convertere – contradixerant in 10 17 und 18 dürfte innerlateinische Transformation aus diesem Verbum sein und ist sicher aus הֵשִׁיב zu erklären – an allen übrigen Stellen bezeugt. Die über L hinausgehende Nähe zu 𝔐 zeigt La¹²³ in 10 14 auch als einziger Zeuge für den Singular יָבֹא; auch gegen Pesch, 𝔙 (veniant) und Esdr I (9 12: παραγενηθήτωσαν): veniat.

nisse und Machenschaften vor, die in der Unterdrückung der niedrigen sozialen Schichten durch die höheren in Erscheinung treten: die Klage „des Volkes", העם, vor Nehemia gegen ihre „jüdischen Brüder", ihre Söhne und Töchter verpfänden zu müssen, um das nötige Getreide erwerben zu können – das Verständnis erfordert aber die Textform אנחנו ערבים an Stelle der masoretischen אנחנו רבים, die auch einhellig in LXX vorausgesetzt ist und als reine Klage in der Form anklagender Forderung interpretiert wird –: „wir sind viele; wir wollen Getreide bekommen" – λημψόμεθα (δοτε ουν ημιν L) σῖτον (v. 1-2), die Klage von anderen, ihre Äcker, Weinberge und Häuser verpfänden zu müssen – אנחנו ערבים: διεγγυῶμεν –, um für den Hunger Getreide erwerben zu können (v. 3), die Klage dritter, Geld für die königliche Steuer entlehnen zu müssen – לוינו: ἐδανεισάμεθα – auf ihre Felder und Weinberge (v.4).

Von dieser in Original und Übersetzung im wesentlichen übereinstimmend dargestellten Rechtslage her muss versucht werden, die in der griechischen Übersetzung uneinheitlich überlieferte und auch der masoretisch überlieferten Textform gegenüber freie Darstellung von Nehemias Forderung an die schuldig gewordenen Vornehmen – את־החרים ואת־הסגנים: τοὺς ἐντίμους καὶ τοὺς ἄρχοντας (v. 7) – zu erklären und auf die ursprüngliche Textform der Übersetzung hin zu befragen:

Der die angeklagten Verschuldungen zusammenfassende Begriff heisst – in Original und Übersetzung gleichbedeutend – „Rückforderung" – נשא, משא: ἀπαίτησις, ἀπαιτεῖν –, die aber in einer unrechtmässigen Form als „Wucher" (v. 7) und in einer der Rechtslage entsprechenden zur Sprache zu kommen scheint, die auch von Nehemia und seinen Leuten geübt, jetzt aber freiwillig zurückgenommen wird (v. 10).

Der Unterschied zwischen masoretisch überlieferter Textform und griechischer – fast einhellig überlieferter – Übersetzung besteht (1) in der Art und Weise der Rechtsausübung Nehemias und seiner Leute: nach 𝔐 „auch wir haben ihnen (mit Rückforderung) Gelder und Getreide geliehen", נשים בהם כסף ודגן, nach LXX „auch wir haben für uns Gelder und Getreide gehortet", ἐθήκαμεν ἑαυτοῖς ἀργύριον καὶ σῖτον (v. 10a) – B 19′ 58 119 Aeth⁻ᴮ Compl lesen αυτοις, 93 αυτους, 55 nach 𝔐 εν αυτοις, so Rahlfs –, (2) in der Realisierung ihres Verzichts auf Rückforderung: nach 𝔐 ein noch ausstehender Plan: „lasst uns auf diese Rückforderung verzichten", נעזבה־נא את־המשא הזה, nach LXX ein schon geschehenes Werk: „wir haben diese Rückforderung schon zurückgenommen", ἐγκατελίπομεν δὴ τὴν ἀπαίτησιν ταύτην – nur Ald und La¹²³ (remittamus) lesen, und Rahlfs nimmt diese Textform auf, 𝔐 entsprechend den Konjunktiv: ἐγκαταλίπωμεν; eher liegt der Grund der Abweichung in der Vorlage: עזבנו für נעזבה (v. 10b) –, und (3) in der Art und Weise der von den fehlbaren Vornehmen geforderten Wiedergutmachung in v. 11: nach 𝔐 und seiner Vokalisierung die Aufforderung, den Unterdrückten Felder, Weinberge, Ölbäume und Häuser zurückzugeben, השיבו, und „ein Prozent", מְאַת, von Geldern, Getreide, Wein und Öl, nach LXX ausser der 𝔐 entsprechenden Rückgabe von Feldern, Weinbergen, Ölbäumen und Häusern, für sich selbst aus den Geldern das Getreide, den Wein und das Öl herauszuschlagen" (?): ἀπὸ (ἐκ L) τοῦ ἀργυρίου τὸν σῖτον καὶ τὸν οἶνον καὶ τὸ ἔλαιον ἐξενέγκατε ἑαυτοῖς – LXX setzt einhellig an Stelle des masoretischen מַשָּׁא die Vokalisierung מֵאֵת voraus, überliefert in den Zeugen L' (93 αυτα) 106 46-64-381-728 Arm Compl – von Rahlfs aufgenommenes – αυτοις für εαυτοις der übrigen und überträgt – ausser La[123] – den beschliessenden Relativsatz אֲשֶׁר אַתֶּם נֹשִׁים בָּהֶם: „was ihr von ihnen zurückzufordern habt" mit dem Imperativ ἐξενέγκατε (ἑ)αυτοῖς auf eine Weise, die von der masoretischen Textform her – auch paläographisch – nicht mehr erklärbar ist: (? תוֹצִיאוּ לָהֶם (לכם)?[1].

Die Umdeutung des Vorgangs in LXX geht von dem – in Übersetzung und Tradition gesicherten – präpositionalen Verständnis des Ausdrucks וּמַשָּׁא als וּמֵאֵת aus, das eine – in den v. 1-5 berichteten Machenschaften nicht eindeutig angesprochene – Entgegennahme von Geldern – Pfandgeldern? – voraussetzt, die die Vornehmen von den verarmten Schichten angefordert hatten. Von hier aus wäre dann die Aussage Nehemias über sich selbst und seine Leute in v. 10 zu erklären: „Wir haben für uns, ἑαυτοῖς, (neben Getreide) auch Gelder gehortet" – aus נֹשִׁים wird eine Bildung von שׂוּם herausgelesen –; von hier aus ist auch das bestüberlieferte Reflexivpronomen ἑαυτοῖς erklärt und erweist sich ἐν αὐτοῖς in codex 55 als vom Kontext der Übersetzung her nicht mehr erklärbare Korrektur nach 𝔐[2]. Von hierher ordnet sich die anschliessende Aussage Nehemias, dass er mit den Seinen diese – an sich nicht widerrechtliche – Forderung zu Gunsten der Bedrängten schon annulliert hat, sinnvoll dem Kontext ein – dass das geschehen ist, nicht erst geschehen soll, erscheint als Rechtsgrund der Aufforderung an die Vornehmen –; von hier her erklärt es sich zuletzt, dass diese Aufforderung gegenüber dem Entschluss Nehemias selbst, ein Zugeständnis auch an das Recht der Fordernden enthält: Es ist das Recht,

---

[1]) Weitgehend nach 𝔐 überträgt v. 11b nur La[123]: *et pecunia et de frumento et vino et oleo quod vos feneratis eos*. Fraglich ist nur Casus und Stellung des Begriffs *pecunia* im Kontext des ganzen Verses. Da die parataktisch geordneten Begriffe durch *frumento* vorgeordnetes *et de*, das wohl als umgeordnetes מֵאֵת von 𝔐 zu erklären ist, zusammengefasst sind, steht *pecunia* als Nominativ beziehungslos im Satz, als Ablativ allenfalls in instrumentaler Formulierung: „vermittels der Gelder aus Getreide, Wein und Öl", die aber eines verbum finitum entbehrt, syntaktisch korrekt am ehesten noch als durch Ausfall des Kürzungsstrichs erklärbarer Akkusativ *pecuniam*, der auf den vorangehenden Imperativ *reddite* (= ἐπιστρέψατε) bezogen wäre: „und gebt das aus Getreide, Wein und Öl gewonnene Geld zurück, alles was ihr von ihnen auf Wucher angelegt habt (*quod vos feneratis eos*). Schwierig bleibt bei dieser Erklärung nur die Partikel *et* zwischen *pecunia<m>* und *de frumento*, die aber übersetzungstechnisch erklärt und als Korrelation „sowohl ... als auch" verstanden werden kann. Die Deutung des ganzen Vorgangs hängt somit sowohl in LXX als auch in La[123] am Verständnis des Ausdrucks וּמַשָּׁא nach der Vokalisierung וּמֵאֵת, die nach Rudolph „keinen Sinn gibt" (S. 130). Die von Rudolph unter Berufung auf Deut 14 10 aufgenommene Konjektur Abraham Geigers מַשָּׁאת, die aber die Notwendigkeit des zeugmatischen Gebrauchs des abhängigen verbum finitum הָשִׁיבוּ mit sich bringt, „zurückgeben" in v. 11a, „zurückziehen" in 11b, wird somit von keinem alten Zeugen – 𝔖 liest nach 𝔐 syntaktisch bedenkenlos, sachlich schwierig *centensimam* –, auch von La[123] nicht, bestätigt.

[2]) Für sekundäre Tradition spricht auch die Variante εν αυτοις an Stelle von ἑαυτοῖς (αυτοις 71-74) für לָהֶם nur in 55[II] in 620.

vermittels der entgegengenommenen Gelder – ἀπὸ τοῦ ἀργυρίου – doch das für sich – ἑαυτοῖς – herauszuschlagen – ἐξενέγκατε ist der Gegenbegriff zu ἐθήκαμεν in v. 10 –, was ihnen als Bedarf zusteht[1].

8. Nicht von einer von der masoretischen abweichenden Vorlage des Übersetzers, aber von der semantischen Unterscheidung homonymer Wortstämme her, die dem Übersetzer nicht mehr bekannt sind, muss die syntaktisch unterschiedliche Überlieferung des adverbialen Ausdrucks על גאלי הכהנה וברית הכהנה in 23₂₉ untersucht werden, der im Blick auf die genealogische Verunreinigung der Priesterschaft in Nehemias Bitte an Jahwe erscheint, dieses Frevels eingedenk zu sein: „Denke an sie, mein Gott um der Befleckung des Priestertums und des Bundes des Priestertums willen."

Der Ausdruck bedeutet im Urtext den Frevel, גאלי, am Priestertum und an seinem Bund. Der Bedeutungswandel in der Übersetzung, der syntaktische Variationen in der Überlieferung mit sich bringt, hat seinen Ursprung in der Herleitung der singulären Nominalbildung גאל an Stelle des „Befleckung" bedeutenden Stammes von der zweiten Stammform גאל her, die den familienrechtlichen Sinn verwandtschaftlicher Verbindung, bzw. der Auslösung von Familiengliedern hat: ἀγχιστεία, ἀγχιστεύειν, ein Begriff, der in dieser Bedeutung ausserbiblisch seit Platon vorgegeben ist[2].

---

[1]) Denkbar wäre auch unter Beibehaltung des Reflexivpronomens die Erklärung als Aufforderung, die Gelder „für sich", das heisst durch eigene Initiative, einzubringen, um sie dann den Bedrängten zurückzugeben. Die Entscheidung für das Reflexivpronomen gegen Rahlfs fällt aus exegetischen Gründen wegen der komplementären Aussage in v. 10 ἐθήκαμεν ἑαυτοῖς als geschehenes Handeln Nehemias und seiner Leute und in v. 11 ἐξενέγκατε ἑαυτοῖς als befohlenes Handeln an die Vornehmen, aus textgeschichtlichen Gründen im Blick auf die zeugniskräftigere Überlieferung und aus übersetzungstechnischen Gründen durch den auch anderwärts vorliegenden Gebrauch bei direkter Ergänzung des Verbums (vgl. 6₂₀ 9₂ 18₁₆ 19₁₈; Esdr II ed. S. 50f.), der, wo es für das Verständnis notwendig ist, auch auf einem Verbum zugeordnete präpositionale Ausdrücke ausgedehnt werden kann (vgl. Bl.-Debr. 283₂ mit Anm. 4); so in 14₃ καὶ εἶπαν πρὸς ἑαυτούς, wo in den hellenistischen Sprachgebrauch eingedrungenes αυτους in reflexiver Bedeutung, wie es hier von L a 46 119 Compl Sixt bezeugt ist, missverständlich wäre (unmissverständlich dagegen 16 ἐν χερσὶν αὐτῶν, wo εαυτων A a 58 rezensionell ist; zur Tendenz der Wiedereinführung des Reflexivpronomens ἑαυτ- vor allem in A und 58 vgl. S.373 und TGE S. 124-126; ausserdem Esther, ed. Einleitung S. 111f. und TGI, S. 108f.).

[2]) Leges 924 d. Der Begriff nimmt durch seine Wahl als Äquivalent für גאל in LXX wohl die profangriechisch noch nicht gegebene familienrechtliche Bedeutung auf, die der eine Stamm גאל in der alttestamentlichen Überlieferung hat, nicht aber Einflüsse aus der dem griechischen Stamm völlig fremden Bedeutung des anderen Stammes גאל: „Befleckung, Verunreinigung". Darum muss auch die auf den gleichen Stamm zurückgeführte Übersetzung des Ausdrucks ויגאלו מן־הכהנה, mit dem die Ausstossung aus der Priesterschaft wegen Unreinheit auf Grund der fehlenden Geschlechterliste in 2₆₂ und 17₆₄ bezeichnet wird, καὶ ἠγχιστεύθησαν ἀπὸ τῆς ἱερατείας, von der Bedeutung „Verwandtschaft", nicht von „Verunreinigung" her erklärt werden: Die Erklärung liegt in der Präposition ἀπό; ihre Verwandtschaft wird lediglich als jenseits der priesterlichen Genealogie stehend definiert. Die Kenntnis des Unreinheit bezeichnenden Homonyms liegt mit Sicherheit erst in der lukianischen Rezension vor, eindeutig und mit in LXX verankerter Äquivalenz (Mal 1₇ ₁₂ Dan 1₈ (ο' und θ')) in 23₂₉: επι τους αλισγοντας (-γων).

Im vorliegenden Kontext kann dieser Begriff kaum eine andere Bedeutung als die beschwörende Erinnerung an die einst rein bewahrte, geheiligte priesterliche Genealogie haben, die durch die Heirat eines Gliedes der hohenpriesterlichen Familie mit einer Tochter des Horoniters Sanballat verunreinigt worden ist (v. 28).

Von dieser Bedeutung her gewinnt aber auch der dem Ausdruck ἀγχιστεία τῆς ἱερατείας parataktisch zugeordnete Ausdruck διαθήκη τῆς ἱερατείας einen im Kontext neuen Bezug. Da es sich nicht mehr um die „Befleckung des Bundes" handeln kann, wird seine der masoretischen Vorlage entsprechende Zuordnung als Genitivattribut zu ἀγχιστεία, wie es durch den von B' S A 381 überlieferten Genitiv gefordert und von Rahlfs befürwortet wird, fraglich: Der Ausdruck „die Verwandtschaft des priesterlichen Bundes" wirkt gequält; dagegen erscheint die parataktische Nebenordnung der beiden mit Genitivattribut konstruierten Ausdrücke ἀχιστεία τῆς ἱερατείας und διαθήκη τῆς ἱερατείας in jeder Hinsicht dem Kontext angemessen: „Denke (im Anblick ihrer Verunreinigung) an die (einst reine) priesterliche Verwandtschaft: ἐπὶ ἀγχιστείᾳ, und an den Bund: (ἐπὶ) διαθήκῃ, des Priestertums."

Textgeschichtlich wird diese Textrekonstruktion gestützt mit ihrer Bezeugung durch das nach seinem Zeugenwert den Unzialen ebenbürtige Zusammengehen der beiden Rezensionen *a* und *b*, das durch den Homoioteleuton-Ausfall ἱερατείας 1⁰ ∩ 2⁰ bei einigen dieser Zeugen nicht in Frage gestellt ist.

Eine analoge syntaktische Frage der Casusrektion wirft die vorangehende Aussage von v. 28 auf, die die Ursache von Nehemias Anklage des Priestertums zum Gegenstand hat: die Verschwägerung des hohenpriesterlichen Geschlechtes mit der Familie des „Horoniters" Sanballat. Offen ist nach Text und Überlieferung die Frage, auf welches Glied des Priestergeschlechts die Bezeichnung חתן לסנבלט zu beziehen sei; steht sie im Nominativ, müsste einer der zuvor genannten „Söhne Jojadas" – מבני יוידע, ἀπὸ υἱῶν 'Ιωαδά – gemeint sein, steht sie im Genitiv, Jojada selbst. Die masoretisch überlieferte Vorlage lässt beide Möglichkeiten zu, die griechische Übersetzung verlangt die Bestimmung des Casus, die der Überlieferung nach für den Genitiv, νυμφίου, spräche, da der Nominativ –

---

93) τὴν ἱερωσυνην *L* La¹²³, von hier her interpretierend, weil das Äquivalent an dieser Stelle nicht brauchbar war, wahrscheinlich in 262 1764 και εξωσθησαν (απωσθησαν 1764: so auch Ez 1645 für גֹּאַל) απο της ιερατειας (La¹²³ fällt aus, in 1764 auch 19; vgl. in der Parallelstelle Esdr I 539 ἐχωρίσθησαν (ἐκωλυθησαν *L* La) τοῦ ἱερατεύειν). L.-S. dürfte darum – gegen Walters S. 137f., vgl. 319 – im Recht sein mit der sich auf 262 1764 berufenden Erklärung von ἀγχιστεύειν „3. Pass., to be excluded by descent"; die falsche Etymologie in der Übersetzung berechtigt nicht zur Annahme einer Übertragung der semantischen Bedeutung der richtigen Etymologie in das Äquivalent der auf Grund von Unkenntnis gewählten falschen, sondern fordert das Verständnis der Übersetzung von der falschen her; richtig erklärt Biel (und Schleusner übernimmt ihn) aus der dem griechischen Begriff aus den familienrechtlichen Inhalten des Stammes גאל neu zukommenden Bedeutung, sub verbo ἀγχιστεύομαι: „Et certe, cum ille, qui redimitur, etiam liber evadit, etiam vox locis citatis transferri potuit ad illos, qui exclusione a sacerdotio, ab obeundo illo ita liberi evadebant, ac si redemti essent, quo minus illo amplius fungerentur". Zum Ganzen vgl. S. 137-139.

mit Änderung in das in LXX für חתן besser verankerte Äquivalent γαμβρος[1] – nur lukianisch überliefert ist.

Aber unter Voraussetzung des Genitiv liesse sich die ganze Aussage nur als mit der Präposition ἀπό eingeleiteter Adverbialausdruck verstehen, der syntaktisch weder dem vorangehenden noch dem folgenden Kontext zugeordnet werden könnte, ein für die Übersetzungstechnik von Esdr II auszuschliessender Fall[2], dem gegenüber die Annahme eines – bei vorangehendem: μεγάλου, und nachfolgendem: τοῦ, leicht erklärbaren – früh in die Überlieferung eingedrungenen und lukianisch korrigierten Fehlers – gegen Rahlfs – die bessere Erklärung ist.

9. Es bleiben, was die Konstruktion des Satzes anbelangt, nur noch die syntaktischen, bzw. stilistischen Fragen, die die Bedeutung der Aussage nicht mehr berühren, die aber auf Grund der gespaltenen Überlieferung und im Blick auf eine mögliche Erklärung durch sekundäre Angleichung an die masoretisch überlieferte Vorlage der Textentscheidung bedürfen.

Griechischer Stilform besser entsprechende Formulierung mit Präpositionen sind, wenn die Konstruktion mit reiner Casusrektion von der hebräischen Vorlage her erklärbar ist, eher aus der stilistischen Intention des Übersetzers zu erklären als – mit Rahlfs, vor allem dann, wenn das mit 𝔐 übereinstimmende Fehlen der Präposition von den ältesten Zeugen überliefert ist – mit sekundärer stilistischer Überarbeitung nach griechischem Stilprinzip. Das gilt für die Formulierung οὐκ ἐποίησας αὐτοὺς εἰς συντέλειαν in 19₃₁, wo die 𝔐 entsprechende – לא־עשׂיתם כלה –, in B^c S A überlieferte Konstruktion mit doppeltem Akkusativ griechisch den Sinn der hebräischen Vorlage nicht wiederzugeben vermag und auch dadurch als sekundäre Korrektur nach 𝔐 verdächtig ist, dass sie besser aus der – ihrerseits sekundären – Lesart von B*′ La^123 ουκ εποιησας αυτοις συντελειαν erklärbar ist. Es gilt für die präpositionale Wiedergabe der Aussage von 19₂₀ מים נתתה להם לצמאם: ὕδωρ ἔδωκας αὐτοῖς ἐν τῷ δίψει αὐτῶν, der gegenüber die Formulierung im doppelten Dativ durch Tilgung der Präposition ἐν in B′ S A 58 Aeth^-B als Angleichung an 𝔐 zu bestimmen ist.

Es gilt auch für die von 𝔐 – צללו שׁערי ירושׁלים – abweichende präpositionale Konstruktion κατέστησαν πύλαι ἐν Ἰερουσαλήμ in 23₁₉, wo die Erklärung des Fehlens der Präposition als Korrektur nach 𝔐 auch dadurch naheliegt, dass es ausser im B-Text auch in L und La^123 überliefert ist.

10. Weder durch den Vergleich mit der hebräischen Vorlage, noch syntaktisch als konsequent durchgehaltene Regel, noch inhaltlich von der Bedeutung im Kontext her lässt sich auf Grund der Überlieferung die ursprüngliche Form der Casusrektion im Relativ-

---

[1]) Vgl. S.92.
[2]) Ein auch nicht ausreichender Heilungsversuch, der aber auf der Einsicht dieser bereits vorliegenden Textverderbnis beruht, ist die von den Zeugen B′ 728 – die Notierungen von A im Apparat von Swete (e silentio) und Br.-M., von S bei Rahlfs sind falsch – überlieferte Änderung der Präposition αὐτόν in αυτους, durch die die Ausstossung von Jojada auf seine Söhne, deren Nennung sonst sinnlos wäre, übertragen wird.

pronomen, ob nach dem Bezugswort des Vordersatzes, nach der syntaktischen Stellung im Relativsatz selbst, oder als freier Akkusativ der Beziehung, mit Sicherheit bestimmen[1]. Doch lässt sich die auch im klassischen Gebrauch vorherrschende Regel der Angleichung an den Casus des Bezugsworts z. B. beim Verbum διδόναι feststellen, wo in 19₃₅ die Formulierung ἐν ἀγαθωσύνῃ σου τῇ πολλῇ, ἧ ἔδωκας αὐτοῖς einhellig überliefert ist, in v. 37 τοῖς βασιλεῦσιν, οἷς ἔδωκας ἐφ' ἡμᾶς nur L La[123] Compl mit ους den im Relativsatz geforderten Casus einsetzt, und wird auch in 12₁₂ entgegen der Textrekonstruktion von Rahlfs, οὐκ ἔστιν μετ' ἐμοῦ εἰ μὴ τὸ κτῆνος, ᾧ ἐγὼ ἐπιβαίνω ἐπ' αὐτῷ, an Stelle des von B' Sixt überlieferten Dativs ᾧ, mit dem elliptisch der präpositionale Ausdruck des Relativsatzes ἐπ' αὐτῷ aufgenommen wäre – L ändert mit Wechsel der Präposition in εν ω, La[123] mit Tilgung des pleonastischen ἐπ' αὐτῷ gegen 𝔐 in *super quod sedebam* –, ὅ der übrigen Zeugen als Akkusativ der Beziehung aufgenommen werden müssen.

Im Sinn der diesem Befund am besten entsprechenden Textrekonstruktion müsste darum die Entscheidung bei der geteilten Überlieferung in 11₆ fallen, wo das Relativpronomen, das den Hauptsatz ἐξαγορεύω ἐπὶ ἁμαρτίαις υἱῶν Ἰσραήλ mit dem Relativsatz αἷς ἡμάρτομέν σοι verbindet, nach Ausfall der kausal formulierenden lukianischen Rezension, εξ. περι των αμαρτιων των υιων ι. οτι ημαρτον σοι, zwischen der Lesart ας in B' S A V – so Rahlfs – und αις in *a b* schwankt: Der auch in Esdr II vorherrschenden Ausrichtung des Relativpronomens nach dem Casus des Bezugsworts, αἷς, in dem dem Zeugenwert nach der Überlieferung der ältesten Zeugen gleichzusetzenden Zusammengehen der Rezensionen *a* und *b* ist gegenüber dem Akkusativ der Beziehung, ας, eher der Vorzug zu geben[2].

Hier ordnet sich zuletzt die Syntax der Artikelsetzung ein. Als Regel lässt sich hier – entsprechend der übersetzungstechnischen Tendenz der Übersetzung von Esdr II als ganzer – die nach der hebräischen, bzw. aramäischen Vorlage ausgerichtete hebraisierende Wiedergabe feststellen, die mehrfach erst lukianisch der Gesetzmässigkeit der griechischen Übersetzungssprache angepasst wird[3]. Der Fall, der diesen Sachverhalt in Esdr II am deutlichsten zeigt und darum auch das beweiskräftigste Kriterium für die Textrekonstruktion in analogen Fällen bietet, ist die Übersetzung der häufig bezeugten im status constructus formulierten Bezeichnung von Königen mit Name, Königstitulatur und von ihm beherrschtem Land:

Den dieser hebraisierenden Übersetzungstechnik entsprechenden einhellig überlieferten Fällen: 3₁₀ Δαυὶδ βασιλέως Ἰσραήλ   4₂ Ἀσαραδδὼν βασιλέως Ἀσσούρ (ασσυριων L)   7

---

[1]) Vgl. Bl.-Debr. § 294-297, Kühner-Gerth § 555-557.

[2]) Nicht auszuschliessen – vor allem bei S und A – ist das Eindringen des Akkusativs in das Relativpronomen von der ihrerseits eindeutig sekundären Variante επι αμαρτιας her. Doch liegt hier der Sonderfall vor, dass der Casus des präpositionalen Ausdrucks, in dem das Bezugswort steht, da der Casus des Relativpronomens von ihm unabhängige Bedeutung haben muss, als reiner Dativ bzw. Akkusativ der Beziehung, nur indirekten Einfluss auf das Relativpronomen haben kann.

[3]) Vgl. S.21-25.

πρὸς Ἀρθασασθὰ (αρταξερξην L Aeth^A (sim); > B' a^{-121 236 314 762}) βασιλέα Περσῶν   7₁ Ἀρθασασθὰ (αρτα(ρ)ξερξου L Aeth^A (sim) Arm (sim)) βασιλέως Περσῶν   5₁₂ Ναβουχοδονοσὸρ βασιλέως Βαβυλῶνος   19₂₂ τὴν γῆν Σηὼν βασιλέως Ἐσεβὼν καὶ τὴν γῆν (> B La^{125}; om τ. τὴν 125) Ὢγ βασιλέως τοῦ Βασάν, und den textgeschichtlich gleich gelagerten Fällen, die vorwiegend von lukianischen Zeugen hellenisierend korrigiert sind: 1₁ Κύρου βασιλέως Περσῶν 2⁰] κ. του βασ. π. L 58   37 4₅ Κύρου (+ του L) βασιλέως Περσῶν   2₁ Ναβουχοδονοσὸρ (+ o 19' 74 76) βασιλεὺς Βαβυλῶνος   4₅ Δαρείου (+ του L 58 Compl; > 71 44') βασιλέως Περσῶν (> A b 58 Ald)   23₆ τοῦ (> L 107) Ἀρθασασθὰ (αρταξερξου του L) βασιλέως Βαβυλῶνος   23₂₆ Σαλωμὼν (+ o 19) βασιλεὺς Ἰσραήλ   61₄ Κύρου (+ του βασιλεως 19) καὶ Δαρείου καὶ Ἀρθασασθὰ (αρταξερξου L; + των 19') βασιλέων Περσῶν − in breiter ausserlukianischer Überlieferung 1₈ Κῦρος (+ o 19 236 b 119 Eus ecl 154 Ald Compl Sixt) βασιλεὺς Περσῶν   17₆ Ναβουχοδονοσὸρ (+ o 248 68 119 Ald Compl Sixt) βασιλεὺς (+ o 46 (non 52)-243-728-731 Ald) Βαβυλῶνος −, stehen drei der Überlieferung nach dieser Übersetzungsweise scheinbar widersprechende Fälle gegenüber, die aber von einer bestimmten Intention der Übersetzung her ihre Erklärung finden: als differenziertere Übersetzungstechnik   4₃ Κῦρος ὁ (> B' (hab Cyr)) βασιλεὺς Περσῶν, wo die Vorlage המלך כורש מלך־פרס, und 8₁ ἐν (+ τη L Compl) βασιλείᾳ Ἀρθασασθὰ (αρτα(ρ)ξερξου L La^{123} Aeth^A (sim) Arm (sim)) τοῦ βασιλέως (+ εκ L La^{123} Aeth^{-B} Compl) = 𝔐) Βαβυλῶνος, wo die Vorlage במלכות ארתחשסתא המלך מבבל in von den übrigen Fällen abweichender Konstruktion den Begriff מלך determiniert aufweist, als Interpretation, aus der beim Übersetzer die höhere Bewertung des Verständnisses gegenüber den Regeln der Übersetzungstechnik erkennbar ist, 4₂₄ ἕως δευτέρου (> 55) ἔτους τῆς βασιλείας (> τ. βασ. B' 107) Δαρείου τοῦ (> b 44 55 Ald Compl Sixt) βασιλέως Περσῶν, wo die Setzung des Artikels vor βασιλέως den Rückbezug auf die Nennung dieses Königs in v. 5 bezeichnet und auf diese Weise den dazwischen liegenden Text als literarische Vorwegnahme kenntlich macht[1].

Offen muss die Entscheidung über den ursprünglichen Text nur in 1₁ bei der Zeitbestimmung ἐν τῷ πρώτῳ ἔτει Κύρου βασιλέως Περσῶν bleiben, wo die Determinierung του βασιλεως in B A L Sixt mit Rahlfs als Hervorhebung beim erstmaligen Vorkommen dieses Ausdrucks erklärt werden könnte; doch bleibt die textgeschichtliche Erklärung des Eindringens lukianischer Rezensionsprinzipien in den B-Text wahrscheinlicher[2].

---

[1]) Vgl. Ein unbekannter Text zur griechischen Esra-Überlieferung (wie Anm.1 auf S.11).
[2]) Vgl. auch die Überlieferung in der Parallelstelle Par II 36₂₂, wo die Setzung des Artikels vor βασιλέως 1⁰ eindeutig – auch nach der Textherstellung von Rahlfs – rezensioneller Natur – hier auf a zurückgehend – ist.

5.3. Zusatz oder Auslassung

Das schwierigste Problem für die Rekonstruktion des ursprünglichen Textes von Esdr II ist die vor allem vom B-Text bezeugte Überlieferung von Textverkürzungen gegenüber der masoretisch überlieferten Vorlage. Die Schwierigkeit besteht darin, dass in diesem Textbereich weder innere noch äussere Kriterien gegeben sind, nach denen mit Sicherheit zwischen primärer und sekundärer Textverkürzung entschieden werden könnte: Eine in der Übersetzungstradition vorliegende dem masoretisch überlieferten Text gegenüber verkürzte Textform kann ebenso leicht auf die hebräische, bzw. aramäische Vorlage zurückgehen – und ist dann als ursprünglich, der mit 𝔐 übereinstimmende Textteil als rezensionell zu bestimmen –, wie auf die innergriechische Tradition – und bedarf dann der Entscheidung zwischen Übersetzungsprinzip und Rezensionsprinzip. Der B-Text – sei es mit der Begleitung der übrigen ältesten Zeugen, sei es ohne sie – ist auf Grund seines Textcharakters weder für eine mit der masoretischen Textform übereinstimmende, der übrigen griechischen Überlieferung gegenüber verkürzte Textform, noch für eine solche, die vom masoretischen Text abweicht, ein eindeutiger Zeuge der Ursprünglichkeit; er kennt beide Möglichkeiten auch als traditionelles und als rezensionelles Phänomen, das traditionelle als durch Homoioteleuton und andere Abschreibefehler bedingte Textverderbnis, das rezensionelle als Korrektur nach 𝔐, die sowohl auf hexaplarisch-lukianische als auch auf ihr gegenüber eigenständige Tradition zurückgehen kann. Diese Prämissen der Unsicherheit sind auch durch die Textrekonstruktion von Rahlfs, von der die hier vorgelegte in diesem Bereich der Überlieferung am stärksten abweicht, nicht in Frage gestellt. Der Unterschied in der textgeschichtlichen Konzeption besteht vor allem darin, dass Rahlfs die Möglichkeit rezensioneller Korrektur nach 𝔐 im B-Text – auf Grund der Bemessung seines Zeugenwertes, dem gegenüber er in der übrigen ausserlukianischen Überlieferung keinen textgeschichtlich gleichwertigen Gegenzeugen zu sehen vermag – in weit geringerem Masse zugesteht. Wir sehen diesen Gegenzeugen vornehmlich im Zusammengehen der beiden Rezensionen *a* und *b*, die schon in ihrem Sondertext, da sie rezensionelle Elemente in weit geringerem Masse kennen als die lukianische Rezension, der ursprünglichen Textform der Übersetzung nahestehen, in noch stärkerem Masse aber dann, wenn sie in einer Lesart miteinander übereinstimmen, der eine lukianisch bezeugte und von den alten Unzialen und abhängigen Minuskeln, den „codices mixti", mitbezeugte gegenübersteht[1].

Ein Kriterium, nach welchem an diesem Punkt der Überlieferung zwischen ursprünglichem und rezensionellem Übersetzungstext entschieden werden könnte, wäre bei hinsichtlich ihrer Ursprünglichkeit in Frage stehenden Textteilen, die mit der masoretisch überlieferten Vorlage übereinstimmen, in der Feststellung einer mit der Übersetzungstechnik der

---

[1]) Vgl. unter 2.2. „Die Unzialen mit abhängigen Minuskeln", vor allem 2.2.1. „Der B-Text" und unter 3. „Die gegenseitige Zuordnung der Textformen".

ursprünglichen Textform oder der lukianischen, bzw. hexaplarischen Korrektur nach 𝔐 übereinstimmenden, oder aber von beiden Übersetzungsweisen abweichenden Form der Wiedergabe der masoretisch überlieferten Vorlage zu sehen. Aber auch diese Möglichkeit der Feststellung verschiedener Übersetzungsweisen, die vor allem auf Grund je verschiedener Wortäquivalenz zwischen hebräischer bzw. aramäischer Vorlage und griechischer Übersetzung erreichbar wäre, vermöchte kein eindeutiges Kriterium der Scheidung zwischen ursprünglicher und rezensioneller Textform zu bieten, da, was die Unterscheidung zwischen ursprünglich und rezensionell betrifft, auch eine texttreue Übersetzung wie Esdr II keine starre Übersetzungstechnik der Wortäquivalenz und Syntax kennt und da, was die Feststellung von der hexaplarischen und lukianischen Weise der Rezension abweichender Form der Korrektur nach 𝔐 betrifft, eine bereits vorhexaplarische vorchristliche und christliche Bewegung der Korrektur eines vorgegebenen – des ursprünglichen – Übersetzungstextes nach der hebräischen Vorlage auf Grund neuer Funde heute besser erkennbar ist als noch zu Zeiten von Alfred Rahlfs[1].

Drei Sonderfälle, bei denen der B-Text durch Auslassung und durch Zusatz der masoretisch überlieferten Vorlage näher steht als die übrige ausserlukianische Überlieferung, müssen von syntaktischen Fragen der Übersetzungstechnik her geklärt werden:

In 4₁₂ muss die von 𝔐 abweichende, nur vom B-Text und in anderer Weise der lukianischen Rezension nicht mitbezeugte Übersetzung mit relativem Nebensatz, ἤλθοσαν εἰς Ἰερουσαλήμ, τὴν πόλιν τὴν ἀποστάτιν καὶ πονηράν, ἣν οἰκοδομοῦσιν, als die ursprüngliche Übersetzungsform als Interpretation bestimmt werden, nach der die anklagenden Attribute der Stadt Jerusalem entgegen der masoretischen Interpunktion nicht als Akkusativobjekte der folgenden mit verbum finitum, οἰκοδομοῦσιν, übersetzten partizipialen Formulierung des praesens, בנין, zugeordnet werden, sondern als Apposition dem voranstehenden Bezugsnomen ירושלם. Von hier her erklären sich die rezensionellen Eingriffe: dem ursprünglichen Übersetzungstext am nächsten stehend, von itazistischer Vorlage ιν für ην her erklärbar, die finale Umdeutung ιν(α) οικοδομησωσιν in vier Zeugen von a mitsamt Aeth, die inhaltliche Rückbewegung zu 𝔐 durch mit eingefügtem και gekennzeichneten neu einsetzenden Hauptsatz: και οικοδομουσιν αυτην in L La[123] und die sowohl inhaltliche als auch formale Angleichung an 𝔐 durch Tilgung des Relativpronomens ἥν in B'[2].

In 16₁₋₂ stellt sich eine ähnliche syntaktische Frage gegenüber uneinheitlicher Überlieferung in den drei Aussagen, die die Reaktion der Widersacher Nehemias auf die Kunde vom begonnenen Mauerbau zum Gegenstand haben und die in der Übersetzung syntak-

---

[1]) Da in der griechischen Esraüberlieferung handschriftliche Funde der vorchristlichen und vorhexaplarischen Zeit fehlen und der Text des Josephus auf Grund seiner paraphrasierenden Übernahme ihm vorgegebener Überlieferung textgeschichtlich nur bedingt verwertbar ist (vgl. TGE S. 18f.), stellt sich das Problem nur hinsichtlich der altlateinischen Überlieferung auf Grund der Entdeckung des Textes von Esdr II in der Handschrift von Vercelli neu.

[2]) Zur Satzkonstruktion als ganzer vgl. S.374f. Die im B-Text überlieferte, auch formal mit 𝔐 übereinstimmende Textform stimmt – hier einhellig bezeugt – mit der Parallelstelle von Esdr I (2₁₇) überein, dagegen die Umformulierung in den relativen Nabensatz mit 𝔙.

tisch und inhaltlich anders verstanden und formuliert sind als in der dennoch als Vorlage vorauszusetzenden masoretischen Textform: hier als einleitender temporaler Nebensatz mit der Nachricht vom Bau der Mauer bis zu dem Stadium, in dem „kein Riss mehr in ihr war" – ולא־נותר בה פרץ (1a) –, als ihm in temporaler Abhängigkeit zugeordnete Aussage, dass „bis zu dieser Zeit" die Türflügel noch nicht eingesetzt waren (1b), und als parataktisch im Hauptsatz zugeordnete Aussage über den Versuch der Widersacher, das Unternehmen zu vereiteln (2), in LXX demgegenüber als Umformulierung der im Temporalsatz ausgesagten Kunde, dass kein Riss mehr in der Mauer war, in der Form eines Hauptsatzes die Aussage über das Erschrecken der Widersacher: καὶ οὐ κατελείφθη ἐν αὐτοῖς πνοή [1]. Das Textproblem liegt bei der hier anschliessenden in 𝔐 mit dem Ausdruck גם עד־העת ההיא bezeichneten Zäsur, an der die Aussage über die noch nicht eingesetzten Türflügel folgt. Der B-Text, B' S* V Sixt, formuliert asyndetisch: ἕως τοῦ καιροῦ ἐκείνου; die Rezension *b* glättend mit vorgeordnetem καὶ ἐγω, 58 und Aeth mit καὶ, der übrige Zeugenbestand, *L a* 199 La[123], mit dem Äquivalent für וגם: καὶ γε (*et tamen* La). Zwar kennt Esdr II die heute in ihrer textgeschichtlichen Bedeutung umstrittene Partikel καὶ γε, aber nur einmal, und als Übersetzung von וגם: 1₁, hier in einhelliger Überlieferung, anderwärts nur in lukianischer Korrektur[2]. Man wird darum καὶ γε auch in 16₁ – mit Rahlfs – als in breitere Überlieferung eingedrungene lukianische Korrektur, καὶ ἐγω in *b* als daraus entstanden erklären und die nur im B-Text bewahrte an sich unbefriedigende asyndetische Zuordnung der beiden Aussagen, die übersetzungstechnisch dem Verzicht auf die Wiedergabe von וגם in 15₁₄ entspricht, vom Missverständnis der Aussage über die beseitigten Risse in der Mauer als Stocken des Atems der Widersacher her erklären müssen: Als adversative Aussage: „noch waren aber die Türflügel nicht eingesetzt", ist sie in der Zuordnung zur Aussage über den noch nicht vollendeten Mauerbau, nicht aber zur Aussage über das Erschrecken der Feinde sinnvoll.

Im dritten Sonderfall tritt zur syntaktischen und zur exegetischen Überlegung ein textgeschichtliches Argument hinzu: Die vom B-Text bezeugte mit 𝔐 übereinstimmende ausführlichere Textform ist hexaplarisch und lukianisch mitbezeugt, eine Zeugenverteilung, die Ursprünglichkeit, für die Rahlfs eintritt, zwar nicht ausschliesst, aber doch in Frage stellt: 11₃ οἱ καταλειπόμενοι] οι κατ. (υπολελειμ(μ)ενοι *L* Compl) οι καταλειφθεντες (הנון דשרכו אילין דאשתבקו Syh; *qui remanserant et relicti sunt* La) B' S V Syh - *L* La[123] Aeth Compl Sixt = 𝔐 (הנשארים אשר־נשארו). Übersetzungstechnisch hinsichtlich der Übersetzung selbst wäre es schwer verständlich, dass der Übersetzer den Relativsatz

---

[1]) Die Äquivalenz פרץ - πνοή ist in LXX einmalig, auch nicht durch paläographische Ähnlichkeit mit anderen hebräischen Begriffen erklärbar; „Öffnung" in der Bedeutung von „Atemholen"?

[2]) Die Belege mitsamt den auf καὶ γε zurückgehenden Äquivalenten s. in FS Frede-Thiele, S. 55 Anm. 32. Die konsequente Durchführung einer schon im ursprünglichen Übersetzungstext verankerten Äquivalenz – hier fortschreitend von *L* zu La[123] – ist durch wachsende Intensivierung eines Rezensionsprinzips leichter erklärbar als durch wachsende Nivellierung einer ursprünglich konsequenten Übersetzungstechnik.

אֲשֶׁר־נִשְׁאֲרוּ, den er im vorangehenden Satz v. 2 auch syntaktisch der Vorlage entsprechend mit οἳ κατελείφθησαν wiedergibt, hier mit dem Partizip καταλειφθέντες konstruierte, das dem vorangehenden partizipialen Äquivalent für הַנִּשְׁאָרִים: οἱ καταλειπόμενοι zugeordnet syntaktisch schwerfällig erscheint und exegetisch trotz des Wechsels vom Präsens zum Aorist kaum anders denn als Tautologie zu verstehen wäre[1].

Schwieriger gestaltet sich auf Grund der Überlieferung die Textrekonstruktion in den übrigen Fällen.

1. 4,15 זא ומהנזקת מלכין ומדן ואשתדור עבדין בנוה מן־יומת עלמא LXX καὶ κακοποιοῦσα βασιλεῖς καὶ χώρας (om καὶ χώρας La¹²³ Arm; + και μαχας και αγωνας ποιουσιν εν αυτη εξ ημερων αιωνος L La¹²³) καὶ φυγαδεῖαι δούλων γίνονται (> B′ L (108ᵗˣᵗ)) ἐν μέσῳ αὐτῆς (εν αυτη pro ἐν μ. α. L (108ᵗˣᵗ)) ἀπὸ χρόνων (ημερων B′ Sixt) αἰῶνος (om ἀπὸ χρ. α. L; om καί 3⁰ - fin La¹²³).

Die dem B-Text mit L gemeinsame Tilgung des verbum finitum γίνονται ist hinsichtlich der Äquivalenz mit der masoretisch überlieferten Vorlage eindeutig: עבדין ist im ursprünglichen Übersetzungstext entgegen der masoretischen Vokalisierung als Nomen, עֶבֶד im Plural: δούλων, verstanden, die Tilgung von γίνονται demnach als Angleichung an die missverstandene masoretische Vorlage zu erklären. Aber in L steht diese Korrektur im Kontext des Zusatzes einer den ganzen Satzteil umfassenden Dublette, in welcher zusammen mit weiterer vom ursprünglichen Übersetzungstext abweichender Wortäquivalenz – μαχας als Dublette neben χώρας für als מְדִינָן missverstandenes מְדָן (vgl. Prov 26₂₀), αγωνας an Stelle von φυγαδεῖαι für אשתדור, ημερων an Stelle von χρόνων für יומת, εν αυτη an Stelle von ἐν μέσῳ αὐτῆς für בנוה – auch der Vorlage besser entsprechend ποιουσιν an Stelle von γίνονται für עבדין gesetzt wird.

Dass aber γίνονται als Äquivalent dem ursprünglichen Übersetzungstext entspricht, beweist die – hier einhellig überlieferte – Übersetzung des Begriffs in der analogen Formulierung von v. 19 מתעבד־בה אשתדור: φυγαδεῖαι (αγωνες L; contentio La¹²³) γίνονται (fit La¹²³) ἐν αὐτῇ. Eher als sekundärer rezensioneller Einfluss von v. 19 her ist darum die ursprüngliche Äquivalenz an beiden Stellen anzunehmen, gegen die auch nicht die dublettenhafte Wiedergabe von עבדין in v. 15 spricht, die sowohl als Interpretation des Übersetzers als auch aus einer Kontamination beider Stellen in seiner Vorlage, אשתדור עבדין מתעבד, erklärbar wäre. Dass im B-Text sekundäre Einflüsse der lukianisch überlieferten Textform vorliegen, ist auch durch seine mit L gemeinsame Ersetzung des Äquivalents χρόνων durch das der Vorlage יומת näher stehende ημερων nahegelegt[2].

---

[1]) Die lukianische Rezension scheint dieser Schwierigkeit mit dem bei ihr öfter bezeugten Wechsel von καταλείπειν zu ὑπολείπειν (vgl. die im Apparat zu 14 verzeichneten Belege) zu begegnen, der, obwohl er bei gleichem Grundwort (שאר) nicht hexaplarischer Intention entspräche, in Syh durch die Wahl zweier Äquivalente, שרכו und אשתבקן, in La¹²³ remanserant und relicti sunt, wiederaufgenommen sein dürfte; אשתבקן und remanserunt stehen auch in v. 2 für dort einhellig überliefertes κατελείφθησαν. Vgl. S.221, 232 Anm.2.

[2]) Vgl. S.90 Anm.1 und S.147. Das letzte Stadium in der lukianischen Tradition liegt auch hier in der Textform von La¹²³ vor: Gegenüber der Dublette in L ist hier das ursprüngliche,

2. 62 𝔐 באחמתא בבירתא די במדי מדינתה LXX ἐν ’Αμαθὰ (εκβατανοις (-βετ. 93) L' La¹²³; om ἐν ’Αμ. B' V Aeth Sixt) πόλει (pr εν τη V; pr τη L'; pr εν B' A 119 Aeth Sixt; > La¹²³; om ἐν ’Αμ. πόλει a⁻¹²¹) ἐν τῇ βάρει (-ρεια V) τῆς Μήδων πόλεως (χωρας L La¹²³; om. τ. Μ. πόλεως B' A V Aeth Sixt).

Der gesicherte Teil der Übersetzung dieses Ausdrucks als ganzer, von dem die Textrekonstruktion ausgehen muss und den auch Rahlfs – hier gegen den B-Text, der ihn tilgt, – der ursprünglichen Textform zuweist, ist die umdeutende Wiedergabe des mit די eingeleiteten Relativsatzes די במדי מדינתה, mit dem in der aramäischen Vorlage der geographische Ort der Stadt Ekbatana bezeichnet wird: „die in der Provinz Medien liegt", in der Übersetzung der LXX aber lediglich die zuvor genannte Stadt im Genitivattribut als „Stadt der Meder": τῆς Μήδων πόλεως, definiert wird. Die als sekundäres Rezensionselement nicht erklärbare Textform erfordert in dieser Übersetzung das Verständnis des Begriffs מדינה als πόλις, das an dieser Stelle nur lukianisch nach der bestbezeugten hier 𝔐 entsprechenden Äquivalenz mit χώρα korrigiert wird¹.

Von hier her lassen sich Argumente für die Bestimmung der ursprünglichen Wiedergabe des vorgeordneten Ausdrucks באחמתא בבירתא finden, die sich der Überlieferung nach in die Textformen εν πολει εν τη βαρει des B-Textes, εν εκβατανοις τη πολει εν τη βαρει der lukianischen Rezension, εν αμαθα (+ εν A) πολει εν τη βαρει in A b 58 119 und in εν τη βαρει in a⁻¹²¹ aufteilt². Der für die Textherstellung wichtigste Befund ist die Überlieferung einer Transkription der Stadt אחמתא: αμαθα, die lukianisch nach der Parallelstelle in Esdr I (6₂₂) in εκβατανοις gräzisiert erscheint und auf diese Weise in ihrer reinen Transkription als vorlukianisches Stadium erwiesen ist. Dass diese Transkription von erklärendem πολει gefolgt ist, das dann, da anschliessend und einhellig εν τη βαρει überliefert ist, eines Äquivalents in der masoretisch überlieferten Vorlage entbehrt, ist kein Argument gegen ihre Ursprünglichkeit; die Einsetzung dieses Begriffs an dieser Stelle bietet auch als ursprüngliche viele Möglichkeiten der Erklärung, die naheliegendste ist die eines Interpretaments eines in Esdr II einmaligen Namens einer Stadt und ihrer singulären Transkription³. Ihr Fehlen im B-Text, durch die der Wortfolge nach die Äquivalenz zwischen באחמתא und εν πολει entsteht, könnte zwar als eine – textgeschichtlich

---

sonst einhellig überlieferte Glied, καὶ φυγαδεῖαι – αἰῶνος und von der durch die lukianische Einfügung des ersten Gliedes entstandenen Doppelübersetzung des Ausdrucks ומדינין, και χωρας κει μαχας, das ursprüngliche der masoretischen Vokalisierung entsprechende Äquivalent καὶ χώρας ausgeschieden. Zur Frage der aktualisierenden Umdeutung in der ursprünglichen Textform der Übersetzung vgl. S.354-357.

¹) Die Äquivalenz מדינה - πόλις wird in H.-R. vornehmlich aus dem Grund ignoriert, weil dieser Textteil in den ihm zu Grunde liegenden Ausgaben, dem B-Text (B A; S fällt aus) nach Swete und Tischendorf und der Sixtina, fehlt. Der Verzicht auf ein Äquivalent zu πόλις in B' S V zu Esdr II 1 13 ist richtig; zu weiteren Nachweisen dieser Äquivalenz vgl. S.302 Anm.1.

²) Die Tilgung in a⁻¹²² ist durch homoioteleuton εν ∩ εν zu erklären und lässt vor diesem mechanischen Ausfall die Übereinstimmung sowohl mit b als auch mit dem B-Text zu.

³) Ein analoger Fall wäre das Interpretament μηνος für den Monatsnamen ’Ελούλ in 16₁₅, dessen Fehlen im B-Text ich gleicherweise als Korrektur nach 𝔐 erkläre.

noch vor der vorlukianischen Transkription liegende – Umdeutung des Namens in ein appellativum – ארמון für אחמתא? – erklärt werden – so wohl Rahlfs –; aber die so entstehende Zuordnung der Begriffe: „in einer Stadt in der Burg der Stadt der Meder" entbehrte eines dem Charakter und der Übersetzungstechnik dieser Übersetzung angemessenen Sinnes, und die nicht nur um den Namen der Stadt אחמתא, sondern auch um den Ausdruck די במדי מדינתה verkürzte Form des „B-Textes" – immerhin bewahrt auch codex A die vorlukianische Transkription der ausserlukianischen Zeugen – spricht auch textgeschichtlich eher für sekundären Charakter der ganzen, nicht nur eines Teils der so bezeugten Textverkürzung. Die Wiedergabe des Relativsatzes די במדי מדינתה im Genitiv, τῆς Μήδων πόλεως, lässt sich syntaktisch ungezwungen nur als Genitivattribut zu dem als „Burg" bzw. „Festung" innerhalb der Stadt Ekbatana verstandenen Begriff βάρις, τῆς Μήδων πόλεως dann als erläuternde Wiederaufnahme der Stadtbezeichnung bestimmen: „in der Stadt Ekbatana, in der Bergfestung (dieser) medischen Stadt"[1]; nur lukianisch wird, der häufigeren Äquivalenz entsprechend, πολεως in χωρας geändert (L La[123] (medorum regione)) und damit die 𝔐 entsprechende Bestimmung von Ekbatana als Stadt in der Provinz Medien wiederhergestellt.

3. 10₁₂ ויאמרו קול גדול כן כדבריך (כדברך Qere) עלינו לעשות: φωνῇ μεγάλῃ καὶ εἶπαν (-πον L b⁻⁶⁴ ⁷²⁸ Ald Compl) Μέγα τοῦτο τὸ ῥῆμά σου ἐφ᾽ ἡμᾶς ποιῆσαι (= Esdr I 9₁₀ καὶ εἶπαν (ειπον Β' b⁻⁶⁴ ⁷²⁸ 125 Ald Sixt Ra.; ειπεν L 74-236 La^C) μεγάλη τῇ φωνῇ Οὕτως ὡς εἴρηκας ποιήσομεν (-σωμεν L 120-134-314 98* (vid)-243-381-731 58 119 245))] om φωνῇ μεγάλῃ Β'S* A V Aeth Arm Sixt Ra.; και ειπαν φωνη μεγαλη (> S^c) μεγα τουτο το ρ. σου εφ᾽ ημ. π. S^c 71-74-106-120-370: cf 𝔐; φωνη μεγαλη και ειπον κατα τους λογους σου ους εφης ουτως ποιησομεν Compl; et dix̄ vocē magnā ita scd̄m sermones tuos sup nos ut fiat La¹²³; om ποιῆσαι et add και κατα τους λογους σου ους εφης ουτως ποιησομεν (-σωμεν 19) L.

Als sekundär rezensionell gesichert ist das lukianisch überlieferte Dublettenglied zu bestimmen, das dadurch in den Kontext eingepasst ist, dass im beibehaltenen entsprechenden ursprünglichen Glied die finale Infinitivkonstruktion, ποιῆσαι für לעשות, die im lukianischen Glied, der hebräischen Vorlage gegenüber formal freier, aber mit Esdr I übereinstimmend, mit verbum finitum, (ουτως) ποιησομεν wiedergegeben ist, ausgeschieden wird, so dass eine sinnvolle Zuordnung der beiden Glieder entsteht: „Diese schwere

---

[1]) Eine Äquivalenz zwischen בירתא und πόλις ist darum hier – wie in Esdr II auch zwischen בירה und πόλις; die Angabe in H.-R. zu 12₈ ist falsch: πόλις bezieht sich auf עיר, הבירה ist nur im hexaplarisch-lukianischen Zusatz überliefert und mit της βαρεως wiedergegeben – in keiner der verschiedenen Textformen bezeugt. Zur Äquivalenz mit πόλις in Est mit βάρις in der altlateinischen, hexaplarischen und lukianischen Tradition vgl. Est ed., Einleitung S. 26 und 66. Die unterschiedliche Transkription in Esdr II: die gräzisierte Form als Lehnwort βάρις einhellig nur in 6₂, aber lukianisch an allen übrigen Stellen: ausser im Zusatz von 12₈ in 11₁, wo alle ausserlukianischen Formen auf die Transkription mitsamt Artikel, ἀβιρά, zurückgehen, in 17₂, wo ohne Artikel transkribiert wird, τῆς βιρά, lässt sich auch von den verschiedenen Bedeutungen des Begriffs her: in 6₂ die Burg von Ekbatana, in 11₁ von Susa, in 12₈ und 17₂ die Tempelburg in Jerusalem, nicht erklären.

über uns beschlossene Sache wollen wir auch all deinen Worten gemäss, die du gesprochen hast, ausführen." Das lukianische Dublettenglied wird als Ersetzung mit dem ursprünglichen kontaminiert in Compl, noch stärker an 𝔐 angeglichen in La[123] überliefert[1]. Sekundäre Angleichung an den masoretisch überlieferten Text, die durch das Zeugnis von S^c auf hexaplarische Herkunft weist, ist auch die von fünf Zeugen der Rezension *a* und von La[123] mitbezeugte Umstellung des adverbialen Ausdrucks φωνῇ μεγάλῃ hinter das verbum finitum καὶ εἶπαν für ויאמרו; diese Umstellung ist als rezensionelle Korrektur nach 𝔐 dadurch gesichert, dass auch hier, wie im lukianischen Dublettenglied der hebraisierende Zeuge La[123], die als hexaplarisch dokumentierte Textform von S^c durch die Tilgung des Adjektivs μεγάλη die doppelte Einordnung dieses Begriffs, einmal mit der masoretischen Überlieferung als Charakterisierung von קול, einmal gegen sie von דבר – hier als einziger Zeuge, aber gegen 𝔐[2] – ausmerzt.

Von dieser Doppelüberlieferung und je verschiedener Zuordnung des Begriffs גדול muss die Entscheidung über die ursprüngliche Textform der Übersetzung ausgehen. Hinsichtlich der Verteilung der Zeugen teilt sich an diesem Punkt die Überlieferung in den B-Text (B′ Aeth) gefolgt von allen Unzialen (S* A V) mitsamt der armenischen Übersetzung mit der Tilgung des adverbialen Ausdrucks φωνῇ μεγάλῃ gegen 𝔐 (קול גדול) – so Rahlfs – und in den Text sämtlicher Zeugen der Rezension *b* zusammen mit den die rezensionelle Umstellung nach 𝔐 nicht mitvertretenden Zeugen der Rezension *a*: 107-121-130-134-236-314-762[3] mit der Zuordnung des Begriffs גדול sowohl mit 𝔐 zum Nomen קול, aber mit der Umstellung gegen 𝔐 vor das verbum finitum ויאמרו und damit bezogen auf ויענו (= καὶ ἀπεκρίθησαν), als auch gegen 𝔐 mit der Zuordnung zum Nomen דבר: Es stehen sich wieder die für die Bestimmung der ursprünglichen Übersetzungsform zuerst in Frage kommenden Textgruppen: die ältesten Unzialen mit ihrem hohen, aber von rezensionellen Elementen nicht unberührten Zeugenwert und die beiden Rezensionen *a* und *b*, deren Zusammengehen weitgehend als Kriterium eines vorrezensionellen Stadiums gelten darf, gegenüber. Für die Entscheidung von Rahlfs spricht die dadurch erreichte Tilgung der Doppelüberlieferung des Adjektivs μέγας, die als Dublette erklärt werden könnte, dagegen aber, abgesehen von der im B-Text nachweisbaren Eigentümlichkeit sekundärer Textverkürzung, auch der Befund, dass es sich hier nicht um eine Dublette in dem für Esdr II e i n d e u t i g nachweisbaren Sinn rezensioneller Überlieferung handeln könnte: was die Überlieferung anbelangt, nicht als Element der lukianischen Rezension – sie überliefert hier eine eigene Form von Dublette des ganzen Satzteils und lässt in beiden Gliedern die je verschiedene Zuordnung des Adjektivs μέγας bestehen, nur La[123] tilgt sie

---

[1]) κατα τους λογους σου: Zusammen mit der Angleichung an 𝔐 nach der lukianischen Äquivalenz (vgl. S.40) geht hier die Änderung in den Plural des Ketib gegenüber dem Singular des Qere in LXX.

[2]) Zu erwarten wäre die Tilgung von μεγα, nicht von μεγαλη: wahrscheinlich ein „Homoiar-Fehler" der Setzung des Tilgungszeichens durch S^c.

[3]) Zu beachten ist die Mitbezeugung dieser Textform durch den anderwärts oft lukianisch beeinflussten codex 121.

in seiner Reduktion auf ein einziges Glied, aber nicht wie der B-Text gegen die masoretisch überlieferte Textform, sondern nach ihr bei דבר –, und was die Eingliederung in den Kontext anbelangt, nicht als je verschiedene, einmal freie oder missverstandene, einmal wortgetreue Wiedergabe des gleichen Satzteils, sondern als je verschiedene, den Sinn verändernde Zuordnung eines Satzgliedes: des Adjektivs μέγας entweder zu ῥῆμα oder zu φωνή. Eher als durch Annahme einer von 𝔐 abweichenden Vorlage, mit der allein die Textform des B-Textes als ursprünglich erklärt werden könnte, dürfte aber die Näherbestimmung sowohl des Begriffs קול mit 𝔐 als auch des Begriffs דבר gegen 𝔐 als interpretierende Wiedergabe der masoretisch überlieferten Textform durch den Übersetzer selbst erklärt werden: Der adverbiale Ausdruck קול גדול ist dadurch, dass er hier ohne die an den übrigen Stellen verwandte Präposition ב steht[1], hinsichtlich seiner Einordnung in den Kontext nicht völlig eindeutig, gesichert nur durch die masoretische Interpunktion; darum die dem Sinn nach gleichbedeutende Zuordnung durch den Übersetzer zum vorangehenden verbum finitum ויענו. Das Adjektiv גדול bot sich aus dem gleichen Grund dem Übersetzer als Interpretation der sich anschliessenden ungewohnten Formulierung כן כדבר(י)ך an. Läge eine von 𝔐 abweichende Vorlage vor, wäre sie hier zu vermuten und bildete damit ein weiteres Argument für die Ursprünglichkeit der doppelten Bezeugung von μέγας[2].

4. 13 7-8aa: καὶ ἐπὶ χεῖρα (εχομενα L La[123]) αὐτῶν ἐκράτησεν (εκραταιωσεν (-σαν 19′) L) Μαλτίας ὁ Γαβαωνίτης καὶ Εὐαρών (ιαερειν 93; ιαρ(ε)ι 19′; ιαριμ 121; *jadun* Aeth[A] = 𝔐; *iadin* La[123]: cf Esdr I 9 48) ὁ Μηρωνωθίτης (-ναθαιος L; *meronathes* La[123]) ἄνδρες τῆς Γαβαὼν καὶ τῆς Μασφά, ἕως (+ του L) θρόνου (*sellae* pro ἕως θ. La[123]: cf 𝔐) τοῦ ἄρχοντος τοῦ πέραν τοῦ ποταμοῦ. καὶ (> La[123] = 𝔐) παρ' (επι χειρα Compl; εχομενα L La[123]) αὐτῶν (*illi* La[123] = 𝔐) παρησφαλίσατο (εκραταιωσεν L Compl) Ὀζιὴλ υἱὸς Ἀραχίου πυρωτῶν] > B′ S A V Aeth[B] Arm Ra.

15 init - αὐτῆς 2⁰: τὴν δὲ (και τη pro τ. δέ 19′) πύλην τῆς πηγῆς (και το τειχος της κρηνης (κριν. cod), *et muros fontis* (*fortes* cod) pro init - πηγῆς 93 La[123]) ἠσφαλίσατο (εκραταιωσεν L) Σαλωμών (σολων Compl: cf 𝔐; εμμων 19′; αμμων 93; *ellom* La[123]) υἱὸς Χολεζὲ ἄρχων μέρους τῆς Μασφά · αὐτὸς ἐξῳκοδόμησεν (ωκ. L 52) αὐτὴν καὶ ἐστέγασεν αὐτὴν καὶ ἔστησεν τὰς θύρας αὐτῆς (+ και (> 93; + τα 19) κλεῖθρα αυτης L La[123] = 𝔐) καὶ (+ τους 19) μοχλοὺς αὐτῆς] > B′ S A V 58 Aeth Arm Ra.

Die Auslassungen gegenüber dem masoretisch überlieferten Text weisen textgeschichtlich die wiederholte Zeugenverteilung auf, nach welcher die Überlieferung der alten Unzialen gefolgt von der äthiopischen und der armenischen Übersetzung – hier als Zeugen der Textverkürzung gegenüber 𝔐 – der – hier mit 𝔐 übereinstimmenden – von den Rezensionen *a* und *b* gemeinsam überlieferten Textform gegenübersteht, die ihrerseits lukiani-

---

[1]) So ist der Ausdruck in 3 12 und 1 94 in der Form φωνῇ μεγάλῃ für בקול גדול, in 3 12 von L La[123], in 1 94 von La[123], bei Tilgung des Ausdrucks durch L, mit Zusatz von εν, in 3 11 für תרועה גדולה mit Zusatz von εν in L Compl, von La[123] zusammen mit B′ an 𝔐 angleichend im Akkusativ, φωνὴν μεγάλην (*ululatum magnum*) bezeugt.

[2]) Vgl. die ähnliche Problematik und Argumentation in 14 2-3 (1334-35) S.408-410.

sche Korrekturen der Wortäquivalenz und in La[123] noch engere Angleichungen an die masoretische Vorlage aufweist.

Die Feststellung, dass bei diesem Kurztext homoioteleuton vorliegt, lässt keinen Schluss auf mechanischen Ausfall im Übersetzungstext zu, da auch die hebräische Vorlage auf diese Weise erklärbar ist.

Der Befund lukianischer Überarbeitung des von *a* und *b* überlieferten Textteils fordert den Schluss auf ein vorlukianisches Stadium, das zuerst auf die Möglichkeit seiner Ursprünglichkeit hin geprüft werden muss. Ein sekundäres Stadium auch innerhalb dieser Textstufe ist nicht völlig auszuschliessen, aber sie liegt in dem Textbereich, in welchem die Alternative „ursprünglich" und „sekundär" durch den textgeschichtlichen Sachverhalt relativiert wird, dass auch die letzte fassbare ursprüngliche Textform auf vorgegebener Übersetzungstradition beruht.

Der textgeschichtliche Befund, der eher für ein sekundäres Stadium auch der vorlukianischen Textform dieses Passus spricht und der auch für Rahlfs der Grund seiner Ausscheidung war, ist die hier bezeugte Überlieferung einer singulären Wortäquivalenz zwischen masoretisch überlieferter hebräischer Vorlage und von *a b* bezeugter griechischer Übersetzung:

Es ist zuerst das Äquivalent für den in Esdr II 13 für die Arbeit am Mauerbau stereotyp verwendeten Begriff des Hiphil von חזק, der nur an diesen beiden Stellen mit dem nicht nur in Esdr II, sondern in LXX als ganzer singulären Verbum παρασφαλίζεσθαι in v. 8, ἀσφαλίζεσθαι in v. 15 wiedergegeben wird[1]. Es ist als zweites das Äquivalent πυρωτῶν für die צרפים in v. 8, das in LXX einmalig – nur in α' und σ' ist es in Is 41₇ und Ier 62₉ für das gleiche Grundwort belegt – der abweichenden Äquivalenz in v. 32 gegenübersteht, wo – entsprechend einhelliger Bezeugung auch in Is 41₇ – χαλκεῖς an seine Stelle tritt[2]. Es ist als drittes das Äquivalent μέρους für den Begriff פלך, der in dieser Bedeutung nur in Esdr II überliefert ist und an allen andern Stellen, 13₉ ₁₂ ₁₄ ₁₆ ₁₇, mit dem Ausdruck περιχώρου wiedergegeben wird.

Es ist nicht die innerhalb der LXX einmalige Wortäquivalenz, auch nicht die Vielfalt der Äquivalente für das gleiche hebräische Grundwort, es ist aber die Häufung dieser übersetzungstechnischen Phänomene innerhalb eines im ganzen weitgehend einheitlich übertragenen Textteils, die hier zum Zweifel an der Ursprünglichkeit der Textform der so überlieferten Übersetzung berechtigt.

Aber die Häufung verschiedener übersetzungstechnisch zugelassener Weisen der Wiedergabe im engeren Kontext ist kein zureichendes Argument gegen die Annahme der Ursprünglichkeit. Als in LXX als ganzer singuläres Äquivalent für ein im masoretischen Text mehrfach – wenn auch in Esdr II nur an dieser Stelle – bezeugtes Grundwort wären

---

[1]) Vgl. die Note von Rahlfs im Apparat zu v. 8. παρασφαλίζεσθαι ist nach Ausweis von L.-S. Hapaxlegomenon in der ganzen Gräzität; vgl. παρασφάλισμα BGU 246.14 (2./3. Jh. n. Chr.).

[2]) In v. 31 ist der Ausdruck בן־הצרפי als nomen proprium verstanden und transkribiert: υἱὸς τοῦ Σαρεφί (cum var); so in v. 8 auch in Aeth[A]: *tsurufem*.

z. B. ἐπιεικεύσατο für היתה תחנה in 9₈ ¹ und μετριάζων für חולה in 12₂ ², als Ausnahme in einer sonst konsequent eingehaltenen Äquivalenz die Übersetzung des Ausdrucks עבר נהרה in 4₂₀ mit ἡ ἑσπέρα τοῦ ποταμοῦ gegenüber πέραν τοῦ ποταμοῦ an allen übri-

---

¹) Es ist der einzige Begriff, den Kurt Latte in den Prolegomena seiner Edition des Lexikons von Hesych (S. XLV Anm. 3) und in seinem Beitrag „Eine vergessene Quelle des Bibeltextes" zu einer unveröffentlichten Festschrift zum 75. Geburtstag von Walter Bauer (8. August 1952) aus der ihm zugänglichen, weitgehend noch nicht edierten lexikographischen Tradition des biblischen Wortbestandes, die dem Lexikon des Hesych als Vorlage diente, dem Cyrill-Glossar, dessen biblisches Vokabular sich im Stephanos-Glossar wiederfindet, aus der Esra-Überlieferung mitgeteilt hat. Dass die Verbalbildung ἐπιεικεύεσθαι, für die Esdr II 9₈ als der früheste und auch in LXX singuläre Beleg erscheint, sich durch diesen frühbyzantinischen lexikographischen Nachweis als früh über die biblische Tradition hinaus verbreitet erweist, wird durch – wenn auch seltene – spätere Bezeugung in verschiedenen literarischen Bereichen: im 4. Jh. bei Ephraem dem Syrer neben ταπεινοφρονεῖν und χρηστεύεσθαι als Charakterisierung des μοναχός (Sermones paraenetici ad monachos Aegypti, or. 50), im 12. Jh. in Kommentaren zu Homer und Aristoteles (Eustathius Thessalonicensis, Comm. ad Homeri Iliadem et Odysseam; Eustratius Philosophus, Comm. in Ethica Nicomachea; Anonymus, In Aristotelis Artem Rhetoricam) – die Belege verdanke ich Chiara Faraggiana –, bestätigt; für das von Latte angesprochene Ziel, auf Grund dieser Überlieferung der Verifizierung der von Hieronymus genannten christlichen Rezensionen näher zu kommen als es vermittels der LXX-Überlieferung möglich ist, vor allem der hier zuerst zu vermutenden alexandrinischen bzw. hesychianischen Rezension, vermag dieses Äquivalent, da es abgesehen von der als sekundäre – nicht rezensionelle – Transformation der seltenen Wortform zu erklärende Variante des B-Textes ἐπεσκευάσατο (B′) keine abweichende Äquivalenz aufweist, kein Ergebnis beizutragen. In dem mir zugänglichen codex Vatican. Gr. 2130 (X.-XI. Jh), dessen Cyrill-Glossar und ihm angeschlossenes Stephanos-Glossar A. B. Drachmann (Die Überlieferung des Cyrillglossars, Kgl. Danske Videnskabernes Selskab., Hist.-filol. Meddelelser XXI 5, 1936, S. 8) und J. Benediktsson (Ein frühbyzantinisches Bibellexikon, CM I, 1938, S. 243-280; hier S. 246f.) der „Vatikaner-Rezension" zuordnen, sind unter den den einzelnen Vokabularen des Stephanos-Glossars vorangestellten, die biblischen Bücher bezeichnenden Überschriften die Bücher Esra, Nehemia und Chronik – wie aus dem von T. Larsen stammenden Register bei Drachmann S. 54f. zu schliessen ist, auch in den übrigen Stephanos-Glossaren – nicht verzeichnet; das vierte, zwischen λέξις Ἰώβ und Ἐκκλησιάστης eingeordnete Vokabular, das mit ἕτεραι λέξεις κατὰ στοιχεῖον überschrieben ist, stammt aus den Proverbia. Die Untersuchung und Auswertung dieser Tradition harrt für die edierten und die noch zu edierenden Bücher der Göttinger Edition noch der Realisierung. „Quaestionem de textu Scripturae in glossis illis et apud Cyrillum obvio tractare non meum est, sed cum horum documentorum per CL annos in investigandis Scripturae codicibus theologi plane obliti sint, monendi sunt hic testes extare antiquissimis codicibus fere aequales, qui non solum Hexaplae lectiones exhibeant partim adhuc ignotas, sed in universum adeo cum codicum A, interdum etiam B lectionibus conspirent, ut „Aegyptiae" quam vocant recensionis documenta pretiosissima habenda sint" (Latte, Hesychii Alexandrini Lexicon, a. a. O.).

²) Vgl. S.96 mit Anm.3. Phrynichus (S. 425) belegt den Begriff in dieser Bedeutung, als Synonym zu ἀσθενεῖν für Menander: παρὰ τὴν τῶν δοκίμων χρῆσιν.

gen Stellen¹ zu nennen, als Wechsel der sonst weitgehend einheitlichen Äquivalenz innerhalb des Verzeichnisses der am Mauerbau Beteiligten der Übergang in der Übersetzung des die Beteiligung bezeichnenden verbum finitum הֶחֱזִיק von κατέσχεν zum Äquivalent ἐκράτησεν, das zum ersten Mal an der Nahtstelle des vom B-Text ausgelassenen Textteils in v. 7 auftritt, von hier an aber bis zum Ende des Verzeichnisses in v. 34 auch in den hinsichtlich ihrer Ursprünglichkeit unbestrittenen Textteilen bewahrt wird².

Dieser Befund spricht in textgeschichtlicher Hinsicht für eine mindestens sehr frühe Überlieferung der Übersetzung in der mit der masoretisch überlieferten Vorlage übereinstimmenden vollständigen Textform, deren vom B-Text nicht mitbezeugte, auch übersetzungstechnisch eigenwillige Teile darum am ehesten der undurchschaubaren „Urgeschichte" der Entstehung der Übersetzung selbst zuzuweisen wären.

Für eine solche textgeschichtliche Erklärung spricht auch die A r t u n d W e i s e der lukianischen Bearbeitung des ganzen Textzusammenhangs, die sich innerhalb der vom B-Text ausgeschiedenen Teile in nichts von den einhellig überlieferten unterscheidet und darum den mit 𝔐 übereinstimmenden vollständigen Text schon als Vorlage dieser Rezension, nicht erst durch sie aus anderen Quellen vervollständigt wahrscheinlich macht: Alle ihr vorgegebenen Äquivalente für das Hiphil von חזק: κατέχειν, κρατεῖν, παρασφαλίζεσθαι und ἀσφαλίζεσθαι, werden konsequent durch das in dieser Äquivalenz in LXX am besten verankerte Verbum κραταιοῦν ersetzt, das Compositum ἐξοικοδομεῖν für בנה in v.

---

¹) Es handelt sich hier insofern um einen Analogiefall, als das für die Bezeichnung der Provinz, עבר נהרה (בכל), gegenüber πέραν τοῦ ποταμοῦ (vgl. S.357f.) singuläre Äquivalent, (ὅλης) τῆς ἑσπέρας τοῦ ποταμοῦ für den in Esdr II singulären Fall steht, dass der Begriff in der aramäischen Vorlage als terminus technicus anachronistisch für den geographischen Bereich als früheres Herrschaftsgebiet der Könige Israels genannt wird, darum nach der geographischen Bedeutung des Begriffs ἑσπέρα als „Bereich des Westens" von der persischen Residenz aus gesehen. Sicher spielt die Metathese עבר - ערב mit (vgl. S.29), da aber ערב im AT nicht in der Bedeutung der Himmelsrichtung verwendet wird, eher von der griechischen Terminologie des Übersetzers ausgehend.

²) Unbrauchbar sowohl als Argument als auch als Gegenargument in dieser Frage ist der Befund, dass in diesem Textteil (v. 15) das „Quelltor", שער העין, einhellig appellativisch übersetzt als πυλὴ τῆς πηγῆς, an den beiden andern Stellen seines Vorkommens (12 14 und 2 2 37) in seiner ursprünglichen Form aber transkribiert, πυλὴ τοῦ Ἀϊν, und nur lukianisch übersetzt überliefert ist; die Überlieferung in v. 15 lässt sich sowohl als Verlust der an dieser Stelle verloren gegangenen Überlieferung des B-Textes, die einhellig überlieferte Übersetzung dann als die in breitere Tradition eingedrungene lukianische Form, als auch als von Anfang an doppelte Übersetzungsweise erklären, für die es auch beim Wechsel zwischen Transkription und Übersetzung in Esdr II weitere Beispiele, wie den Begriff מנחה gibt, der in 2 0 33 (34) einhellig mit θυσία übersetzt, in 23 5 und 9 aber mit μαναά(ν) transkribiert wird. Darum darf auch der Wechsel in der Wiedergabe des מגדל המאה, in 22 39 als πύργος τοῦ Μεά (αμμηνα L: cf 𝔐) transkribiert, in 13 1 als πύργος τῶν ἑκατόν übersetzt (L setzt mit του κυριου aramäisches מריא voraus (vgl. S.174), nicht mit Rahlfs als Argument für die Ursprünglichkeit der von B' S* A Aeth^B Arm Sixt überlieferten Auslassung des Satzteils καί 5⁰ – Μεά in Anspruch genommen werden.

15 dem Simplex der übrigen Stellen angeglichen und μοχλοὺς αὐτῆς wie in v. 3 6 und 14 gräzisierend mit dem Artikel versehen[1].

An dieser Stelle lassen sich den negativen Argumenten der äusseren Kritik für das, was einen sekundären Einschub dieser Textteile unwahrscheinlich macht, einige positive Argumente der inneren Kritik gegenüberstellen, die dafür sprechen, dass Stil und Wortwahl innerhalb dieser Passagen der Intention des Übersetzers selbst entsprechen:

(1) Werden die Aussagen der Verse 7 und 15 als ursprüngliche Übersetzung anerkannt, dann erscheint das Gegenüber des Ausdrucks παρησφαλίσατο in v. 8 zu ἠσφαλίσατο in v. 15 und des Ausdrucks ἐξῳκοδόμησεν zum Gebrauch des Simplex im vorangehenden (v. 1 u. 3) und folgenden Kontext (4₁ff.) als Analogie zu Fällen wie der Wiederaufnahme des – in LXX singulären – Compositum διοικοδομήσωμεν (12₁₇) als Simplex in v. 18 und 20 [2].

(2) Obwohl sich hinsichtlich der Wortäquivalenz in den vom B-Text ausgelassenen Teilen Eigentümlichkeiten der Übersetzung von Esdr II, mit denen sich die Ursprünglichkeit der Textform nachweisen liesse, nicht finden lassen – die Art der Transkriptionen von Eigennamen sind für Esdr II nicht spezifisch, und mit dem Kontext übereinstimmende Äquivalente wie ἐκράτησεν für החזיק liessen sich auch damit erklären, dass die als späterer Einschub postulierte Übersetzung von Anfang an auf der Vorlage des Kontextes beruhte –, lässt sich doch ein Esdr II eigentümliches Äquivalent feststellen, dessen Wahl sich auf diese Weise schwer erklären liesse: die Wiedergabe des Begriffs פחה mit ἄρχων in 13₇ wie in 15₁₄ [3].

(3) Die Wahl eines neuen Äquivalents für den die Beteiligung am Mauerbau bezeichnenden Begriff החזיק in v. 8 erscheint übersetzungstechnisch aus dem Grund notwendig, weil durch den den Satz einleitenden präpositionalen Ausdruck παρ' αὐτῶν, der nach Ausweis sämtlicher mit dem Äquivalent der Präposition παρά mit Genitiv wiedergegebe-

---

[1]) Auszuschliessen ist sowohl die Erklärung der vom B-Text nicht überlieferten Teile als hexaplarischer und lukianisch überarbeiteter Einschub – Syh ist in diesem Textteil nicht erhalten, Korrekturen von S^c liegen nicht vor –, da sie weder lexikographisch noch syntaktisch hexaplarischen bzw. theodotionischen Charakter zeigen, noch ihre Erklärung als der lukianischen Textform gegenüber sekundäres Stadium den Textgruppen *a* und *b* gemeinsamer Rezension, da der von den lukianisch bezeugten Elementen befreite Text kein Charakteristikum der Rezensionen *a* und *b* aufweist, wohl aber in syntaktischer Hinsicht dem einhellig überlieferten Kontext nahesteht.

[2]) Auch in 12₁₇ korrigiert die lukianische Rezension – hier zusammen mit der hexaplarischen – der in Übersetzungstradition verankerten Äquivalenz entsprechend in das Simplex: οικοδομησωμεν (ῳκοδομησομεν S^c; οικοδομη^{σμ} 71 125) V S^c - *L′* 71-106-107-314 58.

[3]) ἄρχων als Äquivalent für den פחה jüdischer Herkunft, hexaplarisch-lukianisch auch in 22₂₆; vgl. S.128-131. Die Äquivalenz פחה - ἄρχων ist nur in Esdr II gesichert, gegen H.-R. nicht in der Esdr II gegenüber ohnehin später anzusetzenden Esther-Übersetzung, da dort von den drei in Frage kommenden Äquivalenten (אחשדרפני־המלך, פחות und שרי (המדינות) in 3₁₂, 8₉ und 9₃ פחות in 8₉ und 9₃ unübersetzt bleibt und nur in 3₁₂ der Reihenfolge nach mit dem Äquivalent ἄρχων wiedergegeben zu sein scheint, das aber an allen drei Stellen auch für den Begriff שר steht.

ner Stellen¹ nur auf der von 𝔐 abweichenden Vorlage מהם an Stelle von על־ידו beruhen kann, die in diesem Vers genannten Mauerbauer als zu den in v. 7 aufgezählten „Männern von Gibeon und Mizpa" gehörende bezeichnet sind, so dass die Wiederholung des in v. 7 verwendeten stereotypen Äquivalents ἐκράτησεν an dieser Stelle eine reine Tautologie darstellen würde. Demgegenüber muss das Äquivalent παρησφαλίσατο eine Spezifizierung des allgemeinen Begriffs ἐκράτησεν in dem Sinn bedeuten, dass die zu der Gesamtheit der am Mauerbau beteiligten Männer von Gibeon und Mizpa Gehörenden, in v. 8 mit Namen Genannten die besondere Aufgabe der Befestigung der Mauern übernahmen. Von hier her dürfte es denn auch erklärt werden, dass – nach der Intention der Übersetzung selbst – diese Tätigkeit in der Form des Simplex ἠσφαλίσατο in v. 15 wiederum einem Bewohner von Mizpa: Σαλωμὼν υἱὸς Χολεζὲ ἄρχων μέρους τῆς Μασφά, zugewiesen wird.

(4) Diese Spezifizierung des Begriffs החזיק nach der Bedeutung des „Befestigens" oder „Ausbesserns" eines schon gebauten Mauerteils erscheint aber auch im Kontext der Aussage von v.15 notwendig, da als Objekt des hier für dieses Grundwort gewählten Äquivalents ἠσφαλίσατο ausser dem „Quelltor", von dem entsprechend der masoretisch überlieferten Vorlage in Parenthese gesagt ist, dass seine Türflügel und Riegel eingesetzt wurden – καὶ ἔστησεν τὰς θύρας αὐτῆς καὶ μοχλοὺς αὐτῆς –, auch die „Mauer des Teichs" – τὸ τεῖχος κολυμβήθρας für חומת ברכת ² – genannt ist, die als schon bestehend, nur der Befestigung bedürfend vorausgesetzt werden muss; von hierher ist dann auch die singuläre Wahl des Compositums ἐξῳκοδόμησεν „Ausbauen" für יבנו an Stelle des Simplex an allen anderen Stellen zu erklären.

5. Textgeschichtlich und übersetzungstechnisch weitgehend analog und darum der gleichen Erklärung bedürftig ist die Überlieferung des Berichtes über die an der Verlesung des Gesetzes beteiligten Personen in 18₇, wo dem der masoretisch überlieferten Vorlage gegenüber verkürzten B-Text – ιησους και βαναια και σαραβια ησαν συνετιζοντες τον λαον B' S A 370 98-243-731 58 Arm Sixt[te] – die dem ausführlicheren Text von 𝔐 stärker entsprechende Übersetzung in der Form ι. και οι υιοι αυτου (Dublette zu (ו)ובני) και βαναιας και σαραβιας και ιαμιν ησαν συνετιζοντες και ακ(κ)ουβ και σαβ(β)αθ(θ)αιος και ωδυιας και μαασιας και καλλιτας και αζαριας (ζαχαριας 93) και ιωζαβελ αναν και φαλαιας (φαδ. 93) και οι λευιται συνετιζοντες τον λαον bei der lukianischen Rezension und in der Form ι. και βαναιας και σαραβια ησαν συνετιζοντες ακαυ σαβ(β)αθαιος καμπ(τ)ας αζαριας ιωζαβαδαν· ανιφανες υπεδιδασκον τον λαον (cum var) bei α zusammen mit dem die Textverkürzung des B-Textes nicht mitbezeugenden Teil der Rezension *b* gegenübersteht.

Sieht man von den als sekundäre Texttransformation leicht erklärbaren Lesarten in *a b* ab – auch die Transkription ΚΑΜΠ(Τ)ΑΣ ist Unzialverschreibung von ΚΑΛΛΙΤΑΣ –,

---

¹) Vgl. 419 821 22 23 15₁₂ 15 16₁₆ 20₃₁ (32) 236.

²) Die von 𝔐 abweichende Übertragung des Ausdrucks שלח לגז mit τῶν κῳδίων τῇ κουρᾷ: „der Felle für die Schur", die die aramäische Bedeutung von שלח voraussetzt und von hierher die Änderung von גז in גז nach sich zog (vgl. S.28), ist für die vorliegende Frage ohne Belang, da es sich auch so nur um die Benennung des Teiches handeln kann.

stehen sich auch hier die Textverkürzung des B-Textes, die mit Dubletten angereicherte als Angleichung an 𝔐 zu bestimmende Textform von L und eine der masoretischen Vorlage nahestehende Textform der Rezensionen a und b gegenüber, deren Ursprung, ob ursprünglich oder rezensionell, der Untersuchung bedarf.

Da in der von a b überlieferten Textform der Name ימן unübersetzt bleibt, an dieser Stelle aber die Verbalform ἦσαν συνετίζοντες steht, muss als Vorlage dieser Zeugen an Stelle dieses Namens das Partizip מבינים postuliert werden, das, da L die Transkription και ιαμειν als Dublette nachträgt, La¹²³ Aeth⁻ᴮ Compl sie an Stelle von ἦσαν συνετίζοντες überliefern[1], als L vorliegender vorlukianischer Text bestimmt und als ursprüngliche Textform der LXX gesichert ist.

Von hierher lässt sich aber der masoretisch überlieferte im B-Text fehlende anschliessende Textteil von עקוב bis הלוים sowohl hinsichtlich seines Fehlens als sekundär als auch hinsichtlich seiner in a b überlieferten Formulierung als ursprünglich wahrscheinlich machen: das Fehlen als sekundär aus der Abschreibetradition als Homoioteleuton, wenn als Vorstufe der Textverkürzung schon die lukianisch überlieferte, aber auch hexaplarisch denkbare Korrektur des Ausdrucks ὑπεδίδασκον nach 𝔐 in συνετίζοντες vorausgesetzt wird[2], die Bezeugung in der von a b überlieferten Form als ursprünglich aus der für Esdr II charakteristischen Übersetzungstechnik: Die Teilung der im masoretisch überlieferten Text der einen Gruppe zugeschriebenen, mit dem Hiphil von בין bezeichneten Tätigkeit, die im ursprünglichen Übersetzungstext von Esdr II korrekt nach der zweifachen Bedeutung unterschieden und als „Lernen" mit dem Äquivalent συνιέναι wiedergegeben wird (18₂ ₃ ₁₂ 20₂₉; vgl. 8₁₅ 18₈ 23₇), als „Lehren" mit συνετίζειν (8₁₆ 18₇ (1⁰) 9), in Vers 18₇ durch die Vorlage מבינים an Stelle des Namens ימן, erfordert die Annahme einer Unterscheidung innerhalb der Tätigkeit des Lehrens, die durch die Zuordnung der συνετίζοντες als terminus technicus der מבינים zu der Delegation aus ihnen ausgesprochen ist, der mitsamt den Leviten das ὑποδιδάσκειν, die Unterrichtung, übertragen wird. Durch die Rekonstruktion des ursprünglichen Textes in dieser Gestalt lässt sich auch hier,

---

[1]) Vgl. S.83f., 150 und zur Textform von La¹²³ S.224f.

[2]) Rezensionelle oder durch Abschreibetradition bedingte Textverkürzung ist hier auch ohne Annahme von Homoioteleuton von der nicht mehr verstandenen Unterscheidung von συνετίζειν und ὑποδιδάσκειν her erklärbar. Der syrohexaplarische Text scheidet hier wie an vielen Stellen als Vertreter der hexaplarischen Rezension aus. Er ist als ganzer – auch in den paläographisch als sekundär zu erklärenden Teilen, wie den Namensformen καμπτας: קמפטס, vgl. auch פנסח für φανες – Zeuge der von 𝔐 abweichenden Textform der Rezensionen a und b – ein Argument für vorhexaplarische Herkunft –, weist aber dieser Textform gegenüber weitere, von erhaltener Überlieferung her nicht sicher erklärbare Abweichungen von 𝔐 auf. So ist auch hinsichtlich der beiden Verbalformen ἦσαν συνετίζοντες und ὑπεδίδασκον zwar die gleiche Formulierung und die Äquivalenz vonn ὑπεδίδασκον mit מלפין הוו nach Ausweis der entsprechenden Wiedergabe von ἐδίδασκεν in v. 8 gesichert (hierzu vgl. S.229.). Weitere Abweichungen von 𝔐 und erhaltener Überlieferung der LXX sind der Zusatz והנון דרדבנא nach βαναίας, סרואיא für Σαραβία und עקוץ für Ἀκούβ.

wie in der Zuordnung von ἀσφαλίζειν zu παρασφαλίζειν, οἰκοδομεῖν zu ἐξοικοδομεῖν[1], die der Übersetzung von Esdr II eigentümliche Stilform der Wiederaufnahme des Compositum durch das Simplex im nahen Kontext erkennen: Dem in v. 7 berichteten Unterrichten der aus den συνετίζοντες dazu Erwählten – ὑπεδίδασκον –, entspricht in einem Zusatz zur masoretischen Überlieferung innerhalb des ganzen Vorgangs der Lesung des Gesetzes das Werk Esras selbst: καὶ ἐδίδασκεν Ἔσδρας καὶ διέστελλεν ἐν ἐπιστήμῃ κυρίου (v. 8)[2].

Diese Textrekonstruktion erfordert aber auch in v. 9 gegen den als Korrektur nach 𝔐 zu bestimmenden syrohexaplarisch, lukianisch, von La[123] und auch B' bezeugten, von Rahlfs aufgenommenen Text die Beibehaltung des καί zwischen οἱ Λευῖται und οἱ συνετίζοντες: Der Aufgabe des ὑποδιδάσκειν, in die sich nach v. 7 die Leviten und ein Teil der als selbständige Instanz des Tempeldienstes verstandenen συνετίζοντες teilen, steht nach v. 9 die Initiative der Gesamtheit der Vertreter beider Ämter mit dem Aufruf an das Volk, diesen dem Herrn heiligen Tag ohne Trauer zu begehen, gegenüber.

6. Textgeschichtlich gleichgelagert ist die Überlieferung zweier dem Inhalt nach verwandter Satzteile in 14₂₂ (16) und 23₁₉, des der masoretisch überlieferten Vorlage איש ונערו entsprechenden Ausdrucks ἕκαστος μετὰ νεανίσκου αὐτοῦ, der lukianisch, von L La[123], in der Form ανηρ και το παιδαριον αυτου überliefert und im B-Text, von B' S A V 58 Aeth Arm, ausgelassen ist, in 14₂₂ (16), und des mit 𝔐, ומנערי, übereinstimmenden, abgesehen vom B-Text, B' S* A 610, der ihn auslässt, einhellig überlieferten Ausdrucks ἐκ τῶν παιδαρίων μου in 23₁₉.

Textgeschichtlich könnte als Argument für die Auslassung von Textteilen, in denen der Begriff נער in der Bedeutung des Knaben, Jünglings oder Knechtes erscheint, der Befund vorgebracht werden, dass eine gewisse Unsicherheit hinsichtlich der richtigen Äquivalenz im ursprünglichen Übersetzungstext nicht auszuschliessen ist: In 14₁₆ (10) und 15₁₅ wird der Begriff vom richtigen Verständnis des gleichlautenden Verbalstamms in der Bedeutung „Ausschütteln" in 15₁₃ her fälschlich mit dem Partizip ἐκτετιναγμένοι wie-

---

[1]) Vgl. S.401.
[2]) Die besondere Bedeutung des Verbums הבין, die zur Wahl eines besonderen Äquivalents Anlass geben konnte, ist an dieser Stelle schon in der eigentümlichen Formulierung, der nur hier vorliegenden Verbindung mit dem adverbialen Ausdruck לתורה, angelegt, der das Lehren ausschliesslich auf die Unterweisung in der Thora konzentriert, der Tätigkeit, die dann in der folgenden Aussage von v. 8 – ohne Anhalt an der masoretischen Vorlage – als das Werk Esras – καὶ ἐδίδασκεν Ἔσδρας – in Verbindung mit dem vorangehenden Lesen der durch die συνετίζοντες vorgängig Unterrichteten im Gesetz – καὶ ἀνέγνωσαν ἐν τῷ βιβλίῳ νόμου τοῦ θεοῦ; hier ist „das Volk", ὁ λαός (v. 7), Subjekt – bezeichnet wird. Hinsichtlich der Äquivalenz in der Übersetzungstradition der LXX wäre auf Iob 32₈: πνοὴ δὲ παντοκράτορός ἐστιν ἡ διδάσκουσα für נשמת שדי תבינם, hinzuweisen. Aber das unmittelbare Zwischenglied ist die Parallelstelle in der Übersetzung von Esdr I – οἱ Λευῖται ἐδίδασκον τὸν νόμον κυρίου (9₄₈) –, die die gleiche Äquivalenz einhellig auch in v. 49 – (τοῖς Λευίταις) τοῖς διδάσκουσιν τὸ πλῆθος – überliefert, wo Esdr II (v. 9) οἱ συνετίζοντες τὸν λαόν bezeugt. Der Befund bestärkt die Annahme einer Esdr II mit I gemeinsamen Wortäquivalenz, die eine restlose Unabhängigkeit der beiden Übersetzungstexte voneinander nahezu sicher ausschliesst (vgl. S.7-10) mit Anm.2, S.10.

dergegeben¹, in 14₂₃ ₍₁₇₎ und 15₁₆ wird er ausgelassen und nur lukianisch mit dem Äquivalent τα παιδαρια nachgetragen.

Aber dass das richtige Verständnis des Begriffs schon in der ursprünglichen Textform der Übersetzung vorausgesetzt werden muss, beweist die einhellig überlieferte Wiedergabe mit dem Äquivalent παῖς in 16₅, und dass die Äquivalenz schon im ursprünglichen Übersetzungstext zwischen παῖς, παιδάριον und νεανίσκος variieren kann, widerspricht, da alle drei Äquivalente schon im Vokabular des Pentateuch gut verankert sind, dem Übersetzungsprinzip von Esdr II in keiner Weise.

Die Bestimmung der Auslassung dieses Ausdrucks durch den B-Text in 14₂₂ ₍₁₆₎ als ursprünglich – so Rahlfs – würde, da seine Erklärung als in breitere Überlieferung eingedrungener lukianischer Zusatz durch die Äquivalenz mit νεανίσκος an Stelle der in Esdr II lukianisch konsequent bezeugten mit παιδάριον auszuschliessen ist, auch hier die Annahme einer von den Rezensionen *a* und *b* bezeugten vorlukianischen Korrektur nach 𝔐 erfordern.

Demgegenüber ist die inhaltlich und – abgesehen davon, dass der entsprechende Satzteil in 23₁₉, da als Äquivalent παιδάριον vorgegeben ist, einer lukianischen Korrektur nicht bedurfte – auch textgeschichtlich gleichgelagerte Beschaffenheit beider Stellen ein Indiz dafür, dass der ursprüngliche Text an beiden Stellen in gleicher Weise hergestellt werden muss, und ist die inkonsequente Rekonstruktion von Rahlfs, der die Verkürzung des B-Textes in 14₂₂ ₍₁₆₎ als ursprünglich, in 23₁₉ aber als sekundär bestimmt, nur durch die syntaktische Unentbehrlichkeit des Ausdrucks an dieser Stelle zu erklären.

Dass aber für die hier in Frage kommenden Stellen drei verschiedene in der Tradition vorgegebene Äquivalente gewählt werden, lässt sich als Interpretation des Übersetzers in der Weise erklären, dass durch die Unterscheidung dieser Begriffe nach in biblischer und ausserbiblischer Tradition gründendem Wortgebrauch² je verschiedene Rechtsverhältnisse zwischen Herrn und Untergebenem angezeigt werden sollen: παῖς – wie in religiöser Hinsicht für עבד zwischen Gott und Moses (११₇ ₈), Gott und dem Volk (10 11), in profaner zwischen Herrscher, dem Pharao (19₁₀), dem persischen König (4₁₁ 12₅) und seinen Beamten (4₁₁), Nehemia (12₅) – der Bote des persischen Statthalters Sanballat (16₅), νεανίσκος der einem jeden für die Nachtwache Ausersehenen beigegebene junge Krieger (14₂₂ ₍₁₆₎), παιδάρια die Nehemia mit verschiedenen Aufgaben, hier als Wächter über der Einhaltung des Sabbatgebotes, dienenden Knappen (23₁₉).

7. Anders als die vorangehend behandelten Auslassungen gegenüber der masoretisch überlieferten Textform im B-Text, die von Rahlfs als ursprünglich bestimmt werden, müssen die ähnlich bezeugten Textverkürzungen in den Verzeichnissen der Familienhäupter von Jerusalem und Juda und der Priester und Leviten in den Kapiteln 21 und 22 text-

---

¹) Vgl. 364 Anm.3. 15₁₀ οἱ γνωστοί μου – Aeth^A korrigiert nach 𝔐 in *liberi*, auch La^{123} *fili* ist so zu erklären – ist nicht auf Unverständnis der masoretischen Vorlage, sondern auf von ihr abweichendes נועדי an Stelle von נערי zurückzuführen.

²) Vgl. Schleusner und Bauer sub verbo νεανίσκος, παιδάριον.

geschichtlich erklärt werden. Dass hier dem Übersetzer selbst eine 𝔐 gegenüber stark verkürzte Textform vorlag, beweisen die vielen Stellen, an denen nur der hexaplarische Korrektor von S und die lukianischen Zeugen den mit 𝔐 übereinstimmenden vollständigen Text überliefern[1]. Dass hier auch die vom B-Text allein nicht überlieferten Teile als in breitere Überlieferung eingedrungene Korrekturen von (O)-L zu bestimmen sind, erscheint aus dem Grund als wahrscheinlich, weil sie mehrfach einhellig überlieferte Rezensionselememte, wie die Änderung des im übrigen Kontext ausserlukianisch und ursprünglich im Nominativ überlieferten Nomens υἱός in den Genitiv υιου, aufweisen, die genuin (hexaplarisch-) lukianischen Charakter tragen. Wenn sich auch in solchen Textteilen, wie in der nur in B′ S^{txt} nicht überlieferten mit 𝔐 übereinstimmenden Namenfolge in 21 12, innerlukianische – das heisst nur lukianisch bezeugte – Rezensionselemente, wie die Gräzisierung der Transkription φαλαλια in φαλαλιου finden können, dann ist das kein Argument für die Annahme einer vorlukianischen, möglicherweise ursprünglichen Textstufe; Lesarten solcher Art lassen sich leichter als sekundäre Einpassung lukianisch bezeugter Textform in den einhellig überlieferten Kontext erklären.

Aber auch innerhalb dieses Textbereiches unterscheiden sich zwei nur im B-Text nicht überlieferte Textteile ihrem Charakter nach, als appellative Ausdrücke im Kontext von 𝔐 gegenüber verkürzten Namenreihen, von den als ursprünglich zu bestimmenden Textverkürzungen dieser Zeugen:

Es ist (1) die der jeweils vorhergehenden Namenreihe zugeordnete Nennung der der gleichen Familie zugehörenden „Brüder" – καὶ ἀδελφοὶ αὐτῶν (αὐτοῦ in v. 13 und 14) – in 21 12 13 14 [2], denen im folgenden eine besondere Bestimmung bzw. Titulatur zugeschrieben wird, in v. 12 ποιοῦντες τὸ ἔργον τοῦ οἴκου, in v. 13 ἄρχοντες πατριῶν, in v. 14 δυνατοὶ παρατάξεως, und es ist (2) die Charakterisierung des diesen Formationen übergeordneten Vorstehers – ἐπίσκοπος ἐπ' αὐτῶν Ζεχριήλ[3] – als υἱὸς τῶν μεγάλων in v. 14. Die Tilgung dieser Bezeichnung und die Durchbrechung dieser Gliederung durch Tilgung des Ausdrucks καὶ οἱ ἀδελφοὶ αὐτοῦ in v. 13 im B-Text, B′ S^{txt} A 71 Aeth^B, stehen im Kontext einer fast gleichbezeugten noch weiter gehenden Textverkürzung, der Tilgung des Ausdrucks ἐπ' αὐτῶν in v. 14 durch B′ S* Sixt, dessen alleinige Beibehaltung durch Rahlfs eher willkürlich erscheint, und sind sowohl aus diesem textgeschichtlichen Grund als auch aus dem exegetischen einer durch diese Tilgungen erreichten Vereinfachung der

---

[1]) Vgl. 21 15-16 17 20-21 23-35 22 3-6 8-9 25 28-29. Zum Problem vgl. 2.1.1.2.1., S.184ff. mit S.187 Anm.1.

[2]) Alle drei Ausdrücke werden durch lukianische Zeugen gräzisierend determiniert: οἱ ἀδελφοί; immerhin ein Argument für vorlukianisches Stadium.

[3]) Auch hier ist die von B′ überlieferte, von Rahlfs aufgenommene Namensform βαδιηλ (βαζιηλ S^{txt}) eher als halb eingerenkte Angleichung an den in 𝔐 überlieferten Namen זבדיאל zu erklären (vgl. La^{123} zabdiel); Ζεχριήλ – eine masoretisch nicht nachgewiesene, aber neben זכריה, זכריהו, זכרי (vgl. v. 9) korrekt gebildete Form – ist griechisch paläographisch aus ζαβ(α)διηλ nicht erklärbar, wohl aber hebräisch durch Verschreibung von בד in כר.

Satzkonstruktion und Ausklammerung einer schwer deutbaren Stelle[1] eher als dem ursprünglichen Übersetzungstext bzw. seiner von 𝔐 abweichenden Vorlage jener dem B-Text schon vorgegebenen sekundären Tradition und Abschreibetradition zuzuweisen, als deren Träger der B-Text auch in der Textrekonstruktion von Rahlfs mehrfach vorausgesetzt werden muss.

8. Bei zwei vom B-Text bezeugten Textverkürzungen überwiegen die Argumente gegen ihre von Rahlfs befürwortete Ursprünglichkeit aus dem Grund, weil sich die nur in diesen Zeugen fehlenden Teile nur schwer textgeschichtlich als sekundäre Korrektur nach der masoretisch überlieferten Vorlage, wohl aber begründet exegetisch aus der dieser Übersetzung eigentümlichen interpretierenden Intention als ursprünglich erklären lassen.

(1) Übersetzung einer im wesentlichen mit der masoretisch überlieferten übereinstimmenden Vorlage als Interpretation liegt in der griechischen Fassung der Replik Nehemias auf das Ansinnen seiner Feinde, ihn zur Flucht in den Tempel zu bewegen, in 6,11 vor:

6,11 Τίς ἐστιν ὁ ἀνὴρ οἶος ἐγώ, φεύξεται; ἢ τίς οἶος ἀνήρ, ὃς εἰσελεύσεται εἰς τὸν οἶκον καὶ ζήσεται;] τις εστιν ο ανηρ pro Τίς - ἀνήρ 2⁰ B′ S* V 107 58 Aeth^B Sixt; μη ανηρ εγω οιος αποδιδρασκειν pro Τίς - φεύξεται L La^123 (sim); εγω (> 120 46-64-381-728) pro ἀνήρ 2⁰ S^c-L 98-243-248-731 La^123 Arm Ald Compl; οστις ελευσεται εις τον ναον pro ὃς εἰσελεύσεται εἰς τὸν οἶκον L (templum pro τὸν οἶκον hab et La^123 125; ουκ εισελευσομαι add ad ζήσεται S^c-L La^123 125 Aeth^-B Compl.

Textgeschichtlich sind die hexaplarisch-lukianisch überlieferten Lesarten, zu denen sich mit der Ersetzung des zweiten ανηρ durch εγω bzw. seiner Auslassung auch die Rezension b gesellt, eindeutig als Korrekturen nach 𝔐 zu bestimmen[2], während die als homoioteleuton erklärbare Textverkürzung des B-Textes, mit der die Schwierigkeit der griechischen Satzkonstruktion behoben wird, auch der masoretisch überlieferten Vorlage gegenüber eine Vereinfachung bedeutet.

Wird der B-Text als ursprünglich aufgenommen, muss eine der hexaplarisch-lukianischen vorangehende sekundäre Korrektur nach 𝔐 angenommen werden, deren Grundform von a mit 58 und 119 vertreten und von b an einer Stelle – als Vorstufe der

---

[1]) Lapidar urteilt Rudolph: „Da „Sohn der Grossen" keinen Sinn gibt und הֹ kein Eigenname sein kann, muss ein Textfehler vorliegen" (S. 184).

[2]) Der Unterschied zwischen hexaplarischer und lukianischer Rezension ist hier so weit fassbar und instruktiv, dass Zusatz nach 𝔐 – ζήσεται] + ουκ εισελευσομαι – und Wortvarianten bei ihrer Bedeutung nach verschiedenen Begriffen – εγω pro ἀνήρ 2⁰ – beiden Rezensionen gemeinsam, Wortvarianten aber, die annähernd synonym sind, bzw. auf das gleiche hebräische Grundwort zurückgehen können – αποδιδρασκειν statt φεύξεται für יברח, ελευσεται statt εἰσελεύσεται für יבוא (in dem aus O übernommenen Zusatz aber auch von L im Compositum beibehalten), auch τον ναον statt τὸν οἶκον für ההיכל und die Formulierung μη ανηρ εγω οιος statt τίς ἐστιν ὁ ἀνὴρ οἶος ἐγώ für האיש כמוני – lukianisches Sondergut sind. Zum Problem vgl. S.195, zur Einordnung der altlateinischen Überlieferung in diesen Vers FS Bogaert S. 163.

hexaplarisch-lukianischen Tradition oder als Übernahme aus ihr – an 𝔐 angeglichen wäre[1].

Diese Textform steht aber der masoretisch überlieferten Vorlage dennoch in solchem Masse fern, dass sie eher als ihre Interpretation durch den Übersetzer selbst denn als rezensionelle Rückbewegung zu ihr erklärt werden muss:

Die Schwierigkeit besteht im Verständnis des dem ersten Glied des Fragesatzes, הָאִישׁ כָּמוֹנִי gegenüber freien Äquivalentes τίς ἐστιν ὁ ἀνὴρ οἷος ἐγώ – es setzt in der Vorlage wahrscheinlich den Ausdruck מִי הָאִישׁ אֲשֶׁר כָּמוֹנִי voraus – und im Verständnis des die masoretische Formulierung des zweiten Gliedes וּמִי כָמוֹנִי אֲשֶׁר wiedergebenden Äquivalents ἢ τίς οἷος ἀνήρ, ὅς. Das erste Satzglied radikalisiert in der Übersetzung den ethischen Anspruch Nehemias an sich selbst, das zweite Satzglied das negative Urteil über den, der sich durch den Eintritt in den Tempel schuldig macht: „Wer ist der Mann, der wäre wie ich; wird ein solcher fliehen? Oder wer, der ist wie ein Mann, der in den Tempel geht" – das könnte bedeuten „als nicht Befugter" oder „als Asylsuchender"[2] –, „hat noch das Recht zu leben?".

(2) Übersetzung als Interpretation, deren hebräische Vorlage tiefere Eingriffe in die masoretisch überlieferte Textform aufweist, ist in den Spottreden der Widersacher Sanballat und Tobia im Angesicht des beginnenden Wiederaufbaus der Stadt in 14₂₋₃ (13₃₄₋₃₅) anzunehmen:

Es geht zuerst um den schon in der masoretischen Form schwer verständlichen Vers 2 (34) b, der in der bestbezeugten Form der Übersetzung – der B-Text, B′ S A V 58 Aeth^B Arm, auch die lukianischen Zeugen 19′, lassen ihn als ganzen aus, 93, La¹²³ und Aeth^-B mitsamt Compl korrigieren durch Voranstellung des Satzteils μη καταλειψομεν (ε)αυτους (*non remittunt se* La Aeth (sim) = 𝔐) nach 𝔐[3] – ἆρα θυσιάζουσιν, ἆρα δυνήσονται καὶ σήμερον ἰάσονται τοὺς λίθους μετὰ τὸ χῶμα γενέσθαι γῆς καυθέντας lautet, und dessen erster Teil, הֲיִזְבְּחוּ הֵיכָלוּ בַיּוֹם, in einer die graphisch leicht differierende Vorlage הֲיִזְבְּחוּ הֲיֹאכְלוּ בִמְקוֹמָם voraussetzenden Form als Beginn der Rede des Tobia: μὴ θυσιάσουσιν ἢ φάγονται ἐπὶ τοῦ τόπου αὐτῶν, an Stelle des Satzteils גַּם אֲשֶׁר־הֵם בּוֹנִים (v. 3 (35) b) wiederkehrt, der seinerseits in der vorangehenden Rede des Sanballat die Vorlage für den an die Stelle des nur lukianisch als Dublette überlieferten[4] Satzteils מָה הַיְּהוּדִים הָאֲמֵלָלִים עֹשִׂים bildet (v. 2 (34) aβ): ὅτι οἱ Ἰουδαῖοι οἰκοδομοῦσιν τὴν ἑαυτῶν πόλιν.

---

[1]) Innerhalb von *b* ist die mit *L* gemeinsame Ersetzung von ἀνήρ 2° durch εγω in 98-243-248-731 gegenüber seiner Auslassung in 46-64-381-728 und 120 als primär zu bestimmen. Als Träger der „Dublette" *ego vir* ist im Apparat der Edition „La¹²³" in „La¹²⁵" zu korrigieren.

[2]) Zum Problem vgl. Rudolph S. 137-139.

[3]) Für הֵיעָזְבוּ לָהֶם; vgl. die gleiche Äquivalenz in 13₈. Der Übersetzer von Esdr II kennt, wie nach Ausweis von Exod 23₅ Iob 9₂₇ die LXX als ganze, die Bedeutung des gleichlautenden zweiten Stammes עזב, „pflastern", „umfrieden", „ausbessern" (?), nicht. Vgl. S.139.

[4]) τι οι ιουδαιοι (οι ιουδ. post ποιουσιν tr Compl) οι ουδαμινοι (δυναμενοι 93) ουτοι ποιουσιν οτι *L* Compl Aeth (sim).

Eine Kontamination einzelner Satzglieder innerhalb zweier einander parataktisch zugeordneter Aussagen lässt sich – es wäre der einzige Fall in Esdr II – übersetzungstechnisch nicht erklären: Aber auch ihre Erklärung aus sekundärem rezensionellem Zusammenwachsen einzelner Rezensionselemente, mit denen eine 𝔐 gegenüber vereinfachte ursprüngliche Form der Übersetzung, die im B-Text überliefert vorläge, sukzessive der masoretisch überlieferten Textform angenähert worden wäre, ist nicht nur aus dem Grund abzulehnen, weil auf diese Weise eine der lukianischen (und hexaplarischen) Rezension vorgegebene intensive rezensionelle Tätigkeit vorausgesetzt werden müsste, die wiederum letztlich auf *a* und *b* gemeinsame Tradition zurückzuführen wäre, sondern vor allem aus dem Grund, weil einige der so überlieferten Textteile auch als Rückbewegung zur masoretisch überlieferten Vorlage nicht erklärbar sind.

Das gilt zuerst und vor allem von der Wiederaufnahme der Frage Sanballats, ἆρα θυσιάζουσιν, ἆρα δυνήσονται καὶ ἥμερον;, in der abweichenden Form μὴ θυσιάσουσιν ἢ φάγονται ἐπὶ τοῦ τόπου αὐτῶν; in der anschliessenden Frage des Tobia. Schon dadurch, dass diese Satzteile teilweise von der masoretisch vorauszusetzenden Vorlage abweichen – das Äquivalent δυνήσονται geht auf eine Verwechslung der Stämme כלה und יכל zurück, und φάγονται setzt eine von 𝔐 abweichende Bildung, היאכלו für היכלו voraus –, sind sie als Rezensionselemente der Angleichung an 𝔐 schwer zu erklären, auch als Dubletten nicht, da sie nach hexaplarischer und lukianischer Tradition einander unmittelbar zugeordnet sein, in der hier vorliegenden Versprengung und Einpassung in den Kontext zweier Aussagen aber auf eine über reine Übersetzungs- und Rezensionstechnik hinausgehende Verarbeitung vorgegebener Überlieferung zurückgeführt werden müssten.

Eine solche Weise der Verarbeitung von Tradition lässt sich zwar als Voraussetzung der hier vorliegenden griechischen Textform nicht bestreiten; sie ist aber, da sie als Übersetzungs- und Rezensionsprinzip kanonisch schon weitgehend verfestigter Texte nicht mehr in Frage kommt, jenem der Übersetzung der LXX vorangehenden Bereich der Überlieferung zuzuordnen, die Isac Leo Seeligmann als „Voraussetzung der Midraschexegese" definiert hat[1], und hinsichtlich der in LXX erhalten gebliebenen Textform als das zwar nicht ursprüngliche, aber als das älteste erreichbare Stadium der Übersetzung zu bestimmen.

Von der Voraussetzung einer solchen Form den Übersetzern vorgegebener Exegese her, nach der hebräische Aussagen noch in zweifacher Form gleichberechtigt nebeneinander stehen können, gewinnt dann aber auch ihre hier vorliegende Einordnung in den Kontext – sowohl in der hebräischen Vorlage hinsichtlich der unterschiedenen Textelemente als auch in der Übersetzung hinsichtlich der verschiedenen Äquivalente für das gleiche hebräische Grundwort – tieferen Sinn:

---

[1]) I. L. Seeligmann, Voraussetzungen der Midraschexegese, Congress Volume, Copenhagen 1953, VT.S I (1953) S. 150-181; vgl. vor allem die Ausführungen zur Verarbeitung jesajanischer Aussagen im Buch Daniel auf S. 170f.

Die Frage Sanballats lautet: „Opfern sie denn schon – ἆρα θυσιάζουσιν –, werden sie Erfolg haben? – ἆρα δυνήσονται –" mit der Begründung: „Können sie denn jetzt die Steine wieder heilen, nachdem sie zu Haufen auf der Erde verglüht sind?" Die Replik Tobias lautet: „Sie werden doch nicht opfern und das Mahl halten können – μὴ θυσιάσουσιν ἢ φάγονται – an ihrer Stätte?" –, und die Begründung: „Wird nicht sogleich ein Fuchs hinaufsteigen und ihre Mauer niederreissen?"

9. Es bleiben innerhalb der Geschlechterlisten zwei Zusätze zum masoretisch überlieferten Text, für deren Vorhandensein in der von 𝔐 abweichenden Vorlage von Esdr II und darum Ursprünglichkeit zuerst textgeschichtliche Gründe sprechen, da das 𝔐 entsprechende Fehlen des einen Zusatzes im B-Text gemeinsam mit der lukianischen Rezension überliefert ist, das Fehlen des anderen aber nur in den hexaplarischen und lukianischen Zeugen; ihre Überlieferung in den Rezensionen *a* und *b* erforderte darum hier ein beiden gemeinsames Rezensionsprinzip, das kaum anders als durch die Kenntnis weiterer historischer Quellen erklärbar wäre, ein überlieferungsgeschichtliches Postulat, das gleicherweise wie Voraussetzungen der Midraschexegese eher dem Textbereich der Überlieferung des hebräischen Originals zuzuschreiben ist als dem der Übersetzung und ihrer Rezensionen.

(1) Unter den Leviten, die mit Nehemia die auf das Gesetz verpflichtende Urkunde unterschreiben, ist in 20₉ ₍₁₀₎ der nach der masoretischen Überlieferung „von den Söhnen Henadads" – מבני חנדד – abstammende Levit בנוי – hier mit der Namensform Βαναιου transkribiert – nach der vom B-Text, B' S A 106 68 Aeth Arm Ald Compl Sixt, und der lukianischen Rezension, *L*, unabhängigen Überlieferung als „von den Söhnen des Banaiou", ἀπὸ υἱῶν Βαναιού, abstammend bezeichnet, so dass seine masoretisch bezeugte Abstammung von den Söhnen Henadads – ἀπὸ υἱῶν Ἡναδάδ – um eine Generation weiter in die Vergangenheit zurückversetzt erscheint.

Es könnte sich hier zwar um eine früh in die Überlieferung eingedrungene Dittographie handeln – eine in *a b* auch nicht zu erwartende Dublette in der Art von 18₇ ובני: καὶ Βαναίας] pr και οι (> 19) υιοι αυτου *L'*; *et filii eius* La¹²³ = Pesch, kann es nicht sein, da beide Glieder identisch sind –, die aber auch als solche wegen des mit dem Namen בנוי fast gleichlautenden Appellativums בני in der hebräischen Tradition wahrscheinlicher wäre als in der griechischen[1].

---

[1]) Dass Namenlisten in der Vorlage der Übersetzung grösser sein können als im masoretisch überlieferten Text, beweisen die unter den lukianisch überlieferten Textverkürzungen nach 𝔐 aufgeführten Beispiele 8₅ und 10 (S.20); dass solche Auslassungen, die auch Rahlfs als lukianische Korrekturen nach 𝔐 und darum als sekundär bestimmt, auch vom B-Text mitbezeugt sein können, beweist von diesen beiden Stellen – Vers 5 tilgen B' 19 731* (non 68) als ganzen – Vers 10, wo die lukianische Herkunft der Textform von B auch durch die gemeinsame Transkription σαλημωθ (-λειμ. B) gesichert ist, und 17₆₂, wo die Ausmerzung des Geschlechtes der υἱοὶ Βουά – ein in LXX und 𝔐 singulärer Name – durch B' *L* (deest 19) Aeth Compl Sixt gleicherweise als lukianische Korrektur bestimmt werden muss wie in der Parallelstelle 2₆₀, wo zu *L* die Zeugen A *b* 58 119 La¹²³ (deest 177 βαλσάν -73) Aethᴬ Arm Ald Compl hinzukommen; nicht B ist hier mit Rahlfs das Kriterium der Ursprünglichkeit an der einen Stelle, sondern *L* das Kriterium des sekundären Charakters an beiden.

Aber der textgeschichtlichen Erklärung als Dittographie, die kein sicheres Kriterium für die Einordnung in die Überlieferung bietet, lässt sich ein exegetisches Argument gegenüberstellen, mit dem sich ein historischer Grund für die Entstehung dieses Zusatzes zur masoretisch überlieferten Textform wahrscheinlich machen lässt:

Unter den Leviten, die zur Zeit des Kyros, „im zweiten Jahr nach ihrer Ankunft beim Haus Gottes in Jerusalem" (3₈) ihren Dienst antreten, werden mit anderen nach 𝔐 und wörtlicher Übersetzung in LXX (v. 9) „die Söhne Henadads, Söhne und Brüder von ihnen" – בני חנדד בניהם ואחיהם: υἱοὶ Ἡναδάδ, υἱοὶ αὐτῶν καὶ ἀδελφοὶ αὐτῶν – genannt. Handelt es sich nach der historischen Konzeption des Chronisten bzw. seines Übersetzers um die Familie, mit der in 20₉ (10) die Abstammung des unter Nehemia die Verpflichtungsurkunde unterzeichnenden Leviten bezeichnet werden soll – בנוי מבני חנדד nach 𝔐, Βαναιοῦ ἀπὸ υἱῶν Βαναιού nach LXX –, dann wird es wegen des dazwischen liegenden Zeitraums notwendig das Zwischenglied einer dritten Generation zu postulieren. Übersetzungstechnischer oder rezensioneller Überlegung wäre ein solcher Eingriff nicht zuzuschreiben, wohl aber – sei es auf Grund von Dokumentation oder von historischer Spekulation – dem Verfasser oder einem Tradenten des hebräischen Originals[1].

(2) Ein textgeschichtlich und exegetisch analoger Fall liegt in der Hohenpriesterliste vor, mit der in 22₂₂ die Periode abgegrenzt wird, in der die Familienhäupter der Priester aufgezeichnet sind: „bis zur Königsherrschaft des Darius (II.), des Persers", wo aber die bestüberlieferte Reihe Ἐλιασίβ, Ἰωαδά καὶ Ἰωά καὶ Ἰωανάν καὶ Ἰδοῦα nur von den nach 𝔐 korrigierenden Zeugen der hexaplarischen und der lukianischen Rezension durch Ausmerzung des – allenfalls durch Dittographie entstanden erklärbaren – Gliedes καὶ Ἰωά mit der traditionellen, auch in v. 10-11 einhellig überlieferten Diadochie in Einklang gebracht wird und wo eine ausserbiblische Überlieferung vorliegt, die als mögliche Erklärung beizuziehen berechtigt sein dürfte:

Es ist der bei Josephus (Ant XI 297-301) überlieferte Bericht über die Rivalität zweier Brüder um das hohepriesterliche Amt, des rechtmässig amtierenden Jochanan, hier in der gräzisierten Form Ἰωάννης und seines hier Ἰησοῦς genannten Bruders, dem vom persischen Statthalter Βαγώσης die Hohepriesterschaft versprochen wird, eine Tradition, die zwar von Josephus legendär ausgesponnen sein mag, deren die hohepriesterliche Familie in schlechtes Licht setzende Züge – Ἰησοῦς wird von seinem Bruder im Tempel umge-

---

[1]) Dass eine chronologische Überlegung dieser Art auf der Intention der Übersetzung selbst beruhte, nicht auf der ihrer Vorlage, erscheint aus dem Grund unwahrscheinlich, dass an den übrigen Stellen, die als Erinnerung an diese Genealogie zu erklären sind, der Name בנ(ו)י, der hier in der Form Βαναιού überliefert ist – da es sich nicht um einen gräzisierten Genitiv handeln kann – beide Textentscheidungen fordern an der einen Stelle den Nominativ –, liegt eine Metathese, בוני, in der Vorlage nahe –, auf je verschiedene Weise transkribiert wird: Βενεί (βαναι L, βεδει (βαιδει 55) B') für auch in 𝔐 zerstört überliefertes בני 13₁₈, Βαν(ε)ί (βαναι L, ban|nu La¹²³) für בנוי in 13₂₄, ein Befund, der am besten mit bewusster Unterscheidung der Personen erklärt wird.

bracht – aber ein hinreichender Grund gewesen sein dürften, sie in den hohenpriesterlichen Annalen zu verschweigen[1].

---

[1]) Über die Möglichkeit in der Überlieferung der LXX erhaltener ausserbiblischer alter Tradition der hohenpriesterlichen Diadochie vgl. auch MSU VII (1961) 63f.

Verzeichnis der wichtigsten besprochenen Stellen

(Die Auswahl ist auf die Stellen konzentriert, bei denen die Textrekonstruktion umstritten ist (Kap.5); dort wird auf die jeweils zugehörige Behandlung in der Textgeschichte (Kap.1-4) in Anmerkungen verwiesen. Vollständig sind die Stellen verzeichnet, die im Apparat der Ausgabe mit dem Verweis „cf TGE II" gekennzeichnet sind.)

1_1	389	7_{14-15}	375-377
1_{2-3}	325-329	$7_{21\ 25}$	357f.
1_{4-5}	375-377	8_4	339
1_6	373 Anm.4	8_{12}	336f.
1_8	340	8_{15-20}	377f.
2_1	325-329	8_{16}	342
$2_6\ (=17_{11})$	329	8_{27}	268 Anm.4
$2_{12}\ (=17_{17})$	336f.	9_4	352-354
$2_{29}\ (=17_{33})$	348	10_6	343f.
$2_{36}\ (=17_{39})$	329	10_{11}	368-370
$2_{40}\ (=17_{43})$	329	10_{12}	395-397
$2_{43}\ (=17_{46})$	322f.	10_{14}	381f.
$2_{49}\ (=17_{51})$	338	10_{15}	342
$2_{60}\ (=17_{62})$	331	10_{16}	31 Anm.3
$2_{62}\ (=17_{64})$	137-139	10_{23}	328
$2_{64}\ (=17_{66})$	367f.	10_{29}	342
$2_{69}\ (=17_{70-72})$	350f.	10_{31}	335
4_9	349	10_{43}	337f.
4_{12}	374, 391	11_3	392f.
4_{15}	354-357, 393	11_6	388
4_{17}	292 Anm.2	12_7	328
4_{19}	354-357	12_8	190 Anm.1
4_{21-23}	370-373	12_{12}	388
4_{24}	375-377	13_1	343f.
5_{15}	373 Anm.4	13_4	342
5_{16}	375-377	$13_{7-8\ 15}$	397-402
6_2	394f.	13_8	139
6_6	357f.	$14_{2-3}\ (13_{34-35})$	408-410
6_{16}	352-354	$14_2\ (13_{34})$	139
6_{20}	367f.	$14_3\ (13_{35})$	385 Anm.1
7_1	340f.	$14_{9(3)}$	358f.
7_3	338f., 346	$14_{14(8)}$	354
7_4	339	$14_{21(15)-23(17)}$	370-373
7_{11-26}	379-381	$14_{22(16)}$	404f.

15_{1-13}	382-385	21_{11}	340f.
15_{11}	359	21_{12-14}	406f.
16_{1-2}	391f.	22_1	331
16_5	313 mit Anm.2	22_7	329
16_{11}	407f.	22_8	329
16_{18}	344f.	22_{10}	343f.
17_3	358f.	22_{12}	331
17_{33} (= 2_{29})	348f.	22_{13}	331, 342
17_{63} (= 2_{61})	192f.	22_{16}	342
18_3	366	22_{18}	335
18_4	342f.	22_{22}	343f., 411
18_7	402-404	22_{23}	343f.
18_{10}	368-370	22_{26}	330
19_5	368-370	22_{33}	330, 342f.
19_{20}	387	22_{34}	331, 334
19_{21}	362f.	22_{35}	344
19_{27}	360-362	22_{39}	345, 400 Anm.2
19_{31}	387	23_{18}	368-370
$20_{2(3)}$	331	23_{19}	387, 404f.
$20_{9(10)}$	410f.	23_{28}	343f., 386f.
$20_{15(16)}$	337	23_{29}	138f., 385f.
21_3	322f.		

Das Alte Testament Deutsch. ATD

Neues Göttinger Bibelwerk. Herausgegeben von Reinhard G. Kratz und Hermann Spieckermann
Eine Auswahl der zuletzt erschienenen Bände

6: Erhard S. Gerstenberger
Das dritte Buch Mose
1. Auflage dieser Neubearbeitung 1993.
VIII, 411 Seiten, kart.
ISBN 3-525-51122-1; Ln. ISBN 3-525-51123-X

Das Buch Leviticus enthält vor allem Opfervorschriften, Reinheitsregeln und Festkalender. Es scheint darum für die heutigen Probleme der Menschheit wenig auszusagen. Wenn allerdings die zeitgenössischen Hintergründe erkannt werden, dann gewinnen auch die alten Ritualtexte eine aktuelle Bedeutung.

16/2: Hans-Peter Müller / Otto Kaiser / James A. Loader
Das Hohe Lied, Klagelieder, Das Buch Ester
1. Auflage dieser Neubearbeitung 1992.
VIII, 280 Seiten, kart. ISBN 3-525-51237-6

Für diese Neubearbeitung wurde das Hohe Lied erstmals durch H.-P. Müller und das Buch Ester durch J.A. Loader ausgelegt. Auch der Kommentar von O. Kaiser zu den Klageliedern ist durchgehend revidiert und teilweise neu gestaltet.

Karl-F. Pohlmann
Das Buch des Propheten Hesekiel
22/1: Kapitel 1–19.
1996. 297 Seiten, kart.
ISBN 3-525-51210-4; Ln. ISBN 3-525-51209-0

22/2: Kapitel 20–48.
Mit einem Beitrag von Thilo A. Rudnig.
1. Auflage dieser Neubearbeitung 2001.
XVI, 299-631 Seiten, kart. ISBN 3-525-51204-X

Der völlig neu erarbeitete Kommentar soll den Werdegang des Buches Ezechiel und damit seine vielschichtige und kunstvolle Komposition aufhellen.

24/2: Jörg Jeremias
Der Prophet Amos
1995. XXII, 137 Seiten, kart.
ISBN 3-525-51226-0; Ln. ISBN 3-525-51213-9

Dieser Kommentar geht von der Erkenntnis aus, dass das Amosbuch in seiner Endgestalt die Orientierung widerspiegelt, die Israel im Exil aus den Worten des Amos empfing.

25/2: Henning Graf Reventlow
Die Propheten Haggai, Sacharja und Maleachi
1. Auflage dieser Neubearbeitung 1993.
XI, 161 Seiten, kart. ISBN 3-525-51238-4

Die Propheten Haggai und Sacharja wirkten zur Zeit des Wiederaufbaus des Tempels in Jerusalem nach Ende des Exils um 520 v. Chr. Diese Zeit bildete eine entscheidende Wende in der Geschichte des jüdischen Volkes.

Das Sacharjabuch enthält außerdem noch mindestens zwei Komplexe anonymer jüngerer prophetischer Überlieferung, in der sich spätere Entwicklungen in der Gemeinde spiegeln. Auch das Buch Maleachi enthält eine in sich eigenständige anonyme Prophetenüberlieferung.

Vandenhoeck & Ruprecht

Archäologie / Alter Orient

Dieter Vieweger
Archäologie der biblischen Welt
Mit zahlreichen Zeichnungen von Ernst Brückelmann.
UTB 2394 M.
2003. 480 Seiten mit 296 Abbildungen, kartoniert
ISBN 3-8252-2394-9

Diese Einführung in die Archäologie der biblischen Welt richtet sich an Studierende, Grabungsvolontäre und an alle, die am Altertum Palästinas Interesse haben. Das Buch soll sowohl grundlegende Informationen vermitteln, als auch das Interesse einer breiteren Öffentlichkeit an der Archäologie in Palästina wecken.

Fragen leiten durch den Aufbau des Buches: Was hat die Archäologie mit der Bibel zu tun? Was erforscht die Archäologie? Wo spielte sich alles ab? Wie entdeckt man Spuren der Vergangenheit? Wie gräbt man aus? Wann geschah es? In welcher Umwelt lebten die Menschen?

Unter dem Thema „Wie könnte es gewesen sein?" werden schließlich anhand von ausgewählten Ausgrabungsstätten Einblicke in die geschichtliche Entwicklung Palästinas gewährt.

Klaas R. Veenhof
Geschichte des Alten Orients bis zur Zeit Alexanders des Großen
Übersetzt von Helga Weippert.
Grundrisse zum Alten Testament, Band 11.
2001. 360 Seiten mit 10 Zeittafeln und 6 Karten, kartoniert ISBN 3-525-51685-1;
Gebunden ISBN 3-525-51686-X

Knapp, präzise und auf dem neuesten Wissensstand informiert dieses Werk Spezialisten wie Laien über den Verlauf der Geschichte in Ägypten, Mesopotamien, Kleinasien, Syrien und Palästina vom 3. Jahrtausend v. Chr. bis zum Ende des Großreichs der Achämeniden (550-330 v. Chr.). Zehn Zeittafeln vermitteln einen soliden Überblick; wer sich umfassender mit der Materie beschäftigen will, wird die allgemeine Bibliografie und die nach Themen geordneten Literaturzusammenstellungen als wahre Fundgruben schätzen.

Vandenhoeck & Ruprecht